A Resolução de Conflitos Desportivos em Portugal: Entre o Direito Público e o Direito Privado

A Resolução de Conflitos Desportivos em Portugal: Entre o Direito Público e o Direito Privado

2017

Artur Flamínio da Silva

ALMEDINA

A RESOLUÇÃO DE CONFLITOS DESPORTIVOS EM PORTUGAL: ENTRE O DIREITO PÚBLICO E O DIREITO PRIVADO

AUTOR
Artur Flamínio da Silva

EDITOR
EDIÇÕES ALMEDINA, S.A.
Rua Fernandes Tomás, nºs 76-80
3000-167 Coimbra
Tel.: 239 851 904 · Fax: 239 851 901
www.almedina.net · editora@almedina.net

DESIGN DE CAPA
FBA.

PRÉ-IMPRESSÃO
EDIÇÕES ALMEDINA, SA

IMPRESSÃO E ACABAMENTO
ARTIPOL - ARTES TIPOGRÁFICAS, LDA.
Julho, 2017

DEPÓSITO LEGAL
428649/17

ALMEDINA | GRUPOALMEDINA

BIBLIOTECA NACIONAL DE PORTUGAL – CATALOGAÇÃO NA PUBLICAÇÃO
SILVA, Artur Flamínio da

A resolução de conflitos desportivos em Portugal : entre o direito público e o direito privado. - (Teses de doutoramento)
ISBN 978-972-40-7063-6

CDU 347

«Don't you want to take a leap of faith? Or become an old man, filled with regret, waiting to die alone!»

Inception, CRISTOPHER NOLAN (Director), 2010, distribuído por Warner Home Video.

«Um dia, talvez possamos afirmar: tal como a poderosa Roma foi somente uma província do espírito grego, assim o é, com todo o seu poder, o *ius publicum* somente uma província do *ius privatum* – que, se não for o mais antigo, será com toda a certeza o verdadeiro Direito»

WALTER LEISNER, «Unterscheidung zwischen privatem und öffentlichem Recht», *in Juristenzeitung*, nº 18, (2006), p. 875

AGRADECIMENTOS

O processo de investigação, elaboração e redacção de uma tese de doutoramento é, tendencialmente, uma actividade solitária. Não é, porém, um acto de criação passível de imputação a um único indivíduo, sendo, pelo contrário, uma viagem cheia de *comprometimentos* e *auxílios* daqueles que possam ter contribuído para que este trajecto chegasse a bom porto. Neste sentido, este meu percurso de investigação tem vários momentos que pretendo ilustrar, mas há alguns que são especialmente dignos de menção.

Em primeiro lugar, existe – ainda na minha licenciatura – um momento marcante que não posso deixar de referir: as aulas práticas de Direitos Fundamentais do Senhor Professor Luís Pereira Coutinho. Aproveito para agradecer publicamente pelo facto de me ter suscitado o interesse pelo seu «princípio parametrizador» que tanto me ajudou a reflectir e a desenvolver o meu gosto pela Teoria do Direito. Em segundo lugar, agradeço aos meus dois orientadores – Professor Doutor José Manuel Meirim e Professor Doutor Tiago Duarte – pelo apoio que me concederam para alcançar os meus objectivos.

Devo, além disso, uma palavra de agradecimento ao Senhor Professor Carlos Ferreira de Almeida pelas discussões e divergências intelectuais que temos vindo a travar desde a minha dissertação de mestrado: com estas discordâncias foi-me mais fácil perceber uma visão diferente. Ao Senhor Professor Gomes Canotilho agradeço o facto de me ter disponibilizado um seu parecer que acabaria por revelar uma utilidade decisiva para a problematização que envolveu a arbitragem necessária. Ao Senhor Professor Matthias Jestaedt, bem como à sua equipa de investigação da *Hans Kelsen Forschungsstelle* da Faculdade de Direito de Freiburg e, em especial, ao Doutor Jörg

Kammerhoffer, pretendo deixar o meu profundo agradecimento por me terem proporcionado excelentes momentos de reflexão e compreensão em torno da obra de Hans Kelsen. Ao Senhor Professor Heinz-Peter Mansel, o meu agradecimento pela amabilidade de me receber no *Institut für internationales und ausländisches Privat Recht* da Faculdade de Direito de Colónia, numa estadia de investigação que se viria a revelar decisiva.

A todos os funcionários da Biblioteca da Faculdade de Direito da Universidade Nova, da Biblioteca da PGR, bem como à Sra. Monika Kirsch do *Institut für internationales und ausländisches Privat Recht* da Faculdade de Direito de Colónia, agradeço a competência, simpatia e eficácia com que me agraciaram em todas as minhas visitas.

Uma especial palavra de reconhecimento merece o Franclim Santos quando me dizia que todo o esforço valeria a pena. Ao António Pedro Pinto Monteiro agradeço também as nossas intermináveis discussões, que culminam em saudáveis divergências *doutrinais*, mas acima de tudo a amizade. Ao Alexandre Guerreiro agradeço os constantes desafios que me permitem ter cada vez mais dúvidas, no meio de tantas certezas. Recordo, por outro lado, que afinal um dos ímpetos para esta investigação começa com uma simples frase do Francisco Lourenço quando afirmava que «a Justiça Desportiva não existe! [pelo menos em termos jurídicos]». Por isso, a ele também vai o meu agradecimento. Por último, deixo uma palavra de gratidão ao Luís Cabral de Oliveira pela sua amizade, mas também por me ter ajudado a esclarecer o contexto histórico da investigação, sugerindo – no seu inesgotável conhecimento de fontes – e suscitando que fosse procurar respostas nos autores mais improváveis.

O maior agradecimento vai para a minha família que tanto padeceu com a minha longa ausência física e espiritual. À Daniela não posso deixar de agradecer o apoio nas madrugadas em que o cansaço dominava, nos momentos em que as dificuldades pareciam ser insuperáveis ou naqueles em que a minha ausência era evidente. Ao nunca me deixar abandonado perante os obstáculos, incentivando-me e fazendo-me sempre acreditar que este projecto valia a pena, deu-me a força para ultrapassar os patamares que julgava serem inacessíveis. Aos meus pais (Artur e Manuela) e irmã (Micaela) agradeço também o facto de, desde o início, me terem apoiado incondicionalmente – cada um à sua maneira – quando mais deles precisei e, em particular, quando parecia que a meta estava distante e impossível de alcançar. O vosso maior contributo foi, desde sempre, o facto de me terem ensinado a nunca deixar de sonhar e de acreditar que vale a pena lutar por um ideal. Este trabalho é afinal um pouco de mim, mas um pouco também de todos aqueles que merecem aqui o meu reconhecimento público.

Finalmente, realço que a presente dissertação resulta dc uma longa investigação – que começou em 2009 – em torno da problemática dos conflitos desportivos em Portugal, devendo assinalar que esta tese consubstancia, em geral, uma visão muito própria daquilo que se deve designar como *Direito*, com resultados com os quais se podem ou não concordar, mas que pretendem suscitar no leitor a dúvida, esse elemento perturbador da certeza absolutamente necessário para transformar e reformular as pré-compreensões, por vezes, acriticamente instituídas.

Foi esse o caminho seguido, pelo que o que pretendo com este trabalho é suscitar um conjunto de questões – teóricas e práticas – sobre as quais a doutrina não se pronunciou aprofundadamente, dando um humilde contributo para o desenvolver da Ciência do Direito, partindo, acima de tudo, de angústias muito próprias procurei sempre problematizar o que parecia dado como adquirido. Se o meu estudo conseguir provocar um abalo capaz de gerar a dúvida a todos aqueles que o leiam, então todas as noites que pareciam intermináveis, e todas as dificuldades que fui enfrentando durante o duro percurso até ao resultado final deste texto, já terão valido a pena.

NOTA PRÉVIA

No presente texto opta-se por não distinguir a primeira citação das restantes, por se considerar não ser necessário repetir os dados que se encontram detalhadamente na bibliografia final. Assim, as obras – monografas e artigos – são citados somente com o nome do autor, o título e as páginas em questão e, quando indispensável, a ediação da obra.

Na lista final de bibliografia são apresentados todos os dados, sendo os autores organizados por ordem alfabética do seu apelido, com excepção dos autores espanhóis, os quais são indicados, em regra, por ordem alfabética do primeiro apelido. Nos casos em que exista mais do que uma obra do mesmo autor, opta-se pelo critério da ordem cronológica, partindo-se da referência mais antiga para a mais recente. Quando existam várias obras do mesmo ano, opta-se pela ordenação alfabética das mesmas. As obras em co-autoria surgem depois das obras individuais do autor, sendo igualmente organizadas por ordem cronológica.

A utilização do itálico serve meramente – mantendo-se, em caso de citação, o original – para destacar uma ideia.

Nas notas de rodapé, quando sejam citados diversos autores, a ordenação dos mesmos obedece, em regra, ao seu grau de importância para a sustentação da ideia em causa.

A menção ao articulado de um texto normativo deve ser entendida, salvo indicação expressa em sentido contrário, como sendo feita para o diploma referido no momento imediatamente anterior. As citações de normas, doutrina e jurisprudência estrangeiras são, quando tal se justifique, e salvo indicação expressa em contrário, traduzidas pelo autor e da exclusiva responsabilidade deste. As traduções são, no entanto, efectuadas segundo o seguinte critério: (i) as citações no corpo de texto serão sempre traduzidas pelo autor; (ii) as citações na nota de rodapé nunca serão traduzidas, a menos que se trate de uma citação no idioma alemão.

A legislação estará, em princípio, toda disponível com uma mera busca na *internet*, embora em casos concretos, e quando tal se justifique, o autor deixe indicações expressas do local onde se encontra disponível.

A investigação bibliográfica, jurisprudencial, bem como de normas estatutárias e regulamentares terminou a 1 de Setembro de 2014. Não obstante, optou-se por considerar e incluir no presente trabalho outras referências pontuais que entretanto tenham sido publicadas, desde que as mesmas tenham uma influência determinante nas ideias que se defendem. Todos os sítios da Internet devem ter-se por consultados uma última vez em 1 de Janeiro de 2015.

Por último, devemos mencionar que a redacção global do presente texto foi terminada em Março de 2015, sofrendo, posteriormente, alterações meramente pontuais.

O presente texto adopta a grafia anterior ao acordo ortográfico vigente.

ABREVIATURAS

a.C. – antes de Cristo
AAFDL – Associação Académica da Faculdade de Direito da Universidade de Lisboa
AAVV – Autores Vários
Ac. – Acórdão
ACB – Asociación de Clubes de Baloncesto
AcP – Archiv für die Civilistische Praxis
Acs. – Acórdãos
ADOP – Autoridade de Antidopagem de Portugal
AIBA – International Boxing Association
AIOWF – Association of International Olympic Winter Sports Federations
AJDA – L'actualité Juridique – Droit Administratif
AMA – Agência Mundial de Antidopagem
ANOC Association of National Olympic Committees
AöR – Archiv des öffentlichen Rechts
APDG – Apêndice ao Diário do Governo
APDR – Apêndice ao Diário da República
ASOIF – Association of Summer Olympic International Federations
BAT – Tribunal Arbitral do Basquetebol (Basketball Arbitral Tribunal)
BFDUC – Boletim da Faculdade de Direito da Universidade de Coimbra
BGB – Bürgerliches Gesetzbuch
BMJ – Boletim do Ministério da Justiça
BVerGE – Bundesverfassungssgericht
C.O.N.I – Comité Olímpico Nacional Italiano
CaS – Causa Sport

CC – Código Civil Português
CD – Conselho de Disciplina
CE – Conselho de Estado (Conseil d'Etat)
CEDD – Comité Español de Disciplina Desportiva
CEDH – Convenção Europeia dos Direitos do Homem
Cfr. – Confronte-se
CIAF – Câmara Internacional de Arbitragem em Matéria de Futebol
CIAS – Conselho Internacional de Arbitragem em Matéria de Desporto
CJ – Conselho de Justiça
CJA – Cadernos de Justiça Administrativa
CNOSF – Comité National Olympique et Sportif Français
CO – Carta Olímpica de 11 de Julho de 2011
COI – Comité Olímpico Internacional
Concordata – Concordata sobre a Arbitragem de 27 de Março de 1969
Coord. – Coordenador
COP – Comité Olímpico de Portugal
CPA91 – Código de Procedimento Administrativo, aprovado pelo Decreto-Lei nº 442/91, de 15 de Novembro
CPA – Código de Procedimento Administrativo, aprovado pela Decreto-Lei nº 4/2015, de 7 de Janeiro
CPC – Código Processo Civil, aprovado pelo Lei nº 41/2013, de 26 de Junho, rectificado pela Declaração de Rectificação nº 36/2013, de 12 de Agosto
CCP – Código dos Contratos Públicos, aprovado pelo Decreto-Lei nº 18/2008, de 29 de Janeiro, na redacção do Decreto-Lei nº 149/2012, de 12 de Julho
Coord. – Cordenação
CPTA2002 – Código de Processo nos Tribunais Administrativos, aprovado pela Lei nº 15/2002, de 22 de Fevereiro, na redacção da Lei nº 59/2008, de 11 de Setembro
CPTA – Código de Processo nos Tribunais Administrativos, aprovado pelo Decreto-Lei nº 214-G/2015, de 2 de Outubro
CRP – Constituição da República Portuguesa
CSD – Consejo Superior de Deportes
CSDD – Consejo Superior de Disciplina Deportiva
CTAS – Código TAS
D&D – Revista Desporto & Direito, Revista Jurídica do Desporto
Dec. R. – Declaração de Rectificação
DG – Diário do Governo

DGD – Direcção-Geral dos Desportos
DGEFD – Direcção Geral da Educação Física e Desportos
DGEFDSE – Direcção-Geral da Educação Física, Desportos e Saúde Escolar
DL – Decreto-Lei
DND – Delegación Nacional de Deportes de Falange Tradicionalista y de las Juntas Ofensivas Nacional Sindicalista
DR – Diário da República
DRA – Deutscher Reichausschuss für Leibesübungen
DRL – Deutscher Reichsbund für Leibesübungen
Droits – Droits. Revue Française de Théorie Juridique
Ed. – Editor
ETAF1984 – Estatuto dos Tribunais Administrativos e Fiscais, aprovado pelo Decreto-Lei nº 129/84, de 27 de Abril
ETAF2002 – Estatuto dos Tribunais Administrativos e Fiscais, aprovado pela Lei 13/2002, de 19 de Fevereiro, na redacção da Lei nº 59/2008, de 11 de Setembro
ETAF – Estatuto dos Tribunais Administrativos e Fiscais, aprovado pelo Decreto-Lei nº 214-G/2015, de 2 de Outubro
ETAS – Código de Arbitragem Desportiva e Estatutos do TAS
EUPD – Estatuto de Utilidade Pública Desportiva
FAI – Fédération Aéronautique Internationale
FEI – Fédération Equestre Internacional
FIA – Federação Internacional de Atletismo
FIA – Fédération Internationale de l'Automobile
FIBT – International Bobsleigh & Skeleton Federation
FIBV – Fédération Internationale de Volleyball
FICF – Federação Internacional de Culturismo e Fitness
FIFA – Fédération Internationale de Football Association
FIG – Fédération International de Gymnastique
FINA – Fédération Internationale de Natation
FIP – Federation of International Polo
FIS – Federação Internacional de Skate/International Skating Union
FITM – Federação Internacional de Ténis de Mesa
FIV – Federação Internacional de Vela
FMD – Federação Mundial de Dardos
FNAT – Fundação Nacional para a Alegria no Trabalho
FPA – Federação Portuguesa de Atletismo
FPF – Federação Portuguesa de Futebol
FPKA – Federação Portuguesa de Automobilismo e Karting
GG – Constituição de Bona de 1949 (Grundgesetz)

IAAF – International Association of Athletics Federations
ICAS – International Council of Arbitration for Sport
IDF – International Dart Federation
IFBB – International Federation of Bodybuilding and Fitness
IHF – International Handball Federation
IJF – International Judo Federation
IOF – International Orienteering Federation
ISAF – International Sailing Federation
ISLJ – International Sports Law Journal
ISSF – International Shooting Sport Federation
ISU – International Skating Union
ITU – International Triathlo Union
JO – Jogos Olímpicos
JZ – Juristenzeitung
LADA – Lei nº 26/2016, de 22 de Agosto
LAV – Lei nº 63/2011, de 14 de Dezembro, Lei da Arbitragem Voluntária
LBAFD – Lei de Bases da Actividade Física e do Desporto (aprovada pela Lei nº 5/2007, de 16 de Janeiro)
LBD – Lei de Bases do Desporto (aprovada pela Lei nº 30/2004, de 21 de Julho)
LBSD – Lei de Bases do Sistema Desportivo (aprovada pela Lei nº 1/90, de 13 de Janeiro)
LDIP – Lei federal suíça sobre o Direito Internacional Privado de 18 de Dezembro de 1987, com a redacção de 1 de Julho de 2014
Lei Pelé – Lei nº 9.615, de 24 de Março de 1998
LPF – Liga Portuguesa de Futebol
LPFP – Liga Profissional de Futebol Profissional
LPTA – Lei de Processo nos Tribunais Administrativos, aprovada pelo Decreto Lei nº 267/85 de 16 de Julho
LTAD2014 – Lei nº 74/2013, de 6 de Setembro, alterada pela Lei nº 33/ /2014, de 16 de Junho
MP – Mocidade Portuguesa
NSRL – Nationalsozialistischen Reichsbund für Leibesbeziehungen
NvwZ – Neue Zeitschrift für Verwaltungsrecht
OCOG – Comités de Organização dos Jogos Olímpicos
OLG Frankfurt – Oberlandesgericht Frankfurt
OLG Munique – Oberlandesgericht Munique
ONG – Organização Não Governamental
ONU – Organização das Nações Unidas

Org – Organização
PLGOV – Proposta de Lei nº 84/XII/1ª
PLPS – Projecto de Lei nº 236/XII/1ª
PP. – Páginas
RDDE – Revista Aranzandi de Derecho de Deporte y Entretenimento
RDFPB – Regulamento Disciplinar da Federação Portuguesa de Basquetebol
RDFPF – Regulamento Disciplinar da Federação Portuguesa de Futebol
RDP – Revista de Direito Público
RDS – Rivista Diritto Sportivo
REDD – Revista Española de Derecho Deportivo
RePro – Revista de Processo
Revista Jurídica da FURB – Revista Jurídica Científica do Centro de Ciências Jurídicas da Universidade Regional de Blumenau
RGFPTM – Regulamento Geral da Federação Portuguesa de Ténis de Mesa
RJES – Revue Juridique et Economique du Sport
RJFD – Decreto-Lei nº 248 – B/2008, de 31 de Dezembro, com as alterações efectuadas pelo Decreto-Lei nº 93/2014, de 23 de Junho
RJFD 1993 – Decreto-Lei nº 144/93, de 26 de Abril
RJFD 2008 – Decreto-Lei nº 248-B/2008, de 31 de Dezembro
RJFD 2014 – Decreto-Lei nº 248-B/2008, de 31 de Dezembro, na redacção do Decreto-Lei nº 93/2014
RLJ – Revista de Legislação e Jurisprudência
RO – Revue Olympique
ROA – Revista da Ordem dos Advogados
RRCEEP – Regime da Responsabilidade Civil Extracontratual do Estado e demais Entidades Públicas, aprovado pela Lei 67/2007, de 31 de Dezembro, na redacção da Lei nº 31/2008, de 17 de Junho
SchiedsVZ – Zeitschrift für Schiedsverfahren
Séc. – Século
s.d. – sem data
s.l. – sem local
SpuRt – Zeitschrift für Sport und Recht
Ss. – Seguintes
STA – Supremo Tribunal Administrativo
STE – Supremo Tribunal de España
TAC Porto – Tribunal Administrativo de Círculo do Porto
TADA – Tribunal Arbitral do Desporto alemão (Deutsches Sportschiedsgericht der DIS)
TAS – Tribunal Arbitral du Sport / Court of Arbitration for Sport / Tribunal Arbitral do Desporto

TC – Tribunal Constitucional
TCA Sul – Tribunal Central Administrativo Sul
TCEspanha – Tribunal Constitucional espanhol
TEDH – Tribunal Europeu dos Direitos do Homem
TFS – Tribunal Federal Suíço
Themis – Themis, Revista Jurídica da Faculdade de Direito da Universidade Nova de Lisboa
TJCE – Tribunal de Justiça das Comunidades Europeias
TRG – Tribunal da Relação de Guimarães
TRL – Tribunal da Relação de Lisboa
TRP – Tribunal da Relação do Porto
TSJM – Tribunal Superior de Justiça de Madrid
UCI – Union Cycliste Internationale
UEFA – Union des Associations Européennes de Football
UIMP – Union of International Modern Pentathlon
UMB – União Mundial de Bilhar / Union Mondiale de Billiard
UMT – União Mundial de Triatlo
V. – Ver
Vol. – Volume
WMF – World Mini Golf
ZäoRV – Zeitschrift für ausländisches öffentliches Recht und Völkerrecht
ZHR – Zeitschrift für das Gesamte Handels- und Wirtschaftsrecht
ZIP – Zeitschrift für Wirtschaftsrecht
ZPO suíço – Código de Processo Civil suíço, na redacção de 1 de Julho de 2014

PARTE I
A resolução de conflitos desportivos e as relações entre o Estado e o poder desportivo: enquadramento dogmático

Introdução

1. Da delimitação do objecto da dissertação

A presente dissertação ocupa-se da *resolução de conflitos desportivos*. Numa abordagem simplista e carecendo de concretização posterior, deste facto conclui-se que se *examinarão os conflitos que emergem da regulação de uma actividade desportiva*. Noutra análise sintética, é possível, olhando para o tema da nossa investigação, afirmar que estamos perante um trabalho a incidir sobre o universo dogmático do que se considera ser o Direito do Desporto[1].

[1] A consideração de que existe um Direito do Desporto é controversa. São conhecidas as afirmações de Edward Grayson [cfr. *Sport and The Law*, 2ª Edição, p. xxxvii da introdução] quando afirmava que «[n]o subject exists which (...) can be called sports law», argumentando que «as soundbite headline (...) [e]ach area of law applicable of sport does not differ from how it is found in other social or jurisprudential category». Em sentido contrário, na actualidade, é pacífico que o Direito do Desporto se manifesta em dois elementos essenciais: (i) na regulação do sector social relacionado com o Desporto pelas normas estaduais (e, concomitantemente, pelos diversos ramos de Direito) e, por outro lado, (ii) nas normas desportivas criadas pelo associativismo desportivo (transnacional e nacional). Cfr, entre tantos outros, Bernhard Pfister e Udo Steiner, *Sportrecht von A-Z*, pp. 194-196, Franck Latty, *La lex sportiva – Recherche sur le droit transnacional*, p. 173, Jean Pierre Karaquillo, *Le Droit du Sport*, 3ª Edição, pp. 3 e 4, Jochen Fritzweiler, Bernhard Pfister e Thomas Summerer, *Praxishandbuch Sportrecht*, 3ª Edição, pp. 8 e ss. Neste contexto, esclareça-se, porém, que as considerações anteriores não implicam tomar posição sobre a questão – igualmente controversa – relacionada com a assumpção de que existe um ramo de Direito do Desporto. Neste sentido, segundo Diogo Freitas do Amaral, o Direito do Desporto é inclusivamente «*o ramo do direito constituído pelo sistema de normas jurídicas – internacionais e nacionais, públicas e privadas, estaduais e não-estaduais – que regulam as actividades desportivas, bem como o seu*

Do título pode ainda retirar-se outra consideração: a análise será efectuada a partir de uma visão nacional. Parte-se, deste modo, do postulado de que existem dois espaços de regulação desportiva[2] autonomizáveis (embora, por vezes, com importantes intersecções) que permitem identificar uma resolução de conflitos desportivos nacional e outra transnacional. A primeira está relacionada com a regulação desportiva desenvolvida por uma federação desportiva nacional e a segunda com a regulação da actividade desportiva pela respectiva federação desportiva transnacional. Não existe, no entanto, qualquer desconsideração em relação à inserção da federação desportiva nacional num contexto de regulação desportiva transnacional. Pelo contrário, a presente dissertação pretende compreender quais as conexões que existem (e como se podem conciliar) entre a regulamentação da actividade desportiva transnacional e daquela que se desenvolve num âmbito puramente nacional.

Neste contexto, é perceptível que existe um operador determinante na tarefa de regulação desportiva: as federações desportivas. Não é, porém, o único. Com efeito, no espaço nacional, as federações desportivas assumem-se – numa primeira e sintética abordagem – enquanto «pessoas colectivas constituídas sob a forma de associação sem fins lucrativos que, englobando clubes ou sociedades desportivas, associações de âmbito territorial, ligas profissionais, se as houver, praticantes, técnicos, juízes e árbitros, e demais entidades que promovam, pratiquem ou contribuam para o desenvolvimento da respectiva modalidade»[3]. A federação desportiva nacional é, por

condicionamento e fiscalização por organismos internacionais privados e pelo Estado», cfr. *Manual de Introdução ao Direito*, p. 337.

[2] A regulação desportiva implica que estejam preenchidas três condições essenciais: (i) por um lado, a existência de uma entidade responsável por qualquer intervenção que ocorra na competição desportiva; (ii) por outro lado, a criação de um conjunto de regras que permitam estabelecer as normas de funcionamento e de acesso à competição desportiva; (iii) por fim, o exercício de um poder de controlo respeitante ao cumprimento da normatividade criada e, além disso, a existência de um poder de disciplina que permita impor o respeito das normas desportivas. Em geral, sobre o conceito regulação, cfr., entre outros, José Luís Saldanha Sanches, «A regulação: história breve de um conceito», pp. 5 e ss., Vital Moreira, «Regulação Económica, Concorrência e Serviços de Interesse Geral», pp. 547 e ss. e Pedro Gonçalves, *Regulação, Electricidade e Comunicações*, pp. 14 e 15. Em particular, sobre o fenómeno de auto-regulação por privados, cfr., por todos, Vital Moreira, *Auto-regulação profissional e Administração Pública*, pp. 80 e ss.

[3] Cfr. O artigo 14º, da LBAFD. Por federação deve entender-se, em regra, a «[a]ssociação de entidades colectivas a quem a ordem jurídica reconhece uma personalidade jurídica autónoma das entidades que a integram». Cfr. Paulo Otero, «Federação Desportiva», p. 332.

sua vez, parte integrante do comummente designado *movimento desportivo* que representa, no plano nacional, o conjunto agregado de pessoas colectivas (como, por exemplo, o Comité Olímpico de Portugal, federações desportivas nacionais, associações desportivas distritais, etc) e pessoas singulares (desportistas, árbitros, treinadores, etc) que integram (associados, licenciados desportivamente, bem como todos aqueles que estão submetidos ao poder regulamentar ou disciplinar de uma associação desportiva) associações de cariz desportivo que exerçam poderes públicos de autoridade[4].

No plano transnacional, é certo que as federações transnacionais também exercem um lugar de destaque na regulação da competição desportiva, mas não são os únicos entes relevantes. É, deste modo, possível identificar um *movimento desportivo transnacional* que compreende um conjunto considerável de pessoas colectivas (o COI, a AMA e todas as federações desportivas transnacionais) a quem compete a regulação da actividade desportiva (embora em planos diferenciados) e de pessoas singulares (todos aqueles que se submetam ao poder regulatório transnacional).

Neste sentido, a estruturação da regulação transnacional e nacional – associada recorrentemente à expressão *associativismo desportivo*[5] – assenta numa complexa rede nacional (local, regional ou supra-regional) e transnacional (continental ou mundial) de regulação que exige que estudemos e apuremos as relações que existem entre estas duas realidades, de modo a percebermo os problemas que se colocam na resolução de conflitos desportivos.

Por um lado, numa tentativa de delimitação do tema, é imprescindível adiantar que a nossa exposição se ocupará exclusivamente do denominado *modelo europeu de desporto* e do *modelo de intervenção estadual misto*. O primeiro pressupõe duas características essenciais: (i) a *especificidade* das actividades e das regras desportivas; (ii) a particularidade da organização das estruturas do associativismo desportivo, a qual se manifesta numa estrutura piramidal

A federação desportiva é, portanto, uma entidade que agrega a associação de associações desportivas distritais ou regionais, mas que também regula o licenciamento da actividade de outras pessoas colectivas ou singulares que pretendam competir no quadro organizativo por esta regulado.

[4] Cfr. Num sentido próximo, aplicando a expressão ao contexto jurídico francês, cfr. JEAN-PIERRE KARAQUILLO, *Le Droit du Sport*, 3ª Edição, p. 8.

[5] Esta expressão não deve, em bom rigor, ser confundida com o movimento desportivo, uma vez que, em sentido técnico, se pretende referir somente às entidades que são competentes para a regulação da competição desportiva num plano nacional ou transnacional.

da organização das competições e no princípio da existência de uma única federação por cada modalidade desportiva (*Ein-Platz-Prinzip*)[6].

Por outro lado, as intervenções legislativas na actividade de regulação desportiva são marcadas, no panorama europeu, pela existência de três modelos diferenciados relativamente à *intervenção estadual* no Desporto[7]. Existe, em primeiro lugar, um *modelo liberal* que se manifesta numa tendencial abstenção de intervenção legislativa no tocante ao regime jurídico que envolve a regulação desportiva, permitindo que as federações desportivas se auto-organizem dentro de um quadro essencialmente regulado pelo Direito Privado, apesar da actividade de regulação federativa ser subvencionada através de apoios financeiros e de – como qualquer outra associação – a federação desportiva se encontrar submetida ao Direito estadual (e aos tribunais), existindo, no entanto, uma lógica de subsidiariedade. É este o regime vigente em países como a Alemanha, Suíça ou o Reino Unido[8].

As relações entre o Estado e o associativismo desportivo podem, em segundo lugar, assentar também numa *intervenção estadual* mais radical. O *modelo intervencionista* implica uma forma de regular o desporto na qual a autonomia privada associativa não apresenta qualquer tipo de expressão, sendo que todo o movimento desportivo é, desta forma, assimilado pelas estruturas administrativas estaduais[9]. Estamos, neste caso, perante um modelo tipicamente existente na regulação desportiva de alguns regimes políticos de ditaduras europeias dos anos 40 do Séc. XX.

Noutro plano, existe, em terceiro lugar, um paradigma salomónico assente num *modelo misto* que se encontra presente nas intervenções estaduais em ambiente democrático, tal como sucede em Portugal. Neste modelo, embora se verifique uma participação intensa do Estado, existe

[6] V. *Livro Branco do Desporto*, disponível em (http://ec.europa.eu/ sport/documents/wp_on_sport_pt.pdf), pp. 13 e ss., no qual a Comissão Europeia, embora reconhecendo que, perante as variadas e complexas estruturas desportivas europeias seja de certo modo irrealista adoptar uma única noção de «Modelo Europeu de Desporto», pressupõe a existência das duas dimensões supramencionadas como corolários da suposta *especificidade desportiva europeia*.

[7] Neste sentido, Frédéric Buy *et alli*, *Droit du Sport*, 3ª Edição, p. 30. Operando também esta distinção, entre nós, Alexandra Pessanha, *As Federações Desportivas – Contributo para o Estudo do Ordenamento Jurídico Desportivo*, p. 35-37.

[8] Cfr. Frédéric Buy *et alli*, *Droit du Sport*, 3ª Edição, 2012, p. 20.

[9] V. Frédéric Buy *et alli*, *Droit du Sport*, 3ª Edição, p. 30.

a expressão de uma «terceira via»[10], assente no reconhecimento de que a regulação da prática desportiva se assume como uma actividade que comporta um *serviço público*[11].

Atendendo às características típicas da *intervenção estadual mista* na regulação da actividade desportiva em Portugal, a nossa abordagem crítica será efectuada sob o prisma do Direito Administrativo[12] e, portanto, situaremo-nos no domínio do Direito Público. A nossa opção não tem implícito nenhum preconceito para com as federações que não exerçam poderes públicos; trata-se, a nosso ver, de uma decisão que nos parece ser razoável face à centralidade das federações desportivas que adquiram o EUPD no nosso ordenamento jurídico. Pode, deste modo, constatar-se que a presente dissertação de doutoramento implicará, primacialmente, um estudo sobre a *resolução de conflitos desportivos das federações desportivas* que: (i) *sejam criadas*, (ii) *tenham a sua sede efectiva* e (iii) *desenvolvam a sua actividade* no território português[13], mas que (iv) concomitantemente também tenham obtido o EUPD[14].

Situado o núcleo jurídico da dissertação, podemos delimitar quais os conflitos desportivos a analisar no presente estudo. Na verdade, é certo que os *conflitos que se relacionam com a actividade desportiva* podem, de facto, implicar, uma regulação diferenciada pelos diversos ramos de Direito, *v.g.* pelo Direito Civil, pelo Direito Penal, pelo Direito do Trabalho e pelo Direito Administrativo[15]. Contudo, no âmbito da regulação desportiva publicizada – que é o espaço no qual nos iremos mover – os conflitos desportivos recon-

[10] Expressão utilizada, entre nós, por Alexandra Pessanha, confluindo no sentido exposto, cfr. *As Federações Desportivas – Contributo para o Estudo do Ordenamento Jurídico Desportivo*, p. 37.

[11] A manifesta diferença entre o expoente máximo deste modelo intervencionista e o modelo misto reside na existência de dois regimes jurídicos. Por um lado, um que se regula pelo Direito Privado e, além desse, existe outro que permite que, cumpridas determinadas condições, a federação desportiva obtenha determinadas prorrogativas de Direito Público. É esta a realidade que existe precisamente em Portugal.

[12] Excluímos, pois, da nossa análise o regime das federações desportivas nacionais cuja actividade é regulada exclusivamente pelo Direito Privado.

[13] Em sentido próximo, no tocante às federações desportivas alemãs nacionais e distinguindo a dimensão nacional e internacional precisamente pelo carácter nacional ou internacional destes elementos, cfr. Klaus Vieweg, *Normsetzung und -anwendung deutscher und internationaler Verbände*, pp. 24 e ss.

[14] Cfr., por exemplo, o artigo 19º da LBAFD.

[15] Neste sentido, falando também num pluralidade de jurisdições que se situam entre o Direito Público e o Direito Privado. Cfr. Gérald Simon *et alli*, *Droit du Sport*, pp. 517 e 518.

duzem-se a disputas jurídicas reguladas exclusivamente pelo Direito Administrativo. Deste modo, temos como objectivo estudar *os espaços normativos que se ocupam da resolução de conflitos desportivos de Direito Público que surgem no âmbito da organização responsável pela regulação da competição desportiva em Portugal*[16].

O que não significa, no entanto, que, perante a evidente *interdisciplinaridade* do fenómeno desportivo, façamos uma investigação desligada de outras disciplinas jurídicas. Com efeito, a última parte do título da dissertação indicia que remetemos o nosso estudo para a esfera de uma *dupla vinculação federativa*[17]. Neste sentido, esta última suscita interesse em dois aspectos essenciais: (i) por um lado, as federações desportivas nacionais e transnacionais reclamam espaços de autonomia consideráveis na *resolução dos conflitos* surgidos no âmbito da regulação da competição desportiva com os seus regulados – os agentes desportivos –, dirimindo-os de acordo com regras estabelecidas especificamente para permitir uma adequada *resolução de conflitos* pelos órgãos competentes; (ii) por outro lado, a *intervenção estadual* no Desporto português pressupõe também a existência de um regime de Direito Público que regula a actividade das federações desportivas que obtenham EUPD. Neste contexto, o legislador impõe, assim, deveres ao desenvolver das actividades federativas, estabelecendo, por sua vez, limites legais a uma constitucionalmente concedida autonomia associativa[18] exigindo-se, por outro lado, o controlo desta actividade pelos tribunais administrativos.

A última constatação envolve a existência de uma jurisdição dos tribunais administrativos em matérias desportivas (mas, em geral, de qualquer tribunal estadual) que é tradicionalmente vista como uma intromissão indesejada pelas federações desportivas transnacionais, a quais sancionam a federação desportiva nacional quando aquela permite que um determinado conflito desportivo chegue aos tribunais estaduais. Em virtude desta realidade, não é de estranhar que as federações convivam, em regra, com um *dilema* constante de compatibilização entre dois pólos aparentemente antagónicos: (i) de um lado, surgem vinculações de origem privada – aquelas que derivam da *hierarquia desportiva piramidal* – (ii) e, de outro lado, apre-

[16] Numa conceptualização próxima, denotando precisamente a existência de um *Direito Público do Contencioso Desportivo*, cfr. JEAN-MARC DUVAL, *Le Droit Public du Sport*, p. 113.

[17] Reconhecendo esta dualidade, cfr. JOSÉ MANUEL MEIRIM, «Léxico – Direito do Desporto», p. 129.

[18] Há até quem fale num *Direito Público do Desporto*. Cfr. GABRIEL REAL FERRER, *Derecho Publico del Deporte*, pp. 186 e 187.

sentam-se vinculações de origem pública – as que decorrem do seu exercício de prerrogativas de Direito Público[19].

Neste contexto de conflitualidade, estudar a normatividade que envolve o Desporto pressupõe precisamente olhar para o Direito com uma postura aberta e plural que tome este em toda a sua amplitude: contemplando quer uma visão sobre o Direito Público, bem como sobre o Direito Privado. A referida dialética manifesta-se numa especial tensão que decorre da referida encruzilhada *normativa pluriforme* que acaba por, na maioria das vezes, apresentar um efeito *preclusivo* da normatividade estadual, uma vez que coloca as federações nacionais perante o dilema do cumprimento das *normas desportivas* em deterimento das normas estaduais de Direito Administrativo.

Deste contexto acaba por emergir um paradoxal perigo para a *prossecução do interesse público* a que as federações desportivas nacionais que exerçam poderes públicos estão legalmente adstritas de prosseguir precisamente porque: (i) ou a federação nacional cumpre a normatividade desportiva; (ii) ou, no limite, sofre sanções pelo incumprimento dessas mesmas normas cuja origem se reconduz à federação desportiva transnacional. Estão, por esse mesmo motivo, certas as considerações de quem afirma que «(...) a *federação desportiva* constitui, com toda a certeza, um dos exemplares mais relevantes do fenómeno do exercício de poderes públicos administrativos de autoridade por entidades privadas»[20]. Com efeito, estamos perante «um exemplo das alamedas comunicantes entre o Direito Público e o Direito Privado»[21].

Em síntese, com o presente trabalho, pretendemos responder somente a uma pergunta: qual o grau de autonomia dos meios de resolução de conflitos desportivos em Portugal em relação à jurisdição estadual? Esta questão permite, desde logo, afastar do nosso âmbito o desenvolvimento de todos os problemas que existem na resolução de conflitos desportivos (transna-

[19] Pedro Gonçalves, «A «soberania limitada» das federações desportivas», p. 59, embora concluindo, sem margem para dúvidas, que: «(...) se afigura fora de qualquer dúvida razoável a conclusão segundo a qual as federações se encontram primacialmente submetidas ao direito do Estado (...)». Mais recentemente, o mesmo autor, afirma inclusivamente que: «(...) desde o momento em que a regulação do desporto se viu convertido em *res* pública, deixou de fazer sentido invocar, como factor de independência do (suposto) ordenamento desportivo em relação ao Estado, ao seu direito, às suas leis e aos seus tribunais». Cfr. «Regulamentos Desportivos», p. 60.

[20] Pedro Gonçalves, *Entidades Privadas com Poderes Públicos*, pp. 835 e ss.

[21] A frase é de Domingos Soares Farinho proferida relativamente às fundações, cfr. *Fundações e Interesse Público*, p. 35.

cional e nacional), o que, aliás, seria incomportável no âmbito do presente estudo. O nosso propósito é, neste contexto, face à fragmentação do Direito que envolve o estudo da realidade normativa das federações desportivas (quer no Direito Público, quer no Direito Privado), ensaiar uma conceptualização que permita compreender os espaços autonómicos entre a normatividade desportiva e a normatividade estadual no âmbito da resolução de conflitos desportivos em Portugal.

1.2. As razões de escolha do tema

O tema que escolhemos tem uma evidente relevância que importa conhecer. Existem, na verdade, três razões que justificam, em particular, esta investigação. Numa primeira vertente, este tema coloca-se com especial interesse, desde logo, por constatarmos que as ligações entre o Desporto e o Direito se caracterizam pela sua *transversalidade* [22] que, por sua vez, assumindo-se numa eminente necessidade de convocar conhecimentos dos mais diversos ramos de Direito, torna o estudo do Direito do Desporto num *fascinante* exercício de aprendizagem e numa aliciante prática de interpretação jurídica[23].

Esta circunstância acompanha o nosso entendimento sobre a que realidade deve ser reconduzido o *Direito do Desporto*. Esta disciplina jurídica deve, a nosso ver, ser concebida como assente num «*modelo de dois pilares*» (*Zweisäulenmodell*): (i) um composto pelas regras criadas pelas organizações desportivas; (ii) um outro que é constituído pelas normas estaduais que possam assumir relevância na regulação normativa da actividade desportiva. Esta dualidade permite, é certo, ao jurista encarar o Direito como um todo, bem como assumir a investigação como um desafio particularmente difícil, mas intelectualmente muito mais enriquecedor[24].

Num segundo plano e por outro lado, é inegável – e um ponto assente na generalidade dos estudos sobre a temática – que a globalização[25] teve um

[22] Klaus Vieweg, *Faszination Sportrecht*.
[23] Neste sentido, Martin Nolte e Horst Hilpert, *Was ist Sportrecht*, p. 3, assinalando que o Direito do Desporto se «serve», em geral, de conhecimentos do Direito Civil, do Direito Público e, em especial, do Direito Penal.
[24] Cfr. Jean-Pierre Karaquillo, *Le Droit du Sport*, 3ª Edição, p. 3. Cfr. José Manuel Meirim, reconhecendo a transversalidades das temáticas jurídico-desportivas, cfr. «Desporto e Direito ou Direito do Desporto», p. 280.
[25] Sobre os efeitos da globalização no Desporto, cfr., entre outros, Andrei S. Markovits e Lars Rens Mann, *Gaming the World*, pp. 43 e ss. Lincoln Allison, «Sport and globalisation», pp. 5 e ss., Joseph Maguire, «Sport and Globalization, pp. 356 e ss.

impacto determinante no surgimento e em colocar em evidência fenómenos que são, actualmente, indissociáveis de regulação desportiva, nomeadamente, aqueles que envolvem a violência no Desporto[26], o género e a discriminação no acesso à prática desportiva[27], a religião[28], a identidade nacional[29] ou a dopagem e a integridade física dos intervenientes[30], implicando aquela, portanto, problemas relevantes na sociedade[31].

Por um lado, a globalização dos eventos desportivos[32] veio acentuar a sua dimensão económica, sendo, em primeiro lugar, a sustentabilidade da competição desportiva impensável sem a existência de patrocinadores (quer sejam, por exemplo, empresas multinacionais ou o Estado). Em segundo lugar, os clubes desportivos deixam de desenvolver a sua actividade segundo objectivos puramente lúdicos, prosseguindo, pelo contrário, uma actuação economicamente sustentável (ainda que enquanto objectivo secundário) que permita obter resultados desportivos. Em terceiro lugar, a actividade física é, num quadro competitivo, também uma actividade profissional, em que os atletas desenvolvem uma actividade remunerada como qualquer outro trabalhador[33].

[26] Cfr., por exemplo, Eric Dunning, «Civilizing Sports: Figurational Sociology and the Sociology of Sport», pp. 15 e ss. e Eric Dunning, *Sport Matters*, pp. 130 e ss.
[27] Cfr., por exemplo, Jonathan Long e Karl Spracklen, «Positioning Anti-Racism in Sport and Sport in Anti-Racism», John W. Loy e Joseph F. McElvogue, «Racial Segregation in American Sport», pp. 113 e ss.
[28] David Yamane, Charles Mellies e Teresa Blake, «Playing for Whom? Sport, Religion, and the Double Movement of Secularization in America», pp. 81 e ss.
[29] Alan Bairner, *Sport, nationalism, and globalization*, pp. 6 e ss.
[30] Ian Ritchie, «The Sociology of Science: Sport, Training, and the Use of Performance-Enhancing Substances», pp. 41 e ss.
[31] Luís Cazorla Prieto assume que existem dois argumentos essenciais que fundamentam a relevância social do Desporto: (i) pelo modo como a organização da sociedade se desenvolveu influencia o Desporto, na medida em que geram e propiciam condições sociológicas e materiais para que nos encontremos na «era do Desporto»; (ii) pela forma como o Desporto transporta um conjunto de valores para a própria sociedade, mutando atitudes, comportamentos e formas de actuação. Cfr. *Deporte y Estado*, p. 52. Para mais desenvolvimentos sobre a Sociologia do Desporto, cfr. John Horne, Alan Tomlinson e Garry Whannel, *Understanding Sport – An introduction to the Sociological and Cultural Analysis of Sport*. Entre nós, cfr. Salomé Marivoet, *Aspectos Sociológicos do Desporto*, pp.13 e ss e Jorge Teixeira de Sousa, *Para a Sociologia do Futebol Profissional Português*, pp.19 e ss.
[32] Sobre o impacto deste fenómeno, cfr., por todos, Maurice Roche, *Mega-Events and Modernity*, pp. 31 e ss.
[33] Sobre estas questões, cfr., por todos, Harald Dolles e Sten Söderman, «Sport as a Business: Introduction», pp. 1 e ss. e Wladimir Andreff e Stefan Szymansky, *Handbook on the Economics of Sport*, *passim*.

O contexto descrito anteriormente apresenta, em Portugal e no que respeita às federações desportivas que exercem poderes públicos, toda uma relevância social e económica que não pode, de forma alguma, ser ignorada. Com efeito, a importância da regulação desportiva encontra-se reflectida, em primeiro lugar, na contabilização de 524.167 praticantes desportistas federados[34], que se encontram submetidos ao poder de regulação de federações desportivas e, em segundo lugar, na constatação de que, por outro lado, a actividade federativa que se rege pelo Direito Público em Portugal assumiu contornos económicos relevantes, na exacta medida em que as subvenções atribuídas pelo Estado às federações desportivas que beneficiam do EUPD chegaram a ultrapassar o montante de 38 milhões de euros anuais[35].

Numa terceira vertente, a resolução de conflitos desportivos em Portugal apresenta-se, por outro lado, como um tema plenamente actual, uma vez que se assume, entre nós, com peculiaridades – e com evidentes dúvidas sobre a sua constitucionalidade[36] – decorrentes da existência de um tribunal arbitral necessário e que difere, em larga medida, de outros países (Alemanha, Suíça, França, Espanha ou Itália), face à inexistência de um sistema de resolução de conflitos assente numa entidade de resolução de conflitos imposta legalmente às partes nos sistemas de regulação desportiva. Esta circunstância suscita perplexidades que implicam atingir um elevado grau de consolidação doutrinal que não existe, a este respeito, naqueles sistemas jurídicos e que, por conseguinte, dificultam um diálogo entre os problemas entre o nosso ordenamento jurídico e aqueles ordenamentos.

Por outro lado, entre nós, os estudos doutrinais que se desenvolveram sobre a temática tiveram a virtualidade de denunciar fraquezas e identificar lacunas importantes[37]. No entanto, em razão da recente instituição de um

[34] Os dados estatísticos mencionados são aqueles que se encontravam disponíveis em 2012, cfr. (http://www.idesporto.pt/conteudo.aspx?id=103).

[35] V. (http://www.idesporto.pt/conteudo.aspx?id=103).

[36] Como é possível verificar pela existência de dois acórdãos do TC que declararam a inconstucionalidade da instituição de um tribunal arbitral necessário em Portugal. Cfr. os Ac. nº 230/2013 e 781/2013 do TC.

[37] Entre outros, cfr. Pedro Gonçalves, «A soberania limitada das federações desportivas», pp. 41-61, Luís Pais Borges, «Justiça Desportiva: que sentido e que limites», pp. 23-36, João Correia e José Luís Pereira Seixas, «A nova Lei de Bases da Actividade Física e do Desporto – Justiça Desportiva: que sentido e que limites?», pp. 221-238, João Correia e José Luís Pereira Seixas, «Em defesa da justiça desportiva: uma vez mais», pp. 49-61, José Joaquim Lopes, «A justiça desportiva: que justiça?», pp. 135-140, José Joaquim Lopes,

tribunal arbitral necessário, os problemas analisados reconduzem-se quase exclusivamente à dimensão interna dos mecanismos de resolução de conflitos desportivos[38]. Neste contexto, a realidade que envolve a resolução de conflitos desportivos e, em particular, a sua autonomia em relação à jurisdição estadual ganhou um novo fôlego e exige uma investigação de maior profundidade. O sentido dado ao presente trabalho situa-se, em particular, numa zona chave de um edifício com alicerces pouco estudados: o conflito desportivo de cariz administrativo promove, sem exagero, discussões que permitem avaliar o alcance da relação que se estabelece entre a normatividade estadual e as fronteiras da normatividade desportiva. Aí reside o elevado grau de *novidade* envolvendo a *resolução de conflitos desportivos* que serve, desde logo, para fundamentar uma investigação com a profundidade pretendida.

1.3. Sobre o método

A nossa compreensão da inserção hierárquico-monopolistica da federação desportiva nacional implica que nos dediquemos a estudar a relação entre as normas das federações desportivas transnacionais e o bloco normativo das federações desportivas nacionais que sejam reguladas por normas de Direito Administrativo.

Esta inevitável opção exige, porém, que prestemos alguns esclarecimentos sobre a abordagem metodológica por nós adoptada. Em primeiro lugar, deixemos bem claro que a nossa dissertação terá como ponto de partida a normatividade vigente. Estamos, na verdade, perante um trabalho na área científica do Direito. Não é, todavia, nossa pretensão ficarmos por um mero enquadramento de *jure constituto*[39]. Com efeito, apesar de optarmos pelas

«Litígio desportivo e recurso aos tribunais», pp. 45 e ss., JOSÉ MANUEL MEIRIM, «Quem julga uma vez, julga duas ou três?: uma questão de justiça desportiva», pp. 53-68.

[38] Exceptuando o estudo de RUI MEDEIROS, «Arbitragem Necessária e Constituição», pp. 1305 e ss. Por outro lado, para uma apreciação crítica geral do novo regime, cfr. ARTUR FLAMÍNIO DA SILVA, «O Novo Regime Jurídico da Resolução de Conflitos Desportivos no Direito Administrativo: sobre a Arbitragem Necessária e a Mediação no Tribunal Arbitral do Desporto», pp. 395 e ss. e ARTUR FLAMÍNIO DA SILVA e DANIELA MIRANTE, *O Regime Jurídico do Tribunal Arbitral do Desporto*, pp. 13 e ss.

[39] Na verdade, não obstante existirem dificuldades em gerir as constantes alterações de normas estatutárias ou regulamentares das federações desportivas que revelam uma autêntica «*lex fugitiva*» (da mesma forma que as constantes alterações legislativas promovem uma certa dificuldade em saber qual o Direito vigente), não haveria nos dias de hoje grandes dificuldades em recolher o «Direito positivo» vigente. Num sentido próximo, referindo-se, porém,

normas em vigor como parâmetro referencial de nossa busca de soluções, não podemos deixar de densificar o conteúdo normativo com recurso a jurisprudência, doutrina e a outras áreas do saber.

Em todo o caso, note-se, para que não restem dúvidas, que o núcleo essencial deste trabalho tem como objecto um ramo do Direito Público: o Direito Administrativo[40]. Excluímos, portanto, da nossa análise a resolução

às dificuldades de sistematização existentes em determinados ramos de Direito, v. FRANZ BYDLINSKI, *Juristische Methodenlehre und Rechtsbegriff*, 2ª Edição, pp. 393 e 394. De qualquer modo, o que se rejeita no presente estudo é precisamente que não basta conhecer o texto legal em vigor, uma vez que: «[a] ideia da existência de "textos legislativos claros", dotados de redacção literal a dispensar intérprete e interpretação, é no nosso tempo sonho que já foi sonhado». Em particular, torna-se necessário denotar que «(...) o sentido da norma que no texto vai disposto só se torna presente – só deixa de ser, de certo modo, um sentido oculto – no preciso momento em que é *compreendido e re-presentado* por alguém que o "lê". O texto é, em si mesmo, uma coisa muda». Cfr. MARIA LÚCIA AMARAL CORREIA, *Responsabilidade do Estado e Dever de Indemnizar do Legislador*, p. 424. Neste contexto, podemos também mencionar que não adoptamos o método interpretativo clássico tal como propugnado por SAVIGNY. Na verdade, entender que o método interpretativo se reduz a uma mera operação subsuntiva da vontade do legislador apurada por intermédio do recurso aos diversos «elementos de interpretação» (o elemento «gramatical» ou literal, o elemento lógico, o elemento histórico, o elemento sistemático e, implicitamente, o elemento teleológico) [cfr. CARL FRIEDERICH VON SAVIGNY, *System des heutigen Römischen Rechts*, Vol. 1, pp. 213-215 e, especificamente sobre o elemento teleológico, pp. 216 e ss. e, em particular, p. 217, reconhecendo que o fim da interpretação é buscar «o fundamento da lei» (a *ratio legis*)] não é adequadamente transponível para o Direito Público. Como bem sintetiza ANDRÉ SALGADO MATOS, existem dois motivos que permitem afastar o método puramente subsuntivo como método jurídico no Direito Público: (i) o facto de o método jurídico segundo SAVIGNY se fixar na separação assépica entre norma e facto; (ii) pelas características estruturais entre o Direito Civil e o Direito Constitucional: este último é *um sistema de princípios* com «intencionais espaçoes de abertura» que afasta um «esquema atraente mas ilusoriamente simplista da subsunção». Cfr. *A Fiscalização Administrativa da Constitucionalidade*, pp. 65-67.

[40] A questão de saber se existe ou não efectivamente um método de Direito Administrativo é problemática. Uma boa parte da doutrina nega-o e identifica-o com o método jurídico, cfr. DIOGO FREITAS DO AMARAL, *Curso de Direito Administrativo*, 2ª Edição, Vol. I, pp. 178 e 179 e JOÃO CAUPERS, *Introdução ao Direito Administrativo*, 7ª Edição, p. 53. Em termos diferentes, v. MARCELO CAETANO, *O Problema do Método no Direito Administrativo Português*, pp. 3 e ss. Sobre o método jurídico, cfr., por todos, KARL LARENZ, *Metodologia da Ciência do Direito*, 3ª Edição, pp. 9 e ss. De todo o modo, na esteira do que é realçado por EKKERT STEIN, constituem particularidades (em relação ao Direito Privado que assenta na autonomia privada) a ter em conta numa análise metodológica do Direito Administrativo, em especial, a vinculação da Administração à Constituição e, concomitantemente, aos princípios da Democracia (impondo que a Administração apenas possa assumir as funções que lhe sejam atribuídas pela Constituição e pelo legislador legitimados democraticamente) e do Estado de Direito (que

de problemas típicos de Direito Privado. Todavia, isto não significa que não convoquemos pontualmente conhecimentos de outras áreas científicas e de outros ramos de Direito que não o Direito Administrativo, desde que tenham relevância para o enriquecimento deste estudo.

Neste contexto, não nos interessará, portanto, explorar com minúcia os problemas específicos que existem no Direito Privado, nomeadamente, no Direito Civil e, em particular, o Direito Associativo Privado (*Privates Vereinsrecht*)[41]. No entanto, não deixaremos de enquadrar, desde que tal se justifique, o Direito Administrativo que rege as federações desportivas que exerçam poderes públicos na teia normativa decorrente de uma inserção transnacional da federação desportiva nacional no poder regulatório de uma federação desportiva de vocação mundial decorrente de uma relação associação/associado. Buscamos, assim, uma integração da conflitualidade daí decorrente no espaço normativo regulamentado pelo Direito Administrativo.

Por outro lado, abandonada, entretanto, a ideia de que «o Direito Constitucional passa e o Direito Administrativo fica»[42], a Ciência do Direito Administrativo sedimentou a máxima de que o Direito Administrativo

se manifesta na vinculação da Administração pelos princípios da precedência de lei, da submissão da actividade administrativa ao princípio da legalidade e da tutela jurisdicional efectiva). Cfr. *Die Rechtwissenschaftliche Arbeit*, pp. 76 e ss. No entanto, existe tradicionalmente um desinteresse pelo método de Direito Administrativo, na medida em que se verifica, por um lado, uma tendência para que os problemas metodológicos sejam tratados pelo Direito Constitucional e, por outro lado, por se registar uma evidente «preferência» por um método centrado na resolução de casos concretos. Este último aspecto reflecte-se especialmente na interpretação de textos normativos, na qual a vinculação da Administração ao Direito assume um parâmetro com «consequências metódicas». Na verdade, esta constatação implica, desde logo uma aplicação muito restrita do método subsuntivo (típico no Direito Privado), uma vez que a Administração se assume como o «primeiro intérprete» do Direito Administrativo. Deste modo, o método subsuntivo nada nos diz, por exemplo, quanto a saber se uma determinada norma apresenta um carácter discricionário ou não – ainda que tenhamos presente que muitas das disposições normativas não suscitem especiais problemas de interpretação. Todavia, as regras de Direito Administrativo exigem uma interpretação que compreenda a diversidade metodológica de fins e de contextos decisórios que são determinados por um conjunto multiforme de normas. Neste sentido, cfr. Christoph Möllers, «Methoden», pp. 141 e ss.

[41] Sobre este, v., por todos, cfr. Bernhard Reichert, *Vereins – und Verbandsrecht*, 11ª Edição, pp. 13 e ss.

[42] Otto Mayer, *Deutsches Verwaltungsrecht*, 3ª Edição, Vol. I, nota prévia à terceira edição.

se apresenta como «Direito Constitucional concretizado»[43]. É, portanto, também no seio do Direito Constitucional que se desenvolverá o presente estudo. Em particular, este ramo de Direito terá uma relevância fucral relativamente à análise que envolve o estatuto constitucional da arbitragem necessária em matéria de conflitos desportivos.

Não obstante, no final do Séc. XX e no início do Séc. XXI, o Direito Administrativo sofreu profundas mutações que não o limitam à dependência da esfera do Direito Constitucional. Na realidade, a emergência de um «novo direito administrativo»[44] – marcado pela influência de uma paulatina

[43] Expressão popularizada por FRITZ WERNER, «Verwaltungsrecht als Konkretisiertes Verfassungsrecht», pp. 527 e ss. Não se deve, todavia, encarar esta preposição como uma antítese relativamente à locução popularizada por OTTO MAYER, uma vez que este não pretendia demonstrar como deveria ser a relação entre o Direito Administrativo e o Direito Constitucional, mas somente constatar que as transformações do Direito Constitucional não se tinham, na altura, reflectido no Direito Administrativo alemão. Cfr., neste sentido, NORBERT ACHTERBERG, *Allgemeines Verwaltungsrecht*, 2ª Edição, p. 91.

[44] Expressão utilizada na doutrina portuguesa por JOSÉ CARLOS VIEIRA DE ANDRADE e que assentaria sinteticamente nas seguintes características: (i) «privatização» (na medida em que existe um «uso misto do Direito Público e do Direito Privado»); (ii) «europeização» e «internacionalização» (assenta na crescente globalização do Direito Administrativo); (iii) «economicização» (manifestada na imposição de critérios de eficiência e sustentabilidade na actividade e organização administrativa); (iv) «cooperação coordenada» (representada pela interligação em rede das actuações administrativas); (v) «desmaterialização» (desde logo, pela crescente comunicação electrónica nas relações inter-administrativas e nas relações da Administração com os particulares); (vi) «deslegalização e rarefacção jurídica dos padrões da actividade administrativa» (que se manifesta num quadro de «policentralidade normativa»). Cfr. *Lições de Direito Administrativo*, p. 25. Para mais desenvolvimentos sobre esta nova faceta do Direito Administrativo, cfr. SUSANA TAVARES DA SILVA, *Um novo direito administrativo?*, pp. 25 e ss. Como reconhece VOβKUHLE a existência de este «nova Ciência do Direito Administrativo» comporta transformações importantes na metodologia do Direito Administrativo, desde logo, por passar a exigir uma abordagem assente na ideia de que o Direito representa um instrumento de controlo social de acção (*handlungsorientierten Steuerungsansatz*) pressupondo a existência de sujeitos controlados (*Steuerungssubjekt*) que agindo sobre um objecto (*Steuerungobjekt*) prosseguem uma finalidade (*Steuerungsziel*) recorrendo aos mais variados instrumentos (*Steuerungsinstrumente*) jurídicos e não jurídicos, gerando a necessidade de utilizar «conceitos-chave» que permitam uma harmonização das diferentes racionalidades existentes (deve ter-se presente que o Direito Administrativo «comunica» cada vez mais com as restantes Ciências Sociais e vê-se manifestamente influenciado pela evolução tecnológica). Cfr. «Neue Verwaltungswissenschaft», pp. 20 e ss. No entanto, como reconhece EBERHARD SCHMIDT-AβMANN isto não significa que devam ser abandonados os pressupostos de regulação jurídica existentes, mas que deve existir somente uma adaptação a uma nova realidade que exige uma re-construção dos «Grundmodelle» existentes. Sobre

«europeização»[45] das ordens jurídicas nacionais, a qual se manifesta num sistema de repartição de competências entre as administrações nacionais e a União Europeia dividida entre várias camadas (locais, regionais, nacionais e europeias)[46] – expandiu as fronteiras do Direito Administrativo e a importância do papel do Direito da União Europeia[47] na construção do espaço jurídico da Ciência do Direito Administrativo. Exige-se, deste modo, pela sua relevância, que se promova um efectivo diálogo com este ramo de Direito quando tal se justifique[48].

Neste contexto de transnacionalização do Direito Internacional Público, encontra-se também justificada uma incursão pelo quadro jurídico cosmopolita de protecção Direito humanos resultante da CEDH[49] – e em que o

os exactos termos desta proposta, cfr. *Das allgemeine Verwaltungsrecht als Ordnungsidee*, 2ª Edição, pp. 18 e ss.

[45] Tornou-se, por outro lado, recorrente falar-se inclusivamente numa «Constitucionalização» do Direito Europeu. Cfr., por exemplo, ARMIN VON BOGDANDY, «Konstitutionalisierung des europäischen Rechts in der Europäischen Republik», pp. 529 e ss. Sobre a questão, desenvolvidamente, ARMIN VON BOGDANDY, «Grundprinzipien», pp. 13 e ss.

[46] Sobre esta questão, cfr. EBERHARD SCHMIDT-AβMANN, *Das allgemeine Verwaltungsrecht als Ordnungsidee*, 2ª Edição, pp. 376 e ss. Sobre o Direito Administrativo Europeu, cfr., por exemplo, THOMAS VON DANWITZ, *Verwaltungsrechtliches System und Europäische Integration*, pp. 88 e ss., MARIO P. CHITI e GUIDO GRECO, *Trattato di Diritto Amministrativo Europeo*, Tomo I, 2ª Edição, pp. 3 e ss., JEAN-BERNHARD AUBY e JACQUELINE DUTHEIL DE LA ROCHÈRE, *Droit Administratif Européen*, pp. 3 e ss. e MIGUEL PRATA ROQUE, *Direito Processual Administrativo Europeu*, pp. 27 e ss.

[47] Na sequência desta realidade há quem considere que existe um autêntico Direito Administrativo Europeu. Sobre os exactos termos desta proposta, cfr. THOMAS VON DANWITZ, *Europäisches Verwaltungsrecht*, pp. 5 e ss. Sobre o Direito Administrativo Europeu, cfr., por exemplo, THOMAS VON DANWITZ, *Verwaltungsrechtliches System und Europäische Integration*, pp. 88 e ss., MARIO P. CHITI e GUIDO GRECO, *Trattato di Diritto Amministrativo Europeo*, Tomo I, 2ª Ediçao, pp. 3 e ss., JEAN-BERNHARD AUBY e JACQUELINE DUTHEIL DE LA ROCHÈRE, *Droit Administratif Européen*, pp. 3 e ss. e MIGUEL PRATA ROQUE, *Direito Processual Administrativo Europeu*, pp. 27 e ss.

[48] No sentido de que um dos desafios do método administrativo se reconduz precisamente em saber como lidar com a «composição normativa» (*Regelzusammensetzung*) oriunda das diversas «áreas jurídicas relativamente autónomas»: Direito Civil, Lei, Direito Internacional Público e Direito Constitucional. Cfr. EBERHARD SCHMIDT-AβMANN, *Das allgemeine Verwaltungsrecht als Ordnungsidee*, 2ª Edição, pp. 26 e 27.

[49] O direito cosmopolita aqui emergente deve ser entendido como «um sistema jurídico em que o poder público tem como obrigação de, no seio da sua jurisdição, assegurar o respeito pelos direitos fundamentais de qualquer pessoa, independente da nacionalidade ou cidadania da mesma». Cfr. a síntese de ALEC STONE SWEET, «A cosmopolitan legal order: Constitutional pluralism and rights adjudication in Europe», p. 60.

TEDH assume o protagonismo de ser o «tribunal regional de direitos humanos mais influente no mundo»[50] –, uma vez que, por um lado, a CEDH é um instrumento incontornável de tutela dos particulares em relação ao incumprimento das obrigações dos Estados contratantes[51] e, por outro lado, as influências desta no Direito nacional são óbvias, na medida em que, ainda que exista uma margem livre de apreciação dos Estados contratantes no cumprimento da CEDH[52], contém importantes elementos para a interpretação das disposições jurídicas nacionais[53].

Por outro lado, é indiscutível – já o dissemos – que as temáticas que envolvem o Direito Administrativo nacional aplicável às federações desportivas nacionais necessitam de um constante esforço de compatibilização e de síntese entre as normas originariamente criadas pelas federações desportivas transnacionais e as regras de Direito Público[54]. No entanto, esta

[50] Cfr., sobre a questão, Kantstantsin Dzehtsiarou, *European Consensus and the Legitimacy of the European Court of Human Rights*, p. 146. Embora seja possível constatar que a «autoridade supranacional» do TEDH seja bastante limitada, cfr., por exemplo, Alexander Somek, *The Cosmopolitan Constitution*, pp. 192 e 193. Sobre a relação do TEDH com os tribunais nacionais como uma forma de *institucionalismo cosmopolita* assente numa lógica uniformizadora, mas de pluralidade garantia pela margem de livre apreciação dos Estados, cfr. H. Patrick Glenn, *The Cosmopolitan State*, pp. 253 e ss. e, em particular, relativamente ao *institucionalismo cosmopolita*, as pp. 147 e ss.

[51] Como é sabido, nos termos do artigo 34º, da CEDH, os particulares (incluindo ONG) podem obter protecção junto do TEDH relativamente a um incumprimento das obrigações que decorrem da CEDH para os Estados contratantes. Neste sentido, coloca-se em causa a ideia clássica de que o Direito Internacional Público se aplica (com os inerentes direitos e deveres) somente a Estados, cfr., sobre a questão e por todos, Bruno Simma, «Der Einfluss der Menschenrechte auf das Völkerrecht: ein Entwurf», pp. 733 e ss.

[52] Sobre a questão, cfr., por todos, Andrew Legg, *The Margin of Appreciation in International Human Rights Law*, pp. 40 e ss.

[53] Os tribunais portugueses, incluindo o próprio TC, recorrem à jurisprudência do TEDH para interpretar as normas constitucionais. Cfr., recentemente e por exemplo, os Acs. nº 55/2016 e nº 24/2016 do TC. Sobre a importância da CEDH na jurisprudência do TC, cfr., por exemplo, Cecília Macdowell dos Santos e Teresa Maneca Lima, «Portugal e o TEDH: um retrato da litigação transnacional», pp. 119 e ss.

[54] Na verdade, relativamente ao exercício de poderes públicos por privados fala-se recentemente numa «auto-regulação regulada» (*Regulierte Selbstregulierung*), na medida em que o Estado garante uma estrutura de auto-regulação num determinado sector da Sociedade. Sobre esta noção com amplas referências, cfr. Rainer Schröder, *Verwaltungsrechtdogmatik im Wandel*, pp. 200 e ss. Sobre a «auto-regulação regulada» como fonte de construção sistemática, cfr. Eberhard Schmidt-Aßmann, «Regulierte Selbstregulierung als Element verwaltungsrechtlicher Systembildung», pp. 255 e ss.

circunstância integra uma problemática ainda mais ampla que envolve um contexto de emergência de um Direito Administrativo Global[55], que transforma – com a correspondente pretensão de superação de uma visão privada da regulação desportiva – os cânones tradicionais da compreensão dos ordenamentos normativos transnacionais, uma vez que, neste exemplo, o Estado surge no plano transnacional a actuar em conjunto com entidades privadas na regulação da dopagem. A constatação pretérita remete-nos, em qualquer dos casos, para a discussão que envolve a natureza da normatividade desportiva, enquanto manifestação de um pluralismo normativo, apurada à luz da Teoria do Direito[56].

Paralelamente, parece-nos inevitável que esta abordagem implique estudar o estatuto da normatividade desportiva transnacional no ordenamento jurídico português[57]. Esta é uma parte extremamente importante do nosso estudo, uma vez que, ao adoptarmos uma perspectiva teórica e mais especulativa, permite perceber as fronteiras da sustentação da autonomia do ordenamento desportivo face ao ordenamento estadual. Acresce, por outro lado, que a temática da norma desportiva, ainda que já tenha contributos doutrinais interessantes, está longe de ser, entre nós, um tema esgotado[58].

[55] Sobre este conceito, cfr., por todos, Benedict Kingsbury, Nico Krisch e Richard B. Stewart, «The Emergence of Global Administrative Law», pp. 15 e ss.

[56] Esta opção implica, desde logo, que se opte – quanto a este aspecto – por uma abordagem que não seja dogmática, uma vez que a Teoria do Direito implica uma discussão plural sobre as teorias que envolvem a qualificação de fenómenos normativos transnacionais e, em particular, aquele que envolve a normatividade estabelecida por federações transnacionais. Cfr., denotando abertamente o sentido não dogmático da Teoria do Direito em geral e com amplas referências, Andreas Funke, «Rechtstheorie», pp. 45 e ss.

[57] Sobre a questão da *internormatividade* e do *poder normativo de privados*, cfr. François Ost e Michel van de Kerchove, *De la pyramide au réseau?: pour une théorie dialectique du droit*, pp. 197 e ss. e François Ost e Michel van de Kerchove, «De la pyramide au réseau? Vers un noveau mode de production du droit?», pp. 65 e ss. e, entre nós e com amplas indicações, José Joaquim Gomes Canotilho, «Estado de Direito e Internormatividade», pp. 171 e ss.

[58] Entre outros, cfr. Carlos Ferreira de Almeida, «Os sistemas normativos do desporto», pp. 285 e ss., José Joaquim Gomes Canotilho e Alexandra Pessanha, «Relações jurídicas jusfundamentais no âmbito do desporto profissional», pp. 357 e ss., José Joaquim Gomes Canotilho, «Internormatividade Desportiva e *Homus Sportivos*», pp. 151 e ss., Alexandra Pessanha, *As Federações Desportivas – Contributo para o Estudo do Ordenamento Jurídico Desportivo*, pp. 160 e ss., Alexandra Pessanha, «Algumas reflexões sobre o ordenamento jurídico desportivo», pp. 24 e ss.

Por outro lado, importa reconhecer que, em Portugal e desde a primeira intervenção estadual no Desporto em 1942, a actividade das federações desportivas se encontra submetida ao Direito Administrativo, traduzindo-se, desde aquele momento, numa realidade com um importante crivo histórico. Na verdade, é incontornável que se apurem as relações entre o associativismo desportivo e o Estado, de modo a perceber em que contexto ocorreu – em Portugal e nos ordenamentos que nos marcaram – a aproximação do Estado à regulação da actividade desportiva. A exposição e a análise dogmática daquele dado histórico torna-se imprescindível para enquadrar os problemas que existem na resolução de conflitos desportivos em Portugal na actualidade. Em todo o caso, pretendemos utilizar os elementos históricos apenas como uma mera forma de contextualização da temática em estudo[59].

A análise crítica que escolhemos exige, de todo o modo, que convoquemos o Direito estrangeiro, uma vez que o nosso ordenamento jurídico vive (ainda) – num quadro de emergência de um direito cosmopolita – na periferia das ordens jurídicas mais marcantes, pelo que se impõe que um trabalho desta exigência não se limite à análise da normatividade, doutrina e jurisprudência de uma única ordem jurídica[60]. Só assim será possível apreender as dificuldades, e quiçá até soluções, que num primeiro momento não se nos revelem ao nos depararmos com as normas estritamente nacionais. Não se trata, porém, de nenhuma desconsideração em relação

[59] A utilização de elementos históricos num trabalho científico de Direito Administrativo fundamenta-se, desde logo, em termos metodológicos, em quatro ideias essenciais: (i) no apuramento de um «contexto histórico-político» que permita compreender e enquadrar os institutos jurídico-administrativos num determinado espaço temporal, explorando os argumentos doutrinais e jurisprudenciais que influenciaram o Direito Administrativo actual; (ii) na identificação de transmutações sociais que permitam demonstrar a necessidade de mutações dogmáticas à luz de um novo contexto social; (iii) permite detectar erros jurídico-argumentativos que permitam desenvolver novos critérios de desenvolvimento da Ciência do Direito Administrativo; (iv) revela um evidente interesse científico e teórico. Em termos próximos, cfr. CHRISTOPH MÖLLERS, «Methoden», p. 162.

[60] Neste sentido, assumindo a inexistência de uma ciência que se possa dar ao «luxo» de assentar em conhecimentos *puramente nacionais*. Cfr. KONRAD ZWEIGERT e HEINZ KÖTZ, *Einführung in die Rechtsvergleichung – auf dem Gebiete des Privatrechts, Band I: Grundlagen*, p. 15, afirmando que: «[k]eine Wissenschaft kann es sich leisten, sich allein auf Erkenntnisse stützen, die innerhalb ihrer nationalen Grenzen produziert worden sind». Segundo PETER HÄBERLE a crescente europeização do Direito nacional e constitucionalização do Direito Europeu, fez emergir inclusivamente um quinto novo elemento de interpretação no Direito Público: o elemento comparatístico. Cfr. PETER HÄBERLE, *Europäische Verfassungslehre*, pp. 4 e ss.

ao Direito Português. Pelo contrário, todo o estudo de Direito Estrangeiro encontra-se funcionalmente subordinado ao estudo de problemas relacionados com o Direito Português.

Neste contexto, parece-nos imprescindível analisarmos as normas que se ocupam da *justiça desportiva* noutros ordenamentos, encetando, desde logo, uma investigação – quando tal se justifique – pelos ordenamentos que, do ponto de vista da configuração pública do Desporto, nos são mais próximos. É, na verdade e com relativa naturalidade, evidente que optemos, em regra, por ordens jurídicas como a espanhola, italiana e francesa. Em todo o caso, apesar de existirem diferenças estruturais ao nível normativo de *regulação desportiva*, escolhemos o ordenamento jurídico alemão como um exemplo de um modelo privado de regulação *jurídico-desportiva* [61].

Por outro lado, pela sua importância no *universo desportivo*, estudaremos também os contributos jurisprudenciais, doutrinais e normativos do ordenamento jurídico suíço que assumam particular relevância para o fenómeno desportivo e possam ser úteis na nossa investigação.

Excluímos, porém, qualquer pretensão de efectuar uma comparação jurídica[62] e, durante este percurso, a nossa preferência recairá, obviamente,

[61] Note-se que existem outras razões que fundamentam o recurso a este Direito estrangeiro. Em primeiro lugar, as nossas apetências linguísticas no idioma alemão. No entanto, a razão decisiva é a tradicional influência que este ordenamento exerce na nossa ordem jurídica. Pense-se, por exemplo, na preponderância exercida pelo GG na Constituição portuguesa. Sobre esta questão, cfr. José Cardoso da Costa, «A lei fundamental de Bonn e o Direito Constitucional Português», pp. 2 e ss. Sobre a questão, cfr., igualmente, Nuno Piçarra, «Die Einflüsse des deutschen Verfassungsrechts auf as portugiesische Verfassungsrecht», pp. 55 e ss.

[62] De todo o modo, embora não optemos por uma comparação jurídica, deve deixar-se claro que, em termos metodológicos, no Direito Administrativo esta assume contornos diferentes da comparação jurídica de Direito Privado. Em primeiro lugar, a comparação jurídica tem no Direito Privado uma função de criação de um «mapa» jurídico do direito estrangeiro a aplicar pelos tribunais nacionais competentes de acordo com as regras do Direito Internacional Privado. No entanto, no Direito Administrativo não se terá, em regra, em mente a simplificação da compreensão jurídica de conexões das regras administrativas com o direito estrangeiro (na verdade, quando existem estes elementos de conexão com o direito estrangeiro estes serão impostos pelo Direito da União Europeia, não decorrendo do exercício da liberdade contratual das partes que optem pela aplicação de um determinado direito estrangeiro ao litígio existente entre elas). Por outro lado, no Direito Privado a exposição metódica de um estudo comparativo deve abster-se de qualquer juízo valorativo sobre o direito estrangeiro a comparar (o direito estrangeiro a comparar deve, de facto, ser aplicado como o é no país de origem e apenas poderá ser inaplicável no ordenamento competente no caso de

pelas fontes doutrinais, legislativas e jurisprudenciais nacionais mais relevantes[63]. Embora, por outro lado, tenhamos a plena consciência de que a fragmentação e a escassez doutrinal na disciplina jurídica do Desporto implique uma problematização que envolva um diálogo constante com os problemas existentes noutros ordenamentos que, por uma ou outra razão de maior importância, nos são mais próximos[64]. A utilização de jurisprudência[65] será também ela, sempre que se justifique, centrada nas decisões dos tribunais administrativos portugueses e do TC português, embora nunca seja descurada a jurisprudência do direito estrangeiro mais relevante.

violação da ordem pública deste). No Direito Administrativo, por sua vez, o Direito Comparado reveste a importância fulcral de permitir compreender as influências jurídicas do Direito Administrativo existente noutros ordenamentos jurídicos, bem como o seu contexto histórico-político, de modo a ser possível identificar a proximidade de um ordenamento com o outro e que permita superar as dificuldades jurídicas existentes no Estado originário. No fundo, não serve o propósito de «ganhar ideias», mas antes de constatar se determinados comandos jurídicos se estabeleceram como aptos para regular determinadas acções administrativas noutros ordenamentos. Por fim, existe também, de acordo com a «europeização» do Direito Administrativo, uma função unificadora do Direito Comparado Administrativo, permitindo, deste modo, uma compreensão integrada dos sistemas administrativos europeus. Cfr. Martin Bullinger, «Zwecke und Methoden der Rechtsvergleichung im Zivilrecht und im Verwaltungsrecht», pp. 331 e ss, pp. 336 e ss. e pp. 341 e ss. Feita esta explicação, o nosso trabalho terá o cuidado de se esforçar por enquadrar o direito estrangeiro invocado-o a cada momento desta dissertação, quando tal se justifique e com o aprofundamento possível, segundo o contexto de outros ordenamentos, de modo a simplificar a compreensão do leitor.

[63] Aliás, em bom rigor, tendo em conta a proliferação de fontes, teremos sempre o cuidado de seleccionar as fontes que consideremos mais relevantes em relação a cada matéria por nós abordada. Neste sentido, considerando que, hoje em dia, no acto de citar, a função do autor de um texto científico é a de separar a fonte mais relevante da menos relevante, cfr. Thomas Müllers, *Juristische Arbeitstechnik und wissenschaftliches Arbeiten*, 3ª Edição, p. 148.

[64] Sugerindo uma valorização excessiva de autores estrangeiros, embora reconhecendo que não existe uma presunção de verdade científica associada a determinada língua, cfr. Paulo Otero, *Legalidade e Administração Pública – O Sentido da Vinculação Administrativa à Juridicidade*, pp. 35 e 36 e, do mesmo autor, *Direito Administrativo – relatório de uma disciplina apresentado no concurso para Professor Associado na Faculdade de Direito na Universidade de Lisboa*, pp. 460 e ss.

[65] A utilização de jurisprudência é, obviamente, num texto dogmático relacionado com o Direito Administrativo indispensável. Como reconhece justamente Eberhard Schmidt-Assmann, a dogmática de Direito Administrativo assume-se, essencialmente, como uma «prestação partilhada» entre a Ciência e a jurisprudência: os tribunais decidem problemas de Direito Administrativo e a Ciência ordena-as sistemáticamente. Cfr. *Verwaltungsrechtliche Dogmatik*, p. 3.

Por último, a dissertação de doutoramento terá sequencialmente três momentos. Uma primeira parte que pretende desenvolver um conceito de resolução de conflitos desportivos e na qual se assumem mais dois objectivos primordiais: (i) enquadrar historicamente os meios de resolução de conflitos desportivos; (ii) estudar a relação triangular estabelecida entre associativismo desportivo, agentes desportivos e Estado num contexto de publicização da regulação desportiva portuguesa e de centralização de poder de regulação em federações desportivas transnacionais.

A tarefa a que nos propomos impõe-se, desde logo, por dois motivos fundamentais. Em primeiro lugar, o enquadramento histórico da resolução de conflitos desportivos implica um excurso pelas relações entre o Estado e o associativismo desportivo noutros ordenamentos jurídicos, apurando os contextos históricos que possam ter influenciado o estabelecimento de um regime de Direito Público para a regulação desportiva em Portugal, bem como as razões que fundamentaram uma aproximação do Estado em relação à actividade desportiva e ao associativismo desportivo. Em segundo lugar, pretendemos identificar quais as relações que se estabelecem, na actualidade, entre as entidades que regem a actividade desportiva e o Estado, mas também entre aqueles que se submetem ao poder de regulação desportiva.

A segunda parte estudará a resolução de conflitos desportivos em Portugal, procurando estabelecer o grau de autonomia dos meios de resolução de conflitos face à jurisdição estadual, em particular, num contexto das recentes alterações legislativas que impuseram um mecanismo de jurisdição arbitral necessária. Neste contexto, não deixamos, porém, de apurar as relações que se estabelecem entre o elemento transnacional e o elemento nacional da resolução de conflitos desportivos. Estudaremos, por outro lado, quais os meios de resolução de conflitos desportivos existentes em Portugal, bem como quais os problemas que existem na relação daqueles com a jurisdição estadual. Em suma, pretende-se aferir em que medida existe a necessidade de um maior ou menor distanciamento da justiça desportiva em relação à jurisdição estadual.

A terceira parte ocupar-se-á do estudo dos vários modelos de normatividade desportiva que têm sido desenvolvidos. No fundo, pretende-se apurar se é possível sustentar um total distanciamento da normatividade transnacional em relação à normatividade estadual que rege a actividade das federações desportivas nacionais.

Capítulo I
O conceito de resolução de conflitos desportivos, o enquadramento histórico das intervenções públicas no Desporto e o seu impacto na resolução de conflitos desportivos

§ 1º A RESOLUÇÃO DE CONFLITOS DESPORTIVOS: DELIMITAÇÃO CONCEPTUAL

Na introdução do presente tema denotámos que o estudo que se empreende tem como função analisar a resolução de conflitos desportivos. Por outro lado, para justificarmos esta opção impõe-se que analisemos dois elementos essenciais do mesmo: (i) por um lado, o conceito de *desporto* e, por outro lado, (ii) o conceito de *conflito desportivo*. Exploraremos, posteriormente, o tratamento dado pela doutrina e pela legislação em diversos ordenamentos, de modo a podermos concluir com um conceito que permita perceber o que se entende por resolução de conflitos desportivos.

1.1. O conceito de desporto

A utilização do vocábulo desporto assume, desde logo, relevância nos textos jurídicos que têm surgido, entre nós, desde a aprovação da primeira Lei de Bases[66]. A noção está, porém, longe de ser consensual, desde logo, relati-

[66] Recorde-se que, por exemplo, no artigo 2º, nº 2, da LBD se definia que o desporto como «(...) *como qualquer forma de actividade física que, através de uma participação livre e voluntária,*

vamente à sua origem etimológica, mas é geralmente associada à expressão do inglês médio comummente conhecida como *sport* (ludismo) que, por sua vez, se reconduz à palavra *desport* ou se *desporter* do francês antigo, inspirado na palavra *deportare* oriunda do latim[67]. Na realidade, esta ideia surge no séc. XII em França com o significado de «ser entretido», aquando a sua exportação, no início do séc. XV, para a língua inglesa[68].

Neste contexto, densificar a concepção jurídica de desporto assume contornos complexos. Trata-se, pois, de uma fórmula polissémica e, diríamos nós, por natureza inacabada[69]. Estamos, naturalmente, perante um «conceito heurístico» que não pode ser explicado por uma disciplina isoladamente considerada, exigindo-se uma análise multidisciplinar[70]. Um estudo desta natureza seria, porém, incomportável para um investigador especializado somente numa determinada área científica, pelo que todas as teses sobre um conceito de desporto são naturalmente parcelares, dis-

organizada ou não, tenha como objectivos a expressão ou a melhoria da condição física e psíquica, o desenvolvimento das relações sociais ou a obtenção de resultados em competições de todos os níveis». Trata-se de uma noção próxima da adoptada pela Carta Europeia do Desporto. Reconhecendo que se tratou de uma má opção do nosso legislador, cfr. José Manuel Meirim, *Lei de Bases da Actividade Física e do Desporto – Estudo, Notas e Comentários*, 1ª Edição, p. 120. A LBAFD, por sua vez, prefere utilizar diferenciadamente desporto e a actividade física em vários artigos como, por exemplo, nos artigos 1º, 2º, 4º, 5º.

[67] Neste sentido, Peter Gummert, «Sport», pp. 838 e ss.

[68] Cfr. Wolfgang Behringer, *Kulturgeschichte des Sports – Vom antiken Olympia bis ins 21. Jarhundert*, p.11.

[69] Trata-se, pois, de um conceito polissémico devido às suas diversas acepções nas vertentes filosóficas, históricas ou antropológicas ou sociológicas. V., entre tantos outros, Grégory Mollion, *Les Fédérations Sportives – Le Droit Administratif à l'eupreuve de Groupements Privés*, p. 28 e Frédéric Buy *et alli*, *Droit du Sport*, 2ª Edição, pp. 5 e ss., Iñaki Agirreazkuenaga, *Intervención Pública en el Deporte*, p. 35. Entre nós, cfr., destacando a multidisciplinariedade do conceito, Jorge Olímpio Bento cfr. *Em Defesa do Desporto – Exposição de Motivos, in Em Defesa do Desporto – Mutações e Valores em Conflito*, p. 21. Denotando que a definição de Desporto não é clara, nem unívoca, Cfr. Inigo Marani Toro e Alberto Marani Toro, *Gli Ordinamenti Sportivi*, p. 36. Realçando precisamente que o conceito de Desporto se compõe por uma rede de ligações de sentido teórico que se estabelece por via de construções sociais, económicas, políticas e jurídicas. Cfr. a entrada «Sport» comentada por Peter Röthig, *Sportwissenschaftliches Lexikon*, 6ª Edição, p. 420.

[70] Embora existam, efectivamente, tentativas em alcançar um conceito material de Desporto, cfr. a síntese de Frank Holzke, *Der Begriff Sport im deutschen und im europäischen Recht*, pp. 105 e ss.

cutíveis e mutáveis[71]. Deve, assim, apostar-se num conceito móvel e adequado a cada estudo[72] [73].

Isto não significa que seja completamente impossível encontrar um conceito indiciário e operativo[74]. Com efeito, é possível identificar duas posições dominantes: uma em sentido amplo e outra em sentido restrito. Na primeira hipótese, tem impacto decisivo a concepção ampla de Desporto consagrada na Carta Europeia do Desporto, definindo-o como «todas as formas de actividade física que, através de uma participação organizada ou não, têm por objectivo a expressão ou o melhoramento da condição física e psíquica, o desenvolvimento das relações sociais ou a obtenção de resultados na competição a todos os níveis»[75].

Esta solução é, todavia, passível de críticas[76], desde logo, pela evidente falta de conteúdo jurídico, acabando, portanto, por revelar-se como inade-

[71] Num sentido próximo, Cfr. Wolfgang Decker, «Theorien zum Ursprung des Sports», p. 63.

[72] No mesmo sentido, saliente-se que, na jurisprudência espanhola, o STE afirmou que se trata de uma expressão que «*encerra múltiplos significados e compreende, também, multiplicidade de fenómenos sociais*», Cfr. o Ac. do STE, nº 4494/1991, de 10 de Setembro de 1991.

[73] Segundo Horst Hilpert o termo Desporto deve ser reconduzido a um «truque semântico, inexacto, mas pleno de significado». Cfr. *Die Geschichte des Sportrechts*, p. 32.

[74] Não partilhamos, portanto, a concepção de que é impossível alcançar a uma qualquer definição de Desporto. Sobre esta impossibilidade, cfr. Seymour Kleinmann, «Toward a Non-Theory of Sport», pp. 29 e ss. e Frank McBride, «Toward a Non-Definition of Sport», pp. 4 e ss.

[75] V. artigo 2º, nº 1, alínea a) da Carta Europeia do Desporto, Recomendação do Conselho de Ministros do Conselho da Europa nº R (92) 13, adoptada a 24 de Setembro de 1992 e revista a 16 de Maio de 2001. Esta é uma noção adoptada expressamente, entre nós, por José Melo Alexandrino, «Direitos, Liberdades e Garantias na Relação Desportiva», p. 318. No ordenamento jurídico francês há quem entenda que a «prática de uma actividade física, lúdica e emocional com o objectivo de melhorar ou desenvolver a condição física ou psíquica e as relações sociais [do praticante] ou obter resultados competitivos a todos os níveis», cfr. V. Frédéric Buy *et alli*, *Droit du Sport*, 2ª Edição, p. 14. Em sentido idêntico no sistema jurídico espanhol, cfr. Iñaki Agirreazkuenaga, *Intervención Pública en el Deporte*, p. 40, que aquele significa «a combinação entre o jogo regulamentado e o esforço físico e psíquico humano cujo objecto é normalmente competitivo com o próprio ou com os demais – se bem que nalgumas situações se esgote numa mera actividade lúdica e de recreio – e orienta-se para uma melhoria da capacidade física e mental de quem o pratica, facilitando em todo o caso o disfrutar da ociosidade da vida». V., sem concretizar, mas pressupondo uma noção ampla, Jean Gatsi, *Le Droit du Sport*, p. 3. Cfr., por outro lado, a solução adoptada pela LBD no artigo 2º, nº 2.

[76] As críticas serão demonstradas pela sustentabilidade da noção restrita.

quada para o presente estudo. Na segunda hipótese, aquela que seguiremos, a tese restrita entende, por seu turno, que a definição de Desporto é necessariamente pressuposta pelo ordenamento jurídico e definida funcionalmente em torno de um conjunto de índices de intensidade variável, mas que permitem um recorte tendencial do núcleo da definição[77] [78].

Neste contexto, a noção de Desporto será, no âmbito do presente estudo, entendida como *a actividade física humana desenvolvida no quadro de uma competição organizada e regulada de acordo com regras produzidas por uma federação desportiva nacional ou internacional*[79]. Na noção preconizada e, em primeiro lugar, o Desporto representa acima de tudo a manifestação de uma *actividade física*[80] *de um ser humano*. Permite-se, assim, afastar todas as actividades

[77] Cfr. GERD KETTLER, «Sport als Rechtsbegriff», p. 73.

[78] V. MANUEL SÉRGIO ao considerar que o Desporto se manifesta em cinco formas essenciais: (i) agonismo; (ii) normatividade; (iii) ludismo; (iv) comunicação; (v) esforço físico e conduta motora. Cfr., «Desporto», p. 213. V., por exemplo, o impacto que aquele autor exerce junto da nossa doutrina, cfr. JOSÉ MANUEL MEIRIM, *A Federação Desportiva como sujeito público do sistema desportivo*, p. 152.

[79] Neste sentido parece ir também a doutrina maioritária, embora com desvios pouco significantes. Esta ideia é também seguida pela jurisprudência francesa do CE assumindo prudentemente que «uma actividade terá um cariz desportivo se repousar sobre um conjunto de índices que incluem a busca por um desempenho físico, a organização regulação regular de competições e o carácter bem definido de regras aplicáveis à prática daquela actividade». Cfr. Ac. de 3 de Março de 2008. V., sobre esta questão, a excelente anotação de MATHIEU TOUZEIL-DIVINA, «Un faisceau d'indices pour definir la discipline sportive», pp. 1219 e ss. Em sentido idêntico, a doutrina juspublicista francesa entende também que o Desporto deve ser qualificado como «*o desenvolver de uma actividade física*; *revelando uma vontade em melhorar o desempenho*; *dentro de um quadro competitivo organizado*». É esta a posição de GRÉGORY MOLLION, *Les Fédérations Sportives – Le Droit Administratif à l'eupreuve de Groupements Privés*, p. 6 e ss. e o ponto de partida de MATHIEU MAISONNEUVE, *L'arbitrage des Litiges Sportifs*, p. 7. Este conceito teve, em parte, o contributo da investigação levada a cabo por GÉRALD SIMON e inspirada no trabalho de MICHEL BOUET. Cfr. *Puissance Sportive et Ordre Juridique Étatique*, p. 20 e ss. No mesmo sentido, entende FRANCK LATTY que um conceito amplo ignora as especificidades históricas e institucionais do fenómeno desportivo. Cfr. *La lex sportiva – Recherche sur le droit transnacional*, p. 23.

[80] Sobre a importância da relação da actividade física com o Desporto, v., por todos e com indicações, WOLFGANG SCHILD, *Sportstrafrecht*, pp. 15 e ss. Esta necessidade de actividade física não é muito controversa. No entanto, coloca-se, em particular, por exemplo saber se o Xadrez consubstancia ou não. Segundo JOCHEN FRITZWEILER, BERNHARD PFISTER e THOMAS SUMMERER, *Praxishandbuch Sportrecht*, 3ª Edição, p. 3, inexistindo uma autêntica actividade física não poderia ser qualificado como um Desporto. Em sentido oposto, FRANZ HOLZKE reconhece que existe ainda assim uma actividade intelectual que a torna idêntica com a pretação física desenvolvida noutras actividades comummente reconhecidas como

que não possam ser reconduzidas a uma acção humana como, por exemplo, um jogo de xadrez entre dois computadores[81]. Englobam-se, no entanto, aqui também as actividades humanas híbridas em que o ser humano desenvolve actividades físicas em conjunto ou auxiliado por animais, tal como sucede na equitação.

Por outro lado, incluem-se também neste elemento as actividades que importem a coordenação de movimentos corporais, tal como sucede no automobilismo, motociclismo ou o tiro ao alvo[82]. Em contrapartida, uma luta entre galos nunca poderá, em caso algum, ser considerada uma actividade desportiva. O elemento determinante para que, neste contexto, possa falar-se em Desporto é que ainda se possa encontrar uma componente que permita qualificar a actividade como um reflexo de demonstração física humana.

Esta noção pressupõe, em segundo lugar, um *elemento organizativo* que se manifesta na existência de uma instituição responsável pela regulação da actividade desportiva. Este elemento implica, por um lado, que (i) haja um conjunto de regras que regulem a actividade desportiva e, por outro lado, que (ii) exista uma autoridade máxima que seja responsável por assegurar a criação e o controlo do cumprimento das referidas regras. A necessidade de estarmos na presença de regras que regulem a actividade física permite, desde logo e quanto a este aspecto, colocar em evidência as debilidades de um conceito amplo de Desporto, como fazem alguns autores[83], uma vez que aquele desconsidera que, em termos históricos, a organização das organizações desportivas nada tem que ver com uma dimensão meramente

actividades desportivas e que, deste modo, esta circunstância permitiria ainda qualificar aquela actividade como física, englobando-a na noção de Desporto. Cfr., com indicações, *Der Begriff Sport im deutschen und im europäischen Recht*, pp. 92 e ss.

[81] Cfr. o exemplo de Frank Holzke, *Der Begriff Sport im deutschen und im europäischen Recht*, p. 140.

[82] V. sobre este elemento, Frank Holzke, *Der Begriff Sport im deutschen und im europäischen Recht*, p. 92.

[83] Destaque-se, embora reconhecendo dificuldades, a pioneira conceptualização jurídica do Desporto de Luís Maria Cazorla Prieto ao considerar que se trata de «uma actividade humana predominantemente física praticada isolada ou colectivamente e em cuja realização se encontra auto-satisfação ou um meio para alcançar outras aspirações» Cfr. *Deporte y Estado*, p. 84. Num sentido próximo, se situa a definição de Gabriel Real Ferrer ao considerar que se trata de «*aquellas actividades físicas institucionalizadas que supongan una superflua confrontación o competicón, consigo mismo o com un elemento externo*». Cfr. *Derecho Publico del Deporte*, pp. 96.

lúdica relacionada com uma actividade física desenvolvida independente de quaisquer regras.

Na verdade, a regulação da modalidade manifestou-se, principalmente desde o séc. XIX, através da agregação de federações e associações nacionais em federações internacionais cujo objectivo primordial se reconduzia à criação e estabelecimento de normas uniformizadas pelas quais se deveria reger a actividade física dos atletas[84] [85].

Face ao exposto, é perceptível que se torna imprescindível compreender que toda a organização da competição desportiva se desenrole no âmbito e de *acordo com regras próprias e produzidas por uma federação desportiva nacional ou internacional*[86]. Este não é, todavia, um qualquer parâmetro normativo. Na verdade, para ser possível falar num Desporto existe a necessidade de se tratar de uma competição regulada por numa normatividade posta por uma federação desportiva nacional ou transnacional que, enquanto *autoridades máximas*[87], se ocupam do estabelecimento dos parâmetros normativos que regulam uma determinada actividade física competitiva. Estas normas

[84] Cfr. FRANCK LATTY, *La lex sportiva – Recherche sur le droit transnacional*, p. 23.

[85] Acentuando esta dimensão, referindo que o Desporto é configurado como uma «*uma práxis lúdico-agonística e corporal e institucionalizada com regras (...)*», MANUEL SÉRGIO, *Algumas Teses sobre o Desporto*, p. 11.

[86] Nas certeiras palavras de MICHEL BOUET: «[s]eule la compétition effectivement organisée réalise pleinement l'essence de la compétition sportive. Car elle seule pose nettement ces règles qui sont aussi étroitment liées au sport que sont la dynamique de la corporéité ou la visée de performance dans l'affrontement de l'obstacle». Cfr. *Signification du Sport*, 4ª Edição, p. 50. Denotando precisamente o elemento organizativo, V. GERD KETTLER, «Sport als Rechtsbegriff», pp. 73 e ss. Em sentido aparentemente idêntico, MARIA JOSÉ CARVALHO, admitindo que o Desporto deve ser qualificado como uma «*[a]ctividade desportiva que integra uma competição profissional reconhecida pelo Estado, na qual participam organizações específicas e praticantes desportivos tendencialmente profissionais e cuja organização e regulamentação pertence a uma entidade específica*». Cfr. «Estado e Desporto profissional: relação política e regulativa», p. 100.

[87] No sentido de que o desporto apresenta uma estreita ligação com o Direito que se consubstancia em regras emanadas pelas federações desportivas responsáveis pela regulação de uma determinada actividade desportiva, pelo que a competição desportiva apresenta sempre uma relação com um quadro regulamentar pré-determinado. Cfr. FRANCK LATTY, *La lex sportiva – Recherche sur le droit transnational*, pp. 24 e 25. No mesmo sentido, afirma ANTONIO RIGOZZI que a competição implica a existência de regras que visem uma comparação objectiva dos resultados obtidos, de modo a ser estabelecida uma classificação competitiva. Cfr. *L'arbitrage international en matière de sport*, p. 15. No sentido de que a mera actividade física não pode ser por si mesma encarada como uma Desporto quando não se encontrar submetida a regras de cariz competitivo, cfr. JAVIER RODRÍGUEZ TEN, V. *Deporte y Derecho administrativo sancionador*, p. 60. Sobre a importância da regulação por uma federação desportiva no

assumem o cariz desportivo por serem criadas por federações desportivas ou por entidades com competência para regular a competição desportiva. Com efeito, o decisivo para apurar este elemento é precisamente que os critérios normativos de uma modalidade individualmente considerada sejam criados por uma organização específica, em regra, a federação desportiva[88].

Parte-se, portanto, da ideia de que a regulação da competição que envolva uma actividade física exige (i) um *enquadramento normativo* que é fixado – enquanto normatividade constitutiva da competição – por uma federação desportiva (nacional ou transnacional) e que permita comparar os resultados dos atletas (por exemplo, pelo estabelecimento de regras do jogo), bem como (ii) um evidente exercício de um *poder disciplinar* que permita assegurar o cumprimento da normatividade posta pela federação desportiva. Sem essa centralização do poder de regulação (de disciplina e de regulamentação) – pelo menos face à configuração jurídica da actualidade – numa federação desportiva não poderá falar-se em Desporto, mas numa mera actividade lúdica.

Por último, parece-nos evidente que este elemento organizativo encontra-se intimamente ligado com a existência de *uma competição* que é também relevante na qualificação de uma actividade física humana como desportiva[89]. A consciência da relevância da estrutura organizativa é determinante na constatação de que a existência de normas desportivas emanadas por uma organização competente pela regulação de uma modalidade permite o apuramento de um resultado que tem um valor intrínseco[90] e

conceito de Desporto, cfr. JOCHEN FRITZWEILER, BERNHARD PFISTER e THOMAS SUMMERER, *Praxishandbuch Sportrecht*, 3ª Edição, pp. 4 e ss.

[88] Não é determinante que a organização seja efectuada por uma federação desportiva (embora esta seja a regra), mas que aquele elemento organizativo esteja efectivamente presente. V. FRANK HOLZKE, *Der Begriff Sport im deutschen und im europäischen Recht*, p. 144.

[89] Neste sentido, cfr. JEAN-PIERRE KARAQUILLO, *Le Droit du Sport*, 3ª Edição, p. 1.

[90] Este valor implica, portanto, o exercício dessa actividade enquanto fim próprio e não produtivo (*die Betätigung als Selbstzweck ohne produktive Absicht*) [cfr. V. GERD KETTLER, «Sport als Rechtsbegriff», pp. 73 e ss., embora o autor considere inclusivamente que se trata de um elemento meramente indicativo]. Deve-se, em todo o caso, realçar que a liberdade dos fins (*Zweckfreiheit*) que não surge aniquilada pela existência de uma crescente vertente económica associada ao resultado desportivo. Com efeito, o fim interno da actividade física é a obtenção do resultado desportivo (ganhar um jogo ou marcar um golo), pelo que não pode ser confundível com os restantes fins que o possam acompanhar. Cfr. JOCHEN FRITZWEILER, BERNHARD PFISTER e THOMAS SUMMERER, *Praxishandbuch Sportrecht*, 3ª Edição, pp. 3 e 4.

que se manifesta no desenrolar de uma comparação dos resultados de todos aqueles que participaram numa actividade física previamente determinada por aquelas regras, ou seja, numa competição[91].

Com efeito, podemos esclarecer esta ideia com base num exemplo oriundo da prática desportiva do futebol. A marcação de um golo não apresenta, em bom rigor, em si qualquer valor se desligada de uma competição, na medida em que o valor da concretização deste nasce da incerteza sobre o resultado que se constata no decurso de um quadro normativamente fixado. Desta incerteza, surge, na verdade, o *antagonismo de interesses* de duas ou mais equipas ou atletas[92]), cujo objectivo primordial representa a marcação de um golo que lhes permita alcançar a vitória[93] numa determinada partida ou competição[94]. Em sentido contrário, não apresentará qualquer relevância – exceptuando o cariz estético – a marcação de um golo que revele uma especial espectacularidade na sua execução[95].

Por outro lado, não basta também que exista um quadro normativo de comparação da actividade física dos envolvidos. É necessário que as partes envolvidas na competição a assumam com uma relativa *seriedade*, reco-

[91] Cfr. Jochen Fritzweiler, Bernhard Pfister e Thomas Summerer, *Praxishandbuch Sportrecht*, 3ª Edição, pp. 5 e 6, acentuando a necessidade de comparação dos resultados e de garantir a igualdade entre competidores. Denunciando que o Desporto se manifesta numa relação tripartida entre «*competição-espectáculo-profissão*». Cfr. João Leal Amado, *Vinculação versus Liberdade – O Processo de Constituição e Extinção da Relação Laboral do Praticante Desportivo*, p. 18. No sentido de que existe mesmo um Desporto de competição (*Wettkampfsport*) que se assume como «*a actividade física humana que, de acordo com um conjunto de regras internacionais e nacionais disciplinadoras da competição desportiva, busca alcançar um determinado resultado competitivo cuja existência é inútil fora da referida competição*». Cfr. Frank Holzke, *Der Begriff Sport im deutschen und im europäischen Recht*, p. 247.

[92] Este antagonismo de interesses não assenta, no entanto, numa «vontade de exterminação do adversário», mas antes na ideia de uma comparação construtiva de resultados. Cfr. Michel Bouet, *Signification du Sport*, 4ª Edição, p. 57.

[93] Estamos, pois, perante uma tentativa de alcançar o melhor resultado possível e de demonstração de rendimento (*Leistung*). Cfr. Jochen Fritzweiler, Bernhard Pfister e Thomas Summerer, *Praxishandbuch Sportrecht*, 3ª Edição, p. 4.

[94] Nas palavras de Michel Bouet, «a ideia de competição implica acima de tudo uma disputa regulamentada entre vários indivíduos, na qual estes buscam uma vitória sobre o adversário». Cfr. *Signification du Sport*, 4ª Edição, p. 46. Em sentido aparentemente idêntico, cfr. F. Lacerda e Melo afirmando que o Desporto deve ser entendido como «(...) toda a actividade física com carácter de jogo, que toma a forma de uma luta consigo mesmo, ou de uma competição com os outros, na qual se afirmam e revigoram não só qualidades físicas, mas também morais (...). Cfr. *Legislação e Doutrina*, p. 14.

[95] Frank Holzke, *Der Begriff Sport im deutschen und im europäischen Recht*, pp. 142 e 143.

nhecendo, de um modo uniformizado, as regras que regem uma particular modalidade desportiva[96]. São precisamente essas regras que permitem efectuar comparações de desempenho e a igualdade entre os jogadores ou equipas que disputam o resultado que é normativamente delimitado[97]. Estes dois elementos permitem, em síntese, reconhecer outro aspecto essencial do Desporto: *a competição.*

Por outro lado, da conjugação de todos os elementos é possível, desde logo, mencionar que não nos ocuparemos de todas as manifestações de actividade física que são comummente associadas (num sentido pouco técnico) a uma prática desportiva. Neste sentido, exluem-se do presente estudo a prática desportiva regular (*Breitensport*) que é correntemente identificada como uma actividade física meramente lúdica com um fim de diversão ou de integração social ou para a promoção da saúde dos intervenientes[98]. Integram-se, pelo contrário, as manifestações de actividade física que se reconduzem, por um lado, a uma prática desportiva de alto rendimento[99] (*Leistungssport ou Spitzensport*) e na qual os intervenientes desenvolvem uma actividade física de elevado mérito (podendo desenvolvê-la como profissionais ou como amadores)[100]; e, por outro lado, a uma prática desportiva profissional (*Berufssport*), em que os atletas desenvolvem uma actividade física direccionada para obter uma remuneração[101].

1.2. A noção de conflito desportivo

O apuramento dogmático do conflito desportivo tem uma importante consequência prática. É que, na verdade, no artigo R27 do ETAS, a competência do TAS depende da existência de um conflito «*que esteja relacionado com*

[96] Existe, portanto, um esforço competitivo ou a vontade de atingir um resultado (*Wettkampf und Leistungsstreben*). Cfr. V. Gerd Kettler, «Sport als Rechtsbegriff», pp. 73 e ss.

[97] Frank Holzke, *Der Begriff Sport im deutschen und im europäischen Recht*, p. 143.

[98] Cfr., sobre a distinção, Ulrich Weisemann e Ulrich Spieker, *Sport, Spiel und Recht*, p. 1.

[99] Estes conceitos, embora não definidos, encontram-se pressupostos pela LBAFD, nomeadamente, nos artigos 7º, 34º e 44º.

[100] Neste sentido, cfr. Ulrich Weisemann e Ulrich Spieker, *Sport, Spiel und Recht*, p. 2 e Jochen Fritzweiler, Bernhard Pfister e Thomas Summerer, *Praxishandbuch Sportrecht*, 3ª Edição, p. 6. Para mais desenvolvimentos sobre a relação entre a prática desportiva de alta competição, a prática desportiva profissional e a actividade física amadora, cfr. Adrian Fikentscher, *Mitbestimmung im Sport*, pp. 45 e ss.

[101] Cfr., por todos, Jochen Fritzweiler, Bernhard Pfister e Thomas Summerer, *Praxishandbuch Sportrecht*, 3ª Edição, p. 7.

o desporto» (*sports-related dispute*)[102]. Em sentido idêntico, embora em termos diferentes, o artigo 1º, nº 2, da LTAD pressupõe que o TAD tenha somente competência para conflitos que «relevam do ordenamento jurídico desportivo ou relacionados com a prática do desporto». Não se encontrando preenchidos os respectivos requisitos aquelas entidades não detêm a competência para dirimir os conflitos em causa, pelo que nos parece – além do concomitante rigor teórico – justificado que ensaiemos um conceito que permita entender a realidade que entendemos ser o conflito desportivo[103].

Pelo exposto, e embora a questão seja quase ignorada pela doutrina[104 105], entendemos ser conveniente, para efeitos da presente dissertação, definir-

[102] Não deve confundir-se, neste contexto, o sentido aqui demonstrado com a distinção entre litígios de natureza civil (de cariz pecuniário) e de natureza *puramente desportiva* que o próprio TAS já teve oportunidade de analisar, por exemplo, no Ac. *Real Madrid v. Union des Associations Européennes de Football (UEFA)* – CAS nº 98/199, publicado em *Digest of Awards CAS* – Vol. II, pp. 490-499.

[103] Trata-se, naturalmente, do ordenamento jurídico-desportivo português, não podendo ser o TAD competente para julgar litígios propostos por duas partes estrangeiras sem qualquer ligação ao ordenamento jurídico português, conforme sucede no processo nº 20/2017, submetido em sede de arbitragem voluntária pela Federação de Futebol do Estado do Rio de Janeiro e pelo Clube de Regatas do Flamengo, e ainda sem decisão final do TAD respeitante à sua competência.

[104] Entre nós, João Caupers explicou, porém, que o *conflito desportivo* é aquele que «*diga respeito à actividade desportiva*», cfr. «Arbitragem administrativa nos conflitos desportivos», p. 81. É esta também a noção utilizada residualmente por alguma doutrina francesa ao assumir que «*conflitos desportivos são aqueles que derivam ou estão relacionados com a actividade desportiva*». Assim, Jean Pierre-Karaquillo, «La complementarità tra la soluzione delle controversie ad opera delle istituzioni sportive e la soluzione ad opera delle giurisdizioni statali», p. 671.

[105] Assim, Jean Pierre-Karaquillo, «La complementarità tra la soluzione delle controversie ad opera delle istituzioni sportive e la soluzione ad opera delle giurisdizioni statali», p. 671. Em todo o caso, devemos realçar que a questão de saber em que consiste – pelo menos em termos jurídicos – um conflito, um litígio ou um diferendo é comummente tratada pela doutrina processualista no âmbito da definição daquilo que se entende como objecto do processo. Não é esse, no entanto, o nosso propósito, relevando apenas apresentar um conceito que sirva os propósitos do objecto da presente dissertação, afastando, desde já, quaisquer incursões no campo do Direito Processual Civil ou da Sociologia do Direito. Sobre esta questão distinguindo entre teses materiais originárias, processuais, neo-materais e a tese do litígio, cfr. Mariana França Gouveia, *A Causa de Pedir na Acção Declarativa*, Cfr. Boaventura Sousa Santos *et alli* entendem que «[o]s litígios são construções sociais, na medida me que o mesmo padrão de comportamento pode ser considerado litigioso ou não litigioso consoante a sociedade, o grupo social ou o contexto de interacções em que ocorre». Para que exista um litígio apontam três requisitos essenciais e cumulativos: (i) o ofendido deve entender que o dano pode, de alguma forma, ser remediável, (ii) tem que reclamar

mos o conflito desportivo como *uma situação em que existe um antagonismo de interesses cujo fundamento se reconduz ao conflito entre duas ou mais pessoas singulares ou colectivas que integram necessariamente o «movimento desportivo» sobre a aplicação de uma norma que tenha origem nos estatutos ou num regulamento de uma federação desportiva no âmbito da regulação da competição.*

A noção apresentada permite, desde logo, perceber que o conflito desportivo comporta uma dimensão objectiva e uma dimensão subjectiva[106]. Começando pelo primeiro requisito (a dimensão objectiva) torna-se imprescindível que exista a (i) *constatação de um antagonismo de interesses*[107], registando-se, deste modo, duas ou mais posições que se confrontem com objectivo de obter a resolução de um antagonismo jurídico sobre um determinado interesse e (ii) *cuja origem se possa reconduzir a uma norma desportiva trasnancional e nacional*[108].

Com efeito, o conflito desportivo está intimamente ligado com a noção de Desporto, surgindo sempre num contexto de busca de um *resultado concreto*, assumindo-se, em termos de relevância jurídica, como pressuposto a existência de uma *competição*[109]. A máxima que subjaz a esta ideia é a

contra o responsável pela danosidade de que é vítima, (iii) e, além disso, tem de conseguir disputar de forma convincente e inteligível. Cfr. *Os Tribunais nas Sociedades Contemporâneas – O caso português*, p. 45.

[106] Neste sentido, cfr. Cfr. ANTONIO RIGOZZI, *L'arbitrage internacional en matiére de sport*, p. 92.

[107] O interesse deve ser entendido como «*a relação entre uma pessoa e um bem*», cfr. INOCÊNCIO GALVÃO TELLES, *Introdução ao Estudo do Direito*, Vol. I, 11ª Edição, p. 316. Num sentido próximo, embora distinguindo entre uma noção subjectivista e objectivista, v. JOÃO CASTRO MENDES, *Teoria Geral do Direito Civil*, Vol. I, pp. 324 e 325. Adoptando uma concepção objectivista configurando esta relação como aquela que se estabelece entre o sujeito e o bem jurídico que é apto a satisfazer uma necessidade, cfr. ANA PRATA, *Dicionário Jurídico*, Vol. I, 4ª Edição, p. 656. RICHARD BRÉARD e PIERRE PASTOR consideram que o conflito pode ser representado segundo duas perspectivas: (i) o confronto ou choque (*choc*); (ii) o encontro de sentimentos ou interesses contrários que se opõem, cfr. *Gestion de Conflits*, 3ª Edição, p. 13.

[108] A ideia de conflito revela-se-nos muito mais adequada ao objecto de estudo, pois exprime uma dimensão mais abrangente, nele se incluindo não só o litígio e a sua concomitante dimensão processual, mas também as divergências das partes que não se encontram formalizadas perante uma jurisdição. Cfr., sobre esta distinção, ANTOINE JEAMMEAUD, «Conflict, différend, litige», pp. 17 e 18. Sobre os diversos tipos de conflitos, cfr. FRIEDERICH GLASL, *Konfliktmanagement*, 11ª Edição, pp. 53 e ss. e RICHARD BRÉARD E PIERRE PASTOR, *Gestion de Conflits*, 3ª Edição, p. 21

[109] Como denota precisamente GÉRALD SIMON, *Puissance Sportive et Ordre Juridique Étatique*, p. 20, a *performance* desportiva consubstancia um elemento substancial da actividade desportiva.

seguinte: o conflito desportivo nasce também, desde logo, pela existência de um contexto de *disputa incessante pelo melhor resultado possível*. Esta circunstância é, por sua vez, especialmente manifestada num aspecto determinante deste elemento objecto. O conflito desportivo pressupõe a *existência de um desacordo (ou conflito) sobre a aplicação de uma regra que tenha como objecto a regulação desportiva*, por exemplo, das consequências disciplinares de incidências decorrentes da competição desportiva ou da concessão de licenças desportivas a atletas[110]. O que entendemos ser determinante é que o desacordo sobre aplicação de uma regra tenha origem no *poder desportivo de regulação*. Este elemento organizativo é, deste modo, indispensável para que seja possível qualificar a disputa jurídica como um conflito desportivo, na medida que este é também um postulado para que se possa inclusivamente falar numa competição desportiva[111]. Sem um quadro regulatório de uma federação desportiva – que é a origem do conflito – não é possível falar num conflito desportivo.

Neste contexto, é indispensável realçar que não é suficiente que um determinado litígio apresente uma ínfima ligação com o Desporto para que este possa ser qualificado como um *conflito desportivo*[112]. Deste modo, não

[110] Como reconhece justamente GÉRALD SIMON que os conflitos desportivos devem qualificar-se como «litígios que tenham como fundamento uma regra», no entanto, não se trata de uma regra qualquer, mas sim uma «regra de direito», impostas por entidades privadas no exercício do poder desportivo (*puissance sportive*). Deste modo, o conflito desportivo nascerá da «violação real ou suposta de uma norma desportiva», sendo a «sanção por violação das regras de jogo, a desclassificação fundada num regulamento de uma prova, a recusa de concessão de uma licença por não estarem reunidos os pressupostos», desta forma, exemplos de situações passíveis de configurarem um conflito desportivo. Cfr. Gérald Simon, «Le conflit sportif: un conflit de normes», p. 105. Em sentido idêntico, ANTONIO RIGOZZI entende que a vertente objectiva dos conflitos desportivos está relacionada com os «*litígios de natureza contratual ou delitual de litígios disciplinares ou, em geral, daqueles que resultam da contestação de decisões desportivas*». Cfr. *L'arbitrage Internacional en matiérc dc sport*, p. 92.

[111] É por este motivo que os *E-sports* podem, desde que exista uma estrutura organizativa, e uma vez que é possível, efectivamente, registar uma actividade física humana na prática do "desporto electrónico", cumprir os requisitos para que possam ser qualificados como modalidade desportiva.

[112] V. MATHIEU MAISONNEUVE alertando para as dificuldades terminológicas, recorre a uma concepção ampla de litígio e que consiste num «*diferendo entre duas ou mais pessoas que possam invocar uma argumentação jurídica*». V. *L' arbitrage des Litiges Sportifs*, p. 6. O autor apoia-se na posição de JARROSSON que defende que existe litígio quando «*duas ou mais partes estejam em desacordo, desacordo esse que reclama a aplicação de uma regra jurídica com vista à sua solução*». Cfr. CHARLES JARROSSON, *La notion d'arbitrage*, pp. 254 e 255.

será um conflito desportivo a contenda penal ou civil relativa às lesões provocadas numa via pública por um adepto de um clube de futebol a outro adepto da equipa contrária[113], bem como um litígio motivado pela quebra contratual de um atleta e que o opõe ao seu patrocinador[114 115].

Por conseguinte, é certo que existam situações que possam ter, em geral, a tutela do ordenamento jurídico, mas não apresentam nenhuma especificidade, nem autonomia suficiente para que as possamos qualificar como um *conflito desportivo*. Com efeito, o *conflito desportivo*, em sentido próprio, é aquele que tem como fundamento «*uma regra do ordenamento desportivo (...) adoptada por organizações desportivas*». Neste sentido, o *conflito desportivo* não tem origem na disputa «*sobre a aplicação de uma regra de direito estadual, mas antes numa regra da ordem jurídica desportiva*»[116].

Por outro lado, o conflito desportivo está longe de se esgotar numa *vertente objectiva*. É com toda a certeza também indispensável mencionar a *dimensão subjectiva* dos mesmos. Pode, efectivamente, conceber-se que um conflito possa cumprir o requisito objectivo, apresentando-se como uma «*situação litigiosa conexa com o Desporto*»[117], mas esta qualificação não se afigura como suficiente para determinar um conflito como desportivo. Com efeito, o elemento subjectivo *pressupõe um conflito entre duas ou mais pessoas*

[113] A menos que exista nesta situação, como é evidente, uma regulamentação pelas normas desportivas.

[114] *L'arbitrage des Litiges Sportifs*, p. 7 e 8. Por outro lado, também não é possível ser considerada a actividade física meramente lúdica enquanto manifestação desportiva, sob pena de ser possível entender, a título de exemplo, que um jogo de futebol num jardim privado entre dois irmãos ou a agressão de um árbitro por parte de um adepto num centro comercial possa ter relevância *jurídico-desportiva*.

[115] Na verdade, um conceito jurídico de conflito desportivo em termos amplos permitiria considerar que o *jogging* dominical ou o levantamento de halteres num espaço privado a título de lazer assumiria relevância jurídico-desportiva. Cfr. Franck Latty, *La lex sportiva – Recherche sur le droit transnational*, 23.

[116] Antonio Rigozzi, *L'arbitrage internacional en matiére de sport*, p, p. 93, registe-se, neste contexto, a posição de Luigi Fumagalli que, por seu turno, adita que a existência de um conflito de carácter *jurídico* pressupõe que diga respeito a uma norma desportiva, por exemplo, aquelas que regulam os aspectos técnicos do *jogo*, o regime disciplinar da actividade desportiva e da organização administrativa das federações desportivas, cfr. «La risoluzionme delle controversie sportive: metodi giurisdizionali, arbitrali ed alternativi di composizione», p. 246.

[117] Massimo Coccia, «La Risoluzione dei Conflitti Nell'Ambito Sportivo», p. 1.

singulares ou colectivas que integrem o movimento desportivo[118]. Os conflitos desportivos seriam, portanto, apenas classificáveis de acordo com o *sujeito* envolvido na disputa jurídica, pelo que só poderiam ser classificadas como conflitos desportivos aquelas disputas que tivessem como sujeitos dois intervenientes provenientes do *universo federativo desportivo*[119]. O *conflito desportivo* apresentaria uma segunda condição: *pelo menos um dos demandados e um dos demandantes «deve ser filiado directa ou indirectamente numa federação desportiva ou num comité olímpico»*, isto é, deve fazer parte do movimento desportivo[120].

Neste sentido, não será, a nosso ver, um *conflito desportivo* aquele que oponha uma liga desportiva a uma estação televisiva e que verse sobre os direitos televisivos de uma determinada competição[121], ainda que a sua origem mediata se possa atribuir a uma decisão que aplique um regulamento federativo[122]. Do mesmo modo também não pode ser entendido como conflito desportivo aquele que contrapõe uma federação desportiva e os seus funcionários.

Os dois critérios (objectivo e subjectivo) são cumulativos e implicam para a sua qualificação como conflitos desportivos, na delimitação do presente trabalho, que exista, em suma, um conflito relativo à regulação pelas normas desportivas (nacionais) e que concomitante oponha dois ou mais intervenientes que pertençam ao movimento desportivo[123]. De qualquer

[118] Massimo Coccia reconhece precisamente que se deve entender as controvérsias desportivas (*controversie sportive*) como «uma oposição entre as atitudes ou opiniões de duas ou mais partes e que é resultante dos seus conflitos de interesses factualmente conexos com o desporto». Cfr. «Fenomenologia della controversia sportiva e dei suoi modi di risoluzione», pp. 614 e ss.

[119] *Idem.*

[120] *L'arbitrage des Litiges Sportifs*, p. 8. Cfr. também, Antonio Rigozzi, *L'arbitrage internacional en matiére de sport*, p. 92.

[121] *L'arbitrage des Litiges Sportifs*, p. 8.

[122] Neste sentido, o conflito desportivo é a decisão que aplique o respectivo regulamento desportivo e não propriamente o litígio entre a liga e a estação televisiva no que concerne ao litígio contratual. Da mesma forma não será um conflito desportivo a disputa contratual entre um jogador e um intermediário, ainda que exista uma limitação regulamentar da relação entre ambos.

[123] Em sentido diferente, veja-se, por exemplo, que o TAS admite julgar um conjunto de situações que não podem, a nosso ver, reconduzir-se a um conflito desportivo. No entanto, o TAS embora tenha revelado uma interpretação muito ampla da expressão «litígio relacionado com o desporto», considerando que «*tais conflitos podem implicar questões de princípio relacionadas como desporto, bem com interesses pecuniários ou outros interesses decorrentes da prática*

modo, existe também uma última distinção que diz respeito às diferenças que se verificam entre um conflito desportivo nacional e um transnacional. As diferenças entre ambos são facilmente apreensíveis – embora, por vezes, com dificuldades de aplicação prática –, uma vez que se encontram intimamente ligados com a competição desportiva. O conflito desportivo nacional seria, deste modo, aquele que deriva da regulação da competição desportiva nacional pela federação desportiva correspondente. Pelo contrário, o conflito desportivo transnacional é aquele que se relaciona com regulação da competição desportiva transnacional pela federação desportiva transnacional.

Neste sentido, e sem prejuízo de uma análise mais aprofundada, podemos referir que, em Portugal, são recorrentemente identificados três tipos de conflitos desportivos: (i) os de Direito Público; (ii) os estritamente desportivos; (iii) os de Direito Privado ([124]). Os primeiros assumem, sem margem para dúvidas e face à submissão da regulação desportiva ao Direito Administrativo, a centralidade dos conflitos desportivos. Com efeito, os conflitos desportivos são aqueles que se reconduzem aos conflitos decorrentes da regulação desportiva e esses encontram-se, no nosso ordenamento, submetidos às normas de Direito Administrativo. Pense-se, por exemplo, nos conflitos desportivos no domínio do direito disciplinar relativo à violência no Desporto, à dopagem, à corrupção desportiva ou nos conflitos relacionados com o licenciamento de agentes desportivos e, em geral, no domínio da organização e regulamentação da competição desportiva.

Não são, todavia, os únicos e exclusivos conflitos que emergem daquela actividade de regulação: existem também os conflitos estritamente desportivos. Sem discutirmos – por ora – a sua natureza jurídica, podemos mencionar que estes são, de um modo primário, associados aos conflitos que

ou do desenvolvimento do desporto e, de um modo geral, qualquer actividade relativa ou relacionada com o desporto», no entanto, este sentido interpretativo não tem o condão de transformar um determinado conflito num *conflito desportivo*. Cfr. Ac. do TAS nº 92/81, de 30 de Novembro de 1992, disponível no *Digest of CAS Awards, Vol. I*, p. 47, no qual um litígio que tinha como objecto um contrato de construção de barcos desportivos celebrado entre um desportista e uma sociedade comercial (ainda que com base no artigo 4º dos ETAS onde se dispunha que o TAS tinha poder cognitivo dos litígios cuja origem se reportasse à prática ou derivassem do desenvolvimento de uma prática desportiva), foi admitido como arbitrável com base na autonomia da vontade das partes.

[124] Cfr., em sentido próximo, João Caupers, «Arbitragem administrativa nos conflitos desportivos», p. 82.

ocorrem no desenvolver de um jogo que é parte integrante de uma competição desportiva[125].

Por outro lado, embora seja comum considerar-se que existem conflitos desportivos de Direito Privado, estes não têm relevância directa no âmbito da regulação desportiva, não podendo, portanto, assumir tal qualificação. Na verdade, sendo a regulação desportiva no ordenamento jurídico português submetida ao Direito Administrativo, não haverá, em sentido próprio, que falar em conflitos desportivos de Direito Privado. É certo que podem, por exemplo, existir conflitos respeitantes a uma aprovação de uma norma estatutária de uma federação desportiva[126] ou a um conflito que implique um desacordo relativamente ao pagamento de uma compensação pela formação de um atleta de um clube a outro, e pode mesmo acontecer que esta se encontre prevista num regulamento de uma federação desportiva[127]. No entanto, o facto de num determinado conflito se encontrarem envolvidos uma federação desportiva ou agentes desportivos não determina uma automática qualificação de o mesmo como desportivo. Faltando uma ligação intrínseca à regulação da competição desportiva, deixam de poder ser considerados como conflitos desportivos.

Desta feita, não poderá ser qualificado como conflito desportivo aquele que envolva uma disputa jurídica de um consumidor que celebre um contrato para assistência a um espectáculo desportivo com o organizador[128], as questões jurídicas relacionadas com a insolvência de um clube ou relativas ao arrendamento de uma sede por uma federação desportiva[129]. Em sín-

[125] Sobre estes, cfr. a Parte II, Capítulo III, §9, ponto 9.2. No fundo, integram-se aqui, tradicionalmente, os conflitos que ocorrem na decorrência de um cartão vermelho atribuído por um árbitro a um determinado jogador no decurso de um jogo e na sequência de uma infracção das regras do jogo ou os conflitos que decorrem de uma aplicação incorrecta das regras do jogo e que permitiu, por sua vez, ao árbitro entender marcar uma grande penalidade.

[126] No entanto, este postulado só é admitir quando as normas estatutárias não regulem aspectos essenciais da regulação da competição desportiva.

[127] Note-se que, neste caso, o que se encontra em disputa é um eventual incumprimento contratual (e, como tal, regulado pelas regras do Direito Civil) e não um conflito desportivo relativamente à validade jurídica do regulamento da federação desportiva. Em contrapartida, a conflitualidade respeitante à norma que consagrar a referida compensação assume, no nosso ordenamento, uma natureza pública submetida ao Direito Administrativo.

[128] Cfr., sobre esta questão, JORGE MORAIS CARVALHO, «Contrato para a Assistência a Espectáculo Desportivo», pp. 355 e ss.

[129] Contra, JOÃO CAUPERS, «Arbitragem administrativa nos conflitos desportivos», p. 82, identificando os conflitos desportivos de Direito Privado como aqueles que decorrem de

tese, podemos reter que os conflitos de Direito Privado relacionados com o Desporto que possam ter relevância na competição desportiva, ainda que tenham uma regulação específica (em relação a um ramo de Direito geral) pelas normas estaduais, não podem, portanto, ser qualificados como desportivos[130].

A classificação sucintamente apresentada permite também uma melhor apreensão da delimitação temática do presente trabalho. Com efeito, estudaremos somente os conflitos desportivos de Direito Administrativo e os conflitos estritamente desportivos. Em todo o caso, uma vez que só os primeiros são verdadeiramente objecto de estudo, analisaremos os segundos, de forma não exaustiva e incidental, no sentido que entendermos necessário para proceder análise da problemática da autonomia dos meios de resolução de conflitos desportivos internos em relação à jurisdição estadual. Estas duas realidades interessam, em primeiro lugar, porque permitem perceber quais os limites da justiciabilidade dos conflitos desportivos internos nos tribunais e, em segundo lugar, porque a actividade de regulação desportiva em Portugal se determina – como se verá – pela distinção entre estas duas realidades.

1.3. A resolução de conflitos desportivos: conceito e especificidades

A construção dogmática de um conceito que permita apreender a realidade que envolve a conflitualidade de uma federação desportiva regulada pelo Direito Administrativo não é isenta de dificuldades. Não é, todavia, uma complexidade exclusiva de um sistema regulado pelo Direito Público, mas também dos sistemas de regulação desportiva submetidos ao Direito Privado.

As teorizações oscilam, em geral, entre uma *concepção externa* e uma *concepção interna*. Na primeira hipótese integram-se *as formas de reacção contra os actos ou omissões das federaçoes desportivas previstas nos regulamentos ou estatu-*

um vínculo laboral de subordinação ou as relações decorrentes de um contrato de arrendamento. Não se trata de negar a importância científica destes problemas jurídicos, mas simplesmente de entender que os mesmos não podem obter a denominação de conflitos desportivos. É que, face à noção apresentada, mesmo que estes conflitos possam ter um impacto indirecto na actividade desportiva, não terão uma relação directa com a regulação desportiva.

[130] Não ignoramos, igualmente, a possibilidade de existirem conflitos desportivos no plano transnacional, no entanto, partindo de uma análise puramente nacional, as conclusões que fazemos derivam das características próprias de submissão ao Direito Administrativo das federações desportivas portuguesas.

tos daquelas, mas também as formas de tutela (contenciosas) previstas nas normas estaduais. São exemplo destas construções as expressões: (i) *Sportgerichtsbarkeit* (jurisdição desportiva) utilizada no ordenamento jurídico alemão[131];

[131] A noção desdobraria-se, no entanto, em três outras: (i) na *Sportverbandsgerichtsbarkeit* (jurisdição desportiva federativa) que se assumiria como uma jurisdição (em sentido não técnico do termo) de entidades a quem caberia resolver os conflitos internos das federações desportivas com os agentes desportivos; (ii) na *Sportstaatsgerichtsbarkeit* (jurisdição desportiva estadual) na qual seriam resolvidos os conflitos desportivos por tribunais estaduais englobando, nomeadamente, conflitos civis, administrativos, laborais ou penais; (iii) na *Sportschiedsgerichtsbarkeit* (jurisdição arbitral), abrangendo todos os tribunais arbitrais que possam ter competência no domínio desportivo. Sobre esta distinção, cfr. *Zur Notwendigkeit eines institutionellen Sportschiedsgerichtes in Deutschland,* pp. 14 e ss. Por um lado, ainda que uma parte da doutrina que não se comprometa com esta nomenclatura, utiliza uma distinção próxima. Assim, Jochen Fritzweiler, Bernhard Pfister e Thomas Summerer, *Praxishandbuch Sportrecht,* 3ª Edição, pp. 250 e ss.
Para evitar equívocos, Frank Oschütz prefere não utilizar a expressão *Gerichtsbarkeit* no tocante à *resolução litígios endofederativos* (*Verbandsinterne Streitschlichtung*), na medida em que estes seriam *conflitos associativos* meramente internos e que não representariam um verdadeiro exercício da *iurisdictio.* Neste sentido, V. *Sportschiedsgerichtsbarkeit,* pp. 6 e ss. e, em especial, na p. 8. Em sentido contrário, Urs Scherrer e Karl Ludwig consideraram, recentemente, que esta noção engloba a «resolução de litígios por determinadas instituições em matérias relacionadas com o Desporto». Trata-se, assim, de um *conceito restritivo,* uma vez que entendem que a *Sportgerichtsbarkeit* seria a actividade de resolução de litígios desenvolvida no seio da federação desportiva que se destacaria da denominada *Administração de Justiça Desportiva* (*Sportrechtspflege*) que – não se limitando ao domínio dos *meios de resolução de conflitos internos* – abrangeria os meios impugnatórios externos à federação desportiva, ou seja, todos que forem da competência dos *tribunais estaduais.* Cfr. *Sportrecht – Eine Begriffserläuterung,* 2ª Edição, p. 259. Neste sentido parecem também inclinar-se Christian Sommer, *Probleme der Sportgerichtsbarkeit,* pp. 10 e ss. e Udo Steiner, *Die Autonomie des Sports,* p. 15 e ss. Para evitar equívocos, Frank Oschütz prefere não utilizar a expressão *Gerichtsbarkeit* no tocante à *resolução litígios endofederativos* (*Verbandsinterne Streitschlichtung*), na medida em que estes seriam *conflitos associativos* meramente internos e que não representariam um verdadeiro exercício da *iurisdictio.* Neste sentido, V. *Sportschiedsgerichtsbarkeit,* 2005, pp. 6 e ss. e, em especial, na p. 8. Em sentido contrário, Urs Scherrer e Karl Ludwig consideram que esta noção engloba a «resolução de litígios por determinadas instituições em matérias relacionadas com o Desporto». Trata-se, assim, de um *conceito restritivo,* uma vez que entendem que a *Sportgerichtsbarkeit* seria a actividade de resolução de litígios desenvolvida no seio da federação desportiva que se diferenciar-se-ia da denominada *Administração de Justiça Desportiva* (*Sportrechtspflege*) que – não se limitando ao domínio dos *meios de resolução de conflitos internos* – abrangeria os meios impugnatórios externos à federação desportiva, ou seja, todos que forem da competência dos *tribunais estaduais.* Cfr. *Sportrecht – Eine Begriffserläuterung,* 2ª Edição, p. 259. Neste sentido parecem também inclinar-se Christian Sommer, *Probleme der Sportgerichtsbarkeit,* pp. 10 e ss. e Udo Steiner, *Die Autonomie des Sports,* p. 15 e ss. Num sentido mais

Giustizia sportiva (justiça desportiva) no sistema jurídico italiano[132]: o mesmo se aplica à expressão *disciplina deportiva* que é utilizada no ordenamento jurídico espanhol que, embora sem se assumir como inteiramente igual à noção que professamos, é equivalente a uma dimensão externa[133].

restrito, há quem considere que esta noção apenas deva englobar o controlo jurisdicional exercido pelos *tribunais estaduais* das decisões federativas, em especial, das que tenham por objecto o exercício do poder disciplinar federativo. Cfr. Este parece ser o ponto de partida da obra colectiva organizada por VÖLKER RÖHRICHT, Prefácio, *Sportgerichtsbarkeit*, p. 7.

[132] O artigo 3º da Lei nº 280/2003, de 17 de Outubro, utiliza a expressão para distinguir entre os meios internos do associativismo desportivo e da jurisdição estadual. V., neste sentido, defendendo uma concepção interna, PACO D'ONOFRIO, *Sport e Giustizia*, pp. 147 e ss. Em todo o caso, prevalece a concepção de FRANCESCO PAOLO LUISO, *La Giustizia Sportiva*, pp. 35 e ss. que distingue entre (i) *a giustizia técnica* (justiça técnica) que é considerada aquela forma de resolução de conflitos desportivos que tem como objectivo garantir o bom desenrolar das competições, apresentando como objecto imediato a regulação do jogo *strictu sensu*; (ii) a *giustizia disciplinare* (justiça disciplinar) que está relacionada com o poder disciplinar que as federações desportivas detêm e possam exercer na relação com os seus filiados; (iii) a *giustizia economica* (justiça económica) que diz respeito a conflitos cujo objecto possa ser reconduzido a questões relativas a direitos de natureza patrimonial; (iv) a *giustizia admministrativa* (justiça administrativa) que se reporta a litígios que tenham por objecto actos administrativos e que possam ser impugnáveis junto dos tribunais administrativos. A distinção é, geralmente, aceite pela doutrina, cfr. MARIO SANINO e FILIPPO VERDE, *Il Diritto Sportivo*, 3ª Edição, p. 515 e ss., GUIDO VALORI, *Il Diritto nello Sport*, p. 111, AAVV, «Giustizia Sportiva e diritti processuali», La Giustizia Sportiva – analisi critica della legge 17 ottobre 2003 n. 280, pp. 23 e ss., PACO D'ONOFRIO, *Sport e Giustizia*, p. 148. MASSIMO COCCIA alerta, porém, para o facto de esta classificação dizer apenas respeito às controvérsias entre as federações desportivas e os sujeitos filiados nestas, cfr. «Fenomenologia della controversia sportiva e dei suoi modi di risoluzione», pp. 614 e ss.

[133] A Lei nº 10/1990, de 15 de Outubro, embora não consagre uma definição, pressupõe a existência de um conceito de *disciplina deportiva*, englobando naquele as *infracções às regras do jogo ou da competição* que sejam previstas nas normas desportivas que este texto legal contém, bem como nos diplomas jurídicos de desenvolvimento e nas regras estatutárias e regulamentares de clubes desportivos, ligas profissionais e federações espanholas e que decorram da actividade desportiva. Cfr. artigo 73º da Lei espanhola. Trata-se de uma fórmula retomada pelo Real Decreto 1.951/1992, de 23 de Dezembro, no artigo 2º. No ordenamento jurídico espanhol, a teorização do conceito de *disciplina deportiva* foi especialmente desenvolvido por JOSÉ LUIS CARRETERO LESTÓN ao afirmar que se trata do «*sistema de normas que permite impor sanções aos sujeitos subordinados ao ordenamento jurídico-desportivo pela prática de infracções previamente tipificadas*», cfr. «La disciplina deportiva: concepto, contenido y limites», p. 12. A noção de *disciplina deportiva* contempla um sentido amplo contendo elementos da *disciplina deportiva* privada (que diz respeito às incidências em campo ou no decorrer de uma partida e decorrentes do exercício de poder privado pelo árbitro) e elementos da disciplina deportiva pública (relacionada com os restantes litígios que estejam relacionados com o

Na segunda hipótese, *integram-se somente os mecanismos de tutela que existem no seio do associativismo desportivo*. Trata-se de uma concepção muito comum na literatura de expressão francesa, sendo que se manifesta na adopção de uma pluralidade de expressões que variam entre as noções de «justice organique» (justiça orgânica)[134], «justice sportive» (justiça desportiva)[135], «justice federale» (justiça federativa)[136] ou «justice associative» (justiça associativa)[137], mas que não retiram a quase unanimidade[138] relativamente à correspondência destes conceitos com uma dimensão *intra-federativa* da composição de litígios federativos.

exercício de poderes públicos pela federação). Esta discussão remonta a JOSÉ LUIS CARRETERO LESTÓN, «Algunas consideraciones sobre el Derecho disciplinario deportivo», pp. 22 e 23. Em sentido contrário, por exemplo e entre tantos outros, PABLO MAYOR MENÉNDEZ, «La disciplina deportiva: su configuración en nuestro ordenamiento jurídico», p. 277. A discussão em torno da noção de *disciplina deportiva* tem sido exclusivamente centrada na questão de determinar o raio alcance da publicização do sistema desportivo pelo legislador espanhol, tendo sido a expressão interpretada na jurisprudência e na doutrina com prudência e analisada casuisticamente para determinar a natureza do conflito desportivo (público ou privado) em causa. Neste sentido, JAVIER RODRÍGUEZ TEN, *Deporte y Derecho administrativo sancionador*, p. 58 e RAMÓN BARBA SÁNCHEZ, «La disciplina deportiva», p. 443. Sobre esta questão, v., por exemplo e entre tantas outras, a sentença de 16 de Janeiro de 2009 da Audiencia Nacional, recurso nº 89/2008.

[134] Cfr. GÉRALD SIMON, « Le conflit sportif: un conflit de normes», p. 103.

[135] FRANÇOIS ALAPHILIPPE, « Le préliminaire de conciliation. Relance d'une «justice sportive ou renaissance d'une utopie?», p. 27 e ANTONIO RIGOZZI, *Arbitrage international en matére de sport*, pp. 96-98.

[136] GÉRALD SIMON, *Puissance Sportive et Ordre Juridique Étatique*, p. 157.

[137] PIERMARCO ZEN-RUFFINEN, *Droit du Sport*, 2002, p. 487.

[138] Em sentido contrário, noutro estudo, sob o título: «La justice sportive», LAURENCE CHEVÉ inclina-se para a defesa de um conceito em sentido amplo, de modo a abranger os conflitos desportivos no seio das federações desportivas, meios alternativos de resolução de litígios desportivos, bem como litígios desportivos resolvidos pela jurisdição estadual. V. *La justice sportive*, pp. 19 e ss. No mesmo sentido, também a recentíssima obra colectiva cujo título é «Règlement des litiges au sein du mouvement sportif» (resolução no seio do movimento desportivo), na qual os autores se focam nos mecanismos de resolução de conflitos do movimento desportivo, mas também nas formas de controlo da jurisdição estadual e arbitral dos conflitos envolvendo o associativismo desportivo, muito embora não se comprometam com uma distinção fiável. Cfr. CHARLES DUDOGNON *et alli*, *Règlement des litiges au sein du mouvement sportif*, p. 3 e ss. De qualquer modo, existe, por fim, quem não se comprometa especificamente com uma expressão, em especial, mas que mesmo assim opere a distinção entre as controvérsias surgidas e resolvidas pelas instâncias federativas e pela jurisdição estadual. Neste sentido, JEAN PIERRE KARAQUILLO, *Le Droit du Sport*, 3ª Edição, pp. 107 e ss. e J.-C. LAPOUBLE, *Droit du sport*, pp. 107 e ss.

Neste contexto, não é despiciendo reconhecer que, em Portugal, a utilização da noção de resolução de conflitos desportivos não é comum, o que não sucede com a expressão *Justiça Desportiva* que se encontra habitualmente prevista em diversos diplomas legislativos e utilizada pela doutrina[139]. A expressão *Justiça Desportiva* não permite, a nosso ver, recolher toda a plenitude do fenómeno que iremos estudar. Com efeito, das disposições legais permite-se, porém, extrair, desde logo, a *centralidade da conflitualidade* decorrente da regulação desportiva submetida ao Direito Administrativo e, por outro lado, uma *preferência legislativa* por conceito em sentido amplo, que não pressupõe, necessariamente, a existência de um litígio dirimido por um tribunal[140].

Deste modo, escolhemos a noção de resolução de conflitos desportivos de modo a estudar tanto a *vertente interna* – os mecanismos de reacção no seio do associativismo desportivo – como a *vertente externa* – os mecanismos de resolução de conflitos e de impugnação (de actos ou de normas) nos tri-

[139] Entre nós, José Manuel Meirim utiliza a expressão *justiça desportiva* enquanto «*sistema de composição de litígios decorrentes da actividade desportiva*» (embora o autor também utilize a expressão como sinónimo de resolução de conflitos desportivos, cfr. *A Federação Desportiva como Sujeito Público do Sistema Desportivo*, pp. 663 e 664), afirmando que é «*i*nconstestável» a «existência de uma "justiça desportiva", no sentido de uma justiça originária do movimento associativo, distinta da do ordenamento estatal». Cfr. «Léxico – Direito do Desporto», p. 129. Por outro lado, comprometidos com uma noção ampla, v. João Correia e José Luís Pereira Seixas, «A nova Lei de Bases da Actividade Física e do Desporto – Justiça Desportiva: que sentido e que limites?», p. 223. Em sentido idêntico, há, porém, quem prefira utilizar a expressão «*contencioso desportivo*» numa dupla acepção: (i) representando «os litígios emergentes das relações desportivas bem como os processos que permitem resolver esses litígios»; (ii) como o «conjunto de regras jurídicas que regulam a resolução desses litígios, através da impugnação dos actos que os decidem». Assim, António Bernardino Peixoto Madureira e Luís César Rodrigues Teixeira, *Futebol – Guia Jurídico*, p. 1568. No primeiro caso, estariam incluídas neste conceito as infracções disciplinares cometidas por agentes desportivos, os processos sancionatórios e os meios impugnatórios das respectivas sanções. Por outro lado, apontam os autores como exemplo do contencioso desportivo *stricto sensu* o recurso dos actos dos órgãos disciplinares de 1ª instância que é, precisamente, o ponto de partida do trabalho destes. De qualquer modo, a maioria dos autores não adianta uma noção, embora usem a locução *justiça desportiva* por referência ao regime consagrado na LBAFD. Cfr. Paulo Cardoso de Moura, «Uma Lei de Bases sem bases», p.193, Luís Pais Borges, «Justiça Desportiva: Que sentido e que limites», p. 23. Note-se que há até que, apesar de utilizar a expressão justiça desportivo no título do seu trabalho, nunca adiante uma qualquer fórmula para o conceito. V. José Joaquim Almeida Lopes, «Justiça Desportiva: Que Justiça?».

[140] Cfr., por exemplo, sobre o elemento jurisdicional que comporta a expressão "Justiça Administrativa", José Carlos Vieira de Andrade, *A Justiça Administrativa*, 15ª. Edição, p.11.

bunais estaduais e não estaduais –, o que nos permitirá delimitar com mais rigor a discussão que envolve a autonomia dos meios de resolução desportivos internos em relação à jurisdição estadual.

Com efeito, estudando os limites dos meios de resolução de conflitos desportivos em relação à jurisdição estadual, importa também apurar a relação que se estabelece entre os mecanismos de resolução de conflitos presentes na vertente externa (nomeadamente a arbitragem e a mediação) que permitam um afastamento da jurisdição estadual. Em suma, podemos concluir, com a escolha de um conceito de resolução de conflitos desportivo,s que nos iremos ocupar *dos problemas que envolvem a autonomia – em relação à jurisdição dos tribunais estaduais – dos mecanismos legais e regulamentares de reacção contra os conflitos jurídicos decorrentes da regulação desportiva submetida ao Direito Administrativo*[141].

Por outro lado, não podemos deixar de enunciar que os conflitos desportivos reúnem uma particular e tendencial característica, nomeadamente, a sua multipolaridade e a exigência de uma cautela e de protecção legais preventivas acrescidas em virtude do potencial lesivo da regulação desportiva.

Na verdade, não pode, em primeiro lugar, ignorar-se que os conflitos desportivos não assentam, como sucede com a maioria das relações jurídico-administrativas, num cariz puramente bilateral (entre a Administração e um privado), mas antes numa multilateralidade de relações em que o interesse público conforma os diversos interesses privados contrapostos[142]. Estamos, assim, no âmbito de relações jurídicas multipolares[143]. É o caso paradigmático de uma sanção disciplinar – que consubstancia um exercício de poderes públicos – de descida de divisão ou de subtracção de pontos: o clube punido tem um interesse contraposto em relação a quem pode beneficiar, no plano desportivo, da desclassificação do clube concorrente.

[141] A opção pelos conflitos existentes na regulação desportiva podia, no limite, convocar a necessidade de estudar também os conflitos intra-subjectivos, nomeadamente, entre órgãos da federação desportiva ou entre a federação desportiva e a liga profissional. Em todo o caso, estes litígios encontram-se expressamente excluídos do presente trabalho, por não assumirem a predominância da conflitualidade na regulação desportiva.

[142] Sobre esta questão, v., por todos, Vasco Pereira da Silva, *Em Busca do Acto Administrativo Perdido*, pp. 273 e ss.

[143] Cfr., sobre o conceito, a esclarecida exposição de Francisco Paes Marques, *As Relações Jurídicas Administrativas Multipolares*, p. 88 e ss.

Em segundo lugar, não se podem ignorar os efeitos profundamente lesivos e praticamente irreversíveis que derivam da regulação (disciplinar e regulamentar) por uma federação desportiva e, neste contexto, nas consequências imediatas que esta poderá apresentar no que concerne ao resultado desportivo. Pense-se, assim, na aplicação de uma sanção disciplinar que suspende um jogador de futebol por uma duração de seis meses. O jogador que seja ilegalmente sancionado deve necessariamente ter ao seu dispor mecanismos de tutela internos e jurisdicionais que permitam assegurar que os danos na sua esfera jurídica não se tenham tornado irreparáveis na sequência da mesma suspensão. Pode, igualmente, ser o exemplo de um clube que discorda da legalidade de uma sanção que influencia directamente a tabela classificativa e é proferida perto do final da época desportiva. Também aí não existem dúvidas da necessidade de celeridade na protecção jurídica deste clube para que a decisão ilegal não possa produzir efeitos desportivos irreconstituíveis e que, assim, o clube não se veja obrigado a cumprir sanção ainda antes de poder obter uma tutela interna ou judicial.

Na verdade, o impacto altamente lesivo no resultado desportivo presente nos exemplos enunciados, exige que se encontrem previstos meios internos de resolução de conflitos adequados a assegurar a tutela jurídica dos lesados, mas também que sejam configurados mecanismos judiciais céleres e pouco dispendiosos, uma vez que os meios jurisdicionais existentes podem não ser apropriados para antecipar a tutela da elevada lesividade resultante da aplicação de uma sanção disciplinar. Com efeito, inexistindo esta tutela, é possível constar que se verifica uma tendencial irreparabilidade dos danos que tenham impacto na competição desportiva, produzindo-se imediatamente, na medida em que os danos reconduzíveis a uma sanção disciplinar ilegal com impacto no resultado desportivo são de reconstituição quase impossível[144].

[144] Não é uma realidade desconhecida do Direito Administrativo, sendo, em particular, conhecida no Direito do Ambiente. Cfr., por exemplo, José Eduardo de Oliveira Figueiredo, *Tutela Ambiente e Contencioso Administrativo*, pp. 51 e ss. e José Joaquim Gomes Canotilho, *Protecção do Ambiente e Direito de Propriedade*, pp. 101 e 102. Denotando precisamente que, neste tipo de conflitos jurídicos, existe a necessidade de «centrar a atenção no momento que antecede a acção (*momento da prevenção*) (...)» pelo que é possível considerar com segurança que «[m]ais do que na lei, no seu cumprimento e nas consequências da acção (responsabilidade por danos), o direito encontra-se no momento que antecede a acção e no momento do acompanhamento das suas consequências, identificando danos, mas também

1.4. Síntese

A delimitação terminológica do objecto do presente trabalho suscita perplexidades e dificuldades, as quais são inescapáveis pelos seus importantes reflexos práticos, desde logo, no âmbito da delimitação da competência do TAD ou do TAS. É, neste contexto, indispensável ter presente uma articulação entre três conceitos fundamentais: (i) o de desporto; (ii) o de conflito desportivo e (iii) o de resolução de conflitos desportivos.

Em primeiro lugar, o conceito de desporto deve ser compreendido – em termos jurídicos e num sentido estrito – como toda *a actividade física humana desenvolvida no quadro de uma competição organizada e regulada de acordo com regras produzidas por uma federação desportiva nacional ou internacional.* A adopção de uma noção em sentido estrito permite, por outro lado, retirar consequências importantes relativamente aos restantes conceitos, uma vez que coloca em evidência a regulação da federação desportiva (seja esta nacional ou transnacional) que, por sua vez, é uma mera consequência da necessidade de estabelecimento de um quadro competitivo inerente a qualquer qualificação de uma actividade humana desportiva.

Em segundo lugar, intimamente ligada a este conceito encontra-se a construção de uma noção de conflito desportivo. Esta deve ser entendida como *uma situação em que existe um antagonismo de interesses cujo fundamento se reconduz ao conflito entre duas ou mais pessoas singulares ou colectivas que integram necessariamente o «movimento desportivo» sobre a aplicação de uma norma que tenha origem nos estatutos ou num regulamento de uma federação desportiva (nacional ou trasnacional) no âmbito da regulação desportiva.*

Comporta, assim, dois elementos: (i) um objectivo (a regulação normativa por uma federação desportiva); (ii) e um subjectivo (a existência de um conflito entre duas ou mais pessoas singulares ou colectivas que integrem o movimento desportivo). Esta circunstância permite, desde logo, definir o âmbito dos conflitos desportivos e excluir da nossa análise os restantes diferendos que possam ter uma ligação com a actividade desportiva, mas que não apresentam especificidades que exijam outra tutela do que aquela proporcionada, em geral, pelo ordenamento jurídico.

Neste sentido, permite-se concluir que o estudo da autonomia entre a jurisdição estadual e os meios de regulação internos das federações des-

êxitos. No momento que antecede a acção, as precauções começam na escolha da oportunidade e do modo de agir, sob pena da acção pecar por tardia, desadequada e injusta». Cfr. Maria da Glória Garcia, *O Lugar do Direito na Protecção do Ambiente*, p. 484.

portivas – entre uma esfera interna (no seio do associativismo desportivo) e uma esfera externa (situada fora dos meios de reacção interna) – só pode ser efectuado através de uma noção ampla de resolução de conflitos desportivos que deve ser qualificada como os *mecanismos legais e regulamentares de reacção contra os conflitos jurídicos decorrentes da regula*ção desportiva submetida ao Direito Administrativo.

Os conflitos desportivos apresentam características complexas, uma vez que o Direito Administrativo do Desporto pressupõe a existência de relações jurídicas multipolares, sendo necessário assegurar uma tutela (interna e judicial) especialmente preventiva que permita salvaguardar a inexistência da efectividade da lesão.

§ 2º A emergência histórica das intervenções estaduais no Desporto e a resolução de conflitos desportivos no direito estrangeiro

O Desporto moderno desenvolveu-se, essencialmente, no séc. XVIII na Grã-Bretanha por intermédio de modalidades como, por exemplo, o Boxe ou o Cricket[145]. Em associação com um desenvolvimento numa esfera liberal e sem qualquer interesse para o Estado[146], surge concomitantemente uma crescente comercialização do Desporto. Na mesma altura, começou a existir uma «juridificação»[147] do Desporto por intermédio da criação de regras escritas cujo respeito era controlado por um determinado órgão[148]. Desta forma, atingiu-se a implementação das regras desportivas que regu-

[145] Cfr. Gillet Bernard, *História Breve do Desporto*, pp. 77 e ss. Para mais desenvolvimentos sobre as origens do Desporto moderno na Grã-Bretanha, cfr. Neil Tranter, *Sport, economy and society in Britain – 1750-1941*, pp. 13 e ss.

[146] Não obstante, surgiram nos anos 60 os *Sport Councils* que representavam órgãos consultivos do Governo em matéria de política desportiva, detendo financiamento público. Sobre este assunto, cfr. Simon Gardiner *et alli*, *Sports Law*, 4ª Edição, pp. 30 e ss.

[147] Sendo certo que existiram fenómenos de juridificação muito rudimentares em períodos históricos anteriores, desde logo, no Direito Romano, bem como na Idade Média. Sobre estes aspectos, Ugo Gualizzini, *Premesse Storiche al Dirritto Sportivo*, pp. 33 e ss. No sentido de que podem ser identificados outros períodos históricos relevantes na temático, como por exemplo, na Mesopotâmia 3100 anos A.C., cfr. a dissertação de doutoramento de Horst Hilpert, *Die Geschichte des Sportrechts*, pp. 68 e ss.

[148] Neste sentido, Christiane Eisenberg, «Die britischen Ursprunge des modernen Sports», p. 181.

lavam a competição desportiva de um modo uniforme por vários países europeus[149].

No séc. XIX com uma certa democratização do Desporto surgiram outras modalidades, entre estas, o futebol, o rugby, a natação ou mesmo o ténis. Esta «explosão» de modalidades fez com que o processo de «juridificação» do Desporto se tenha desenvolvido e aperfeiçoado[150], trazendo consigo um crescente poderio das entidades que «fiscalizavam» o cumprimento desta *nova normatividade*. As intervenções do Estado no Desporto registaram-se, no continente europeu, essencialmente no final da primeira metade do Séc. XX. Tratou-se, numa primeira fase, de uma forma de controlo de um sector social que, paulatinamente, começou a ganhar o apoio das massas. O Desporto foi, deste modo, encarado pelos regimes políticos ditatoriais como uma *oportunidade* para disseminar as suas políticas, embora as políticas desportivas não representassem propriamente uma prioridade no seio da constelação do poder ditatorial. Em ambiente democrático, a mensagem jurídica passa, essencialmente, pela instituição legal da obrigação de promover o Desporto enquanto sector social de inegável interesse público. Vejamos alguns aspectos essenciais das transformações das relações entre o Estado e o associativismo desportivo durante os Séc. XX e XXI e o seu impacto na resolução de conflitos desportivos.

2.1. A experiência francesa

O Séc. XIX marca o surgimento de práticas desportivas britânicas em França, sob um evidente ímpeto das elites aristocráticas e burguesas. A implementação das práticas desportivas emerge, deste modo, de um cariz privado à margem do poder público[151] que se manifesta, desde logo, pela fundação da

[149] Embora existissem também regras tipicamente britâncias que devessem acompanhar o «espírito competitivo» de qualquer atleta. Na verdade, este afigura-se como um ponto muito importante do Desporto, na medida em que «o treino e a competição desportiva» são instrumentos para a satisfação do «gosto pelo desporto». Cfr. Gillet Bernard, *História Breve do Desporto*, pp. 82-85.

[150] Num sentido próximo, Christiane Eisenberg, «Die britischen Ursprunge des modernen Sports», *in Handbuch Sportgeschichte*, p. 181.

[151] Este edifício desportivo de origem particular acaba, de todo o modo, por ver a sua importância reconhecida nos anos 20 do Séc. XX, aquando da sua emancipação da ginástica, cuja virtude era conotada com o alicerçar do patriotismo. Neste sentido, no pós-Primeira Guerra Mundial colocou-se a necessidade de existir uma estrutura estadual que regulasse a educação física e o Desporto. Sobre esta questão, cfr. Jean-Paul Callède, «Les politiques du sport en France», pp. 442 e ss.

Union des Societés Françaises de Course à Pied em 1887 e, posteriormente, em 1889 na criação da *Union de Sociétés Françaises de Sports Athlétiques*[152].

Em consonância, embora desde 1804 o Código de Napoleão referenciasse a actividade física, estabeleceu-se no artigo 1966º – em expressão derrogação à inexibilidade jurídica da aposta e do jogo – que: «[o]s jogos destinados ao manejo de armas, de percursos a pé ou a cavalo, de carruagem, os jogos de ténis e outros jogos de natureza análoga que se destinam ao exercício do corpo, exceptuam-se da disposição anterior»[153], inexiste até ao Séc. XX uma intervenção estadual no Desporto[154].

Neste sentido, a intervenção pública nas estruturas do associativismo desportivo surge, portanto, muito mais tarde e centrada na ideia de que o Desporto assume uma efectiva *missão de serviço público*, no culminar de um *longo processo* histórico de *intervencionismo estadual* junto das estruturas desportivas que se registou durante a IIª Guerra Mundial[155].

[152] Cfr. Pierre Arnaud, « Génèse des politiques sportives: le cas français», p. 95.

[153] Neste período o jogo era entendido um «simples exercício de recreação» que pressupunha um «desinteresse em relação a qualquer dimensão económica», sendo o jogo «interessado» precisamente «reprovado pela moral e pelo direito positivo». Assim se fundamentava a falta de juridicidade das relações decorrentes do jogo. Não obstante, a excepção prevista no artigo 1966º, permitia que existisse a exigibilidade judicial dos prémios (quantias pecuniárias ou troféus) prometidos ao vencedor do jogo. Deste modo, a existência de um contrato de jogo (nos domínios permitidos pelo artigo 1966º) pressupunha que: (i) o consentimento totalmente livre dos intervenientes; (ii) uma igual repartição do risco; (iii) uma actuação dos jogadores honesta durante o jogo, que não pudesse ser reconduzível a formas de fraude ou de batota. Neste sentido, cfr. Victor Marcadé, *Explication Théorique et Pratique du Code Civil*, Tomo 8, 12ª Edição, pp. 293 e ss. e pp. 318-320.

[154] Aliás, nas décadas que antecederam a intervenção estadual no Desporto francês (1920 e 1930) registou-se precisamente que o associativismo desportivo detinha uma «relativa autonomia» em relação à esfera estadual, que resultou do surgir do *Comité National des Sports* que se assumia como uma entidade criada originariamente pelo associativismo desportivo e que pretendia ser «um comité central da actividade desportiva». Neste sentido, cfr. Anne Marie Waser, « L'ambivalence des relations entre l'État et le sport de compétition dans les années 1920 et 1930 : conditions et effets de la création du Comité national des sports», pp. 114 e ss.

[155] V. Jean Christophe Lapouble, «Les fondements de l'intervention des pouvoirs publics en matière de sport», p. 32, afirmando que estas intervenções estaduais implicaram o «despertar» para a possibilidade de com esta intervenção no Desporto poderem desenvolver a preparação dos militares, bem como estabelecimento de uma política educativa e o fortalecimento da saúde. O único meio para prosseguir estes objectivos reconduziu-se ao reconhecimento e financiamento das actividades desportivas.

Com efeito, o primeiro fenómeno de estatização verificou-se no Desporto francês[156] em plena ditadura de VICHY[157] por intermédio da aprovação da Lei de 20 de Dezembro de 1940[158]. Estabeleceu-se, assim, uma derrogação ao regime da liberdade de associação previsto na Lei de 1 de Junho de 1901, [159] que se materializou na imposição de uma autorização administrativa prévia a qualquer constituição de associações de cariz desportivo[160]. As estruturas desportivas francesas acabariam, deste modo, por ficar sob a alçada do *comité national des sports* visto que este órgão se encontrava já na dependência[161] do Ministro da Juventude e dos Desportos[162]. Registou-se, desta forma, um autêntico «assalto das regras de direito público»[163] ao estatuto do Desporto em França.

[156] Neste sentido, GÉRALD SIMON *et alli*, *Droit du Sport*, p. 42, PIERRE TISSIER, *Le Gouvernement de Vichy*, pp. 82 e ss.

[157] Como nota THIERRY TERRET, durante a ditadura de VICHY a emergência do culto do corpo como «causa nacional» impôs um «controlo» das estruturas federativas e do indivíduo. Cfr. *Histoire du Sport en Europe*, p. 62. Sobre o período ditatorial do Marechal Petain, cfr., entre outros, MARCEL MORABITO, *Histoire constitutionelle de La France (1789-1958)*, 8ª Edição, pp. 351 e ss.

[158] Este documento, designado como «Charte des Sports», foi elaborado por JEAN BOROTRA e teve como objectivo principal fixar as relações entre o associativismo desportivo e o Estado, impondo a ideologia do regime de VICHY. Cfr. THIERRY TERRET, *Histoire du Sport*, 3ª Edição, p. 72. Neste contexto reveste-se de extrema relevância o enquadramento histórico deste período operado por JEAN-LOUIS GAY-LESCOT, «L'evolution du discours politique sportif français Durant l'Occupation (1940-1944)», pp. 23 e ss.

[159] Sobre a importância histórica desta lei no ordenamento jurídico francês, cfr. JEAN-MICHEL DUCOMTE e JEAN-MARC ROIRANT, *La liberte de s'associer*, pp. 13 e ss., CHARLES DEBBASCH e JACQUES BOURDON, *Les associations*, pp. 18 e ss., Alain-SERGE MESCHERIAKOFF, MARC FRANGI e MONCEF KDHIR, *Droit des associations*, pp. 19 e ss, DANIEL LEPELTIER e YANN STREIFF, *Associations, Fondations, Congrégations*, pp. 9 e ss.

[160] Cfr. o artigo 3º que impunha o respeito das regras previstas neste diploma e subsidiariamente o que fosse previsto nas regras emanadas pelas associações. Por sua vez, segundo o artigo 4º, a inexistência de uma autorização prévia do Secretário de Estado da instrução pública impedia o exercício da actividade de uma federação desportiva.

[161] Cfr. o artigo 1º, na qual se estabelecia que: «[l]'organisation de la pratique en commun des sports et exercices physiques est réservée à des associations sportives groupées en fédérations sportivees et placées sous le contrôle du comité national des sports».

[162] Como nota precisamente GÉRALD SIMON, *Puissance Sportive et Ordre Juridique Étatique*, p. 184, tratava-se de um sistema «totalmente impregnado» pela ideologia política de Vichy.

[163] Expressão de MANUEL GROS e PIERRE-YVES VERKINDT, « L'autonomie du droit dusport, fiction ou réalité?», p. 699.

A liberdade de constituição de associações desportivas viria a ser restabelecida somente com a aprovação da *Ordennance* de 2 de Outubro de 1943. Este instrumento normativo marcou a existência de uma *nova etapa* nas relações entre o Estado e o associativismo desportivo, na medida em que condicionava os auxílios monetários públicos à existência de uma autorização administrativa (*agrément*) do Ministério competente[164]. Em 1945, a *Ordonnance* nº 45-1922 de 28 de Agosto[165], concretizando a linha estabelecida pelo diploma de 1943, consolidou, por sua vez, as bases do sistema desportivo francês, tal como se apresenta, embora com alterações, nos dias de hoje. A opção passou pelo reconhecimento de um «interesse geral» do Desporto – ideia que se encontra expressamente referida no preâmbulo desta *Ordonnance* –, ainda que esta preferência não afectasse a manutenção das estruturas do associativismo desportivo. Com efeito, afirmava-se que o objectivo principal com a aprovação deste diploma consistia em «estimular» a actividade do associativismo desportivo, «sem modificar o estatuto deveras liberal» das estruturas desportivas[166].

Para prosseguir este ideal, nos termos do artigo 1º do supramencionado diploma, submetiam-se todas as competições desportivas das quais se pudesse vir a extrair um vencedor que representasse em competições internacionais, França ou em qualquer região francesa, à necessidade de autorização prévia do Ministro da *Education Nationale* que poderia «delegar os seus poderes em uma ou várias associações ou federações determinadas». Por outro lado, estava prevista, segundo o artigo 2º, uma obrigação de conformação com as regras estatutárias definidas pelo Ministro que se estendia a todas as entidades que organizassem as competições desportivas referidas no artigo 1º. A violação destas regras estatutárias fixadas pelo Ministro da Educação Nacional podia, segundo o que dispunha o artigo 3º, importar a interdiçao de competições desportivas e, consequentemente, a revogação da «autorização» concedida pelo Ministro.

Este quadro jurídico assumiu-se, assim, como um «regime derrogatório» em relação à lei de 1 de Julho de 1901, uma vez que impunha que as associações «delegatárias» adequassem os seus estatutos às imposições legais. No entanto, aquele diploma reconhecia duas funções associadas à prática

[164] Cfr. Gérald Simon *et alli*, *Droit du Sport*, p. 42.

[165] Este diploma, embora inicialmente previsto para apresentar um carácter provisório, acaba por ter um período de vigência de mais de 30 anos e foi somente revogado em 1975 pelo artigo 24º da denominada lei «Mazeaud».

[166] Cfr. preâmbulo do supramencionado diploma.

desportiva de extrema importância: (i) o reconhecimento do prestígio adquirido pelo Desporto em França; (ii) o reconhecimento de uma «crença no valor educativo»[167].

Em todo o caso, o regime da *Ordonnance* nº 45/1922 estava longe de ser configurado como uma forma de completa estadualização das estruturas de regulação desportiva[168]. Neste sentido contribuiu decisivamente o reforço da posição monopolística (de facto) das federações desportivas francesas que, neste contexto, passaram a deter uma posição monopolística de direito[169]. Por outro lado, a existência de um poder discricionário a exercer pelo Ministro relativamente à atribuição de um estatuto de reconhecimento estadual permitiu que o exercício de poderes «delegados» coubesse, em regra, às federações desportivas que se assumiam historicamente como as mais representativas no panorama desportivo francês[170]. Paralelamente, não é de estranhar que, durante pouco mais de trinta anos, a vigência daquele diploma não tivesse quaisquer consequências para a actividade das federações desportivas exceptuando a existência de uma subvenção pelos poderes públicos[171].

No domínio desportivo, a quebra com um conceito orgânico de acto administrativo[172] manifestou-se originariamente, em 1974, no célebre Ac.

[167] Cfr. THIERRY TERRET, *Histoire du Sport*, 3ª Edição, p. 84.

[168] Neste sentido, denotando precisamente a existência de uma intervenção estadual fundamentava-se num interesse estadual decorrente da comercialização da actividade desportiva, cfr. JEAN-CLAUDE GERMAIN, *Les sportifs et le droit*, pp. 76 e ss.

[169] Segundo JEAN-MARIE GARRIGOU-LAGRANCE, o *monopólio jurídico de regulação da competição desportiva* assumia-se como uma das vantagens da «delegação» estadual que, por outro lado, sustentava e implicava outra prerrogativa: as subvenções estatais eram atribuídas na sequência do reconhecimento estadual do exercício monopolístico da regulação desportiva. Cfr. *Recherches sur les Rapports des Associations avec les Pouvoirs Publics*, pp. 107-109. Em sentido idêntico, reconhecendo que a «delegação» permitiu, assim, um reforço do poder desportivo, uma vez que passou a existir uma unificação das normas desportivas na decorrência do poder atribuído às federações desportivas para podrem escolher aqueles que participam nas competições que organizam, estabelecendo livremente as condições a que deveria obedecer o acesso à competição desportiva. Cfr. Gérald Simon, *Puissance Sportive et Ordre Juridique Étatique*, pp. 187-189.

[170] Cfr. GÉRALD SIMON, *Puissance Sportive et Ordre Juridique Étatique*, p. 190.

[171] Cfr. THIERRY TERRET, *Histoire du Sport*, 3ª Edição, p. 85.

[172] Em geral, sobre o exercício de poderes públicos por privados no direito francês, identificando o Ac. Morand, em 1946, como a primeira decisão do Conselho de Estado que entendeu que o desempenho de uma «missão de serviço público» também podia ser desenvolvido

do CE comummente conhecido como «FIFAS»[173], no qual se passou a entender – em plena vigência do regime de 1945 – que da susceptibilidade de «delegação» do Ministro se deveria extrair a assumpção de que o Desporto assume uma *missão de serviço público*[174] que, por sua vez, se manifestaria num «serviço público de organização de competições desportivas»[175] e, deste modo, o exercício deste poder público se encontraria sujeito ao controlo jurisdicional dos tribunais administrativos[176].

por privados, cfr., com amplas referências, PEDRO GONÇALVES, *Entidades Privadas com Poderes Públicos*, pp. 60-64.

[173] Ac. de 22 de Novembro de 1974, processo nº 89828. Nas palavras do CE: «considerant, d'une part, qu'en vertu de l'article 1er de l'ordonnance du 28 aout 1945 relative a l'activite des associations, ligues, federations et groupements sportifs, toute competition sportive ayant pour objet de designer une association, une equipe, un joueur ou un athlete comme vainqueur national ou regional ou comme representant de la france ou d'une region dans les epreuves internationales doit etre autorisee par le ministre de l'education nationale qui peut deleguer ses pouvoirs a un ou plusieurs groupements determines; qu'en confiant ainsi aux federations sportives la mission d'organiser les competitions nationales ou regionales, le legislateur a confie aux federations sportives, bien que celles-ci soient des associations regies par la loi du 1er juillet 1901, l'execution d'un service public administratif; que, des lors, dans le cas ou ces fédérations prennent, en application de la delegation ainsi consentie, des decisions qui s'imposent aux interesses et constituent l'usage fait par elles des prerogatives de puissance publique qui leur sont conferees, lesdites decisions ont le caractere d'actes administratifs».

[174] O CE viria a confirmar esta ideia no Ac. *Fédération Française de Cyclisme* de 26 de Novembro de 1976, processo nº 95262, considerando que: «a federação francesa de ciclismo actua num quadro de prerrogativas de poder público que foi conferido» e na vigência da lei «Mazeaud» no Ac. *Peschaud* do Tribunal dos Conflitos de 7 de Julho de 1980, processo nº 2518, afirmando que: «relative au developpement de l'education physique et du sport, apportent leur concours aux personnes publiques chargees du developpement des activites physiques et sportives, sont associees par le legislateur a l'execution d'un service public» e, posteriormente, na vigência da lei de 16 de Julho de 1984 pelo Ac. *Pascau* do CE de 19 de Dezembro de 1988, processo nº 79962, expressando que: «(..) les fédérations agréés en application de l'article 16 de la loi du 16 juillet 1984 sont des personnes morales de droit privé associées par le législateur à l'exécution d'un service public».

[175] Segundo MANUEL GROS e PIERRE-YVES VERKINDT, «L'autonomie du droit du sport, fiction ou réalité?», p. 701, esta jurisprudência admitiu expressamente que, determinadas actividades das federações desportivas, assumem um cariz «para-público».

[176] Alguns anos antes, RENÉ CHAPUS veio precisamente a defender que «(...) não existe nenhum argumento derivado da dignidade do serviço público que aquele certamente reveste e que continuará a conservar se reconhecer como serviços públicos as actividades públicas exercidas em matéria de espectáculos, distracção, festas, desportos, férias e lazer, turismo e termalismo: isto não reflecte uma degradação da noção de serviço público para um nível de actividades subalternas, mas de um justo reconhecimento da importância destas activida-

Na decorrência e com o contributo desta *expansão da ideia de serviço público*[177] [178], bem como da consequente existência de um controlo jurisdi-

des no contexto social contemporâneo». Cfr. «Le Service Public et la Puissance Publique», pp. 250 e 251. Por outro lado, esta decisão do CE veio, no entanto, colocar um ponto final nas dúvidas doutrinais sobre a possibilidade de existir um serviço público do desporto e de qual o seu conteúdo, na esteira do que fora defendido por LAUBADÈRE. Este último questionava-o da seguinte forma: «[o] surgimento do Desporto como actividade merecedora de interesse e de intervenção do Estado significa que a actividade desportiva se tornou – ela própria – ao mesmo tempo enquanto acitividade e espectáculo um verdadeiro serviço público?», cfr. ANDRÉ DE LAUBADÈRE, *Traité Élémentaire de Droit Administratif*, Vol. 3, 2ª Edição, p. 435. Sobre esta polémica doutrinal, cfr. GÉRALD SIMON, *Puissance Sportive et Ordre Juridique Étatique*, pp. 192 e ss. Sobre a importância do CE no controlo jurisdicional dos actos administrativos praticados pelas federações desportivas francesas, cfr. JEAN-MICHEL HOUN DE KERMADEC, « Le contrôle de la légalite de décisions des Fédérations Sportives ayant le Caractère D'acte Administratif », pp. 407 e ss. Em anotação à decisão do Conselho de Estado, JÖEL-YVES PLOUVIN revelou-se muito crítico afirmando mesmo que seria um erro associar o serviço público e a «delegação de poderes» com regulação da actividade desportiva, cfr. «La reconnaissance par le juge administratif d'un servisse public Administratif du Sport», pp. 2724 e ss.

[177] Num sentido próximo, falando numa «dilatação» do serviço público, FRANÇOIS BURDEAU, *Histoire du droit administratif*, p. 417.

[178] Na base da jurisprudência do CE encontravam-se duas doutrinas que se degladiaram no panorama jurídico francês relativamente ao critério de submissão ao Direito Administrativo: (i) a teoria do poder público (*puissance publique*) popularizada pela escola de Toulouse apoiada no trabalho de HAURIOU; (ii) a teoria do serviço público (*service publique*) desenvolvida pela escola de Bordéus, em particular, por DUGUIT. A primeira entendia que o Direito Administrativo se determinava a partir da noção de «poder público» que correspondia a «uma vontade que exerce os direitos administrativos em nome da personalidade pública da Administração» que é exercida por «(...) pela via da autoridade, uma vez que ela comanda ou estatui para assegurar a aplicação das leis, agindo por intermédio da gestão, na medida em que ela labora para a execução de um serviço público». Cfr. MAURICE HAURIOU, *Précis de Droit Administratif et de Droit Public General*, 4ª Edição, pp. 227-228. A segunda, pelo contrário, entendia que: «(...) os serviços públicos constituem um dos elementos do Estado (...): o Estado não é, como se quis fazer crer e se acreditou durante algum tempo que ele fosse, uma potência que comanda e uma soberania: ele é uma cooperação de serviços públicos organizados e controlados pelos governantes». Em suma, numa fórmula clássica, o serviço público consubstancia «(...) toda a actividade cujo cumprimento deve ser assegurado, regulado e controlado pelos governantes, uma vez que a execução dessa actividade é indispensável à realização e ao desenvolvimento de interdependência social e cuja sua natureza não pode ser completamente realizada sem ser através da intervenção da força governante». Cfr. LÉÓN DUGIT, *Traité de Droit Constitutionnel*, Tome II, 2ª Edição, pp. 54 e 55 [desenvolvidamente sobre a o serviço público no pensamento deste autor, cfr. EVELYNE PISIER-KOUCHNER, *Le Service Public dans la Théorie de L'État de León Duguit*, pp. 141 e ss]. De qualquer modo, ao admitir um afastamento do serviço público configurado como conceito orgânico, o CE

cional pelos tribunais administrativos dos actos praticados administrativos praticados pelas federações desportivas «delegatárias», passou, por outro lado, a exigir-se um reforçado e um mais adequado respeito pelos direitos fundamentais dos filiados daquelas entidades perante actuações autoritárias[179] (que ocorressem, por exemplo, no direito disciplinar) que causassem (ou pudessem causar) lesões na sua esfera jurídica[180].

A ideia de que as federações desportivas «delegatárias» exercem uma *missão de serviço público* passou, posteriormente, a obter consagração expressa, em 1975, no artigo 12º da lei «Mazeaud»[181], retomando a fórmula patente no Ac. «FIFAS» que, embora substituindo a expressão «delegação» pela noção de «habilitação», mantém a essência do regime anterior, consagrando que esta «habilitação» se relaciona com a «organização das competições desportivas»[182]. Este diploma alargou, todavia, o âmbito do *serviço público do desporto*, na medida em que, segundo o disposto nos artigos 11º, 12º e 13º, as competências de concessão de licenças, de exercício do poder disciplinar sobre os filiados, de elaboração de regras regulamentares e a obrigação de respeitar as regras «técnicas e deontológicas» comportam quando, no exer-

gerou uma «degradação» do conceito tradicional de serviço público. Cfr. François Burdeau, *Histoire du droit administratif*, p. 418 e ss. Sobre a actual definição de «serviço público», cfr., por todos, Jean-François Lauchaume, Claudie Boiteau e Hélène Pauliat, *Grands Services Publics*, 2ª Edição, pp. 15 ss. Cfr., igualmente, Jacques Moreau, *Droit Administratif*, pp. 309 e ss.

[179] Cfr. Jean-Michel Huon de Kermadec reconhecia que a delegação de poderes públicos permitia proteger os agentes desportivos das manifestações de «autoridade federativa» que decorriam do monopólio da regulação da actividade desportiva pela respectiva federação. Cfr. « Le contrôle de la légalite de décisions des Fédérations Sportives ayant le caractère D'acte Administratif », pp. 423 e ss.

[180] Cfr. Gérald Simon, *Puissance Sportive et Ordre Juridique Étatique*, p. 265 e Grégory Mollion, *Les Fédérations Sportives*, pp. 274-275.

[181] Lei nº 75-988 de 29 de Outubro de 1975, relativa ao desenvolvimento da educação física e do desporto. Segundo Gérald Simon *et alli*, *Droit du Sport*, 2012, p. 43, tratou-se efectivamente da «primeira lei, em sentido formal, sobre matérias desportivas». Sobre esta lei, cfr. Jöel-Yves Plouvin, « L'organisation et le développement du Sport en la loi du 29 octobre 1975», pp. 60 e ss.

[182] Em consonância com o reconhecimento de uma missão de serviço público consagrava também o artigo 11º a possibilidade de financiamento público, sendo mesmo, nos termos do artigo 18º, criado o «fundo nacional de auxílio para o desporto de alto nível». A jurisprudência e a doutrina também alinhavam no sentido de que a «missão de serviço público» era identificada com o poder de organização das competições desportivas, cfr., neste sentido, Michel Taupier, «Recherches sur la nature juridique des fédérations sportives et de leurs actes», p. 84.

cício de poderes públicos, uma prerrogativa de «organização geral de competições de uma modalidade desportiva»[183].

Por outro lado, deve realçar-se que o artigo 14º consagraria, aparentemente, que o Comité Olímpico Francês (CNOSF) seria competente para dirimir os conflitos que surgissem entre licenciados, clubes desportivos e federações desportivas como se de uma instância arbitral se tratasse, embora sob condição de vir a ser aprovado um decreto que determinasse as condições nas quais se permitiria o recurso à arbitragem. No entanto, este diploma nunca chegou a entrar em vigor, pelo que esta possibilidade representou uma mera «letra morta»[184].

É, neste contexto, importante mencionar que, na vigência da lei «Mazeaud» e num sentido aparentemente concordante com o Ac. FIFAS, LAUBADÈRE justificou, em 1978, a intervenção estadual no Desporto com um *interesse público* decorrente de questões que envolviam a saúde pública na actividade desportiva, mas também pela «necessidade pública» que decorria do fomento do espectáculo desportivo. Aquela manifestação de um «serviço público», por outro lado, manifestava – segundo o autor – um interesse económico que decorria dos êxitos desportivos que, por sua vez, sustentavam o «prestígio nacional» a que o Estado não podia evidentemente ficar indiferente[185].

Por seu turno, a confirmação desta lógica publicizante apresenta mais um capítulo com a aprovação da lei de 16 de Julho de 1984[186]. Com efeito, nos termos do artigo 16º, estabelecia-se, sob condição de adopção dos

[183] Neste sentido, GÉRALD SIMON, *Puissance Sportive et Ordre Juridique Étatique*, p. 211.

[184] Expressão de MATHIEU MAISONNEUVE, « La Chambre Arbitrale Française du Sport», p. 8, confluindo no sentido exposto. No mesmo sentido, entendeu o CE no Ac. Moreteau, de 16 de Março de 1984, processo nº 44961, que a referência no artigo 14º à condição de aprovação de um: «décret nécessaire pour déterminer le caractère et les conditions d'exercice de l'arbitrage, par le comité national olympique et sportif français, des litiges opposant les licenciés, groupements et fédérations, la disposition précitée de l'article 14 relative audit arbitrage n'était pas applicable».

[185] Cfr. ANDRÉ DE LAUBADÈRE, *Traité de Droit Administratif*, Vol. 3, 3ª Edição, pp. 512 e 513. Em sentido aparentemente discordante, FRANCK MODERNE colocava em causa que a competição desportiva pudesse configurar um serviço público. O autor afirmava inclusivamente num tom irónico: «[n]uma releitura dos primeiros teóricos do serviço público (Romieu, Hauriou, Duguit) não nos era possível conceber que o Desporto profissional pudesse um dia vir a beneficiar daquela qualificação». Cfr. «Notes sous CE 26 novembre 1976», p. 147.

[186] Lei nº 84-610 de 16 de Julho de 1984, relativa à organização e à promoção das actividades físicas e desportivas que sofreu, até à sua revogação pelo *Code du Sport*, mais de 30 alterações.

estatutos-tipificados, que «(...) as federações desportivas *agréés* participam na execução de uma missão de serviço público»[187], pelo que conjugado com o artigo 17º passaria a existir a possibilidade de uma delegação do Ministro por cada federação desportiva (*agréés*) que tivesse a cargo a organização de competições desportivas de uma modalidade que atribuísse títulos internacionais, nacionais ou regionais[188]. Esta lei sofreu, entre tantas outras, uma importante alteração legislativa em 1992 com a denominada lei «Bredin»[189] que, entre as modificações que mais nos interessam, estabeleceu, no artigo 14º, a conciliação obrigatória junto do CNOSF como momento prévio e indispensável para que fosse possível recorrer contenciosamente para os tribunais administrativos.

O sistema público do Desporto em França mantém-se, de certa forma, com a mesma intensidade relativamente à delegação de poderes públicos também desde a aprovação do *Code du Sport*[190]. Neste quadro normativo assume-se no artigo L131-8 que as federações desportivas *agréés* participam «(...) na execução de uma missão de serviço público»[191] e continuam a poder ser «delegados» nestas poderes públicos[192]. Por outro lado, a conciliação obrigatória perante o CNOSF dos litígios desportivos que envolvam

[187] Sobre a missão de serviço público na vigência desta lei, cfr. JEAN-FRANÇOIS LACHAUME, «La notion de service public dans la loi du 16 juillet 1984», pp. 5 e ss.

[188] Nos termos do artigo 17º: « dans chaque discipline sportive et pour une période déterminée, une seule fédération reçoit délégation du ministre chargé des sports pour organiser les compétitions sportives à l'issue desquelles sont délivrés les titres internationaux, nationaux, régionaux ou départementaux et procéder aux sélections correspondentes».

[189] Lei nº 92-652 de 13 Julho de 1992.

[190] Aprovado pela *Ordonnance* nº 2006-596, de 23 de Maio de 2006 (parte legislativa), pelos Decretos nº 2007-1132 e nº 2007-1133, de 24 de Julho de 2007 (parte regulamentar) e complementado pelo *Arrêté* de 28 de Fevereiro de 2008. Este diploma foi alvo de diversas alterações que não alteraram o regime de forma significativa.

[191] Embora a noção de serviço público tenha entrado em declínio. Sobre esta questão, cfr. YVES GAUDEMET, *Droit Administratif*, 19ª Edição, pp. 26 e ss.

[192] Nos termos do artigo L.131-15, as federações *agréés* que obtiverem a «delegação» administrativa podem, por exemplo, organizar as competições desportivas que concedam títulos internacionais, regionais e distritais, numa fórmula muito idêntica às regras de 1984. Como notam FRÉDÉRIC BUY ET ALLI, *Droit du Sport*, 3ª Edição, pp. 22 e 223, existem três tipos de federações desportivas segundo o regime vigente: as federações simples (sem qualquer acto de reconhecimento estadual), as federações «autorizadas» (*agréés*) que adoptam algumas disposições estatutárias e regulamentares impostas pelo *Code du Sport* e as federações «autorizadas» e a quem são delegadas os poderes públicos (*agréés et delegataires*) para organizar, em exclusivo, a competição de uma determinada modalidade desportiva.

uma federação desportiva que exerça poderes públicos volta a encontrar-se prevista, nos termos do artigo L141-4 e L141-5, exceptuando, porém, desta possibilidade os litígios que se reconduzam à dopagem.

2.2. A experiência espanhola

No ordenamento jurídico espanhol, as federações desportivas desenvolveram a sua actividade isentas de qualquer intervenção estadual até bem perto do final da primeira metade do Séc. XX. Não obstante, em Espanha, as primeiras referências legislativas desportivas reconduzem-se ao artigo 1800º, previsto no capítulo III, sob a epígrafe «Do jogo e da aposta», do Código Civil espanhol de 1889[193] estabelecendo-se que: «[n]ão são considerados proibidos os jogos que contribuem para o exercício do corpo como aqueles que têm como objectivo a prática do manejo de armas, os percursos a pé ou a cavalo, os de carruagem, os jogos de bola e outros de natureza análoga»[194]. Esta norma, inspirada em outras equivalentes existentes nos artigos 1966º do Código Civil francês e no título XV do Código Civil italiano de 1865, revelou-se, porém, desajustada à realidade espanhola, na medida em que algumas das práticas lúdico-desportivas aí previstas não colhiam sequer actualidade no seio da comunidade espanhola[195].

Neste discurso legislativo liberal, o associativismo desportivo espanhol desenvolve as suas actividades à margem de qualquer iniciativa legislativa até 1941[196]. Foi apenas, em pleno regime franquista, que o Decreto de 22 de

[193] Cfr. Gabriel Real Ferrer, *Derecho Publico del Deporte*, p. 319, entendia que esta representa uma «normação desportiva embrionária».

[194] Gabriel Real Ferrer, numa síntese interessante, define que os aspectos essenciais desta norma se fixam nos seguintes pontos: (i) a licitude da actividade desportiva permitiu a implementação, sem reservas, do associativismo desportivo; (ii) o financiamento do associativismo desportivo adveio, essencialmente, da possibilidade de propor uma acção para reclamar os ganhos de apostas lícitas cujo objecto se reconduzisse jogos desportivos lícitos; (iii) esta «magra» regulação jurídica permitiu que o associativismo desenvolvesse a sua actividade sem constrangimentos de qualquer ordem; (iv) a regulação jurídica desta norma destacava o cáracter físico das prácticas desportivas lícitas. Cfr. *Derecho Publico del Deporte*, p. 319.

[195] Cfr. Arturo Majada Planelles, *Naturaleza Jurídica del Contrato Deportivo*, p. 48, afirmando que «sem dúvida que não é muito feliz a enumeração do Código Civil, pois alguns dos jogos citados nunca foram actuais em Espanha, e muito menos na época em que se promulgou o Código».

[196] A profunda liberdade do associativismo desportivo deve-se a uma lei de 30 de Junho de 1887 que, em conformidade com o quadro constitucional vigente, consagrava a liberdade de associação. Cfr. Gabriel Real Ferrer, *Derecho Publico del Deporte*, pp. 320 e ss.

Fevereiro de 1941[197] operou uma transformação radical no sistema desportivo espanhol ao criar a *Delegación Nacional de Deportes de Falange Tradicionalista y de las Juntas Ofensivas Nacional Sindicalista* (DND). Entregava-se, desta forma, a regulação e disciplina da actividade desportiva ao partido único do regime ditatorial de Francisco Franco[198]. Neste sentido, o passo interventor dado por este regime profundamente autoritário veio a ser confirmado pelo artigo 5º, uma vez que as federações desportivas passaram a estar integradas e na dependência da DND. Todavia, embora passassem a ser parte integrante desta entidade todas aquelas federações desportivas que fossem reconhecidas à data da entrada em vigor do Decreto de 22 de Fevereiro de 1941, haveria a possibilidade de outras poderem vir a ser reconhecidas, nos termos no artigo 8º, desde que inscritas no *Registro de Deportes*.

Para alcançar este objectivo, previa-se que o Comité Olímpico espanhol[199], bem como todos os seus bens[200] passariam a integrar a *Delegación Nacional de Deportes*[201]. Estabelecia-se, por outro lado, um largo espectro de competências no domínio desportivo, entre as mais marcantes: (i) o poder de aprovar os estatutos e normas regulamentares de federações e clubes desportivos [cfr. artigo 4º, alínea a)]; (ii) criar normas que pudessem «promover o desenvolvimento da educação física» [cfr. artigo 4º, alínea g)]; (iii) aprovar e alterar a calendarização desportiva proposta pelas federações desportivas [v. artigo 4º, alínea d)][202].

[197] Publicado no BOE de 5 de Março de 1941, nº 64, pp. 1551 e ss.

[198] No preâmbulo deste diploma sugere-se precisamente que a política falangista sendo orientada para a unidade e o fortalecimento da Pátria não pode descurar o desporto como instrumento educativo do «homem espanhol». Além disso, estabelecia-se que ao partido único caberia a coordenação das políticas desportivas dirigindo todas as formas que o desporto possa assumir. Neste sentido dispunha-se no artigo 1º que a «direcção» e o «fomento» do desporto estaria a cargo da *Delegación Nacional de Deportes*.

[199] Nos termos, do artigo 2º, passa a ser denominado como *Consejo Nacional de Deportes*.

[200] V. os artigos 3º e 14º, do Decreto de 22 de Fevereiro.

[201] Em 1952, a DND viria a alterar a sua nomenclatura, passando a designar-se Delegación Nacional de Educación Física y Deportes segundo o artigo único do Decreto de 12 de Junho de 1956. Por uma questão de comodidade de leitura manteremos a abreviatura DND.

[202] De forma sintética, afirma Gabriel Real Ferrer que, durante este período, esta intervenção tem os seguintes efeitos: (i) politiza o desportivo; (ii) exclui-se as organizações desportivas da aplicação do ordenamento jurídico em geral, criando-se um «regime jurídico especial»; (iii) estabelece-se uma estrutura hierarquizada com mecanismos de controlo em «cascata», estando no topo a Delegación Nacional de Deportes; (iv) publifica-se o ordenamento jurídico-desportivo privado; (v) o desporto espanhol torna-se o mais intervencionista da Europa. Cfr. *Derecho Publico del Deporte*, pp. 328 e 329.

A norma mais significativa deste diploma diz, porém, respeito à alínea f) do artigo 4º, dispondo que cabia a esta entidade: «[r]esolver, em última instância, as controvérsias e diferendos que surjam entre sociedades desportivas ou entre estas e terceiros e que se refiram ao domínio desportivo». Na realidade, a DND tornava-se, assim, a entidade competente para resolver os litígios que tivessem por objecto «questões jurídico-desportivas». Esta ideia foi reforçada pelo artigo 73º do Estatuto Orgânico da DND, aprovado pela Ordem de 17 de Junho de 1945[203], ao dispor-se que: «é rigorosamente proibido a todos os desportistas ou sociedades desportivas recorrer, com vista à resolução dos seus litígios, a outra entidade ou poder distinto que não o da Delegación Nacional de Educación Física y Deportes».

Por outro lado, a sanção para o incumprimento deste imperativo era: «todo o desportista ou entidade que não observe esta proibição perderá a sua condição e será automaticamente desqualificado». Estava, desta forma, consagrada a total «incomunicabilidade» entre o «ordenamento desportivo» e o «ordenamento jurídico estadual», estando no topo da hierarquia do associativismo desportivo a DND[204]: a regulação desportiva passava, portanto, a ser estadualizada.

As alterações promovidas pela lei nº 77/1961 (lei «Elola-Olaso»), de 23 de Dezembro, não alteraram esta realidade, uma vez que, segundo o disposto no artigo 24º, existia uma «jurisdição disciplinar» que «em toda sua extensão» se identificava com a Delegación Nacional de Educación Física y Deportes ou com os seus órgãos subordinados[205]. Na verdade, um breve olhar sobre as competências da DND, em especial, a constante na alínea m) do artigo 20º, faria perceber que continuaria a caber somente a esta entidade «resolver, em última instância, as controvérsias e diferendos que surjam entre os desportistas e as sociedades ou entidades desportivas ou de um deles e terceiros sempre que estejam relacionados com a educação fí-

[203] Para mais desenvolvimentos sobre a importância deste diploma no direito espanhol, Cfr. M. Carmelo Gonzalez Grimaldo, *El Ordenamiento Juridico Del Deporte*, pp. 97 e ss. e Javier Díez García, *La Administración Pública y el Negocio Del Fútbol Profesional*,pp. 66 e ss.

[204] Um dos factores mais determinantes para a consolidação deste sistema de total «impenetrabilidade» jurídica diz respeito ao receio que existia entre clubes e desportistas relativamente à possibilidade de serem privados das licenças para competirem. Neste sentido, cfr. Ramón Terol Gómez, «La intervención pública sobre el associacionismo desportivo en España. 1869-1978», p. 36.

[205] Para Gabriel Real Ferrer não existem dúvidas: este complexo normativo pretendeu manter a «exclusividade» e a «irreversibilidade» da jurisdição «disciplinar deportiva». Cfr. *Derecho Publico del Deporte*, p. 356.

sica ou com o desporto»[206]. Esta será, assim, a razão pela qual não existiram litígios significativos durante algumas décadas junto da jurisdição estadual[207].

A queda do regime anti-democrático fez, porém, com que existissem algumas modificações relevantes no sistema desportivo. Realce-se, desde logo, a criação do *Consejo Superior de Deportes* (CSD) pelo artigo 1º, nº 2, do Real Decreto nº 2258/77, de 27 de Agosto. Esta entidade passou a deter um papel importante na «regulação» do Desporto, sendo consagrado um largo espectro de competências no artigo 1º Real Decreto 2960/1978, de 3 de Novembro[208]. A aprovação da Constituição espanhola de 1978 vem, na verdade, provocar algumas alterações importantes no estatuto do Desporto em Espanha. Nos termos do artigo 43º, nº 3, estabelecia-se que: «[o]s poderes públicos promoverão a educação para a saúde, a educação física e o Desporto»[209]. Neste contexto, com a aprovação da lei nº 13/1980, de 31 de Março, as federações desportivas passam a ser definidas como «(...) entidades que agregam desportistas e associações dedicadas à prática da mesma modalidade desportiva dentro do território espanhol, gozando de personalidade jurídica e de plena capacidade para prosseguir o cumprimento dos seus fins (...)»[210]. Esta norma acabou por, na esteira da lei nº 77/1961, não resolver a questão sobre qual seria a natureza jurídica das federações desportivas[211].

A resposta à problemática envolvendo a natureza jurídica das federações desportivas deve ser atribuída ao Ac. do TC Espanhol nº 67/1985, de 24 de Maio de 1985, que, configurando-as como «associações privadas de confi-

[206] O artigo 26º acaba por reafirmar este facto, na medida em que estabelece que: «[q]ualquier Federación, Club o deportista podrá someter sus diferencias a la Delegación Nacional de Educación Física Y Deportes, conforme al procedimento que reglmentariamente se establezca».

[207] De resto, segundo a doutrina espanhola, a possibilidade de conhecimento de conflitos «desportivos» pelos tribunais judiciais colocou-se, curiosamente, junto dos tribunais de trabalho apenas no início dos anos 70. Cfr. José Bermejo Vera, «El conflicto deportivo y la jurisdicción», pp. 190 e ss.

[208] Deve também ser mencionada a ordem de 14 de Dezembro de 1978 que estabeleceu a estrutura orgânica do CSD.

[209] Sobre a importância desta disposição constitucional no ordenamento jurídico espanhol, cfr. José Bermejo Vera, *Constitucion y Deporte*, pp. 23 e ss,

[210] Cfr. artigo 14º, nº 1.

[211] Segundo Gabriel Real Ferrer, tratava-se de um silêncio que já vinha desde a lei nº 77/1961, cfr. *Derecho Publico del Deporte*, p. 357.

guração legal», entende que a existência daquelas não se revela contrária à Constituição espanhola[212] [213]. Na verdade, acentua que: «quando o Estado recorre à forma associativa para atribuir o exercício de funções públicas de cariz administrativo a um determinado tipo de associações de um determinado sector da vida social, pode limitar o número de associações a qual atribui o exercício daquelas funções, uma vez que cabe ao Estado organizar aquele exercício [de funções] do modo que entender mais conveniente para a prossecução do interesse geral». Deste modo, não é contrário ao direito de associação – que não pode ser exercido paralelamente para fins privados –, uma vez que «(...) não integra o conteúdo daquele direito, o direito de constituir associações cujo objecto seja o exercício de funções públicas de cariz administrativo relativamente a um sector da vida social». Conclui, neste contexto, que: «(...) as federações surgem configuradas como associações de carácter privado a quem foram atribuídas funções públicas de cariz administrativo».

Por outro lado, merece ainda menção que o *Consejo Superior de Disciplina Deportiva* (CSDD) seria, segundo o artigo 34º, nº 2, alínea c), da lei nº 13/1980, competente para decidir em última instância sobre questões disciplinares[214]. De todo o modo, o artigo 37º, nº 1, esclarecia que as decisões do CSDD não seriam susceptíveis de qualquer recurso administrativo. Ainda assim, isto não significava, todavia, que não pudesse existir a impugnação judicial das decisões das federações desportivas quando estivessem em causa conflitos desportivos, como se pode retirar pelo disposto no artigo 27º, nº 5, do Real Decreto nº 642/1984, de 28 de Março, na qual se estatuia que: «as decisões disciplinares proferidas pelo Comité Superior de Disciplina Deportiva esgotam a via administrativa e pode ser objecto de impugnação de acordo com as regras contenciosas aplicáveis»[215].

[212] Neste sentido afirma-se no Ac. que: «[p]artiendo de la configuración de las Federaciones españolas en la forma antes expuesta este precepto no puede calificarse como contrario a la Constitución».

[213] Sobre o estatuto constitucional da liberdade de associação em Espanha, cfr. GERMAN FERNANDEZ FARRERES, *Associaciones y Constitucion*, pp. 147 e ss.

[214] Segundo a mesma disposição, esta entidade, embora actue com independência do CSD, encontra-se orgânicamente adstrito ao CSD.

[215] Neste sentido, JOSÉ BERMEJO VERA, «El conflicto deportivo y la jurisdicción», p. 198.

Por um lado, a aprovação da Lei nº 10/1990, de 15 de Outubro[216], pareceu querer resolver as dúvidas sobre a natureza jurídica das federações desportivas ao estabelecer que: «[a]s federações desportivas espanholas são entidades privadas, com personalidade jurídica própria, cujo âmbito de actuação se estende a todo o território do Estado, no desenvolver das suas próprias competências»[217], pelo que deve concluir-se que: «exercem, por delegação, funções públicas de cariz administrativo (...)»[218].

Por outro lado, na Lei nº 10/1990, encontrava-se previsto o *Comité Español de Disciplina Desportiva* (CEDD), em termos muito semelhantes às normas anteriormente em vigor, com o objectivo de substituir o CSD[219]. No entanto, por sua vez, o Real Decreto nº 1591/1992, de 23 de Dezembro, vem esclarecer de forma inequívoca que: «[a]s decisões do Comite Espanhol de Disciplina Desportiva podem ser objecto de recurso junto da ordem jurisdicional processual administrativa»[220].

A lei orgânica nº 3/2013, de 20 de Junho de 2013, veio a substituir o CEDD pelo Tribunal Administrativo del Deporte, na quarta disposição final que alterou o artigo 84º da Lei nº 10/90, mantendo-o com competências materialmente idênticas ao CEDD assumindo-se, no entanto, somente como o último órgão com competência decisória administrativa e não como

[216] Com mais de 20 anos de vigência, este texto legal já mereceu reparos importantes na doutrina no que à sua reformulação diz respeito. Sobre este assunto, v., por todos, Alberto Palomar Olmeda, *El Sistema Deportivo Español: Una Visión Diferente y Pautas de Reforma*, Cizur Menor, Arazandi, 2011, pp. 31.

[217] Cfr. o artigo 30º, nº 1. Trata-se, no essencial, de uma fórmula repetida no artigo 1º, nº 1, do Real Decreto nº 1835/1991, de 20 de Dezembro.

[218] V. o artigo 30º, nº 2. No mesmo sentido parece também ir a doutrina maioritária, qualificando-as enquanto pessoas colectivas privadas que exercem poderes públicos. Cfr. Luís María Cazorla Prieto (director) *et alli*, *Derecho del Deporte*, pp. 244 e ss., José Bermejo Vera *et alli*, *Derecho Administrativo – Parte especial*, 5ª Edição, p. 238, Andreu Camps Povill, *Las Federaciones Deportivas. Regimen Juridico*, p. 204, Julio Césa Tejedor Bielsa, *Público y privado en el deporte*, p. 81 e Ruben Serrano Lozano, «Las Federaciones Deportivas», pp. 124 e 125. Em sentido contrário, há quem sustente que se trata de entidades de cariz público. Cfr. Eduardo Gamero Casado, «Naturaleza y régimen jurídico de las federaciones deportivas», pp. 25 e ss. e Iñaki Agirreazkuenaga, *Intervención Pública en el Deporte*, pp. 325 e ss., embora não defina claramente a qualificação das federações desportivas como entidades públicas, entende que definir a natureza jurídica das federações desportivas espanholas com base num critério legal e puramente formal não resolve esta problemática.

[219] Sobre esta entidade, cfr. Rafael Andrés Mombriero, «El Comité Español de Disciplina Deportiva», pp. 91 e ss.

[220] Cfr. artigo 58º.

um órgão jurisdicional. Segundo o artigo 1º do Real Decreto 53/2014, de 31 de Janeiro, as suas funções são essencialmente três: (i) decidir os conflitos disciplinares (que tanto abrangem aqueles que tenham relação com a aplicação de normas do jogo, bem como todos as outras) que lhe sejam cometidos pela lei; (ii) decidir e aplicar as sanções disciplinares mais graves previstas no artigo 76º da Lei nº 10/1990; (iii) zelar pela conformidade com o Direito dos processos eleitorais das federações desportivas. No entanto, como seria de deduzir pela sua natureza, nos termos do artigo 10º do Real Decreto 53/2014 existe a possibilidade de impugnar as decisões do Tribunal Administrativo del Deporte na jurisdição administrativa.

2.3. A experiência italiana

Em Itália, a actividade física desenvolveu-se essencialmente durante o final do Séc. XIX com um propósito estritamente militarizado, uma vez que visava reforçar a «unidade nacional». Deste modo, a ginástica, o alpinismo, a esgrima ou a equitação eram as práticas desportivas que maior entusiasmo provocavam junto da população[221]. Neste contexto, o desporto italiano viveu num regime de abstenção de intervenções estaduais até ser estrategicamente «manipulado» durante o fascismo. Isto não significou que o Estado não deixasse de endereçar uma «mensagem jurídico-desportiva» assumindo a relevância da ginástica no panorama desportivo e da actividade física italiano[222].

Um destes primeiros diplomas foi certamente a Lei nº 4442, de 7 de Julho de 1878 («Francisco de Sanctis») que, no artigo 1º, impunha a obrigação de existência da «ginástica educativa» nas escolas italianas[223]. Por outro lado, a Lei nº 805, de 26 de Dezembro de 1909 («Danco») definiu o que se devia entender por educação física afirmando no artigo 2º que: «(...) compreende a ginástica em sentido estrito, as actividades gímnicas, o tiro ao alvo, o canto coral e todos os outros exercícios educativos aptos a revigorar o corpo e a formar o carácter», permitindo, assim, perceber a importância da ginástica em Itália[224].

[221] Assim, Angela Teja e Marco Impiglia, «Italia», *in Histoire du Sport en Europe*, pp. 203 e 204.

[222] Como já mencionámos, o próprio Código Civil italiano de 1865 dedicou um capítulo ao «jogo e apostas» em norma em tudo idêntica à existente nos códigos civis franceses e espanhóis.

[223] Publicado em *Gazzetta Ufficialle del Regno d'Italia*, nº 165, de 15 de Julho de 1878, p. 2745.

[224] Publicado em *Gazzetta Ufficialle del Regno d'Italia*, nº 805, de 8 de Janeiro de 1910, p. 85.

No entanto, uma das épocas mais interessantes, em termos jurídicos, reporta-se à que diz respeito à ditadura fascista[225]. Uma das particularidades que devemos, desde já, adiantar diz respeito ao facto de Mussolini optar por uma forma controlo do aparelho associativo desportivo que passou pela manutenção integral do edifício desportivo existente, mas com uma particularidade: sentiu-se a necessidade de politizar o CONI[226] de modo a que fosse possível reforçar o papel desta entidade enquanto ente de cúpula do movimento desportivo italiano[227], mas desde que, por outro lado, tal como veio mais tarde a suceder em Espanha e, de certo modo, em Portugal, este processo não implicasse uma completa reformulação das estruturas federativas.

Por detrás desta ideia, estava uma especial cautela que permitisse uma intromissão do Estado no funcionamento orgânico desta associação – que surgiria em 1927 –, mas que não implicasse a exclusão das competições desportivas internacionais[228]. Neste sentido, um passo no sentido de submeter

[225] É conhecido o discurso de 14 de Novembro de 1933, no qual Mussolini projectava o seu entendimento do corporativismo, assumindo que existiam três condições para uma aplicação plena do corporativismo: (i) a existência de um monopartidarismo que se fundamentasse «a acção da disciplina política juntamente com a a[c]ção da disciplina econ[ó]mica, que esteja cima dos interesses em jogo, e que seja um v[í]nculo que una a todos na mesma fé»; (ii) a construção de um «Estado totalit[á]rio» que «absorve para transformar e fortalecer todas as energias, todos os interesses, todas as esperanças de um povo»; (iii) a existência de «um período de altíssima tensão ideal», tal como aquele se verificou na emergência do «período fascista», uma vez que se trata de um período «em que as armas são coroadas pela vit[ó]ria. Renovam-se as instituições, redime-se a terra, fundam-se as cidades». Cfr. Benito Mussolini, *O Estado Corporativo*, pp. 34 e 35. Sobre o corporativismo no Estado fascista, cfr. Luigi R. Lettieri, *Lo Stato Corporativo Fascista*, pp. 55 e ss.

[226] Esta entidade reconduz-se originariamente ao *Comité Italiano para as Olímpiadas Internacionais* criado em 1907, de forma a garantir a representação italiana nas olimpíadas de Londres e Estocolmo em 1908 e 1912 respectivamente. Em 1914, por iniciativa de Carlo Montù e representantes de algumas federações desportivas italianas, seria criado o CONI enquanto entidade de «controlo» e «coordenação» do sistema desportivo italiano, ainda que de natureza estritamente privada. Cfr. Inigo Marani Toro e Alberto Marani Toro, *Gli ordinamenti sportivi*, p. 220.

[227] Como nota Pietro Paolo Mennea, durante o fascismo italiano o CONI assumiu a forma de «federação das federações». Cfr. «Organizzazione dello Sport in Italia: il C.O.N.I.», p. 51.

[228] Cfr. Antonio Lombardo, «Il fascismo alla Olimpiadi», p. 62. Na verdade, em 1927, os novos Estatutos do CONI não foram aprovados pela Assembleia Geral deste Comité Olímpico, mas pelo partido fascista italiano provocando profundas alterações: os membros da direcção deixaram de ser eleitos para passarem a ser directamente escolhidos por Mussolini após proposta pelo partido fascista. Neste sentido, Angela Teja, «Italian sport and international

a política desportiva ao regime fascista foi dado com o «reconhecimento» da personalidade jurídica de direito privado[229] do CONI[230] pelo Decreto Ministerial de 26 de Fevereiro de 1934[231], enquanto entidade que, nos termos do artigo 1º do Decreto nº 1310, de 14 de Junho de 1928, estava «próxima» do Partido Nacional Italiano[232].

No ordenamento jurídico italiano a primeira intervenção legislativa global no Desporto data de 1942 e espelha-se na transformação das federações desportivas em «órgãos» do CONI que continuava a constituir a cúpula do sistema desportivo italiano[233]. Na verdade, a aprovação da Lei nº 426, de 16 de Fevereiro de 1942, fez com que o CONI fosse submetido à supervisão (*vigilanza*) do Ministro competente pela área do Desporto[234], embora lhe fosse mantida a personalidade jurídica. Segundo o disposto no artigo 2º, entre as competências desta entidade encontrava-se «o fortalecimento do desporto nacional», bem como a orientação deste «para o aperfeiçoamento atlético, com especial ênfase na melhoria física e moral». Por outro lado, cabia ao CONI, nos termos do artigo 3º, nº 3 e 5º última parte, o dever de «tutela» sobre todas as organizações desportivas italianas, cabendo-lhe aprovar toda a normatividade emanada pelas federações desportivas, por intermédio do seu Presidente. Neste sentido, a «estatização» do CONI apresentava-se, de um modo evidente, como violadora das regras olímpicas que consagravam e continuam a consagrar a expressa independência do associativismo desportivo em relação ao Estado[235].

relations under fascism», p. 153 e ss. Sobre este período histórico, Fabrizio Dario Baldoni, *I Valori Storici dello Sport*, pp. 54 e ss., e Simon Martin, *Football and Fascism: The National Game Under Mussolini*, pp. 51 e ss.

[229] Neste sentido, cfr. Remo Morzenti Pellegrini, *L'Evoluzione dei Rapporti tra Fenomeno Sportivo e Ordinamento Statale*, 2007, p. 77.

[230] Nos termos deste diploma afirmava-se: «[é] riconusciuta al Comitato olimpico nazionale italiano la capacitá di acquisitare, possedere ed administrare beni, di ricevere lasciti e donazoni, di stare in giudizio e di compieri, in generale, tutti gli atti giuridici necessari per il consegnimento dei propri fini (...)».

[231] Publicado na *Gazzetta Ufficiale del Reigno de Italia* de 7 de Março de 1934, nº 82, p. 1852.

[232] Publicado na *Gazzetta Ufficiale del Reigno de Italia* de 22 de Junho de 1928, nº 145, p. 2770.

[233] Cfr. o artigo 5º.

[234] Sobre esta questão, Luigi Arcidiacono, *La vigilanza nel dirito pubblico: aspetti problematici e profili recostruttivi*, pp. 35 e ss.

[235] Cfr., por exemplo, o artigo 10º da CO de 1949, na qual se afirmava que: [t]he members of the International Olympic Committee are to consider themselves as delegates of the Committee to the sports organisations of their own countries. They may not accept from these

A regulação desportiva em Itália acaba por se encontrar submetida ao regime jurídico de matriz fascista mesmo depois da II Guerra Mundial e, em particular, depois da entrada em vigor da Constituição de 1948. De qualquer forma, as relações entre o Estado e o associativismo desportivo têm, a partir daquele momento, um fundamento diferente. Na verdade, o Desporto assumiu-se como um «instrumento de elevação da forma física e moral» da população, mas também enquanto «um meio para obter um elevado prestígio nacional» na decorrência da participação em competições internacionais[236].

Neste contexto, não obstante a referida ruptura constitucional, não existiram alterações ao regime jurídico implementado pelo fascismo até à entrada em vigor do Decreto Presidencial nº 530, de 2 de Agosto de 1974. No entanto, as normas aí previstas pouco alteraram o espírito da intervenção de 1942, uma vez que, segundo o disposto no artigo 25º, se estabelecia a existência de um conjunto taxativo de federações desportivas italianas, pelo que para a constituição de uma nova federação desportiva haveria que recolher a aprovação de dois terços do Conselho Nacional[237], o qual era um dos órgãos do CONI (cfr. artigo 28º)[238]. Em sentido idêntico, com a aprovação do Decreto do Presidente da República, nº 157, de 28 de Março de 1986 esta realidade normativa sofreu também poucas mutações. Na verdade, ao CONI continuava a caber funções de fiscalização da normatividade desportiva[239], bem como exercer poderes autorizativos em muitos dos aspectos

organisations or from the *Governments of their countries any instructions* which will in any way bind them as Members of the Committee or interfere with the independance of their vote».

[236] Cfr. ALDO SANDULLI, *Manuale di Diritto Amministrativo*, Vol. II, pp. 1180 e 1181.

[237] O Conselho Nacional representava, de acordo com o disposto no artigo 2º, um dos órgãos do CONI e era composto, segundo o artigo 4º, pelo Presidente do CONI e pelos Presidentes das federações desportivas italianas.

[238] De resto, mesmo após o iniciar da vigência da Lei nº 91, de 23 de Março de 1981, estabelecendo-se no artigo 14º que: «[l]e federazioni sportive nazionali sono costituite dalle società e dagli organismi ad esse affiliati e sono rette da norme statutarie e regolamentari sulla base del principio di democrazia interna», o CONI continuava a ter competência, segundo a última parte deste artigo, para «vigiar» a autonomia técnica, organizativa e de gestão das federações desportivas italianas.

[239] No artigo 27º continuavam a ser previstas as federações desportivas italianas de um modo taxativo, ainda que pudesse, segundo o artigo 30º, nº 1, ser acrescentada à lista uma federação aprovada pela maioria qualificada de dois terços dos membros com direito a voto do Conselho Nacional. De todo o modo, apenas poderia existir uma única federação desportiva por cada modalidade, nos termos do artigo 30º, nº 2.

relacionados com o desenvolver da actividade das federações e dos clubes desportivos[240].

Em contrapartida, o Decreto legislativo nº 242, de 23 de Julho de 1999[241] acabaria por atribuir ao CONI a «personalidade jurídica de Direito Público»[242], revogando expressamente o regime da Lei nº 426, de 16 de Fevereiro de 1942[243], mas manteve a intervenção estadual no Desporto italiano com uma intensidade incomparável com outros países do Sul da Europa em ambiente democrático, fundamentando-se, em particular, no facto de a actividade do CONI continuar submetida à supervisão do Ministro competente para a área do Desporto[244]. Neste contexto, assume particular importância o artigo 15º, nº 2, no qual se dispunha que as federações desportivas passavam a deter uma «personalidade jurídica de Direito Privado»[245]. Este diploma acabou, assim, por iniciar uma transmutação no

[240] V., por exemplo, a exigência de aprovação dos Estatutos das federações desportivas e as correspondentes modificações pelo Conselho Nacional do CONI, mediante prévia análise da Junta Executiva, segundo o artigo 29º, nº 3.

[241] Alguns anos antes já a Lei nº 138, de 31 de Janeiro de 1992 tinha operado várias transformações no regime legal que regia o CONI e as federações desportivas. Sobre as alterações promovidas por este complexo normativo, cfr. Lucio Ghia, «Il CONI e la Legge 31 Gennaio 1992 nº 138», pp. 390 e ss. e Fabbrizio Petrosanti, «Autonomia ed autarchia del C.O.N.I. dopo la legge 138 del 1992», pp. 404 e ss.

[242] V. o artigo 1º, nº 1.

[243] Cfr. o artigo 19º que também revogou o artigo 14º da Lei nº 91, de 23 de Março de 1981.

[244] Na verdade, o Ministro da tutela continuava, porém, a poder exercer um conjunto elevado de prerrogativas, entre estas: (i) aprovar os Estatutos do CONI (artigo 2º, nº 2); (ii) nomear e recusar um revisor oficial de contas (artigo 11º, nº 1); (iii) autorizar a constituição de sociedades de capitais a constituir pelo CONI (artigo 14º, nº 1). No entanto, estas normas vieram somente esclarecer o que a jurisprudência e doutrina já tinham vindo a reclamar de forma unânime. Cfr. Giulio Napolitano, «La nuova disciplina dell'organizzazione sportiva italiana: prime considerazioni sul decreto legislativo 23 Luglio 1999, n. 242, di Riordino del C.O.N.I.», p. 625.

[245] Este artigo viria, assim, a colocar um ponto final sobre as dúvidas que pairavam sobre a qualificação pública ou privada das federações desportivas. Na verdade, a doutrina italiana discutiu largamente a natureza das federações desportivas. Entre estes autores encontramos três teorias dominantes: (i) a federação desportiva como ente público; (ii) a federação desportiva como ente privado; (iii) a federação desportiva como ente de natureza mista. Os defensores da primeira teoria retiravam a natureza pública das federações desportivas da menção disposta na Lei nº 426/1942 que as qualificava como «órgãos» do CONI, pelo que «as federações desportivas enquanto órgãos do CONI participam na natureza pública deste (...)», cfr., entre tantos outros, Pietro Virga, *Diritto Amministrativo – Attivitá e Prestazioni*, Vol. 4, 2ª Edição, p. 273, afirmando também que se tratava de uma «autoridade indepen-

regime jurídico que regulava a actividade de regulação do CONI, dando um maior espaço autonómico às federações desportivas italianas. Das novas funções desta entidade retirava-se precisamente esta ideia, ao estabelecer-se a «subordinação» do CONI à normatividade do COI[246], muito embora se continuasse a determinar que o CONI seria responsável pela organização, pelo desenvolvimento do Desporto italiano e pela promoção da prática desportiva, ainda que, desta feita, sem a conotação fascista que a identificava como uma função de induzir uma plena identidade entre o Estado e o Desporto que aquela assumira no passado.

Neste mesmo sentido apontava também a possibilidade do mero «reconhecimento» dos fins desportivos das federações desportivas italianas, em clara antítese com regimes anteriores que atribuíam ao CONI um poder de definir o elenco das federações desportivas[247]. De todo o modo, a democraticidade interna desta entidade acabou também por ser fortalecida, na medida em que, segundo o disposto no artigo 4º, o Conselho Nacional do CONI passa a ser constituído por entidades representativas da actividade desportiva italiana[248].

Não obstante, o sistema italiano não abandonaria – fruto de uma tradição histórica – a intervenção estadual na regulação do Desporto, afirmando-se como o modelo de intervenção máxima entre as democracias em que se registou, na Europa, uma intervenção estadual. Neste contexto, realce-se, por outro lado, que, em 2004, o Decreto Legislativo nº 15, de 8

dente» que exerceria, «sob a tutela dos órgãos ministeriais, a função administrativa em matéria desportiva», p. 272. No mesmo sentido vai VITTORIO FRATTAROLO, *L'ordinamento sportivo nella giurisprudenza*, 2ª Edição, p. 1 e ss. A teoria que concebia as federações desportivas como entidade privada acentuou o carácter espontâneo e voluntário da constituição destas entidades. Cfr., por exemplo, ANTONIO DE SILVESTRI, «Le qualificazioni giuridiche dello sport e nello sport, pp. 283 e ss. A teoria mista, em sentido diferente, assentava no postulado de que a natureza pública ou privada deve ser aferida consoante o carácter das actividades desenvolvidas e dos fins prosseguidos, pelo que, desta feita, tanto pode caber o controlo jurisdicional à jurisdição administrativa como à jurisdição civil consoante o cariz da actuação federativa. Cfr., com amplas referências, REMO MORZENTI PELLEGRINI, *L'Evoluzione dei Rapporti tra Fenomeno Sportivo e Ordinamento Statale*, pp. 104 e ss.

[246] V. o artigo 2º, nº 1.

[247] Cfr. o artigo 5º, nº 2, alíneas c) e d).

[248] Nos termos do nº 1 deste artigo, o Conselho Nacional passa a ser constituído também pelos membros italianos do COI, pelos atletas e técnicos desportivos, bem como por dois membros representantes da região administrativa, na qual se sedia o CONI.

de Janeiro[249] teve como propósito essencial consolidar o papel do CONI enquanto «confederação das federações desportivas»[250] introduzindo alterações que promoveram ainda mais a «democratização» das estruturas desta entidade[251].

Poucos meses antes desta intervenção legislativa, registava-se, porém, um cenário de crise na regulação desportiva italiana. Por sua vez, o *Decreto Legge* nº 220, de 19 de Agosto de 2003 comumente conhecido por «Decreto salva calcio: disposizioni urgenti in materia di giustizia sportiva» teve por objecto a resolução dos problemas decorrentes de uma evidente situação de «curto-circuito institucional»[252], a qual se manifestou num clima de instabilidade relativamente à questão de saber como deveria ser feita a repartição de competências jurisdicionais no domínio de conflitos jurídico-desportivos. O cenário de insegurança jurídica descrito está intimamente ligado com um polémico caso comummente designado por «Catania»[253].

[249] Não se ignora, porém, que tenha existido uma «reorganização» do CONI com o *Decretto-legge* de 8 de Julho de 2002, nº 138, mas essa alteração (no artigo 8º) na estrutura do CONI passou por enquadrar uma nova entidade a «CONI Servizi S.p.a.» (com capitais exclusivamente públicos), mas sem relevância na determinação do cariz público do CONI. Em sentido oposto, discutiu-se a natureza da «CONI Servizi S.p.a.». Sobre esta questão, v., entre outros, Morzenti Pellegrini, *L'Evoluzione dei Rapporti tra Fenomeno Sportivo e Ordinamento Statale*, pp. 89 e ss.

[250] Cfr. o artigo 1º. Retomado também no artigo 1º, nº 1 dos Estatutos do CONI.

[251] Sobre estas modificações, cfr. Massimo Coccia *et alli*, *Diritto dello Sport*, 2ª Edição, pp. 44 e ss.

[252] Cfr. Remo Morzenti Pellegrini, *L'Evoluzione dei Rapporti tra Fenomeno Sportivo e Ordinamento Statale*, pp. 226 e 243. Mario Sanino e Filippo Verde falam mesmo em «razões explosivas» para a intervenção legislativa. Cfr. *Il Diritto Sportivo*, 3ª Edição, p. 622. Segundo Enrico Lumbrano desde o final dos anos 90 que existia uma «total indefinição» relativamente à autonomia do ordenamento desportivo em relação ao ordenamento estadual que se manifestou em dois eixos essenciais: (i) dúvidas respeitantes à competência dos tribunais em razão da jurisdição e do território; (ii) e em relação à execução das decisões judiciais que resolvessem o litígio. Cfr. «La Corte Costituzionale n. 49/2011: nascita della giurisdizione meramente risarcitoria o fine della giurisdizione amministrativa in materia disciplinare sportiva?», p. 64.

[253] Este litígio teve na sua base uma utilização eventalmente irregular de um jogador do clube de futebol Siena, o qual se encontrava, desde 30 de Março de 2003, suspenso por um jogo devido à acumulação de cartões amarelos. No entanto, ao invés de cumprir o jogo de suspensão na partida seguinte, ainda que noutra competição, o Siena optou por utilizá-lo na partida entre este clube e o Ternana para o campeonato Nazionale Primavera, fazendo-o apenas cumprir a suspensão no jogo da Série B do campeonato italiano entre o Siena e o Nápoles a 5 de Abril de 2003. De todo o modo, o jogador acabou também por jogar na partida

Com esta disputa jurídica colocou-se, no ordenamento italiano, definitivamente em causa o dogma de que existiria uma impossibilidade de os tribunais estaduais poderem proferir decisões com impacto na esfera do denominado «ordenamento jurídico desportivo»[254] [255], porém, as indefinições continuavam ser muitas. Neste contexto, o supramencionado diploma, numa alusão à autonomia do movimento desportivo italiano, estabelecia que: «[a] República reconhece e favorece a autonomia do ordenamento

da Série B entre o Siena e o Catania a 12 de Abril de 2003 que terminou com o resultado 1-1 e o com a relegação do Catania no final da competição na qual participava para a Série C do campeonato italiano. Deste modo, surgiu a contenda jurídica que estava relacionada com a interpretação do artigo 17º do Código de Justiça Desportiva que estabelecia que a suspensão de um determinado jogador produzia efeitos na partida seguinte oficial da equipa na qual este militasse aquando da infracção disciplinar, impedindo, deste modo, qualquer actividade física desportiva que fosse organizada pela Federação Italiana de Futebol. O clube recorreu, por conseguinte, para os órgãos disciplinares alegando que deveria obter a vitória na partida entre o Siena, pretensão que lhe foi negada. Sucedeu-se um recurso para o tribunal administrativo da Sicilia, o qual lhe atribuiu a vitória nesta partida e cujos efeitos se reconduziram ao alargamento da Série B do campeonato italiano de 20 para 24 equipas integrando o Catania nesta competição. A bibliografia sobre este caso é muito extensa, entre tantos outros, v. Carlo Guglielmo Izzo, «La Giustizia Sportiva», pp. 263 e ss., Giorgio Berninni, «Sezione introdutiva. L'autonomia dell'ordinamento sportivo: profilli storici e problemi attuali», p. XVII, Remo Morzenti Pellegrini, *L'Evoluzione dei Rapporti tra Fenomeno Sportivo e Ordinamento Statale*, pp. 226 e ss., Enrico Crocetti Bernardi, «Giurisdizione ordinária e lavoro sportivo», pp. 113 e ss., Diego De Carolis, «Il caso Catania tra giustizia nell'amministrazionee giustizia nel pallone (ovvero la crisi nei rapporti tra ordinamenti)», e Marco Antonioli, «Arbitrato e giurisdizione exclusiva: problemi e prospettive», pp. 683 e ss.

254 Destaque-se que já em 1993 se tinha verificado um outro litígio, no qual o clube Catania era uma das partes intervenientes, que teve um papel importante na definição das fronteiras entre o ordenamento desportivo e o ordenamento estadual. Sobre o impacto desta contenda jurídica no ordenamento italiano, cfr. Claudio Coccia, «Il caso Catania», pp. 247 e ss. Neste contexto, denote-se que para José Bermejo Vera em comentário a uma decisão dos tribunais italianos sobre este caso afirma precisamente que a impugnação judicial de decisões de entes responsáveis pela regulação desportiva constitui «uma tendência a favorável em relação à intervenção justificada dos poderes públicos no Desporto que pode ser detectada no Direito Europeu». Cfr. «Los tribunales contencioso-administrativos deciden reorganizar la competición italiana de fútbol», p. 103.

255 Uma solução que se revela, de resto, coerente, na medida em que, nos termos do artigo 24º da Constituição italiana se define que: «[t]utti possono agire in giudizio per la tutela dei propri diritti e interessi legittimi», pelo que deve ser feita uma menção, em especial, ao artigo 113º da Constituição italiana, na qual se define que: «[c]ontro gli atti della pubblica amministrazione è sempre ammessa la tutela giurisdizionale dei diritti e degli interessi legittimi dinanzi agli organi di giurisdizione ordinaria o amministrativa».

desportivo nacional em articulação com o ordenamento desportivo internacional pertencente ao Comité Olímpico Internacional»[256]. De todo o modo, determinava-se no artigo 1º, nº 2 que essa autonomia estava, porém, dependente da inexistência de posições jurídicas subjectivas de «efectiva relevância» para o *ordenamento estadual*. De modo paradoxal, este diploma estabelecia, porém, nas diversas alíneas do artigo 2º *uma reserva de competências a favor da justiça desportiva interna* da resolução de todos os conflitos administrativos, excluindo, assim, qualquer hipótese de, a este respeito, a jurisdição administrativa ser competente.

Esta incoerente solução veio, por conseguinte, a ser alterada pela Lei 280/2003 retirando, desde logo, do artigo 1º a menção de «relevância efectiva» para passar a fazer depender a competência dos tribunais estaduais da existência de uma «relevância» das posições jurídicas subjectivas. Por outro lado, suprimiu duas alíneas do artigo 2º prevendo expressamente a jurisdição dos tribunais administrativos nos litígios tipicamente administrativos, excluindo, todavia, a sua competência nos conflitos que derivassem: (i) da «observância e aplicação» de normas que tivessem como objecto o «bom desenrolar da actividade desportiva»; (ii) da aplicação de sanções disciplinares desportivas. A doutrina e a jurisprudência criticaram, porém, a solução, uma vez que se revelava incoerente com o princípio da «relevância» estabelecido no artigo 1º e denunciaram inclusive a sua duvidosa constitucionalidade relativamente à impossibilidade de os tribunais administrativos poderem anular as decisões disciplinares tipicamente administrativas[257].

A questão só viria a ser resolvida com a decisão nº 49/2011 do TC italiano ao entender que esta reserva não era absoluta, afirmando que: «a explícita exclusão da jurisdição directa de actos através dos quais foram impostas sanções disciplinares – para protecção da autonomia do ordenamento desportivo – não consente que esteja também excluída a possibilidade, a quem sofra lesões numa situação subjectiva juridicamente relevante, para obter o respectivo ressarcimento do prejuízo sofrido». No entanto, admitindo que a reserva consagrava a impossibilidade de anular os actos administrativos praticados pelas federações desportivas, considerou que se tratava de um mero condicionamento ao direito à tutela jurisdi-

[256] V. o artigo 1º, nº 1.

[257] Cfr., com amplas referências doutrinais e jurisprudenciais, MARIO SANINO e FILIPPO VERDE, *Il Diritto Sportivo*, 3ª Edição, pp. 532 e ss.

cional efectiva, uma vez que existia uma forma de valer esse direito por intermédio de uma acção indemnizatória nos tribunais administrativos.

Esta decisão pode ser considerada um marco, uma vez que permitiu ao CONI um afastamento dos tribunais estaduais e que, em 2014, com a aprovação de um novo estatuto e de um Código de Justiça Desportiva, culminou numa maior publicização da regulação desportiva. Na verdade, esta recente reforma operada pelo CONI – que, como vimos, se assume como uma entidade pública sujeita à supervisão do Governo – estabeleceu uma resolução de conflitos desportivos desenvolvida única e exclusivamente por entidades administrativas, abandonando, por outro lado, a existência de uma resolução de conflitos desportivos dual: (i) administrativa ou (ii) arbitral.

Neste sentido, foram eliminados das normas estatutárias do CONI: (i) a *Alta Corte di Giustizia Sportiva* (resolução de conflitos administrativos pela via administrativa; (ii) o *Tribunale Nazionale di Arbitrato per lo Sport* (resolução de conflitos administrativos pela via arbitral)[258]. Em contrapartida, como entidade de resolução de conflitos de cúpula (embora não reconduzível a um verdadeiro órgão jurisdicional), nos termos do artigo 12º, bis dos estatutos do CONI, foi instituído o *Collegio di Garanzia dello Sport*, permitindo a construção de uma resolução de conflitos desportivos exclusivamente interna. Por outro lado, segundo o artigo 12º, ter dos estatutos do CONI, estabeleceu-se a existência de um Procuradoria-Geral do Desporto (*Procura generale dello sport*) e, nos termos do artigo 13º, o *Tribunale Nacionale Antidoping*[259].

2.4. A experiência alemã

O desporto inglês exerceu uma forte influência nas estruturas sociais desportivas alemãs durante o séc. XIX. De todo o modo, ainda que durante este período se assistisse a uma intensa disseminação do fenómeno desportivo, e embora durante esta fase o interesse de aproveitamento político fosse reduzido, a forte oposição das associações de ginástica – cujo poderio

[258] Sobre estas entidades, cfr., entre outros, GUIDO ALPA e VICENZO VIGORITI, *Arbitrati*, pp. 181 e ss.

[259] Relativamente a estas alterações no ordenamento jurídico italiano, cfr. SALVATORE CIVALE, «La riforma della giustizia sportiva adottata dal CONI: un nuevo sistema procedurale único», pp. 161 e ss.

no sistema desportivo alemão era evidente – impediu que o desporto moderno tivesse tido um difusão rápida e consistente na Alemanha[260].

De resto, durante o Séc. XIX a relação que se estabeleceu entre o Estado e o desporto assentou numa evidente lógica de *liberdade* e de *subsidiariedade*[261], mantendo-se este *status quo* inclusivamente, em grande medida, durante a República de Weimar. Na verdade, na vigência da Constituição de Weimar, as organizações desportivas organizaram-se segundo o disposto no §21 do BGB, constituindo-se como associações com personalidade jurídica[262]. Para esta realidade muito contribuiu, sem margem para dúvidas, o facto de as associações desportivas poderem deter um relativo espaço de autonomia em relação ao Estado, uma vez que de acordo com o artigo 124º da Constituição de Weimar era estabelecida a liberdade de constituição de associações.

Em 1917, esta situação permitiu, desde logo, que fosse criada, por uma iniciativa civil (embora com o auxílio estadual) uma entidade de cúpula na organização da prática desportiva (ainda que não agregasse todo o associativismo desportivo) da República de Weimar, a *Deutscher Reichausschuss für Leibesübungen* (DRA) que teve como seu Presidente THEODOR LEWALD e CARL DIEM como Secretário-Geral[263]. Neste contexto, as funções exercidas pela DRA tiveram um impacto determinante no Desporto da sociedade civil de Weimar[264], uma vez que permitiram, em larga medida, encetar esforços relativamente à disseminação e promoção da prática desportiva (com o apoio do Estado), permitindo, no entanto, um afastamento político (ainda que não fosse totalmente conseguido) através de «políticas liberais

[260] Neste sentido, cfr. ANDREAS LUH, «Entstehung und Ausbreitung des modernen Sports in Deutschland im 20. Jahrhunder – ein Überblick», pp. 187-189. Sobre a importância da ginástica na Alemanha, cfr. ARND KRÜGER, «Allemagne», pp. 76 e ss.

[261] Neste sentido, FALKO ZINK, *Eine zeitgeschichtlichen Untersuchung zur Anpassungsfähigkeit der Institutionen des Sports*, pp. 10 e ss.

[262] Embora durante este período fosse possível constatar que a «promoção do Desporto» era considerada uma tarefa de interesse público (öffentliche Aufgabe), Cfr. «Weimarer Republik» de HAJO BERNETT, p. 555.

[263] Sobre o processo que antecedeu a criação da DRA é possível consultar, por todos e com amplas indicações, JÜRGEN COURT, *Deutsche Sportwissenschaft in der Weimarer Republik und im Nationalsozialismus*, Vol. II, 2014, pp. 33 e ss.

[264] Para uma panorâmica das políticas desportivas durante a República de Weimar, cfr. ANDREAS LUH, «Entstehung und Ausbreitung des modernen Sports in Deutschland im 20. Jahrhundert – ein Überblick», pp. 187 e ss. Sobre as funções das federações desportivas durante este período histórico, cfr. ECKART LOHBECK, *Das Recht der Sportverbände*, pp. 8 e ss.

e abertas»[265], denotando, por outro lado, também uma ampla participação voluntária de associações desportivas, sendo, portanto, compatíveis com os comandos constitucionais. Em suma, durante este período e até 1933, é possível considerar que: «o Estado deixou o Desporto entregue a si próprio, ficando a sua função limitada a um mero promotor»[266].

É, todavia, imprescindível ter presente que a faculdade estabelecida no artigo 48º da Constituição de Weimar permitia «paralisar» diversos direitos fundamentais constitucionalmente previstos em caso de perigo para a «ordem pública», entre estes a liberdade de associação. Esta circunstância permitiu que as normas constitucionais sobre a liberdade de associação, especialmente entre 1930 e 1933 e por razões diferenciadas, ficassem suspensas[267].

Neste contexto, é determinante referir que, em 1933, foi precisamente com esta prerrogativa que começou a destruição, pela via legal, do quadro constitucional[268] de Weimar pelo Partido Nacional Socialista dos Trabalhadores Alemães (*Nationalsozialistischen Deutsche Arbeiter Partei [NDSAP]*), [269] através da aprovação de um conjunto de diplomas legais que acabaram por ter durante o regime totalitário nazi um reflexo imediato e irreparável na autonomia do associativismo desportivo alemão. Em particular, este processo surgiu, relativamente ao movimento desportivo, com o comumente designado «decreto de incêndio do Reichstag» (oficialmente conhecido como *Verordnung des Reichspräsidenten zum Schutz von Volk und Staat* de 28 de Fevereiro de 1933), uma vez que eram aí suspensos ou limitados direitos fundamentais como a liberdade de expressão, liberdade de imprensa, a propriedade privada e, em particular, a liberdade de associação que era parti-

[265] Cfr. Falko Zink, *Eine zeitgeschichtlichen Untersuchung zur Anpassungsfähigkeit der Institutionen des Sports*, p. 25.
[266] Cfr. Eckart Lohbeck, *Das Recht der Sportverbände*, p. 42.
[267] Sobre esta questão, cfr. Falko Zink, *Eine zeitgeschichtlichen Untersuchung zur Anpassungsfähigkeit der Institutionen des Sports*, pp. 19-20.
[268] A verdade é que o regime político nazi era profundamente diferente daquele que existia durante a República de Weimar. Seguindo a síntese de Horst Dreier, ao contrário do Constitucionalismo de Weimar, o regime totalitário de Hitler assentava num eixo político: (i) anti-liberal; (ii) anti-parlamentar e (iii) anti-semíta. Cfr. «Die deutsche Staatsrechtslehre in der Zeit des Nationalsozialismus», pp. 24 e ss.
[269] Sobre as condições políticas e os diplomas legais que contribuíram para esta situação, cfr. Werner Frotscher e Bodo Pieroth, *Verfassungsgeschichte*, 11ª Edição, pp. 297 e ss., Hans Mommsen, *The Rise & Fall of Weimar Democracy*, pp. 318 e ss.

cularmente necessária para a autonomia do movimento desportivo prevista no artigo 124º da Constituição de Weimar[270].

Paralelamente, com a aprovação da denominada «lei de atribuição de plenos poderes» (*Ermächtigungsgesetz*), [271] a 24 de Março de 1933, permitiu-se – consubstanciando aquele diploma legal uma revisão constitucional[272] – que o Governo pudesse legislar com vista à derrogação das disposições previstas na Constituição de Weimar (cfr. artigos 1º e 2º). Este diploma legal, como se verá seguidamente, viria a marcar uma viragem determinante nas relações entre o Estado e o associativismo desportivo alemão[273].

A verdade é que, pouco tempo depois, a contribuir para a eliminação das estruturas de regulação desportiva liberais de Weimar, opera-se, quase duas décadas após o estabelecimento da DRA, a 10 de Maio de 1933, por intermédio de decisão do *Reichssportführer* HANS TSCHAMMER UND OSTEN (nomeado entretanto por Hitler a 24 de Abril de 1933), a dissolução daquela entidade. Por seu turno, em sua substituição, cria-se, a 30 de Janeiro de 1934, o *Deutscher Reichsbund für Leibesübungen* (DRL), num evidente processo de transformação e de «saneamento» do movimento desportivo alemão que fora inclusivamente conduzido sem a necessidade de

[270] Cfr. o §1º. Os dois diplomas anteriormente citados, bem como os trabalhos preparatório e as discussões parlamentares podem ser encontradas na obra de RODULF MORSEY, *Das «Ermächtigunggesetz» vom 24. März 1933*.

[271] De qualquer modo, a denominação legal é «Lei para eliminar a angústia do Povo e do Reich» (*Gesetz zur Behebung der Not von Volk und Reich*). Os dois diplomas anteriormente citados, bem como os respectivos trabalhos preparatórios e as discussões parlamentares podem ser encontradas na obra de RODULF MORSEY, *Das «Ermächtigunggesetz» vom 24. März 1933*, pp. 11 e ss.

[272] Na verdade, a partir do início da vigência deste diploma, embora ainda formalmente em vigor, a Constituição de Weimar passou por um processo de deslegalização que lhe retirou a força normativa. A questão é que com a aprovação daquele diploma o Parlamento passou a ser «um mero órgão de aclamação» do Governo. Cfr., neste sentido e com amplas indicações, MICHAEL STOLLEIS, *Geschichte des öffentlichen Rechts in Deutschland. Weimarer Republik und Nationalsozialismus*, pp. 316 e ss.

[273] Em sentido aparentemente idêntico, cfr. FALKO ZINK, *Eine zeitgeschichtlichen Untersuchung zur Anpassungsfähigkeit der Institutionen des Sports*, p. 29. Com efeito, a supressão da autonomia operada pela doutrina nacional-socialista acabou por também influenciar de forma determinante o Direito Privado alemão, cfr. Sobre esta questão, por todos e com indicações, BERND RÜTHERS, *Die unbegrenzte Auslegung*, 6ª Edição, pp. 322 e ss.

recurso a instrumentos legislativos, uma vez que decorreu de um procedimento institucional e de pressão política[274].

Para compreender este processo de transição é indispensável, neste contexto, referir, em primeiro lugar, que o Desporto enquanto actividade competitiva não representava uma prioridade no projecto político nacional-socialista de HITLER. Esta asserção pode ser, desde logo, confirmada pelo reduzidíssimo peso que é dado na obra *Mein Kampf* à actividade física e ao Desporto[275]. Isto não significou, no entanto, que o nazismo não tivesse encarado o Desporto como uma oportunidade para a implementação da política do Estado nacional-socialista que tinha como pressuposto e ideal a «equivalência da unidade entre corpo e o espírito»[276].

Pelo contrário, o regime nazi manipulou a actividade física desenvolvida no território alemão, no sentido de estabelecer a prioridade do Desporto

[274] Este processo de transformação das estruturas desportivas alemãs decorreu num clima de pressão pelo regime nazi e levou mesmo a que LEWALD se demitisse perante as acusações de que teria origem judaica. Em sentido idêntico, embora revelasse inicialmente uma proximidade ao regime nazi, DIEM afastou-se (por outros motivos) do anti-semitismo naciona-socialista, uma vez que casara em 1930 com uma neta de uma judia. Sobre esta transição do associativismo desportivo alemão, cfr. ACHIM LAUDE e WOLFGANG BAUSCH, *Der Sport-führer – Die Legende um Carl Diem*, Göttingen, pp. 52 e ss.

[275] Em dois volumes com várias centenas de páginas, a actividade física e o Desporto são mencionados nuns poucos pares de páginas. HITLER não deixa, todavia, de realçar que: «[a] educação física no Estado nacionalista [völkischen Staat] não é algo que diga respeito ao indivíduo (...), mas antes uma imposição da auto-preservação da cultura nacional representada e resguardada pelo Estado». Na verdade, HITLER entendia que: «não deverá passar um único dia sem que um jovem se dedique, pelo menos, uma hora de manhã e à noite, a educar-se fisicamente e isto independentemente da modalidade desportiva ou de ginástica». Todavia, neste contexto, a preferência recai, desde logo, por um desporto específico: o boxe. A "brutalidade" do boxe revelaria na perfeição uma das funções pedagógicas do Desporto: «(...) endurecer e ensinar a suportar as dificuldades». Outra das funções do Desporto reconduzia-se a uma vertente fortemente militarizada, na medida em que: «[d]ando à nação alemã 6 milhões de corpos perfeitamente treinados, completamente impregnados pelo amor à nação pátria e educados com elevado espírito de agressividade, e o Estado Nacional Socialista fará deles, caso seja necessário, em menos de dois anos um exército». Cfr. ADOLF HITLER, *Mein Kampf*, 2 Vol. pp. 453, 454, 455 e 611, respectivamente a cada citação. De resto, a menção ao Boxe representa, segundo FALKO ZINK, precisamente o fraco conhecimento de Hitler em matérias desportivas, pelo que a adesão do ditador a esta prática desportiva sugere a promoção de um «instrumento de terror político». Cfr. *Eine zeitgeschichtlichen Untersuchung zur Anpassungsfähigkeit der Institutionen des Sports*, pp. 26 e 27.

[276] Cfr. KLAUS VIEWEG, «Gleichschaltung und Führerprinzip – Zum rechtlichen Instrumentarium der Organisation des Sports im Dritten Reich», p. 246.

de combate (*Kampfsport*) e o Desporto enquanto actividade militarizada sem regras ou limites em deterimento da existência de uma actividade física competitiva. O objectivo era evidentemente utilizar a actividade física como uma forma de criar militares alinhados com a ideologia política nacional-socialista, de modo a que estes pudessem defender o regime político vigente[277]. Esta solução acabou, em todo o caso, por assumir-se somente como uma mera consequência da política nazi[278], não havendo uma prioridade científica ou um projecto definido relativamente à importância das práticas competitivas.

Por outro lado, para alcançar os objectivos delineados para o aperfeiçoamento do físico, promoveu-se o alinhamento dos atletas e das estruturas de regulação desportiva com a política nazi que se podem sintetizar em três aspectos essenciais: (i) na concessão de privilégios que promoviam e incentivavam o exercício físico[279]; (ii) na introdução da obrigatoriedade de exercício de prática desportiva; (iii) na existência de um processo nazificação das estruturas das federações desportivas (*Gleichschaltung*)[280] [281].

O último aspecto revelou ser aquele que mais relevância assumiu nesta intervenção do Estado no desporto alemão. Deste modo, as estruturas federativas do desporto alemão passaram a ser objecto, tal como outros sectores da sociedade alemã, de uma *Gleichschaltung* pelo regime político de HITLER. O processo de nazificação – em que o *Führer* se situava no vértice do ordenamento jurídico e de toda a comunidade –, enquanto forma de estabelecer o «Estado Total»[282] implicava, em todo o caso, que nem se sequer colocasse

[277] Sobre esta questão, HAJO BERNETT, *Untersuchungen zur Zeitgeschichte des Sports*, p. 39 e ss.

[278] Como nota KONSTANTIN KLIEM, *Sport in der Zeit des Nationalsozialismus – Entwicklung und Zielsetzung im höheren Schulwesen und in der Hitlerjugend*, p. 13, o Desporto prossegue no regime nazi um objectivo definido em relação à promoção da «raça, comunidade nacionalista, liderança e honra».

[279] Entre estes privilégios encontrava-se a prerrogativa prevista na lei da licença de trabalhadores e funcionários por motivos de educação física de 15 de Fevereiro de 1935 ao prever no § 1 que todos os trabalhadores seriam dispensados do serviço, após pedido dirigido ao empregador, desde que aquele tivesse por objecto motivos de educação física.

[280] Esta expressão pretende qualificar o processo de «alinhamento» com a política do partido nazi imposto à sociedade civil. Neste sentido, cfr. MICHAEL STOLLEIS, *The Law under the Suastika: studies on Legal History in Nazi Germany*, p. 198, nota 36.

[281] No sentido exposto, adoptando esta classificação, cfr. KLAUS VIEWEG, «Gleichschaltung und Führerprinzip – Zum rechtlichen Instrumentarium der Organisation des Sports im Dritten Reich», pp. 247-249.

[282] Sobre este, cfr., por todos, ERNST FORSTHOFF, *Der totale Staat*, p. 9, afirmando que «[o] Estado nacional-socialista significa (...) um regresso do Povo alemão à forma estadual. Ele

a hipótese de os tribunais poderem ser competentes para dirimir conflitos desportivos.

Em primeiro lugar, e tomando o direito sancionatório como exemplo, existia uma evidente abstenção de controlo jurisdicional pelos tribunais das sanções das federações desportivas, as quais eram vistas como um mecanismo interno de controlo daquelas entidades, sendo parte integrante da autonomia associativa[283]. Em segundo lugar, desde logo, porque a regulação das federações desportivas era encarada como uma manifestação do poder do *Führer*, afastava-se a possibilidade de existir um controlo jurisdicional, uma vez que, como afirmava peremptoriamente CARL SCHMITT, «o verdadeiro Führer é também sempre um juiz»[284].

Em todo o caso, este processo de *Gleichschaltung* foi conduzido de uma forma muito cuidadosa para não comprometer a realização dos Jogos Olímpicos de 1936, em Berlim[285]. Esta foi, aliás, uma preocupação evidente do regime nazi, uma vez que este evento – que consubstanciou, de resto, um dos mais ilustrativos exemplos da manipulação político-desportiva do regime totalitário hitleriano – permitia uma forma de consolidar o reconhecimento internacional da política nazi por intermédio da organização de um evento que comportou uma larga escala de propaganda política[286].

implica a negação de uma época histórica em que o Estado se dissolveu (*zerbrach*) a favor do indivíduo e dos seus desejos de satisfação e de liberdade individual», acrescentado, além disso, que: «[o] Estado total é uma fórmula que deverá permitir uma ruptura com o universo conceptual liberal ainda habitual no mundo político, anunciando o surgimento e a explicação da antítese do novo Estado. O Estado total é, portanto, uma palavra liberal para uma realidade nada liberal (...)».

283 Cfr., por todos, ULRICH MEYER-CORDING, *Die Vereinsstrafe*, pp. 107 e ss.

284 CARL SCHMITT, «Der Führer Schützt das Recht», pp. 947 e 948. Sobre a manipulação dos tribunais pelo regime nazi, cfr., com indicações, HELMUT KRAMER, «Zum Gebrauch und Misbrauch der juristischen Methode zur Stabilisierung (nicht nur) totalitärer Systeme», pp. 33 e ss. Em particular, sobre a influência relativamente à jurisdição administrativa, cfr., por todos, MICHAEL STOLLEIS, *The Law under the Suastika: studies on Legal History in Nazi Germany*, pp. 127 e ss.

285 Neste sentido, HANS JOACHIM TEICHLER, «Der Deutsche Sport in der NS-Zeit», p. 211.

286 Sobre este evento desportivo a bibliografia é extensa, v., por todos, ANNETTE HOFMANN e MICHAEL KRÜGER, «Berlin 1936», pp. 105 e ss. e HANS JOACHIM TEICHLER, «Die faschistische Epoche des IOC», pp. 24 e ss., com amplas referências. Curiosamente, em 1938, de forma a consolidar a política internacional, de resto, uma prática comum nas políticas desportivas nazis, foi endereçado à Federação Portuguesa de Futebol um convite para a selecção nacional participar num encontro contra a selecção alemã. No entanto, a FPF deparava-se perante dificuldades económicas que não lhe permitiam deslocar-se à Alemanha.

Curiosamente foi nesse mesmo ano, e com a aprovação do Decreto sobre a criação da *Reichssportamt* de 23 de Abril de 1936, que se deu mais uma decisiva transição relativamente ao controlo estadual do Desporto na Alemanha. Com efeito, com a criação da *Reichssportamt*, passou a existir uma maior aglutinação da regulação desportiva numa única entidade e uma aproximação daquela em relação à esfera estadual, na medida em que, sob a direcção do Ministro do Interior, aquela tinha como seu dirigente máximo o *Reichssportführer*[287]. Paralelamente, para promover a implementação da política desportiva do *Reich*, surge, um ano mais tarde, o estabelecimento legal da *Reichsakademie für Leibesübungen*, com a entrada em vigor do Decreto de 7 de Abril de 1937, como forma de promover a investigação no domínio da actividade física, sendo o seu presidente o *Reichssportführer*[288].

Neste contexto, a aprovação do Decreto de 21 de Dezembro de 1938, representou o último passo neste processo de «estadualização» do Desporto na Alemanha. Com a entrada em vigor deste diploma definia-se que todas as associações desportivas alemãs cuja função fosse o «cuidar da actividade física ou a realização de competições desportivas» passariam a ser parte integrante da entidade administrativa cuja designação era *Nationalsozialistischen Reichsbund für Leibesbeziehungen* (NSRL)[289]. Em todo o caso, o topo da hierarquia era ocupado pelo *Reichssportführer* e aquela era uma «organização» que se encontrava «ao cuidado» do partido nazi[290]. Deste modo, ficava, portanto, totalmente acabado o processo de integração da regulação do Desporto na esfera do Estado[291].

No sentido de as ultrapassar, a Federação de Futebol Alemã sugeriu ao Presidente da Câmara de Frankfurt que esta entidade suportasse os custos da viagem, desde logo, por supostamente se tratar de um país com um regime político «amigo» do regime nazi. Deste modo, os jogadores portugueses foram subvencionados para participarem num jogo no estádio de Frankfurt. Sobre este episódio envolvendo a selecção nacional de futebol, cfr. Nils Havemann, *Fussball unterm Hakenkreuz*, pp. 230 e ss.

[287] Segundo dispunha a primeira parte deste Decreto, o director-geral desta entidade intitulava-se como *Reichsportführer*.

[288] Cfr. o § 1 e 2.

[289] Nestes termos dispunha o § 3º.

[290] V. o § 2º.

[291] Cfr. Eckart Lohbeck, *Das Recht der Sportverbände*, p. 52. A aprovação dos decretos sobre a NSDL (*Durchführungsbestimmungen zum Erlaß des Führers und Reichskanzlers über den Nationalsozialistischen Reichsbund für Leibesübungen*) a 15 de Maio de 1939 em nada alterou o regime jurídico estabelecido pelo diploma de 1938.

A anteriormente referida *Gleichschaltung* acabaria por se manifestar em aspectos muito relevantes que permitiam a concentração de poder mediata no *Führer*. Em primeiro lugar, o Estado nacional-socialista assumia, sem margem para dúvidas, que pretendia controlar, por intermédio da NSRL, de uma forma «global» a «comunidade da actividade física da Nação alemã»[292], manifestando-se, desde logo, no referido *monopólio de organização e administração do Desporto pelo Estado*[293]. Em segundo lugar, esta circunstância manifestou-se, por outro lado, noutro aspecto muito relevante que deve ser reconduzido à existência de uma uniformização das normas estatutárias e regulamentares. Na verdade, às federações desportivas que se encontravam sob a alçada da NSRL era imposto um modelo de estatutos e regulamentos federativos cuja disponibilidade sobre o conteúdo deste instrumento jurídico era praticamente inexistente[294]. Em terceiro lugar, para garantir a aplicação, ainda que de forma moderada[295], do princípio do líder (*Führerprinzip*)[296] às estruturas das associações desportivas estabeleciam-se dois mecanismos determinantes: (i) por um lado, concedia-se um espaço significativo de liberdade à direcção da associação desportiva cujo poder estava concentrado no *Vereinsführer* (líder da associação), na medida em que este era, por exemplo, um dos titulares do órgão competente para dirimir os conflitos internos da associação[297]. O *Vereinsführer* era também com-

[292] Cfr. o § 1 do Decreto de desenvolvimento do Decreto de 21 de Dezembro de 1938, de 15 de Maio de 1939 (*Durchführungsbestimmungen zum Erlass des Führers und Reichskanzlers über den Nationalsozialistischen Reichbund für Leibesübungen*).

[293] Cfr. Klaus Vieweg, «Gleichschaltung und Führerprinzip – Zum rechtlichen Instrumentarium der Organisation des Sports im Dritten Reich», p. 255.

[294] V. Klaus Vieweg, «Gleichschaltung und Führerprinzip – Zum rechtlichen Instrumentarium der Organisation des Sports im Dritten Reich», p. 256. Um exemplar desse Estatuto modelo pode ser encontrado em (http://www.tvnesselwang.de/satzung.html) e doravante em todas as menções que façamos sobre este modelo de estatutos deverá ser consultado neste exemplo.

[295] Cfr. Klaus Vieweg, «Gleichschaltung und Führerprinzip – Zum rechtlichen Instrumentarium der Organisation des Sports im Dritten Reich», p. 258.

[296] Esta ideia quando utilizada no contexto das federações desportivas alemãs significava que não existia uma legitimação da associação pela maioria dos associados, mas antes pelo Führer ou por pessoas da sua confiança. Na verdade, deve supor-se que o Führer e a sua hierarquia formam uma única «rede de legitimação» enquanto fonte autorizativa da actvidade do associativismo desportivo. Cfr. Marco Blume, *Gleichschaltung und Führerprinzip – Zur Rolle des DFB in der Zeit des Nationalsozialismus in der Zeit von 1933-1945*, pp. 33 e ss.

[297] Cfr. o § 12, nº 2, dos Estatutos modelo.

petente para decidir sobre a admissão de um novo membro[298]. Em todo o caso, sendo, por sua vez, aquele nomeado ou destituído pelo representante distrital da NSRL, sob proposta da Assembleia Geral da associação, ficava assegurado o princípio do líder[299]; (ii) por outro lado, a NRSL detinha o poder último para dissolver a associação desportiva, ainda que sob proposta da Assembleia Geral e, neste caso, todo o património da associação desportiva revertia a favor da NSRL[300].

O quadro totalitário do sistema desportivo alemão descrito só foi desmantelado a 17 de Dezembro de 1945, quando o Conselho de Controlo dos Aliados, na directiva nº 23 determinava, nos termos do ponto 1, a proibição da actividade de todas as organizações desportivas e organizações militares vocacionadas para o exercício físico e a correspondente dissolução destas a partir de 1 de Janeiro de 1946. Não obstante, permitia-se, segundo o ponto 4 a), a criação de novas organizações desportivas de cariz não militarizado e puramente local[301].

Na decorrência das lições retiradas da experiência totalitária, [302] as relações entre o Estado e o Desporto alteraram-se radicalmente. Na verdade, optou-se por uma relação em que as estruturas de regulação desportiva, do período imediatamente após a Segunda Guerra Mundial, fossem devidamente independentes da esfera político-estadual. Não é, deste modo, estranho que, desde 1949, a *GG* não apresente qualquer disposição sobre o Desporto, nem que exista uma lei federal que regule a prática desportiva ou o associativismo desportivo no ordenamento jurídico alemão[303]. O mesmo já não sucede, em contrapartida, nas Constituições dos Esta-

[298] Cfr. o § 5º, dos Estatutos modelo.

[299] Cfr. o § 9º, nº 3, dos Estatutos modelo.

[300] Cfr. os § 17º e 19º, dos Estatutos modelo.

[301] Sobre este período histórico, cfr., com indicações, HEATHER DICHTER, «Rebuilding physical education in the Western occupation zones of Germany, 1945–1949», pp. 787 e ss.

[302] Estas afirmações devem, naturalmente, ser contextualizadas à luz do regime político existente na República Federal alemã, pelo que o caminho trilhado pela República Democrática alemã revelou-se radicalmente diferente da primeira. Sobre o Desporto na República Democrática alemã, com amplas referêncas, v. HANS JOACHIM TEICHLER, *Sport und Sportpolitik in der DDR*, pp. 227 e ss.

[303] No entanto, dê-se conta que existem leis federais que se ocupam da «promoção» do Desporto e estabelecem o regime de apoios envolvendo a prática desportiva e, em especial, as federações desportivas. V., como exemplo, a lei de promoção do Desporto do Estado federado de Berlim (*Sportförderungsgesetz*) de 6 de Janeiro de 1989, com uma última alteração a 15 de Dezembro de 2010.

dos federados onde o Desporto é mencionado em quase todos os textos fundamentais,[304] variando esta referência, todavia, de acordo com uma maior ou menor intensidade, embora prevejam a obrigação de «promover» o Desporto enquanto tarefa dos Estados federados[305]. Isto não significa, porém, que o Desporto não seja visto como uma «tarefa pública» (öffentliche Aufgabe)[306], mas somente que, no ordenamento alemão, na relação entre o Estado e o Desporto vigore o *princípio da subsidiariedade*[307], garantido pela liberdade de associação prevista artigo 9º da GG[308].

Não existe no Direito alemão, portanto, um diploma global que se ocupe da possibilidade de permitir que as federações desportivas se submetam (ou que sejam submetidas) ao Direito Administrativo como existe em Espanha, França, Itália ou em Portugal. Pelo contrário, toda a actividade de

[304] Excepção feita a Constituição do Estado de Hamburgo que não contém uma única menção ao Desporto ou à actividade física. Uma menção especial merece o desenvolvimento dado pela Constituição federal do Estado de Brandemburgo ao determinar, no artigo 35º, que: «[s]port ist ein förderungswürdiger Teil des Lebens. Die Sportförderung des Landes, der Gemeinden und Gemeindeverbände ist auf ein ausgewogenes und bedarfsgerechtes Verhältnis von Breitensport und Spitzensport gerichtet. Sie soll die besonderen Bedürfnisse von Schülern, Studenten, Senioren und Menschen mit Behinderungen berücksichtigen». Sobre esta norma, cfr. GÖTZ SCHULZE, «Die Stellung des Sports in der Verfassung Brandenburgs», pp. 71 e ss.

[305] No entanto, isto não invalida que o Estado federal não comparticipe com apoios financeiros nesta «promoção» do Desporto. Na verdade, segundo dados estatísticos, entre 2006 e 2009, o Estado federal contribuiu com mais de 800 milhões de euros para a sustentabilidade do associativismo desportivo e, em geral, das actividades desportivas. V., sobre esta questão, o ponto 5.4, do 12º relatório desportivo do Governo federal de 2010, disponível em (http://www.bmi.bund.de/SharedDocs/Downloads /DE/ Veroeffentlichungen/12_sportbericht.pdf?__blob=publicationFile).

[306] Como reconheceu KLAUS STERN em 1972: «Der Sport ist im Zuge eines ständig wachsenden öffentlichen Interesses Gegenstand staatlicher Betreuung und verpflichtende Aufgabe des Gemeinwesens von eminenter Bedeutung geworden». Cfr. «Grundrecht der Sportler», p. 142. Entre estas tarefas a doutrina tem entendido que deve ser incluída a dopagem, podendo o Estado, por exemplo, reduzir ou excluír as subvenções a federações que não transponham devidamente o Código Mundial de Antidopagem da AMA. Sobre este assunto, cfr. UDO STEINER, «Schutz des Sports – Verbands oder Staatsaufgabe», pp. 48 e ss. e PETER TETTINGER, «Sport als Verfassungsthema», pp. 1069 e ss.

[307] Sobre a subsidiariedade enquanto «princípio ordenador» da relação entre Estado e o Desporto, cfr. UDO STEINER, «Staat, Sport und Verfassung», pp. 33 e ss. (inicialmente publicado em 1983).

[308] Neste sentido, afirmando que o Desporto assumiu paulatinamente um conjunto de tarefas que podem ser qualificadas como verdadeiras tarefas públicas estaduais. Cfr. FRITZWEILER, PFISTER e SUMMERER, *Praxishandbuch Sportrecht*, 2ª Edição, pp. 57 e ss.

regulação das federações desportivas é regulada – tal como é qualquer outra associação que se sedie na Alemanha – pelo Direito Privado. De qualquer modo, deve-se, numa primeira abordagem, mencionar que isto não lhes atribui uma prerrogativa ou isenção de não serem sujeitas, no âmbito das mencionadas actividades de regulação, à submissão ao controlo de quaisquer tribunais e, em particular, aos tribunais estaduais. Como se verá, esta circunstância permite, todavia, facilitar a existência de tribunais arbitrais com competência específica para julgar os conflitos desportivos das federações alemãs. Com efeito, deve-se, em particular, retirar desta circunstância que o tratamento que o legislador prevê relativamente às federações desportivas é idêntico ao que estabelece qualquer outra associação diz respeito[309].

Por outro lado, é interessante referir que a doutrina tem, no entanto, vindo a sugerir[310] a consagração expressa na *GG* do Desporto enquanto uma obrigatoriedade de promoção da prática desportiva[311] para o Estado federal[312], mas ainda sem reflexos práticos.

[309] Cfr., por todos, FRITZWEILER, PFISTER e SUMMERER, *Praxishandbuch Sportrecht*, 2ª Edição, pp. 250 e ss.

[310] A proposta inicial coube, porém, à União Federal de Desporto Olímpico alemã (*Deutsches Olympischer Sportbund*) que, em 2006, aprovou em Assembleia Geral um documento a propor a alteração da *GG*, disponível em (http://www.dosb.de/fileadmin/sharepoint/DOSB-Dokumente%20%7B96E58B18-5B8A-4AA1-98BB-199E8E1DC07C%7D/Staatsziel-Sport.pdf). Sobre as vantagens e desvantagens da consagração do Desporto como tarefa fundamental do Estado, cfr. MARTIN NOLTE, *Sport und Recht – Ein Lehrbuch zum internationalen europäischen und deutschen Sportrecht*, p. 68 e, de uma forma sistemática e mais desenvolvida, cfr. PHILLIP MARTIN JOHN HIX, *Probleme der Normierung einer Sportklausel im Grundgesetz für die Bundesrepublik Deutschland unter Berücksichtigung des Rechts der Europäischen Union*, pp. 269 e ss. Uma parte da doutrina tem vindo a entender que a consagração do Desporto como tarefa fundamental do Estado não representa uma obrigatoriedade para o legislador, duvidando que o caminho a seguir possa passar por esta solução, na medida em que mesmo que seja consagrada na GG como tarefa fundamental do Estado não obrigará à criação de uma legislação abrangente sobre a promoção do Desporto. Cfr. UDO STEINER, «Der Sport auf dem Weg ins Verfassungsrecht – Sportförderung als Staatsziel», pp. 123 e ss.

[311] V. sobre o estado desta discussão na doutrina, ANDREAS HUMBERG, «Die Aufnahme des Sports in das Grundgesetz», pp. 58 e ss.

[312] Sobre a promoção do Desporto pela esfera estadual no ordenamento alemão, cfr. MATHIAS LANGER, Öffentliche Förderung des Sports: eine ordnungspolitische Analyse, pp. 43 e ss. É curioso que existiu, em 2012, uma proposta de revisão constitucional do partido SPD que consagrava um acrescento ao artigo 20-aº que estabeleceria: «[o Estado] (...) protege e promove a Cultura e o Desporto» Contudo, esta proposta viria a ser rejeitada pelo Parlamento alemão. Na exposição de motivos da proposta surge expressamente citado o

Fica, no entanto, por saber se o futuro das federações desportivas no ordenamento germânico não passará pela aprovação de uma «lei-quadro» que regule o Desporto e a actividade de regulação das federações desportivas em toda a sua extensão. Esta é uma solução que, no Direito alemão, já foi proposta em 1978 por JOACHIM BURMEISTER[313] denotando precisamente a necessidade de proteger os direitos fundamentais dos atletas relativamente ao poder que as federações desportivas podem exercer em relação à posição jurídica destes e que a doutrina posterior não enjeita e, desde que não envolva uma estadualização do Desporto, entende mesmo ser uma possibilidade para garantir os direitos fundamentais dos desportistas[314].

De qualquer modo, um contributo no sentido de uma *intervenção pública* parece consubstanciar o novo diploma (*Gesetz zur Bekämpfung von Doping*) que entrou em vigor no final de 2015 e que pretende regular os aspectos essenciais da dopagem. Neste sentido, na sequência de no preâmbulo se reconhecer o «interesse público» da dopagem, estabelece-se, nos termos do §1, que um dos objectivos é precisamente «proteger a saúde dos desportistas, o desportivismo e a igualdade de oportunidades nas competições desportivas, contribuindo, assim, para a preservação da integridade do Desporto»[315].

2.5. Síntese

O percurso histórico efectuado permite perceber que as motivações políticas subjacentes à evolução das intervenções do Estado no Desporto, no período que medeia entre o surgir das ditaduras e a instituição das democracias europeias, assumiam o ideal de integrar o sector social desportivo na esfera estadual. Na verdade, num primeiro momento, o Desporto foi, na maioria dos Estados europeus, instrumentalizado de acordo com os interesses nacionalistas das respectivas ditaduras. Por conseguinte, na primeira

exemplo de outros países que contém uma norma que estabelece a obrigação de promoção do Desporto, entre elas, o caso português. Este documento pode ser consultado em (http://dip21.bundestag.de/dip21/btd/17/106/1710644.pdf).

[313] «Sportverbandswesen und Verfassungsrecht», p. 1 e ss.

[314] Cfr. FRITZWEILER, PFISTER e SUMMERER, *in Praxishandbuch Sportrecht*, 3ª Edição, pp. 57 e 58. Para mais desenvolvimentos sobre a possibilidade de publicização da actividade das federações desportivas no ordenamento alemão, cfr. a tese de doutoramento de ANDREAS C. BRINKMANN, *Die Möglichkeit einer öffentlich-rechtlichen Gestaltung im Sportgerichtsverfahren in Deutschland auf rechtsvergleichender Basis*, pp. 50 e ss.

[315] Lei para o combate à dopagem no Desporto, de 10 de Dezembro de 2015.

metade do Séc. XX, o desporto começou a ser controlado pelas estruturas jurídicas do Estado como forma de manter um *status quo* político. Em todo o caso, a intensidade da intervenção estadual não se assumiu como idêntica em todos os países, manifestando, neste sentido, o seu expoente máximo em Itália e na Alemanha.

Num segundo momento, as intervenções estaduais que ocorreram no desporto durante a segunda metade do Séc. XX, na sequência da implementação dos regimes democráticos, assentaram num reconhecimento de um interesse público inerente à actividade desportiva (especialmente em França e mais tardiamente em Espanha e Itália)[316]. De todo o modo, há uma questão central a considerar quanto a este aspecto: o aumento do poder decorrente da estrutura hierárquico-monopolística das federações desportivas transnacionais exige que o Estado se interesse pela existência de um especial enquadramento jurídico do desporto. Este *regresso ao passado* da intervenção do Estado no desporto – com o consequente alargamento das funções do Estado no sector desportivo – surgiu, de resto, essencialmente para (i) estabelecer um monopólio jurídico da regulação da actividade desportiva exercida por uma federação desportiva (inclusivamente por intermédio da atribuição de subvenções), mas também para (ii) concomitantemente proteger os agentes desportivos de uma posição de desigualdade em relação às federações desportivas e da situação de fragilidade natural que torna susceptíveis ao arbítrio do poder social que emerge da regulação da actividade desportiva[317]. Deste modo, entende-se que o Direito Privado já não era suficiente para tutelar o poder social «intrusivo» das federações desportivas, pelo que nos países do sul da Europa existe uma opção política de o submeter ao Direito Público. Este percurso exige, todavia, que verifiquemos como surgiu e como foi implementada, entre nós, a intervenção do Estado no desporto e quais os motivos que estiveram por detrás desta, de modo a percebermos qual o modelo que mais influenciou, no domínio desportivo, o sistema jurídico em Portugal.

[316] O caso italiano é peculiar, uma vez que a intervenção do Estado que existia durante o regime fascista no sistema desportivo diminui muito tardiamente.

[317] Este regime não é o único que tutela os interesses dos agentes desportivos como foi facilmente retirado das considerações sobre o sistema jurídico alemão, todavia, este regime sugere uma maior proximidade com a natureza dos problemas envolvidos na relação jurídica que se estabelece entre as entidades que disciplinam o associativismo desportivo e os agentes desportivos.

§ 3º Sobre a história da resolução de conflitos desportivos em Portugal

Na sequência do apuramento das relações entre o Estado e o associativismo desportivo no Direito estrangeiro torna-se, inevitavelmente, necessário estudar como se desenvolveram aquelas, entre nós, mas acima de tudo compreender como se manifestaram no ordenamento português as influências dos modelos anteriormente analisados.

Neste contexto, é importante reter que, em Portugal, tal como nos outros ordenamentos, a aproximação do Estado ao associativismo desportivo se desenvolve primordialmente no Séc. XX, com a percepção por parte regime político ditatorial da importância da actividade desportiva na sociedade. Em todo o caso, o despontar da estruturação do fenómeno desportivo assenta numa dicotomia composta por um «forte espírito de iniciativa privada que se concretiza num ideal associativo» e pela sua estruturação hierárquica (do associativismo desportivo)[318]. Esta situação tem reflexos ao nível da normatividade que regeu a actividade das federações desportivas, desde logo, pela relativa indiferença estadual que se regista pela prática desportiva em Portugal até 1942.

Ora, o que pretendemos neste ponto desta dissertação é precisamente fazer um enquadramento histórico da temática objecto de estudo, estudando as normas estaduais que se ocuparam de questões relacionadas com o Desporto e, em particular, as que possam ter tido relevância no domínio da *resolução de conflitos desportivos*, ainda que adoptemos este conceito num sentido funcional e nem sempre inteiramente correspondente ao anteriormente apresentado. Importa, em todo o caso, conhecer os fundamentos da intervenção no desporto e das suas implicações na resolução de conflitos desportivos, apurando quais as razões que levaram a que, em Portugal, existisse uma aproximação do Estado às estruturas de regulação das competições desportivoas e, por outro lado, para compreender o estatuto da regulação desportiva nas relações com o Estado.

3.1. Uma época de relativa indiferença em Portugal: da Iª República ao Estado Novo

A relação que se estabelece entre o movimento desportivo português e o Estado assume-se, até ao período político do Estado Novo, como pratica-

[318] José Manuel Meirim, *A Federação Desportiva como sujeito público do sistema desportivo*, pp. 215 e 216.

mente inexistente. Para tal, muito terá contribuído o seu estatuto jurídico. Com efeito, uma vez que as entidades responsáveis pela regulação da actividade desportiva eram qualificadas como pessoas colectivas reguladas pelo Direito Privado, não existe uma disciplina jurídica global da actividade das federações desportivas pelo Direito Administrativo. Este facto não impediu, no entanto, que o Estado operasse um certo reconhecimento da importância social (positiva ou negativa) de entidades que desempenhassem funções relevantes no panorama desportivo português.

Entre estes exemplos encontram-se certamente (i) o Decreto de 30 de Abril de 1856, no qual, durante o reinado de D. Pedro V, eram aprovados os estatutos da Real Associação Naval (o primeiro clube desportivo português), reconhecendo-se que esta poderia gerar «resultados de utilidade pública», atendendo à função desportiva que pretende desenvolver[319]; (ii) a Lei nº 1 462, de 13 de Agosto de 1923[320] que, durante a Iª República, permitiu criar o estatuto de «*qualidade desportiva sem carácter comercial ou industrial*», nos termos do qual caberia ao COP conceder isenções fiscais a federações, uniões, associações e clubes desportivos que não apresentassem um cariz de «exploração comercial ou industrial»[321]; (iii) a Lei nº 1 728, de 5 de

[319] V. *DG*, nº 112, de 13 de maio de 1856 e disponível em *Colecção Oficial da Legislação Portuguesa*, Lisboa, Imprensa Nacional, 1857, p. 142. Este diploma surge num período caracterizado por GUSTAVO PIRES como «aeróbico, lúdico informal» e que dura até 1900. Cfr. *Génese da Organização e do Desenvolvimento do Desporto em Portugal*, p. 46.

[320] Publicado no *DG*, de 17 de Agosto de 1923, p. 909. Como salienta RICARDO SERRADO, *O Estado Novo e o Futebol*, p. 60, este diploma surge na sequência da criação, em 1922, do Grupo Parlamentar de Estudos de Educação Física e Desportiva que concebeu «*uma proposta que visa a isenção de todas as contribuições e impostos para as associações desportivas e a integração no orçamento do Ministério dos Negócios Estrangeiros da verba mínima de 100 contos destinada a sustentar as despesas das equipas e atletas*».

[321] De acordo com este diploma passava a ser possível estenderem-se as isenções do pagamento de impostos contidas no artigo 1º da Lei nº 1 290, de 15 de Julho de 1922, às federações, uniões, associações e clubes de desporto que não tivessem um cariz de «*exploração comercial ou industrial*», estabelecendo-se no segundo que: «[s]ão isentos de qualquer contribuição ou imposto, incluindo direitos aduaneiros, as aquisições de bens mobiliários ou imobiliários que, directa ou indirectamente pelo seu produto, se apliquem à fundação, melhoramento ou sustentação de institutos de utilidade pública, sem carácter de exploração industrial ou comercial e destinados a trabalhos de investigação ou propaganda científica». A concessão deste estatuto de «*qualidade desportiva sem carácter comercial ou industrial*» levava, porém, a que o Comité Olímpico português assumisse a responsabilidade pelo pagamento do recebimento de quantias recebidas de forma «fraudulenta» pelos organismos desportivos (cfr. artigo 5º). Por outro lado, se estas entidades desportivas deixassem de assumir um

Janeiro de 1925[322] relativa a expropriações «consideradas de utilidade pública e urgente as necessárias para fins de educação e cultura física e prática de desportos», mas também respeitante à «instalação de agremiações desportivas, construção, melhoramento e ampliação de campos de jogos, estádios, piscinas de natação e quaisquer outras construções que tenham por fim o desenvolvimento físico da população portuguesa»[323]; (iv) o Decreto nº 11 651, de 7 de Maio de 1926, relativo à necessidade de autorização de aptidão de todos os alunos de estabelecimentos de ensino dependentes do Ministério da Educação Nacional para o desenvolvimento de qualquer prática desportiva (cfr. o artigo 1º)[324]; (v) o Decreto nº 13 745, de 8 de Junho de 1927, no qual se assumiu, por exemplo, que o reconhecimento de concessão de exploração e implementação da prática desportiva, no caso concreto, com a denominação «Pelota Vasca» consubstanciava «*um importante e valioso acréscimo para o incremento, expansão e engrandecimento do desporto nacional, o que é de evidente utilidade e manifesto benefício*»[325]; (vi) o Decreto nº 21 110, de 16 de Abril de 1932 – cujo objecto era aprovar o regulamento da educação física nos liceus[326].

carácter que não comercial ou não industrial, previa-se a obrigação de restituição, no prazo de 30 dias a contar da notificação do funcionário fiscal, de todas as contribuições e impostos que possam ter sido atribuídas às agremiações desportivas durante a respectiva isenção (cfr. artigo 4º).

[322] Segundo Paulo Moura Cardoso, esta poderá mesmo consubstanciar a primeira vez que «o Estado atribui poderes de fiscalização em matéria estritamente desportiva, a uma entidade não-governamental». Cfr. *«O desporto na ordem jurídica portuguesa», p. 172.*

[323] Cfr. artigo 1º da Lei nº 1 728, de 5 de Janeiro de 1925. Cabia, pois, ao Comité Olímpico a «faculdade de expropriar» os bens que pudessem ser destinados aos fins enunciados (Cfr. artigo 2º do mesmo diploma).

[324] Neste diploma determinava-se expressamente que «os desportos, devidamente *orientados e conduzidos, visam a realização de um processo educativo de vasto alcance social*» pelo que «a sua prática, dentro e fora dos estabelecimentos de ensino, devendo ser largamente aproveitada como *meio de desenvolver nos seus cultores qualidades de carácter que o Estado não pode descurar*».

[325] Cfr. preâmbulo do Decreto nº 13 745, de 8 de Junho de 1927.

[326] É, precisamente, neste diploma, numa narrativa elucidativa, que se afirma que: «[n]ão podem contudo ser aceites os desportos anglo-saxónicos e os jogos atléticos, bem como os desafios e *matchs* em geral, especialmente os do *football*, visto ser *nulo ainda o seu papel educativo, e cunhos malefícios são óbvios*». Aliás, ia-se mais longe ao estabelecer-se que «[a] educação física não visa formar atletas. Toda a educação física que visa esta finalidade é uma *educação às avessas* (...)». No essencial, o que se pretende é «*preparar um Portugal novo*». Neste caminho, «[n]unca o educador pode esquecer que no homem a parte sensível do seu composto procura sempre abafar, tiranizar a espiritual. Consequentemente nunca o educador deve utilizar meios tão perigosos como aqueles em que o corpo domine o espírito». Logo, «os des-

Nenhum destes diplomas promoveu, no entanto, qualquer atitude de integração da regulação desportiva na esfera estadual[327]. A inexistência de uma intervenção estadual na regulação desportiva em todos estes exemplos é, desde logo, justificada por uma ideia facilmente apreensível: o afastamento do Estado em relação à regulação desportiva deve-se à irrelevância das regras e da disciplina da competição desportiva para a esfera estadual, devidamente confirmado pela promoção do amadorismo da actividade física por parte do Estado[328]. Com efeito, existia durante este período uma atitude reprovadora em relação à competição organizada e profissionalizada,

portos e jogos desportivos, visto serem a antítese de toda a educação, o programa proíbe-os consequente e formalmente». Na opinião de Nuno Domingos «[a]s bases científicas e ideológicas em que assentou a criação de um modelo oficial de práticas físicas durante o Estado Novo procurava idealizar um habitus motor resultado do projecto totalizador de um Estado de tipo fascista», cfr. «A circulação de um esquema táctico: o WM em Inglaterra, Portugal e Moçambique», p. 265. Para um desenvolvimento desta ideia do autor, v. «Building a motor habitus: Physical Education in the Estado Novo», pp. 25 e ss.

[327] Em sentido aparentemente contrário, Gustavo Pires considera mesmo que os anos trinta foram «os anos da institucionalização do sistema desportivo do aparelho estadual», pelo que já se estava em «plena construção da ordem desportiva», cfr. *Do Associativismo à Orgânica Desportiva*, p. 22.

[328] Isto não significa que a actividade física em si não fosse relevante. Mas antes que o Desporto ainda era neste período encarado como uma actividade amadora e lúdica, não apresentando, portanto, qualquer tipo de importância em relação à esfera estadual. Neste período pôde, em todo o caso, constatar-se a existência de um debate ideológico sobre a função que o Desporto e, em especial, o futebol assumiam na sociedade portuguesa registando-se duas posições antagónicas: (i) por um lado, uma ala mais conservadora encabeçada por Cosme Damião e Salazar Carreira; (ii) e, por outro lado, uma concepção mais liberal propugnada por Cândido Oliveira. A posição mais conservadora defendia, essencialmente, a «pureza do amadorismo»: o atleta deveria ter como finalidade na prática desportiva «fortalecer o corpo e a mente ao serviço da nação» [cfr. Ricardo Serrado, *História do Futebol Português – Das Origens ao 25 de Abril*, Vol. I, pp. 174 e ss. Para mais desenvolvimentos sobre a questão do profissionalismo, sob uma perspectiva da modalidade do futebol v. João Nuno Coelho e Francisco Pinheiro, *Paixão do Povo – História do Futebol em Portugal*, pp. 310 e ss.]. Em suma, não poderiam existir remunerações pelo exercício da prática desportiva, independentemente da forma que aquelas assumissem. A antítese teórica desta posição foi formulada em termos que permitiriam a manutenção do amadorismo, mas concebendo também a hipótese de existir um profissionalismo de atletas, de forma a poder a terminar com o «profissionalismo encapotado» e separar os atletas, consequentemente, em competições diferenciadas [Para mais desenvolvimentos sobre esta questão, V. Ricardo Serrado, *História do Futebol Português – Das Origens ao 25 de Abril*, Vol. I, pp. 169 e ss.].

numa primeira tentativa de impedir que esta realidade se tornasse mais complexa e frequente[329].

[329] O Presidente do Conselho, António Oliveira Salazar, a 3 de Dezembro de 1933, num dos raros discursos que efectua sobre Desporto afirma: «[q]ue pena me faz saber aos domingos os cafés cheios de jovens, discutindo os mistérios e problemas da baixa política, e ao mesmo tempo ver deserto esse Tejo maravilhoso, sem que nele remem ou velejem, sob o céu incomparável, aos milhares, os filhos deste país de marinheiros!». Neste sentido, esclarece que: «[t]emos de reagir pela verdade da vida que é trabalho, que é sacrifício, que é luta, que é dor, mas que é também triunfo, glória, alegria, céu azul, almas lavadas e corações puros, e de dar aos portugueses, pela disciplina da cultura física, o segredo de fazer duradoura a sua mocidade em benefício de Portugal», prometendo, de seguida e de uma forma entusiástica, a construção de um Estádio Nacional afirma «regozijemo-nos, porque teremos em breve o Estádio Nacional!» [António Oliveira Salazar, *Discursos*, Vol. I (1928 - 1934), 4ª Edição, p. 271]. O Estádio Nacional começa a ser construído em 1938 e a construção deste fica concluída em 1944, «inserindo-se numa conjuntura de construções públicas mais ou menos aparatosas, símbolo de uma regeneração política e financeira que o Estado Novo preconizada»., V. Ricardo Serrado, *O Estado Novo e o Futebol*, pp. 104 e 105. De resto, a preferência do «Estado Novo» pela Vela revela-se, desde logo, no preâmbulo do DL nº 29207, de 5 de Dezembro de 1938, onde se afirma que «[a]o Estado Novo interessa os desportos náuticos, pelo que convém criar novas facilidades aos entusiastas desse desporto», sendo que se entende ser vantajoso «colocar os desportos náuticos da vela sob a acção estimulante e coordenadora de um organismo que lhes assegure a protecção necessária e os indispensáveis meios de desenvolvimento». Noutro discurso digno de referência diz respeito à Mocidade Portuguesa e data de 29 de Maio de 1938, onde Salazar faz um pedido que se traduz na «necessidade de progresso e a ânsia de perfeição: *mais* e *melhor*. *Mais*: da capital à provincia, da cidade à aldeia do campo; mais dos milhares às dezenas, das dezenas às centenas de milhares, até à integração completa neste movimento da nossa mocidade. *Melhor*: ainda melhor na cultura física, no cumprimento dos deveres, no amor da família, do trabalho e da terra, na consciência da utilidade e da responsabilidade pessoal, na disciplina e na devoção patriótica.» V. António Oliveira Salazar, *Discursos e Notas Políticas*, Vol. III (1938-1943), 2ª Edição, pp. 89 e 90. Na Assembleia Nacional e, em particular, no discurso ideológico do deputado Moura Relvas, em 1935, é possível identificar mais alguns traços desta *política desportiva nacional* afirmando que: «*os jogos e desportos só poderão desenvolver a saúde, beleza, força, destreza, resistência, disciplina, etc., se o indivíduo tiver duas qualidades fundamentais anteriores à prática do desporto: a modéstia na vitória e o bom humor na derrota. A quem tiver qualidades inversas dessas o desporto só prejudica*». Cfr. *Diário da Sessão da Assembleia Nacional* de 2 de Abril de 1935, nº 40, p. 813. Alguns anos mais tarde, em 1940, vejam-se também as palavras de insatisfação com o Desporto, em especial com a educação física, na Assembleia Nacional, «[o] que se passa no nosso País em matéria de educação física escolar é por demais significativo e revelador de um atraso que nos inferioriza perante os outros povos», V. *Diário da Sessão da Assembleia Nacional* de 13 de Fevereiro de 1940, nº 74, p. 272. Neste contexto, recuperem-se também, pela sua importância, as palavras de Sílvio Lima que, em 1939, numa obra (*Desportismo Profissional – Desporto, Trabalho e Profissão*) que se tornou um *clássico da narrativa desportiva*, defende

É esta a razão que permite facilmente justificar o motivo pelo qual o associativismo desportivo era regulado nos termos do Direito Privado, sendo que as federações desportivas eram qualificadas como pessoas morais de interesse ideal,[330] reguladas pelos artigos 32º e ss. do Código Civil de 1867, conforme é demonstrado pela jurisprudência do STA[331]. Com efeito, esta circunstância revelou-se na decisão proferida no Ac. de 11 de Junho de 1937 do STA[332] em que esteve em causa uma disputa entre dois clubes com sede no Barreiro (o *Foot-Ball* Clube Barreirense e o Luso *Foot-Ball* Clube), o Governador Civil e a FPF. A conflitualidade centrou-se em torno da validade de uma decisão do Governador Civil – e que decorreu de

acerrimamente a manutenção do Desporto como uma manifestação do amadorismo, afirmando que: «[o] desporto (como todo o ócio) deve supor sempre uma profissão *prévia*; é esta profissão que servirá de alicerce ao viver do desportista. Se o desporto não dá pão, onde irá busca-lo o desportista senão no trabalho honesto, inteligente e livre? Portanto, marquemos desde já a linha vital do verdadeiro jogador: 1º o *trabalho*; 2º o *desporto*». O autor avançava mesmo no sentido de que: «[o] desportismo profissional representa a negação intrínseca e a ruína do próprio desporto; socialmente um perigo ético. O desporto deve ser sempre um *amadorismo*. Note-se: a palavra amador (de *amare*) significa etimologicamente, o que ama», cfr. *Desportismo Profissional – Desporto, Trabalho e Profissão*, editado originalmente pela Editorial Inquérito, em 1939, no entanto, a obra citada encontra-se publicada em *Sílvio Lima – Obras Completas*, Vol. II, pp. 1072 e 1093. Para entendimento de Luís Sobral, o Salazarismo criou precisamente «*diversos organismos, destinados a enquadrar o desporto na ordem política, fortalecer a «raça», participar num projecto de educação integral, incutir nos jovens a noção de disciplina, preparar-lhes o corpo e o espírito para a entrada nas instituições militares*», chegando mesmo a afirma que o Salazarismo se traduziu no «regime dos três «efes»: Fado, Fátima e Futebol». V. «Desporto», pp. 260-262.

330 As federações desportivas eram, portanto, qualificadas como associações de Direito Privado de fim ideal, de forma a poderem ser distinguidas de outras associações civis e comerciais, uma vez que as primeiras não apresentavam um fim lucrativo. Sobre esta questão, cfr., referindo-se especificamente às associações desportivas, Álvaro da Costa Machado Vilela, *Tratado Elementar de Direito Internacional Privado*, Vol. I, pp. 214 e ss. e, especialmente, p. 218 e, admitindo, embora sem se referir especificamente às federações desportivas, englobar neste conceito associações sem fins lucrativos, Guilherme Alves Moreira, *Instituições do Direito Civil Português*, Vol. I – Parte Geral, pp. 289 e ss. e, especialmente, p. 292.

331 Estão, portanto, certas as considerações de Pedro Gonçalves quando entendeu que, durante este período, que «[o] Estado não tinha qualquer intervenção no fenómeno desportivo» sendo que este «auto-regulado nos termos do direito privado», *Entidades Privadas com Poderes Públicos*, p. 846.

332 Publicado na obra colectiva de Diogo Freitas do Amaral, João Caupers e João Martins Claro, *Jurisprudência Administrativa*, Vol. I, p. 425.

um despacho do Ministro do Interior – a qual anulava[333] a deliberação da Assembleia Geral da Federação Portuguesa de *Foot-Ball Association* que determinava que os referidos clubes devessem voltar a ser filiados na Associação de Futebol de Setúbal (ainda que, em momento anterior, tivessem sido aceites como filiados na Associação de Futebol de Lisboa por outra deliberação da Assembleia Geral da FPF).

A FPF acabou por vencer a contenda, uma vez que o STA entendeu que devido ao facto de as federações desportivas serem qualificadas como associações de fim ideal, não poderia o Governador Civil ser competente para anular a decisão da Assembleia Geral da FPF, sendo, pelo contrário, a competência para impugnar aquela deliberação dos tribunais judiciais[334]. Em suma, desta decisão é possível retirar que embora a regulação desportiva visse reconhecida a sua importância em regras jurídicas provindas do Estado, aquela não sofria limitações jurídicas à sua actividade decorrentes de normas de Direito Administrativo. No período analisado, a relação da regulação das federações desportivas com o Direito Administrativo era, portanto, inexistente.

3.2. Primeiro Período – da intervenção estadual de 1942/43 a 1990

O cenário de desinteresse estadual pela regulação da actividade desportiva em Portugal passa a perder espaço face à criação da DGEFDSE em 1942, dando-se, aqui, o despontar de uma intervenção estadual no panorama de regulação desportiva português[335]. Esta ingerência estadual que é fruto de

[333] A fonte do poder do Governador Civil era, segundo parecer da Administração Política e Civil, o § 1º, da Lei de 14 de Fevereiro de 1907 (conhecida como Lei da liberdade de associação sem autorização prévia), na qual se estabelecia que, ainda que não existisse a necessidade de autorização ou licença para a constituição de associações, restavam ao Governador Civil as «(...) faculdades ordinárias de inspecção e de policia das competentes autoridades», sendo estabelecida a sanção de dissolução para as associações que se opusessem ao exercicio das competências daquele.

[334] Como fundamento jurídico da sua decisão o STA entendeu que nos termos do artigo 253º, nº 8, do Código Administrativo (Lei de 4 de Maio de 1896) conjugado com o artigo 252º, nº 8, do Código Administrativo – em vigor à data dos factos –, onde se estabelecia a possibilidade do Governador Civil poder promover a revogação junto do Ministério Público de deliberações de associações quando existisse «ofensa de lei ou de regulamentos da Administração Pública» que, por sua vez, submeteria a contenda aos tribunais judiciais. Neste sentido, a anulação da deliberação da Assembleia Geral da FPF pelo Governador Civil consubstanciaria uma usurpação de poder.

[335] Segundo Noronha Feio esta ingerência estadual no Desporto deve-se ao «fraco desenvolvimento desportivo da Nação», bem como à «penúria das gentes e das instituições»

um conjunto de medidas normativas que se manifestaram, em momento anterior, em diversos diplomas legais que, por exemplo, se ocuparam da instituição da Fundação para a Alegria no Trabalho[336], da reforma orgânica do Ministério da Educação Nacional[337] ou da criação da Mocidade Portuguesa[338] e do Instituto Nacional de Educação[339] [340], fazendo com que a aprovação dos regimes de 1942 e 1943 fossem a «abóbada de todo um novo sistema que começa a ser levantado alguns anos atrás»[341], tem uma importância inegável.

Não se tratou, como vimos, de um fenómeno isolado no continente europeu, mas antes de uma tendência fortemente influenciada pela ascensão ao poder de regimes políticos que compreendiam o Desporto como uma forma de «controlo» da sociedade, em especial, em países como Alemanha, Itália, França ou Espanha e que acabaram – com intensidade variável – por inspirar o modelo português. Na realidade portuguesa, a criação da DGEFDSE assume-se, em todo o caso, como um dos momentos históricos mais decisivos no que toca à intervenção estadual no Desporto[342].

que «proporcionaram à ideologia fascista, nos seus objectivos de controlo totalitário, uma vasta intervenção nos sectores da educação física e dos desportos respeitantes à escola, ao trabalho e à hierarquia desportiva federada». *Portugal – Desporto e Sociedade*, p. 167. Esta intervenção do Estado no Desporto teve também um forte impacto na política desportiva das colónias, cfr., por exemplo, sobre o caso de Moçambique, Nuno Domingos, «As políticas desportivas do Estado colonial em Moçambique», pp. 83-104 e, do mesmo autor, *Futebol e Colonialismo – Corpo, Cultura Popular em Moçambique*.

[336] Cfr. o DL nº 25 495, de 13 de Janeiro de 1935.

[337] V. Lei nº 1 941, de 11 de Abril de 1936.

[338] Cfr. DL nº 26 611, de 19 de Maio de 1936.

[339] V. DL nº 30 279, de 23 de Janeiro de 1940.

[340] Para uma visão panorâmica destas normas, cfr. José Manuel Meirim, *A Federação Desportiva como sujeito público do sistema desportivo*, p. 228 e ss. V. Ricardo Serrado, *O Jogo de Salazar*, pp. 65 e 66, considerando que entidades como a Mocidade Portuguesa ou a Fundação para a Alegria no Trabalho eram apenas «organismos de controlo social», na qual a intenção do "Estado Novo" não era de todo aglutinar a actividade desportiva portuguesa. Neste sentido adianta o autor que a política salazarista no Desporto «assume, assim, fundamentalmente a partir de 1942, a função de educar, disciplinar, preparar o indivíduo para o serviço militar e para defender a nação; a função de dotar o cidadão português de competências físicas e mentais para fortalecer a «raça» lusitana ao serviço da pátria».

[341] Cfr. Em geral, José Manuel Meirim, *A Federação Desportiva como sujeito público do sistema desportivo*, p. 228 e as referências aí citadas.

[342] José Neves e Nuno Domingos reconhecem mesmo que a DGEFDSE «procurava submeter o associativismo desportivo ao controlo rigoroso do Estado», pelo que, desta forma, «[o] regime estendia ao desporto a sua política de colonização dos espaços sociais autónomos.

Com a aprovação do Decreto-Lei nº 32 241, de 5 de Setembro de 1942, pretendeu-se «criar o órgão do Estado que há-de *orientar* e *promover*, fora da Mocidade Portuguesa, a educação física do povo português e *introduzir disciplina* nos desportos»[343]. No entanto, ainda que a existência de uma entidade encarregue pela regulação do Desporto em Portugal fizesse supor uma aproximação aos regimes jurídicos existentes nas ditaduras de Franco, de Mussolini ou Hitler (que implicaram uma total identidade entre o associativismo desportivo e a estrutura estadual), no prêambulo do diploma explicava-se precisamente que não se aspirava proceder a uma modificação global e estrutural do sistema desportivo existente (mantendo ainda ao associativismo desportivo um espaço de auto-regulação). Por outro lado, ainda que se verificasse uma forte aproximação da esfera estadual ao fenómeno associativismo de regulação desportiva, não se encontra na intervenção estadual de 1942/43 uma total identidade entre Estado e a regulação jurídica do Desporto (ao contrário do que existia na época em Espanha, Itália e Alemanha)[344].

A opção recaiu, deste modo, por um regime que aproveitou as estruturas desportivas existentes para criar uma entidade de cúpula (e só quanto a este aspecto idêntica à DND, à NSRL e ao CONI), mas em que, ainda assim, permitisse a existência de um espaço de autonomia decisória das federações desportivas na regulação desportiva. O Estado exerce, no entanto, um

À domesticação política das associações acrescentava-se a regulação pedagógica da actividade desportiva, de forma a atenuar perversão da definição oficial do desporto», v. «Introdução», p. 9.

[343] Cfr. O preâmbulo do citado DL. Para José Manuel Meirim a inovação deste diploma consiste precisamente na sua «vertente desportiva» e que se consubstancia na ideia de *disciplina do desporto*. V. *A Federação Desportiva como sujeito público do sistema desportivo*, p. 231. Neste contexto, para Noronha Feio não existem dúvidas de que «[a]té á década de 60, os sectores da educação física e desportos serão constantemente chamados a desempenhar funções mais de carácter político do que educativo ou higiénico». V. *Portugal – Desporto e Sociedade*, p. 167.

[344] No fundo, a ideia que existe neste diploma é, no essencial, de *centralizar* – ainda que por razões diferenciadas – a educação física e a actividade desportiva num órgão sob a direcção do Executivo, mas que entrega, primordialmente, a regulação desportiva ao associativismo desportivo. Neste sentido, afirma-se de uma forma elucidativa que: «[n]ão se pretende substituir a *organização existente que se formou espontaneamente ou sem intervenção directa do Estado*; pretende-se *assistir* àquela organização, *orientar-lhe* a actividade e *completá-la* quando se mostre insuficiente nos elementos que a constituem». Esta concepção é, além disso, formulada numa frase paradigmática: «[n]ada se tira ao que existe; sobrepõe-se-lhe alguma coisa de que se espera muito (...)».

papel de controlo do cumprimento da normatividade. Estava, deste modo, explícito que o modelo a seguir seria o francês, no qual o Estado se assegurava – pela exigência de uma autorização prévia da actividade de regulação desportiva – de que as entidades que regulassem a actividade desportiva cumpriam os requisitos normativos exigidos pela legislação estadual.

A intervenção legislativa acabou, de forma paradoxal, por sugerir uma certa autonomia (ainda que muito limitada) do associativismo desportivo que não era usual noutras ditaduras europeias. Esta realidade teve, naturalmente, reflexos no que respeita à resolução de conflitos desportivos que se manifestaram, em particular, nas atribuições da DGEFDSE previstas no DL nº 32 241. Refira-se que, entre tantas outras, cabia a esta Direcção-Geral «conhecer, directamente ou em recurso, de todas as questões relativas à disciplina do desporto, ou elas surjam entre desportistas, ou entre organizações desportivas, ou entre uns e outras» (cfr. artigo 7º, nº 9); «[e]xercer autoridade disciplinar sobre os desportistas, sobre as organizações desportivas, assim como sobre os técnicos e fiscais com poderes de consulta ou decisão» (cfr. artigo 7º, nº 10); «[f]azer tudo o que possa interessar ao revigoramento físico da gente portuguesa e à disciplina dos desportos» (cfr. artigo 7º, nº 13º).

Estas competências eram, porém, partilhadas, nos termos do §1 do nº 13 do artigo 7º com as que eram exercidas pelas federações desportivas, cessando, no entanto, de imediato o poder disciplinar daquelas entidades quando Direcção-Geral tomasse uma decisão e a comunicasse. Por outro lado, de acordo com o 2º § do nº 13, do artigo 7º as decisões da Direcção-Geral eram «insusceptíveis de recurso», não podendo, por conseguinte, ser apreciada pelos tribunais. Estava, assim, instituído o início de um sistema de partilha de competências de resolução de conflitos desportivos situado entre o Direito Público e o Direito Privado.

3.2.1. A resolução de conflitos desportivos na intervenção de 1942/43: entre a estatização e a auto-regulação prevista no Decreto nº 32 946

Em 1943, assiste-se à densificação do regime jurídico da DGEFDSE com a aprovação do respectivo regulamento geral[345]. Com a evidente intenção

[345] Nesta altura já Sílvio Lima num artigo no jornal «*O Primeiro de Janeiro*» de 25 de Novembro de 1943 notava a crescente importância do Direito do Desporto afirmando que «[t]odo o jogador, quer perante o seu adversário, quer perante o espectador está sujeito a um triplo

de se apropriar de um espaço anteriormente privado, o Estado «*prepara um assalto aos organismos desportivos (...)*»[346] por intermédio da aprovação do Decreto nº 32 946, de 3 de Agosto de 1943. A ideia de intervenção que se encontra subjacente a este diploma deve-se, no essencial, ao interesse que o Estado demonstrava na criação de estruturas que fomentassem a educação física. Existe, na verdade, neste texto jurídico, um discurso focalizado na *subalternização do Desporto em relação à Educação Física* – devendo esta, segundo a política estadual, ser materializada na prática da ginástica – numa demonstração efectiva dos ideais já apregoados pelo regime político na narrativa legal no que ao Desporto diz respeito[347] [348].

código: disciplinar, civil e penal», levantando os jogos desportivos «subtis problemas de direito», o texto pode ser consultado em PEDRO FALCÃO, *Sílvio Lima e o Desporto*, p. 215.

[346] Esta ideia funda-se nas afirmações constantes no preâmbulo deste texto legal onde se enuncia que «[o] problema que em primeiro lugar interessa ao Estado é o da educação física do povo português». Cfr. A *Federação Desportiva como sujeito público do sistema desportivo*, p. 238. Para JOSÉ MANUEL CONSTANTINO, *Desporto Português, as soluções adiadas*, p. 37, trata-se de um «curioso efeito perverso da ditadura», na medida em que «[c]ombatendo e perseguindo tudo o que fosse associativismo, criou por ausência e vazio político um sector desportivo que se resumiu aos clubes desportivos».

[347] Em sentido contrário e segundo GUSTAVO PIRES, a década de 40 representa um passo em que o Desporto «se emancipa da subalternização para com a ginástica». Cfr. *Génese da Organização e do Desenvolvimento do Desporto em Portugal*, p. 76. Na verdade, não partilhamos desta ideia, desde logo, porque se reconhece no preâmbulo do Decreto nº 32 946, de 3 de Agosto de 1943 que «*[f]ora dos estabelecimentos de ensino é muito difícil criar cursos de ginástica com a garantia de que seriam frequentados», pois a ginástica não exercia uma "sedução desejável", pelo que se optou por aproveitar as estruturas desportivas para se impor ao associativismo desportivo, como condição da sua própria existência, o desenvolvimento, a criação e a manutenção do curso de ginástica, bem como exigir aos atletas que quisessem competir num quadro desportivo a obrigação de frequentar esses cursos de ginástica*». É, pois, neste contexto com relativa naturalidade que se compreende a seguinte afirmação preambular: «*[e]ntendeu-se útil não dever eliminar os elementos de organização desportiva existentes e até pareceu útil aproveitá-los, desde que se tornasse possível dirigir-lhes a actividade e orientá-los no sentido de sobreporem aos interesses clubistas o interesse geral, de substituírem a política de vitória do clube seja como for por uma política desportiva verdadeiramente nacional*».

[348] Cfr. o preâmbulo do Decreto nº 32 946, de 3 de Agosto de 1943, onde se afirma que: «*[n]ada se opõe, portanto, e antes tudo aconselha, a que se imponha às organizações desportivas a obrigação de manterem cursos de ginástica*». V. também os artigos 35º e 36º do mesmo diploma consagrando a obrigatoriedade de instituição de cursos de ginástica para associações desportivas que tivessem como fim promover o atletismo, handebol, basquetebol, rugby, futebol, luta, hóquei, ciclismo, boxe, voleibol, natação, náutica e ténis, bem como a exigência de os atletas das modalidades supramencionadas frequentarem assiduamente os cursos de ginásticas adequados. Como nota RICARDO SERRADO, *O Jogo de Salazar – A Política e o Futebol no Estado Novo*, p. 71, «[a] situação dos clubes é, por seu turno, penosa. Obrigados pelo Decreto-Lei

Durante este período podemos assistir em Portugal ao culminar do estabelecimento da primeira intervenção do Estado no Desporto, caracterizando-se esta por permitir «dominar»[349] as estruturas federativas e desportivas, embora mantendo-lhes uma margem de liberdade (ainda que manifestamente reduzida) na actividade de regulação. Deste modo, em consonância com o sentido restrito que o «Estado Novo» atribuía à liberdade de associação[350], encontramos, neste caso, uma lei especial que se dedica, entre outros aspectos do estatuto jurídico dos entes desportivos, à fixação das fronteiras da liberdade de associação das federações e de todos os outros «agentes desportivos».

Note-se, por exemplo, que, nos termos do artigo 20º a constituição de um organismo desportivo – excepção feita aos organismos como a MP ou a FNAT, bem como associações desportivas de carácter escolar – dependia de «autorização prévia» do Ministro da Edução Nacional[351]. Para o efeito, segundo o disposto no §1, do artigo 20º, haveria lugar a um requerimento onde constavam os seguintes documentos: (i) um projecto de estatutos; (ii) um projecto de regulamentos internos, quando existissem; (iii) uma indi-

32 496, de 3 de Agosto de 1943, a incluir nas suas actividades a ginástica, com instalações pobres e elevada carga de impostos, as colectividades mais frágeis vêem dificultada simples subsistência (...)».

[349] Expressão de Alberto Trovão do Rosário, *O Desporto em Portugal – Reflexo e Projecto de uma Cultura*, p. 92.

[350] Tratava-se, à data, de um direito constitucionalmente previsto no artigo 8º, nº 14, § 2, da Constituição de 1933 e no artigo 365º do Código Civil de Seabra de 1867, mas que fora fortemente limitado por um conjunto de textos infra-constitucionais que, de forma idêntica ao diploma legal objecto de análise, limitaram fortemente a liberdade de associação. V., a título de exemplo, o DL nº 37 447, de 13 de Junho de 1949 que, nos termos do artigo 25º, impunha a proibição de promover, constituir, organizar, ou dirigir em território português associações de carácter internacional sem autorização do Ministro do Interior. Além disso, nos termos deste artigo, a filiação, por exemplo, de uma federação desportiva nacional numa federação internacional estava também dependente de autorização do Governo. Por outro lado, refira-se também, em momento posterior, o DL nº 39 660, de 20 de Maio de 1954, no artigo 2º, que instituía a condição de existência de uma associação da aprovação dos seus estatutos pelo Governador Civil do distrito da sua sede ou pelo Ministro do Interior no caso da actividade desta transcender o espaço geográfico do distrito. No entanto, aos regimes especiais, como é o caso das associações desportivas, continuava-se a aplicar o respectivo quadro legal especial (cfr. artigo 2º, §2). Para um enquadramento geral da Constituição de 1933, cfr. Jorge Miranda, *Manual de Direito Constitucional*, Tomo I, 7ª Edição, pp. 298 e ss.

[351] Segundo Jorge Crespo esta exigência «integrava-se, de facto, no processo de lançamento das bases económicas, sociais e políticas do Estado Novo que decorreu entre 1933 e 1945». V. «Para uma Sociologia da Cultura. O Associativismo Desportivo em Portugal», p. 8.

cação das filiações previstas, bem como o número de adesões já existentes e de todos os «campos», salas e equipamentos que já tivessem sido obtidos ou que o estivessem em vias de ser; (iv) um compromisso de criação de um serviço médico eficiente; (v) um compromisso de instituição de cursos de ginástica[352]. Além disso, todos os desportos que não estivessem previstos estatutariamente e cujo desenvolver fosse acessório à actividade desportiva principal, dependessem sempre da respectiva modificação estatutária e aprovação pelo Ministro competente (cfr. artigo 20º, §2)[353].

Em todo o caso, após a implementação desta estrutura estadual num contexto de regulação desportiva autonómica, parece óbvio dever reconhecer-se que toda a esfera desportiva passou definitivamente a mover-se num quadro normativo de uma dicotomia *público-privada*[354]. Esta tensão

[352] Relativamente a estas duas exigências entende Gustavo Pires que «o Estado entrou no mundo do desporto com exigências que até hoje seriam difíceis de cumprir». V. *Do Associativismo à Orgânica Desportiva*, p. 39.

[353] As exigências e determinações *autoritárias* não se ficavam por aqui: (i) impunha-se, por exemplo, que um praticante desportivo para competir num quadro federativo, entre outros requisitos, fosse maior de 18 anos e que, naturalmente, obtivesse aproveitamento num curso de ginástica «adequado», bem como um bom «comportamento moral e civil» [cfr. artigo 59º, alínea a), b) e e)]; (ii) eram também apenas elegíveis para o cargo da direcção de «organismos desportivos», quem tivesse mais de 21 anos e preste a declaração referida no DL nº 27 003 [No DL nº 27 003, de 14 de Setembro de 1936 estatuía-se a obrigação de, nalguns casos, de assinar uma declaração com o seguinte teor: «*[d]eclaro por minha honra que estou integrado na ordem social estabelecida pela Constituição Política de 1933, com activo repúdio do comunismo e de todas as ideias subversivas*»], além disso, a direcção das associações desportivas só entrava em funções efectivas quando a eleição fosse confirmada pelo Ministro da Educação Nacional e publicada em Diário do Governo, podendo, porém, ser livremente substituída por comissões administrativas escolhidas pelo Ministro [segundo o entendimento do STA, a faculdade de substituir os dirigentes administrativos por uma comissão administrativa representava um acto discricionário do Ministro. Cfr. Ac. de 8 de Janeiro de 1960, recurso nº 5603, publicado em *Colecção de acórdãos*, Vol. XXVI (1960), Lisboa, Imprensa Nacional, 1964, p. 47] (cfr. artigo 26º, § 2 e 2); (iii) existia um regime de transferências particularmente «rígido» e movido para a manutenção do «espírito» amador, possibilitando as transferências de atletas entre agremiações desportivas apenas em condições muito especiais e com a autorização da DGEFDSE, sob pena de os envolvidos numa "transferência ilegal" serem punidos com a *pena* de «irradiação» (cfr. artigo 62º e ss.).

[354] Conforme reconhece Alberto Trovão do Rosário, *O Desporto em Portugal – Reflexo e Projecto de uma Cultura*, p. 92, o associativismo desportivo «(...) [passa a viver] entre duas baias: uma constituída pelos agentes do aparelho estatal; outra, pelos próprios dirigentes federativos, associativos e clubistas, agora formalmente responsabilizados pelo cumprimento das determinações oriundas da DGEFDSE»

entre a intervenção estadual e a auto-regulação da competição desportiva pelas federações desportivas teve importantes reflexos na resolução de conflitos entre nós que importa conhecer. Na verdade, com a publicização da regulação desportiva e respectiva aproximação do Estado ao associativismo desportivo na reforma de 1942/1943 estabeleceu-se o primeiro modelo de justiça desportiva em Portugal, o qual se manifestou em três características essenciais: (i) *no princípio da tipificação legal das sanções disciplinares e da competência disciplinar partilhada pelo Ministro, Direcção-Geral e das federações desportivas*; (ii) *no princípio da irrecorribilidade jurisdicional das sanções desportivas*; (iii) *no princípio da consolidação dos efeitos desportivos.*

Na primeira hipótese, estabeleceu-se *o princípio da tipificação legal das san*ções disciplinares e da competência disciplinar partilhada pelo Ministro, Direcção-Geral e das federações desportivas. Com efeito, a primeira circunstância relevante a respeito da «disciplina desportiva»[355] – o núcleo da regulação desportiva durante este período – diz respeito à noção de infracção disciplinar que estava definida como «*o acto praticado voluntariamente pelos desportistas ou pelos organismos desportivos, com violação dos deveres regulamentares*» (cfr. artigo 74º). Neste contexto, a doutrina entendia que existiam duas espécies de *infracções disciplinares*: (i) *as cometidas no decurso de uma prova competitiva*; (ii) *as que fossem cometidas pelos agentes desportivos filiados na federação desportiva, bem como pelos órgãos da hierarquia desportiva*[356].

Por outro lado, é relevante mencionar que a partilha de competências na disciplina desportiva[357] variava consoante a gravidade das sanções que,

[355] O conceito de disciplina desportiva era entendido como o «conjunto de regras que regulam a actividade desportiva». Cfr., neste sentido, o Ac. do STA de 4 de Abril de 1974, recurso nº 8903.

[356] Cfr. CONSTANTINO FERNANDES, *O Direito e os Desportos (Breve estudo de direito desportivo)*, p. 92. Por outro lado, previa-se também que os clubes pudessem ser responsabilizados pelas infracções disciplinares que fossem cometidas pelos seus adeptos nos recintos desportivos (cfr. artigo 74º § 1), podendo também as sanções aplicadas aos *organismos desportivos* abranger os seus filiados (cfr. artigo 74º § 2).

[357] A jurisprudência não revelou um consenso quanto a esta classificação aquando da interpretação da expressão «disciplina do desporto» – uma das competências da Direcção-Geral – constante no artigo 7º do DL nº 32 241. O STA, no Ac. de 2 de Dezembro de 1967, Recurso nº 7026, reconheceu que, no caso subjúdice, seria da competência do director-geral o conhecimento de «quaisquer questões que se suscitem no campo das actividades desportivas e que digam respeito ao funcionamento dessas actividades». Em sentido contrário, decidiu o mesmo tribunal no Ac. de 4 de Abril de 1974, recurso nº 8903, *publicado em APDG*, de 31 de Março de 1976, pp. 697 e ss. entendendo que o artigo 7º, nº 9 do DL 32 241 deveria ser interpretado no sentido de que apenas seriam impugnáveis perante a Direcção Geral dos

por sua vez, se encontrava pormenorizadamente detalhada (cfr. o artigo 76º), variando entre: (i) a advertência[358]; (ii) a repreensão verbal ou por escrito; (iii) a multa até 5.000$[359]; (iv) a suspensão de actividade até um ano; (v) a suspensão de actividade de um a três anos[360]; (vi) a irradiação ou dissolução. Segundo o que estabelecia o artigo 24º, § 1, as associações e federações teriam que dispor de um conselho técnico, a quem competia ocupar-se dos conflitos desportivos[361].

A primeira sanção elencada (a repreensão) poderia ser alternativamente aplicada pela Direcção-Geral e pelas entidades da hierarquia desportiva

Desportos as decisões disciplinares que tivessem por objecto «infracção às regras relativas à correcção desportiva».

[358] As advertências e a repreensão verbal ou por escrito eram aplicadas em caso de «faltas leves» (cfr. artigo 84º) e eram sempre registadas no registo do infractor (cfr. artigo 77º).

[359] A pena de multa era, em regra, aplicada às federações e associações desportivas por infracções disciplinares praticadas pelos seus filiados ou em locais de prática desportiva em que estes organismos tivessem o dever de guarda ou vigilância (cfr. artigo 85º) e até ao seu pagamento os efeitos desta sanção importavam a integral suspensão da actividade desportiva do sancionado (cfr. artigo 78º). Deste tipo de sanção haveria, nos termos do artigo 80º, § 1, sempre recurso para os órgãos «superiores» ou «jurisdicionais» da estrutura desportiva ou para a Direcção-Geral. Além disso, no artigo no artigo 85º, § único, afirmava-se que a aplicação desta pena é independente da abertura de um procedimento disciplinar contra os autores ou cúmplices da infracção.

[360] Por seu turno, as sanções de suspensão da actividade eram aplicadas nos seguintes casos: (i) desrespeito das «leis do jogo» e normas gerais de correcção desportiva; (ii) negligência ou erro grave no exercício de funções de fiscalização ou direcção; (iii) injúrias ou agressão a desportistas ou público; (iv) desacordo, protestos e desobediência públicos contra decisões de quem exercesse funções de fiscalização e direcção. De entre os efeitos desta sanção identificava-se naturalmente a proibição do exercício da prática desportiva na qual foi cometida a infracção disciplinar e podia, caso se tratasse de uma infracção grave e fosse especificado no «despacho de punição», implicar a suspensão de qualquer actividade desportiva (cfr. artigo 79º). Por outro lado, registe-se que a sanção de «irradiação» de um atleta ou a «dissolução» de uma associação desportiva era aplicada, nos termos do artigo 87º, em geral, nas situações nas quais os infractores através de determinados actos ou factos se pudessem revelar «indignos e incapazes» de se modelarem de acordo com as normas de «correcção desportiva». Esta situação estava, de acordo com a mesma regra jurídica, especialmente patente nas situações em que: (i) existisse uma agressão, injúria ou desrespeito grave que ocorresse nos «locais de desporto» e tivesse como alvo aqueles que exercessem funções de fiscalização ou direcção; (ii) se registassem a prática de «actos desonrosos»; (iii) se verificasse a prática de actos desconformes com a «ordem constitucional estabelecida».

[361] O Decreto nº 46476, de 9 de Agosto de 1965, viria exigir também a existência de um conselho jurisdicional, composto, na sua maioria, por licenciados em Direito, alterando o artigo 24º, § 1, do Decreto nº 32946.

com competência disciplinar sobre os transgressores (cfr. artigo 80º, nº 1). A competência sancionatória dos organismos desportivos que pertencessem à hierarquia desportiva (cfr. artigo 80º) estava repartida nos seguintes termos: exceptuando as advertências, as restantes sanções disciplinares seriam aplicadas pelas «direcções dos clubes, colégios ou comissões» ou dos «organismos de hierarquia superior» a que pertencessem os transgressores disciplinares (cfr. artigo 80º, nº 2).

Por um lado, independentemente da entidade que estivesse na origem da decisão de aplicar as «penas», a competência para suspendê-las cabia a uma determinação da DGEFDSE (artigo 75º). Também a competência para a aplicação de uma sanção sobre atletas, árbitros ou fiscais caberia sempre à Direcção-Geral. Realce-se, por outro lado, que da aplicação de sanções constantes nos nº 5 e 6 do artigo 76º, [362] caberia recurso para o Ministro e deste não haveria recurso (cfr. artigo 82º e § único do mesmo artigo). Ainda assim, o Ministro poderia a qualquer altura avocar a si a resolução de um conflito desportivo sempre que este fosse da competência da DGEFDSE ou dos organismos desportivos[363].

Na segunda hipótese, verificou-se um *princípio da irrecorribilidade jurisdicional das sanções disciplinares desportivas* que se manifestava, desde logo, pela existência de um discurso legal que promovia a regra de que a resolução dos conflitos desportivos assumia uma *esfera meramente interna* (dentro da *hierarquia federativa* ou dentro dos meios administrativos internos)[364]. A corroborar esta ideia encontramos o regime estabelecido pelos artigos 80º e ss,. ao estabelecer a inexistência de recurso jurisdicional dos actos que derivassem da complexa partilha de competências em matéria disciplinar entre os meios de resolução de conflitos das federações desportivas, a Direcção-Geral e o Ministro. Estava, assim, consagrado um sistema que promovia o

[362] Ou seja, das sanções de suspensão de actividade de um a três anos e da irradiação ou dissolução.

[363] No mesmo sentido decidiu também a jurisprudência do STA nos Ac. de 29 de Maio de 1953, de 17 de Julho de 1953 e de 13 de Novembro de 1953, apoiando-se no facto de no artigo 83º se dispor expressamente que a «competência disciplinar do superior abrangia sempre a do inferior».

[364] Segundo F. Lacerda Melo o DL nº 32946 estabelecia uma «(...) *hierarquia desportiva federada*, cuja célula é o clube desportivo e cuja cúpula é a federação da respectiva modalidade. Como órgãos intermédios existem as *associações* distritais ou regionais, que agrupam, em cada distrito, pelo menos três clubes que se dedicam à mesma modalidade». Cfr. *Legislação e Doutrina*, p. 23.

«princípio da suficiência» da «jurisdição» do ordenamento desportivo português[365].

Neste contexto, é indispensável, em primeiro lugar, referir que na jurisprudência do STA tornou-se, desde o Ac. do STA de 22 de Junho de 1945,[366] ponto assente também que as decisões das federações desportivas eram insusceptíveis de *recurso contencioso*. Por outro lado, o corolário máximo do *princípio da irrecorribilidade jurisdicional* é também identificável pela inexistência, nos termos do artigo 82º § único, de uma possibilidade de recurso da decisão do Ministro da Educação. Por outro lado, acresce que, segundo o artigo 7º do DL nº 32 241, se estabelecia a irrecorribilidade das decisões disciplinares do director-geral. Estas duas circunstâncias manifestavam-se, portanto, na inadmissibilidade da faculdade de impugnação jurisdicional de actos administrativos em matéria *disciplinar desportiva* praticados quer pelo Ministro, quer pelo director-geral[367].

A *inexistência da possibilidade de recorrer aos tribunais* no domínio da regulação desportiva era fundamentada, por um lado, no «princípio da ética desportiva»[368] e, por outro lado, na constatação de um quadro geral de proibição de recurso contencioso estabelecido nas regras estatutárias das

[365] Conforme reconheceu o Ministério Público num parecer de um processo perante o STA. Cfr. o Ac. do STA de 17 de Julho de 1953, recurso nº 4079.

[366] Neste Ac. do STA de 22 de Junho de 1945, recurso nº 2327, publicado em *Colecção de Acórdãos*, Vol. XXI (1945), Lisboa, Imprensa Nacional, 1947, pp. 435 e ss., considerou que a aplicação de uma sanção disciplinar de «demissão» do director do Sporting Clube de Portugal pela DGEFDSE, não era susceptível de «recurso contencioso».

[367] Foi este o entendimento do STA, em especial, no Ac. de 29 de Maio de 1953, recursos nº 3802 e 3806, apensados ao nº 3799, disponível em *Colecção de Acórdãos*, Vol. XIX (1953), Lisboa, Imprensa Nacional, 1955, pp. 381 e 382. No sentido de que não seria possível outro entendimento sobre a interpretação do artigo 7º do DL 32 241, uma vez que «não seria compreensível que a disposição interpretanda quisesse colocar o Ministro, que reúne em si a competência de todos os seus directores-gerais, numa situação de inferioridade em relação a um dos directores-gerais em matéria disciplinar», cfr. o Ac. do STA de 17 de Julho de 1953, recurso nº 4079, publicado em *Colecção de Acórdãos*, Vol. XIX (1953), Lisboa, Imprensa Nacional, 1955, p. 546.

[368] No Ac. do STA de 17 de Julho de 1953, recurso nº 4079, considerou-se precisamente que a *disciplina desportiva* é fundamentada na «ética desportiva» e que a justificação da sua existência é independente de «apreciação contenciosa». No mesmo sentido, entendeu o mesmo tribunal no Ac. de 13 de Novembro de 1953, recurso nº 4149, que a impossibilidade de recurso ao contencioso administrativo não violava o artigo 8º, nº 10 da Constituição de 1933, na medida em que a salvaguarda da possibilidade de recurso hierárquico bastava para não violar as garantias do comando constitucional.

federações desportivas[369]. A última situação, como notava CONSTANTINO FERNANDES, era recorrente durante este período. Neste sentido, registava-se a existência de um conjunto de federações desportivas e associações que proibiam que *questões desportivas* pudessem ser objecto de controlo jurisdicional, ameaçando os associados com uma pena de «exclusão»[370] das competições desportivas a todos os agentes desportivos que ousassem recorrer aos tribunais estaduais sem o consentimento destes entes.

A inexistência de tutela jurisdicional – assente na conjuntura de acima referida – não era, no entanto, absoluta, uma vez que se entendia, por exemplo, que estas disposições estatutárias não tinham qualquer valor jurídico caso consubstanciassem um «crime público» que reclamasse a tutela penal do ordenamento jurídico estadual[371]. O mesmo se aplicava aos conflitos jurídicos no domínio laboral que eram da competência dos tribunais de trabalho, conforme demonstra a jurisprudência dos tribunais administrativos[372]. A irrecorribilidade jurisdicional resumia-se, portanto, aos conflitos que derivassem da relação entre o regulador (federação desportiva e o Executivo) e os regulados (clubes, médicos, árbitros e atletas).

Por outro lado, na jurisdição administrativa, nomeadamente no Ac. de 13 de Novembro de 1953, colocou-se a questão de saber da compatibilidade da inexistência de recurso contencioso com o artigo 8º, nº 10 da Constituição de 1933[373]. Estava neste conflito em causa a aplicação de uma pena

[369] Um excelente exemplo desta realidade retira-se do artigo 194º dos Estatutos da FPF de 1938 dispondo que «[a]s Associações, clubes, jogadores e dirigentes, não são autorizados a levar as questões desportivas para os tribunais, sem o consentimento da FPF. Os clubes ou pessoas que transgridam esta regra serão excluídos de qualquer Associação (...)».

[370] Um excelente exemplo desta realidade retira-se do artigo 194º dos Estatutos da FPF de 1938 dispondo que «[a]s Associações, clubes, jogadores e dirigentes, não são autorizados a levar as questões desportivas para os tribunais, sem o consentimento da FPF. Os clubes ou pessoas que transgridam esta regra serão excluídos de qualquer Associação (...)».

[371] CONSTANTINO FERNANDES, *O Direito e os Desportos (Breve estudo de direito desportivo)*, p. 98.

[372] Cfr. o Ac. do STA de 30 de Abril de 1963, processo nº 5607, estando em causa um conflito entre um treinador e o clube que o contratou entendeu o STA que não haveria à situação litigiosa ser aplicável a regra da irrecorribilidade jurisdicional, uma vez que implicitamente reconheceu existirem duas esferas completamente distintas. Por um lado, relativamente a conflitos que derivassem da regulação desportiva era aplicável o regime previsto no Decreto nº 32 946. Por outro lado, as regras jurídicas laborais eram aplicáveis aos conflitos que tivessem como origem um contrato de trabalho celebrado entre o treinador e o clube de futebol e, deste modo, impugnáveis nos tribunais judiciais.

[373] Dispunha este artigo que «[c]onstituem direitos e garantias individuais dos cidadãos portugueses (...) [h]aver instrução contraditória, dando-se aos arguidos, antes e depois da for-

de irradiação do presidente da Federação Portuguesa de Basquetebol. Em abono da tese da constitucional da inexistência de cognição judicial das decisões disciplinares desportivas, invocou o facto de que «das decisões subtraídas a recurso contencioso se pode sempre recorrer hierarquicamente», ficando, portanto, assegurada a constitucionalidade da solução, uma vez que «esse direito de audiência prévia fica assegurado e pode ser exercido antes da condenação definitiva».

Finalmente, poderia, efectivamente, ponderar-se a hipótese de existir recurso contencioso de sanções não contempladas no elenco do DL 32 241. Esta possibilidade chegou mesmo a ser admitida num caso de suposta corrupção envolvendo o Vitória de Setúbal Futebol Clube[374]. Em todo o caso, nos processos apensos e que envolviam a punição disciplinar desportiva (ainda que praticada na decorrência da iniciativa do Ministro da Educação Nacional) dos agentes desportivos envolvidos no caso do Vitória de Setúbal e que chegaram a ser mesmo decididos pelo STA, a decisão deste tribunal mais não fez do que confirmar jurisprudência anterior, continuando a ser unânime em afirmar que não era possível a cognição contenciosa de *decisões disciplinares desportivas*[375]. Desta forma e em síntese, é possível afirmar que na vigência do DL nº 32 241 e do Decreto nº 32 946, de 3 de Agosto de 1943, o STA negou sempre a possibilidade de recurso contencioso das sanções desportivas aplicadas pelas federações desportivas ou ainda que se tratasse de uma sanção exercida enquanto competência própria do Ministro ou da Direcção-Geral.

A última e terceira característica do sistema de resolução de conflitos português reconduzia-se, durante esta época histórica, ao *princípio da consolidação dos efeitos desportivos decorrentes da competição*. Com efeito, no artigo 89º dispunha-se a regra de que «*[d]urante as competições desportivas serão sempre respeitadas as decisões dos júris, juízes ou árbitros* (...)» numa evidente alusão

mação da culpa, as necessárias garantias de defesa».

[374] Estava em causa uma sanção disciplinar de suspensão da actividade do clube de Setúbal aplicada pelo Ministro, cujo um dos efeitos fixados por este se reconduzia à perda dos direitos de participação na primeira divisão. Em todo o caso, o Vitória de Setúbal acabou por desistir da acção, pelo que a decisão do STA nunca chegou a ser executada. Todos os aspectos históricos relativamente a este caso (procedimento disciplinar, recursos, petição inicial do Vitória de Setúbal e sentido da decisão do STA) podem ser consultados no Acervo do Ministério da Educação Nacional, em especial, na caixa nº 420, série 4.

[375] Neste sentido, o Ac. de 29 de Maio de 1953, recursos nº 3802 e 3806, apensados ao nº 3799, disponível em Colecção de Acórdãos, Vol. XIX (1953), Lisboa, Imprensa Nacional, 1955, pp. 381 e 382.

à consolidação dos efeitos desportivos decorridos no âmbito das decisões ocorridas durante o jogo[376].

Esta circunstância não impedia, no entanto, a possibilidade de existir uma revisão destas decisões «(...) depois de finda a competição» através de um procedimento próprio cujo resultado seria conhecido decorrido um «prazo máximo de oito dias». Neste sentido, não poderia haver uma revisão do resultado desportivo durante a competição e, por outro lado, decorrido o prazo estabelecido para a existência de um procedimento de impugnação também não se colocava a possibilidade de alterar o *resultado desportivo*. A confirmar esta circunstância encontrava-se previsto que a concessão de uma amnistia não interferia ou implicava a destruição dos «efeitos já produzidos» pela aplicação de uma sanção disciplinar (cfr. artigo 77º, § único).

A estas duas previsões importa referir que a inexistência de recurso contencioso das decisões disciplinares quer das federações desportivas, quer do Ministro ou da direcção-geral, tornava a tutela dos particulares (clubes, atletas, etc) particularmente reduzida. No que respeita à consagração destes mecanismos de consolidação dos efeitos desportivos importa, no entanto, perceber, por um lado, que o contexto em que esta se insere diz respeito à manifesta consideração da irrelevância dos resultados desportivos para a jurisdição estadual e, por outro lado, pela inexistência de mecanismos adequados a tutelar os direitos dos regulados desportivos.

Do quadro acima descrito retira-se, assim, que a opção de intervenção estadual permite identificar um espaço de pluralismo normativo que permitiu um compromisso: (i) por um lado, o Estado controlou as estruturas sociais com mecanismos administrativos de licenciamento de atletas, clubes e federações desportivas; (ii) por outro lado, a intervenção estadual de 1942/43 não permite constatar uma total estatização da regulação desportiva, uma vez que, no sistema jurídico português, as estruturas do associativismo desportivo não foram completamente publicizadas, deixando-lhes, deste modo, uma margem de manobra (ainda que mínima) para estabelecerem um quadro normativo próprio para a regulação desportiva. Deve-se, na verdade, constatar que existia um espaço de regulação partilhado entre as estruturas estaduais e a esfera federativa, projectando um espaço de

[376] Estamos, na verdade, perante a regra que estabeleceu a inspiração directa das normas que consagraram (após as intervenções estaduais que ocorreram depois de 1990) o comummente considerado *caso julgado desportivo*.

pluralismo normativo (ainda que, por vezes, vertical) pouco usual numa ditadura[377].

A confirmar esta realidade pode argumentar-se com o falhanço do projecto que envolvia a entrada em funcionamento da Corporação da Educação Física e dos Desportos. É verdade que a Constituição de 1933 estabelecia no artigo 5º que o Estado português representava uma «República unitária e corporativa»[378], no entanto, este projecto político nunca chegou, e embora existisse interesse neste sentido por parte do Estado Novo, a vingar no que ao Desporto diz respeito. Com efeito, embora o artigo 4º do DL 29 111, de 12 de Dezembro de 1938, reconhecesse a *educação física e desportos* enquanto parte integrante dos interesses económicos, culturais e morais[379]

[377] Um bom exemplo desta realidade pode também ser recolhido no caso em que o atleta Eurico da Rocha Surgey criticou abertamente uma federação desportiva e aquela lhe impôs uma sanção sem que aquele tenha sido ouvido. Em recurso do atleta perante o executivo, embora admitindo-se que o atleta tenha sido punido sem que tivesse sido ouvido, opta-se por não alterar a decisão da federação desportiva por uma questão de «oportunidade». Para mais desenvolvimentos sobre este caso, cfr. Artur Flamínio da Silva, «A Justiça Desportiva em Portugal durante Estado Novo e o Pluralismo Jurídico: uma análise do procedimento disciplinar de Eurico Rocha Surgey», pp. 161-164.

[378] No artigo 102º da Constituição de 1933 determinava-se a existência de «uma Câmara Corporativa, com duração igual à da Assembleia Nacional, composta de representantes das autarquias locais e dos interesses sociais, considerados estes nos seus ramos fundamentais de ordem administrativa, moral, cultural e económica». Para Marcelo Caetano, a expressão «República corporativa» professada pela Constituição de 1933, significaria que «a colectividade soberana não é formada pelos indivíduos isoladamente considerados, mas pelas sociedades primárias em que eles se agregam e através das quais exercem os poderes políticas (...)», pelo que «os grupos sociais que estruturam a Nação devem gozar da autoridade necessária para prosseguirem os interesses colectivos parcelares que lhes pertencem e assegurar a sua disciplina interna». Cfr. «A Constituição de 1933 – Estudo de Direito Político», p. 132. Em 1933, entrou também em vigor o Estatuto do Trabalhador Nacional (DL 23048, de 23 de Setembro) que estabelece um conjunto de medidas com vista à implementação do corporativismo no ordenamento jurídico português, nos artigos 40º e ss. Sobre o estatuto jurídico do corporativismo em Portugal, cfr. Pedro Soares Martínez, *Curso de Direito Corporativo*, Vol. I, pp. 139 e ss., Luís da Cunha Gonçalves, *Princípios de Direito Corporativo*, pp. 79 e ss., João Pereira Bastos, *O Estado Corporativo*, pp. 77 e ss., Emília A. Ferreira, *Corporativismo Português – doutrina e aplicação*, 3ª Edição, pp. 221 e ss. Para uma visão crítica do regime corporativista, v. Fernando Rosas, «O Corporativismo enquanto Regime», pp. 17 e ss, bem como José Luís Cardoso, «Corporativismo, instituições políticas e desempenho económico», pp. 101 e ss.

[379] A *representação* neste organismo seria assegurada por intermédio de um *membro representativo das federações desportivas* (eleito de entre presidentes de federações desportivas que fossem legalmente instituídas em Portugal); um *representante das associações venatórias*; e, por

[bem como em alterações legislativas subsequentes pouco significativas[380]], o maior passo no sentido de integrar a regulação desportiva no corporativismo estadual registou-se somente em 1966 por intermédio da aprovação do Decreto nº 47 215, de 23 de Setembro, numa tentativa do estabelecimento da *Corporação da Educação Física e Desportos*. A criação desta entidade era compreendida como um dos meios jurídicos[381] que, nas palavras do Presidente da Câmara Corporativa Luís Sulpico Pinto, «completa[va] a fase de cúpula da nossa organização corporativa»[382].

O projecto que implicava a integração da regulação desportiva na esfera corporativa e a respetiva regulamentação jurídica[383], ainda que pretendesse

último, um *médico especializado em questões de educação física*. Esta forma de representatividade ficou prevista na relação publicada no *Diário do Governo*, I série, nº 265, de 15 de Novembro de 1938, dando cumprimento ao disposto no artigo 8º do DL 29111, de 12 de Novembro. Em 1953, com a publicação do DL 32 442, de 21 de Novembro, alterava-se o agrupamento de interesses corporativos representados na Câmara Corporativa, pelo que, desta feita, a *educação física e o desporto* passaram a integrar a 3º Subsecção, da Secção II correspondente aos interesses de *ordem cultural*. Alguns anos mais tarde, em 1956, a Lei nº 2 086, de 22 de Agosto, revogou o DL 29111 e introduziu algumas alterações no quadro transitório da estrutura da Câmara Corporativa. Veja-se, em especial, a Base XV onde se definia que «[o] Governo promoverá a instauração de corporações morais e culturais, cabendo-lhe definir quais os ramos da actividade social que devem ser considerados corporações na ordem moral e cultural ou a elas equiparados».

380 Em 1953, com a publicação do DL 32 442, de 21 de Novembro, alterava-se o agrupamento de interesses corporativos representados na Câmara Corporativa, pelo que, desta feita, a *educação física e o desporto* passaram a integrar a 3º Subsecção, da Secção II correspondente aos interesses de *ordem cultural*. Alguns anos mais tarde, em 1956, a Lei nº 2 086, de 22 de Agosto, revogou o DL 29111 e introduziu algumas alterações no quadro transitório da estrutura da Câmara Corporativa. Veja-se, em especial, a Base XV onde se definia que «[o] Governo promoverá a instauração de corporações morais e culturais, cabendo-lhe definir quais os ramos da actividade social que devem ser considerados corporações na ordem moral e cultural ou a elas equiparados».

381 A par desde diploma tinha-se em vista também a instituição da Corporação das Ciências, Letras e Artes (DL 47213, de 23 de Setembro) e da Corporação da Assistência (DL 47214, de 23 de Setembro). Para João Pereira Bastos, *Desporto Profissional*, p. 175, em texto escrito em Maio de 1950, que existia na relação entre o corporativismo e o desporto uma oportunidade para a consagração jurídica do desporto profissional.

382 Cfr. as *Actas da Câmara Corporativa*, IX Legislatura, 2ª Sessão, de 25 de Novembro de 1966, publicado em 26 de Novembro de 1966, p. 327.

383 A esta corporação seria atribuída a «*organização unitária das actividades gimno-desportivas de natureza privada e representa os interesses das mesmas actividades, com vista ao desenvolvimento da cultura física nacional*» (v. artigo 1º, nº 2). Por outro lado, sendo uma pessoa de Direito Público (cfr. artigo 1º, nº 3) incumbida de uma tarefa do «respeito absoluto pelas superiores

introduzir diversas alterações relevantes que pudessem, efectivamente, transmutar o estatuto jurídico da resolução de conflitos desportivos existente, acabou por não revelar nenhum impacto no plano jurídico das regras que se ocupavam da disciplina das federações desportivas, na medida em que a Corporação da Educação Física e Desportos nunca foi estabelecida, pelo que as federações desportivas nunca integraram o sistema corporativo[384] do Estado Novo[385].

exigências do bem comum» (cfr. artigo 2º), implicaria um processo de integração nesta das federações desportivas que fossem reconhecidas, como tal, pelo Ministro da Educação Nacional (cfr. o artigo 3º). No que ao nosso tema interessa, entre as atribuições estabelecidas neste diploma, estavam: (i) a conciliação em controvérsias entre os organismos incorporados nesta entidade; e (ii) a possibilidade de conhecimento, nas situações e nos termos que viessem a ser previstos no regimento desta corporação, dos recursos que fossem efectuados em matéria disciplinar de decisões dos organismos incorporados (cfr. o artigo 4º, alíneas g) e h) respectivamente). Para efeito de exercício desta última competência, pretendia-se criar também a junta disciplinar cuja composição se reconduziria a um juiz dos tribunais superiores, que seria designado pelo Conselho Corporativo, sendo o presidente desta junta e ainda a quatro vogais – escolhidos de entre dirigentes dos organismos incorporados que, na sua maioria, fossem licenciados em Direito – cuja eleição caberia ao conselho da Corporação (v. artigos 5º, alínea c), 14º). No entanto, ao contrário do que estava previsto no artigo 20º do Decreto nº 47215, de 23 de Setembro de 1966, o regimento da Corporação da Educação Física e Desportos apenas seria publicado a 15 de Julho de 1968, por intermédio da Portaria nº 23481. Neste diploma, embora recuperando o espírito do Decreto nº 32946, estabeleciam-se algumas inovações em sede de *Justiça Desportiva*. A grande alteração constava, desde logo, no artigo 47º, registando-se uma subtracção da competência disciplinar da DGEFDSE, atribuindo-se à Corporação da Educação Física e dos Desportos a competência para decidir dos recursos em matéria disciplinar desportiva. Por um lado, o amplo poder de revisão das decisões sancionatórias garantiria à junta disciplinar a possibilidade de apreciação de novos factos ou de produção de nova prova (cfr. artigo 48º). Realce-se também que o prazo para a tomada de decisão sobre os litígios que fossem submetidos à junta disciplinar era de 30 dias a contar da data da proposição do recurso (artigo 50º, nº 1), podendo, em regra, os membros da junta disciplinar (haveria, no entanto, sempre a possibilidade de o presidente da junta disciplinar considerar existir um facto justificativo, cfr., a este respeito, o artigo 50º, nº 2) ser responsabilizados em caso danos decorrentes do não cumprimento deste prazo legalmente instituído.

[384] De resto, como afirma FILIPE RIBEIRO MENDES «[o] corporativismo não tardou a revelar-se um a solução académica para um problema prático e teve dificuldade em se enraizar em Portugal; não era mais nem menos «estrangeiro» do que a ordem liberal que procurava substituir», V. *Salazar – uma Biografia Política*, p. 111.

[385] Nestes exactos termos, v. Ac. do TC nº 472/89, bem como o Ac. do STA de 30 de Abril de 1997, recurso nº 27407, *publicado no APDR* de 18 de Abril de 2000, pp. 965 e ss. No sentido de que a Corporação da Educação Física e dos Desportos nunca chegou a iniciar as suas

3.2.2. O impacto da CRP de 1976 na transmutação do regime da resolução de conflitos desportivos

Num período anterior à revolução adivinhavam-se mudanças relevantes no regime legal que se ocupava da resolução de conflitos desportivos, mas que não chegaram a suceder, mantendo-se, pelo contrário, em vigor o regime jurídico de 1942/43, como viria a ser confirmado pela aprovação do DL nº 82/73[386], ao estabelecer-se no artigo 4º, nº 1 que competia à recentemente criada DGEFD, entre outras competências, «*[o]rientar e regulamentar, directamente ou através dos organismos da hierarquia desportiva, as actividades do sector*» (cfr. artigo 4º, nº 1, alínea a) do DL nº 82/73), bem como «*[e]xercer acção disciplinar sobre os organismos desportivos e, bem assim, sobre os dirigentes, técnicos, praticantes e entidades que nas competições exerçam funções de decisão, consulta ou fiscalização*», podendo esta última competência ser delegada, segundo o disposto no artigo 4º, nº 2, alínea d) do DL nº 82/73, nos organismos desportivos. A verdade é que o silêncio sobre a revogação do regime de 1942/43 parecia admitir a subsistência deste no ordenamento jurídico.

Pouco tempo depois, com o advento da revolução de 1974 e com a consequente alteração das forças políticas, passou a entender-se que a liberdade de associação era um dos valores que constava deste processo de ruptura com o quadro constitucional instituído pelo «Estado Novo». Ora, este processo de transmutação foi, desde logo, manifestado pelas alterações proporcionadas pelo DL nº 594/74, de 7 de Novembro[387].

funções. Cfr. Nuno Estevão Figueiredo Miranda Ferreira, *A Câmara Corporativa no Estado Novo: Composição, Funcionamento e Influência*, p. 107.

[386] Com a aprovação do DL nº 82/73, de 3 de Março, uma restruturação das competências da DGEFD (esta direcção-geral tinha sido, entretanto, instituída pelo DL nº 408/71, de 27 de Setembro) criada em substituição da DGEFSE, mas que nada mais fez do que alterar superficialmente os poderes de regulação da Direcção-Geral concentrando em si a competência em matéria disciplinar. Como se nota pelo preâmbulo do mencionado diploma, a primordial preocupação deste diploma manifesta-se no «especial relevo dado às estruturas de intervenção no fomento do desporto escolar e juvenil», de acordo com a preemente preocupação governamental tendo em vista a «criação de hábitos desportivos de massa no País». Este facto, reflectia-se, especialmente, nas atribuições da DGEFD no artigo 1º e 2º. Neste diploma, merece também destaque a menção sobre a aprovação de um regulamento da DGEFD que deveria assumir a forma de um Decreto, nos termos do artigo 32º do DL nº 82/73, mas que, no entanto, nunca chegou a ser aprovado, pelo que no *estatuto* jurídico do Desporto pouco se alterava.

[387] Sobre este complexo normativo, cfr. Maria Leonor Beleza e Miguel Teixeira de Sousa, «Direito de Associação e Associações», pp. 157 e ss.

As relações das federações desportivas com o Estado assentaram num clima de instabilidade[388] e de pressão (por parte do associativismo desportivo), o qual se manifestou, em particular, no processo disciplinar movido a Fernando Arnaldo Sardoeira Pinto. Na origem deste conflito estava uma suposta intervenção injuriosa para com os árbitros deste dirigente desportivo, durante um Congresso da FPF, em virtude do qual foi punido pelo Secretário de Estado dos Desportos e Acção Social Escolar. A aplicação da «pena» de *irradiação* pelo Secretário de Estado dos Desportos e Acção Social Escolar, considerando que as declarações daquele comprometiam «*gravemente a instauração de um novo clima de desportivismo entre todos os intervenientes nas competições desportivas (...)*»[389], mas que fora, porém, tomada na decorrência de uma acentuada pressão efectuada pelas entidades representativas dos árbitros e pelos próprios árbitros, registando-se mesmo vários telegramas enviados ao Secretário de Estado exigindo a aplicação exemplar da pena de irradiação[390].

Na sequência deste despacho, o Dr. Fernando Arnaldo Sardoeira Pinto recorre da decisão para o STA, pronunciando-se este tribunal em sentido favorável ao recorrente considerando que, a remissão do Secretário do Estado das supostas insultuosas afirmações deste dirigente desportivo para o registo magnético do Congresso da FPF, não consubstanciava a forma adequada para dar a conhecer ao *acusado* «quais os factos concretos ou faltas que teria praticado – o que seria indispensável para garantir a sua defesa»[391]. Aliás, «[s]em esta garantia não pode dizer-se que houve

388 Este cenário contraria, de certo modo, as previsões de Augusto Ataíde quando, referindo-se às relações entre o Estado e o associativismo desportivo, afirmava que: «[o] Estado Moderno assenta sobre a sociedade pluralista na qual coexistem os corpos sociais menores, associados e coordenados para o progresso, na qual os conflitos de interesses se compõem por meios pacíficos, na qual os grandes problemas colectivos se debatem sem que daí resulte afrontamento e colisão violenta de facções». Cfr. *O Estado e o Desporto*, p. 17.

389 Cfr. Despacho do Secretário de Estado dos Desportos e Acção Social Escolar de 29 de Novembro de 1974 (o processo disciplinar e todos os seus elementos podem ser consultados no arquivo histórico da Direcção-Geral da Educação Física, Desporto e Saúde Escolar na caixa nº 2/2952).

390 V. Os telegramas da Comissão Coordenadora de Árbitros de Futebol e da Comissão Regional de Árbitros de Castelo Branco, dos árbitros Mário Real e Joaquim Campos disponível no arquivo histórico da Direcção-Geral da Educação Física, Desporto e Saúde Escolar na caixa nº 2/2952.

391 Cfr. o Ac. de 30 de Outubro de 1975 (Recurso nº 9415) publicado em *AP-DG* de 28 de Março de 1977, p. 946.

audiência do arguido, ao proporcionar-se-lhe a apresentação da defesa no prazo de três dias». Para o efeito, o STA invocou que existia um «princípio de direito natural» que consiste na ideia de que «o acusado deve ser ouvido antes de condenado»[392]. Em suma, decidiu o STA que o procedimento disciplinar seria ilegal por falta da audiência do «arguido» e, assim sendo, anulável por vício de forma. Não tomou, porém, posição explícita sobre a revogação do regime jurídico ditatorial e, em particular, sobre a possibilidade de existência de um controlo jurisdicional da conflitualidade decorrente da disciplina desportiva. Ficava, portanto, esta problemática em aberto.

Neste contexto, com a entrada em vigor da CRP de 1976 e a consagração expressa da liberdade de associação no artigo 46º, as federações desportivas acabaram por encontrar as condições que ditavam a «morte anunciada» das estruturas jurídicas «montadas» pelo Estado Novo[393]. A CRP consagrava, porém, no artigo 79º, na sua versão originária que «[o] Estado reconhece o direito dos cidadãos à cultura física e ao desporto, como meios de valorização humana, incumbindo-lhe promover, estimular e orientar a sua prática e difusão». A referência à necessidade de o Estado «orientar» a prática desportiva implicou que existissem dúvidas sobre o papel do Estado na regulação desportiva. Acresce, por outro lado, que o quadro legal autoritário instituído pelo Estado Novo, embora incompatível em alguns aspectos com os novos comandos jurídico-constitucionais, não sofreu, porém, nenhuma revogação tácita ou expressa num plano infra-constitucional.

De acordo com este espírito encontrava-se plenamente o DL nº 553/77, de 31 de Dezembro, o qual, embora introduzisse algumas alterações na estrutura organizativa da Direcção-Geral, permitiu, na prática, a manutenção do regime jurídico do Decreto nº 32946. Com efeito, a Direcção-Geral dos Desportos[394] passou a compreender seis serviços, entre eles, a Direcção do

[392] *Idem.*

[393] Num sentido próximo, denunciando que «[c]om a afirmação da liberdade de associação e o consequente abalo na estrutura desportiva proveniente do Estado Novo, encontram-se reunidas as condições para que o sistema desportivo se balize de acordo com as novas coordenadas, particularmente no que se refere às relações entre os poderes públicos e as federações desportivas», José Manuel Meirim, *A Federação Desportiva como sujeito público do sistema desportivo*, p. 265.

[394] Por seu turno, a publicação do DL nº 694/74, de 5 de Dezembro, altera a nomenclatura da DGEFD para Direcção-Geral dos Desportos (cfr. o artigo 1º). No entanto, relativamente à resolução de conflitos desportivos o regime jurídico mantém-se inalterado. No mesmo sentido, as alterações previstas no DL nº 257/77, de 18 de Junho e no Decreto nº 97/77, de 13 de Julho também não trouxeram nenhuma novidade.

Desporto Federado e Recreação a quem competiria, segundo o disposto no artigo 7º, alínea a), o *exercício do poder tutelar* sobre os «organismos desportivos não governamentais, de harmonia com a legislação em vigor e nos termos do decreto regulamentar a publicar». A referência à «legislação em vigor» deve ser reconduzida ao quadro jurídico estabelecido de acordo com o artigo 4º, do DL nº 82/73 (e com ele o regime da primeira intervenção estadual, desde que não contrariasse as normas constitucionais e infra-constitucionais), sendo esta a única disposição que se manteria em vigor até à publicação do prometido decreto regulamentar, uma vez que existiu com a expressa revogação do restante regime jurídico previsto do DL nº 82/73 pelo artigo 32º, do DL nº 533/77[395].

O decreto regulamentar previsto no DL nº 553/77 nunca chegou, porém, a ser publicado, havendo dúvidas sobre qual o regime jurídico aplicável à regulação desportiva. Esta circunstância manifestou-se sobretudo com a aprovação da Lei nº 63/78, de 29 de Setembro. Na verdade, neste diploma, dispunha-se, em primeiro lugar, uma revogação do regime previsto no DL nº 553/77, eliminando a alínea a) do artigo 7º. Em segundo lugar, estabelecia-se no «novo» artigo 33º, nº 1, por um lado, que no prazo de noventa dias seria apresentada uma proposta de lei à Assembleia da República que permitisse uma redefinição do «regime jurídico das relações entre o Estado e os organismos não governamentais de carácter desportivo adequado ao disposto na Constituição da República». Em terceiro lugar, no artigo 33º, nº 2 dispunha-se, de forma transitória, que até à entrada em vigor do supramencionado diploma, a Direcção-Geral dos Desportos continuaria

[395] Dispunha-se nesta norma que: «[s]ão revogados o Decreto nº 82/73, de 3 de Março, com excepção do respectivo artigo 4º, que se manterá em vigor até à publicação do decreto regulamentar previsto na alínea a) do artigo 7º do presente decreto-lei, os artigos 1º, 4º e 6º do Decreto-Lei nº 694/74, de 5 de Dezembro, e a Portaria nº 198/75, de 21 de Março». De resto, o parecer nº 66/81 do Conselho Consultivo da Procuradoria-Geral da República analisando expressamente a constitucionalidade do regime do DL nº 82/73, viria a considerar que a existência de um regime disciplinar que permitisse a Direcção-Geral dos Desportos exercer o poder disciplinar sobre associações desportivas e agentes desportivos não consubstanciaria uma violação da liberdade de associação prevista no artigo 46º da CRP, na medida em que as associações desportivas poderiam, desde logo, exercer a actividade sem qualquer interferência, pelo que se aceitaria «uma certa tutela» sobre as associações desportivas as quais tenha sido concedida a utilidade pública. Em sentido globalmente concordante, cfr. também os pareceres nºs. 65/88 e 101/88. Todos disponíveis em *Pareceres*, Vol. III – Direito e Desporto, pp. 57 e ss. V., igualmente, o parecer nº 114/85, disponível *in BMJ*, nº 359 (1986), pp. 189 e ss.

habilitada a exercer as competências que estivessem previstas na legislação, desde que não contrariassem a Constituição ou a Lei, estando, por sua vez, ressalvada a vigência do artigo 4º, do DL nº 82/73. Com efeito, interpretando as regras deste regime jurídico (e a respectiva consequência prática) de uma forma sistemática a remissão era óbvia: acabaria por continuar a vigorar no ordenamento jurídico e com ele o quadro disciplinar instituído ainda em pleno Estado Novo[396].

Em contrapartida, o desmoronamento de uma parcela do regime jurídico do Decreto nº 32 946 deu-se por intermédio de duas medidas legislativas: (i) com as alterações promovidas pelas Portarias nº 439-A/78, de 4 de Agosto de 1978 e 17/79, de 12 de Janeiro ao instituírem a integração das organizações representativas da arbitragem do futebol na Federação Portuguesa de Futebol, (ii) bem como com a extinção da obrigatoriedade de uma homologação administrativa prévia da eleição dos corpos dirigentes de associações e federações desportivas com aprovação do DL nº 344/81, transfigurando e adaptando o regime autoritário ao novo quadro normativo constitucional[397].

Neste contexto, em 1980, a norma estabelecida no artigo 82º § único do DL nº 32 241 e que previa a inexistência de recurso das decisões do Ministro foi, no quadro constitucional posterior ao vigente durante o Estado Novo, reputada como inconstitucional por violação do artigo 269º, nº 2 da CRP por MÁRIO ESTEVES DE OLIVEIRA. Numa tese pioneira[398], embora o

[396] De resto, abstraindo do lapso formal da republicação pela Lei nº 63/78 do DL nº 553/77 existente no artigo 34º, a manutenção da revogação do DL nº 82/73, embora com a salvaguarda do artigo 4º, perece-nos revelar esta ideia. Embora discordando, mas dando conta de um lapso formal na republicação do DL nº 553/77, cfr. JOSÉ MANUEL MEIRIM, *A Federação Desportiva como sujeito público do sistema desportivo*, p. 274,.

[397] Entretanto, em 1978, já o Primeiro-Ministro tinha proferido um despacho no qual, ao abrigo do DL nº 460/77, de 7 de Novembro, declarou a utilidade pública de 33 federações desportivas. Como nota JOSÉ MANUEL MEIRIM, «[c]om este acto colectivo projecta-se algo de novo, pelo menos, do ponto de vista formal, no estatuto das federações desportivas. Assiste-se (...) a um reconhecimento por parte das entidades públicas, da valia da actividade empreendida por estas organizações desportivas, o que não pode deixar de acarretar algumas consequências no próprio estádio de convivência entre as federações desportivas e o Estado». Cfr. *A Federação Desportiva como sujeito público do sistema desportivo*, p. 275.

[398] Com efeito, até aí a discussão em torno dos «organismos corporativos» [segundo JOÃO MANUEL CORTEZ PINTO a «corporação é o agrupamento natural dos diversos elementos de um corpo profissional onde cada um participa no poder que esse corpo tem de decidir sobre os problemas que lhe respeitam», numa frase «a corporação é um corpo profissional que se rege pelas normas que ele próprio elabora». Cfr. *A Corporação*, p. 24] centrava-se na natureza

autor não qualificasse as federações desportivas como entidades que integrassem a Administração Pública, admitia que os actos «de aplicação da lei e do regulamento ou estatutos» se pudessem qualificar como actos mate-

destes entes, e ainda que as federações desportivas não fossem especificadas como exemplo, é possível encontrar um conjunto variado de posições doutrinais contextualmente importantes. Para MARCELO CAETANO, as «corporações administrativas» deveriam ser qualificadas como «*uma forma intermédia entre as pessoas colectivas de direito público e as pessoas colectivas de direito privado*». Cfr. «Corporações administrativas – Notas sobre o seu conceito e regime jurídico», p. 36. Segundo AUGUSTO DE ATAÍDE, *Elementos para um Curso e Direito Administrativo da Economia*, p. 45, o critério distintivo assentava na obrigatoriedade (ou não) da filiação, neste sentido, os organismos corporativos obrigatórios seriam pessoas colectivas de Direito Público e os facultativos seriam pessoas colectivas de Direito Privado de regime administrativo. Era igualmente esta a posição de MARCELO CAETANO, *Manual de Direito Administrativo*, p. 389. Por seu turno, para AFONSO RODRIGUES QUEIRÓ, os «organismos corporativos» assumiam para um cariz eminentemente público com base nos seguintes critérios: (i) sobre a eficácia abrangente das suas decisões (inclusivamente a não inscritos); (ii) na obrigatoriedade da inscrição; (iii) na necessidade de «realizar das suas atribuições»; (iv) na existência de poderes disciplinares e regulamentares; (v) na sujeição a uma «apertada tutela» estadual. Cfr. *Lições de Direito Administrativo*, pp. 274 e ss. Em sentido idêntico, e embora não referisse expressamente as federações desportivas, MANUEL A. DOMINGUES DE ANDRADE entendia que as «pessoas colectivas de fim ideal» no domínio desportivo assumiam um escopo que «interessa também à colectividade», assumindo, em geral, no que respeita às «pessoas colectivas de direito público que começaram por ser pessoas colectivas privadas, pode dar-se que o substrato preexistente fique intacto apenas lhe sendo (...) conferidas pelo Estado novas atribuições que, pelo seu carácter publicístico, elevam tais pessoas à dignidade de entes públicos», por contraposição às corporações de direito privado cujo «substracto» se forma «por vontade dos associados, que resolvem agrupar-se e conjugar de qualquer modo os seus esforços em ordem à realização de um escopo determinado». Cfr. *Teoria Geral da Relação Jurídica*, Vol. I Sujeitos e Objecto, pp. 78 e 79 e, especialmente, p. 93. Por outro lado, SÉRVULO CORREIA denunciava que «os organismos corporativos constituem uma espécie de pessoas colectivas intermédias, de contornos algo fluídos quanto à sua publicidade e privaticidade insusceptíveis de arrumação definitiva num dos seus ramos». Cfr. «Natureza jurídica dos organismos corporativos», p. 21. Numa síntese, VITAL MOREIRA entendeu que: «a criação por acto público, ou pelo menos mediante autorização pública (com a aprovação dos respectivos estatutos)», bem como «o acervo de poderes caracterizadamente administrativos de que eram detentores» e o seu «enquadramento institucional (...) como expressão da organização e auto-regulação pública» viriam a demonstrar o traço marcadamente público merecedor da qualificação destas como «categoria e entidades públicas de tipo corporacional». A discussão em causa estendeu-se inclusivamente às «pessoas colectivas de utilidade pública administrativa» que o mesmo autor reconhecia poderem englobar as federações desportivas enquanto realidade aproximada de outras entidades privadas a quem deveria ser equiparado este regime jurídico. Cfr. *Administração Autónoma e Associações Públicas*, p. 294 e, em particular e desenvolvidamente, sobre o segundo problema, pp. 298 e ss.

rialmente administrivos, pois traduziam-se «em decisões unilaterais e executivas perante os respectivos destinatários». Neste sentido, reconhecia que estes actos eram passíveis de ser impugnáveis junto dos tribunais administrativos, essencialmente, com base em três argumentos: (i) nos termos do Decreto nº 32946, as associações desportivas prosseguiriam por «devolução» estadual a «satisfação de necessidades colectivas», aproximando-se, portanto, do conceito de Administração Autónoma; (ii) o associativismo desportivo estaria sujeito a um «apertadíssimo» controlo estadual; (iii) a existência de diversos actos materialmente administrativos que já seriam passíveis de recurso e reclamações para a Direcção-Geral dos Desportos ou do Ministério da Educação, cabendo, assim, aos tribunais administrativos apreciar as decisões dos órgãos de recurso. Esta doutrina não teve, no entanto, um impacto prático imediato traduzido numa qualquer opção legislativa de revogação global do diploma aprovado em ambiente ditatorial[399].

De qualquer forma, a CRP viria a ser alterada, tendo sido, no âmbito da revisão constitucional de 1982, introduzidos no artigo 79º da CRP dois números: no primeiro, estabebelecia-se que: «[t]odos têm direito à cultura física e ao desporto»; no segundo, afirmava-se a clara preferência por um modelo desportivo partilhado: «[i]ncumbe ao Estado, em colaboração com as escolas e as associações e colectividades desportivas promover, estimular, orientar e apoiar a prática e a difusão do desporto»[400].

A necessidade de alterar o quadro jurídico autoritário foi cumprida, em primeiro lugar, com a aprovação do Decreto Regulamentar nº 92/84, de 27 de Dezembro, no qual se promoveram alterações relativas à duração dos mandatos dos corpos de federações e associações[401] e, em particular, em 1985, quando o legislador começa por lançar os novos alicerces infra-constitucionais do novo estatuto das agremiações desportivas. Com efeito, por

[399] Cfr. *Direito Administrativo*, Vol. I, pp. 385 e 386 e p. 396, nota 1.

[400] Para José Manuel Meirim a aprovação deste artigo representou «(...) o entoar de um hino ao desporto». Cfr. *A Federação Desportiva como sujeito público do sistema desportivo*, p. 139 e «Desporto e Constituição», p. 33 e, em especial, a p. 46 onde reconhece que a imposição constitucional de colaboração do Estado com as associações desportivas permitiu afastar uma ideia de um «desporto estatizado». Em sentido contrário, afirmando que esta conclusão já seria retirada da constitucionalmente garantida liberdade de associação, cfr. Alexandra Pessanha, *As Federações Desportivas – Contributo para o Estudo do Ordenamento Jurídico Desportivo*, p. 66.

[401] Estavamos perante uma alteração ao regime jurídico previsto no Decreto nº 42476, de 9 de Agosto de 1965, com alterações introduzidas pelo Decreto nº 48887, de 1 de Março de 1969 e que tinha sido encarregue de alterar o impositivo Decreto nº 32946.

via da aprovação do DL nº 164/85, de 15 de Maio, emerge um novo discurso na narrativa legislativa[402], o qual se acaba por demonstrar, de certo modo, incompatível com aquela existente desde os anos 40 no «Estado Novo».

Tratava-se de um diploma muito importante para o associativismo desportivo[403], em particular, para ultrapassar os períodos de grande instabilidade e insegurança jurídica que este vivera com a transição para o regime democrático[404]. O objectivo fundamental deste diploma seria, neste contexto, «o desenvolvimento do desporto», pelo que ao Estado caberia reconhecer *«o papel essencial e a autonomia das pessoas colectivas de direito privado com atribuições no âmbito dos desportos e cria[r] condições ao livre exercício da sua actividade»*[405].

O silêncio daquele diploma relativamente à revogação do DL nº 32 241 e, em particular, quanto à manutenção ou não do anterior mecanismo de resolução de conflitos desportivos deixou, porém, um espaço de incerteza que se voltaria a centrar na questão de saber se o regime de regulação desportiva decorrente da primeira intervenção estadual no desporto estaria ou não em vigor. A importância da resolução deste problema manifestava-se, desde logo, em saber se podia haver controlo jurisdicional dos actos das federações desportivas.

[402] Reconhecendo precisamente que se torna «necessário definir os princípios e as normas que devem orientar a intervenção de poderes públicos nesta área e o seu relacionamento com os vários agentes desportivos, estabelecendo, assim, as bases gerais do sistema desportivo», enuncia-se que «[n]o sentido de coordenar e orientar de acordo com uma política global toda esta actividade, considera-se instrumento fundamental a planificação, prevendo-se a elaboração pelo Estado de planos de fomento desportivo, articulados com planos de diversas entidades com atribuições neste sector, com vista a uma utilização completa e racional dos recursos afectos à cultura física e ao desporto». Cfr. o preâmbulo do referido diploma.

[403] Para José Manuel Meirim estamos mesmo perante a «primeira lei de bases do sistema desportivo». Cfr. *A Federação Desportiva como Sujeito Público do sistema Desportivo*, p. 283. Alexandra Pessanha chega mesmo a afirma que o papel deste diploma foi «romper com a "velha ordem desportiva", ao estabelecer as novas bases do posicionamento do Estado face ao fenómeno desportivo e do seu relacionamento com os agentes desportivos – clubes, associações e federações desportivas». Cfr. *As Federações Desportivas – Contributo para o Estudo do Ordenamento Jurídico-Desportivo*, p. 72.

[404] Denotando precisamente que no período que mediou entre a Lei nº 63/78 e o DL nº 164/85, «as relações entre o Estado e os agrupamentos desportivos se processaram num clima de grande tensão e incertezas jurídicas». Cfr. Alexandra Pessanha, *As Federações Desportivas – Contributo para o Estudo do Ordenamento Jurídico Desportivo*, p. 72.

[405] Cfr. artigo 3º.

Para Jorge Miranda, em posição assumida nas provas públicas de agregação a 4 de Dezembro de 1984, as federações desportivas continuavam a assumir a natureza pública, especialmente manifestada na «sua unicidade, nos seus poderes de regulamentação e direcção da prática desportiva e disciplinares e na fortíssima interferência que sofrem do Governo» e, concomitantemente, as suas decisões seriam também impugnáveis nos tribunais administrativos[406].

Na jurisprudência, havendo a dúvida se as regras jurídicas do Decreto nº 32946 continuariam a estar vigentes no ordenamento jurídico com a aprovação do DL nº 164/85, o TC, no Ac. nº 472/89, negou esta possibilidade, reconhecendo que aquele diploma tornava insustentável a existência de um regime de Direito Público regulador da actividade das federações desportivas tal como aquele que fora firmado pelo Decreto nº 32946, uma vez que: «desses princípios [do DL nº 164/85], normas e bases decorre todo um outro espírito, – muito diverso do versado no Decreto nº 32 946, ou no Decreto-Lei nº 82/73, ou mesmo ainda na versão inicial do Decreto-Lei nº 553/77 – no tocante ao posicionamento do Estado face ao «sistema» desportivo, e ao seu relacionamento com ele. Esse outro espírito pode traduzir-se – numa palavra – pelo abandono de uma atitude dirigista e tutelar do Estado, perante aquele sistema, e pela adopção, em lugar dela, de uma atitude de cooperação e promoção».

Nesta decisão foram, porém, apostos dois votos de vencido que curiosamente acabaram por influenciar de forma determinante a jurisprudência do STA. A principal argumentação dos conselheiros Antero Alves e Raúl Mateus que votaram contra a decisão fixava-se no facto de, embora existisse uma quebra com alguns pontos do Decreto nº 32946, este nunca teria sido revogado expressamente e na globalidade por outro diploma que tivesse esse propósito, nem a sua existência contradiria, com as alterações legislativas entretanto registadas, o ordenamento jurídico[407].

Na jurisprudência do STA posterior ao Ac. nº 472/89 do TC, estes votos de vencidos acabaram por denotar impacto, desde logo, fazendo parte da argumentação do STA que se pronunciou em sentido contrário à doutrina do Ac. do TC nº 472/89, primordialmente, no Ac. de 13 de Novembro de

[406] O autor reconhecia também que as normas que regulavam as federações desportivas se tratavam de regras jurídicas «desactualizadas e dispersas». Cfr. o texto integral destas provas em «As Associações Públicas no Direito Português», p. 75 e pp. 89 e 90.

[407] Os conselheiros relembram precisamente que o artigo 7º, nº 2, do CC exigiria precisamente uma revogação expressa do diploma.

1990[408] e confirmado, por exemplo, pelos Acs. de 19 de Maio de 1992[409] e de 30 de Abril de 1997[410]. Não obstante, a problemática em causa acabou, no entanto, por perder sentido útil, na medida em que a LBSD acabou por ser aprovada alguns meses depois da decisão do TC, resolvendo aparentemente a questão.

Cumpre-nos, todavia, denotar que podem invocar-se dois importantes argumentos contra a existência de um total desmantelamento do quadro jurídico do Decreto nº 32 946 pelo DL nº 164/85: (i) relativamente à regulação da resolução de conflitos desportivos este texto legal é completamente omisso; (ii) a necessidade de revogação expressa do Decreto nº 32946 pelo artigo 43º, nº 1, alínea a) da LBSD em 1990 ilustra bem as dúvidas que existiam sobre a vigência da primeira intervenção estadual na regulação do Desporto português.

As polémicas e os conflitos envolvendo clubes e federações desportivas, durante este período, suscitaram, em contrapartida, interessantes problemas jurídicos. O problema jurídico central na jurisprudência – como as discussões doutrinais deixavam antever – estava relacionado com a questão de saber ser os regulados desportivos podiam aceder aos tribunais estaduais para aí obterem tutela jurisdicional. A verdade é que ainda existia durante este período «uma tradicional e particular intransigência dos organismos desportivos não estatais na recusa de controlo: o mundo do desporto federado, no que concerne ao círculo das chamadas "questões desportivas", constituiria um espaço reservado, "um mundo à parte do direito a que, atenta à sua falta de juridicidade, escapa a qualquer apreciação por parte dos tribunais"»[411].

[408] Cfr. processo nº 28593, publicado em *APDR* de 22 de Março de 1995, pp. 6688 e ss.

[409] Processo nº 27217, publicado em *APDR* de 16 de Abril de 1996, pp. 3086 e ss., na qual aderindo à posição dos referidos conselheiros se afirma que: «o poder disciplinar das federações desportivas, nomeadamente da FPF, originariamente, um poder privado, novou-se em poder público, tanto quanto, o já detido, passa a prosseguir fins de autoridade razados naquela lei, e o criado ex novo é já de tal natureza, sendo certo que, intervindo o Estado, cessava a actividade disciplinar da organização desportiva, o que, mesmo é dizer, que, mesmo exercido e enquanto exercido pela organização, o poder disciplinar só tinha razão de ser e substituiria enquanto se ativesse nos parâmetros em que o próprio Estado o exerceria, ou seja, sua natureza pública também».

[410] Processo nº 27 407, publicado em *APDR* de 18 de Abril de 2000, pp. 965 e ss.

[411] Neste sentido reconheceu precisamente o STA no Ac. de 13 de Novembro de 1990, processo nº 27407, que a discussão em torno a natureza jurídica das federações desportivas se deveu essencialmente «como fim de se saber se a legalidade das decisões daqueles organis-

Esta tese era, por outro lado, confirmada pela jurisprudência relativamente às regras do jogo acrescentando, inclusivamente, dois argumentos: (i) a existência de especificidades próprias das «regras técnicas do jogo» e a consequente falta de preparação ou sensibilidade dos tribunais para a apreciação do seu cumprimento; (ii) na necessidade de imprimir celeridade na resolução de conflitos ocorridos durante a competição desportiva, bem como uma provável desaquação, quanto a este aspecto, da jurisdição estadual.

Não era, no entanto, partilhada quanto aos restantes conflitos ocorridos entre a federação desportiva e os seus regulados[412]. Na verdade, no Ac. de 31 de Janeiro de 1989, a jurisprudência do STA voltaria a ocupar-se sobre a possibilidade de os actos praticados pelas federações desportivas poderem configurar verdadeiros actos administrativos impugnáveis contenciosamente[413]. A resposta dada inicialmente por este tribunal foi, todavia, negativa[414]. Com efeito, argumentava-se que ainda que existisse um poder de regulamentação próprio das federações desportivas «tais poderes não são reveladores de poderes soberanos, de qualquer ente público, mas sim de um acordo pré-estabelecido, expresso ou tácito, entre os interessados,

mos que afectam direitos de terceiros está sujeita ao controlo jurisdicional e, em particular, dos tribunais administrativos».

[412] Cfr., com a síntese da jurisprudência relevante, o Ac. do STA de 13 de Novembro de 1990, processo nº 27407.

[413] Uma pequena nota merece também uma proposta de alteração ao artigo 79º da CRP sugerida pelo grupo parlamentar «Os Verdes» no debate que antecedeu a revisão constitucional de 1989, prevendo de forma expressa o «*recurso para os tribunais das decisões disciplinares das associações desportivas, nos termos da lei*». No entanto, antecedido de um amplo debate sobre a possibilidade de poder vir a ser consagrada a *constitucionalização* da competência dos tribunais administrativos para julgar litígios relacionados com procedimentos disciplinares da competência de órgãos disciplinares federativos, entendeu-se que esta não seria solução mais adequada para lidar com este delicado problema da *justiça desportiva* que merecia, em concreto, uma maior ponderação. Sobre este debate, V. *Diário da Assembleia da República*, IIª Série, nº 26-RC, de 14 de Julho de 1988, pp. 749 e ss. Assim sendo, a proposta de «Os Verdes» acabou por ser retirada, pelo que excluída da votação da discussão sobre a alteração do artigo 79º da CRP. Acta da Reunião Plenária de 11 de Maio de 1989, disponível em *Diário da Assembleia da República*, Iª Série, nº 78, de 12 de Maio de 1989, p. 3828. Em contrapartida, na revisão constitucional de 1989, foi acrescentado ao artigo 79º da CRP, nº 2 a menção à necessidade de «prevenir a violência no desporto».

[414] Ac. de 31 de Janeiro de 1989, recurso nº 26670, publicado em *APDR* de 14 de Novembro de 1994, pp. 693 e ss. Entendeu-se que estas entidades, embora fossem qualificadas como pessoas colectivas privadas de utilidade pública, não estavam abrangidas pelo artigo 51º do ETAF de 84 seguindo a doutrina propugnada por DIOGO FREITAS DO AMARAL.

que aceitam, no campo puramente associativo e da liberdade de associação, acatar determinadas soluções de órgãos gestores das associações desportivas respectivas».

No entanto, esta corrente jurisprudencial, embora confirmada por outras decisões em 1990[415], acabou por ser ultrapassada pelo Ac. de 13 de Novembro de 1990 do STA ao operar uma «mudança dramática»[416] que quebrou definitivamente com uma visão centrada num *critério orgânico* para efeitos de sujeição à jurisdição administrativa. Nesta decisão, o STA argumentou que a solução sobre a susceptibilidade de impugnação contenciosa dos actos das federações desportivas não residia no carácter público ou privado da federação desportiva, mas antes na circunstância de, nos termos do artigo 51º, nº 1 alínea j) ETAF de 84, ser atribuída aos tribunais administrativos a competência para julgar dos «recursos e das acções pertencentes ao contencioso administrativo para que não seja competente outro tribunal»[417]. Como bem afirma Pedro Gonçalves, a partir daquele momento: «o que passa a estar em causa como critério de sujeição ao contencioso administrativo (e de qualificação do acto administrativo) é a prossecução de *interesses públicos* ("missão de serviço público") por entidades que detêm *poderes públicos* para os satisfazer (prerrogativas de autoridade)»[418].

Neste contexto, colocava-se, em particular, a necessidade de resolver uma outra questão que pairava, de imediato, sobre qual a solução jurídica que, em termos práticos, adviria do recurso aos tribunais (quer administrativos ou judiciais)[419]. Era teoricamente possível conceber duas prováveis

[415] Cfr., por exemplo, o Ac. de 18 de Janeiro de 1990, processo nº 025853, publicado em *APDR*, de 12 de Janeiro de 1995, pp. 322 e ss.

[416] Cfr. Vital Moreira, *Administraçao Autónoma e Associações Públicas*, p. 554.

[417] V. Ac. de 13 de Novembro de 1990, recurso nº 27407-T, publicado em *APDR*, de 22 de Março de 1995, pp. 6669 e ss. Esta corrente jurisprudencial foi devidamente confirmada, por exemplo, pelo Ac. de 18 de Fevereiro de 1992, processo nº 25785, publicado em *APDR* de 29 de Dezembro de 1995, pp. 1156 e ss.

[418] Cfr. *Entidades Privadas com Poderes Públicos*, p. 854.

[419] A revisão constitucional de 82 viria a «abrir caminho» para a subjectivição da jurisdição administrativa manifestada nas aprovações do ETAF de 1984 (DL nº 129/84) e da LPTA, afirmando-se no artigo 268º, nº 4 da CRP que «[é] garantido aos interessados recurso contencioso, com fundamento em ilegalidade, contra quaisquer actos administrativos definitivos e executórios, independentemente da sua forma, bem como para obter o reconhecimento de um direito ou interesse legalmente protegido». Esta acção viria a ser consagrada na LPTA no artigo 69º, a par das acções relativas a contratos e responsabilidade civil. Sobre esta acção, Cfr. Luís Manuel da Costa Sousa Fábrica, *A Acção para o reconhecimento de Direitos e Interesses Legalmente Protegidos* e Rui Medeiros, «Estrutura e âmbito da acção

hipóteses: (i) a reconstituição da situação jurídica anteriormente existente; e/ou (ii) a responsabilidade civil pelos danos causados pela actuação das federações desportivas[420].

Estas dúvidas tomaram proporções mediáticas no caso N'Dinga, estando em causa uma disputa sobre uma alegada inscrição incorrecta de um jogador do Sport Clube Vitória de Guimarães que participou no campeonato nacional na temporada de 1987/1988[421]. O supramencionado jogador participou na mesma temporada numa partida de futebol entre o Sport Clube Vitória de Guimarães e a Associação Académica de Coimbra que se acabou por revelar decisiva para a descida de divisão do clube de futebol de Coimbra. A Académica utilizou a errónea inscrição do jogador como argumento para ser indemnizada pelos danos sofridos. A pretensão foi, no entanto, negada na primeira instância. Em recurso, o Tribunal da Relação de Coimbra optou por arbitrar, embora parcialmente, uma indemnização, levando em consideração os danos não patrimoniais que não faziam parte do pedido deste clube de futebol. O Sport Clube Vitória de Guimarães, insatisfeito com a decisão opta por recorrer para o STJ. A solução do conflito surge somente em 2003 com a revogação do Ac. do Tribunal da Relação de Coimbra pelo STJ assumindo que a incorrecta inscrição do atleta na época de 1986/1987 não afectava a inscrição da época posterior.

O STJ afirmou, assim, neste Ac. que a «Federação Portuguesa de Futebol assumia, na época em causa, a natureza de mera pessoa colectiva de utilidade pública, exercia prerrogativas de autoridade pública no quadro de decisões unilaterais e executivas sobre os referidos agentes desportivos», concluindo, deste modo, que os actos de inscrição do referido jogador seriam verdadeiros actos administrativos ainda que à data dos factos julgados por este tribunal não fosse aplicável a LBSD»[422] e, deste modo, a argumen-

para reconhecimento de um direito ou interesse legalmente protegido», pp. 1 e ss. Sobre o impacto desta revisão constitucional no nosso contencioso administrativo, cfr. José Carlos Vieira de Andrade, *A Justiça Administrativa*, 11ª Edição, pp. 31 e ss.

[420] Na verdade, em 1967 foi aprovado o DL 48.051, de 21 de Novembro, estabelecendo a responsabilidade civil extracontratual do Estado e das demais entidades públicas. A questão que se colocava era se, nos termos do artigo 1º, os actos de gestão pública (que eram um pressuposto para a aplicabilidade do diploma) também se aplicariam a privados que pudessem exercer funções públicas.

[421] Embora derive de um quadro factual complexo, a questão primordial em apreciação pelo STJ reconduzia-se ao facto de saber se a inscrição ilegal do jogador na época de 1986/1987 poderia também afectar a legalidade da inscrição do jogador na época de 1987/1988.

[422] V. o Ac. do STJ de 3 de Julho de 2003, processo nº 03B1442.

tação do STJ assumia que o regime jurídico do Decreto nº 32946 se manteria em vigor.

3.2.3. Síntese

Em Portugal, até bem perto do final da segunda metade do Séc. XX, a actividade de regulação desportiva desenvolveu-se sem que se verificasse um interesse estadual vincado naquela actuação. Este considerável afastamento justifica-se, em particular, pelo entendimento de que não existe relevância jurídica neste espaço meramente lúdico e amador. Não obstante, existe, no início do Séc. XX um despertar para a importância social da actividade desportiva.

O interesse estadual desenvolve-se especialmente a partir dos anos 40 por intermédio da criação de um ente público que controla e actua, em parceria, com as federações desportivas que vêem, assim, o seu espaço de liberdade a reduzir-se. Esta intervenção, que surge em paralelo com as intervenções estaduais no Desporto de outras ditaduras europeias, não opta, no entanto, por uma total integração da estrutura desportiva na esfera estadual, como sucede precisamente na Alemanha, Itália ou em Espanha. A verdade é que, em Portugal, as federações desportivas nunca integraram formalmente a estrutura estadual, denotando, assim, que o nosso modelo de intervenção estadual se aproxima do modelo francês.

Existia aqui um pluralismo jurídico (ainda que vertical) que permitia que o actuar estadual manifestasse uma lógica de subsidiariedade. Em bom rigor, o Estado nunca chamou a si a responsabilidade exclusiva da regulação desportiva, deixando ao associativismo um espaço de regulação próprio. Por outro lado, a confirmar esta ideia surge precisamente a regra da insusceptibilidade de impugnação das decisões dos organismos desportivos que regulavam a actividade desportiva, embora esta posição também se justifique pelo entendimento que o regime político tinha em relação ao Desporto durante aquele período histórico: a prática desportiva era encarada segundo uma lógica de irrelevância jurídica.

Neste contexto, sugere-se aqui uma explicação simples: o Estado salazarista não tinha como objectivo uma total identidade da esfera jurídica desportiva com a esfera estadual. Pelo contrário, a política estadual pretende somente um favorecimento da ginástica enquanto forma de fortalecimento da Educação Física em deterimento do Desporto e do profissionalismo. Por outro lado, com o advento da Constituição de 1976, não houve uma ruptura cabal com o regime de 1942/43, embora a liberdade de associação constitucionalmente garantida sugerisse um corte definitivo com a lógica ditatorial do regime. Não obstante, assistiu-se a um processo de afastamento gradual com as normas de 1942/43. Esta realidade teve como consequência imediata que, mesmo em ambiente democrático, se suscitasse a questão de saber se podia haver a impugnação de decisões (ou também de normas) de federações desportivas junto dos tribunais (sejam eles os judiciais ou administrativos)[423].

3.3. Segundo período: A resolução de conflitos desportivos nas Leis de Bases e nos Regimes Jurídicos das Federações Desportivas em ambiente democrático (1990 – actualidade)

As dúvidas sobre a vigência da primeira intervenção estadual em 1942/43 vieram a ser dissipadas em 1990 com a aprovação da primeira Lei de Bases no domínio do desporto[424]. O caminho percorrido até à aprovação do novo regime jurídico manifestou-se num processo moroso que começou com a apresentação, em 1985, pelo Partido Social Democrata do projecto de lei nº 14/IV («Lei Quadro do Desporto») – embora este nunca chegasse a ser sequer discutido –, passando pelo anteprojecto dos «Princípios Gerais do Sistema Desportivo» – apresentado em 1987 – elaborado pelo Grupo de Trabalho para o Desporto Profissional, culminando, em 1989, na proposta de lei nº 82/V e e no projecto de lei nº 336/V («Lei Quadro da Cultura Física e do Desporto»)[425].

No entanto, ainda que existisse uma ruptura com o regime jurídico anterior, a opção de distanciamento em relação não se assumiu como um corte radical quanto a um aspecto em particular: escolheu-se, como tinha sido apanágio da intervenção estadual de 1942/43, um sistema fortemente inspirado no modelo francês, mas, desta feita, no regime de *delegação de pode-*

[423] Como vimos, as decisões praticadas pelos órgãos estaduais competentes para a regulação do Desporto foram poucas vezes impugnadas junto do STA.

[424] Nas palavras de José Manuel Meirim, «*[o] Desporto (visto pela norma jurídica) de «vilão», passando por «escravo», chega [finalmente] a «cidadão»* Cfr. *Leis do Sistema Desportivo*, p. 6. Para José Manuel Chabert a LBSD surgiu por dois fundamentos essenciais: por um lado, devido à entrada em vigor da CRP em 1976 e que impunha a revisão das normas incompatíveis com este quadro constitucional, por outro lado, tratou-se de uma forma de lidar com questões novas e substantivas que assolavam o sistema desportivo. Cfr. «Lei de Bases do Sistema Desportivo no contexto europeu e internacional», pp. 31 e ss.

[425] Os referidos documentos encontram-se publicados em *Lei de Bases do Sistema Desportivo, anotada e Comentada*, pp. 413 e ss. Sobre este período histórico detalhadamente, v. José Manuel Meirim, *A Federação Desportiva como Sujeito Público do sistema Desportivo*, p. 418 e ss.

res públicos, tal como desenvolvido fora pelo CE[426]. Entendeu-se, portanto, reconhecer que o interesse público que subjaz à organização das competições desportivas justificava a possibilidade de as federações desportivas poderem submeter a sua actividade a um regime de Direito Público. Em contrapartida, garantiu-se, assim, um regime consentâneo com uma forte protecção dos direitos fundamentais dos agentes desportivos filiados nas federações desportivas[427].

Neste sentido, uma das inovações da LBSD foi a criação do EUPD que era definido por aquela como «o instrumento por que é atribuída a uma federação desportiva a competência para o exercício, dentro do respectivo âmbito, de poderes regulamentares, disciplinares e outros de natureza pública»[428]. A confirmar que as federações exerciam assumidamente uma «missão de serviço público» dispunha o RJFD1993, por sua vez, no artigo 8º, nº 1, que: «[t]êm natureza pública os poderes das federações exercidos no âmbito da regulamentação e disciplina das competições desportivas, que sejam conferidos pela lei para a realização obrigatória de finalidades compreendidas nas atribuições do Estado e envolvam, perante terceiros, o desempenho de prerrogativas de autoridade ou a prestação de apoios ou serviços legalmente determinados».

De resto, o Tribunal dos Conflitos veio a considerar que os poderes públicos não se resumiam aos poderes regulamentares e disciplinares, mas também «(...) [a]os poderes de fomentar e organizar as provas para o exercício da respectiva modalidade», argumentando que «(...) aqueles [o poder disciplinar e o poder regulamentar] só se justificam com a existência destes[429].

Na sua dissertação de doutoramento, Vital Moreira confirmaria o entendimento – que viria decisivamente a marcar a doutrina posterior[430] – de

[426] Cfr., denotanto a inspiração deste regime no modelo francês, José Manuel Meirim, «A Lei de Bases do Sistema Desportivo e o Desporto Profissional», p. 6.

[427] Cfr. Miguel Nogueira de Brito, «O Novo Regime das Federações Desportivas», p. 48, assumindo (embora no quadro da LBAFD) a existência de objecções de uma completa subordinação da actividade das federações desportivas ao Direito Privado com base nas garantias dos associados e dos agentes desportivos submetidos ao poder decisório das federações desportivas.

[428] Cfr. artigo 22º da LBSD.

[429] Cfr. o Ac. 9 de Julho de 2003 do Tribunal dos Conflitos, processo 7/03.

[430] Cfr. seguindo a doutrina de Vital Moreira e dando ênfase decisivo ao elemento de criação privada das federações desportivas relativamente à sua qualificação como entidade privada submetida a um regime de direito público, Alexandra Pessanha, *As Federações*

que com a LBSD as federações desportivas deveriam ser qualificadas como entidades privadas que exerciam poderes públicos, sendo, em bom rigor, as federações desportivas «inequivocamente instâncias de auto-regulação pública do desporto» e, portanto, «um exemplo flagrante» do fenómeno de atribuição de poderes públicos a privados, estando, por sua vez, submetidas ao contencioso administrativo[431]. Em sentido idêntico, na doutrina, PAULO OTERO reconhecia que «as federações desportivas dotadas de utilidade pública desportiva (...) exercem prerrogativas de autoridade, praticando actos administrativos (e regulamentos) susceptíveis de impugnação contenciosa», afirmando inclusivamente que estas se integravam na «estrutura da Administração Pública»[432].

3.3.1. A resolução de conflitos desportivos entre 1990 e 2004: Traços de uma Neo-publicização na Lei de Bases do Sistema Desportivo (Lei nº 1/90) e no Regime Jurídico das Federações Desportivas (Decreto-Lei nº 144/93)

O contexto de publicização da actividade das federações desportivas implicou, desde logo, uma regulação relativamente intensa constante especificamente no artigo 25º. A resolução de conflitos desportivos passa, deste modo, a reger-se por quatro princípios basilares: (i) imposição legal de mecanismos de resolução de conflitos desportivos internos; (ii) possibilidade de impugnar os actos administrativos praticados por qualquer entidade pertencente ao associativismo desportivo; (iii) reserva interna de resolução de conflitos desportivos configurados como «questões estritamente desportivas»; (iv) estabelecimento de um «caso julgado desportivo».

a) A imposição legal de órgãos de resolução de conflitos

A concessão do EUPD dependia, em primeiro lugar, do cumprimento de um vasto conjunto de «objectivos». Entre estes, realce-se a exigência da «[i]ndependência e competência técnica dos órgãos jurisdicionais próprios» prevista no artigo 22º, nº 2, alínea c) da LBSD. Em 1993, o RJFD veio a utilizar a mesma locução[433], numa clara alusão aos órgãos disciplinares que,

Desportivas, p. 141 e JOSÉ MANUEL MEIRIM, *A Federação Desportiva como sujeito público do sistema desportivo*, p. 335.

[431] Cfr. *Administração Autónoma e Associações Públicas*, pp. 556 e 557.

[432] Cfr. *Legalidade e Administração Pública*, pp. 780 e 781.

[433] V. o artigo 13º, nº 1, alínea b) do RJFD1993. Esta norma já tinha sido como que «prometida» pela LBSD, na medida em que o artigo 22º consagrava esta ideia como um dos ob-

entretanto, aquele diploma viria exigir de modo imperativo a cada uma das federações desportivas: (i) o *conselho disciplinar* e (ii) o *conselho jurisdicional*[434]. Aquele diploma veio ainda definir a repartição de competência disciplinar daqueles dois órgãos que, não obstante outras que fossem atribuídas por regras estatutárias[435], seria efectuada do seguinte modo: (i) o *conselho disciplinar* era competente, para «apreciar» e «punir» as infracções às normas federativas; (ii) o *conselho jurisdicional* detinha poderes cognitivos para «apreciar» as impugnações de decisões disciplinares desportivas do conselho disciplinar.

Estabeleciam-se, ainda naquele diploma, as regras de funcionamento e composição destes dois órgãos. Neste sentido, exigia-se, por um lado, que ambos os órgãos funcionassem com um número ímpar de membros, desde que licenciados em Direito, podendo o conselho jurisdicional funcionar em secções especializadas. Além disso, poderiam aqueles órgãos federativos deter outras atribuições previstas na normatividade federativa[436]. A intenção legislativa pretendia introduzir um sistema de resolução de conflitos interno, mas que apresentasse uma determinada especialização técnica.

Por outro lado, o quadro normativo acima descrito viria a ser cirurgicamente alterado, embora sem sucesso, pelo DL nº 111/97, de 9 de Maio[437]. Esta alteração legislativa promoveu mudanças nocivas em termos de independência dos órgãos disciplinares desportivos em relação à federação desportiva, desde logo, pela consagração da possibilidade de presença do presidente de uma determinada federação desportiva em reuniões de qualquer órgão da mesma federação desportiva (cfr. a alínea g) acrescentada ao artigo 27º do RJFD2003), entre eles, o conselho disciplinar e jurisdicional.

As alterações não se ficaram por aqui: estabelecia-se, relativamente ao *conselho de disciplina* e ao *conselho jurisdicional*, a possibilidade de outras pessoas que não licenciados em Direito poderem integrar os mesmos, desde que se tratassem de federações nas quais se desenvolvessem competições de natureza não profissional e cujo presidente do respectivo órgão fosse

jectivos essenciais para a obtenção do estatuto da utilidade pública desportiva. De resto, o próprio artigo 22º, nº 2 da LBSD apontava que a atribuição deste estatuto jurídico seria «regulada por diploma próprio».

[434] Cfr. artigo 23º nº 1, alínea f) e g) do RJFD1993.

[435] V. artigos 31º, nº 1 e 32º, nº 1 do RJFD1993.

[436] Cfr. artigos 31º, nº 1 e 2 e 32º, nº 1 e 2 do RJFD1993.

[437] Cfr. José Manuel Meirim, *Elementos para uma leitura crítica da legislação sobre desporto*, p. 37 e, do mesmo autor, *Lei de Bases do Desporto – Anotada*, p. 99 e ss.

jurista. Nas federações reguladoras de competições de natureza profissional continuava a ser necessário que todos os membros fossem licenciados em Direito[438], Ficando, assim, a «competência técnica» de quem integrasse um órgão disciplinar cingida às federações cuja regulação se circunscrevia a uma competição profissional[439].

b) A regra da impugnabilidade dos conflitos desportivos nos tribunais

Por outro lado, estabelecia-se a existência de uma *regra geral de impugnação*[440] de todas as decisões tomadas por entidades que pertencessem ao associativismo desportivo, determinando-se expressamente no nº 1 do artigo 25º da LBSD que «*as decisões e deliberações definitivas das entidades que integram o associativismo desportivo são impugnáveis, nos termos gerais de direito*». Desta disposição podia retirar-se, desde logo, o seguinte: (i) um princípio geral de susceptibilidade de impugnação das «deliberações» e «decisões» definitivas; (ii) a imposição da *necessidade de esgotamento dos recursos impugnatórios no seio do associativismo desportivo*. Esta realidade indiciava ser aplicável aos litígios que fossem reconduzíveis a relações jurídico-privadas ou a autênticos actos administrativos praticados pelas federações desportivas pela utilização da locução «termos gerais de direito»[441].

[438] V. as alterações e inovações promovidas pelos DL 111/97 aos artigos 31º, nº 3 e 4 e 32º, nº 2 e 3 do RJFD1993.

[439] Muito crítico em relação a esta solução, Cfr. José Manuel Meirim, *Elementos para uma leitura crítica da legislação sobre desporto*, p. 38.

[440] No sentido de que se tratava de uma *regra geral de impugnação* dos actos definitivos dos órgãos das federações desportivas. Cfr. José Luís Pereira Seixas, «A justiça e o futebol ou a justiça do futebol», p. 10. Estamos perante aquilo que José Manuel Meirim designou como «princípio do acesso aos tribunais», cfr. *A Federação Desportiva como Sujeito Público do sistema Desportivo*, p. 665.

[441] Cfr. o Ac. de 10 de Setembro de 2008 do STA, processo nº 120/08, afirmando que: «[n] os casos em que há recurso aos Tribunais do Estado importa ainda saber se a questão é de Direito Privado, ou de Direito Público, pois só nesta última hipótese o recurso "nos termos gerais" é para os Tribunais de Jurisdição Administrativa». Em sentido concordante relativamente à compatibilidade desta regra de esgotamento dos meios internos (referindo-se expressamente à imposição de impugnação do CD para o CJ) era compatível com o artigo 268º, nº 4, da CRP, uma vez que: «a exigência legal do pressuposto da impugnação administrativa necessária não contraria o nº 4 do artº 268º da constituição, pois que se trata de um condicionamento legítimo do direito de recurso contencioso, e não de uma sua restrição, dado que o acto é recorrível meditamente, incorporado no acto, expresso ou silente, que decide o meio de impugnação». Cfr. o Ac. de 15 de Maio de 2007 do STA, processo nº 01159/06.

No entanto, embora a menção em causa pudesse tornar duvidosa a sujeição dos actos administrativos praticados pelas federações desportivas à jurisdição administrativa, a interpretação anteriormente feita pelo Ac. de 13 de Novembro de 1990 antevia uma submissão aos tribunais administrativos dos actos praticados pelas federações desportivas. Neste sentido, decidiu também, por exemplo, o STA no Ac. de 9 de Janeiro de 1992, afirmando que «as federações desportivas gerem, de acordo com a vontade do legislador, um serviço público administrativo e, na medida em que o exerçam, passam a beneficiar de prerrogativas de autoridade pública, cuja concessão se justifica pela existência de uma missão de serviço público»[442].

De qualquer forma, o legislador optou, ainda assim, por esclarecer no disposto no artigo 8º, nº 2, do RJFD1993 que «[d]os actos praticados pelos órgãos das federações dotadas de utilidade pública desportiva no exercício de poderes públicos cabe recurso contencioso para os tribunais administrativos». Neste contexto, a jurisprudência do TC, por sua vez, reconheceu no Ac. nº 730/95, no âmbito da fiscalização da constitucionalidade de uma norma do regulamento disciplinar da FPF, e assim contrariando a doutrina fixada pelo Ac. 472/89, que os estatutos da FPF reflectiam a «existência de um poder normativo público», sendo inegável que existia «(...) um acto de poder público a operar directa e iniludivelmente uma devolução de competência normativa pública à F.P.F (...)».

Neste sentido, a previsão da necessidade do esgotamento dos meios de resolução de conflitos internos não apresentava nenhuma especificidade desconhecida nas normas processuais administrativas. Na verdade, a exigência de uma *definitividade vertical* dos actos administrativos praticados pelas federações desportivas que exercessem poderes públicos, antes de ser possível recorrer contenciosamente[443], encontrava-se prevista também no

[442] Cfr. processo nº 25785, publicado em *APDR* de 29 de Dezembro de 1995, pp. 1156 e ss.

[443] Neste sentido, José Manuel Meirim, «Desenvolvimentos Recentes do Direito do Desporto Português», p. 117 e o Ac. do STA de 13 de Fevereiro de 2008, processo nº 0875/07, referindo-se especificamente à LBSD afirmou que: «[s]em a pronúncia do órgão com competência para, em auto-tutela, emitir a última palavra na matéria, o acto não é verticalmente definitivo e, por consequência, não é contenciosamente impugnável, de acordo com o disposto no artigo 25º, nº 1 da LPTA». V. também o Ac. do STA de 15 de Maio de 2007, processo nº 01159/06, afirmando-se que se tratava de um meio impugnatório atípico, embora de cariz necessário não violador das normas constitucionais que tinham sido, entretanto, alteradas em 1989 eliminado do texto constitucional as referências ao carácter executório e definitivo dos actos administrativos, em sede de impugnação. Sobre este Ac. v. a anotação de José Manuel Meirim. Cfr. «Quem julga uma vez, julga duas ou três», pp. 53 e ss.

artigo 25º da LPTA[444] que exigia como requisitos para impugnar um acto administrativo: (i) a *definitividade do acto administrativo* e (ii) a *executoriedade do acto administrativo*. A primeira noção era compreendida pela doutrina dominante necessariamente como uma «tripla definitividade», a saber: a *definitividade material* (a situação em que um acto administrativo definia a situação jurídica de particular perante a Administração ou vice-versa); a *definitividade horizontal* (que acto em causa se apresentasse como uma forma de resolução de final do procedimento administrativo); *definitividade vertical* (que se revelasse tratar-se de um acto que tivesse sido praticado por um órgão cuja decisão constituía a «última palavra» no seio da Administração)[445].

Por outro lado, relativamente ao requisito da *executoriedade*, este implicava que o acto administrativo a impugnar consubstanciasse um acto administrativo que «obriga por si e cuja execução coerciva imediata a lei permite independentemente de sentença judicial»[446], enquanto pressuposto de impugnação. Esta virtualidade tornava, desde logo, problemática (ou mesmo impossível) a impugnação de um conjunto de actos, como por exemplo: (i) dos actos administrativos praticados pelos conselhos de disciplina que ainda fossem recorríveis para o conselho jurisdicional; (ii) dos actos das Assembleias Gerais ou dos conselhos jurisdicionais que confirmassem outros actos definitivos e executórios; (iii) dos actos das mesas das Assembleias Gerais que se ocupassem da marcação de assembleias[447]. De todo o modo, mesmo que fosse possível impugnar um acto administrativo de uma determinada federação desportiva, chegados ao momento de execução da sentença de um tribunal administrativo, não existiam mecanismos processuais que permitissem executar esta «contra a vontade» das federações desportivas face à limitada tutela decorrente do DL nº 256-A/77, de 17 de Junho[448].

[444] Um ano antes da aprovação da LBSD, a revisão constitucional de 1989 alterou o artigo 268º, nº 4 da CRP, deixando este de ser referir ao «recurso contencioso, com fundamento em ilegalidade e, contra quaisquer actos administrativos definitivos e executórios».

[445] Cfr. Esta síntese em Diogo Freitas do Amaral, *Direito Administrativo – Lições aos alunos do curso de Direito em 1988/89*, pp. 213 e ss. e, em especial, a p. 239, onde considera que o acto definitivo é aquele que «tem por conteúdo uma resolução final que defina a situação jurídica da Administração ou de um particular».

[446] Marcello Caetano, *Manual de Direito Administrativo*, Vol. I, p. 447.

[447] Exemplos apontados por António Bernardino Peixoto Madureira e Luís César Rodrigues Teixeira, *Futebol – Guia Jurídico*, p. 1602.

[448] Recorde-se que, com a aprovação do DL nº 256-A/77, embora a criação de um processo executivo fosse bastante inovatório, «não atribuiu aos juízes administrativos quaisquer po-

c) As questões estritamente desportivas

O sistema de justiça português caracteriza-se, em terceiro lugar, pela existência de uma *reserva absoluta de inimpugnabilidade de actos que configurassem questões estritamente desportivas,* sendo estas concebidas como aquelas «(...) decisões e deliberações (...) que tenham por fundamento a violação de normas de natureza técnica ou de carácter disciplinar [e que] não são impugnáveis nem susceptíveis de recurso fora das instâncias competentes na ordem desportiva»[449] [450]. Esta norma vinha, portanto, estabelecer uma excepção à impugnabilidade dos actos administrativos das federações desportivas, uma vez que fixava um espaço de «justiça privada do desporto»[451].

Neste contexto, em 1991, o STJ teve oportunidade de decidir um litígio no qual se questionava se era possível impugnar nos tribunais uma deliberação de suspensão da Federação Portuguesa de Futebol na sequência da propositura de uma acção pela Associação Distrital de Setúbal, no Tribunal Cível da Comarca de Lisboa, sem a autorização da respectiva federação desportiva. Colocava-se, na verdade, o problema de saber se a proibição estatutária de recurso aos tribunais podia ou devia ser considerada como válida[452]. O STJ argumentou que: (i) a proibição geral de recurso aos tribunais que ocorresse sem consentimento da Assembleia Geral da federação

deres estruturalmente executivos». Nem mesmo a entrada em vigor da LPTA mudou radicalmente esta realidade, na medida em que a execução prevista no artigo 74º da LPTA se revela inoperante relativamente às execuções de prestações de facto ou de entrega de coisa. Cfr. Cecília Anacoreta Correia, «O Processo Executivo no novo CPTA – considerações gerais», pp. 13 e ss. Para mais desenvolvimento sobre este período histórico do processo executivo no contencioso administrativo português, Cfr., entre outros, Diogo Freitas do Amaral, *A execução das Sentenças dos Tribunais Administrativos,* 2ª Edição, pp. 25 e ss., Mário Aroso de Almeida, *O Novo Regime do Processo nos Tribunais Administrativos,* 4ª Edição, pp. 363 e ss., José Carlos Vieira de Andrade, *A Justiça Administrativa,* 11ª Edição, pp. 353 e ss., Cecília Anacoreta Correia, *A Tutela Executiva no Código de Processo nos Tribunais Administrativos,* pp. 6 e ss.

[449] Cfr. artigo 25º LBSD.

[450] No mesmo sentido, José Luís Pereira Seixas, «A justiça e o futebol ou a justiça do futebol», p. 10.

[451] Expressão de José Manuel Meirim, *Elementos para uma leitura crítica da legislação sobre desporto,* p. 36.

[452] Nos termos dos estatutos em vigor na altura, no artigo 86º dispunha-se que:[a]s associações, clubes, jogadores e dirigentes não são autorizados a submeter aos tribunais de questões desportivas ou a recorrer de decisão que, de questões desportivas ou a recorrer de decisão que, de harmonia com a regulamentação desportiva, hajam sido tomadas por órgãos da Federação Portuguesa de Futebol, sem consentimento desta. Os clubes ou pessoas que

desportiva, violava o princípio da tutela jurisdicional efectiva (artigo 20º da CRP); (ii) insistiu, porém, na ideia de que existe um espaço livre de direito a que corresponde uma delitimação substancial que opera por intermédio do conceito de questões estritamente desportivas insusceptíveis de impugnação junto dos tribunais.

Em primeiro lugar, o STJ argumentou, desde logo, que das normas estatutárias «não se pode, todavia, extrair a ilação de que os agentes desportivos, designadamente [à]s associações, aos clubes, aos dirigentes e aos jogadores, esteja vedado o acesso à via judiciária, o recurso aos tribunais, para defesa dos seus direitos e interesses legítimos, sem consentimento da Federação Portuguesa de Futebol, sem previamente obterem desta autorização para promoverem o adequado procedimento judicial (...)», de modo que entendeu que «estão sujeitas a impugnação contenciosa as decisões dos órgãos da Federação que reputem ilegais», sob pena de existir a violação do direito fundamental do «acesso aos tribunais como princípio de tutela dos direitos pelo recurso à via judiciária», uma vez que «(...) há que ter presente a necessidade de assegurar aos agentes desportivos aquele mínimo de protecção a que qualquer cidadão tem direito».

No entanto, a jurisprudência do STJ entendia (recuperando uma ideia presente na jurisprudência anterior do STA), de um modo decisivo e marcante no sistema de justiça português deste período e subsequente[453], que as decisões das federações desportivas qualificadas como *questões estritamente desportivas* se reconduziam a «relações de carácter desportivo que, pela sua natureza, escapam à tutela da ordem jurídica, como que se desenvolvendo à margem do direito e não constituindo verdadeiras relações jurídicas, sendo certo que nem todos os conflitos de interesses surgem e se desenvolvem no âmbito da ordem jurídica» e entre exemplos dessa realidade encontravam-se, segundo o tribunal, as «leis do jogo, os regulamentos e as regras de organização de competição»[454]. Estava, deste modo, fixada a doutrina de que as «questões estritamente desportivas» se assumiam como um elenco substancial de conflitos que se situavam num *espaço livre de Direito*.

violem esta norma serão punidos em conformidade com o regulamento de disciplina. Se a infracção for cometida por uma associação, a decisão competirá à assembleia geral».

[453] V., o Ac. de 18 de Abril de 1991 do STJ, processo nº 79 982, publicado no *BMJ*, nº 406, pp. 586 e ss.

[454] De qualquer modo, o tribunal entende que não serão *questões estritamente desportivas* os conflitos decorrentes do «(...) domínio da organização das estruturas associativas e no controlo da sua actividade e do seu funcionamento, em que se verificou a intervenção do Estado».

Estes dois argumentos valeriam tanto para os litígios de cariz jurídico privado, bem como para aqueles que fossem reconduzidos a litígios jurídico-administrativos. A definição de questões estritamente desportivas ganhou, assim, a centralidade no sistema de justiça desportiva português enquanto *forma de determinação da competência material dos tribunais judiciais e administrativos portugueses em litígios jurídico-desportivos.* Neste contexto, em termos doutrinais, o primeiro argumento do STJ era aceite, em 1993, por Gomes Canotilho e Vital Moreira que, em anotação ao artigo 79º da CRP, afirmavam que a proibição genérica de recurso aos tribunais (*vínculo de justiça*) «(...) não pode significar uma completa preclusão da competência dos órgãos jurisdicionais do Estado, designadamente quando estão em causa direitos fundamentais dos cidadãos cuja lesão é constitucionalmente garantida através do recurso aos tribunais (...)»[455].

O segundo argumento permitiu, de um modo mais ou menos evidenciado, que a doutrina desse como assente que a noção de *questões estritamente desportivas* elencava conflitos desportivos que pela sua *estrutural falta de juridicidade* se assumiam como deliberações das federações desportivas que consubstanciam uma *reserva muito limitada,* reduzindo-a aos conflitos desportivos que derivassem «directamente da competição»[456]. A solução induzia que a *reserva* operada pelas questões estritamente desportivas se estabelecia com recurso ao critério da inimpugnabilidade de todos os conflitos ocorridos no decurso de uma *prova competitiva,* por exemplo, um penalty incorrectamente assinalado ou um cartão vermelho discutível[457].

[455] Cfr. *Constituição da República Portuguesa Anotada,* 3ª Edição, p. 381.

[456] Cfr. Segundo José Ribeiro e Castro se tratavam de «questões» que se destinam «a proteger a autoridade do árbitro» e que dissessem respeito «a infracções disciplinares cometidas directamente na prática desportiva». *Lei de Bases do Sistema Desportivo, anotada e Comentada,* p. 80. No sentido de uma idêntica tese restritiva, Almeida Lopes, «A Justiça Desportiva: Que justiça?», p. 140 e Alexandra Pessanha, *As Federações Desportivas,* p. 124. Para António Bernardino Peixoto Madureira e Luís César Rodrigues Teixeira, *Futebol – Guia Jurídico,* p. 1602 e 1603, as *questões de facto* reconduziam-se às que, por exemplo, estivessem relacionadas com «o apuramento de que se determinado jogador agrediu ou não outro (...) que, como tal, não são sequer passíveis de apresentação para apreciação às instâncias federativas»; *questões de direito* seriam aquelas que estivessem em ligação com «a aplicação das leis do jogo aos factos apurados. São questões relacionadas com os chamados erros de arbitragem, que, conforme já foi referido, podem ser impugnadas, nas instâncias federativas». No sentido de uma tese restritiva veja-se também, José Manuel Meirim, *A Federação Desportiva como Sujeito Público do Sistema Desportivo,* pp. 677.

[457] Numa síntese, entendia José Manuel Meirim que: «[e]stamos no espaço da «competição desportiva» em concreto, desde logo, perante a marcação da falta, da grande penalidade, da

A jurisprudência posterior, em particular a do STA, ocupando-se especificamente sobre a temática tal como se encontrava prevista na LBSD, optou também por recorrer a um conceito restritivo de questões estritamente desportivas. Em todo o caso, no Ac. do TC nº 473/98, estando em causa uma alegada inconstitucionalidade do artigo 129º, nº 6, 2ª parte, do Regulamento Disciplinar da FPF, ao fazer depender a audiência de testemunhas arroladas pelo arguido do pagamento das despesas decorrentes da deslocação do instrutor, parece inclinar-se para uma noção ampla ao admitir que a norma do regulamento disciplinar «não se reporta a qualquer questão "estritamente desportiva", pois não visa sancionar qualquer violação de norma de natureza técnica nem tem carácter disciplinar, uma vez que não se assume como «sanção» para o arguido». Com efeito, o TC justificava a sua posição com o facto de «[c]om ela apenas se pretende[r] que o arguido tenha mais facilidade em se defender pela audição das testemunhas que lhe interessa indicar na sede arbitral das associações de futebol, embora com a contrapartida de ter de suportar, se ele requerer tal diligência, os custos (...)». Deste modo, não se encontrando ainda esgotados os meios impugnatórios legalmente previstos o TC indeferiu a pretensão dos árbitros de futebol[458], mas o mais relevante desta decisão é a incerteza que introduz sobre a noção de «questão estritamente desportiva», parecendo querer assumir que as sanções disciplinares (e todas elas) seriam integradas neste conceito.

amostragem do cartão amarelo, vermelho ou azul, consoante as modalidades, da suspensão por dois minutos ou da expulsão». Cfr. *Elementos para uma leitura crítica da legislação sobre desporto*, p. 36. Em sentido aparentemente mais amplo, o Tribunal Cível de Lisboa na decisão de 12 de Setembro de 1993 (1º Juízo) entendia que um processo disciplinar na decorrência de uma incorrecta nomeação de árbitros se enquadrava na referida noção. A decisão encontra-se publicada na revista *Subjúdicc*, nº 8 (1994), p. 75.

[458] Em recurso da constitucionalidade da mesma norma, o Ac. 488/98 do TC decidiu em sentido idêntico. De interesse é, todavia, a declaração de voto de Paulo Mota Pinto, afirmando que: «[t]enho dúvidas quanto ao sentido da expressão "questões estritamente desportivas que tenham por fundamento a violação de normas de natureza técnica ou de carácter disciplinar", constante do artigo 25º, nº 2, da Lei de Bases do Sistema Desportivo. A meu ver, no presente caso os recursos teriam como fundamento a violação de normas de carácter disciplinar – embora de direito adjectivo. Todavia, porque não está em causa uma "questão estritamente desportiva", como também exige a referida disposição, acompanhei a decisão de indeferimento da presente reclamação por falta de esgotamento dos recursos legalmente previstos».

O STA, por sua vez, no Ac. de 10 de Setembro de 2008[459] assumiu expressamente que estaríamos perante uma *questão estritamente desportiva* (tal como prevista na LBSB) quando a «(...) decisão em causa tenha por fundamento a aplicação de normas de natureza técnica ou disciplinar, respeitantes às "leis do jogo" (regras sobre o funcionamento da própria competição ou sobre a sua organização), desde que tais normas não versem sobre direitos indisponíveis, não afectem direitos fundamentais, nem violem normas que protegem outro tipo de valores (v.g. corrupção)». A noção utilizada pelo STA pressupunha uma técnica metodológica indiciária, na qual o conteúdo material das normas a apurar é determinado pelo facto de se tratar de forma indiciária de uma norma «disciplinar» ou «técnica», mas que pressupuna também que aquela se refira alternativamente às «leis do jogo», aos regulamentos ou aos regulamentos e regras de organização das respectivas provas[460]. Por fim, como critério último da delimitação surgia a insusceptibilidade de estarem em causa *direitos fundamentais, direitos disponíveis ou normas que protegem determinados valores.*

d) O caso julgado desportivo

Finalmente, numa evidente inspiração no regime do DL nº 32 241, o artigo 25º, nº 3 da LBD estabeleceu a *consolidação dos efeitos desportivos validamente produzidos*. Determinava-se, assim, que, quer o recurso aos tribunais ou a existência de uma decisão de um tribunal que tivesse por base um *litígio impugnável*, não tinha qualquer impacto sobre «(...) *os efeitos desportivos entretanto validamente produzidos na sequência da última decisão da instância competente na ordem desportiva*». Coube a José Ribeiro e Castro, durante o período estudado, referir que esta norma consagrava a consolidação dos efeitos desportivos em caso de «recurso contencioso para fora da ordem jurisdicional desportiva»[461] que deveria ser caracterizado como um «caso julgado desportivo»[462].

Por conseguinte, afirmou o autor que a existência de um «*caso julgado desportivo*» representava, em termos práticos, que «*o prosseguimento de um*

[459] Cfr. processo nº 120/08. Estava aqui em causa uma deliberação de reordenar a classificação de uma competição desportiva de futebol, na sequência de uma decisão disciplinar de desclassificação de um clube de futebol.

[460] Esta argumentação foi religiosamente seguida pelo Ac. de 21 de Setembro de 2010 do STA, processo 295/10.

[461] *Lei de Bases do Sistema Desportivo, Anotada e Comentada*, p. 80.

[462] José Ribeiro e Castro, *Lei de Bases do Sistema Desportivo, Anotada e Comentada*, p. 80.

pleito judicial sobre uma decisão que desqualificou uma equipa ou um atleta pode vir a ressarci-lo de todos os interesses ofendidos, mas não pode ordenar a repetição de um campeonato, ou de um torneio, ou de uma prova, ou de um jogo, ou de uma corrida. Isto é, não interfere sobre os efeitos desportivos entretanto já consolidados na ordem jurisdicional competente»[463]. De uma forma sumária, segundo o autor, apenas restaria a quem impugnasse os actos ou omissões das federações desportivas a possibilidade de reconduzir os efeitos da decisão judicial à responsabilidade civil pela prática de actos, não sendo possível haver uma *tutela reintegratória*, mas somente uma *tutela ressarcitória*.

Num sentido diferente, José Manuel Meirim entendeu que perante um exemplo da aplicação ilegal de uma «pena» disciplinar de descida de divisão a um clube desportivo e consequente anulação por um tribunal administrativo, a compensação monetária pelos danos causados não seria a única decorrência da impugnação judicial de um acto de uma federação desportiva. Em síntese, haveria, assim, lugar à «recondução» do clube à competição desportiva da qual fora ilegitimamente afastado[464].

Sublinhe-se, porém, que apesar destas duas soluções divergentes, a problemática envolvendo o «caso julgado desportivo» não ficou, de modo algum, resolvida. Na verdade, a questão acabaria por ser de difícil solução, na medida em que o Direito Processual Administrativo se caracterizava por assumir a forma de uma jurisdição bastante limitada. Na revisão constitucional de 1997, alterava-se, entretanto, o artigo 268º, nº 4, da CRP, dispondo que «[é] garantido aos administrados tutela jurisdicional efectiva dos seus direitos ou interesses legalmente protegidos, incluindo, nomeadamente, o reconhecimento desses direitos ou interesses, a impugnação de quaisquer actos administrativos que os lesem, independentemente da sua forma, a determinação da prática de actos administrativos legalmente devidos e a adopção de medidas cautelares adequadas». O quadro constitucional em causa não obteve, no entanto e até à entrada em vigor do novo ETAF e do CPTA em 2004, um devido acompanhamento no plano legislativo, o qual mantinha as debilidades em sede de garantias dos particulares. Este facto foi muito criticado pela doutrina, entendendo-se que existia aqui uma inconstitucionalidade por violação do direito fundamental à tutela jurisdicional efectiva[465].

[463] *Idem*.

[464] *A Federação Desportiva como sujeito público do sistema desportivo*, pp. 678 e 679.

[465] Cfr. Vasco Pereira da Silva, *Em Busca do Acto Administrativo Perdido*, pp. 664 e ss., *O Contencioso Administrativo no Divã da Psicanálise – Ensaio sobre as acções no novo processo admi-*

Recorde-se precisamente que, durante este período, ainda que o nosso contencioso administrativo já denotasse uma tendência de subjectivação, o mesmo ainda se encontrava fortemente arreigado a um modelo de pendor objectivista centrado na anulação de actos administrativos. As insuficiências do nosso contencioso administrativo, seguindo a síntese de VIEIRA DE ANDRADE, manifestavam-se em três perspectivas: (i) no *plano substancial*, dado que os meios de acesso dos particulares ao contencioso eram manifestamente reduzidos; (ii) no *plano processual*, pois os meios de tutela eram fortemente reduzidos; (iii) no *plano funcional*, visto que existiam diminutos poderes de controlo judicial. Neste sentido, o particular teria que ficcionar uma pronúncia de indeferimento ou «provocar» a existência de um acto administrativo para que fosse possível impugnar esse acto junto dos tribunais administrativos. Por outro lado, a tutela cautelar centrava-se a pedidos de suspensão da eficácia e a plena jurisdição resumindo-se ao contencioso por «atribuição» que se reconduzia a acções sobre matérias de responsabilidade civil e de contratos administrativos. O processo executivo previsto no DL nº 256-A/77, por seu turno, também não manifestava uma plena jurisdição[466].

Neste contexto, isto significaria aparentemente que para fazer face a ilegalidades cometidas pela federação desportiva no exercício de poderes públicos não havia um espaço de manobra elevado junto dos tribunais administrativos. Em conjugação com a existência do caso julgado desportivo, pareciam existir fortes indícios de que a *tutela secundária* (ressarcitória) se assumia como a única hipótese de tutela dos agentes desportivos em litígio com o associativismo desportivo. Colocava-se, deste modo, a questão de saber se quais as consequências de propor uma acção de anulação do acto administrativo.

A questão ficou resolvida com a posição tomada pelo STA no Ac. de 10 de Julho de 2003[467]. Estava em causa uma sanção disciplinar aplicada a 12 de Abril de 2000 pelo Conselho de Justiça da Associação de Futebol de Vila Real que consubstanciava numa derrota por 3-0 de um determinado

nistrativo, 2ª Edição, pp. 211, *Ventos de Mudança no Contencioso Administrativo*, pp. 133 e ss., «O Contencioso Administrativo como "Direito Constitucional Concretizado" ou "Ainda por Concretizar"?», pp. 8 e ss.

466 Sobre este assunto e neste sentido, v. JOSÉ CARLOS VIEIRA DE ANDRADE, *A Justiça Administrativa*, pp. 35 e ss. Para uma perspectiva história das debilidades do nosso contencioso administrativo durante este período, Cfr. MARIA DA GLÓRIA FERREIRA PINTO DIAS GARCIA, *Da Justiça Administrativa em Portugal – Sua origem e evolução*, pp. 379 e ss.

467 Processo nº 0433/03.

clube de futebol no decurso do campeonato distrital de séniores durante a época de 1999/2000. Entretanto a competição terminou e a 27 de Junho de 2000 o Conselho de Justiça homologou os resultados competitivos. O fundamento do recurso residiu no facto de o TAC Porto ter entendido que, uma vez que o clube já não seria integrado na competição da época de 1999/2000, «(...) nem a anulação do acto impugnado, nem a sua execução o colocariam na época futebolística já transcorrida» pelo que existia «motivo para a extinção da instância por inutilidade superveniente da lide»[468].

O tribunal revogou a decisão do TAC Porto, recordando uma inversão jurisprudencial do STA e, num sentido com o qual concordamos plenamente, entendeu que: «(...) o princípio da tutela judicial efectiva obriga a analisar a utilidade do recurso pelo grau de satisfação do interesse primário subjacente à pretensão anulatória. E diz-se que se do seu provimento e da eliminação da ordem jurídica do acto advier alguma posição de vantagem para o recorrente, então faz sentido que ele prossiga até final, por ser essa, afinal a garantia que os arts. 20º, nºs 1 e 5 e 268º, nº 4 da CRP reconhece em favor dos cidadãos». O argumento que reputamos por decisivo reconduz-se ao seguinte: «[a] anulação contenciosa não será justificável apenas pelo facto de tornar viável a execução específica ou a reposição natural da situação, mas também pela circunstância de permitir a execução em sentido lato, contribuindo para que o recorrente possa adquirir uma posição mais favorável do que a que teria com a manutenção do acto (...), o que alcança através do processo de execução de julgados previsto no DL nº 256-A/77, de 17/06»[469].

Em bom rigor, ao lesado assistia, deste modo, a possibilidade de poder obter (ainda) uma hipotética tutela reintegratória ou, no limite, uma tutela ressarcitória de cariz objectivo decorrente do regime do DL nº 256-A/77, enquanto, em contrapartida, se propusesse somente uma acção de responsabilidade civil teria que provar que se encontravam reunidos os pressupostos daquela (com todos os inconvenientes e dificuldades que daí adviessem). Esta foi, assim, uma interpretação adequada ao direito fundamental à tutela jurisdicional efectiva.

Neste contexto, com a entrada em vigor do RJFD1993, o legislador passou a prever expressamente a responsabilidade civil das federações desportivas, embora se suscitassem dúvidas, tendo em conta que a disposição do

[468] Ac. do STA de 10 de Julho de 2003, processo 0433/03.

[469] Ac. do STA de 10 de Julho de 2003, processo 0433/03.

artigo 6º, nº 1, do RJFD1993 se aproximava em muito na sua letra da regra do artigo 501º do CC, sobre qual o regime de Direito material aplicável (se o previsto no DL 48 051, de 21 de Novembro de 1961 ou o estabelecido no CC) e qual a jurisdição competente (jurisdição comum ou administrativa) para o julgamento dos pedidos de indemnização civil[470].

Por último, surgia também, desde logo, a questão de saber se a salvaguarda dos efeitos desportivos abrangeria apenas as decisões do conselho jurisdicional (a «instância» a quem competiria a última decisão) ou se, pelo contrário, também estariam abrangidas as decisões do conselho de disciplina. Quanto a este aspecto pareceu não haver dúvidas na doutrina ao entender-se que a referência à «última instância» só permitiria uma solução possível: esta consolidação de efeitos desportivos diria apenas respeito aos actos do *conselho jurisdicional*[471], uma vez que a menção à «última decisão» do órgão competente na «ordem desportiva» parecia induzir essa interpretação.

3.3.2. A resolução de conflitos desportivos entre 2004 e 2008: a Lei de Bases do Desporto (Lei nº 30/2004)

As normas que regularam a resolução de conflitos desportivos mantiveram-se inalteradas até ao ano de 2004. Com a aprovação da LBD alterou-se – com alguma surpresa – o sistema desportivo vigente na LBSD, embora continuasse a vigorar o RJFD1993[472]. Não obstante, face ao salto qualitativo

[470] Demonstrando precisamente esta ideia, sustentando que, em qualquer dos casos (gestão pública ou privada), a jurisdição administrativa deveria ser competente para decidir os pedidos de responsabilidade civil, cfr. António Bernardino Peixoto Madureira e Luís César Rodrigues Teixeira, *Futebol – Guia Jurídico*, pp. 1612 e 1613.

[471] Neste sentido, António Bernardino Peixoto Madureira e Luís César Rodrigues Teixeira, *Futebol – Guia Jurídico*, p. 1591.

[472] V. sobre esta surpresa, José Manuel Meirim, «Enfoque», pp. 149 e ss. O cômputo geral das alterações promovidas pela LBD foi devastador, v., por exemplo, as palavras de José Manuel Meirim revela que: «a Lei de Bases do Desporto – Lei nº 30/2004 – foi, (quase) toda a gente sabe e sentiu, uma experiência falhada, uma clara perda de tempo para o desporto português», adiantando também que: «sobre a justiça desportiva já escasseiam as palavras para descrever a paupérrima performance do legislador». Reconhece, assim, uma especial nota negativa para a Lei de Bases de 2004, que consubstancia mais um passo no sistema de justiça desportiva que o Estado se tem «encarregado de, paulatinamente, proceder à sua destruição», cfr. «Enfoque», pp. 150 – 154. Afirmando também que se tratou de uma «oportunidade perdida». Cfr. *Lei de Bases da Actividade Física e do Desporto – Estudo, notas, comentários*, 2005, p. 33. De muito interesse também são os textos extremamente críticos de José Manuel Meirim publicados em *Desporto a Direito – As crónicas indignadas no Público*, pp. 27 e ss.

no domínio das garantias do particulares proporcionado pelo ETAF2002 e CPTA, parecia exigir-se um reforço das garantias dos agentes desportivos no sistema de justiça desportiva português em matérias de intervenção pública do Estado. Não foi esse, porém, o resultado da reforma operada pela LBD. A entrada em vigor da LBD (alguns meses depois do ETAF2002 e do CPTA) provocou perplexidades e dúvidas importantes. Os problemas do nosso sistema de justiça desportiva manifestaram-se em quatro aspectos essenciais: (i) na relação entre o ETAF2002, o CPTA e a regra geral de impugnação dos conflitos desportivos submetidos ao Direito Administrativo; (ii) na alteração legal do conceito de conflitos *estritamente desportivos*; (iii) na relação entre o caso julgado desportivo e o processo executivo previsto no CPTA; (iv) no estabelecimento de um mecanismo de arbitragem voluntária.

a) A impugnabilidade dos conflitos desportivos, o ETAF2002 e o CPTA

A regra geral de impugnação da LBSD encontrava-se, em primeiro lugar, integralmente transcrita no artigo 46º da LBD – embora agora em artigo autónomo – com a previsão da impugnabilidade «nos termos gerais de direito»[473]. Deste modo, devia entender-se que a resolução de conflitos desportivos prevista na LBD mantinha uma *linha de continuidade* em relação à LBSD e se reportava à possibilidade de submeter aos tribunais os litígios de Direito Privado e de Direito Público relacionados com a actividade de regulação desportiva. O ETAF2002, por sua vez, vinha esclarecer que era da competência dos tribunais administrativos a «[t]utela de direitos fundamentais, bem como dos direitos e interesses legalmente protegidos dos particulares directamente fundados em normas de direito administrativo (...) ou decorrentes de actos jurídicos praticados ao abrigo de disposições de direito administrativo (...)» (cfr. artigo 4º, nº 1, alínea a) do ETAF2002) e também para a: «[f]iscalização da legalidade das normas e demais actos jurídicos praticados por sujeitos privados (...) no exercício de poderes administrativos» (cfr. artigo 4º, nº 1, alínea d) do ETAF2002). Em sentido idêntico, o artigo 51º, nº 2, do CPTA estabelece que são: «(...) impugnáveis as decisões materialmente administrativas proferidas por (...) por entidades privadas que actuem ao abrigo de normas de direito administrativo».

[473] Luís Pais Borges alertava, porém, de que a referência a «recurso contencioso» não devia ser lido restritivamente face à CRP, «Justiça Desportiva: que sentido e que limites?», pp. 27 e 28.

A submissão à jurisdição administrativa dependia, assim, do exercício de poderes públicos que, nos termos do artigo 22º da LBD, seriam os «(...) poderes regulamentares, disciplinares e outros de natureza pública». A referência a «outros de natureza pública» assumia-se como uma *cláusula aberta* que só podia ser reconduzida ao «poder de organização da competição desportiva»[474] que afinal é precisamente o pressuposto da publicização tal como se apresenta no modelo francês e que serviu de inspiração ao nosso sistema de justiça desportiva.

Foi esta também, ainda que implicitamente, a posição de PEDRO GONÇALVES que, ao considerar que as federações desportivas eram um exemplo do fenómeno de exercício de poderes públicos, identificou precisamente que a função de regulação das federações desportivas se assumia como um «desempenho de «funções genuinamente estaduais»» que «só com distorção total da «natureza das coisas», podem ser percepcionadas como tarefas autónomas», recusando, assim, uma ««visão autonomista» das funções e poderes «federais» (...)» de «todas as áreas de regulação e disciplina oficial do desporto confiadas às federações desportivas»[475]. O autor fundou, em coerência, uma teoria da *equiparação* das federações desportivas, enquanto entidades privadas com poderes públicos, às entidades públicas[476].

Por um lado, com as alterações promovidas pelo ETAF2002 e pelo CPTA2002 no Direito Processual Administrativo, existiu um evidente reforço das garantias dos particulares no plano declarativo e no plano executivo. No primeiro plano, com a criação de um conjunto de meios processuais

[474] Num sentido idêntico, o Ac. do TCA Sul de 26 de Janeiro de 2006, processo nº 1270/05.

[475] Em tom muito crítico o autor mencionou que: «[é] provável, ou talvez certo, que todos os actores implicados – Governos incluídos – queiram "fazer de conta", "desejem" e promovam uma visão autonomista das missões federativas e, todos eles, apresentem até como evidente a autonomia de tais missões (que são, de facto, desenvolvidas em sistema de total "independência" perante o Estado Administrador). Há todavia um muro contra o qual os defensores da autonomia não podem deixar de bater: um muro composto, por um lado, pela taxativa indicação legal de que a delegação de poderes se efectua "para a realização de finalidades compreendidas nas atribuições do Estado" e, por outro, pelo facto (fora de discussão) de as federações actuarem perante "administrados" que nelas estão inscritos, mas que não são seus associados obrigatórios, nem participam em qualquer processo de legitimação dos seus dirigentes». Cfr. *Entidades Privadas com Poderes Públicos*, pp. 857 e 858.

[476] PEDRO GONÇALVES entende que esta realidade implica que quaisquer entidades privadas que exerçam poderes públicos se encontrem vinculadas (i) pelo Direito Administrativo; (ii) pelos direitos fundamentais; (iii) pela Constituição Administrativa. Cfr. *Entidades Privadas com Poderes Públicos*, pp. 1086 e ss.

cautelares inominados (cfr. artigos 112º e ss.) e da acção para intimação para protecção de direitos, liberdades e garantias (cfr. artigo 109º e ss.), bem como com a adopção de um modelo impugnatório assente numa lógica dualista: (i) por um lado, existia uma acção administrativa especial destinada a tutelar as lesões subjectivas dos particulares decorrentes de actos ou omissões de autoridade da Administração (composta por acções de impugnação de actos e de regulamentos[477], bem como de condenação[478]); (ii) por outro lado, existia a acção comum destinada a tutelar todas as outras pretensões – desde que pertencentes à jurisdição administrativa – não enquadradas na actuação da Administração (ou de privados) no exercício de poderes de autoridade (cfr. artigos 36º e ss. do CPTA2002). No plano executivo, passaram a prever-se mecanismos estruturalmente executivos para permitir impor o cumprimento das sentenças administrativos pela Administração, bem como aos particulares que exercessem poderes públicos (cfr. artigos 157º e ss. do CPTA2002).

Com a entrada em vigor do CPTA2002 deixou também de ser exigível, em geral, que um determinado acto administrativo reunisse as características da «tripla definitividade» e da executariedade para ser impugnado nos tribunais administrativos[479]. Colocava-se, assim, a questão de saber se continuava a ser exigível que fossem esgotados os meios de impugnação interna junto das entidades competentes no seio do associativismo desportivo. Por outro lado, subsistiam fundadas dúvidas relacionadas com a questão de saber como se relacionaria esta norma com a tutela cautelar consagrada no CPTA.

A primeira questão ficava, desde logo, resolvida na doutrina com a admissão, em geral, da manutenção dos mecanismos impugnatórios necessários previstos em lei especial. Defendeu-se, neste sentido, que: «[o] CPTA não tem (...) o alcance de revogar as múltiplas determinações legais avulsas que instituem impugnações administrativas necessárias, disposições que só poderiam desaparecer mediante disposição expressa que determinasse que todas elas se consideram extintas. Na ausência de determinação legal

[477] Cfr. artigos 50º e 72º e ss.

[478] Cfr. artigos 66º e ss.

[479] Sobre estas e outras alterações à jurisdição administrativa, cfr., por todos, Diogo Freitas do Amaral e Mário Aroso de Almeida, *Grandes linhas da reforma do contencioso administrativo*, 2ª Edição, pp. 14 e ss.

expressa em sentido contrário, todos os actos administrativos com eficácia externa podem ser (...) desde logo objecto de impugnação contenciosa»[480].

A LBD parece obviamente decidir estabelecer um mecanismo impugnatório necessário (e, portanto, uma lei especial posterior ao CPTA) ao determinar que somente é possível impugnar as decisões e deliberações «definitivas». Neste contexto, não se encontrava, porém, ainda esclarecida a importante dúvida sobre se seria possível impugnar somente os actos aplicativos de normas regulamentares ou, pelo contrário, também era possível impugnar directamente os regulamentos que serviram de base para a prática dos actos administrativos lesivos. A segunda questão de saber como se relacionaria esta norma com a tutela cautelar ficava, igualmente, em aberto e por responder.

b) A nova noção de questões estritamente desportivas?

A reforma operada pela LBD na temática das *questões estritamente desportivas* não foi a mais feliz. A dúvida[481] mais relevante relacionava-se, em particular, com alargamento legal[482] do conceito de questões estritamente desportivas

[480] Cfr. Mário Aroso de Almeida, *O Novo Regime do Processo nos Tribunais Administrativos*, 4ª Edição, p. 68. O próprio TC admitia a inexistência de inconstitucionalidade na manutenção, em quadro jurídico anterior, do recurso hierárquico necessário no Ac. nº 499/96, com anotação concordante de José Carlos Vieira de Andrade, «Em defesa do recurso hierárquico necessário", pp. 18 e ss.

[481] Curiosamente, na proposta de lei nº 80/X (proposta que viria dar lugar à LBD) afirmava-se de forma manifesta que uma das novidades deste diploma seria a: «delimitação das questões susceptíveis de recurso fora das instâncias desportivas («questões estritamente desportivas»), em consonância e resposta à interpretação da doutrina e da jurisprudência».

[482] José Joaquim Almeida Lopes entendia que: «(...) o legislador da Lei de Bases de 2004, foi muito mais prudente e sensato [em relação à LBSD], pois alargou muito a reserva absoluta de jurisdição dos conselhos jurisdicionais associativos e federativos», pelo que concluía que inclusivamente todos os conflitos desportivos disciplinares passavam a ser questões estritamente desportivas. Cfr. «A Justiça Desportiva», pp. 183 e ss. De qualquer modo, na doutrina parecia ser consensual (independentemente de considerações sobre a bondade da mesma) que o advérbio «nomeadamente» parecia indiciar um alargamento do conceito de questões estritamente desportivas, cfr. Nuno Albuquerque, «A reserva de jurisdição para as instâncias desportivas prevista na Lei de Bases do Desporto e a limitação de acesso aos tribunais para a composição de eventuais diferendos desportivos quando estejam em causa "questões estritamente desportivas"», pp. 73 e 77 e Luís Pais Borges, «Justiça Desportiva: que sentido e que limites?», pp. 30 e ss. e, especialmente, p. 33, afirmando que o legislador «não pode ter querido uma total e incontrolada liberdade [das federações desportivas] na conformação dos seus poderes de auto-regulação».

avançado pelo artigo 47º, nº 2, da LBD, determinando que seriam *questões estritamente desportivas* «aquelas que tenham por fundamento normas de natureza técnica ou de carácter disciplinar, nomeadamente, as infracções disciplinares cometidas no decurso da competição, enquanto questões de facto e de direito emergentes da aplicação das leis de jogo, dos regulamentos e das regras de organização das respectivas provas».

Neste sentido, se fosse atendida somente a literalidade do disposto no artigo 47º, nº 2, da LBD, depressa se poderia chegar à conclusão de que, segundo o critério legal, a utilização do advérbio «nomeadamente» permitiria englobar neste conceito, por exemplo, litígios que tradicionalmente deveriam ser reconduzidos a conflitos disciplinares de matriz pública.

A resposta dada pelo artigo 47º, nº 3, da LBD permitiu, no entanto, clarificar que não eram questões estritamente desportivas as «infracções à ética desportiva, no âmbito da dopagem, da violência e da corrupção». De qualquer modo, na linha do estabelecido pela LBSD, estabelecia-se no artigo 47º, nº 1, da LBD que: «[n]ão são susceptíveis de recurso fora das instâncias competentes na ordem desportiva as decisões e deliberações sobre questões estritamente desportivas». Os problemas do regime previsto no artigo 47º, nº 1, da LBD manifestavam-se, em particular, em dois aspectos: (i) saber se os litígios de Direito Privado seriam ou não impugnáveis, visto que a enumeração dos domínios excluídos das questões estritamente desportivas sugeria uma evidente ligação aos poderes públicos; (ii) saber se a enumeração exemplificativa das questões estritamente desportivas permitia um alargamento daquele conceito, de modo a poder também abranger a «organização da competição desportiva».

A primeira questão não carece de ser respondida no presente trabalho, mas quanto à segunda podemos referir que esta realidade provocou o desagrado da doutrina, a qual depressa fez questão de demonstrar a desadequação da fixação legal do conceito de questões estritamente desportivas pela LBD[483]. Neste contexto, destaque-se a posição de Jorge Miranda e Rui Medeiros que viriam a confirmar a tese da inconstitucionalidade de um *vínculo de justiça*, alertando que: «[s]empre que estiverem em causa direitos fundamentais ou outros direitos das pessoas, os princípios do Estado de Direito impõem o acesso – e não necessariamente em último termo – à

[483] Cfr. As dúvidas demonstradas, por exemplo, por José Manuel Meirim, *Lei de Bases do Desporto – Anotada*, pp. 101 e, do mesmo autor, «Enfoque», pp. 149 e ss, ss., Luís Pais Borges, «Justiça Desportiva: que sentido e que limites?», pp. 28 e ss.

tutela prestada pelos tribunais», concluindo, em suma, que «[u]ma "reserva de jurisdição" daquelas entidades seria inconstitucional»[484].

A tese restritiva do conceito de «questões estritamente desportivas» vingou, desde logo, no Ac. nº 473/2005 do TC. No processo que deu origem a esta decisão estava em causa a suposta inconstitucionalidade de uma norma regulamentar que permitia ao Presidente do CJ reduzir unilateramente os prazos procedimentais que regiam o órgão disciplinar de recurso[485]. Deste modo, o TC, embora sem referir-se à argumentação inicialmente empreendida pelo STJ, entendeu que «não merece dúvida – embora a decisão recorrida seja em sentido diverso – que, tendo em conta a matéria que regula, não se trata de uma norma que verse sobre uma questão "estritamente desportiva", nos termos em que o nº 2 do artigo 47º da Lei nº 30/2004 define tais questões (...). [E]stá aqui em jogo uma norma de natureza estritamente processual, relativa ao prazo para responder ao recurso interposto».

Em sentido idêntico, o Ac. de 26 de Janeiro de 2006 do TCA Sul entendeu que, no âmbito de uma disputa sobre o cancelamento de uma licença de um atleta de 12 anos que era condutor da FPAK, «o legislador quis deixar claro é que as deliberações disciplinares, ainda que tenham por objecto infracções cometidas no decurso da competição e por fundamento leis do jogo, regulamentos ou regras de organização das provas – previsão do citado nº 2 – estão, excepcionalmente, sujeitas a recurso fora das instâncias competentes na ordem desportiva, desde que digam respeito a infracções à ética desportiva, no âmbito da dopagem, da violência e da corrupção», assumindo precisamente que «licença desportiva» não pode ser reconduzida «(...) uma matéria que tenha a ver, por exemplo, com a liberdade de associação, mas antes com a possibilidade de alguém praticar uma determinada modalidade desportiva», que é «definida unilateralmente pela federação desportiva perante o particular, de forma autoritária», com o «objectivo público, constitucionalmente consagrado, de promover a prática desportiva: não há prática desportiva se não houver pessoas habilitadas e autorizadas a praticar as várias modalidades desportivas».

484 Cfr. Jorge Miranda e Rui Medeiros, *Constituição Portuguesa Anotada*, Vol. I, p. 750.

485 O artigo 9º preceituava que: «Compete ao Presidente do Conselho de Justiça: (...) e) [a]doptar as medidas que repute convenientes, designadamente reduzindo os prazos regimentais, sempre que tal se mostre necessário à celeridade na resolução dos assuntos submetidos ao Conselho».

O tribunal argumentou que o acto de licenciamento era reconduzível a «um acto materialmente administrativo». A solução do TCA Sul assentou, assim, na ideia de que os domínios enumerados pelo artigo 47º, nº 3 da LBD se assumem como «(...) as infracções em que o exercício de poderes públicos e a interferência de normas de direito público mais se justificam, mas [que] não são as únicas». O tribunal justificou, deste modo, a interpretação daquela norma com a existência de uma dupla natureza da norma regulamentar: (i) por um lado, *estritamente desportiva* por definir o pressuposto de 13 anos para participar na prova; (ii) por outro lado, ao ser um pressuposto competitivo, assume-se como um acto materialmente administrativo. A solução dada pelo tribunal divergiu só aparentemente da doutrina fixada pelo STJ na vigência da LBSD, afastando-se da qualificação das questões estritamente desportivas reflexo de uma delimitação material de conflitos não jurídicos. Por outro lado, o mesmo litígio acabou por ser decidido, em recurso, pelo STA. O tribunal de recurso acabou por aderir à argumentação do TCA Sul sem se comprometer expressamente com a referida tese da não juridicidade da competição desportiva[486]. De qualquer modo, em anotação concordante ao referido Ac., Pedro Gonçalves defendia, porém, que o elenco das questões estritamente desportivas deveria ser conduzido às decisões tomadas relativamente à «regulação do jogo» precisamente porque «*visando identificar e regulamentar a prática do jogo e desconhecendo qualquer eficácia no ordenamento jurídico, não incorporam regras jurídicas,* mas *técnicas*»[487].

Neste contexto, embora não aderindo também explicitamente à tese da ajuridicidade, o STA no Ac. de 7 de Junho de 2006, em recurso do litígio anterior, confirmou a argumentação e respectiva decisão do TCA Sul. Porém, o tribunal veio adiantar um conceito de questões estritamente desportivas, assumindo que estas se reconduziriam a «questões suscitadas em momento anterior à realização da competição e alheias às regras aplicáveis à organização das respectivas provas, ou seja, às respectivas leis do jogo,

[486] Nesta decisão houve um voto de vencido. No entanto, não quanto à identificação do litígio como uma «questão estritamente desportiva», mas com a assumpção de que se tratava de um litígio jurídico-privado impugnável nos tribunais judiciais.

[487] Cfr. «A «soberania limitada» das federações desportivas», p. 59. Em sentido idêntico, Pedro Gonçalves, «Imputação ao Gil Vicente FC de infracção disciplinar muito grave consistente na violação do disposto no artigo 63º do Regulamentar Disciplinar da Liga Portuguesa de Futebol Profissional», p. 104. O autor seguiu, de resto, a posição já manifestada anteriormente. Cfr. *Entidades Privadas com Poderes Públicos*, p. 860.

pelas quais deve entender-se (...) o conjunto de regras que, relativamente a cada disciplina desportiva, têm por função definir os termos da confrontação desportiva (...) traduzindo-se em regras técnico-desportivas que ordenam a conduta, as acções e omissões, dos desportistas nas actividades das suas modalidades e que, por isso, são de aplicação imediata no desenrolar das provas e competições desportivas»[488]. A tese da ajuridicidade teve, no entanto, a adesão (referindo-se expressamente à LBD) do TCA Sul no Ac. de 21 de Março de 2013[489], num litígio em que o Sporting Clube de Portugal disputava a homologação dos resultados do campeonato pela Federação Portuguesa de Bilhar[490]

Durante este período histórico, as dúvidas em torno das questões estritamente desportivas adensaram-se na sequência de um dos casos mais polémicos do sistema de justiça desportiva português. Em termos sucintos, na génese do conflito estava um pedido, a 4 de Janeiro de 2006, do Gil Vicente FC para inscrição enquanto profissional do jogador de futebol Mateus, alegando, para tal, a nulidade de um contrato laboral (com funções de «contínuo) que o atleta havia celebrado anteriormente com o clube de futebol Lixa e que lhe havia garantido a classificação como amador e que, nessa medida e face às normas em vigor, o impossibilitava de jogar pelo Gil Vicente FC. A Liga Portuguesa de Futebol (LPF) veio rejeitar as pretensões do jogador, sendo que contra essa decisão, a 16 de Janeiro de 2006, o Gil Vicente FC propôs uma providência cautelar no tribunal administrativo e fiscal de Braga, de modo a poder inscrever o jogador. A LPF acabaria por aceitar a inscrição do jogador e o Gil Vicente desistia em virtude do facto, a 8 de Março de 2006, da acção.

Não obstante, os regulamentos disciplinares da LFP[491] e os estatutos da FPF[492] continuavam a prever a sanção de descida de divisão do clube que

[488] Processo nº 262/06.

[489] Processo nº 06887/10.

[490] Nas palavras do tribunal: «(...) é notório que as questões trazidas a juízo, já referidas, respeitam a meras regras técnicas próprias do que é estritamente desportivo, no caso à organização das provas desportivas (homologação de resultados de jogos, protestos de jogos, marcação de datas); não se prendem com regras de cariz jurídico (comandos ou regras de conduta gerais, abstratas e coercíveis, ditados pela autoridade competente) ao abrigo de poderes de natureza pública».

[491] O artigo 63º, nº 1, do Regulamento Disciplinar da LPF, sob a epígrafe «[o] recurso a tribunais comuns sem autoriação da Liga e F.P.F.», determinada que: «[o]s clubes que, salvo nos casos directa, expressa e legalmente previstos, submetam aos tribunais a apreciação de questões contidas na regulamentação desportiva serão punidos com pena de baixa de divisão».

buscasse tutela junto dos tribunais sem autorização daquelas entidades[493]. Este – o recurso à jurisdição estadual – consubstanciou o motivo principal para que, a 1 de Agosto de 2006, fosse aplicada àquele clube desportivo a pena de *descida de divisão*. Em consequência da decisão disciplinar e respectiva sanção, foi iniciada uma nova acção judicial, desta feita no tribunal administrativo e fiscal de Lisboa, com a finalidade de impugnar a decisão de descida de divisão. Em consequência desse facto, a FPF puniu concomitantemente o Gil Vicente FC com pena de uma época de suspensão na Taça de Portugal em 2006/2007, Campeonatos Nacionais de Júniores A e C em 2006/2007. Desta decisão o Gil Vicente FC voltou a recorrer aos tribunais administrativos[494].

Este caso gerou uma longa controvérsia jurídica nos tribunais administrativos[495], sendo de destacar duas decisões em particular. Por um lado,

No artigo 63º, nº 2, estatuía-se que: «[n]ão carece de autorização a interposição de acções judiciais destinadas a efectivar a responsabilidade por factos ilícitos culposamente praticados pela F.P.F., Liga, titulares dos seus ógãos ou funcionários».

[492] O artigo 60º, nº 1, dos estatutos da FPF em vigor à data estabelecia o seguinte: «[é] vedado aos sócios ordinários da Federação Portuguesa de Futebol e demais agentes desportivos submeter à apreciação dos tribunais comuns as decisões e deliberações dos órgãos sociais e restantes comissões organizadas no âmbito da Federação Portuguesa de Futebol sobre questões estritamente desportivas, ou que tenham por fundamento a violação de normas de natureza técnica ou de disciplina desportiva».

[493] Por outro lado, entendia Pedro Gonçalves que a exigência de uma autorização da federação desportiva para aceder aos tribunais revelava «(...) a ausência de uma racionalidade mínima na exigência de autorização para o exercício de um direito de acesso aos tribunais – direito cujo exercício, tanto quanto alcançamos, não apresenta perigosidade ou risco para quaisquer valores ou interesses comunitários –, afigura-se a circunstância de ser juridicamente aberrante, e claramente inconstitucional, atribuir a uma instância contra qual alguém pretende reagir o poder de ser ela mesma a autorizar o alegado lesado a encaminhar a sua reacção para um tribunal (...)» que «(...) não respeita as exigências mínimas e mais elementares de uma ordem jurídica democrática e civilizada, ofendendo, entre outros princípios, valores e regras, o princípio da justiça e o próprio direito de acesso aos tribunais». Cfr. «Imputação ao Gil Vicente FC de infracção disciplinar muito grave consistente na violação do disposto no artigo 63º do Regulamentar Disciplinar da Liga Portuguesa de Futebol Profissional», pp. 109 e 110.

[494] Os factos aqui mencionados podem ser todos consultados no Ac. de 13 de Outubro de 2011 do STA, processo nº 6925/10.

[495] Deste combate jurídico nasceram também diversos pareceres. Para Nuno Albuquerque, embora sem argumentar, o conflito desportivo que nascia do caso Gil Vicente devia ser reconduzido a uma questão estritamente desportiva, uma vez que a «recusa de inscrição foi proferida com base numa regra técnica, assente em considerações e critérios de índole

relativamente à punição de descida de divisão pela LPF (da qual o clube recorreu para CJ da FPF), existiu um conjunto de recursos na jurisdição administrativa. O TCA Sul no Ac. de 28 de Outubro de 2010, em recurso de uma decisão do tribunal administrativo de círculo de Lisboa, entendeu não ser procedente um pedido de indemnização de responsabilidade civil, uma vez que o artigo 4º, nº 1, alínea i) do ETAF não era suficiente para fundamentar a submissão ao regime previsto no DL nº 48 051[496]. A questão acabou por ser decidida pelo STA no Ac. de 27 de Novembro de 2014, confirmando a argumentação do TCA Sul[497].

Sobre a legalidade da punição disciplinar praticada pela FPF tomou decisão o TCA Sul no Ac. de 13 de Outubro de 2011. O tribunal manteve o Ac. recorrido que anulara a decisão disciplinar da FPF. No entanto, reconheceu expressamente – invocando a jurisprudência anterior dos tribunais administrativos e do TC – que existia a necessidade de se recorrer a uma «interpretação restritiva» do conceito de questões estritamente desportivas, uma vez que: «o acesso aos tribunais é uma garantia fundamental – art. 20º da CRP – e com particular e especial consagração no arti. 268º, nº 4, da CRP» seria de «questionar seriamente um modelo de auto-regulação "imposto" por entidades internacionais privadas como a UEFA». O TCA Sul retomava, deste modo, a tese da natureza *ajurídica* das *questões estritamente desportivas* ao assumir que: «[n]ão faz sentido reconduzir a situação a uma questão estritamente desportiva, pois nada tem a ver com as "leis de jogo" ou com a

estritamente desportiva». Cfr. «A reserva de jurisdição para as instâncias desportivas prevista na Lei de Bases do Desporto e a limitação de acesso aos tribunais para a composição de eventuais diferendos desportivos quando estejam em causa "questões estritamente desportivas"», p. 74. Em sentido antagónico, Pedro Gonçalves – na tese que viria a vingar nos tribunais administrativos – entendia que as questões estritamente desportivas consubstanciavam uma excepçao à regra (a impugnabilidade), mas que, no entanto, «(...) num exigente quadro de excepcionalidade, só podem constar de uma lei, estando totalmente excluída a hipótese de regulamentos administrativos virem definir novas excepções ou alargar o quadro legal de modo a introduzir alterações quanto ao âmbito das excepções contempladas», fundamentando a sua posição na circunstância da «inexistência de um poder próprio dos reguladores do desporto para a sua definição, nos regulamentos, do conceito de "questões estritamente desportivas" é uma implicação lógica e inevitável do conjunto de dados jurídico-constitucionais e de toda a filosofia legal subjacente à equação regra/excepção», cfr. «Imputação ao Gil Vicente FC de infracção disciplinar muito grave consistente na violação do disposto no artigo 63º do Regulamentar Disciplinar da Liga Portuguesa de Futebol Profissional», pp. 106 e 105.

[496] Processo nº 4473/08.

[497] Processo nº 226/11.

organização das provas desportivas. As questões ora trazidas a juízo não respeitam a meras regras técnicas próprias do que é estritamente desportivo, mas prendem-se com regras de cariz jurídico (...) o que permite concluir que estamos perante questões susceptíveis de impugnação contenciosa ou jurisdicional nos tribunais estatais (...)[498].

A confirmar esta decisão veio o STA recusar, no Ac. de 20 de Junho de 2012[499], o recurso excepcional de revista, assumindo que se tratava de um domínio onde existiam «decisões reveladoras de uma posição jurisprudencial uniforme», pelo que não havia fundamento para «a admissão da (...) revista, que sempre teria por objecto a reapreciação de uma questão já anteriormente analisada e decidida»[500].

c) O caso julgado desportivo

A LBD consagrava a consolidação de efeitos desportivos no artigo 48º sob a epígrafe «caso julgado desportivo, estabelecendo uma norma em tudo idêntica à prevista na LBSD. A existência de um *caso julgado desportivo* causava alguma perplexidade face às novas normas processuais administrativas. Em primeiro lugar, a interpretação em torno desta disposição continuava a gerar dúvidas quando interpretada no sentido de amputar completamente a possibilidade de *tutela primária*, havendo somente uma *tutela secundária*. A questão que se colocava era precisamente saber como coordenar os meios de tutela executiva com a regra do artigo 48º da LBD. Havia, assim, uma responsabilidade objectiva das federações desportivas pela existência de uma consolidação de efeitos desportivos, podendo deixar de executar a decisão dos tribunais administrativos, de forma similar às causas legítimas de inexecução? Ou, pelo contrário, havia somente a possibilidade de serem apurados em juízo os pressupostos de uma acção de responsabilidade sem qualquer efeito reintegratório?

[498] Cfr. Ac. de 13 de Outubro de 2011 do TCA Sul, processo nº 6925/10.

[499] Processo nº 197/12.

[500] Ainda que o STA assumisse que: «[r]econhece-se estar esta questão, na sua génese, revestida de assinalável relevância jurídica, em razão do enquadramento normativo complexo, pela incidência dos sucessivos diplomas de regulação do desporto, concretamente da Lei de Bases e do Regime Jurídico das Federações Desportivas, tudo sob o crivo do texto constitucional e do modelo e âmbito, nele consagrados, dos poderes normativos regulamentares outorgados pelo Estado às Federações Desportivas em matérias como a de organização e disciplina da competição desportiva».

Em qualquer dos casos, ficava também a dúvida sobre qual o tribunal competente para decidir sobre a admissibilidade de um pedido de responsabilidade civil. De acordo com o já referido Ac. de 27 de Novembro de 2014, a questão seria resolvida com base no argumento de que, uma vez que o RRCEE ainda não se encontrava em vigor na vigência da LBD, «não existiu qualquer preceito geral que, a propósito da responsabilidade civil extracontratual, aplicasse a sujeitos privados o regime pensado para o Estado e os demais entes públicos – mesmo que a actuação desses sujeitos parecesse integrar aquelas relações jurídicas administrativas» pelo que, a solução seria considerar que o artigo 4º, nº 1, alínea i) ETAF não permitia aplicar o regime do DL 48 051 a entidades privadas com poderes públicos[501]. A argumentação do STA parece-nos, no entanto, insuficiente, uma vez que, durante a vigência da LBD, PEDRO GONÇALVES (fruto da já referida regra da equiparação) defendia que antes da entrada em vigor do RRCEE deviam considerar-se aplicáveis as normas previstas no artigo 22º da CRP às entidades que exercessem poderes públicos, não tendo esse argumento sido sequer ponderado[502]. De qualquer forma, em sentido idêntico ao

[501] Cfr. processo nº 226/11. A argumentação colhe implicitamente inspiração na posição de DIOGO FREITAS DO AMARAL e MÁRIO AROSO DE ALMEIDA quando afirmavam que: (...) parece que a previsão do artigo 4º, nº 1, alínea i) do ETAF ficará sem alcance prático: os tribunais administrativos não serão competentes para apreciar a responsabilidade de entidades privadas por não haver norma que submeta essas entidades ao regime da responsabilidade civil extra-contratual das entidades públicas». Cfr. *Grandes Linhas de Reforma do Contencioso Administrativo*, 2ª Edição, p. 36 e 37. A mesm posição também foi defendida por MÁRIO ESTEVES DE OLIVEIRA e RODRIGO ESTEVES DE OLIVEIRA, no entanto, os autores entendiam que o «regime substantivo» da responsabilidade de direito público do Estado deveria aplicar-se também ao exercício de poderes de autoridade de concessionários e entidades privadas de mão pública (no âmbito da gestão pública). Cfr. *Código de Processo nos Tribunais Administrativos – Vol I Artigos 1º a 96º e Estatuto dos Tribunais Administrativos e Fiscais Anotados*, p. 61.

[502] O autor justifica a sua posição com a ideia de que o artigo 22º da CRP tinha como função denotar que «[c]omo quaisquer outras entidades com funções públicas, as entidades privadas nessa situação também têm o dever de responder civilmente por acções ou omissões praticadas por elas mesmas (no caso de pessoas singulares) ou pelos seus órgãos, trabalhadores e agentes (no caso de pessoas colectivas) no exercício das funções públicas que lhes estão confiadas», assumindo, assim, que esta opção «representa uma solução coerente e uma consequência lógica da "transferência de responsabilidades" inerente ao processo de delegação, bem como do facto de a entidade privada desenvolver a função pública em nome próprio e com imputação pessoal, e não enquanto órgão ou agente de uma entidade pública». Cfr. *Entidades Privadas com Poderes Públicos*, p. 1091. Na verdade, na vigência do diploma de 1967, na doutrina, MARIA DA GLÓRIA GARCIA já havia também defendido que todas as enti-

defendido pelo STA, já entendia assim anteriormente – com a mesma argumentação – o TRL no Ac. de 26 de Janeiro de 2012[503].

Finalmente, surgiam dúvidas sobre como articular a existência de um caso julgado desportivo com o processo urgente conhecido como intimação para a protecção de direitos, liberdades e garantias previsto no CPTA. Ficava, assim, por resolver se, porventura, mesmo que a decisão do tribunal administrativo fosse tomada em tempo útil, existiria ou não uma consolidação automática dos efeitos desportivos.

d) O estabelecimento de um mecanismo de arbitragem voluntária

A LBD consagrou também a atribuição do exercício de funções de «*arbitragem desportiva como mecanismo alternativo de resolução de conflitos desportivos*» à Comissão de Arbitragem Desportiva[504]. O mecanismo arbitral aí estabelecido pressupunha que os lítigios que lhe fossem submetidos dissessem respeito a «direitos disponíveis», uma vez que o artigo 49º nº 1, da LBD, preceituava que se tratava de um «sistema de jurisdição voluntária de conflitos em matéria desportiva, ou com esta relacionada», e excepcionado, desde logo, as *questões estritamente desportivas* excluídas da cognição dos tribunais, parecia aderir ao argumento de que se trataria de uma reserva de competência material desportiva num *domínio não jurídico*. Deste modo, os litígios arbitráveis decorriam das relações de direito privado no domínio das relações disponíveis (visto que os litígios de Direito Público se encontravam numa situação de indisponibilidade)[505].

dades privadas que «exercendo actividade de gestão pública» não podia deixar de entender-se que «se delas emergirem danos na esfera de terceiros, estes não possam ser ressarcidos de acordo com as regras que regulam as demais actividades de gestão pública do Estado e demais entes públicos». Cfr. *A responsabilidade do Estado e demais pessoas colectivas públicas*, p.20.

[503] Processo nº 1303/07.9TVLSB.L1-2. O TRL afirmou precisamente que: «a responsabilidade civil das federações desportivas está estabelecida no art. 6º do DL nº 144/93 de 26-04, que estabelece o respectivo regime jurídico em termos idênticos àqueles em que o art. 501º do CC define a responsabilidade civil do Estado por actos de gestão privada. (...) Destes preceitos legais resulta que a responsabilidade civil das federações desportivas era, em qualquer caso, regulada pelas regras comuns do instituto da responsabilidade civil, estabelecidas nos art. 483º e seguintes do CC, não cabendo na previsão da já referida al. i) do art. 4º do ETAF».

[504] A referida entidade funcionaria junto do Conselho Superior do Desporto. Cfr. artigos 15º e 49º, da LBD.

[505] Sobre o problema da disponibilidade dos litígios no Direito Público durante este período, cfr. Paulo Otero, *Legalidade e Administração Pública*, pp. 1056 e ss.

Por outro lado, enquanto alternativa à resolução de conflitos desportivos nos tribunais, apresentava também o problema de saber se era uma entidade que decidiria em «última instância» ou se haveria possibilidade de impugnar as decisões desta entidade junto dos tribunais «comuns»[506], bem como o facto de se tratar de uma entidade que funcionaria junto de um organismo pertencente à «organização pública do desporto»[507]. De qualquer modo, a solução não colheu, como é sabido, a aceitação do associativismo desportivo e dos agentes desportivos. Um dos motivos terá sido, certamente, a centralidade dos conflitos desportivos de cariz público no sistema de resolução de conflitos português.

3.3.3. A resolução de conflitos desportivos entre 2007 e 2013: da Lei de Bases da Actividade Física e Desporto (Lei nº 5/2007) ao Regime Jurídico das Federações Desportivas (Decreto-Lei 248-B/2008)

Com a aprovação da LBAFD, a justiça desportiva, aí prevista, foi sujeita a um conjunto de alterações pouco significativas em relação à LBD. Em termos formais, a resolução de conflitos desportivos ficou por completo regulada no artigo 18º da LBAFD. Por outro lado, a entrada em vigor do RJFD2008 também pouco alterou o sistema de resolução de conflitos desportivos estabelecido pela LBAFD[508]. Neste contexto, as questões jurídicas que se colocavam na justiça desportiva portuguesa reduziam-se a três aspectos essenciais: (i) na centralização do sistema de justiça desportiva nos litígios de Direito Administrativo; (ii) no estabelecimento da susceptibilidade de implementação de tribunais arbitrais para decidirem sobre as questões estritamente desportivas; (iii) nas dificuldades de interpretação do caso julgado desportivo.

[506] As dúvidas retiram-se especialmente do confronto do entre o nº 1 e nº 3 do artigo 49º da LBD. Neste sentido, NUNO BARBOSA, «Novo Conselho Superior do Desporto», p. 333.

[507] Expressão de JOSÉ MANUEL MEIRIM, confluindo no sentido exposto. Cfr. *Lei de Bases do Desporto – Anotada*, p. 107.

[508] Este diploma agrega o regime estabelecido pela LBAFD no artigo 12º, embora não faça qualquer referência às denominadas «questões estritamente desportivas». Por outro lado, em nada se altera as regras que norteiam a composição dos órgãos disciplinares das federações desportivas, embora seja alterada a nomenclatura de um destes órgãos. No essencial, nos termos dos artigos 32º, 43º e 44º deste diploma, o conselho jurisdicional passa a ser designado como conselho de justiça.

a) A centralização do sistema de justiça desportiva nos litígios de Direito Administrativo

Em primeiro lugar, o artigo 18º da LBAFD passava a prever expressamente que «os litígios emergentes dos actos ou omissões dos órgãos das federações desportivas e ligas profissionais, no âmbito do exercício de poderes públicos, estão sujeitos às normas do contencioso administrativo (...)». Esta foi uma mutação importante, uma vez que parecia indiciar que os litígios de Direito Administrativo assumiam a centralidade da regulação desporiva em Portugal. No entanto, isto não significava, por hipótese, que um litígio de Direito laboral fosse compreendido como uma questão estritamente desportiva, mas somente que a regulação daquelas relações jurídicas não se encontrava submetida ao regime previsto no artigo 18º da LBAFD. A solução do artigo 18º da LBAFD reduz-se a uma declaração de princípio sobre a centralidade dos litígios desportivos de cariz jurídico-público no sistema de justiça desportiva em Portugal.

b) O estabelecimento da susceptibilidade de implementação de tribunais arbitrais para decidirem sobre as questões estritamente desportivas

Os problemas existentes relativamente às *questões estritamente desportivas* – ainda que fosse eliminada a referência às «questões de facto e de direito» e substituída pela mera enunciação de «questões» – continuavam, porém, a ser os mesmos[509]. Contudo, consagrou-se legalmente a possibilidadede recurso à arbitragem ou à mediação de conflitos desportivos que tivessem

[509] Cfr. Artigo 18º da LBAFD. Os tribunais administrativos também não tiveram dúvidas em seguir a linha jurisprudencial estabelecida na vigência da LBSD e da LBD. Cfr., por exemplo, o Ac. de 15 de Outubro de 2009 do STA, processo nº 0527/09, no qual se entendia (referindo-se expressamente à LBAFD) que: «o recorrido foi alvo de perseguição e sanção disciplinares por se haver comportado de forma incorrecta e injuriosa nos serviços de atendimento da delegação Norte da FPKA, ou seja, em circunstâncias alheias a uma qualquer competição. Assim, fere o senso comum reconduzir essa conduta a uma questão «estritamente desportiva». E, do mesmo modo, é absurdo dizer-se que a exigência do depósito da caução – tida como uma condição de admissibilidade dos recursos dirigidos ao Tribunal de Apelação Nacional – constitui uma questão «estritamente desportiva»; pois essa regra – a ser exigível, o que propriamente constitui a questão de fundo colocada na acção e de que agora não curamos – nada tem a ver com as ditas «leis do jogo» ou com a organização das provas desportivas, antes consistindo numa formalidade independente dos princípios e critérios por que se rege a competição».

Em tom muito crítico, na doutrina afirmava-se inclusivamente que: «o art. 18º da LBAFD é, em si mesmo, um nado-morto, uma norma inerte, pois nada nos diz sobre a natureza da Justiça Desportiva e, por consequência, nada nos esclarece sobre (...) a sua inspiração seja polí-

por objecto *questões estritamente desportivas*, desde que se encontrasse prevista em compromisso arbitral escrito ou em cláusula compromissória estatutária ou em regulamentos de federações desportivas[510].

Esta intervenção – que apenas serviu para continuar a existir uma menção formal aos meios alternativos de resolução de litígios na legislação que regia o sistema desportivo – revelou-se, desde logo, paradoxal. A questão que aqui se colocava era a seguinte: se, por um lado, as questões estritamente desportivas eram tradicionalmente consideradas como normas excluídas do foro jurídico – argumento que o legislador indiciava corroborar –, a verdade é que, por outro lado, seria perfeitamente legítimo duvidar da bondade da possibilidade de submeter conflitos *ajurídicos* a tribunais arbitrais.

A solução adoptada pelo legislador revelava outra incoerência: se, por outro lado, consubstanciassem conflitos ajurídicos passíveis de ser submetidos a tribunais arbitrais, caberia então também perguntar qual seria a razão para não poderem vir a ser também apreciados por tribunais (judiciais e administrativos)[511]. Com efeito, é evidente que este preceito normativo demonstrava uma lógica intrínsecamente contraditória em relação ao sistema de justiça desportiva português e que, a nosso ver, só se fundou num alcance normativo exclusivamente retórico ou, no limite, num sentido meramente pedagógico com a intenção de «sensibilizar» o movimento desportivo para a existência de mecanismos que pudessem revelar-se úteis na resolução de conflitos de índole desportiva[512].

c) As dificuldades de interpretação do caso julgado desportivo

Ao estabelecer-se no artigo 18° da LBAFD que ficavam «sempre salvaguardados os efeitos desportivos entretanto validamente produzidos ao abrigo da última decisão da instância competente na ordem desportiva», a questão que aqui se colocava residia precisamente em saber como alcançar uma

tica, institucional, orgânica ou processual. Cfr. João Correia e José Luís Pereira Seixas, «Em defesa da justiça desportiva: uma vez mais», pp. 55.

[510] Cfr. O artigo 18º, nº 5, da LBAFD.

[511] José Manuel Meirim argumentava ainda de outra forma. O autor entendia que a narrativa do legislador aparentava um completo desconhecimento das parcas implicações práticas desta norma, na medida em que as federações desportivas que viessem a submeter um conflito desta natureza a um tribunal arbitral ou a um mediador acabariam, quase de certeza, por sofrer pesadas sanções pela federação internacional que a afastariam destes mecanismos. Cfr. *Lei de Bases da Actividade Física e do Desporto – Estudo, Notas e Comenários*, p. 188.

[512] *Idem*, p. 189.

solução de compromisso entre o direito fundamental à tutela jurisdicional previsto no artigo 20º e 268º, nº 4, da CRP e a consolidação de efeitos previstos no artigo 18º da LBAFD[513]. Em bom rigor, se, porventura, a interpretação do artigo 18º da LBAFD fosse ao encontro da ideia de que da propositura de uma acção num tribunal administrativo nunca for possível retirar um efeito útil, sem ser a possibilidade remota de um pedido indemnizatório, então parecia-nos que, no mínimo, existia uma situação que podia violar o direito fundamental à tutela jurisdicional efectiva[514]. A situação de um determinado clube punido com uma pena de descida de divisão que, entretanto, viesse a ser declarada inexistente por um tribunal administrativo colocava dúvidas sobre se existiria a possibilidade de reconstituir a situação jurídica do mesmo clube em caso de anulação do acto administrativo que fundamentação a respectiva descida de divisão.

A melhor interpretação era, a nosso ver, aquela que entendia que a declaração da ilegalidade do acto administrativo pelo tribunal administrativo implica, em princípio, também a consequente invalidade (parcial) dos efeitos desportivos produzidos por aquela decisão. De qualquer modo, existia na vigência da LBAFD a necessidade de garantir um espaço interpretativo para o alcance da norma: aquele residia precisamente na consideração de que existe uma consolidação dos efeitos mediatos produzidos pela decisão ilegal (por exemplo, a competição que entretanto terminou não pode ser repetida). Nada impediria, porém, que existisse uma atribuição de um título que fora alcançado na sequência de uma decisão ilegal ou que um clube ilegalmente punido com a descida de divisão pudesse voltar a integrar a competição desportiva (embora na época desportiva que se seguisse imediatamente à execução da sentença do tribunal administrativo). Esta seria,

[513] Num sentido idêntico, embora em relação à submissão da actividade das federações desportivas aos tribunais administrativos, assumindo a existência de uma bipolaridade entre o «direito fundamental de acesso aos tribunais» e a «regulamentação privatística» das federações desportivas. Cfr. Nuno Albuquerque, «A reserva de jurisdição para as instâncias desportivas prevista na Lei de Bases do Desporto e a limitação de acesso aos tribunais para a composição de eventuais diferendos desportivos quando estejam em causa "questões estritamente desportivas», p. 61.

[514] Luís Pais Borges, «Justiça Desportiva: que sentido e que limites?», pp. 34 e 35, reconhecia, neste contexto, que «a lei pretende que os efeitos desportivos validamente produzidos pela decisão definitiva das instâncias desportivas se imponham erga omnes e que não possam mais ser discutidas (...)», no entanto, conclui que esta realidade coloca dificuldades com a «reposição equilibrada da situação actual hipotética em caso de anulação de uma decisão das instâncias desportivas».

de certo modo, uma forma de permitir a *tutela primária* em determinadas situações, mas também uma solução que não apresentaria nenhum inconveniente, nem especial prejuízo para a federação desportiva.

Esta questão teve relevância prática num dos mais polémicos casos durante este período: no denominado *apito dourado* – um processo de investigação criminal motivado por alegados crimes de corrupção por manipulação de resultados desportivos que envolveu diversos agentes desportivos, entre árbitros, presidentes de clubes e clubes de futebol[515] –, culminando na esfera disciplinar desportiva num conjunto de processos disciplinares com intuição de punir os referidos agentes desportivos pela prática de infracções disciplinares que ficou conhecido como *apito final*[516].

No entanto, para decidir sobre a prática de uma infracção disciplinar foram utilizadas no processo disciplinar respectivo escutas que entretanto tinham sido publicadas nos meios de comunicação social. Em 2008, por outro lado, existe, entre outros, um recurso do Boavista das decisões do CD para o CJ. Durante a reunião destinada a decidir sobre a bondade do pedido do referido clube perante o órgão disciplinar, o presidente do CJ decide encerrá-la antecipadamente (seguido, posteriormente, pelo vice-presidente) por considerar não estarem reunidas as condições para que a mesma pudesse continuar. Até aquele momento nada fora decidido relativamente à decisão de punir o Boavista com a pena de descida de divisão. Não obstante, os cinco vogais restantes decidiram continuar e, entre outra decisão, confirmar a decisão do CD e punir o Boavista com a descida de divisão.

A questão que se colocava era precisamente saber se a reunião (depois de encerrada pelo presidente) era ou não válida[517]. Todavia, também se colocava a questão de saber da validade da utilização das escutas no âmbito

[515] Para uma indicação cronológica do caso, cfr. (http://expresso.sapo.pt/apito-dourado--cronologia-de-um-processo-que-abalou-o-futebol-portugues=f165537). Em particular, sobre o processo que envolveu o Futebol Clube do Porto e a respectiva documentação, cfr. Gil Moreira dos Santos, *Apitos Desafinados*, pp. 13 e ss.

[516] Sobre os factos que estiveram por detrás das decisões disciplinares, pode ser consultado Diogo Freitas do Amaral, *Parecer de 24 de Julho de 2008*, pp. 7 e ss., disponível em (http://static.publico.pt/docs/desporto/ParecerProfFreitasdoAmaral.pdf).

[517] Diogo Freitas do Amaral em parecer solicitado pela FPF entendia que a decisão encerramento da reunião CJ pelo seu presidente era inexistente e entendia que a segunda reunião dos restantes membros do CJ era válida e, por conseguinte, era também – quanto a este aspecto – válida a reunião que punira o Boavista. Cfr. *Parecer de 24 de Julho de 2008*, pp. 113 e ss., disponível em (http://static.publico.pt/docs/desporto/ParecerProfFreitasdoAmaral.pdf)

no processo disciplinar[518]. O STA no Ac. de 30 de Outubro de 2008, em recurso de um processo que teve por objecto de uma intimação para protecção para protecção de direitos, liberdades e garantias, decidiu pela procedência da acção e decidiu que a deliberação do CJ fosse revogada e que as escutas fossem retiradas do processo disciplinar subsequente[519].

Num dos outros litígios que emergiram da decisão do CJ e que foram decididos pelos tribunais administrativos, num sentido defendido já anteriormente por nós[520], o TCA Sul deliberou no Ac. de 22 de Abril de 2010[521] precisamente que o «(...) CPTA deu primazia, em termos absolutos, ao princípio da restauração natural do direito ou interesse violado, ou da sua reconstituição hipotética como se a ilegalidade não tivesse ocorrido, não se contentando com a consagração de meros mecanismos compensatórios, que existem apenas para os casos em que a restauração não é praticável ou possível». Em suma, como denota o TCA Sul, uma solução contrária veria a «(...) decisão judicial ser vista como mera declaração platónica de direito».

Por outro lado, o Tribunal Administrativo de Círculo entendeu que a reunião foi inexistente e, na sequência desta decisão, o TCA Sul rejeita o recurso da Federação Portuguesa de Futebol. Na verdade, em 2013, o CJ voltou a decidir sobre a admissibilidade do recurso (tal como formulado em 2008) e entende que existe «prescrição» do procedimento disciplinar[522]. Era, assim, necessário determinar qual o meio que iria tutelar o Boavista. A solução adoptada passou por efectuar um alargamento do número de clubes da competição profissional de futebol na temporada de 2014/2015, que permitisse integrar o Boavista na Liga Zon Sagres. A opção parece-nos a mais adequada, na medida em que desse modo se evitou o pagamento de uma indemnização ao lesado, a qual, caso fosse constatada uma causa legítima de inexecução, seria objectiva, bem como possibilitou a reintegração

[518] Sobre a validade dessas escutas, cfr. Manuel da Costa Andrade, «*Parecer*», pp. 361 e ss., Germano Marques da Silva, «*Parecer*», pp. 405 e ss., Vital Moreira, «*Parecer*», pp. 431 e ss.

[519] Processo nº 0878/08. Segundo o tribunal, existiu uma violação do artigo 34º da CRP, afirmando, assim, que a «(...) manutenção no processo disciplinar das gravações das escutas efectuadas ao Requerente nos processos crime constitui uma violação de um direito fundamental que só pode ser reparada através do meio processual de que o mesmo se serviu».

[520] V. sobre esta questão, o nosso, «Contributo para a compreensão do Caso Julgado Desportivo», pp. 389 e ss.

[521] Processo nº 5777/09.

[522] Cfr. decisão do CJ de 21 de Fevereiro de 2013, disponível em (http://www.apdd.pt/admin/manage/files/files/jurisprudencia/eng/CJ%20FPF%20-%20Procs.%2036,%2037%20e%2038%20Epoca%202007-2008.pdf)

do clube de futebol na competição. Isto não invalidava, naturalmente, a hipótese de o Boavista propor uma acção relativamente a todos os danos que acabou por sofrer face aos efeitos desportivos que sofreu por via da decisão inexistente.

Neste contexto, deve referir-se que, com a entrada em vigor do RJFD2008, ficava definitivamente atribuída à jurisdição administrativa a competência para decidir sobre os pedidos de responsabilidade civil contra exercício (ou não) lesivo de poderes públicos das federações, ao estabelecer que: «a responsabilidade das federações desportivas e dos respectivos trabalhadores, titulares dos seus órgãos sociais, representantes legais e auxiliares por acções ou omissões que adoptem no exercício e com prerrogativas de poder público é regulada pelo regime jurídico da responsabilidade civil extracontratual das pessoas colectivas de direito público por danos decorrentes do exercício da função administrativa»[523].

3.3.4. O regime vigente entre a instalação do TAD e a revogação do artigo 18º da Lei de Bases da Actividade Física e do Desporto

Na sequência de uma crescente insatisfação e descrédito para com o sistema de resolução de conflitos desportivos, estabelecido pelos sucessivos regimes jurídicos desde 1990, desde logo, relativamente às insuficiências garantísticas (a falta de competência técnica e de independência e imparcialidade dos órgãos internos de resolução de conflitos) e à inexistência de celeridade na resolução de conflitos desportivos (as decisões dos tribunais administrativos não eram produzidas em termos úteis e adequados em relação à competição desportiva)[524], surgiu um compromisso na Assembleia da

[523] Entretanto tinha também sido aprovado o RRCEE, o qual dispunha no artigo 1º, nº 5, a possibilidade de responsabilizar privados no exercício de poderes públicos, mas também «(...) dos respectivos trabalhadores, titulares dos seus órgãos sociais, representantes legais e auxiliares por acções ou omissões que adoptem no exercício e com prerrogativas de poder público é regulada pelo regime jurídico da responsabilidade civil extracontratual das pessoas colectivas de direito público por danos decorrentes do exercício da função administrativa». No sentido de que existe a aplicação deste regime às federações desportivas, Cfr. Carlos Alberto Fernandes Cadilha, *Regime da Responsabilidade Civil Extracontratual do Estado e demais Entidades Públicas. Anotado*, p. 56.

[524] Entre os constantes pedidos de intervenção estadual na criação de uma entidade que funcionasse como cúpula do sistema de justiça desportiva nacional, v., por exemplo, João Correia e José Luís Pereira Seixas afirmando a necessidade da criação de uma instância arbitral necessária para os litígios administrativos Cfr. «A nova Lei de Bases da Actividade Física e do Desporto – Justiça Desportiva: que sentido e que limites?», pp. 221 e ss.

República para que fosse criado um quadro legal novo no seio do sistema de resolução de conflitos português.

Este compromisso corresponde, igualmente e em todo o caso, a uma reinvindicação antiga do associativismo português, ao demandar um recorrente distanciamento da jurisdição estadual[525]. Não suscitou, portanto, nenhuma perplexidade a existência de um papel activo do COP na exigência da institucionalização de um tribunal arbitral especializado na resolução de conflitos desportivos, nomeadamente, ao aquela entidade constituir uma comissão com o objectivo de se ocupar de um estudo sobre a possibilidade legal da criação de uma entidade responsável por dirimir conflitos desportivos. Neste contexto, o estabelecimento legal do TAD tem, no entanto, origem num decisivo e projecto pioneiro desenvolvido pela *Comissão para a Justiça Desportiva*[526] [527]. Este viria, posteriormente, a assumir-se, num longo processo legislativo, como a fonte da proposta do Partido Socialista e que proporcionou uma oposição ao projecto que fora, paralelamente, desenvolvido pela coligação do Partido Social Democrata/CDS-PP.

Por outro lado, da discussão anterior à aprovação de um diploma que instituía o TAD, resultou uma aproximação entre aqueles partidos, a qual culminou no Decreto nº 128/XII[528]. O caminho percorrido não foi, no entanto, isento de dúvidas, em particular, aquelas relacionadas com a constitucionalidade da instituição de uma arbitragem necessária. Em particular, deve realçar-se que o Decreto nº 128/XII foi considerado inconstitucional em sede de fiscalização da constitucionalidade preventiva pelo Ac. nº 230/2013, uma vez que estabelecia a inexistência de um controlo de mérito dos tribunais estaduais. Para ultrapassar as inconstitucionalidades

[525] Cfr., por exemplo, a versão do Comité Olímpico de Portugal do projecto de Lei sobre os Princípios Gerais do Sistema Desportivo apresentada à DGD a 20 de Agosto de 1987. Este texto encontra-se publicado em José Ribeiro e Castro, *Lei de Bases do Sistema Desportivo, anotada e Comentada*, p. 182 e ss.

[526] Criada por intermédio do Despacho nº 14534/2010, *in Diário da República*, IIª Série, nº 183, de 20 de Setembro de 2010. Sobre algumas da nossas críticas ao projeto apresentado, cfr., o nosso em co-autoria com Daniela Mirante, «Algumas Notas sobre o Estatuto dos Árbitros do Tribunal Arbitral do Desporto: uma análise á luz do relatório e do projeto da Comissão para a Justiça Desportiva», pp. 280-299.

[527] Diga-se, desde já, que não iremos reproduzir todo o processo que levou à instituição do TAD e que será objecto de uma análise mais desenvolvida no capítulo III. Optamos, assim, por uma exposição mais tópica.

[528] O texto encontra-se publicado em *Diário da República*, IIª Série-A, nº 104, de 21 de Março de 2013, pp. 2-23.

detectadas pelo TC, existiu um esforço para reformular o diploma que instituía o TAD, resultando na aprovação do Decreto nº 170/XII[529] que, posteriormente, viria a traduzir-se na Lei nº 74/2013, de 6 de Setembro.

O diploma aprovado acabou por ser, no âmbito do controlo de constitucionalidade sucessiva, submetido à apreciação do Tribunal Constitucional que, no Ac. nº 781/2013, voltou a entender que o regime jurídico que estabelecia uma arbitragem necessária para dirimir litígios desportivos, embora em termos mais reduzidos, acabava por manter um quadro de inconstitucionalidade pela inexistência da plenitudade do controlo de mérito dos tribunais estaduais. Em consequência disso, a Lei nº 33/2014, de 16 de Junho, estabeleceu um conjunto de alterações ao regime jurídico estabelecido pela Lei nº 74/2013, promovendo soluções aparentemente compatíveis com a jurisprudência do TC.

A Lei nº 74/2013, com as alterações promovidas pela Lei nº 33/2014, não permitiu que novo sistema de justiça desportiva entrasse logo em vigor, uma vez que não se encontrando instalado o TAD, nem cumprido o prazo legal de noventa dias exigíveis para a sua entrada em funcionamento[530], um dos pressupostos legais não estava preenchido. No entanto, uma vez que, a partir de 6 de Setembro de 2013, a Lei nº 74/2013 revogou expressamente[531] o artigo 18º da LBAFD e o artigo 12º do RJFD2008 – e assim todo o regime legal que regulava o sistema de justiça desportiva vigente entre nós – houve, desde logo, sérias e legítimas sobre quais os tribunais competentes para dirimir os conflitos desportivos emergentes do exercício de poderes públicos a partir daquele momento.

A solução legal deveria ser buscada, em particular, no artigo 4º, nº 1, alíneas a) e d), do ETAF, parecendo, em princípio, que, a partir da aprovação da Lei nº 74/2013, a competência para decidir sobre conflitos desportivos decorrentes do exercício de poderes públicos passava a ser, sem quaisquer limitações, dos tribunais administrativos. Esta circunstância tinha, em princípio e numa primeira leitura, como efeito duas conclusões preliminares relativamente a este período: (i) eliminava-se a noção de «questões estritamente desportivas»; (ii) desaparecia, até à entrada em funcionamento do TAD, o conceito de caso julgado desportivo.

[529] A consulta daquele decreto pode ser consultada em *Diário da República*, IIª Série-A, nº 183, de 2 de Agosto de 2013, pp. 50-71.

[530] Cfr. o artigo 5º da Lei nº 74/2013 que faz depender da entrada em vigor do diploma o decurso de um prazo de 90 dias após a instalação do TAD.

[531] Cfr. Artigo 4º alíneas b) e c).

Estas conclusões não são, todavia, inteiramente líquidas, exigindo dois esclarecimentos. Em primeiro lugar, as maiores dúvidas que subsistem, neste período, dizem respeito ao desaparecimento das questões estritamente desportivas, desde logo, por não existir nenhuma articulação (ou delimitação) entre a existência de poderes regulamentares, disciplinares (e todos os outros de natureza pública) – que continuam a estar expressamente previstos na LBAFD – com o desaparecimento daquela noção no nosso ordenamento jurídico. Fica, portanto, por esclarecer se existia a competência dos tribunais (sejam eles os tribunais administrativos ou judiciais) para resolver esta tradicional tipologia de conflitos desportivos.

É, por outro lado, certo que o silêncio da LTAD, e embora esta no artigo 4º pressuponha a existência de um conceito de questões estritamente desportivas[532], se traduziu num adensar de incertezas. Embora não seja inteiramente claro, entendemos que a solução deverá ainda passar por entender que os conflitos desportivos que tiverem como origem uma disputa sobre a aplicação das normas de jogo não podem ser reconduzíveis a um exercício de poderes públicos e que, deste modo, também não poderiam ser decididos nos tribunais administrativos quaisquer conflitos desta natureza. Em contrapartida, parece-nos que quanto a todos os outros conflitos desportivos relacionados com o exercício de poderes públicos cabia única e exclusivamente aos tribunais administrativos decidir sem qualquer especificidade no que respeita aos diferendos que emergem da regulação desportiva.

Num segundo plano, também não era totalmente isenta de dúvidas a eliminação do conceito de caso julgado desportivo. Na verdade, se fosse lida a republicação integral do RJFD2008, com a redacção em vigor e de acordo com as alterações efectuadas pelo RJFD2014[533], existia inclusivamente a republicação do (supostamente) revogado artigo 12º do RJFD2008, pelo que aparentemente o caso julgado desportivo continou em vigor mesmo após o início da vigência da LTAD[534]. Em suma, a noção de questões estritamente desportivas, embora eliminada do texto legal, continuava a ser pressuposta

[532] Cfr. Pedro Gonçalves, «Regulamentos Desportivos», p. 58.

[533] Cfr. o artigo 5º, nº 1 do RJFD2014, no qual se estabelece que : «[é] republicado em anexo ao presente decreto-lei, do qual faz parte integrante o Decreto-lei nº 248-B/2008, de 31 de Dezembro, com a redacção actual».

[534] A verdade é que não existiu qualquer declaração de rectificação no prazo de sessenta dias, tal como legalmente exigido, pelo que a republicação do RJFD2008, alterada pelo RJFD2014, se encontra plenamente vigor. Cfr. o artigo 5º nº 2 e 3, da Lei nº 74/98, de 11 de Novembro, na redacção da Lei nº 43/2014, de 11 de Julho, na qual se dispõe a nulidade das

pela LTAD e, por outro lado, a noção de caso julgado desportivo manteve-se em vigor no ordenamento jurídico português.

De qualquer modo, o quadro jurídico descrito foi, como é sabido, completamente transmutado com a entrada em funcionamento do TAD a 1 de Outubro de 2015, entrando, concomitantemente, em vigor a LTAD e deixando ser competentes – pelo menos num primeiro momento – os tribunais administrativos para decidir os conflitos desportivos de Direito Público, sendo este o regime jurídico que será objecto de análise ao longo da restante dissertação.

3.4. Síntese

Em 1990, a ingerência estadual no Desporto – a primeira em ambiente democrático – cumpriu com o abandono expresso do regime de 1942/42. De qualquer modo, ao contrário do que seria de supor, não existiu um corte profundo com as origens e com a tradição da intervenção desportiva operada pelo regime político do Estado Novo. Em primeiro lugar, também nesta intervenção estadual existe uma aproximação à lógica francesa, embora agora se opte por encarar o Desporto como uma «missão de serviço público» (com evidente inspiração na noção desenvolvida pela jurisprudência do CE). Em segundo lugar, é de destacar, em particular, que se rompe definitivamente com a insusceptibilidade de os conflitos desportivos surgidos entre os agentes desportivos e as federações desportivas serem impugnados judicialmente. No entanto, não existiu um corte radical com a existência de um espaço de reserva – estritamente desportivo – da qual o Estado deve alhear-se, bem como uma concomitante consolidação dos efeitos desportivos (o caso julgado desportivo).

Há, neste contexto, um evidente preconceito do qual o legislador não conseguiu libertar-se: a existência de um espaço de irrelevância jurídica (total) da actividade desportiva. Trata-se aqui de um resquício da ideia de que o Desporto se insere num *espaço livre de Direito*, a qual, como veremos, se encontra ultrapassada. Por outro lado, logo no período entre 1990 e 2004 foi constatado pela doutrina e pela jurisprudência que esta reserva de *natureza ajurídica* deve ser lida à luz da necessária protecção dos direitos fundamentais pelos tribunais. Esta necessária tensão marcou os regimes jurídicos que se seguiram e permite identificar uma *marca identitária* dos

declarações de rectificações que não sejam publicadas sessenta dias depois do diploma rectificar.

problemas que existem na resolução de conflitos em Portugal: (i) a difícil relação entre a regra de impugnabilidade nos tribunais e a excepção prevista nas questões estritamente desportivas; (ii) a concretização de uma consolidação de efeitos desportivos (caso julgado desportivo) face ao direito fundamental à tutela jurisdicional efectiva.

Com efeito, identificam-se tradicionalmente *três esferas de actuação federativa na resolução de conflitos desportivos em Portugal*: (i) uma *esfera regulada pelo Direito Privado*; (ii) uma *esfera reconduzível ao Direito Público*; (i) uma *esfera puramente desportiva*[535]. Com a total submissão dos actos ou omissões da regulação desportiva aos tribunais administrativos, deu-se, porém, um abandono, mais ou menos evidenciado, da noção de questões estritamente desportivas. Esta, embora pressuposta pela LTAD, coloca ainda algumas dúvidas jurídicas importantes. Por outro lado, mantém-se no nosso ordenamento jurídico, durante este período histórico, a figura do caso julgado desportivo. Existe, neste contexto, a necessidade de analisar e estudar, sobretudo, como se alterou o regime jurídico com a instalação do TAD perante esta genética do sistema de resolução de conflitos desportivos em Portugal.

[535] Neste sentido, Pedro Gonçalves, «A «soberania» limitada das federações desportivas», pp. 55 e 56.

Capítulo II
Do poder das federações desportivas: a estruturação monopolística do associativismo desportivo e a hierarquia desportiva

§ 1º A ESTRUTURAÇÃO MONOPOLÍSTICA DO MOVIMENTO DESPORTIVO E OS SUJEITOS DO ORDENAMENTO DESPORTIVO

Como se pode verificar da leitura histórica feita anteriormente, os organismos desportivos responsáveis pela regulação da prática desportiva tiveram a sua origem última na sociedade civil. Na verdade, embora o movimento desportivo e a regulação transnacional tenham surgido no Séc. XIX de forma independente do Estado[536], e de certo modo, do Direito estadual, não podem aqueles deixar de apresentar nos dias de hoje, e em particular como sucede entre nós, um carácter híbrido situado entre a esfera jurídico-pública (do Estado) e a esfera jurídico-privada (do associativismo desportivo)[537].

[536] Sobre esta questão, cfr., por todos e com indicações, HORST HILPERT, *Die Geschichte des Sportrechts*, pp. 185 e ss.

[537] Este facto apresenta a sua manifestação máxima nos países nos quais as federações desportivas podem exercer poderes públicos (de natureza regulamentar e disciplinar), uma vez que aquelas podem decidir pela existência de uma submissão a um regime de Direito Público que, embora lhes conceda um conjunto de prerrogativas, implica, igualmente, uma aceitação de algumas condições para que se possa efectivar.

Um dos motivos primordiais para essa aproximação da normatividade estadual é, sem margem para dúvidas, a crescente mais-valia económica que se encontra associada à prática desportiva e que tem relevância, desde logo, para os desportistas que deixam, portanto, de praticar uma modalidade desportiva com fins meramente lúdicos para passar a exercer uma actividade laboral[538]. Por outro lado, também é possível constatar que o valor comercial que implica a mediatização de um evento como uma competição internacional organizada por uma federação desportiva, com os respectivos direitos televisivos (entre outros) transformou a normatividade desportiva. Neste contexto, percebe-se que a complexificação das relações jurídicas no seio do associativismo desportivo permitiu um abandono, mais ou menos evidenciado, de uma situação de irrelevância das regras jurídicas emanadas pelas federações desportivas em relação ao Direito estadual[539].

Por um lado, fenómenos como a dopagem exigiram – pela sua importância para o interesse público – a prática concertada dos Estados com as organizações desportivas, levando à criação de uma entidade (AMA) que assume uma origem híbrida, simultaneamente de origem federativa e estadual. A origem privada continua, no entanto, a ser comum à regulamentação e actuação federativas e tem o seu maior relevo nas relações que se estabelecem entre as federações desportivas nacionais e a federações desportivas transnacionais. Em todo o caso, é possível constatar uma característica comum na estrutura federativa transnacional e nacional de regulação desportiva: a existência de uma construção monopolística da normatividade desportiva que coloca numa *posição especial de poder* alguns sujeitos desportivos em relação a outros. Torna-se, deste modo, imperativo traçar uma explicação que tome por base a estrutura de todo o movimento desportivo antes de partir para a análise das vinculações que se estabelecem no plano normativo desportivo.

1.1. O princípio da unicidade e a sua dimensão material e espacial: um monopólio da regulação da competição desportiva

A regulação desportiva pressupõe a construção de um quadro normativo que se imponha, em termos idênticos, a todos os agentes desportivos que se

[538] Cfr., por exemplo, Jens Adolphsen, *Internationale Dopingstrafen*, p. 14.

[539] Identificando o período posterior aos anos 90 como aquele em que existiu a maior juridificação das normas desportivas, cfr. André Depping, «Von Olympia bis zur lex sportiva – Gedanken zur Geschichte des Sportrechts», p. 333.

encontrem submetidos ao poder normativo ou disciplinar de uma federação desportiva[540]. Para garantir esta circunstância, as federações desportivas transnacionais e nacionais situam-se, por conseguinte, no espaço de regulação desportiva enquanto entidades nas quais se encontra concentrado o poder desportivo que emerge da normatividade por si criada.

Neste contexto, o princípio da unicidade permite assegurar a posição monopolística das federações desportivas e postula, por conseguinte, uma dupla interdição[541]: (i) uma interdição de acesso à competição; (ii) uma interdição de existência de competições não reconhecidas pela federação desportiva internacional.

A primeira dimensão surge, em primeiro lugar, garantida pela *imperatividade de reconhecimento pela respectiva federação desportiva dos intervenientes desportivos que pretendam actuar numa competição desportiva ou agir em actividades conexas com esta*, proibindo, deste modo, que acedam à prática desportiva federada aqueles (clubes, atletas e outros agentes desportivos) que não sejam reconhecidos para competir por intermédio de licenciamento[542].

Numa segunda vertente, a unicidade implica que a federação desportiva transnacional detenha também o *poder de reconhecimento* da federação desportiva nacional (e da respectiva competição) que irá respectivamente ocupar-se da regulação da modalidade num âmbito nacional[543], de modo a

540 Cfr., por exemplo, Jens Adolphsen, *Internationale Dopingstrafen*, p. 42, Fritzweiler, Pfister e Summerer, *Praxishandbuch Sportrecht*, 3ª Edição, 2014, p.187.

541 Cfr. Franck Latty, *La lex sportiva – Recherche sur le droit transnacional*, p. 140 e Gérald Simon, *Puissance Sportive et Ordre Juridique Étatique*, pp. 58 e 59.

542 Cfr., por exemplo, Martin Nolte e Johannes Horst, *Handbuch Sportrecht*, p. 90. É, por outro lado, muito discutida a compatibilidade de regras como aquelas que se encontram no artigo 49º dos estatutos da UEFA com o Direito da União Europeia, uma vez que aí se dispõe que: «UEFA shall have the sole jurisdiction to organise or abolish international competitions in Europe in which Member Associations and/or their clubs participate. FIFA competitions shall not be affected by this provision». Não existe, portanto, a possibilidade de existirem competições concorrentes que não sejam reconhecidas pela UEFA, numa limitação que coloca dificuldades relativamente ao Direito da Concorrência. Sobre esta questão, cfr., por todos, Katarina Pijetlovic, *EU Sports Law and Breakaway Leagues in Football*, pp. 47 e ss.

543 Cfr., entre tantos outros, o artigo 10º, nº 1 dos estatutos da FIFA, no qual se define: «(...) only one Association shall be recognised in each Country». Não obstante, por razões históricas relacionadas com a origem desta modalidade, no artigo 10º, nº 5, estatui-se que «[e]ach of the four British Associations is recognised as a separate Member of FIFA». Em sentido idêntico, o artigo 2.4.1.1. dos estatutos da FAI define que: «[o]nly one Active Member shall be admitted for each Country»; o artigo C 7.2 dos estatutos da FINA ao estabelecer que:

que possa sustentar o seu poder de regulação, prolongando-o até ao plano nacional. Esta circunstância é acompanhada pela expressa consagração de *uma proibição – acompanhada de sanções por violação das respectivas normas estatutárias – dos seus associados ou dos agentes desportivos nela filiados de participarem em competições organizadas por federações desportivas concorrentes*[544].

Estas situações permitem-nos afirmar que estamos, deste modo, perante uma forma de garantir a «soberania»[545] do poder desportivo da federação transnacional, postulando este princípio, por conseguinte, que *se verifique uma limitação material e espacial do número de entidades responsáveis pela regulação de uma determinada modalidade desportiva*. No fundo, haverá que constatar que, em primeiro lugar, este princípio exige, na sua *vertente material*, que seja somente uma federação responsável para uma modalidade devidamente localizada num determinado espaço, excluindo que haja mais do que uma federação para regular uma modalidade naquele espaço delimitado (embora não exclua a hipótese de existir uma federação que regule mais do

«[o]nly one Member Federation from each country or Sport Country may be affiliated to FINA and such Member shall be recognised by FINA as the only national governing body for Aquatics in such country or Sport Country» acrescentanto, por outro lado, o artigo C 7.5. que: [e]ach Member shall acknowledge in its national rules that FINA is the only recognised body in the world which governs Aquatics internationally»; o artigo 4º, nº 2 dos estatutos da IAAF afirmando-se aí que: «[o]nly one Member from each Country or Territory may be affiliated to the IAAF, and such Member shall be recognised by the IAAF as the only national governing body for Athletics in such Country or Territory»; o artigo 3º, nº 1 dos estatutos da FIA referindo-se às associações desportivas nacionais que: «[t]here can only be one per country».

544 Cfr. paradigmaticamente, o artigo GR 4.1. do Regulamento Geral da FINA, impondo que: «[n]o affiliated Member shall have any kind of relationship with a non affiliated or suspended body»; o artigo 2.2. do estatutos da FEI afirmando que: [a]ll National Federations recognise the FEI as the sole authority and governing body for FEI Equestrian Disciplines. The National Federations agree not to become members or recognise or otherwise support any other international organisation with a similar purpose except those recognised by the FEI. Por outro lado, a ISU consagra no artigo 102º, nº 2, das *General Rules*, que os atletas que participem em competições não autorizadas por esta se tornem automaticamente ilegíveis para qualquer competição. Há, todavia, outras federações transnacionais que, embora não proíbam que os seus associados e agentes desportivos por si licenciados possam estabelecer qualquer tipo de relação com aqueles que não tenham qualquer ligação com a federação, exigem o consentimento expresso da federação nacional ou transnacional (consoante os envolvidos) antes de ser estabelecida qualquer realção entre aqueles. Cfr. o artigo 31º dos estatutos da FIG.

545 Cfr. Gérald Simon, *Puissance Sportive et Ordre Juridique Étatique*, 1990, p. 59.

que uma modalidade desportiva)[546]. Em segundo lugar, a *vertente espacial* – em estreita conexão com a primeira vertente – impõe que exista somente uma federação num âmbito espacial *transnacional/continental/nacional*[547].

A conjugação destas duas faces do princípio da unicidade permite, desta feita, identificar três espaços regulatórios nos quais se desenvolve a actividade das federações desportivas. O poder de regulação *transnacional* (mundial ou internacional) concentra-se maioritariamente em federações desportivas que consagram um sistema de vinculações e remissões estatutárias entre estas e as federações continentais e nacionais (que reconhecem normativamente a autoridade das *federações desportivas transnacionais*), de modo a ser possível garantir que não existam federações concorrentes que pretendam regular uma modalidade desportiva gerando, desta forma, um *princípio da unicidade transnacional.* Por outro lado, neste espaço transnacional existem também entidades funcionalmente equivalentes a federações que são responsáveis pela regulação da competição desportiva num âmbito continental, um bom exemplo é a UEFA[548], podendo falar-se num *princípio da unicidade continental*[549]. Por fim, deve falar-se num *princípio da unicidade nacional,* uma vez que existe somente uma federação desportiva competente e reconhecida pela federação transnacional para regular uma modalidade desportiva num determinado país (por exemplo a FPF). Este princípio é uma regra quase absoluta, registando-se desvios somente em algumas modalidades, como por exemplo o Boxe, no qual se verifica mais do

[546] Devemos, todavia, mencionar que o território aqui em causa não é totalmente coincidente com a esfera de soberania de um Estado individual, uma vez que o conceito de território desportivo pode não ser idêntico ao conceito territorial de um dado Estado (como por exemplo, no caso de Gibraltar). O mesmo fenómeno existe também com o conceito de nacionalidade que pode variar em relação ao conceito de nacionalidade de um Estado. Cfr. Eduardo de la Iglesia Prados, *Derecho Privado y Deporte – Relaciones jurídico-personales,* pp. 19 e ss.

[547] Sobre esta questão, v., por todos, Klaus Vieweg, *Normsetzung und – anwendung deutscher und internationaler Verbände,* pp. 62 e 63, cfr., igualmente, Margareta Baddeley, *L'association sportif face ao droit,* pp. 6 e ss.

[548] A UEFA pode ser considerada uma federação desportiva, desde logo, porque nos termos do artigo 5º, nº 1, dos seus estatutos conta como associadas as federações desportivas nacionais encarregues pela regulação desportiva da respectiva competição de futebol nacional europeia.

[549] Cfr., a este propósito, Klaus Vieweg, *Normsetzung und –anwendung deutscher und internationaler Verbände,* p. 63.

que uma federação transnacional que se ocupa da regulação da prática desta modalidade competitiva[550].

Por outro lado, a constatação da existência de um princípio da unicidade no seio das estruturas das federações desportivas permite, de um modo sintético, perceber que o poder desportivo surge concentrado monopolisticamente nas federações desportivas transnacionais, tornando quase impossível que exista concorrência entre estas e outras associações interessadas na regulação desportiva[551]. Este fenómeno traduz-se, ainda, numa particular concentração de poder na federação desportiva internacional, como se verá seguidamente.

1.2. A forma associativa, o princípio da unicidade e o poder monopolístico das federações desportivas

Seria perfeitamente possível conceber que a regulação desportiva ficasse assegurada por entidades criadas sob diversas formas jurídico-colectivas (sociedades comerciais, fundações, associações sem fins lucrativos, etc). Não é, todavia, esta a opção das federações desportivas internacionais e do COI. Com efeito, estas entidades optam recorrentemente por se constituir sob a forma de associação sem fins lucrativos[552], uma vez que existe um conjunto significativo de motivos para fundamentarem a sua opção.

[550] Trata-se, no entanto, de um exemplo do modelo norte-americano de organização desportiva que não será tratado no escopo do presente trabalho. Convém, todavia, ressalvar que nos termos do artigo 25º da CO estabelece-se que: «IOC may recognise as IFs international non-governmental organisations administering one or several sports at world level and encompassing organisations administering such sports at national level». Em todo o caso, o COI reconhece somente uma federação por cada país, existindo uma tendência para haver uma concentração de poder somente numa destas possíveis entidades competentes para a regulação desportiva. Sobre a distinção entre o modelo europeu e o modelo norte-americano, cfr., por exemplo, Gabriela Mazzei, «Problematiche giuridiche e ruolo sociale dello sport: introduzione e confronto trai l modelo europeo e il modelo statunitense», pp. 10 e ss.

[551] Cfr., neste sentido, reconhecendo precisamente que as federações desportivas transnacionais detêm um poder que consegue inclusivamente subsistir à concorrência de competições «selvagens» ou «independentes». A justificação encontra-se na proibição geral de os atletas não poderem competir em competições «não reconhecidas» pela federação desportiva transnacional, cfr. Gérald Simon, *Puissance Sportive et Ordre Juridique Étatique*, pp. 60 e 63. Em sentido idêntico, cfr., por exemplo, Christoph Fuchs, *Rechtsfragen um Vereinsstrafen*, p. 85.

[552] Esta realidade tem, de resto, reflexo num conjunto considerável de federações desportivas transnacionais. Cfr., entre tantos outros, o artigo 1.1.7 dos estatutos da FAI, o artigo 1º dos estatutos da FIFA, o artigo 1º, nº 1 dos estatutos da IHF, o artigo 1º, nº 2 dos estatutos da ISU, o artigo 1º dos estatutos da IAAF. Sobre esta qualificação no Direito Suíço relativa-

Na verdade, a escolha desta forma jurídica alicerça-se nos seguintes motivos: (i) *a inexistência de uma limitação do número de associados*: a qualificação de uma união de pessoas para a prossecução do mesmo fim como uma associação garante a possibilidade de gerar uma entidade que, em regra, não limita o tamanho desta forma organizativa; (ii) *a independência da associação do seu substrato pessoal*: com a criação da associação, o ente emancipa-se dos seus associados e mantém o substrato associativo mesmo que os associados entretanto se modifiquem ou abandonem a associação; (iii) *a inexistência de um risco para o património dos associados*: para estes a aquisição da qualidade de membro de uma associação não gera qualquer risco para o seu património, uma vez que será somente o património da associação o responsável pelas dívidas da mesma; (iv) *a existência de uma «base democrática»* mínima *na formação da vontade da associação*: a relação que se estabelece entre os associados assenta na regra da igualdade. A formação da vontade da associação funda-se, deste forma, na possibilidade de todos os seus associados poderem influenciar de um modo igualitário as decisões tomadas pela Assembleia Geral; (v) *a garantia de um espaço autonómico abrangente*: as normas legais e constitucionais concedem uma ampla autonomia à actividade desenvolvida pela associação, atribuindo-lhe um importante núcleo de liberdades que permitem uma modelação da organização de acordo com as características e necessidades dos associados; (vi) *os reduzidos encargos resultantes da constituição da associação*: a criação de uma associação não envolve custos elevados[553].

Neste contexto, importa reter, em particular, que o elevado grau de autonomia que deriva da escolha da forma associativa para prosseguir fins relacionados com os aspectos organizativos e regulatórios de uma modalidade desportiva permite que estas associações possam, regra geral, desenvolver a sua actividade com uma ampla margem de liberdade no que concerne aos seus meios para prosseguir os fins que se propõem perante os seus associados. Esta amplitude implica, porém, também alguns riscos para a posição de associados e de não associados que possam ser afectados pelo elevado poder (normativo e disciplinar) que a federação desportiva pode exercer na sua esfera jurídica. Na verdade, da maioria que emerge no seio da Assembleia Geral das federações desportivas surge um poder, com intensidade

mente às federações desportivas, cfr. MARGARETA BADDELEY, *L'association sportif face ao droit*, pp. 24 e ss.

553 Cfr., por todos, ULRICH HAAS e DIRK-RAINER-MARTENS *Sportrecht – Eine Einführung in die Praxis*, pp. 24 e 25.

variável consoante a dimensão daquelas, que permite dispor sobre o estatuto pessoal de associados, mas também de agentes desportivos que não participam ou participam de forma muito incipiente na formação da vontade que emerge no seio da associação desportiva, indiciando uma *relação de subordinação* [554].

Este facto assume uma particular importância que deriva do *princípio da unicidade* (*Ein-Platz-Prinzip*)[555]. Ora, os agentes desportivos e, em especial, os atletas, não podem exercer a sua actividade desportiva e económica a menos que a federação desportiva os aceite como tal e os reconheça por intermédio de concessão de uma licença que os autorize a desenvolver a prática competitiva ou a exercer a sua actividade económica. Esta filiação só pode ser, por conseguinte, validada por uma única federação desportiva (transnacional ou nacional) que seja a competente para regular a competição desportiva na qual os agentes desportivos pretendem competir ou desenvolver a sua actividade. Neste contexto, a posição de poder fundamenta-se, em particular, na existência de um domínio da associação no tocante ao acesso a vantagens das quais os agentes desportivos não podem abdicar com facilidade e sem uma evidente desvantagem para a sua esfera jurídica[556].

Gera-se, deste modo, uma «coacção fáctica»[557], uma vez que o atleta não tem qualquer alternativa senão escolher uma determinada federação desportiva (e só aquela) se pretender desenvolver a modalidade competitiva que é regulada por esta[558]. Esta realidade representa no plano transnacional, em termos fácticos, um monopólio, mas a sustentação desta situação no plano nacional com um posição jurídico-monopolística, transmuta – sem margem para dúvidas – a natureza da auto-determinação dos agentes des-

[554] Wolfgang Becker, *Grenzen der Vereinsautonomie im deutschen Sportverbandwesen*, pp. 14 e ss.

[555] Para uma apreciação crítica da estrutura monopolística do associativismo transnacional à luz do Direito da União Europeia, cfr. Daniel Grätz, *Missbrauch der Marktbeherrschenden Stellung durch Sportverbände*, pp. 21 e ss.

[556] Neste sentido, AAVV, *Münchener Kommentar zum Bürgerlichen Gesetzbuch*, Vol. I, 6ª Edição, p. 469.

[557] Wolfgang Becker, *Grenzen der Vereinsautonomie im deutschen Sportverbandwesen*, p. 13. No sentido de que o desportista está, na prática, coagido a filiar-se numa federação desportiva, cfr. Dieter Schwab e Martin Löhning, *Einführung in das Zivilrecht*, 19ª Edição, p. 68.

[558] Como sintetiza Jens Adolphsen, a alternativa do atleta reside em duas possibilidades: (i) praticar a modalidade desportiva num nível competitiva com aquela (e só aquela) federação desportiva ocupada pela regulação desportiva; (ii) ou pratica o seu Desporto apenas a título de lazer. Cfr. *Internationale Dopingstrafen*, p. 44.

portivos para uma hetero-determinação exercida pelos organismos de cúpula (nacionais e internacionais) da modalidade desportiva[559]. Acresce que, por vezes, a federação desportiva pode mesmo compelir ao cumprimento das suas normas – independentemente da conformidade destas com o Direito – por intermédio da aplicação de sanções de suspensões de atletas, as quais têm como propósito impedir que estes possam competir no âmbito profissional[560], treinar ou, no limite, praticar a modalidade a título lúdico[561].

Neste contexto, as normas das federações deportivas (nacionais e internacionais) originam também uma «vinculação factual» em relação a terceiros (agentes desportivos) que participam de uma forma muito limitada – ou não participam de modo algum – na elaboração deste bloco normativo desportivo a que se submetem[562]. Pode-se, de certo modo, reconhecer que aos associados (e, de algum modo, também aos outros agentes desportivos) assistirá sempre a possibilidade de abandonar a associação ou a actividade em caso de discordância com a produção de determinados efeitos jurídicos na sua esfera pessoal. Todavia, a situação de monopólio[563] que é sustentada pela obrigação de filiação numa determinada federação desportiva (e só nesta para uma modalidade específica) manifesta uma *falta de alternativa* que promove – particularmente em associações de média/grande

[559] Neste sentido, Frank Andexer, *Die nationale Sportgerichtsbarkeit und ihre internationale Dimension*, p. 38 e ss., Jan Räker, *Grundrechtliche Beziehungen juristischer Personen im Berufssport*, p. 111 e ss.

[560] Como sucedeu no caso Matuzalém, no qual o TFS anulou uma decisão arbitral do TAS por violação da ordem pública, uma vez que o TAS não invalidou a decisão federativa de suspender o jogador de toda a actividade profissional.

[561] Foi precisamente o que se verificou no caso de Claudia Pechstein, no qual uma atleta de patinagem em velocidade no gelo foi punida por dois anos pela federação desportiva internacional devido a uma suposta violação antidopagem. Por conseguinte, a federação nacional executou a punição da federação internacional e proibiu a atleta de frequentar e treinar nas únicas três pistas reconhecidas (devido às suas características técnicas) pela federação desportiva internacional na Alemanha. Outro caso mais recente teve lugar no campeonato do mundo de futebol de 2014, no qual o jogador Luis Suárez agredindo outro jogador com uma dentada, foi punido com uma pena de suspensão geral de qualquer actividade relacionada com o futebol sendo, desde logo, proibido de treinar, de se aproximar de um estádio de futebol, de frequentar o estágio da selecção do Urugai e, em geral, de qualquer actividade relacionada com o futebol.

[562] Adrian Fikentscher, *Mitbestimmung im Sport*, pp. 75 e ss., 95 e ss. e 175 e ss.

[563] No sentido de que existe um «monopólio de facto» da federação desportiva transnacional, cfr. Fernando Xarepe Silveiro, «O "Empréstimo" Internacional de Futebolistas Profissionais», p. 112.

dimensão – uma *posição de poder no exercício de funções* que não é reconduzível a uma manifestação própria de uma liberdade de associação individual e que consubstancia a base da consagração do amplo espaço de auto-regulação que o legislador consigna à autonomia privada daqueles que se associam para prosseguir um fim comum[564].

Na verdade, o distanciamento da participação dos indivíduos implica um evidente perigo de «autonomização dos interesses da federação»[565] em relação aos interesses dos associados e dos outros agentes desportivos que se submetem ao poder normativo e disciplinar destes entes associativos. Como consequência, a liberdade individual dos agentes desportivos resume-se a uma de duas hipóteses: (i) ou se submetem por completo ao poder normativo e disciplinar que – embora surja aqui legitimado pela maioria dos associados da associação relativamente aos associados desta – se assume sem legitimação relativamente aos agentes desportivos que não são associados; (ii) ou prescindem de desenvolver a sua actividade no espaço social no qual a federação desportiva exerce o seu poder monopolístico (perdendo, deste modo, os proveitos económicos e, nessa medida, colocando em causa a sua própria subsistência) e, em casos extremos, prescindem inclusivamente de desenvolver a actividade física a título lúdico que dependa da autorização da federação desportiva[566]. Em qualquer dos casos, o consentimento é, todavia, aí uma «miragem»[567].

[564] Como bem sintetizou Dieter Grimm, este é o motivo pelo qual o Direito Associativo não conseguiu dar resposta adequada a este fenómeno. A partir do momento em que o poder das federações assume uma dimensão considerável, deixamos de estar perante associações que prosseguem meros fins privados e que só produzem efeitos entre os seus associados que, por sua vez, poderão, em caso de discordância com quadro regulativo, abandonar a associação. Cfr. *Die Zukunft der Verfassung*, 2ª Edição, p. 242. Sobre este problema, cfr., igualmente, Gunther Teubner, *Organisationsdemokratie und Verbandsverfassung*, pp. 26 e ss.

[565] Wolfgang Becker, *Grenzen der Vereinsautonomie im deutschen Sportverbandwesen*, p. 16.

[566] Cfr. o Ac. do TFS de 22 Março de 2007 (*Cañas contra ATP*), processo nº 4P.172/2006, publicado na colecção de decisões do TFS 133 III 235. No mesmo sentido, a decisão do Tribunal Regional de Munique II de 26 de Fevereiro de 2014, processo nº 37 O 2833112.

[567] Neste sentido, invocando expressamente o TC no Ac. nº 86/87, referindo-se à «vontade» dos consumidores relativamente à celebração ou não de um contrato de fornecimento de serviços públicos essenciais. Num sentido que repudiamos ao longo da dissertação, referindo-se expressamente à actividade desportiva, cfr. o Ac. de 17 de Junho de 2014, processo nº 182/13.1TVPRT.P1, do TRP, afirmando que: «[a] circunstância de ser obrigatória a inscrição para a participação nas competições organizadas pela Liga não lhe retira a natureza voluntária: quem adere a uma organização tem de aceitar as regras pelas quais a mesma se rege, sem que isso belisque a autonomia da vontade. A autonomia manifesta-se precisa-

Na verdadade, esta realidade torna as organizações federativas permeáeis à emergência de um quadro autoritário (com a concomitante falta de legitimidade democrática)[568] que dota as estruturas administrativas das mesmas (particularmente as federações transnacionais) de um *enorme poder social* [569] sobre aqueles que se submetem, de um modo impositivo, à regulação desportiva destes entes[570]. Por outro lado, concorre também o facto de a posição económica do desportista (e, em parte, também de outros agentes desportivos) não depender única e exclusivamente do seu desempenho na competição, mas também de um *reconhecimento* desse desempenho pela federação desportiva. Na verdade, aquele depende, numa extensão considerável, desse reconhecimento, desde logo, relativamente ao financiamento, à autorização para treinar, à admissão na competição, mas também no decurso da competição desportiva (por exemplo, na sujeição ao poder disciplinar)[571].

Esta realidade deixa-o, naturalmente, particularmente vulnerável também em relação ao «poder autónomo»[572] que as federações detêm para

mente na liberdade de se aderir ou não. A vinculação decorrente da adesão ao organismo é ainda um acto de vontade, não estando em causa qualquer vício que possa inquinar esse exercício de autonomia da vontade que constitui a pedra de toque da arbitragem».

568 Cfr., sobre a fraca legitimidade democrática do associativismo desportivo, embora referindo-se ao COI, John Keane, *Life and Death of Democracy*, pp. 703 e ss. Em geral, sobre o poder nas associações de média/grande dimensão, cfr. Gunther Teubner, *Organisationsdemokratie und Verbandsverfassung*, pp. 78 e ss. Em sentido aparentemente idêntico, reconhecendo precisamente que o poder de influência de um associado numa associação fortemente hierarquizada torna o poder do associado quase nulo, cfr. Dieter Schwab e Martin Löhning, *Einführung in das Zivilrecht*, 19ª Edição, p. 67. Em todo o caso, como reconhece justamente Anja Steinbeck, quando estão em causa «organizações complexas existe uma tendência de substituir a formação da vontade democrática por uma estrutura oligárquica». Cfr. *Vereinsautonomie und Dritteinfluss*, p. 227.

569 Não se pense que se trata de uma temática exclusiva das federações desportivas, abrangendo, pelo contrário, o problema que envolve o poder no domínio de associações privadas é considerado uma das maiores problemáticas do Direito associativo no Direito Privado. A questão tem, no entanto, sido tratada com mais profundidade precisamente relativamente às federações desportivas. Cfr. Staudinger, *BGB*, introdução aos §§21 e ss.

570 Em sentido idêntico, cfr. Frank Andexer, *Die nationale Sportgerichtsbarkeit und ihre internationale Dimension*, p. 19.

571 Num sentido próximo, cfr. Jan Paulsson, «Arbitration of International Sports Disputes», p. 12.

572 Expressão de Dieter Grimm, reconhecendo a preocupação da doutrina publicística alemã relativamente ao poder das federações (em geral) enquanto perigo para a função estadual de «composição de interesses». Cfr. *Die Zukunft der Verfassung*, 2ª Edição, p. 242.

determinar aspectos importantes da sua esfera jurídica, pelo que ficará, desde logo, desprotegido em relação a qualquer decisão arbitrária das federações desportivas que lhe possa colocar a carreira desportiva em risco[573]. Existe, em suma, entre a federação desportiva e os agentes desportivos uma «relação especial de poder» que consiste na submissão a um poder «semelhante ao poder público» (*staatsähnlich*)[574].

De uma forma sintética, poderá concluir-se que o poder desportivo se fundamenta nos seguintes aspectos: (i) na existência de uma regulamentação da actividade desportiva (regras do jogo) e das provas desportivas (da competição); (ii) na necessidade de concessão de uma licença como condição de participação na competição desportiva; (iii) na previsão de mecanismos do cumprimento das regras desportivas e no sancionamento das respectivas infracções[575].

A concentração destes poderes nas federações desportivas (nacionais e transnacionais) não permite – em associação com a posição monopolística que ocupam na regulação desportiva – falar numa *posição de igualdade* entre as federações desportivas e os destinatários da normatividade desportiva, pelo que estamos, antes pelo contrário, perante uma evidente *posição estruturalmente desigual* [576]. Deste modo, a consequência dessa posição de desigualdade estrutural pressupõe uma limitação da auto-determinação da esfera jurídica daqueles que dependem de uma autorização competitiva da federação desportiva (nacional ou transnacional): existe aí uma evidente limitação do acesso à competição desportiva[577] e um, consequente, indício de unilateralidade. A análise dos problemas jurídicos envolvendo as federações desportivas envolve, assim, um deslocar da relação de intromissão do

[573] Cfr. Fritzweiler, Pfister e Summerer, *Praxishandbuch Sportrecht*, 3ª Edição, p. 34.

[574] Assumindo expressamente esta qualificação, cfr., por exemplo, Ulrich Meyer-Cording, *Die Rechtsnormen*, p. 78. A analogia do poder das federações desportivas com as relações especiais de poder no Direito Administrativo não são recentes no Direito alemão. Sobre a questão, Rolf Ernst, *Die Ausübung der Vereinsgewalt*, pp. 44 e ss. Em termos críticos à utilização de expressões próximas às usadas no Direito Administrativo, cfr. Franz von Look, *Vereinstrafen als Vertrafsstrafen*, pp. 109 e ss.

[575] Neste sentido desenvolvidamente, cfr. Gérald Simon, *Puissance Sportive et Ordre Juridique Étatique*, pp. 69, pp. 88, pp. 109 e pp. 139 e ss.

[576] Sobre a relevância desta situação no domínio processual, cfr. a Parte II, Capítulo III, §8º.

[577] Cfr. Hans-Jürgen Zenkel, *Verbandsfuktionen und Verbandsautonomie, Zur gerichtlichen Kontrolle des vereinsrechtlichen Aufnahme- und Disziplinarverfahrens*, pp. 133 e ss.

primordiais: (i) determinar os *critérios constitutivos e reguladores da prática desportiva* quando estabelecem, por exemplo, o tamanho do campo de jogo ou dos aparelhos que servem de suporte ao desenrolar do jogo, o tamanho da bola[586], as especificações técnicas dos automóveis que permitem que um desportista participe numa competição de Fórmula 1[587], o tamanho de um cesto de basquetebol[588] ou das balizas de um campo de andebol[589], o número de atletas que podem competir simultaneamente, a possibilidade de substituir esses atletas durante a prática competitiva, a duração de um jogo ou a distância a percorrer num determinado percurso, bem como os pressupostos que permitem o êxito de um atleta ou equipa na prática desportiva (por exemplo, a marcação de um golo)[590]; (ii) *garantir a segurança dos atletas* durante a prática desportiva quando, por exemplo, estabelecem a exigência de um determinado equipamento ou protecção durante o jogo[591]; (iii) *salvaguardar a igualdade dos atletas* [592] na comparabilidade dos resultados obtidos por todos os competidores quando fixam, por exemplo, parâmetros de avaliação e comparação do desempenho desportivo (por exemplo, a atribuição de um número de pontos)[593] ou estabelecem pressupostos para o incumprimento de regras que regulem o jogo[594], firmando as respectivas infracções (por exemplo, o fora-de-jogo implica um «livre indirecto» a favor da equipa contrária ou a agressão de um desportista a um treinador, árbitro ou outro jogador que gera a admoestão com um cartão azul ou vermelho e a concomitante expulsão do jogador infractor do campo de jogo)[595].

[586] V., por exemplo, a regra 2º das *Laws of the Game* da FIFA e que regulam a prática do futebol.

[587] Cfr. o artigo 1º e ss. das «Formula One Technical Regulations» da FIA (2013).

[588] Cfr. o artigo 3º das *Official Basketebol Rules* 2014 da FIBA.

[589] V. a regra 1º das regras do jogo da IHB.

[590] V. os procedimentos de determinação do vencedor de uma partida de futebol nas *Laws of the Game* da FIFA.

[591] Cfr., por exemplo, o «A driver's guide to safe motor sport» da FIA.

[592] Cfr. GÉRALD SIMON, *Puissance Sportive et Ordre Juridique Étatique*, p. 89, falando em critérios de «igualdade entre os competidores».

[593] V. o artigo 140.1. das General Regulations da FEI.

[594] No sentido de que estas regras se distinguem das especificação materiais (por exemplo, o tamanho da bola de andebol), na medida em que pretendem restringir os movimentos dos atletas na prática desportiva (por exemplo, estabelecendo que o atleta não pode tocar na bola com a mão). Cfr. GÉRALD SIMON, *Puissance Sportive et Ordre Juridique Étatique*, p. 73.

[595] Cfr. o artigo 2º e 2º do anexo às *FIH Tournament Regulations.*

As terceiras são aquelas que se ocupam da *organização da competição desportiva que emerge de uma determinada modalidade desportiva*. A primordial função destas normas diz respeito à *definição do modo como deve ser regulado o desenrolar da competição desportiva organizada pela respectiva federação desportiva* (por exemplo, uma prova com eliminatórias ou uma prova em que todos os participantes se defrontam num formato de liga). Estamos, deste modo, perante normas que só *mediatamente* se relacionam com a prática competitiva, não tendo qualquer ligação às determinações que envolvem a actividade física no recinto desportivo[596]. Por conseguinte, estas normas tanto podem referir-se aos *aspectos formais da competição* (da forma que deve assumir e quais os requisitos de admissão), bem como a normas que regulem os aspectos essenciais e as condições que possibilitem o desenrolar da competição ou que com esta sejam conexas. Devem ser aqui incluídas as normas disciplinares que punem as violações ocorridas durante o jogo (as *sanções automáticas*), as normas que determinam as condições em que um atleta deve sofrer sanções em virtude ter alcançado resultados desportivos com auxílio de substâncias dopantes, as regras que têm como a finalidade de assegurar a segurança dos espectadores e reprimir a violência no desporto, bem como as normas que definem critérios de ordenação classificativa dos competidores (por exemplo, aquelas que enunciam critérios de subida ou descida de divisão) ou aquelas que estabelecem as condições de acesso ao torneio organizado pela federação desportiva.

1.4. O princípio da unicidade e as decisões individuais das federações desportivas

As federações desportivas não se limitam a produzir comandos normativos de cariz geral e abstracto, podendo, igualmente, emanar unilateralmente determinações individuais e concretas[597]. Estamos, em regra, perante a aplicação das normas desportivas ou das regras estaduais imperativas que sejam aplicáveis ao caso concreto. Esta prerrogativa de aplicar a normatividade desportiva e a normatividade estadual permite construir no seio das federações desportivas (transnacionais ou nacionais) e do COI uma forte estrutura administrativa que – conjugada com a *desigualdade estrutural* em relação aos destinatários e com o poder normativo – torna a actividade das federa-

[596] Cfr. Clarissa Bohm, *Regel und Recht*, p. 24.

[597] Cfr. Klaus Vieweg, *Normsetzung und –anwendung deutscher und internationaler Verbände*, p. 32.

ções desportivas em tudo idêntica a uma *actividade administrativa estadual*[598]. Na verdade, as federações desportivas exercem uma actividade que pode mesmo ser qualificada como de «quase-autoridade» (*quasi-hoheitlichen*)[599] e que não pode reconduzida a uma manifestação típica do Direito Privado, pois esta naturalmente, parte de um postulado de igualdade tendencial[600] entre os sujeitos[601].

Por outro lado, esta forte estrutura administrativa dispõe de mecanismos sancionatórios que as aproxima, na sua eficácia e substância, de um poder de direcção e disciplinar típicos no Direito laboral[602]. Não deve, porém,

598 Falando inclusivamente na existência de *actos administrativos associativos* (*Vereinsverwaltungsakt*), dando o exemplo do acto de retirar a condição de associado ou de rejeição do licenciamento, Cfr. Peter Schlosser, *Vereins- und Verbandsgerichtsbarkeit*, p. 38. Num sentido idêntico, Fritzweiler, Pfister e Summerer, *Praxishandbuch Sportrecht*, p. 210. Referindo-se a um «aparelho administrativo» das federações desportivas, cfr. Gérald Simon, *Puissance Sportive et Ordre Juridique Étatique*, p. 52. No sentido de que a *lex sportiva* é, deste modo, uma manifestação de «normas inequivocamente jurídico-administrativas, na medida em que visam regular a organização e funcionamento de entidades públicas (ou privadas) encarregues da prossecução da função administrativa estadual», Cfr. Miguel Prata Roque, *A Dimensão Transnacional do Direito Administrativo*, p. 913, nota 2469.

599 Neste sentido, Peter Schlosser, *Vereins- und Verbandsgerichtsbarkeit*, p. 27, Jan Räker, *Grundrechtliche Beziehungen juristischer Personen im Berufssport*, p. 59, referindo-se especificamente à unilateralidade das decisões das federações desportivas. No sentido de que o poder associativo é potencialmente oposto à liberdade individual, cfr. Hans-Jürgen Zenkel, *Verbandsfuktionen und Verbandsautonomie, Zur gerichtlichen Kontrolle des vereinsrechtlichen Aufnahme- und Disziplinarverfahrens*, p. 132. Sobre esta qualificação na jurisprudência do TJCE, cfr. Torsten Körber, *Grundfreiheiten und Privatrecht*, p. 772 e ss.

600 Cfr., por exemplo, Miguel Prata Roque, *A Dimensão Transnacional do Direito Administrativo*, p. 319.

601 De todo o modo, embora a autoridade seja uma nota excepcional no Direito Privado, este conhece, todavia, também manifestações de autoridade, não sendo, como é sabido, estas exclusivas do Direito Público. Sobre esta questão, cfr. Pedro Gonçalves, *Entidades Privadas com Poderes Públicos*, pp. 612 e ss. Sobre a noção de poder no Direito Privado, cfr. Emmanuel Gaillard, *Le Pouvoir en Droit Privé*, pp. 137 e ss. e pp. 150 e ss. O autor entende que o poder privado emerge (i) de uma prerrogativa jurídica e (ii) de uma prerrogativa finalística. A primeira deve ser reconduzida à existência de um direito subjectivo, uma vez que «os poderes conferem aos seus titulares uma predominância, uma vantagem sobre outros». A segunda permite o «prosseguimento de um fim que não se confunde em exclusivo com o interesse do titular do poder». Para uma apreciação crítica da necessidade de intervenção estadual para correcção das desigualdades no Direito Privado, cfr. Joaquim Sousa Ribeiro, *O Problema do Contrato*, p. 153 e ss.

602 A doutrina tem, em regra, considerado que a relação que se estabelece entre o desportista e a federação desportiva se assume como uma relação idêntica à de um vínculo laboral,

considerar que estamos perante um fenómeno totalmente coincidente, mas somente que a intensidade do poder exercido se aproxima de um modo evidente. Existe, neste contexto, uma particularidade que deriva do princípio da unicidade: ao contrário do trabalhador que pode, em caso de despedimento, optar por escolher outro empregador, ao desportista (ou outros agentes desportivos) não resta outra alternativa senão deixar de competir profissionalmente, uma vez que a submissão ao poder social de federações desportivas representa uma condição imperativa que deriva da falta de alternativa que lhe assiste[603].

Deste modo, poderia também recolher-se como exemplo próximo a estrutura monopolística das associações públicas que se ocupam da regulação de uma determinada profissão[604]. No entanto, o paralelo entre as ordens profissionais e a problemática das federações desportivas que derive do princípio da unicidade tem duas diferenças assinaláveis: (i) a existência de uma estrutura monopolística pressupõe um quadro autoritário e hierárquico concentrado maioritariamente no poder de uma federação desportiva transnacional; (ii) a estrutura hierárquico-monopolística não permite que aqueles que não são associados da federação transnacional (os agentes desportivos) possam participar na legitimação da normatividade que lhes possa ser aplicável. Em contrapartida, e como adiante se verá, mesmo perante a federação desportiva nacional, os agentes desportivos não podem ser qualificados como associados, embora participem de uma forma muito limitada na vida destas associações desportivas; (iii) a unicidade nas ordens profissionais deriva sempre de uma imposição legal[605]. O princípio da unicidade oriundo das federações transnacionais resulta de uma construção normativa interna imposta pela estruturação hierárquica do ordenamento desportivo[606].

uma vez que existe a já mencionada relação de desigualdade estrutural. Neste sentido, com referências, Christian Classen, *Rechtschutz gegen Verbandsmaßnahmen im Profisport*, pp. 8 e ss.

[603] Cfr. Jan Räker, *Grundrechtliche Beziehungen juristischer Personen im Berufssport*, p. 58.

[604] Sobre o princípio da unicidade nas associações públicas, Cfr. Vital Moreira, *Administração Autónoma e Associações Públicas*, pp. 444 e ss.

[605] Relativamente à consagração legal do princípio da unicidade nas ordens profissionais, cfr. os artigos 24º e ss. da Lei nº 2/2013, de 10 de Janeiro.

[606] De resto, embora o RJFD2014 estabeleça no artigo 15º existência de um princípio da unicidade, esta garantia legal de existência de somente uma pessoa colectiva que regule a actividade desportiva diz respeito à atribuição do EUPD.

Não obstante, temos, porém, presente que a existência de uma federação desportiva no exercício de poderes públicos de autoridade assume uma identidade próxima às ordens profissionals, em particular, no que se refere à existência de um monopólio juridicamente atribuído. O que se deve frisar neste contexto é somente que a existência desse monopólio legal é insuficiente para compreender a rede de concentração de poder na federação desportiva transnacional.

§ 2. A ESTRUTURA MONOPOLÍSTICA DO ORDENAMENTO DESPORTIVO TRANSNACIONAL E OS SEUS SUJEITOS

A estruturação monopolística que envolve a normatividade desportiva permite identificar, desde logo, duas estruturas desportivas transnacionais e privadas de maior relevância: (i) por um lado, as que envolvem as federações desportivas; (ii) por outro lado, as reconduzíveis ao COI. As estruturas normativas não se esgotam, no entanto, nestes dois entes. Existe, ainda, uma rede normativa criada pela AMA, cuja origem se reconduz a uma actuação conjunta de Estados, federações desportivas e COI[607]. Em suma, existem três sujeitos transnacionais que exigem a nossa análise, em particular: (i) as federações desportivas transnacionais; (ii) o COI; (iii) a AMA.

Em termos históricos, a construção de um espaço normativo transnacional surgiu – exceptuando no caso da rede normativa do COI, mas com efeitos práticos idênticos – por intermédio da associação espontânea das federações nacionais em federações continentais e/ou em federações que regulassem a actividade desportiva num âmbito transnacional. Este facto levou a que estas entidades construíssem uma normatividade que pudesse, por um lado, garantir a unidade da teia normativa que regesse a prática desportiva (desde logo, ao instituírem-se as regras do jogo) e, por outro lado, estabelecer mecanismos que pudessem garantir o cumprimento efectivo da mesma.

[607] Devemos, todavia, deixar, desde logo, uma nota relativamente à ordem normativa do associativismo desportivo que comporta uma pluralidade e heterogeneidade que não permite uma análise exaustiva de todas as configurações normativas desta realidade. Na verdade, existe em cada modalidade uma manifestação normativa peculiar – é possível falar numa ordem normativa do futebol, tal como numa ordem normativa do atletismo ou do COI –, pelo que, deste modo e no âmbito deste trabalho, só é possível apontar traços gerais e algumas peculariedades mais evidentes de cada uma das ordens normativas individualmente consideradas, deixando de lado um estudo exaustivo deste fenómeno.

A solução assentou, como se viu, no princípio da unicidade relativamente à entidade que regulasse a prática desportiva, gerando uma *dupla cadeia hierárquica*: a do COI e a das federações desportivas transnacionais[608]. Existem, por um lado, também associações de federações transnacionais, que exercem competência muito limitadas, como, por exemplo, a ASOIF, a AWOIF ou a Sportaccord[609]. Por outro lado, a complexa estrutura administrativa que desenvolveram (uma rede de regulação piramidal, na qual se incluem as federações desportivas nacionais e associações regionais ou distritais) com a finalidade de prosseguir os seus fins privados revela-se, como se verá, formalmente idêntica à construção de um Estado federal. Em todo o caso, a conjugação desta rede transnacional de regulação revela dificuldades de articulação com o Direito estadual, sendo, no entanto, de realçar que as federações desportivas transnacionais e nacionais não conseguiram – embora esta fosse sempre uma aspiração própria – manter a indiferença relativamente às normas estaduais que existia até ao início do Séc. XX e libertar-se, posteriormente em ambiente democrático, completamente do Direito estadual. De resto, a jurisprudência dos tribunais administrativos portugueses confirma esta ideia (como vimos) e, em particular, desde o Ac. Bosman[610] que se confirmou esta realidade no plano europeu, quebrando-se, na verdade, com qualquer mito autárcico que pudesse pairar sobre as pretensões do associativismo desportivo.

2.1. As federações desportivas transnacionais, o movimento olímpico e o COI

As federações desportivas transnacionais (englobando aqui também as continentais, uma vez que também operam num âmbito transnacional, embora num espaço continental) foram ao longo da segunda metade do Séc. XX

[608] Cfr. LORENZO CASINI, *Il Diritto Globale dello Sport*, p. 6.
[609] Cfr. o artigo 1.1 dos Estatutos da Sportaccord afirmando que: «SportAccord (previously known as GAISF, the General Association of International Sports Federations) is a not-for-profit association, composed of autonomous and independent international sports federations and other international organisations contributing to sport in various fields». Segundo o artigo 6º dos mesmos estatutos apenas podem ser membros desta associação as organizações desportivas internacionais cujas associadas são as federações desportivas nacionais de uma determinada modalidade, bem como associações cujos membros sejam responsáveis pela organização de competições desportivas ou mesmo Comités Olímpicos Nacionais.
[610] Ac. do TJCE de 15 de Dezembro de 1995, processo nº C-415/93.

constituindo-se como entidades dotadas de um «aparato organizativo (...) articulado e complexo»[611]. Na verdade, para regular a modalidade desportiva, as federações desportivas constituíram-se segundo a forma associativa, construindo uma teia institucional evoluída para prosseguir os fins de regulação da prática desportiva que estatutariamente fixaram. Por outro lado, estabeleceram-se segundo os termos jurídicos definidos por uma ordem jurídica concreta que permitiu que as federações desportivas transnacionais adquirissem uma personalidade jurídica.

Em regra, como se nota particularmente pelo disposto nos estatutos da FIBV, cabe-lhes a tarefa de «encorajar mundialmente o desenvolvimento e o crescimento do desporto em todas as suas formas e promover a criação de federações nacionais», mas também «promover, coordenar, tornar público, regular, organizar, supervisionar, controlar, administrar e governar o desporto (...) pelo mundo»[612].

As federações desportivas transnacionais consubstanciam, deste modo, um dos dois pilares da estrutura monopolística da normatividade desportiva de origem privada ao configurarem-se como a «autoridade suprema»[613] na regulação da modalidade desportiva, optando, nestes termos, por se inspirar numa estrutura que, na sua forma, se assemelha à que existe na estrutura hierárquico-normativa de um Estado.

Esta realidade constrasta, por um lado, com o *status quo* existente no período que antecedeu o processo de criação do associativismo transnacional. Em termos históricos, as estruturas administrativas que foram criadas para a regulação da actividade desportiva evoluíram no sentido de passarem a concentrar o poder desportivo nelas próprias, construindo uma estrutura institucional no sentido descendente, ao invés de um edifício institucional com uma orientação ascendente, ganhando estas uma emancipação em relação à vontade dos seus associados (as federações nacionais) dotando-se, para o efeito, de meios normativos, executivos e disciplinares eficazes que permitiram garantir a concentração dos poderes monopolísticos de regulação nelas próprias[614].

[611] Cfr. LORENZO CASINI, *Il Diritto Globale dello Sport*, p. 6.

[612] Cfr. o artigo 1.4. dos estatutos da FIBV.

[613] Cfr. o artigo 1.2.1 dos estatutos da FIBV.

[614] Cfr., por exemplo, MELANIE HERTHEL, *Aktivierung der Athletenrechte im Verhältnis zur Verbandsautonomie unter besonderer Berücksichtigund und der Berufsfreiheit*, p. 12 e ss.

Em certa medida, pretendeu-se assumir que existiria um poder legislativo, executivo e um poder jurisdicional[615] no seio do associativismo desportivo transnacional. Esta assumpção veio, todavia, a revelar-se equívoca. Na verdade, nunca existiu uma evidente diferenciação funcional entre os poderes estatutariamente fixados, uma vez que o exercício destas funções permite, regra geral, identificar um denominador comum: os poderes estatutários revelam sempre uma falta de participação e de democracidade face aos agentes desportivos. De todo o modo, no sentido de melhorar a credibilidade dos meios internos de resolução de conflitos desportivos, as federações desportivas transnacionais tentaram – especialmente no âmbito dos órgãos disciplinares – instituir um mínimo de diferenciação funcional em relação aos outros órgãos, embora estes ainda sejam, actualmente, constituídos por funcionários daqueles entes[616]. Na verdade, os órgãos disciplinares das federações desportivas transnacionais nunca conseguiram, deste modo, atingir os patamares de indepêndencia e imparcialidade exigidos, por exemplo, a tribunais arbitrais para que pudessem ser qualificados como autênticos tribunais. Neste contexto, a arbitragem desportiva internacional revelou-se como uma alternativa para instituir um sistema jurisdicional que se afastasse da jurisdição estadual, optando as federações transnacionais, por conseguinte, por se submeterem a um mecanismo de controlo jurisdicional através da expressa atribuição estatutária da competência do TAS para a resolução de litígios pela via arbitral[617].

As organizações desportivas assumiram, desta forma, uma estrutura governativa muito similar àquela que existe designadamente num Estado federal e na qual as federações nacionais representam, neste contexto, os Estados federados. Esta construção manifesta-se, particularmente, na relação que a normatividade emanada pelas federações transnacionais estabelece com a normatividade da federação desportiva nacional. As normas estatutárias das federações transnacionais representam, na verdade, um equivalente a uma «Constituição»[618] estadual sendo esta um Direito des-

[615] Sobre esta configuração da estrutura das federações desportivas transnacionais, cfr., por todos, Franck Latty, *La lex sportiva – Recherche sur le droit transnational*, pp. 58 e ss.

[616] Neste sentido, mencionando o poder «legislativo», «executivo» e uma espécie de poder «jurisdicional» sempre esteve concentrado em funcionários. Cfr. Fritzweiler/Pfister//Summerer, *Praxishandbuch Sportrecht*, 3ª Edição, p. 18.

[617] Embora exista actualmente uma crise da arbitragem internacional no Desporto fruto da disputa de Claudia Pechstein.

[618] V., por exemplo, o artigo 1.4.1 dos estatutos da FAI estabelecendo que os seus estatutos consubstanciam as «normas fundamentais». Cfr., por exemplo, a expressa qualificação dos

portivo transnacional originário – e que as normas estatutárias e regulamentares das federações desportivas nacionais – enquanto Direito desportivo derivado – deverão respeitar.

De resto, a conjugação deste *Direito desportivo transnacional originário* com o *Direito desportivo derivado* assume-se como um imperativo na esfera das federações desportivas nacionais, exigindo-se, deste modo, que as normas estatutárias e regulamentares das federações nacionais a respeitem, sob pena de sanções que podem, no limite, levar à expulsão destas associadas[619]. Pode-se, neste sentido, falar aqui de um *princípio do primado* da normatividade desportiva das federações transnacionais[620] que, contudo, não invalida a existência de uma autonomia normativa das federações desportivas nacionais que as federações desportivas transnacionais devem respeitar[621], embora seja possível constatar a existência de um constante entreleçamento entre estas duas normatividades.

Esta constatação permite, em contrapartida, verificar, como se verá, que, embora constituídas de acordo com a autonomia privada e a liberdade de associação e sob a égide do Direito Privado de um determinado Estado, as federações desportivas transnacionais criaram um espaço normativo que contacta – por intermédio da relação que se estabelece entre a federação transnacional e a federação nacional – constantemente com a esfera estadual de outros países que não aquele em que estas se sediam ou constituiram.

Neste contexto, o contacto com a esfera estadual ganha contornos mais intensos quando estiver em causa uma relação normativa entre a federação transnacional e a federação desportiva nacional de um sistema jurídico em que a actividade desta se rege pelo Direito Público, uma vez que a normatividade emanada pelas primeiras transmuta a sua natureza. Neste caso parti-

estatutos enquanto «Constituição» dada pela Federação Internacional de Skate (FIS), pela Federação Internacional de Ténis de Mesa (FITM), pela Federação Internacional de Culturismo e Fitness (FICF), pela Federação Internacional de Vela (FIV), pela União Mundial de Bilhar (UMB), pela União Mundial de Triatlo (UMT) e pela Federação Mundial de Dardos (FMD).

[619] Esta realidade não permite somente a centralização do poder desportivo nas federações transnacionais, mas também na existência de um espaço autonómico da federação desportiva nacional, garantido-se-lhe a construção de um quadrante regulatório pela respectiva federação transnacional, desde que não viole o bloco normativo daquela.

[620] Cfr. Franck Latty, *La lex sportiva – Recherche sur le droit transnational*, p. 125, utilizando a locução em comparação com a estrutura de um Estado federal. O autor utiliza a mesmo a definição existente na Constituição alemã: «Bundesrecht bricht Landesrecht».

[621] Franck Latty, *La lex sportiva – Recherche sur le droit transnational*, p. 130 e ss.

cular, como o existente no nosso ordenamento, não parece ser possível falar num espaço regulatório transnacional exclusivamente privado, mas, pelo contrário, num regime híbrido que se situa entre o Direito Público e o Direito Privado[622]. A hibridez da submissão (e que ocorre quer no sistema de regulação submetida ao Direito Público, quer aquele submetido ao Direito Privado) ao Direito estadual manifesta-se, por um lado, na sujeição do quadro normativo desportivo transnacional ao Direito Internacional Público e, em particular, às normas da liberdade de circulação do Direito da União Europeia. Neste contexto, é também evidente que as organizações desportivas transnacionais recolheram inspiração em mecanismos regulatórios que são típicos do Direito Administrativo, por exemplo, por intermédio de instituição de instrumentos autorizativos ou de licenciamento e que, embora enquadráveis juridicamente no Direito Privado, são manifestamente mais próximos daqueles existentes no Direito Público[623].

A par da organização hierárquica das federações transnacionais, pode, por outro lado, identificar-se uma outra a que corresponde a estrutura hierárquico-monopolística do movimento olímpico. Neste contexto, o movimento olímpico é definido pela CO como «uma actuação concertada, organizada, universal e permanente de todo os indivíduos e entidades que se inspiram nos valores do olimpismo, desenvolvida de acordo com a suprema autoridade do COI»[624]. Deste modo, o movimento olímpico é composto pelas seguintes instituições basilares: o COI, as federações transnacionais e os Comités Olímpicos Nacionais[625], os comités de organização dos jogos olímpicos (OCOG)[626], as federações nacionais, os clubes, a instituições ou organizações reconhecidas pelo COI e todos aqueles – que sendo filiados num

[622] No sentido de que a hibridez se revela pela existência de elementos normativos de ordenamentos estaduais, do Direito Internacional Público e de normas transnacionais, cfr. LARS VIELLECHNER, *Transnationalisierung des Rechts*, p. 301. Sobre a hibridez do constitucionalismo global, cfr., entre outros, POUL F. KJAER, *Constitutionalism in the Global Realm*, pp. 65 e ss., PAUL SCHIFF BERMAN, «Towards a Jurisprudence of Hybrity», pp. 11 e ss. e INGER-JOHANNE SAND, «Hybrid Law: Law in Global Society of Differentiation and Change», pp. 871 e ss.

[623] Cfr. LORENZO CASINI, *Il Diritto Globale dello Sport*, p. 188.

[624] Cfr. artigo 3º dos princípios fundamentais da CO.

[625] Os comités olímpicos nacionais associaram-se e constituíram mais duas instituições: (i) a Associação de Comités Olímpicos Nacionais (ANOC); (ii) a Associação de Comités Olímpicos Europeus (AENOC).

[626] Os OCOG são responsáveis pela organização dos JO na cidade escolhida pelo COI para os organizar. A escolha dos membros dos OCOG cabe aos Comités Olímpicos Nacionais do país da cidade escolhida como organizadora dos JO. Cfr. o artigo 35º da CO.

comité olímpico nacional ou numa federação transnacional –, cujos interesses sejam conformes à actividade do Movimento Olímpico, bem como os juízes, árbitros, treinadores e outros técnicos desportivos[627].

Nesta configuração institucional, o poder desportivo surge concentrado no COI que constitui o elemento central do associativismo olímpico[628]. Em todo o caso, ao contrário das federações desportivas transnacionais, o movimento olímpico não teve origem numa iniciativa de federações desportivas nacionais. O movimento olímpico moderno[629] teve origem na iniciativa de PIERRE COUBERTIN[630], num Congresso desportivo realizado entre 16 e 24 Junho de 1894, em Paris, na Universidade da Sourbonne, decidindo propor um evento inspirado na ideia de Jogos Olímpicos da Antiga Grécia[631] [632] criando, neste contexto, o COI a 24 de Junho de 1894[633].

[627] Cfr. o artigo 1º, nº 1 e 2 da CO.

[628] Como nota precisamente J.-C. LAPOUBLE, *Droit du Sport*, p. 13, o movimento olímpico constitui «uma galáxia complexa de organizações cujo centro de gravidade é o Comité Olímpico Internacional».

[629] Uma visão histórica sobre o Movimento Olímpico Moderno é oferecida por um conjunto de obras de referência, V. entre tantas outras, CARL DIEM, *Weltgeschichte des Sports – Band II – Der moderne Sport*, pp. 1123 e ss., ARND KRÜGER, «The unfinished symphony: a history of the Olympic Games from Coubertin to Saramach», AAVV, *Historical Dictionary of the Modern Olympic Movement*, *passim*, e AAVV, *Encyclopedia of the Modern Olympic Movement*, *passim*.

[630] Sobre vida e obra de PIERRE COUBERTIN, cfr. JEAN DURRY, *Pierre Coubertin – The Visionary*.

[631] Na Antiga Grécia, os primeiros Jogos Olímpicos datam de 776 a.C. Tratavam-se, em regra, de festividades que eram dedicadas a Deuses como Apolo, Zeus ou Posídeon. Estas disputas perduraram no tempo com bastante sucesso, mesmo até depois do nascimento de Cristo. No entanto, durante este período, devido ao domínio da Antiga Grécia pelos romanos, começou a assistir-se a uma «lenta erosão» dos Antigos Jogos Olímpicos que começaram, paulatinamente, a ser substituídos por eventos de carácter violento, com um elevado grau de espectacularidade, mas pouco vocacionados para o exercício físico. Mais tarde, o Cristianismo viria acentuar o declínio dos Jogos Olímpicos, desde logo, por existir uma clara aversão ao paganismo, pelo que em 393 d.C. foi decretado o fim destes pelo imperador Teodósio I. Cfr. Neste sentido, embora com maior desenvolvimento e com amplas referências. Cfr. ROBERT BARNEY, «Prologue», pp. xxi e ss. V. ULRICH SINN, *Olympia – Kult, Sport und Fest in der Antike*, p. 9.

[632] Embora tivessem existido anteriormente diversas tentativas de ressurreição dos Jogos Olímpicos da Antiga Grécia. Sobre estas iniciativas, cfr. JOACHIM K. RÜHL, «Olympic Games before Coubertin, pp. 3 e ss.

[633] Embora se tratasse da mesma entidade, a nomenclatura inicial do COI foi «Comité Internacional para os Jogos Olimpicos». Segundo ALEXANDRE MIGUEL MESTRE, *Direito e Jogos Olímpicos*, p. 61, tratou-se de um «sinal claro de que a sua vocação ultrapassava largamente a própria realização do evento [dos jogos olímpicos]».

Com efeito, todo o movimento olímpico assenta numa rede hierárquica criada do topo para a base, não partindo de uma iniciativa privada e espontânea das federações desportivas nacionais, inexistindo, por outro lado, e em termos históricos, qualquer preocupação preocupação inicial relativamente à definição do estatuto jurídico do COI. Actualmente, segundo o artigo 15º, nº 1, da CO, «[o] COI é uma organização não-governamental sem fins lucrativos, de duração ilimitada, sob a forma de associação com o estatuto de pesso colectiva, reconhecida pelo Conselho federal suíço, de acordo com a convenção que entrou em vigor a 1 de Novembro de 2000». Por outro lado, o COI encontra-se, segundo o artigo 15º, nº 2, da CO, sediado em Lausanne, pelo que se trata de uma associação regida pelo Direito Privado suíço, nos termos do artigo 60º e ss. do Código Civil suíço[634].

Em todo o caso, uma das particularidades mais controversas do edifício institucional do COI diz respeito ao *défice democrático* que abrange a sua estruturação associativa[635]. Na verdade, o COI não pode, em termos jurídicos, ser concebido como uma associação desportiva (e, por conseguinte, uma federação desportiva), na medida em que as federações desportivas (nacionais ou transnacionais) não adquirem a qualidade de associadas do COI. Por outro lado, o COI não pretende regular uma modalidade desportiva, mas, entre outras tarefas, organizar e regular em toda a sua extensão uma competição desportiva concreta, nomeadamente, os jogos olímpicos[636].

Neste contexto, ressalve-se que os associados do COI são pessoas singulares designadas[637] segundo a CO, embora a decisão última sobre a admissão destes membros resida no poder totalmente arbitrário do COI, uma

[634] No entanto, existe um acordo especial celebrado entre o COI e o Governo Federal suíço a 1 de Novembro de 2000, cujo objecto foi regular o estatuto jurídico do COI perante o Estado suíço, concedendo um conjunto de prerrogativas a esta entidade. Entre as mais relevantes, encontram-se medidas que (i) isentam o COI do pagamento de impostos, bem como a Fundação do Museu Olímpico, a Fundação Olímpica e a Federação Internacional para a Trégua Olímpica; (ii) que garantem uma grande amplitude à liberdade de associação no território suíço; (iii) que protegem os símbolos olímpicos; (iv) que garantem a possibilidade do COI recorrer ao apoio diplomático suíço no estrangeiro. O acordo encontra-se publicado na Recueil officiel em 2008, disponível em (http://www.admin.ch/opc/fr/classified-compilation/20002659/index.html).

[635] Neste sentido, cfr., entre tantos outros, Franck Latty, *La lex sportiva – Recherche sur le droit transnacional*, pp. 189 e ss., Alexandre Miguel Mestre, *Direito e Jogos Olímpicos*, p.72.

[636] Cfr. o artigo 2.2. estabelecendo que uma das tarefas do COI é: «to ensure the regular celebration of the Olympic Games».

[637] Conforme se estabelece no artigo 16.1.1: «IOC members are natural persons».

vez que a CO estabelece que: «o COI recruta e elege os seus membros de entre as pessoas elegíveis que considere qualificadas para tal (...)»[638]. Por outro lado, a vinculação institucional decorrente da CO faz com que seja de admitir que o COI possa, na prática, ser entendido como uma entidade próxima a uma federação desportiva[639]. Na verdade, nos termos da CO, estabelece-se a obrigatoriedade da conformidade da normatividade dos outros sujeitos desportivos (federações transnacionais, federações nacionais, comités olímpicos nacionais e agentes desportivos) com a CO[640]. É, neste contexto, comum falar-se numa *lex olympica* que, de resto e tal como a normatividade emanada pelas federações desportivas transnacionais, contacta constantemente com a esfera estadual[641].

2.2. A AMA: uma entidade de origem público-privada

Os sujeitos desportivos trasnacionais não são na sua totalidade produto de um ímpeto puramente privado. Existe, deste modo, a par de uma estruturação criada por sujeitos privados, também uma estruturação híbrida da AMA cuja origem é devida a uma parceria público-privada, uma vez que pressupôs um acordo de vontades entre os Estados e as estruturas desportivas privadas mais relevantes. Neste contexto, convém recordar que a centralização da regulação da dopagem numa única entidade é uma realidade recente. Foi somente em 1999[642] que tomou o seu lugar no seio do associativismo desportivo uma entidade híbrida que tem assumido um crescente protago-

[638] Cfr. artigo 16.1.2. da CO. Este facto tem consequências relevantes, desde logo, a perpetuação do poder normativo num conjunto de personalidades que componham o COI, uma vez que, cabe à Sessão (a Assembleia Geral dos associados), entre outras competências, a escolha dos futuros membros, bem como as alterações da CO. Cfr. artigo 18º, nº 1 e 2 da CO.

[639] Por conseguinte, todo o discurso aplicável às federações desportivas transnacionais é, em regra e salvo raras excepções, transposto na íntegra para a realidade do movimento olímpico.

[640] Cfr., por exemplo, os artigos 3º, nº 2, 27º, nº 6, 29º e 40º. A CO, nos termos do artigo 33º, nº 3, exige inclusivamente que o Estado em que existam candidatos a realizar os jogos olímpicos emita instrumentos legislativos que reconheça força jurídica à própria CO.

[641] Cfr. Franck Latty, *La lex sportiva – Recherche sur le droit transnational*, pp. 187 e ss.

[642] Sobre os motivos e o context histórico que estiveram subjacentes à criação da AMA, cfr., entre outros, Jan Todd e Terry Todd, «Significant Events in the History of Drug Testing and the Olympic Movement: 1960-1999» pp. 65 e ss., Judith Schmidt, *Internationale Dopingbekämpfung*, pp. 22 e ss., Matthias Kamber, «Development of the role of National Anti-Doping Organisations in the fight against doping: From past to future, pp. 3 e ss. e Reinhard Götz, *Anti-Doping-Massnahmen im Hochleistungssport aus rechtlicher Sicht*, pp. 47 e ss.

nismo[643]. A AMA foi constituída como uma fundação regida pelo Direito suíço. Na verdade, sediou-se originariamente na Suíça, em Lausanne, tendo, todavia, actualmente, a sede de administração efectiva em Montreal, no Canadá[644]. De entre as suas funções mais relevantes, cumpre-lhe, nos termos do artigo 4º, nº 1 dos seus estatutos, «promover e coordenar, num âmbito internacional, a luta contra a dopagem». No entanto, tem ainda como função (i) aprovar, adaptar e modificar a lista de substâncias e métodos proibidos na prática desportiva (artigo 4º, nº 3 dos estatutos); (ii) «desenvolver, harmonizar e unificar cientificamente as amostras, bem como as normas técnicas e procedimentos de análises e equipamento, incluindo a homologação dos laboratórios e criar um laboratório de referência» (artigo 4º, nº 5 dos estatutos); (iii) bem como a promoção da «harmonização de regras, procedimentos disciplinares, sanções, outros meios de combate à dopagem no desporto» (artigo 4º, nº 6 dos estatutos).

Não obstante se ter constituído segundo o Direito Privado suíço, este ente suscita um particular interesse jurídico, uma vez que representa uma «parceria igualitária entre Estados e o movimento olímpico»[645], a qual se manifesta numa paridade entre as entidades públicas e as entidades privadas em dois aspectos essenciais: na composição da estrutura governativa[646] e no seu financiamento[647], tratando-se, deste modo, de uma entidade ímpar no associativismo desportivo. O fascínio por esta entidade traduz-se, em particular, em três elementos essenciais: (i) em primeiro lugar, pela primeira vez os poderes públicos participam na construção de um regime

[643] No sentido de que «a AMA é hoje considerada a organização mais importante e com maior poder de decisão na luta antidoping». Cfr. Sérgio Nuno Coimbra Castanheira, *O Fenómeno do Doping no Desporto*, p. 95.

[644] Cfr. o artigo 2º dos estatutos da AMA, conjugado com a seguinte hiperligação: (http://www.wada-ama.org/en/About-WADA/Statutes/). Esta solução só é possível, uma vez que o artigo 56º do Código Civil suíço estabelece que «[l]e siège des personnes morales est, sauf disposition contraire des statuts, au siège de leur administration».

[645] Cfr. o artigo 7º dos estatutos.

[646] Cfr., por exemplo, o artigo 6º dos estatutos que estabelece que o Conselho da Fundação tem um número inicial de 10 membros, embora possa atingir os 40 membros, mas, nos termos do artigo 6º, nº 1 e 2 dos estatutos, cabe a designação de 18 membros ao movimento olímpico e 18 a entidades intergovernamentais, Estados ou autoridades públicas. De todo modo, caso seja necessário, os restantes membros serão designados em conjunto pelas entidades públicas e o movimento olímpico segundo o artigo 6º, nº 3.

[647] Cfr. o artigo 6º, nº 6 dos estatutos que estabelece a exigência de uma igualdade contributiva entre as autoridades públicas e o movimento olímpico.

normativo transnacional que, anteriormente, se reconduzia a uma origem puramente privada; (ii) em segundo lugar, existe uma paridade entre os entes públicos e privados, ao invés da tradicional supremacia da intervenção por parte da esfera pública (por intermédio de conservação de poderes ou prerrogativas especiais); (iii) em terceiro lugar, a participação da esfera estadual nasceu de uma convergência de interesses entre os poderes públicos e os poderes privados (desde logo, entre outras preocupações, para proteger a saúde pública e os atletas)[648].

Por outro lado, como consequência da parceria que esteve na sua origem, esta entidade produz um instrumento normativo atípico que unifica a normatividade em tudo o respeita à dopagem mundial: o Código Mundial de Antidopagem. Este documento assume a particularidade de, ao contrário da normatividade que emerge das federações desportivas transnacionais e do COI, partir de uma origem híbrida de cooperação entre a esfera pública (estadual) e a esfera privada (do associativismo desportivo)[649]. O Código Mundial de Antidopagem é, de todo o modo, um documento reconhecido pelos seus signatários, entre os quais se encontram: a AMA, o COI, as federações transnacionais, Comités Olímpicos Nacionais, o Comité Internacional Paralímpico, os Comités Olímpicos Nacionais Paralímpicos, bem como as organizações nacionais responsáveis pela regulação da dopagem[650].

Deste modo, com uma constante interacção normativa e disciplinar entre os vínculos regulatórios estabelecidos entre a AMA, as federações desportivas transnacionais, COI, as federações nacionais e as entidades públicas que regulam a dopagem (no caso português a ADOP), cria-se uma *rede de regulação transnacional* que tem o potencial de se tornar um dos mais recentes exemplos do denominado Direito Administrativo Global[651].

[648] V. LORENZO CASINI, «Global Hybrid Public-Private Bodies: The World Anti-Doping Agency (WADA)», p. 439.

[649] A sua qualificação normativa suscita as maiores dificuldades. O TAS entendeu, por exemplo, na decisão CAS 2011/O/2422 USOC contra IOC, de 4 de Outubro de 2011 que: «[t]he WADA Code is neither a law nor an international treaty. It is rather a contractual instrument binding its signatories in accordance with private international law».

[650] A lista completa dos signatários pode ser consultada em: https://www.wada-ama.org/en/what-we-do/the-code/code-signatories. Conforme explicam as notas ao artigo 22º do Código Mundial de Antidopagem, os Estados não são signatários do Código, uma vez que os Estados não se podem vincular a instrumentos privados como aquele.

[651] Sobre esta questão, cfr., por todos, LORENZO CASINI, *Il Diritto Globale Dello Sport*, pp. 229 e ss., LORENZO CASINI, «Global Hybrid Public-Private Bodies: The World Anti-Doping Agency (WADA)», pp. 433 e ss.

2.3. O associativismo desportivo transnacional e o Direito do Estado: uma autonomia relativa

A evolução histórica da relação entre as normas desportivas e as normas estaduais demonstrou que, até ao séc. XX, as ligações jurídicas entre o Estado e o associativismo desportivo eram praticamente inexistentes. No entanto, na primeira metade do Séc. XX dá-se uma radical mutação e desponta (com variadas motivações) uma crescente colisão entre os interesses prosseguidos pelas federações desportivas e aqueles prosseguidos pelo Estado, a qual se manifestou, desde logo, em dois sentidos e por ordem cronológica: (i) os Estados passaram a «instrumentalizar», com uma intensidade variável, o movimento desportivo, permitindo conduzir a conduta dos organismos desportivos, passando estas entidades a serem como que uma extensão da ideologia professada pelos regimes ditatoriais, de modo a que fosse possível controlar as massas deste importante sector social; (ii) terminada a vaga de «instrumentalização» do associativismo desportivo, registou-se também uma evolução das normas desportivas (motivada pela profissionalização da actividade desportiva) que deixaram de regular somente o jogo[652], passando também a regular aspectos importantes da vida social aos quais o Estado não podia (e não pode) ficar indiferente[653] (um bom exemplo é precisamente a dopagem).

Por outro lado, ainda que as entidades reguladoras do associativismo desportivo pretendessem estabelecer uma ordem normativa assente numa base de *anacionalidade*[654], existiu, desde sempre, uma particularidade decorrente da rede normativa das federações desportivas transnacionais (quando contraposta com outros fenómenos normativos transnacionais, por exemplo, da *lex mercatoria*) e que deriva da impossibilidade de explicar qualquer manifestação de regras desportivas oriundas de federações desportivas internacionais sem ter em conta as normas estaduais que regem a actividade onde essas federações se sediam ou se constituíram e que condicionam a

[652] Cfr., entre tantos outros, Frank Andexer, *Die nationale Sportgerichtsbarkeit und ihre internationale Dimension*, p. 9.

[653] Neste sentido, identificando os anos 60 como o ponto de partida deste fenómeno de «juridificação» da actividade desportiva, uma vez que se registou uma «profissionalização» da prática desportiva que permitiu ao desportista profissional praticar a sua actividade como forma de sustento e não como um mero ludismo. Cfr. Ulrich Haas e Dirk-Reiner Martens, *Sportrecht*, p. 19.

[654] Cfr., em termos críticos, sobre a questão, Jens Adolphsen, *Internationale Dopingstrafen*, pp. 51 e ss.

auto-regulação deste tipo de associações. A verdade é que também enquanto associações reguladas pelo Direito privado, estas entidades disfrutam, em regra, de uma ampla autonomia que advém, num primeiro momento, do espaço de liberdade que lhes é garantido por uma ordem jurídica de um determinado Estado em concreto[655] e que, por sua vez, é o fundamento de autonomia, num segundo momento, que permite expandir a sua rede de regulação transnacional.

Com efeito, as associações desportivas foram criadas (ou estabeleceram-se na sequência de uma alteração da sede efectiva) de acordo com o Direito suíço[656], o Direito alemão[657], o Direito monegasco[658], o Direito sueco[659], o Direito francês[660], o Direito uruguaio[661], ou mesmo o Direito finlandês[662]. De resto, as federações desportivas internacionais submetem-se ao direito estadual, com as condicionantes e os direitos que daí possam advir, cumprindo os requisitos por aquele exigidos, de modo a que possam desenvolver a sua actividade[663].

[655] Neste sentido, por exemplo, FRANCK LATTY, *La lex sportiva – Recherche sur le droit transnacional*, pp. 430 ss. e FRITZWEILER/PFISTER/SUMMERER, *Praxishandbuch Sportrecht*, 3ª Edição, pp. 610 e ss.

[656] V., entre tantos outros exemplos, o artigo 1.2.1., dos estatutos da World Archery, o artigo 1º dos estatutos da FIFA, o artigo 1.1.7., dos estatutos da FAI, o artigo 2º, nº 1, dos estatutos da AIBA e o artigo 1.1. da UCI.

[657] Cfr. o artigo 1.2.1, dos estatutos da ISSF afirmando-se que «[t]he Federation must be registered under the laws of the country in which the headquarters is located, subject to decision by the Administrative Council». Actualmente, esta federação sedia-se em Munique, na Alemanha.

[658] Cfr. o artigo 1º e 3º dos estatutos da UIPM ou o artigo 1º, nº 2 dos estatutos da IAAF.

[659] Cfr. o artigo 3º dos estatutos da WMF.

[660] Cfr. o artigo 1º dos estatutos da FIA.

[661] V. o artigo 1º e 2º dos estatutos da FIP.

[662] V. o artigo 1.1 dos estatutos da IOF.

[663] Particularmente demonstrativo desta realidade revela-se, por exemplo, o estabelecido nos estatutos da IJF, onde no artigo 1.2. se afirma que «*[t]he International Judo Federation (...) is a non for profit Association founded for an unlimited period of time and governed by articles 60 et seq. of the Swiss Civil Code and the present Statutes*». Outro bom exemplo será também aquele que pode ser encontrado nos estatutos da FIL dispondo-se no artigo 2.3. que «*[t]his Constitution shall be governed by and construed in accordance with New York State, United States Law*». De todo o modo, mais explícito ainda, o artigo 2.2.1 dos estatutos da FIBT, afirmando-se que: «The FIBT constitutes a civil association having its own legal identity in accordance with Article 60 of the Swiss Civil Code. The FIBT is under the jurisdiction of Switzerland and the location of its legal residence is Lausanne, Canton of Vaud».

No entanto, saber, em concreto, qual o Direito estadual aplicável à actividade da federação desportiva transnacional – se o Direito do Estado onde se constituiu a federação desportiva transnacional ou o da sua sede efectiva, no caso de deslocação para outro Estado – é uma questão a resolver pelo Direito Internacional Privado[664]. Por conseguinte, para determinar o estatuto destas pessoas colectivas existem duas teorias dominantes: (i) a teoria da constituição e (ii) a teoria da sede. A primeira teoria postula que o Direito estadual aplicável à pessoa colectiva deve ser aquele segundo o qual esta se constituiu, ou seja, a lei do local onde adquiriu a personalidade jurídica. A teoria da sede, por seu turno, defende que ao estatuto pessoal da pessoa colectiva deve ser aplicável a lei do local onde se situe a sede de administração efectiva[665].

A teoria da constituição é adoptada por muitos ordenamentos jurídicos da *common law* ou ordenamentos da família romano-germânica, como por exemplo a Suíça[666]. A solução do sistema português de Direito dos conflitos consagra a teoria da sede – em sentido idêntico, por exemplo, também o sistema alemão – estabelecendo-se no artigo 33º, nº 1 do CC que: «[a] pessoa colectiva tem como lei pessoal a lei do Estado onde se encontra situada a sede principal e efectiva da sua administração». Por outro lado, existe, desde logo, a dificuldade relativamente a saber onde se situa a sede efectiva da administração das federações desportivas. Em todo o caso, entende a doutrina que a sede efectiva da administração se localiza no lugar na qual se forma a vontade dos órgãos directivos e, quando estes se localizem em diferentes países, no lugar que represente «o centro de decisão superior e final»[667].

[664] Cfr. sobre os problemas das federações desportivas transnacionais relacionados com o Direito Internacional Privado, com indicações, PATRICK MEIER, *Dopingsanktion durch Zahlungsversprechen*, pp. 52 e ss.

[665] Sobre estas teorias, cfr., entre tantos outros, ANTÓNIO MARQUES DOS SANTOS, *Direito Internacional Privado – Sumários*, pp. 125 e ss. A. FERRER CORREIA, *Lições de Direito Internacional Privado I*, pp. 82 e ss., JOÃO BAPTISTA MACHADO, *Lições de Direito Internacional Privado I*, 3ª Edição, pp. 344 e ss., CHRISTOPH REITHMANN e DIETER MARTINY, *Internationales Vertragsrecht*, 7ª Edição, pp. 1497 e ss.

[666] Na verdade, o artigo 150º, conjugado com o artigo 154º da LDIP, estabelece a regra da teoria da constituição (embora com excepções) relativamente à relevância desta em termos de determinação da competência dos tribunais suíços e da respectiva lei aplicável no que respeita a associações, sobre esta questão, cfr., por todos e com amplas indicações, AAVV, *Basler Kommentar – Internationales Privatrecht*, 3ª Edição, pp. 1390 e 1411 e ss.

[667] Neste sentido, LUÍS LIMA PINHEIRO, *Direito Internacional Privado*, Vol. II, 3ª Edição pp. 116 e 117.

Neste contexto, deve ter-se presente que a teoria da sede[668] acaba, na prática e em regra, por conduzir, no caso das federações desportivas transnacionais, aos mesmos resultados da teoria da constituição, na medida em que a maioria das federações desportivas que se sediaram no Estado Suíço, também se constituíram, por outro lado, de acordo com as normas jurídicas deste país, pelo que também será, em regra, a lei suíça aplicável ao estatuto pessoal destas pessoas colectivas. No entanto, este problema só se torna relevante quando estiver colocado um tribunal estadual estrangeiro (que não o suíço) perante a necessidade de julgar a causa – e desde que seja internacionalmente competente –, uma vez que no ordenamento suíço, as federações desportivas transnacionais são, como qualquer outra associação (na relação com os seus associados) que aí se constitua e se sedie, sujeitas ao Direito suíço[669].

É, portanto, equívoca a equiparação destas entidades a organizações internacionais[670]. Na verdade, as federações desportivas não são criadas por

[668] A teoria da sede tem, porém, vindo a diminuir a sua operatividade relativamente a associações e sociedades que se constituam na União Europeia (ou em países com a qual a União Europeia tenha acordos), uma vez que a jurisprudência do TJCE entende que a determinação do direito aplicável por intermédio do recurso ao critério da sede de administração efectiva poderia ser incompatível com a liberdade de estabelecimento. Num primeiro momento o TJCE entendeu na decisão *Daily Mail* [Ac. de 27 de Setembro de 1988, processo nº 81/87] que as regras da União Europeia deviam ser interpretadas no sentido de que «não conferem a uma sociedade constituída em conformidade com a legislação de um Estado-membro e que neste tenha a sua sede social, o direito de transferir a sede da sua administração para outro Estado-membro». A posição jurisprudencial foi invertida na decisão *Centros* [Ac. de 9 de Março de 1999, processo nº C-208/00], Überseering [Ac. de 5 de Novembro de 2002, processo nº C-167/01], *Inspire Art* [Ac. de 30 de Setembro de 2003, processo nº C-167/01] reconhecendo importantes limitações às regras de conflitos de um determinado Estado-membro quando em confronto com a liberdade de estabelecimento. Sobre esta jurisprudência, cfr. Christoph Reithmann e Dieter Martiny, *Internationales Vertragrecht*, 7ª Edição, pp. 1496 e ss., Luís Lima Pinheiro, *Direito Internacional Privado*, Vol. II, 3ª Edição pp. 140 e ss.

[669] Cfr., entre outros, sobre a regulação pelos artigos 60º e ss. do Código Civil suíço do estatuto jurídico das federações desportivas internacionais, Denis Oswald, *Associations, fondations et autres formes de personnes morales au service du sport*, pp. 37 e ss., Margareta Baddeley, *L'association sportif face ao droit*, pp. 8 e ss. Denunciando, a submissão das federações desportivas transnacionais ao Direito estadual em que se sedia, cfr. Iñaki Aguirreazkuenaga, «Público e privado en el ordinamiento jurídico deportivo», p. 4228.

[670] Sobre esta posição, cfr. a síntese e a crítica de Thomas Summerer, *Internationales Sportrecht vor dem staatlichen Richter*, pp. 29 e ss. Neste sentido, entre nós, defendendo uma aplicação analógica do artigo 8º, nº 3, da CRP aplicável às organizações internacionais, de modo a

Estados[671], sendo, na sua maioria, compreendidas como *organizações não-governamentais*[672 673] (ONG), devendo ser particularmente realçado que a personalidade jurídica das federações desportivas transnacionais e do COI

permitir uma aplicação automática das regras de «organizações internacionais privadas», cfr. DIOGO FREITAS DO AMARAL, «Os ordenamentos desportivos como fonte de direito», pp. 19 e 20.

[671] As organizações internacionais são, na verdade, compreendidas como a «associação de dois ou mais sujeitos de Direito Internacional Público (na sua maioria Estados) fundada num Tratado Internacional, dotada de órgãos próprios e concebida para prosseguir funções de interesse comum». Cfr. MATTHIAS RUFFERT e CHRISTIAN WALTER, *Institutionalised International Law*, p. 5.

[672] Esta é uma realidade que colhe uma quase unanimidade na doutrina, por exemplo, relativamente ao COI e à FIFA que são recorrentemente mencionadas como manifestações deste conceito jurídico. Cfr, entre tantos outros, NGUYEN QUOC DINH, PATRICK DAILLIER e ALAIN PELLET, *Direito Internacional Público*, 2ª Edição, p. 660, ROLF SCHWARTMANN, *Private im Wirtschaftsvölkerrecht*, p. 17, ANDREAS FUNKE, «Nichtregierungsorganisationen (NGO)», p. 313, ADELHEID PUTTLER, «Globalisierung als Topos», Vol. XI, 3ª Edição, p. 351, KNUT e IPSEN, *Völkerrecht*, 6ª Edição, p. 206, ANDRÉ GONÇALVES PEREIRA e FAUSTO DE QUADROS, *Manual de Direito Internacional Público*, 3ª Edição, p. 403, JORGE BACELAR GOUVEIA, *Manual de Direito Internacional Público*, 4ª Edição, p. 560, PAULO OTERO, *Manual de Direito Administrativo*, Vol. I, p. 528, DIRK MONHEIM, *Sportlerrechte und Sportgerichte im Lichte des Rechtsstaatsprinzips*, p. 16, TORSTEN STEIN e CHRISTIAN BUTTLER, *Völkerrecht*, 13ª Edição, p. 170, STEPHAN HOBE, *Einführung in das Völkerrecht*, 9ª Edição, p. 159, ALFRED VERDROSS e BRUNO SIMMA, *Universelles Völkerrecht*, 3ª Edição, p. 251.

[673] O conceito de *organização não-governamental* não pode ser reconduzido a uma realidade unívoca. De todo o modo, podem ser apresentadas algumas características indiciárias para efeitos do presente estudo: (i) estas entidades não são criadas por um acto estadual ou de Direito Internacional (ainda que possam, por vezes, ser reconhecidas ou financiadas pelo Estado), mas surgem antes por intermédio de uma iniciativa privada; (ii) consubstanciam um agregado de pessoas (colectivas ou singulares) que prosseguem, com uma relativa estabilidade temporal, um conjunto de fins (lícitos) comuns; (iii) não pretendem prosseguir o lucro (se o tiverem, não será para distribuir por entre os associados ou sócios, mas para prosseguir os fins estatutariamente fixados); (iv) sediam-se num determinado Estado que, em regra, será também aquele que regerá os principais aspectos jurídicos da organização e funcionamento destas entidades. Em geral, sobre o conceito de organizações não-governamentais, cfr. ANNA-KARIN LINDBLOM, *Non-Governmental Organisations in International Law*, pp. 36 e ss., NGUYEN QUOC DINH, PATRICK DAILLIER e ALAIN PELLET, *Direito Internacional Público*, 2ª Edição, pp. 660 e ss., MATTHIAS HERDEGEN, *Völkerrecht*, 13ª Edição, pp. 97 e ss., KNUT e IPSEN, *Völkerrecht*, 6ª Edição, pp. 204 e ss., ANDRÉ GONÇALVES PEREIRA e FAUSTO DE QUADROS, *Manual de Direito Internacional Público*, 3ª Edição pp. 402 e ss., PAULO OTERO, *Manual de Direito Administrativo*, Vol. I, p. 528.

reconduz-se, regra geral, a uma personalidade de Direito Privado obtida no ordenamento suíço[674].

Esta circunstância tem um importante reflexo, como se verá, relativamente à aplicabilidade do Direito suíço e à respectiva competência dos tribunais suíços, na medida em que existe uma importante função de controlo da normatividade desportiva pelo TAS, mas também pelo TFS por intermédio do mecanismo de impugnação de sentenças arbitrais. Com a sedimentação da aceitação do TAS como instância arbitral junto do associativismo desportivo, registaram-se, em bom rigor, um conjunto de litígios que colocaram o controlo da normatividade desportiva na órbita da jurisdição estadual[675], esvaziando qualquer ideia de *imunidade jurisdicional* das federações desportivas[676].

A jurisprudência do Tribunal de Justiça tem, por seu turno, por adquirido que as federações desportivas transnacionais se encontram vinculadas às liberdades fundamentais[677]. Paralelamente, a sede ou o local da constituição

[674] Explique-se, neste contexto, que está excluída do nosso estudo a questão de saber se as ONG podem ou não obter a personalidade de Direito Internacional. Sobre a questão, v., por exemplo, MENNO T. KAMMINGA, «What makes an NGO 'legitimate' in the eyes of states?», pp. 175 e ss. Especificamente, sobre o problema relativamente às federações desportivas, por exemplo e com indicações, DIRK MONHEIM, *Sportlerrechte und Sportgerichte im Lichte des Rechtsstaatsprinzips*, pp. 15 e ss.

[675] Um desses exemplos pode ser precisamente retirado do caso Matuzalém, no qual a FIFA puniu um atleta com uma suspensão mundial do exercício da prática desportiva do futebol, como consequência do não pagamento de uma quantia em dívida solidária deste e do Real Saragossa SAD ao FC Shaktar Donetsk e que o TFS invalidou com base na violação da ordem pública material pelo motivo da desproporcionalidade da sanção. Sobre este caso e para uma tradução da decisão, cfr. ARTUR FLAMÍNIO DA SILVA, «A norma desportiva: Plural, mas pouco?», pp. 255 e ss.

[676] Neste sentido, com indicações, cfr., por todos, ANDREAS WAX, *Internationales Sportrecht*, pp. 170 e ss., explicando precisamente que a existência de imunidades ou benefícios fiscais, não implica, por certo, uma concessão unilateral de imunidade jurisdicional às federações desportivas «em evidente desfavor dos atletas». A ideia de que as federações desportivas transnacionais gozam de imunidade jurisdicional, mais não é do que um equívoco que assenta na equiparação destas à ideia de imunidade absoluta (entretanto ultrapassada) dos Estados no Direito Internacional Público. Sobre a imunidade jurisdicional dos Estados, cfr., por todos, XIAODONG YANG, *State Immunity in International Law*, pp. 6 e ss.

[677] A vinculação dos privados às liberdades fundamentais foi, desde logo, admitida pelo TJCE no Ac. de 5 de Fevereiro de 1963, processo nº 26/62 – *Van Gend en Loos*, afirmando que o Direito da União Europeia: «(...) constitui uma nova ordem jurídica de direito internacional, a favor da qual os Estados limitaram, ainda que em domínios restritos, os seus direitos soberanos, e cujos sujeitos são não só os Estados-membros, mas também os seus nacionais».

destas assume-se como irrelevante para determinar a aplicabilidade do Direito da União Europeia quando esteja em causa uma norma desportiva transnacional que viole qualquer uma das liberdades fundamentais. Com efeito, desde que estas normas possam afectar as liberdades fundamentais do Tratado da Lisboa e sejam criadas ou eficazes no âmbito espacial de um Estado-Membro (ou de um Estado que com esta tenha celebrado um acordo relativamente à aplicabilidade da protecção decorrente do Tratado) que integre a União Europeia, não é possível escapar à aplicação do Direito que provenha desta última[678].

No entanto, foi somente mais tarde no Ac. de 12 de Dezembro de 1974, processo nº 36/74 – *Walrave e Koch contra UCI*, que o TJCE reconheceu expressamente que, na medida em que estivesse em causa uma actividade económica, as discriminações perpetuadas por entidades privadas estariam abrangidas pela proibição constante nos Tratados, uma vez que esta se impunha «(...) não apenas à actuação das autoridades públicas, mas abrange também as regulamentações de outra natureza, destinadas a disciplinar, de forma colectiva, o trabalho assalariado e as prestações de serviços» [ponto 17]. Esta posição foi devidamente confirmada na decisão *Donà contra Montero* de 14 de Julho de 1976, processo nº 13/76, afirmando-se que: «(...) a proibição de qualquer discriminação em razão da nacionalidade impõe-se não só à actividade das autoridades públicas, mas também se estende às regulamentações de outra natureza destinadas a disciplinar, colectivamente, o trabalho assalariado e as prestações de serviços» [ponto 17] . De todo o modo, foi apenas com a decisão no Ac. de 15 de Dezembro de 1995, processo nº C-415/93 – Bosman, que as disposições regulamentares de uma federação desportiva foram consideradas, no caso concreto, incompatíveis com uma liberdade fundamental prevista nos Tratados (liberdade de circulação), uma vez que existiria uma discriminação em razão da nacionalidade. Neste sentido afirmou o TJCE que as: «disposições que impedem ou dissuadem um cidadão de um Estado-Membro de abandonar o seu país de origem para exercer o seu direito de livre circulação constituem entraves a essa liberdade, mesmo que se apliquem independentemente da nacionalidade dos trabalhadores em causa» [ponto 96]. Para mais desenvolvimentos sobre esta questão, cfr. ALINA-MARIA LENGAUER, *Drittwirkung von Grundfreiheiten*, pp. 351 e ss. Segundo MISLAV MATAIJA, *Private Regulation and the Internal Market*, pp. 157 e ss., as limitações decorrentes da jurisprudência do TJCE assumem-se como uma «autonomia condicional» das federações desportivas transnacionais.

[678] Sobre esta questão, v., por todos, MARIE KRONBERG, *Voraussetzungen und Grenzen der Bindung von Sportverbänden an die Europäischen Grundfreiheiten*, p. 110 e ss. Com esta constatação não se está, porém, a tomar posição sobre a difícil questão relativamente as relações entre o Direito da União Europeia e o ordenamento jurídico nacional. Sobre esta problemática, cfr., por exemplo, PATRÍCIA FRAGOSO MARTINS, *O Princípio do Primado do Direito Comunitário sobre as Normas Constitucionais dos Estados-Membros*, pp. 33 e ss., FAUSTO DE QUADROS, *Droit de L'Union européene*, pp. 296 e ss., DIOGO FREITAS DO AMARAL e NUNO PIÇARRA, «O Tratado de Lisboa e o Princípio do Primado do Direito da União Europeia: uma "evolução na continuidade"», pp. 9 e ss., JOÃO MOTA DE CAMPOS ET ALLI, *Manual de Direito Europeu*, 7ª Edição, pp. 256 e ss., JÓNATAS E. MACHADO, *Direito da União Europeia*, pp. 54 e ss., PATRÍCIA FRAGOSO

Além desta circunstância, não se deve, no entanto, incorrer no equívoco de entender que o Direito Suíço será sempre aplicável a todas as relações jurídicas que possam emergir de uma competição desportiva transnacional ou nacional[679]. Com efeito, entendendo nós que a delimitação de competências entre a federação desportiva nacional e transnacional se determina consoante a natureza transnacional ou nacional da competição, será, em primeiro lugar, importante perceber que o Direito suíço se aplicará somente nas relações das federações desportivas transnacionais com os seus associados no que à organização da competição transnacional disser respeito[680].

Com efeito, é importante reter – e sem prejuízo de posterior análise detalhada – que sempre que a normatividade emanada por uma federação desportiva transnacional é recepcionada pelo bloco normativo de uma federação desportiva nacional, o Direito estadual onde se encontra sediada esta última acaba, por outro lado, sempre por efectuar um *controlo indirecto* – ainda que, por vezes, limitado –, da normatividade desportiva transnacional – independentemente de se tratar de um sistema de regulação pública ou de regulação privada do desporto[681].

Esta questão ficou, desde logo, evidenciada nos anos 90 com um conjunto de litígios marcantes, como por exemplo: o caso Henry Reynolds – em que um desportista viu deferido um pedido de responsabilidade civil a título de *punitive damages* no valor de 27 milhões de dólares contra a IAAF pela primeira instância do tribunal de Ohio (embora a decisão fosse alterada em recurso) – [682], ou o caso Katrin Krabbe – no qual uma atleta con-

Martins, «A União Europeia na Ordem Jurídica Global», pp. 183 e ss., Jónatas E. Machado, *Direito da União Europeia*, pp. 54 e ss.

[679] cfr., neste sentido, Diogo Freitas do Amaral, «Os ordenamentos desportivos como fonte de direito», pp. 19 e ss.

[680] Neste sentido e sobre esta questão, analisando os problemas que derivam da competência internacional dos tribunais alemães, Patrick Meier, *Dopingsanktion durch Zahlungsversprechen*, pp. 210 e ss.

[681] Neste sentido, v., por todos, Franck Latty, *La lex sportiva – Recherche sur le droit transnacional*, pp. 563 e ss.

[682] O supra-mencionado atleta foi punido com uma sanção que o proibia de competir durante dois anos na decorrência de um controlo de Antidopagem efectuado em Monte Carlo em plena competição pela IAAF (na altura ainda sediada em Londres). O desportista buscou, porém, tutela judicial junto dos tribunais dos EUA que era o país onde tinha o seu domicílio. Numa primeira decisão, o tribunal distrital de Ohio de 19 de Junho de 1992 [decisão *Reynolds contra IAAF*, publicada no Federal Supplement 841 [1992], pp. 1444 e ss.] e ss, sustentou que: [i]t is simply an unacceptable position that the courts of this country cannot protect the individual rights of United States citizens where those rights are threatened by

seguiu que fosse deferida uma pretensão indemnizatória contra a IAAF, mesmo que tal ocorresse somente depois de esgotadas todas as hipóteses de recurso jurisdicionais[683]. Por outro lado, a confirmar esta ideia aqui desenvolvida surgiu, mais recententemente, a decisão de um tribunal alemão envolvendo a atleta Claudia Pechstein – em que, embora a pretensão indemnizatória da atleta não fosse deferida, aquele tribunal entendeu que era da sua competência decidir sobre a questão de fundo do litígio[684]. Estes lití-

an association which has significant contacts with this country, which exercises significant control over both athletes and athletic events in this country, which acts through an agent organization in this country, and which gains significant revenue from its contracts with United States companies», concluindo, de forma peremptória, que: «[t]he Court finds untenable what is apparently the tactic of the IAAF to insulate itself from the jurisdiction of any court: despite the incredible power and influence which it directly wields over track and field athletics in the United States and throughout the world, the IAAF continually maintains that it has no direct contact with any country or athlete, and that it only acts or has any outside contact through its member organizations». Sobre este caso, v., entre tantos outros, Thomas Bach, «Der Dopingfall Harry „Butcher" Reynolds – Plädoyer für internationale Sportgerichtsbarkeit», pp. 142 e 143.

[683] Em termos gerais, estava em causa a alegada dopagem da atleta Katrin Krabbe (em 1992) que motivou diversas sanções disciplinares e que, por outro lado, suscitou uma intensa batalha jurídica durante mais de oito anos, gerando – em consequência da decisão disciplinar que a suspendeu – o fim da carreira desportiva de Katrin Krabbe. De todo o modo, a atleta acabou por conseguir alcançar uma decisão positiva junto do Tribunal Regional de Munique relativamente a um pedido indemnizatório contra a federação desportiva transnacional, chegando, em 2002, a acordo com IAAF sobre o montante a receber, depois de um recurso da IAAF junto do *Oberlandesgericht* de Munique que não obteve sucesso. Sobre o desenrolar deste caso, cfr. Thomas Summerer, «Prozessende Katrin Krabbe: Hindernislauf mit Tücken», pp. 233 e ss.

[684] Neste litígio, o tribunal regional de Munique I (37ª Câmara Civil) de 26 de Fevereiro de 2014, processo nº 37 O 2833112, reconheceu que era competente para decidir um pedido de indemnização civil (decorrente de uma decisão disciplinar motivada por uma suposta dopagem da atleta) proposto por uma atleta contra a federação nacional (que se sediava na Alemanha), mas também contra a federação transnacional respectiva (sediada na Suíça), uma vez seria aplicável o artigo 6º, nº 1 da Convenção de Lugano II, relativa à competência judiciária, ao reconhecimento e à execução de decisões em matéria civil e comercial, de 30.10.2007, na medida em que (i) a federação nacional alemã aplicou, no ordenamento jurídico alemão, as medidas disciplinares exigidas pela federação desportiva transnacional (e que esta não podia automaticamente impor) que se reconduziam a uma proibição de exercício da profissão e que representava concomitantemente o local da residência da atleta; (ii) o pedido que subjazia a propositura da acção contra os dois demandados tinha um fundamento jurídico comum. Em síntese, este tribunal invocou um critério de «economia processual» para justificar a competência dos tribunais alemães.

gios são somente alguns exemplos que ilustram precisamente que a relação entre a normatividade desportiva e a normatividade estadual não assenta numa mera «aceitação recíproca da autonomia»[685].

Esta ideia é, por outro lado, definitivamente corroborada com o exemplo da decisão do OLG de Munique relativamente ao caso Pechstein[686]. Em concreto, os tribunais estaduais entenderam que a existência de um «abuso de posição dominante» pelas federações transnacionais se manifestou na atribuição de competência a um tribunal arbitral que não tem as garantias suficientes de independência o que consubstanciava uma intolerável contradição com os valores vigentes e, nesse sentido, rejeitou que a decisão do TAS pudesse produzir efeitos no ordenamento jurídico alemão.

Por último, regista-se, de resto, que as próprias federações desportivas transnacionais já se acomodaram, com menor ou maior acuidade, com a ideia de que não desenvolvem a sua actividade de um modo isolado em relação ao Direito de origem estadual, como se pode notar, em particular, pelo exemplo dos estatutos da IAAF, nos quais se define no artigo 16º que: «[a] lei aplicável à IAAF deve ser a lei do Mónaco». Resta-nos, por agora, reter, para o presente estudo, que as federações desportivas transnacionais dependem sempre de uma ordem jurídica para poder desenvolver a sua actividade regulatória, uma vez que inexistem «associações apátridas» (*staatenlosen Vereine*)[687]. Na verdade, seguindo a síntese de FRITZWEILER, PFISTER e SUMMERER, «o Desporto não é um Estado no Estado, nem o Desporto internacional pode ser considerado um Estado a par dos Estados mundialmente reconhecidos pelo Direito Internacional Público»[688].

[685] A expressão empregue (em sentido contrário ao defendido por nós) por STEPHAN HOBE é somente perceptível num quadro histórico em que a autonomia do desporto transnacional em relação à normatividade estadual ainda era discutida, embora o próprio autor já reconhecesse que a autonomia do COI pudesse ser colocada em causa, especialmente, no âmbito da tutela jurisdicional efectiva. Cfr. *Der offene Verfassungstaat zwischen Souveränität und Interdependenz*, , p. 316.

[686] Sobre esta quetão, remete-se para a Parte II, capítulo III, §5, 5.5.

[687] Cfr. MAX WIESACK, *Europäisches Internationales Vereinsrecht*, pp. 11 e 12, reconhecendo que, embora as associações internacionais discordem desta solução, todas as tentativas de atribuir personalidade jurídica a estas associações independentemente de uma ordem jurídica concreta falharam. No sentido de que: «[a]s ONG precisam de ter personalidade jurídica de Direito interno de um Estado qualquer» e que «[o] Estado que lhes conceda personalidade de Direito interno delega nas ONG poderes para a prossecução das suas actividades», cfr. ANDRÉ GONÇALVES PEREIRA e FAUSTO DE QUADROS, *Manual de Direito Internacional Público*, 3ª Edição p. 403.

[688] *Praxishandbuch Sportrecht*, 2ª Edição, p. 7.

Com efeito, estas ONG desportivas acabam por revelar sempre um ponto de contacto constante com a esfera normativa estadual (com aquela em que se constituíram, se sediam ou aquela em que a normatividade transnacional possa produzir efeitos jurídicos), embora desenvolvam uma actividade transnacional de regulação desportiva. Por outro lado, os fins que prosseguem podem, não raras vezes, ser equiparados ao *interesse público estadual* (v., paradigmaticamente, a dopagem), embora operam de um modo transnacional (ou mundial), regulando a actividade desportiva da modalidade correspondente (i) por intermédio de uma das federações desportivas (se existir) que regule a modalidade num determinado país e que seja sua filiada ou (ii) quando estiverem em causa competições por si directamente organizadas. Esta realidade – que se adensou com a criação da AMA – gerou, deste modo, a emergência de *interesses públicos transnacionais*[689] pelas federações desportivas e COI. Neste contexto, deve-se, em suma, retirar-se que uma visão de autarcia e de imunidade jurisdicional das federações desportivas transnacionais em relação à justiça estadual (ou a qualquer uma delas) deve ser considerada ultrapassada.

2.4. A actuação transnacional das federações desportivas: entre o Direito Público e o Direito Privado

O cenário anteriormente descrito remete-nos para uma realidade peculiar, mas bastante conhecida no seio do associativismo desportivo. Em boa verdade, a constatação de que o fenómeno normativo que tem origem numa dimensão transnacional do associativismo desportivo conecta sempre (e não pontualmente) com a esfera jurídica estadual (não necessariamente do Estado onde se sedia a federação desportiva nacional) permite compreender a totalidade do problema que envolve a existência de uma regulação monopolista a operar num âmbito desportivo transnacional.

Neste contexto, é importante perceber que se assiste a um crescente hibridismo das relaçoes entre os Estados e as entidades privadas que desenvolvem actividades transnacionais. As federações desportivas são um excelente exemplo, em particular, por quatro motivos, os quais tivemos (ou iremos ter) oportunidade de constatar: (i) as federações desportivas transnacionais submetem-se ao Direito do Estado no qual se sediam (recorrentemente o Estado suíço); (ii) a rede hierárquico-monopolística é construída com base numa relação de cooperação entre a federação desportiva trans-

[689] Paulo Otero, *Manual de Direito Administrativo*, Vol. I, p. 529.

nacional e a federação desportiva nacional: as federações nacionais são, deste modo, responsáveis pela regulação da actividade desportiva no espaço das fronteiras do Estado em que se situa a sua sede e que, por sua vez, se submetem ao Direito daquele Estado; (iii) no fenómeno da dopagem os Estados constroem uma rede normativa em parceria com as entidades que regulam a actividade desportiva num âmbito transnacional, mas que exige um reconhecimento (ou não) estadual na esfera interna; (iv) das últimas três realidades descritas pode também resultar que as federações desportivas sofram limitações pelo Direito Internacional Público[690] e, por outro lado, se encontrem directamente vinculadas (nomeadamente as liberdades fundamentais) ao Direito da União Europeia, desde que os efeitos da sua normatividade se produzam no território de um Estado-Membro.

Desta situação de vinculação (directa ou indirecta) resulta evidentemente que a actividade das federações internacionais se encontra num espaço que não é puramente privado, mas híbrido[691]: entre a *drittwirkung* de parte do Direito Internacional Público (em particular as liberdades fundamentais do Direito da União Europeia), o Direito do Estado onde se sediam, mas também o Direito do Estado onde se sediam as federações desportivas nacionais. Este facto demonstra evidentemente as fragilidades de uma distinção estanque entre o Direito Público e o Direito Privado: pelo menos aquela assente na qualificação dada pelo Estado na qual se constituiu o ente associativo que desenvolve a regulação transnacional do Desporto.

A questão que se coloca é a de saber se é possível entender-se que as federações desportivas transnacionais são privadas pela simples razão de que o Estado Suíço – ou outro na qual se sediam – as qualificou como tal ou se, porventura, a solução seria diferente se aquele Estado as qualificasse

[690] Cfr., sobre estas, por todos, ANDREAS WAX, *Internationales Sportrecht*, pp. 188 e ss.

[691] Cfr., em geral, sobre este fenómeno no âmbito da *corporate governance*, MICHAEL WEISS, *Hybride Regulierungsinstrumente*, pp. 9 e ss. Especificamente sobre entidades privadas transnacionais, cfr. BENEDICT KINGSBURY, NICO KRISCH e RICHARD B. STEWART, «The Emergence of Global Administrative Law», pp. 16 e ss., pp. 346 e ss. BENEDICT KINGSBURY e LORENZO CASINI, «Global Administrative Law Dimensions of International Organizations Law», pp. 346 e ss. Sobre os fenómenos de hibridização referindo-se expressamente ao Desporto, cfr. LORENZO CASINI, *Il Diritto Globale dello Sport*, pp. 24 e 220 e ss., LORENZO CASINI, «Global Hybrid Public-Private Bodies: The World Anti-Doping Agency (WADA)», pp. 473 e ss. LORENZO CASINI, «'Down the Rabbit Hole': The Projection of the Public/Private Distinction Beyond the State», p. 6 e ss. Sobre a vinculação de privados ao Direito Internacional Público, cfr., por todos, ANNE PETERS, *Jenseits der Menschenrechte*, pp. 53 e ss.

como públicas. De resto, neste contexto, deve reter-se que hoje em dia é mesmo banal constatar – basta olharmos para as federações desportivas que exercem poderes públicos em Portugal – que está esbatida a ideia de que os privados não podem participar no exercício de poderes públicos, mas também o postulado de que «(...) verdadeiros contratos do Estado na área do Direito Público são completamente impensáveis»[692] como o fazia a acepção clássica do Direito Administrativo liberal de OTTO MAYER.

Assim sendo, é verdade que, como afirma GUNTHER TEUBNER, se tornou «quase um "ritual" descontruir a distinção público/privado»[693]. Não é esta a nossa intenção[694] [695]. Não se trata de escamotear a inegável

[692] Cfr. OTTO MAYER, «Zur Lehre vom öffentlichen-rechtlichen Verträge», p. 42.

[693] «The Private / Public Dichotomy: After the Critique?», *disponível em http://www.re-public.gr/en/?p=99.*

[694] Convém, no entanto, recordar que a distinção entre o Direito Público e o Direito Privado está, num plano nacional, longe de não revelar importância prática, uma vez que é esta distinção que permite recorrentemente determinar qual o direito material aplicável: se o Direito Público ou o Direito Privado. Como sintetiza IPSEN a distinção entre o Direito Público e o Direito Privado suscita um importante interesse prático que se revela em quatro momentos: (i) na determinação da jurisdição competente: se a jurisdição administrativa ou a jurisdição comum; (ii) determinação da aplicabilidade do regime legal procedimental, o qual não se aplicará a actuações que se reconduzam somente ao Direito Privado; (iii) na possibilidade de saber se é possível recorrer ao princípio da execução prévia que caracteriza a actividade administrativa; (iv) para identificar qual o regime de responsabilidade civil correspondente (se o disposto na Lei nº 67/2007 ou se o estabelecido no CC). Cfr. JÖRG IPSEN, *Allgemeines Verwaltungsrecht*, 5ª Edição, pp. 2-5.

[695] De qualquer modo, a distinção Direito Público/Direito Privado está longe de ser um problema exclusivamente dos sistemas jurídicos continentais, colocando sérios problemas nos sistemas de *common law*. No direito inglês, embora a esta diferenciação não tivesse a mesma relevância assumida nos ordenamentos jurídicos de raiz romano-germânica, [Sobre as dificuldades históricas da implementação desta distinção na *common law* britânica, cfr. J. W. F. ALLISON, *A Continenal Distinction in The Common Law – A Historical and Comparative Perspectve on English Public Law*, pp. 107 e ss.] esta passou a ganhar um novo fôlego com a discussão sobre a possibilidade de existir a *judicial review* da actuação de entidades privadas, em especial, após a aprovação do Human Rights Act de 1998 e com a correspondente incorporação da CEDH no ordenamento jurídico britânico, apresentando uma importante relevância prática [em termos sintéticos, por *judicial review* deve entender-se o meio processual de controlo da actividade do Executivo pelos tribunais judiciais que serão, atendendo à unidade de jurisdição, também competentes para o julgamento de litígios entre privados. Cfr., entre tantos outros, MICHAEL FORDHAM, *Judicial Review Handbook*, 3ª Edição, p. 21 e DE SMITH, WOOLF e JOWELL, *Judicial Review of Administrative Action*, pp. 5 e ss., JOHN ALDER, *Constitutional and Administrative Law*, 6ª Edição, pp. 420 e ss., IAN LOVELAND, *Constitutional Law, Administrative Law and Human Rights – A Critical Introduction*, 3ª Edição, pp. 456 e ss., PETER CRAIG,

«interpenetração»[696] entre o Direito Público e o Direito Privado, mas somente deixar claro que não nos interessa, neste contexto, recuperar a discussão em torno dos critérios distintivos entre o Direito Público e o Direito Privado (*critério do interesse, critério dos sujeitos* e *critério da sujeição*)[697], na

Administrative Law, 5ª Edição, pp. 367 e ss.]. Na verdade, tem sido muito problemático aferir quais os meios contenciosos (público ou privado) que se aplicam à impugnação da actuação destas associações auto-reguladas (self-regulatory associations). Neste ordenamento jurídico – e na decorrência da decisão *R v Disciplinary Commitee of the Jockey Club, ex parte Aga Kahn* – a possibilidade de judicial review de uma decisão de uma federação desportiva é manifestamente reduzida, embora esta jurisprudência tenha deixado claro que a existência ou não de judicial review não dependa da natureza dos entes envolvidos ou da natureza do acto da associação desportiva impugnado, mas antes da natureza do direito violado pela actuação da federação desportiva. Esta corrente jurisprudencial reconstruiu as questões em torno da possibilidade de *judicial review* de entes puramente privados e que anteriormente se reconduziam à problematica sobre o que se deveria entender por «public authority» para efeitos de *judicial review*. Sobre esta questão e a jurisprudência anterior, cfr. David Pannick, «What is a Public Authority for the Propuses of Judicial Review?», pp. 23, Michael Beloff, «The Boundaries of Judicial Review», pp. 5 e ss. e, em particular, Michael Beloff et allii, *Sports Law*, 2ª Edição, pp. 300 e ss.

696 Cfr., por exemplo, Diogo Freitas do Amaral, *Manual de Introdução ao Direito*, Vol. I, p. 260.

697 As teorias aqui mencionadas são as dominantes. O tema envolvendo a distinção entre o Direito Público e o Direito Privado tem, porém, tido um tratamento aprofundado da doutrina, havendo abundantes e diversificadas teorias. Entre nós, sobre o tema cfr., entre outros, Raul Ventura, *Direito Romano*, pp. 101, Armando Marques Guedes, *A Concessão*, pp. 129 e ss. [identifica inclusivamente que existem mais de cem teorias], Heinrich Hewald Horster, *A Parte Geral do Codigo Civil português: Teoria Geral do Direito Civil*, pp. 31 e ss, Carlos Alberto da Mota Pinto, *Teoria Geral do Direito Civil*, 3ª Edição, pp. 24 e ss., A. Santos Justo, *Direito Privado Romano – I*, pp. 29-30, Diogo Freitas do Amaral, *Manual de Introdução ao Direito*, pp. 245 e ss., Maria João Estorninho, *A Fuga para o Direito Privado*, 2ª Reimpressão, pp. 139 e ss. Miguel Prata Roque, *A Dimensão Trasnacional do Direito Administrativo*, pp. 309 e ss. Em primeiro lugar, realce-se que Ulpiano afirmava que: «*[p]ublicum ius est quod ad statum rei Romanae spectat, privatum quod ad singulorum utilitatem: sunt enim quaedam publice utilia, quaedam privatim*», *Corpus Iuris Civlis* – Digesta 1.1.1.2. A noção serviu de inspiração à *teoria dos interesses* (*Interessentheorie*) entende, por inspiração na definição de Ulpiano e numa fórmula simplista, o Direito Público prossegue o interesse público e o Direito Privado relaciona-se com a prossecução do interesse privado. Por seu turno, a *teoria dos sujeitos ou da subordinação* (*Subjektionstheorie ou Subordinationstheorie*) concebe o Direito Público como aquele que se fundamenta numa relação jurídica de supra-ordenação e de infra-ordenação. O Direito Privado, por outro lado, manifesta-se pela existência de uma relação jurídica de igualdade. A *Subjektstheorie* entende que será reconduzível ao Direito Público a relação jurídica que é regulada por normas que se destinam, numa relação de especialidade relativamente ao Direito Privado (*Sonderrecht*), a regular e a habilitar a actuação de um titular de poderes

medida em que aqueles esquemas conceptuais só permitem enquadrar a fenomenologia normativa transnacional de uma forma desintegrada e estanque que não permite abranger toda a amplitude de fenómenos transnacionais que assentam numa lógica híbrida entre o Direito Público e o Direito Privado[698].

A primeira conclusão que se retira desta nossa perspectiva é que rejeitamos a ideia de que a normatividade desportiva emanada por entidades que regulassem a prática desportiva assume um cariz auto-suficiente e imune à normatividade estadual[699], sendo um complexo normativo originário fundante de uma espécie de *relação especial de poder*[700] que coloca a normatividade desportiva numa «situação de impermeabilidade jurídica»[701] [702].

públicos. Embora com dificuldades e sem uma resposta unívoca, a doutrina tende a conciliar aspectos de todas as teorias. Sobre esta questão, com amplas referências, cfr. Walter Leisner, «Unterscheidung zwischen privatem und öffentlichen Recht», pp. 869 e ss.

[698] Percebe-se, assim, a lógica de Miguel Prata Roque quando tenta transportar para o plano transnacional (embora não se refira a toda a realidade envolvendo o associativismo desportivo, mas dando algum ênfase à dopagem) um critério de submissão ao Direito Público, entendendo que serão aqui englobados «todos os complexos de posições subjetivas decorrentes de acontecimentos (naturais ou humanos) suscetíveis de produzir efeitos jurídicos que envolvam a satisfação, mediata ou imediata, de necessidades coletivas através de pessoas coletivas públicas ou de particulares por elas encarregues, mediante o exercício de poderes funcionais decorrentes de uma posição de "supremacia jurídica" especificamente legitimada pelo bloco de normatividade vigente em determinado tempo e espaço». A única dúvida que nos fica – a nosso ver, legítima – é a de saber em que termos se vinculam os privados ao bloco de normatividade. Cfr. *A Dimensão Transnacional do Direito Administrativo*, p. 337.

[699] O Direito estadual surgia aqui, de certo modo, como uma «hipótese negativa de Direito Público», uma vez que o Estado se abstinha de controlar a normatividade emergente de federações desportivas. Cfr. Piero Dini, «Le basi dell'autonomia sportiva», p. 229.

[700] As relações especiais de poder têm origem no Direito Público. A expressão relação de poder (*Gewaltverhältnis*) foi enunciada por Paul Laband referindo-se à relação entre a Administração e o Funcionário Público, uma vez que se trataria aqui de uma relação (especial) que repousaria num contrato, na medida em que existia uma voluntária submissão ao poder estadual. Cfr. *Das Staatsrechts des Deutschen Reiches*, Band I, pp. 385-393 e, em particular, p. 395. O *founding father* do conceito é, no entanto, Otto Mayer que, embora tivesse utilizado aquela noção anteriormente [Cfr. «Zur Lehre vom öffentlich-rechtliche Verträge», pp. 53 e 54], desenvolveu a construção teórica afirmando que a figura jurídica deveria ser definida como a «relação entre sujeitos desiguais, na qual a vontade ainda se encontra, em larga maioria, determinada juridicamente. (...) A relação entre o Estado e o súbdito é, neste sentido e por exemplo, uma ampla relação de poder. Em sentido estrito é, todavia, entendida como uma relação de poder que se fundamenta para o súbdito individualmente considerado: a relação especial de poder». Cfr. *Deutsches Verwaltungsrecht*, Band I, pp. 108 e 109, em particular, a nota 13. A concepção de Mayer colheu, de resto, a aceitação generalizada

Esta posição teórica deve ter-se como ultrapassada e insustentável à luz de um Estado de Direito e até contrária à realidade no tocante às relações recentes que se registam entre o associativismo desportivo e o Estado. Em suma, segundo a conhecida conhecida formulação do OLG Frankfurt: «(...) inexiste uma *lex sportiva* independente de um qualquer direito estadual»[703]. Na verdade, desde a publicização da actividade desportiva por regimes autoritários (embora, como vimos, com características que variaram de país para país), ocorrida no final da primeira metade do Séc. XX, que não é possível entender que a regulamentação desportiva carece de uma isenção aplicativa em relação à normatividade estadual.

Este postulado pode, igualmente, retirar-se da jurisprudência do TJCE decorrente do Ac. Bosman a constatação definitiva de que a normatividade desportiva não vive isolada de um espaço jurídico estadual[704], não dispondo,

da doutrina da época [por exemplo, FRITZ FLEINER aceitou a figura jurídica desenvolvida por MAYER e estuda-a no *Institutionen des Deutschen Verwaltungsrechts*, 3ª Edição, p. 155]. Em suma, a relação especial de poder era concebida como: (i) uma relação de infra- e supra-ordenação em que o titular do poder podia, em bom rigor, emanar decisões vinculativas a que o destinatário deveria obeceder; (ii) por outro lado, revelava-se como um direito impositivo unilateral a exercer pelo titular do poder; (iii) assumia, ainda, como um indeterminado e abrangente conjunto de deveres dos destinatários do poder fixados, no caso concreto, pelo titular do poder; (iv) por fim, manifestava-se num poder originário e que, por conseguinte, não derivava de um acto de vontade dos destinatários do poder. Cfr., em síntese e com amplas referências, SEBASTIAN GRAF KIELMANNSEG, *Grundrechte im Näheverhältnis*, pp. 26 e ss.

[701] Expressão de VASCO PEREIRA DA SILVA relativamente às *relações especiais de poder*. Cfr. *Em Busca do Acto Administrativo Perdido*, p. 59. Ressalve-se, todavia, que existiu um «mito da ajuridicidade» das *relações especiais de poder* que, na prática, nunca foi defendido – por completo – por LABAND ou OTTO MAYER. Cfr. MARIANO LOPEZ BENITEZ, *Naturaleza y Presupuestos Constitucionales de las Relaciones Especiales de Sujecion*, pp. 162-164.

[702] Num sentido próximo, Cfr. JOSÉ CARLOS VIEIRA DE ANDRADE, «Os Direitos Fundamentais e o Direito do Desporto», p. 34, PEDRO GONÇALVES, *Entidades Privadas com Poderes Públicos*, p. 702 e, mais recentemente, RUI MEDEIROS, «Arbitragem Necessária e Constituição», pp. 1325. No mesmo sentido, denotando precisamente que as teses de um «espaço livre jurisdição estadual» nunca se sedimentaram, cfr. UDO STEINER, *Die Autonomie des Sports*, p. 15. Cfr., igualmente, KLAUS STERN, «Voraussetzungen und Grenzen der Verbandsautonomie aus der Sicht des Öffentlichen Rechts», p. 23. Reconhecendo a importância do Estado na fixação de fronteiras normativas desportivas, falando, de todo o modo, numa «excepção desportiva», cfr. BERNHARD PFISTER, «Der rechtsfreie Raum des Sports», p. 465.

[703] Ac. de 18 de Abril de 2001, processo nº 13 U 66/01, no original: «(...) eine von jedem staatlichen Recht unabhängige lex sportiva gibt es nicht».

[704] Neste sentido, entre tantos outros, sobre a importância desta jurisprudência para o abandono do ordenamento jurídico-desportivo como ordenamento especial em relação ao orde-

assim, de uma normatividade única e exclusivamente construída por federações desportivas cujas actividades apresentam especificidades que, por natureza, impedem que estas possam assumir relevância jurídica perante a regras estaduais, pelo que, assim sendo, deve concluir-se que a normatividade desportiva não representa *«um espaço livre de direito»*[705].

Neste mesmo sentido rejeitamos também a concepção que encara a teia normativa desportiva como um sistema assente num mero complexo normativo de origem contratual[706]. Com efeito, a normatividade que emerge dos estatutos e regulamentos do COI, das federações transnacionais e da AMA e vincula agentes desportivos, bem como federações nacionais e comités olímpicos nacionais, seguindo a teoria dominante na doutrina e na jurisprudência[707], nomeadamente, a teoria das normas modificada

namento estadual, cfr. MARCELLO CLARICH, «La sentenza Bosman: verso il tramonto degli ordinamenti giuridici sportivi?», pp. 404 e ss., ADRIAN FIKENTSCHER, «Nationalmannschaften als Teil des Wirtschaftsleben – Rechtstatsächliche Anmerkungen zur europarechtlichen Privilegierung von Nationalmannschaften», pp. 635 e ss., ULRICH HAAS e DIRK-REINER-MARTENS, *Sportrecht*, pp. 50 e 51 e, entre nós, JOSÉ JOAQUIM GOMES CANOTILHO e ALEXANDRA PESSANHA, «Relações jurídicas jusfundamentais no âmbito do desporto profissional», p. 359.

705 Cfr. JOSÉ JOAQUIM GOMES CANOTILHO e ALEXANDRA PESSANHA, «Relações jurídicas jusfundamentais no âmbito do desporto profissional», p. 360. Negando a existência de um espaço livre de Direito, cfr. KLAUS STERN, «Voraussetzungen und Grenzen der Verbandsautonomie aus der Sicht des Öffentlichen Rechts», p. 23. Sobre o espaço livre de Direito, v., por todos, KARL ENGISCH, «Der Rechtsfreie Raum»,pp. 25 e ss.

706 Cfr. Ac. do TFS de 20 de Dezembro de 2005, processo nº 4C.1/2005, publicado em 132 III 285. Em sentido idêntico, KEN FOSTER, «Lex Sportiva: Transnational Law in Action», p. 21. Identificando este modelo como uma manifestação provável da *lex sportiva*, cfr. ALAN ERBSEN, «The Substance and Illusion of *Lex Sportiva*», p. 444,

707 A discussão em torno da natureza dos estatutos associativos é, por maioria de razão, extensível aos regulamentos e aos regimentos dos órgãos disciplinares sempre que não se trate aqui de um exercício de poderes públicos. Sobre esta questão, cfr. ENRICO DEL PRATO, *Il Regolamenti Privati*, pp. 12 e ss. e, em particular, entre nós, cfr. A. FERRER CORREIA, *Lições de Direito Comercial, Vol. II*, pp. 38 e ss., ANTÓNIO MENEZES CORDEIRO, *Manual de Direito do Trabalho*, pp. 745 e ss., ANTÓNIO PINTO MONTEIRO, *Cláusula Penal e Indemnização*, p. 143 e ss, MARIA DO ROSÁRIO PALMA RAMALHO, *Do Fundamento do Poder Disciplinar Laboral*, pp. 304 e ss. e *Tratado de Direito do Trabalho, Parte II*, 4ª Edição, pp. 669-678, ANTÓNIO MONTEIRO FERNANDES, *Direito do Trabalho*, 16ª Edição, pp. 235 e 237. A teoria das normas encarava a autonomia das associações como um autêntico «poder privado próprio» (*eigentühmlicher Privatgewalt*), na medida em que as regras estatutariamente criadas são assumidas no seio daquela comunidade como um direito objectivo válido, não valendo, por isso, como meras relações jurídicas contratuais. Rejeitava, deste modo, expressamente que o acto constitutivo de uma

(*Modifizierte Normentheorie*)[708], não pode ser explicada somente por recurso ao modelo contratual pelas seguintes razões: (i) a possibilidade de se poder

associação deva ser qualificado como um contrato, uma vez que se trata de um «acto constitutivo jurídico-social» (*sozialrechtlicher Konsitutivakt*) gerador de um ente corporativo (*Körperschaft*). Esta característica dos estatutos associativos permitia encará-los como uma norma e não um contrato, uma vez que estes se impunham mesmo *contra legem* estadual. Cfr. OTTO VON GIERKE, *Deutsches Privatrecht – Erster Band: Allgemeiner Teil und Personenrecht*, pp. 125, 150-151, 164 e 486. Esta concepção veio a ser criticada por ANDREAS VON TUHR, uma vez que, embora estas tenham por objecto a criação de um «sujeito jurídico», estaríamos sempre perante «uma actuação conjunta de diversas pessoas» que conduziria a «uma convenção sobre os efeitos jurídicos pretendidos pelos que nela participam», sugerindo, assim, a existência de uma teoria do contrato. Cfr. ANDREAS VON TUHR, *Der Allgemeine Teil des Deutschen Bürgerlichen Rechts: Erster Band, Algemeine Lehren und Personenrecht*, p. 476. Sem compreender a autonomia contratual como *autonomia privada tendencialmente ilimitada*[conforme explicou ULRICH MEYER-CORDING quando afirmou que «o contrato foi destronado do seu pódio absoluto», havendo que considerar que a autonomia privada deve ser compreendida como «uma faculdade heterónoma derivada do Estado». Cfr. *Die Rechtsnormen*, p. 14], a doutrina aderiu, em parte, a este teoria, cfr. WERNER FLUME, *Allgemeiner Teil des Bürgerlichen Rechts: Band I, Teil 2 – Die juristische Personen*, pp. 315 e ss., «Die Vereinsstrafe», pp. 115 e ss. e KARL LARENZ, *Allgemeiner Teil des Bürgerlichen Rechts*, p. 192. Na jurisprudência do BGH, paradigmaticamente, o Ac. de 6 de Março de 1967, processo nº 261/64, afirmando que: «[o]s estatutos são, de facto, um contrato celebrado pelos seus fundadores (...)», mas «com a criação da pessoa colectiva aqueles geram uma vida jurídica própria e autonóma, tornado-se a Constituição da associação e objectivando a partir daí a vontade jurídica enquanto produto da unidade dos seus associados». O temos por certo é que, conforme reconhece HELMUT COING, a doutrina de OTTO VON GIERKE nunca fez parte da doutrina dominante, mas também nunca foi seguido pelo legislador ou pela jurisprudência. Cfr. «Das Privatrecht und die Probleme der Ordnung des Verbandswesens», p. 430.

[708] De acordo com a mesma, os estatutos federativos seriam, no momento constitutivo, um acto negocial entre os seus fundadores, todavia, nos períodos supervenientes, uma vez que vinculações que são *heteronomamente* impostas, não podem ter efeitos puramente contratuais, assumindo, pelo contrário, efeitos que se podem considerar normativos, cfr., entre tantos outros, ULRICH MEYER-CORDING, *Die Vertragstrafe*, pp. 43 e ss., do mesmo autor, *Die Rechtsnormen*, pp. 83 e ss., ANJA STEINBECK, *Vereinsautonomie und Dritteinfluss: dargestellt an den Verbänden des Sports*, p. 184, DIRK MONHEIM, *Sportlerrechte und Sportgerichte im Lichte des Rechtsstaatsprinzips – auf dem Weg zu einem Bundessportgericht*, p. 33, BERNARD REICHERT, *Vereins- und Verbandsrecht*, 11ª Edição, p. 18, ERMANN, *Bürgerliches Gesetzbuch*, 13ª Edição, p. 128 e PALANDT, *Bürgerliches Gesetzbuch*, 72ª Edição, p. 31. De uma forma sintética, sobre a evolução dogmática e jurisprudencial, cfr. WALTHER HADDING, «Korporationsrechtliche oder rechtsgeschäftlichen Grundlagen des Vereinsrechts», pp. 178 e ss. Sobre a hibridez esta realidade, cfr. PETRA BUCK-HEEB e ANDREAS DIECKMANN, *Selbstregulierung im Privatrecht*, p. 59.

constatar uma *heterenomia potencial*[709] [710] no que concerne aos destinatários

[709] Segundo a doutrina, o contrato deve ser reconduzido ao «negócio jurídico bilateral ou plurilateral, isto é, integrado pela manifestação de duas ou mais vontades diversas que se conjugam para a realização de um objectivo comum», ou seja, trata-se da «convenção pela qual duas ou mais pessoas constituem, regulam, modificam ou extinguem relações jurídicas, regulando, assim, juridicamente os seus interesses», cfr. Ana Prata, *Dicionário Jurídico*, Vol. I, 3ª Edição, p. 272. Sobre a noção de contrato, entre tantos outros, Carlos Ferreira De Almeida, *Contratos I: Conceito. Fontes. Formação*, 3ª Edição, p. 37, Carlos Alberto da Mota Pinto, *Teoria Geral do Direito Civil*, 3ª Edição, pp. 388 e ss., João de Matos Antunes Varela, *Das Obrigações em Geral*, Vol, I, 10ª Edição, pp. 212 e ss. Esta noção não permite, porém, encaixar a característica da generalidade que emerge de prescrições (em regra, estatutos e regulamento) desportivas e que deriva, desde logo, da *possibilidade* (e, por isso, *potencial*) de poder vir a produzir efeitos (não interessa que os produza efectivamente) perante uma pluralidade indeterminada de destinatários (estabelecida no momento constitutivo da normatividade) com a finalidade de estabelecer efeitos normativos de duração incerta. Neste sentido, a heteronomia de um comando privado não deve ser somente constatada quando se impõe contra ou sem que seja possível existir uma vontade dos destinatários, mas somente na possibilidade de essa prescrição poder vir ser imposta de uma forma unilateral. Cfr., sobre esta característica nas normas privadas, Ferdinand Kirchof, *Private Rechtsetzung*, p. 87.

[710] Ao ver-se no acordo de vontades que produz efeitos jurídicos uma fonte de Direito equivalente às normas criadas pelo processo de legitimação legislativa de origem pública (uma autêntica «lex contractus») [Cfr. Alfred Verdross, «Die Sicherung von ausländischen Privaterechten aus Abkommen zur Wirtschaftlichen Entwicklung mit Schiedsklauseln», pp. 639 e ss.], seremos confrontados, desde logo, com dois limites que serão, a nosso ver e em princípio inultrapassáveis: (i) embora a construção normativa por via contratual possa assumir uma eficácia próxima ou idêntica à normatividade decorrente de um procedimento legislativo democraticamente legitimado, nunca poderá ser equiparável no seu âmago a esta, uma vez que, ao contrário do legislador estadual, os privados prosseguem interesses individuais que em nada estão relacionados com a aplicação do Direito enquanto valor emanado pela comunidade em geral; (ii) a consideração de que o contrato se assume, nestes casos, como um contrato de subordinação (um autêntico acordo que fundamenta uma imposição autoritária) nada nos diz relativamente aos limites de subordinação pela via contratual. De todo o modo, como a heteronomia não pode ser equiparada a uma «plena subordinação», exige-se sempre uma evidente «participação» no processo de elaboração normativa dos destinatários destas normas. Num sentido próximo, Cfr. Gregor Bachmann, *Private Ordnung*, pp. 100 e 101. No mesmo sentido, denotando que: [a]ls Handeln in "Selbstherrlichkeit" wird die privatautonome Gestaltung von Rechtsverhältnissen durch die Rechtsordnung grundsätzlich nur annerkant, wenn jemand für sich selbst handelt. Der Grundsatz der Privatautonomie gibt keine Legitimation zum Handeln in «Selbstherrlichkeit für andere». Cfr. Werner Flume, *Allgemeiner Teil des Bürgerlichen Rechts: Das Rechtsgeschäft*, Vol. II, 4ª Edição p. 5. Rejeita-se, assim, a tese defendida por Klaus Adomeit que fundamentava a normatividade contratual num conceito de autonomia privada entendido como «uma suma de competências que abrange todas as autorizações que permitam uma disposição arbitrária de

(os associados e os agentes desportivos) desta normatividade impede que se fale num fenómeno puramente contratual, mesmo que a sua fonte possa assentar, em parte, em contratos; (ii) o modelo contratual não explica nem o fenómeno de delegação de poderes públicos em privados, nem explica a vertente pública da normatividade que emerge da AMA[711], desconsiderando por completo estas duas realidades, o que se manifesta numa evidente insuficiência teórica.

Neste contexto, deve, igualmente, ser mencionado que a normatividade desportiva é recorrentemente reconduzida aos princípios desenvolvidos pela jurisprudência do TAS[712]. Trata-se de um modelo explicativo que não é, a nosso ver, adequado por dois motivos primordiais: (i) parte-se de um pressuposto realista do Direito[713], em que o TAS tem como função última desenvolver o Direito Desportivo, mas que não tem efeito téorico útil, uma vez que não existe qualquer obrigação normativa que estabeleça na arbitragem desportiva a *manifesta vinculatividade* dos precedentes arbitrais, embora possamos reconhecer que parece plausível a possibilidade da existência de um precedente meramente persuasivo[714]; (ii) a análise e o estudo da jurisprudência do TAS, embora com uma clara relevância, não deixa de ser

posições jurídicas». Cfr. *Gestaltungsrechte, Rechtsgeschäfte, Ansprüche – Zur Stellung der Privatautonomie im Rechtssystem*, p. 21.

[711] Explicando precisamente que uma visão puramente privada do fenómeno desportivo deve ser rejeitada, uma vez que «parâmetro regulatório construído com base na autonomia privada interage constantemente com normas de Direito Público», em especial, em matéria de dopagem, decorrente da transposição do Código Mundial de Antidopagem para as normas do Direito estadual. Cfr. Lorenzo Casini, «Towards global administrative systems? The case of Sport», pp. 77 e 78. Sobre a actuação «público-privada» da AMA, cfr. Lorenzo Casini, *Il diritto globale dello sport*, pp. 285 e ss.

[712] Cfr., de um modo paradigmático, James Nafziger, *International Sports Law*, 2ª Edição, p. 48. Sobre este modelo, embora em termos críticos, cfr. Mathieu Maisonneuve, *L'arbitrage de litiges sportifs*, pp. 372 e ss. e, especialmente, pp. 466 e ss. Em geral, no sentido de que a jurisprudência arbitral internacional deve ser qualificada como uma autêntica ordem jurídica arbitral, cfr. Emmanuel Gaillard, *Aspects philosophiques du droit de l'arbitrage international*, pp. 60 e ss.

[713] Sobre o Direito jurisprudencial (*Richterrecht*), Wolfgang Fikentscher, *Methoden des Rechts in Vergleichender Darstellung*, Band IV, pp. 269 e ss.

[714] Denotando a importância dos precedentes para ser possível falar numa função normativa jurisprudencial do TAD, cfr. Gabrielle Kaufmann-Kohler, «Arbitral Precedent: Dream, Necessity or Excuse?», p. 365. Sobre um fenómeno idêntico na arbitragem de investimentos, falando num precedente de facto, cfr. Stephan Schill, *The Multilateralization of International Investment Law*, p. 330.

redutora face à profusão de decisões jurisprudenciais nacionais e mesmo de tribunais arbitrais transnacionais, como por exemplo o Tribunal Arbitral do Basquetebol. Concorre, neste contexto, o facto de, face ao regime da confidencialidade das sentenças arbitrais, não ser possível retirar um padrão jurídico uniforme das sentenças arbitrais do TAS[715], nem poder sequer afirmar-se que existe um *Direito secreto* que é desenvolvido à margem do consentimento dos destinatários[716].

Por último, existe, mais recentemente, um último modelo digno de menção, nomeadamente, o respeitante ao ordenamento desportivo global como uma forma de constitucionalismo social. Segundo esta teoria[717], reconhece-se a existência de um *novo espaço transnacional* de manifestações *normativas sociais* à escala global que, por intermédio de um processo de auto-validação[718], podem constituir-se de forma independente de uma concepção normativa assente num único Estado[719].

Nega-se, deste modo, uma construção unitária do Direito, afirmando que a par de um direito nacional e internacional existe ainda uma ordem jurídica autónoma: um verdadeiro *Direito global* (embora não unitário) e *transnacional*[720]. Este *pluralismo jurídico* parte de dois pressupostos: (i) ine-

[715] Richard H. Mclaren, «The Court of Arbitration for Sport», p. 42

[716] Neste sentido, denotando que a publicidade é elemento indispensável de qualquer normatividade, cfr. Petra Buck-Heeb e Andreas Dieckmann, *Selbstregulierung im Privatrecht*, p. 288 e 289.

[717] O impulsionador desta teoria é, sem margem para dúvidas, Gunther Teubner, *Verfassungsfragmente*. Segundo Marcelo Neves, este caso, assume-se como uma das mais «intrigantes» dimensões do transconstitucionalismo que se revela na relação entre as ordens normativas estaduais e as ordens normativas transnacionais que são criadas por «actores ou organizações privadas ou quase-públicas», dando precisamente como exemplo a *lex sportiva*. Cfr. *Transconstitutionalism*, traduzido por Kevin Mundy, p. 118.

[718] Cfr., sobre esta questão, Matthias Jestaedt, «Selbstbestand und Offenheit der Verfassung», pp. 334 e ss.

[719] Cfr., a este respeito, Philip Allot, «The Emerging Universal Legal System», pp. 15 e 16.

[720] A noção aqui empregue é profundamente tributária daquela desenvolvida por Phillip Jessup na obra *Transnational Law* em 1956 e com tradução em língua portuguesa (*Direito Transnacional*, Rio de Janeiro, Editora Fundo da Cultura, 1965). O termo transnacional refere-se a fenómenos que *transcendem a esfera puramente nacional* [Gralf-Peter Calliess, «Reflexive Transnational Law: The Privatisation of Civil Law and the Civilisation of Private Law», p. 186]. No entanto, assume algumas diferenças em relação ao formulado por Jessup, uma vez que: «[i]t is thus no longer concerned with a quest for a legal field, which could embrace and regulate the just described border-cossing nature of hybrid regulatory interaction. Instead, the term transnational is meant here to identify a methodological space in

xistindo uma ordem jurídica global que possa servir como fonte de validade do direito contratual transnacional, haverá que considerar que a origem deste Direito é o próprio contrato; (ii) que, por sua vez, será uma fonte de Direito equivalente à lei[721].

Parte-se, portanto, da ideia de que a eficácia social das prescrições das federações transnacionais pode, no limite, substituir-se à força coercitiva do Estado, mas que pode também servir como forma de «pressionar» os Estados a «consentirem» na existência de um complexo normativo transnacional que, factualmente, prevalece sobre as regras estaduais que possam regular as federações nacionais que exerçam poderes públicos[722].

Trata-se de uma concepção que não podemos aceitar, desde logo, por, na sua expressão independentista máxima, partir de um preconceito contra o Direito estadual, nomeadamente, da sua falência para proteger de modo adequado os destinatários da normatividade transnacional[723]. Com efeito, não é possível desligar a autonomia dos centros de produção normativos transnacionais da necessidade da sua legitimidade[724], nem da sua produção de efeitos nos mais diversos ordenamentos jurídicos.

which to make sense of the conditions that shape references to law or non-law in functionally highly differentiated contexts», PEER ZUMBANSEN, *Transnational Legal Pluralism*, p. 9.

[721] Neste sentido, NILS CHRISTIAN IPSEN, *Private Normenordnungen als Transnationales Recht?*, p. 44.

[722] Cfr. MIGUEL PRATA ROQUE, *A Dimensão Transnacional do Direito Administrativo*, p. 885.

[723] Cfr. MIGUEL NOGUEIRA DE BRITO afirmando que: «Teubner advoga um constitucionalismo além do Estado, mas muitos dos mecanismos em que se exprime esse constitucionalismo estão dependentes do direito constitucional dos Estados, assim sucede precisamente com a eficácia perante terceiros dos direitos fundamentais e, em especial, com a extensão dos direitos fundamentais às organizações privadas e com a exigência de democraticidade interna das associações privadas», «Sobre a distinção entre Direito Público e Direito Privado – II», p. 397. Esta menção é relevante porque a constante necessidade de justificar uma separação das ordens normativas transnacionais deve ter em conta que «a autonomia em relação ao Estado é sempre uma indirecta consequência da protecção pelo Estado», cfr. RALF MICHAELS, «The Mirage of Non-state Governance», p. 39. Em termos críticos sobre a concepção de Teubner, cfr. ARMIN VON BOGDANDY e SERGIO DELLAVALLE, «The Lex Mercatoria of Systems Theory: Localisation, Reconstruction and Criticism from a Public Law Perspective», pp. 80 e ss.

[724] V. STEFAN KADELBACH e KLAUS GÜNTHER, «Recht ohne Staat», p. 22. No sentido de que não é possível «escapar» à questão da legitimidade, embora seja problemático saber a que tipo de legitimidade se deva aderir, cfr. ANTOINE DUVAL, *Lex sportiva: a Playground for Transnational Law*, pp. 12 e ss. Denotanto que se, por um lado, a legitimidade da normatividade privada que contacte as normas nacionais deve obrigatoriamente ser democraticamente legitimada, o cariz «deslocado» em relação às regras jurídicas estaduais de normas

Em síntese, deve-se, em particular, reiterar que não existe a necessidade de sustentarmos um inócuo «pedigree»[725] teórico (seja ele assente no Direito Público ou no Direito Privado), sendo, pelo contrário, especialmente importante que se encontre o regime jurídico aplicável na concatenação de redes jurídicas que regulam aquelas situações jurídicas. Na verdade, no momento actual não podemos deixar de concluir que os fenómenos normativos transnacionais no Desporto não se sujeitam unilateralmente a um regime jurídico autónomo dos Estados, mas a diversos ordenamentos jurídicos estaduais parciais, por intermédio da regulamentação desportiva desenvolvida pela federação desportiva nacional. Não se ignora que esta solução tem como efeito uma crescente fragmentação jurídica, mas a verdade é que acaba por ser a única forma de permitir a legitimação daquela normatividade estadual[726].

É, neste contexto, que entra em jogo a necessidade de um *reconhecimento estadual*. Esta submissão ao Direito Público surge, entre nós, *mediatamente* com a integração da normatividade transnacional no bloco da normatividade da federação desportiva nacional numa solução que nos parece sufi-

desportivas emanadas por federações desportivas não justifica por si um afastamento da discussão em torno da sua legitimidade. Cfr. Anne Röthel, «Lex mercatoria, lex sportiva, lex technica – Private Rechtsetzung jenseits des Nationalstaates?», p. 762. A maior crítica que se pode fazer a esta concepção passa mesmo pela supressão que a mesma faz da problemática da legitimidade das normas. Em bom rigor, a constatação de que uma norma se pode apresentar como socialmente eficaz, num patamar de eficácia quase idêntico ao da normatividade emanada pelo Estado, não afasta a necessidade de se aferir da legitimidade da mesma em relação às normas estaduais com as quais contacte. Relativamente a este ponto, v. o nosso, «A Norma Desportiva: Plural mas pouco?», pp. 259 e ss. Em geral, assumindo que o Constitucionalismo Social de Teubner tem de lidar com dois problemas essenciais: (i) a legitimidade da normatividade transnacional; (ii) da consequente imposição normativa. Cfr. Helmut Wilke, *Heterotopia*, pp. 136 e ss.

725 Sobre o insucesso de buscar um «pedigree» numa normatividade transnacional, cfr. Neil Walker, *Postnational Constitutionalism and Postnational Public Law: a tale of two neologisms*, pp. 15 e ss.

726 Discorda-se, assim, de Carl Schmitt quando afirmava: «[d]ie Epoche der Staatlichkeit geht jetzt zu Ende», *Der Begriff des Politischen*, p. 9. Sobre a importância das conclusões de Carl Schmit para a análise em ambiente de fragmentação normativa, v., por todos, Thomas Vesting, «Erosionen staatlicher Herrschaft: Zum Begriff des Politischen bei Carl Schmitt», pp. 4-45. Para Luís Filipe Colaço Antunes, *A Ciência Jurídica Administrativa*, p. 50, «o Estado é apenas um *nome* que serve para designar uma forma histórica de poder público que já não existe ou que não existe como personificação histórica da unidade de um ordenamento jurídico de fins gerais».

cientemente harmoniosa, desde logo, pelo simples motivo de ainda não ser possível haver consenso em torno do *interesse público transnacional*[727] das federações desportivas, nem da *constitucionalização da esfera normativa transnacional*. Com efeito, ambas as realidades são projectos em curso, mas sem base de sustentação teórica suficientemente condizente com a realidade existente[728].

2.5. Excurso sobre a liberdade da associação como o fundamento da actividade federativa transnacional

As federações que regulam a actividade desportiva num âmbito transnacional são, em regra, qualificadas como associações de Direito Privado sediadas num determinado Estado. Por conseguinte, em termos jurídicos, nada as distingue das outras associações do Estado no qual se sediam[729]. Neste contexto, é importante ter presente que o poder de regulação desportiva transnacional de que dispõem permite-lhes granjear efeitos normativos e efeitos institucionais que derivam da cadeia normativa hierarquico-monopolística e que projectam um efeito extra-territorial na esfera de outra associação (a federação desportiva nacional) sediada num Estado diferente daquele em que as federações desportivas transnacionais se sediam. É, portanto, perfeitamente plausível perguntar se fará parte integrante do direito de liberdade da associação a existência de um efeito normativo e institucional das federações desportivas transnacionais. Por outro lado,

[727] Especificamente sobre a suposta existência de um «serviço público internacional» com base na qual os Estados pudessem «delegar» os poderes nas federações desportivas transnacionais – que embora já o exerçam – por intermédio de uma «organização mundial do desporto» – a ser construído como um ente público, cujos filiados seriam as federações desportivas transnacionais. Cfr. FRANCK LATTY, « La Gestion Internationale du Football, une Service Public Internacional?», pp. 22 e ss. Em geral, sobre a noção de interesse público, cfr. ROBERT UERPMANN, *Das öffentliche Interesse*, pp. 23 e ss. Num plano transnacional, reconhecendo a existência de um interesse público transnacional, embora referindo-se ao ICANN, cfr. MATTHIAS HARTWIG, «ICANN – Governance by Technical Necessity», pp. 602 e ss.

[728] Como reconhece FRANCK LATTY relativamente ao «serviço público internacional»: «intelectualmente concebível, tecnicamente realizável e, sem dúvida politicamente oportuno, mas, neste estádio, completamente ilusório». Cfr. « La Gestion Internationale du Football, une Service Public Internacional, p. 26.

[729] Sobre a protecção destas no Estado Suíço, cfr., entre outros, AAVV, *Berner Kommentar*, Vol. I/3/2, pp. 135 e ss., PIERMARCO ZEN-RUFFINEN, *Droit du Sport*, pp. 55 e ss., JEAN-FRANÇOIS PERRIN, *Droit de l'association*, pp. 22 e ss., PETER TUOR ET ALII, *Das Schweizerische Zivilgesetzbuch*, 13ª Edição, pp. 75 e ss.

sendo a resposta positiva, é também legítimo duvidar sobre qual o Estado que a garantirá, ou seja, se o Estado português ou o Estado suíço.

Estas questões assumem ainda mais relevância se tivermos em conta que no artigo 46º, nº 2, da CRP se encontra estabelecido que «[a]s associações prosseguem livremente os seus fins sem interferências das autoridades públicas (...)». É, assim, possível afirmar que, entre nós, a *liberdade de associação* consubstancia um *duplo direito fundamental*[730]: dos associados (*liberdade positiva*[731] e *negativa de associação*[732]) e um direito fundamental da associação (*de auto-determinação de organização na formação da vontade colectiva e no exercício da sua actividade*).

Não obstante, deve ter-se em conta que, enquanto pessoas colectivas, as associações «(...) gozam dos direitos e estão sujeitas aos deveres compatíveis com a sua natureza»[733]. Na verdade, as associações não podem ser titulares de direitos fundamentais nos mesmos termos que o são as pessoas singulares. Com efeito, as pessoas colectivas apenas podem ser titulares daqueles direitos fundamentais que não se reconduzam, no seu todo ou em parte, a posições jurídico-fundamentais exclusivamente atribuíveis a pes-

[730] Esta é uma formulação desenvolvida pelo BVerGE e comummente aceite, cfr., por exemplo, o Ac. do BVerGE 80, 244. Cfr., em sentido idêntico, na doutrina, entre outros, MAUNZ/ /DÜRIG, «artikel 9º GG», Grundgesetz, ponto II. 2 a), disponível (www.beckonline.de), CORMILS, «artikel 9º GG», ponto 3, 2014, (www.beckonline.de), *Hans Jarass e Bodo Pieroth, Grundgesetz für die Bundesrepublik Deutschland – Kommentar*, 13ª Edição, p. 300, BLEIBTREU e KLEIN, *Kommentar zum Grundgesetz*, 13ª Edição, p. 430. Entre nós, entre outros, MARIA LEONOR BELEZA e MIGUEL TEIXEIRA DE SOUSA, «Direito de Associação e Associações», Vol. 3, p. 179, GOMES CANOTILHO e VITAL MOREIRA, *Constituição da República Portuguesa Anotada*, Vol. I, 4ª Edição p. 643 e ss. Em sentido diferente, com críticas afirmando que se trata de um absurdo (*Unding*), uma vez que os titulares do direito fundamental da liberdade de constituição são os indivíduos ou as pessoas colectivas que criam uma nova associação, cfr. JÖRG IPSEN, *Staatsrecht II*, 15ª Edição, p. 169. Especificamente, sobre o problema relativamente às federações internacionais, cfr. DIRK MONHEIM, *Sportlerrechte und Sportgerichte im Lichte des Rechtsstaatsprinzips*, pp. 25 e ss.

[731] A liberdade de associação positiva consubstancia-se no direito dos «cidadãos de, livremente e sem dependência de qualquer autorização, constituir associações (...)». Cfr. artigo 46º, nº 1, da CRP.

[732] Por sua vez, a liberdade negativa surge aqui como o direito que a CRP consagra ao estabelecer que «[n]inguém pode ser obrigado a fazer parte de uma associação nem coagido por qualquer meio a permanecer nela». Cfr. artigo 46º, nº 3, da CRP.

[733] Cfr. artigo 12º, nº 2, da CRP.

soas singulares e, em princípio, não podem ser titulares de direitos fundamentais com a mesma extensão que o são as pessoas singulares[734].

É, portanto, de concluir que a base de legitimação de toda a actividade das federações desportivas portuguesas reconduz-se à liberdade de associação plasmada no artigo 46º da CRP, na medida que as federações desportivas que se sediam em Portugal são associações que, em regra, agrupam outras pessoas colectivas que se sediam em Portugal, mas podem também reunir um conjunto de pessoas singulares que vivem no território português.

Deve, por conseguinte, realçar-se que se suscita a dúvida se as federações transnacionais, cuja sede efectiva se situe no estrangeiro, podem também ser titulares de direitos fundamentais. Devemos, desde logo, deixar de lado a questão – muito debatida no ordenamento jurídico alemão[735] – sobre se as associações estrangeiras que se sediem no território de um Estado ou de estrangeiros que criem uma associação num determinado Estado podem ou não ser titulares de direitos fundamentais. No fundo, a nosso ver, interessa-nos somente perguntar se uma pessoa colectiva que detém a sede efectiva num outro país, desenvolvendo a sua actividade *sem qualquer elemento de conexão* (pelo menos a própria) com o Direito português, pode ou não gozar da protecção constitucional da *liberdade da associação.*

Com efeito, o problema não deve colocar-se na possibilidade das federações transnacionais serem passíveis de titulares de direitos fundamentais, mas precisamente em saber se existe uma ligação daquelas com o Direito Constitucional português. A resposta não pode deixar de ser negativa.

[734] Neste sentido, cfr., entre outros, GOMES CANOTILHO e VITAL MOREIRA, *Constituição da República Portuguesa Anotada*, Vol. I, 4ª Edição, p. 330 e ss. No mesmo sentido, aponta o TC no Ac. nº 198/85 ao afirmar que: «(...) a «aplicação» dos direitos fundamentais às pessoas colectivas não pode deixar de levar em conta a particular natureza destas – e de tal modo que seguramente tem de reconhecer-se que ainda quando certo direito fundamental seja compatível com essa natureza, e portanto susceptível de titularidade «colectiva» (hoc sensu), daí não se segue que a sua aplicabilidade nesse domínio se vá operar exactamente nos mesmos termos e com a mesma amplitude com que decorre relativamente às pessoas singulares».

[735] A problemática tem fortes implicações teórico-práticas, visto que a GG estabelece no artigo 9º que: «[t]odos os alemães têm o direito de constituir associações e sociedades», estabelecendo, numa primeira aproximação, um direito fundamental cuja titularidade apenas estaria reservada aos cidadãos de nacionalidade alemã, vendando a protecção dos estrangeiros». Sobre esta questão, com amplas referências, J. ISENSEE, «Anwendung auf Juristischer Personen», pp. 951 e ss. Entre nós, negando a titularidade de direitos fundamentais a «pessoas colectivas estrangeiras», NUNO E SOUSA, *Liberdade de Imprensa*, pp. 74 e ss.

As federações desportivas transnacionais actuam e impõem as suas normas e decisões que produzem efeitos no ordenamento jurídico português por intermédio das federações nacionais – essas, sim, que têm, desde logo, um elemento de conexão com a lei fundamental –, pelo que serão esses entes os protegidos pela Constituição em relação ao Estado[736]. A protecção das federações transnacionais é, assim, meramente reflexa pela titularidade de direitos fundamentais atribuídos às federações nacionais pela CRP.

Importa, neste contexto, analisar um último aspecto que diz respeito à vinculação das federações desportivas aos direitos fundamentais. Não se trata, porém, de recuperar aqui toda a discussão em torno da vinculação *imediata*[737], *mediata*[738] de privados aos direitos fundamentais ou da *tese dos*

[736] Neste sentido, relativamente à Igreja Católica, cfr. J. Isensee, «Anwendung auf Juristischer Personen», p. 954.

[737] De forma sucinta, a tese da vinculação imediata defende que os direitos fundamentais se assumem como normas de valor com validade absoluta no âmbito das relações entre particulares. Entre os defensores desta teoria encontraram-se Hans Carl Nipperdey. Cfr., por exemplo, «Gleicher Lohn der Frau für gleiche Leistung», pp. 121 e ss. e *Grundrechte und Privatrecht*. Sobre esta construção de Nipperdey, cfr., por todos, Thorsten Hollstein, *Die Verfassung als "Allgemeiner Teil"*, pp. 305 e ss. Outro dos defensores da eficácia imediata foi Walter Leisner. Cfr. *Grundrechte und Privatrecht*, pp. 285 e ss. Entre nós, defendendo a teoria imediata, cfr., por exemplo, Ana Prata, *A Tutela Constitucional da Autonomia Privada*, p. 138, José João Abrantes, *Contrato de Trabalho e Direitos Fundamentais*, pp. 131 e ss., Gomes Canotilho, *Direito Constitucional e Teoria da Constituição*, 6ª Edição, p. 1272, Benedita Mac Crorie, *A Vinculação dos Privados aos Direitos Fundamentais*, pp. 66 e ss. e, mas recentemente, em *Os limites da Renúncia e Direitos Fundamentais nas Relações entre Particulares*, pp. 184 e ss. Também no mesmo sentido, cfr. João Caupers, *Os Direitos Fundamentais dos Trabalhadores e a Constituição*, pp. 167 e ss.

[738] A tese da eficácia mediata defende que os direitos fundamentais são primacialmente dirigidos à protecção contra intervenções do Estado na esfera de liberdade dos particulares, admitindo, contudo, a existência de princípios objectivos (cláusulas gerais e conceitos indeterminados como por exemplo a ordem pública ou os bons costumes) que possam ter um papel de adequação do Direito Privado à ordem constitucional. Deste modo, os direitos fundamentais vinculariam os particulares de uma forma essencialmente mediata por intermédio das regras do Direito Privado. Esta tese foi defendida e desenvolvida por Günther Dürig. Cfr., por exemplo, Günter Dürig, «Grundrechte und Zivilrechtsprechung», pp. 157 e ss. A teoria proposta por Dürig viria a ser expressamente acolhida no Ac. do BVerfGE conhecido como Lüth, afirmando que «[s]em dúvida que os direitos fundamentais têm como propósito primordial garantir uma esfera de liberdade contra as intervenções do poder público; eles são direitos de defesa do cidadão contra o Estado» adiantando, porém, que «é igualmente certo que, a lei fundamental, não quer ser uma ordem neutra de valores e que, no âmbito dos direitos fundamentais, também tenha estabelecido uma ordem de valores objectiva e que, deste modo, se manifeste uma principiológica força vinculativa dos direitos funda-

deveres de protecção[739]. Por outro lado, também não é nossa intenção discutir a vinculação directa das entidades privadas que exercem poderes públicos em Portugal, em particular, as federações desportivas. O motivo é simples: a doutrina admite-o sem problemas de maior e parece inclusivamente haver um consenso em torno dessa vinculação imediata quando aquelas se encontrem no exercício desses poderes de origem pública[740]. Pelo contrário, a nossa questão primordial centra-se em saber em que medida se pode encontrar uma federação transnacional vinculada aos direitos fundamentais.

Convém, no entanto, realçar que, regra geral, a vinculação aos direitos fundamentais – embora expressamente estabelecida pelo artigo 18º, nº 1, da CRP – das entidades privadas fora do exercício de poderes públicos não é imediata[741]. Existe, todavia, uma particularidade que deve ser tida em conta:

mentais». Cfr. BVerfGE 7, 198. Entre nós, paradigmáticamente, embora o autor admita que exista uma vinculação directa de privados no âmbito de «relações privadas de poder», José Carlos Vieira de Andrade, *Os Direitos Fundamentais na Constituição Portuguesa de 1976*, 4ª Edição, pp. 247 e ss. Aderindo plenamente à tese da eficácia mediata, cfr. José de Melo Alexandrino, *Direitos Fundamentais*, 2ª Edição, pp. 102 e ss.

[739] De forma sumária, esta tese defende que os direitos fundamentais – além de uma vinculação directa dos poderes públicos – consubstanciam um *dever de protecção* (*Schutzgebot*) do Estado (e dos seus poderes: executivo, legislativo e jurisdicional) em relação às prováveis ameaças de privados a outros privados. Por outro lado, esta constatação implicava reconhecer uma *proibição geral de défice de protecção dos direitos fundamentais* (*Untermassverbot*). Esta tese teve Canaris como maior impulsionador e defensor. Cfr., por exemplo, Claus-Wilhelm Canaris, «Grundrecht und Privatrecht», pp. 202 e ss. e, especialmente, p. 228 e *Grundrechte und Privatrecht*, pp. 37 e ss. Entre nós, Jorge Reis Novais, «Os Direitos Fundamentais nas Relações Jurídicas dos Particulares», pp. 69 e ss.

[740] Como denota Pedro Gonçalves: «(...) independentemente do modus de legitimação da sua acção, as entidades particulares, na medida em que desenvolvam uma acção pública, encontram-se vinculadas pelos direitos fundamentais nos mesmos termos das entidades públicas, devendo, portanto, ser tratadas, para esse efeito, como entidades públicas». V. *Entidades Privadas com Poderes Públicos*, pp. 1040-1041. Esta é, de resto, uma proposição que a doutrina parece aceitar como válida e que não sofre constestação. Nestes termos, cfr., por exemplo, José Carlos Vieira de Andrade, *Os Direitos Fundamentais na Constituição Portuguesa de 1976*, 4ª Edição, pp. 247 e 248, nota 40, Jorge Reis Novais, «Os Direitos Fundamentais nas Relações entre Particulares, p. 88. Um pouco hesitante referindo-se exclusivamente às «relações privadas de poder», José de Melo Alexandrino, *Direitos Fundamentais*, 2ª Edição, p. 106. Especificamente sobre as federações desportivas admitindo uma vinculação directa, embora com uma intensidade inferior à da entidade pública, cfr. José de Melo Alexandrino, «Direitos, Liberdades e Garantias na Relação Desportiva», pp. 344 e ss.

[741] Este é um pressuposto da doutrina dominante. Cfr., por exemplo, José Carlos Vieira de Andrade, *Os Direitos Fundamentais na Constituição Portuguesa de 1976*, 4ª Edição, pp. 252 e ss., José de Melo Alexandrino, *Direitos Fundamentais*, 2ª Edição, pp. 102 e ss.

a federação desportiva nacional, quando não prossiga funções públicas, passa indubidavelmente a ser titular de direitos fundamentais (naturalmente compatíveis com a sua natureza) e que (especialmente a liberdade de associação) lhe garantem uma esfera de protecção pelos ditames constitucionais de quaisquer ingerências estaduais. Neste contexto, não é, com toda a certeza, despiciendo afirmar que, sabendo da existência de um fundamento hierárquico-monopolístico na relação de supremacia[742] entre a federação desportiva nacional e o associativismo transnacional (o qual pode manifestamente colocar em causa a liberdade de associação da federação nacional), devemos ter sempre em conta que existe também uma responsabilidade estadual em garantir que a liberdade da associação nacional seja preservada[743].

Desta situação deve-se, portanto, extrair que, não se sediando a federação transnacional em Portugal, e embora projecte efeitos «normativos» factuais que afectam a activadade regulatória das federações desportivas nacionais, esta não dispõe da protecção conferida pela CRP. Trata-se aqui de uma mera consequência «normativa» que decorre da estruturação hierárquico-desportiva. Neste sentido, inexiste aqui uma verdadeira «colisão» entre direitos fundamentais, ou seja, entre a liberdade de associação que protege a actividade da federação desportiva nacional e aquela da federação desportiva transnacional, uma vez que a federação desportiva transnacional não dispõe da mesma protecção constitucional que é concedida às associações desportivas nacionais. Deste modo, em contrapartida, relativamente à questão de saber se a CRP estabelece a vinculação das federações desportivas transnacionais: a resposta terá que ser negativa[744].

[742] Sobre o reconhecimento de uma relação de poder privado idêntica às «relações especiais de poder» que podem fundamentar uma vinculação directa aos direitos fundamentais, embora apurada teleológica em concreto e dando precisamente o exemplo das federações desportivas, cfr. José Carlos Vieira de Andrade, *Os Direitos Fundamentais na Constituição Portuguesa de 1976*, 4ª Edição, pp. 247 e ss. e, especialmente, p. 248, nota 42.

[743] Num sentido idêntico, embora referindo-se às ordens religiosas estruturadas hierarquicamente, denotando que a Constituição deve proteger os associados dessas associações. cfr. J. Isensee, «Anwendung auf Juristischer Personen», pp. 951 e ss.

[744] Admitindo, porém, que a vinculação das federações transnacionais «só na relação com uma ordem estatal concreta podem ser concebidas como destinatárias de direitos fundamentais», dependendo da «configuração concreta do caso e do grau de autonomia do direito constitucional interno. Cfr. José de Melo Alexandrino, «Direitos Liberdades de Garantias na Relação Desportiva», p. 342.

Para resolver este problema, a doutrina tem vindo, recentemente, a aceitar a «deslocação da *compreensão individual* da colisão de direitos para uma *compreensão institucional*» como forma de ultrapassar as questões envolvidas na vinculação de federações internacionais[745]. No entanto, é evidente que não está aqui em causa saber se as associações desportivas (federações desportivas e COI) podem ou não estar vinculadas aos direitos fundamentais do Estado em que se possam sediar. Pelo contrário, o que se pergunta, a este respeito, é em que termos pode (se tal for possível) uma associação desportiva que regule a actividade desportiva de uma forma hierárquica encontrar-se vinculada por direitos fundamentais de um Estado (ou de um conjunto de Estados) diferente daquele em que estabelece a sede para desenvolver a regulação desportiva de *vocação transnacional*[746].

Uma excelente resposta é dada pelo Direito da União Europeia. A questão colocou-se, em particular, no Ac. Bosman. Na verdade, a FIFA sediava-se na Suíça que – à altura – não tinha qualquer acordo sobre a liberdade de circulação com a União Europeia[747]. O TJCE decidiu precisamente que nesse caso seria o local onde se produziam os efeitos jurídicos determinante para aferir do âmbito de aplicação do Direito da União Europeia. Este efeito extra-territorial, ao contrário do seria de supor, teve um fundamento jurídico interessante: as normas da FIFA eram recepcionadas pelas federações nacionais que se sediavam na União Europeia e, deste modo, ao colocarem em causa uma das liberdades fundamentais do Tratado foram então consideradas num sentido funcional como entidades públicas. Em bom rigor, houve somente um efeito extra-territorial indirecto. Tratou-se, assim, de uma mera consequência do facto de as federações desportivas transnacionais actuarem, no plano nacional, por intermédio das federações desportivas nacionais. A argumentação empreendida anteriormente vale, em sentido idêntico, para o Direito nacional que, por sua vez, tem utilizado os meios de reconhecimento internos (embora, por vezes, insuficientes), de

745 Cfr. José Joaquim Gomes Canotilho e Alexandra Pessanha, «Relações jurídicas jusfundamentais no âmbito do desporto profissional», p. 367. No mesmo sentido, Rui Medeiros, «Arbitragem Necessária e Constituição», p. 1328.

746 A resposta sobre saber se, porventura, uma federação internacional pode estar ou não vinculada aos direitos fundamentais do Estado em que se sedia parece estar respondida afirmativamente, como se pode depreender da jurisprudência do TFS. Sobre esta problemática, cfr. Artur Flamínio da Silva, «A Norma Desportiva: Plural, mas pouco?», pp. 259 e ss.

747 Depois desta decisão, a Suíça celebrou, entretanto, um Acordo com a União Europeia. Cfr. o Acordo sobre a liberdade de circulação de 21 de Junho de 1999.

modo a poder exercer um controlo diminuto da normatividade transnacional, pelo que se trata sempre de um efeito indirecto.

Neste contexto, não podemos aceitar (pelo menos ainda) um modelo de colisões entre direitos fundamentais «policêntrico»[748], assente na existência de uma «ordem pública transnacional» construída de forma imanente a cada sistema normativo social, garantindo, assim, a «unidade» valorativa do sistema, numa espécie de Direito Natural «ficcionado»[749] *auto-referencial* e *auto-produzido* que permitisse funcionar como limitação do meio comunicativo do sistema social auto-constitucionalizado. Esta solução, não procede, pelo menos enquanto os regimes transnacionais não incorporarem princípios democráticos (transparência, tutela jurisdicional adequada, participação dos agentes desportivos, etc), pelo que a vigência daquela normatividade num determinado Estado continua a passar pela técnica de *reconhecimento estadual* da normatividade emergente de regimes transnacionais, cabendo *prima facie* aos tribunais estaduais e internacionais decidir e controlar a compatibilidade da recepção normativa que opere segundo as diversas vias de reconhecimento[750].

Em suma, há que ter sempre em conta a especialidade dos ordenamentos desportivos transnacionais que deve ser aqui tida em conta: o reconhecimento da normatividade desportiva opera no âmbito da esfera estadual através de dois mecanismos: (i) um reconhecimento pelo Estado onde se sedia a federação desportiva transnacional; (ii) um reconhecimento (indi-

[748] Ralph Christensen e Andreas Fischer-Lescano, *Das Ganze des Rechts*, p. 247.

[749] Como notam Vaios Karavas e Gunther Teubner: «[n]atürlich wissen wir ebenso wie die Praktiker der lex mercatoria, daß die Berufung auf eine effektive Geltung der fundamentale Rechtsprinzipien der zivilisierten Nationen eine reine Fiktion ist». Cfr. «http://www.CompanyNameSucks.com: Drittwirkung der Grundrechte gegenüber "Privaten" im autonomen Recht des Internet?», p. 19.

[750] Esta é, de certo modo, a solução a que chegam os defensores da vinculação «horizontal» aos direitos fundamentais de regimes normativos transnacionais. Com efeito, entende-se que a existência de um monopólio (ainda que de facto) do aproveitamento de um bem que envolve os direitos fundamentais só pode ser legítimo se proporcionar uma aceitação da normatividade estadual em que pretende produzir efeitos [cfr., por todos, Lars Viellechner, *Transnationalisierung des Rechts*, pp. 210 e ss.]. Esta vinculação pode ser formulada como uma forma de «pressão estrutural» que obriga os regimes normativos transnacionais a «internalizarem os valores imanentes a direitos fundamentais», sob pena de uma constante ameaça do «controlo pelo legislador e dos tribunais». Cfr. Oliver Gerstenberg, «Privatrecht, Demokratie und die lange Dauer der bürgerlichen Gesellschaft», p. 163.

recto) com a normatividade do Estado no qual se sediam as federações nacionais por via da incorporação da normatividade transnacional nas normas destas.

Esta solução é particularmente coerente, na medida em que as federações desportivas internacionais exercem um poder hierárquico-monopolístico que permite condicionar de forma abrangente um largo espectro de direitos fundamentais dos seus associados, mas também de agentes desportivos que exerçam a sua actividade profissional conexa com a prática desportiva. O exercício deste poder não pode ser visto como um puro exercício de auto-regulação, uma vez que demonstra uma *disparidade estrutural* entre as partes envolvidas na relação jurídica estabelecida. O Estado é, desta forma, o garante de que os sujeitos mais débeis possam ser protegidos contra os abusos da heteronomia das federações desportivas[751].

§ 3º A estruturação do ordenamento desportivo nacional e os seus sujeitos

Explorada a vertente transnacional do sistema normativo de regulação desportiva transnacional é indispensável verificar como se estrutura a regulação do Desporto em Portugal. Neste contexto, convém deixarmos claro que temos por assente que o sistema desportivo português se assume, em ambiente democrático, como tributário do regime jurídico regulado pelo Direito Administrativo como fora originalmente desenvolvido pela jurisprudência do Conselho de Estado no ordenamento jurídico francês. A opção legislativa recaiu, assim, por um modelo que acabou por publicizar importantes sectores da actividade desenvolvida pelas federações desportivas, concedendo-lhes, em alternativa, um monopólio legal da regulação desportiva, com base no modelo colaborativo estabelecido no artigo 79º da CRP[752].

[751] Uma solução antagónica é uma porta aberta que permite esvaziar o conteúdo material do Estado de Direito, uma vez que pode proporcionar uma falta de tutela em casos de violações arbitrárias de direitos fundamentais. Na verdade, o determinante, a este propósito, é realçar que, projectando efeitos no espaço de soberania de um determinado Estado, a normatividade desportiva está sujeita ao juízo de inadmissibilidade e de rejeição quando choque com a ordem de valores instituída pela ordem constitucional desse Estado. Este é, a nosso ver, um limite inultrapassável para a compreensão institucional.

[752] Admitindo esta possibilidade, o TC frisou, em 1989, precisamente que: «(...) não será incompatível, mesmo com a Constituição de 1976, um regime em que o legislador opere uma certa «publicização» da actividade desportiva, tal que o Estado assuma ou tutele o prosseguimento de fins dessa natureza, directamente ou mediante um específico reconhecimento

Será, deste modo, muito importante analisar brevemente como se estrutura esta relevante parte do associativismo desportivo.

3.1. As federações desportivas que exercem poderes públicos e o EUPD: excurso

Pelo excurso histórico das relações entre o Estado e o associativismo desporttivo, foi possível verificar que, em Portugal, existe a possibilidade de um ente privado poder desenvolver funções regulatórias segundo normas de Direito Administrativo no domínio do Desporto. Em todo o caso, é importante perceber que, na actualidade e nos termos do artigo 14º, nº 1, da LBAFD e do artigo 2º do RJFD, as federações desportivas sujeitas a um tal estatuto são configuradas como «*pessoas colectivas constituídas sob a forma de associação sem fins lucrativos*»[753] que, todavia, se comprometem a estabelecer um conjunto de *objectivos estatutários mínimos*[754] cumulativos e que, concomitantemente, obtenham o EUPD[755].

como «pública» da actividade de determinados organismos desportivos, v. g., das federações, eventualmente «devolvendo-lhes», expressa ou implicitamente, certos poderes nessa matéria» Cfr. o Ac. 472/89. Não obstante, como realçou o TC no Ac. nº 22/2009: «[n]este modelo colaborativo com as associações e colectividades desportivas, que além de prestações materiais, pode desenvolver-se mediante "prestações legislativas", o legislador goza de grande margem de escolha e conformação. Nesta dimensão social, trata-se de um direito a prestações, de conteúdo não determinável ao nível das opções constitucionais, a pressupor uma tarefa de concretização e mediação legislativa».

[753] As federações desportivas sujeitas a este regime englobam «clubes ou sociedades desportivas, associações de âmbito territorial, ligas profissionais, se as houver, praticantes, técnicos, juízes e árbitros, e demais entidades que promovam, pratiquem ou contribuam para o desenvolvimento da respectiva modalidade» Cfr. artigo 14º LBAFD e o artigo 2º do RJFD. A menção a "englobar" não significa uma total identidade entre estas pessoas colectivas e singulares, mas antes que se encontram numa posição de participação interna.

[754] Nas palavras de José Manuel Meirim, o «mínimo legal obrigatório», cfr. *Lei de Bases da Actividade Física e do Desporto – Estudo, Notas e Comentários*, 1ª Edição, p. 168. Entre estes objectivos mínimos estão: «*i)* promover, regulamentar e dirigir, a nível nacional, a prática de uma modalidade desportiva ou de um conjunto de modalidades afins ou associadas; *ii)* representar perante a Administração Pública os interesses dos seus filiados; *iii)* representar a sua modalidade desportiva, ou conjunto de modalidades afins ou associadas, junto das organizações desportivas internacionais, bem como assegurar a participação competitiva das selecções nacionais». Cfr. artigo 14º, alínea a) da LBAFD e o artigo 2º do RJFD 2014. Sendo que ainda se exige, igualmente, que a federação desportiva tenha adquirido o estatuto de utilidade pública, nos termos do Decreto-Lei nº 460/77, de 7 de Novembro, na redacção do Decreto-Lei nº 391/2007, de 13 de Dezembro.

Na verdade, as federações desportivas que adquiram este estatuto jurídico serão, portanto, associações constituídas ao abrigo do disposto nos artigos 157º e ss. do CC[756], mas a quem – uma vez que cumprem determinados requisitos legais – podem ser reconhecidas prerrogativas do exercício de poderes públicos, desde que manifestem a sua vontade nesse sentido (sendo este o seu âmbito subjectivo). Em contrapartida, o legislador consagra-lhes um conjunto de direitos e deveres que são o pressuposto da manutenção deste estatuto legal. A federação desportiva que adquira, finalmente, o EUPD torna-se, por conseguinte, numa *entidade privada que exerce poderes públicos de autoridade*[757].

Deste estatuto jurídico, emerge um *monopólio legal da regulação da competição* desportiva que tem, desde logo, um fundamento digno de *interesse público*, uma vez que é uma forma de garantir que «[t]odos têm direito à actividade física e desportiva» (cfr. o artigo 2º, nº 1, da LBAFD) e que «[a] a actividade desportiva é desenvolvida em observância dos princípios a ética, defesa do espírito desportivo, da verdade e da formação integral dos participantes» (cfr. o artigo 3º, nº 1, da LBAFD). É, portanto, óbvio que o EUPD

[755] Sobre este e, em particular, relativamente ao tratamento do estatuto jurídico do EUPD pela jurisprudência, cfr. BENJAMIN BARBOSA, «Federações Desportivas: Natureza Jurídica e Estatuto de Utilidade Pública Desportiva», pp. 427 e ss.

[756] Na verdade, é já seguro que podem ser federações desportivas as entidades que, ainda não adquiram o EUPD, mas também é certo que não se encontram submetidas ao Direito Administrativo, sendo auto-reguladas de acordo com o Direito Privado. Embora no Ac. do TRL de Lisboa de 17 de Junho de 2016, processo 3803/11.7TBCSC.L1-1, se aplique por analogia o Direito Administrativo ao Direito Disciplinar de Direito Privado.

[757] De resto, a doutrina é praticamente unânime em considerar que as federações desportivas, ainda que exerçam poderes públicos, devem ainda continuar a ser qualificadas com entidades privadas. Cfr., entre outros, VITAL MOREIRA, *Administração Autónoma e Associações Públicas*, p. 557, PAULO OTERO, *Legalidade e Administração Pública*, p. 780, PEDRO GONÇALVES, *Entidades Privadas com Poderes Públicos*, p. 862, MIGUEL NOGUEIRA DE BRITO, *O Novo Regime das Federações Desportivas*, p. 20, JOSÉ MANUEL MEIRIM, *A Federação Desportiva como Sujeito Público do Sistema Desportivo*, p. 532, NUNO ALBUQUERQUE, «A reserva de jurisdição para as instâncias desportivas prevista na Lei de Bases do Desporto e a limitação de acesso aos tribunais para a composição de eventuais diferendos desportivos quando estejam em causa "questões estritamente desportivas», p. 56, LUÍS PAIS BORGES, «Justiça Desportiva: que sentido e que limites», pp. 25 e 26. Registe-se, porém, a já mencionada posição isolada de JORGE MIRANDA que qualificava as federações desportivas como associações públicas. Cfr. «As Associações Públicas no Direito Português», p. 75.

representa, neste contexto, o instrumento jurídico de publicização da actividade da federação desportiva[758].

A obtenção deste estatuto jurídico permite, segundo os artigos 19º, nº 1, da LBAFD e 10º e ss. do RJFD2014, que a federação desportiva exerça, de um modo exclusivo, poderes regulamentares, disciplinares e «outros de natureza pública»[759], bem como um conjunto de correspondentes direitos e deveres. Os direitos, consagrados no artigo 13º, nº 1, do RJFD2014, dividem-se, exemplificativamente, entre[760] direitos de «natureza participativa»[761]; de «apoio público»[762]; de «uso de denominação especial»[763] e de «natureza desportiva»[764]. A atribuição do estatuto de utilidade pública desportiva consubstancia, todavia, a existência de um conjunto de obrigações que se manifestam, tal como previsto nos artigos 19º, nº 3 da LBAFD e 13º, nº 3 do RJFD2014, no dever de «cumprir os objectivos

[758] Desta nossa afirmação não se pode, porém, retirar a adopção de uma concepção estatutária do Direito Administrativo. Sobre este problema, por todos e com amplas referências, Mário Aroso de Almeida, *Teoria Geral do Direito Administrativo*, pp. 17 e ss.

[759] Como se verá, entre estes estão, a nosso ver, a «organização do desporto», por exemplo, que está em causa quando existir a inscrição de um de um desportista na federação desportiva que exerça poderes públicos. Cfr. Pedro Gonçalves, *Entidades Privadas com Poderes Públicos*, p. 861.

[760] Seguindo classificação empreendida por José Manuel Meirim. Para mais desenvolvimentos sobre cada um destes direitos, cfr. *A Federação Desportiva como Sujeito Público do Sistema Desportivo*, pp. 555 e ss.

[761] Estes direitos reconduzem-se aos direitos que envolvem a participação na definição da política desportiva nacional e à representação no Conselho Superior do Desporto conforme as alíneas a) e b) do artigo 13º, nº 1, do RJFD respectivamente.

[762] Cfr. o artigo 13º, nº 1, do RJFD2014, alínea c) garantindo as receitas que, por lei, forem consignadas às federações desportivas. É o caso que pode decorrer da celebração de contratos programa, nos termos do Decreto-Lei nº 279/2009, de 10 de Janeiro.

[763] V. alínea j) do artigo 13º, nº 1, do RJFD2014 que consagra a prerrogativa do uso da denominação «utilidade pública desportiva». Segundo o artigo 4º do Decreto-Lei nº 45/2015, de 4 de Setembro, «as expressões «Federação Portuguesa», «Federação Nacional» e «Federação de Portugal», ou outra equivalente, apenas podem ser adotadas e utilizadas pelas federações desportivas» que exerçam poderes públicos.

[764] Entre estes direitos estão, segundo as alíneas d), e), f), g), h) e i) do artigo 13º, nº 1, do RJFD2014: a filiação e participação em organismos internacionais reguladores da modalidade, o uso dos símbolos nacionais, a regulamentação dos quadros competitivos da modalidade, a possibilidade de atribuição de títulos nacionais e a possibilidade de exercício do poder disciplinar sobre todos os agentes desportivos que se submetam ao seu poder disciplinar.

de desenvolvimento e generalização da prática desportiva, garantir a representatividade e o funcionamento democrático internos, em especial através da limitação de mandatos, bem como assegurar a transparência e a regularidade da sua gestão»». Em suma, o traço fundamental deste instrumento reconduz-se à permissão de exercer de um modo exclusivo *(monopólio legal) a regulação de uma determinada modalidade desportiva prosseguindo o interesse público.*

3.2. Os poderes públicos: o poder regulamentar, o poder disciplinar e o poder de organização das competições

Neste contexto de publicização é relevante determinar o âmbito objectivo da publicização operada pelo EUPD e, deste modo, definir quais os poderes públicos que são exercidos pelas federações desportivas, mas esta não é uma tarefa fácil. De uma forma intuitiva, se atentarmos às coordenadas da LBAFD no artigo 19º, nº 1 (fórmula retomada no artigo 11º do RJFD2014) estas fazem referência expressa ao poder disciplinar e ao poder regulamentar – admitindo, porém, a existência de outros poderes públicos –, podem ser incluídos neste domínio os regulamentos[765] que disponham sobre um determinado regime disciplinar ou regulem a situação jurídica de agentes desportivos na relação com a federação desportiva. No mesmo sentido, também serão entendidas como actos administrativos os actos aplicativos destes regulamentos no âmbito da disciplina da competição, por exemplo, a aplicação de uma sanção pecuniária a um desportista ou uma pena de descida de divisão de um clube.

Por outro lado, importa, na verdade, ter presente que o *feixe publicizante* da actividade das federações desportivas resulta do interesse público que lhe subjaz e implica que consideremos a compreensão da publicização no nosso ordenamento como um monopólio legal de organização da compe-

[765] Segundo Pedro Gonçalves serão qualificados como regulamentos no domínio desportivo (em sentido amplo e incluindo aqui tanto os regulamentos de origem pública como privada) aqueles que «contêm normas do ordenamento jurídico desportivo ou relacionadas com a prática do desporto ou que são directamente respeitantes à prática de uma modalidade desportiva», cfr. «Regulamentos Desportivos», p. 55. Entre os regimes jurídicos mais relevantes no âmbito da publicização da actividade de regulação desportiva encontram-se (i) a Lei nº 39/2009, de 30 de Julho, alterada pela Lei nº 52/2013, de 25 de Julho (respeitante ao combate à violência, racismo, xenofobia e intolerância em espectáculos desportivos); (ii) DL nº 112/99 (regime disciplinar das federações desportivas); (iii) a Lei nº 38/2012, de 28 de Agosto, alterada pela Lei nº 93/2015, de 13 de Agosto (Lei da dopagem).

tição em sentido amplo[766]. Com efeito, é esta a razão de ser da existência da *cláusula aberta* constante no artigo 19º, nº 1 da LBAFD – ao estabelecer que possam verificar-se «outros poderes públicos» – sendo, desde logo, possível daí retirar que é necessário buscar no regime jurídico aplicável às federações desportivas e da outorga legislativa do EUPD, determiando casuisticamente quais os aspectos da actividade da federação desportiva que são expressamente publicizados pelo legislador.

Entendemos, porém, que existe um outro poder que pode, desde logo, ser qualificado como público, nomeadamente, *poder público de organização das competições desportivas*, uma vez que é este um dos elementos mais determinantes na sustentação da necessidade de um monopólio legal, sendo que este poder permite, desde logo, enquadrar no âmbito do Direito Público manifestações autorizativas relacionadas com a competição desportiva, como por exemplo, a outorga de licenças, etc[767].

Esta circunstância não implica, em todo o caso, ser possível sustentar que todo o poder regulamentar e disciplinar das federações desportivas seja público. Com efeito, a delimitação (tendencial) entre a publicização e a privatização, quer da regulamentação, quer da disciplina, assenta no seguinte critério: no domínio das regras organizatórias e das respectivas deliberações de associados (e, portanto, no âmbito da relação entre associados e associação) não existirá nenhuma publicização da actividade da federação desportiva[768], mas, pelo contrário, já se verificará, em regra, uma publici-

[766] Está, deste modo, certo Pedro Gonçalves ao afirmar que: «[n]ão é certamente porque o actual RJFD deixou cair a referência ao facto de a delegação de poderes nas federações desportivas se efe[c]tuar "para a realização de finalidades obrigatórias compreendidas nas atribuições do Estado" que a delegação deixou de revestir o carácter de delegação de poderes públicos pertencentes ao Estado, a exercer para a realização de atribuições do Estado». Cfr. «Regulamentos Desportivos», p. 61.

[767] Cfr., por exemplo, o artigo 9º do RJFD2014 ao estabelecer que: «[a]s federações desportivas não podem recusar a inscrição dos agentes desportivos, clubes ou sociedades desportivas com sede em território nacional, desde que os mesmos preencham as condições regulamentares de filiação definidas nos termos dos seus estatutos». No mesmo sentido de admitir a organização do desporto como poder público aponta, por exemplo, o disposto no artigo 4º, nº 1 a organização da disciplina entre os poderes públicos.

[768] Não será, assim, da competência da jurisdição administrativa, nem do TAD quando estiverem em causa litígios respeitantes ao contencioso eleitoral das federações desportivas. Neste sentido, cfr. José Carlos Vieira de Andrade, *A Justiça Administrativa*, p. 235, nota 555. Sobre o problema na jurisprudência, cfr. José Manuel Meirim, «Federações desportivas: mais públicas do que privadas», pp. 407 e ss.

zação nos restantes casos em que estiver em causa as regras desportivas em sentido amplo.

Em sentido contrário, é de reconhecer que as normas regulamentares que correspondam às normas desportivas em sentido estrito não podem, em bom rigor, ser consideradas como uma manifestação do poder público[769]. Estas devem ser consideradas cobertas pelo núcleo essencial da protecção da liberdade de associação e da qual os associados não podem dispor, uma vez que as normas que regem jogo são um elemento fundacional deste e aquele é o fundamento de toda a competição desportiva, em particular, e do associativismo desportivo, em geral. Por conseguinte, também não é possível sustentar que o poder disciplinar que emerge de um acto aplicativo das normas desportivas em sentido estrito possa também ser publicizado, não podendo aqui surgir coberto pelo *consentimento* das federações desportivas[770].

Cabe, além disso, esclarecer que, no âmbito da organização interna das federações desportivas, as associações de clubes não profissionais ou associações territoriais (associações desportivas regionais ou distritais de clubes) não exercem poderes públicos. É certo que já existiu base legal no RJFD[771], permitindo, à luz desses dados legais, concluir que estas entidades

[769] Cfr., neste sentido, Pedro Gonçalves, «Regulamentos Desportivos», pp. 59 e 60. O que é importante, no entanto, reter é que não é possível assentar a publicização num critério puramente nominalista: não basta que denominemos um regulamento como eleitoral e daí retirarmos como conclusão que o seu conteúdo não pode ser publicizado. A resposta encontra-se num domínio material – ou seja, na respectiva substância – exigindo-se que uma determinada matéria seja regulada por um regulamento administrativo. Com efeito, nos termos do artigo 135º do CPA serão regulamentos administrativos os que (i) consubstanciem regras jurídicas gerais e abstractas emanadas ao abrigo do exercício da função administrativa; (ii) visando produzir efeitos externos. Sobre os regulamentos previstos no CPA, cfr. Ana Raquel Moniz, *Estudos sobre os Regulamentos Adminstrativos*, 2ª. Edição, pp. 325 e ss. A menção no respectivo regulamento desportivo de que a lei habilitante é uma norma de direito público pode ser um índicio de que o respectivo regulamento é um regulamento administrativo, cumprindo as exigências do artigo 112º, nº 7 da CRP e do artigo 136º, nº 2 do CPA, mas não é decisivo para essa qualificação. Deve verificar-se sempre o conteúdo do regulamento, desde logo, porque nada impede que um regulamento possa regular matérias de Direito Público e de Direito Privado, sendo que a hibridez poderá impedir uma qualificação estanque.

[770] Num sentido próximo, embora não inteiramente coincidente com aquele defendido no texto, uma vez que se funda na pretensa ajuridicidade das normas que regem o jogo. Cfr. Pedro Gonçalves, *Entidades Privadas com Poderes Públicos*, pp. 860 e 861.

[771] Era o caso do artigo 31º, nº 1 e 32º, nº 2 do RJFD que permitia a existência de uma sub-delegação por parte das federações desportivas. Cfr., admitindo expressamente essa hipó-

participariam no exercício de poderes públicos. A verdade é que na actualidade não é possível entender-se que estes entes o façam, sendo, que se encontram assim submetidos integralmente ao Direito Privado e, deste modo, os litígios que surgirem no âmbito da regulação desportiva da sua competência, serão obrigatoriamente resolvidos pela jurisdição civil[772].

3.3. Regime jurídico

A existência de uma delegação de poderes públicos numa federação desportiva implica, por conseguinte, que, quando se encontre no exercício de poderes públicos, se verifique uma *equiparação funcional*[773] entre a entidade privada e uma entidade pública, sendo, portanto, relevante realçar que o regime jurídico que rege a actividade destas federações desportivas manifesta uma hibridez. Por um lado, quando desenvolvam a actividade que não seja relacionada com o exercício de poderes públicos, então, o regime jurídico aplicável será o de qualquer outra associação constituída nos termos do Direito Privado[774]. Neste contexto, quando se encontre no âmbito do exercício de poderes públicos, devem ser-lhe aplicáveis, desde logo, os princípios constitucionais que regem a actividade administrativa, a vinculação aos direitos fundamentais nos mesmos termos de entidades públicas, bem como todas as vinculações decorrentes do direito administrativo e, em particular, o regime jurídico que consta no RJFD2014[775].

tese no quadro jurídico do RJFD2008, v. Miguel Nogueira de Brito, «O Novo Regime das Federações Desportivas», p. 19.

[772] Não tem assim entendido o TAD, ignorando expressamente a inexistência de base legal para se poder falar num exercício de poderes públicos por estas entidades. Cfr., a este respeito e por exemplo, o conflito entre o Amora Futebol Clube e a Associação de Futebol de Setúbal, Ac. de 15 de Junho de 2016, processo nº 15/2016. A jurisprudência do TAD parece ignorar a doutrina que reconhece que a delegação legal deverá ter origem «directa e imediatamente por um acto legislativo na direcção de entidades privadas», sendo que «quaisquer actuações desenvolvidas "a descoberto" de uma delegação de poderes devem qualificar-se como actuações de direito privado». Cfr. Pedro Gonçalves, *ntidades Privadas com Poderes Públicos*, p. 1028 e 1031. Pelo contrário, os próprios tribunais judiciais têm reconhecido a competência para julgar os litígios respeitantes às associações distritais. Cfr., por exemplo, o Ac. do TRL de Coimbra de 2 de Maio de 2017, processo nº 7333/16.2T8CBR.C1.

[773] Neste sentido, Pedro Gonçalves, *Entidades Privadas com Poderes Públicos*, p. 1041.

[774] Só assim se pode compreender a remissão constante no artigo 4º do RJFD ao estabelecer que: «[à]s federações desportivas é aplicável (...), subsidiariamente, o regime jurídico das associações de direito privado».

[775] A equiparação funcional entre estas entidades privadas e as entidades públicas na vinculação ao direito administrativo manifesta-se, desde logo, na submissão ao regime jurídico

Por outro lado, não se ignora que, desde 2015, com a entrada em vigor e a concomitante submissão expressa de toda a «conduta» de privados «adoptada no exercício de poderes públicos» ou regulada por normas de «direito administrativo» ao CPA (exceptuando as relativas à parte II) (cfr. o artigo 2º, nº 1 e 2) se resolveram quaisquer dúvidas sobre o regime a que estariam sujeitas[776]. Com efeito, a partir deste momento relativamente ao exercício de poderes públicos, e embora com excepções, aplicam-se, sem margem para dúvidas, as normas constantes no CPA às federações desportivas.

De resto, este estatuto jurídico regido pelo Direito Público – ao contrário do que defende alguma doutrina[777] – não pode ser qualificado, à partida e salvo o devido respeito, como uma «ingerência» legislativa inconstitucional à luz da liberdade de associação prevista no artigo 46º da CRP, uma vez que não impede, por um lado, (i) que a associação que regule uma determinada actividade desportiva seja constituída de uma forma livre, segundo o Direito Privado, configurando a sua actividade e desenvolvendo-a com os mesmos condicionamentos legais previstos para a constituição e prosseguimento dos seus fins de quaisquer outras associações que se constituam nos mesmos termos e, por outro lado, (ii) não exige a imperatividade da submissão ao EUPD, dependendo sempre a aquisição deste estatuto legal de uma declaração de vontade expressa da federação desportiva nesse sentido. No fundo, o que o EUPD permite é somente a *publicização da actividade das federações desportivas quando conjugada com a declaração de vontade destas.*

do RRCEEP (cfr. artigo 7º, nº 2 do RJFD, bem como implicitamente no artigo 1º, nº 5 do RRCEEP), na submissão implícita à LADA (cfr. artigo 4º, nº 1, alínea i)) e ao CPA (cfr. artigo 2º, nº 1) e ao CPTA (cfr. o artigo 12º do RJFD2014). Por outro lado, encontram-se submetidas à fiscalização administrativa, podendo existir uma fiscalização de mera legalidade que relativamente ao «exercício de poderes públicos» e da «utilização de poderes públicos», através de «realização de inquéritos, inspecções e sindicâncias», bem como a «auditorias externas» (cfr. o artigo 21º da LBAFD, conjugado com o artigo 14º do RJFD2014). Em sentido idêntico, PEDRO GONÇALVES, *Entidades Privadas com Poderes Públicos*, pp. 1036 e ss. e MIGUEL NOGUEIRA DE BRITO, *O Novo Regime das Federações Desportivas*, pp. 28 e ss. Especificamente, sobre a fiscalização administrativa das federações desportivas, cfr. SANDRA PEREIRA, «A evolução legal da fiscalização das federações desportivas», pp. 75 e ss.

[776] Sobre o âmbito de aplicação do CPA, cfr. DOMINGOS SOARES FARINHO, «O âmbito de aplicação do novo Código do Procedimento Administrativo: regressar a Ítaca», pp. 154 e ss.

[777] Cfr. JOSÉ DE MELO ALEXANDRINO, «Direitos, Liberdades e Garantias na Relação Desportiva», p. 350.

Podemos, assim, considerar que a publicização da actividade das federações desportivas permite que exista um ente funcionalmente «semi-estadual» (*halbstaatlich*)[778] que se manifesta numa realidade híbrida: constituído segundo as normas de Direito Privado, mas prosseguindo fins que coincidem com o interesse público, regido, no entanto e consoante a função exercida, pelo Direito Público ou pelo Direito Privado[779]. Portanto, ao contrário da conhecida formulação do TCEspanhol, as federações desportivas que obtenham o estatuto de utilidade pública desportiva não se tornam «associações de configuração legal»[780], uma vez que só a partir do momento em que se submetem ao regime jurídico de Direito Público é possível constatar que as federações desportivas se vinculam às imposições decorrentes das prerrogativas inerentes ao exercício de poderes públicos, transmutando-se a actividade anteriormente desenvolvida sobre a égide do Direito Privado.

Este elemento voluntarístico não permite, na verdade e em regra, falar numa imposição estadual de um regime jurídico de Direito Público. Em contrapartida, deve ter-se presente que existe um espaço de reserva que jamais pode ser atingido pela publicização da actividade do ente, desde

[778] Cfr., num sentido próximo ao defendido no texto, embora não se referindo expressamente ao fenómeno de exercício de poderes públicos por privados, FRANK MÜLLER-THOMA, *Der Halbstaatlicher Verein*, pp. 2 e 3.

[779] De todo o modo, reconhecemos, neste contexto, que existe outra situação muito delicada e também mais controversa, na qual uma determinada federação desportiva é coagida no sentido de aceitar as exigências legais para adquirir o EUPD, na medida em que esta representa a única forma de prosseguir, desde logo, por lhe faltar os meios financeiros para tal a regulação da actividade desportiva. Em bom rigor, é de reconhecer que a *dignidade da pessoa humana* deve ser sempre respeitada enquanto limite intransponível a ter que ser tido em conta numa provável renúncia ao direito fundamental da liberdade de associação, servindo aquela também de linha interpretativa para a existência desse regime, pelo que tratando-se de uma associação deve ter-se presente que estão por detrás deste conjunto de associações, também pessoas singulares que consubstanciam a base da estruturação associativa e cujos direitos fundamentais merecem uma especial ponderação neste caso concreto. Cfr. JOSÉ MELO ALEXANDRINO, «Direitos, Liberdades e Garantias na Relação Desportiva», p. 350, denotando precisamente que se afigura problemático o «consentimento» da federação desportiva em abdicar ao âmbito de protecção oferecido pelo direito fundamental de liberdade de associação.

[780] V. Ac. nº 67/1985, de 24 de Maio de 1985. Entre nós, usando esta terminologia, Cfr. PEDRO GONÇALVES, *Entidades Privadas com Poderes Públicos*, p. 861, JOSÉ DE MELO ALEXANDRINO, «Direitos, Liberdades e Garantias na Relação Desportiva», p. 339. Negando-se esta expressão, trata-se, com efeito, de admitir que as federações desportivas que exercem poderes públicos são um mero tipo associativo.

logo, (i) a imposição de um regime de Direito Público que não permita às federações desportivas desenvolver a sua actividade de acordo com o Direito Privado e sem prerrogativas de Direito Público se assim entenderem; (ii) a publicização das normas que regulem a competição desportiva, em sentido estrito (o jogo).

3.4. As ligas profissionais

O exercício de poderes públicos não se esgota na competência exclusiva das federações desportivas, na medida em que também as ligas profissionais podem assumir relevantes competências no exercício destes poderes. Estas entidades devem ser reconduzidas a associações de clubes, sociedades desportivas e – quando tal esteja previsto legalmente e nos estatutos das ligas profissionais – outros agentes desportivos[781] que exercem poderes públicos por delegação das federações unidesportivas de uma determinada modalidade na qual exista uma competição profissional. A liga profissional consubstancia uma associação sem fins lucrativos, com personalidade jurídica e autonomia administrativa, técnica e financeira[782].

Por um lado, as ligas profissionais exercem somente competências por «delegação»[783] das supra-mencionadas federações desportivas. Entre estas competências devem ser consideradas de um modo meramente exemplificativo[784]: (i) a organização e regulamentação de competições de natureza profissional, respeitando as «regras técnicas» que sejam emanadas pelos «órgãos federativos nacionais e internacionais»[785]; (ii) o exercício das funções

[781] Cfr. artigo 22º, n º 1, 3 e 4, da LBAFD e 27º, nº 2 e 3, do RJFD2014.

[782] V. o artigo 22º, nº 1 da LBAFD e 26º, nº 2 do RJFD2014, pese embora a má técnica legislativa que poderia induzir em erro ao afirmar que as federações unidesportivas «em que disputem competições desportivas de natureza profissional, como tal definidas pela lei, integram uma liga profissional». Na verdade, não é a federação unidesportiva que «integra» a liga profissional, havendo antes uma «obrigatoriedade» de existência de uma liga profissional quando exista uma federação unidesportiva na qual se possa comprovar a existência de uma competição de natureza profissional. Esta ideia é, desde logo, confirmada pela exposição de motivos da proposta de lei nº 80/X ao indicar-se que «(...) as ligas estão integradas nas respectivas federações e que exercem, por delegação destas, as competências para regular as competições de natureza profissional».

[783] Como se pode retirar da leitura do artigo 22º, nº 2, da LBAFD e 27º, nº 1, do RJFD2014.

[784] Na verdade, a utilização do advérbio «nomeadamente» no rtigo 22º, nº 2, da LBAFD parece indiciar a possibilidade de existirem outras competências que possam ser delegadas pelas federações desportivas correspondentes.

[785] Cfr. o artigo 22º, nº 2, alínea a) da LBAFD. O artigo 29º, nº 1, do RJFD2014 estabelece, por seu turno, que cabe às ligas profissionais a elaboração e a aprovação do respectivo regu-

de controlo e supervisão conforme seja estabelecido na lei ou pelos estatutos ou regulamentos das federações desportivas em relação aos seus associados[786]; (iii) a definição dos pressupostos desportivos, financeiros e de organização de acesso às competições desportivas profissionais, bem como a fiscalização do cumprimento destes pelos seus associados[787].

Deste modo, não se deve entender que as ligas profissionais exercem poderes públicos que lhe são directamente atribuídos pela lei[788]. Em bom rigor, conjugando o artigo 22º, nº 2, da LBAFD e o artigo 27º, nº 1, do RJFD2014, não nos parece ser possível chegar à conclusão de que a «direcção» e «disciplina», embora, em regra, competências das federações desportivas, se assumam como competências especificamente atribuídas pela lei às ligas profissionais[789]. Na verdade, a menção expressa no artigo 22º da LBAFD, de que as ligas apenas exercem os poderes públicos que lhes sejam «delegados» pelas federações desportivas apresenta-se como um limite inultrapassável para a interpretação de que as primeiras podem exercer poderes públicos conferidos directamente pela lei[790].

lamento de competições. Por outro lado, no artigo 29º, nº 2, do RJFD2014, embora caiba à liga profissional a elaboração e a aprovação dos regulamentos de disciplina e arbitragem, existe a necessidade de esta entidade submeter à Assembleia Geral da federação desportiva a ratificação deste complexo de normas regulamentares.

[786] V. o artigo 22º, nº 2, alínea b) da LBAFD.

[787] Cfr. o artigo 22º, nº 2, alínea c) da LBAFD.

[788] Contra, cfr. Pedro Gonçalves, «Regulamentos Desportivos», pp. 64 e 65.

[789] No sentido, de que por intermédio de interpretação destas disposições do RJFD2008 é possível concluir que estas fundamentam o exercício de poderes públicos directamente atribuídos pela lei às ligas profissionais e Miguel Nogueira de Brito, «*O Novo Regime das Federações Desportivas*», p. 26. No mesmo sentido, embora no quadro jurídico da LBD, afirmou Pedro Gonçalves que: «[a]s ligas constituem, pois, entidades juridicamente diferentes das federações, que exercem competências delegadas pelas federações, mas também competências próprias, isto é, competências que lhes são confiadas directamente por lei (e não pelas federações). Numa palavra, as ligas profissionais de clubes participam no exercício da função pública de regulação do desporto, exercendo, nesse âmbito, poderes públicos de autoridade». Cfr. *Entidades Privadas com Poderes Públicos*, pp. 866 e 867. No entanto, a posição deste último autor é compreensível, uma vez que a LBD não consagrava expressamente a «delegação» de poderes públicos da federação desportiva na liga profissional.

[790] O exercício de poderes públicos por parte das ligas profissionais surge, de resto, confirmado pelo artigo 4º, nº 1, da LTAD. Por outro lado, a Portaria nº 50/2013, de 5 de Fevereiro, ao estabelecer, no artigo 13º, nº 1, que as competências das ligas profissionais – em sede de pressupostos das competições desportivas – podem ser exercidas pelas federações desportivas quando as primeiras entidades não as exerçam. Da mesma forma, determina-se no artigo 13º, nº 2, que o não exercício das competências previstas implicará o cancelamento

É, portanto, possível constatar-se de que existe no discurso legislativo uma evidente preferência pelo «[p]rivilegiamento da via "consensual" pela lei»[791], uma vez que as relações entre a federação desportiva e a liga profissional correspondente são reguladas por intermédio de um contrato[792] [793]. Com a celebração deste contrato permite-se a *delegação dos poderes públicos da federação desportiva na liga profissional.* Um desses exemplos pode ser recolhido pelo contrato celebrado entre a FPF e a Liga Profissional de Futebol Profissional (LPFP), no qual se estabelece, entre várias questões, precisamente a organização e a regulamentação das competições profissionais a favor da LPFP[794].

A lei consagra em termos amplos as temáticas que podem ser abrangidas pelo escopo do contrato a celebrar entre a federação desportiva e a liga profissional, desde que, nos termos do artigo 27º, nº 1, alínea b) do RJFD2014, diga respeito à «organização, direcção, disciplina e arbitragem» de uma competição profissional de uma modalidade desportiva».

do EUPD ou uma suspensão parcial deste estatuto no tocante às competições profissionais. Desta forma, parece-nos existir mais um argumento para considerar que as ligas profissionais não exercem competências próprias directamente atribuídas pela lei, na medida em que existe uma lógica de subsidiariedade na narrativa legislativa relativamente ao exercício de poderes públicos. Ou seja, sendo originariamente poderes da federação desportiva, caberá a esta o seu exercício quando a liga profissional não o faça, pelo que não faria sentido que assim fosse, caso se tratasse de uma competência própria das ligas profissionais.

[791] Cfr. José Manuel Cardoso da Costa, «As relações entre federações e ligas no desporto profissional», p. 260.

[792] Cfr. o artigo 23º, nº 1, da LBAFD e o artigo 28º, nº 1, do RJFD2014. Por outro lado, segundo os artigos 23º, nº 2, da LBAFD e 28º, nº 2 do RJFD2014, este contrato tem como objecto, entre outras questões: «o número de clubes que participam na competição desportiva profissional, o regime de acesso entre as competições desportivas não profissionais e profissionais, a organização da actividade das selecções nacionais e o apoio à actividade desportiva não profissional».

[793] A solução para a inexistência de acordo entre estas duas entidades para a celebração ou renovação do contrato passou, nos termos dos artigo 23º, nº 4, da LBAFD e 28º, nº 4 do RJFD2014, pela atribuição de competência ao Conselho Nacional de Desporto para assumir o ónus da regulação das matérias compreendidas no contrato a celebrar. Por outro lado, ao definir-se no artigo 28º, nº 5, do RJFD2014 que a deliberação do Conselho Nacional de Desporto fundamenta a suspensão do estatuto de utilidade pública desportiva – e conjugando com as regras anteriormente referidas – atribui-se, de um modo muito criticável, um poder público «provisório» a uma entidade «externa» ao associativismo desportivo e cuja competência para a regulação do desporto – ainda que adstrita a um lapso temporal muito curto – não tem qualquer legitimidade no seio do associativismo desportivo.

[794] Cfr. o artigo 3º do contrato celebrado a 1 de Julho de 2016, disponível online.

Por outro lado, desde que o contrato entre a federação desportiva e a liga profissional tenha por objecto o exercício de poderes públicos (cfr. o artigo 1º, nº 6, alínea b) do CCP), devem os contraentes merecer a qualificação de *contraentes públicos* (para efeitos do CCP), na medida em que celebram, segundo o estabelecido pelo artigo 3º, nº 2, do CCP, «contratos no exercício de funções materialmente administrativas», pelo que se aplicara o disposto nos artigos 278º e ss. relativamente ao exercício dos supramencionados poderes[795] e, consequentemente, o contrato celebrado entre a federação desportiva e a liga profissional deverá qualificar-se como um *contrato administrativo*. Por outro lado, é também possível que este contrato contenha cláusulas que regulam matérias que projectem efeitos perante terceiros, ou seja, perante agentes desportivos que não participam na elaboração desta convenção[796]. Com efeito, esta última deverá ser qualificada como um contrato administrativo que contém cláusulas que consubstanciam «normas gerais e abstractas dirigidas não só às partes, mas também a terceiros (os restantes agentes desportivos)»[797].

[795] No mesmo sentido, Miguel Nogueira de Brito, «O Novo Regime das Federações Desportivas», p. 28. Em particular, sobre o exercício contratualizado de poderes públicos, cfr., por todos, Mark Kirkby, *Contratos sobre o exercício de poderes públicos, passim*. Sobre a qualificação de contraentes públicos dos particulares que exerçam poderes públicos para efeitos do CCP, cfr., por exemplo e com indicações, Gonçalo Guerra Tavares e Nuno Monteiro Dente, *Código dos Contratos Públicos. Âmbito da sua aplicação*, pp. 101 e 102. Cfr., igualmente, Alexandra Leitão, *Lições de Direito dos Contratos Públicos*, 2ª Edição, p. 25.

[796] V., por exemplo, a cláusula 4º do contrato celebrado entre a FPF e a LPFP que tem por objecto disposições muito importantes sobre a organização da competição desportiva e que terá impacto junto da esfera jurídica dos clubes participantes.

[797] Cfr. o Parecer nº 114/2004, do Conselho Consultivo da Procuradoria-Geral da República publicado em *DR*, II Série, nº 72, de 12 de Abril de 2007, pp. 9537 e ss.. No mesmo sentido parece inclinar-se a doutrina, cfr. José Manuel Meirim, *Lei de Bases da Actividade Física e do Desporto – Estudo, Notas e Comentários*, 1ª Edição, p. 214, Miguel Nogueira de Brito, *O Novo Regime das Federações Desportivas*, p. 28 e Maria José Carvalho, *Elementos Estruturantes do Regime Jurídico do Desporto Profissional em Portugal*, 2009, p. 254. A doutrina francesa destacou esta realidade híbrida (em bom rigor, a expressão utilizada por Madiot foi de «acto misto») dos contratos administrativos, entendendo que este se compõe por dois elementos: (i) num primeiro momento, pela fusão de vontade das partes; (ii) num segundo momento, pela produção de efeitos do contrato celebrado na esfera de terceiros de uma forma impositiva, criando direitos e deveres. Cfr. Yves Madiot, *Aux Frontières du Contrat de L'acte Administratif Unilatéral: Recherches sur la Notion d'acte Mixte en Droit Public Français*, p. 28. No mesmo sentido, admitindo a existência desta classificação que se manifesta, essencialmente, no contrato de concessão de serviços públicos, mas também por outros fenómenos, cfr. André de Laubadère, Franck Moderne e Pierre Devolvé, *Traité des Contrats Administratifs*, Tomo I,

3.5. Os sujeitos desportivos filiados nas federações desportivas nacionais: os agentes desportivos

Os agentes desportivos são a base que sustenta a construção institucional da normatividade desportiva. Na realidade, os atletas, treinadores, clubes desportivos, dirigentes desportivos, árbitros, empresários, entre outros, assumem-se como os destinatários desta normatividade e são os principais responsáveis pela existência de um quadro organizativo (especialmente um quadro normativo e disciplinar) relativo à actividade desportiva.

Os atletas apresentam, desde logo, um lugar de destaque neste grupo de sujeitos desportivos. Na verdade, aqueles representam «o sujeito central» da normatividade desportiva, uma vez que esta existe, desde logo, para permitir uma comparação unitária de resultados competitivos entre os atletas de uma determinada modalidade[798]. Por outro lado, a posição jurídica dos atletas pode ser constantemente afectada por decisões das federações desportivas, nomeadamente, por intermédio de decisões disciplinares que possam atingir a sua esfera jurídica[799]. Entre os inúmeros direitos fundamentais[800] susceptíveis de serem recorrentemente afectados pelas decisões e normas do associativismo desportivo encontram-se: (i) o direito fun-

2ª Edição, pp. 97 e ss. Entre nós, Pedro Gonçalves entende que existem quanto à eficácia subjectiva dos contratos administrativos «contratos com efeitos restritos às partes», «contratos com efeitos regulamentares» e «contratos com eficácia lateral em relação a terceiros», pelo que, a nosso ver, segundo esta classificação os contratos celebrados entre as federações desportivas e as ligas profissionais deveriam ser qualificados como um contrato com eficácia regulamentar, uma vez que estas cláusulas contratuais estabelecem um dever contratual (entre a federação desportiva e a liga profissional), mas também um dever de regulamentação por parte da liga profissional a quem os agentes desportivos podem exigir o cumprimento de regulamentação «contratualizada» entre a federação desportiva e a liga profissional. cfr. *O Contrato Administrativo – Uma Instituição do Direito Administrativo do Nosso Tempo*, pp. 66-67.

798 Cfr. Mario Sanino e Filippo Verde, *Il Diritto Sportivo*, 3ª Edição, p. 93.

799 Neste sentido, dando o exemplo das sanções deportivas, denotando precisamente que «a auto-regulação desportiva deve ser limitada quando ponha em causa outros valores ou interesses – aí se incluindo seguramente os direitos, liberdades e garantias e os princípios fundamentais do Estado de Direito». Cfr. José Carlos Vieira de Andrade, «Os Direitos Fundamentais e o Desporto», 2007, p. 35. Sobre as afectações aos direitos fundamentais decorrentes do direito sancionatório de violações de normas antidopagem, cfr., por todos, Grischka Petri, *Die Dopingsanktion*, pp. 100 e ss.

800 Para uma enumeração dos direitos fundamentais de que possam ser titulares os agentes desportivos, cfr., por exemplo, Mario Krogmann, *Grundrechte im Sport*, pp. 33 e ss., José de Melo Alexandrino, «Direitos, Liberdades e Garantias na Relação Desportiva», pp. 334 e 335.

damental à tutela jurisdicional efectiva (cfr. artigo 20º e 284º, nº 4 e 5 da CRP)[801]; (ii) o direito ao desenvolvimento da personalidade, bem como à reserva da vida privada (cfr. artigo 26º, nº 1, da CRP)[802]; (iii) a liberdade de expressão (cfr. artigo 37º, nº 1, da CRP)[803]; (iv) a liberdade de associação (cfr. artigo 46º da CRP)[804] (v) a liberdade de exercício da profissão (artigo 47º CRP)[805]; (vi) a liberdade de iniciativa económica (artigo 61º da CRP)[806].

O quadro normativo descrito assenta na vinculação dos agentes desportivos à normatividade desportiva que surge, como se verá, de forma individual em relação à federação desportiva nacional – por intermédio de licença – ou de forma institucional com a federação desportiva transnacional – devido ao efeito normativo que decorre do princípio da unicidade, o qual os coloca *numa posição de especial fragilidade em relação aos actos autoritários das federações desportivas*. A posição de desigualdade entre atletas e federações

[801] Um dos exemplos deve ser reconduzido à existência de cláusulas estatutárias e regulamentares impeditivas da defesa de posições jurídicas de agentes desportivos junto dos tribunais.

[802] Pense-se, por exemplo, no estatuto de vinculação dos menores ou nos dados pessoais que são obtidos por intermédio de controlos de antidopagem.

[803] Cfr., por exemplo, o artigo 68º do Regulamento Disciplinar da LPFP, na qual se estabelece uma punição por declarações sobre a organização das competições ao afirmar-se que: «[o] clube que, publicamente, através de meio de comunicação social, por divulgação de escrito ou de outro meio de reprodução técnica, faça declarações ou emita juízos pondo em causa a imparcialidade ou a competência dos órgãos sociais da Liga, dos seus titulares ou dos funcionários e colaboradores da Liga encarregados da organização das competições, por causa e em virtude do exercício das suas competências relativas à organização das competições, é punido com a sanção de multa de montante a fixar entre o mínimo de 25 UC e o máximo de 125 UC».

[804] A recorrente exigência da necessidade do cumprimento da normatividade desportiva por agentes desportivos que não têm qualquer alternativa senão aceitá-la, sem a correspondente participação igualitária na vida das associações que regem a actividade desportiva coloca em evidência as dificuldades envolvendo a liberdade de associação dos agentes desportivos.

[805] O exemplo da situação que envolve uma pena disciplinar de suspensão (do exercício de qualquer actividade desportiva) de dois ou três anos ilustra bem o alcance problemático envolvendo este direito fundamental.

[806] Este direito fundamental coloca-se com especial acuidade nas relações que se estabelecem entre os clubes ou sociedades anónimas desportivas que desenvolvem a sua actividade económica relacionada com o Desporto e as federações desportivas. Cfr. José Carlos Vieira de Andrade, «Os Direitos Fundamentais e o Desporto», p. 30, José de Melo Alexandrino, «Direitos, Liberdades e Garantias na Relação Desportiva», p. 338. Sobre a panóplia de direitos fundamentais de que são titulares estas entidades, cfr., por todos, Jan Räker, *Grundrechtliche Beziehungen juristischer Personen im Berufssport*, pp. 88 e ss.

desportivas torna-se, além disso, ainda mais complexa quando estiver em causa um desportista menor e que encontre na modalidade desportiva uma forma de desenvolvimento da sua personalidade[807].

De resto, os desportistas profissionais exercem uma profissão com a susceptíbilidade de, a todo o momento, ser afectada por decisões unilaterais das federações desportivas, as quais podem consubstanciar intervenções não legitimadas à luz das posições jurídico-fundamentais consagradas no nosso quadro constitucional vigente. Deste modo, pode mesmo falar-se numa *relação de poder que cria um estatuto especial*[808] entre o desportistas e as federações desportivas.

Na verdade, as federações desportivas actuam «perante "administrados" que nela estão inscritos, mas que não são seus associados» (ainda que participem, de forma limitada, no processo de legitimação dos órgãos federativos). Deste modo, parece evidente que «[p]ara estes administrados, as federações afiguram-se autoridades tão estranhas – tão "hetero-administrações" – como qualquer instância burocrática da Administração Pública»[809].

Esta realidade é, por outro lado, plenamente aplicável a outros agentes desportivos, desde logo, aos treinadores[810]. Em bom rigor, tanto os desportistas como os treinadores encontram-se também vinculados por um contrato de trabalho com os clubes desportivos, de modo a poderem desenvolver a sua actividade desportiva profissional. Os clubes desportivos consubstanciam, em regra, o empregador de atletas e de treinadores, exercendo o poder de direcção perante aqueles que participam em competições desportivas. Estes são, em regra, *pessoas colectivas que se constituem segundo o Direito Privado, sob a forma associativa e sem fins lucrativos*[811], sendo que o

[807] Referindo-se, neste caso, a um duplo estatuto especial, cfr. José de Melo Alexandrino, «Direitos, Liberdades e Garantias na Relação Desportiva», p. 337.

[808] Cfr., por exemplo, José Carlos Vieira de Andrade, «Os Direitos Fundamentais e o Desporto», p. 31, José de Melo Alexandrino, «Direitos, Liberdades e Garantias na Relação Desportiva», pp. 348 e ss.

[809] Pedro Gonçalves, *Entidades Privadas com Poderes Públicos*, p. 858.

[810] Neste conceito devem ser considerados todos aqueles que são: os responsáveis pelo treino físico e direcção competitiva e técnica de atletas, em regra, remunerados e exercidos como actividade profissional exclusiva que assenta num contrato de trabalho celebrado entre o clube e o treinador desportivo, desde que este se encontre licenciado pela respectiva federação e cumpra os requisitos profissionais legalmente estabelecidos. Cfr., em sentido próximo, o artigo 3º da Lei nº 40/2012, de 28 de Agosto.

[811] Cfr. o artigo 26º, nº 1, da LBAFD.

objecto primário dos seus fins estatutários é a promoção e a participação em competições desportivas de uma ou várias modalidades desportivas[812].

É, portanto, de constatar que a vinculação dos agentes desportivos é, por vezes, dupla: (i) contratualmente com o empregador; (ii) institucionalmente e por intermédio de vinculação individual com as federações desportivas. A esfera pessoal dos desportistas e treinadores está, desta forma, especialmente susceptível a potenciais afectações no que respeita aos direitos fundamentais. Esta é, na verdade, uma diferença assinalável quando comparada com outros agentes desportivos, desde logo, os dirigentes[813], os árbitros[814], empresários desportivos[815] ou outros, os quais se encontram, em regra, somente vinculados à normatividade desportiva por intermédio de licenciamento ou de vinculação institucional e, embora mereçam, por conse-

[812] V., por exemplo, o artigo 5º dos estatutos do Sporting Clube de Portugal, o artigo 3º, nº 1 dos estatutos do Sport Lisboa e Benfica e o artigo 4º, nº 1, dos estatutos do Futebol Clube do Porto. Todavia, quando se trate de clubes que competem numa competição desportiva profissional, o DL nº 10/2013, de 25 de Janeiro, veio a impor, numa intromissão suspeita na liberdade de associação dos associados de clubes desportivos, a constituição ou a transformação do clube em uma de duas formas jurídicas: (i) em sociedade anónima desportiva; (ii) em sociedade unipessoal desportiva por quotas (cfr. o artigo 1º, 2º e 3º). De todo o modo, para estes clubes poderem desenvolver a sua actividade competitiva nacional e internacional (tal como os atletas e treinadores) necessitam de obter o licenciamento estabelecido nas regras da federação desportiva nacional. Sobre este regime, Maria de Fátima Ribeiro, *Sociedades Desportivas*.

[813] Os dirigentes podem, em geral, ser qualificados como «qualquer pessoa que se encontre, de modo efectivo e sem remuneração, no exercício de funções em órgãos estatutários do Comité Olímpico de Portugal, da Confederação do Desporto de Portugal, de federações desportivas dotadas de estatuto de utilidade pública desportiva ou de associações nestas últimas inscritas». Cfr. o artigo 2º, nº 1, do DL nº 267/95, de 18 de Outubro.

[814] Estamos aqui perante *o agente desportivo licenciado por uma federação desportiva com o objectivo de assegurar o cumprimento das regras desportivas no desenrolar da prática competitiva de uma modalidade*. Em sentido próximo, Nuno Barbosa, «O Estatuto Jurídico do Árbitro no Direito Português», p. 51. Sobre o estatuto jurídico dos árbitros, cfr. Bernd Kuhn, *Der Sportschiedsrichter zwischen bürgerlichen Rechts und Verbandsrecht*, pp. 41 e ss.

[815] Os empresários desportivos são definidos pelo artigo 37º da LBAFD como «*as pessoas singulares ou colectivas que, estando devidamente credenciadas, exerçam a actividade de representação ou intermediação, ocasional ou permanente, mediante remuneração, na celebração de contratos de formação desportiva, de trabalho desportivo ou relativos a direitos de imagem*». Sobre a natureza das funções do empresário desportivo, cfr., com amplas indicações, Daniela Mirante, «Da Natureza Jurídica do Contrato Celebrado entre o Empresário Desportivo e o Praticante Desportivo», pp.419-437.

guinte, de uma especial protecção, não se encontram numa posição de fragilidade acrescida em relação a desportistas e treinadores.

§ 4º A HIERARQUIA DESPORTIVA

4.1. Noção

O desporto federado português estruturou-se tradicionalmente, como sucedeu noutros países europeus, na agregação hierárquica[816], sob a forma associativa, de clubes – que se ocupavam do desenvolver de uma prática desportiva numa determinada região (distrito ou província) – e, consequentemente, pela integração destes em associações de tipo regional. Por sua vez, estas integravam-se e davam lugar a uma federação cujo objectivo era ocupar-se da *regulamentação* e *disciplina da prática desportiva* em todo o território nacional. Além disso, as federações desportivas nacionais filiavam-se em associações que se ocupariam da organização desportiva numa dimensão transnacional[817].

Entre nós, parece compreender-se que a existência de uma agregação de federações desportivas transnacionais competentes para regular toda a competição desportiva (nacional e transnacional) por intermédio de uma relação hierárquica (hierarquia desportiva) existente no associativismo desportivo permite que o poder de regulação se encontre concentrado nestas, sendo que o poder das federações desportivas nacionais é uma mera derivação do poder transnacional[818].

Neste contexto, por *hierarquia desportiva* pode entender-se a *relação vertical de supra e infra-ordenação estabelecida – por intermédio de normas regulamentares federativas –, em regra, entre duas pessoas colectivas dentro do quadro organizativo monopolístico-piramidal podendo a entidade de cúpula influenciar manifestamente ou dispor das normas federativas da entidade subordinada e entre a federação nacional/internacional e os agentes desportivos vinculados imediata e*

[816] Para uma visão esquemática desta realidade, cfr. JENS ADOLPHSEN *ET ALLI*, *Sportrecht in der Praxis*, p. 9, THOMAS SUMMERER, «Autonomie, Organisation und Regelwerke», *in Praxishandbuch Sportrecht*, 2ª Edição, p. 116 e THOMAS SUMMERER, *Internationales Sportrecht vor dem staatlichen Richter*, p. 105.

[817] V. CONSTANTINO FERNANDES, *O Direito e os Desportos (Breve estudo de direito desportivo)*, p. 47.

[818] Cfr., a este respeito, ALEXANDRA PESSANHA, «Algumas Reflexões sobre o Ordenamento Jurídico Desportivo», p. 24-26.

mediatamente à normatividade de uma federação nacional/internacional, a quem cabe a regulação de uma determinada modalidade[819].

A primeira explicação que devemos efectuar é de que não se trata aqui de uma hierarquia administrativa em sentido técnico, pois não estamos perante uma forma de organização vertical da Administração Pública, nem perante um vínculo jurídico estabelecido entre órgãos da mesma pessoa colectiva. Estamos, pelo contrário, perante uma vinculação entre duas ou mais pessoas colectivas diferentes ou entre uma pessoa colectiva e diversas pessoas singulares. Desta feita, o vínculo jurídico de «obediência» entre duas ou mais associações gera-se, em regra, por via de celebração de um «contrato de associação»[820] e não pela instituição de um dever legal de obediência[821].

Por outro lado, esta realidade hierárquica não colide, de uma forma frontal, com a liberdade de associação, desde que não seja vista como um mecanismo de *subordinação absoluta* (ainda que o seja recorrentemente) das federações desportivas nacionais, agentes desportivos, clubes e associações distritais ao poder normativo de uma federação desportiva internacional[822]. Na verdade, deve entender-se que é compatível com a liberdade de associação «a criação de federações organizadas de forma escalonada, na qual as federações hierarquicamente inferiores – independentemente de se tratar de uma associação com ou sem personalidade jurídica – estejam na dependência da federação hierarquicamente superior, não perdendo estas o

[819] Num sentido próximo, PIETER SCHLEITER, *Globalisierung im Sport – Realisierungswege einer harmonisierten internationalen Sportrechtsordnung*, pp. 50 e 51.

[820] Sobre os exactos termos desta noção, Cfr. GAYLOR RABU, *L'organisation du Sport par le Contrat*, pp. 90 e ss.

[821] Sobre a noção de hierarquia administrativa, cfr. SÉRVULO CORREIA, *Noções de Direito Administrativo*, I, pp. 196-201, PAULO OTERO, *Conceito e Fundamento da Hierarquia Administrativa*, pp. 76 e 77, MARCELO REBELO DE SOUSA, *Lições de Direito Administrativo*, pp. 259 e 261, DIOGO FREITAS DO AMARAL, *Conceito e Natureza do Recurso Hierárquico*, 2ª Edição, JOÃO CAUPERS, *Introdução ao Direito Administrativo*, 10ª Edição, pp. 159-161.

[822] Como notou o BVerGE na famosa decisão *Bahá'í*: «[o] princípio da liberdade de associação (...) protege, por um lado, a autonomia na formação e estruturação organizacional da associação segundo uma liberdade decisória dos associados, na qual se poderá integrar a criação de uma comunidade hierarquicamente organizada. Por outro lado, protege a auto-determinação da associação, bem como a dos seus membros, de uma renúncia que quase a elimine na sua totalidade», cfr. BVerfGE 83, 341.

seu carácter associativo, desde que desenvolvam a sua actividade de forma autónoma»[823].

Neste contexto, importa, desde logo, reter que a *hierarquia desportiva* está intimamente ligada à estruturação monopolística do ordenamento desportivo, assentando em dois postulados essenciais: (i) em primeiro lugar, na ideia de que existe uma centralização monopolística do poder desportivo na federação desportiva e (ii), por outro lado, no princípio da unicidade. Estes dois aspectos permitem, desde logo, que a estrutura normativa apresente uma unidade da regulação desportiva. A conclusão que daí se deve retirar é de que a normatividade emanada por uma associação desportiva internacional estabeleceu o princípio do «primado» em relação às normas produzidas por uma federação desportiva nacional, embora sejam concedidos esferas de actuação individuais a esta entidade[824].

Existe, portanto, uma construção normativa que favorece a concentração de poderes normativos desportivos na federação desportiva transnacional. Todavia, atendendo às particularidades do Direito desportivo português e à consequente sujeição das federações desportivas nacionais que adquiram o estatuto de utilidade pública desportiva ao regime de Direito Público, esta ideia do «primado» da normatividade da federação desportiva internacional sobre o complexo normativo da federação nacional revela, como adiante se verá, algumas dificuldades.

4.2. A hierarquia desportiva e a vinculação imediata: o modelo de vinculação associativa

A construção de um espaço normativo transnacional, continental ou nacional pressupõe a existência de um vínculo jurídico que o legitime. No caso da normatividade desportiva, a vinculação típica assenta na relação jurídica de associação que é, no entanto, uma das possíveis formas vinculação entre

[823] BVerfGE 83, 341.

[824] Como sintetiza a jurisprudência do TAS (ainda que sobre o domínio da dopagem) afirmando que: (...) the IFS [federações internacionais] enjoy the principal competence with regard to the fight against doping. The natural consequence of this is that their rules prevail over those wich an NOC or national sports authority (for example an NF [federação nacional]) might have enacted». Deste modo, «[i]n a case where rules enacted by an NF are involded, this solution is *a fortiori* imperative when the NF undertakes, by the fact of its affiliation, to comply with the statues and regulations of the IF and to adapt its own statues and regulations to those of the IF». Cfr. o processo de consulta do TAS nº 94/128, Union Cycliste Internationale e Comité National Olympique Italien, de 5 de Janeiro de 1995, publicado *Digest of CAS Awards*, Vol. I, p. 505.

a federação desportiva transnacional e os seus *regulados*. Esta impõe-se, desde logo, relativamente aos seus associados que são as federações nacionais.

A posição monopolística que a cúpula de regulação desportiva ostenta permite-lhe impor a sua normatividade mesmo a quem não assuma essa qualidade. Para este contexto contribui, em regra, o facto de, por um lado, os associados das federações desportivas nacionais serem as associações desportivas distritais e de, por outro lado, as federações desportivas nacionais serem associadas de federações desportivas transnacionais e de federações desportivas continentais. Neste contexto, os agentes desportivos e, especialmente, os atletas não são, em regra, associados das federações desportivas transnacionais ou nacionais.

Na verdade, para se poder falar numa condição de associados dos desportistas exige-se que se analise casuisticamente os direitos e deveres que as normas estatutárias prevejam. Deste modo, só podem ser considerados associados aqueles que tenham os direitos e deveres materialmente idênticos, ou seja, segundo uma lógica de igualdade entre associados que exige que se encare a relação que se estabelece entre a associação e os associados como uma «relação material». De resto, a menção estatutária a membros «extraordinários», «ordinários» ou «honorários» só deve apresentar-se como reveladora de uma condição de associado quando, em condições de igualdade em relação a outros «associados», as normas estatutárias garantem os direitos de participação essenciais – particularmente a participação na Assembleia Geral da associação. A menção estatutária a uma determinada categoria de «associado» não será, pois, determinante, uma vez que – especialmente no caso em que não se prevejam os direitos participativos essenciais para essa qualidade de «associado» – quando a situação jurídica global dos direitos e deveres deste tipo de «associado» indicia não estarmos perante um associado teremos naturalmente que concluir que estamos perante um *não associado* (*Nichtmitglied*)[825].

[825] No sentido exposto, dando precisamente o exemplo do desporto organizado como manifestação do fenómeno da vinculação da normatividade a terceiros e não associados, cfr. Stefan Edenfeld, *Die Rechtsbeziehungen des bürgerlichen-rechtliches Vereins zu Nichtmitgliedern*, pp. 42 e ss e, especialmente, pp. 48 e ss. A doutrina é esmagadora em aceitar que só podem ser qualificados como associados aqueles que podem participar em condições de igualdade na Assembleia Geral das federações desportivas (também não serão autênticos associados aqueles que são designados «associados honorários», uma vez que se trata de uma mera atribuição de uma homenagem). Cfr., entre tantos outros, Klaus Vieweg, *Normsetzung und –andwendung deutscher und internationaler Verbände*, p. 59. Há quem na doutrina alemã se refira

A vinculação destes opera, em bom rigor, por via de formas de vinculação mediata, ou seja, por intermédio de autorização concretas como, por exemplo, para uma competição organizada e comumente designadas como licenças. É, deste modo, possível identificar outro modelo de vinculação: o *modelo vinculação institucional*. Neste modelo inexiste uma vinculação jurídica, mas um efeito institucional que deriva da eficácia da rede normativa desportiva transnacional, sendo que a sua aplicabilidade aos terceiros não associados depende, por sua vez, de uma concomitante vinculação individual.

Com efeito, deve entender-se ultrapassada a concepção de que os agentes desportivos, enquanto não associados, se encontram imediatamente submetidos ao poder que emerge quer das federações desportivas transnacionais, quer das federações desportivas nacionais[826]. É que a vinculação dos associados das federações desportivas nacionais e dos agentes desportivos não pode ser efectuada unilateralmente fixada pelas federações transnacionais enquanto regulador máximo da actividade desportiva e sem um título legitimador.

à existência de uma «filiação indirecta». Cfr. BERNHARD REICHERT, *Vereins- und Verbandsrecht*, 11ª Edição, p. 146. Na doutrina francesa, fala-se, neste contexto e em relação às federações desportivas transnacionais) em membros directos (federações nacionais) e membros indirectos (agentes desportivos), cfr. MATHIEU MAISONNEUVE, *L'arbitrage des Litiges Sportifs*, pp. 151 e ss. Em termos semelhantes, mas referindo-se a sujeitos imediatos e mediatos, cfr. FRANCK LATTY, *La lex sportiva – Recherche sur le droit transnacional*, pp. 150 e 221 e ss.

[826] A tese da admissibilidade da vinculação dos não associados foi defendida até ao final dos anos 70 do Séc. XX na Alemanha, admitindo-se, por um lado, que com a adesão destes à associação hierarquicamente considerada haveria que respeitar as regras de todas as associações hierarquicamente superiores, assistindo-lhe, desde logo, de abandonar a associação. [sobre esta tese, cfr. PETER SCHLOSSER, *Vereins- und Verbandsgerichtsbarkeit*, p. 75 e 76]. Uma tese intermédia, para ultrapassar as dificuldades da teoria anterior, foi defendida por ROLF ERNST, entendendo o autor que com a participação de atletas nas competições organizadas por federações desportivas, existe uma atribuição de poderes especiais que gera uma «relação de poder privado» que os vincula a respeitar a normatividade emanada pela entidade competente para regular uma competição desportiva [cfr. *Die Ausübung der Vereinsgewalt*, pp. 87 e ss.]. Na actualidade, entende-se que a vinculação dos agentes desportivos não pode ser efectuada unilateralmente por parte das federações desportivas, sendo as construções anteriores uma mera ficção, exigindo-se, pelo contrário, à vinculação dos agentes desportivos um título jurídico que o legitime. Sobre a questão, entre outros e com indicações, STEFAN EDENFELD, *Die Rechtsbeziehungen des bürgerlichen-rechtliches Vereins zu Nichtmitgliedern*, pp. 49 e 50 e, igualmente, STAUDINGER, *BGB*, § 25.

A existência de um vínculo imediato entre federações desportivas hierarquicamente estruturadas não tem, deste modo, quaisquer consequências jurídicas para os seus associados ou para a esfera jurídica dos agentes desportivos, na medida em que a sua vinculação à normatividade desportiva tem, efetivamente, origem numa vinculação institucional. Esta realidade permite, por conseguinte, identificar, desde logo, um modelo de vinculação que se manifesta num conjunto de remissões em «cascata» sustentada na sua base pela relação jurídica de associação entre as federações desportivas nacionais e as federações desportivas transnacionais e continentais, acrescido, por outro lado, de uma vinculação individual.

4.2.1. A hierarquia desportiva e a vinculação mediata: o modelo institucional ou corporativo

A vinculação de associados e terceiros não associados de uma federação desportiva nacional à normatividade transnacional *não é possível por intermédio de meios de vinculatividade imediata. Com efeito, é indispensável perceber como pode uma federação desportiva transnacional vincular a federação desportiva nacional e, por outro lado, expandir a obrigatoriedade do complexo normativo por si criado aos ag*entes desportivos. Neste sentido, o primeiro modelo que somos obrigados a analisar corresponde ao que a doutrina alemã tem comummente designado de modelo corporativo (*korporationsrechtsliches Modell*)[827].

Esta forma de vinculação mediata representa um de dois modos de submissão às regras (estatutos e regulamentos) de uma federação desportiva transnacional e deve ser reconduzida à *relação remissiva que opera por via de disposições regulamentares e estatutárias de federações desportivas.* Trata-se, no entanto, de uma *relação estabelecida entre a federação desportiva nacional e a federação desportiva que, de acordo com o princípio da unicidade, regula uma determinada actividade desportiva num âmbito transnacional ou continental, podendo esta exercer a sua «autoridade» disciplinar e normativa, impondo a sua «vontade» à federação desportiva nacional, mas que produz efeitos perante terceiros.*

Esta é, em todo o caso, uma primeira condição para que exista uma validade jurídica da vinculação dos terceiros. Com efeito, cabe no conceito de vinculação mediata a relação que se estabelece entre clubes, desportistas e outros agentes desportivos e a federação desportiva nacional/transnacional

[827] A doutrina sobre esta temática é abundante. Entre tantos outros, sobre a matéria e com amplas referências, cfr. FRITZWEILER, PFISTER E SUMMERER, *Praxishandbuch Sportrecht*, 3ª Edição, pp. 204 e ss.

vinculados individualmente por licenciamento[828] que se manifestam na relação que se estabelece com a admissão de um clube, desportista e outros agentes desportivos num determinado comité olímpico nacional ou federação desportiva nacional.

A vigência do bloco normativo transnacional na esfera jurídica nacional, depende, por outro lado, de uma aceitação dos associados da federação desportiva nacional, aceitando as consequentes alterações estatutárias e regulamentar. Nesta modalidade de vinculação estamos perante uma espécie de uma «delegação de poderes normativos» de uma federação desportiva nacional numa federação desportiva transnacional ou continental[829]. Na verdade, nas suas duas sub-modalidades, este modelo assenta na ideia de que as regras federativas nacionais se tornam completas apenas com o reconhecimento da vinculatividade das normas produzidas pela federação transnacional. Esta rede de vinculações surge por intermédio de um conjunto de remissões e assumpções de que a normatividade emanada pela federação desportiva transnacional assume um carácter imperativo em relação à normatividade da federação desportiva que a recepciona e em relação a terceiros (os agentes desportivos, etc). Esta construção assenta, pois, em dois vectores essenciais: as *cláusulas de recepção estática* e as *cláusulas de recepção dinâmica*[830].

Na primeira hipótese, cumpre, desde logo, referir que as cláusulas de recepção estática são a forma de reconhecimento da normatividade desportiva pelas federações desportivas menos problemática. Na verdade, por *cláusulas de recepção estática* (*Statische Verweisung*) devem entender-se *os efeitos*

[828] O vínculo que, por sua vez, se estabelece entre o clube desportivo e o atleta é bem diferente do vínculo em causa na hierarquia desportiva. Entre estes é celebrado um contrato de trabalho desportivo, pelo que existe, neste caso, uma relação jurídica laboral. Sobre esta questão, v., por todos, João Leal Amado, *Vinculação versus liberdade: o processo de constituição e extinção da relação laboral do praticante desportivo.*

[829] Sobre o fenómeno da delegação de poderes no Direito Privado, V. por todos, Jens Kleinschimdt, *Delegation von Privatautonomie auf Dritte*, pp. 10 e ss.

[830] Trata-se aqui de um fenómeno que não é estranho ao Direito Público. Esta realidade é muito próxima com aquela que diz respeito à recepção das normas estaduais de normas técnicas. Cfr. Rüdiger Breuer, «Direkte und indirekte Rezeption technischer Regeln durch die Rechtsordnung», pp. 46 e ss., Peter Marburger, *Die Regeln der Technik im Recht*, pp. 379 e ss., Martina Müller-Foel, *Die Bedeutung von technischer Normen für die Konkretisierung von Rechtsvorschriften*, p. 112 e ss. Entre nós, Pedro Gonçalves, *Entidades Privadas com Poderes Públicos*, pp. 725 e ss. e Carla Amado Gomes, *Risco e Modificação do Acto Autorizativo Concretizador de Deveres de Protecção do Ambiente*, pp. 444 e ss.

de reconhecimento jurídico de um complexo normativo concreto, suficientemente determinado e emanado por uma federação desportiva internacional, da qual a federação nacional é associada, por intermédio de remissões efectuadas pelas normas estatutárias de uma determinada federação desportiva nacional[831].

Com efeito, a existência deste tipo de remissão não levanta, em princípio, problemas de maior no que ao direito fundamental à liberdade de associação diz respeito, na medida em que pressupõe um mecanismo de «aceitação» pela federação desportiva que exerça poderes públicos de regras federativas internacionais devidamente localizada e especificada, não estando em causa uma «aceitação cega» das versões posteriores. Um desses exemplos poderia ser a seguinte norma estatutária imaginária: «a Federação Portuguesa de X remete a regulamentação de transferência de jogadores para o regulamento aprovado a 21 de Dezembro de 2013, pela Federação Internacional de X sobre esta matéria».

Neste contexto, ainda que não seja problemática no que concerne ao direito fundamental à liberdade de associação, a *aceitação* pela federação desportiva e a correspondente *incorporação* nas regras regulamentares desta, implica sempre a conformidade desta normatividade com as normas estaduais, encontrando-se, no momento posterior ao acto de *incorporação*, naturalmente sujeitas a um controlo jurisdicional (sendo competentes, consoante a natureza da «normatividade» *incorporada*, os tribunais judiciais ou os tribunais administrativos).

Por outro lado, na segunda hipótese de reconhecimento corporativo, um dos mais comuns mecanismos de recepção da normatividade transnacional diz respeito às *cláusulas de recepção dinâmica* (*dynamische Verweisung*), através das quais a federação *desportiva nacional estabelece nas normas estatutárias o reconhecimento da vinculatividade jurídica de um conjunto de normas da federação desportiva internacional, que não abrange apenas uma normatividade determinada e individualizada, mas também imediatamente todas as versões posteriores das regras que possam vir a ser emanadas por esta última entidade, pelo que estas passarão, deste modo, a integrar o complexo normativo da federação nacional*[832].

Trata-se aqui de uma forma de *entrega da competência normativa* da federação nacional à federação desportiva transnacional ou do comité olímpico nacional ao COI. O artigo 42º dos Estatutos do Comité Olímpico de Por-

[831] Num sentido próximo, Cfr. FRITZWEILER, PFISTER e SUMMERER, *Praxishandbuch Sportrecht*, 3ª Edição, p. 204.
[832] Em termos próximos, cfr. FRITZWEILER, PFISTER e SUMMERER, *Praxishandbuch Sportrecht*, 3ª Edição, p. 205.

tugal ilustra precisamente esta ideia de *cláusula de recepção dinâmica* afirmando-se que: «*[o] COP obriga-se a cu*mprir e fazer cumprir as regras da Carta Olímpica, nomeadamente as regras 31 a 35 e as normas de aplicação das regras 31 e 32, e suas eventuais e posteriores alterações, as quais passam a fazer parte integrante destes Estatutos». Outro exemplo pode ser recolhido no estatuído pelo artigo 2º, nº 3, ponto 3 dos estatutos da Federação Portuguesa de Futebol onde existe o compromisso de: «*[r]espeitar os Estatutos, Regulamentos, Directivas e Decisões da FIFA e da UEFA, incluindo o Código de Ética da FIFA, os quais constituem parte integrante dos presentes Estatutos*».

Estas normas permitem *transformar* o conjunto de normas emanadas por uma federação hierarquicamente superior em regras jurídicas pertencentes ao bloco jurídico da federação desportiva nacional. Neste sentido não existe qualquer espaço de liberdade relativamente à competência normativa da federação desportiva nacional. A solução assim identificada *não pode deixar de ser problemática*. Não obstante a sua duvidosa constitucionalidade[833], a alteração estatutária operada pela federação desportiva transnacional ou pelo COI por via desta remissão dinâmica, viola, desde logo, a competência específica da Assembleia Geral em matéria de alteração dos estatutos (cfr. artigo 34º, nº 1, al. d) do RJFD2014), bem como a obrigatoriedade de estas constarem em escritura pública, prevista no artigo 168º, nº 1 do Código Civil, e, ainda, a competência de ratificação das normas regulamentares relativas à competição profissional, prevista no artigo 34º, nº 1, al. e) do RJFD2014.

Por outro lado, a existência destas normas, quando esteja em causa matéria regulamentar, viola a competência expressamente prevista no artigo nº 41º, nº 2, a) do RJFD2014, no qual se estabelece que pertence à direcção das federações desportivas que exerçam poderes públicos aprovar as normas regulamentares. Estas *cláusulas são, deste modo, inválidas*. Com efeito, o sistema jurídico português exige que exista sempre um acto de transposição da federação desportiva nacional quando esteja em causa o reconhecimento da normatividade desportiva transnacional[834].

833 A questão que se coloca, nos termos de Direito Constitucional, está relacionada com a possibilidade da federação desportiva esvaziar a autonomia da federação desportiva nacional ao ponto de esta poder ser qualificada como uma espécie de «órgão administrativo» da federação desportiva transnacional. Cfr. Frank Andexer, *Die nationale Sportgerichtsbarkeit und ihre internationale Dimension*, p. 63.

834 Esta é a solução maioritária também no sistema jurídico alemão, no qual se entende que as cláusulas dinâmicas de recepção não são legalmente permitidas. Sobre esta questão, cfr.,

4.2.2. A vinculação mediata e individual: a licença desportiva administrativa

O estabelecimento de cláusulas estatutárias que impõem o reconhecimento da normatividade desportiva transnacional no ordenamento desportivo nacional não é um meio auto-suficiente relativamente a assegurar a vinculação dos outros sujeitos desportivos às regras das federações transnacionais. Neste contexto, a opção por modos de vinculação individual representa uma forma mais eficaz de vinculação, desde logo, pelo facto de os agentes desportivos não serem, em regra, associados das federações desportivas transnacionais ou nacionais.

Os agentes desportivos submetem-se, por conseguinte, à normatividade desportiva transnacional por intermédio de licenciamento e do efeito institucional dele decorrente. A licença desportiva deve ser qualificada, por um lado e em termos materiais, como *um documento que prova a existência de uma relação jurídica entre a federação* e o clube, desportista ou outro agente desportivo, *bem como a identidade do desportista ou outros agentes desportivos por intermédio da sua assinatura e de uma fotografia*. Por outro lado, estamos perante *um instrumento jurídico* que garante *uma determinada posição (a autorização de participação na competição) do desportista em relação à federação desportiva que o emite*[835]. A discussão sobre a natureza jurídica da licença teve origem em França, tendo sido concebida inicialmente como um contrato entre os agentes desportivos e a federação. Não obstante, esta concepção veio a ser alterada, existindo pouca polémica quer na jurisprudência, quer na doutrina, ao assumirem que, relativamente à natureza de acto autorizativo para competir, se trata de um acto unilateralmente imposto

entre tantos outros, FRITZWEILER, PFISTER e SUMMERER, *Praxishandbuch Sportrecht*, 3ª Edição, pp. 204 e ss., KLAUS VIEWEG, *Normsetzung und – anwendung deutscher und internationaler Verbände*, pp. 200 e ss. FRANK ANDEXER, *Die nationale Sportgerichtsbarkeit und ihre internationale Dimension*, p. 64 e ss., PALANDT, *Bürgerliches Gesetzbuch*, 72ª Edição, p. 31. Para uma nova visão numa tentativa de dar um sentido útil às cláusulas dinâmicas, Cfr. PETER W. HEERMANN, «Bindung an die Satzung übergeordneter Verbände durch dynamische Verweisung», pp. 250 e ss., JAN ORTH e PATRICK POMMERENING, «Zülässigkeit und Wirksamkeit dynamischer Verweisungen im Sportrecht», pp. 226 e ss.

[835] Num sentido próximo, Cfr. definição de *licence* na obra de FRANÇOIS ALAPHILIPPE e JEAN-PIERRE KARAQUILLO, *Dictionaire Juridique Sport*. Desenvolvidamente sobre os actos autorizativos no Direito Administrativo, cfr. CARLA AMADO GOMES, *Risco e modificação do acto autorizativo concretizador de deveres de protecção do ambiente*, pp. 515 e ss. e JOSÉ EDUARDO FIGUEIREDO DIAS, *A Reinvenção da Autorização Administrativa no Direito do Ambiente*, pp. 398 e ss.

por uma federação desportiva que deve ser qualificado como um autêntico acto administrativo[836].

Em Espanha, pelo contrário, a possibilidade de a licença desportiva assumir natureza contratual nunca se colocou, pelo que se considera que tem a natureza de um acto unilateral de cariz administrativo[837]. Na verdade, a doutrina, muito influenciada pelas soluções francesas, reconhece que a questão de saber se os agentes desportivos adquirem o estatuto de associado com o licenciamento desportivo assenta numa qualificação complexa[838] e confusa[839], mas que pode ser resolvida com recurso a dois conceitos diferentes.

A noção de licenciado permitiria distinguir esta da noção de associado. Ora, de uma forma muita simplista, a *filiação* traduziria a «união» entre a federação, associações regionais e clubes desportivos que se tornariam, assim, associados. A licença desportiva, embora outorgasse alguns direitos e deveres que apresentavam uma íntima ligação com a estrutura federativa, não tinha a faculdade de, por si, lhe atribuir a qualidade de associado[840].

[836] O CE, desde 1988, que tem entendido que a licença desportiva assume uma natureza administrativa, uma vez que é outorgada por federações desportivas com uma missão de «serviço público». Foi no Ac. do CE de 23 de Setembro de 1988, processo nº 99901, comummente conhecido como *Union sportive de Vandoeuvre* que pela primeira vez se assumiu que a licença desportiva não tinha origem contratual. Esta linha jurisprudencial teve continuidade nos Acs. do CE de 12 de Maio de 1989, processo nº 97144 (*Association Brest-Armorique*), de 31 de Maio de 1989, processo nº 99901. Mais recentemente, confirmando esta corrente jurisprudencial que se fixou no CE, cfr. o Ac. de 3 de Fevereiro de 1995, processo nº 117097. Na doutrina tem prevalecido, consequentemente, desde o final dos anos 80, a ideia de que a atribuição ou cancelamento da licença consubstanciam verdadeiros actos administrativos por inspiração na obra de Jean-François Lauchaume, «La Licence Sportive – de l'application des règles du Droit Administratif», pp. 4 e ss. Na discussão doutrinal e na jurisprudência tem prevalecido a posição deste autor, embora tenha sido, recentemente, alvo de críticas. Sobre a produção doutrinal posterior e as críticas endereçadas por Gaylor Rabu na sua dissertação de doutoramento. *L'organisation du Sport par le Contrat*, pp. 93-95.

[837] Cfr. Sobre a conceptualização da licença desportiva e, em especial, sobre os problemas que esta manifesta em Espanha, bem como a doutrina e jurisprudência espanhola sobre o assunto, cfr. Santiago Prados Prados, *Las licencias deportivas*, p. 131 e ss.

[838] Neste sentido, Andreu Camps Povill, *Las Federaciones Deportivas. Régimen Jurídico*, p. 129.

[839] No sentido de que a «dupla instrumentalidade» das licenças concedidas pelas federações desportivas causa alguma confusão. Cfr. Iñaki Agirreazkuenaga, p. 295.

[840] Cfr. Santiago Prados Prados, *Las licencias deportivas*, p. 136 e 137, referindo expressamente a posição de Andreu Camps Povill ao considerar que a licença desportiva não concede ao agente desportivo licenciado a qualidade de associado.

Na Alemanha, a questão tem sido abordada – naturalmente de acordo com a configuração privada do desporto alemão – sob a perspectiva contratual. O *leitmotiv* foi dado pela jurisprudência do *Bundesgerichtshof* na decisão *Reiterliche Vereinigung*, afirmando que: «[a] forma mais usual na qual se traduz a «submissão» [às regras das federações desportivas] reside no reconhecimento pelo atleta dos regulamentos de competição e disciplinares elaboradores pela federação desportiva competente relativamente a uma competição em concreto. Neste caso, o desportista reconhece de forma concludente ou expressa que as regras federativas que regem uma determinada competição são vinculativas e que, em caso de violação daquelas, se submete às sanções aplicadas pela federação desportiva competente».

Este reconhecimento seria, segundo o tribunal, naturalmente operado por intermédio de um contrato, no qual o agente desportivo, ao lhe ser concedida uma licen*ça desportiva, «se compromete, no decurso da prática desportiva, a cumprir o compl*exo normativo posto pela federação desportiva, sob pena de, em caso de violação destas, estar sujeito a sanções»[841]. Neste sentido, o acto de licenciamento consubstancia, por conseguinte, também uma forma de inscrição dos atletas, clubes e sociedades desportivas que garante o direito a participar numa determinada competição por um período específico[842] e implica, consequentemente, a submissão dos agentes desportivos ao «poder desportivo»[843].

No Direito português, pelo contrário, entende-se que, quando nos referimos à aquisição da licença desportiva como condição de participação na competição, de acordo com o artigo 9º do RJFD2014, estamos a referir-nos essencialmente a um acto administrativo vinculado[844] praticado por fede-

[841] V. o Ac. do BGH 128, 93.

[842] Cfr. JEAN-FRANÇOIS LAUCHAUME, « La Licence Sportive – de l'application des règles du Droit Administratif », p. 4.

[843] Neste sentido, reconhecendo que são dois efeitos decorrentes da obtenção da licença desportiva. Cfr. GÉRALD SIMON, *Puissance Sportive et Ordre Juridique Étatique*, p. 115. No mesmo sentido, identifica SANTIAGO PRADOS PRADOS que a concessão de uma licença desportiva comporta os seguintes deveres: (i) aceitação dos estatutos e regulamentos federativos; (ii) submissão ao poder disciplinar; (iii) submissão a controlos médicos e de provas de antidopagem. Cfr. *Las licencias deportivas*, pp. 365 e ss.

[844] Neste sentido, tem decidido a jurisprudência administrativa, nomeadamente, no Ac. do TCA Sul de 25 de Janeiro de 2006, processo nº 01270/05, afirmando que: «[n]o caso da concessão ou cancelamento de uma licença desportiva não estamos perante uma matéria que tenha a ver, por exemplo, com a liberdade de associação, mas antes com a possibilidade de alguém praticar uma determinada modalidade desportiva», pelo que esta «possibilidade»

rações desportivas, na medida em que a lei estabelece aqui um verdadeiro direito subjectivo[845] a favor dos licenciandos quando estes cumpram os requisitos estatutariamente previstos para a atribuição de licenças.

Por vezes, este acto autorizativo também pode implicar uma correlativa *associação* dos agentes desportivos à federação desportiva. A licença desportiva pode, portanto, apresentar, assim, uma *dimensão híbrida*: assumir-se como um acto administrativo autorizativo para participar na competição, mas também uma vinculação contratual próxima daquela de um associado de uma determinada federação desportiva nacional e mediatamente com aquela que existe entre um associado e a federação transnacional num sentido profundamente institucional[846]. Na verdade, a relação hierárquico-desportiva que se estabelece mediatamente entre clubes, desportistas e outros agentes desportivos sujeitos ao poder regulamentar e disciplinar das federações desportivas internacionais tem início com a inscrição do clube desportivo, do desportista, bem como de outros agentes desportivos na respectiva federação[847].

acaba por ser «definida unilateralmente pela federação desportiva perante o particular, de forma autoritária». Da decisão recorrida houve recurso para o STA que, no Ac. de 7 de Junho de 2006, processo nº 0262/06 decide no mesmo sentido que o TCA Sul relativamente à questão de qualificar o acto de inscrição de um atleta como um acto administrativo. No mesmo sentido decidiu STJ quando se ocupou do litígio conhecido como caso «N'Dinga». Cfr. Ac. do STJ de 3 de Julho de 2003, processo nº 03B1442. Segundo PEDRO GONÇALVES, trata-se aqui de um desempenho de uma tarefa estadual, na medida em que se trata de um acto administrativo que tem por objecto a «organização do desporto». Cfr. *Entidades Privadas com Poderes Públicos*, p. 861. Como se enuncia precisamente no artigo 1º, nº 1 do Regulamento de Inscrições da FPA «[i]nscrição é o acto administrativo através do qual um atleta estabelece, com a FPA, via uma Associação Distrital/Regional, um vínculo desportivo, que lhe permite representar um dado Clube ou competir individualmente, durante um certo período de tempo, vínculo do qual decorrem direitos e deveres».

845 No sentido de que se trata inclusivamente de um «direito subjectivo público». Cfr. PEDRO GONÇALVES, *Entidades Privadas com Poderes Públicos*, p. 861.

846 Esta realidade só demonstra que o vínculo entre atleta e federação desportiva internacional não pode ser reconduzido a um contrato. Como bem foi afirmado no Ac. do TFS de 27 de Maio de 2003 (LAZUTINA e DANILOVA contra COI): «Etablies sur une axe vertical, les relations entre les athlètes et les organisations qui s'occupent des diverses disciplines sportives se distinguent en cela des relations horizontales que nouent les parties à un rapport contractuel», disponível em *Digest of CAS Awards III 2001-2005*, pp. 674-695.

847 Segundo JENS ADOLPHSEN, *Internationale Dopingstrafen*, p. 61, uma forma de vincular directamente os atletas individualmente considerados seria a existência de uma «dupla filiação», na qual o desportista seria membro da federação nacional, mas também internacional,

Por outro lado, embora estes não sejam filiados nas federações transnacionais, acabam por se encontrar *mediatamente* vinculados à normatividade emergente destas entidades, na medida em que é a própria federação desportiva nacional que integra, nas suas «obrigações» enquanto membros da federação transnacional, o respeito pelas regras das federações desportivas transnacionais[848]. Como foi reconhecido na decisão *«Reiterliche Vereinigung»*, *a filiação de atletas, clubes, treinadores ou mesmo de árbitros*, cria uma relação de vinculação que se estabelece por via do licenciamento, gera uma relação jurídica «semelhante à de um associado» (*Mitgliedsähnlichen*), mas apresenta uma importante diferença em relação aos associados «normais», na medida em que esta forma de filiação mediata que se reconduz ao acto de licenciamento de um determinado agente desportivo que, ao contrário dos associados «normais» e salvo raras excepções, não permite conceder aos «licenciados» a participação na elaboração do complexo normativo federativo a que indirectamente se submetem[849]. Esta decisão jurisprudencial tem, de facto, na sua génese o reconhecimento de um efeito institucional decorrente da normatividade desportiva transnacional, mas oriundo da vinculação individual dos agentes desportivos.

A vinculação de agentes desportivos pode, portanto, ser atingida por intermédio de instrumentos de vinculação individual enquanto modalidades do *modelo corporativo*. Os agentes desportivos podem, por conseguinte, vincular-se ao quadro normativo das federações desportivas por intermédio *de dois* instrumentos: (i) *licença de participação ou designação (licença concreta)*, a qual consubstancia uma autorização de participação numa competição concreta e determinada concedida pela respectiva federação desportiva; (ii) *licença desportiva (genérica)*, que se manifesta numa autorização por parte da federação desportiva na sequência de um requerimento administrativo dirigido por um agente desportivo que pretenda uma participação gen*érica*[850].

embora esta não seja a prática corrente no desporto internacional, a admissibilidade jurídica deste possível instrumento de vinculação não está sequer equacionada.

[848] No sentido de que se trata de uma vinculação que advém de uma necessidade de «reconhecimento» e «submissão» prevista como condição de associado da federação desportiva nacional. Cfr. JAN RÄKER, *Grundrechtliche Beziehungen juristischer Personen im Berufssport*, p. 21.

[849] Cfr. o Ac. do BGH 128, 93, ponto 3 a).

[850] Estes conceitos são inspirados, embora com especiais adaptações ao direito português e às especificidades decorrentes do exercício de poderes públicos de federações desportivas, aos exemplos demonstrados por THOMAS SUMMERER, «Autonomie, Organisation und Regelwerke», 2ª Edição, p. 170.

Esta forma de submissão dos agentes desportivos à rede normativa dos entes associativos, enquanto complemento ao modelo corporativo, insere-se num espaço de vinculações variável consoante a estruturação particular de cada país. O modelo de submissão desportiva entre agentes desportivos e federação desportiva nacional em Portugal distingue-se, no entanto, do paradigma adoptado por outros países[851]. Na verdade, em Portugal, são inúmeras as federações que garantem no acto de licenciamento para o prosse-

[851] No sistema jurídico-desportivo alemão a hierarquia desportiva assume, por exemplo, a particularidade de, em regra, se revelar através de uma federação distrital – da qual são membros os clubes desportivos – agregada numa associação de tipo regional (ou melhor, uma federação representativa de uma modalidade no âmbito de um determinado Estado federado) que se encontra filiada numa federação desportiva federal que, por sua vez, se filia numa federação internacional. Deste modo, o desportista ou o clube nunca podem ser considerados como vinculados directamente à normatividade da federação desportiva nacional. Em França, por exemplo, parte-se do princípio de que as federações desportivas são «grupos de associações desportivas» (cfr. o artigo L. 131-3 do *Code du sport*). Por conseguinte e em regra, os atletas ou clubes licenciados não se encontram directamente vinculados às regras de uma determinada federação desportiva francesa que regule uma modalidade num âmbito nacional. O disposto no artigo 2º dos Estatutos da Federação Francesa de Futebol permite perceber precisamente esta realidade ao afirmar-se que: «[l]a Fédération comprend des groupements sportifs, dénommés ci-après "Clubs", composés des associations déclarées selon la loi du 1er juillet 1901 ou du droit civil local dans les départements du Bas-Rhin, du Haut-Rhin et de la Moselle (...)». No entanto, segundo o artigo L. 131-3 do Code du sport, existe a possibilidade de existirem outros membros como, por exemplo, sociedades desportivas ou mesmo pessoas singulares que possam obter uma licença junto das federações desportivas nacionais. Em Espanha, a Ley del Deporte considera no artigo 31, nº 2 que: [l] as Federaciones deportivas españolas son Entidades privadas, con personalidad jurídica propiá (...) integradas por Federaciones deportivas de ámbito autonómico, Clubes deportivos, deportistas, técnicos, jueces y árbitros, Ligas Profesionales, si las hubiese, y otros colectivos interesados que promueven, practican o contribuyen al desarrollo del deporte». A expressão «integradas» tem vindo a levar a doutrina a afirmar que se trata de um conceito diferente da «união» de sujeitos na mesma federação, pelo que não haveria aqui um vínculo de associação a uma determinada federação, que, de resto, seria confirmado pela utilização da expressão «membro» em detrimento da no*ção de «sócio» na generalidade dos estatutos federativos espanhóis* (Cfr. Andreu Camps Povill, *Las Federaciones Deportivas. Régimen Jurídico*, p. 125. De todo o modo, ainda que a doutrina espanhola pareça fixar-se num irrealismo semântico e numa interpretação formalista dos conceitos federativos, a expressão «englobadas» parece no caso português querer indiciar que as categorias enunciadas (agentes desportivos e associações desportivas) são «associados» da mesma federação que exerça poderes públicos). Embora a solução normativa espanhola seja, de certo modo, em termos linguísticos aproximada à adoptada pela LBAFD no artigo 14º, não nos parece ser transponível a solução que a doutrina espanhola entende ser a mais correcta para a resolver esta problemática.

guir de uma determinada actividade desportiva, uma correspondente filiação própria ou próxima de um associado[852].

No entanto, não obstante serem designados, em regra, como sócios «extraordinários»[853], a quem são consagrados um conjunto de deveres e direitos que se adquirem com a inscrição e a consequente aquisição de licença, a estes são consagrados, em regra, direitos qualitativamente inferiores em relação aos direitos dos associados «ordinários»[854]. Noutros casos, como por exemplo, nos estatutos da Federação Portuguesa de Atletismo, embora se adopte uma nomenclatura distinta consoante se trate de associados «ordinários» e «extraordinários»[855], não existe qualquer distinção no

[852] Cfr., por exemplo, os artigos 10º, 11º, nº 2 e 17º da Federação Portuguesa de Bilhar. Em sentido contrário, embora opere esta distinção, num plano material, distingue, no plano formal, entre associados (associações regionais e associações representativas) e filiados (agentes desportivos). Cfr. os artigos 5º e ss. dos Estatutos da Federação Portuguesa de Minigolfe.

[853] A nomenclatura utilizada pelas federações desportivas é a mais variada. A Federação Portuguesa de Futebol, por exemplo, menciona a possibilidade de existirem «sócios de inscrição» (cfr. artigo 10º, nº 3 dos Estatutos). Em sentido diferente, a Federação Portuguesa de Ténis de Mesa reconhece nos seus Estatutos a possibilidade de existirem «sócios extraordinários» que se reconduzem aos agentes desportivos que possuam uma licença válida (cfr. artigo 12º). A Federação Portuguesa de Boxe inclui os desportistas e os clubes, entre outros, na categoria de sócios ordinários. Nos termos dos Estatutos desta entidade serão «extraordinários» os ginásios ou *healthclubs* (cfr. artigos 13º e 14º). Por seu turno, A Federação Portuguesa de Taekwondo, por exemplo, dispõe no artigo 29º dos seus Estatutos que são «associados extraordinários» São associados extraordinários, as associações representantes de agentes desportivos (máxime, praticantes, treinadores e árbitros) constituídos legalmente como pessoas coletivas de direito privado, sem fins lucrativos, organizados com âmbito nacional de acordo com os presentes estatutos e com a lei».

[854] Segundo Bernard Reichert, *Vereins- und Verbandsrecht*, 11ª Edição, p. 142, a possibilidade de adesão de membros «extraordinários» é uma forma de filiação na qual, em regra, os associados detêm menos direitos do que os associados «ordinários». No entanto, o autor adverte precisamente que existem dois direitos que representam os «direitos mínimos» dos associados extraordinários (i) o direito a participarem na Assembleia Geral da associação a que pertencem; (ii) o direito a convocar a Assembleia Geral, desde que, nos termos do § 37 do BGB, seja convocada por escrito conjuntamente por mais de 10% dos associados. Neste sentido, todas as regras estatutárias que violem estas prerrogativas «mínimas» serão consideradas ineficazes.

[855] Nos termos do artigo 10º dos Estatutos desta federação desportiva podem ser associados «extraordinários»: «os agrupamentos de praticantes desportivos, técnicos, árbitros e juízes e outros agentes desportivos que, constituídos legalmente como pessoas colectivas de direito

plano material dos direitos e deveres entre associados[856]. Por conseguinte, a qualificação do licenciamento desportivo dependerá muito do tipo de «condição associativa» que os estatutos de uma federação desportiva garantam e enunciem. No entanto, será sempre possível identificar um núcleo mínimo de direitos participativos[857] aos licenciados desportivos que lhes permita influir em boa parte do essencial do funcionamento da federação desportiva e que permitam a estes assumir uma qualidade, pelo menos, muito próxima de um *associado*.

Em certas situações, a licença desportiva acaba por ser também uma forma de as federações desportivas nacionais conseguirem garantir a *homogeneidade* da normatividade federativa (nacional e internacional)[858]. Este vínculo passa, deste modo, a assumir uma *dimensão híbrida*[859], na medida em que se trata, por um lado, de uma vinculação mediatamente institucionalizada às normas privadas emanadas pelas federações transnacionais correspondentes, bem como à normatividade emanada pelo COI, mas que também, por outro lado, corresponde a um vínculo de onde derivam vincula*ções jurí*dicas decorrentes de um *estatuto especial* de Direito Público que advém da aquisição da licença administrativa que, por sua vez, concede prerroga-

privado, sem fins lucrativos, organizados com âmbito nacional, tenham intervenção no seio do Atletismo».

856 V. paradigmaticamente o artigo 11º dos Estatutos da Federação Portuguesa de Atletismo que prevê mesmo a possibilidade de os sócios «extraordinários» poderem «propor alterações aos Estatutos e Regulamentos da FPA» ou «eleger os órgãos sociais» desta federação desportiva.

857 Um argumento nesse sentido será mesmo o RJFD que, nos termos do artigo 38º, estabelece uma percentagem obrigatória de delegados representativoss dos interesses dos agentes desportivos licenciados desportivamente. A negação da qualificação da licença como forma de aquisição da qualidade de associado por Andreu Camps Povill resume-se, no limite, à impossibilidade dos licenciados desportivos poderem ser representadas e com possibilidade de votar na Assembleia Geral, pelo que, por este motivo, a argumentação do autor não procede. Cfr. *Las Federaciones Deportivas. Régimen Jurídico*, p. 124.

858 Veja-se o registo do artigo 17º, nº 1, dos Estatutos da FPF onde se define, por exemplo, que: «[a]s Associações Distritais ou Regionais, a Liga Portuguesa de Futebol Profissional, as organizações representativas de agentes desportivos e as entidades reconhecidas pela Assembleia Geral da FPF, os Clubes ou Sociedades Desportivas, os jogadores, os treinadores e os árbitros inscritos na FPF ou nas respectivas Associações Distritais ou Regionais, estão filiados e encontram-se subordinados à Federa*ção Portuguesa de Futebol*».

859 No sentido de que esta «dupla instrumentalidade» das licenças concedidas pelas federações desportivas causa alguma confusão. Cfr. Iñaki Agirreazkuenaga, *Intervencion Pública del Deporte*, p. 295.

tivas e impõe deveres estatutários que resultam de uma concomitante filiação na federação desportiva[860].

Neste contexto, deve referir-se que o equívoco da doutrina espanhola parece ficar a dever-se a uma errónea aplicação da doutrina francesa. Na verdade, a distinção entre filiação e licença desportiva assenta no facto de a primeira ter sido concebida por François Alaphilippe como um «acto jurídico» manifestado numa «decisão tomada por uma federação desportiva (ou clube desportivo nacional) no sentido de admitir como membros uma outra associação ou uma sociedade desportivas»[861], enquanto, por conseguinte, a segunda representaria uma condição de admissão à participação nas provas competitivas cujo poder decisório unilateral pertence à federação desportiva. Todavia, a posição deste autor, devidamente acompanhada pelo artigo 16º da Lei nº 84-610 de 16 de Julho de 1984, ao dispor que: «[l]es fédérations sportives, constituées conformément à la loi du 1er juillet 1901, regroupent les associations sportives» parece ter alguns problemas de sustentação teórica à luz do já referido artigo L. 131-3 do *Code du sport*.

A mais recente doutrina francesa tem este problema muito bem identificado. Na sequência da conjugação do artigo L.131-3 e L.131-6[862] do *Code du Sport*, Frédéric Buy et alli denunciam que existe necessariamente uma ligação jurídica entre as pessoas singulares que participam nas competições desportivas e a «estrutura associativa» das federações desportivas. Neste sentido, se, por um lado, se trata de uma relação de natureza administrativa quando esteja em causa o «direito de participação em competições desportivas», haverá, por outro lado, que considerar a existência de um vínculo associativo com a submissão e adesão dos desportistas ao bloco normativo

[860] No entanto, esta *realidade híbrida* não faz com que seja da competência dos tribunais administrativos apreciar a conformidade legal de todos os conflitos surgidos no seio das federações desportivas que exerçam poderes públicos, Cfr. o Ac. do STA de 20 de Dezembro de 2000, processo nº 46393, publicado em *APDR*, de 12 de Fevereiro de 2003, Vol. III, p. 9345 e ss., no qual o STA rejeitou apreciar a pretensão de uma associação de árbitros em tornar-se sócio ordinário da Federação Portuguesa de Futebol por entender que não se trata de um «matéria» incluída no exercício dos poderes públicos.

[861] Cfr. a entrada «Affiliation» em *Dictionnaire juridique – Sport*, pp. 25 e ss.

[862] Dispõe este artigo que: «[l]a licence sportive est délivrée par une fédération sportive ou en son nom. Elle ouvre droit à participer aux activités sportives qui s'y rapportent et, selon des modalités fixées par ses statuts, à son fonctionnement. Les statuts des fédérations sportives peuvent prévoir que les membres adhérents des associations affiliées doivent être titulaires d'une licence sportive».

emanado pela respectiva federação desportiva. A licença apresentaria, deste modo, uma natureza híbrida: estaríamos perante um acto administrativo e um contrato de adesão a uma determinada associação[863].

Neste contexto, deve, porém, denotar-se que a exigência de um agente desportivo se tornar associado acoplada à inscrição de agentes desportivos no acto de licenciamento, implica uma imposição fortemente limitadora da autonomia privada dos agentes desportivos. Na verdade, é certo que a solução poderia revelar-se – isto é, se estivéssemos a falar federações desportivas reguladas na íntegra pelo Direito Privado – um constrangimento duvidoso, nos termos do artigo 46º, nº 3, da CRP no qual se estabelece que: «[n]inguém pode ser obrigado a fazer parte de uma associação nem coagido por qualquer meio a permanecer nela».

No entanto, conforme realçou certeiramente Pedro Gonçalves «a filiação não limita o âmbito subjectivo das tarefas públicas delegáveis numa associação: o exercício de um direito ou de uma actividade, por parte de filiados ou não, pode ficar dependente da sua autorização ou certificação; por outro lado, os filiados, como os estranhos, podem ser obrigados a inscrever-se ou a registar-se na associação», contudo, aquela «inscrição ou o registo obrigatório não implicam a adesão à associação, mas apenas a submissão dos "administrados" aos poderes públicos que nela estão delegados»[864].

4.2.3. A questão da vinculação institucional decorrente da normatividade olímpica

A normatividade criada pelo COI apresenta uma especificidade relativamente à relação jurídica que existe entre as federações desportivas nacionais

[863] V. *Droit du Sport*, 3ª Edição, pp. 480-481. Em sentido contrário, outra doutrina entende que enquanto a *licença desportiva* assenta numa «relação de poder que repousa num acto unilateral», a *qualidade de membro* de uma associação estabelece-se por intermédio de uma «relação contratual que repousa no consentimento das partes». Cfr. Gérald Simon *et allii*, *Droit du Sport*, pp. 405 e 406.

[864] Pedro Gonçalves, *Entidades Privadas com Poderes Públicos*, pp. 677-678. Em todo o caso, no tocante às federações desportivas que exerçam poderes públicos trata-se, por exemplo e em regra, de uma forma de cumprimento da exigência de representatividade estatutária mínima, segundo disposto no artigo 36º do RJFD2014. Não se colocarão, desta forma, problemas de maior quando para o cumprimento da exigência legal da «democraticidade interna» exista, conconcomitantemente ao licenciamento das actividades dos agentes desportivos, uma concessão de direitos próximos aos de outros associados. No entanto, neste caso os agentes desportivos não se tornam associados, mas meros interessados que participam (ainda que de forma limitada) na vida da associação por se encontrarem submetidos ao poder disciplinar e regulamentar daquela.

e as federações desportivas transnacionais. Na verdade, uma vez que os associados do COI são pessoas singulares que não podem ser reconduzidos a sujeitos do ordenamento desportivo não é possível falar-se, neste caso, numa vinculação imediata. Deste modo, os comités olímpicos nacionais, as federações desportivas transnacionais, as federações desportivas nacionais e os agentes desportivos não se encontram directamente vinculados à normatividade emanada pelo COI. No entanto, por um lado, são as próprias federações desportivas transnacionais que estão interessadas em serem reconhecidas pelo COI, uma vez que esse reconhecimento lhes permite, por exemplo segundo o disposto no artigo 26.1.1. da CO, regular os aspectos técnicos da competição *olímpica da respectiva* modalidade no decurso da competição olímpica.

Por outro lado, *às* federações desportivas nacionais[865], exige-se, como pressuposto para poderem competir nos Jogos Olímpicos, que os atletas nelas filiados aceitem a *lex olympica*. Esta forte vinculação institucional que emerge, neste contexto, também para os agentes desportivos, deriva de uma forma de vinculação individual por intermédio de licenciamento dos agentes desportivos como pressuposto para poderem competir em competições organizadas pelo COI (*maxime*, os Jogos Olímpicos)[866]. De resto, a rede hierárquica estabelecida permite constatar que os problemas relativamente à validade das cláusulas que exigem a recepção da normatividade olímpica são exactamente os mesmos como em qualquer forma de vinculação *mediata*, mas, neste caso, entre comités olímpicos nacionais, federações transnacionais, nacionais e atletas em relação ao COI.

[865] No entanto, para poderem competir, nos termos do artigo 29º da CO, exige-se que estas reconheçam a normatividade do COI e das federações transnacionais ao estabelecer que: «[t]o be recognised by an NOC and accepted as a member of such NOC, a national federation must exercise a specific, real and on-going sports activity, be affiliated to an IF recognised by the IOC and be governed by and comply in all aspects with both the Olympic Charter and the rules of its IF».

[866] Para poderem competir, os atletas são compelidos a assinar um documento (entry form), no qual, por exemplo, se exige que reconheçam a jurisdição do TAS, que reconheçam o Código Mundial de Antidopagem ou que autorizem a sua submissão a exames médicos (no caso de atletas menores as exigências são idênticas, mas por intermédio do consentimento dos seus pais).

4.2.4. A vinculação decorrente da normatividade da AMA: uma vinculação associativa, institucional e legal

As formas de vinculação não se esgotam nas anteriormente identificadas, podendo ser acrescida uma terceira, nomeadamente, a vinculação legal[867]. Neste modelo, além de existirem modelos de vinculação assentes em formas contratuais e informais, manifesta-se a existência de uma transposição para o ordenamento estadual de um conjunto de normas por intermédio de um reconhecimento. O exemplo da dopagem é manifestamente elucidador deste fenómeno de vinculação. Existe nesta intervenção estadual de reconhecimento um motivo óbvio para que os Estados procedam deste modo: a falta de vinculatividade (precisamente porque não se trata de um instrumento de Direito Internacional Público) do Código Mundial de Antidopagem em relação aos Estados[868]. Com efeito, ao reconhecer a normatividade criada pela AMA, o legislador, por intermédio da aprovação da Lei nº 38/2012, de 28 de Agosto, logrou ultrapassar as limitações decorrentes da Convenção de Unesco[869] que estabelece no artigo 4º, nº 2, que «[o] Código [Mundial de Antidopagem] e a versão actual dos apêndices 2 e 3 são reproduzidos com fins informativos e não são parte integral desta Convenção. Os apêndices (...) não criam nenhuma obrigação para os Estados segundo o Direito Internacional». A transposição do Código Mundial de Antidopagem permitiu, deste modo, ultrapassar os problemas jurídicos da construção institucional, vinculando directamente as federações desportivas nacionais, os clubes e os desportistas ao Código Mundial de Antidopagem. De qualquer modo, isto não significa que as normas que transpõem o Código Mundial Antidopagem gozem de uma particular imunidade no ordenamento jurídico português. Pelo contrário, aquelas normas deverão ser objecto de controlo judicial à semelhança de actos legislativos equivalentes[870].

[867] Cfr., a este respeito, o esquema de ANDREW VAITIEKUNAS, *The Court of Arbitration for Sport: Law-Making and the Question of Independence*, p. 13.

[868] Sobre esta questão, cfr. PAUL DAVID, *A Guide to the World Anti-Doping Code: A Fight for the Spirit of Sport*, 2ª Edição, pp. 122 e ss.

[869] A Convenção de Unesco é um instrumento de Direito Internacional aprovado a 19 de Outubro de 2005 e que visa combater a dopagem no Desporto, encontrando-se transposta pelo Decreto nº 4-A/2007, de 20 de Março.

[870] Sendo, a este respeito, o TAD competente para julgar todos os conflitos que derivem da aplicação destas normas, cfr. o artigo 5º da LTAD.

PARTE II
A Resolução de Conflitos Desportivos em Portugal

Capítulo III
Do modelo português de resolução de conflitos desportivos

§ 1º Sobre a estruturação da resolução de conflitos desportivos em Portugal

No percurso histórico que efectuámos anteriormente, verificámos que a resolução de conflitos desportivos em Portugal teve, desde a primeira intervenção do Estado no Desporto em 1942, uma necessária convivência da normatividade desportiva com a normatividade estadual. Deste modo, com maior ou menor intensidade, o Estado assumiu, desde esse período histórico, um papel importante (ainda que nem sempre adequado) na resolução dos conflitos desportivos em Portugal. O Desporto viveu, assim, sempre numa dialética de autonomia (que existiu mesmo durante o Estado Novo) e intervenção (com maior ou menor alcance).

As mais recentes alterações legislativas que instituíram o TAD provocaram mudanças consideráveis no sistema de resolução de conflitos desportivos em Portugal, desde logo, por intermédio da instituição de um tribunal arbitral necessário, uma vez que se reduziram as competências dos tribunais administrativos relativamente aos conflitos desportivos. Por outro lado, a importância da resolução de conflitos desportivos na esfera associativa também ficou reduzida com o esvaziamento das competências decisórias dos órgãos disciplinares de recurso (Conselho de Justiça) no domínio do exercício dos poderes disciplinares públicos.

Como vimos, o sistema de resolução de conflitos desportivos caracteriza-se, desde a intervenção pública que ocorreu durante o Estado Novo, por assumir uma *vertente interna* e uma *vertente externa*[871]. A *vertente interna* diz respeito aos mecanismos procedimentais que permitem tutelar as posições jurídicas dos agentes desportivos no seio do associativismo desportivo[872]. A *vertente externa* respeita aos mecanismos de tutela jurídica conferida pelos tribunais (estaduais e arbitrais). A conjugação destas duas vertentes permite falar num *sistema de resolução de conflitos.*

Por outro lado, a existência de um tribunal arbitral necessário, em particular, conjugada com a publicização da actividade das federações desportivas consubstancia uma assinalável diferença em relação aos ordenamentos jurídicos estudados. A imposição legal de confiar a competência de resolução de conflitos somente a um dos órgãos disciplinares consubstancia também uma novidade em relação a outros sistemas jurídicos[873]. A análise que se segue terá por pressuposto estas duas realidades. Desta feita, terá por objecto a *vertente interna* (no seio da federação desportiva) e a *vertente externa* (da competência dos tribunais arbitrais e residualmente dos tribunais estaduais)[874].

§2º A RESOLUÇÃO DE CONFLITOS DESPORTIVOS NA ESFERA INTERNA (ASSOCIATIVA)

Na esfera interna, os órgãos disciplinares das federações desportivas são os operadores mais relevantes da resolução de conflitos desportivos internos de federações desportivas que exerçam poderes públicos. Na verdade, estes órgãos decidem, num momento prévio, sobre a interpretação jurídica a ser dada aos conflitos que surjam entre a federação, liga profissional, clubes,

[871] Esta é também uma realidade noutros países, uma vez que, com o crescimento do cariz económico acopolado à actividade desportiva, tornou-se insustentável considerar que existe irrelevância da normatividade desportiva para os tribunais.

[872] Em sentido idêntico, falando numa dimensão «endofederativa» como sinónimo de «justiça desportiva», Cfr. PEDRO GONÇALVES, *Entidades Privadas com Podres Públicos*, p. 863.

[873] No direito estrangeiro dava-se, em regra, como adquirido que as federações desportivas – enquanto associações de direito privado – poderiam estabelecer livremente um duplo grau interno de impugnação, num momento prévio à impugnação de actos ou normas emanadas pelas federações desportivas.

[874] De todo o modo, cumpre assinalar que o peso dado à análise da primeira acaba por ser mais reduzido, desde logo, pela supressão da maior parte dos mecanismos de impugnação interna que existiam até à instituição legal do TAD.

atletas e outros agentes desportivos relativamente às normas regulamentares, mas também punem (por iniciativa própria) e decidem sobre uma possível infracção disciplinar.

Neste contexto, é importante referir que, fruto de uma relativa abertura do RJFD2014[875], o edifício regulamentar das federações desportivas[876] estabelece a maior parte das normas que irão guiar os procedimentos disciplinares, prevendo, em regra e formalmente, a construção de um procedimento com a *aparência de um processo jurisdicional* que sugere estarmos perante um órgão jurisdicional. Uma parte da doutrina tem, deste modo, recorrentemente considerado que estes órgãos disciplinares representam autênticos tribunais, uma vez que as decisões que proferem seriam manifestações do exercício do poder jurisdicional[877]. Será importante, por conseguinte, analisar como se estruturam e que competências são atribuídas a estas entidades, bem como os mecanismos impugnatórios que existem, de modo a ser possível, seguidamente, determinar se estas exercem (ou podem exercer) o poder jurisdicional, não obstante, a crível perda de protago-

[875] O RJFD2014 estabelece, no artigo 53º, um conjunto de exigências mínimas, por exemplo, a exclusão de penas de irradiação ou de consagração de garantias de defesa, mas permite que as federações desportivas determinem – dentro do quadro constitucional e legislativo – como se deve desenrolar esse procedimento disciplinar. Nos termos do artigo 54º, nº 1 do RJFD2014, o Direito Disciplinar encontra-se globalmente previsto em regulamentos administrativos, apresentando uma vertente subjectiva, aplicando-se aos «clubes, praticantes, treinadores, árbitros, juízes e, em geral, a todos os agentes desportivos que desenvolvam a actividade desportiva» que corresponda ao objecto estatutário das federações desportivas, bem como uma vertente objectiva respeitante às normas regulamentares que visam sancionar a violação das regras do jogo ou da competição, bem como as demais regras desportivas».

[876] A doutrina entende que estamos perante regulamentos independentes, cfr. Pedro Gonçalves, «Regulamentos Desportivos», p. 62. Nos termos do artigo 54º, nº 1 do RJFD2014, o Direito Disciplinar encontra-se globalmente previsto em regulamentos administrativos, apresentando uma vertente subjectiva, aplicando-se aos «clubes, praticantes, treinadores, árbitros, juízes e, em geral, a todos os agentes desportivos que desenvolvam a actividade desportiva» que corresponda ao objecto estatutário das federações desportivas, bem como uma vertente objectiva respeitante às normas regulamentares que visam sancionar a violação das regras do jogo ou da competição, bem como as demais regras desportivas».

[877] V., por exemplo, José Joaquim Almeida Lopes, «Justiça Desportiva: Que Justiça?», pp. 135 e ss. e José Joaquim Almeida Lopes, «A Justiça Desportiva», pp. 155 e ss., reconhecendo existir uma jurisdição desportiva independente da jurisdição estadual, José Joaquim Almeida Lopes, «Justiça Desportiva: Que Justiça?», pp. 135 e ss. e Joaquim Freitas da Rocha, «Parecer», pp. 401 e ss. Em sentido idêntico, Carlos Ferreira de Almeida, «Os sistemas normativos do desporto», p. 300.

nismo, no futuro e no seio dos mecanismos de resolução de conflitos desportivos, face à instituição do TAD[878].

2.1. Os órgãos de resolução de conflitos das federações desportivas: o Conselho de Disciplina e o Conselho de Justiça

Já tivemos oportunidade de afirmar que as federações desportivas construíram uma orgânica complexa que lhes permite regular uma modalidade desportiva e que, paralelamente, configuraram regularmentarmente uma estrutura disciplinar que lhes permitiu efectuar um controlo do cumprimento da normatividade que emanassem, sancionando aqueles que a incumprissem. Cumpre-nos, no entanto, agora perceber como se manifesta esta realidade no nosso ordenamento relativamente às federações que detém o EUPD. Neste contexto, existem, no sistema jurídico-desportivo português, dois órgãos de resolução de conflitos (por cada federação desportiva)[879] a considerar: o Conselho de Disciplina (CD) e o Conselho de Justiça (CJ).

De resto, com a publicização da actividade regulatória das federações desportivas surgiu, desde logo, a exigência legal de adaptar a actividade disciplinar destes órgãos a algumas coordenadas típicas de um Estado de Direito, exigindo-lhes, desde logo, que cumprissem um conjunto mínimo de garantias (inclusivamente impugnatórias) aos agentes desportivos que pudessem vir a ser afectados nos seus direitos fundamentais. Em ambiente democrático, estabeleceu-se, por outro lado, a existência de dois patamares de impugnação interna que teriam que ser esgotados como pressuposto para que fosse possível aos agentes desportivos recorrerem à jurisdição estadual[880].

Não obstante, o legislador concede às federações desportivas uma ampla liberdade na construção de um quadro normativo disciplinar, bem como

[878] Com efeito, a discussão em torno da autonomia da resolução de conflitos internos em relação à jurisdição estadual pautou-se e determinou-se por esta qualificação como forma de evitar um controlo jurisdicional dos tribunais administrativos. Com a instituição do TAD é possível que a problemática deixe de ser determinante, mas nem por isso deixa de ser importante: é ainda relevante perceber a autonomia destes meios de resolução de conflitos em relação à competência de resolução de conflitos do TAD.

[879] Não se ignora também que no seio das ligas profissionais possa existir um órgão de resolução de conflitos desportivos. Trata-se aí de uma competência que é atribuída por «delegação» da federação desportiva (cfr. artigo 27º, nº 1, alínea b) do RJFD).

[880] Sobre a questão, cfr. Parte I, Capítulo I, §3, ponto 3.3. e ss.

de um regime regulamentar que discipline o acesso aos meios impugnatórios internos. Esta situação não deixa de suscitar inúmeras dificuldades sob o ponto de vista constitucional, desde logo, pela existência de condicionamentos indevidos aos direitos fundamentais dos agentes desportivos no que respeita ao estabelecimento de elevadas «custas» como pressuposto para aceder aos mecanismos impugnatórios internos[881].

Na verdade, o esgotamento prévio do recurso a estes mecanismos internos de resolução de conflitos consubstancia uma exigência legal e um requisito para ser possível aceder à jurisdição arbitral do TAD. Por outro lado, não se ignora que desde a entrada em vigor do CPA e a concomitante submissão expressa de toda a «conduta» de privados «adoptada no exercício de poderes públicos» ou regulada por normas de «direito administrativo» ao CPA (exceptuando as relativas à parte II) (cfr. o artigo 2º, nº 1 e 2), passou a existir uma «tendencial gratuitidade» do procedimento administrativo (cfr. artigo 15º, nº 1), bem como a possibilidade de apurar a possibilidade de isenção parcial ou total, apurada nos termos do apoio judiciário (cfr. artigo 15º, nº 2 e 3)[882]. No entanto, deve também ter-se em conta que, nos termos do artigo 15º, nº 1, a tendencial gratuitidade só cede perante a situação em «(...) que leis especiais não imponham o pagamento de taxas por despesas, encargos ou outros custos suportados pela Administração»[883].

Em todo o caso, esta circunstância poderia legitimar as disposições regulamentares (ou estatutárias) que estabeleçam uma necessidade de pagar «custas», uma vez que a lei permite o pagamento de quaisquer taxas ou dos custos com o procedimento disciplinar. No entanto, esta circunstância é matizada por dois aspectos determinantes. Em primeiro lugar, se as custas se revelarem excessivas (apuradas segundo um critério de proporcionali-

[881] Um destes exemplos pode ser recolhido na tabela em anexo ao regimento do CD da FPF. Com efeito, nesta tabela estabelece-se, por exemplo, que um atleta da II liga pagará 408€ (4 unidades de conta). Em todo o caso, esta obrigação de pagamento de taxas só se aplica aos agentes desportivos, uma vez que nos termos do artigo 28º, nº 1, alínea a) «[a] FPF, as associações distritais e regionais, os órgãos sociais e respectivos titulares» estão isentos do pagamento de «custas».

[882] Estas normas já existiam no artigo 11º CPA. No entanto, vem aditar o CPA a «tendencial gratuitidade». De qualquer modo, a questão mais importante é que o CPA explicita o âmbito subjectivo de aplicação do Código e permite esclarecer todas as dúvidas sobre a aplicação daquele às entidades privadas que exerçam poderes públicos, como é o caso das federações desportivas.

[883] Sobre as taxas no CPA, cfr., por todos, RICARDO PEDRO, «Procedimento Administrativo e Taxas», pp. 465 e ss.

dade), podem ter como consequência que os agentes desportivos acabem por não ter uma real hipótese de exercer os seus direitos constitucionalmente garantidos contra eventuais abusos ou condutas arbitrárias de federações desportivas, na medida em que a existência de «custas» elevadas os afasta da possibilidade de obter tutela judicial[884]. Em segundo lugar, a questão torna-se ainda mais sensível quando o procedimento disciplinar é instaurado por iniciativa do órgão de resolução de conflitos desportivos, uma vez que o pagamento de «custas» implica sempre um esforço económico para os agentes desportivos sujeitos ao procedimento disciplinar como condição de defesa. De todo o modo, enquanto condição legalmente imperativa de poder recorrer aos tribunais (estaduais ou arbitrais), e ainda que exista actualmente a susceptibilidade de apurar a dispensa (parcial ou total) do pagamento de custas à luz do artigo 15º, nº 2 e 3 do CPA, a exigência do pagamento de um valor pecuniário desproporcional deve ter-se também por inconstitucional por violação dos artigos 20º e 268º, nº 4 da CRP[885].

[884] Como denota precisamente o TC no Ac. nº 595/2012, relativamente ao artigo 20º, nº 4 da CRP: «[o] que conta, pois, para concretizar esta garantia constitucional, é que o arguido, sem embaraço ou custo excessivos, possa impugnar a decisão administrativa sancionatória, abrindo um verdadeiro processo judicial, que corre termos no tribunal competente, é decidido por um juiz, através de um procedimento contraditório e assegura ao arguido todas as garantias de defesa (...)». Por outro lado, nem deve ser argumentado que as custas são uma forma de diminuir os procedimentos disciplinares, uma vez que, exercendo funções públicas, a prossecução do interesse público é um dever da federação. Em nome desta redução de conflitualidade não pode operar-se uma diminuição do quadro garantístico previsto no artigo 20º e, especificamente no tocante às garantias administrativas dos particulares, no artigo 268º, nº 4 da CRP por intermédio de uma disposição regulamentar, na medida em que os agentes desportivos se veriam amputados da possibilidade de recorrer aos tribunais estaduais ou arbitrais de modo a que pudessem fazer valer as suas posições jurídicas. Num sentido idêntico, Pedro Gonçalves considerou precisamente que haveria uma: «(...) ilegalidade automática de quaisquer proibições regulamentares de recurso aos tribunais; igual veredicto estende-se às normas dos regulamentos das federações que engenderram "armadilhas" e que acolhem soluções pura e simplesmente injustificadas e irracionais: curtíssimos prazos para a interposição de recursos necessários dentro do universo federativo (por vezes, 3 dias!), custas pesadíssimas, exigência de autorização federativa para aceder aos tribunais, etc». Cfr. «A «soberania limitada» das federações desportivas», pp. 57 e 58.

[885] Basta reter o exemplo do valor de «custas», por exemplo, do Conselho de Disciplina da FPF. Existe, de facto, uma isenção de custas no Regimento do Conselho de Disciplina da FPF, no entanto, segundo o artigo 27º, nº 1, esta isenção opera somente para a Federação Portuguesa de Futebol, as Associações Distritais e Regionais, os órgãos sociais e os seus titulares, bem como os jogadores amadores. No entanto, pegando no exemplo de um jogador da IIª Liga vê-se obrigado a pagar mais de 400€ de «taxa de justiça» (a tabela de custas exige

Com efeito, conforme reconheceu o TC na jurisprudência relativa à tendencial gratuitidade no acesso aos cuidados de saúde (cfr. o artigo 64º, nº 2, alínea a) da CRP), a conceptualização do conceito da *tendencial gratuitidade* deve obedecer aos seguintes critérios: (i) na garantia de acesso aos utentes com uma condição económica mais vulnerável; (ii) na garantia da inexistência da subversão da regra da gratuidade, não podendo o acesso ao serviço ser condicionado ao pagamento do *preço*, mas, pelo contrário, depender somente de um valor que não restringe indiscriminadamente o acesso aos serviços[886]. É, assim, num sentido que privilegie a proporcionalidade do valor[887] que deve ser interpretada a tendencial gratuitidade dos procedimentos disciplinares junto dos órgãos de resolução de conflitos.

Por outro lado, deve mencionar-se que a ampla liberdade concedida às federações desportivas na constituição da estrutura e da composição dos órgãos disciplinares, manifesta-se, por outro lado, na susceptibilidade de nomear livremente os titulares dos órgãos de resolução de conflitos (ainda que se estabeleça um conjunto de requisitos de ordem técnica e de eligibilidade, bem como regras de incompatibilidade aplicáveis a todos os órgãos federativos) e, inclusivamente, estabelecer boa parte das competências que

o pagamento de 4 unidades de conta). No sentido da inconstitucionalidade pela violação do artigo 20º, nº da CRP quando exista um condicionamento substancial no acesso à via judiciária por entidades administrativas que não possam ser encaradas como tribunais, cfr. Carlos Lopes do Rego, «O Direito de Acesso aos Tribunais na Jurisprudência Recente do Tribunal Constitucional», pp. 53 e 54.

[886] Cfr., neste sentido, o Ac. do TC nº 731/95, determinando, por um lado, que «a ideia de que a expressão "tendencialmente gratuito" não pode ser entendida no sentido de inverter a regra geral da "gratuitidade" do Serviço Nacional de Saúde, mas apenas como comportando excepções, na medida em que seja necessário racionalizar a procura de cuidados de saúde, através da aplicação de taxas moderadoras» e, por outro lado, que o pagamento de taxas tem «como finalidade apenas a racionalização da utilização do Serviço Nacional de Saúde e não o pagamento do «preço» dos serviços de saúde prestados, nem resultando delas qualquer impedimento ou restrição do acesso dos cidadãos economicamente mais desfavorecidos aos cuidados de saúde». Cfr, em sentido idêntico, Gomes Canotilho e Vital Moreira, *Constituição da República Portuguesa Anotada*, 4ª Edição, p. 827. Cfr., igualmente, Jorge Miranda e Rui Medeiros, *Constituição Portuguesa Anotada*, Vol. I, p. 656, colocando, no entanto, a tónica no elemento da restrição arbitrária de acesso ao serviço e por «razões sociais ou económicas».

[887] Cfr. precisamente no sentido da necessidade de proporcionalidade no que concerne ao valor a pagar pelos particulares quando estiver em causa um procedimento indispensável para o seu exercício de direitos, Fausto Quadros *et alli*, *Comentários à Revisão do Código de Procedimento Administrativo*, p. 44.

estes órgãos possam ter e que importa analisar com mais detalhe. No entanto, devemos ainda realçar que com o CPA existe um dado novo e que irá ter impacto na resolução de conflitos: a existência de um regime sobre as garantias de imparcialidade[888], bem como mecanismos de excusa e suspeição[889] permitem uma promoção de um *estatuto equitativo no procedimento*. Sem entrar em detalhe sobre cada um dos regimes, deve reter-se, em particular, da aplicabilidade do CPA às federações desportivas que aí se consagra a possibilidade de afastar titulares (incluindo aqui também o presidente do órgão)[890] dos órgãos de resolução de conflitos desportivos a pedido do próprio ou a pedido dos interessados no procedimento[891].

2.1.1. Composição

As exigências legais relativamente aos titulares dos órgãos disciplinares das federações desportivas variam, por um lado, quanto a exigências de conhecimentos técnicos e, por outro lado, quanto a exigências mínimas do ponto de vista da idoneidade pessoal e de independência funcional. Em primeiro lugar, os requisitos legais de ordem técnica para que uma determinada pessoa singular possa ser admitida como titular de um órgão disciplinar oscilam consoante esteja em causa (ou não) uma federação desportiva que organize uma competição profissional. O RJFD2014 exige que quando se tratar de um órgão disciplinar (CD ou CJ) de uma federação desportiva que organize competições profissionais, todos os titulares destes órgãos sejam licenciados em Direito. Em contrapartida, quando não for esse o caso, o RJFD2014 estabelece que os membros destes órgãos sejam, na sua maioria, licenciados em Direito e, em particular, o seu presidente[892]. Trata-se aqui, pois, de uma *garantia de conhecimento técnico* dos titulares dos órgãos disciplinares.

Em segundo lugar, tal como qualquer órgão das federações desportivas que exerçam poderes públicos, os órgãos de resolução de conflitos desportivos também se encontram abrangidos pelo regime de eligibilidade e das incompatibilidades previsto nos artigos 48º e 49º do RJFD2014. Podem, deste modo, ser eligíveis para titulares dos órgãos disciplinares todos aqueles que não sofrendo de qualquer incapacidade de exercício, também não «sejam devedores da federação respetiva, nem hajam sido punidos por in-

[888] Cfr. o artigo 69º e ss. do CPA.

[889] Cfr. o artigo 73º e ss. do CPA.

[890] Cfr. o artigo 71º, nº 1 e 2 e 72º, nº 1, bem como o artigo 75º, nº 3, do CPA.

[891] Cfr. os artigos 70º, nº 1 e 3 e 73º, nº 1 e 2 do CPA.

[892] Cfr. os artigos 43º, nº 3 e 44º, nº 4 do RJFD2014.

frações de natureza criminal, contraordenacional ou disciplinar em matéria de violência, dopagem, corrupção, racismo e xenofobia, até cinco anos após o cumprimento da pena, que não tenham sido punidos por crimes praticados no exercício de cargos dirigentes em federações desportivas ou por crimes contra o património destas, até cinco anos após o cumprimento da pena, salvo se sanção diversa lhe tiver sido aplicada por decisão judicial»[893].

Por outro lado, o RJFD2014 estabelece, numa tentativa de reforço da independência funcional dos titulares de quaisquer órgãos federativos, que não é possível que um titular de um dos órgãos das federações desportivas possa: (i) exercer outro cargo nessa federação; (ii) intervir, directa ou indirectamente, em contratos celebrados com essa federação; (iii) exercer as funções de dirigente de um clube, sociedade desportiva ou de associação, juiz ou treinador que seja *regulado* por essa federação desportiva[894]. No último caso, existem, porém, duas excepções que devem ser consideradas compatíveis: (i) a função de delegado na Assembleia Geral da federação desportiva[895]; (ii) as funções exercidas enquanto «árbitro ou juiz em provas e competições internacionais»[896].

Exceptuando os supra-mencionados limites legais (incluindo aqui o CPA), não existem, desta feita, mais condicionantes à composição dos órgãos disciplinares. Assim, uma vez cumpridas as exigências mínimas estabelecidas pelo legislador, a escolha dos titulares dos órgãos disciplinares pertence em exclusivo à decisão eleitoral que emerge da Assembleia Geral das federações desportivas[897]. Portanto, os agentes desportivos – a menos que sejam associados das federações desportivas – não participam, pelo menos de modo igualitário em relação às associações desportivas regionais ou clubes, no processo de escolha dos titulares destes órgãos sociais.

2.1.2. Competência

As recentes alterações legislativas, decorrentes da instituição do TAD, sugerem, como se verá, um esvaziamento das competências do Conselho de

[893] Cfr. o artigo 48º do RJFD2014.
[894] Cfr. o artigo 49º, nº 1 do RJFD.
[895] V. o artigo 49º, nº 2 do RJFD.
[896] Cfr. o artigo 49º, nº 3 do RJFD.
[897] A eleição dos titulares destes órgãos sociais faz parte do processo eleitoral para os candidatos a Presidente da federação desportivas. A proposta (que se manifesta numa lista de candidatos) é, depois, sujeita a um escrutínio na Assembleia Geral da federação desportiva. Cfr., neste sentido, os artigos 16º e ss. do Regulamento Eleitoral da FPF.

Justiça (CJ) respeitantes ao exercício de poderes públicos[898]. Deve considerar-se, portanto, que o Conselho de Disciplina (CD) passará a consubstanciar o órgão mais importante relativamente ao exercício de poderes disciplinares, uma vez que lhe caberá, em regra e em exclusivo, «instaurar e arquivar procedimentos disciplinares e, colegialmente, apreciar e punir as infracções disciplinares em matéria desportiva»[899]. Na verdade, o CJ ficará, assim, limitado a «conhecer dos recursos da aplicação das normas técnicas e disciplinares directamente respeitantes à própria competição desportiva»[900], deixando de exercer poderes de natureza pública[901]. Existe, por outro lado, um prazo legal de decisão de 45 dias ou, em casos de especial complexidade da causa, de 75 dias e, finalmente, no domínio da dopagem mantém-se a regra do artigo 59º, nº 3 da Lei de Antidopagem, na qual se estabelece um prazo de 120 dias[902].

Atendendo ao exposto e numa enumeração global meramente tendencial, parece ser possível identificar as seguintes competências: (i) *disciplinares*: aquelas que derivam do exercício dos poderes públicos, por exemplo, o poder sancionatório em matéria de dopagem; (ii) *desportivas*: por exemplo, a apreciação de um protesto sobre uma decisão técnica de um árbitro no decurso de uma competição[903]; (iii) *consultivas*: como, por exemplo, aquela que deriva da concessão de um parecer sobre um determinado projecto de regulamento ou de estatutos[904]; (iv) *de resolução de conflitos decorrentes da organização interna da associação*: por exemplo, o conflito relativamente a uma deliberação da Assembleia Geral.

[898] Não era assim no RJFD2008, uma vez que, como vimos, o CJ era o órgão de recurso de todas as decisões disciplinares das federações desportivas (cfr. artigo 44º, nº 1, do RJFD2008).

[899] Cfr. o artigo 43º, nº 1 do RJFD2014.

[900] Cfr. o artigo 44º, nº 1 do RJFD, não obstante estabelecer a possibilidade de existirem outras as competências atribuídas nos estatutos das federações desportivas. Não pode, porém, ter qualquer competência consultiva, nos termos do artigo 44º, nº 2 do RJFD2014. Deve, por conseguinte, concluir-se que não poderá exercer poderes públicos quando conjugado com o artigo 4º, nº 3, alínea a) da Lei nº 74/ 2013, alterada pela Lei nº 33/2014, de 16 de Junho, ao estabelecer residualmente que a competência do CJ em termos de conflitos decorrentes da prática competitiva e, excepcionalmente, quando actue como órgão de recurso em relação a deliberações de outros órgãos sociais.

[901] Como vimos, não incluímos os conflitos que tenham como objecto as «questões estritamente desportivas» no exercício dos poderes públicos.

[902] Cfr. o artigo 4º, nº 4 da LTAD2014 e 43º, nº 4 e 44º, nº 5, do RJFD2014.

[903] Cfr. o artigo 63º, nº 8 dos estatutos da FPF.

[904] V., neste sentido, o exemplo presente no artigo 73º, nº 1, alínea j) dos estatutos da Federação Portuguesa de Andebol.

2.1.3. Mecanismos internos de reacção

Os limites legais previstos no RJFD não atribuem somente uma liberdade de delinear a composição e a competência dos órgãos disciplinares. A vertente interna da resolução de conflitos contempla, ainda, uma panóplia de meios de reacção que permitem impugnar decisões e normas que sejam reconduzíveis a uma actuação autoritária de federações desportivas ou relacionadas com a aplicação as regras do jogo. Em primeiro lugar, podemos apontar como um desses exemplos os meios impugnatórios respeitantes à prática competitiva (o jogo) e que se reconduzem ao *direito de protesto*[905], o qual pode ser considerado uma forma de impugnar «vícios» decorrentes de irregularidades no decurso da prática desportiva[906]. Em segundo lugar, existem também mecanismos de impugnação interna relativamente aos conflitos que derivem de decisões de outros órgãos associativos ou entre a federação desportiva e a liga profissional[907]. Acresce, a este respeito, os mecanimos impugnatórios administrativos previstos no CPA, nomeadamente, a reclamação ou recurso (artigos 184º e ss. do CPA)[908]. Neste contexto, de acordo com o artigo 46º do RJFD2014, no caso das federações desportivas, e exceptuando a competência própria do presidente, estatui-se que «há sempre recurso para os órgãos colegiais em relação aos actos administrativos praticados por qualquer dos respectivos membros». Trata-se, com efeito, de uma impugnação administrativa necessária que reputamos por não revogada[909], nomeadamente, pelo artigo 3º, nº 1 do Decreto-Lei

[905] Este mecanismo permite que os agentes desportivos possam impugnar eventuais «vícios» que detectem na validação do resultado desportivo. V., por exemplo, os artigos nº 25º e ss. do Regimento do Conselho de Disciplina da Federação Portuguesa de Voleibol.

[906] Num sentido próximo, falando no protesto como forma de: «(...) impugnar a validade dos jogos». Cfr. António Bernardino Peixoto Madureira e Luís César Rodrigues Teixeira, *Futebol – Guia Jurídico*, p. 1584.

[907] No sentido de que nestas situações estamos perante um «recurso». Cfr. António Bernardino Peixoto Madureira e Luís César Rodrigues Teixeira, *Futebol – Guia Jurídico*, p. 1581.

[908] Nem sempre é conhecido, mas existe um mecanismo muito relevante – em particular pela ineficácia da providências cautelares propostas junto do TAD e das suas elevadas custas – que permite acautelar os direitos dos agentes desportivos, nomeadamente, a possibilidade de requerer medidas provisórias, nos termos do artigo 89º, nº 1 do CPA, exigindo-se, porém, (i) a necessidade de existência de um «justo receio» ou da existência de uma situação de facto consumado (*periculum in mora*) de danos nos interesses públicos ou privados e (ii) uma ponderação de interesse que se reflecte na necessidade de impedir que esta medida provisória não cause mais danos o eu aqueles que pretende evitar nos referidos interesses.

[909] Conforme se dispõe no artigo 3º, nº 3 do Decreto-Lei nº 4/2015.

nº 4/2015 (que aprova o CPA) que estabelece uma norma transitória[910], admitindo as impugnações administrativas que estejam consagradas em lei especial em relação ao CPA, desde que utilizem as seguintes expressões: (i) estabelecer que a impugnação administrativa é «necessária» (alínea a)); (ii) mencionar que do acto a impugnar «existe sempre» reclamação ou recurso (alínea b)); (iii) mencionar que a impugnação administrativa «suspende» ou tem «efeito suspensivo» (alínea c)).

Independentemente da nossa concordância com este critério, a verdade é que o artigo 46º do RJFD utiliza a expressão «há sempre» que será um sucedâneo da locução «existe sempre». Neste sentido, esta impugnação administrativa terá sempre efeito suspensivo e o prazo mínimo para a sua utilização é de dez dias (cfr. o artigo 3º, nº 2 e 3 do Decreto-Lei nº 4/2015). Finalmente, devemos, por outro lado, mencionar que nem sempre o exercício de poderes disciplinares públicos configura uma forma de impugnação de actos/normas ou de condenação à prática do acto ou norma devidas, existindo situações em que a actuação do CD tanto pode derivar de iniciativa própria segundo critérios de oportunidade, como pode residir na opção de investigar uma determinada infracção disciplinar na sequência de um requerimento de um agente desportivo[911].

2.2. Natureza jurídica: sobre a possibilidade de configurar os órgãos de resolução de conflitos das federações desportivas como tribunais

O estudo da autonomia dos meios de resolução de conflitos desportivos em relação à jurisdição estadual implica que analisemos um dos pontos mais controversos do nosso sistema de resolução de conflitos desportivos e que envolve a natureza jurídica do CD e do CJ e a sua qualificação como órgãos jurisdicionais. Em todo o caso, não nos interessa efectuar, em termos gerais e de forma exaustiva, a distinção entre a função jurisdicional e a função administrativa. Neste contexto, tem-se, no entanto, presente que a abordagem teórica da jurisprudência do TC e da doutrina sobre a qualificação de um órgão como jurisdicional tem, todavia, sido marcada por aquela dis-

[910] A regra que dispõe para o futuro encontra-se prevista no artigo 185º, nº 2 do CPA, determinando que as impugnações administrativas necessárias têm sempre carácter facultativo, a menos que a lei disponha expressamente que são necessárias. Como bem enuncia Mário Aroso de Almeida, desta disposição pode retirar-se, desde logo, que os regulamentos administrativos não podem prever impugnações administrativas necessárias. Cfr. *Manual de Processo Administrativo*, 2ª. Edição, p. 292.

[911] Este é um reflexo dos poderes inquisitórios conferidos pelos artigos 53º e 58º do CPA.

tinção[912]. A verdade é que embora a distinção entre a função jurisdicional e a função administrativa suscite dificuldades interessantes, exorbita os limites do presente trabalho, importando-nos somente verificar se, do ponto de vista constitucional, é possível encarar (com base em critérios tendenciais) os órgãos de resolução de conflitos desportivos das federações desportivas (CD e CJ) como verdadeiros órgãos jurisdicionais.

A problemática enunciada não é, nem deve ser considerada um exclusivo e uma particularidade do sistema público de regulação desportiva. No sistema jurídico alemão, um dos exemplos de regulação desportiva segundo o Direito Privado, existe, porém, um consenso alargado sobre a constatação de que os órgãos de resolução de conflitos desportivos não podem ser configurados como tribunais[913].

[912] A doutrina de AFONSO QUEIRÓ teve um impacto marcante na distinção entre a função administrativa e a função jurisdicional. Entendia este autor que: «(...) o *quid specificum* do acto jurisdicional reside em que ele não apenas pressupõe mas é necessariamente praticado para resolver uma «questão de direito». Se, ao tomar-se uma decisão, a partir de uma situação-de--facto traduzida numa «questão de direito» (na violação do direito objectivo ou na ofensa de um direito subjectivo), se actua, por força da lei, para se conseguir a produção de um resultado prático diferente da paz jurídica decorrente da resolução dessa «questão de direito», então não estaremos perante um acto jurisdicional; estaremos, sim, perante um acto administrativo». Cfr. «A função administrativa», p. 31. A jurisprudência do TC tem (como nota PAULO CASTRO RANGEL, *Repensar o Poder Judicial*, p. 273) revelado uma «imperturbável fidelidade» à doutrina de AFONSO QUEIRÓ como se pode verificar, por exemplo, nos Ac. do TC nº 182/90, Ac. nº 189/90, Ac. 452/95, Ac. nº 496/96, Ac. nº 80/2003,Ac. nº 576/2006. Esta posição foi, todavia, sujeita a críticas por CASTANHEIRA NEVES, uma vez que lhe faltaria um *juízo de ponderação normativa*, suscitando um aperfeiçoamento ao adicionar-lhe quatro notas materiais essenciais: (i) quanto ao objecto de decisão; (ii) quanto ao critério normativo; (iii) quanto ao modo metodológico; (iv) quanto à intencionalidade axiológica. Sobre esta questão, cfr. A. CASTANHEIRA NEVES, «Da Jurisdição no Actual Estado-de-Direito», pp. 196 e ss.

[913] Cfr., entre outros, JENS ADOLPHSEN, *Europäisches Zivilverfahrensrecht*, 2ª Edição, p. 333, PRÜTTING/GEHRLEIN, *ZPO-Kommentar*, 7ª Edição, p. 2369, JOCHEN FRITZEILER, BERNHARD PFISTER e THOMAS SUMMERER, *Praxishandbuch Sportrecht*, 3ª Edição, p. 251, ROLF SCHÜTZE, *Schiedsgericht und Schiedsverfahren*, 5ª Edição, p. 5, FRANK FECHNER, JOHANNES ARNOLD e MICHAEL BRODFÜHRER, *Sportrecht*, pp. 52 e ss., KARSTEN HOFMANN, *Zur Notwendigkeit eines institutionelles Sportschiedsgerichtes in Deutschland*, pp. 17 e ss., FRANK ANDEXER, *Die nationale Sportgerichtsbarkeit und ihre internationale Dimension*, 2009, pp. 20 e ss., LACHMANN, *Handbuch für die Schiedspraxis*, 3ª Edição, pp. 7 e ss., FRANK OSCHÜTZ, *Sportschiedsgerichtsbarkeit*, pp. 28 e 29, PAWLOWSKI, *Allgemeiner Teil des BGB*, 7ª Edição, p. 443, HARM PETER WESTERMANN, *Die Verbandstrafgewalt und das allgemeine Recht*, pp. 66 e ss. Sobre a distinção entre esta esfera de resolução de conflitos e os tribunais arbitrais, cfr. HERBERT FENN, «Zur Abgrenzung von Verbandsgerichtsbarkeit und statutarischer Schiedsgerichtsbarkeit», pp. 173 e ss.

Por outro lado, a discussão, ao contrário do que se poderia supor, é tudo menos teórica, uma vez que tem um conjunto de relevantes dimensões práticas: (i) desde logo, saber em que termos se pode responsabilizar os titulares destes órgãos (se, porventura, em sede de responsabilidade pelo exercício da função administrativa ou, por outro lado, serão responsabilizados pelo exercício da função jurisdicional); (ii) saber, por outro lado, qual o alcance da susceptibilidade de recurso das suas decisões (isto é, saber se as decisões que proferem têm a força jurídica de caso julgado ou não).

Neste contexto, parece-nos ser possível traçar um recorte distintivo entre os tribunais e os órgãos de resolução de conflitos desportivos das federações desportivas com base em dois elementos indiciários: (i) *em razão da sua função*; (ii) *em razão da sua relação* com as partes.

Num primeiro momento, deve, desde logo, ficar claro que a nomenclatura que a federação desportiva estatutariamente lhes atribui não transmuta a essência destes entes. Isto é, não basta que a federação desportiva os designe como «órgãos jurisdicionais»[914] ou que as decisões destes possam ser designadas como «acórdãos»[915]. Na verdade, devemos afirmar que, segundo o disposto no artigo 202º, nº 1 e 2, da CRP «[o]s tribunais são os órgãos de soberania com competência para administrar a justiça em nome do povo», sendo que esta tarefa consiste em: (i) «assegurar a defesa dos direitos e interesses legalmente protegidos dos cidadãos; (ii) «reprimir a violação da legalidade democrática e dirimir os conflitos de interesses públicos e privados». Para o efeito, existe uma pluralidade de categorias de tribunais constitucionalmente admissíveis previstas no artigo 209º, nº 1: (i) o TC; (ii) o STJ e os restantes tribunais judiciais; (iii) o STA e os restantes tribunais administrativos; (iv) o Tribunal de Contas. Por outro lado, a CRP admite também, nos artigos 209º, nº 2, 3 e 4 e 213º, a expressa possibilidade de existirem tribunais marítimos, tribunais arbitrais, julgados de paz, tribunais de conflitos e tribunais militares[916].

A conclusão que se deve retirar é que os órgãos de resolução de conflitos desportivos das federações desportivas não surgem mencionados no artigo 209º da CRP enquanto categoria de tribunais constitucionalmente admissíveis. A CRP admite, contudo, a existência de uma *jurisdição privada*,

[914] V., a este respeito, por exemplo, o artigo 2º, nº 1, do Regimento do CD da FPF que qualifica o CD como um «órgão jurisdicional».

[915] Cfr., por exemplo, o artigo 53º, nº 1, alínea b) dos estatutos da Federação Equestre Portuguesa.

[916] A enumeração resume-se aos tribunais nacionais.

uma vez que este comando normativo permite expressamente a existência de tribunais arbitrais como tribunais constitucionalmente legitimados. Pode, deste modo, afirmar-se que esta admissibilidade consubstancia um indício de que a CRP admite a existência de uma *jurisdição privada* (não estadual), em contraponto com a existência da uma jurisdição estadual[917].

Em todo o caso, não basta que determinados tribunais estejam expressamente previstos na CRP ou que o legislador lhes atribua directamente competências expressa ou implicitamente consideradas por este como jurisdicionais. Na verdade, não se deve entender, por outro lado, que da expressa qualificação legal de determinadas competências como jurisdicionais ou da qualificação de um órgão disciplinar como órgão jurisdicional, resulte que os poderes deste possam assumir uma manifestação do exercício da função jurisdicional[918]. Tudo isto é irrelevante para aferir sobre o estatuto constitucional da admissibilidade (material) destes órgãos como tribunais. Com efeito, rejeitamos que a função jurisdicional possa ser configurada como uma função meramente formal[919].

A resposta deve, deste modo, ser encontrada num conceito de órgão jurisdicional em sentido funcional conjugado com um elemento material. Esta é, por outro lado, a pré-compreensão da doutrina do TC ao assumir que a função jurisdicional corresponde a uma: «["]composição de conflitos de interesses["], levada a cabo por um órgão independente e imparcial, de harmonia com a lei ou com critérios por ela definidos, tendo como fim específico a realização do direito ou da justiça»[920]. Na verdade, conceber o conceito de função jurisdicional em sentido formal permitiria, desde logo, que o legislador pudesse instituir «tribunais» que não cumprissem as exigências constitucionais para os tribunais estaduais ou arbitrais. Trata-se de

[917] Cfr. sobre esta questão, cfr. Parte II, Capítulo 3, §4, ponto 4.1.

[918] Neste sentido, entendendo que, deste modo, o legislador passaria a poder dispor sobre o alcance do princípio de separação de poderes, cfr. ANDREAS VOSSKÜHLE, *Rechtsschutz gegen den Richter*, Munique, CH Beck, 1993, pp. 70 e 71.

[919] Sobre a distinção entre função jurisdicional em sentido formal, material e funcional, cfr., entre tantos outros, KASPAR HENRIK MÖLLER, *Echte Schiedsgerichtsbarkeit im Verwaltungsrecht*, CHRISTOPH STUMPF, *Alternative Streitbeilegung im Verwaltungsrecht*, p. 29 e ss. e ROSENBERG e SCHWAB, *Zivilprozessrecht*, 17ª Edição, pp. 51 e ss., INGO VON MÜNCH e PHILIP KUNIG, *Grundgesetz Kommentar*, Vol. 2, 6ª Edição, pp. 680 e ss.

[920] Segundo a síntese do Ac. nº 182/90. A posição do TC é, de resto, muito próxima daquela que BETTERMANN retira da jurisprudência do BVerGE, cfr. KARL AUGUST BETTERMANN, «Das Gerichtsverfassungsrecht in der Rechtsprechung des Bundesverfassungsgerichts», p. 505

uma realidade que rejeitamos, uma vez que para que «determinado órgão possa ser qualificado como tribunal não basta, nem pode bastar, que lhe haja sido cometida uma competência materialmente incluída na função jurisdicional»[921].

Numa primeira vertente, deve, deste modo, ser afastada a qualificação dos órgãos disciplinares das federações desportivas como órgãos jurisdicionais, desde logo, porque um limite que não pode deixar de estar subjacente à qualificação dos órgãos de resolução de conflitos como jurisdicionais e que está relacionado com a *função* que exercem. Com efeito, afastada estará, em primeiro lugar, a possibilidade de serem tribunais arbitrais, uma vez que não existe uma convenção de arbitragem na atribuição da sua competência em deterimento da jurisdição de um tribunal estadual[922] ou, em segundo lugar, tribunais arbitrais necessários, na medida em que, embora sejam impostos por lei, não têm como função primordial uma composição de interesses, mas antes têm como fim legal a prossecução do interesse público.

Não estamos, no entanto, a afirmar que as decisões dos órgãos disciplinares da federação desportiva possam violar o *princípio administrativo da imparcialidade* (cfr. 266º, nº 2, da CRP e artigo 9º do CPA)[923]. O que se sugere é precisamente que «diversamente da imparcialidade judicial, a imparcialidade da Administração (...) não implica a neutralidade do decisor». Na verdade, quando no exercício de competências sancionatórias, os órgãos de resolução de conflitos desportivos «(...) não dirimem conflitos de inte-

[921] Cfr. o Ac. nº 71/84 do TC.

[922] Cfr., neste sentido, entendendo que os tribunais arbitrais (voluntários) – ao contrário dos órgãos de resolução de conflitos – permitem que partes, por um lado, possam resolver os seus conflitos com o devido afastamento da jurisdição estadual e, por outro lado, de forma definitiva, Ulrich Haas, «Die Abgrenzung von Vereinsgerichten zu echten Schiedsgerichten», p. 228.

[923] Em sentido próximo, cfr. o Ac. do TC nº 404/2013, embora julgando uma questão envolvendo a Santa Casa de Misericórdia de Lisboa, afirmou que: «(...) não pode concluir-se que a atribuição de poderes sancionatórios ao Departamento de Jogos da SCML, por si só, acarrete uma violação do "princípio da imparcialidade" (cfr. artigo 266º, nº 2, da CRP), pois esta, enquanto concessionária de um serviço público e entidade encarregue do exercício de funções sancionatórias de tipo contraordenacional fica, automaticamente, vinculada ao respeito dos princípios gerais de Direito Administrativo que, aliás, decorrem expressamente do bloco de normatividade constitucional. Só perante a invocação e comprovação jurisdicional de uma concreta violação desse princípio é que poderia concluir-se pela ilegalidade da decisão condenatória».

resses públicos e privados: prosseguem o(s) interesse(s) público(s) postos pela lei a seu cargo»[924]. Por outro lado, é importante referir que fruto dessa imposição da prossecução do interesse público (cfr. o artigo 4º do CPA) o procedimento administrativo se rege pelo princípio do inquisitório (cfr. o artigo 53º e 58º e do CPA), podendo também ser iniciado oficiosamente pela Administração quando o procedimento assim o justifique, mas que, pelo contrário, o órgão jurisdicional se rege pelo princípio do dispositivo, dependendo da iniciativa de uma das partes em litígio[925].

Numa segunda vertente, parece-nos também que não é possível considerar que os órgãos de resolução de conflitos exercem a função jurisdicional se atendermos ao critério da *relação com as prováveis partes em conflito*. Refira-se, por outro lado, que estes órgãos não cumprem as exigências de independência da CRP (cfr. o artigo 203º) exigidas a qualquer tribunal[926], desde logo, pela relação de *desigualdade entre as partes* no processo de composição do órgão disciplinar e na determinação das regras regulamentares aplicáveis actividade do órgão. Com efeito, a composição dos órgãos de resolução de conflitos depende, em regra, de um processo eleitoral em que os associados (as associações distritais) têm uma posição privilegiada[927] na escolha dos titulares destes órgãos que constam de um conjunto de listas propostas durante um acto eleitoral para a selecção dos titulares dos diversos órgãos da federação desportiva[928].

[924] Cfr. o Ac. do TC nº 595/2012, referindo-se expressamente ao poder sancionatório da Santa Casa da Misericórdia de Lisboa. Esta constatação não tem em si nenhuma contradição, uma vez que o procedimento administrativo se assume precisamente como um modo de decisão administrativa, no qual se aplica o direito material, prosseguindo o interesse público. Cfr., neste sentido e distinguindo entre o processo e o procedimento administrativo, Heike Jochum, *Verwaltungsverfahrensrecht und Verwaltungsprozessrecht*, pp. 7 e ss.

[925] Cfr. o artigo 3º, nº 1, do CPC, dispondo que: «[o] tribunal não pode resolver o conflito de interesses que a ação pressupõe sem que a resolução lhe seja pedida por uma das partes e a outra seja devidamente chamada para deduzir oposição». Sobre este princípio, cfr., entre outros, José Lebre de Freitas, *Introdução ao Processo Civil*, 3ª Edição, pp. 155 e ss.

[926] Já vimos inclusivamente que não poderão ser considerados tribunais arbitrais (quer sejam voluntários ou necessários), mas também não serão também, desde logo, por este motivo tribunais estaduais.

[927] No sentido de que esta circunstância impede a qualificação dos órgãos disciplinares como tribunais arbitrais, cfr. Jochen Fritzeiler, Bernhard Pfister e Thomas Summerer, *Praxishandbuch Sportrecht*, 3ª Edição, p. 257.

[928] O exemplo previsto no regulamento eleitoral da FPF é ilustrativo. Com efeito, de acordo com o regulamento eleitoral da FPF (que é parte integrante dos estatutos da FPF), existem no acto eleitoral diversas listas de eleiçao separada dos titulares para o respectivo órgão,

Esta supremacia de uma das prováveis partes (ou mero interessado no desfecho de um conflito) na composição do órgão elimina, desde logo, o cumprimento do requisito da independência institucional[929] e impede que, à luz do nosso ordenamento, os órgãos disciplinares sejam qualificados como órgãos jurisdicionais[930]. É certo que se poderá sempre argumentar que a já referida *promoção de um estatuto equitativo* pelo CPA permitiria pensar-se estarem ultrapassadas as dificuldades que se colocassem a este respeito. A verdade é que ainda assim não se deixarão de colocar problemas com a independência institucional, na medida em que o procedimento de escolha da composição do órgão disciplinar não reflecte, em regra, uma distribuição equitativa dos agentes desportivos (em particular, os desportistas) em relação aos associados privilegiados das federações desportivas (as associações distritais) e, neste sentido, estes órgãos mais não são do que uma manifestação do sentido da *vontade*[931] da federação desportiva relativamente ao prosseguir aos fins estatutários e legais a que se encontra adstrita.

Os dois critérios apontados têm, naturalmente, consequências. Por conseguinte, os titulares dos órgãos de resolução de conflitos representam,

entre eles o disciplinar (cfr. o artigo 16º, nº 3 e 22º). Por outro lado, a escolha destes titulares depende de uma maioria que emerge de uma votação de um conjunto de personalidades (55 delegados) que reflectem uma prevalência evidente de um considerável de entidades em deterimento de outras ou de alguns agentes desportivos. Esta circunstância reflecte-se particularmente na susceptibilidade de as associações distritais ou regionais poderem nomear um total de 20 delegados e a LPFP poderem nomear igualmente 20 delegados, ficando a nomeação do restante número a cargo das associações representativas dos jogadores profissionais, treinadores de futebol e dos árbitros de futebol com a possibilidade de poderem nomear respectivamente 5 delegados (cfr. os artigos 3º e 11º).

[929] Sobre a questão, cfr. ULRICH HAAS, «Die Abgrenzung von Vereinsgerichten zu echten Schiedsgerichten», p. 229 e STEFAN KRÖLL, «"Schiedsklauseln" in Satzungen – Zur Abgrenzung von Vereinsgericht und Schiedsgericht», pp. 13 e ss. Cfr., igualmente, HERBERT FENN, «Zur Abgrenzung von Verbandsgerichtsbarkeit und statutarischer Schiedsgerichtsbarkeit», p. 187, afirmando que a associação que deixe a resolução de conflitos a uma única parte (entre as diversas partes em conflito) ou aos órgãos associativos não pode ser arrogar-se de ter celebrado uma convenção de arbitragem entre as partes em conflito.

[930] Neste sentido, afirmando, desde logo, que esta manifestação de auto-administração (Selbsverwaltung) das associações, em geral, não poderá admitir a qualificação de exercício de poder jurisdicional, a menos que seja configurado como tribunal arbitral que, obviamente, maiores garantias. Cfr. STEIN/JONAS, *Kommentar zur Zivilprozessordnung*, Vol. X, 23ª Edição, p. 10.

[931] Cfr., por exemplo, STEIN/JONAS, *Kommentar zur Zivilprozessordnung*, Vol. X, 23ª Edição, p. 12.

neste caso e deste modo, como que *funcionários da federação desportiva e não juízes – ainda que exerçam ou tenham exercido essa profissão – praticando, em todo o caso, actos administrativos* para efeitos de impugnação junto dos tribunais[932]. Neste sentido, se pode compreender que a doutrina dominante[933], bem como o TC[934] rejeitem a qualificação dos órgãos de resolução de conflitos desportivos como órgãos jurisdicionais (estaduais ou arbitrais).

Poderia-se, no entanto, sustentar a inconstitucionalidade destes órgãos. Em todo o caso, note-se que, em bom rigor, a necessidade de qualificar os actos destes (e de outras manifestações jurídicas idênticas) como «parajurisdicionais»[935] reflectem precisamente um receio da possibilidade

[932] Sugerindo que a escolha de juízes dos tribunais estaduais para titulares dos órgãos de resolução de conflito pretende somente traduzir-se na atribuição de um «ar mais sério, respeitável e imparcial a tais órgãos». Cfr. PEDRO GONÇALVES, «A «soberania limitada» das federações desportivas», pp. 55, nota 6.

[933] Entre outros, cfr, PEDRO GONÇALVES, *Entidades Privadas com Poderes Públicos*, p. 863, JOSÉ DE MELO ALEXANDRINO, «Direitos, Liberdades e Garantias na Relação Desportiva», p. 325, Em sentido próximo, manifestando dúvidas sobre a natureza jurisdicional dos órgãos de resolução de conflitos desportivos, cfr. JORGE MIRANDA e RUI MEDEIROS, *Constituição Portuguesa Anotada*, Vol. III, p. 17.

[934] No sentido de que o CJ não constituía um autêntico tribunal (ainda que para efeitos do artigo 280º da CRP). Cfr. o Ac. do TC nº 391/2005, afirmando que: «(...) o Conselho de Justiça não é, para os efeitos previstos nos referidos artigos 280º da Constituição e 70º da Lei nº 28/82, um "tribunal", pois não figura entre as categorias de tribunais admitidas pelo artigo 209º da Constituição. Nomeadamente, e em particular, não pode, como observa o Ministério Público, ser considerado um tribunal arbitral, quer porque não tem as características próprias de um tribunal dessa natureza, quer porque o sistema de arbitragem que consta da Lei nº 30/2004 manifestamente o não abrange». Em sentido idêntico, considerando que o CJ não era um órgão jurisdicional, cfr. o Ac. nº 597/2005.

[935] Adoptando semelhante classificação, especificamente em relação ao CJ enquanto órgão de resolução de conflitos desportivos, cfr. PEDRO GONÇALVES, *Entidades Privadas com Poderes Públicos*, p. 863. Em sentido idêntico, referindo-se aos poderes públicos sancionatórios das federações desportivas como uma manifestação dos poderes «parajurisdicionais». Cfr. ANA RAQUEL MONIZ, *A Recusa de Aplicação de Regulamentos pela Administração com Fundamento em Invalidade*, p. 793. Cfr. também sobre as manifestações «parajurisdicionais», embora referido-se a «actos administrativos judicativos», MARCELO REBELO DE SOUSA e ANDRÉ SALGADO MATOS, *Direito Administrativo Geral*, Tomo I, 2ª Edição, p. 135. Admitindo que o exercício da função administrativa possa consistir na aplicação do Direito, negando, porém, a possibilidade de «confiar a órgãos administrativos funções que substancialmente são jurisdicionais». Cfr. OLIVEIRA DE ASCENSÃO, «A Reserva Constitucional da Jurisdição», p. 472. Segundo RUI GUERRA DA FONSECA, a actividade parajurisdicional deve ser qualificada como «o (ou um) tipo funcional de actividade desenvolvida por certo órgão ou entidade administrativa, que se aproxima da função jurisdicional dada a presença de certa ou certas

de entender que a inconstitucionalidade pudesse *fulminar* a sua actividade. Consequentemente, a doutrina recorre à construção de uma reserva relativa de jurisdição que exigiria a existência de um controlo jurisdicional (posterior e definitivo)[936] relativamente à prática de actos sancionatórios por órgãos «administrativos»[937]. Permite-se, por conseguinte, que estes órgãos encontrem a sua legitimação constitucional no disposto no artigo 202º da CRP ao estabelecer-se que: «[a] lei poderá institucionalizar instrumentos e formas de composição não jurisdicional de conflitos»[938], uma vez são órgãos incumbidos da prossecução de um interesse público de regulação e de disciplina da competição desportiva directamente atribuídos pelo legislador.

características da actividade de aplicação do direito típicas dos tribunais, designadamente, a característica da terceiridade». Cfr. *O Fundamento da Autotutela Executiva da Administração Pública*, p. 540.

[936] Neste sentido decidiu precisamente o TC no Ac. nº 319/03, afirmando que uma entidade administrativa com poder para declarar a nulidade de um acto administrativo não é um exercício do poder jurisdicional, desde logo, pela simples razão de que: «(...) não escapa, ela mesma, ao controlo dos tribunais».

[937] Sobre a reserva relativa de jurisdição, cfr., por exemplo, Paulo Castro Rangel, *Repensar o Poder Judicial*, pp. 306-307, Paulo Castro Rangel, *Reserva de Jurisdição – Sentido Dogmático e Sentido Jurisprudencial*, p. 68, Gomes Canotilho, *Direito Constitucional e Teoria da Constituição*, 6ª Edição, pp. 664 e ss., Gomes Canotilho e Paulo Canelas de Castro, «Constitucionalidade do Sistema de Liquidação Coactiva Administrativa de Estabelecimentos bancários, previsto e regulado no Decreto-Lei nº 30 689 de 27 de Agosto de 1940», p. 61, Vieira de Andrade, «A Reserva do Juiz e a Intervenção Ministerial em Matéria de Fixação das Indemnizações por Nacionalizações», pp. 221 e ss., José Lucas Cardoso, *Entidades Administrativas Independentes e Constituição*, pp. 486 e ss., Marcelo Rebelo de Sousa e André Salgado Matos, *Direito Administrativo Geral*, Tomo I, 2ª Edição, pp. 134 e 135 e, por exemplo, o Ac. do TC nº 278/2011, assumindo que a: «função punitiva, exercida pela administração pública, coloca em causa o princípio da separação de poderes, por invadir o âmago da função jurisdicional. Com efeito, por força do nº 2 do artigo 202º da Constituição da República Portuguesa, cabe aos tribunais "assegurar a defesa dos direitos e interesses legalmente protegidos dos cidadãos, reprimir a violação da legalidade democrática e dirimir os conflitos de interesses públicos e privados", mas tal comando constitucional não se opõe ao exercício por várias entidades administrativas de poderes sancionatórios, que visam, precisamente, reprimir a violação da legalidade democrática, e que, aliás, alguma doutrina qualifica como poderes de tipo para-jurisdicional».

[938] Esta norma constitucional permite, desde logo, que o legislador possa configurar formas de resolução de conflitos que não assumam dignidade jurisdicional. Neste sentido, cfr. Jorge Miranda e Rui Medeiros, *Constituição Portuguesa Anotada*, Vol. III, p. 33 e ss.

Neste sentido, também não se pode concluir que a sua existência possa violar o disposto no artigo 20º, nº 4 da CRP, na medida em que, por um lado, «(...) tal garantia não é vulnerada pelas regras competenciais ou pela estrutura organizatória das "autoridades administrativas" que intervêm na decisão sancionatória prévia, objeto de impugnação»[939] precisamente porque o artigo 20º da CRP não exige «uma intervenção imediata de um tribunal quando se tenha que dispor sobre as relações e as situações recíprocas do Estado e dos cidadãos»[940]. O determinante é que nestas situações seja obrigatória a existência de um controlo pleno pelos tribunais estaduais.

Em suma, não podendo os órgãos de resolução de conflitos desportivos serem qualificados como órgãos jurisdicionais, podem ser deixadas três notas: (i) parece-nos que é correcta a opção tomada pelo legislador que, por seu turno, submete, nos termos do artigo 7º, nº 2, do RJFD, os titulares destes órgãos que exercem poderes públicos (ainda que pelas decisões finais destes) ao regime da responsabilidade civil do Estado pelo exercício da função administrativa[941]; (ii) paralelamente, mais complexa será a situação em que o legislador preveja a existência de uma limitação dos efeitos impugnatórios das decisões que possam ser conhecidas pelos tribunais (estaduais e arbitrais) na decorrência do exercício do poder disciplinar público pelo CD[942]; (iii) a existência de órgãos disciplinares não implica uma autonomia destes em relação à jurisdição dos tribunais, exigindo-se, pelo contrário, a plenitude da reapreciação jurisdicional das decisões dos primeiros pelos segundos.

[939] Ac. do TC nº 595/2012.

[940] Jorge Miranda, *Manual de Direito Constitucional – Direitos Fundamentais*, Tomo IV, 5ª Edição, p. 362.

[941] Deste modo, não terá qualquer validade a asserção contida nas normas regulamentares das federações desportivas que afirmem que aos titulares dos órgãos disciplinares não podem ser exigidas responsabilidades pelas decisões que tomarem. Cfr., por exemplo, o artigo 10º do Regime do Conselho de Disciplina da Federação Portuguesa de Futebol.

[942] A questão não carece de ser respondida imediatamente, remetendo-se a análise desta problemática para a temática do caso julgado desportivo enquanto forma de limitação dos efeitos desportivos (e administrativos) da execução de uma sentença de um tribunal.

§ 3º A mediação como meio de resolução de conflitos desportivos de Direito Administrativo

Com o advento do Estado cooperativo (*kooperativen Staat*)[943] verificou-se, entre o final do Séc. XX e os primórdios do Séc. XXI, um evidente aumento do consensualismo no Direito Administrativo, o qual se reflecte também na emergência de mecanismos alternativos ou complementares à tradicional jurisdição estadual[944]. Com efeito, num período marcado pela dinamização das formas de cooperação da Administração[945] com os particulares, bem como pela respectiva informalidade das actuações administrativas[946], não é estranho que, especialmente no plano processual, sejam ponderados mecanismos alternativos à jurisdição dos tribunais administrativos que, embora tradicionalmente associados à sua implementação no Direito Privado, possam permitir uma adequada composição dos conflitos emergentes no Direito Administrativo[947].

[943] Sobre este, v. o elucidativo texto de Ernst-Hasso Ritter, «Der kooperativer Staat», pp. 389 e ss.

[944] Sobre a relação entre o incremento do consensualismo na actividade da Administração e os novos meios de resolução de conflitos (em particular, da mediação), cfr., entre outros, Lawrence Susskind, «Environmental Mediation and the Accountability Problem», pp. 2 e ss., Lawrence Susskind e Alan Weinstein, «Towards a Theory of Environmental Dispute Resolution»,pp. 313 e ss., Lawrence Susskind e Denise Madigan, «New Approaches in Resolving Disputes in the Public Sector», pp. 180 e ss., Lawrence Susskind e Jeffrey Cruikshank, *Breaking the Impass*, pp. 136 e ss., Giovanni Verde, «Arbitrato e Pubblica Amministrazione», pp. 237 e ss., Karsten-Michael Ortloff, «Mediation ausserhalb und innerhalb des Verwaltungprozesses», p. 385, Markus Kaltenborn, *Streitvermeidung und Streitbeilegung im Verwaltungsrecht*, pp. 106 e ss., Jan Malte von Bergen, «Mediation im Verwaltungsverfahren nach Inkrafttreten des Mediationsförderungsgesetzes», p. 468 e Sascha Ferz, *Mediation im öffentlichen Bereich*, p. 215. Em geral, sobre a consensualidade no Direito Administrativo, cfr. Pier Luigi Portaluri, *Potere Amministrativo e Procedimenti Consensuali*, pp. 68 ss., Alejandre Huergo Lora, *Los Contratos sobre los Actos e las Potestades Administrativas*, pp. 119 e ss. Cfr., igualmente, Pedro Gonçalves, *Direito dos Contratos Públicos*, pp. 44 e ss.

[945] Cfr., por todos, Arthur Benz, *Kooperative Verwaltung*, pp. 34 e ss.

[946] Para uma análise esclarecida no que respeita à problemática da informalidade da Administração, cfr. Michael Fehling, «Informales Verwaltungshandeln», pp. 1343 e ss.

[947] Relativamente à partilha de responsabilidades entre o Estado e os particulares na Administração de Justiça em ambiente de um Estado cooperativo, cfr., por todos, Wolfgang Hoffmann-Riem, «Justizdienstleistungen im kooperativen Staat», pp. 421 e ss.

Neste contexto, os mecanismos de resolução de conflitos como a transacção[948], a mediação, a conciliação ou a arbitragem podem, na verdade, conquistar um espaço relevante na resolução de conflitos no Direito Administrativo enquanto formas flexíveis, eficazes, rápidas[949] e, por vezes, com um custo mais reduzido para os particulares quando em comparação com os tribunais estaduais[950]. Em todo o caso, embora a implementação da arbitragem no Direito Administrativo conheça já casos relevantes e de sucesso no sistema jurídico português[951], a potencialidade de utilização de outros mecanismos como, por exemplo, a mediação pode (e deve) ser ponderada como forma de tutela alternativa aos tribunais estaduais.

Trata-se, portanto, de garantir a existência de instrumentos que permitem conceder aos particulares a prerrogativa de optarem (por acordo com a Administração Pública) pela resolução dos conflitos afastada, por um lado, do formalismo judicial e, por outro, com base em respostas consensuais que permitem resolver os conflitos de forma mais adequada aos seus interesses. A preferência por mecanismos consensuais é, de resto, inclusivamente uma preposição do BVerGE ao afirmar que «[a] resolução de uma situação conflitual através de uma solução consensual é num Estado de Direito

[948] Sobre a admissibilidade da transacção enquanto forma de resolução de conflitos no Direito Administrativo, cfr., entre nós, João Taborda da Gama, «Contrato de Transacção no Direito Administrativo e Fiscal», pp. 607 e ss. e Marta Portocarrero, *Contratos Sobre o Exercício de Poderes Públicos, Transacção e Arbitragem*, pp. 179 e ss.

[949] Neste sentido, denotando também, neste contexto, um incremento de aceitação da actividade administrativa pelos particulares, Sascha Ferz, *Mediation im öffentlichen Bereich*, p. 201.

[950] Na verdade, e pegando no exemplo da mediação, esta acepção só será correcta quando as partes cheguem efectivamente a acordo no decurso de um processo de mediação. Se, pelo contrário, as partes persistirem em conflito, o processo de mediação desenvolvido gerou custos acrescidos e pode ainda implicar uma dilação da resolução do conflito pelos tribunais que, por sua vez, poderão acabar por ter a responsabilidade de decidir sobre a conflitualidade que foi objecto de mediação. Neste sentido, convém ter presente que a mediação é, efectivamente, uma solução bastante vantajosa somente quando impede a persistência do conflito, evitando os custos monetários e emocionais que envolvem a resolução da conflitualidade nos tribunais. Cfr. Markus Kaltenborn, *Streitvermeidung und Streitbeilegung im Verwaltungsrecht*, p. 107.

[951] Um desses exemplos diz respeito ao Centro de Arbitragem Administrativa que pode ser considerado o mais relevante centro de arbitragem institucionalizado competente para resolver conflitos de Direito Administrativo. Sobre os centros arbitrais institucionalizados no Direito Público em Portugal, cfr., por todos, Ricardo Pedro, «Arbitragem institucional e centros de arbitragem de direito público», pp. 125 e ss.

também, em geral, preferível em relação à [resolução desta por uma] decisão jurisdicional»[952].

Com efeito, no presente trabalho, temos por certas as potencialidades dos mecanismos de resolução alternativa de conflitos no Direito Administrativo, não partilhando, assim, qualquer preconceito ou descrença na possibilidade do recurso à institucionalização legal de diferentes formas de composição de conflitos que não se reconduzam a uma solução jurídica destes por um tribunal judicial[953] [954]. Neste sentido, o determinante é assinalar que nos interessará, portanto, estudar «o quando, o como e em que circunstâncias» (*when, how and under what circumstances*) podem estes mecanismos de resolução de conflitos ser uma evidente alternativa aos tribunais judiciais[955] e, neste sentido, conceder à resolução de conflitos desportivos uma autonomia em relação à jurisdição estadual. É precisamente este o postulado que acompanhará a nossa exposição.

Por outro lado, um estudo que se ocupe da autonomia dos mecanismos de resolução de conflitos no Direito Administrativo do Desporto implica, em particular, analisar a relevância da arbitragem e da mediação[956] en-

[952] BVerGE, decisão de 14 de Fevereiro de 2007, processo nº 1 BvR 1351/01. No original «Eine zunächst streitige Problemlage durch eine einverständliche Lösung zu bewältigen, ist auch in einem Rechtsstaat grundsätzlich vorzugswürdiger gegenüber einer richterlichen Streitentscheidung».

[953] É conhecido um texto clássico de OWEN M. FISS, «Against Settlement», p. 1075, demonstrando a sua desconfiança numa das passagens ao afirmar que: «I do not believe that settlement as a generic practice is preferable to judgment or should be institutionalized on a wholesale and indiscriminate basis. It should be treated instead as a highly problematic technique for streamlining dockets. Settlement is for me the civil analogue of plea bargaining: Consent is often coerced; the bargain may be struck by someone without authority; the absence of a trial and judgment renders subsequent judicial involvement troublesome; and although dockets are trimmed, justice may not be done. Like plea bargaining, settlement is a capitulation to the conditions of mass society and should be neither encouraged nor praised».

[954] Não podemos, portanto, ser qualificados como defensores do «litigation romanticism». Cfr., sobre este, CARRIE MENKEL-MEDOW, «Ethics and the Settlements of Mass Torts: When the Rules Meet the Road», p. 1172.

[955] Cfr., por todos, a locução de CARRIE MENKEL-MEDOW, «Whose Dispute Is It Anyway: A Philosophical and Democratic Defense of Settlement (In Some Cases) », p. 2665.

[956] Retomamos neste ponto, embora com substanciais desenvolvimentos e adequação funcional ao tema da presente dissertação, algumas das ideias que defendemos em «O Novo Regime Jurídico da Resolução de Conflitos Desportivos no Direito Administrativo. Sobre a Arbitragem Necessária e a Mediação no Tribunal Arbitral do Desporto», pp. 394 e ss..

quanto forma de composição de conflitos desportivos. Na verdade, com a instituição legal do centro arbitral conhecido como TAD, permitiu-se, por um lado, a realização de arbitragens necessárias *ad-hoc* no seio de um centro arbitral do TAD, mas, por outro lado, também se consagrou a introdução de um serviço de mediação nas instalações daquele centro, sendo, portanto, indispensável verificar da potencialidade e aplicabilidade de ambos os mecanismos na resolução de conflitos desportivos de Direito Administrativo enquanto formas de afastamento da jurisdição estadual.

3.1. Sobre o conceito de mediação e a previsão legal da mediação na LTAD

A temática que escolhemos para análise remete-nos, evidentemente, para uma problemática mais abrangente e que envolve uma análise de alguns problemas respeitantes à introdução da mediação no Direito Administrativo português. O estudo que se empreende relativamente à mediação no Direito Público (*Mediation im öffentlichen Bereich*)[957] encontra-se naturalmente funcionalizado para a resolução das questões jurídicas que dizem respeito aos conflitos desportivos. Neste contexto, é relevante mencionar que a mediação enquanto mecanismo de resolução de conflitos desportivos de Direito Público pode ser analisada sob o prisma quer do procedimento administrativo (vertente interna), quer do processo administrativo (vertente externa). No entanto, não se explorarão todos os problemas (pelo menos exaustivamente) que envolvem a mediação nos conflitos desportivos de Direito Administrativo. Analisaremos exclusivamente a solução legal que estabelece a mediação na LTAD.

Começando, em primeiro lugar, pela conceptualização da mediação enquanto mecanismo de resolução de conflitos, pode reconhecer-se que aquela é geralmente definida como um meio de resolução de conflitos *no qual as partes escolhem voluntariamente um terceiro imparcial que as auxilia a*

[957] É esta a expressão usada recorrentemente na doutrina de expressão alemã. Cfr., por exemplo, Markus Troja e Dirk Meuer, «Mediation im Öffentlichen Bereich», pp. 219 e ss., Sascha Ferz, *Mediation im öffentlichen Bereich*, pp. 20 e ss. A expressão pretende, em bom rigor, acentuar que a resolução dos conflitos se relaciona com conflitos que relevam do «espaço público» (em evidente oposição à esfera puramente privada) e que, portanto, se trata de uma conflitualidade de cariz público. Cfr. Ulrike Rüssel, «Grundlagen der Mediation im öffentlichen Bereich», p. 54.

alcançar uma solução de compromisso[958] [959]. Neste sentido, a mediação tem, em regra, como notas tendencialmente caracterizadoras: (i) a revelação de um *elemento voluntarístico* de ambas as partes[960], na medida em que celebram a convenção de mediação com o intuito de chegar a um acordo sobre uma determinada divergência de interesses[961] [963]; (ii) a pretensão das partes em

[958] Segundo o artigo 2º, alínea a) da Lei da Mediação, este meio é definido como «a forma de resolução alternativa de litígios, realizada por entidades públicas ou privadas, através do qual duas ou mais partes em litígio procuram voluntariamente alcançar um acordo com assistência de um mediador de conflitos». Sobre a noção de mediação, cfr., por exemplo, KIMBERLEE K. KOVACH, «Mediation», pp. 304 e 305, SIMON ROBERTS e MICHAEL PALMER, *Dispute Processes*, pp. 153 e ss., LÚCIA DIAS VARGAS, *Julgados de Paz e Mediação*, pp. 55 e ss., KENNETH KRESSEL, «Mediation Revisited», p. 726, DÁRIO MOURA VICENTE, «A directiva sobre a mediação em matéria civil e comercial e a sua transposição para a ordem jurídica portuguesa», pp. 100 e ss., CÁTIA CEBOLA, *La mediación*, pp. 134 e ss., MARIANA FRANÇA GOUVEIA, *Curso de Resolução Alternativa de Litígios*, 3ª Edição, pp. 47 e ss., DULCE LOPES e AFONSO PATRÃO, *Lei da Mediação Comentada*, pp. 19 e ss.

[959] Sobre a relação entre a arbitragem e a mediação, cfr., por exemplo, GÜNTHER J. HORVATH, «Schiedsgerichtsbarkeit und Mediation – Ein glückliches Paar?», pp. 292 ss., JOSÉ MIGUEL JÚDICE, «Arbitragem e Mediação: Separados à Nascença?», pp. 63 e ss. e PETER RÖTHEMAYER, *Mediation*, pp. 43 e 44.

[960] Sobre este, cfr., por todos, JACQUELINE NOLAN-HALEY, «Consent in Mediation», pp. 3 e ss. No fundo, o que se trata aqui é de pressupor que «[o] procedimento de mediação é voluntário, sendo necessário obter o consentimento esclarecido e informado das partes para a realização da mediação, cabendo-lhes a responsabilidade pelas decisões tomadas no decurso do procedimento», nos termos do artigo 4º, nº 1 da Lei da Mediação ou, no mesmo sentido, exigir-se «os consentimentos livres e esclarecidos» das partes em disputa, utilizando, para o efeito, uma expressão prevista no artigo 3º, nº 5, da Lei nº 27/2007, de 12 de Junho relativa à mediação penal.

[961] Não se ignora que, em determinados países (como, por exemplo, Alemanha ou Itália) não são desconhecidos mecanismos excepcionais que estabelecem um recurso obrigatório à mediação. No entanto, essas manifestações impositivas de resolução de conflitos colocam sérias dúvidas face à sua conformidade constitucionalidade. No caso português, parece óbvio que, em primeiro lugar, a existência de uma mediação obrigatória será evidentemente violadora do direito fundamental à tutela jurisdicional efectiva (cfr. o artigo 20º e 268º da CRP) quando concomitante inexista um mecanismo de pagamento de custas pelo Estado em caso de insuficiência económica de uma das partes. Em segundo lugar, poderá ter como consequência a violação do mesmo direito fundamental quando implicar uma qualquer desvantagem ou diminuição manifesta das garantias constitucionais da plenitude de acesso aos tribunais. A maior crítica que se pode potencialmente dirigir a uma opção legislativa deste género está relacionada com a sua oportunidade no Direito Administrativo. Em particular, deve ter-se presente que sujeitar as partes a um mecanismo legalmente obrigatório, mas que as pretende induzir a um acordo, pode significar uma perversão da dimensão participativa dos particulares que decorre do recurso à mediação. Em geral, sobre a mediação obrigatória, cfr.,

obter *auxílio de um terceiro imparcial* [963], com o intuito de alcançar esse mesmo acordo, (iii) assumindo-se, em todo o caso, como um mecanismo *informal*[964] que não se encontra sujeito a uma teia jurídica intensa de regulação, sendo, portanto, um mecanismo de resolução de conflitos largamente entregue ao poder (*empowerment*) das partes[965].

Neste contexto, não pode deixar de constatar-se que – independente da nossa concordância ou não com este facto – a mediação tem assumido na maioria dos ordenamentos e no âmbito transnacional um papel pouco relevante na resolução de conflitos desportivos quando comparada com o recurso a outros mecanismos alternativos de conflitos como a arbitragem.

A solução prevista na LTAD parte deste pressuposto relativamente aos conflitos desportivos de Direito Administrativo. Com efeito, é certo que existe uma *cláusula geral de abertura* à celebração de convenções de mediação,

entre outros e, entre nós, Paula Costa e Silva, *A Nova Face da Justiça. Os Meios Extrajudiciais de Resolução de Controvérsias*, pp. 44 e ss., Mariana França Gouveia, «Mediação e Processo Civil», pp. 30 e ss., Jorge Morais Carvalho, «A Consagração Legal da Mediação em Portugal», pp. 280 e ss. Para uma apreciação crítica destes mecanismos no ordenamento jurídico alemão, cfr., mais recentemente, Horst Eidenmüller, «Obligatorische außergerichtliche Streitbeilegung: Eine contradictio in adiecto?», pp. 539 e ss. De qualquer modo, em termos particularmente críticos, cfr. o conhecido texto de Gerhard Wagner, «Obligatorische Streitschlichtung im Zivilprozeß: Kosten, Nutzen, Alternativen», pp. 836 e ss. Em Itália, a mediação obrigatória foi considerada inconstitucional pelo Tribunal Constitucional Italiano na decisão nº 272/2012, de 24 de Outubro de 2012. Sobre a constitucionalidade da mediação obrigatória em Itália, Giovanni Serges, «La «mediazione civile» e la Constituzione», pp. 569 e ss. Cfr., ainda, sobre o regime da mediação obrigatória em Itália, cfr. Mauro Rubino Sammartano, «Trois médiations, dont une obligatoire (ombres et lumières de l'example italien), pp. 366 e ss. Sobre a mediação obrigatória no Direito estrangeiro, cfr., com indicações, Carlos Esplugues, «General Report: New Developments in Civil and Commercial Mediation – Global Comparative Perspectives», pp. 15 e ss.

962 Como denotam Dulce Lopes e Afonso Patrão, a voluntariedade da mediação revela-se em quatro momentos essenciais: (i) *na liberdade de escolha da mediação*; (ii) *na liberdade de abandono da mediação* (iii) *na liberdade de conformação das partes no acordo*; (iv) *na liberdade de escolha do mediador*. Cfr. *Lei da Mediação Comentada*, pp. 28 e 29.

963 Sobre a independência e imparcialidade na mediação, cfr., entre outros, Mariana França Gouveia, *Curso de Resolução Alternativa de Litígios*, 3ª Edição, pp. 60 e ss., Filippo Danovi, «Per uno statuto giuridico del mediatore», pp. 771 e ss., Peter Tochtermann, *Die Unabhängigkeit und Unparteilichkeit des Mediators*, pp. 30 e ss.

964 Cfr., por exemplo, Peter Röthemayer, *Mediation*, p. 42.

965 Acentuado o «pleno domínio das partes» na mediação, cfr. Mariana França Gouveia, *Curso de Resolução Alternativa de Litígios*, 3ª Edição, p. 48. Em sentido idêntico, por exemplo, J. P. Remédio Marques, *Acção Declarativa à luz do Código Revisto*, 3ª Edição, p. 44.

no entanto, aquela comporta excepções que, relativamente ao Direito Administrativo do Desporto, se traduzem num âmbito de aplicação muito restrito, desde logo, porque a mediação não é permitida em conflitos cuja resolução seja da competência «dos órgãos disciplinares desportivos, nem a litígios relativos a matérias disciplinares, dopagem ou violência associada ao desporto»[966]. Deste modo, é possível constatar que o âmbito de aplicação restritivo da mediação prevista na LTAD, enquanto meio de resolução de conflitos desportivos de Direito Administrativo, é manifestamente reduzido (senão completamente excluído).

Não é, no entanto, inteiramente líquido que todo e qualquer conflito desportivo de Direito Administrativo seja insusceptível de ser resolvido por intermédio de mediação. Pode-se, por exemplo, colocar em dúvida se no âmbito da responsabilidade civil decorrente do exercício de poderes públicos poderá ser, pelo menos em teoria, possível que as partes cheguem a um acordo sobre o montante indemnizatório a pagar pela entidade privada que exerça poderes públicos. As dúvidas são, neste domínio, também transponíveis para os conflitos que envolvam a *organização da competição desportiva*, uma vez que a fórmula legal é completamente omissa nos exemplos que aponta e que indiciam a exclusão da mediabilidade dos conflitos desportivos enunciados.

Em todo o caso, a expressa referência à «autoridade dos órgãos disciplinares desportivos»[967] indicia uma correlação do conflito com o exercício de poderes públicos daqueles, parecendo excluir da prerrogativa de serem mediáveis todos os conflitos desportivos que derivem do exercício de poderes públicos. Trata-se, na verdade, de uma solução inspirada naquela existente nos regulamentos de mediação do TAS (cfr. o artigo 1º), com um *ratio* delimitada: a *protecção da parte mais fraca*. No entanto, torna-se necessário discutir se esta é uma opção acertada, uma vez que cada vez mais se regista, por um lado, uma abertura da implementação da mediação no Direito Administrativo[968] e que, por outro lado, as soluções existentes para a protecção da *parte mais fraca* na utilização de mecanismos de resolução de conflitos como a mediação não se cingem ao mero impedimento da mediabilidade de uma certa categoria de conflitos. Neste sentido, torna-se pre-

[966] Cfr. o artigo 65º da LTAD.

[967] Cfr. o artigo 65º da LTAD.

[968] Com efeito, desde a aprovação do mais recente CPTA que se encontra expressamente prevista a possibilidade de as partes poderem recorrer a mecanismos como a mediação e a conciliação para resolverem os seus conflitos.

mente verificar quais são as outras soluções que permitem acautelar a protecção da *parte mais fraca* sem colocar em causa a prerrogativa de as partes poderem autonomamente decidir pela utilização da mediação como forma de resolução de conflitos.

Por outro lado, é indiscutível que a solução de exclusão da mediação em determinados conflitos deve ser compreendida como uma tomada de posição legislativa com relativa cautela e conhecedora da evidente falta de estudo e de implementação que ainda denota, entre nós, a utilização da *mediação no Direito Público*[969]. Esta constatação ganha uma particular validade relativamente ao Direito Administrativo, uma vez que a mediação enquanto mecanismo de resolução de conflitos no Direito Administrativo ainda se encontra, em Portugal, num estado embrionário de discussão. Esta circunstância reflecte-se, em primeiro lugar, na necessidade de reflexão da sua utilidade de implementação e, em segundo lugar, sobre os termos em que poderá ocorrer o recurso a mecanismos informais deste género[970], mas acima de tudo relativamente às respectivas limitações legais e constitucionais. Neste contexto, é certo que a CRP estabelece expressamente no artigo 202º, nº 4, a possibilidade de o legislador «institucionalizar instrumentos e formas de composição não jurisdicional de conflitos»[971], mas esta circuns-

[969] Exceptuando evidentemente a mediação no Direito Penal. Sobre a mediação neste ramo de Direito, cfr., por todos, Helena Pereira de Melo e Teresa Pizarro Beleza, *A Mediação Penal em Portugal, passim*.

[970] De qualquer modo, note-se o recente esforço introdutório de Carla Amado Gomes, ensaiando a mediação no Direito do Ambiente. Cfr. «Mediação e Arbitragem Administrativa e Direito do Ambiente: qualquer semelhança é mera coincidência?», pp. 205 e ss. Em sentido globalmente concordante à introdução da mediação no Direito Administrativo, v. Ana Celeste Carvalho, «A mediação em matéria administrativa: uma possibilidade com futuro», p. 3 e ss.

[971] Esta credencial constitucional está, por outro lado, longe de ser um «cheque em branco» para o legislador, devendo, pelo contrário, verificar-se a compatibilidade do regime jurídico da mediação administrativa com os direitos fundamentais. Embora a discussão em torno desta questão não seja objecto do presente trabalho, podemos, desde logo, adiantar que têm sido recorrentemente apontadas como dificuldades (abstraindo, por ora, da nossa concordância com as mesmas) para a sustentação legal da mediação, entre outras, a suposta incompatibilidade (i) com o princípio da legitimidade democrática da Administração Pública; (ii) com o princípio da legalidade; (iii) com os direitos fundamentais (colocando, desde logo, problemas com a igualdade de tratamento dos particulares, da protecção da posição jurídica de terceiros na actuação informal da Administração ou mesmo na submissão da Administração ao controlo pelos tribunais). Para uma apreciação geral destas e outras críticas dirigidas à legitimidade da mediação no Direito Administrativo, cfr., por todos, Sascha Ferz,

tância não invalida que efectuemos um pequeno excurso introdutório sobre as possíveis vantagens e desvantagens no desporto, bem como sobre as dificuldades que enfrenta a introdução no nosso ordenamento jurídico deste mecanismo de resolução de conflitos no Direito Administrativo.

3.2. As vantagens da mediação no Desporto e a respectiva aplicabilidade prática

Analisar a utilização da mediação para a resolução de conflitos no Desporto implica, em primeiro lugar, que sejam estudadas as suas vantagens. Diga-se, desde logo, que estas são manifestamente idênticas às que existem no recurso a outros mecanismos de resolução de conflitos como, por exemplo, a arbitragem e, em geral, também na mediação noutros ramos de Direito. Assim, a mediação compreende no domínio desportivo vantagens evidentes que se traduzem na rapidez ou a confidencialidade da resolução de conflitos[972]. Não obstante ser manifesta a sua potencial utilidade, cumpre mencionar, em primeiro lugar, que a maior problemática em torno da mediação desportiva diz respeito à sua adequação prática para resolver conflitos desportivos. Não é, assim, descabido mencionar que embora a mediação comporte vantagens, também é certo que não se assume, com toda a certeza, como uma «panaceia»[973].

Com efeito, uma das debilidades práticas que poderá votar ao falhanço a utilidade da mediação no desporto está relacionada com a necessidade de uma vontade prévia das partes em chegar a acordo. Em bom rigor, existem, na maioria das situações, exemplos práticos que demonstram que este meio de resolução de conflitos não tem uma aplicabilidade abrangente no Desporto: sempre que exista uma decisão disciplinar de uma federação desportiva será provavelmente difícil que esta chegue a acordo com as outras partes (*e.g.*, os atletas) sobre a dopagem ou não de um praticante desportivo.

Mediation im öffentlichen Bereich, pp. 241 e ss. e MARKUS KALTENBORN, *Streitvermeidung und Streitbeilegung im Verwaltungsrecht*, pp. 106 e ss. Sobre esta regra constitucional como fundamento dos meios de resolução de conflitos não jurisdicionais, cfr. JOSÉ CARLOS VIEIRA DE ANDRADE, *A Justiça Administrativa*, pp. 75 e 76.

[972] Cfr., por exemplo, FRANÇOIS ALAPHILLIPPE, « Conflits sportifs et Accès à La Justice», p. 10, OUSMANE KANE, «Le règlement de médiation du Tribunal arbitral du sport», p. 695 e CHRISTOPHER NEWMARK, « Is mediation effective for resolving sports disputes?», p. 37.

[973] Cfr. IAN BLACKSHAW, *Sport, Mediation and Arbitration*, p. 132. Em geral, reconhecendo precisamente que: «[M]ediation is not a magic bullet for resolving any and all conflicts», cfr. KENNETH KRESSEL, «Mediation Revisited», p. 730.

Estão aí, em regra, factos objectivos relativos ao cumprimento (ou não) da normatividade desportiva. A federação desportiva não negocia a dopagem de um atleta: ou existe ou não existe; ou se verifica um incumprimento das regras regulamentares ou não[974]. O mesmo parece ser aplicável a todos os outros conflitos disciplinares.

Devemos, por outro lado, considerar um argumento importante relacionado com esta problemática: a negociação de uma solução de afastamento respeitante às regras dos regulamentos das federações desportivas no âmbito do direito disciplinar parece encontrar-se comprometida com o «exemplo» que as federações desportivas pretendem dar relativamente ao rigor no cumprimento das suas regras. Esta situação é particularmente visível nas sanções disciplinares de dopagem, na medida em que, em razão da garantia da *credibilidade da competição desportiva*, as federações não podem permitir que exista qualquer dúvida sobre a alegada dopagem de um atleta. Pelo contrário, as federações desportivas não têm, em princípio, qualquer interesse em afectar a integridade da competição. Por outro lado, a igualdade de tratamento entre competidores impede que um dos praticantes desportivos seja beneficiado e tenha um tratamento diferenciado em relação a outros atletas concorrentes[975].

A mediação também não é adequada para resolver conflitos que estejam relacionados com a *organização da competição desportiva*. Neste contexto, cumpre recordar um conflito relativo à despromoção e promoção automática nas duas divisões mais importantes do Rugby do Reino Unido e que envolveu vinte e seis clubes profissionais. A verdade é que embora a federação desportiva competente para regular a competição recomendasse o recurso à mediação e ainda que os clubes envolvidos acedessem à sugestão para resolver o conflito, uma vez que as partes não pretendiam alcançar qualquer acordo, a mediação acabou por revelar-se como infrutífera. Numa síntese é, assim, possível identificar que, em determinadas situações, a inexistência da importante *win-win situation* ou da vontade das partes para alcançar um acordo podem comprometer, na prática, a utilização de mecanismos de resolução de conflitos como a mediação no Desporto[976].

[974] Cfr. Christopher Newmark, «Is mediation effective for resolving sports disputes?», p. 37.

[975] Cfr., em sentido idêntico, Christopher Newmark, «Is mediation effective for resolving sports disputes?», pp. 37 e 38.

[976] Cfr., sobre o caso, Christopher Newmark, «Is mediation effective for resolving sports disputes?», p. 39. Em sentido próximo ao defendido no texto, denotando precisamente que

Esta constatação não impede, porém, que seja possível identificar um espaço onde a mediação possa efectivamente ser útil: *naquelas relações contratuais em que, embora estejam envolvidos agentes desportivos ou se encontrem de algum modo relacionadas com a prática desportiva, não têm qualquer autonomia em relação a qualquer conflito clássico no Direito contratual.* Deste modo, ainda que tenham uma relação com Desporto, estes não colocam problemas de maior, nem especificidades que impeçam o recurso à mediação. Os exemplos que, entre outros, comprovam esta realidade são, portanto, os conflitos que resultem de um contrato de patrocínio desportivo (celebrado entre o competidor e o patrocinador) ou conflitos que derivem de contratos celebrados entre, por exemplo, entre o atleta e o seu agente desportivo. Existe, nestes casos, inclusivamente uma importante função da mediação: a preservação das relações contratuais entre as partes[977].

3.3. A mediação no Direito Administrativo: considerações gerais

Nos conflitos desportivos de Direito Administrativo as dificuldades não se reduzem à inadequação da sua resolução através de mecanismos informais como a mediação. A questão pode colocar-se, designadamente, numa problemática mais ampla e que se relaciona com a possibilidade de existir mediação no Direito Administrativo. É esta questão que exploramos de seguida. Deixemos, no entanto, três notas prévias. Em primeiro lugar, no Direito Administrativo são recorrentemente enunciados dois momentos nos quais pode ser ponderada a utilização deste mecanismo de resolução de conflitos: (i) *no procedimento administrativo*; (ii) *no processo administrativo*[978], com problemas diferenciados. Em segundo lugar, a noção de mediação

a mediação exige um compromisso e uma vontade em resolver o conflito, IAN BLACKSHAW, «Mediating Sports Disputes», p. 13.

[977] Um desses exemplos de sucesso é precisamente aquele conflito contratual que opôs, em 1999, o boxista Richie Woodhall e o seu promotor de eventos Frank Warren. Na verdade, em momento anterior à submissão do conflito à mediação, existia uma certa animosidade entre as partes que culminou inclusivamente numa altercação na televisão e nos jornais. Em quatro dias, com o procedimento de mediação, as partes chegaram a acordo e acabaram por preservar as relações contratuais. Sobre este caso e no sentido defendido no texto, cfr. CHRISTOPHER NEWMARK, «Is mediation effective for resolving sports disputes?», p. 39 e, igualmente, IAN BLACKSHAW, «Mediating Sports Disputes», p.14 e, do mesmo autor, «Modern Sporting settlements», p. 3.

[978] Cfr., a síntese, de EBERHARD SCHMIDT-ASSMANN, «Die Bedeutung von Verhandlungslösungen im Verwaltungsrecht», pp. 246 e 247. Em sentido idêntico, para o Direito francês, BENJAMIN BOUMAKANI, «La médiation dans la vie administrative», pp. 863 e ss.

administrativa pode, nos termos apresentados, não coincidir necessariamente com aquela que existe noutros ramos de Direito. Desde logo, porque nem sempre consubstancia uma forma de resolução de conflitos *tout court*, mas, pelo contrário, um mecanismo de participação dos particulares nos procedimentos administrativos. Por outro lado, os mecanismos de intervenção de um terceiro podem implicar amplos poderes de recomendação. A mediação é, nestes casos, no âmbito do procedimento administrativo, tomada numa acepção *aparente*, pelo que, num sentido rigoroso, não pode ser, em regra, reconduzida à noção clássica de mediação[979]. Em terceiro lugar, existe, em todo o caso, uma dificuldade prévia a estas duas conjunturas (*procedimental* e *processual*) de implementação da mediação que se encontra relacionada com a *posição de supremacia*[980] que a Administração tem, desde logo no exercício de poderes de autoridade, em relação aos particulares enquanto parte contrária em qualquer processo de mediação que a envolva.

Avaliando o problema no *plano procedimental*, parece pertinente avaliar se existem ou não nas mais diversas determinações legais, formas de resolução de conflitos que possam ser reconduzíveis a mecanismos de resolução de conflitos assentes em mediação. É certo que não existe nenhuma determinação expressa a consagrar a mediação no Direito Administrativo, mas a possibilidade de recurso à mediação pode ser encontrada, em particular, em diversas disposições legais.

Em primeiro lugar, é importante ter presente que a Lei da Mediação não parece excluir do seu âmbito de aplicação a existência de uma mediação no Direito Administrativo, desde logo, porque estabelece os princípios «aplicáveis a todas as mediações realizadas em Portugal, independentemente da natureza do litígio que seja objeto de mediação»[981].

Em segundo lugar, ao contrário do que se poderia pensar, a possibilidade legal do recurso a mecanismos de mediação pode encontrar-se em três disposições do CPA. Com a instituição de formas de simplificação

[979] Cfr., por exemplo e neste sentido, referindo-se à possibilidade de o procedimento administrativo poder demonstrar elementos mediativos, não parece poder falar-se aqui em mediação em sentido estrito, ALBERT VON MUTIUS, «Verwaltungsmediation», p. 125.

[980] Para uma apreciação crítica sobre a posição de supremacia da Administração, cfr., recentemente, MIGUEL PRATA ROQUE, *A Dimensão Transnacional do Direito Administrativo*, pp. 331 e ss.

[981] Cfr. o artigo 3º da Lei da Mediação. Em sentido idêntico ao defendido no texto, admitindo a possibilidade de poder ser aplicável à mediação no Direito Administrativo, cfr. DULCE LOPES e AFONSO PATRÃO, *Lei da Mediação Comentada*, p. 24.

administrativa[982], favorecendo mecanismos de participação dos particulares, expressamente previstos no artigo 57º do CPA respeitante aos *acordos procedimentais*, quando conjugado também com o *princípio da adequação procedimental* previsto no artigo 56º do CPA, o legislador indicia que podem existir mecanismos informais com a participação de terceiros. No entanto, a fonte última da previsão de mecanismos de mediação no procedimento administrativo pode ser retirada da disposição do artigo 12º do CPA, na qual se estabelece que «[o]s órgãos da Administração Pública devem assegurar a participação dos particulares (...) na formação das decisões que lhes digam respeito, designadamente através da respe[c]tiva audiência (...)»[983].

É, por um lado, oportuno deixar claro que estas disposições só serão fonte de mecanismos de mediação no Direito Administrativo quando existir um terceiro imparcial que *auxilie* as partes a alcançar um acordo sobre o sentido decisório da Administração. Nos restantes casos, não se poderá aqui falar de uma *autêntica mediação*. O comumente indicado exemplo do Provedor de Justiça é, neste contexto, sugestivo. É certo que existe, neste caso, um terceiro que pode ajudar a alcançar uma solução para determinados conflitos, no entanto, o Provedor de Justiça tem, entre outras atribuições, como função «a defesa e promoção dos direitos, liberdades, garantias e interesses legítimos dos cidadãos, assegurando, através de meios informais, a justiça e a legalidade do exercício dos poderes públicos»[984], pelo que não pode, portanto, como ser qualificado como um mediador[985], uma vez que defende primacialmente os particulares, colidindo com a neutralidade exigida ao mediador. Com efeito, o papel do Provedor de Justiça no Direito Administrativo é, por certo, reconduzido a uma *função moderadora* entre

[982] Cfr., por todos, MARTA PORTOCARRERO, *Modelos de Simplificação Administrativa. A conferência procedimental e a concentração de competências e procedimentos no Direito Administrativo*, pp. 15 e ss.

[983] Sobre uma base jurídica idêntica para a «mediação» no procedimento administrativo no artigo 9º do Código de Procedimento Administrativo alemão (*Verwaltungsverfahrensgesetz*), cfr., entre tantos outros, KNACK/HENNEKE, *Verwaltungsverfahrensgesetz*, 10º Edição, pp. 247 e ss.

[984] Cfr. o artigo 1º do Estatuto do Provedor de Justiça (Lei nº 9/91, de 9 de Abril, alterada pela Lei nº 30/96, de 14 de Agosto, Lei nº 52-A/2005, de 10 de Outubro e a Lei nº 17/2013, de 18 de Fevereiro).

[985] Embora não tomando posição, CARLA AMADO GOMES qualifica a actividade do Provedor de Justiça como uma «mediação social», chegando inclusivamente a afirmar que aquele desempenha um «papel fiscalizador e conciliador». Cfr. «Mediação e Arbitragem Administrativa e Direito do Ambiente: qualquer semelhança é mera coincidência?», p. 217.

as partes, mas apresenta, no desempenho desta competência, um aspecto decisivo que deve ser reconduzido a uma função de *fiscalização*. O primeiro aspecto não deve ser negligenciado, uma vez que no Direito Administrativo é, em suma, determinante – como noutros ramos de Direito – que um mediador proporcione o acordo entre as partes[986] (mas que, acima de tudo, não assuma uma função de defesa de uma das partes).

Por outro lado, deve-se mencionar que a problemática envolvendo a mediação no procedimento administrativo tem sido caracterizada pela doutrina essencialmente como uma actividade informal da administração[987]. Por conseguinte, a solução alcançada entre a Administração e os particulares no procedimento administrativo e no âmbito de um processo de mediação convocaria, assim, os mesmos problemas que envolvem a actividade informal da Administração, pelo que, em particular, se colocaria, deste modo, o problema de saber se os acordos celebrados no âmbito do procedimento administrativo podem ou não vincular juridicamente a Administração na sua decisão final no âmbito de um procedimento administrativo[988].

Por último, merece também destaque a controvérsia envolvendo conflitos administrativos multipolares, uma vez que nestas situações é, ainda, indispensável – face à relatividade dos contratos – que os contra-interessados celebrem livremente também a convenção de mediação e, deste modo, se disponham (querendo) a resolver os conflitos com a Administração para que os efeitos decorrentes do acordo obtido no processo de mediação possam produzir efeitos na esfera jurídica daqueles[989].

[986] Cfr. MICHAEL FEHLING, «Informales Verwaltungshandeln», p. 1356.

[987] Cfr., por exemplo, MICHAEL FEHLING, «Informales Verwaltungshandeln», pp. 1356 e ss.

[988] Sobre esta questão a doutrina é abrangente, fixando-nos somente entre nós, cfr. CARLA AMADO GOMES e SANDRA LOPES LUÍS, «O dom da obiquidade administrativa: reflexões sobre a actividade administrativa informal», pp. 535 e ss., PEDRO LOMBA, «Problemas da Actividade Administrativa Informal», pp. 818 e ss., PEDRO MACHETE, «As actuações informais da administração, em especial a difusão de informações e a defesa do Estado de Direito democrático», pp. 625 e ss. e PEDRO GONÇALVES, «Advertências da Administração Pública», pp. 723 e ss.

[989] Sobre esta questão, v., por todos, MARKUS KALTENBORN, *Streitvermeidung und Streitbeilegung im Verwaltungsrecht*, pp. 267 e ss. A solução que ponderamos é idêntica à que existe no Direito Administrativo para a celebração de convenções de arbitragem pela Administração Pública com os particulares, cfr. o artigo 180º, nº 2, do CPTA. Questionando esta possibilidade, CARLA AMADO GOMES, «Mediação e Arbitragem Administrativa e Direito do Ambiente: qualquer semelhança é mera coincidência?», p. 212.

Em relação à *dimensão processual* da mediação no Direito Administrativo[990] também não parecem existir dúvidas no que respeita à inexistência de objecções legais do recurso das partes à mediação. Na verdade, o CPTA revela abertura legal para admitir a mediação no Direito Administrativo. Em primeiro lugar, com a aprovação do novo CPTA estabeleceu-se a possibilidade de poder, quando a causa estiver no «âmbito de disposição as partes» – em qualquer fase do processo administrativo – existir uma tentativa de mediação ou de conciliação (pelo juiz)[991], desde que as partes requeiram ou o juiz considere «oportuno» (cfr. o artigo 87º-C, nº 1 e 2, do CPTA). Numa solução algo paternalista, a menção à oportunidade do juiz parece deixar em aberto a possibilidade de existir uma espécie de mediação processual obrigatória, sendo, em todo o caso, necessário que o legislador acautele a possibilidade de a inexistência de um acordo entre as partes não implique qualquer desvantagem para estas.

Em segundo lugar, a solução para a admissibilidade da mediação no processo administrativo também pode ser encontrada no CPC, desde logo, pela aplicação subsidiária daquele às normas processuais administrativas (cfr. o artigo 1º do CPTA). Com efeito, aplicando-se subsidiariamente o artigo 273º do CPC, deve entender-se que «[e]m qualquer estado da causa, e sempre que o entenda conveniente, o juiz pode determinar a remessa do processo para mediação, suspendendo a instância, salvo quando alguma das partes expressamente se opuser a tal remessa»[992] e, por outro lado, que as partes possam «(...) em conjunto, optar por resolver o litígio por mediação, acordando na suspensão da instância (...)»[993] [994].

[990] A mediação distingue-se da conciliação, desde logo, porque esta última deve ser compreendida «como o processo em que as partes são auxiliadas por um terceiro a encontrar uma solução para o seu litígio, sempre que esse terceiro tenha posterior poder de decisão». Cfr., neste sentido, Joana Paixão Campos, *A Conciliação Judicial*, p. 14. Sobre a distinção entre a mediação e a conciliação, cfr., entre outros, Jordi Nieva-Fenoll, «Mediazione: un'alternativa ragionevole al processo?», pp. 1327 e ss. e Carmine Punzi, «Mediazione e conciliazione», pp. 845 e ss.

[991] Nos termos do artigo 87º-C, nº 3, do CPTA, o juiz conciliador «deve empenhar-se activamente na obtenção da solução mais adequada aos termos do litígio».

[992] Cfr. o artigo 273º, nº 1, do CPC.

[993] Cfr. o artigo 273º, nº 2, do CPC.

[994] Admitindo uma solução idêntica para o Direito alemão, por intermédio da remissão das regras previstas no § 173 do Código de Processo nos Tribunais Administrativo alemão para a norma do § 278a, nº 1, do Código Processo Civil muito idêntica ao artigo 273º do CPC, ao estabelecer que «[o] tribunal pode propor às partes um processo de mediação ou outro de

Esta abertura à mediação no Direito Administrativo na pendência de um processo coloca, porém, algumas dúvidas. Desde logo, coloca-se a questão de saber se a mediação poderá caber ao juiz que irá decidir a causa ou se, pelo contrário, poderá caber somente a um terceiro que, na pendência de uma acção judicial, irá auxiliar as partes a alcançar um acordo sobre a matéria controvertida. Por outro lado, enquanto não existir um regime específico para a mediação administrativa[995], serão aplicáveis os princípios previstos nos artigos 3º e ss. da Lei da Mediação, exigindo-se, portanto, que a mediação no Direito Administrativo seja regida pelo *princípio da voluntariedade da mediação* (artigo 4º), pelo *princípio da confidencialidade do processo de mediação* (artigo 5º), pelo *princípio da igualdade e da imparcialidade do mediador* (artigo 6º), pelo *princípio da independência do mediador* (artigo 7º), pelo *princípio da competência e da responsabilidade do mediador* (artigo 8º).

Mais controversa é a discussão em torno de saber se, no Direito Administrativo, será plausível a existência de força executiva dos acordos obtidos em processos de mediação sem ser necessária a homologação judicial, aplicando-se, portanto, o *princípio da executoriedade* (artigo 9º)[996]. Um último problema – que ocorre, desde logo, na mediação no procedimento administrativo[997] – diz respeito ao evidente controlo jurisdicional a que a Administração deve submeter-se em virtude de expressa imposição constitucional (artigo 268º, nº 4, da CRP).

resolução de conflitos extrajudiciais». Cfr. Jakob Nolte, *Die Eigenart des verwaltungsgerichtlichen Rechtsschutzes*, p. 539. Em sentido idêntico, Roland Fritz e Dietrich Pielsticker, *Mediationsgesetz*, pp. 499 e ss.

[995] Cfr. o artigo 87º-C do CPTA que consagra expressamente que a mediação no Direito Administrativo será regulada por um diploma próprio.

[996] Nos termos do artigo 9º, nº 1, da Lei da Mediação, terá «força executiva, sem necessidade de homologação judicial, o acordo de mediação: a) Que diga respeito a litígio que possa ser obje[c]to de mediação e para o qual a lei não exija homologação judicial; b) Em que as partes tenham capacidade para a sua celebração; c) Obtido por via de mediação realizada nos termos legalmente previstos; d) Cujo conteúdo não viole a ordem pública; e e) Em que tenha participado mediador de conflitos inscrito na lista de mediadores de conflitos organizada pelo Ministério da Justiça».

[997] Na verdade, relativamente à mediação realizada no processo administrativo, embora não seja inteiramente inequívoco, do artigo 273º, nº 5, do CPC deve extrair-se que: «[a]lcançando-se acordo na mediação, o mesmo é remetido a tribunal, preferencialmente por via eletrónica, seguindo os termos definidos na lei para a homologação dos acordos de mediação». Parece estar, deste modo, garantida a homologação judicial dos acordos obtidos num processo de mediação.

Esta questão está conexa com a confidencialidade do processo de mediação. A verdade é que se a Administração celebrar um acordo (confidencial) na pendência de um processo de mediação existe um risco real de que determinados contra-interessados (que não participaram naquele processo) possam nem sequer conhecer ou avaliar as potenciais lesões das suas posições jurídico subjectivas.

Com efeito, uma solução para ultrapassar esta dificuldade pode ser a consagração da necessidade de homologação do acordo de mediação por um juiz[998], mas também, sob pena de sérias dúvidas relativas à sua constitucionalidade por violação do direito fundamental à tutela jurisdicional efectiva, da expressa previsão de um controlo jurisdicional *a posteriori* acessível a todos aqueles que, embora não participando (ainda que por opção expressa) no processo de mediação[999], possam ser atingidos na sua posição jurídica pela prática (ou omissão) de actos administrativos da Administração na decorrência da celebração de um acordo no processo de mediação.

3.4. A mediação no Direito Administrativo e as partes mais fracas: o exemplo do Desporto

Em todo o caso, o macro-tema que, a este respeito, merece ser discutido – e é precisamente o objectivo primordial de análise –, está relacionado com a questão de saber como proteger a *parte mais fraca* de circunstâncias em que as federações desportivas, no exercício de poderes públicos, possam, por um lado, socorrer-se de um maior experiência jurídica do que as partes contrárias (os agentes desportivos) e, por outro lado, por intermédio de meios de pressão *coagir* ou *induzir* os particulares a aceitarem uma solução desvantajosa por via da resolução do conflito através da mediação[1000], bene-

[998] Por este motivo, discordamos, assim, da solução proposta, transpondo – sem mais – a solução do artigo 9º da Lei da Mediação, por ANA CELESTE CARVALHO, ao admitir que o acordo de mediação possa consubstanciar, desde logo e em certas situações, um título executivo sem necessidade de homologação judicial. Cfr. «A mediação em matéria administrativa: uma possibilidade com futuro», p. 12.

[999] A verdade é que não existe nenhuma obrigação de participação dos particulares num processo de mediação. Em qualquer dos casos, não participando no processo de mediação, um particular que seja afectado pela decisão administrativa que resulta de um acordo num processo de mediação preserva os plenos direitos, entre estes, a possibilidade de impugnação das actuações administrativas da Administração. Neste sentido, cfr., por todos, HERMANN PÜNDER, «Verwaltungsverfahren», p. 582.

[1000] Alertando para a actividade informal da Administração pode situar-se numa relação de poder que simultaneamente permite a existência de condições para que, no âmbito de

ficiando quem exerce poderes públicos de uma posição de supremacia (que decorre do posição que ocupa no Direito material) também no decurso do processo de *negociação* (com efeitos processuais) com os mesmos.

Com efeito, é determinante reconhecer que a mediação assenta, acima de tudo, numa simbiose entre a autonomia e a cooperação das partes, permitindo-se, assim, uma optimização de interesses destas. A autonomia manifesta-se no fundamento consensual resultante de uma opção livre e esclarecida das partes que permite qualificar a mediação como um mecanismo de resolução de conflitos que pertence às partes (*empowerment*). A cooperação determina-se, por sua vez, pela predisposição das partes para um diálogo que permita avaliar e influenciar os interesses da parte contrária (*recognition*)[1001].

Por outro lado, esta circunstância deriva do facto de o consensualismo entre os intervenientes no processo de mediação poder ser afectado em situações de forte desigualdade estrutural entre os mesmos – como sucede na regulação da competição desportiva –, uma vez que uma das partes em conflito pode induzir a outra a celebrar um acordo deveras desvantajoso, sendo que nestas situações existe o risco real de não ser possível falar num processo de partes ou numa *win-win situation*, mas num mero «ditame da parte mais forte»[1002].

A questão é que a mediação tem como importante função a satisfação dos interesses de ambas as partes e não única e exclusivamente de uma delas. Deste modo, a partir do momento em que uma das partes em conflito utiliza a sua posição de superioridade no Direito material para fundar um poder de negociação que permite uma imposição da sua vontade, fica frus-

situações jurídicas cooperativas, a Administração pressione os particulares a adoptarem uma conduta aparente ser «livre e esclarecida», mas que os induz numa solução incompatível com a equidade no procedimento administrativo. Cfr. Wolfgang Hoffmann-Riem, «Selbstbindung der Verwaltung», pp. 203 e ss. e, em particular, a pp. 210 e 211. Especificamente anunciando como problemática a desigualdade estrutural entre as partes no Direito Administrativo, cfr. Ines Härtel, «Mediation im Verwaltungsrecht», p. 755.

[1001] Cfr. sobre estas duas características, por todos, Robert A. Baruch Bush e Joseph P. Folger, *The Promise of Mediation*, p. 22. Como reconhece justamente Mariana França Gouveia, *Curso de Resolução* Alternativa de Litígios, 3ª Edição, p. 51, «[u]ma mediação em que as partes não estejam no centro da discussão e da iniciativa não será verdadeira. E mesmo tendo sucesso, este poderá ser meramente aparente. O acordo resultante da mediação tem de vir das partes e estas têm de aderir-lhe plena e convictamente».

[1002] Cfr. Felix Wendenburg, *Der Schutz der schwächeren Partei in der Mediation*, p. 47.

trado todo o potencial que existe num mecanismo de resolução de conflitos como a mediação[1003].

Na verdade, com a celebração do acordo de mediação, impede-se, em regra, uma reapreciação do conflito por um tribunal, existindo, pelo contrário, e em condições excepcionais, um controlo judicial meramente formal do acordo obtido na sequência de um processo de mediação[1004]. Por outro lado, as partes em conflito, não encontram na mediação uma protecção formal idêntica à que existe nos tribunais[1005], desde logo, pela sua evidente informalidade[1006] que permite uma determinação exclusiva pelas partes dos termos do acordo obtido para conciliar os seus interesses[1007]. Em consonância, ao contrário da solução jurídica do caso por um tribunal, na mediação as partes podem, em regra, afastar-se de uma resolução do conflito tal como seria – embora esta situação seja mais recorrente no Direito Privado do que no Direito Público – concluída por uma aplicação estrita do Direito material (desde que esta seja evidentemente legal), de modo a que possam satisfazer um interesse específico[1008].

[1003] Denunciando precisamente a desigualdade das partes como fraqueza da justiça informal, cfr. RICHARD L. ABEL, «Introduction», p. 5, MICHAEL COYLE, «Defending the Weak and Fighting Unfairness: Can Mediators Respond to the Challenge?», pp. 625 e ss. e

[1004] A homologação judicial é, portanto, a excepção, uma vez que a Lei da Mediação consagra no artigo 9º nº 1 a regra da executoriedade dos acordos obtidos em mediação.

[1005] Cfr., neste sentido, KENT E. MENZEL, «Judging the Fairness of Mediation: A Critical Framework», p. 5.

[1006] A informalidade deve na mediação ser precisamente encarada como uma forma de reforçar a democraticidade, participação e, em particular, da autonomia dos cidadãos em relação à estrutura de justiça estadual e não como um meio de superioridade de uma parte em relação a outra, cfr. sobre esta característica da informalidade na mediação, ANDREW WOOLFORD e R. S. RATNER, *Informal Reckonings*, p. 12.

[1007] Sobre a distinção entre a posição jurídica das partes e os seus interesses, cfr., por todos, ROGER FISHER, WILLIAM URY e BRUCE PATTON, *Getting to Yes*, 2ª Edição, pp. 40 e ss.

[1008] Com efeito, é comum dizer-se que a mediação tem uma preocupação com o futuro, enquanto, por outro lado, os tribunais têm como função avaliar a solução jurídica dos factos passados. A mediação tem, portanto, como função a preservação dos interesses e, consequentemente, das relações pessoais das partes em conflito. Cfr. sobre as diferenças da abordagem à solução do conflito consoante seja resolvido por um tribunal ou pelas partes por intermédio de mediação, por todos, GÜNTER HAGER, *Konflikt und Konsens*, pp. 40 e ss. Esta circunstância pode, com efeito, ter um efeito perverso na resolução do conflito por intermédio de mediação, uma vez que existe o perigo de a parte mais forte poder utilizar a sua posição para que a parte mais fraca abdique do quadro jurídico e dos mecanismos compensatórios que a protegem num tribunal. Sobre a questão, cfr. FELIX WENDENBURG, *Der Schutz der schwächeren Partei in der Mediation*, p. 54.

Neste contexto, deve-se mencionar que também não é despiciendo considerar que os agentes desportivos serão, em regra, menos esclarecidos em termos jurídicos[1009] do que as federações desportivas, na medida em que não terão, em geral, um conhecimento jurídico tão aprofundado (as federações desportivas podem obtê-lo através dos órgãos de resolução de conflitos internos ou, no limite, através do serviço de consulta do TAD que se encontra expressamente previsto somente para o associativismo desportivo).

Acresce, por outro lado, que as federações desportivas são, em regra, nos conflitos que lhes dizem respeito *repeat players* e os agentes desportivos *one shooters*[1010]. Os primeiros podem, em virtude da recorrente litigiosidade que enfrentam, criar padrões de conduta que permitam ganhar uma vantagem relativamente aos limites e à panóplia de opções que derivem do Direito material aplicável, podendo, portanto, também delimitar a sua conduta no plano processual de acordo com um conhecimento jurídico acrescido face aos agentes desportivos que, por sua vez, se encontram ocasionalmente numa situação conflituosa. Deste modo, os *repeat players* acentuam a sua posição de superioridade no decurso do processo de mediação[1011].

Em todo o caso, face à importância dos efeitos jurisdicionais que se retiram da celebração de um acordo de mediação, as referidas circunstâncias tornam inevitáveis as preocupações em proteger as partes mais vulneráveis através de mecanismos jurídicos. Não se trata, porém, de ignorarmos que existem, no plano do Direito material, situações em que existe desigualdade entre as partes[1012]. A questão está, na verdade, relacionada com a transposição para o plano do processo de mediação de mecanismos compensatórios que permitam atenuar – em especial, em casos extremos como

[1009] Denotando precisamente que o conhecimento (em geral) é fonte de poder na mediação, cfr. ROGER FISHER, «Negotiating Power», p. 154.

[1010] A distinção popularizada por MARC GALANTER permite, em síntese, considerar que os *repeat players* são as partes que se encontram numa situação em que, por razões diferenciadas, são confrontadas recorrentemente com contextos conflituosos e que, por outro lado, os *one shooters* são as partes que lidam ocasionalmente com a resolução de um conflito. Cfr. «Why the "Haves" Come out Ahead: Speculations on the Limits of Legal Change», p. 97.

[1011] Sobre esta questão, cfr., por todos, FELIX WENDENBURG, «Zum Umgang mit Machtungleichgewichten in der Mediation», pp. 45 e ss.

[1012] Com efeito, o que se exige é uma «relativa paridade» no processo de mediação, cfr., nestes termos, JUDITH L. MAUTE, «Public Values and Private Justice: A Case For Mediator Accountability», p. 526.

no exercício de poderes de autoridade – a desigualdade das partes quando o consenso entre elas implicar efeitos processuais[1013].

Com efeito, no contexto descrito e em situações em que é possível identificar uma desigualdade de uma das partes em relação a outra, parece reunir consenso na doutrina que existe um risco no recurso à mediação para a posição jurídica da *parte mais fraca*[1014]. A opção mais radical passa por, de forma preventiva, proibir simplesmente o recurso à mediação nestas situações (como aquela que ocorre no Direito Público do Desporto em Portugal)[1015]. Esta não é, porém, a única opção para salvaguardar a igualdade das partes. A existência de uma *desigualdade estrutural* entre as partes pode, em bom rigor, ser compensada por mecanismos que permitam – no âmbito do processo de mediação – restaurar, pelo menos, algum equilíbrio entre as partes.

[1013] Conforme sintetiza, embora referindo-se ao Direito Privado, FELIX WENDENBURG, a desigualdade estrutural acentua-se pela existência de um «monopólio bilateral» entre as partes conflituantes, o qual se manifesta na imperatividade da resolução do conflito entre estas, gerando, por outro lado, um acentuar da «situação de excepção emocional» que pressiona a parte mais fraca a resolver com rapidez o conflito que a opõe à parte contrária, sob pena de perpetuar as consequências negativas que advêm da manutenção do conflito. Cfr. «Zum Umgang mit Machtungleichgewichten in der Mediation», pp. 39 e 40. Com efeito, a pressão em alcançar um acordo que deste contexto deriva torna evidente um perigo de trocar a justiça entre as partes por uma (aparente) harmonia e da paz social, sobre esta *harmony ideology*, cfr. LAURA NADER, «Controlling Processes in the Practice of Law: Hierarchy and Pacification in the Movement to Re-Form Dispute Ideology», pp. 3 e ss.

[1014] Cfr., entre outros, LEONARD L. RISKIN, «Mediation and Lawyers», pp. 34 e 35, HARRY T. EDWARDS, «Alternative Dispute Resolution: Panacea or Anathema», p. 679, JUDITH L. MAUTE, «Public Values and Private Justice: A Case For Mediator Accountability», pp. 503 e 526, MICHAEL COYLE, «Defending the Weak and Fighting Unfairness: Can Mediators Respond to the Challenge?», pp. 625 e ss., ILAN G. GEWURZ, «(Re)Designing Mediation to Address the Nuances of Power Imbalance», pp. 135 e ss., em particular, p. 151, MARK DAVIDHEISER, «Harmony, Peacemaking, and Power», p. 282, ROBERT A. BARUCH BUSH e JOSEPH P. FOLGER, *The Promise of Mediation*, p. 21, INGMAR GEIGER, *Industrielle Verhandlungen*, pp. 101 e 102 e FELIX WENDENBURG, *Der Schutz der schwächeren Partei in der Mediation*, 2013, pp. 46 e ss. e, especialmente, p. 95.

[1015] Admitindo a bondade da solução, cfr. ALEXANDRE MIGUEL MESTRE, «Mediação: um "Parente Pobre" no Novo Tribunal Arbitral do Desporto», pp. 84 e 85. Em sentido contrário, reclamando uma abertura à mediação também no âmbito dos conflitos de Direito Público, cfr. ANA CELESTE CARVALHO, «Justiça Federativa e Tribunal Arbitral do Desporto», pp. 52 e 53.

3.5. Os mecanismos de protecção da parte mais fraca na mediação dos conflitos desportivos de Direito Administrativo: avaliação crítica da solução da LTAD

Tendo constatado, em primeiro lugar, que a mediação é um instrumento pouco utilizado nos conflitos desportivos que são tradicionalmente associados no nosso ordenamento aos conflitos desportivos de Direito Público, podia retirar-se a conclusão (embora apressada) de que a solução legal de vedar estes conflitos de poderem ser resolvidos por intermédio de mediação se assume como uma única opção razoável.

Por outro lado, reconhecendo a necessidade de proteger as *partes mais vulneráveis* no processo de mediação, também seria uma conclusão evidente que vedar o recurso à mediação nestes casos poderia ser uma possibilidade adequada. Neste contexto, importa, no entanto, ter presente que, por um lado, em virtude das aberturas legais existentes no Direito Administrativo relativas à implementação da mediação e, por outro lado, na decorrência das potencialidades da mediação para a resolução de conflitos no Direito Administrativo, nos parece ser indispensável discutir a existência de outras possibilidades de protecção da *parte mais fraca* que, por sua vez, possam, porventura, evitar a inutilização de um mecanismo que já demonstrou ser adequado para a resolução de conflitos no Direito Privado e, por vezes, também no Direito Público.

A verdade é que – exceptuando a solução que aplica em bloco a mediação tal como se encontra prevista, em regra, no Direito Privado e sem qualquer mecanismo compensatório[1016] – muitas são as opções legais que

[1016] Esta solução, embora propugnada por alguns autores, assenta em dois postulados: (i) num receio de uma juridificação da mediação; (ii) na adequação da mediação para relativizar a desigualdade entre as partes. Na primeira hipótese, os autores entendem que a criação de mecanismos legais compensatórios implica uma destruição de um edifício basilar da mediação (a informalidade), denotando, portanto, perigos evidentes para a informalidade deste mecanismo, limitando, assim, a autonomia das partes (cfr., por exemplo, Carrie Menkel-Meadow, «Pursuing Settlement in an Adversary Culture», p. 1 e, em particular, pp. 13 e ss.) Na segunda hipótese, invoca-se o facto de a mediação ser uma alternativa efectiva em relação aos tribunais estaduais, assumindo-se, portanto, a mediação como um meio apto a resolver todo e qualquer conflito (cfr., entre outros, Bernhard Mayer, «The Dynamics of Power in Mediation and Negotiation», p. 84). Em todo o caso, esta argumentação é facilmente rebatível e passível de críticas, desde logo, porque (i) a juridificação da mediação assume uma mera função de controlo e de protecção; (ii) a existência de um mecanismo eficaz (ou mais eficaz) em relação aos tribunais não consegue dar resposta à questão que envolve a protecção da parte mais fraca. Com efeito, a maior crítica que se pode dirigir a esta solução

permitem assegurar uma solução de compromisso garantindo que as partes ainda têm uma liberdade de escolher entre o recurso à mediação, tentando resolver eficazmente o seus conflitos, mas que ainda assim permitem proteger as partes mais vulneráveis de eventuais abusos da parte contrária. Neste contexto, as soluções para compensar a desigualdade entre as partes são conhecidas e dividem-se, em regra e entre outras[1017], entre (i) estabelecimento de uma obrigação de intervenção do mediador; (ii) a obrigatoriedade de acompanhamento das partes por advogado; (iii) necessidade de um controlo *a posteriori* dos acordos de mediação; (iv) a consagração de um período de arrependimento irrenunciável; (v) vedar a possibilidade de as partes poderem mediar um conflito.

3.5.1. O estabelecimento da obrigação de intervenção do mediador

Na primeira hipótese, os mecanismos para proteger as partes mais fracas consistem numa transferência da responsabilidade de protecção para o próprio mediador. A intervenção do mediador no processo de mediação deveria, assim, encontrar-se justificada pela necessidade de corrigir a desigualdade entre as partes. Neste sentido, argumenta-se que só a existência de uma igualdade entre as partes permite um ponto de partida indispensável para qualquer negociação saudável[1018]. Em todo o caso, independentemente de ser possível discutir de que forma poderá o mediador poderá proteger a parte mais fraca, parece evidente que esta solução apresenta uma fragilidade argumentativa que se manifesta em dois aspectos: (i) na tensão da intervenção do mediador para proteger uma das partes com a necessária exigência de independência e imparcialidade do mediador em relação aos mediados[1019]; (ii) na redução da autonomia das partes que passam a depender de

é precisamente que ignora por completo a necessidade e a possibilidade de evitar que situações de desigualdade desvirtuem a essência da mediação. Cfr., com indicações, Felix Wendenburg, *Der Schutz der schwächeren Partei in der Mediation*, pp. 243 e ss.

[1017] Para um elenco exaustivo do prováveis mecanismos de compensação da desigualdade entre as partes, cfr. Felix Wendenburg, *Der Schutz der schwächeren Partei in der Mediation*, pp. 239 e ss.

[1018] Cfr., por exemplo, Robert S. Adler e Elliot M. Silverstein, «When David Meets Goliath: Dealing with Power Differentials in Negotiations», p. 18, Scott H. Hughes, «Exploring Power Imbalances in Divorce Mediation», p. 579, Marianne Koschany-Rohbeck, *Praxishandbuch Wirtschaftsmediation*, p. 346 e, parcialmente, admitindo, por vezes, a intervenção do mediador, Klaus Winkler, *Negotiations with Assymetrical Distribution of Power*, p. 149.

[1019] Sobre este dilema, cfr., por todos, Peter Tochtermann, *Die Unabhängigkeit und Unparteilichkeit des Mediators*, pp. 79 e ss.

uma avaliação do mediador sobre se o acordo celebrado se assume como adequado justo face à debilidade de uma das partes[1020].

3.5.2. A obrigatoriedade de acompanhamento das partes por advogado

A segunda hipótese toma em consideração e como ponto de partida as assimetrias existentes entre as partes no tocante à insuficiência de conhecimentos jurídicos de uma delas[1021]. Na verdade, a presença de um advogado numa sessão de mediação permite ultrapassar um deficiente enquadramento jurídico (ou a falta dele) da situação jurídica controvertida das partes mais fracas, de modo a que se alcança, assim, uma forma de compensação que permite restaurar o equilíbrio entre os mediados no plano da negociação que decorre no processo de mediação. Com efeito, a obrigatoriedade de acompanhamento de uma parte no processo de mediação por um advogado permite que os mediados mais vulneráveis tenham uma devida contextualização jurídica das potenciais opções e decisões envolvidas no processo de mediação[1022].

Esta solução tem, todavia, duas debilidades. Em primeiro lugar, a presença obrigatória de um advogado numa sessão de mediação implica – pelo menos para garantir o potencial sucesso desta – que o comportamento deste seja diferente ao que é usual num processo judicial. Na mediação, o advogado deve ter uma mera função de elucidar[1023] as consequências jurí-

[1020] cfr., neste sentido, FELIX WENDENBURG, *Der Schutz der schwächeren Partei in der Mediation*, p. 286. No sentido, de que qualquer intervenção viola acima tudo de tudo a independência e imparcialidade do mediador, uma vez que se encontra aqui em causa uma tensão com a autonomia das partes na resolução do conflito. Cfr. SUSAN NAUSS EXON, «How Can a Mediator Be Both Impartial and Fair», p. 388.

[1021] Em contrapartida, parece óbvio que quando as partes são juridicamente esclarecidas a presença de um advogado pode ser dispensada, cfr. MARIANNE KOSCHANY-ROHBECK, *Praxishandbuch Wirtschaftsmediation*, p. 320.

[1022] Admitindo aparentemente esta hipótese, cfr. JACQUELINE NOLAN-HALEY, «Informed consent in Mediation», pp. 831 e ss. Sobre a importância do advogado na mediação, cfr., por exemplo, CAROL J. KING, «Are Justice and Harmony Mutually Exclusive?», pp. 88 e ss., PETER TOCHTERMANN, *Die Unabhängigkeit und Unparteilichkeit des Mediators*, pp. 81 e 82 e, entre nós, MARIANA FRANÇA GOUVEIA, *Curso de Resolução Alternativa de Litígios*, 3ª Edição, pp. 52 e ss.

[1023] Trata-se, portanto, de uma função meramente consultiva, sobre esta na mediação, cfr., por todos, FRAUKE PRENGEL, *Rolle des juristischen Beraters in der Mediation*, pp. 147 e ss. Conforme justamente afirma MARIANA FRANÇA GOUVEIA, *Curso de Resolução Alternativa de Litígios*, 3ª Edição, pp. 52 e ss., «na mediação não é necessário convencer ninguém quantos aos factos ou o direito: são as partes que têm o papel principal, não o advogado».

dicas de decisões das partes, estudando e demonstrando aos seus mandantes os riscos envolvidos na tomada de decisão que pode culminar um acordo de mediação[1024]. É certo, portanto, que cabe, assim, ainda às partes (mesmo as mais fracas) decidir, em plena autonomia, pelas opções que entendam ser mais vantajosas e de acordo com os seus interesses. Os riscos são, portanto, assumidos pelas partes e não pelos seus mandatários.

Em segundo lugar, embora eficaz do ponto de vista do esclarecimento jurídico das partes, a obrigatoriedade de constituir mandatário no processo de mediação implica, por outro lado, custos acrescidos que podem afastar as partes mais fracas de optar por este mecanismo de resolução de conflitos[1025]. Com efeito, em particular em conflitos de baixo valor ou em que estão meramente em causa conflitos em que existem simples interesses de facto (recorrentes no Direito do Desporto) parece óbvio que a existência de um custo acrescido permite, desde logo, constatar um factor de desincentivo na promoção da mediação como mecanismo de resolução de conflitos.

3.5.3. O controlo posterior à celebração do acordo relativo ao resultado da mediação por um terceiro

Por outro lado, existe também a possibilidade de existir o controlo *ex post* do resultado do acordo de mediação. Esta solução propugna a existência de um reforço de um controlo por um terceiro (que não as partes). A opção tanto pode recair pelo controlo por um juiz ou pelo próprio mediador. Na primeira hipótese (a mais comum), o juiz compara a compatibilidade da solução que as partes alcançaram para o conflito com as normas imperativas. No Direito Administrativo, o princípio da legalidade impõe, em todo o caso, uma solução menos flexível do que é comum no Direito Privado[1026]. Neste sentido, a susceptibilidade de controlo do juiz – ao contrário do que

[1024] Cfr. Felix Wendenburg, *Der Schutz der schwächeren Partei in der Mediation*, p. 296.

[1025] Cfr. Felix Wendenburg, *Der Schutz der schwächeren Partei in der Mediation*, p. 298.

[1026] Como é reconhecido na doutrina, a existência de uma transacção entre as partes na decorrência de um acordo na sequência de um processo de mediação não permite um afastamento do princípio da legalidade, estando a Administração obrigada a respeitar o quadro jurídico por este fixado no que ao acordo que resultada da mediação diz respeito. Cfr., por todos, Markus Kaltenborn, *Streitvermeidung und Streitbeilegung im Verwaltungsrecht*, pp. 151 e ss.

seria evidente no Direito Privado[1027] – deve permitir um controlo de mérito da actividade administrativa vinculada e um controlo formal (do mérito por intermédio dos princípios que norteiam a actividade administrativa) no caso da actividade administrativa discricionária.

No entanto, não se trata aqui somente de uma forma compensatória, mas de um imperativo constitucional decorrente da submissão da Administração aos tribunais (artigo 268º, nº 4 da CRP). Esta circunstância implica, todavia, uma desvantagem: a existência de um controlo jurisdicional posterior à celebração de acordo de mediação pode colocar em causa todo um processo de resolução consensual do conflito e que implicou uma aproximação entre as partes[1028]. É, porém, uma solução necessária que culmina também numa forma de tutela dos contra-interessados que possam não ter participado ou ter tido conhecimento do processo de mediação em curso.

Na segunda hipótese, o controlo do acordo de mediação seria efectuado pelo próprio mediador. Com efeito, o mediador seria, assim, responsável por verificar se o acordo de mediação celebrado entre as partes era ainda um acordo que permitia tutelar a situação jurídica da parte mais fraca. Esta solução paternalista – além de demonstrar as fragilidades que implica o modelo de intervenção do mediador – apresenta duas desvantagens que residem, por um lado, na necessidade de o mediador deter obrigatoriamente conhecimentos jurídicos abrangentes (ou inclusivamente ser jurista) e, por outro lado, de ser responsável pelo controlo da legalidade dos acordos celebrados pelas partes. A primeira desvantagem, embora não seja uma exigência comum[1029], não é determinante para a formulação de um juízo globalmente negativo. Na verdade, em particular no Direito Público, o conhecimento jurídico é importante para que o mediador compreenda o

[1027] Cfr. Felix Wendenburg, *Der Schutz der schwächeren Partei in der Mediation*, p. 305 e ss., admite que – referindo-se ao Direito Privado – o tribunal só possa controlar o acordo das partes em situações extremas, uma vez que o acordo derivou de uma conjuntura de negociação de interesses que aquele não pode avaliar.

[1028] Sobre este e outros efeitos negativos do controlo posterior do resultado do acordo de mediação, cfr. Felix Wendenburg, *Der Schutz der schwächeren Partei in der Mediation*, pp. 307 e ss.

[1029] Sobre a questão, cfr. Jorge Morais Carvalho, «A Consagração Legal da Mediação em Portugal», p. 287.

conflito. Não existe, porém, qualquer exigência legal que implique que os mediadores sejam licenciados em Direito[1030].

Mais problemática é, neste contexto, a própria atribuição da competência ao mediador de modo a que este possa efectuar um controlo da legalidade do acordo. Neste sentido, a atribuição de um poder decisório ao mediador coloca evidentemente em causa (excluindo aqui a concomitante desconformidade com a própria função de mediador) a compatibilidade desta função de controlo (típica no exercício da função jurisdicional) com o direito fundamental à tutela jurisdicional efectiva (cfr. artigo 20º e 268º, nº 4 da CRP), a menos que exista um controlo posterior de um tribunal.

3.5.4. A consagração de um período de arrependimento irrenunciável

Existe ainda uma outra forma tutelar de um modo eficaz a posição da parte mais fraca num processo de mediação: a existência de um período de arrependimento irrenunciável (*non-waivable cooling-off period*). Neste sentido, defende-se que as partes mais fracas gozam, em momento posterior à celebração do acordo de mediação, da possibilidade de optarem unilateralmente por não manter o acordo estabelecido no decurso de um processo de mediação, só podendo aquele produzir efeitos jurídicos decorrido um prazo razoável[1031]. A função deste período de arrependimento irrenunciável consiste no fomento da auto-determinação[1032] das partes mais fracas que podem, num período razoável, ponderar e avaliar os riscos relativos à celebração de um determinado acordo. Esta solução apresenta, desde logo, uma vantagem evidente que reside na fraca intervenção legal no que respeita ao processo de negociação do acordo das partes, permitindo, assim, que estas possam celebrá-lo sem interferências externas, tendo poucas limitações legais no processo de formação do acordo, mas que, no entanto, consegue garantir uma protecção adequada da parte mais fraca[1033].

[1030] No entanto, numa solução recente, na resolução de conflitos de Direito do Consumo exige-se que o mediador tenha alguns conhecimentos jurídicos, cfr. o artigo 7º, nº 1, da Lei nº 144/2015, de 8 de Setembro.

[1031] Sobre esta aplicação de um *non-waivable cooling off period* à mediação, cfr., por todos, Nancy A. Welsh, «The Thinning Vision of Self-Determination in Court-Connected Mediation: The Inevitable Price of Institutionalization?», pp. 84 e ss.

[1032] Cfr. Nancy A. Welsh, «Reconciling Self-determination, Coercion, and Settlement in Court-Connected Mediation», pp. 436 e ss.

[1033] Segundo Felix Wendenburg, esta seria a única solução para assegurar a autonomia das partes no recurso à mediação, propondo, portanto, que nas situações de desigualdade estrutural exista uma protecção através de um período de arrependimento de uma dimensão

3.5.5. A preclusão legal da mediabilidade de conflitos envolvendo partes mais vulneráveis: apreciação crítica e posição adoptada

Pelo excurso sobre as diversas soluções, facilmente se percebe que entendemos que negar a mediabilidade de determinados conflitos deve ser uma solução extrema que só deve ser usada quando não existam outras formas adequadas de proteger as partes vulneráveis[1034]. Esta necessidade cresce, portanto, consoante a intensidade de desigualdade de poder existente entre as partes em conflito e em virtude da posição de poder que as federações desportivas ocupam na regulação da competição desportiva, ainda que a solução legal se manifeste numa medida conservadora e prudente em relação aos conflitos desportivos, esta é justificada.

Importa, neste contexto, perceber que, por um lado, se trata de uma solução que reconhece que a consagração de uma abertura à mediação no plano processual pode ser pouco relevante na prática e comporta – em especial, numa fase inicial da implementação de um novo sistema de resolução de conflitos – riscos para os agentes desportivos que podem ser evitados.

Neste sentido, e retomando conclusões relativamente ao objecto da dissertação, parece ser possível afirmar que a mediação em sentido estrito[1035] não é ainda – no quadro legal instituído – uma forma de autónoma de resolução de conflitos desportivos no Direito Público em Portugal. No entanto, parece-nos importante deixar claro que as opções para proteger os agentes desportivos da posição de supremacia das federações desportivas não se resumem a uma mera proibição (como aquela que existe na mediação que se desenvolve junto do TAD), comportando soluções relevantes e ainda aptas a ser discutidas.

Em todo o caso, não existindo uma solução absoluta para proteger as partes mais fracas, parece ser possível ponderar-se as condições em que pode o legislador, no futuro, ser mais ousado e implementar a mediação como forma de resolução de conflitos desportivos no Direito Administrativo. Das modalidades de protecção analisadas parece-nos que as menos problemáticas se reconduzem ao reforço do controlo judicial, à obrigato-

temporal de 14 dias. Cfr. «Zum Umgang mit Machtungleichgewichten in der Mediation», p. 47.

[1034] Deve, com efeito, ser retido que, com a intervenção do legislador, o determinante é proteger as partes mais fracas «na mediação e não da mediação». Cfr. Felix Wendenburg, «Zum Umgang mit Machtungleichgewichten in der Mediation», p. 47.

[1035] Nada invalida, na verdade, que se instituíam mecanismos mediativos no procedimento administrativo.

riedade de constituição de mandatário, mas, em particular, a existência de um período de reflexão que permite salvaguardar, desde que observados certos limites, a autonomia de quem celebra um acordo de mediação, podendo, por outro lado, as partes mais fracas avaliar os riscos e as vantagens da negociação efectuada.

§4º A resolução de conflitos desportivos na esfera arbitral

A arbitragem[1036] tem, nas últimas três décadas, assumido um enorme protagonismo junto do associativismo desportivo. Na verdade, desde logo, pelo possível afastamento de uma resolução estadual de conflitos desportivos, mas também pela celeridade que confere às suas decisões, aliada a uma relativa credibilidade e qualidade das decisões arbitrais – especialmente na experiência arbitral internacional do TAS –, a arbitragem no Desporto tem conseguido impor-se como a única e verdadeira alternativa aos tribunais estaduais. Em todo o caso, encontramo-nos, actualmente, perante um cenário de crise da arbitragem no Desporto decorrente do caso Claudia Pechstein.

Por outro lado, um pouco contra-corrente, no ordenamento jurídico português optou-se, recentemente, por uma instituição legislativa do TAD que promoveu, de um modo inovador, uma cedência – numa primeira análise – de um sistema de resolução de conflitos desportivos estadual relativamente a um sistema de resolução de conflitos desportivos arbitral, deixando aos tribunais estaduais uma tarefa meramente subsidiária na resolução dos mesmos. O passo seguinte da nossa investigação ocupar-se-á, num primeiro momento, da introdução da temática da arbitragem como meio resolução alternativa de litígios, explorando tanto a arbitragem voluntária como a arbitragem necessária. Em segundo lugar, face à importância da arbitragem desportiva no âmbito transnacional exige-se que dediquemos um espaço (embora mais breve) a esta temática, dando especial ênfase à arbitragem desportiva desenvolvida no seio do TAS, bem como da relação desta com a resolução de conflitos desportivos em Portugal. Numa terceira

[1036] Não se devem, obviamente, confundir as referências que se seguem – exceptuando quando nos referirmos a questões relacionadas com a problemática que envolve o jogo – com a arbitragem e que envolve a existência árbitros que são responsáveis pelas decisões durante o jogo, uma vez que «ainda que escolhiseja escolhido pelas "partes", isto é, pelas pessoas ou pelas equipas que se defrontem numa competição desportiva, o árbitro desportivo não compõe litígios: apenas dirige um certame, fiscalizando o cumprimento de regras do jogo», cfr. António Menezes Cordeiro, *Tratado da Arbitragem*, p. 18.

fase, iremos ocupar-nos dos problemas jurídicos que a arbitragem de litígios decorrentes de relações jurídicas de direito administrativo coloca no nosso sistema de resolução de conflitos desportivos. Daremos, portanto, particular atenção à compatibilidade das normas que regulam a arbitragem necessária do TAD com a CRP.

4.1. A arbitragem como resolução alternativa de litígios – a recusa de um monopólio da jurisdição estadual: excurso

Na doutrina é pacífico que não existe, no quadro constitucional português, um *monopólio do exercício da função jurisdicional* pelos tribunais estaduais[1037]. Esta realidade é, de resto, confirmada pelo artigo 209º, nº 2, da CRP, ao admitir expressamente a possibilidade – reiteramos que se trata de uma mera prerrogativa e não de uma obrigação – de existirem tribunais arbitrais. Os tribunais arbitrais surgem, desta forma, legitimados enquanto categorias de tribunais constitucionalmente admissíveis, assumindo-se também inegavelmente a admissibilidade de uma jurisdição privada *paralela* à jurisdição estadual.

Efectivamente, ainda que não se verifique um *monopólio estadual do exercício da função* jurisdicional, é possível constatar a existência de uma *reserva de jurisdição estadual* que impõe a *responsabilidade do Estado em garantir a existência de uma jurisdição estadual*. Na verdade, ao estabelecer no artigo 202º, nº 1, que: «*[o]s tribunais são os órgãos de soberania com competência para administrar a justiça em nome do povo*», a CRP assume que existe uma *função pública* que – enquanto responsabilidade atribuída directamente pelo texto constitucional ao Estado –, estabelece um dever de existência de uma *função jurisdicional estadual* e uma *reserva do exercício dessa respectiva função por determinados órgãos estaduais*. Esta reserva apresenta-se, deste modo, como um meio primordial de separação entre os diversos poderes do Estado (função executiva, função jurisdicional e função legislativa)[1038], estabelecendo em que

[1037] Cfr., entre outros, Paulo Castro Rangel, *Repensar o Poder Judicial*, p. 292, referindo-se a uma «erosão do fenómeno da estadualidade enquanto característica distintiva do poder judicial». Em sentido idêntico, Jorge Miranda e Rui Medeiros, *Constituição Portuguesa Anotada*, Vol. III, p. 17, Pedro Gonçalves, «Administração Pública e arbitragem – em especial, o princípio legal da irrecorribilidade de sentenças arbitrais», pp. 778 e ss., Mário Aroso de Almeida, «Arbitragem e Tribunais Administrativos», p. 48 e Luís Cabral de Moncada, «Modelos alternativos de justiça: a arbitragem no direito administrativo», p. 481.

[1038] Neste sentido, sobre a função jurisdição estadual na doutrina alemã, cfr. Paul Kirchhof, «Der Auftrag des Grundgesetzes an die rechtsprechende Gewalt», p. 11, Karl August

condições determinadas entidades estaduais podem assumir o exercício da função jurisdicional estadual. O determinante, neste contexto, é ressalvar que, enquanto dever do Estado, não parece ser de admitir, por exemplo, uma completa substituição da jurisdição estadual por uma jurisdição arbitral. Por conseguinte, existe uma imposição constitucional que reclama a *existência de uma jurisdição estadual* e não uma reserva que impõe *a exclusividade da jurisdição estadual*.

Por outro lado, existindo um comando constitucional que impõe a existência de uma jurisdição estadual, não haverá também dificuldade em assimilar que o texto da CRP se ocupa especialmente das garantias imprescindíveis para que um determinado órgão estadual possa ser qualificado como tribunal. Nada dispõe, porém, sobre a aplicabilidade dessas garantias aos tribunais arbitrais[1039], uma vez que o título V da CRP se ocupa somente dos tribunais que exercem a função jurisdicional «em nome do povo», nada estabelecendo também sobre a organização dos tribunais arbitrais ou o estatuto dos árbitros e – embora incluindo os tribunais arbitrais entre os tribunais constitucionalmente admissíveis – atribui uma ampla margem ao legislador para enquadrar legislativamente a actividade destes tribunais[1040]. Em bom rigor, as disposições constitucionais constantes nos artigos 20º, 268º, nº 4 e as garantias do título V da CRP, aplicam-se somente na relação Estado/cidadão, representando uma responsabilidade do Estado em manter uma jurisdição pública e, por outro lado, um direito fundamental do

Bettermann, «Die rechtsprechende Gewalt», pp. 776 e ss., Jarass e Pieroth, *Grundgesetz für die Bundesrepublik Deutschland – Kommentar*, 13ª Edição, p. 975, Belibtreu, Hofmann e Hennecke, *GG – Kommentar zum Grundgesetz*, 13ª Edição, pp. 2192.

[1039] Entre nós, no sentido exposto, cfr. Pedro Gonçalves, «Administração Pública e arbitragem – em especial, o princípio legal da irrecorribilidade de sentenças arbitrais», p. 880 e Gomes Canotilho e Vital Moreira, assumindo que pode, porém, «justificar-[se] a assimilação de alguns tópicos caracterizadores da função jurisdicional». Cfr. *Constituição da República Portuguesa Anotada*, Vol. I, p. 552. Em termos diferentes, aplicando em bloco (exceptuando as garantias relativamente ao estatuto constitucional dos juízes). Cfr. Jorge Miranda e Rui Medeiros, *Constituição Portuguesa Anotada*, Vol. III, pp. 115 e ss. Denotando que o TC «trata os tribunais arbitrais – independentemente da sua qualificação como voluntários ou necessários (...) – como verdadeiros tribunais», Cfr. Paulo Castro Rangel, *Repensar o Poder Judicial*, pp. 297 e 298.

[1040] Rejeita-se, desta forma, que «o tribunal arbitral [voluntário], como tribunal que é, faz parte da própria garantia de acesso ao direito e aos tribunais», Cfr. Ac. do TC nº 250/96. Em sentido idêntico desta decisão jurisprudencial, por exemplo, também Fausto Quadros, «Linhas gerais da reforma do Código de Processo nos Tribunais Administrativos em matéria de arbitragem», p. 9.

cidadão em poder usufruir de tutela na jurisdição estadual, caso opte deliberadamente por submeter os seus litígios a esta jurisdição[1041].

A função paralela destas normas consiste na salvaguarda, perante os cidadãos, de uma responsabilidade do Estado em assegurar a existência de uma função jurisdicional pública com um núcleo irredutível de garantias, não podendo, a título de exemplo e por esse motivo, o Estado excluir por completo a existência de uma justiça pública[1042]. Destas constatações permite resultar que a arbitragem surge, em regra[1043], como uma alternativa à jurisdição estadual[1044] que pressupõe um elemento determinante: *a voluntariedade da escolha de uma jurisdição em deterimento da outra*[1045]. Esta opção *livre e esclarecida de* adjudicar um litígio a um terceiro (privado) implica, deste modo, uma renúncia (parcial)[1046] à tutela jurisdicional estadual constitucionalmente garantida no artigo 20º da CRP, mas também um exercício de autonomia privada[1047].

1041 Neste sentido acompanhamos Pedro Gonçalves quando denuncia precisamente que existe um «desfasamento entre a definição de tribunais do artigo 202º e a categorização dos tribunais do artigo 209º». Cfr. *Entidades Privadas com Poderes Públicos*, p. 566.

1042 Cfr. Julian Zado, *Privatisierung der Justiz*, p. 261.

1043 Não consideramos, porém, aqui a figura da arbitragem necessária.

1044 Neste sentido aponta a doutrina dominante, cfr., entre tantos outros, Schwab e Walter, *Schiedsgerichtsbarkeit*, 7ª Edição, p. 1. A crítica que Paula Costa e Silva efectua à locução «meios alternativos de litígios» não pode, como a autora reconhece expressamente, ser aplicável à relação entre a jurisdição estadual e a jurisdição arbitral, uma vez que entre estas existe «uma verdadeira relação de alternatividade». Cfr. *A Nova Face da Justiça – Os Meios Extrajudiciais de Resolução de Controvérsias*, p. 35.

1045 Cfr. Frank Ebbing, *Private Zivilgerichte*, p. 28 e Julian Zado, *Privatisierung der Justiz*, p. 91.

1046 Um bom argumento que ilustra esta ideia alternativa da jurisdição arbitral em relação à jurisdição estadual está implícito no disposto do artigo 4º, nº 2 da LAV, uma vez que aí se estabelece que: «[a] convenção de arbitragem pode ser revogada pelas partes, até à prolação da sentença arbitral». Neste contexto se percebe precisamente o alcance do elemento voluntarístico: a vontade das partes pode inclusivamente revogar a submissão do litígio ao tribunal arbitral – desde que ainda não tenha sido proferida sentença por aquele tribunal – e submeter o litígio ao tribunal estadual. O que está aqui em causa é precisamente uma opção deliberada – com fundamento na autonomia privada – de submeter o litígio a um tribunal privado.

1047 Sobre a renúncia a direitos fundamentais, cfr., entre outros, Gerd Sturm, «Probleme eines Verzichts auf Grundrechte», , Gerhard Wagner, *Prozessverträge*, pp. 92 e ss., Hans-Georg Dederer, *Korporative Staatsgewalt*, pp. 404 e ss., Klaus Schmolke, *Grenzen der Selbstbindung im Privatrecht*, pp. 51 e ss., Jorge Reis Novais, «Renúncia a Direitos Fundamentais», pp. 211 e ss., José de Melo Alexandrino, *Direitos Fundamentais*, 2ª Edição,

Esta renúncia permite, por sua vez, que as partes possam acordar, dentro de um espaço de liberdade legalmente previsto, os aspectos essenciais do procedimento de adjudicação ou do desenrolar do processo arbitral com maior liberdade (e, porventura, também parcialmente menos garantístico)[1048] do que sucederia caso optassem pela jurisdição estadual[1049]. Permite também, por outro lado, que inexista a publicidade do processo arbitral (a qual é largamente considerada uma vantagem da arbitragem voluntária), uma vez que nesse caso as partes (salvo interesse público na decisão) podem dirimir os litígios sem que exista uma necessidade de uma justiça pública[1050]: um consentimento livre e esclarecido permite uma renúncia à publicidade[1051].

pp. 146 e ss. Concebendo especificamente a arbitragem como uma renúncia ao direito fundamental à tutela jurisdicional efectiva, Cfr. Kaspar Henrik Möller, *Echte Schiedsgerichtsbarkeit im Verwaltungsrecht*, pp. 107 e ss.

[1048] Como denota Armindo Ribeiro Mendes, «(...) há exigências constitucionais ou acolhidas em convenções internacionais – nomeadamente, no artigo 6º da Convenção Europeia dos Direitos do Homem – que dificilmente podem ser aplicadas de pleno aos tribunais arbitrais, sob pena de se desvirtuarem as razões pelas quais ao longo de milénios se recorreu à chamada justiça arbitral». Cfr. «Os Tribunais Arbitrais são tribunais, mas não são "Tribunais como os outros"», p. 60.

[1049] Cfr. Udo Steiner, «Das Verhältnis von Schiedsgerichtsbarkeit und staatlicher Gerichtsbarkeit», p. 16.

[1050] Cfr., por todos, Judith Sawang, *Geheimhaltung und rechtliches Gehör im Schiedsverfahren nach deutschem Recht*, pp. 243 e ss.

[1051] De resto, este é também, como veremos, um postulado da jurisprudência do TEDH e da Comissão Europeia dos Direitos do Homem. Discordamos, assim, de Jorge Miranda e Rui Medeiros que parecem aplicar todas as garantias constitucionais aos tribunais arbitrais, mas excluem, sem razão aparente, as garantias relativas ao estatuto constitucional dos juízes. Ora, se os tribunais arbitrais fossem os tribunais estaduais (que não são) podíamos concluir que estariam certos, mas teríamos que perguntar qual a razão de ser para uma tal diferenciação no âmbito garantístico, dado que a mesma não é operada pela Constituição. Pelo contrário, a verdade é que a resposta à pergunta de quais são as garantias constitucionais aplicáveis aos tribunais arbitrais não pode ser (sem apelo à renúncia) uma resposta de meio-termo. Se são tribunais iguais aos tribunais estaduais devem-se aplicar todas as garantias aí previstas, inclusivamente as respeitantes aos juízes, mas estamos perante uma solução que obrigaria, por exemplo, à publicidade do processo ainda que as partes não a quisessem. Se, em sentido contrário, são tribunais diferentes porque assentam na vontade das partes conjugada com um enquadramento legal, então aí já será coerente falar num regime garantístico menos exigente do que aquele que existe para os tribunais estaduais, nomeadamente, quanto ao estatuto dos juízes (que não pode ser aplicável à arbitragem, sob pena de se tornarem tribunais estaduais) ou quanto à publicidade do processo ou das decisões, Cfr. *Constituição Portuguesa Anotada*, Vol. III, pp. 115 e ss.

Por sua vez, a tese da «equivalência funcional»[1052] da arbitragem à jurisdição estadual não nos convence, uma vez que, por um lado, não permite fazer, em abstracto, um juízo prévio sobre a qualidade do exercício da função jurisdicional por privados, mas, por outro, também não nos dá resposta sobre se existe uma responsabilidade atribuída pela CRP ao Estado, exigindo que aquele garanta a existência de tribunais arbitrais[1053]. Com efeito, a facultatividade da existência de tribunais arbitrais (cfr. o artigo 209º, nº 2, da CRP) permite, desde logo, constatar que não existe nenhuma obrigação de o Estado promover a existência de tribunais arbitrais, cabendo, pelo contrário, às partes no pleno exercício da sua autonomia privada optar por submeter um litígio a tribunais arbitrais[1054].

Neste sentido, é possível considerar que, cumpridos determinados requisitos constitucionais, os tribunais arbitrais podem ser equiparados aos tribunais estaduais. A consequência disso é, por outro lado, saber quais as garantias constitucionais aplicáveis aos tribunais arbitrais (como de resto, também sucede com o artigo 6º, nº 1, da CEDH). É, na verdade, importante realçar que ainda que exista um elemento contratual que fundamenta a arbitragem voluntária, a concomitante natureza jurisdicional não permite uma renúncia absoluta de qualquer controlo estadual[1055]. Neste contexto, o

[1052] Cfr., por todos, sobre esta tese, Wolfgang Voit, «Privatisierung der Gerichtsbarkeit», pp. 121 e ss. A tese é defendida entre nós, por exemplo, Paulo Castro Rangel, «Arbitragem e Constituição: um novo lugar e um novo fundamento», pp. 645 e ss.

[1053] Cfr. Kaspar Henrik Möller, *Echte Schiedsgerichtsbarkeit im Verwaltungsrecht*, p. 116.

[1054] Na verdade, ao contrário da facultatividade dos tribunais administrativos existente antes da revisão constitucional de 1989, não se trata aqui de uma margem de disposição para o legislador admitir a existência de tribunais arbitrais. Pelo contrário, a facultatividade constitucional é uma cláusula de legitimidade do exercício da função jurisdicional. Cabe, deste modo, às partes optarem por – através de convenção de arbitragem – subtrair o litígio ao tribunal estadual e atribuí-lo a um tribunal arbitral que se constituirá para decidir a causa. Sobre a questão da facultatividade da existência de tribunais administrativos antes da revisão constitucional de 1989, cfr., por todos, Vasco Pereira da Silva, *O Contencioso Administrativo no Divã da Psicanálise*, 2ª Edição, pp. 199 e ss.

[1055] Fala-se aqui de uma «Reservefunktion» a favor dos tribunais estaduais. Cfr. Frank Oschütz, *Sportschiedsgerichtsbarkeit*, p. 26. A solução aqui preconizada está, por outro lado, de acordo com a jurisprudência do TEDH que entende que nada obsta a que as partes renúnciar aos direitos previstos no artigo 6º, nº 1 da CEDH, afirmando (com remissões para ulterior jurisprudência) no caso *Suovaniemi e outros contra Finlândia*, processo nº 31737/96, que: «[t]here is no doubt that a voluntary waiver of court proceedings in favour of arbitration is in principle acceptable from the point of view of Article 6». Em sentido aparentemente idêntico, o Ac. do STJ de 12 de Julho de 2011, processo nº 170751/08.7YIPRT.L1.S1,

texto constitucional estabelece um conjunto de garantias processuais que são indispensáveis e garantidas aos cidadãos que optem por submeter os seus litígios aos tribunais que exercem a sua função «em nome do povo». Por outro lado, e tendo presente que existirá, à partida, uma equiparação constitucional da dignidade da arbitragem em relação aos tribunais estaduais, o princípio do Estado de Direito e o facto de se tratar de uma renúncia de posições jurídicas[1056] decorrentes de um direito fundamental postula que o legislador estabeleça um *conjunto* mínimo de exigência*s garantísticas* compatível com este princípio, obrigando-o, desde logo, a que: estabeleça a previsão legal de um controlo, ainda que mínimo, [1057] pelos tribunais

afirmando que: «(...) a génese dos tribunais arbitrais voluntários seja perfeitamente diversa da dos tribunais estaduais – assentando essencialmente na autonomia da vontade dos litigantes, mais do que na administração institucional da justiça «em nome do povo» – o resultado da sua actividade é, em larga medida, coincidente com o exercício da função jurisdicional por qualquer tribunal, já que lhes compete , de um ponto de vista teleológico, proceder à hetero-resolução de um conflito entre sujeitos privados, num plano estritamente jurídico, ou seja, visando a composição dos interesses conflituantes a pura realização do direito objectivo ou da equidade (e não a prossecução activa de outros interesses, diferenciados da estrita actuação do ordenamento jurídico)», pelo que, assim, «é manifesto que não respeitaria as exigências do processo equitativo um procedimento que decorresse perante um órgão decisor em que algum ou alguns dos «juízes» que o integram estivessem privados das garantias essenciais da independência e imparcialidade: é que, neste caso, não estaríamos confrontados com um verdadeiro tribunal, mas antes com um mero simulacro ou aparência de órgão jurisdicional».

[1056] Neste preciso sentido, seguiu implicitamente o TC, no Ac. nº 311/2008, processo nº 753/07, quando – no âmbito de um processo relativamente à carência económica de uma das partes – reconhece que: «*[o] Estado não abre, designadamente, mão da garantia, a todos assegurada, do acesso à justiça. Quando a efectivação dessa garantia requer a prestação de apoio judiciário, não prevista no âmbito dos tribunais arbitrais, o único meio de evitar o resultado, constitucionalmente inaceitável, de denegação da justiça, é o reassumir de competência do tribunal judicial. Não pode invocar-se, em contrário, a tutela constitucional do livre desenvolvimento da personalidade, pois ela não dá cobertura a um acto de autonomia privada, quando a sua execução nos termos acordados deixa inteiramente desprotegido o direito fundamental de acesso à justiça*». Deste modo, o TC entendeu que existe sempre a possibilidade de, em caso de insuficiência económica, uma das partes recorrer aos tribunais estaduais para fazer valer a sua pretensão jurídica, sob pena de ser colocado em causa o direito fundamental de acesso ao direito (artigo 20º da CRP). A decisão do TC revela precisamente a relação de alternatividade que existe entre os tribunais estaduais e os tribunais arbitrais voluntários. Em tom muito crítico quanto a esta solução do TC, cfr. José Miguel Júdice, «Anotação ao Acórdão 311/08 do Tribunal Constitucional», pp. 161 e ss.

[1057] No sentido de que «[o] controlo estadual da arbitragem é a contrapartida necessária da atribuição de eficácia jurisdicional à decisão arbitral», cfr. Luís de Lima Pinheiro, «Recurso e Anulação da Decisão Arbitral: Admissibilidade, Fundamentos e Consequências», p. 181.

estaduais das decisões proferidas por tribunais arbitrais; que os processos perante estes cumpram as notas de independência e imparcialidade; que exista um contraditório[1058].

Deve, deste modo, ter-se presente que não se pretende menorizar a arbitragem como meio de resolução de conflitos: o que se deve realçar é que para se poder falar sequer em arbitragem como um efectivo exercício da função jurisdicional haverá que «prestigiar e dignificar a arbitragem»[1059], do modo a que o «Estado valide estes exercícios privados de jurisdição»[1060].

Neste sentido, deve, pois, afirmar-se que: «(...) o poder de decisão do tribunal arbitral, mesmo quando assenta na vontade das partes, tem uma óbvia dimensão institucional, sujeita a condicionamentos e restrições decorrentes da regulação estadual. A liberdade de celebração de uma convenção de arbitragem, que se traduz na atribuição de competência a um tribunal arbitral, não é auto-realizável, ficando a eficácia do seu exercício dependente de uma actividade de administração da justiça estritamente conformada, de modo a oferecer garantias equivalentes às de um tribunal judicial»[1061].

[1058] Por este motivo, não podemos concordar com as críticas feitas por Rui Medeiros quando afirma que: «se direito de acesso aos tribunais só valesse para os tribunais estaduais, isso significaria que os tribunais arbitrais não estariam constitucionalmente vinculados – mas apenas nos termos da Lei da Arbitragem Voluntária e da CEDH – à observância dos princípios fundamentais que, segundo o mesmo artigo 20º, devem ser respeitados em qualquer processo jurisdicional, em particular a sujeição ao princípio estruturante do processo equitativo (artigo 20º, nº 4, da Constituição)», Cfr. «Arbitragem Necessária e Constituição», p. 1318. Em sentido idêntido, afirmou Miguel Galvão Telles que face à jurisprudência do Ac. do TC 230/2013, a «exigência de independência e imparcialidade dos árbitros à Constituição tem hoje menor importância do que antes», cfr. «A independência e Imparcialidade dos Árbitros como Imposição Constitucional», p.639. Em contrapartida, pelos mesmos motivos, não nos parece também ser necessária uma interpretação actualista do artigo 20º da CRP. Cfr. Cláudia Sofia Melo Figueiras, «*Arbitragem em matéria tributária: à semelhança do modelo Administrativo?*»,p. 66. Por outro lado, há quem inclusivamente veja no artigo 20º um direito fundamental à arbitragem, cfr. Fausto de Quadros, «Arbitragem "necessária", "obrigatória", "forçada": breve nótula sobre a interpretação do artigo 182º do Código de Processo nos Tribunais Administrativos», p. 258.

[1059] Cfr. Fausto de Quadros, «Arbitragem "necessária", "obrigatória", "forçada": breve nótula sobre a interpretação do artigo 182º do Código de Processo nos Tribunais Administrativos», p. 264.

[1060] Cfr. Mariana França Gouveia, «O Dever de Independência do Árbitro de Parte», p. 325.

[1061] Cfr. o Ac. 311/2008.

O princípio constitucional da igualdade (artigo 13º CRP), por sua vez, postula que o legislador estabeleça legalmente uma igualdade entre as partes que renunciam à jurisdição estadual, negando, assim, que exista a possibilidade de uma das partes influenciar a decisão final do tribunal arbitral (excluindo, por exemplo, que uma das partes tenha um peso excessivo em relação outra no processo de constituição do tribunal arbitral[1062] ou que um árbitro seja preterido de modo desrazoável em razão do seu género ou da sua nacionalidade [cfr., quanto ao último exemplo, o artigo 9º, nº 2 da LAV])[1063].

Por último, por força da garantia do princípio da autonomia privada das partes, o Estado tem como responsabilidade assegurar legalmente que a renúncia da jurisdição estadual se desenvolva por intermédio de um contrato (convenção de arbitragem), no qual os contraentes estão – em princípio – numa autêntica posição de igualdade, de modo a que a vontade daqueles que o celebram seja manifestada de uma *forma livre, esclarecida* e sem constrangimentos, de tal modo que seja ainda possível falar numa autêntica autonomia daqueles. Esta é uma condição essencial para que o Estado possa «validar» o resultado decisório do tribunal arbitral, o qual nos termos do artigo 41º, nº 7, da LAV tem a mesma eficácia que uma decisão de um tribunal estadual.

Por último, deve-se também afirmar que nesta *responsabilidade estadual* (de reconhecimento e de controlo) se estabelece o fundamento de uma *relação de colaboração* entre a jurisdição estadual e a jurisdição arbitral que torna insustentável falar numa total independência da segunda em relação à primeira[1064]. Em suma, ainda que não exista um *monopólio do exercício da função jurisdicional por órgãos estaduais* e as partes possam com um acto de

[1062] Abstraindo, neste caso, da problemática envolvendo a pluralidade de partes num processo arbitral.

[1063] Neste sentido, sustentando, por exemplo, que uma disposição contratual, na qual as partes neguem que seja susceptível nomear num processo arbitral um determinado árbitro que professe a religião católica ou que seja de origem africana viola naturalmente o princípio da igualdade que se deduz pelo cariz evidentemente discriminatório. Por outro lado, afirmando que este princípio postula a igualdade das partes perante o juiz-árbitro (*Gleichheit vor dem Richter*). Cfr. Reinhold Geimer, «Schiedsgerichtsbarkeit und Verfassung (aus deutscher Sicht)», *in Integritätsprobleme im Umfeld der Justiz – Die Organisation der Rechtsberatung; Schiedsgerichtsbarkeit und Verfassungsrecht*, p. 115.

[1064] No sentido de que a colaboração dos tribunais estaduais com os tribunais arbitrais tem como função suprir as limitações estruturais da arbitragem, cfr. Ben Steinbrück, *Die Unterstützung durch Staatliche Gerichte*, pp. 41 e ss.

vontade submeter os seus litígios a tribunais arbitrais, «o Estado não se demite do seu papel de garante último da realização da justiça»[1065] fruto da imposição do princípio do Estado de Direito, do princípio da igualdade e da autonomia privada das partes.

4.2. A arbitragem voluntária

A arbitragem voluntária[1066] assume-se, na sua natureza, como uma manifestação de uma jurisdição que, embora enquadrada legislativamente[1067], deve ser considerada como puramente privada e não «delegada» pelo Estado[1068]. Na verdade, como se afirmou, trata-se de uma forma de resolução de litígios alternativa e substitutiva da jurisdição estadual e não de uma jurisdição reconduzível a uma jurisdição pública[1069]. Por conseguinte, enquanto consequência de uma relação de alternatividade, pressupõe uma opção deliberada de adjudicação de um litígio a um terceiro (um árbitro)[1070]. Por outro lado, esta jurisdição privada tem inequívoca legitimidade constitucional no artigo 209º, nº 2 da CRP. Contudo, ainda que não existisse essa menção expressa à legitimidade daqueles tribunais, a mesma também se poderia extrair implicitamente da autonomia privada.

[1065] V. o Ac. do TC nº 311/2008.

[1066] Deixamos, desde logo, quaisquer incursões específicas sobre a natureza jurídica da arbitragem internacional. Sobre esta questão, cfr., entre outros, Jean Billemont, *La Liberté Contractuelle à L'épreuve de L'arbitrage*, pp. 274 e ss.

[1067] Neste sentido, denotando implicitamente que a arbitragem pressupõe a conjugação do elemento voluntarístico com a lei. Cfr. Paulo Otero, «"Exercício de Poderes Públicos de Autoridade por Entidades Privadas com funções administrativas" – arguição da dissertação de doutoramento do Mestre Pedro Gonçalves», p. 848.

[1068] Em sentido contrário, afirmando inclusivamente que: «(...) é totalmente incorrecto qualificar-se a arbitragem, julgue ela litígios e Direito Privado ou de Direito Público, como justiça privada», uma vez que se trata aqui de uma «modalidade de exercício da função jurisdicional do Estado». Cfr. Fausto Quadros, «Linhas gerais da reforma do Código de Processo nos Tribunais Administrativos em matéria de arbitragem», p. 10.

[1069] Como é precisamente reconhecido pelo TRG, no Ac. de 30 de Janeiro de 2014, processo nº 1257/13.2TBVCT.G1, «[l]egitimada a arbitragem pela vontade das partes e reforçada legalmente com alguns atributos antes considerados exclusivamente estaduais, a jurisdição arbitral caracteriza-se pelo exercício de funções pelos árbitros idênticas às dos juízes estaduais e em sua substituição».

[1070] Cfr., em sentido aproximado e entre outros, a entrada «arbitrage» de Olivier Pomiès, *Dictionnaire de l'arbitrage*, p. 31, Schwab e Walter, *Schiedsgerichtsbarkeit*, 7ª Edição, p. 1, Mariana França Gouveia, *Curso de Resolução Alternativa de Litígios*, 3ª Edição, pp. 119 e ss., Manuel Pereira Barrocas, *Manual de Arbitragem*, pp. 31 e 32.

Por seu turno, a arbitragem voluntária assume *duas dimensões essenciais* (*zweistufigen Sichtweise*)[1071]: (i) uma *dimensão de Direito material*; (ii) *uma dimensão processual*. Em primeiro lugar, a arbitragem voluntária pressupõe um *fundamento contratual* que se assume como determinante: a convenção de arbitragem representa uma manifestação de autonomia privada e da liberdade contratual daqueles que a celebrem. Neste contexto, o exercício desta liberdade contratual *fundamenta* que as partes que celebram uma convenção de arbitragem possam abdicar da jurisdição estadual, nos termos legalmente previstos, de modo a que lhes seja permitido constituir um *tribunal privado*. Em segundo lugar, a arbitragem voluntária apresenta um cariz *jurisdicional*, uma vez que ao tribunal arbitral, constituído com base no exercício do direito potestativo que provém da convenção de arbitragem, cabe o *exercício efectivo da função jurisdicional*[1072]. Por outro lado, ao Estado cumpre atribuir um conjunto de efeitos à convenção das partes e outorgar uma *equi-*

[1071] Neste sentido, v., entre tantos outros, Christoph Stumpf, *Alternative Streitbeilegung im Verwaltungsrecht*, p. 17, Marcelo Rebelo de Sousa, «As indemnizações por nacionalização e as comissões arbitrais em Portugal», pp. 371 e ss., José Manuel Sérvulo Correia, «A Arbitragem Voluntária nos Contratos Administrativos», p. 231, Manuel Pereira Barrocas, *Manual de Arbitragem*, p. 45, Mariana França Gouveia, *Curso de Resolução Alternativa de Litígios*, 3ª Edição, p. 120. Referindo-se a uma natureza jurídica dual da arbitragem, cfr. Christophe Seraglini e Jérôme Ortscheidt, *Droit de l'arbitrage interne et international*, pp. 21 e ss., Schwab e Walter, *Schiedsgerichtsbarkeit*, 7ª Edição, p. 1. Em sentido contrário, afirmando que «não faz sentido (...) qualquer oposição entre teses contratualistas, jurisdicionais e mistas acerca da natureza jurídica da convenção arbitral», mas reconhecendo que «[a] arbitragem tem a natureza de jurisdição contratual privada», Cfr. Carlos Ferreira de Almeida, *Contratos IV – Funções. Circunstâncias. Interpretação*, p. 17 e, especialmente, p. 301, do mesmo autor, cfr. Carlos Ferreira de Almeida, «Convenção de Arbitragem: Conteúdos e Efeitos», p. 83. No sentido de que a arbitragem é um «direito potestivo (...) cujo conteúdo consiste na faculdade de fazer constituir um tribunal arbitral», cfr. Raúl Ventura, «Convenção de Arbitragem», pp. 296 e ss. Para uma exposição sintética, sobre os argumentos invocados pela teoria contratual e da teoria jurisdicional, com indicações, cfr. Peter Schlosser, *Das Recht der internationalen privaten Schiedsgerichtsbarkeit*, 2ª Edição, pp. 34 e ss.

[1072] Como reconheceu expressamente o TC no Ac. 230/86: «o tribunal arbitral voluntário, mesmo em doutrina pura, é tido e considerado como real e verdadeiro tribunal. É um tribunal que cabe na definição genericamente dada por Marcello Caetano, segundo a qual «tribunal é o órgão singular ou colegial que a requerimento de alguém, e procedendo com imparcialidade e independência segundo as fórmulas pré-estabelecidas, possui autoridade para fixar a versão autêntica dos factos incertos ou controversos de um caso concreto a fim de determinar o direito aplicável a esse caso em decisão com força obrigatória para os interessados». Por outro lado, acrescentou que «o tribunal arbitral voluntário é um órgão que, embora formado caso a caso, se constitui precisamente para exercer a função jurisdicional,

paração – constitucionalmente imperativa, desde que cumpridos os pressupostos garantísticos constitucionais – das decisões dos tribunais arbitrais às decisões tomadas pelos tribunais da jurisdição pública[1073]. Numa formulação pacíficamente aceite pela doutrina[1074] e pela jurisprudência[1075], a arbitragem voluntária deve ser qualificada como: «contratual na origem, privada na sua natureza, jurisdicional na função e pública no seu resultado»[1076].

A questão merece, todavia, uma pequena nota quando uma das partes que celebrem a convenção de arbitragem seja a Administração Pública ou um privado no exercício de poderes públicos. Neste caso, já não parece ser possível falar numa arbitragem assente somente na *autonomia privada* de ambas as partes. Em primeiro lugar, a arbitragem voluntária no Direito Administrativo pressupõe uma norma legal de competência que habilite (tornado o litígio arbitrável) a Administração a prestar o seu «consentimento»[1077], optando esta deliberadamente por acordar com o particular a submissão de um litígio a um tribunal arbitral em deterimento de um tribunal estadual. Em segundo lugar, a existência de uma escolha pela Administração na submissão de um litígio à apreciação de um tribunal arbitral pressupõe evidentemente uma concomitante declaração de vontade

para em suma praticar os actos jurisdicionais para que tiver sido solicitado dentro dos quadros da convenção de arbitragem».

1073 Cfr. o artigo 42º, nº 7 da LAV afirmando-se que: «[a] sentença arbitral de que não caiba recurso (...) tem o mesmo carácter obrigatório entre as partes que a sentença de um tribunal estadual transitada em julgado e a mesma força executiva que a sentença de um tribunal estadual».

1074 Cfr., por exemplo, José Luís Esquível, *Os contratos administrativos e a Arbitragem*, p. 79 e Mariana França Gouveia, *Curso de Resolução Alternativa de Litígios*, 3ª Edição, pp. 120.

1075 Cfr., a título exemplificativo, o Ac. do STJ de 20 de Janeiro de 2011, processo nº 2207/09.6TBSTB.E1.S1, o Ac do STJ de 18 de Janeiro de 2000, processo nº 99A1015, o Ac. do TRP de 23 de Março de 2004, processo nº 0326177, o Ac. do TRG de 30 de Janeiro de 2014, processo nº 1257/13.2TBVCT.G1, o Ac. do TRL de 15 de Maio de 2007, processo nº 1473/2007-1.

1076 Cfr. Francisco Cortez, «A arbitragem voluntária em Portugal: dos «ricos homens» aos tribunais privados»,), p. 555. A frase colhe naturalmente parcial inspiração na formulação de Charles Jarrosson, *La Notion d'Arbitrage*, p. 5 quando afirma que a arbitragem tem uma natureza mista que se manifesta por ser: «convencional na origem e jurisdicional na sua função».

1077 Fala-se, assim, aqui da *autonomia pública* da Administração (ou privados de que exerçam poderes públicos) a decidir sobre a celebração de uma convenção de arbitragem. Sobre a distinção entre autonomia pública e autonomia privada, cfr. José Manuel Sérvulo Correia, *Legalidade e Autonomia Contratual nos Contratos Administrativos*, pp. 464 e ss.

do particular no mesmo sentido, nos exactos termos em que se processa a celebração de uma convenção de arbitragem entre dois particulares.

Esta constatação não envolve, em princípio, nada de problemático mesmo quando estivermos perante uma relação material de autoridade, desde que exista uma igualdade no acto de celebração da convenção da arbitragem e que dos efeitos processuais daí resultantes decorra a constituição de um tribunal arbitral paritário[1078]. Isto implica, porém, que o legislador tenha especiais cautelas no sentido de assegurar um processo negocial que assente na efectiva igualdade material entre as partes. Em qualquer dos casos, a arbitragem desenvolvida nestes termos será sempre um acto de *vontade* e de escolha, o que permite ainda falar numa arbitragem voluntária.

4.3. A arbitragem necessária

A qualificação da «figura híbrida»[1079] que é comummente designada como arbitragem «forçada»[1080], «obrigatória»[1081] ou «necessária»[1082] é um pouco mais complexa. Nesta forma de arbitragem dispensa-se o elemento voluntarístico que é imanente à arbitragem tradicionalmente considerada[1083].

[1078] Cfr. Christoph Stumpf, *Alternative Streitbeilegung im Verwaltungsrecht*, pp. 12 e 33.

[1079] V. Paulo Castro Rangel, *Repensar o Poder Judicial – Fundamentos e Fragmentos*, p. 296.

[1080] A locução é tipicamente usada pela doutrina francesa, cfr., por exemplo, Charles Jarrosson, *La Notion D'Arbitrage*, p. 20, Christophe Seraglini e Jérôme Ortscheidt, *Droit de l'arbitrage interne et international*, pp. 15 e 16, Georges Fléchaux, «L'arbitrage du bâtonnier – Un exemple d'arbitrage force», pp. 100 e ss., Andrea Pinna, «Réflexions sur l'arbitrage forcé», p. 2, embora o autor também admita uma arbitragem «forçada» que decorre da unilateralidade imanente à arbitragem no Desporto (e que não diz respeito à modalidade de arbitragem que analisamos). No séc. XIX, a arbitragem «forçada» era vista com muita desconfiança, levando, por exemplo, M. Troplong a afirmar, referindo-se à arbitragem necessária, que: «[c]om efeito, a arbitragem é uma forma de julgar tão defeituosa, tão desprovida de garantias, que deveria ter sido deixado às partes o poder de recorrer ou repudiar, consoante as circunstâncias». Cfr. *Du Contrat de société civile et commerciale, ou Commentaire du titre IX du livre III du Code civil*, Tomo 2, p. 5.

[1081] Cfr. Pedro Romano Martinez, *Direito do Trabalho*, 4ª Edição, pp. 1164 e ss.

[1082] Esta é, aliás, a fórmula mais frequentemente utilizada pela doutrina, legislador ou a jurisprudência. Na doutrina, cfr., entre tantos outros, Pedro Gonçalves, *Entidades Privadas com Poderes Públicos*, p. 570. A LTAD2014 estabelece, por exemplo, no artigo 4º (respeitante à competência do TAD) a epígrafe com o título «arbitragem necessária». Mais recentemente, a locução «arbitragem necessária» foi inclusivamente utilizada no Ac. do TC nº 230/2013. Estes são, no entanto, só alguns exemplos entre muitos dos possíveis.

[1083] No sentido, de que a expressão arbitragem necessária «contraria a teoria clássica sobre a arbitragem». Cfr. Fausto de Quadros, «Arbitragem "necessária", "obrigatória", "forçada":

Aquela deve, pois, ser considerada como a arbitragem *que não derivando da autonomia da vontade das partes, é imposta por lei especial, confiando a árbitros a resolução de um litígio que passa a ser subtraído* à jurisdição dos *tribunais que, regra geral, deteriam a competência para julgar uma determinada causa*[1084]. A falta do poder dispositivo das partes em poder optar entre a jurisdição estadual ou a jurisdição arbitral confere, deste modo, um cariz *eminentemente* público ao tribunal que, nestes termos, se constitua[1085].

Por outro lado, cumpre, desde logo, esclarecer que mesmo que as partes possam nomear os árbitros (embora as dificuldades da arbitragem necessária sejam mais evidentes quando inclusivamente uma das partes não pode influir, em condições de igualdade, na constituição de tribunal arbitral)[1086] não parece ser possível falar numa jurisdição «privada»[1087 1088], uma vez que

breve nótula sobre a interpretação do artigo 182º do Código de Processo nos Tribunais Administrativos», p. 257.

1084 Esta é uma noção geralmente aceite pela doutrina, cfr., entre muitos autores, Piero Calamandrei, *Istituzioni di Diritto Processuale Civile*, p. 177, Giuseppe Chiovenda, *Istituzioni di Diritto Processuale Civile*, Vol. I, 2ª Edição, p. 68, Dário Moura Vicente, *Da Arbitragem Internacional*, p. 27, Christoph Stumpf, *Alternative Streitbeilegung im Verwaltungsrecht*, p. 186 e J. P. Remédio Marques, *Acção Declarativa à luz do Código Revisto*, 3ª Edição, p. 58, Rui Medeiros, «Arbitragem Necessária e Constituição», p. 1305.

1085 Cfr., por exemplo, Christoph Stumpf, *Alternative Streitbeilegung im Verwaltungsrecht*, p. 210, considerando que os tribunais arbitrais necessários são «tribunais estaduais plenos».

1086 Foi, por exemplo, este o motivo para que a Comissão Europeia dos Direitos do Homem tivesse considerado que as disposições legais que estabeleciam um tribunal arbitral necessário no qual uma das partes tinha um maior poder na escolha dos árbitros em relação à parte contrária violava o artigo 6º, nº 1 da CEDH. Deste modo, entendeu precisamente que, mesmo que as partes possam escolher os árbitros, o facto de inexistir o elemento voluntarístico de escolha (a convenção de arbitragem) entre a jurisdição arbitral e a jurisdição estadual, obrigava, desde logo, a que ao tribunal arbitral necessário em questão fosse exigido o cumprimento das garantidas do artigo 6º, nº 1, da CEDH. Cfr. *Bramelid e Malmström contra Suécia*, processos nºs 8588/79 e 8589/79, ponto 37.

1087 Em sentido contrário, parece concluir precisamente Jarosson ao afirmar que: o «árbitro é uma jurisdição». Cfr. Charles Jarosson, « Arbitrage et Juridiction», p. 109. Cfr., igualmente contra, Dário Moura Vicente, *Da Arbitragem Internacional*, pp. 27 e 28, afirmando que o determinante para a qualificação como jurisdição privada assenta no facto de «se tratar de uma forma de administração de justiça por meros particulares», nomeadamente, por ainda haver um espaço autonómico das partes na «nomeação dos árbitors».

1088 Em sentido contrário, Henry Motulsky considera, por sua vez, que «[e]nquanto justiça privada, a arbitragem retira a sua da vontade das partes» e que «o factor convencional manifesta-se sob duas formas: na escolha da jurisdição arbitral em deterimento da jurisdição estadual e na escolha das pessoas chamadas a decidir a sobre um diferendo», Cfr. *Écrits, Études et Notes sur l'arbitrage*, pp. 16 e 17. Não obstante, este último autor considera que se

inexiste o fundamento da *vontade* das partes em constituir aquele tribunal. Neste sentido, mesmo que o tribunal assim se constitua por expressa submissão do litígio das partes em disputa, estas não dispõem, neste caso, da opção de escolher entre tutelarem as suas posições jurídicas perante um tribunal estadual – sendo a existência de acesso a este uma responsabilidade estadual – ou perante um tribunal arbitral[1089].

Na verdade, esta realidade permite constatar que a falta do elemento contratual – que é determinante para que exista uma escolha, uma opção entre a jurisdição arbitral e a jurisdição estadual – aproxima esta forma de resolução de litígios da jurisdição estadual, embora com diferenças assinaláveis no funcionamento (por exemplo, decisões proferidas por árbitros e

trata de uma característica tendencial, pelo que na arbitragem necessária «(...) estamos na presença de uma jurisdição privada, uma vez que se compõe por particulares que estão apenas habilitados a decidir na estrita medida onde o litígio se situe no âmbito da sua investidura: esta é objectiva e não subjectiva», v. pp. 18 e 20. Em tom crítico em relação a esta posição, Phillippe Fouchard referia que Motulsky entendia que a existência de «processos arbitrais especialmente organizados e impostos pelo legislador para certas categorias de litígios seriam verdadeiras arbitragens». Não deixa, no entanto, de constatar que a argumentação «positivista» (pelo simples facto de a lei se qualifica-los como tribunais arbitrais) «é, de certa forma, surpreendente que tenha sido escrita por um homem que preferia geralmente as demonstrações puramente racionais e que sempre demonstrou apego ao rigor dos conceitos». Cfr. «Henry Motulsky et l'arbitrage», p. 526. Por seu turno, Christoph Stumpf admite que ainda possamos estar perante um tribunal arbitral quando na nomeação dos árbitros sejam assegurados os interesses das partes que participam no processo (o que, por sua vez não significa que os árbitros sejam mandatários que prosseguem os interesses particulares daquelas). Cfr. *Alternative Streitbeilegung im Verwaltungsrecht*, p. 19. Neste sentido também Pedro Gonçalves, embora admitindo que: «seja qual for a sua designação legal, o tribunal deslocado da organização hierárquica dos "tribunais comuns" e composto por pessoas não nomeadas pelas partes não parece dever qualificar-se como tribunal arbitral», afirma que «(...) o tribunal imposto legalmente às partes» pode ser qualificado como tribunal arbitral desde que as partes «tenham o poder de designação dos árbitros», Cfr. *Entidades Privadas com Poderes Públicos*, p. 571. Nesse mesmo sentido parece concluir o Ac. nº 230/2013 que é no «poder concreto de designar os árbitros»: «(...) que reside o fundamento material para a sujeição de uma certa categoria de litígios a uma jurisdição arbitral legalmente imposta».

[1089] De forma elucidativa, Calamandrei identifica que a arbitragem pressupõe, em regra, por um lado, a liberdade das partes em acordar a substituição de jurisdição estadual pela jurisdição arbitral e, por outro lado, escolher livremente os árbitros, pelo que, em sentido oposto haverá que considerar que não será o caso quando o legislador limita ou exclui uma destas duas prerrogativas das partes, uma vez que aí o interesse público (que fundamenta a arbitragem necessária) prevalece sobre os interesses privados. A arbitragem necessária afasta-se, assim, da «pura arbitragem» que assenta no elemento contratual. Cfr. Piero Calamandrei, *Istituzioni di Diritto Processuale Civile*, p. 177.

não por juízes de carreira ou a possibilidade de nomeação dos árbitros pelas partes). Neste sentido, parece ser mesmo possível afirmar-se que se trata, neste caso, de uma *arbitragem aparente*[1090], na medida em que, em sentido

[1090] Como denota precisamente JAN PAULSSON, a arbitragem necessária é uma «expressão paradoxal e uma afronta à essência voluntarística da arbitragem». Cfr. *The Idea of Arbitration*, p. 112. Nas certeiras palavras de SÉBASTIAN BESSON: «arbitration imposed on the parties by law (...) is just another name for court litigation», Cfr. «Arbitration and Human Rights», p. 398. Em sentido próximo, entende a doutrina alemã que esta modalidade de arbitragem corresponde a uma *falsa arbitragem* (*unechte Schiedsgerichtsbarkeit*) que deve ser contraposta à arbitragem voluntária configurada como *verdadeira arbitragem* (*echte Schiedsgerichtsbarkeit*). Cfr. RICHARD WOLTERECK, *Die Erledigung verwaltungsrechtlicher Streitigkeiten durch Schiedsgerichte*, pp. 33 e ss. e pp. 81 e ss, RICHARD WOLTERECK, «Unechte und echte Schiedsgerichte des Verwaltungsrechts», pp. 323 e ss., CHRISTOPH STUMPF, *Alternative Streitbeilegung im Verwaltungsrecht*, p. 187, HELGE SODAN e JAN ZIEKOW, *Verwaltungsgerichtsordnung-Grosskommentar*, 4ª Edição, p. 382 e EYERMANN/GEIGER, *Verwaltungsgerichtsordnung*. No mesmo sentido, cfr. Também AAVV, *Münchener Kommentar zur ZPO*, 4ª Edição, considerações gerais sobre o § 1029, disponível em (www.beck-online.de), LACHMANN, *Handbuch für die Schiedspraxis*, 3ª Edição, p. 1 Afirmando que estamos perante «tribunais especiais» (*Sondergerichte*) em contraposição aos «tribunais arbitrais de origem contratual» (*Vertragliche Schiedsgerichte*), cfr. HELMUT WEIDEMANN, *Schiedsgerichtsbarkeit in Verwaltungsrechtlichen Streitsachen*, pp. 73-74 e pp. 102 e ss. Há quem fale também em tribunais arbitrais não contratuais referindo-se às situações em que existe uma arbitragem necessária ou arbitragens «putativamente» voluntárias, cfr. REINHOLD GEIMER, «Nichtvertragliche Schiedsgerichte», pp. 197 e ss. Em sentido próximo do que defendemos, na doutrina francesa há quem entenda que a arbitragem necessária não pode ser identificada com o conceito de arbitragem, uma vez que o consentimento das partes é «uma condição necessária da verdadeira arbitragem». Cfr. JEAN BILLEMONT, *La Liberté Contractuelle à L'épreuve de L'arbitrage*, p. 271. Num sentido idêntico, CHARLES JAROSSON, afirma que «a arbitragem forçada não tem lugar dentro do conceito de arbitragem». Cfr. *La Notion D'arbitrage*, p. 20, do mesmo autor, « Les frontières de l'arbitrage», p. 20 e «L'arbitrage et la Convention Européene des Droits de l'Homme, p. 580 Neste sentido também, PHILLIPPE FOUCHARD, « Bibliographie – La notion de l'arbitrage», p. 417, DANIEL COHEN, *Arbitrage et Société*, p. 184 e THOMAS CLAY, *L'arbitre*, p. 683. Entre nós, defendendo que a arbitragem necessária não corresponde a uma autêntica arbitragem. Cfr. MANUEL PEREIRA BARROCAS, *Manual de Arbitragem*, p. 90. É precisamente por este motivo que GOMES CANOTILHO e VITAL MOREIRA defendem que seja duvidoso que a arbitragem necessária se encontre legitimada pelo artigo 209º, nº 2 da CRP. Cfr. *Constituição da República Portuguesa Anotada – Vol. II*, pp. 550 e 551. Em sentido idêntico, ANTÓNIO PEDRO PINTO MONTEIRO, «Do recurso de decisões arbitrais para o Tribunal Constitucional», p. 195, nota 33. No sentido de que a arbitragem necessária «deturpa a noção tradicional de arbitragem», cfr. PEDRO ROMANO MARTINEZ, *Direito do Trabalho*, 4ª Edição, p. 1166. Em sentido idêntico à defendida neste trabalho, entendendo que falar em «arbitragem necessária ou obrigatória é uma contradição nos termos», cfr. FAUSTO QUADROS, «Linhas gerais da reforma do Código de Processo nos Tribunais Administrativos em matéria de arbitragem», p. 12. Entendendo

formal e processual, esta pode não prescindir (embora esta circunstância dependa da configuração do tribunal arbitral pelo legislador) de determinados elementos típicos da arbitragem voluntária, mas que, em termos substanciais, não assenta numa escolha e, por conseguinte, num autêntico acto de vontade das partes – ainda que devidamente enquadrada por acto legislativo – com a intenção de solucionar um litígio[1091].

Por outro lado, faltando a alternatividade em relação à jurisdição estadual – que é característica da arbitragem voluntária – importa saber se, porventura, existe a desconformidade, em abstracto, da instituição legal desta modalidade de resolução de litígios com os comandos constitucionais. A questão é também controversa noutros ordenamentos[1092]. Entre nós,

que os tribunais arbitrais são uma «entorse ao princípio geral segundo o qual a respectiva constituição depende da vontade livre das partes», Luís Cabral de Moncada, «Modelos alternativos de justiça: a arbitragem no direito administrativo», p. 492. Numa visão mais radical, José Lebre de Freitas entende que os tribunais arbitrais necessários nem podem sequer ser qualificados como tribunais, sendo somente admissíveis no âmbito do artigo 202º, nº 4 da CRP (enquanto formas não jurisdicionais de conflitos), uma vez que a fonte de legitimação do poder dos árbitros reside em dois factos essenciais: (i) a vontade das partes; (ii) no artigo 209º, nº 2 da CRP. Cfr. *Introdução ao Processo Civil*, 3ª Edição, p. 83, nota 21.

[1091] Não procede, no entanto, o argumento de Dário Moura Vicente quando afirma que «à luz do direito português o regime processual das duas modalidades de arbitragem é fundamentalmente idêntico», uma vez que não só existem, actualmente, regimes com algumas especificidades, tal como no caso do regime jurídico do TAD existe uma norma expressa que além de um regime processual próprio, consagra como normas de aplicação subsidiária as previstas no CPTA. Cfr. *Da Arbitragem Internacional*, p. 28. Em todo o caso, também parece de rejeitar o argumento da identidade entre a arbitragem necessária e arbitragem voluntária, desde logo, porque ignora a verdadeira natureza e as especificidades da arbitragem necessária, não podendo esta ser definida com base no mero afastamento do acesso das partes aos tribunais estaduais pelo legislador, numa interpretação que, como se verá, manifesta evidentes dificuldades face ao direito fundamental de acesso aos tribunais (estaduais) previstos no artigo 20º. Cfr., defendendo, uma solução de total submissão da arbitragem necessária ao regime previsto na LAV, António Magalhães Cardoso e Sara Nazaré, «A arbitragem necessária – natureza e regime: breves contributos para o desbravar de uma (também ela) necessária discussão», pp. 47 e ss.

[1092] No direito espanhol, o TCespanhol tem entendido que o estabelecimento de tribunais arbitrais necessários viola o direito fundamental à tutela jurisdicional efectiva, a menos que exista a possibilidade de os tribunais estaduais poderem também – além de um controlo meramente formal – exercer um controlo de mérito sobre as decisões de tribunais arbitrais de jurisdição necessária, Cfr., mais recentemente, a decisão de 16 de Julho de 2014, processo nº 119/2014, na qual se confirma a jurisprudência constante nos Ac. de 23 de Dezembro de 1995, processo nº 174/1995 e de 30 de Abril de 1996, processo nº 75/1996. Na decisão 174/1995 afirmou-se precisamente que: «[l]a autonomía de la voluntad de las partes – de

existindo um número relevante de manifestações mais ou menos evidenciadas da realidade descrita[1093], a discussão tem-se colocado, particularmente,

todas las partes- constituye la esencia y el fundamento de la institución arbitral, por cuanto que el arbitraje conlleva la exclusión de la vía judicial. Por tanto, resulta contrario a la Constitución que la Ley suprima o prescinda de la voluntad de una de las partes para someter la controversia al arbitraje». Sobre a jurisprudência do TC espanhol em matéria de arbitragem, cfr. José María de la Cuesta Sáenz, «De Nuevo sobre la Contratualidad del Arbitraje», pp. 63 e ss. No direito italiano, o tribunal constitucional italiano tem recorrentemente considerado que a inexistência do elemento voluntário faz com a arbitragem necessária seja de qualificar como uma jurisdição especial e, em particular, ilegítima face ao artigo 104º da Constituição italiana, neste sentido, cfr., entre as diversas decisões, o Ac. de 24 de Abril de 1958, processo nº 35/1958, o Ac. de 5 de Fevereiro de 1963, processo nº 2/1963, o Ac. de 22 de Maio de 1968, processo nº 62/1968, o Ac. de 4 de Julho de 1977, processo nº 127/1977 e, mais recentemente, os Acs. de 9 de Fevereiro de 1994, processo nº 49/1994, de 23 de Maio de 1994, processo nº 206/1994, 232/1994, de 15 de Dezembro de 1994, processo nº 493/1994 e de 2 de Maio de 1996, processo nº 152/1996 e de 6 de Junho de 2005, processo nº 221/2005. Sobre a questão da constitucionalidade da arbitragem necessária no direito italiano, cfr., entre tantos outros e com amplas referências, Carmine Punzi, *Disegno sistematico dell'arbitrato*, Vol I, 2ª Edição, pp. 96 e ss., AAVV, *Arbitrato – Profili di diritto sostanziale e di diritto processuale*, pp. 37 e ss. e Giuseppe Caia, *Arbitrati e Modelli Arbitrali nel Diritto Amministrativo*, pp. 55 e ss. No direito francês, as dúvidas têm-se colocado, especialmente, em relação a dois tipos de «arbitragens necessárias»: (i) a arbitragem que decorre perante uma comissão arbitral dos jornalistas; (ii) o poder arbitral concedido ao bastonário da ordem dos advogados. De todo o modo, não quanto à sua constitucionalidade (expressamente reconhecida pelo tribunal constitucional francês na decisão de 14 de Maio de 2012, processos nº 2012-243//244/245/246), mas relativamente à qualificação como arbitragem, sendo que a doutrina francesa considera que estamos, nestes dois casos, perante uma jurisdição de excepção. Sobre estas arbitragens necessárias, Cfr. Jean Billemont, *La Liberté Contractuelle à L'épreuve de L'arbitrage*, pp. 270 e ss., Jerry Sainte-Rose, « L'arbitrage du bâtonnier est un véritable arbitrage», *in Petites affiches*, pp. 22 e ss.

[1093] Os exemplos mais comuns são: (i) a arbitragem em matéria de expropriações (cfr. os artigos 38º e ss. da Lei nº 168/99, na versão da Lei nº 58/2008, de 4 de Setembro); (ii) a arbitragem no Direito do trabalho prevista nos arts. 508º e ss. e 538º, b, do Código do Trabalho (CT), regulamentados pela Lei nº 259/2009. Nesta situação, exige-se, porém, um despacho ministerial prévio que determina a submissão de um litígio específico à arbitragem necessária (art. 509º do CT) e de um despacho conjunto do ministro da área laboral e do ministro responsável da área em que estiver em causa a existência de serviços mínimos (art. 538º, b); (iii) a arbitragem no Direito do consumo, nomeadamente, a prevista na Lei nº 23/1996, na versão alterada pela Lei nº 10/2013 (Lei dos Serviços Públicos Essenciais), no artigo 15º, nº 1, ao se encontrar disposto que «[o]s litígios de consumo no âmbito dos serviços públicos essenciais estão sujeitos a arbitragem necessária quando, por opção expressa dos utentes que sejam pessoas singulares, sejam submetidos à apreciação do tribunal arbitral dos centros de arbitragem de conflitos de consumo legalmente autorizados», estamos perante *um mecanismo atípico que é, afinal de contas, voluntário para os consumidores e necessário para o prestador*

no que respeita ao direito fundamental à tutela jurisdicional efectiva (artigo 20º e 268º, nº 4, da CRP), bem como o princípio da igualdade (artigo 13º, da CRP). Existem, desde logo, três posições: (i) uma que rejeita a possibilidade de existir arbitragem necessária[1094]; (ii) outra que a admite, mas com a exigência de previsão de um pleno recurso das decisões dos tribunais arbitrais necessários para os tribunais estaduais; (iii) uma última que defende a equiparação dos tribunais arbitrais necessários aos tribunais estaduais.

A divergência doutrinal tem um contexto que importa conhecer. Em Portugal, e ao contrário do que sucede nestes outros países, a arbitragem tem, atualmente, dignidade constitucional no art. 209º, 2, da CRP, relativo às categorias de tribunais, ao estabelecer-se que «[p]odem existir (...) tribunais arbitrais (...)». Em todo o caso, nem sempre foi assim. Na versão originária da CRP de 1976 não existia qualquer referência expressa a tribunais arbitrais. Esta circunstância levaria a que GOMES CANOTILHO e VITAL MOREIRA entendessem, precisamente, que a inexistência dessa menção levantava «um grave problema acerca da sua legitimidade constitucional»[1095].

Com a revisão constitucional de 1982, a CRP passou, porém, a estabelecer a admissibilidade de tribunais arbitrais no artigo 211º, nº 2, ainda que não operasse qualquer distinção relativamente à questão de saber se essa legitimidade incluia somente os tribunais arbitrais voluntários ou se, porventura, também incluiria os tribunais arbitrais necessários. O TC veio, todavia, a admitir que o conceito de tribunais arbitrais previsto na CRP «não distingue entre tribunais arbitrais voluntários e tribunais arbitrais necessários»[1096].

dos serviços públicos essenciais. De qualquer modo, coloca-se também aí, em abstrato, a possibilidade de existir a uma compatibilidade com a norma prevista no art.20º, 1, da CRP [cfr. PEDRO GONÇALVES, «Arbitragem e regulação (a arbitrabilidade dos conflitos regulatórios)», p. 71, nota 13]; (iv) a arbitragem no domínio de direitos de propriedade industrial relativos a medicamentos de referência e medicamentos genéricos, prevista na Lei nº 62/2011, de 12 de Dezembro 2011; (v) a arbitragem no Desporto com a consagração do TAD previsto na LTAD.

[1094] Embora, em regra, aí também estivesse, em concreto, em causa uma arbitragem necessária envolvendo litígios emergentes de direitos de propriedade industrial quando estejam em causa medicamentos de referência e medicamentos genéricos, tal como está configurada na Lei 62/2011, de 12 de Dezembro.

[1095] Cfr. *Constituição da República Portuguesa Anotada*, 1ª Edição, p. 400.

[1096] Ac. do TC nº 52/92.

Em sentido contrário, Gomes Canotilho e Vital Moreira entendiam que, em virtude da inexistência de um conceito constitucional de tribunal arbitral, havia que considerar-se que aquele seria recepcionado pela CRP, enquanto «conceito decorrente da tradição jurídico vigente no direito infraconstitucional»[1097]. Segundo os autores, seria, deste modo, problemático compreender neste conceito também a arbitragem necessária que, por seu turno, convocaria, por um lado, uma violação do direito fundamento de acesso ao direito (art. 20º, 2, da CRP) e, por outro lado, uma violação do princípio da igualdade[1098].

A tese da *incompatibilidade da arbitragem necessária com o texto constitucional* funda-se, portanto, num aspecto abstracto (a não correspondência da arbitragem necessária, em geral, ao conceito de arbitragem) e, por outro lado, na incompatibilidade, em concreto, com as regras constitucionais aplicáveis, quando do seu regime jurídico decorra uma diminuição garantística quando comparado com as garantias constitucionais existentes para aplicáveis aos tribunais estaduais. Neste sentido aponta a doutrina de Gomes Canotilho quando recentemente afirmou que: «a sujeição, por lei ordinária, da resolução desses litígios a um sistema de arbitragem "forçada" ou "necessária", apenas pode significar uma subtra[c]ção inconstitucional dos titulares dos direitos fundamentais invocados ao exercício do "direito" fundamental de acesso aos tribunais para defesa desses direitos». O autor acrescenta ainda que esta realidade: «(...) os coloca numa situação de desigualdade, quando confrontados com a protecção jurisdicional conferida a outros titulares de outros tantos direitos fundamentais e mesmo de outros direitos de propriedade industrial»[1099].

Em sentido idêntico, defendeu Paulo Otero que: «[o] Estado não pode renunciar a ser Estado em domínios que justificam a sua própria existência, sob pena de deixar de ter razão de existir: a administração da justiça, enquanto função típica de soberania, integrante do núcleo «sagrado» de funções exclusivas do Estado, não pode estar na disponibilidade do legis-

[1097] Cfr. *Constituição da República Portuguesa Anotada*, 3ª Edição, p. 808. Cfr., igualmente sobre a questão, referindo-se à «duvidosa constitucionalidade» dos tribunais arbitrais instituídos por lei, analisando um conjunto de categorias que a autora entende ser suspeitas relativamente ao artigo 20º da CRP. Cfr. Isabel Celeste Fonseca, «A arbitragem administrativa: uma realidade com futuro?», pp. 161 e ss.

[1098] Cfr., mas recentemente, Gomes Canotilho e Vital Moreira, *Constituição da República Portuguesa Anotada*, Vol. II, 4ª Edição, p. 551.

[1099] Cfr. *Parecer* de 15 de Março de 2012, *policop.*, p. 70.

lador ordinário»[1100]. Em particular porque um «mecanismo de arbitragem necessária cria um desequilíbrio no acesso à justiça, pois os custos do seu funcionamento são, por via de regra, muito superiores aos custos processuais nos tribunais do Estado. Neste último entendimento, a imposição da arbitragem necessária conduz, imediata e inevitavelmente, a um privilégio a favor dos intervenientes particulares»[1101].

No segundo sentido, e fundando a tese da *admissibilidade constitucional da instituição de tribunais arbitrais necessários, desde exista uma plenitudade do controlo de mérito pelos tribunais estaduais,* PEDRO GONÇALVES entendeu que a consagração de um mecanismo de resolução de litígios por intermédio de arbitragem necessária não pode ser considerada inconstitucional em abstracto em todas situações. Na verdade, o autor admite que: «(...) a imposição da composição arbitral quando não se encontre vedado o acesso aos tribunais estaduais, hipótese que só se verifica se não estiver excluída a possibilidade de recurso [de mérito] da decisão arbitral para aqueles tribunais», uma vez que está aqui em causa (no artigo 20º da CRP) «um direito fundamental que opera no âmbito das relações entre cidadãos e Estado»[1102].

Mais recentemente, RUI MEDEIROS vem admitir – contra o decidido no Ac. nº 230/2013 do TC – uma leitura do artigo 209º, nº 2, da CRP que funda a *equiparação (em abstracto) dos tribunais necessários aos tribunais estaduais.* O autor parte, em primeiro lugar, da ideia de que a CRP admite a existência de tribunais arbitrais (quer sejam voluntários, quer sejam necessários) numa evidente manifestação *da recusa de um monopólio jurisdicional do Estado* e, em segundo lugar, na ideia de que os tribunais arbitrais necessários se

[1100] Parecer de 12 de Julho de 2012, *policop.*, *Apud* RUI MEDEIROS, «Arbitragem Necessária e Constituição», p. 1306.

[1101] Parecer de 12 de Julho de 2012, *policop.*, *Apud* RUI MEDEIROS, «Arbitragem Necessária e Constituição», pp. 1308 e 1309.

[1102] PEDRO GONÇALVES, *Entidades Privadas com Poderes Públicos*, p. 573. Em sentido idêntico, entendia BRAVO SERRA – na declaração de voto do Ac. nº 52/92, processo nº 10/89, afirmando que: «(..) precisamente, na circunstância de a respectiva jurisdição não repousar na vontade das partes, antes se lhes impondo, ainda que contra a sua vontade, dessa arte afastando a possibilidade de a dilucidação dos conflitos ser efectuada pelos órgãos estaduais expressamente previstos na Lei Fundamental, e sem que haja concreta e explícita credencial constitucional para tanto». Em sentido idêntico, parecendo aderir à ideia de que tem de existir sempre um recurso de mérito para os tribunais estaduais, LUÍS CABRAL DE MONCADA, «Modelos alternativos de justiça: a arbitragem no direito administrativo», p. 492.

incluem, portanto, no direito fundamental à tutela jurisdicional efectiva (artigo 20º da CRP)[1103].

Neste contexto, é nosso entendimento que na problemática da constitucionalidade é essencial – como o fazem, de um modo geral, as duas primeiras concepções – discutir o conceito de tribunal arbitral.

Em primeiro lugar, importa ter presente que não cabe na disponibilidade do legislador a qualificação – sob pena de poder dispor sobre as garantias jurisdicionais atribuídas constitucionalmente aos cidadãos – de tribunal arbitral, sem que o seja efectivamente. Neste sentido, a *teoria da equiparação* tem como fraqueza apoiar-se num nominalismo (e um argumento formalista) que pode não ter correspondência com a noção de tribunal, uma vez que, em concreto, não preenche os requisitos constitucionais para tal[1104]. Na verdade, e retirando consequências da qualificação dos tribunais arbitrais necessários como *tribunais arbitrais aparentes*[1105], levado ao seu extremo, a teoria da equiparação pretende desconsiderar as diferenças entre a arbitragem necessária e a arbitragem voluntária. No limite, parte da ideia de que basta o facto de o legislador qualificar um determinado meio de resolução de conflitos como arbitragem ou que permita expressamente que as partes possam atribuir a resolução de um conflito a terceiro – que não o juiz estadual – para que este mecanismo de resolução e conflitos

[1103] Cfr. Rui Medeiros, «Arbitragem Necessária e Constituição», pp. 1312 e ss. e 1318 e 1319. A inclusão dos tribunais arbitrais necessários no conceito de tribunal previsto no artigo 20º, da CRP é justificada com a seguinte argumentação: «se o direito de acesso aos tribunais só valesse para os tribunais estaduais, isso significaria que os tribunais arbitrais não estariam *constitucionalmente* vinculados – mas apenas nos termos da Convenção Europeia dos Direitos do Homem e da Lei de Arbitragem Voluntária – à observância dos princípios fundamentais que, segundo o mesmo artigo 20º, devem ser respeitados em qualquer processo jurisdicional (...)». Ficam, no entanto, por esclarecer quais as consequências que retira o autor da argumentação da equiparação e se admite a vinculação dos tribunais arbitrais a todas as garantias existentes nos tribunais estaduais. Com efeito, a questão é relevante, desde logo, se atentarmos à problemática da confidencialidade na arbitragem que se contrapõe evidentemente com a regra da publicidade (do processo e das decisões) nos tribunais estaduais. Neste sentido, como se verá, a consequência da equiparação não pode ser simplesmente a legitimidade dos tribunais arbitrais.

[1104] Com efeito, não basta que exista um exercício de «liberdade de decisão política do legislador» (cfr. o Ac. 216/2015 do TC) para qualificar um órgão como tribunal.

[1105] Já o havíamos constatado e, igualmente, considerado que a existência de uma arbitragem necessária poder consubstanciar uma degradação de tutela jurisdicional. Cfr. Artur Flamínio da Silva, «A arbitragem desportiva em Portugal: uma realidade sem futuro? – anotação ao Acórdão nº 230/2013 do Tribunal Constitucional», pp. 68 e, especialmente, pp. 82 e ss.

seja conforme ao texto constitucional, na exacta medida em que assenta na equiparação de dignidade constitucional dos tribunais arbitrais com os tribunais estaduais. No entanto, esta *cláusula de equiparação* – como se verá – não resolve o problema de saber quais os princípios constitucionais (aplicáveis aos tribunais estaduais) que também deverão ser aplicáveis aos tribunais arbitrais.

É, em todo o caso, determinante ter presente, por outro lado, que a possibilidade de nomeação dos árbitros é, na arbitragem voluntária, um mero resultado da subtracção voluntária das partes do litígio ao tribunal estadual (entregando-o a um tribunal arbitral) que não reflecte a essência da arbitragem, na medida em que esta pressupõe – acima de tudo – um exercício de autonomia privada em que, por um lado, as partes decidem resolver os litígios por intermédios de meios jurisdicionais privados (em detrimento do tribunal estadual), mas em que as partes decidam também sobre os aspectos essenciais do processo arbitral. Esta circunstância reflecte-se, em bom rigor e por exemplo, na confidencialidade (que é, em regra, apontada como imanente à arbitragem) do processo e das sentenças arbitrais, na medida em que – salvo interesse público que prevaleça – só pode ser afastada por convenção das partes.

Em segundo lugar, parece-nos, por outro lado, óbvio que a CRP – e já o afirmámos – não postula um monopólio da jurisdição estadual, mas, pelo contrário, postula uma responsabilidade da existência de uma jurisdição estadual da qual o Estado não pode demitir-se – como o faz com a instituição de uma arbitragem necessária –, sob pena de violação do artigo 20º da CRP[1106].

É este um ponto forte que se retira, quer da teoria *incompatibilidade da arbitragem necessária com o texto constitucional,* quer da teoria *admissibilidade constitucional da instituição de tribunais arbitrais necessários, desde exista uma plenitude do controlo de mérito pelos tribunais estaduais*, permitindo afastar a *teoria da equiparação.* Neste sentido deve, portanto, entender-se que subtraindo o legislador aos tribunais estaduais uma determinada categoria de litígios, e estando eliminada às partes esta faculdade de subtracção do litígio ao tribunal estadual, a arbitragem necessária não deve ser compreendida como

[1106] A questão foi identificada por Filipe Brito Bastos (embora não o afirme explicitamente) quando reconhece que «a imposição de submissão de litígios a tribunais arbitrais retira aos cidadãos a escolha que por regra os assiste de se socorrerem dos tribunais estaduais». Cfr.«A arbitragem em Direito Administravo e o direito fundamenal de acesso ao Direito nos tribunais portugueses», p. 94.

integrando o conceito de tribunal arbitral, sendo que, nesta medida, a arbitragem necessária se assemelha, por este seu elemento público, a um *tribunal estadual especial*[1107].

Por outro lado, parece óbvio que os tribunais arbitrais necessários são, de facto, tribunais diferentes[1108] dos estaduais, mas é perfeitamente plausível ponderar se as decisões proferidas por aqueles podem ser uma manifestação da tutela jurisdicional efectiva presente no artigo 20º da CRP[1109]. No entanto, parece-nos determinante – afastando-nos da *teoria da equiparação* num mero sentido nominal – que se deva adoptar um critério *puramente substancial* que permita verificar se (num sentido objectivo) os tribunais arbitrais necessários podem, em concreto, respeitar na sua plenitude as garantidas previstas (enquanto responsabilidade estadual) na CRP para os tribunais estaduais.

É por este motivo que o alcance da *teoria da equiparação* deve ser lido em concreto e nunca em abstracto, sendo, no entanto, certo que o estabelecimento de um recurso de mérito para os tribunais estaduais pode, em abstracto, salvaguardar estas dificuldades, mas também pode não ser suficiente

[1107] Cfr., sobre o conceito de jurisdição especial, V. E. Orlando, *Primo Tratatto Completo di Diritto Ammistrativo Italiano*, Vol. II, pp. 530 e ss. Como bem explicou Enrico Giucciardi, a arbitragem necessária assemelha-se com uma jurisdição especial, na exacta medida em que existe um carácter permanente em que um órgão se encontra em abstracto (ainda que em concreto possam ser designadas personalidades variadas) investido de decidir – com expressa exclusão de qualquer outro órgão jurisdicional – de uma categoria de litígios. Cfr. *La Giustizia Amministrativa*, 3ª Edição, p. 420.

[1108] Só neste sentido, embora referindo-se à arbitragem voluntária, se pode compreender a afirmação do TC no Ac. nº 230/86, na qual se considerou que «os tribunais arbitrais não são tribunais como os outros». De resto, deve reter-se que os tribunais arbitrais são diferentes na sua estrutura, funcionamento e configuração jurídica em relação à jurisdição estadual. Contudo, devem ser tidos como equivalentes à jurisdição estadual enquanto uma modalidade alternativa de resolução de litígios e, no caso da arbitragem necessária, como uma modalidade atípica de resolução de litígios.

[1109] Somente neste sentido se pode aceitar a posição defendida, no voto de vencido do Ac. 230/2013 do TC, pela Conselheira Maria João Antunes ao afirmar, relativamente à arbitragem necessária instituída pelo TAD, que: «[o] TAD não é um tribunal estadual, mas porque surge em *virtude de um ato legislativo e não como resultado de um negócio jurídico privado de direito privado*, é irrecusável o seu *carácter tipicamente publicístico*». No sentido de que a subtracção de um litígio que, em condições normais, caberia ao tribunal estadual que consubstancie uma consequente atribuição a um tribunal arbitral constitui um elemento publicístico deste instituto, cfr. Maria Di Bartolomeo, *Microconflittualitá e arbtritato obbligatorio*, p. 34.

em termos concretos[1110]. Neste sentido também não é possível entender – como se verá relativamente ao TAD – que existe uma admissibilidade abstracta da arbitragem necessária (com a previsão de um recurso de mérito para os tribunais estaduais) sem ser analisada a sua estrutura concreta. A problemática envolvendo os tribunais arbitrais necessários é, portanto, mais complexa do que a estabelecida pelo cenário doutrinal descrito, implicando um excurso pela configuração legislativa do regime da arbitragem necessária em análise[1111].

De resto, esta foi, de certo modo, a linha de pensamento subjacente à doutrina da *teoria da inadmissibilidade constitucional da arbitragem necessária* e, em particular, do TC quando no Ac. 230/2013[1112] aferiu da compatibilidade da norma que instituía a irrecorribilidade das decisões do TAD para a jurisdição estadual, analisando, em concreto, a estruturação do TAD, bem com o seu regime processual.

Na verdade, entendemos que a consagração de um mecanismo de resolução de litígios necessário exige – sob pena de se esvaziar as garantias constitucionais estabelecidas no título V para os tribunais estaduais[1113] – que

[1110] Neste sentido, afirmando que se tratará de um verdadeiro tribunal quando cumpra os requisitos exigidos para um tribunal estadual e que, por outro lado, será de qualificar como uma entidade administrativa quando não o cumpra, cfr. HELMUT WEIDEMANN, *Schiedsgerichtsbarkeit in Verwaltungsrechtlichen Streitsachen*, p. 73.

[1111] Discordamos assim da abordagem metodológica adoptada por RUI MEDEIROS na constatação da constitucionalidade da arbitragem necessária do TAD quando entende precisamente que a análise da constitucionalidade da arbitragem necessária possa ser desligada de uma análise em concreto da construção legal do tribunal arbitral que se constitua nestes termos. Cfr. «Arbitragem Necessária e Constituição», p. 1305, afirmando que rejeita uma análise que envolva: «a apreciação da bondade jurídico-constitucional do modo como a lei, em concreto, organiza as arbitragens em causa, define o estatuto dos árbitros e regula o processo arbitral».

[1112] Processo nº 279/2013.

[1113] Esteve certo o TC quando entendeu que as garantias de independência de um tribunal são precisamente mais exigentes na arbitragem necessária, uma vez que aí inexiste o consentimento e afirmou que: «[n]ão valem neste plano da arbitragem necessária as teses contratualistas de certa doutrina, segundo as quais, o fundamento da auctoritas arbitral residirá na autonomia da vontade das partes (...). O tribunal arbitral necessário é um instituto distinto, pela sua origem, do tribunal arbitral voluntário; surge em virtude de acto legislativo e não como resultado de negócio jurídico de Direito privado. Daí, o seu carácter tipicamente publicístico. Por esse facto, a imparcialidade de julgamento, que na arbitragem voluntária poderia, em tese, mostrar-se assegurada pela livre concertação de vontades vertida no compromisso arbitral postula, aqui, um outro tipo de garantias». Cfr. o Ac. do TC nº 52/92.

sejam obrigatoriamente analisados, por exemplo, os aspectos organizativos ou o estatuto dos árbitros de cada tribunal consagrado pelo legislador[1114].

Com efeito, nesta situação, a questão da conformidade da arbitragem necessária com os comandos constitucionais coloca-se com particular acuidade relativamente ao *direito fundamental da tutela jurisdicional efectiva*, ao *princípio da igualdade*, mas também em relação ao *princípio do juiz natural* (enquanto manifestação do princípio de Estado de Direito). Em suma, a constitucionalidade de um tribunal arbitral necessário deve ser maioritariamente buscada por intermédio de um *teste da conformidade concreta* com as garantias exigidas aos tribunais estaduais, segundo as coordenadas do artigo 20º da CRP. Deste modo, a provável inconstitucionalidade da instituição legal de um tribunal arbitral necessário deve ser sempre aferida em concreto, verificando se, porventura, cumpre as garantias que a Constituição prevê também para os tribunais estaduais.

De resto, no presente estudo, iremos naturalmente focar-nos na conformidade da instituição legal do TAD com os comandos jurídicos constitucionais. Em contrapartida, deixaremos de parte a análise de todos os problemas que envolvam o processo de formação, constituição, tomada de decisão e revisão da sentença arbitral que seja proferida pelo TAD. A relevância destes elementos será explorada de acordo com o critério da sua compatibilidade com o texto da CRP. Seguidamente exige-se, por outro lado, que introduzamos a origem histórica das ligações entre a arbitragem e o Desporto, analisando alguns aspectos gerais relacionados com este mecanismo de resolução de conflitos desportivos, em particular, aquela que existe junto do TAS. No entanto, merecerão a nossa especial atenção as relações que se possam estabelecer entre a arbitragem internacional do TAS com a resolução de conflitos que existe em Portugal.

4.4. A Convenção Europeia dos Direitos do Homem e a Arbitragem

As relações entre a arbitragem voluntária, a arbitragem necessária e a CEDH assumem-se como problemáticas e, em especial, no que respeita aos

[1114] Esta submissão dos tribunais arbitrais necessários às garantias do título V da CRP não envolve nenhum juízo estranho. AA falta do elemento voluntarístico impede que as partes tenham a possibilidade de renunciar (parcialmente) ao regime garantístico do título V. Na doutrina a questão também não parece ser controversa, uma vez que parece admitir-se inclusivamente que os tribunais arbitrais voluntários tenham que cumprir o regime do título V da CRP. Cfr. JORGE MIRANDA e RUI MEDEIROS, *Constituição Portuguesa Anotada*, Vol. III, pp. 115 e ss.

tribunais arbitrais internacionais no domínio do Desporto, argumentando-se com uma potencial violação do artigo 6º, nº 1, da CEDH[1115]. A questão irá, em breve, colocar-se perante o TEDH também com uma acção proposta por CLAUDIA PECHSTEIN[1116]. De um modo sucinto, o artigo 6º, nº 1, da CEDH exige que os Estados estabeleçam um conjunto de garantias na legislação nacional no que tange aos tribunais e que se reconduzem às seguintes: (i) o direito ao acesso aos tribunais estaduais e a uma decisão efectiva; (ii) direito a um tribunal independente e imparcial estabelecido pela lei; (iii) direito a um processo equitativo; (iv) direito à publicidade do processo (inclusivamente da audiência de julgamento); (v) direito a uma decisão em prazo razoável[1117].

[1115] Cfr., sobre esta problemática, entre outros, ULRICH HAAS, «International sports arbitration and the European Convention on Human Rights», p. 129 e ss., do mesmo autor, «Role and Application of article 6 of the European Convention on Human Rights in CAS Procedures», pp. 43 e ss., CHRISTIAN CLASSEN, *Rechtschutz gegen Verbandsmassnahmen im Profisport*, pp. 128 e ss.

[1116] Segundo alguns autores, a decisão já teria estado prevista para a primeira metade de 2015, mas não chegou não chegou a ser proferida, cfr. BURKHARD HESS, «Schiedsgerichtsbarkeit und europäisches Zivilprozessrecht», p. 554. Uma questão idêntica já se colocou no ordenamento jurídico britânico. Neste sistema jurídico com a transposição da CEDH através do Human Rights Act de 1996 existiu uma incorporação daquele instrumento jurídico no ordenamento britânico [sobre essa incorporação, cfr. WOLFRAM DISTLER, *Private Schiedsgerichtsbarkeit und Verfassung*, pp. 29 e ss.]. Deste modo, o *Court of Appeal* entendeu, numa decisão envolvendo um empresário de futebol, que não existia qualquer imposição decorrente da cláusula compromissória que emergia do licenciamento daquele. Paul Stretford – o empresário do jogador Wayne Rooney – tinha sido punido disciplinarmente pela federação inglesa de futebol, contudo entendia que o órgão disciplinar não cumpriu as garantias previstas no artigo 6º, nº 1, da CEDH no âmbito do processo disciplinar que lhe tinha sido instaurado e que, por outro lado, a imperatividade estatutária de constituir um tribunal arbitral para os conflitos emergentes das decisões disciplinares também violava o mesmo artigo da CEDH. A argumentação do tribunal inglês centrou-se em torno da jurisprudência do TEDH, reconhecendo que a convenção de arbitragem só seria contrária à CEDH se, porventura, tivesse sido celebrada sob coacção e, deste modo, tivesse sido imposta a Stretford. Em conclusão, afirmou – embora sem argumentar – que «[n]o questions of constraint arises here». Cfr. Ac. de 21 de Março de 2007, processo A3/2006/0713/CHANF (Stretford contra Football Association Ltd). Sobre esta decisão, em sentido concordante, cfr. HELMUT GROTHE e MATTIAS FROHN, «Rechtsstaatliche Verfahrensgarantien in der Sportgerichtsbarkeit: Wayne Rooney, Paul Stretford und Art. 6 EMRK», pp. 104 e ss.

[1117] Cfr. CHRISTOPH GRABENWARTER, *European Convention on Human Rights. Commentary*, pp. 127 e ss., 113 e ss., 134 e ss., pp. 145 e ss., 141 e ss., FROWEIN/PEUKERT, *EMRK-Kommentar*, 3ª Edição, pp. 166 e ss., 220 e ss., pp. 215 e ss., pp. 189 e ss., 232 e ss., e JENS MEYER-

Não nos interessa, porém, desenvolver todas as dimensões destes direitos previstos no artigo 6º, nº 1, da CEDH. Basta, para o presente estudo, reter os aspectos essenciais que possam ter relação com a problemática que envolve a arbitragem em geral e, em particular, aquelas em que existe uma *disparidade estrutural entre as partes* e a CEDH. A primeira questão está relacionada com a exigência do artigo 6º, nº 1, da CEDH ao estabelecer que todos têm direito a um «tribunal (...) estabelecido pela lei». A referência tribunal deve ser interpretada de forma autónoma em relação à qualificação dada pela legislação nacional, inexistindo – face à densidade do conceito do artigo 6º, da CEDH – praticamente qualquer margem de apreciação dos Estados contratantes relativamente a esta exigência (não interessa que a legislação o qualifique como tal ou não)[1118]. De qualquer modo, podia assumir-se como problemática a qualificação de «estabelecido pela lei» quando nos referimos a tribunais arbitrais. Em particular, porque o TEDH exige que exista uma *reserva legal* da regulação: (i) da composição do tribunal; (ii) dos aspectos organizativos; (iii) da competência do tribunal[1119]. Não obstante, quanto a este aspecto, em virtude de existir um enquadramento legislativo da arbitragem poder-se entender que aqueles tribunais podem ser enquadrados (ainda que mediatamente) no conceito de «tribunal estabelecido por lei» da CEDH, sendo que, neste sentido, a doutrina reconhece que aquele requisito nem sequer é aplicável à arbitragem voluntária[1120].

-Ladewig, *EMRK. Handkommentar*, 3ª Edição, pp. 127 e ss., 138 e ss., 144 e ss., 166 e 167, 168 e ss.

[1118] Cfr. Christoph Grabenwarter, *European Convention on Human Rights. Commentary*, p. 114. Segundo o TEDH, o artigo 6º, nº 1, da CEDH «guarantees a right to a public hearing by an independent and impartial tribunal established by law. According to the Court's case-law, a "tribunal" is characterised in the substantive sense of the term by its judicial function, that is to say determining matters within its competence on the basis of rules of law and after proceedings conducted in a prescribed manner. It must also satisfy a series of further requirements – independence, in particular of the executive; impartiality; duration of its members' terms of office; guarantees afforded by its procedure – several of which appear in the text of Article 6 § 1 itself». Cfr., por exemplo, o Ac. de 20 de Dezembro de 2001, *Baischer contra Áustria*, processo nº 32381/96, ponto 23.

[1119] Cfr. Christoph Grabenwarter, *European Convention on Human Rights. Commentary*, p. 115, bem como a ampla jurisprudência aí referida.

[1120] Neste sentido, Ulrich Haas, «International sports arbitration and the European Human Rights Convention», p. 134, Sébastien Besson, «Arbitration and Human Rights», p. 400, implicitamente, Jens Adolphsen, *Internationale Dopingstrafen*, p. 556 e Robert Briner e Fabian von Schlabrendorff, «Article 6 of the European Convention on Human Rights and its Bearing upon International Arbitration», p. 89, Juan Carlos Landrove, «European

Por outro lado, a referência no artigo 6º, nº 1, da CEDH a «direitos e obrigações de carácter civil» como pressuposto garantístico daquela norma não deve ser entendida de um modo estanque como uma mera protecção de direitos reconduzíveis exclusivamente ao Direito Privado. Pelo contrário, segundo a jurisprudência do TEDH, aquele conceito privilegia uma noção material[1121], independentemente da classificação legal adoptada pelos Estados contratantes da CEDH, mas que possa consubstanciar um direito substantivo com previsão legal na lei nacional[1122]. Entre esses direitos, encontra-se a *liberdade de exercício da profissão*, pelo que os conflitos relacionados com os procedimentos disciplinares ou jurisdicionais que envolvam a limitação e prováveis afectações daquele direito[1123] devem cumprir as regras do artigo 6º, nº 1, da CEDH, incluindo-se no âmbito de aplicação daquele artigo da CEDH «todos os procedimentos dos quais o seu resultado seja decisivo para direitos privados e obrigações»[1124]. Neste contexto, não parecem existir muitas dúvidas de que as sanções disciplinares aplicadas aos

Convention on Human Rights' Input on Consensual Arbitration», p. 80, em sentido idêntico, embora com dúvidas, PETER TOCHTERMANN, *Die Unabhängigkeit des Mediators*, pp. 37 e ss. Em tom crítico em relação à aplicabilidade deste requisito à arbitragem, cfr. WALTHER HABSCHEID, «Schiedsgerichtsbarkeit und Menschenrechtskonvention», pp. 348 e ss.

[1121] Cfr. IRINEU CABRAL BARRETO, *A Convenção Europeu dos Direitos do Homem*, 4ª Edição, p. 143.

[1122] Cfr. CHRISTOPH GRABENWARTER, *European Convention on Human Rights. Commentary*, O determinante para a qualificação é a substância do direito, pelo que também podem ser incluídas situações jurídicas que tradicionalmente são reconduzíveis nalguns Estados à regulação pelo Direito Administrativo. Cfr., por exemplo, PIERO LEANZA e ONDREJ PRIDAL, *The Right to a Fair Trial*, p. 39.

[1123] Cfr. o Ac. do TEDH, de 23 de Junho de 1981, processos nº 6878/75 e 7238/75, *Le Compte, Van Leuven e de Meyere contra Bélgica*, reconhecendo precisamente que: «[u]nlike certain other disciplinary sanctions that might have been imposed on the applicants (warning, censure and reprimand (...)), the suspension of which they complained undoubtedly constituted a direct and material interference with the right to continue to exercise the medical profession. The fact that the suspension was temporary did not prevent its impairing that right (see, mutatis mutandis, the above-mentioned Golder judgment, p. 13, par. 26); in the "contestations" (disputes) contemplated by Article 6 par. 1 (art. 6-1) the actual existence of a "civil" right may, of course, be at stake but so may the scope of such a right or the manner in which the beneficiary may avail himself thereof».

[1124] Cfr. o Ac. do TEDH, de 16 de Julho de 1971, processo nº 2614/65, *Ringeisen contra Áustria*, ponto 94 e Ac. do TEDH, de 28 de Junho de 1978, processo nº 6232/73, *König contra Alemanha*, ponto 90.

agentes desportivos se devem incluir no âmbito da noção de «direitos civis e obrigações de carácter civil»[1125].

A grande questão que subjaz à aplicabilidade da CEDH consiste, no entanto, em saber se o artigo 6º, nº 1, da CEDH deve ser aplicável na íntegra aos tribunais arbitrais ou se, pelo contrário, existem alguns direitos aí previstos a que as partes podem renunciar. O TEDH e Comissão Europeia dos Direitos do Homem vieram defender explicitamente a ideia de que a celebração de uma convenção de arbitragem, desde que livremente celebrada, consubstanciava uma renúncia[1126] aos direitos consagrados no artigo 6º, nº 1, da CEDH[1127] e, em particular, à jurisdição estadual[1128]. Esta posição

[1125] No mesmo sentido, cfr. Jan Lukomski, «Arbitration clauses in Sport governing bodies' statutes: consent or constraint? Analysis from the perspective Article 6(1) of the European Convention on Human Rights», p. 65.

[1126] Sobre a renúncia aos direitos processuais previstos no artigo 6º, nº 1, da CEDH, v., por todos, Jorgen Aall, «Waiver of Human Rights: Waiver of Procedural Rights according to Article 6 ECHR», pp. 206-278. No Ac. de 1 de Março de 2006, *Sejdovic contra Itália*, processo nº 56581/00, ponto 86, defendeu explicitamente que: «[n]either the letter nor the spirit of Article 6 of the Convention prevents a person from waiving of his own free will, either expressly or tacitly, the entitlement to the guarantees of a fair trial (...). However, if it is to be effective for Convention purposes, a waiver of the right to take part in the trial must be established in an unequivocal manner and be attended by minimum safeguards commensurate to its importance (...). Furthermore, it must not run counter to any important public interest».

[1127] Cfr. O Ac. do TEDH de 27 de Fevereiro de 1980, *Deweer contra Bélgica*, processo nº 6903/75, ponto 49, entendeu que: «[i]n the Contracting States' domestic legal systems a waiver of this kind is frequently encountered both in civil matters, notably in the shape of arbitration clauses in contracts, and in criminal matters in the shape, inter alia, of fines paid by way of composition. The waiver, which has undeniable advantages for the individual concerned as well as for the administration of justice, does not in principle offend against the Convention». Na decisão de 12 de Dezembro de 1983, *Bramelid contra Suécia*, processo nº 8588/79 and 8589/79, ponto 30, a Comissão Europeia dos Direitos do Homem afirmou que: «Commission notes that a distinction must be drawn between voluntary arbitration and compulsory arbitration. Normally Article 6 poses no problem where arbitration is entered into voluntarily (...). If, on the other hand, arbitration is compulsory in the sense of being required by law, as in the case, the parties have no option but to refer their dispute to an Arbitration Board, and the Board must offer the guarantees set forth in Article 6 (1)». Implicitamente, o Comité de Ministros aceitou a posição da Comissão ao dar provimento ao recurso, entendendo que, no caso concreto, havia uma violação do artigo 6º, nº 1, da CEDH. Cfr. a decisão de 25 de Outubro de 1984, *Bramelid contra Suécia*, processo nº 8588/79 and 8589/79. Em sentido idêntico, a decisão da Comissão Europeia dos Direitos do Homem, processo nº 10881/84, afirmando que «[i]n signing an arbitration agreement, the applicant waived his right to bring the dispute before an ordinary court» acrescentando,

teve, em regra, como base uma contraposição entre a arbitragem necessária (plenamente submetida às garantidas da CEDH) e a arbitragem voluntária[1129] (que possibilita a renúncia (parcial)[1130] a alguns direitos previstos na CEDH, entre estes, a publicidade do processo[1131]), de modo a apurar qual o regime jurídico aplicável.

Neste contexto, um dos primeiros aspectos a considerar relativamente ao TAS é precisamente a falta de voluntariedade na submissão à jurisdição arbitral. Este problema não é, no entanto, novo para o TEDH. No Ac.

porém, que uma «(...) condition of the waiver of one's right to have one's case dealt with by a court vias absence of constraint» e a decisão de 27 de Novembro de 1996, *Nordström contra Holanda*, processo nº 28101/95, retomando o mesmo raciocínio. O TEDH retomou esta linha de raciocínio no Ac. de 23 de Fevereiro de 1999, *Osmo Souvaniemi contra Finlândia*, processo nº 31737/96, afirmando que: «[a]s the arbitration was based on voluntary agreements between the parties, there was an explicit renunciation by them of a procedure before an ordinary court» e no Ac. de 16 de Dezembro de 2003, *Transado – Transportes Fluviais, S.A. contra Portugal*, processo nº 35943/02, sublinhando que: «[t]he Court notes at the outset that Article 6 does not preclude the setting up of arbitration tribunals in order to settle certain disputes. Indeed, the word "tribunal" in Article 6 § 1 is not necessarily to be understood as signifying a court of law of the classic kind, integrated within the standard judicial machinery of the country».

[1128] Cfr., explicitamente, J. GUNDEL, «Verfahrensrechte», p. 428.

[1129] Neste sentido, quando o TEDH decidiu explicitamente que um tribunal arbitral necessário era um «tribunal estabelecido pela lei» nos termos do artigo 6º, nº 1, da CEDH na decisão de 08/07/1986, *Lithgow e outros contra Reino Unido*, processos nº 90006/80; 9262/81; 9263/81; 9265/81; 9266/81; 9313/81; 9405/81, pontos 200 e 201. Em sentido idêntico, a doutrina concorda com a solução, cfr., por exemplo, CHRISTOPH GRABENWARTER, *European Convention on Human Rights. Commentary*, p. 116, JENS ADOLPHSEN, «Aktuelle Fragen des Verhältnis von EMRK und Europäisches Zivilprozessrecht», p. 76, ROBERT BRINER e FABIAN VON SCHLABRENDORFF, «Article 6 of the European Convention on Human Rights and its Bearing upon International Arbitration», p. 89, JAN BANGERT, «Die Bindung privater Schiedsgerichte an Art. 6 Abs. 1 EMRK», p. 45, JAN LUKOMSKI, «Arbitration clauses in Sport governing bodies' statutes: consent or constraint? Analysis from the perspective Article 6(1) of the European Convention on Human Rights», p. 66, FRANZ MATSCHER, «L'arbitrage et la Convention», p.. 399. Entre nós, cfr. ARMINDO RIBEIRO MENDES, «Os Tribunais Arbitrais são tribunais, mas não são "Tribunais como os outros"», p. 63.

[1130] Existe, assim, um «núcleo essencial de garantias irrenunciáveis». Cfr. WALTER H. RECHBERGER, «Zur Rechtsnatur der Anfechtung von Schiedssprüchen», p. 802.

[1131] O TEDH afirma explicitamente (de acordo com jurisprudência assente) que «a waiver of the right must be established in an unequivocal manner and be attended by minimum safeguards commensurate with its importance». Cfr. o Ac. de 22 de Outubro de 2009, *Makarenko contra Rússia*, processo nº 5962/03, ponto 135, bem como a jurisprudência nele citada.

Suda contra República Checa[1132], o TEDH teve oportunidade de se pronunciar sobre a falta consentimento numa convenção de arbitragem. Estava aí em causa a votação de duas deliberações sociais de uma Sociedade Anónima, na qual ficou estabelecido por maioria dos votos (o requerente era accionista com uma participação minoritária e votou expressamente contra aquelas deliberações) que aquela sociedade seria dissolvida e que todos os bens da sociedade reverteriam a favor do accionista maioritário.

Noutra deliberação foi também celebrado um contrato com o accionista maioritário, no qual se estabelecia o valor da compensação monetária devida aos outros sócios minoritários pela transmissão do património. Naquele contrato encontrava-se prevista uma cláusula compromissória que determinava que todos os litígios emergentes do contrato de transmissão do património seriam decididos por um tribunal arbitral, na qual os árbitros seriam escolhidos por intermédio de uma lista de uma sociedade de responsabilidade limitada e de acordo com um regulamento arbitral criado pela referida sociedade. Não haveria, por outro lado, recurso (de mérito) para os tribunais estaduais.

O TEDH decidiu a favor da violação do artigo 6º, nº 1, da CEDH, afirmando precisamente que «(...) que o requerente não renunciou à possibilidade de submeter o litígio a um tribunal ordinário, nem ao exercício das garantias previstas no artigo 6º, nº 1, da Convenção»[1133], entendeu, por conseguinte, que não se tratava de uma «arbitragem necessária, imposta por lei, mas de uma arbitragem celebrada por terceiros»[1134]. No entanto, o TEDH entendeu que – uma vez que não houve renúncia – as garantias do artigo 6º, nº 1, da CEDH eram plenamente aplicáveis e aquele tribunal arbitral não cumpria, desde logo, o requisito da publicidade do processo e da «jurisdição legal»[1135]. Ficava, assim, implícito que, não havendo uma verdadeira renúncia aos direitos previstos no artigo 6º, nº 1, da CEDH, as garantias aí previstas teriam que ser plenamente aplicáveis[1136]. Esta decisão

[1132] Ac. de 28 de Outubro de 2010, processo nº 1643/06.

[1133] Cfr. ponto 50.

[1134] Cfr. ponto 51.

[1135] Cfr. ponto 53.

[1136] Remus Moresan e Niklas Korff entendem inclusivamente que é «inequívoco» que depois desta decisão o TEDH confirmou que quando existem arbitragens impostas a uma das partes deve exigir-se o pleno cumprimento das garantias previstas no artigo 6º, nº 1, da CEDH. Cfr. «Sportschiedsgerichtsbarkeit: Wie weiter nach dem «Pechstein-Urteil» des Landgerichts Münchenp. 199.

do TEDH não se reconduz a um caso isolado. Em 2012, entendendo existir uma violação do artigo 6º, nº 1, da CEDH, na decisão *Chadzitaskos e Franta contra República Checa* – e em quadro factual próximo ao existente no Ac. *Suda* –, o TEDH reconheceu que a este tipo de arbitragens seriam também aplicáveis todas as garantias previstas no artigo 6º, nº 1, da CEDH[1137].

A doutrina da decisão *Suda* veio, por seu turno, a ser reiterada no Ac. *Kolgu contra Turquia*, no qual um atleta, entre outras questões, colocava em causa a falta de publicidade da audiência[1138]. No entanto, neste caso o atleta – obrigado, num primeiro momento, por lei a recorrer a um tribunal arbitral da federação turca de futebol – poderia, no limite, ter recorrido aos tribunais estaduais (havendo uma jurisprudência dos tribunais turcos nesse sentido). Não obstante, na sequência de um intensa litigância no seio do ordenamento turco, o atleta optou por submeter a decisão final do litígio ao tribunal arbitral e não à jurisdição estadual[1139]. Em resposta à questão da exigência de publicidade do processo, o TEDH entendeu que «(...) no seguimento de um conflito relativo à rescisão de contrato, o recorrente iniciou o processo junto do tribunal arbitral da Federação Turca de Futebol. No entanto, na medida em que assinou um protocolo com o clube de futebol, o recorrente podia ter proposto uma acção junto dos tribunais comuns, nos quais poderia ter tido uma audiência pública», deste modo, rejeitando a pretensão do atleta, o TEDH conclui que «o recorrente escolheu iniciar o processo junto do tribunal arbitral, pelo que, deste modo, aceitou o sistema [de resolução de conflitos] estabelecido pela Federação [Turca] de Futebol»[1140].

Em síntese, da jurisprudência do TEDH pode retirar-se a seguinte conclusão: a diferença entre a arbitragem voluntária e a arbitragem necessária, no plano da sua admissibilidade à luz do artigo 6º da CEDH, assume-se na necessidade de um maior pendor garantístico na arbitragem necessária

[1137] Ac. de 27 de Setembro de 2012, processo nº 7398/07, 31244/07, 11993/08 e 3957/09, ponto 53. Também neste caso o TEDH decidiu a favor de uma violação do artigo 6º, nº 1, da CEDH.

[1138] Ac. de 27 de Agosto de 2013, processo nº 2935/07.

[1139] Cfr. ponto 40, afirmando que: «(...) a distinction must be drawn between voluntary arbitration and compulsory arbitration. Normally, Article 6 poses no problem where arbitration is entered into voluntarily. If on the other hand, arbitration is compulsory, in the sense of being required by law, the parties have no option but to refer their dispute to an Arbitration Board, and the Board must offer the guarantees set forth in Article 6 § 1».

[1140] ponto 44.

pela inexistência de uma renúncia das partes a uma parcela da esfera de protecção deste artigo da CEDH.

§5º A ARBITRAGEM E O DESPORTO: UMA PARCERIA CONSOLIDADA

Abordar a relação entre a arbitragem e o Desporto implica, desde logo, introduzir a temática que envolve a arbitragem internacional no Desporto e, em particular, aquela que envolve o TAS. A exposição que se segue fundamenta-se na influência que esta arbitragem exerceu na construção de um tribunal arbitral necessário especializado na decisão de conflitos desportivos em Portugal[1141], orientando-se, desde logo, pelos seguintes critérios: (i) em primeiro lugar, implica estudar o percurso histórico de aperfeiçoamento das estruturas do TAS; (ii) em segundo lugar, perceber a estrutura actual do TAS; (iii) em terceiro lugar, compreender os espaços de intersecção entre a arbitragem desportiva internacional e a resolução de conflitos desportivos no sistema jurídico português.

Neste contexto, devemos realçar que a arbitragem passou a ser vista como uma opção viável para a resolução dos conflitos desportivos no seio do associativismo desportivo apenas nos anos 80. Existiu, em particular, um anseio do associativismo desportivo na inexistência da submissão das suas regras ao controlo dos tribunais estaduais e, por outro lado, estabelecer um mecanismo de resolução de conflitos desportivos mais eficaz. Em todo o caso, na sequência da criação do TAS que passou a perceber-se que a arbitragem apresentava o potencial de dar resposta às necessidades dos conflitos que, entretanto, passavam a ganhar relevância com o crescente destaque económico do fenómeno desportivo e o consequente aumento da litigiosidade junto dos tribunais estaduais em matérias desportivas. A criação desta instituição arbitral revelou, ainda que após um processo de maturação de quase vinte anos, virtualidades no âmbito da arbitragem internacional[1142], desde logo, a sua rapidez, mas encontra-se, actualmente, numa

[1141] Como denotou o Partido Socialista, naquela que consubstanciou a primeira proposta (e única do Partido Socialista) submetida à Assembleia da República para a implementação de um tribunal arbitral desportivo, ao afirmar que teve em conta: «a história do Tribunal Arbitral do Desporto de Lausanne, cuja experiência se pretende agora replicar, com as necessárias adaptações, a nível nacional». Cfr. a exposição de motivos do Projecto de Lei nº 236/XII/1ª.

[1142] Um breve olhar comparativo sobre as estatísticas de outros centros de arbitragem institucionalizados demonstra o relevo que este tribunal tem assumido no âmbito da arbitragem internacional. Em 2012, o TAS decidiu, por exemplo, 374 litígios que lhe foram submetidos,

crise sem precedentes na sequência do caso Claudia Pechstein. No entanto, sem prejuízo de um posterior desenvolvimento do cenário de crise em que se encontra envolta a arbitragem desportiva transnacional, importa reconhecer que esta assume algumas características distintas de outras arbitragens internacionais; por exemplo, o processo arbitral desportivo pode, em casos muito específicos, permitir a decisão sobre uma questão jurídico-desportiva num curtíssimo espaço de vinte e quatro horas. Não obstante, a maior diferença que se pode aqui registar, por exemplo, em relação à arbitragem do comércio internacional, diz respeito ao enorme impacto mediático que a decisão de um tribunal arbitral desportivo pode provocar junto da opinião pública[1143].

A mais importante especificidade da arbitragem desportiva internacional diz, no entanto, respeito a outra característica: a *desigualdade estrutural entre as partes*. Como foi demonstrado por Antonio Rigozzi, na sua dissertação de doutoramento, [1144] existe, desde logo, (ii) uma «desigualdade estrutural» entre as partes fruto de uma estrutura associativa hierárquico-monopolística desportiva, ou seja, o desportista que queira participar numa determinada competição apenas tem como solução possível aceitar os compromissos arbitrais previstos nas normas regulamentares ou esta-

segundo dados disponíveis em (http://www.tas-cas.org/d2wfiles/document/437/5048/0/stat2012.pdf). Em comparação, à ICC foram, em 2012, submetidos 759 litígios, segundo dados disponíveis em (http://www.iccwbo.org/Products-and-Services/Arbitration-and-ADR/Arbitration/Introduction-to-ICC-Arbitration/Statistics/). Por outro lado, registaram-se, em 2012, apenas 50 litígios submetidos à ICSID, conforme dados disponíveis em (https://icsid.worldbank.org/ICSID/FrontServlet?requestType=ICSIDDocRH&actionVal=ShowDocument&CaseLoadStatistics=True&language=English42). Registe-se também que na DIS se registaram apenas 125 submissões aos tribunais arbitrais constituídos, segundo dados disponíveis em (http://www.dis-arb.de/en/39/content/statistics-id54). Verifica-se, assim que dos centros de arbitragem indicados, apenas a ICC regista um maior número de litígios submetidos do que o TAS.

[1143] Neste sentido, William McAuliffe, Antonio Rigozzi e Lévy Kaufmann-Kohler, «Sports Arbitration». O TFS, por exemplo, embora reconhecendo que a publicidade do processo arbitral depende do acordo das partes, considera mesmo que: «(...) devido à inegável importância do TAS no domínio do Desporto, seria desejável, desde que requerido pelo desportista, que a audiência se desenrolasse de uma forma pública, de modo a estabelecer confiança na independência e imparcialidade no processo de busca da solução jurídica». Cfr. Ac. de 10 de Fevereiro de 2010, processo nº 4A-612/2009.

[1144] Nos três sentidos que serão apresentados, cfr. Antonio Rigozzi, *Arbitrage international en matiére de sport*, pp. 179.

tutárias das federações desportivas[1145]; (ii) em segundo lugar, esta arbitragem apresenta um traço obrigatório, na medida em que se trata de uma arbitragem *imperativamente*[1146] prevista nos regulamentos das associações desportivas[1147] [1148]; (i) em terceiro lugar, a arbitragem internacional desenvolve-se, por exemplo, independentemente de existir, por vezes, propriamente um vínculo contratual entre a federação desportiva transnacional e o desportista que participa em competições desportivas desta, uma vez que

[1145] Dando precisamente o exemplo dos Jogos Olímpicos, um autor afirma que ao atleta apenas restaria: «(1) sign the agreement, thereby consenting to the arbitration clause, and try out for the Olympic team; or (2) refuse to sign the agreement and watch the Olympics on television», STEPHAN A. KAUFMAN, «Issues in International Sports Arbitration», p. 545.

[1146] Cfr. SCHWAB e WALTER, *Schiedsgerichtsbarkeit*, 7ª Edição, p. 9, referindo-se a uma submissão «forçada» à arbitragem desportiva, embora referindo-se aos tribunais arbitrais que existem no seio de federações desportivas. O cariz obrigatório revela-se, em particular, no efeito auto-executivo das sentenças arbitrais, cfr. MATHIEU MAISONNEUVE, *L'arbitrage des litiges sportifs*, pp. 400 e ss.

[1147] Para GABRIELLE KAUFMANN-KOHLER e HENRY PETER existe a necessidade de abandonar qualquer ficção de consentimento sendo «mais exacto e intelectualmente honesto admitir que existe simplesmente arbitragem sem consentimento» e buscar, em contrapartida, os requerimentos necessários para validar as convenções de arbitragem sem qualquer consentimento, parecendo evidente que é mais importante «identificar as verdadeiras forças em jogo e, assim, proteger os interesses das partes que recorrem à arbitragem do que insistir num dogma obsoleto». Cfr. «Formula 1 racing and arbitration: the FIA tailor-made system for fast-track dispute resolution», p. 186.

[1148] Um bom exemplo desses pode ser retirado do artigo 66º dos Estatutos da FIFA, no qual se estabelece que a «FIFA reconhece o Tribunal Arbitral do Desporto (...) para dirimir os conflitos entre a FIFA, membros, clubes, jogadores, árbitros e *match agents* e agentes de jogadores licenciados». Na realidade, sabendo de antemão que a vinculação entre agentes desportivos e federação desportiva internacional é meramente mediata, o artigo 68º, nº 3 dos Estatutos da FIFA estipula que: «[t]he Associations shall insert a clause in their statutes or regulations, stipulating that it is prohibited to take disputes in the Association or disputes affecting Leagues, members of Leagues, Clubs, members of Clubs, Players, Officials and other Association Officials to ordinary courts of law, unless the FIFA regulations or binding legal provisions specifi cally provide for or stipulate recourse to ordinary courts of law. Instead of recourse to ordinary courts of law, provision shall be made for arbitration. Such disputes shall be taken to an independent and duly constituted arbitration tribunal recognised under the rules of the Association or Confederation or to CAS. The Associations shall also ensure that this stipulation is implemented in the Association, if necessary by imposing a binding obligation on its members. The Associations shall impose sanctions on any party that fails to respect this obligation and ensure that any appeal against such sanctions shall likewise be strictly submitted to arbitration, and not to ordinary courts of law».

existem relações entre a federação e agente desportivos que se instituiem por via de uma ligação institucional[1149].

Na verdade, como reconheciam François Knoepfler e Philippe Schweizer em anotação ao Ac. Gundel: «[o] argumento da submissão voluntária dos desportistas às instituições instituídas pelas federações não é convicente: se aqueles não quiserem praticar o seu desporto de um modo marginal, no seu jardim, sem concorrência ou parceiros, os desportistas não têm simplesmente qualquer escolha»[1150].

Por outro lado, esta posição de *desigualdade estrutural* foi, desde logo, constatada na jurisprudência do TFS no Ac. *Cañas contra ATP*, afirmando que: «(...) ao atleta que pretenda participar numa competição organizada, sob a égide de uma federação desportiva e cuja regulamentação preveja o recurso à arbitragem não lhe restará outra opção que não seja a aceitação da cláusula arbitral, incluindo a adesão aos estatutos da federação desportiva na qual se encontra inserida a referida cláusula arbitral, especialmente se se tratar de um desportista profissional, este será confrontado com o seguinte dilema: consentir a arbitragem ou praticar o seu desporto de uma forma lúdica (...). No entanto, colocado perante a alternativa de se sujeitar à jurisdição arbitral ou de exercer a prática desportiva «no seu jardim» (...), assistindo, deste modo, às competições desportivas «na televisão» (...), o atleta que pretenda defrontar os reais concorrentes ou que o tenha que fazer – uma vez que se trata da sua única fonte de rendimento (prémios de jogo ou de outra natureza, receitas publicitárias, etc) –, será, de facto, constrangido a optar, ainda que não queira, pela primeira alternativa»[1151].

1149 Para ultrapassar estas dificuldades, muitas das federações internacionais optam por, em simultâneo com o acto de licenciamento de atletas, exigirem a assinatura de um documento no qual os atletas declaram aceitar submeter-se à jurisdição do TAS.

1150 No original: «L'argument pris de la soumission volontaire des sportifs aux institutions mises en place par les fédérations n'est pas convaincant: s'il ne veut pas pratiquer son sport en toute marginalité, dans son jardin, sans concurrence ni partenaires, ce sportif n'a tout simplement pas le choix», Cfr. *Arbitrage Internacional*, p. 137. Para Ousmane Diallo a arbitragem desportiva demonstra uma «real possibilidade de escolha», pelo que a jurisdição arbitral aqui mencionada não se assume como uma «arbitragem necessária», uma vez que ainda nos encontramos longe do efeito de um «constrangimento estadual», cfr. *Le consentement des parties à l'arbitrage international*, p. 57. Em sentido contrário, assumindo que no Ac. Cañas o TFS reconhece o carácter não consensual da arbitragem desportiva, cfr. Antonio Rigozzi e Fabrice Robert-Tissot, «"Consent" in Sports Arbitration: Its Multiple Aspects», p. 60.

1151 V. o Ac. de 22 Março de 2007, processo nº 4P.172/2006, publicado na colecção de decisões do TFS 133 III 235. A questão aqui em disputa estava relacionada com a possibilidade

Mais recentemente, no caso Claudia Pechstein, no âmbito de um pedido indemnizatório proposto perante do Tribunal Regional de Munique II[1152], ainda que este tenha rejeitado a pretensão da atleta, afirmou-se que: «no momento da assinatura da convenção de arbitragem, existia uma posição de desigualdade estrutural da demandante, decorrente da posição monopolística da demandada (1) [Federação Alemã de Patinagem de Velocidade] e que não permitia outra alternativa senão a celebração da convenção arbitral, caso a atleta quisesse exercer de forma adequada a sua profissão e a sua actividade desportiva. A demandada pôde, devido à sua posição de supremacia, determinar, facticamente e de um modo unilateral, o conteúdo do contrato, o que representa para a demandante uma hetero-determinação (...). A convenção de arbitragem demonstrou consequências extraordinariamente onerosas, uma vez que retirou à demandante o acesso aos tribunais estaduais»[1153].

Neste contexto, não é por acaso que, entre nós, Paula Costa e Silva tenha também afirmado precisamente que o recurso à arbitragem como mecanismo de resolução de conflitos no Desporto consubstancia um exemplo para uma arbitragem «putativamente voluntária»[1154]. Neste momento, a

de existir uma renúncia de um controlo total pela jurisdição estadual suíça (a preclusão da acção de anulação). Segundo Jan Paulsson a mensagem do TFS foi muito clara em evidenciar que a pretensão autonómica da federação desportiva transnacional teria ido longe demais, existindo um limite que se fixa, desde logo, na possibilidade de inexistência de uma «ausência total» de controlo estadual, cfr. «Why Good Arbitration Cannot Compensate Bad Courts», p. 357. Segundo Andrea Steingruber, existe naquela decisão uma questão essencial: «[f]alar de um consentimento forçado é claramente um oxímero, mas ilustra bem o que está em causa: a questão da validade substantiva da convenção». Cfr. *Consent in International Arbitration*.

1152 Cfr. a decisão de 26 de Fevereiro de 2014, processo nº 37 O 2833112.

1153 O impacto desta decisão ainda está por perceber, tendo suscitado um enorme interesse na doutrina alemã, uma vez que a jurisprudência decorrente do caso Pechstein coloca em causa a eficácia das convenções de arbitragem celebradas pelos atletas que tenham domicílio na Alemanha.

1154 *A Nova Face da Justiça – Os Meios Extrajudiciais de Resolução de Controvérsias*, p. 114. A questão do consentimento nas arbitragens internacionais tem suscitado problemas em relação ao consentimento em cinco dimensões diferentes: (i) na validade substantiva da convenção de arbitragem; (ii) relativamente à existência (ou não) de uma opção deliberada de substituição da jurisdição estadual pela jurisdição arbitral; (iii) no âmbito subjectivo das convenções arbitrais (que ganha relevância na crescente existência de arbitragem multipartes); (iv) na relação entre o Estado em que existe um investimento e o investidor estrangeiro no âmbito da arbitragem de investimentos; (v) na influência que decorre do Direito Internacional

arbitragem desportiva internacional continua, porém, a ser a única forma de resolução de conflitos desportivos prevista nos regulamentos das federações desportivas internacionais e na CO e, ainda que assuma um carácter marcadamente *autoritário*[1155], a arbitragem desportiva, apresenta, em geral, vantagens que têm feito com que o TAS tenha, em regra, colhido a aceitação das federações desportivas, mas também junto de atletas e outros agentes desportivos[1156]. Vejamos brevemente quais as vantagens da arbitragem desportiva[1157], bem como as respectivas desvantagens.

5.1. As vantagens da arbitragem desportiva

Uma das vantagens mais comummente atribuídas à arbitragem em geral[1158], e em especial da arbitragem desportiva, diz respeito à *celeridade das decisões proferidas pelos tribunais arbitrais*. Na verdade, se colocada perante tribunais estaduais, a solução jurídica de um conflito desportivo poderá atingir, em bom rigor, uma duração incomportável para a realidade desportiva. Não obstante a possibilidade de propor uma providência cautelar, de modo a que as partes lesadas possam obter tutela jurídica com uma maior rapidez, não é incomum que decorram, efectivamente, vários anos até que seja possível chegar a uma solução definitiva do lítigio[1159].

Deste modo, a demora em obter tutela judicial pode colocar em causa os resultados obtidos nas competições desportivas, na medida em que gera

Público relativamente à arbitragem de investimentos, Cfr. Andrea Steingruber, *Consent in International Arbitration*, p. 16.

[1155] Cfr., equiparando a arbitragem desportiva a uma «arbitragem forçada», Piermarco Zen-Ruffinen, «La necessaire reforme du Tribunal Arbitral du Sport», pp. 489 e ss.

[1156] O TAS ganhou, em menos de 20 anos, a aceitação da maioria das federações internacionais, contando com o reconhecimento da FIFA (2002) e da IAFF (2001) e, desde Novembro de 2001, a aceitação de todas as federações internacionais olímpicas. Cfr. Kéba Mbaye, «Introduction, p. X.

[1157] Iremos concentrar-nos nas características que são comuns a qualquer tribunal arbitral que se ocupe com litígios desportivos, de todo o modo, a nossa especial atenção recairá sobre a arbitragem desenvolvida pelo TAS ou em exemplos próximos da realidade portuguesa, não obstante, a referência casual de alguma vantagem ou desvantagem, em concreto, quando analisarmos a arbitragem desenvolvida pelo TAD. A discussão subsequente deve, todavia, ter-se por pressuposta quando nos referirmos ao TAD.

[1158] Sobre esta característica da arbitragem, cfr. Schwab e Walter, *Schiedsgerichtsbarkeit*, 7ª Edição, p. 9.

[1159] Conforme ficou visível no contexto histórico da presente dissertação, entre nós, sucede inclusivamente que a delonga da resolução de um conflito desportivo implicou, por vezes, que a solução de um litígio sucedesse já no âmbito de um quadro jurídico diferente.

uma instabilidade sobre o resultado final destas, mas também um conjunto de incertezas sobre a *vida* desportiva ou económica dos agentes desportivos[1160]. Neste contexto, não é apenas às federações desportivas ou aos clubes que aproveita a celeridade de resolução de conflitos desportivos. Os atletas beneficiam da existência de um processo rápido e flexível que permite resolver os seus conflitos jurídicos em conformidade com as especiais necessidades de celeridade dos eventos desportivos, uma vez que a carreira de um desportista se revela constantemente curta, imprevisível e sem garantias de sucesso[1161].

Ora, na realidade, a imposição de uma sanção por uma federação desportiva que impeça um desportista de participar numa competição desportiva por mais de um ou dois anos pode significar o fim do sucesso desportivo do atleta ou mesmo o fim da sua carreira[1162]. Em particular, quando a demora de um processo junto dos tribunais estaduais tenha como consequência que o desportista perca os seus patrocínios, especialmente quando estiver em causa uma suspensão da sua actividade mais prolongada. Por outro lado, a litigância sobre um conflito desportivo que se arraste durante um vasto período de tempo coloca também em perigo a subsistência financeira de atletas, ou mesmo de federações desportivas, pelos custos (económicos ou

[1160] A doutrina é unâmine em considerar que a celeridade na resolução de conflitos desportivos representa um argumento a favor da arbitragem desportiva, cfr., entre tantos outros, Louise Reilly, «An Introduction to the Court of Arbitration for Sport (CAS) & the Role of National Courts in Sports Disputes», p. 71, Frank Oschutz, *Sportschiedsgerichstsbarkeit*, p. 34, Jens Adolphsen, *Internationale Dopingstrafen*, p. 486, Frank Andexer, *Die nationale Sportgerichtsbarkei und ihre international Dimension*, 2009, p. 270, Ulrich Haas e Dirk-Reiner Martens, *Sportrecht – Eine Einführung in die Praxis*, p. 125 e Luc Silance, «Un elemento del Contenzioso Sportivo: Il Tempo», p. 605. No mesmo sentido, embora reconhecendo que também existem decisões dos tribunais estaduais que conseguem adaptar-se às necessidades da prática desportiva, embora, num cômputo geral, a arbitragem apresente esta importante vantagem, Cfr. Pieter Schleiter, *Globalisierung im Sport*, pp. 113-114. Em geral, sobre a importância da celeridade da arbitragem, cfr. Luís de Lima Pinheiro, *Arbitragem Transnacional – A determinação do estatuto da arbitragem*, p. 24, Laure Bernheim-van de Casteele, *Les Principes Fondamentaux de l'Arbitrage*, pp. 417 e ss., Gabrielle Kaufman-Kohler e Antonio Rigozzi, *International Arbitration – Law and Practice in Switzerland*, pp. 13 e ss., Guy Keutgen e Georges- Albert Dal, *L'arbitrage en droit belge et international*, Tome I, 3ª Edição, pp. 11 e ss.

[1161] Num sentido próximo, cfr. Ulrich Haas e Dirk-Reiner Martens, *Sportrecht – Eine Einführung in die Praxis*, p. 125.

[1162] Neste sentido, Frank Andexer, *Die nationale Sportgerichtsbarkeit und ihre internationale Dimension*, p. 270.

pessoais) que possam estar envolvidos no processo, mas também pelas avultadas somas que estejam em causa nos pedidos de indemnização[1163].

Uma segunda vantagem do recurso à arbitragem no Desporto situa-se, naturalmente, na especialização dos árbitros[1164]. Em princípio, a credibilidade e aceitação pelas partes da arbitragem desportiva advém, essencialmente, de os árbitros deterem um conhecimento especializado sobre os litígios jurídico-desportivos que as partes lhes possam submeter a julgamento[1165]. Esta é, aliás, a principal razão para as partes confiarem num tribunal arbitral e é uma solução acolhida pelos tribunais que julgam litígios desportivos como, por exemplo, o TAS que estabelece uma sólida formação do árbitro em Direito do Desporto ou em arbitragem internacional como requisito necessário para integrar a lista de árbitros[1166] e, no mesmo sentido, apontam também as normas regulamentares de outros centros arbitrais desportivos nacionais[1167].

A terceira grande vantagem diz respeito à existência de um mecanismo de reconhecimento de sentenças arbitrais decorrente da Convenção de Nova Iorque de 10 de Junho de 1958, sobre o reconhecimento e a execução de sentenças arbitrais estrangeiras (Convenção de Nova Iorque)[1168]. Esta realidade possibilita que as decisões arbitrais possam produzir efeitos num conjunto considerável e importante de países, bem como permite, em princípio, que sejam de rejeitar injustiças relativamente à produção de

[1163] Cfr. Frank Andexer, *Die nationale Sportgerichtsbarkeit und ihre internationale Dimension*, p. 270, em sentido próximo.

[1164] Este foi, aliás, também um dos motivos para que a arbitragem tivesse ganho a aceitação em relação à jurisdição estadual, cfr. René David, «Arbitrage du XIXe et arbitrage du XXe Siècle», p. 27.

[1165] Cfr. Ulrich Haas e Dirk-Reiner Martens, *Sportrecht – Eine Einführung in die Praxis*, pp. 125.

[1166] Cfr. artigo S14 dos Estatutos do TAS.

[1167] Cfr., por exemplo, o caso do *Tribunal Español de Arbitraje Deportivo* (de cariz voluntário) que, no artigo 9º, alínea f) do seu Código exige uma formação jurídica ou de resolução de conflitos. No TADA, por exemplo, impõe-se nos estatutos que no caso de um colégio arbitral de três árbitros, o presidente tem necessariamente de ser jurista; no caso de um árbitro único, este tem de ser obrigatoriamente jurista. Cfr. §3 dos estatutos do TADA.

[1168] A Convenção de Nova Iorque consubstancia um instrumento de reconhecimento de sentenças arbitrais estrangeiras. Trata-se de um instrumento importantíssimo que permite o reconhecimento de sentenças arbitrais num amplo número de Estados (entre os quais, Portugal desde 1994) num total de 149 Estados contratantes. Sobre o contexto histórico e jurídico da Convenção de Nova Iorque, cfr. Gary Born, *International Commercial Arbitration*, Vol. II, 2ª Edição, pp. 1545 e ss.

efeitos jurídicos de uma decisão do TAS (ou de outros tribunais arbitrais desportivos que se sediem no Estado de uma parte contratante), uma vez que permite uma uniforme e igualitária execução das decisões do TAS de uma forma simples e eficaz em qualquer Estado contratante, inexistindo, em princípio, um *forum shopping* por parte dos atletas. Deve, no entanto, ter-se presente que, na maioria dos casos, o associativismo desportivo não opta por esta solução, visto que, como se verá, existe correntemente um *reconhecimento factual* da autoridade do TAS pelas federações desportivas internacionais exigindo que as partes envolvidas respeitem as decisões proferidas pelo TAS, independentemente de existir um reconhecimento de sentenças por via da Convenção de Nova Iorque.

Por último, merece também uma menção a confidencialidade da arbitragem[1169]. Embora seja uma característica que comporta vantagens na arbitragem, não é um princípio absoluto na arbitragem desportiva, comportando excepções, desde logo, relativamente à publicação das sentenças arbitrais[1170]. Na arbitragem desportiva, a regra da confidencialidade entrou em erosão a partir da reforma de 2013 e na sequência do caso Pechstein[1171], introduzindo-se alterações importantes no que respeita à transparência na arbitragem desportiva[1172].

A justificação para esta opção reside na ideia de que as partes se encontram, no domínio disciplinar, numa *posição de desigualdade estrutural* (os atletas, clubes e outros agentes desportivos são a parte mais fraca). Passou, assim, a estabelecer-se relativamente ao processo de recurso que a regra é a

[1169] Sobre esta questão, desenvolvidamente e no que respeita à problemática nos regulamentos processuais do TAS, cfr. Artur Flamínio da Silva e António Pedro Pinto Monteiro, «Publicidade vs. confidencialidade na arbitragem desportiva transnacional».

[1170] Nem sempre foi assim. Na versão originária dos ETAS esta realidade manifestava-se, por um lado, na exigência da celebração de uma declaração de confidencialidade relativamente à deliberação e aos votos pelos árbitros (artigo 10º) e, por outro lado, no cariz confidencial do processo (quer na dimensão escrita ou oral), exceptuando (ii) a possibilidade de as partes poderem decidir pela publicidade da audiência oral (artigo 50º) e (ii) a leitura da decisão arbitral que seria sempre pública, a menos que as partes optassem pela confidencialidade (artigo 59º). Em qualquer caso, o processo deliberativo dos árbitros seria sempre confidencial (artigo 58º) [O texto encontra-se publicado em *Revue Olympique*, nº 193 (1983), pp. 763 e ss].

[1171] Sobre os problemas da confidencialidade no ordenamento suíço (a *lex arbitrii* do TAS), cfr., por todos, Philipp Ritz, *Die Geheimhaltung im Schiedsverfahren nach schweizerischem Recht*, pp. 55 e ss.

[1172] Cfr. Heiner Kahlert, *Vertraulichkeit im Schiedsverfahren*, p. 369.

publicidade da sentença arbitral, a menos que as partes acordem o contrário e obtenham o acordo do TAS ou que, em alternativa, o presidente da câmara de recurso decida pela publicidade do processo, nos termos do artigo R59º do ETAS. A solução tem implicações práticas, uma vez que permite, na maioria das situações, que a parte vencedora possa (querendo-o), demonstrar a vitória (por vezes também desportiva) na contenda processual, tornando-se, deste modo, mais difícil, em termos práticos, obter a confidencialidade da decisão arbitral[1173].

A questão torna-se, no entanto, mais duvidosa relativamente à inexistência de uma publicidade do processo[1174]. Com efeito, a solução é questionável relativamente aos procedimentos disciplinares, uma vez que existe aí um interesse público que subjaz ao facto de estarem envolvidas afectações a direitos fundamentais – pelo que não existe uma mera relação de paridade contratual – implicando que se considere a necessidade de estabelecimento da publicidade do processo. Neste caso, a publicidade parece ser indispensável para garantir a transparência do processo arbitral, bem como para permitir uma avaliação pela opinião pública do processo e das sentenças arbitrais que não pode ser asseverada com a confidencialidade em todos os momentos de um processo arbitral[1175]. Em todo o caso, a necessidade de previsão de uma publicidade do processo não pode implicar que esta se torne uma solução absoluta. Na verdade, é importante, neste contexto, referir que a confidencialidade também pode, por vezes, aproveitar aos atletas, em particular, quando estiverem em causa dados pessoais que, por sua vez, poderão – ainda que exista publicidade da decisão arbitral – ser eliminados[1176].

[1173] Cfr. Despina Mavromati /Matthieu Reeb, *The Code of the Court of Arbitration for Sport – Commentary, Cases and Materials*, p. 588.

[1174] Como é conhecido, a exigência prevista no artigo R44.2 do ETAS, estabelecendo a necessidade do acordo das partes para a publicidade do processo, é quase impossível de cumprir, como um estudo prático demonstra. Cfr. Despina Mavromati /Matthieu Reeb, *The Code of the Court of Arbitration for Sport – Commentary, Cases and Materials*, p. 316, até à data só existiu uma audiência aberta ao público.

[1175] Neste sentido alertou precisamente o TFS, ao entender no caso Pechstein que: "(...) in view of the outstanding significance of the CAS in the field of sport, it would be desirable for a public hearing to be held on request by the athlete concerned with a view to the trust in the independence and fairness of the decision making process". Cfr. o Acórdão de 10 de Fevereiro de 2010, processo nº 4A-612/2009.

[1176] No sentido de que a publicação das decisões implica a eliminação de dados que as partes pretendam, cfr. Despina Mavromati /Matthieu Reeb, *The Code of the Court of Arbitration*

5.2. As desvantagens da arbitragem desportiva

A maior desvantagem que existe no recurso à arbitragem para dirimir os litígios decorrentes da actividade desportiva está directamente relacionada com a falta de alternativa que assiste aos atletas que assinam as convenções de arbitragem com as federações desportivas. Na verdade, ao fazê-lo como condição imperativa para poderem desenvolver a sua actividade económica, pouca (ou nenhuma) alternativa resta aos atletas sem ser a celebração daquela convenção. Acresce, por outro lado, que a organização e administração das arbitragens desenvolvidas pelo TAS estão – de forma mediata – entregues ao envolvimento quase exclusivo das entidades que regulam o associativismo desportivo. Paralelamente, ao atleta não lhe resta, por conseguinte, mais nenhuma alternativa sem ser aceitar a jurisdição de um tribuna no qual não pode participar activamente na escolha daqueles que o vão julgar.

Por outro lado, uma das grandes debilidades que eram comummente apontadas à arbitragem desportiva (embora não seja, entre nós, o caso do TAD) respeitava à inexistência de apoio judiciário para os litígios jurídico-desportivos submetidos à apreciação de um tribunal arbitral[1177]. Em sede de arbitragem internacional esta é a solução adoptada pelo ordenamento suíço, nos termos do artigo 380º do ZPO suíço, o qual estabelece a exclusão do apoio judiciário no domínio da arbitragem. Na realidade, este problema colocava-se com especial acuidade no caso da arbitragem internacional, na medida em que propor uma acção arbitral no TAS implica também a existência de custos acrescidos em deslocações, alojamentento, etc, desde logo, dos demandantes, testemunhas ou mesmo de advogados.

Por outro lado, é possível considerar que, em regra, o processo arbitral envolve um custo mais reduzido para litígios com valores da causa mais elevados quando comparado com o processo junto de tribunal estadual caso existisse a consagração legal de um recurso. Todavia, o mesmo não se passa quando estão em causa litígios cuja causa apresente um valor médio ou baixo[1178]. Nesta situação, os custos envolvidos no processo arbitral perante o TAS, impediriam que desportistas ou outros agentes desportivos de frágil

for Sport – Commentary, Cases and Materials, p. 318.

[1177] Cfr., por exemplo, as críticas pedindo a reforma do regime em Piermarco Zen-Ruffinen, «La necessáire reforme du Tribunal Arbitral du Sport», p. 514 e Fritzweiler, Pfister, Summerer, *Praxishandbuch Sportrecht*, 3ª Edição, pp. 254 e ss.

[1178] Cfr. Ulrich Haas e Dirk-Reiner Martens, *Sportrecht – Eine Einführung in die Praxis*, pp. 126.

condição económica equacionassem sequer a possibilidade de recorrer a este tribunal para defender as suas posições jurídicas. Este seria, deste modo, um aspecto negativo em relação à jurisdição estadual.

A solução encontrada para atenuar esta situação de desigualdade económica tem passado por isentar as partes de custas, cabendo a um terceiro suportar os custos do processo arbitral[1179]. Esta foi, aliás, a solução encontrada pelo TAS, ao estabelecer um regime de apoio judiciário a 1 de Setembro de 2013. O pedido de apoio judiciário é apreciado pelo presidente do ICAS (estrutura que administra o TAS)[1180] e engloba todos os custos que as partes carenciadas economicamente possam ter com a submissão de litígio ao TAS: desde as viagens, alojamento, as traduções, etc[1181]. Em todo o caso, esta «dependência financeira» dos atletas deve ser acompanhada por uma estrutura jurídica que possa impedir – colocando de parte uma insuficiente independência em relação às partes – uma «intervenção fáctica» no processo arbitral do terceiro (neste caso o ICAS, que, por sua vez, é financiado pelas federações desportivas) que custeia o processo na actividade dos árbitros[1182].

5.3. O Estado suíço como o «território desportivo»

A preponderância que o estado suíço revela também no domínio da arbitragem justifica-se com o recurso a dois argumentos essenciais: (i) a maioria das federações desportivas internacionais escolhem este país como localização da sede da sua organização[1183]; (ii) o quadro jurídico implementado

[1179] Por exemplo, o TAS estabelece, graças ao financiamento concedido pelo CIAS, no artigo R65 e R65.2 dos seus estatutos, a gratuitidade dos processos arbitrais que tiverem por objecto um litígio sobre um procedimento disciplinar decidido por uma federação desportiva internaciola. Ainda assim, segundo disposto no artigo R65.2 o demandante terá que pagar 1000 francos suíços pela propositura da acção, bem como os custos com tradutores, peritos e testemunhas, nos termos do artigo R65.3.

[1180] Cfr. O artigo 3º das linhas gerais do apoio judiciário perante o TAS.

[1181] Cfr. O artigo 6º das linhas gerais do apoio judiciário perante o TAS.

[1182] Neste sentido, Frank Oschütz, *Sportschiedsgerichtsbarkeit*, p. 37. Sobre as questões jurídicas envolvendo o financimento de processos arbitrais por terceiros, cfr. Philippe Pinsolle, «Le financement de l'arbitrage par les tiers», pp. 385 e ss.

[1183] No entanto, isto não invalida que outras federações transnacionais escolham outros países para desenvolverem a sua actividade de regulação desportiva. Cfr., por exemplo, da Federação Internacional de Atletismo que, nos termos do artigo 1º, nº 2, dos seus estatutos se encontra sediada no Mónaco, da Federação Internacional de Automobilismo que, de acordo com o disposto no artigo 1º, nº 1, dos seus estatutos se encontra sediada em

pelo legislador suíço revela-se «amigo» das federações desportivas internacionais, as quais encontram neste país um autêntico «paraíso jurídico»[1184], desde logo, pelo motivo de aquele conceder prerrogativas legais que promovem uma ampla autonomia do associativismo desportivo em relação à normatividade estadual[1185].

Na verdade, as implicações jurídico-desportivas decorrentes de conflitos desportivos acabam por, de qualquer das formas, colocar em evidência a aplicação – ainda que indirecta – do Direito suíço de origem estadual. O Estado suíço cede pontualmente às «necessidades legais» do associativismo desportivo, alterando, por exemplo, a legislação quando existe um problema jurídico específico que possa obstar ou criar dificuldades às regras criadas por estas entidades.

Uma situação especialmente reveladora desta realidade diz respeito à existente distinção entre o conceito de «arbitragem interna» e de «arbitragem internacional». Segundo o artigo R28 dos Estatutos do TAS, a sede deste tribunal será sempre Lausanne na Suíça, independentemente de o presidente deste tribunal, após consulta das partes, poder deslocalizar o desenrolar do processo arbitral para outro local[1186], deste modo, o processo arbitral será sempre conotado com o regime jurídico aplicável ao local da sua sede (*lex arbitrii*), pelo que devemos aplicar o Direito suíço às arbitragens desenvolvidas pelo TAS[1187].

Neste sentido, segundo o disposto do artigo 176º, nº1, da LDIP, sob a epígrafe arbitragem internacional, estabelece-se que: «[a]s regras deste capítulo são aplicáveis a tribunais arbitrais com sede na Suíça, desde que aquando da celebração da convenção de arbitragem, pelo menos uma das partes tenha o domicílio ou a residência habitual na Suíça». Por conseguinte, mesmo quando estiver em causa um conflito desportivo em que uma das partes resida fora da Suíça aplica-se o regime estabelecido pela

França, Paris, ou mesmo da Federação Internacional de Críquete que se sediou nas Ilhas Virgens Britânicas (cfr. artigo 1º dos Estatutos).

1184 Expressão utilizada por Frédéric Buy *et alli*, *Droit du Sport*, 2ª Edição, p. 43, confluindo no sentido exposto.

1185 Como, por exemplo, no caso das prerrogativas concedidas ao COI, bem como a existência de um regime jurídico de arbitragem internacional na qual as possibilidades de controlo judicial de mérito são muito limitadas ou praticamente inexistentes.

1186 Trata-se precisamente do que sucede, em regra, nas arbitragens *ad-hoc*.

1187 Neste sentido, Antonio Rigozzi e Yves Hochuli, *Die Internationalität der Schiedsgerichtsbarkeit in Sportstreitigkeiten*, p. 1.

LDIP para as arbitragens internacionais. Como excepção a este regime, surgia a anterior Concordata sobre a Arbitragem de 27 de Março de 1969 (Concordata) que seria aplicável a arbitragens nas quais o tribunal arbitral se sediasse na Suíça e em que todas as partes residissem na Suíça[1188].

No entanto, ao invés do regime consagrado na LDIP que previa somente um grau de recurso para o TFS, as normas estabelecidas pela Concordata permitiam a existência de um triplo grau de jurisdição (tribunal arbitral, tribunal estadual do cantão competente e TFS) para os conflitos desportivos puramente internos.

Este regime dual permitia, desde logo, constatar uma desigualdade hipotética (e que veio a colocar-se de forma real): as partes num litígio resolvido por um tribunal arbitral (interno) podiam ter mais um grau de jurisdição do que as partes que se submetessem a um tribunal arbitral regido pelo regime jurídico da LDIP.

A questão tornou-se especialmente mediática[1189] na disputa entre Danilo Hondo, a AMA, a Federação Internacional de Ciclismo e a Federação Suíça de Ciclismo. Neste contexto, num processo arbitral sobre uma alegada dopagem do atleta Danilo Hondo, o TAS ignorou o facto de todas as partes envolvidas no processo terem o seu domícilio ou a sua sede na Suíça. Deste modo, o atleta insatisfeito com a solução nesta decisão arbitral[1190] resolve recorrer para o tribunal estadual com base nas regras jurídicas imperativas que regulavam a arbitragem interna. Por conseguinte, o atleta garantiu, assim, a possibilidade de recorrer para o tribunal competente no

[1188] Cfr. artigo 1º. Esta concordata foi, entretanto, revogada pelo novo ZPO suíço.

[1189] Como relembram Antonio Rigozzi e Yves Hochuli, *Die Internationalität der Schiedsgerichtsbarkeit in Sportstreitigkeiten*, p. 2, já no caso da arbitragem *ad-hoc* de *Andrea Schuler* contra *Swiss Olympic* e *Swiss Ski* a questão sobre a dualidade de regimes jurídicos se deveria ter colocado, mas o TAS ignorou a problemática, na medida em que não pretendiam demonstrar que o regulamento das arbitragens *ad-hoc* tinha algumas incongruências jurídicas quando se remetia, nos termos do artigo 7º, para o capítulo 12º da LDIP a resolução de todas as arbitragens ad-hoc, permitindo, no caso concreto, decretar uma providência cautelar que, de outro modo, não seria possível. Cfr. Acórdão do Tribunal Arbitral do Desporto, de 12 de Fevereiro de 2006, processo nº Arbitration CAS ad hoc Division (OG Turin) 06/002, (*Andrea Schuler* contra *Swiss Olympic* e *Swiss Ski*).

[1190] A sanção do atleta, que consistia numa suspensão de actividade, foi aumentada de um para dois anos, Cfr. decisão TAS 2005/A/922 H. c. Swiss Cycling e Swiss Olympic e TAS 2005/A/923 Agence Mondiale Antidopage (AMA) c. H. e Swiss Olympic e TAS 2005/A/926 Union Cycliste Internationale (UCI) c. H. e Swiss Olympic.

cantão onde residia, mas também a hipótese de poder impugnar a decisão desse tribunal estadual junto do TFS, ganhando um grau de jurisdição[1191].

Esta desigualdade causou alguma preocupação junto do TAS e levou mesmo à alteração do regime jurídico do ZPO suíço[1192]. Deste modo, existe, na actualidade, um regime jurídico que possibilita a aplicação indistinta das regras da LDIP quer se trate de uma arbitragem nacional ou internacional, desde que as partes envolvidas assim o definam na cláusula compromissória ou, quando não o façam, posteriormente em compromisso arbitral[1193], uma vez que o artigo 353º, nº 1 do ZPO suíço aplica-se aos tribunais arbitrais sediados na Suíça «desde que não lhes seja aplicável» o regime da LDIP, prevendo, de um modo inovatório, no artigo 389º, nº 1 do ZPO suíço a possibilidade de recurso das decisões arbitrais somente para o TFS.

§6º A ARBITRAGEM DESPORTIVA TRANSNACIONAL: O TAS COMO INSTÂNCIA DE RESOLUÇÃO DE CONFLITOS DESPORTIVOS (QUASE) TRANSVERSAL

O TAS tem um papel decisivo nos conflitos desportivos, uma vez que é uma instância privada de resolução de controvérsias surgidas no domínio desportivo que é reconhecida e imposta pela maioria dos operadores desportivos internacionais como o tribunal desportivo internacional. Não obstante, dê-se conta que existem algumas federações internacionais que tomam uma opção diferente à maioria das entidades que integram o associativismo desportivo internacional. Neste sentido, optam pela criação de um tribu-

[1191] Cfr. o artigo 3º e 36º da Concordata sobre a arbitragem.

[1192] A associação suíça de arbitragem afirmou no pré-projecto de ZPO suíço que: «[e]n droit du sport, l'égalité de traitement des athlètes est un principe fondamental. Or, la délimitation entre arbitrage interne et arbitrage international, telle qu'elle est actuellement proposée, risque de violer ce principe fondamental. Ainsi, un arbitrage concernant un litige entre une fédération internationale établie en Suisse (il y en a beaucoup) et un athlète de niveau international domicilié en Suisse est un arbitrage interne, même si l'athlète est de nationalité étrangère et que le litige concerne des compétitions qui ont lieu en-dehors de Suisse», disponível em (http://www.ejpd.admin.ch/content/dam/data/staat_buerger/gesetzgebung/zivilprozessrecht/ve-ber.pdf). Numa orientação concordante, afirmava-se no projecto do ZPO suíço que: «[d]ie rein formelle Unterscheidung zwischen nationaler und internationaler Schiedsgerichtsbarkeit kann die unerwünschte Folge haben, dass ähnliche Streitsachen unterschiedlichen Regeln unterstehen, nur weil eine Partei Wohnsitz in der Schweiz oder im Ausland hat. Besonders im Sportrecht kann dies zu Ungleichbehandlungen führen», disponível em (http://www.admin.ch/opc/de/federal-gazette/2006/7221.pdf).

[1193] Cfr. artigo 353º do ZPO suíço.

nal arbitral institucionalizado próprio ao invés de prever estatutariamente a possibilidade de recurso ao TAS para o solucionar dos litígios que surjam no âmbito desportivo internacional de uma determinada modalidade desportiva[1194]. Neste domínio, o Tribunal Arbitral do Basquetebol (BAT) é um bom exemplo[1195], dado que tem ganho uma crescente credibilidade que veio a ser, inclusivamente, reconhecida na decisão do TFS de 14 de Dezembro de 2012, ao confirmar que o BAT deve ser considerado um verdadeiro tribunal arbitral[1196].

Por outro lado, são igualmente de registar as tentativas infrutíferas no sentido da criação de um tribunal arbitral desportivo vocacionado para a resolução de conflitos desportivos de uma única modalidade. Foi o caso do esforço empreendido pela FIFA no estabelecimento da Câmara Internacional de Arbitragem em matéria de Futebol (CIAF), a quem caberia zelar pela instalação de um Tribunal Arbitral do Futebol (TAF) – previsto durante algum tempo nos artigos 63º dos estatutos da FIFA –, mas que, no entanto, nunca chegou a ser implementado, optando a FIFA por consagrar a possibilidade de submissão de litígios desportivos ao TAS[1197].

6.1. A origem histórica do TAS

Segundo o discurso «oficial» do TAS, a razão primordial para a instituição do TAS foi «a necessidade de criar uma autoridade especializada, capaz de resolver litígios de uma forma flexível, rápida e pouco onerosa»[1198]. Todavia, a verdadeira razão que se esconde por detrás da fundação do daquele diz respeito a dois objectivos essenciais: (i) evitar um eventual recurso aos tribunais estaduais[1199]; (ii) possibilidade de resolução dos conflitos desportivos

[1194] Esta solução é, no entanto, muito rara, Cfr. MATHIEU MAISONNEUVE, *L'arbitrage des litiges sportifs*, p. 37.

[1195] Sobre a estrutura e funcionamento deste tribunal arbitral, cfr. DIRK RAINER-MARTENS, «FIBA Arbitral Tribunal – Ein innovatives System zur Streitbeilegung im Sport (nur im Sport?)», pp. 317 e ss.

[1196] Processo nº 4A-198/2012.

[1197] Cfr. A Circular nº 827 emitida pela FIFA e dirigida às associações desportivas nacionais de 10 de Dezembro de 2002, disponível em (http://fr.fifa.com/mm/document/affederation/administration/ tas%20827%20fr_71.pdf).

[1198] Cfr. MATTHIEU REEB, «The Court of Arbitration for Sport», p. xxiv.

[1199] Cfr. GÉRALD SIMON, «L'arbitrage des conflits sportifs», p. 188. No mesmo sentido também ANTONIO RIGOZZI e ERIKA HASLER, «Introduction to the CAS Code», *in Arbitration in Switzerland: The Practitioner's Guide*, p. 885.

por uma jurisdição desportiva no seio do associativismo desportivo[1200]. Na realidade, a instituição do TAS deve-se a um conflito que, em 1979, nasceu de um recurso do Comité Olímpico do Taiwan para um tribunal suíço com vista à impugnação da decisão do COI que autorizava os atletas da República Popular da China a participar nos Jogos Olímpicos como representantes do Comité Olímpico Chinês, enquanto os atletas de Taiwan representariam o Comité Olímpico de Taipé. A ideia de que um dos membros do COI recorrera aos tribunais estaduais deixou JUAN ANTONIO SARAMACH muito desconfortável[1201]. Neste sentido, facilmente se percebe a urgência em criar uma *jurisdição desportiva* especializada que remonta ao impulso dado pelo então presidente do COI, JUAN ANTÓNIO SARAMACH, no Congresso Olímpico de Baden-Baden em 1981[1202].

Um ano depois, em 1982, na 85ª reunião do COI realizada em Roma[1203], o COI atribui a um grupo de trabalho liderado pelo juiz KÉBA MBAYE, a tarefa de erigir um «mini tribunal internacional de justiça»[1204]. Entretanto, KÉBA MBAYE apresentara as suas conclusões sobre as hipóteses de construção de uma entidade que satisfizesse os anseios do Movimento Olímpico, declarando que esta deveria assentar em duas ideias base: (i) a escolha deveria repousar numa instância arbitral que se constituísse de acordo com o carácter voluntário da submissão das partes; (ii) deveriam ser excluídos da cognição do futuro tribunal os conflitos que dissessem respeito a «questões puramente técnicas»[1205]. Na sequência da aceitação das ideias do referido juiz,

[1200] No sentido supramencionado, referindo-se a uma história «oficial» do TAS, Cfr. ANTONIO RIGOZZI, *Arbitrage international en matiére de sport*, pp. 124 e 125, considerando que se tratou uma forma de auto-protecção do COI: a arbitragem assumiu-se, assim, como uma cedência no poder de julgar litígios desportivos que foi confiado ao TAS, mas, ainda assim, tornou-se uma forma efectiva de os afastar da esfera dos tribunais estaduais. Segundo este autor, esta ideia representou a «origem» da decisão das federações desportivas internacionais em «aceitarem» a jurisdição do TAS. No essencial, tratou-se do «preço a pagar» pela «não ingerência» dos tribunais estaduais em matéria desportiva.

[1201] Neste sentido, KÉBA MBAYE, «Le Tribunal Arbitral du Sport, organe principal de l'arbitrage international en matére de sport», p. 520 e ANTONIO RIGOZZI, *Arbitrage international en matiére de sport*, p. 124, embora este último refira que este conflito desportivo deixou muitos dirigentes do Movimento Olímpico irritados.

[1202] Neste sentido, MATTHIEU REEB, «The Court of Arbitration for Sport», p. xxiii.

[1203] Cfr. As decisões da 85ª reunião do COI publicada *in Revue Olympique*, nº 176, 1982, p. 328.

[1204] Neste sentido, KÉBA MBAYE, « Le Tribunal Arbitral du Sport, organe principal de l'arbitrage international en matére de sport», p. 519.

[1205] KÉBA MBAYE, « Le Tribunal Arbitral du Sport, organe principal de l'arbitrage international en matiére de sport», p. 521. Sobre o elenco das questões técnicas, cfr. KÉBA MBAYE, «

foram, mais tarde, em 1983, aprovados os estatutos do TAS durante a 86ª reunião do COI de Nova Deli, entrando em vigor a 30 de Junho de 1984[1206].

Por outro lado, os estatutos de 1984 estabeleciam uma instrínseca ligação do TAS ao COI que ficava, desde logo, evidenciada no poder atribuído ao COI no que respeitava à sua composição. Na verdade, a lista de árbitros do TAS era composta por sessenta árbitros nomeados da seguinte forma: (i) quinze árbitros pelo COI; (ii) quinze árbitros pelas federações transnacionais; (iii) quinze árbitros nomeados pelos comités olímpicos nacionais; (iv) quinze árbitros pelo Presidente do COI. Por outro lado, ao COI cabia o financiamento do TAS, detendo também a competência exclusiva para modificar os estatutos daquele tribunal[1207].

O TAS teve – ao contrário do que seria de supor, uma vez que resultou de uma iniciativa do associativismo desportivo – um *começo difícil*. Em primeiro lugar, à excepção da FEI, as outras federações desportivas transnacionais só mais tarde reconhecerem a competência do TAS para dirimir os seus litígios. Em segundo lugar, a diminuta litigiosidade no domínio desportivo não justificava que as federações desportivas previssem o recurso para o TAS, existindo, desde logo, órgãos federativos internos que detinham a competência exclusiva para resolver internamente os conflitos desportivos. Em terceiro lugar, as federações desportivas viram o TAS como uma entidade demasiado próxima (politicamente e financeiramente) do COI[1208]. Em 1991, para ganhar a confiança das federações desportivas, o TAS estabeleceu um processo de apelo que permitia reagir contra as decisões de órgãos federativos[1209]. Na sequência desta alteração, a FEI foi a pri-

Une Nouvelle Institution d'arbitrage: Le Tribunal Arbitral du Sport (TAS)», pp. 411 e 412. As questões estritamente técnicas eram durante este período, todavia, mais abrangentes do que actualmente, uma vez que se entendia, por exemplo, que as violações de normas estatutárias de uma federação desportiva nem podiam sequer ser impugnadas junto de um tribunal. Cfr. Frank Oschütz, *Sportschiedsgerichtsbarkeit*, p. 38.

[1206] V. As notas às decisões da 86ª reunião do COI publicada *in Revue Olympique*, nº 186, p. 203.

[1207] Cfr. Matthieu Reeb, « Le Tribunal Arbitral du Sport (TAS)», p. XXIV.

[1208] No sentido exposto, afirmando que: «(...) the childhood of CAS was not easy». Cfr. Lorenzo Casini, «The Making of a Lex Sportiva by the Court of Arbitration for Sport», p. 153.

[1209] Concomitantemente publicou-se um guia arbitral que continha várias cláusulas arbitrais, entre estas, uma delas cláusula estabelecia que: «[a]ny dispute arising from the presente Statutes and Regulations of the ... Federation which cannot be settled amicably shall be settled finally by a tribunal composed in accordance with the Statute and Regulations of the Court of Arbitration for Sport to the exclusion of any recourse to the ordinary courts. The parties undertake to comply with the said Statute and Regulations, and to accept in good faith

meira federação desportiva transnacional a confiar a resolução dos seus litígios ao TAS.

6.2. O Ac. Gundel: um primeiro passo rumo à independência do TAS

O reconhecimento da competência do TAS para o julgamento de litígios envolvendo a FEI acabou por implicar um primeiro teste da independência daquele tribunal perante o TFS. Na verdade, a deliberação de desqualificação de um cavaleiro alemão (ELMAR GUNDEL) – que se fundou num teste de Antidopagem positivo do cavalo com o qual aquele competia –, bem como a legitimidade de uma multa de mil e quinhentos francos suíços, foi analisada pelo TAS. Este último manteve a sanção de desqualificação, no entanto, reduziu a multa para o valor de mil francos suíços[1210].

Ao atleta, perante esta realidade, colocavam-se, desde logo, duas opções de reacção: (i) recorrer aos tribunais suíços de primeira instância, nos termos do mecanismo de impugnação de uma decisão associativa, caso entendesse que o TAS não podia ser qualificado como um autêntico tribunal arbitral; (ii) optar pela acção de anulação de sentença arbitral prevista no artigo 190º da LDIP – o qual permitia a qualquer parte não residente na Suíça a possibilidade de reagir contra as decisões de um tribunal arbitral sediado na Suíça – e propunha a acção de anulação junto do TFS. Estava, deste modo, por esclarecer uma questão prévia com efeitos práticos acentuados respeitante à competência do tribunal de recurso que era dependente da qualificação do TAS como tribunal independente (ou não)[1211]. ELMAR GUNDEL optou pela submissão do litígio ao TFS.

Neste contexto, o TFS confrontou-se, entre outras questões, com particular acuidade, com a verificação da independência do TAS, na medida em que esta característica se reveste (também no sistema jurídico suíço) como essencial para a sua qualificação enquanto tribunal arbitral[1212].

the award rendered and in no way hinder its execution». Cfr. MATTHIEU REEB, «Le Tribunal Arbitral du Sport (TAS)», p. XXV.

1210 Cfr. o Ac. CAS 92/63, *Gundel contra International Equestrian Federation (FEI)*, de 10 de Setembro de 1992, publicada em *Digest of CAS Awards, Vol. I – 1986-1998* pp. 115 e ss. Sobre esta decisão, cfr., entre nós, ALBINO MENDES BAPTISTA, «O TAS e as garantias de imparcialidade e independência dos árbitros», pp. 168 e ss.

1211 Neste sentido, denunciando a importância prática da qualificação do TAS como autêntico tribunal, cfr. MATHIEU MAISONNEUVE, *L'arbitrage des litiges sportifs*, p. 46.

1212 No Ac. Gundel, o TFS afirmou precisamente que: «(...) a true award, ranking with the judgement of a state court, pressupposes that the arbitral tribunal pronoucing it offers sufficient guarantees of impartiality and Independence». Deste modo, acrescentou que: «a

De acordo com a nossa perspectiva, da decisão referida anteriormente devem reter-se dois aspectos essenciais. Em primeiro lugar, o TFS reconheceu que, em geral, o TAS pode ser reconduzido a um verdadeiro tribunal arbitral, em particular, quando o COI não fosse parte nos litígios submetidos ao TAS. O TFS argumentou, por conseguinte, que: «[o] O TAS não é um órgão da FEI; aquele não recebe instruções desta associação e conserva uma autonomia pessoal suficiente em relação àquela, desde logo, por somente nomear três dos sessenta árbitros que compõem a lista do TAS». Deste modo, entendeu que «(...) o TAS oferece as garantias de independência e imparcialidade que, de acordo com o direito suíço, são a condição para uma exclusão válida do recurso para os tribunais ordinários». Em segundo lugar, embora reconhecendo o TAS como um tribunal arbitral, o TFS não deixou de manifestar sérias dúvidas em relação às ligações «orgânicas» e «económicas» estabelecidas entre TAS e o COI, desde logo, pelos seguintes motivos: (i) o COI era competente para modificar os estatutos do TAS; (ii) o COI era responsável pelos custos operacionais do TAS; (iii) o COI tinha a função de designação de metade de árbitros que compusessem a lista do TAS.

6.3. O aperfeiçoamento da estrutura do TAS: o Acordo de Paris

O Ac. Gundel foi visto com muita apreensão pelo associativismo desportivo[1213]. A 22 de Junho de 1994, com a celebração de um acordo entre o COI, ASOIF, AIOWF e as associações de comités olímpicos nacionais, comummente conhecido como «Acordo de Paris», registou-se uma reacção importante às críticas dirigidas pelo TFS à ligação entre o TAS e o COI[1214]. Em consequência disso, seguiu-se uma importante restruturação do TAS. Estabeleceu-se, deste modo, o ICAS (concebido juridicamente sob a forma de fundação de direito suíço) como uma estrutura de administração

tribunal arbitral which was the body of an association having the quality of party to the action did not offer sufficient guarantees of independence. The decisions taken by such bodies indeed constitute only a simple expression of will by the association concerned; such decisions are acts falling within the scope of administration and not judicial acts», Cfr. *Gundel contra Fédération Equestre Internationale/Court of Arbitration for Sport*, de 15 de Março de 1993, publicada em *Digest of CAS Awards, Vol. I – 1986-1998*, pp. 561 e ss.

[1213] No sentido precisamente de que: «[t]he Federal Tribunal's warning was taken very seriously by the organs of the CAS». Cfr. Kéba Mbaye, «Foreword», p. XI.

[1214] Oficialmente, o acordo foi designado como «Agreement related to the constitution of the International Council of Arbitration for Sport (ICAS)».

do TAS, enquanto forma de ultrapassar as dúvidas do TFS no que respeitava à relação entre o COI e o TAS. Por conseguinte, os membros iniciais do ICAS foram nomeados da seguinte forma: (i) quatro membros pelo COI; (ii) três membros pela ASOIF; (iii) um membro pela AIOWF; (iv) quatro membros pelos comités olímpicos nacionais[1215]. No que respeita ao financiamento do ICAS, o qual seria responsável por suportar o financiamento do TAS, estabelecia-se que funcionaria nos seguintes termos: (i) 4/ 12 pelo COI; (ii) 3/12 pela ASOIF; (iii) 1/12 pela AIOWF; (iv) 4/12 pelos comités olímpicos nacionais[1216].

Neste contexto, em 2000, o TFS voltou a ter oportunidade de se pronunciar sobre a nova reforma do TAS[1217], num litígio que envolveu a desportista Andreea Raducan numa alegada dopagem durante os Jogos Olímpicos de Sydney e nos quais a atleta obteve a medalha de ouro. Andreea Raducan alegou a falta de independência do TAS em relação ao COI, mas o TFS admitiu expressamente que a questão relativa à independência e imparcialidade do TAS em litígios nos quais o COI também fosse parte «poderia permanecer por decidir»[1218]. Em todo o caso, o mais estranho

[1215] Cfr. o artigo 2º do «Acordo de Paris».

[1216] Cfr. o artigo 3º do «Acordo de Paris».

[1217] Existiram, por outro lado, outros dois litígios perante o TFS, no âmbito dos quais este tribunal poderia ter analisado a estrutura concreta do TAS, nomeadamente, o caso *Nagel* e o caso *Lu Na Wang*. No primeiro caso, o TFS limitou-se a afirmar que: «(...) de acordo com a jurisprudência do TFS, o TAS, mesmo na sua organização inicial, já gozava, em geral, de uma independência suficiente para que as suas decisões arbitrais pudessem ser tratadas como julgamentos de tribunais estaduais» e que, depois da reforma de 2004, continuou o TFS, remetendo as reservas efectuadas pelo Ac. Gundel, que o TAS se encontrava: «formalmente separado do COI e colocado sob a égide do ICAS». Cfr. O extracto do Ac. do TFS de 31 de Outubro de 1996, *Nagel contra FEI*, publicado em *Digest of CAS Awards, Vol. I – 1986-1998*, (pp. 585 (a citação é retirada das pp. 591 e 592). No segundo caso, o TFS simplesmente recordou a jurisprudência do Ac. Gundel e afirmou que: «o TAS pode ser encarado como um autêntico tribunal, desde que – tal como sucede no presente caso (...) – seja instituído por uma associação desportiva internacional enquanto órgão de apelo responsável pelo exame da validade sanções impostas pelos órgãos dessa mesma associação», Cfr. o extracto do Ac. do TFS de 31 de Março de 1999, *Lu Na Wang contra FINA*, processo nº 5P.83/1999, publicado em *Digest of CAS Awards, Vol. II – 1998 –2000*, p. 775. A posição do TFS excusando-se a analisar a ligação entre o TAS e o COI pode, de todo o modo, fundar-se no simples motivo de o COI não ter sido parte em nenhum dos litígios. Neste sentido, cfr. Andrew Vaitiekunas, *The Court of Arbitration for Sport: Law-Making and the Question of Independence*, p. 160.

[1218] Cfr. o Ac. *Andrea Raducan contra COI e TAS*, de 4 de Dezembro de 2000, processo nº 5P.427/2000, publicado *in Asa Bulletin*, nº 19 (2001), pp. 508 e ss.

na referida decisão é que, não admitindo julgar a causa, o TFS justificou a sua decisão com os fundamentos jurídicos que permitiriam indeferir o recurso, caso aquele pudesse hipoteticamente vir ser admitido (ou seja, caso o TAS pudesse ser qualificado com tribunal arbitral). O TFS admitiu, portanto, implicitamente que o CAS não era independente e imparcial, uma vez que a «determinação das sentenças do TAS como verdadeiras sentenças arbitrais deveria ter sido uma condição prévia à admissibilidade» do recurso para o TFS[1219].

6.4. O Ac. Lazutina/Danilova: o reconhecimento pelo TFS da independência do TAS

A falta de conclusões sobre a independência e imparcialidade do TAS gerou uma incerteza sobre a reforma operada pelo «Acordo de Paris»[1220]. As dúvidas sobre a independência do TAS foram somente dissipadas em 2003, num lítigio que opôs duas esquiadoras russas ao COI e à FIS, na sequência de uma desclassificação de ambas pela Comissão Executiva do COI, com fundamento numa alegada dopagem durante os Jogos Olímpicos de Salt Lake City em 2002, e da aplicação de uma sanção de suspensão pela FIS durante dois anos. As atletas russas impugnaram as decisões disciplinares junto TAS, o qual, no entanto, rejeitou o recurso das atletas[1221]. Neste contexto, as atletas decidiram propor a acção de impugnação da sentença arbitral do TAS junto do TFS. No respectivo processo, que ficou conhecido

[1219] Em sentido idêntico, afirmando precisamente que se tratou de uma «abordagem curiosa». ANDREW VAITIEKUNAS, *The Court of Arbitration for Sport: Law-Making and the Question of Independence*, p. 161.

[1220] Segundo ANTONIO RIGOZZI existia uma «incerteza» que pairava sobre a possibilidade de encarar o TAS como um tribunal arbitral em processos nos quais o COI também fosse parte, Cfr. *L'arbitrage international en matière de sport*, p. 280. Por outro lado, MARGARETA BADDELEY entendia que a reforma do «Acordo de Paris» não era suficiente para garantir a independência do TAS em relação ao COI, cfr. *L'association sportive face au droit*, p. 272, nota 80. No mesmo sentido, assumindo que a reforma da estrutura do TAS não permitia qualificá-lo como um tribunal arbitral quando estivesse em causa um litígio no qual o COI fosse parte, uma vez que o ICAS exercia a mesma função que outrora era da competência do COI, havendo, por conseguinte, também uma ligação forte do ICAS com o COI. Cfr. MARK SCHILLING, *Schiedsgerichtsbarkeit von Sportverbänden in der Schweiz*, p. 159. Em termos diferentes, GÉRALD SIMON, «L'arbitrage des conflits sportifs», pp. 208 e 209 e JAMES A. R. NAFZIGER, «International Sports Law as a Process for Resolving», pp. 144 e 145.

[1221] Cfr., por exemplo, o Ac. de 29 de Novembro de 2002, processo CAS 2002/A/370, publicado em *Digest of CAS Awards, Vol. III – 2001-2003*, pp. 273 e ss.

como *Lazutina/Danilova*[1222], a argumentação principal das recorrentes assentou na ideia de que o TAS não podia ser considerado como um tribunal arbitral nos litígios nos quais o COI fosse também parte. O TFS foi, desde logo, obrigado a testar – de um modo particularmente longo para as sentenças daquele tribunal[1223] – a independência do TAS em relação ao COI, aferindo, assim, a eficácia da alteração da estrutura daquele na decorrência da reforma introduzida em 1994 pelo «Acordo de Paris».

A argumentação das partes fundou-se em dois aspectos essenciais[1224]: (i) na falta de independência administrativa e financeira do TAS em relação ao COI; (ii) na forte influência do COI na constituição da lista de árbitros do TAS. No que respeita à primeira questão, o TFS entendeu, por um lado, que o ICAS podia ser considerado como uma «fundação autónoma (...) que (...) pode alterar os seus próprios estatutos, não recebe ordens do COI e que não é obrigada a conformar-se com as decisões do COI» e, por outro lado, concluiu que: «não existe uma relação de causa/efeito entre a forma como é financiado um tribunal e o seu nível de independência». Relativamente ao segundo elemento da argumentação das desportistas russas, o TFS considerou que, em determinadas circunstâncias, a existência de uma lista podia, de facto, «colocar em causa o princípio da igualdade das partes». Deste modo, identificou a necessidade de «prevenir qualquer influência particular na composição da lista de árbitros». Todavia, no caso Lazutina/Danilova, a lista de árbitros do TAS, na sequência da reforma operada pelo «Acordo de Paris», estava de acordo com «as exigências constitucionais de independência e imparcialidade aplicáveis a tribunais arbitrais», uma vez que a mesma era composta por cento e cinquenta árbitros, sendo um quinto dos árbitros (a mesma quantidade de árbitros que o COI poderia propor)[1225] designado com a intenção de «salvaguardar o interesse dos

[1222] Acórdão de 27 de Maio de 2003, processo nº 4P.267/2002, publicado na íntegra em TFS 129 III 445 e publicado um extracto em *Digest of CAS Awards, Vol. III – 2001-2003*, pp. 674-695.

[1223] Num sentido próximo, denotando que a particular extensão da decisão (que assumia o total de vinte e duas páginas), cfr. Margareta Baddeley, «Toughts on Swiss Federal Tribunal decision 129 III 445», p. 91.

[1224] Como bem sintetiza Mathieu Maisonneuve, *L'arbitrage des litiges sportifs*, pp. 48 e ss.

[1225] Cfr. o artigo S4 do «CAS Code of Sports-Related Arbitration» de 1994, publicado em *Digest of CAS Awards, Vol. I – 1986-1998*, pp. 619 e ss.

atletas»[1226]. Por conseguinte, o TFS concluiu que o TAS não era um «vassalo» do COI, rejeitando em concordância o recurso das atletas russas.

A decisão do TFS não é, todavia, isenta de críticas, nomeadamente por assumir um cariz marcadamente «político»[1227], o qual se manifesta em diversos trechos, bem como na fundamentação apresentada. Um particular exemplo da primeira realidade pode ser recolhido na utilização pelo TFS de expressões de JUAN ANTONIO SARAMACH, ex-presidente do COI[1228]. Por outro lado, na fundamentação há três aspectos que merecem ser destacados: (i) a opção por uma análise meramente formal da ligação que se estabelecia entre o TAS e o COI, uma vez que os juízes entenderam ser suficiente existir uma entidade que não recebia ordens do COI ou que poderia alterar os seus próprios estatutos, sem analisar criticamente a ligação do ICAS aos comités olímpicos nacionais (enquanto entidades com intrínseca ligação ao COI) ou, em geral, ao associativismo desportivo[1229]; (ii) o enten-

[1226] Não obstante, o TFS endereçou uma recomendação relativamente às listas do TAS. Aquele tribunal afirmou, pois, que: «(...) é conveniente estabelecer uma reserva quanto à legibilidade da lista de árbitros. Seria, com efeito, desejável que, de acordo com esta óptica e por uma questão de transparência, a lista publicada indicasse, à frente do nome de cada árbitro que nela figura, em qual das categorias previstas no artigo S14 se insere (árbitros seleccionados pelo COI, pelas federações transnacionais e pelos comités olímpicos nacionais; árbitros seleccionados para salvaguardar os interesses dos atletas, árbitros escolhidos por pessoas independentes dos três organismos citados) (...). As partes estariam, deste modo, em condições de escolher o árbitro com um pleno conhecimento dos factos. Esta opção ajudaria, por exemplo, a prevenir que uma parte em litígio com o COI pudesse estar convicta de estar a escolher um determinado árbitro sem qualquer ligação com aquele, quando, na verdade, estivesse a nomear uma pessoa que havia sido proposto por aquela organização, ainda que não fosse membro do COI».

[1227] Cfr. ANTONIO RIGOZZI, *L'arbitrage international en matière de sport*, p. 287. Em sentido idêntico, ANDREW VAITIEKUNAS, *The Court of Arbitration for Sport: Law-Making and the Question of Independence*, pp. 168 e 169.

[1228] Afirmando precisamente que: «[a] true "supreme court of world sport", to use the phrase coined by Juan Antonio Samaranch, ex-Président du CIO (...), the CAS is growing rapidly and continuing to develop» Como denota ANTONIO RIGOZZI, não se vê qual a pertinência de considerações deste género para a decisão sobre o fundo da causa do recurso, Cfr. *L'arbitrage international en matière de sport*, p. 287.

[1229] Cfr. MARGARETA BADDELEY, «Toughts on Swiss Federal Tribunal decision 129 III 445», *in CaS*, nº 1 (2004), p. 91 e, especialmente, p. 93, considerando que o TFS optou por «uma abordagem excessivamente formal», argumentando de um modo «pouco convicente» que suscitou «hesitações e reservas junto do próprio TFS». Deste modo, a autora concluiu que o TAS não podia ainda ser considerado um tribunal independente e imparcial, uma vez que o TFS não respondeu à maioria das questões que a doutrina colocava, em especial, relativa-

dimento de que o TAS era uma *instituição* necessária (no sentido da sua indispensabilidade) para a resolução de litígios do associativismo desportivo transnacional; (iii) a inexistência de uma análise sobre a falta de participação dos atletas na estrutura do ICAS[1230].

6.5. O caso Claudia Pechstein: que futuro para o TAS?

No lítigio envolvendo a atleta de patinagem em velocidade Claudia Pechstein e a *International Skating Union* (ISU) retomou-se a discussão jurídica sobre a independência do TAS e da sua configuração enquanto verdadeiro tribunal. Em termos gerais, registou-se um longo «combate jurídico» que teve lugar na ordem jurídica suiça, inicialmente, perante o TAS e, num segundo momento, perante o Tribunal Federal Suíço. Num terceiro momento, existiu uma acção proposta nos tribunais alemães com base num pedido indemnizatório.

Na origem do litígio esteve uma decisão disciplinar da ISU que: (i) desclassificou a atleta; (ii) lhe retirou todas medalhas e prémios ganhos nas provas desportivas de patinagem em velocidade de 2009; e (iii) aplicou uma suspensão de dois anos do exercício da sua profissão, na qual incluiu uma proibição de treinar. O fundamento apresentado para a sanção foi uma suposta violação das regras de antidopagem, uma vez que nos controlos de antidopagem se registaram valores anormais no sangue da atleta e que, embora não denunciassem a presença de qualquer substância proibida, sugeriam que existira um recurso à dopagem para a melhoria de resultados competitivos. A atleta alegou, por seu turno, que nunca teria utilizado substâncias proibidas, apoiando-se, ainda, em pareceres médicos que confirmaram que a alteração de valores podia estar relacionada com diversos factores que não implicassem a dopagem.

Para evitar esta punição, a atleta e a federação de alemã de patinagem em velocidade (DESG) recorrem ao *Tribunal Arbitral du Sport* (TAS), propondo uma acção e providências cautelares no sentido de permitir que a atleta pudesse voltar a competir e treinar, no entanto, o TAS rejeitou as suas pretensões, mantendo as sanções aplicadas pela ISU – ainda que alte-

mente às ligações entre COI, federações desportivas e o ICAS/TAS e relativamente à lista fechada de árbitros.

[1230] Cfr. Antonio Rigozzi, *L'arbitrage international en matière de sport*, pp. 288 e ss., Andrew Vaitiekunas, *The Court of Arbitration for Sport: Law-Making and the Question of Independence*, pp. 168 e ss.

rasse a data em que o período de inelegibilidade deveria começar –, considerando que existia uma violação das normas de dopagem[1231].

Insatisfeita com o desfecho da decisão do TAS, entendeu que deveria recorrer ainda para o TFS. De entre os seus argumentos invocados perante este tribunal, surge a questão da independência do TAS, a qual assenta em três questões essenciais: (i) o facto de o árbitro presidente ter confessado ao mandatário da atleta, no âmbito de outro processo arbitral, que iria ter uma conduta «dura relativamente a questões relacionadas com a dopagem»; (ii) na circunstância de, antes da assinatura da decisão pelos árbitros, o Secretário-Geral ter a faculdade de corrigir erros formais ou chamar os árbitros para a atenção de eventuais questões importantes; (iii) na inexistência de uma regra que estabelecesse a obrigatoriedade de uma audiência pública, a qual só é possível por acordo entre as partes.

A 10 de Fevereiro de 2010, o TFS decide rejeitar a pretensão da atleta. Relativamente aos argumentos de Claudia Pechstein relacionados com a independência do TAS, o TFS considerou, em primeiro lugar, que aquele deve ser «encarado como um verdadeiro tribunal», desde logo, porque não é compatível com a boa-fé que a atleta tenha somente suscitado a questão da independência do TAS perante o TFS e que nunca o tivesse feito perante o tribunal arbitral. Por outro lado, rejeitou todos os argumentos da atleta, fazendo, no entanto, uma ressalva respeitante ao pedido de audiência pública que aquela fez no âmbito do processo arbitral. Considerou, no entanto, o TFS que, embora o regulamento do TAS não exigisse que o julgamento tivesse lugar em audiência pública, teria sido adequado que o pedido da atleta tivesse sido aceite, uma vez que tal decisão reforçaria «a confiança na independência do TAS»[1232].

Neste contexto desfavorável, Claudia Pechstein não ficou satisfeita com o resultado da decisão do TFS. Desta forma, propôs um pedido indemnizatório nos tribunais alemães (Tribunal Regional de Munique I) contra a federação alemã de patinagem de velocidade e contra a ISU[1233]. Além

[1231] Cfr. a decisão CAS 2009/A/1912 *Claudia Pechstein gegen International Skating Union* e CAS 2009/A/1913 *Deutsche Eisschnelllauf Gemeinschaft e.V. gegen International Skating Union.*

[1232] Cfr. o Ac. de 10 de Fevereiro de 2010, processo nº 4A-612/2009, publicado em *ASA Bulletin*, nº 3 (2010), pp. 612 e ss. A atleta tentou também recorrer do mérito da decisão do TAS, mas sem sucesso. Cfr. o Acórdão de 28 de Setembro de 2010, processo nº 4A-144/2010 do TFS.

[1233] Para tal, o tribunal entendeu que relativamente a ambas as demandadas se tratava do tribunal internacionalmente competente e aplicou correspondentemente à primeira o direito alemão e à segunda o direito suíço.

das medidas tomadas na ordem jurídica alemã, propôs também uma acção junto do Tribunal Europeu dos Direitos do Homem (TEDH) colocando, em particular, as seguintes questões em torno do artigo 6º da Convenção Europeia dos Direitos do Homem (CEDH): (i) em primeiro lugar, se esta norma seria aplicável aos processos perante o TAS; (ii) em segundo lugar, se o TAS seria um tribunal independente e imparcial face à regra mencionada; (iii) em terceiro lugar, se a recusa em existir uma audiência pública seria compatível com a norma prevista naquele artigo[1234]. A decisão sobre o pedido indemnizatório proposto pela atleta foi negativa, tendo sido a pretensão da autora indeferida na primeira instância pelo tribunal de Munique[1235]. No entanto, há uma questão importante que emergiu daquela decisão: o tribunal entendeu (embora sem consequências práticas) que entre a atleta e a federação internacional existia uma *posição contratual de desigualdade* que implicava a impossibilidade de CLAUDIA PECHSTEIN aderir voluntariamente às cláusulas contratuais apresentadas pelas federações (federação de patinagem de velocidade alemã e ISU), entre as quais uma convenção de arbitragem, sob a forma de cláusula compromissória, cuja assinatura era exigida para que a atleta pudesse competir nas provas organizadas pela ISU. Esta decisão trouxe um receio relativamente à validade das convenções de arbitragem no ordenamento jurídico alemão e tem suscitado discussões sobre o futuro da arbitragem no desporto no tocante a atletas alemães que assinem convenções de arbitragem como pressuposto para competir[1236].

[1234] Cfr. o processo nº 67474/10, proposto a 11 de Novembro de 2010. Em sentido idêntico, o atleta ADRIAN MUTU já tinha proposto, anteriormente, uma acção perante o TEDH para saber se o artigo 6º, nº da CEDH era aplicável aos processos arbitrais do TAS e se, em concreto, a formação arbitral que o julgou poderia ser considerada independente e imparcial. Cfr. o processo nº 40575/10, proposto a 13 de Julho de 2010. Aguarda-se, contudo, uma solução do caso. No entanto, o primeiro litígio na qual se poderia ter colocado em causa a independência e imparcialidade do TAS diz respeito ao já referido caso LAZUTINA/DANILOVA. Esta acção nunca chegou, todavia, a decidida pelo TEDH, uma vez que as recorrentes desistiram da acção. Cfr. o processo nº 38250/03, proposto a 26 de Novembro de 2003 (*Lazutina/ /Danilova* contra o *Estado Suíço*).

[1235] Cfr. Ac. de 26 de Fevereiro de 2014, processo nº 37 O 2833112, do Tribunal Regional de Munique (*Landgericht*).

[1236] Sobre esta questão, assumindo as possíveis soluções face à decisão, cfr. PETER W. HEERMANN, «Freiwilligkeit von Schiedsvereinbarungen in der Sportgerichtsbarkeit», pp. 66 e ss., especificamente sobre o Ac. do Landgericht de Munique, cfr. DIRK MONHEIM, «Das Ende des Schiedszwangs im Sport – Der Fall Pechstein», pp. 90 e ss. Ocupando-se do pro-

A disputa entre Claudia Pechstein e a ISU e a Federação alemã de Patinagem em Velocidade teve outra etapa com o recurso da decisão do Tribunal Regional de Munique para o OLG de Munique. Aguardada com alguma incerteza, a 15 de Janeiro de 2015, o OLG de Munique[1237] recusou reconhecer a decisão do TAS, permitindo, assim, que o tribunal estadual (fora da Suíça) pudesse decidir sobre o mérito de uma causa desportiva decidida pelo TAS (ignorando a decisão do TAS e do TFS)[1238]. A *desigualdade estrutural entre as partes* teve, todavia, um papel fundamental na argumentação justificativa da decisão do OLG. Em primeiro lugar, o OLG entendeu, explorando com detalhe a estrutura do TAS, que a aceitação da atribuição da competência a este – por via da celebração de uma convenção de arbitragem –, implica a submissão de um litígio no qual uma das partes tem uma *posição de supremacia* na constituição do tribunal, colocando em causa a independência do TAS e, em particular, a sua qualificação como tribunal arbitral[1239]. Não foi, porém, um argumento isolado. Em segundo lugar, o OLG entendeu que o aspecto determinante para negar o reconhecimento da decisão do TAS dizia respeito ao facto de a federação internacional de patinagem em velocidade (ISU) exigir a celebração de uma convenção de arbitragem como condição de participação na competição.

Em consonância, face à importância da participação nos campeonatos do mundo organizados pela federação internacional e à falta de alternativa

blema da falta de liberdade nas arbitragens desportivas em período anterior à decisão, cfr. Dirk Monheim, «Die Freiwilligkeit von Schiedsabreden im Sport und das Rechstaatsprinzip», pp. 8 e ss. e Udo Steiner, «Das Verhältnis von Schiedsgerichtsbarkeit und staatlicher Gerichtsbarkeit», pp. 18 e ss. e Christian Duve e Karl Ömer Rösch, «Der Fall Pechstein: Kein Startschuss für eine Neugestaltung der Sportschiedsgerichtsbarkeit», pp. 216 e ss.

1237 Processo nº U 1110/14 Kart. Sobre esta decisão, cfr., por exemplo, Urs Scherrer, Remus Muresan e Kai Ludewig, «"Pechstein" ist kein "Bosman der Sportschiedsgerichtsbarkeit"», *in SchiedsVZ*, nº 4 (2015), pp. 161 e ss., Artur Flamínio da Silva, «A violação da ordem pública, as posições de desigualdade estrutural no Desporto e a provável necessidade de reforma do Tribunal Arbitral do Desporto: reflexões sobre o caso Claudia Pechstein e a decisão do Oberlandesgericht de Munique de 15 de Janeiro de 2015», e José Ricardo Gonçalves, «Anotação ao acórdão "Pechstein" (justiça arbitral desportiva)», pp. 425 e ss.

1238 Não se pense, no entanto, que se trata de uma decisão isolada, uma vez que o OLG de Bremen também decidiu recentemente (embora com motivação diferente) que uma decisão do TAS violava a ordem pública e que, deste modo, também não podia ser reconhecida no ordenamento jurídico alemão. Cfr. a decisão do OLG de Bremen de 30 de Dezembro de 2014, processo nº 2 U 67/14.

1239 Deve-se, de qualquer modo, deixar claro que o OLG testou a estrutura do TAS em período anterior à reforma de 2013.

competitiva, constatou que a atleta acabou por se submeter ao TAS simplesmente devido à posição monopolística que a ISU ocupa no mercado da organização do campeonato do mundo. Por conseguinte, o OLG decidiu – em conjugação com a primeira parte argumentativa – que o problema primordial da celebração da convenção de arbitragem reside na cumulação: (i) da existência de uma posição monopolística da ISU; (ii) com o aproveitamento dessa posição pela ISU com vista à obtenção da declaração de vontade da atleta para a celebração de uma convenção de arbitragem que atribui competência a um tribunal arbitral no qual uma das partes (a ISU) tem uma *posição de supremacia* em relação à outra na constituição do tribunal arbitral. Estas duas circunstâncias permitiram ao OLG decidir que a convenção de arbitragem violava o direito alemão da concorrência, uma vez que existia um abuso de posição dominante da ISU, integrando aquele, por outro lado, a ordem pública.

Há um aspecto que merece a particular atenção: na fundamentação da sua decisão, o OLG Munique deixou de lado qualquer consideração sobre se o TAS deve ou não ser considerado um verdadeiro tribunal arbitral (embora admitisse que uma resposta negativa pudesse fundamentar a ineficácia da convenção de arbitragem), afirmando inclusivamente que «a questão pode ficar em aberto»[1240]. Não obstante, considerou que a convenção de arbitragem era ineficaz, uma vez que violava as normas imperativas do Direito da Concorrência. O OLG de Munique considerou que a ISU assumia uma posição dominante (o princípio da unicidade tornava-a a única operadora económico no mercado) – que fortaleceu com a celebração de uma convenção de arbitragem com a atleta – no mercado relevante da organização das competições internacionais em Patinagem em Velocidade.

No entanto, entende que a mera celebração de uma convenção de arbitragem não fundamenta, desde logo, um abuso de posição dominante: o que fundamenta o abuso de posição dominante é a atribuição de competência a um determinado «tribunal». Por sua vez, aquele tribunal entendeu que a respectiva estrutura não é independente, nem imparcial em relação ao associativismo desportivo e que, neste sentido, a celebração de uma convenção de arbitragem entre atletas e federações desportivas – no âmbito de

[1240] Este é um ponto fraco na argumentação do OLG, desde logo, porque poderia ter sido determinante para decidir um problema crucial: a questão de saber se o TAS podem (ou não) ser qualificado como tribunal no ordenamento do Estado que reconhece as decisões arbitrais do TAS nos termos da Convenção de Nova Iorque.

uma *evidente posição de desigualdade estrutural* – constitui, assim, um abuso de posição dominante que impede o reconhecimento das decisões do TAS no ordenamento alemão.

Deste modo, o OLG de Munique evitou que a decisão do TAS fosse coberta pelo efeito de caso julgado (que impediu o *Landgericht* de decidir sobre o mérito da causa) e afastou-se da fundamentação do *Landgericht*. O tribunal entendeu ser decisivo que a ISU exigisse – abusando da posição dominante no mercado – o consentimento da atleta para a celebração de uma convenção de arbitragem a favor do TAS. Por um lado, reconheceu que existe uma «influência decisiva» na composição do TAS (no ICAS e no processo de integração dos árbitros na lista) porque sem essa posição de abuso dominante a declaração de vontade dos atletas nunca teria sido efectuada: a mesma existiu porque os atletas não têm outra alternativa[1241].

Por outro lado, retirou daí a conclusão de que – consubstanciando as regras do Direito da Concorrência parte integrante da ordem pública – a decisão do TAS não podia ser reconhecida no ordenamento alemão, uma vez que nos termos do artigo V, nº 2, alínea b) violava a Convenção de Nova Iorque. Em suma, entendeu que «[f]altando a susceptibilidade de reconhecimento das decisões do TAS, os tribunais alemães não se encontram vinculados aos factos assentes na sentença do TAS, no tocante a saber, no âmbito do pedido indemnizatório, se a suspensão por dopagem foi aplicada ilegalmente».

A decisão do OLG coloca uma enorme pressão junto do associativismo desportivo, mas também junto do TAS[1242]. Embora ainda haja a possibili-

[1241] Por outro lado, não acolheu o argumento da federação transnacional sobre a falta de meios para a participação de atletas na composição da lista. O tribunal entendeu que podia existir uma «abertura» da lista que possibilitasse a escolha de um outro árbitro que não figurasse na lista do TAS (ainda que fossem exigidos critérios abstractos de qualificação).

[1242] A confirmar a nossa afirmação encontra-se precisamente uma declaração do TAS, na qual se rejeita a interpretação do OLG e se reitera que o TAS entende que existe um caso julgado relativa à contenda de Claudia Pechstein. Neste contexto, reconhece que a arbitragem junto do TAS não pode ser adaptada a todos os ordenamentos nacionais, no entanto, admite que possa «melhorar e evoluir com mudanças». Por outro lado, afirma que, no âmbito da proposta de lei de antidopagem alemã que estabelece a arbitragem necessária no desporto, o Secretário-Geral do TAS apresentou a estrutura e o funcionamento do TAS ao Parlamento alemão. A declaração de 27 de Março de 2015 pode ser consultada em (http://www.tas-cas.org/fileadmin/user_upload/CAS_statement_ENGLISH.pdf). Em todo o caso, a decisão já teve um impacto (embora ainda não suficiente) em alterações na estrutura do TAS, desde logo, por através de uma alteração do ETAS em 2016 (artigo S14) permitir que as comissões

dade de recurso para o BGH desta decisão, há uma evidência: o OLG apresenta outro forte argumento em relação às convenções de arbitragem celebradas entre as federações desportivas e os atletas. A existência de um *abuso de posição dominante* é mais um problema importante a considerar nesta problemática[1243].

É, portanto, de concluir que da jurisprudência do OLG resulta, embora em termos diferentes da decisão do LG, que a questão jurídica do consentimento é uma problemática fulcral para a arbitragem desportiva[1244]. Curiosamente, em relação à *desigualdade estrutural das partes* – constatada pelo LG – enquanto fundamento primordial de ineficácia da convenção de arbitragem, o OLG afastou-se do LG, acabando, pelo contrário, por fundamentar a sua decisão em outros dois aspectos: (i) *a falta de independência e imparcialidade do TAS*; (ii) *o abuso de posição dominante na celebração de uma convenção de arbitragem*.

Por outro lado, percebe-se que o OLG não tenha desenvolvido a sua argumentação em torno da falta de liberdade na celebração da convenção de arbitragem. A única hipótese para permitir um conhecimento pleno dos factos seria entender que as decisões do TAS não eram passíveis de reconhecimento pelos tribunais alemães e violadoras, no caso concreto, da ordem pública, pelo que o OLG de Munique foi muito mais longe do que o *Landgericht*.

Em todo o caso, parece-nos que o sentido argumentativo mais problemático irá ser, em primeiro lugar, o facto a estrutura de gestão do centro arbitral TAS ser inigualitária (e, portanto, também o processo de integração de árbitros na respectiva lista) que deste modo impede uma composição paritária de tribunal arbitral[1245]. Neste sentido, parece-nos que o TAS

de atletas do COI, federações transnacionais e comités olímpicos nacionais possam participar na escolha de árbitros (ainda que não se refira em que termos). O ICAS continua, no entanto, a manter a sua estrutura (e a respectiva ligação ao associativismo desportivo) e a ter a responsabilidade de escolher os árbitros.

[1243] Sobre os problemas que esta questão coloca ao nível do Direito da União Europeia, cfr. Antoine Duval e B. Van Rompuy, «Protecting Athletes' Right to a Fair Trial Through EU Competition Law: The Pechstein Case», pp. 257 e ss.

[1244] Importa, assim, ter presente que, embora o OLG se afastasse da fundamentação do LG, a problemática do consentimento tem, nesta decisão, relevância relativamente à questão que envolve a discussão da validade da declaração de vontade emitida num contexto de abuso de posição dominante de uma das partes.

[1245] Como bem reconheceu Ulrich Haas, o elemento determinante da crítica ao TAS deve ser, na verdade, em que medida pode a composição do «tribunal arbitral» (e, nomeada-

não poderá – pela sua intrínseca ligação ao associativismo desportivo[1246] – e pela possibilidade, em abstracto, de colocar em causa a igualdade das partes na composição do tribunal arbitral, ser qualificado como um autêntico tribunal[1247].

Neste contexto, antecipando esta dificuldade, a doutrina vem a admitir que – face ao artigo 6º, nº 1 da CEDH – existe efectivamente uma falta de alternativa dos desportistas na celebração de convenções de arbitragem, pelo que reconhece o cariz impositivo daquelas. O argumento a favor a sustentação jurídica destas cláusulas reconduz-se à necessidade da sua existência, na medida em que representam uma forma de «boa administração de justiça»[1248]. No fundo, aquelas convenções de arbitragem seriam celebradas no interesse dos atletas, uma vez que estes também beneficiam da igualdade que deriva de existir um direito uniformizado aplicável à sua situa-

mente, também o processo de integração dos árbitros na lista ser compatível) violar ou não a ordem pública. Cfr. «The Court of Arbitration for Sport in the Case Law of the German Courts», p. 75.

[1246] É, em bom rigor, óbvio que os atletas não têm qualquer forma de participação na escolha – ainda que possam, desde 2016, sugerir (de uma forma obscura e através de comissões de atletas) árbitros a serem recrutados para a lista do TAS – dos árbitros a integrar a lista. É certo que, no limite, os poderão sugerir através das comissões de atletas, mas, por outro lado, também não será menos verdade que a decisão de integrar (ou não) os árbitros na lista cabe ao processo deliberativo do ICAS e aí o poder decisório cabe somente às federações que nele participem numa deliberação. São, portanto, de negar as críticas à «camp theory» do OLG no caso Pechstein, uma vez que existe no processo supra-referido, como é óbvio, uma desconsideração, em geral, dos atletas a favor do associativismo (ou de uma deliberação maioritária das federações desportivas que participam na escolha dos árbitros pelo ICAS). Cfr. Ulrich Haas, «The Court of Arbitration for Sport in the Case Law of the German Courts», p. 76.

[1247] Não são inteiramente líquidos os requisitos exigíveis para que um determinado órgão possa ser qualificado com tribunal arbitral no âmbito da Convenção de Nova Iorque, no entanto, a doutrina maioritária e a jurisprudência da maioria dos países, admite que, por exemplo, os órgãos disciplinares das federações desportivas ou de associações ou entidades equivalentes não podem ser qualificados como tribunais arbitrais nos termos da referida Convenção. Cfr., por todos, Reinmar Wolff, *New York Convention*, pp. 40 e 41.

[1248] Cfr., paradigmaticamente, Ulrich Haas, «International sports arbitration and the European Human Rights Convention», pp. 148 e ss. A argumentação do autor foi igualmente desenvolvida posteriormente, cfr. «Internationale Sportschiedsgerichtsbarkeit und EMRK», pp. 79 e ss. Para Peter Schlosser esta celebração impositiva de uma convenção de arbitragem só deve ser válida quando atribui a competência a um tribunal arbitral completamente independente, ainda que o autor entenda que seja o caso do TAS, cfr. Stein/Jonas, *Kommentar zur Zivilprozessordnung*, Vol. X, 23ª Edição, pp. 75 e 152.

ção jurídica (ao invés a celebração de uma convenção de arbitragem sem imposição poderia implicar uma fragmentação do direito aplicável)[1249] [1250]. A argumentação tem, de facto, um ponto forte quanto à questão da igualdade entre os desportistas, mas ignora uma questão essencial: como bem ficou demonstrado pela decisão do OLG de Munique no processo Claudia Pechstein, o problema está longe de ser resolvido se configurado somente sob a perspectiva da *desigualdade estrutural das partes.*

A verdade é que a tónica deve ser colocada na independência do TAS, não podendo nós conceber como justificar que em nome da «boa administração de justiça» possa existir um tribunal arbitral em que uma parte (o associativismo desportivo) tem um controlo quase completo sobre o processo de integração dos árbitros na lista[1251].

Este será, a nosso ver, um aspecto que irá ser determinante na avaliação do TEDH, uma vez que este tem entendido que existe a necessidade de estabelecer a possibilidade abstracta de – no processo de nomeação –

[1249] Reconhecendo igualmente esta vantagem, mas admitindo também que com essa imposição que não se poderia atingir os direitos dos atletas. Cfr. Jens Adolphsen, «Grundfragen und Perspektiven der Sportschiedsgerichtsbarkeit», p. 168. Não obstante, o autor reconhece, porém, que, desde que a tutela jurisdicional do tribunal seja igualmente «efectiva» comparativamente aos tribunais estaduais, será de aceitar uma convenção imposta por outra parte segundo o artigo 6º, nº 1, da CEDH. Cfr. «Aktuelle Fragen des Verhältnis von EMRK und Europäisches Zivilprozessrecht», pp. 79 e 80. Num sentido idêntico, retomando a argumentação defendida em escritos anteriores, cfr. Ulrich Haas, «Zwangsschiedsgerichtsbarkeit im Sport und EMRK», pp. 722 e ss.

[1250] Neste contexto, o próprio TAS discordando da essência impositiva das convenções de arbitragem celebradas relativamente às *limitações à cognição da aplicação de normas estritamente desportivas*, reconheceu que o associativismo desportivo pode com a celebração de convenções de arbitragem colocar em causa a protecção jurisdicional dos atletas, ao afirmar que: «a jurisdição do TAS não pode ser imposta em deterimento dos direitos fundamentais dos atletas. Por outras palavras, o atleta não pode basicamente ficar impedido de obter no processo arbitral perante o TAS o mesmo nível de protecção dos seus direitos substantivos que poderia obter junto dos tribunais estaduais (...), uma vez que «aos olhos da CEDH, a arbitragem pode ser aceite como uma alternativa válida ao acesso aos tribunais estaduais, somente se os processos arbitrais constituírem um verdadeiro equivalente aos processos nos tribunais estaduais. Neste contexto, a limitação à competência dos paineis do TAS [de rever de facto e de direito] pode ser vista como uma forma de restringir os direitos dos atletas de aceder à justiça: deste modo, a sua imposição por intermédio de "arbitragem forçada" não deve ser admitida». Cfr. Ac. do TAS, de 2 de Maio de 2013, processo nº CAS 2012/A/3031, (*Katusha Management SA contra Union Cycliste Internationale*).

[1251] Num sentido próximo, Remus Moresan e Niklas Korff, «Sportschiedsgerichtsbarkeit: Wie weiter nach dem «Pechstein-Urteil» des Landgerichts München?», p. 209, nota 101.

as partes se encontrarem em paridade, de modo a poderem assumir igual influência na composição do tribunal arbitral[1252]. Na verdade, quanto a este aspecto, parece evidente que existe uma violação do processo equitativo – conjugando a posição de desigualdade na estrutura institucional do TAS com a obrigatoriedade que emerge da celebração de uma convenção de arbitragem – e, portanto, o TEDH deverá decidir pela violação do artigo 6º, nº 1 da CEDH.

É importante, neste contexto, deixar claro que, se uma das partes não quiser exercer a sua influência na composição do tribunal arbitral, não haverá violação do artigo 6º, nº 1, da CEDH, mas é determinante que exista efectivamente a possibilidade jurídica de a exercer[1253]. Na estrutura do TAS (em particular na que será analisada pelo TEDH) esta igualdade entre as partes não é, no entanto, assegurada e, deste modo, parece-nos que existe uma violação da CEDH.

Por outro lado, em virtude da desigualdade estrutural entre as partes, entendemos que é possível que o TEDH venha a entender que não existiu uma renúncia (e parece-nos que existe fundamento para uma decisão nesse sentido) ao artigo 6º, nº 1, da CEDH, na medida em que a arbitragem des-

[1252] Cfr. Ac. de 9 de Novembro de 2006, *Stojakovic contra Áustria*, processo 30003/02, ponto 48, determinando que: «[t]he Court observes that the mere fact that the interests of both the employer and of the employee are represented in the composition of a court cannot be considered to be contrary to Article 6 § 1, if no imbalance between what might be seen as conflicting interests arises in the case concerned».

[1253] V. Ac. de 7 de Novembro de 1999, *Siglfirðingur EHF contra Islândia*, processo nº 34142/96, afirmando que «[t]he Court emphasises the importance of pre-established courts to which are appointed judges who are totally unconnected with the case they are to. Article 6 § 1 of the Convention cannot, however, be interpreted in the way that it rules out the possibility in special circumstances of establishing extraordinary courts, with to a certain degree, specific procedures. The Icelandic Labour Court system provides that the interests of both the employers and of the employees are represented in the composition of the Labour Court. This cannot be considered to the contrary of Article 6 § 1, if no imbalance between what might be seen as conflicting interests arises in the case concerned. There must be a guarantee of equality between the parties in regard to the influence they exercise on the composition of the court. It is not in dispute that the applicant company had the possibility to appoint a judge to the Labour Court but it did not avail itself of this opportunity. The examination of the case does not, therefore, reveal that such inequality prevailed in the present case». Cfr., sobre esta questão e neste sentido, Lydia Friederike Müller, *Richterliche Unabhängigkeit und Unparteilichkeit nach Art. 6 EMRK*, p. 48.

portiva – tal como se encontra configurada – se assume como *funcionalmente equivalente* a uma arbitragem necessária[1254].

Neste contexto, o TEDH terá, em princípio, um outro aspecto a decidir relativamente à questão da compatibilidade desta norma: a inexistência de publicidade do processo arbitral junto do TAS. Neste sentido, caso decida em conformidade com a jurisprudência fixada no Ac. Suda (e posteriormente seguida), parece evidente que o TEDH também tenha que entender que este ponto do regulamento arbitral do TAS não respeita as garantias estabelecidas no artigo 6º, nº 1, da CEDH[1255]. Não obstante, face a uma possível decisão do TEDH que admita que o TAS não cumpre os requisitos previstos na CEDH, surge a dúvida sobre qual a solução para o futuro do TAS. Em nosso entender, esse problema pode ser resolvido por intermédio de três vias alternativas: (i) na consagração pelo legislador suíço do recurso de mérito para os tribunais suíços; (ii) na adequação do processo arbitral e do processo de integração dos árbitros na lista do TAS aos requisitos do artigo 6º, nº 1, da CEDH[1256]; (iii) que por iniciativa própria as federações desportivas (transnacionais e nacionais) passam a abolir – por completo – as cláusulas compromissórias apostas aos atletas no acto de licenciamento[1257].

No entanto, a solução primordial deste problema deve sempre caber ao Estado suíço, uma vez que são os Estados contratantes da CEDH que são responsáveis pelo estabelecimento de um «sistema de controlo»[1258] das

[1254] Em sentido próximo, cfr. Antoine Duval e B. Van Rompuy, «Protecting Athletes' Right to a Fair Trial Through EU Competition Law: The Pechstein Case», p. 247. Neste sentido, também Ulrich Haas, «The Court of Arbitration for Sport in the Case Law of the German Courts», p.73.

[1255] Com efeito, ainda que as sentenças arbitrais do TAS sejam, na actualidade, no que respeita aos processos disciplinares, em regra, públicas, a verdade é que não o eram na data da decisão envolvendo o caso Pechstein. Acresce, por outro lado, que a plenitude da publicidade exigida pela jurisprudência do TEDH na arbitragem necessária impõe não só à publicidade das sentenças, mas, em particular, às audiências no decorrer do processo arbitral.

[1256] Discutindo abertamente esta possibilidade, cfr. Remus Moresan e Niklas Korff, «Sportschiedsgerichtsbarkeit: Wie weiter nach dem «Pechstein-Urteil» des Landgerichts München?», pp. 209 e 210.

[1257] Num sentido idêntico, Jan Lukomski, «Arbitration clauses in Sport governing bodies' statutes: consent or constraint? Analysis from the perspective Article 6(1) of the European Convention on Human Rights», p. 68.

[1258] Neste sentido, afirmando precisamente que existe uma obrigação de assegurar com a conformidade daquelas com um «padrão mínimo num Estado de Direito». Cfr. Christoph Grabenwarter, *European Convention on Human Rights. Commentary*, p. 138. Sobre as vinculações dos Estados à CEDH, cfr. AAVV, *Europäisches Grundrechte und Grundfreiheiten*, pp. 23 e ss.

sentenças arbitrais e da conformidade (ou não) daquelas com o artigo 6º, nº 1, da CEDH[1259]. Em suma, as dúvidas sobre a independência do TAS não se encontram resolvidas, estão mais actuais do que nunca, mas implicam inclusivamente uma violação da CEDH.

6.6. A actual estrutura do TAS: administração e financiamento, função arbitral

O TAS é uma instituição permanente de arbitragem[1260], sediada em Lausanne (Suíça)[1261], na qual se desenvolvem arbitragens, disponibilizando aquela instituição a «infra-estrutura necessária», garantindo «a constituição de painéis arbitrais» e «supervisionando» a «gestão eficaz dos processos» arbitrais[1262]. Deste modo, o TAS tem como fim «permitir a resolução de litígios» que estejam relacionados com o Desporto através de mecanismos arbitrais[1263]. Na estrutura administrativa do TAS existem duas entidades

[1259] Cfr. as decisões da Comissão Europeia dos Direitos do Homem de 2 de Dezembro de 1991, *Heinz Schiebler contra Alemanha*, processo nº 18805/91 e de 2 de Dezembro de 1991, *Jacob Söhne contra Alemanha*, processo nº 18479/91. Noutra decisão da Comissão, entendeu inclusivamente no âmbito da arbitragem voluntária que «(...) each Contracting State may in principle decide itself on which grounds an arbitral award should be quashed». Cfr. decisão de 27 de Novembro de 1996, *Nordström contra Holanda*, processo 28101/95.

[1260] No sentido de que se trata aqui de uma «forma de administração da jurisdição arbitral» que pode assumir as seguintes características: (i) existência de uma autonomia administrativa; (ii) a possibilidade de participar na designação dos árbitros; (iii) a tarefa de assegurar a administração do processo; (iv) a responsabilidade de regularmentação; (v) a regulamentação dos honorários e custas; (vi) a protecção da instituição e dos árbitros limitando ou excluindo a sua responsabilidade civil, Cfr. Rolf Schütze, «Einleitung», *in Institutionelle Schiedsgerichtsbarkeit – Kommentar*, pp. 2 e ss.

[1261] Cfr. o artigo S1 e R28 dos ETAS.

[1262] Cfr. o artigo S12 dos ETAS.

[1263] Cfr. o artigo S3 dos ETAS. No seio do TAS não se desenvolvem somente arbitragens, mas também funções de mediação e de conciliação. A primeira dispõe de um regulamento próprio e pode ser utilizada nos conflitos desportivos para a qual seja competente a câmara arbitral ordinária, encontrando-se excluída relativamente aos litígios desportivos que digam respeito a «questões disciplinares como, por exemplo, aquelas em matéria de dopagem, manipulação de resultados desportivos e corrupção» (cfr. artigo 1º, nº 2 do Regulamento de Mediação). Os mediadores são escolhidos pelas partes (pressupondo naturalmente uma convenção de mediação (Cfr. artigo 2º do Regulamento de Mediação), de entre uma lista fechada especialmente (diferente da lista para as arbitragens) instituída para a mediação que se desenvolva junto do TAS pelo ICAS (cfr. o artigo S6 nº 3 dos ETAS). O mecanismo de conciliação pode – a todo o tempo – ser encarado como opção pelos árbitros ou pelo pre-

de maior relevo: o ICAS e a Secretaria. A primeira das entidades referidas, o ICAS, foi instituída com o objectivo de «facilitar» a resolução dos litígios desportivos por intermédio de recurso à arbitragem e mediação, bem como «salvaguardar a independência do TAS». É ainda da sua competência responsabilizar-se pela «administração e pelo financiamento do TAS[1264]. A outra entidade mencionada é a Secretaria, a qual é composta por um Secretário-Geral e um ou mais conselheiros, que o substituem quando for necessário, tendo como principal função assegurar o apoio administrativo do TAS[1265], como por exemplo: (i) recepcionar as peças processuais e comunicá-las aos demandados, assegurando a comunicação das partes com o tribunal[1266] ou (ii) a cobrança das custas processuais[1267].

6.6.1. Administração e Financiamento

Em 1994, no âmbito do acordo de Paris, procedeu-se a uma reforma da estrutura institucional do TAS, criando-se, em simultâneo, o ICAS, o qual se assume como uma fundação de direito suíço constituída nos termos dos artigos 80º e ss. do CC suíço. Esta última entidade foi constituída com vista a assumir as funções de administração e financiamento do TAS, sendo composta por vinte «juristas experientes», nomeados da seguinte forma: (i) quatro nomeados pelas federações transnacionais, sendo três nomeados pela ASOIF e um nomeado pela AIOWF; (ii) quatro nomeados pela ANOC; (iii) quatro pelo COI; (iv) quatro nomeados pelos doze membros nomeados pelas entidades citadas anteriormente, «depois de uma apropriada consulta com intenção de salvaguardar os interesses dos atletas»; (v) quatro nomeados pelos dezasseis membros nomeados anteriormente, de entre personalidades independentes das entidades que designaram os

sidente da divisão arbitral para resolver o conflito. Cfr. os artigo R 42 e R56 dos ETAS. Para mais desenvolvimentos sobre a mediação e a conciliação no desporto internacional, cfr., por todos, IAN BLACKSHAW, *Sport, Mediation and Arbitration*, *passim*. Cfr., igualmente, CHRISTINE GUY-ECKABERT, « La médiation au Tribunal arbitral du sport, un processus à doper», pp. 555 e ss.

1264 Cfr. o artigo S2 dos ETAS.

1265 Cfr. o artigo S22 dos ETAS.

1266 Cfr., neste sentido, afirmando que se trata de atribuições «clássicas» de um secretariado, MATHIEU MAISONNEUVE, *L'arbitrage des litiges sportifs*, p. 41. Sobre o secretário arbitral, em geral, cfr. THOMAS CLAY, «Le secrétaire arbitral», p. 931 e ss.

1267 Cfr. o artigo R65.2 dos ETAS.

outros membros do ICAS[1268]. Os membros do ICAS permanecem no cargo por quatro anos (podendo voltar a ser nomeados)[1269] [1270].

O ICAS assume como principais competências: (i) nomear e remover os árbitros que constituem a lista de árbitros e de mediadores do TAS; (ii) decidir sobre os impedimentos e suspeições estabelecidos nas normas processuais do TAS; (iii) financiar o TAS (aprovando o seu próprio orçamento e o orçamento do TAS, recebendo para tal o financiamento decorrente das entidades que celebraram o «Acordo de Paris»); (iv) nomear o Secretario-Geral do TAS; (v) criar um sistema de apoio judiciário que facilite o acesso de indivíduos com poucos recursos à arbitragem do TAS; (vi) tomar as medidas necessárias para proteger os direitos das partes[1271]. Por fim, devemos realçar que o financiamento do TAS – embora alocado pelo ICAS – deriva de fundos que provém de subvenções que derivam «das principais instituições desportivas»[1272].

6.6.2. A função arbitral

No exercício de funções arbitrais, os tribunais que se constituam sob a égide do TAS dispõem de duas câmaras: (i) a câmara arbitral ordinária; (ii) a câmara arbitral de apelo. A primeira tem competência para decidir todos os litígios relacionados com o Desporto que não sejam atribuídos pelos ETAS à câmara arbitral de apelo, a segunda, por seu turno, resolve os litígios desportivos decorrentes de decisões de federações desportivas, associações e outras entidades desportivas, desde que esteja previsto nos estatutos ou regulamentos daquelas entidades (o que exista uma convenção de arbitragem) que disponha nesse sentido[1273].

Existem também câmaras *ad-hoc* que se ocupam da resolução de litígios desportivos em competições com visibilidade, assumindo-se como câmaras arbitrais temporárias[1274].

[1268] Cfr. o artigo S4 dos ETAS.

[1269] A integração de um jurista como membro do ICAS implica, por exemplo, a assinatura de uma declaração, na qual se compromete a desenvolver a sua actividade com «total objectividade e independência», encontrando-se, além disso, proibido de figurar na lista de árbitros ou de mediadores do TAS.

[1270] Cfr. o artigo S5 do ETAS.

[1271] Cfr. o artigo S6 dos ETAS.

[1272] V. o artigo S12 dos ETAS.

[1273] Cfr. o artigo S20 dos ETAS.

[1274] A criação destas câmaras arbitrais ad-hoc cabe única e exclusivamente ao ICAS, segundo o disposto no artigo S6.8 do ETAS.

No exercício da função jurisdicional não existe, de resto, qualquer limitação na cognição de litígios que as partes submetem perante o TAS, uma vez que nas arbitragens que aí se desenvolvem, os árbitros podem, nos termos do artigo R28 dos ETAS, conhecer *plenamente de facto e de direito*. Deste modo, o TAS pode optar por proferir uma sentença que substitui a decisão impugnada, mas também pode anular a decisão e remeter a resolução do conflito para a entidade que proferiu a decisão inicial[1275].

Por outro lado, os árbitros que compõem o tribunal arbitral são escolhidos pelas partes obrigatoriamente de entre aqueles que se encontrem na lista do TAS, assumindo-se, desta forma, como uma *lista fechada*. A lista é renovada de quatro em quatro anos e os árbitros que a integram devem reunir as seguintes competências: (i) uma «apropriada formação jurídica»; (ii) «reconhecidas competências relacionadas com o Direito do Desporto e/ou a Arbitragem; (iii) bons conhecimentos do Desporto, em geral; (iv) conhecimentos linguísticos de pelo menos uma das línguas oficiais do TAS [francês ou inglês][1276]. O recrutamento destes árbitros deriva de uma escolha pelo ICAS, COI, federações transnacionais e comités olímpicos nacionais e, mais recentemente, desde a reforma do ETAS de 2016, pelas comissões de atletas do COI, federações transnacionais e comités olímpicos nacionais[1277].

A lista pode ter, no máximo, cento e cinquenta árbitros[1278]. O colégio arbitral, por sua vez, é composto por um ou por três árbitros constantes na lista do TAS, os quais são designados pelas partes[1279]. A lei aplicável ao mérito da causa dos litígios desportivos decididos pelo TAS é, em regra, a lei suiça, a menos que as partes indiquem outra como aplicável. Em qualquer dos casos, as partes podem autorizar o TAS a decidir de acordo com a equidade nos termos do artigo R45 dos ETAS.

[1275] Sobre este poder de revisão, Cfr. ALEXANDRA VEUTHEY, «Re-questioniing the Independence of the Court of Arbitration for Sport in Light of the Scope of its Review», pp. 105 e ss.

[1276] V. o artigo R29 dos ETAS.

[1277] V. o artigo S14 dos ETAS.

[1278] Cfr. o artigo S13 dos ETAS.

[1279] V. o artigo 40º, nº 1 e 2 dos ETAS.

6.7. O Tribunal Federal Suíço: o guardião da legalidade da resolução de conflitos desportivos?

O facto de as normas estatutárias das federações desportivas atribuírem competência ao TAS – o qual de acordo com os seus regulamentos se sedia na Suíça – implicou, desde logo, que a *lex arbitrii* que regule a composição, processo e a susceptibilidade de impugnação da sentença arbitral seja a lei suíça[1280], encontrando-se, deste modo, a decisão arbitral proferida por um tribunal com sede na Suíça, sujeita às limitações neste ordenamento para a arbitragem internacional[1281].

Neste contexto, a questão que se colocava com particular acuidade consistia em saber se bastaria que o regulamento processual do TAS indicasse a Suíça como sede do tribunal arbitral, ainda que, efectivamente, todo o processo arbitral se desenvolvesse em outro país (como sucede, por exemplo, nos processos arbitrais das câmaras ad-hoc dos Jogos Olímpicos que se desenvolvessem fora do território suíço).

Em sentido concordante, o TFS foi peremptório ao reconhecer que, de facto, seria competente para decidir sobre a anulação destas decisões arbitrais, afirmando que o determinante – para aferir a sua competência – não era o local onde se desenvolveria a audiência das partes ou que esta tenha sido proferida noutro país, mas antes que as partes escolhessem o *direito arbitral suíço* para regular os seus litígios[1282]. Por conseguinte, o TFS entende a sede do tribunal arbitral como uma ficção jurídica[1283].

[1280] A *lex arbitrii* não deve, contudo, ser confundida com a lei aplicável ao litígio regulado pela convenção de arbitragem (sobre esta questão, problematizando os problemas fundamentais, cfr. Ulrich Haas, «Applicable law in football-related disputes – The relationship between the CAS Code, the FIFA Statutes and the agreement of the parties on the application of national law», pp. 7 e ss.). A *lex arbitrii* representa a lei estadual que regula, por exemplo, o processo arbitral, a validade da convenção de arbitragem, a composição do tribunal arbitral ou os meios de impugnação da decisão arbitral. A *lex arbitrii* é precisamente a lei do Estado, na qual o tribunal arbitral se sedia. Cfr., por exemplo, Jean-François Poudret e Sébastien Besson, *Comparative Law of International Arbitration*, pp. 83-85, Nigel Blackaby e Constantine Partasides *et alli*, *Redfern and Hunter on International Arbitration*, pp. 172 e ss.

[1281] Artigo 176º da LDIP.

[1282] Neste sentido, afirmando que: «[c]om a escolha do domicílio suíço do tribunal arbitral a compor, quiseram as partes que as suas relações jurídicas, em caso de litígio, fossem submetidas ao direito arbitral suíço, mas estas não quiseram estipular um local de administração exclusivo no local da sede arbitral», acrescentando que não interessa se «(...) existiu efectivamente uma audiência» ou se foi « efectivamente proferido» no local que as partes acordaram como sede do tribunal arbitral», cfr. *Staatsrechtliche contra ICC Schiedsgerichtsentschied*, Ac. de 24 de Março de 1997, pp. 316 – 330 [a citação pode ser encontrada na p. 328].

No entanto, o problema não ficou resolvido com esta declaração de princípio do TFS. Como bem denunciado por GABRIELLE KAUFMANN-KOHLER existia, ainda assim, a real possibilidade de os tribunais estaduais onde se desenrolassem as arbitragens ad-hoc do TAS relativas aos Jogos Olímpicos puderem declarar-se competentes para anular uma decisão arbitral do TAS[1284]. Esta hipótese deixou de ser meramente académica com a existência do caso *Raguz contra Sullivan*[1285], no qual um tribunal inserido na jurisdição australiana se confrontou com a possibilidade de, em recurso, poder anular uma decisão do TAS.

O tribunal australiano defrontou-se com a questão de saber se estávamos perante uma arbitragem «doméstica», segundo o artigo 40º, nº 7, do *Commercial Arbitration Act de 1984*. De acordo com esta norma, seria qualificada como convenção de arbitragem «doméstica» (e, por isso, da competência dos tribunais australianos) aquela que não atribuísse, de forma expressa ou implícita, a competência a um tribunal arbitral estrangeiro. Neste sentido, o tribunal australiano deixou de lado qualquer consideração relativamente à relação entre a sede do TAS (escolhida pelas partes) e o Direito suíço.

Em contrapartida, e embora chegando à mesma solução, fixou a sua atenção na norma australiana que determina a qualificação de uma arbitragem como interna ou, através de um critério de delimitação negativa, como internacional. Conclui, porém, que a arbitragem consubstanciava uma arbitragem internacional e, portanto, o tribunal australiano declarou-se incompetente – não porque as partes escolheram Lausanne como a sede do TAS –, mas precisamente porque o artigo 40º, nº 7 da *Commercial Arbitral Act de 1984* determinava que as partes poderiam atribuir competência a um tribunal arbitral estrangeiro (como fizeram efectivamente).

[1283] Cfr., por exemplo, FRANCK LATTY, *La lex sportiva – Recherche sur le droit transnacional*, p. 565.

[1284] Afirmando precisamente que: «Quid si une partie avait cherché à annuler une sentence rendue au Japon devant le Tribunal de district de Nagano? Ce dernier aurait-il décliné sa compétence? Aurait-il estimé les parties suffisamment protégées par l'existence d'une voie de recours devant un tribunal à l'autre bout du monde? Quid des tribunaux australiens, américains, grecs, si l'on pense aux prochains Jeux? S'abstiendraient-ils? Il n'y a évidemment pas de réponse générale, puisque la compétence dépendra du droit national du tribunal saisi». Cfr. «Nagano et l'arbitrage – ou vers une justice de proximité», p. 321.

[1285] Cfr. *Angela Raguz contra Rebecca Sullivan*, [2000] NSWCA 240, pp. 335 e ss. (parcialmente publicado).

É esta a solução, ainda que implícita, que devemos extrair da decisão do tribunal australiano: nada impede, em abstracto, que um tribunal estadual possa ser competente para anular uma decisão do TAS. Esta realidade depende única e exclusivamente de como seja configurada legalmente a arbitragem interna, de modo a que seja possível abranger naquele conceito todas as arbitragens que se desenvolvam, efectivamente e em concreto, naquele país[1286].

Em todo o caso, quando a sede do processo e do proferimento da sentença coincidem com a *lex arbitrii*, não parece suscitar dúvida que a competência para controlar as decisões arbitrais do TAS pelos tribunais estaduais será regulada única e exclusivamente (em princípio, num momento prévio ao reconhecimento da sentença arbitral noutro país) pelas normas do capítulo 12 da LDIP. Neste contexto merece uma particular atenção a regra prevista no artigo 190º, nº 2 da LDIP, segundo o qual a sentença arbitral só pode, em regra, ser impugnada[1287] (e anulada) pelos motivos taxativamente fixados: (i) *se o árbitro for designado de modo irregular ou o tribunal se constituir ilegalmente*; (ii) *se o tribunal arbitral se declarar competente ou incompetente de forma irregular*; (iii) *se o tribunal arbitral não decidir sobre aspectos do litígio que lhe fora submetido ou existir excesso de pronúncia*; (iv) *se existir uma violação do princí-*

[1286] Cfr., por exemplo, o § 1025 da ZPO alemã, dispondo precisamente que as disposições da ZPO se aplicam às arbitragens que se desenvolvam em território alemão. No entanto, a doutrina entende, regra geral, que o tribunal australiano tomou a decisão correcta, uma vez que se declarou incompetente e atribuiu a competência aos tribunais suíços. Cfr. RICHARD MCLAREN, «Sports Law Arbitration by CAS: is it the Same as International Arbitration?», pp. 105 e 106. Não nos parece correcta esta assumpção, na medida em que constitui um «perigoso precedente», uma vez que nesta decisão o tribunal australiano não decidiu que era incompetente (em abstracto) para julgar os litígios dos tribunais arbitrais com sede noutro país, mas que proferissem a decisão na Austrália: o que o tribunal decidiu foi precisamente que, naquele caso concreto, face às disposições legais australianas era competente para conhecer dos litígios, mas que as partes teriam renunciado à competência dos tribunais australianos. Cfr. ANTONIO RIGOZZI, *Arbitrage international en matiére du sport*, pp. 240 e 241, ANDREW VAITIEKUNAS, *The Court of Arbitration for Sport: Law-Making and the Question of Independence*, pp. 255 e 256.

[1287] Embora os artigos 178º e ss. da LDIP não prevejam a existência de uma revisão de mérito das decisões de tribunais arbitrais, o TFS tem entendido que, em determinadas situações, pode existir uma competência de revisão de mérito. Em todo o caso, face à inexistência de factos novos alegados pela atleta, não haveria possibilidade de rever de mérito a decisão do TAS. Sobre competência de revisão de mérito, cfr., com indicações, o Acórdão do TFS de 18 de Março de 2008, processo nº 4A-42/2008.

pio da igualdade das partes ou o princípio do contraditório; (v) *se a decisão do tribunal arbitral violar a ordem pública*[1288].

Por outro lado, realce-se que, nos termos do artigo 192º, nº 1, da LDIP, existe a possibilidade das partes renunciarem completamente a qualquer recurso para a jurisdição estadual, inclusivamente à acção de anulação da sentença arbitral, contanto que as partes não tenham domicílio ou não se sediem na Suíça. Não obstante, segundo o artigo 192º, nº 2, da LDIP, quando as partes renunciem à jurisdição estadual, exige-se que a decisão arbitral seja reconhecida segundo a Convenção de Nova Iorque, de modo a que possa produzir efeitos no ordenamento jurídico suíço[1289]. Recordemos, no entanto, que o TFS já teve, todavia, oportunidade de se pronunciar, no já mencionado Ac. *Cañas contra ATP*, no sentido de que esta renúncia não é válida quando estiver em causa a relação entre uma federação desportiva e agentes desportivos. O TFS entendeu naquela decisão que a *ratio* do artigo 192º, nº 1 da LDIP se dirige, em primeira linha, a regular a arbitragem comercial internacional, pelo que, ainda que as federações desportivas e o COI cumpram o «elemento de estraneidade» exigido pela norma, esta não foi criada com o intuito de «regular os recursos propostos contra as sentenças proferidas no domínio de penas estatutárias em matérias desportivas» precisamente porque «as sanções aplicadas aos desportistas, tais como a desqualificação ou a suspensão, não necessitam de um processo executivo para que produzam efeitos»[1290].

Neste contexto, adiante-se que o TFS não pode efectuar um controlo de mérito através do mecanismo de recurso das sentenças proferidas em sede de arbitragem internacional, analisando somente vícios meramente processuais[1291]. De todo o modo, o mérito pode ganhar relevância em sede de recurso relativamente à determinação de uma violação da ordem pública.

[1288] Sobre as diversos vícios formais que podem fundamentar a anulação de uma sentença arbitral nos termos do artigo 190º da LDIP, cfr., entre outros e com amplas referências, AAVV, *Basler Kommentar – Internationales Privatrecht*, 3ª Edição, pp. 2026 e ss., MATHIEU MAISONNEUVE, *L'arbitrage des Litiges Sportifs*, pp. 427 e ss, ANDREW VAITIEKUNAS, *The Court of Arbitration for Sport: Law-Making and the Question of Independence*, pp. 216 e ss.

[1289] Sobre esta questão, cfr., entre tantos outros, MARGARETA BADDELEY, «La décision Cañas: Nouvelles règles du jeu pour l'arbitrage international du sport», pp. 155 e ss., DOMITILLE BAIZEAU e FRANZ STIRNIMANN, «Renuncia al derecho de impugnar un laudo. Estudio práctico sobre la experiencia suiza», pp. 151 e ss.

[1290] Ac. de 22 Março de 2007, processo nº 4P.172/2006, publicado na colecção de decisões do TFS 133 III 235.

[1291] AAVV, *Basler Kommentar – Internationales Privatrecht*, 3ª Edição, p. 2028.

Por sua vez, o controlo limitado das decisões arbitrais tem, desde logo, levado a que o sucesso de anular uma sentença de um tribunal arbitral sediado na Suíça no domínio da arbitragem internacional seja também pouco provável[1292].

De resto, a abordagem restritiva do controlo das sentenças proferidas em sede de arbitragem internacional manifesta-se, por outro lado, no conteúdo atribuído pelo TFS à ordem pública material[1293]. O TFS entende que existe uma violação da ordem pública material quando a sentença for contrária aos «princípios fundamentais do direito material ao ponto de não ser conciliável com a ordem jurídica e o sistema de valores fundamentais; entre esses princípios encontram-se: o princípio do *pacta sunt servanda*, do respeito das regras da boa-fé, da interdição do abuso de direito, a proibição de medidas discriminatórias ou confiscatórias, bem como a protecção de pessoas civilmente incapazes»[1294].

Por seu turno, adiante-se que não se trata de um conceito reconduzível à ordem pública suíça, pelo contrário, estamos perante uma «noção universal, e não nacional, que visa determinar a incompatibilidade com os princípios jurídicos ou morais fundamentais reconhecidos por todos os Estados

[1292] Em 2010, Felix Dasser realizou um estudo sociológico sobre a arbitragem internacional desenvolvida por tribunais arbitrais sediados na Suíça, demonstrando que as hipóteses de anular uma sentença arbitral se resumem a 7% do universo total das acções propostas pelas partes entre 1989 e 2010. Cfr. «International Arbitration and Setting Aside Proceedings in Switzerland – An Updated Statistical Analysis», pp. 82 e ss.

[1293] O TFS distingue entre a ordem pública processual e a ordem pública material. A ordem pública processual «garante às partes o direito a um julgamento independente relativamente às conclusões e o estado dos factos submetidos a um tribunal de uma maneira conforme o processo aplicável; existe uma violação de ordem pública processual quando os princípios fundamentais e geralmente reconhecidos são violados, conduzindo a uma contradição insuportável com o sentimento de justiça, de modo que a decisão seja incompatível com os valores reconhecidos num Estado de Direito». Cfr. O caso *Abel Xavier contra UEFA*, Ac. de 11 de Junho de 2001, processo 4P.64/2001. A fórmula do TFS tem sido recorrentemente reafirmada noutros processos e, mais recentemente, no Ac. de 16 de Outubro de 2014, processo 4A-324/2014.

[1294] Cfr., entre outros, o Ac. de 8 de Março de 2006, processo nº 4P.278/2005 (ATF 132 III 389). Mais recentemente, cfr. o Ac. de 12 de Julho de 2012, processo nº 4A-150/2012. O elenco dos casos que podem violar a ordem pública material não se encontra, no entanto, fechados nos exemplos apontados. Cfr. Ac. de 10 de Junho de 2010, processo 4A-458/2009 (*Mutu contra Chelsea*).

civilizados»[1295]. Logo, não violará a ordem pública uma evidente «aplicação errada do direito ou dos factos»[1296], mas quando existir uma desconformidade quanto ao resultado (e não somente quanto aos fundamentos) da sentença arbitral a impugnar[1297].

A falta de controlo de mérito pelo TFS tem suscitado críticas na doutrina[1298], desde logo, pela existência de uma *posição estrutural de desigualdade entre as partes*. Na verdade, não estão aqui em causa somente interesses económicos – como sucede, em regra, na arbitragem internacional do comércio internacional –, mas, pelo contrário, relações de intensa desigualdade que possibilitam a existência de afectações (inclusivamente arbitrárias) aos direitos fundamentais dos atletas e de outros agentes desportivos. Este era o motivo que fundamentava, por exemplo, que Antonio Rigozzi propusesse como solução a construção de uma «ordem pública desportiva», alargando, assim, o âmbito da ordem pública material[1299]. Por outro lado, reconhecendo esse elemento institucional da relação entre as partes em conflito, seria possível, desde logo, afastar o entendimento de que existe aqui uma simples relação contratual entre as partes envolvidas na disputa jurídica[1300]. Este elemento é importante, uma vez que a existência de uma pura relação contratual era precisamente o argumento que fundamentava um controlo menos intenso pelos tribunais estaduais[1301].

[1295] Ac. de 31 de Março de 1999, *N., J. e outros contra Fédération Internationale de natation* (FINA), publicado em *Digest of CAS Awards*, Vol. II, p. 770.

[1296] Cfr. Ac de 14 de Novembro de 1990 (ATF 116 II 634).

[1297] Neste sentido, o Ac. de 19 de Abril de 1994, extracto do Ac. *Emirats Arabes Unis et consorts contre Westland Helicopters Limited et Tribunal arbitral* (ATF 120 II 155), afirmando que: «a sentença impugnada não será anulada, a menos que o resultado a que ela conduza seja incompatível com a ordem pública». Mais recentemente, no mesmo sentido, cfr. Ac. de 19 de Junho de 2014, processo 4A-597/2013.

[1298] V., por todos, criticando a abordagem restritiva que limita a possibilidade de anulação de sentenças arbitrais proferidas na Suíça e assumindo a possibilidade de um decréscimo da qualidade das decisões arbitrais, Pierre Lalive, «L'Article 190 al. 2 LDIP a-t-il une utilité?», pp. 726 e ss.

[1299] Neste sentido, cfr. Antonio Rigozzi, *Arbitrage international en matiére du sport*, pp. 732 e ss. Em sentido idêntico, Mathieu Maisonneuve, *L'arbitrage de litiges sportifs*, pp. 437 e 438.

[1300] Cfr. Mathieu Maisonneuve, *L'arbitrage de litiges sportifs*, p. 437.

[1301] Cfr. Luca G. Radicati di Brozolo, «Arbitrage Commercial International et Lois de Police», pp. 284 e 285, reconhecendo que: «[é] um facto que a arbitragem se funda na autonomia das partes e é regulada, no essencial, pela vontade daquelas que, como vimos, gozam, assim, de uma grande liberdade de escolha das regras a aplicar, de forma a que a interferên-

Neste contexto, não é de estranhar que tenha sido precisamente num litígio relacionado com a actividade desportiva que o TFS anulou pela primeira vez uma decisão arbitral com fundamento na violação da ordem pública material. Na origem daquele pedido de anulação esteve em causa uma sanção disciplinar aplicada pela UEFA a um atleta brasileiro, Matuzalém, na sequência do não pagamento de uma indemnização por violação de cláusulas contratuais, a qual ocorreu na sequência de uma transferência entre clubes de futebol. O atleta recorreu ao TAS, mas este estabeleceu um aumento do valor indemnizatório a pagar solidariamente e fixou-o em 11.854.934 euros, acrescidos de 5% de juros anuais desde 5 de Julho de 2007.

Deste modo, o atleta deixou de poder competir, uma vez que a sanção postulava uma interdição mundial de exercício da profissão até ao pagamento da dívida. Por conseguinte, o litígio foi submetido ao TFS, com a invocação, entre outros argumentos, de que esta proibição consubstanciava uma violação à ordem pública material. O TFS deu razão ao atleta, fundando a sua argumentação em três aspectos essenciais: (i) a sanção não é apta a garantir o pagamento da indemnização decorrente da quebra contratual, uma vez que coloca em risco a subsistência económica do atleta, o qual não cumpre o pagamento da indemnização precisamente por não dispor de meios económicos; (ii) um meio efectivamente apto para assegurar o cumprimento do pagamento da indemnização seria o reconhecimento da sentença do TAS no país onde se domiciliava o atleta, nos termos da Convenção de Nova Iorque; (iii) a imposição de uma sanção contratual que pretende «impor o cumprimento contratual do jogador em relação ao seu empregador tem um peso claramente menor do que a proibição fáctica, temporal e espacialmente ilimitada do exercício da profissão (...) do recorrente»[1302].

A solução do caso Matuzalém pode representar uma transformação no alargamento do conceito de ordem pública, no entanto, não é ainda possível verificar o alcance desta jurisprudência, uma vez que ainda não se verificou mais nenhuma anulação de uma sentença arbitral do TAS com funda-

cia estadual na arbitragem se tornou mínima, a ponto de os mesmos renunciarem frequentemente em larga medida a qualquer controlo sobre a sentença».

[1302] A decisão encontra-se traduzida por nós, acrescida de umas pequenas notas, Cfr. Artur Flamínio da Silva, «A Norma Desportiva: plural, mas pouco? – Algumas notas sobre o Ac. 4A-558/2011 de 27 de Março de 2012 do Tribunal Federal Suíço», pp. 264 e ss.

mento na violação da ordem pública material[1303]. Em suma, pode reter-se que o TFS tem sentido inúmeras dificuldades em lidar com a desadequação dos mecanismos de anulação de sentenças arbitrais previstos na LDIP quando estão em causa litígios relacionados com a actividade desportiva. Não obstante, tem denotado precisamente que a actividade desportiva não tem, nem pode ter um tratamento idêntico à arbitragem do comércio internacional, uma vez que as vinculações institucionais dos atletas exigem uma resposta mais adequada. Deste modo, o controlo do TFS – ainda que mínimo e pouco adequado à relação que se estabelece entre o associativismo desportivo e os agentes desportivos – pode ainda vir a ter um papel importante na construção de um espaço de protecção e de evolução da normatividade dos organismos desportivos transnacionais. A decisão envolvendo o atleta Matuzalém é precisamente um marco nessa constatação.

6.8. O reconhecimento e execução de sentenças arbitrais estrangeiras e a questão do efeito auto-executivo das sentenças arbitrais do TAS: entre o Direito Público e o Direito Privado

As decisões arbitrais do TAS encontram-se, como todas as sentenças arbitrais no âmbito de uma arbitragem internacional, sujeitas a um sistema de duplo controlo: (i) um primário; (ii) e outro secundário[1304]. A Convenção

[1303] A questão podia ter-se colocado no Ac. 27 de Março de 2014, processo 4A-448/2013, no qual o TAS, num processo de suposta manipulação de resultados desportivos, analisou um vídeo que fora gravado sem o consentimento do atleta punido pelos órgãos disciplinares da federação ucraniana de futebol, constatando, assim, que aquele desportista teria participado na manipulação de resultados desportivos. No entanto, o TFS deixou bem claro que os princípios de Direito penal não são aplicáveis ao procedimento sancionatório desportivo, pelo que a inobservância daqueles num processo perante o TAS não viola a ordem pública material, uma vez que esta repousa numa «grave e evidente violação da personalidade», a qual não ocorre com a aplicação de sanções disciplinares desportivas (às quais segundo o TFS não se aplica o presunção de inocência). Reconhece, porém, que cinco anos de sanção pode ser uma pesada sanção para um futebolista, não considera que se trate da mesma situação prevista no Ac. envolvendo o atleta Matuzalém, uma vez que: (i) o fundamento da sanção reconduzia-se a prosseguir um fim diferente, ou seja, à não manipulação de resultados; (ii) a sanção de Matuzalém podia perpetuar-se indefinidamente no tempo, sendo que neste caso tinha uma duração limitada de cinco anos.

[1304] William Michael Reismann esclarece que este sistema tem uma função delimitada e de síntese equilibrada entre a autonomia e a competência do controlo pelos tribunais estaduais nacionais: por um lado, permite afastar eventuais abusos que ocorrem no caso da inexistência de qualquer controlo; por outro lado, consegue manter um poder decisório considerável no próprio tribunal arbitral. Cfr. *Systems of Control in International Adjudication and*

de Nova Iorque postula, assim, que exista um controlo: (i) no ordenamento em que se sedia o tribunal arbitral, segundo a *lex arbitrii* e, nos termos da qual, a decisão do tribunal arbitral possa ser anulada (controlo primário); (ii) nos ordenamentos nos quais se busca a execução da sentença proferida por um tribunal arbitral, podendo ser rejeitada ou reconhecida e executada (controlo secundário)[1305].

A existência de uma decisão arbitral do TAS envolve, nos termos apresentados, a necessidade – quando as partes não se conformem voluntariamente com a sentença arbitral – de discutir a forma pela qual terá lugar um reconhecimento daquela decisão no ordenamento jurídico no qual se sediam ou domiciliam as partes envolvidas naquele litígio concreto. Neste contexto, poderia supor-se que a existência de um mecanismo de reconhecimento e de execução de sentenças arbitrais, tal como aquele que se encontra previsto na Convenção de Nova Iorque[1306], seria indispensável para garantir uma uniformização do reconhecimento das decisões arbitrais do TAS.

A importância da Convenção de Nova Iorque dilui-se, todavia, face à existência de um mecanismo *auto-executivo* das decisões arbitrais no seio do associativismo desportivo. Com efeito, como este mecanismo que assenta na estrutura hierárquico-monopolistica, a entidade de cúpula obriga os seus associados, bem como os filiados daqueles, a *aceitar* precisamente as sentenças arbitrais – independentemente do seu conteúdo –, as decisões que vierem a ser proferidas pelo TAS, são recorrentemente acatadas (e executadas) pelas federações desportivas sem qualquer necessidade de reconhecimento na jurisdição secundária[1307].

Neste sentido, existe a necessidade de conformação de todos os sujeitos desportivos com as decisões do TAS, uma vez que as federações desportivas

Arbitration, p. 113. Sobre esta «arquitectura normativa» da Convenção de Nova Iorque, cfr. António Sampaio Caramelo, *O Reconhecimento e Execução de Sentenças Arbitrais Estrangeiras*, pp. 69 e ss..

1305 Neste sentido, paradigmaticamente, cfr. William Michael Reisman, *Systems of Control in International Adjudication and Arbitration*, pp. 113 e ss.

1306 Sobre a Convenção de Nova Iorque, entre outros, José Miguel Júdice e António Pedro Pinto Monteiro, «Do reconhecimento e execução de decisões arbitrais», pp. 145 e ss. e Rui Moura Ramos, «Arbitragem estrangeira e reconhecimento de sentenças arbitrais estrangeiras no novo direito português da arbitragem estrangeiras ao abrigo da Convenção de Nova Iorque», pp. 839 e ss.

1307 Sobre este mecanismo, cfr., por exemplo, Ulrich Haas, *The Court of Arbitration for Sport in the Case Law of the German Courts*, pp. 77 e 78.

adoptam, em regra, uma cláusula estatutária com uma formulação semelhante a esta: «[a] FPF envida esforços para o cumprimento, pelos seus Sócios e agentes desportivos, das decisões finais da FIFA, da UEFA e do Tribunal Arbitral do Desporto [CAS/TAS]»[1308]. Em contrapartida, a FIFA estabelece, por sua vez, que: «[a]s confederações, membros e ligas devem reconhecer o TAS como uma autoridade judicial independente e assegurarem-se de que os seus membros, atletas filiados e agentes se conforme com as decisões do TAS. A mesma obrigação [de reconhecimento] será igualmente aplicada aos *match agent* e aos agentes dos jogadores licenciados»[1309].

Assim, o mecanismo de reconhecimento de sentenças arbitrais previsto na Convenção de Nova Iorque tem uma aplicação prática diminuta no domínio desportivo. Na verdade, as federações desportivas conformam-se com a decisão que venha a ser tomada pelo TAS, independentemente de aquela ser reconhecida num determinado território ao abrigo da Convenção de Nova Iorque. A estrutura hierárquico-monopolística criada pelo associativismo desportivo permite assegurar que – num âmbito mundial – o atleta que, por exemplo, seja punido na sequência de uma decisão do TAS, cumpra efectivamente a decisão sancionatória que lhe seja imposta, uma vez que o suspendem, desde logo, preventivamente – numa decisão que tem de ser acatada por todas as federações nacionais, sob a ameaça de sanções pelas federações desportivas transnacionais. Ao desportista, não lhe restará senão cumprir a decisão do TAS – independentemente de poder recorrer para o TFS, anulando a decisão daquele.

Neste sentido, se o atleta não vencer a contenda perante o TAS e não lograr obter a anulação, com base em vícios meramente formais, da decisão daquela entidade, não tem qualquer outra alternativa (fáctica) que não seja o cumprimento da decisão arbitral, uma vez que as federações não precisam de a reconhecer executar através da Convenção de Nova Iorque no Estado em que se sediam para que comece a produzir efeitos no ordenamento desportivo.

A solução está, deste modo, distante da realidade que é conhecida da arbitragem internacional, particularmente no domínio do comércio internacional. Em bom rigor, se aí as partes podem conformar-se livremente com as decisões arbitrais, quando não o façam voluntariamente existe, desde logo, a possibilidade de haver um reconhecimento e a execução das

[1308] Cfr. o artigo 78º dos estatutos da FPF.
[1309] Cfr. o artigo 68º dos estatutos da FIFA.

sentenças arbitrais no Estado em que a parte vencedora queira que a decisão produza efeitos jurídicos. Em contrapartida, também não será completamente diferente a situação em que o próprio TFS anule a decisão arbitral do TAS. Pode, assim, colocar-se a situação de, entretanto, a sentença do TAS já ter começado a produzir efeitos noutro país[1310].

Esta circunstância tem uma evidente vantagem, pois permite, desde logo, às partes evitar custos com o reconhecimento e a execução da decisão arbitral. Sucede, porém, que a constatação de um efeito *auto-executivo* das decisões arbitrais do TAS possibilita que, em determinadas condições, os sujeitos desportivos possam soltar-se das restrições da normatividade estadual, por exemplo, no domínio da arbitrabilidade dos litígios e tem, deste modo uma evidente vertente negativa.

Com efeito, o *forum shopping* que daí deriva – conforme ficou evidente no caso *Sérgio Dias* contra *FPA* – permite, por sua vez, que os sujeitos do ordenamento desportivo ignorem as limitações relativas à inarbitrabilidade dos litígios administrativos (porque, num primeiro momento, obrigatoriamente submetidos ao TAD) que digam respeito à legalidade de actos administrativos no domínio do Desporto, de modo a que, desde que o TAS aceite a sua própria jurisdição, subtraiam litígios que constitucionalmente pertencem ao TAD e aos tribunais administrativos.

A questão coloca-se com particular acuidade nas decisões disciplinares envolvendo a dopagem. Em países como Portugal, Espanha ou França, os litígios relacionados com a matéria da dopagem são, em regra, inarbitráveis. Com efeito, entre nós, ainda que os conflitos desportivos sejam passíveis de ser julgados por um tribunal arbitral, não o são no âmbito da arbitragem voluntária. Encontram-se, na verdade, submetidos à arbitragem necessária e não estão na disponibilidade das partes.

[1310] Neste contexto, realce-se que o artigo V, nº 1, alínea e) da Convenção de Nova Iorque versa sobre a possibilidade de recusar o reconhecimento e a execução da sentença arbitral quando esta «ainda não se tornou obrigatória para as partes» ou quando não haja sido «anulada ou suspensa por uma autoridade competente do país em que, ou segundo a lei do qual (...) foi proferida». A discussão em torno daquela norma é vasta, não existindo um consenso relativamento ao sentido a atribuir ao termo «obrigatória», complicando, assim, a invocação desta norma pelas partes interessadas. De todo o modo, por exceder o objecto da nossa tese, remetemos o aprofundamento da questão para as obras fundamentais de Gary Born, *International Commercial Arbitration*, Vol. III – 2ª Edição, pp. 3610-3617 e 3621-3636 e de Albert Jan van den Berg, *The New York Arbitration Convention of 1958*, pp. 331-37. Cfr., igualmente, António Sampaio Caramelo, *O Reconhecimento e Execução de Sentenças Arbitrais Estrangeiras*, pp. 177 e ss.

Em geral, a competência do TAS é aferida nos termos do artigo R47 do ETAS[1311]. De acordo com esta regra é necessário que: (i) exista a decisão de uma federação desportiva, associação ou uma entidade relacionada com o desporto; (ii) se encontrem esgotados todos os meios de impugnação internos; (iii) que exista um acordo das partes no sentido de atribuir competência ao TAS para resolver o conflito desportivo.

O primeiro requisito encontra-se preenchido quando exista um «acto unilateral dirigido a um ou mais destinatários com a intenção de produção de efeitos jurídicos»[1312]. O segundo requisito implica que as partes esgotem todos os mecanismos que se encontrem previstos nos regulamentos aplicáveis (e não todos os mecanismos impugnatórios disponíveis)[1313]. O terceiro requisito exige ainda que haja uma convenção de arbitragem (cláusula compromissória ou compromisso arbitral). Este último elemento é o mais controverso no que respeita à atribuição de competência do TAS.

Com efeito, é jurisprudência constante do TAS – salvo raras (e coerentes) excepções[1314] – que, independentemente do conteúdo das regras estaduais nacionais (que não as do Direito suíço) relativamente à respectiva atribuição de competência aos tribunais nacionais, basta que as partes atri-

[1311] Este artigo dispõe da seguinte forma: «An appeal against the decision of a federation, association or sports – related body may be filed with CAS if the statutes or regulations of the said body so provide or if the parties have concluded a specific arbitration agreement and if the Appellant has exhausted the legal remedies available to it prior to the appeal, in accordance with the statutes or regulations of that body. An appeal may be filed with CAS against an award rendered by CAS acting as a first instance tribunal if such appeal has been expressly provided by the rules of the federation or sports – body concerned».

[1312] Cfr. Ac. de 17 de Março 2005, processo CAS 2004/A/659, *Galatasaray SK contra Fédération Internationale de Football Association (FIFA) & Club Regatas Vasco da Gama & F. J.*, ponto 10 e Ac. de 8 de Maio de 2013, processo CAS 2012/A/3024, *Slovak Tennis Federation, Slovak Cycling Federation, Slovak Football Association contra Slovak Olympic Commitee*, ponto 30. Sobre os possíveis exemplos que podem configurar uma decisão, denunciando, porém, que o determinante é a susceptibilidade de afectar a esfera jurídica de um terceiro, cfr., a síntese, no Ac. de 17 de Dezembro de 2008, processo CAS 2008/A/1634, *Hertha BSC GmbH & Co. KgaA contra Football Association of Serbia*, ponto 10. Cfr., igualmente, Despina Mavromati e Matthieu Reeb, *The Code of the Court of Arbitration for Sport*, pp. 383 e ss.

[1313] Cfr. Despina Mavromati e Matthieu Reeb, *The Code of the Court of Arbitration for Sport*, p. 391.

[1314] Cfr., em sentido contrário, Ac. de 24 de Janeiro de 2006, processo CAS 2005/952, Ashley Cole contra Football Association Premier League, afirmando que: «(...) the possible adoption of na arbitratio clause that confers jurisdiction on the CAS, as it is also subject to the law of the country where th National Federation or League in question has it seat».

buam expressamente a competência ao TAS por intermédio de compromisso arbitral ou de cláusula compromissória expressa presente nos estatutos das federações desportivas nacionais para que aquele possa decidir sobre o fundo da causa[1315].

Em todo o caso, poderia ponderar-se que o TAS opera uma distinção entre uma vertente transnacional e uma vertente nacional dos conflitos desportivos. Não é, no entanto, o que sucede. Como ficou demonstrado num conflito entre um treinador turco e um clube de futebol turco, a inexistência de uma «dimensão internacional» não fundamentou a incompetência do TAS para o julgamento da causa. Pelo contrário, este tribunal fundamentou a sua falta de competência para apreciação do litígio da seuinte forma: em primeiro lugar, as partes não celebraram nenhuma convenção de arbitragem e, em segundo lugar, porque a lei turca negava expressamente a possibilidade de os conflitos desportivos nacionais pudessem ser decididos pelo TAS[1316]. No fundo, a atribuição de competência ao TAS representa única e exclusivamente – e sem limitações, sem ser as existentes no Direito suíço – um problema relacionado com a «correcta interpretação da vontade das partes»[1317].

Neste sentido, e segundo a jurisprudência do TAS, nada impede, portanto, que um litígio que era puramente público (e nacional) passe a ser

[1315] É também pacífico na jurisprudência do TAS que não bastam as referências nos estatutos das federações transnacionais para que possa ser possível fundamentar a sua competência, exigindo-se, pelo contrário, uma referência expressa nas normas da federação nacional. Cfr, entre outras decisões, Ac. de de 8 de Maio de 2013, processo CAS 2012/A/3024, *Slovak Tennis Federation, Slovak Cycling Federation, Slovak Football Association contra Slovak Olympic Commitee*, ponto 45, Ac. de 12 de Abril de 2012, processo CAS 2012/A2688, *Persisam Patra Samarinda, Deltas Sidoardjo FC, Pelita Joya F, L. & E. contra Football Association of Indonesia*, pontos 11 e ss., Acs. de 23 de Fevereiro de 2011, processos CAS 2010/A/2170 e CAS 2010/A/2171, *Iraklis Thessaloniki FC contra Hellenic Football Federation e OFI FC contra Hellenic Football Federation*, ponto 19, 15 de Dezembro de 2004, processo CAS 2004/A/676, *Ismailia Sporting Club contra Confédération Africaine de Football*. Com efeito, entende-se que as regras da FIFA que pretendem reconhecer o TAS como tribunal arbitral competente, mais não são do que meras «instruções para [a federação nacional] introduzir uma norma para autorizar a arbitragem no TAS», mas não consubstanciam «convenções de arbitragem». Cfr., por exemplo, Ac. de 12 de Agosto de 2011, processo CAS 2011/A/2472, *Al-Whada club Saudi Arabian Football Federation*, ponto 5 e 16.

[1316] Cfr.Ac. e 20 de Fevereiro de 2009, processo CAS 2008/A/1602, *A. contra Cayzur Rizspor Kulübü Dernegi & Turkish Football Federation*.

[1317] Cfr. Ac. de 3 de Setembro de 2012, CAS 2011/A/2539, *Borussia Vfl contra Boca Juniors & Fédération Internationale de Football Association*, ponto 66.

transnacionalizado e reger-se pela *lex arbitrii* do TAS, isto é, a lei suíça (em particular, pelo Direito privado suíço), desde que as partes em conflito no plano nacional assim acordem. Não obstante, existe um critério, previsto na Lei de antidopagem[1318], que poderia ser facilmente apreensível (e também coerente). Seriam, neste sentido, as decisões disciplinares das federações desportivas portuguesas ou da ADOP impugnáveis junto do TAD e, por outro lado, as respeitantes a competições internacionais da competência do TAS[1319].

Contra este entendimento, o TAS ao assumir, em determinadas situações (devido à existência de uma hierarquia desportiva), a competência para a resolução do litígio esvazia a competência dos tribunais administrativos, podendo inclusivamente permitir que possa – o TAS – anular actos administrativos proferidos pelas entidades privadas que exerçam poderes públicos ou mesmo entidades públicas como a ADOP. Neste contexto, convém referir que o TAS tem, por outro lado, entendido, por vezes, que lhe compete conhecer dos litígios puramente nacionais suscitando dois argumentos: (i) a ideia de que existe uma «necessidade de uniformização do Direito» no âmbito do desporto transnacional[1320]; (ii) a existência de um «regime nacional não neutraliza o regime internacional»[1321].

1318 Alterada pela Lei nº 93/2015, de 13 de Agosto.

1319 Cfr. o artigo 60º, nº 1 e 3. A menção a «praticante desportivo internacional» enquanto fundamento atributivo da competência ao TAS é equívoca. Na verdade, embora aí pareça existir uma condição alternativa (utiliza-se a conjução disjuntiva «ou») em paralelo às decisões disciplinares praticadas em «eventos internacionais», em todo o caso, não é a condição de atleta internacional que permite considerar como atribuída a competência ao TAS. Com efeito, os atletas internacionais, quando não sejam punidos disciplarmente no âmbito de uma competição internacional, terão acesso à tutela jurídica junto do TAS e, eventualmente, junto dos tribunais administrativos. Uma solução contrária geraria uma insanável desigualdade entre os *atletas nacionais* e os *atletas internacionais* (os primeiros são julgados pelo Direito português; os segundos podem ser julgados segundo o Direito material que escolham junto do TAS). Acresce, por outro lado, que esta circunstância depende da qualificação das federações desportivas e varia consoante a modalide em causa.

1320 Entende-se, portanto, que existe entre as entidades nacionais e as entidades transnacionais uma relação que não assenta «na concorrência, mas, pelo contrário, as funções são complementares». Cfr. Ac. de 19 de Dezembro de 2006, processo TAS 2006/A/1119 *Union Cycliste Internationale (UCI) contra L. & Real Federación Española de Ciclismo*.

1321 Cfr. Ac. de 16 de Maio de 2007, processo CAS 2006/A/1149 e 2007/A/1211, (*World Anti-Doping Agency (WADA) contra Federación Mexicana de Fútbol (FMF) e José Salvador Carmona Alvarez*).

A assumpção do TAS de que a vertente transnacional supera (em importância) a existência de uma vertente nacional permite, desde logo, constatar que basta que o mesmo facto ocorrido numa competição – por exemplo, uma suposta dopagem – implique uma sanção preventiva (de âmbito mundial) da federação transnacional (como acontece recorrentemente), para que o TAS entenda que exista uma vertente transnacional prevista na hierarquia desportiva que fundamente a sua própria competência.

Esta problemática está longe de ser meramente teórica e recolhe em diversos exemplos. Em França, a questão colocou-se, desde logo, no caso CHOUKI[1322], no qual o TAS assumiu expressamente a sua própria competência num litígio relacionado com dopagem que não era arbitrável no ordenamento francês. No mesmo sentido decidiu o TAS também num litígio idêntico no ordenamento jurídico espanhol, no caso UCI contra um atleta espanhol e a Federação espanhola de ciclismo[1323]. Entre nós, assu-

[1322] Existiu, neste caso, um extenso processo. Em suma, pode reter-se que o atleta teve uma queda durante a competição e foi levado para um posto médico para lhe serem prestados os tratamentos médicos necessários. O atleta viria a sair do posto médico pouco tempo depois. Era, todavia, suposto o atleta realizar um controlo de antidopagem que lhe foi comunicado. No entanto, CHOUKI teve outra indisposição e voltou a ser levado para o posto médico, onde lhe foi dada uma solução bebível por um médico e que o controlador de antidopagem considerou ser água com açúcar, mas que teria sido injectada. O responsável pelo controlo antidopagem foi, entretanto, substituído por outra personalidade que, por sua vez, constatou que CHOUKI não teria recebido nenhuma injecção. Deste modo, com a permissão do atleta, o técnico encarregue pelo teste de antidopagem acabou por efectuar uma análise à urina daquele. O atleta obteve um resultado positivo e foi punido pelos órgãos disciplinares da federação francesa de atletismo, começando aí começou uma dura batalha para provar a sua inocência. O atleta chegou inclusivamente a recorrer à jurisdição administrativa francesa. No entanto, a questão acabou por ser resolvida pelo TAS, ainda que o litígio não fosse arbitrável no ordenamento francês, revogando aquele a decisão disciplinar proferida pelo órgão de resolução de conflitos da federação francesa. Cfr. Ac. de 2 de Março de 2005, processo CAS 2004/A/633 IAAF v/ FFA & Mr Chouki (inédito).

[1323] Na origem deste lítigio estava uma alegada dopagem a 11 de Junho de 2005, a qual teria sido detectada na sequência de um controlo de antidopagem positivo. Entretanto, foi aberto um procedimento disciplinar que decorreu da contra-análise positiva. No entanto, a 5 de Maio de 2006, a federação desportiva espanhola entendeu que não existiam provas suficientes e decidiu, de acordo com o princípio *in dubio pro reo*, que o atleta deveria ser «absolvido». De todo o modo, entre o período que mediou entre o dia 24 de Julho e o dia 16 de Maio de 2005, o atleta não competiu. A UCI não concordou com a solução e propôs, todavia, junto do TAS uma acção. Por outro lado, não obstante a federação espanhola invocar que: (i) a competência decisória cabia – nos termos da lei – aos órgãos disciplinares e que, segundo as regras jurídicas espanholas, as decisões daquelas seriam autênticos actos administrativos;

mem-se paradigmáticos os casos NUNO ASSIS e CARLOS QUEIROZ. Na primeira situação, foi somente depois de uma decisão final dos órgãos de resolução de conflitos desportivos – que revogou a sanção do CD proferida inicialmente – que a questão da alegada dopagem do atleta se colocou perante o TAS[1324], assumindo este a competência para a anular a decisão de

(ii) a competência de controlo judicial cabia única e exclusivamente aos tribunais administrativos (e que, em concreto, em litígios relativos à dopagem não podia existir a arbitrabilidade daqueles litígios); (iii) a licença não consubstancia uma forma de consentir a arbitragem, o TAS ignorou os argumentos – e embora reconhecendo que o presente caso «ilustra a tensão que pode existir entre a lei nacional do atleta e os regulamentos da federação transnacional» –, deu maior ênfase à necessidade de cumprir a submissão do atleta às regras desportivas em deterimento das normas estaduais espanholas. O TAS chega, inclusivamente, a interpretar o Direito espanhol (e a Constituição espanhola) afirmando que estes não negam a arbitragem no domínio da dopagem – invocado, de um modo deslocado – o artigo 6º, nº 1 da Convenção Europeia dos Direitos do Homem, Cfr. o Ac. de 19 de Dezembro de 1996, processo TAS 2006/A/1119, *Union Cycliste Internationale (UCI) contra L. & Real Federación Española de Ciclismo (RFEC)*.

1324 Neste litígio estava em causa uma alegada dopagem do atleta NUNO ASSIS. Neste contexto, o atleta acusou positivamente uma substância proibída durante um controlo Antidopagem que foi analisado entre 7 de Dezembro de 2005 e 18 de Janeiro de 2006. Entre 1 e 2 de Fevereiro de 2006 a contra-prova confirmou a existência de uma substância proibida no organismo do atleta. No dia seguinte foi suspenso preventivamente enquanto aguardava uma decisão do órgão disciplinar competente a 3 de Fevereiro de 2006. Em consequência disso, a FIFA aplicou-lhe também uma proibição mundial de exercício da actividade profissional. Foi somente em a 9 de Março de 2007 que o CD da Federação Portuguesa decidiu aplicar-lhe uma pena de seis meses de suspensão. O atleta impugnou a decisão junto do CJ que, a 14 de Julho de 2006, revogou a decisão do CJ reconhecendo que a decisão do CD não teria apresentado os factos que pudessem fundamentar (tal como era exigido pela lei) a punição do atleta. A 30 de Novembro de 2006, o Conselho Consultivo da Procuradoria-Geral da República proferiu um parecer [nº 93/2006] considerando que a decisão do CJ teria incorrido no vício de «violação de lei», considerando que aquela decisão poderia fundamentar a suspensão do EUPD da FPF. Paralelamente, o Secretário de Estado da Juventude e do Desporto [Laurentino Dias] dirigiu um pedido à AMA, para que aquela punisse o jogador pela violação das normas de Antidopagem. A 25 de Agosto de 2006, a AMA propôs uma acção junto do TAS com o intuito de anular a decisão do CJ. O TAS entendeu que era competente para julgar o litígio, assumindo que as remissões que existiam nos estatutos da FPF (aceitando as normas da FIFA) e, concomitantemente, a expressa atribuição de competência do [à data] artigo 60º, nº 1 dos estatutos da FIFA da resolução de conflitos entre os seus associados e agentes desportivos ao TAS – permitindo que a AMA recorresse das decisões definitivas dos órgãos disciplinares das federações desportivas nacionais – seriam bastantes para fundamentar aquela competência. No entanto, ignorou por completo o elemento nacional e publicístico da regulação desportiva portuguesa e entendeu que o atleta devia inclusivamente ser punido em mais doze meses. Cfr. o Ac. de 24 de Janeiro de 2007,

uma entidade que exerce poderes públicos. Na segunda situação, estava em causa uma alegada ofensa do ex-treinador da selecção nacional ao presidente da ADOP, que, assim, teria perturbado o controlo de Antidopagem. Também aí o TAS entendeu que seria competente para anular a decisão disciplinar em matéria de dopagem[1325] sendo, deste modo, um acto administrativo anulado por aquele tribunal arbitral.

processo CAS 2006/A/1153 *WADA contra Portuguese Football Federation & Nuno Assis Lopes de Almeida*. O atleta recorreu desta decisão para o TFS invocando a violação da ordem pública – em particular dos princípios da *reformatio in peius* e da boa fé –, no entanto, a pretensão do atleta acabou por ser negada. Por um lado, o TFS deixou em aberto a questão de a *reformatio in peius* integrar o conceito de ordem pública e, especial, em relação à boa fé entendeu que não se encontrava violada naquele caso, uma vez que o atleta conhecia a competência do TAS para a resolução de conflitos desportivos. Cfr. o Ac. de 24 de Janeiro de 2007, processo 4A-17/2007.

[1325] Neste caso, esteve em causa um complexo processo disciplinar que culminou, a 30 de Agosto de 2010, numa sanção de seis meses de suspensão da actividade profissional do ex-seleccionador nacional Carlos Queiroz pela ADOP, uma vez que aquela entidade pública entendeu que existira uma «perturbação» de um controlo antidopagem que decorreu de uma injúria ao ex-presidente da ADOP Luís Horta. Insatisfeito com a decisão, Carlos Queiroz propôs uma providência cautelar junto do TAS. De resto, fundamentou o seu pedido no artigo 57º, nº 5 da (revogada) Lei nº 27/2009, de 19 de Junho, na qual se previa que: «[d]a decisão proferida pela ADoP cabe recurso para o Tribunal Arbitral do Desporto de Lausanne». A questão que se colocou, desde logo, foi saber se, face à publicização da actividade desportiva, a atribuição de competência do dirimir de litígios atribuídos constitucionalmente aos tribunais administrativos a um tribunal arbitral sediado na Suíça não seria inconstitucional. Num segundo momento, havia, por outro lado, a dúvida se, porventura, o próprio TAS se poderia considerar competente, uma vez que o artigo R47 do ETAS previa somente que a competência do TAS decorria de uma convenção de arbitragem prevista nos estatutos ou nos regulamentos de federações desportivas, associações ou entidades relacionadas com o desporto ou celebrada no âmbito de um compromisso arbitral. Não obstante, o TAS entendeu – sem qualquer explicação e sem fundamento nas suas normas estatutárias – que a expressa atribuição de competência por uma norma legal portuguesa permitia fundar a sua competência para decidir o litígio envolvendo o treinador Carlos Queiroz e a ADOP, decidindo conceder provimento à providência cautelar proposta pelo ex-selecionador nacional a 24 de Setembro de 2010 [cfr. a decisão de deferimento da providência cautelar do processo CAS 2010/A/2226, disponível em (http://www.fd.unl.pt/docentes_docs/ma/jmm_MA_11222.pdf)] e, a 23 de Março de 2011, proferiu a decisão arbitral final que anulou a decisão disciplinar da ADOP [cfr. o Ac. de 23 de Março de 2011, processo CAS 2010/A/2226]. Neste contexto, o problema que se podia colocar estava, desde logo, relacionado com a possibilidade de, no âmbito do reconhecimento de sentenças arbitrais nos termos da Convenção de Nova Iorque, o tribunal estadual português que se defrontasse com o reconhecimento das sentenças proferida pelo TAS, pudesse entender, por lado, que o reconhecimento deveria ser rejeitado pelo simples motivo de que o litígio não era arbitrável em

Mais recentemente, a problemática analisada ganhou proporções polémicas no caso *Sérgio Dias contra a FPA*[1326]. Com efeito, num contexto de tentativa da ADOP da inclusão do atleta Sérgio Dias num mecanismo de controlo de dopagem que implicava o fornecimento trimestral pelo mesmo atleta da sua localização, os esforços de notificação do atleta não tiveram sucesso, na medida em que este ignorou as sucessivas solicitações. Neste contexto, o CD da FPA puniu o atleta com uma suspensão de dois anos. Em recurso, o CJ da FPA rejeitou a pretensão do atleta. Insatisfeito com o resultado das decisões disciplinares, decide recorrer para o TAS – pedindo apoio judiciário (que foi aceite) –, de modo a tentar obter uma decisão favorável. Sendo obrigado a justificar a sua competência, o TAS entende (erradamente e contra alguma jurisprudência anterior) que os regulamentos da FPA – que consagravam, em geral, o recurso para o TAS em matéria de dopagem – são suficientes para fundamentar a competência do TAS[1327].

Nos casos em que existe uma expressa referência relativamente à atribuição de competência do TAS nos regulamentos das federações desportivas nacionais – excepto no caso Carlos Queiroz em que era precisamente uma norma do Estado que impunha o recurso ao TAS –, a jurisprudência do TAS assume uma completa desconsideração[1328] do elemento nacional da prática de actos administrativos por entidades que exerçam poderes públicos no âmbito da regulação desportiva, o que conduz a resultados intri-

Portugal ou que, por outro lado, a atribuição de competência da norma da Lei nº 27/2009 ao TAS era inconstitucional, na medida em que as decisões em matéria de dopagem se encontravam publicizadas pelo regime legal e, como tal, decisão daquele tribunal seria certamente violadora da ordem pública. No entanto, não foi o que sucedeu, uma vez que a ADOP simplesmente se conformou com o resultado da decisão do TAS.

[1326] Cfr. Ac. de 1 de Julho de 2015, processo nº TAS 2014/A/3856, inédito.

[1327] O TAS decidiu a favor do atleta, e embora aplicasse o Direito português enquanto Direito material aplicável, proferiu uma decisão com equívocos de interpretação graves relativamente ao direito português. Com efeito, um desses exemplos é a referência ao artigo 6º-A da CRP que fundamentaria a boa-fé das entidades públicas (que no contexto nem é perceptível qual o sentido da invocação deste princípio). A menção à CRP é infeliz e demonstra um total desconhecimento da realidade jurídica portuguesa. O artigo 6º-A existia, de facto, no CPA2002 e não na CRP. Por outro lado, nem sequer é perceptível como pode o TAD admitir aplicar a lei portuguesa quando – aparentemente – nem conhecia as regras (RJFD2008 e LBAFD) que submetiam todos os litígios jurídico-administrativos aos tribunais administrativos.

[1328] No sentido de que o TAS simplesmente «ignora» o elemento nacional da regulação desportiva, cfr. p. Lorenzo Casini, «The Making of a *Lex Sportiva* by the Court Arbitration for Sport», 162.

gantes quando conjugados com a obrigação de todos os sujeitos do ordenamento desportivo se conformarem com as decisões do TAS.

Em primeiro lugar, ao contrário do que afirma o TAS, não parece ser de admitir a ideia de que as decisões em matéria de dopagem por órgãos nacionais possam configurar uma mera competência transnacional de cooperação na luta contra a dopagem: a partir do momento em que a decisão produz efeitos num determinado ordenamento jurídico, caberá aos tribunais desse Estado efectuar o controlo da conformidade dos efeitos daquelas decisões com o complexo normativo daquele Estado[1329].

Em segundo lugar, também não parece ser de corroborar a ideia de que em nome da existência de um regime normativo transnacional seja possível fundamentar a completa preclusão do regime nacional: levado ao extremo este raciocínio permitia, desde logo, compreender a regulação privada transnacional independente de qualquer controlo estadual de mérito. Deste modo, qualquer litígio poderia, em teoria, ser da competência do TAS: esta constatação fica comprovada com a assumpção do TAS de que basta uma remissão estatutária (entre a federação desportiva nacional e a federação desportiva transnacional) para que aquele possa assumir-se como competente em qualquer litígio. Acresce que a existência de um efeito auto-executivo das sentenças do TAS permitiria, assim, manter uma imunidade ao controlo de mérito da jurisdição estadual.

A jurisprudência daquela entidade não podia ser mais equívoca e promove um *forum shopping* por uma das partes. Com efeito, ao contrário das federações desportivas nacionais que se encontram vinculadas pelo *efeito auto-executivo*, os agentes desportivos encontram-se numa excelente posição para poder optar que o litígio seja resolvido pelo tribunal arbitral que lhe garante um quadro jurídico potencial mais favorável. Em primeiro lugar, no momento em que optam por submeter o conflito desportivo ao TAD (e, potencialmente, também aos tribunais administrativos) ou ao TAS. Com efeito, o ETAS permite que o Direito material aplicável ao litígio possa ser outro que não o Direito português. Na verdade, no artigo R45 do ETAS a lei aplicável ao mérito da causa pode ser escolhida pelas partes e, quando não seja possível determinar uma escolha, então será aplicável o Direito

[1329] Cfr., num sentido próximo, FRANCK LATTY, *La lex sportiva – Recherche sur le droit transnacional*, p. 613.

suíço[1330]. Os agentes desportivos podem, assim, socorrer-se das disposições das normas estatutárias ou regulamentares para estabelecerem uma posição de vantagem relativamente às federações desportivas nacionais, escolhendo o Direito mais vantajoso para tutelar a sua posição jurídica numa evidente manifestação de *forum shopping* com as consequentes desigualdades para os outros agentes desportivos.

Num segundo momento, que se colocará, em princípio e a menos que existam contra-interessados[1331], quando as pretensões dos agentes desportivos junto do TAS ou do TFS não são deferidas[1332]. Neste sentido, os agentes desportivos podem não ficar satisfeitos com o efeito *auto-executivo* das decisões do TAS. Na verdade, nada obsta a que perante uma atitude de abstenção ou face a uma acção da federação desportiva portuguesa, no sentido de garantir a efectividade das decisões arbitrais do TAS, os agentes desportivos não se conformem com essa realidade e possam recorrer aos tribunais administrativos pedindo: (i) a condenação da federação desportiva nacional à prática do acto devido, (ii) a anulação dos actos administrativos por aquela praticados e que tivessem por finalidade possibilitar a *auto-execução* interna da decisão do TAS ou (iii) um pedido de responsabilidade civil do Estado pelos danos que tenham sofrido.

Há, por outro lado, mais um aspecto que importa discutir. Coloca-se, com efeito, a questão de saber se, no plano do reconhecimento e execução de sentenças arbitrais estrangeiras através da Convenção de Nova Iorque em Portugal, não faria sentido entender-se que o litígio não era arbitrável

[1330] Sobre o processo de determinação do direito material aplicável nos termos do ETAS, cfr. DESPINA MAVROMATI e MATTHIEU REEB, *The Code of The Court of Arbitration for Sport*, pp. 349 e ss.

[1331] Segundo o TAS, só devem ser considerados contra-interessados com legitimidade para participar no processo aqueles que são «afectados directamente» pelas decisões federativas. Cfr. Ac. de 15 de Julho de 2008, processo CAS 2008/A/1583 *Sport Lisboa e Benfica Futebol SAD contra UEFA & FC Porto Futebol SAD* & CAS 2008/A/1584 *Vitória Sport Clube de Guimarães contra UEFA & FC Porto Futebol SAD*, considerando, em concreto, que os clubes que propuseram a acção (o Sport Lisboa e Benfica e o Vitória Sport Clube de Guimarães) tinham um interesse directo, uma vez que podiam ser afectados pela decisão de manter ou não o Futebol Clube do Porto na competição desportiva internacional.

[1332] Com efeito, é possível que nas restantes situações a própria federação nacional, face ao efeito auto-executivo das decisões do TAS, se conforme com a decisão daquele e, neste sentido, nem proceda ao reconhecimento e execução das decisões do TAS. Esta circunstância pode inclusivamente acontecer quando a federação desportiva nacional seja a parte vencida da acção.

à luz do Direito português. É certo que os conflitos relativos à legalidade no Direito Administrativo são, actualmente, arbitráveis e, portanto, passíveis de existir uma convenção de arbitragem entre as partes que subtraía o litígio aos tribunais estaduais[1333].

Em todo o caso, não o são os conflitos desportivos de Direito Administrativo. Estes só podem ser julgados pelo TAD e não se encontram na disponibilidade – porque inarbitráveis por arbitragem voluntária – das partes. Neste sentido, é perfeitamente legítimo argumentar que se as partes não podem dispor da situação litigiosa em Portugal, então também não a poderão atribuir a um tribunal arbitral estrangeiro. Com efeito, havendo um pedido de reconhecimento das sentenças do TAS junto dos tribunais portugal pela federação desportiva nacional parece-nos ser possível configurar, desde logo, um motivo de recusa – sem prejuízo dos outros motivos[1334] – do reconhecimento das sentenças arbitrais proferidas pelo TAS: a inexistência da possibilidade de submeter, em regra, os lítigios de Direito Administrativo respeitantes à legalidade administrativa, em particular aqueles relacionados com a dopagem, ao escrutínio de um tribunal arbitral voluntário[1335].

[1333] É igualmente relevante discutir a legitimidade democrática de tribunais arbitrais suíços para decidir uma questão jurídica respeitante única e exclusivamente ao Direito português. Sobre o problema da legitimidade democrática de tribunais arbitrais, V., desenvolvidamente, ARMIN VON BOGDANDY e INGO VEZKE, *In wessen Namen?*, 2ª Edição, pp. 150 e ss.

[1334] Sobre os fundamentos de rejeição de reconhecimento de sentenças arbitrais na Convenção de Nova Iorque, cfr., entre outros, JAN ALBERT VAN DEN BERG, *The New York Convention of 1958*, pp. 275 e ss., ULRICH HAAS, *Die Annerkennung von Vollstreckung ausländerischer und internationaler Schiedsprüchen*, pp. 156 e ss., AAVV, *Recognition and Enforcement of Foreign Arbitral Awards: A Global Commentary on the New York Convention*, pp. 205 e ss., GARY BORN, *International Commercial Arbitration*, 2ª Edição, Vol. III: pp. 3444 e ss.

[1335] O critério da arbitrabilidade aqui em causa não deve ter em conta a possibilidade de recorrer a um tribunal arbitral necessário. É importante, neste contexto, ter em conta que a Convenção de Nova Iorque não é aplicável à arbitragem necessária, uma vez que o seu âmbito de aplicação pressupõe a celebração de uma convenção de arbitragem. Cfr. MANUEL PEREIRA BARROCAS, *Lei de Arbitragem Comentada*, p. 224. Este motivo implica também que, no critério da arbitrabilidade, se tenha também somente em consideração a susceptibilidade da submissão a litígios a tribunais arbitrais voluntários. Esta é também a leitura que se pode retirar do artigo II, nº 1, da Convenção de Nova Iorque, ao determinar que: «[c]ada Estado Contratante reconhece a *convenção escrita* pela qual as Partes se comprometem a submeter a uma arbitragem todos os litígios ou alguns deles que surjam ou possam surgir entre elas relativamente a uma determinada relação de direito, contratual ou não contratual, respeitante a uma questão susceptível de ser resolvida por via arbitral». Neste sentido, como reconhece GARY BORN, «[d]isputes resolution processes mandatorily required by statute or other governamental requirement are not arbitration within the meaning of the New York

Deste modo, nos termos do artigo V, nº 2, alínea a) da Convenção de Nova Iorque, o tribunal estadual português competente para analisar o reconhecimento execução destas sentenças arbitrais deverá rejeitar a execução da sentença que viole aquela norma[1336].

§7º A ARBITRAGEM DESPORTIVA NACIONAL: OS TRIBUNAIS ARBITRAIS DESPORTIVOS INSTITUCIONALIZADOS

Pese embora a crise actual, a arbitragem desportiva internacional – especialmente aquela que tem como protagonista o TAS – assumiu-se, durante mais de duas décadas, como um projecto de sucesso. No entanto, o mesmo já não pode ser reconhecido relativamente à maioria dos tribunais arbitrais que, de uma maneira geral, se têm ocupado da resolução de conflitos desportivos num âmbito puramente nacional. Em geral, exceptuando a solução

Convention or international arbitration statutes in most jurisdictions», em suma, a arbitragem necessária «(...) is simple not arbitration for purposes of the Convention of international arbitration legislation». Cfr. *International Commercial Arbitration*, Vol. I: 2ª Edição, p. 252 e 253. A doutrina não tem dúvidas que a Convenção de Nova Iorque exige enquanto condição de aplicabilidade uma convenção de arbitragem, cfr., por exemplo, JEAN-FRANÇOIS POUDRET e SÉBASTIEN BESSON, *Comparative Law of International Arbitration*, p. 53 e ULRICH HAAS, *Die Annerkennung von Vollstreckung ausländerischer und internationaler Schiedsprüchen*, pp. 164 e ss.

[1336] Um dos fundamentos para a recusa do reconhecimento e execução de uma sentença arbitral internacional consiste, nos termos do artigo V, nº 2, alínea a) da Convenção de Nova Iorque, na excepção de «inarbitrabilidade» do litígio. Ou seja, a Convenção permite com esta norma que um Estado contratante possa eximir-se da obrigação de reconhecer uma sentença se o objecto do litígio não for, nos termos da lei do país em que tem lugar o reconhecimento, passível de ser submetido a arbitragem. Nas palavras de GARY B. BORN, «(...) the focus of analysis is on mandatory national law that, exceptionally, can override the parties' agreement to arbitrate and the uniform international standards of the Convention», cfr. *International Commercial Arbitration*, Vol. III – 2ª Edição, p. 3965. Assim, defende o referido autor que a excepção prevista pela mencionada norma apenas é aplicada quando se verifique um impedimento legal à arbitragem, o qual resulta de normas legais imperativas que proíbem ou restringem o recurso à arbitragem em determinadas matérias (cfr. a obra referida nesta nota, p. 3695). Para mais desenvolvimentos sobre a matéria da arbitrabilidade no âmbito da Convenção de Nova Iorque. V. HOMAYOON ARFAZADEH, «Arbitrability under the New York Convention: the Lex Fori revisited», pp. 73-88, principalmente pp. 84 e ss, cfr., ainda, STAVROS L. BREKOULAKIS, «Arbitrability – International and Comparative Perspectives. Is Arbitrability a National or an International Law Issue?», pp. 1-18 e «Law Applicable to Arbitrability: Revisiting the Revisited Lex Fori», pp. 99 – 120.

alemã[1337], a arbitragem desportiva que se ocupa dos litígios nacionais não ganhou ainda a confiança dos agentes desportivos, nem das federações desportivas no continente europeu[1338]. Na generalidade dos casos, o maior

[1337] No sistema jurídico alemão, as arbitragens desportivas desenvolvem-se junto da credibilizada instituição *Deutsche Instituition für Schiedsgerichtsbarkeit* (DIS). Optou-se por criar um tribunal arbitral voluntário (o DIS Sportschiedsgericht) que poderá ser competente para a resolução de litígios «relacionados com o Desporto» (cfr. o §1.1.1. do regulamento do DIS *Sportschiedsgericht*). Sobre este tribunal arbitral, cfr., por exemplo, KARSTEN HOFMANN, *Zur Notwendigkeit eines institutionelles Sportschiedsgerichtes*, pp. 383 e ss. Esta solução jurídica alemã só possível devido à tendência liberal do legislador alemão em relação à arbitragem e pela inexistência de uma regulação desportiva publicizada, adoptando, assim, um critério de arbitrabilidade relacionado com a patrimonialidade, mitigado pelo critério da disponibilidade. Segundo o artigo 1030º, nº 1 da ZPO «*[t]oda a pretensão de cariz patrimonial pode ser objecto de uma convenção de arbitragem. A convenção de arbitragem que verse sobre pretensões de cariz não patrimonial pode também ser juridicamente eficaz, desde que as partes possam celebrar transação sobre o objecto do litígio*». Existem, no entanto, determinados litígios que são excluídos expressamente da possibilidade de submissão à arbitragem nos termos do nº 2 e nº 3 do artigo 1030º do ZPO: (i) relativamente a litígios cujo objecto se reconduza a questões de arrendamento de imóveis que se situem na Alemanha (exceptuando os casos previstos no § 549, parágrafo 2, nº 1 a 3 do BGB); (ii) as leis especiais que consagrem a impossibilidade de submissão ou que condicionam sujeição de um litígio a um conjunto de pressupostos continuam a estar salvaguardadas na sua aplicação.

[1338] Em França, existe um tribunal arbitral desportivo que segundo o artigo 1º do regulamento da Câmara Arbitral do Desporto do CNOSF: «*a pour mission de résoudre les litiges et les différends qui lui sont soumis par les parties, notamment les fédérations sportives ainsi que les organes nationaux, régionaux et départementaux, les groupements sportifs qui leurs sont affiliés et leurs licenciés, portant sur des droits dont elles ont la libre disposition*». A arbitragem desportiva não assume, todavia, relevância para o sistema de justiça desportiva francês, essencialmente, por duas razões fundamentais : (i) o ordenamento jurídico francês consagra, em consonância com uma longa tradição histórica, a regra da inarbitrabilidade dos litígios jurídico-administrativos que tenham como objecto a legalidade de actos administrativos; (ii) a competência residual dos litígios desportivos, conjugada com a existência de um mecanismo de «conciliação obrigatória», implica que a arbitragem acabe por ser um meio somente complementar e não substitutivo da resolução de conflitos desportivos nos tribunais estaduais. Cfr. Gérald Simon *ET ALLI*, *Droit du Sport*, pp. 564-568. De resto, em 2009, no único litígio (caso *Quick Step e Tom Boonen contra Amaury Sport Organisation*) que foi submetido a este tribunal arbitral, aquele declarou a sua incompetência, uma vez que no contrato celebrado as equipas e a organização da *Tour de France* de 2009 se celebrou uma convenção de arbitragem que estabelecia a submissão exclusiva de qualquer litígio à *Chambre Arbitral du Sport* e o litígio em causa dizia respeito a um indeferimento de um pedido de inscrição de um ciclista na competição, no seguimento de um resultado positivo relativamente ao consumo de cocaína num controlo antidopagem. Segundo GÉRALD SIMON *ET ALLI*, *Droit du Sport*, p. 567, esta decisão acabou por desencorajar a submissão de litígios a este tribunal arbitral, acabando o movimento desportivo por preferir submeter os seus litígios aos tribunais estaduais.

motivo para que a arbitragem desportiva não se tenha implementado como uma solução viável para a resolução de conflitos desportivos diz respeito às dificuldades que se geram em ordenamentos nos quais a actividade de regulação das federações desportivas pode assumir configuração pública, apresentando um denominador comum: as dificuldades relativas à possibilidade de serem arbitráveis conflitos que versem sobre a legalidade de actos de direito administrativo[1339].

Neste contexto, ressalve-se, por outro lado, que, em Itália, houve recentemente, em 2014, um completo abandono do recurso à arbitragem no desporto, uma vez que o próprio CONI reforçou a regulação pública do desporto com a criação do *Collegio di Garanzia dello Sport* e com a extinção da *Alta Corte de Giustizia Sportiva* e o *Tribunale Nazionale di Arbitrato per lo Sport*[1340]. Em Espanha, a solução passou também por um reforço da regulação público-desportiva do desporto. Neste ordenamento o artigo 87º da Lei nº 10/1990, parecia aparentar uma abertura do legislador à arbitragem[1341], no entanto, a doutrina fez questão de, a este respeito, demonstrar a inoperacionalidade desta disposição quando conjugada[1342] com o artigo 34º do Real Decreto nº 1835/1991, de 20 de Dezembro, estabelecendo que seriam arbitráveis os litígios que: «(...) *sobre materias de libre disposición conforme a derechos, y cuya vulneración no sea objeto de sanción disciplinaria*». Na verdade, o artigo 35º retomava esta ideia e estabelecia também um conjunto de conflitos inarbitráveis, entre eles, os que se relacionassem com a dopagem, com as subvenções públicas ou com as competências legalmente atribuídas ao CSD. A arbitrabiliade de conflitos desportivos acabaria, segundo

[1339] Por exemplo, sobre estas limitações no ordenamento jurídico francês, cfr. Mathieu Maisonneuve, *L'arbitrage des litiges sportifs*, pp. 228 e ss. Cfr., igualmente, Apostolos Patrikios, *L'arbitrage en matière administratif*, pp. 131 e ss.

[1340] Cfr., sobre esta questão, Salvatore Civale, «La riforma della giustizia sportiva adottata dal CONI: un nuovo sistema procedurale único», pp. 160 e ss. V., igualmente, Piero Sandulli e Mauro Sferraza, *Il giusto processo sportivo*, pp. 75 e ss.

[1341] Neste artigo dispunha-se que: «*[l]as cuestiones litigiosas de naturaleza jurídico-deportiva, planteadas o que puedan plantearse entre los deportistas, técnicos, jueces o árbitros, Clubes deportivos, asociados, Federaciones deportivas españolas, Ligas profesionales y demás partes interesadas, podrán ser resueltos mediante la aplicación de fórmulas específicas de conciliación o arbitraje, en los términos y bajo las condiciones de la legislación del Estado sobre la matéria*».

[1342] Bem como com a disposição existente na Lei de arbitragem espanhola nº 60/2003, de 23 de Dezembro, com as alterações promovidas pela Lei nº 11/2011, de 20 de Maio. Deve atender-se, para o efeito, especialmente ao artigo 2º, nº 1, ao dispor que: «[s]on susceptibles de arbitraje las controversias sobre materias de libre disposición conforme a derecho».

a doutrina, por ter uma margem «reduzida e escassa», na medida em que com a abrangente publicização da actividade desportiva operada pela Lei nº 10/1990 ficariam, desde logo, excluídos os litígios que decorressem desse exercício[1343].

Não obstante, existe um tribunal arbitral[1344] que se ocupa, residualmente, dos restantes litígios que possam resultar da actividade desportiva. Uma das particularidades deste regime é a possibilidade de poderem ser arbitráveis os conflitos que derivem da competição desportiva, uma vez que não existe uma proibição de submissão deste tipo de conflitos à arbitragem. De resto, como se nota pelo artigo 1º, nº 2 do *Código de Arbitraje Deportivo*: «[e]l arbitraje es deportivo si se someten a decisión de los árbitros litigios en materia relativa al *a práctica o desarrollo del deporte* (...)». Não obstante, em 2014, o legislador concentrou, com a aprovação do Real Decreto nº 53/2014, de 31 de Janeiro, a resolução de conflitos administrativos disciplinares no âmbito da competência deste órgão administrativo, o qual se encontra integrado na orgânica do Conselho Superior do Desporto[1345]. Das decisões deste órgão de resolução de conflitos desportivos é possível, em coerência, propor uma acção junto dos tribunais administrativos[1346].

Contra esta tendência, numa solução ímpar nos ordenamentos que nos são mais próximos[1347], decidiu-se, entre nós, instituir uma instituição arbi-

[1343] Neste sentido, cfr. Ramón Terol Gómez, «El arbitraje privado en el deporte institucionalizado», pp. 4274-4275. Estaríamos aqui perante matérias indisponíveis, pelo que, deste modo, inarbitráveis, uma vez que no artigo 2º, nº 1 da Lei nº 60/2003 se determina que «*[s]on susceptibles de arbitraje las controversias sobre materias de libre disposición conforme a derecho*». Em geral, sobre a arbitragem desportiva em Espanha, cfr. Luis María Cazorla Prieto, «El Arbitraje Deportivo», pp. 1 e ss.

[1344] Existem também, porém, outros tribunais arbitrais desportivos, mas que são meramente competentes para os litígios que digam respeito à legislação autonómica. Entre o mais relevante, encontra-se o *Tribunal Vasco de Arbitraje Deportivo*.

[1345] Cfr. o artigo 1º, nº 1.

[1346] Cfr. o artigo 10º.

[1347] Não ignoramos a existência de um tribunal arbitral necessário no ordenamento austríaco, previsto no § 16 da lei federal sobre luta contra a dopagem de 2007, no ordenamento americano – disposto do § 220529 no *Ted Stevens Amateur Act* – e, por outro lado, muito menos a solução do ordenamento turco, na qual a Constituição turca estabelece no artigo 59º que: «[t]he decisions of sport federations relating to administration and discipline of sportive activities may be challenged only through compulsory arbitration. The decisions of Board of Arbitration are final and shall not be appealed to any judicial authority». Todavia, a solução portuguesa permite que o TAD se ocupe, ao contrário daqueles tribunais arbitrais, de todos os conflitos desportivos que envolvam a actividade desportiva.

tral híbrida, a qual será competente para decidir qualquer conflito desportivo – de Direito Privado ou de Direito Público – mas que merece destaque quanto aos litígios de Direito Público na medida em que o legislador estabelece a previsão de um tribunal arbitral necessário. Neste sentido, somos, por conseguinte, remetidos para um breve enquadramento da temática da arbitragem no Direito Administrativo.

7.1. Uma arbitragem de Direito Administrativo?

A existência de mecanismos arbitrais de resolução de litígios de Direito Administrativo suscita, desde logo, uma questão prévia que diz respeito à existência de uma autonomia conceptual que implique falar-se numa Arbitragem de Direito Administrativo. Na verdade, a doutrina tem tido dificuldades em saber se existem, porventura, especificidades suficientes no processo arbitral que resolve os conflitos jurídico-administrativos para o qualificar como uma autêntica Arbitragem de Direito Público e, em particular, de Direito Administrativo. As posições têm oscilado por se reconduzirem a: (i) quem negue a existência de uma noção de arbitragem de Direito Administrativo – considerando que há somente um instituto de Direito Privado que tem aplicação no Direito administrativo[1348]; (ii) quem admita a existência de uma arbitragem administrativa, pressupondo um conceito de arbitragem que decorre do tradicionalmente associado à resolução de litígios de Direito Privado, dando ênfase à função que estes tribunais exercem ao dirimirem os litígios decorrentes das relações jurídico-administrativas[1349]; (iii) quem busque uma noção assente numa análise

[1348] Neste sentido, recorrendo à popular formulação de SABINO CASSESE: «A arbitragem é um instituto de Direito comum que se aplica também no domínio do Direito Administrativo». Cfr. «L'arbitrato nel diritto amministrativo», p. 317. No sentido de que a expressão «Arbitragem no Direito Administrativo» foi durante, um longo tempo, considerada um paradoxo, cfr. ALDO SANDULLI, «L'arbitrato nello codice dell processo amministrativo», p. 205. Para KASPAR HENRIK MÖLLER, *Echte Schiedsgerichtsbarkeit im Verwaltungsrecht*, pp. 25 e 26, não se verificam diferenças assinaláveis entre os dois conceitos, mas assume, porém, ser necessário procurar a existência de especificidades no estatuto constitucional da arbitragem. Entre nós, no mesmo sentido, admitindo que as normas do CPTA representam somente uma «autorização» para a Administração poder celebrar convenções de arbitragem, não havendo lugar a uma «publicização» da arbitragem de litígios jurídico-administrativos. PEDRO GONÇALVES, «Administração Pública e arbitragem – em especial, o princípio da irrecorribilidade das sentenças arbitrais», pp. 784 e ss.

[1349] Cfr. RICHARD WOLTERECK, *Die Erledigung verwaltungsrechtlicher Streitigkeiten durch Schiedsgerichte*, pp. 15 e ss. e, em particular, p. 28, na qual o autor afirma que a noção de tribunal

comparativa dos conceitos de arbitragem utilizados em diferentes tratados internacionais que tivessem ligação com a mesma[1350]; (iv) quem afirme que existem especificidades suficientes que permitem falar numa arbitragem administrativa[1351].

Ainda que se tome posição sobre a questão, diga-se, desde logo, que a noção de Arbitragem de Direito Administrativo tem de pressupor uma especificidade evidente no que respeita ao regime legal que rege a arbitragem enquanto mecanismos de resolução de litígios jurídico-administrativos. Não basta, portanto, que exista um sujeito público (ou privado que exerça poderes públicos) como parte de um processo arbitral ou que a função de resolução de conflitos se reconduza ao dirimir de litígios de Direito Administrativo. Neste contexto, para ser possível falar numa Arbitragem de Direito Administrativo terá que existir uma evidente especificidade legal

arbitral administrativo deve ser aquele que: «(...) tem a competência de decidir os litígios de Direito Administrativo».

[1350] Christoph Stumpf, *Alternative Streitbeilegung im Verwaltungsrecht*, pp. 5 e ss. explorando (e embora rejeitando um conceito de Arbitragem, tal como concebido no Direito Processual): (i) o Protocolo relativo às cláusulas de arbitragem, assinado em Genebra a 24 de Setembro de 1924, (ii) a Convenção para a Execução de Sentenças Arbitrais estrangeiras, assinada em Genebra a 26 de Abril de 1927, (iii) a Convenção sobre o Reconhecimento e Execução estrangeiras, assinada em Nova Iorque a 10 de Junho de 1958; (iv) a Convenção Europeia sobre a Arbitragem Comercial Internacional, assinada a 21 de Abril de 1963; (v) a Convenção para a Resolução de Diferendos relativos a Investimentos entre Estados e Nacionais de outros Estados, assinada a 28 de Março de 1965. O autor conclui, do estudo efectuado, que se deve entender por arbitragem «as instituições que decidem sobre questões de Direito por intermédio de uma competência decisória abrangente atribuída autonomamente pelas partes». Cfr. *Alternative Streitbeilegung im Verwaltungsrecht*, p. 10 e, especialmente, para o desenvolvimento deste conceito, pp. 9 e ss.

[1351] Cfr. José Luís Esquível, *Os Contratos Administrativos e a Arbitragem*, pp. 295 e ss. O autor desenvolve a existência de uma «Arbitragem Administrativa» com base nos seguintes critérios: (i) a origem: a arbitragem que tenha como fonte um contrato administrativo seria de qualificar como um «contrato administrativo processual»; (ii) a natureza do tribunal arbitral: o tribunal arbitral administrativo seria de qualificar como um tribunal arbitral administrativo inserido na jurisdição administrativa; (iii) o objecto: a arbitragem que resolva os litígios de Direito Administrativo teria por objecto a resolução de controvérsias decorrentes de relações jurídicas reguladas pelo Direito Administrativo que estariam, pela via legislativa, subtraídas à arbitragem de Direito Privado; (iv) o fim: a arbitragem de Direito Administrativo visa resolver os litígios decorrentes de relações jurídicas administrativas. Cfr., por exemplo, José Robin de Andrade, «Arbitragem e Contratos Públicos», p. 952, afirmando que a «arbitragem sobre questões administrativas assume a natureza e verdadeira arbitragem especial, ou de direito administrativo».

em relação ao que se estabelece para os litígios jurídico-privados, e, neste sentido, será preciso constatar que existe um regime jurídico de Direito Público – uma manifestação de tutela jurisdicional garantisticamente próxima à existente nos tribunais estaduais[1352] – que regule substancialmente a actividade dos tribunais arbitrais competentes para decidir os litígios jurídico-administrativos[1353].

Não é, no entanto, o que sucede, em regra, no nosso ordenamento jurídico. Na verdade, a existência de um regime jurídico com alguns (mas poucos) condicionamentos (por exemplo, relativamente ao critério da arbitrabilidade [artigo 180º do CPTA]) e excepções (a consagração da possibilidade do particular requerer a constituição do tribunal arbitral à entidade administrativa [artigo 182º do CPTA])[1354] que consagre a possibilidade de submissão de determinados litígios jurídico-administrativos a tribunais ar-

[1352] Neste sentido, Stephan Schill sugere a ponderação de introduzir princípios de Direito processual administrativo nas arbitragens que tenham por objecto litígios de Direito Público, cfr., «Erodierung des Öffentlichen Rechts durch öffentlichen-rechtlichen Schiedsverfahren?», pp. 278-282. O mesmo autor defende, pois, que o recurso da Administração à arbitragem não deve servir para a fuga da Administração às vinculações decorrentes do Direito Público, cfr. «Schiedsverfahren im öffentlichen Recht aus rechtsvergleichender Perspektive», p. 336. Num sentido idêntico, dando especial ênfase à eventual necessidade de estabelecer um princípio da publicidade das sentenças arbitrais que envolvam a Administração Pública, cfr. Johanna Wolff, «Grenze der Heimlichkeit: Nicht-öffentliche Schiedsverfahren mit Beteiligung der öffentlichen Hand am Maßstab des Verfassungsrechts», p. 209.

[1353] Não estamos, de todo o modo, a tomar posição sobre a complexa questão relativa à natureza jurídica das convenções de arbitragem (bem como a sua autonomia) que venham a ser celebradas por aqueles que exerçam poderes públicos. Sobre esta questão, entendendo que se trata aqui de um contrato administrativo processual, cfr. Kaspar Henrik Möller, *Echte Schiedsgerichtsbarkeit im Verwaltungsrecht*, pp. 140 e ss., Volker Schlette, *Die Verwaltung als Vertragspartner*, pp. 658 e ss. Entre nós, em sentido contrário concebendo a convenção de arbitragem que tenha por objecto litígios jurídico-administrativos como um contrato regido pelo Direito Privado, cfr. Pedro Gonçalves, «Administração Pública e arbitragem – em especial, o princípio da irrecorribilidade das sentenças arbitrais», pp. 787 e ss., em sentido idêntico, cfr. Ana Perestrelo de Oliveira, *Arbitragem de Litígios com Entes Públicos*, pp. 82 e 83.

[1354] A doutrina tem entendido, a este respeito, que existe, no entanto, somente um direito à negociação de uma convenção de arbitragem dos particulares, cfr., por exemplo, Fausto de Quadros, «Arbitragem "necessária", "obrigatória", "forçada": breve nótula sobre a interpretação do artigo 182º do Código de Processo nos Tribunais Administrativos», p. 259 e ss. e, igualmente, com indicações, Mário Aroso de Almeida, Manual de Processo Administrativo, 2ª Edição, pp. 522 e ss.

bitrais representa somente a fixação de um *critério habilitador* (em maior ou menor medida)[1355] que permite ao ente investido em poderes públicos ou ao particular que se encontre em conflito com a Administração Pública optar entre a jurisdição estadual e a jurisdição arbitral (celebrar a convenção de arbitragem), seguindo a lógica, com as devidas adaptações, da remissão para a disciplina legal conforme se encontra estabelecida na LAV (artigo 181º, nº 1 do CPTA).

Um passo nesse sentido – mas ainda não suficiente – é o estabelecimento da regra da publicidade das sentenças arbitrais que resolvam litígios de Direito Administrativo (cfr. o artigo 185º-B do CPTA). É, no entanto, neste sentido que aponta igualmente a solução prevista na Arbitragem em matéria tributária, nos termos do DL nº 10/2011, contendo regras específicas sobre a composição do tribunal arbitral, garantias relativas à designação do árbitros e relativamente ao estatuto dos árbitros, bem como regras processuais próprias (cfr. os artigos 5º, 6º, 7º, e 15º e ss.)[1356].

Por um lado, a mera constatação de que existe uma *função* de resolução de litígios jurídico-administrativos não permite concluir pela natureza de um determinado instituto, mas somente perceber, de um modo meramente formal, como se desenvolve a actividade jurisdicional. No fundo, ignoram-se os fundamentos legais que permitem avaliar o edifício jurídico de um regime substancialmente diferente daquele que regula, em geral, a arbitragem que tenha por objecto litígios de Direito Privado[1357]. Por outro lado, a construção de um conceito de arbitragem de Direito Administrativo com

[1355] Neste sentido, Mário Aroso de Almeida, «Sobre o âmbito das matérias passíveis de arbitragem de direito administrativo em Portugal», p. 9 e Pedro Gonçalves, «Administração Pública e arbitragem – em especial, o princípio legal da irrecorribilidade de sentenças arbitrais», pp. 784. Este é precisamente um aspecto determinante para ter presente que o critério da «disponibilidade» nunca teve qualquer aplicação no âmbito do direito administrativo, uma vez que a possibilidade de a Administração submeter um litígio não advém de um acto de «disposição sobre os seus direitos», mas de uma habilitação legal expressa. Deste modo, discorda-se da tentativa de parte da doutrina em tentar atribuir uma utilidade ao critério da disponibilidade como critério de arbitrabilidade no Direito Público. Cfr., sobre a suposta relevância da disponibilidade como critério de arbitrabilidade na Arbitragem de litígios de Direito Público, Ana Perestrelo de Oliveira, *Arbitragem de Litígios com Entes Públicos*, pp. 55 e ss. Para uma apreciação exaustiva deste critério, cfr., mais recentemente, Marta Portocarrero, *Contratos sobre o exercício de poderes públicos, transacção e arbitragem*, pp. 310 e ss.

[1356] Sobre este regime jurídico, cfr., por todos, Carla Castelo Trindade, *Regime Jurídico da Arbitragem Tributária – Anotado.*

[1357] Defendendo a inexistência de uma arbitragem administrativa por estes motivos, Ana Perestrelo de Oliveira, *Arbitragem de Litígios com Entes Públicos*, pp. 87 e 88.

base naquele que existe em tratados internacionais que regulem a arbitragem não procede, uma vez que também aí se chega a uma conclusão idêntica quando utilizamos um conceito de Arbitragem de litígios regulados pela LAV: *a existência de uma atribuição de competência pelas partes (na sequência de uma permissão legal específica) para decidir um determinado litígio.*

A asserção que defendemos não é, porém, transponível para o domínio da arbitragem necessária e, em particular, a que se estabelece com a instituição do TAD, dado que se estabelece precisamente na Lei nº 74/2013 um regime diferente daquele que se encontra previsto na LAV, confirmado, além disso, pela expressa previsão no artigo 60º da aplicação subsidiária das regras do CPTA aplicáveis aos tribunais administrativos, não se optando, deste modo, por submeter este tribunal ao regime jurídico existente na LAV[1358]. Nesta situação, parece inclusivamente que o legislador indicia querer criar uma jurisdição *administrativa especial*, ainda que constituída (abstraindo da sua qualificação concreta como tribunal) sob a forma de um *tribunal arbitral (aparente)*. Em suma, cumpre reter que não parece ser sempre possível, entre nós, falar em Arbitragem de Direito Administrativo, mas em Arbitragem no Direito Administrativo, uma vez que inexiste um regime público da Arbitragem de litígios jurídico-administrativos.

As afirmações precedentes não significam, de modo algum, que não sejamos sensíveis à necessidade de criar um regime legal – sem discutirmos se ele se deve encontrar previsto no CPTA ou numa lei especial e autónoma – que preveja especificidades substanciais em relação à LAV. Com efeito, temos por certo que não é compatível com as especificidades do Direito Administrativo, em virtude de processo administrativo sustentar uma vertente objectiva (de tutela da legalidade) e uma vertente subjectiva (de tutela da esfera subjectiva dos cidadãos), a existência de uma regulação normativa que se aproxime daquela que se encontra prevista na LAV, sendo pensada para as relações regidas pelo Direito Privado[1359].

[1358] Em contrapartida, para os processos arbitrais voluntários a mesma disposição remete em bloco a disciplina para o regime da LAV.

[1359] Cfr. sobre o problema, no que respeita à questão na arbitragem voluntária, Vasco Moura Ramos, «Algumas Considerações sobre a arbitragem respeitantes à validade de actos administrativos (àluz do regime resultante do CPTA)», pp. 271 e ss.

7.2. A Arbitragem e o Direito Administrativo: excurso sobre a arbitrabilidade dos litígios jurídico-administrativos

A arbitragem no Direito administrativo pressupõe e conhece limites, tal como a aquela que é regulada pelo Direito Privado. Neste contexto, distingue-se entre a *arbitrabilidade subjectiva* e a *arbitrabilidade objectiva*[1360]. A primeira está relacionada com os sujeitos que podem ser partes num processo arbitral e tem a maior relevância na questão de saber se as entidades públicas podem ou não celebrar convenções de arbitragem. A inarbitrabilidade de um litígio que envolva a Administração Pública pressupõe uma de duas situações: (i) que não exista uma autorização legal que a habilite a celebrar convenções de arbitragem; (ii) que as convenções digam respeito a litígios de Direito Privado[1361].

Em contrapartida, a *arbitrabilidade objectiva* está relacionada com a possibilidade de submeter ao tribunal arbitral uma determinada categoria de litígios. Entre nós, existiam, no entanto, até um período recente, limitações respeitantes ao controlo da legalidade administrativa por tribunais arbitrais, uma vez que a arbitragem era tradicionalmente entendida como uma forma de resolução de conflitos estranha aos litígios de Direito Público[1362].

[1360] Sobre esta questão, cfr., entre outros, Gary B. Born, *International Commercial Arbitration – International Arbitration Agreements*, Vol. I, 2ª Edição, pp. 944 e ss., Luís de Lima Pinheiro, *Arbitragem Transnacional*, p. 103 e ss., Mariana França Gouveia, *Curso de Resolução Alternativa de Litígios*, Coimbra, pp. 117 e ss., António Pedro Pinto Monteiro, «Da Ordem Pública no Processo Arbitral», pp. 619 e ss.

[1361] Cfr. artigo 1º, nº 5 da LAV.

[1362] Até à reforma de 2004, o ETAF de 1984 já admitia, no artigo 2º, nº 2, a existência de tribunais arbitrais «no domínio do contencioso dos contratos administrativos e da responsabilidade civil por prejuízos decorrentes de actos de gestão pública, incluindo o contencioso das acções de regresso» (confirmado, posteriormente, pelo artigo 188º do CPA). Deste modo, ficava afastada a possibilidade de constituir tribunais arbitrais no domínio da autoridade (o contencioso por natureza) e, em contrapartida, permitia-se que existissem tribunais arbitrais no âmbito das relações administrativas paritárias (o contencioso por atribuição). Deste modo, entendia Marcello Caetano que: «(...) pode concluir-se a impossibilidade de submeter o juízo arbitral a questões respeitantes ao contencioso de anulação, que é, aliás, o contencioso administrativo por definição. Poderão, porém, as partes comprometer-se em árbitros quanto às matérias que, embora da competência dos tribunais administrativos, sejam objecto de acção, desde que se trate de direitos e obrigações de que qualquer delas (Administração e particulares) possam dispor à sua vontade», cfr. *Manual de Direito Administrativo*, Tomo II, 18ª Edição, p. 1285. Em sentido idêntico, Artur Maurício, Dimas de Lacerda e Simões Redinha, entendiam que: «[e]stará fora de causa a arbitragem no domínio do contencioso dos actos e normas pela natureza indisponível desse contencioso», cfr.

Neste sentido, era evidente que um tribunal arbitral constituído para dirimir aqueles litígios podia, regra geral, apreciar a legalidade respeitante a actos administrativos relativos à execução de contratos, a litígios emergentes de relações jurídicas de emprego público e responsabilidade civil extracontratual (artigo 180º, nº 1, alínea a), b) e d) do CPTA2002). Mais problemática era considerada a possibilidade de constituir um tribunal arbitral que se ocupe de questões de revogação de actos administrativos segundo critérios de oportunidade ou conveniência [artigo 180º, nº 1, alínea c) do CPTA2002], numa evidente alusão à possibilidade de existir uma decisão arbitral sobre o mérito administrativo. Esta realidade permitia, desde logo, constatar a falta de um critério de arbitrabilidade presente no CPTA, facto que suscitava, inclusivamente, muitas críticas da doutrina[1363].

As incoerências podem, desde logo, ser sintetizadas em dois aspectos: (i) ao celebrar uma convenção de arbitragem a Administração não está a dispor sobre relações jurídicas que estariam na sua «disponibilidade»; (ii) por outro lado, aquela também não está a atribuir um poder discricionário aos árbitros sobre as relações jurídicas que aqueles irão apreciar. Não parece, pois, ser sustentável que a fonte do poder jurisdicional dos árbitros pos-

Contencioso Administrativo, p.19 Em quadro jurídico anterior, ARMANDO MARQUES GUEDES entendia que: «[e]nquanto a proibição de carácter geral consignada nas leis do contencioso administrativo persistir, forçoso será reconhecer que somente nos casos em que intervier lei especial, permitindo-a ou aprovando-a, será válida a cláusula compromissória instituindo juízo arbitral». Cfr. «Tribunais Arbitrais Administrativos», p. 151. Em todo o caso, o CPTA2002 consagrava no artigo 180º, nº 1, nas alíneas a), b), c) e d), a possibilidade de poder ser constituído tribunal arbitral, sem prejuízo do que estiver disposto em lei especial, em litígios que digam respeito a (i) «contratos», bem como a «apreciação de actos administrativos relativos à respectiva execução»; (ii) «responsabilidade civil extracontratual, incluindo a efectivação do direito de regresso»; (iii) «actos administrativos que possam ser revogados sem fundamento na sua invalidade, nos termos da lei substantiva»; (iv) «litígios emergentes de relações jurídicas de emprego público, quando não estejam em causa direitos indisponíveis e quando não resultem de acidente de trabalho ou de doença profissional».

[1363] Cfr., por exemplo, SÉRVULO CORREIA, *Direito do Contencioso Administrativo I*, p. 689 (denotando em relação ao ETAF de 1984 que desde esse momento se «tornou mais patente a ausência de um critério de arbitrabilidade). Em sentido idêntico, cfr. PEDRO GONÇALVES, *Entidades Privadas com Poderes Públicos*, pp. 577 e 578 e MÁRIO AROSO DE ALMEIDA, «Sobre o âmbito das matérias passíveis de arbitragem de direito administrativo em Portugal», p. 14 e ss., VIEIRA DE ANDRADE, *A Justiça Administrativa*, 13ª Edição, pp. 130 e 131. Cfr., igualmente, MARGARIDA OLAZABAL CABRAL, «A arbitragem no projecto de revisão do CPTA», pp. 106 e ss.

sa repousar na transmissão do poder discricionário da Administração, uma vez que, por um lado, os árbitros exercem efectivamente a função jurisdicional e não uma função administrativa e, por outro lado, o poder discricionário não pode ser configurado como um poder absoluto sobre uma relação jurídica imune a qualquer juízo de legalidade[1364].

Com o CPTA, passou a admitir-se um mero controlo da legalidade administrativa. O critério eleito pelo legislador reside numa *presunção de arbitrabilidade* dos conflitos administrativos respeitantes a «questões respeitantes à validade de atos administrativos» [cfr. o artigo 180º, nº 1, alínea c)]. Em todo o caso, não se optou por uma solução totalmente idêntica à existente no sistema jurídico alemão, a qual consiste numa remissão total dos critérios de arbitrabilidade para o disposto num diploma que regule em bloco a arbitragem[1365] [1366], solução, aliás, que mereceria de uma análise de compatibilidade com a CRP[1367].

A expressa menção à possibilidade da existência de um controlo da legalidade administrativo por tribunais arbitrais, «salvo determinação legal em

[1364] Num sentido próximo, ao qual aderimos, cfr. MÁRIO AROSO DE ALMEIDA «Sobre o âmbito das matérias passíveis de arbitragem de direito administrativo em Portugal», pp. 15 e ss. A ideia de que a submissão da Administração à jurisdição de um tribunal arbitral assenta na ideia de disponibilidade (que deve ser associada à discricionariedade) é veiculada por uma boa parte da doutrina, cfr. JUAN ROSA MORENO, *El arbitraje administrativo*, pp. 111 e ss., JUAN MANUEL TRAYTER, «El Arbitraje de Derecho Administrativo», p. 81. Entre nós, por exemplo, entendendo que os tribunais arbitrais podem, segundo o Direito Processual Administrativo português, decidir sobre o mérito da decisão administrativa relativa a actos administrativos revogatórios, cfr. PAULO OTERO, «Admissibilidade e Limites da Arbitragem Voluntária nos Contratos Públicos e nos Actos Administrativos», pp. 88 e 89. Mais recentemente, em sentido contrário, cfr. MARTA GARCÍA PÉREZ, *Arbitraje y Derecho Administrativo*, p. 49.

[1365] No caso português, a LAV.

[1366] A solução alemã tem suscitando inúmeras críticas, cfr., com indicações, KASPAR HENRIK MÖLLER, *Echte Schiedsgerichte im Verwaltungsrecht*, pp. 50 e ss. As questões colocam-se, desde logo, no âmbito de saber se, porventura, existe (i) um monopólio do exercício da função jurisdicional; (ii) um «afrouxamento» da submissão da Administração ao princípio da legalidade pela submissão de um litígio à arbitragem; (iii) uma suposta violação ao princípio da tutela jurisdicional efectiva; (iv) problemas de articulação com o Direito Internacional Público (em particular, com a CEDH).

[1367] Em sentido aparentemente contrário, o Conselho Constitucional francês quando admitiu expressamente que: «le principe de l'interdiction du recours à l'arbitrage par les personnes publiques (...) a valeur législative et non constitutionnelle». Cfr. Ac. de 2 de Dezembro de 2004, processo nº 2004-506.

contrário», permite que o legislador possa acautelar determinadas situações a seu critério, determinando a inarbitrabilidade pontual de um litígio. Com efeito, é preciso ter presente que a arbitragem que envolva a Administração Pública ou os privados que exerçam poderes públicos e os particulares (administrados) pressupõe a possibilidade de disposição livre e esclarecida que consubstancie uma renúncia pelos administrados da protecção jusfundamental prevista no artigo 20º, da CRP. É neste aspecto essencial que se coloca o problema envolvendo a presunção da arbitrabilidade do controlo da legalidade administrativa por tribunais arbitrais[1368].

No entanto, deixemos bem claro que não entendemos que o facto de existir uma posição de autoridade da Administração no plano do Direito material possa fundamentar, desde logo, que no momento da celebração de uma convenção de arbitragem não possam ser criadas condições para que as partes – naquele preciso momento – se encontrem em igualdade (efectiva) de esclarecimento quanto à declaração de vontade[1369], desde que essa igualdade seja acautelada também – sendo que esta é uma tarefa do legislador – no plano do Direito processual. Por outro lado, uma alternativa para salvaguardar estas dificuldades, conforme reconheceu Mário Aroso de Almeida, decorrentes de uma cláusula geral de arbitrabilidade de litígios resultantes da legalidade da actuação da Administração «pode ser satisfatoriamente acautelada através do reconhecimento da possibilidade de impugnação, por vício de fundo, da decisão que (...) esse tribunal venha a proferir»[1370].

[1368] Pedro Gonçalves sugere, pelo contrário, que: «(...) não se descortina nenhuma razão imperiosa para subtrair aos tribunais arbitrais a apreciação de qualquer questão de direito administrativo (...)». Cfr. «Administração Pública e arbitragem – em especial, o princípio legal da irrecorribilidade de sentenças arbitrais», p. 786.

[1369] Neste sentido, colocando a tónica na liberdade da declaração do privado, Cfr. Stephan Schill, «Erodierung des Öffentlichen Rechts durch öffentlichn-rechtlichen Schiedsverfahren?», p. 278. Sobre o fundamento de uma obrigação estadual de protecção de uma «alternativa decisória» de afectações a direitos fundamentais por terceiros, cfr. Josef Franz Linder, «Fremdbestimmung durch Selbstbestimmung: Die "Entscheidungsalternative" als Grundrechtproblem», pp. 556 e ss.

[1370] Cfr. «Sobre o âmbito das matérias passíveis de arbitragem de direito administrativo em Portugal», p. 22. No sentido de que todas as decisões de autoridade da Administração exigem sempre um controlo de mérito das decisões de tribunais arbitrais que decidam aquelas causas, cfr. Julian Zado, *Privatisierung der Justiz*, pp. 268 e 269. Entre nós, Sérvulo Correia já tinha proposto uma solução idêntica afirmando precisamente que: «sendo a preservação da legalidade objectiva um interesse comum a toda a colectividade política, não pode o Estado desin-

Na verdade, colocam-se dificuldades quando, na renúncia de certas posições jurídicas previstas no artigo 20º da CRP, a relação jurídico-administrativa que assente numa *posição estrutural de desigualdade* (as manifestações de autoridade) possa ser considerada sempre como reveladora de uma vontade livre e esclarecida (*freiwilligkeit*) dos administrados[1371]. Esta realidade agudiza-se particularmente quando estivermos perante as denominadas *declarações de vontade meramente factuais* (*rein tatsächliche Zustimmung*). Estamos aí perante situações em que não existe uma autêntica alternativa: a aceitação de uma intervenção na esfera jurídica jusfundamental surge, desde logo, como condição para que a vontade real do particular seja realizável[1372]. Em bom rigor, os titulares dos direitos fundamentais ficam com as seguintes hipóteses: (i) ou renunciam a determinadas posições jurídicas dos seus direitos fundamentais[1373]; (ii) ou negam a intervenção e aceitam, concomitantemente, as consequências negativas que daí possam decorrer. Esta situação pode gerar, desde logo, «efeitos coactivos»[1374] que inquinam a declaração de vontade emitida.

Um exemplo são, obviamente, as convenções de arbitragem no Desporto[1375]. A existência de uma posição hierárquico-monopolística no ordena-

cumbir-se dela, deixando-a nas mãos de decisores sem vínculo à organização do poder político». Deste modo, acrescenta que: «[p]ara além de não poder ser de equidade o contencioso arbitral de actos administrativos, poderia o legislador proibir em geral a renúncia ao recurso para o tribunal da ordem jurisdicional administrativa das decisões arbitrais sobre a impugnação de tais actos». Cfr. *Direito do Contencioso Administrativo I*, p. 688.

1371 Num sentido próximo, entendendo que esta vinculação colegial não é admissível face ao nosso quadro constitucional. Cfr. José Carlos Vieira de Andrade, «Os Direitos Fundamentais e o Direito do Desporto», p. 39,

1372 Neste sentido, falando de declarações de vontade meramente factuais, cfr. Nadine Bethge, *Die verfassungsrechtliche Zulässigkeit des Grundrechtsverzichts*, pp. 174 e ss. Como reconhece precisamente Vieira de Andrade relativamente a uma renúncia de direitos fundamentais no Desporto: «(...) teria de comprovar-se que o acordo ou consentimento era livre e esclarecido – uma condição que, sobretudo quanto à ausência de coacção, não parece estar garantida quando o quadro é de pura adesão a uma condição regulamentar heterónoma (...). Cfr. «Os Direitos Fundamentais e o Direito do Desporto», p. 39.

1373 Como denota Carlos Ferreira de Almeida em relação aos consumidores, mas que pode ser transponível para os agentes desportivos, uma vez que estes «contratam em condições lesivas dos seus interesses, por falta de alternativa para a satisfação das suas necessidades». Cfr. *Os Direitos dos Consumidores*, p. 14.

1374 Cfr. Nadine Bethge, *Die verfassungsrechtliche Zulässigkeit des Grundrechtsverzichts*, p. 174.

1375 Um outro exemplo de uma situação de desigualdade estrutural, embora menos claro, uma vez que está aí em causa a liberdade religiosa, diz respeito às arbitragens religiosas (e

mento desportivo permite, como vimos, falar numa *posição de desigualdade estrutural* entre os agentes desportivos e as associações que regulam a prática desportiva. Deste modo, abstraindo da existência de uma arbitragem necessária para julgar todos os litígios de Direito Público em Portugal, podemos vir a supor que, em virtude das alterações do CPTA[1376], venha a entender-se ser possível optar-se por deixar aos intervenientes desportivos (federações e agentes desportivos) a possibilidade de submeterem os seus litígios num quadro de arbitragem voluntária, abandonando, assim, o legislador a arbitragem necessária no Desporto[1377].

Não entendemos, contudo, que possa ser uma solução viável. A situação particular dos desportistas permite, desde logo, perceber que há situações limite que colocam dificuldadades. No acto de licenciamento, ao ser exigido ao atleta ou a um clube a assinatura de uma convenção de arbitragem como condição da sua participação na competição, permite-nos constatar que existe, neste caso, uma *declaração meramente factual* daquele. Não se verifica aqui uma autêntica alternativa: ao atleta que pretenda competir não surge outra hipótese que não seja a assinatura da documentação.

Esta questão coloca-se tanto no âmbito de relações jurídicas estabelecidas no Direito Público como no Direito Privado[1378]. No entanto, considerando que, por um lado, nos encontramos perante uma renúncia de uma

que envolvem, em regra, questões patrimoniais ligadas com o Direito da família) e, em particular, aquelas que envolvem a religião islâmica. A solução aí parece, em determinadas situações decorrentes de imposições religiosas, optar por consagrar mecanismos que permitam evitar a falta de liberdade existente. Entre estas possíveis soluções identificam-se: (i) a obrigação de existência do esclarecimento do conteúdo do contrato durante a negociação por um advogado; (ii) reconhecimento da convenção de arbitragem por notário; (iii) a exigência de uma determinação exacta do direito aplicável, (iv) o estabelecimento de um «right to exit», ou seja, na exigência de, surgindo o litígio, a parte mais fraca voltasse a confirmar a sua declaração de vontade para que a convenção fosse válida; (v) a qualificação jurídica dos árbitros; (vi) um reforçar da fundamentação; (vii) um controlo de mérito obrigatório nos tribunais estaduais; (viii) uma redução da possibilidade de escolha do direito aplicável. Para uma discussão sobre cada uma destas hipóteses, cfr. Franziska Hötte, *Religiöse Schiedsgerichtsbarkeit*, pp. 246 e ss.

1376 Com efeito, as limitações de arbitrabilidade no anterior CPTA fundamentaram a opção pela solução de arbitragem necessária, Cfr. José Manuel Cardoso da Costa, «Um Tribunal Arbitral do Desporto em Portugal», p. 16.

1377 Defendendo esta solução, cfr. Ana Celeste Carvalho, «Justiça Federativa e o Tribunal Arbitral do Desporto», p. 40.

1378 A renúncia à tutela jurisdicional estadual pressupõe, deste modo, mesmo no Direito Privado uma declaração de vontade livre e esclarecida (embora segundo os pressupostos esta-

posição jusfundamental protegida pelo artigo 20º da CRP e, por outro, perante uma relação jurídica entre uma federação desportiva que exerce poderes públicos e os agentes desportivos, a qual nos remete (no âmbito do exercício de poderes de autoridade) para uma relação entre Estado/ /cidadão, não há, desde logo, necessidade de buscar um vício específico da declaração contratual para chegar à conclusão que esta última não é válida no âmbito de uma renúncia, uma vez que, no âmbito de relações especiais (como é o caso do desporto), o sistema de direitos fundamentais postula no âmbito de uma *relação especial de poder* um critério de invalidade da declaração de vontade menos exigente do que o previsto nas normas do Direito de Privado[1379].

A renúncia de uma posição jurídica prevista no artigo 20º, da CRP deve ser, por outro lado, enquadrada numa lógica bem diferente daquela que existe no Direito Privado, uma vez que está em causa uma autoridade que exerce poderes públicos. Nestas situações, a solução deve passar pela nulidade de uma renúncia em «branco»[1380] que se manifeste sob a aparência de uma cláusula compromissória[1381]. Em suma, a arbitrabilidade objectiva de litígios de Direito Administrativo deve, no futuro, pressupor um quadro de litígios inarbitráveis mais amplo do que aquele que existe no Direito Privado, desde logo, quando estiverem em causa convenções de arbitragem que consubstanciem renúncias à tutela jurisdicional estadual que envolvem partes que se encontram numa *posição estrutural de desigualdade*, tal como sucede com os actos de autoridade da administração.

7.3. Os Antecedentes e a evolução da Arbitragem necessária do Tribunal Arbitral do Desporto

A criação de um tribunal arbitral para a resolução de conflitos desportivos representa uma pretensão antiga do associativismo desportivo portu-

belecidos nas regras que regem o CC), cfr. Reinhold Geimer, «Schiedsgerichtsbarkeit und Verfassung (aus deutscher Sicht)», p. 119.

1379 Cfr. Nadine Bethge, *Die verfassungsrechtliche Zulässigkeit des Grundrechtsverzichts*, pp. 176 e ss.

1380 Cfr. Kaspar Henrik Möller, *Echte Schiedsgerichtsbarkeit im Verwaltungsrecht*, p. 114.

1381 No Direito do consumo, a solução para um quadro de protecção das partes mais fracas residiu no estabelecimento de uma prerrogativa de os consumidores (numa lógica idêntica ao mecanismo previsto no artigo 182º do CPTA) poderem optar entre cumprir a convenção de arbitragem celebrada ou escolher submeter o lítigio ao tribunal estadual. Em todo o caso, a opção reside no consumidor (a parte mais fraca) e não na empresa. Cfr. o artigo 13º, nº 1, da Lei nº 144/2015.

guês[1382]. A primeira proposta para a instituição de um tribunal arbitral com competência para a resolução de conflitos desportivos diz respeito a um documento elaborado pelo grupo de trabalho de desporto profissional que previa um regime jurídico que regulava o Desporto.

A 20 de Abril de 1984, a versão que fora apresentada pela Comissão Executiva do Comité Olímpico de Portugal à DGD pretendia o erigir de um «Tribunal Arbitral de Justiça Desportiva» que funcionaria na «dependência orgânica da entidade ministerial de tutela do desporto». A proposta previa que aquele *tribunal* seria composto por sete membros: um presidente que seria obrigatoriamente um magistrado «a designar pela entidade ministeral de tutela do desporto»; três vogais designados pelo Conselho Superior do Desporto e três vogais designados pelo Comité Olímpico de Portugal (COP) ([1383]). Por outro lado, aquele *tribunal* deveria ser competente para julgar «em última instância» todas as decisões disciplinares que fossem definidas por «diploma regulamentar», decidindo sem possibilidade de «recurso administrativo» ou «contencioso»[1384]. A solução propugnada pelo COP, como é sabido, não vingou.

Por outro lado, como vimos, embora o legislador tentasse estabelecer a possibilidade de recurso à arbitragem na LBD e na LBAFD, não se tratou de uma solução viável, tendo em conta a neo-publicização dos litígios desportivos no sistema desportivo português a partir das intervenções legislativas depois de 1990. Contudo, o COP não abandonou a ideia de poder estudar a possibilidade de instituir uma jurisdição arbitral no seio do associativismo desportivo. Em 2007, o COP idealizou, por conseguinte, o erigir de um «Centro de Arbitragem Desportiva» que devia ser reconduzido a um tribunal arbitral «voluntário». A competência daquele tribunal arbitral estaria, em princípio, limitada por um âmbito muito restrito, uma vez que esta só se poderia, segundo a LBAFD, reconduzir somente às denominadas

[1382] Não nos interessará referir todas as questões que envolvem o surgimento do TAD. O nosso foco de interesse expositivo contemplará, na verdade, somente a problemática que envolva o surgimento da arbitragem necessária.

[1383] Cfr. artigo 44º e 45 da proposta. A versão do Comité Olímpico de Portugal do projecto de Lei sobre os Princípios Gerais do Sistema Desportivo apresentada à DGD a 20 de Agosto de 1987. Este texto encontra-se publicado em José Ribeiro e Castro, *Lei de Bases do Sistema Desportivo, anotada e Comentada*, p. 182 e ss.

[1384] Cfr. o artigo 46º, nº 1 e 3 da proposta.

«questões estritamente desportivas»[1385]. No entanto, o maior impulso partiu do Governo quando, em 2010, emitiu o despacho nº 14534/2010, no qual nomeava uma comissão responsável pela elaboraração de um estudo sobre a viabilidade de formular «propostas de diplomas legais no sentido de se alcançar uma justiça desportiva especializada, uniformizada e simultaneamente mais célere e segura»[1386], o que veio a resultar num importante e interessante projecto que instituía um tribunal arbitral necessário relativamente aos litígios decorrentes de relações jurídico-administrativas. Este seria o ponto de partida para um longo processo de discussão em torno da possibilidade da instituição de um tribunal arbitral com competência especializada para julgar litígios desportivos que importa conhecer.

7.4. O Projecto da Comissão para a Justiça Desportiva e a arbitragem necessária

Do estudo desenvolvido pela Comissão para a Justiça Desportiva resultou um projecto que viria a ter uma importância fulcral para a futura instituição do TAD. O estudo contemplava dois aspectos essenciais: (i) a manutenção de mecanismos de resolução desportiva internos, tal como tradicionalmente constituídos pela competência decisória do CD e CJ; (ii) a criação de um tribunal arbitral necessário competente para dirimir todos os litígios respeitantes ao exercício de poderes públicos.

A primeira opção fundamentou-se no «propósito de respeitar a autonomia da organização desportiva», uma vez que se tratava de «um elemento insistentemente reivindicado pelos entes internacionais que representam a cúpula dessa organização». A segunda opção alicerçou-se na ideia de que existia a necessidade de «instituir um sistema «uniformizado» e «especializado» de justiça desportiva». Entendeu-se que podia existir uma solução de compromisso com estas duas realidades. Em primeiro lugar, caberia «ao departamento governamental responsável pela área do desporto promover a instalação e o funcionamento» do TAD[1387]. Em segundo lugar, definiu-se que o sistema de impugnação de sentenças arbitrais deveria contemplar uma impossibilidade de revisão de mérito dos tribunais estaduais.

[1385] Sobre este projecto, cfr. Rui Botica Santos, «Arbitragem no Direito do Desporto», pp. 110 e ss.

[1386] O despacho encontra-se publicado no *Diário da República*, IIª Série, nº 183, de 20 de Setembro de 2010.

[1387] Cfr. o artigo 3º, nº 3 do projecto.

Deste modo, o tribunal concebido pelo projecto da Comissão para a Justiça Desportiva estabelecia somente a possibilidade de impugnar a sentença arbitral para o TCA[1388]. Por outro lado, existia a possibilidade de recorrer (internamente) das decisões do TAD para a denominada Câmara de Recurso em três situações: (i) aquelas que dissessem respeito à aplicação de «infracções disciplinares qualificadas como muito graves pela lei ou pelos regulamentos disciplinares aplicáveis»; (ii) as que decidissem sobre «questão de particular relevância para o ordenamento jurídico desportivo»; (iii) aquelas que estivessem «em contradição com outra, já transitada em julgado, proferida por um colégio arbitral ou pela câmara de recurso, no domínio da mesma legislação ou regulamentação, sobre a mesma questão fundamental de direito, salvo se conformes com decisão subsequente entretanto já tomada sobre tal questão pela câmara de recurso»[1389]. A existência deste mecanismo impugnatório, bem como a falta de recurso de mérito para os tribunais estaduais e necessidade de instalação pelo Governo, viria a marcar o processo de discussão posterior em torno do TAD.

7.5. Decreto nº 128/XII e a arbitragem necessária

A 18 de Maio de 2011, o trabalho desenvolvido pela Comissão para a Justiça Desportiva foi apresentado pelo Partido Socialista à Assembleia da República, sob a forma do projecto de Lei nº 236/XII/1ª (PLPS), com vista à instituição do TAD, sendo aprovado na generalidade a 29 de Junho de 2011[1390]. Por outro lado, no mesmo sentido, a 5 de Julho de 2012, em Conselho de Ministros, o Governo da coligação PSD-PP aprovou a proposta de Lei nº 84/XII/1ª (PLGOV), aprovada, posteriormente, na generalidade a 13 de Julho dc 2012.

A PLGOV assumiu, de forma expressa, no prêambulo uma diferença em relação ao PLPS: a promoção da instalação do TAD, bem como o seu financiamento caberia ao COP. De resto, relativamente à arbitragem neces-

[1388] Cfr. o artigo 11º, nº 1 do projecto da Comissão para a Justiça Desportiva, na qual se definia que as decisões arbitrais do TAS seriam «insusceptíveis de recurso», embora o artigo 11º, nº 2 e 3, permitisse a acção de anulação perante o TCA Sul.

[1389] Cfr. o artigo 27º do projecto. Nos termos do artigo 26, nº 3 do projecto, a Câmara de Recurso seria constituída pelo Presidente do TAD (ou em sua substituição o Vice-Presidente) e oito árbitros designados pelo Conselho de Arbitragem Desportiva.

[1390] Para uma apreciação deste projecto, cfr. Artur Flamínio da Silva e Daniela Mirante, «Algumas Notas sobre o Estatuto dos Árbitros do Tribunal Arbitral do Desporto: uma análise à luz do relatório e do projecto da Comissão para a Justiça Desportiva», pp. 279 e ss.

sária a discussão centrou-se essencialmente no seguinte aspecto: o Governo entendia que o TAD deveria funcionar junto do COP; por outro lado, o Partido Socialista julgava ser indispensável que se constituísse um tribunal arbitral que se sediasse fisicamente afastado das estruturas associativas desportivas[1391].

A discussão veio, de todo o modo, a ser enriquecida com diversos contributos. Neste contexto, as críticas deslocaram-se, essencialmente, para a problemática da constitucionalidade da arbitragem necessária no Desporto, tal como consagrada pelo PLPS e pelo PLGOV. Por conseguinte, os comentários assentaram em três eixos essenciais: (i) na violação do artigo 20º da CRP, por impedimento do acesso aos tribunais estaduais e pela falta de independência e imparcialidade decorrente estatuto dos árbitros consagrado[1392]; (ii) na violação do juiz natural devido à aleatoriedade na atribuição dos processos aos árbitros[1393]; (iii) na violação dos artigos 209º, nº 1 e 2 e 212º, nº 3 da CRP, uma vez que se trataria de um tribunal administrativo especial não previsto na CRP[1394]; (iv) na violação do princípio da igualdade, na medida em que poderia existir um custo mais elevado da jurisdição arbitral em relação à jurisdição estadual e, por outro lado, por se vedar o acesso à jurisdição estadual de todos os agentes desportivos e gerar uma situação de desigualdade em relação a outros administrados[1395]. Contudo, tendo existido uma aproximação entre o PLPS e o PLGOV, as sugestões críticas foram ignoradas no Decreto nº 128/XII aprovado pela Assembleia da República a 8 de Março de 2013.

7.6. O Ac. nº 230/2013 do TC

A 4 de Abril de 2013, as dúvidas suscitadas no âmbito da discussão dos PLPS e PLGOV foram atendidas e partilhadas pelo Presidente da República, tendo sido solicitada a fiscalização preventiva do Decreto nº 128/XII.

[1391] Tratou-se, desta forma, de uma espécie de «guerra dos tribunais arbitrais», cfr. a expressão de José Manuel Meirim, «Enfoque», pp. 181 e 182.

[1392] Cfr. Benjamim Magalhães Barbosa, *Parecer do Conselho Superior dos Tribunais Administrativos e Fiscais de 4 de Dezembro de 2012*, p. 10 e ss., José Manuel Meirim, *Parecer de 16 de Novembro de 2012*, p. 25, denotando dúvidas sobre a constitucionalidade da arbitragem necessária.

[1393] V. Benjamim Magalhães Barbosa, *Parecer do Conselho Superior dos Tribunais Administrativos e Fiscais de 4 de Dezembro de 2012*, p. 5.

[1394] Cfr. António Marinho Pinto, *Parecer da Ordem dos Advogados de 16 de Novembro de 2012*, pp. 16 e ss.

[1395] Cfr. Benjamim Magalhães Barbosa, *Parecer do Conselho Superior dos Tribunais Administrativos e Fiscais de 4 de Dezembro de 2012*, p. 4 e ss.

As normas objecto de fiscalização dispunham, por um lado, que as decisões do TAD eram «insuscepíveis de recurso»[1396]. Por outro lado, estabelecia-se a possibilidade de recorrer para uma Câmara de Recurso quando estivessem em causa duas situações: (i) decisões que «sancionem infracções disciplinares previstas pela lei ou pelos regulamentos disciplinares aplicáveis»; ou (ii) decisões que «estejam em contradição com outra, já transitada em julgado, proferida por um colégio arbitral ou pela câmara de recurso, no domínio da mesma legislação ou regulamentação, sobre a mesma questão fundamental de direito, salvo se conformes com decisão subsequente entretanto já tomada sobre tal questão pela câmara de recurso»[1397]. Não obstante, previa-se também a possibilidade de impugnar as decisões com os «fundamentos e nos termos previstos na LAV», bem como de recurso para o TC[1398]. Paralelamente, previa-se expressamente no artigo 4º e 5º a existência de uma arbitragem necessária.

Neste contexto, o Presidente da República invocou a inconstitucionalidade daquelas normas pelos seguintes motivos: (i) uma possível violação do direito fundamental de acesso aos tribunais e à tutela jurisdicional efectiva por se vedar o acesso aos tribunais estaduais; (ii) uma provável violação do princípio da igualdade, na medida em que podia discriminar, sem fundamentação bastante, garantísticamente os cidadãos que submetessem os litígios à arbitragem necessária do TAD em relação aos outros cidadãos que são obrigados a submeter os seus litígios a outras arbitragens necessárias, mas a quem é garantido o recurso de mérito aos tribunais estaduais.

Deste modo, a questão de saber se era possível a instituição de um tribunal arbitral necessário sem recurso de mérito para os tribunais estaduais exigia, desde logo, um teste em concreto face às exigências constitucionais. O TC decidiu no Ac. nº 230/2013 que esta solução era inconstitucional, desde logo, pela violação do direito fundamental à tutela jurisdicional efectiva. A argumentação do TC no Ac. nº 230/2013 pode ser vista sob dois prismas: (i) no fundamento de que a existência de uma *posição de desigualdade entre as partes* justifica a consagração de recurso de mérito para os tribunais estaduais das decisões de tribunais arbitrais necessários; (ii) na ideia de que o TAD não reunia a independência e imparcialidade exigida pela CRP aos tribunais arbitrais e, em particular, aos tribunais arbitrais necessários.

[1396] Cfr. o artigo 8º, nº 1 do anexo ao Decreto nº 128.
[1397] Cfr. o artigo 8º, nº 2 do anexo ao Decreto nº 128.
[1398] V. o artigo 8º, nº 4 do anexo ao Decreto nº 128.

Os argumentos invocados pelo TC estão, todavia, intimamente ligados. Em primeiro lugar, o TC baseou-se na ideia de que a CRP postula uma reserva relativa de jurisdição no que respeita «direitos de particular importância jurídico-constitucional a cuja lesão deve corresponder uma efectiva protecção jurídica» podendo admitir-se «que num momento inicial o litígio possa ser resolvido por intervenção de outros poderes, caso em que se poderá falar numa reserva relativa de jurisdição ou reserva de tribunal». A formulação do TC sugeria, desde logo, que o TAD não seria um órgão jurisdicional. No entanto, o TC foi mais além ao entender que: «[n]ão é aceitável, num primeiro relance, que o Estado delegue poderes de autoridade numa entidade privada, operando por essa via uma privatização orgânica da Administração relativamente ao exercício de uma certa tarefa pública, e simultaneamente renuncie também a qualquer controlo jurisdicional de mérito, através dos tribunais estaduais, quanto às decisões administrativas que sejam praticadas no quadro jurídico dessa delegação de competências».

Deste modo, reconhece também explicitamente a existência de *uma garantia de acesso tendencial*[1399] aos tribunais estaduais quando estiver em causa uma «jurisdição privada» que «é imposta obrigatoriamente aos potenciais lesados por decisões unilaterais praticadas por entidades desportivas no exercício de poderes de autoridade». Estamos, pois, aqui perante um expresso reconhecimento de que a existência de uma *posição de desigualdade estrutural entre as partes* torna exigível uma revisão de mérito de uma decisão proferida por um qualquer tribunal arbitral necessário.

Este aspecto representa um ponto forte na argumentação do TC, desde logo, por se tratar de um domínio particularmente sensível no tocante aos direitos fundamentais dos agentes desportivos[1400]. Em bom rigor, a questão

[1399] Na verdade, afirmou que «[o] direito fundamental de acesso aos tribunais constitui *tendencialmente* uma garantia de acesso a tribunais estaduais em resultado da necessária conexão entre esse direito e a reserva de jurisdição, que apenas poderá caracterizar uma reserva de jurisdição arbitral quando o acesso ao tribunal arbitral seja livre e voluntário. Ademais, a intervenção de órgãos judiciais do Estado torna-se particularmente exigível quando se trate de assegurar, no quadro regulatório da atuação de entidades privadas investidas em poderes públicos, a sua vinculação à lei e aos princípios materiais de juridicidade administrativa, e, desse modo, também, a adequada fiscalização do desempenho da tarefa pública que lhes incumbe».

[1400] As críticas que assentam na ideia de que o TC deveria ter tomado em consideração a inserção transnacional da normatividade desportiva ou o pluralismo jurídico daquela não são, por conseguinte, procedentes, uma vez que ignoram a existência de uma *posição de desigualdade estrutural* entre as federações desportivas e os agentes desportivos. Sobre estas críticas,

coloca-se relativamente ao direito disciplinar desportivo, em coerência com a jurisprudência prevista explicitamente desde o Ac. nº 40/2008[1401] do TC, uma vez que: «seria sustentável que, sendo constitucionalmente assegurado o acesso aos tribunais contra quaisquer actos lesivos dos direitos dos cidadãos (maxime dos direitos, liberdades e garantias), sejam esses actos provenientes de particulares ou de órgãos do Estado, se garantisse o direito à impugnação judicial de actos dos tribunais (sejam eles decisões judiciais ou actuações materiais) que constituíssem a causa primeira e directa da afectação de tais direitos»[1402].

Por outro lado, entendeu que o facto de estarmos perante uma arbitragem necessária que envolve uma entidade privada com poderes públicos, «justifica que se invoque uma reserva relativa de juiz que proporcione aos tribunais estaduais a última palavra na resolução de litígios que resultem dessa intervenção administrativa delegada». A conclusão do TC só pode, porém, ser corroborada se, efectivamente, entendermos que, em concreto, o TAD não cumpria as exigências constitucionais previstas para os tribunais estaduais, desde logo, as garantias de independência e imparcialidade. Na verdade, se, pelo contrário, chegassemos à conclusão que o TAD se apresentava como um tribunal que cumpria todas as garantias previstas para os tribunais estaduais, então o argumento não procede, uma vez que a

cfr. Cfr. Pedro Gonçalves, «Administração Pública e arbitragem – em especial, o princípio legal da irrecorribilidade de sentenças arbitrais», pp. 779 e 780, nota 7, embora concordando, em geral, com a doutrina do TC. Em sentido diverso, admitindo que a existência de um pluralismo jurídico exige uma arbitragem necessária. Cfr. Rui Medeiros, «Arbitragem Necessária e Constituição», p. 1329.

[1401] A jurisprudência do TC já sugeria, de forma constante e implícita, esta possibilidade, remetendo sistematicamente para dois votos de vencido (dos Ac. nº 65/88 e nº 202/90) de dois juízes do TC (Vital Moreira e António Vitorino) que criticavam a existência de um direito de recurso somente nas causas relativas ao direito penal [entre tantos outros, cfr. o Ac. nº 638/98, fazendo essa menção expressa, mas sem tomar uma posição concludente].

[1402] Em todo o caso, haveria que constatar-se que «quando uma actuação de um tribunal, por si mesma, afecta, de forma directa, um direito fundamental de um cidadão, mesmo fora da área penal, a este deveria ser reconhecido o direito à apreciação judicial dessa situação, mas que quando a afectação do direito fundamental do cidadão tivesse tido origem numa actuação da Administração ou de particulares e esta actuação já tivesse sido objecto de controlo jurisdicional, não era sempre constitucionalmente imposta uma reapreciação judicial dessa decisão» Cfr., neste sentido, a súmula da doutrina que se retirou do Ac. nº 40/2008, expressamente mencionada no Ac. nº 197/2009. Esta doutrina é, de resto, confirmada pelo Ac. nº 243/2013.

questão da constitucionalidade ou não de um determinado tribunal não se reconduz à sua nomenclatura, mas antes à sua configuração legal.

Neste contexto, a opção argumentativa do TC só pode ser encarada como certa se o caminho escolhido por este tribunal explicar a inconstitucionalidade da inexistência de um mecanismo impugnatório de mérito para os tribunais estaduais no reconhecimento de que o TAD não estava configurado como um verdadeiro tribunal. Também assim se justifica que o TC tenha entendido que a existência de um mecanismo arbitral pressupunha, na construção legal estabelecida pelo Decreto nº 128/XII, uma violação do direito fundamental à tutela jurisdicional efectiva, uma vez que se tratava de uma restrição desproporcional.

Na verdade, a existência do caso julgado desportivo permitia, desde logo, atenuar a demora de uma decisão judicial[1403]. Deste modo, a existência de um tribunal arbitral necessário que não reune a independência e imparcialidade imprescindível a um tribunal estadual e que também não permita um «mecanismo de reexame perante um órgão judicial do Estado», não pode, em conjugação com a existência de um caso julgado desportivo, amputar o recurso de mérito aos tribunais estaduais, sob pena de se entender que surgiria no Decreto nº 128/XII um novo órgão de resolução de conflitos internos configurado sob a aparência de um tribunal arbitral. Com efeito, é por este motivo que a instituição da arbitragem necessária no termos do Decreto nº 128/XII consubstanciava «um retrocesso garantístico»[1404].

Por conseguinte, a razão última – a ainda que implícita – da decisão do TC no Ac. nº 230/2013 resumiu-se à constatação de que o TAD não reunia as notas de independência e imparcialidade exigíveis a qualquer tribunal. Neste sentido, o TC assumiu que existiam, a este respeito, as seguintes debilidades: (i) o facto de o COP assumir a competência de promover a instalação e funcionamento do TAD; (ii) o poder legalmente atribuído ao presidente do TAD para indicar o terceiro árbitro quando as partes não chegassem a acordo sobre a escolha do árbitro presidente; (iii) a existência de uma lista pré-determinada, na qual alguns interessados não têm a possibilidade de nomear imediatamente os árbitros que a compõem; (iv) a

[1403] Precisamente neste sentido já o tínhamos defendido, cfr. ARTUR FLAMÍNIO DA SILVA, «A arbitragem desportiva em Portugal: uma realidade sem futuro? – Anotação ao Acórdão nº 230/2013 do Tribunal Constitucional», pp. 74 e ss.

[1404] Cfr. ARTUR FLAMÍNIO DA SILVA, «A arbitragem desportiva em Portugal: uma realidade sem futuro? – anotação ao Acórdão nº 230/2013 do Tribunal Constitucional», pp. 81 e 82

existência de um poder de decisão sobre a admissibilidade de providências cautelares atribuído ao presidente do TAD sem que o processo tenha inclusivamente distribuído pelos árbitros. Na verdade, o TC reconhecia precisamente que: «[n]ão é possível pretender que uma instância arbitral radicada na ordem desportiva ofereça aos interessados a garantia de uma decisão de valor equivalente à decisão dos tribunais administrativos (...) quando simultaneamente não se encontram assegurados os requisitos essenciais de independência e de imparcialidade dos árbitros (...)». A argumentação do TC deve, neste aspecto, ter-se como metodologicamente correcta[1405], uma vez que a constitucionalidade de um tribunal arbitral necessário não pode ser ancorada somente no artigo 209º, nº 2 da CRP. Neste contexto, para indagar da conformidade constitucional de um determinado tribunal arbitral exige-se, pois, uma análise concreta sobre se aquele pode efectivamente ser configurado como um verdadeiro tribunal independente e imparcial[1406], na medida em que – como se afirmou no Ac. 230/2013 – a «criação de tribunais arbitrais não pode deixar de se encontrar preordenada a outros princípios constitucionais».

Numa primeira análise, parecia, por outro lado, ter tomado posição sobre o afastamento expresso da «tese radical da inconstitucionalidade das normas que criam tribunais necessários»[1407]. A expressa invocação da tese da reserva de jurisdição relativa indiciava que o «tribunal necessário» não

[1405] Não estava, assim, em causa «lançar sobre todo o processo uma grande desconfiança» sem qualquer fundamento. Estava, sim, a questionar-se a falta de cumprimento das garantias previstas pela CRP para a arbitragem necessária. A expressão pertence a Freitas do Amaral, embora noutro contexto e sobre a existência, em regra, de um recurso de mérito das decisões de tribunais arbitrais para os tribunais estaduais. Cfr. «Considerações Gerais sobre a Reforma do Contencioso Administrativo», p. 95.

[1406] Por conseguinte, não podemos concordar com as conclusões da Conselheira Maria João Antunes ao recusar a argumentação do TC quando aquele analisa em concreto a configuração institucional do TAD e da sua compatibilidade com a CRP. Não basta, pois, que o legislador estabeleça que o TAD se configuraria como «uma entidade jurisdicional independente». Exige-se, sim, que aquela entidade possa assumir-se, efectivamente e em termos materiais, como um órgão jurisdicional independente e imparcial. Deste modo, também não são procedentes as críticas de Miguel Galvão Telles afirmando que: «(...) há dúvida quanto ao que o fundamento da violação do direito de acesso aos tribunais fosse suficiente», uma vez que o TC fundamentou – em última análise – a violação do direito fundamental à tutela jurisdicional efectiva com a falta de independência do TAD. Cfr. «A independência e Imparcialidade dos Árbitros como Imposição Constitucional», p. 639.

[1407] Cfr. Armindo Ribeiro Mendes, «A Arbitragem na Jurisprudência do Tribunal Constitucional», p. 148.

cumpria todos os requisitos exigidos pela CRP aos tribunais estaduais, podendo, no entanto, garantir-se, em abstracto, a constitucionalidade deste regime legal, caso existisse um recurso de mérito para os tribunais estaduais numa clara inspiração da doutrina propugnada por PEDRO GONÇALVES. A configuração legal do TAD não cumpria os requisitos constitucionais de independência e imparcialidade, pelo que as decisões dessa entidade deviam ser consideradas para efeitos impugnatórios como equiparadas a actos administrativos[1408]. Em suma, o TC propugna a tese – que nós também defendemos – da necessidade da *equiparação dos tribunais arbitrais necessários* (em abstracto e em concreto) aos tribunais estaduais para garantir a sua conformidade constitucional. Como corolário desta tese pressupõe-se a necessidade do cumprimento por aqueles tribunais de todas as notas garantísticas exigidas também aos tribunais que exercem a função jurisdicional «em nome do povo».

7.7. Lei nº 74/2013, de 6 de Setembro e a arbitragem necessária

Com a aprovação da Lei nº 74/2013, visou-se essencialmente ultrapassar e corrigir as inconstitucionalidades detectadas pelo Ac. nº 230/2013 do TC em sede de fiscalização preventiva da constitucionalidade. Entre as mudanças mais significativas, encontrava-se a previsão da possibilidade de existir um recurso de mérito para o Supremo Tribunal Administrativo em duas situações: (i) quando estivesse em «causa a apreciação de uma questão que, pela sua relevância jurídica e social, se revista de importância fundamental»; (ii) quando a «admissão do recurso seja claramente necessária para uma melhor aplicação do direito». Ao recurso aí previsto seria aplicável, com adaptações, as regras do recurso de revista previsto no CPTA. Todavia, a existência deste recurso pressupunha a existência do esgotamento prévio do recurso (já de si limitado) para a Câmara de Recurso do TAD[1409].

No que concerne à independência e imparcialidade do tribunal foram alteradas as normas que atribuíam a competência decisória ao presidente do TAD para: (i) escolher o terceiro árbitro quando as partes não chegassem a acordo, quando uma das partes não o nomeasse o árbitro correspondente ou quando, numa arbitragem com pluralidade de demandados, havendo interesses conflituantes, as partes não chegassem a acordo quanto à

[1408] Em sentido idêntico, no ordenamento jurídico alemão, cfr. HELGE SODAN e JAN ZIEKOW, *Verwaltungsgerichtsordnung-Grosskommentar*, 4ª Edição, p. 382.
[1409] Cfr. o artigo 8º, nº 1 e 2 da Lei 74/2013.

nomeação dos árbitros, estabelecendo essa competência a favor do presidente do TCA Sul[1410]; (ii) na nomeação de um árbitro substituto, cabendo a competência ao presidente do TCA Sul[1411]; (iii) no deferimento de providências cautelares, atribuindo a competência ao presidente do TCA Sul[1412]. No entanto, sobre a forma de composição da lista ou a função de instalação do TAD pelo COP nada se alterou. A questão consistia, portanto, em saber se as alterações promovidas pela Lei nº 74/2013 tinham sido suficientes para que o TAD pudesse passar no crivo da doutrina fixada pelo Ac. nº 230/2013, em particular, na exigência de uma revisão de mérito pelos tribunais estaduais. Neste sentido, o Presidente da República decidiu requerer a fiscalização de constitucionalidade sucessiva invocando dois argumentos: (i) a existência de uma revisão de mérito para os tribunais estaduais demasiado limitada; (ii) a manutenção de um regime que instituía a arbitragem necessária.

7.8. O Ac. nº 781/2013 do TC

O TC veio a tomar posição sobre as dúvidas invocadas pelo Presidente da República a 20 de Novembro de 2013 no Ac. nº 781/2013. O TC entendeu que a questão primordial que carecia de resposta se reconduzia a saber se a Lei nº 74/2013 estabeleceu um «mecanismo de reexame perante um órgão judicial do Estado relativamente às situações comuns em que o particular pretenda discutir a decisão que se pronuncia sobre o fundo da causa ou em que, sem conhecer, deste ponha termo ao processo arbitral». Desta forma, o tribunal deu por adquirido que não iria analisar a questão da independência e imparcialidade do futuro TAD. No Ac. 781/2013, o método argumentativo utilizado pelo TC assentou na ideia de que existem determinadas *posições de desigualdade entre as partes* que exigem *sempre* a existência de mecanismos de recurso de mérito total para os tribunais estaduais[1413].

[1410] Cfr. o artigo 28º, nº 3 e 5, do Decreto nº 128/XII.

[1411] Cfr. o artigo 31º, nº 1, do Decreto nº 128/XII.

[1412] Cfr. o artigo 41º, nº 7, do Decreto nº 128/XII.

[1413] Cfr., de um modo parcialmente acertado, a posição da Conselheira Maria de Fátima Matta-Mouros, ao referir que o TC assume, assim, que «só é admissível a imposição de tribunais (arbitragem necessária) se for acautelada a possibilidade de recurso para os tribunais estaduais». No entanto, esta assumpção parece, segundo a jurisprudência do Ac. 781/2013 do TC, valer única e exclusivamente para determinadas situações em que as partes se encontrem numa situação de desigualdade ou na qual estejam em causa decisões arbitrais que possam decidir sobre litígios que possam derivar de afectações aos direitos fundamentais, como existe particularmente no direito sancionatório.

No entanto, este facto viria revelar, assim, uma ruptura significativa em relação ao Ac. nº 230/2013 que concebia a exigência de um controlo de mérito como um «controlo tendencial», entendendo que, pelo contrário, o Estado não poderia renunciar a «qualquer controlo jurisdicional de mérito». No fundo, no Ac. nº 781/2013 pretendeu-se perceber se podia considerar-se que «a última palavra na resolução de litígios submetidos à jurisdição arbitral necessária do TAD» caberia, efectivamente, ao STA. Neste sentido, entendeu o TC que a previsão de uma forma de impugnação excepcional para o STA colidia com o direito fundamental à tutela jurisdicional efectiva, apresentandos dois argumentos para fundamentar a sua posição: (i) por um lado, existiriam, face à excepcionalidade do recurso para o STA e, em bom rigor, da necessidade de impugnação prévia junto do mecanismo de recurso previsto para a Câmara de Recurso do TAD, litígios que nunca podem ser controlados materialmente pelos tribunais estaduais; (ii) por outro lado, a consagração de um recurso de revista limitava a cognição do STA, nomeadamente, relativamente aos erros de julgamento da matéria de facto.

Em primeiro lugar, pressupondo a necessidade de uma revisão de mérito total explicou, por um lado, que o recurso para a Câmara Arbitral do TAD encontrava-se estabelecido em termos limitados, tendo em conta, por outro lado, que o esgotamento daquele recurso se assumia como um pressuposto para aceder à jurisdição estadual. Por conseguinte, o recurso para o STA assumiria, neste contexto, uma natureza ainda mais excepcional face a esta realidade. Na verdade, os pressupostos da admissibilidade do recurso para o STA seriam também limitados a uma categoria muito restrita de litígios. Deste modo, o TC entendeu que: «excepto em algumas «matérias de assinalável relevância e complexidade» a última palavra na resolução dos litígios submetidos à jurisdição arbitral necessária do TAD continua a não caber aos tribunais estaduais, mantendo-se a insuficiência dos mecanismos de acesso à justiça estadual».

Em segundo lugar, afirmou o TC que não bastaria que pudesse existir uma revisão do mérito sobre os erros de Direito, exigindo-se também «que seja possibilitada às partes a discussão sobre o mérito da decisão da matéria de facto adoptada pelo tribunal arbitral». Em particular, reconheceu que a existência de um caso julgado desportivo que permitia a consolidação dos efeitos desportivos produzidos na sequência de um eventual recurso para o TC, do recurso de revista para o STA e/ou da anulação da sentença arbitral proferida pelo TAD pudesse ser considerada desproporcional face às limitações do mecanismo de revisão de mérito das decisões arbitrais. A decisão do TC deixou claro que o estabelecimento de uma arbitragem necessária no desporto teria que pressupor a consagração da possibilidade de as partes poderem recorrer do mérito das decisões do futuro TAD para os tribunais estaduais[1414]. Neste sentido, o regime previsto na Lei nº 74/2013 sofreu uma alteração pela Lei nº 44/2014. Será, deste modo, este regime jurídico que tomaremos por objecto a nossa análise.

§ 8º A arbitragem necessária e o Tribunal Arbitral do Desporto

A instituição de um regime de arbitragem necessária pressupõe – tal como na arbitragem desportiva internacional – um conjunto importante de vantagens e desvantagens que cumpre analisarmos. Em primeiro lugar, a rapidez e a eficiência na resolução dos conflitos desportivos podia, em regra, ser considerada uma vantagem da jurisdição arbitral em relação à jurisdição dos tribunais administrativos. De todo o modo, em sentido contrário aos regimes jurídicos projectados pela Comissão para a Justiça Desportiva, pelo Decreto nº 128/XII e pela Lei nº 74/2013 que se encontravam bem delineados com vista de garantir essa vantagem – e que constituía uma mais-valia e um argumento na necessidade da criação de uma arbitragem necessária –, as alterações decorrentes da LTAD2014, ao retirarem as competências do CJ no tocante ao exercício de poderes públicos, merecem uma crítica, na medida em que, por um lado, não promovem a resolução rápida de um conflito desportivo, por outro lado, implicam uma justiça mais cara e menos acessível à maioria dos agentes desportivos. A existência de dois meios impugnatórios internos permitia, à partida, evitar que um conjunto importante de conflitos fosse resolvido em tribunal, uma vez que esses con-

[1414] Neste sentido, embora a decisão surja sem grande elemento de surpresa, não parece ser possível considerar que existiu uma aparente insistência no erro. Embora previsível, a primeira decisão do TC dava ainda uma margem para interpretação (ainda que mínima). Cfr., admitindo a existência de um erro, Nuno Albuquerque, «Tribunal Arbitral do Desporto: o importante não era justificar o erro mas impedir que ele se repetisse», pp. 173 e ss. O que, a nosso ver, resulta de forma inteiramente clara da jurisprudêcia do TC é que o estabelecimento legislativo de um controlo de mérito pela jurisdição estadual face a um regime legal que institua um mecanismo de arbitragem necessária não assegura, por si só, a constitucionalidade de centros ou mecanismos arbitrais necessários, sendo imprescindível considerar todas as situações concretas do regime legal em causa que possam condicionar o acesso, em via de recurso, à jurisdição estadual.

flitos ficariam, desde logo, decididos num âmbito puramente interno e com um custo menos elevado[1415].

Além do mais, a combinação desta realidade com a existência de um recurso de mérito (não menorizando a importância desta figura) para os tribunais administrativos sugere, em princípio, precisamente uma resolução de conflitos desportivos mais lenta (porque exige uma resolução de conflitos mais «judicializada») quando comparada com uma solução sem a existência de um tribunal arbitral responsável por dirimir os litígios desportivos[1416].

No entanto, uma solução centrada na existência de um órgão de resolução de conflitos desportivos competente para dirimir os conflitos desportivos pode apresentar uma vantagem: a credibilização da resolução de conflitos interna. Entendemos, portanto, que a existência de um tribunal arbitral, desde que cumpra as garantias constitucionais exigidas para os tribunais estaduais, pode ajudar a limitar, de uma forma mais rápida e com o devido rigor técnico, as actuações ilegais ou arbitrárias de órgãos das federações desportivas, contribuindo para a defesa dos direitos fundamentais daqueles que forem parte num litígio que se coloque perante o TAD.

Por outro lado, a existência de uma jurisdição arbitral desportiva poderia suscitar outra vantagem, na medida em que implique efectivamente a especialização dos decisores. A maior dificuldade está, contudo, em encontrar um critério seguro que permita assegurar que os árbitros que irão decidir os litígios desportivos se encontram precisamente nessa situação. Note-se que, quando comparado com o TAS, o TAD não estabelece como requisito para os árbitros a sólida formação em Direito do Desporto ou Arbitragem. Acresce que não é exigido um rigor técnico no Direito Administrativo, uma matéria essencial para poder compreender as especificidades da regulação desportiva em Portugal. Em contrapartida, numa solução pouco comum nos centros de arbitragem desportiva internacionais ou nacionais, estabelece inclusivamente a possibilidade dc não juristas poderem integrar a lista de árbitros e virem a desempenhar, inclusivamente, o papel

[1415] Com efeito, bastaria que fosse assegurada a existência de um efeito suspensivo quando estivessem em causa uma impugnação administrativa de sanções disciplinares desportivas e poderia ser sempre salvaguardada a posição jurídica dos atletas, com mecanismos mais céleres e menos onerosos.

[1416] Cfr. Christophe Seraglini e Jérôme Ortscheid, *Droit de l'arbitrage interne et international*, pp. 51 e ss., denotando, no entanto, que, actualmente, a arbitragem internacional já apresenta, em regra, processos com demora.

de árbitros presidentes das formações arbitrais. Esta situação pode, porém, consubstanciar uma desvantagem, uma vez que a falta de capacidade técnica (jurídica) pode ter o efeito perverso de reduzir a qualidade das decisões do TAD e, por conseguinte, aumentar inclusivamente o número de recursos relativamente às decisões do TAD junto dos tribunais estaduais[1417].

Uma das desvantagens da existência de uma arbitragem necessária deriva da já referida *desigualdade estrutural* entre as partes que podem recorrer ao TAD. A existência desta posição de desigualdade entre os agentes desportivos e as federações desportivas exige, por conseguinte, uma *participação igualitária*, por exemplo, no modo de constituição da lista de árbitros ou encargos respeitantes ao processo arbitral razoáveis e que permitem uma tutela realisticamente acessível aos agentes desportivos (o que não sucede no caso do TAD). Esta realidade exigia, ainda, que o legislador acautelasse na construção legal do TAD uma *compensação* pela falta de poder que existe entre as partes envolvidas[1418].

Deve, deste modo, insistir-se na rejeição da ideia de que a «dimensão internacional da regulação desportiva»[1419] ou a existência de «múltiplos pólos normativos» possa fundamentar a existência de uma jurisdição arbitral necessária e uma «relativização do papel da jurisdição estadual»[1420]. A existência de uma *desigualdade estrutural* entre as partes implica, pelo contrário, um reforço da jurisdição estadual, de modo a fortalecer as garantias de protecção contra os direitos fundamentais dos agentes desportivos[1421].

[1417] Sobre esta vantagem da arbitragem desportiva, cfr. Parte II, Capítulo 3, §5, ponto 5.1.

[1418] Uma situação idêntica já foi identificada, entre nós, no Direito do Consumo. Conforme certeira e elucidativamente reconheceu CARLOS FERREIRA DE ALMEIDA – embora no âmbito do Direito do Consumo e relativamente aos tribunais judiciais –, «[o] espírito de autonomia de vontade prolonga-se nos princípios gerais do processo civil, transformando a liberdade e a igualdade formais em situações de subordinação e discriminação daqueles que dotados de reduzidos recursos materais, isolads e ignorantes das leis, tenham que defrontar a solene, dispendiosa (...) organização judicial, colocada ao serviço de iniciativas hábeis dos mandatários das empresas fornecedoras». Cfr. *Os Direitos dos Consumidores*, p. 155. Sobre o problema, em geral, igualmente no Direito do Consumo, cfr., por todos e com amplas referências, CHRISTOF BERLIN, *Alternative Streitbeilegung in Verbraucherkonflikten*, pp. 283 e ss

[1419] Cfr. PEDRO GONÇALVES, «Administração Pública e arbitragem – em especial, o princípio legal da irrecorribilidade de sentenças arbitrais», pp. 779 e 780, nota 7.

[1420] Cfr. RUI MEDEIROS, «Arbitragem Necessária e Constituição», p. 1329.

[1421] Com efeito, importa, desde logo, afirmar que não concordamos com RUI MEDEIROS relativamente às conclusões que o autor retira relativamente à necessidade de inexistência de recurso de mérito das decisões de tribunais arbitrais necessários. Na verdade, o contexto de *internormatividade* existe também na arbitragem de medicamentos [como bem denuncia-

É, todavia, imprescindível analisarmos com algum detalhe o regime jurídico do TAD para percebermos os problemas que envolvem o afastamento em relação à jurisdição estadual.

8.1. O Tribunal Arbitral do Desporto

A estrutura legal do centro arbitral[1422] conhecido com TAD demonstra uma óbvia aproximação ao modelo que existe no TAS. Na verdade, também o TAD tem competência para decidir sobre todos os «litígios que relevam do ordenamento jurídico desportivo ou relacionados com a prática do desporto», adoptando uma noção ampla de conflito desportivo[1423]. O TAD sugere também uma ligação (ainda que diferente com aquela que existia entre o COI e o TAS) com o Movimento Olímpico, desde logo, pela responsabilidade atribuída pelo legislador ao COP no sentido de promover a sua instalação e funcionamento junto do COP em Lisboa. Por um lado, existe uma estrutura administrativa composta pelo Conselho de Arbitragem Desportiva e por um Secretariado. Por outro lado, o TAD tem um Conselho Directivo, um presidente e um vice-presidente.

do por Gomes Canotilho, *Parecer sobre o Novo Regime Legal de Solução de Litígios Patentários*, p. 6]. No entanto, nessa situação, Rui Medeiros entende que pelo facto de estarem em causa direitos fundamentais, existe um interesse público em manter um recurso de mérito [Cfr. «Arbitragem e Constituição», p. 1321], chegando inclusivamente a afirmar que «(...) a Constituição dificilmente toleraria uma solução legal que determinasse a irrecorribilidade em geral das decisões arbitrais». A nossa crítica não diz respeito a qualquer consideração sobre a bondade da opção legislativa (em abstracto) do estabelecimento legal de uma arbitragem necessária, residindo, pelo contrário e salvo o devido respeito, no raciocínio do autor. Ora, a verdade é que não existe nenhuma razão para que a mesma argumentação desenvolvida em relação à arbitragem necessária de medicamentos não possa ser transponível para os mecanismos arbitrais necessários no Desporto, uma vez que é precisamente na actividade de regulação desportiva (v., por exemplo, o direito disciplinar desportivo) que estão constantemente em causa direitos fundamentais.

[1422] Trata-se, com efeito, a instituição legal deste centro arbitral pela LTAD assume-se como uma excepção ao regime previsto no Decreto-Lei nº 425/86, de 27 de Dezembro, nomeadamente, no artigo 1º, ao determinar que «as entidades que (...) pretendam promover, com carácter institucionalizado, a realização de arbitragens voluntárias, devem requerer ao Ministro da Justiça autorização para a criação dos respectivos centros», sendo que, por outro lado, nos termos do artigo 2º se exige duas condições para o reconhecimento do centro arbitral para efeitos de apuramento das condições para prosseguir a actividade pretendida: (i) a representatividade da entidade requerente e (ii) a sua idoneidade para a prossecução da actividade que se propõe realizar

[1423] V. o artigo 1º da LTAD2014.

A exposição que se segue terá somente por objecto a arbitragem necessária, deixando de lado qualquer incursão crítica no plano da arbitragem voluntária. Por um lado, optaremos por expor os elementos essenciais das normas que regem, por exemplo, a orgânica ou as normas processuais que nos possam auxiliar a perceber quais os pontos de intersecção entre a resolução de conflitos desportivos e a jurisdição estadual. Por outro lado, esta opção metodológica implica, deste modo, que analisemos a constitucionalidade das soluções legais relativamente à arbitragem necessária.

8.1.1. Estrutura administrativa

O Conselho de Arbitragem Desportiva é constituído por dez personalidades nomeadas do seguinte modo: (i) duas nomeadas pelo COP, duas nomeadas pela Confederação Nacional do Desporto e uma nomeada pelo Conselho Nacional do Desporto, desde que sejam «juristas de reconhecido mérito e idoneidade, com experiência na área do desporto; (ii) uma nomeada pelo Conselho Superior da Magistratura, outra pelo Conselho Superior dos Tribunais Administrativos e outra pelo Conselho Superior do Ministério Público, de entre antigos ou actuais magistrados; (iii) uma nomeada pelo Conselho de Reitores das Universidades Portuguesas, de entre professores de Faculdades de Direito e sob indicação destas; (iv) uma nomeada pela Ordem dos Advogados, de entre advogados de «reconhecido mérito e idoneidade, com experiência na área do desporto». O Presidente do TAD que, por sua vez, será escolhido pelo plenário de árbitros de entre aqueles, também integra o Conselho de Arbitragem Desportiva[1424].

De entre as competências mais relevantes do Conselho de Arbitragem Desportiva encontram-se: (i) estabelecer a lista de árbitros TAD, designando os árbitros que a integram, bem como a câmara de recurso; (ii) o acompanhamento da atividade, bem como o funcionamento do TAD; (iii) aprovar o seu próprio regimento; (iv) adoptar todas as medidas que permitam assegurar a proteção dos direitos das partes e a independência dos árbitros[1425].

[1424] Cfr. o artigo 13º e o artigo 10º, nº 2 da LTAD2014.

[1425] V. o artigo 11º da LTAD2014. De resto, deve também reter-se que o CAD exerce fundamentalmente funções materialmente administrativas no âmbito da Administração de Justiça e que dizem respeito à organização do TAD. Sobre as funções administrativas de Administração de Justiça, cfr., por todos, Fabian Witteck, *Die Verwaltung der Dritten Gewalt*, pp. 13 e ss.

O Secretariado é dirigido por um Secretário-Geral, o qual é designado pelo presidente do TAD, depois de «ouvidos o vice-presidente e os vogais do conselho diretivo, de entre licenciados ou mestres em Direito com qualificação e experiência adequadas ao exercício da função ou mediante solicitação ao Ministério da Justiça, em termos a definir, no quadro legal, pelo titular da respetiva pasta, de entre funcionários judiciais com a categoria de secretário judicial»[1426]. A nível de funções, o Secretariado tem como missão desenvolver os serviços «administrativos necessários e adequados ao funcionamento do Tribunal»[1427].

Por seu turno, o TAD dispõe de um Conselho Directivo que se compõe por um presidente e pelo vice-presidente do TAD, dois vogais e o Secretário-Geral. Os vogais são eleitos da seguinte forma: (i) um eleito pelo plenário dos árbitros; (ii) um eleito pelo Conselho Nacional do Desporto. As competências do Conselho directivo resumem-se, no essencial, a «superintender na gestão e administração do TAD»[1428]. No entanto, compete-lhe também (i) elaborar e submeter à aprovação do Conselho de Arbitragem Desportiva os regulamentos de processo, de custas da arbitragem voluntária, bem como o regulamento do serviço de mediação; (ii) aprovar o regulamento do secretariado do TAD, bem como os regulamentos internos necessários ao funcionamento do Tribunal; (iii) aprovar o orçamento e as contas anuais do TAD. O presidente e o vice-presidente do TAD são eleitos pelo plenário dos árbitros do TAD. Entre as competências do presidente do TAD encontram-se: (i) a representação do tribunal nas relações externas; (ii) a coordenação da actividade do tribunal; (iii) a convocação e a direcção das reuniões do conselho directivo; (iv) exercer as funções que lhe sejam atribuídas pela lei ou regulamento. O vice-presidente, por sua vez, substitui o presidente em todas as suas faltas ou impedimentos[1429].

8.1.2. A câmara de recurso

O TAD dispõe de uma câmara de recurso composta pelo presidente ou pelo vice-presidente em caso de substituição daquele, bem como oito árbitros escolhidos pelo Conselho de Arbitragem Desportiva, de entre aqueles que integrem a lista de árbitros do TAD[1430]. Por outro lado, a menos que

[1426] Cfr. o artigo 15º, nº 3, da LTAD2014.
[1427] Cfr. o artigo 18º, da LTAD2014.
[1428] Cfr. o artigo 15º, nº 1, da LTAD2014.
[1429] Cfr. os artigos 16º, nº 1 e 2 e 17º, nº 1 e 2, e 18º, nº 1 e 2, da LTAD2014.
[1430] V. o artigo 19º, nº 1, da LTAD2014.

exista um impedimento, recusa ou «outro motivo específico» aceite pelo presidente do TAD e que impossibilite a intervenção de um determinado árbitro, «a designação dos árbitros para a câmara de recurso fica dependente de aceitação dos próprios, a qual implica o compromisso da disponibilidade da sua intervenção em qualquer recurso que suba à mesma câmara»[1431]. Em sede de recurso das decisões arbitrais necessárias, a competência da câmara de recurso pressupõe, nos termos do artigo 8º, nº 1 da LTAD2014, uma renúncia expressa ao recurso para o TCA Sul. A interposição de recurso deve ser efectuada em dez dias, devidamente acompanhada da «respetiva alegação e da declaração expressa, de ambas as partes, de renúncia ao recurso da decisão que vier a ser proferida» (cfr. o artigo 59º, nº 1 da LTAD2014).

8.1.3. A competência para a cognição de litígios desportivos no âmbito da arbitragem necessária

O TAD sugeria, desde a sua concepção inicial no projecto da Comissão para a Justiça Desportiva, a configuração de um *tribunal arbitral híbrido*: por um lado, um tribunal arbitral necessário para os litígios que dissessem respeito ao exercício de poderes públicos; por outro lado, um tribunal arbitral voluntário para todos os outros litígios relacionados com o Desporto[1432]. Deste modo, esta natureza híbrida manifesta-se também no facto de o diploma legal que rege o TAD consagrar, por seu turno, importantes desvios de regime consoante estivermos no âmbito da arbitragem necessária ou da arbitragem voluntária. Por conseguinte, em sede de arbitragem necessária, o TAD tem competência para decidir os litígios que emergem «dos atos e omissões das federações desportivas, ligas profissionais e outras entidades desportivas, no âmbito do exercício dos correspondentes poderes de regulamentação, organização, direção e disciplina»[1433]. Para além do exposto, o TAD tem, igualmente, competência para decidir todos os litígios envolvendo decisões do CD, do CJ ou da ADOP relativamente a «violações das normas antidopagem»[1434].

[1431] Cfr. o artigo 19º, nº 3 da LTAD2014.

[1432] Cfr., neste sentido e por exemplo, Artur Flamínio da Silva, «O Novo Regime Jurídico da Resolução de Conflitos Desportivos no Direito Administrativo: sobre a Arbitragem Necessária e a Mediação no Tribunal Arbitral do Desporto», p. 402.

[1433] V. o artigo 4º, nº 1 da LTAD2014.

[1434] Cfr. o artigo 5º da LTAD2014.

São naturalmente aqui incluídos todos os litígios de Direito Público, existindo uma interligação entre os litígios que emergem do exercício de poderes públicos (o poder regulamentar, disciplinar e da organização da competição) e a jurisdição necessária do TAD, estando excluídos da respectiva jurisdição (que não a voluntária) os litígios que não assumam esta configuração.

Estamos perante exemplos de litígios atribuídos à jurisdição necessária do TAD, nomeadamente, a impugnação de uma sanção disciplinar de suspensão e de multa de um delegado ao jogo[1435], de um dirigente[1436], de derrota de um clube[1437], de não realização do jogo[1438], de impugnação de uma norma regulamentar[1439] ou de uma decisão de recusa de inscrição de jogadores[1440]. Pelo contrário, e ao contrário defendido pelos diferentes colégios arbitrais do TAD[1441], não pode ser entendida como atribuída a competência para julgar quaisquer litígios que envolvam as associações territoriais de clubes (por exemplo, associações distritais), na medida em que estas não exercem poderes públicos[1442].

No âmbito da decisão sobre os litígios referidos o TAD goza, por outro lado, de uma jurisdição plena (exceptuando as que derivam das limitações próprias da jurisdição administrativa), o que implica que tenha plenos poderes decisórios em termos de matéria de facto e de direito[1443]. Neste contexto, convém referir que o legislador exclui da jurisdição do TAD o conhecimento dos conflitos desportivos que decorram das tradicionalmente «questões estritamente desportivas», estabelecendo-se precisamente que se encontra excluída a possibilidade do TAD decidir sobre «a resolução de

[1435] Cfr. o Ac. nº 3/2015, de 10 de Outubro de 2015.

[1436] Cfr. o Ac. do TAD nº 30/2016, de 28 de Novembro de 2016.

[1437] Cfr. o Ac. do TAD nº 1/2016, de 1 de Fevereiro de 2016.

[1438] V. o Ac. do TAD nº 8/2016, de 5 de Maio de 2016.

[1439] Cfr. o Ac. do TAD nº 18/2016, de 15 de Junho de 2016.

[1440] V. o Ac. do TAD nº 3/2016, de 1 de Fevereiro de 2016.

[1441] Cfr., por exemplo, o Ac. nº 15/2016, de 15 de Junho de 2016, sendo a demandada a Associação de Futebol de Setúbal.

[1442] Mais problemático é ainda o facto de o TAD entender não só que é competente para julgar litígios de associações territoriais de clubes, mas também aqueles que envolvem o contencioso eleitoral destas entidades. Trata-se, como vimos, de uma posição que não perfilhamos. Cfr., por exemplo, o Ac. nº 29/2016, de 22 de Maio de 2017, sem sequer suscitar a questão que é controversa na doutrina e na jurisprudência.

[1443] Cfr. o artigo 3º da LTAD2014.

questões emergentes da aplicação das normas técnicas e disciplinares diretamente respeitantes à prática da própria competição desportiva»[1444].

8.1.4. A exigência de impugnação administrativa necessária e avocação do poder decisório disciplinar

De um modo contraditório com a impugnabilidade geral de regulamentos administrativos ou de actos administrativos (e das respectivas omissões) que resultem do exercício de poderes públicos perante o TAD, o legislador estabeleceu na LTAD2014 que somente é possível «aceder» ao TAD enquanto instância de recurso quando estiverem em causa (i) decisões do CD; (ii) decisões do CJ quando proferidas em recurso de decisões de outro órgão federativo que não o CD; (iii) de decisões «finais» de órgãos de ligas profissionais e de «outras entidades desportivas». As duas últimas situações parecem consubstanciar uma *impugnação administrativa necessária*, exigindo o esgotamento dos meios de resolução de conflitos internos como pressuposto para poder impugnar no TAD as decisões dos órgãos referidos. Esta última solução não deixa de suscitar dúvidas legítimas sobre a compatibilidade com o artigo 3º do Decreto-Lei nº 4/2015 (que aprova o CPA). Na verdade, não usando o legislador uma das expressões previstas no artigo 3º, nº 1 do mesmo diploma – a menção que a impugnação administrativa é «necessária»; que «existe sempre» reclamação ou recurso; ou que a utilização do mecanismo de impugnação necessária «suspende» ou «tem efeito suspensivo» dos efeitos do acto impugnado – será de aceitar que esta regra não estabelece uma *impugnação administrativa necessária* (artigo 3º, nº 1 do Decreto-Lei nº 4/2015), encontrando-se esta disposição expressamente revogada[1445], podendo existir uma mera impugnação administrativa facultativa (artigo 185º, nº 1 do CPA). Com efeito, devemos concluir que o TAD é, a menos que exista impugnação administrativa (facultativa), competente logo após a primeira decisão respeitante ao exercício de poderes públicos sem ser necessário esgotar quaisquer meios internos, de modo a ser possível aceder à sua jurisdição.

Por outro lado, devemos ainda referir que existe uma particularidade no regime previsto na LTAD2014 que se reconduz à consagração de uma «avocação»[1446] de competências decisórias do CD, CJ, de decisões «finais»

[1444] Cfr. o artigo 4º, nº 5 da LTAD2014.

[1445] V., a este respeito, da revogação tácita dos recursos necessários, MÁRIO AROSO DE ALMEIDA, *Manual de Processo Administrativo*, 2ª. Edição, p. 292.

[1446] Cfr. o artigo 4º, nº 4 da LTAD2014.

de órgãos das ligas profissionais ou outras «entidades desportivas» pelo TAD, se aqueles órgãos não decidirem no prazo de 45 dias ou, existindo «complexidade da causa», de 75 dias. A solução legal pode, a nosso ver, ter partido de uma premissa equívoca que assenta na ideia de que o TAD também pode praticar actos administrativos, atribuindo-lhe, portanto, uma competência sancionatória administrativa. Com efeito, decorrido o referido prazo, parece ser perfeitamente plausível ponderar se o TAD poderá (e se puder, em que termos) formular, por exemplo, juízos de discricionariedade relativamente à aplicação (por exemplo, a fixação da duração de uma sanção com um limite máximo e mínimo abrangente) de uma sanção disciplinar.

Em todo o caso, esta circunstância só é possível se for configurado como uma entidade administrativa. A solução é muito próxima da que existe, por exemplo, na possibilidade de *avocação* pela ADOP dos poderes de disciplina em matéria de dopagem em relação às federações desportivas[1447]. Neste contexto, deve referir-se que os órgãos de resolução de conflitos internos, quando decidem sobre uma questão disciplinar, efectuam um conjunto de valorações próprias de acordo com a exigência da prossecução do interesse público. Pelo contrário, o papel do TAD deveria resumir-se a um mero controlo de legalidade das decisões proferidas, neste contexto, pelos órgãos federativos (e outros) competentes e não numa substituição da competência decisórias daquelas entidades pelo TAD. Neste sentido, a solução parece pouco compatível com o exercício de poderes jurisdicionais. Com efeito, os tribunais administrativos (e os arbitrais) não podem, sob pena de violação do princípio da separação de poderes, julgar da «conveniência ou oportunidade» (cfr. artigo 3º, nº 1 do CPTA).

8.1.5. A lista de árbitros e o processo de nomeação dos árbitros

Um dos aspectos que caracteriza a arbitragem necessária perante o TAD e que permaneceu intacto, ainda que tomado em conta no juízo de inconstitucionalidade no Ac. 230/2013 do TC, diz respeito à existência de uma lista de árbitros fechada. Quer isto significar que as partes só podem designar aqueles que integrem a lista de árbitros do TAD. Esta é estabelecida, em larga maioria, por intermédio de um processo de proposta por um conjunto de entidades que depende de aprovação pelo Conselho de Arbitragem Desportiva. Por outro lado, uma parte dos árbitros que integram a lista é directamente escolhida pelo próprio Conselho de Arbitragem.

[1447] Cfr. o artigo 59º, nº 5, da Lei da Antidopagem.

A lista é composta por um total de quarenta árbitros[1448]. As propostas para a integração de personalidades naquela devem obedecer ao seguinte critério: (i) dez propostos por «federações desportivas de modalidades olímpicas em cujo âmbito não se organizem competições desportivas profissionais»; (ii) dez propostos pelas «federações desportivas de modalidades não olímpicas»; (iii) dez propostos pela Confederação do Desporto de Portugal; (iv) quatro propostos por «federações em cujo âmbito se organizem competições desportivas profissionais»; (v) quatro propostos pelas «ligas que organizem as competições desportivas profissionais»; (vi) seis propostos por organizações socioprofissionais de praticantes, treinadores e árbitros e juízes das modalidades reconhecidas pelas federações em que se disputam as competições desportivas profissionais; (vii) quatro propostos pela Comissão de Atletas Olímpicos; (viii) quatro propostos pela Confederação Portuguesa das Associações dos Treinadores; (ix) quatro propostos pelas associações representativas de outros agentes desportivos, reconhecidas pelas respectivas federações desportivas; (x) dois propostos pela Associação Portuguesa de Direito Desportivo; (xi) dez propostos pela Comissão Executiva do Comité Olímpico de Portugal, de entre «personalidades independentes das entidades referidas anteriormente»[1449].

O Conselho de Arbitragem Desportiva pode aceitar metade dos nomes propostos para integrar a lista de árbitros pelas entidades referidas, ou seja, trinta e quatro árbitros, podendo, no entanto, recusar *fundamentadamente* qualquer dos nomes propostos, havendo, nesse caso, uma nova proposta pela entidade a quem cabe propor o árbitro[1450]. Os restantes árbitros (seis) são escolhidos «livremente» pelo Conselho de Arbitragem Desportiva[1451]. No entanto, metade dos árbitros que integrem a lista do TAD devem ser licenciados em Direito e, por outro lado, cumpre referir que qualquer árbitro do TAD também não pode exercer a profissão de advogado junto do TAD[1452]). Aos juristas que integrem a lista exige-se que sejam idóneos e competentes; aos não juristas impõe-se que, além desses dois requisitos,

[1448] Cfr. o artigo 20º, nº 1, da LTAD2014.
[1449] Cfr. o artigo 21º, nº 1 e 2 da LTAD2014.
[1450] Cfr. o artigo 21º, nº 4 da LTAD2014.
[1451] Cfr. o artigo 21º, nº 3 da LTAD2014.
[1452] Cfr. o artigo 24º do LTAD2014.

possam apresentar uma «comprovada qualificação científica, profissional técnica» no domínio do desporto[1453].

Na arbitragem necessária perante o TAD as decisões são tomadas por um colégio de três árbitros[1454], dos quais as partes podem escolher individualmente dois, ficando estes, por sua vez, encarregues da escolha de um terceiro que será o árbitro presidente daquele colégio decisório[1455]. Se, porém, uma das partes não nomear um árbitro ou os árbitros que as partes nomearem não chegarem a acordo relativamente ao terceiro árbitro, a escolha daquele caberá, a pedido das partes, ao presidente do TCA Sul[1456]. Nas arbitragens necessárias, a pluralidade de partes[1457] implica que os demandantes e/ou demandados designem conjuntamente um árbitro[1458]. No entanto, quando uma das partes plurais não chegue a acordo sobre o árbitro que lhe cumpre nomear, cabe ao presidente do TCA Sul nomear o árbitro em falta[1459]. A lei prevê ainda a possibilidade de ser o presidente do TCA Sul a nomear a totalidade dos árbitros, bem como a definir qual o árbitro presidente, quando existirem «interesses conflituantes relativamente ao fundo da causa» entre uma pluralidade de demandantes ou demandados[1460].

[1453] Cfr. o artigo 20º, nº 2 da LTAD2014, no qual se afirma que os árbitros devem ser «juristas de reconhecida idoneidade e competência e personalidades de comprovada qualificação científica, profissional ou técnica na área do desporto, de reconhecida idoneidade e competência».

[1454] Cfr. o artigo 28º, nº 1 da LTAD2014.

[1455] V. o artigo 28º, nº 2 da LTAD2014. A excepção só existirá quando existirem pluralidade de partes, como se verá.

[1456] Cfr. o artigo 28º, nº 2 da LTAD2014.

[1457] Em geral, sobre as arbitragens voluntárias com pluralidade de partes, cfr., por exemplo e com indicações, Bernard Hanotiou, *Complex Arbitrations*, pp. 7 e ss., Boris Niklas, *Die subjektive Reichweite von Schiedsvereinbarungen*, pp. 5 e ss. Entre nós, cfr. António Pedro Pinto Monteiro, *O Princípio da Igualdade de Partes e a Constituição do Tribunal Arbitral em Caso de Pluralidade de Partes*, 2016, *passim*, Manuel Botelho da Silva, «Pluralidade de partes em arbitragens voluntárias», pp. 499 e ss., Carla Gonçalves Borges, «Pluralidade de Partes e Intervenção de Terceiros na Arbitragem», pp. 109 e ss., Mariana França Gouveia e Jorge Morais Carvalho, «Convenção de arbitragem em conratos múltiplos», pp. 36 e ss., Mariana França Gouveia, *Curso de Resolução Alternativa de Litígios*, 3ª Edição, pp. 262 e ss., especificamente no âmbito do Direito Administrativo, cfr. Mário Aroso de Almeida, «Tópicos sobre o problema do âmbito subjectivo da arbitragem sobre relações jurídicas multilaterais ou poligonais no direito administrativo», pp. 209 e ss.

[1458] Cfr. o artigo 28º, nº 4 da LTAD2014.

[1459] Cfr. o artigo 28º, nº 5 da LTAD 2014.

[1460] Cfr. o artigo 28º, nº 6 da LTAD2014.

Importa ainda considerar a possibilidade de existência de contra-interessados, a qual pode revelar dificuldades de interpretação das normas da LTAD2014[1461]. Na verdade, a consagração no artigo 28º, nº 8, da LTAD2014 que: «[n]o caso de serem indicados contrainteressados, estes designam conjuntamente um árbitro», manifesta, desde logo, três interpretações possíveis: (i) os contra-interessados podem nomear o terceiro árbitro; (ii) os contra-interessados podem nomear um árbitro conjuntamente com os demandantes ou demandados; (iii) existe um colégio de quatro árbitros: um árbitro nomeado pelo demandante; um árbitro nomeado pelo demandado; um árbitro nomeado pelos contra-interessados; um árbitro (o presidente) nomeado por todos os outros árbitros[1462].

A interpretação vigente na jurisprudência decidiu pela última hipótese[1463]. Sem mencionarmos – por ora – a questão da inconstitucionalidade da solução, julgamos que se trata de uma interpretação equívoca da posição processual dos contra-interessados. Com efeito, é sabido que, nos termos dos artigos 57º e 68º, nº 2 do CPTA, existe um *litisconsórcio necessário passivo* entre os contra-interessados e as Administração ou as entidades privadas que exercem poderes públicos. Neste contexto, sendo verdade que os conflitos desportivos assumem uma multipolaridade e um núcleo alargado de interesses, o certo é que a posição processual dos contra-interessados não deixa, no entanto, de se definir pela posição em que se encontra a entidade que exerce poderes públicos e pela respectiva discutibilidade judicial da ilegalidade (ou omissão) e não pela sua própria esfera subjectiva[1464].

No fundo, a posição dos contra-interessados assume sempre uma contraposição aos interesses do autor que é lesado pela omissão ou pela ilegalidade por quem exerce o poder público, mesmo que esta situação só

[1461] Sobre os contra-interessados no Direito Administrativo, cfr., por todos e com indicações, FRANCISCO PAES MARQUES, *A efectividade da tutela de terceiros no Contencioso Administrativo*, pp. 89 e ss.

[1462] Esta hipótese parece ficar, desde logo, excluída pela expressa previsão do artigo 28º, nº 1 da LTAD2014 que estabelece a existência de um colégio de três árbitros.

[1463] Cfr., por exemplo, o Ac. nº 4/2015, de 9 de Dezembro de 2015, Assume-se, por outro lado, que a possibilidade de nomeação de quatro árbitros se trata de uma «especial particularidade» da LTAD2014. Neste sentido, PEDRO MELO, «O Tribunal Arbitral do Desporto: subsídios para a compreensão da sua acção», p. 12.

[1464] Cfr. JOSÉ CARLOS VIEIRA DE ANDRADE, *A Justiça Administrativa*, 15ª Edição, p. 265 e MÁRIO AROSO DE ALMEIDA, *Manual de Processo Administrativo*, 2ª Edição, p. 252.

verifique *possível ou potencialmente*[1465]. Neste sentido, devem ser retiradas consequências da nossa interpretação: o que existe verdadeiramente é uma pluralidade de sujeitos e não de partes, pelo que, neste caso, não haverá dúvidas de que cada «litisconsorte constituirá uma parte processual» e que esta pluralidade de sujeitos (entidade que exerce poderes públicos e os contra-interessados) demandados (que constituem uma só parte) nomeará conjuntamente um árbitro[1466].

8.1.6. Meios contenciosos de impugnação

A consagração de um tribunal arbitral necessário não trouxe uma particular novidade em relação aos meios impugnatórios existentes no CPTA. Nos termos do artigo 4º, nº 2, da LTAD2014, define-se que, não obstante a existência de uma previsão expressa em sentido contrário a este respeito, as partes que recorram ao TAD em sede de arbitragem necessária podem socorrer-se das «modalidades de garantia contenciosa previstas no Código de Processo nos Tribunais Administrativos que forem aplicáveis». A construção legal do TAD demonstra, assim, que o legislador o quis qualificar como um *tribunal administrativo especial* que poderá, por exemplo, impugnar uma decisão disciplinar ou condenar uma das partes na prática do acto devido.

8.1.7. Recursos

Na sequência da jurisprudência fixada pelo TC nos Ac. nº 230/2013 e nº 781/2013, a LTAD2014 prevê expressamente a possibilidade de um controlo de mérito[1467], a par da prerrogativa de anulação das sentenças arbitrais

[1465] Cfr., em geral, sobre este problema nos litígios de Direito Administrativo, Mário Aroso de Almeida, *Manual de Processo Administrativo*, 2ª. Edição, pp. 250 e ss.

[1466] Neste sentido, e embora não se pronuncie especificamente sobre o problema dos contra-interessados, refere a solução no caso de litisconsórcio necessário, António Pedro Pinto Monteiro, *O Princípio da Igualdade de Partes e a Constituição do Tribunal Arbitral em Caso de Pluralidade de Partes*, 2016, pp.289 e ss.

[1467] Não se deve, porém, das nossas afirmações retirar – erradamente – que existe um controlo de mérito da actividade administrativa. Com efeito, tanto o TAD, como os tribunais administrativos, em recurso, não podem controlar o mérito da actividadade administrativa – exceptuando a que pode ser efectuada, como é aceite pela doutrina, relativamente à discricionariedade administrativa por recurso aos princípios que regem a actividade administrativa –, existindo somente uma tutela judicial de legalidade. Neste caso, o que existe é uma reapreciação judicial das decisões do TAD (de facto e do Direito). No fundo, trata-se somente de reconhecer que – ao invés do que sucede com os tribunais arbitrais voluntários – não existe um controlo judicial diminuto cingido à verificação do preenchimento dos pres-

do TAD no âmbito da arbitragem necessária. Em primeiro lugar, estabelece-se a possibilidade de recorrer de mérito para o TCA Sul – a menos que seja acordado expressamente partes a vontade em recorrer para a câmara de recurso do TAD, renunciando as partes ao recurso para o TCA Sul[1468] –, e equiparando esse recurso aos processos urgentes, com efeito meramente devolutivo e com um prazo de decisão de quarenta e cinco dias[1469]. O regime jurídico aplicável ao recurso previsto na LTAD2014, por sua vez, deve ser o do recurso para a uniformização de jurisprudência previsto no CPTA[1470]. Quando estiver em causa uma «renúncia» da susceptibilidade de recorrer para o TCA Sul, a decisão que seja tomada pela câmara de recurso é susceptível de recurso para o STA quando aquela estiver «em contradição, quanto à mesma questão fundamental de direito, no domínio da mesma legislação ou regulamentação, com acórdão proferido por Tribunal Central Administrativo ou pelo Supremo Tribunal Administrativo»[1471]. Em segundo lugar, também é possível requerer a anulação da sentença arbitral perante o TCA Sul, de acordo com os fundamentos estabelecidos pelo artigo 46º da LAV. O recurso para o Tribunal Constitucional é, por seu turno, possível em sede de fiscalização concreta da constitucionalidade[1472]. Uma questão em aberto diz respeito à possibilidade (ou a obrigação) de existirem questões prejudiciais perante o TJCE[1473].

supostos (bastante limitados) da acção de anulação (ordem pública, etc.). Pelo contrário, existe um controlo idêntico ao que existe num recurso de um tribunal de primeira instância para um tribunal de segunda instância (embora exista, em regra, um efeito meramente devolutivo que ocorrerá quando não estivermos perante um conflito relacionado com a dopagem). Trata-se aqui de uma mera consequência do modelo de substituição (por oposição do modelo da mera anulação) que permite uma completa revisão da causa. Sobre esta questão, cfr. Armindo Ribeiro Mendes, *Recursos em Processo Civil*, 2ª Edição, pp. 141 e ss., Miguel Teixeira de Sousa, *Estudos sobre o Novo Processo Civil*, pp. 369 e ss., J. O. Cardona Ferreira, *Guia de Recursos em Processo Civil*, 5ª Edição, p. 103 e António Santos Abrantes Geraldes, *Recursos no Código de Processo Civil*, pp. 28 e ss.

[1468] Cfr. o artigo 8º, nº 1 e nº 2 da LTAD2014.

[1469] V. o artigo 8º, nº 2 da LTAD2014.

[1470] Cfr. o artigo 8º, nº 8 da LTAD2014.

[1471] Cfr. o artigo 8º, nº 7 da LTAD2014.

[1472] V. o artigo 8º, nº 4 da LTAD2014. Em geral, sobre o recurso das decisões de tribunais arbitrais voluntários para o TC, cfr., por todos com indicações, António Pedro Pinto Monteiro, «Do recurso das decisões arbitrais para o Tribunal Constitucional», pp. 185 e ss.

[1473] O TJCE tem, em regra, rejeitado que um tribunal arbitral voluntário possa submeter-lhe questões prejudiciais. Sobre a jurisprudência do TJCE relativamente a esta matéria, cfr. Petra Zobel, *Schiedsgerichtsbarkeit und Gemeinschaftsrecht*, pp. 126 e ss. Mais recentente-

§9º O sistema de resolução de conflitos desportivos depois da criação legal do TAD

O estabelecimento legal do TAD implicou mudanças tão profundas no sistema de justiça desportiva português que, atendendo à sua magnitude e importância, apenas podem ser comparáveis às operadas pelo regime de justiça desportiva decorrente da intervenção do Estado de 1990. Esta *revolução* introduziu uma entidade que até aqui era desconhecida no seio da resolução de conflitos desportivos em Portugal, ao que acrescem alterações evidentes no âmbito dos meios impugnatórios internos, com a redução do campo de intervenção dos órgãos internos de resolução de conflitos das federações desportivas. Por outro lado, a instituição de um tribunal arbitral necessário implicou a respectiva redefinição da competência dos tribunais administrativos[1474].

9.1. O estatuto constitucional do TAD

A implementação de uma arbitragem necessária no domínio desportivo não é, todavia, isenta de dificuldades que exigem um escrutínio, em concreto, sobre a sua própria legitimidade constitucional. Em consonância com o que defendemos relativamente ao regime constitucional aplicável aos tribunais arbitrais necessários, as dúvidas colocam-se, nomeadamente, no âmbito do direito fundamental à tutela jurisdicional efectiva, do princípio do juiz natural e do princípio da igualdade. Neste contexto, há dois aspectos, em particular, que mantêm – desde a primeira intervenção estadual no Desporto em Portugal – plena actualidade no sistema de resolução de conflitos desportivos: (i) a questão da impugnabilidade das normas desportivas em sentido estrito (ou das decisões que apliquem essas normas); (ii) a existência de um caso julgado desportivo. Estas duas problemáticas assumem a centralidade das dúvidas que envolvem o actual sistema de resolução de conflitos desportivos e merecem, deste modo, a nossa especial antenção.

mente, o TJCE entendeu, porém, que um tribunal arbitral voluntário (embora com particularidades) no domínio da arbitragem do direito tributário. Cfr. o Ac. de 12 de Junho de 2014, processo C-377/13 (*Ascendi Beiras Litoral e Alta, Auto Estradas das Beiras Litoral e Alta, SA contra Autoridade Tributária e Aduaneira*). Sobre a questão, relativamente aos tribunais arbitrais desportivos, desenvolvidamente, Jan Axtmann, *Die Vorlageberechtigung von Sportschiedsgerichten zum Europäischen Gerichtshof nach Art. 267 AEUV*, Bpp. 42 e ss.

[1474] Em todo o caso, como se verá, não foram resolvidos os problemas de fundo do nosso sistema desportivo.

9.1.1. O TAD e o direito fundamental à tutela jurisdicional efectiva

A existência de um tribunal arbitral necessário exige, em particular, um confronto com o direito fundamental à tutela jurisdicional efectiva, uma vez que reside aí, pelo menos num primeiro momento, a *chave* para poder sequer ser equacionada a possibilidade de existir um tribunal arbitral necessário para julgar os litígios jurídico-administrativos. Na verdade, ainda que a legitimidade, em geral, dos «tribunais arbitrais» esteja salvaguardada pelo artigo 209º da CRP, isto não invalida que aqueles tenham que cumprir as exigências e garantias que a CRP reserva para a jurisdição estadual[1475].

Por conseguinte, o direito fundamental à tutela jurisdicional[1476] exige, desde logo, que: (i) exista uma tutela adequada que preveja mecanismos impugnatórios que permitam defender as posições jurídicas (os direitos subjectivos e dos interesses legalmente protegidos) dos particulares por decisões de tribunais (cfr. o artigo 20º, nº 1); (ii) que os órgãos a quem caiba o controlo jurídico da suposta lesão das posições jurídicas dos particulares assumam a *independência* e *imparcialidade* imposta constitucionalmente[1477], de modo a que seja possível falar num processo equitativo, impondo-se, desde logo, que se possa falar de uma *igualdade entre as partes* ou que as decisões daqueles órgãos sejam fundamentadas[1478]; (iii) que perante uma lesão das posições subjectivas dos particulares, estes possam dispor de mecanismos que garantam uma «tutela efetiva», isto é, exige-se, assim, que exista uma decisão jurisdicional «em prazo razoável»[1479], prevendo-se também formas de tutela cautelar adequadas à protecção dos direitos subjectivos e interesses legalmente protegidos dos particulares (cfr. o artigo 20º, nº 5 e 268º, nº 4, da CRP); (iv) que a insuficiência de meios económicos dos particulares não possa fundamentar a denegação de justiça por tribu-

[1475] Sobre a tutela jurisdicional efectiva, cfr., entre outros, Gomes Canotilho, *Direito Constitucional e Teoria da Constituição*, 6ª Edição, pp. 487 e ss., Gomes Canotilho e Vital Moreira, *Constituição da República Portuguesa Anotada*, Vol. I, pp. 409 e ss., Jorge Miranda e Rui Medeiros, *Constituição Portuguesa Anotada*, Vol. I, pp. 415 e ss., Catarina Santos Botelho, *A Tutela Directa dos Direitos Fundamentais*, pp. 114 e ss., Ronnie Preuss Duarte, *Garantia de Acesso à Justiça*, pp. 118 e ss., Jorge Bacelar Gouveia, *Manual de Direito Constitucional*, Vol. II, 4ª Edição, pp. 111 e ss., Pascal Gilliaux, *Droit(s) européen(s) à une procès équitable*, pp. 9 e ss.

[1476] Cfr. a síntese de Paulo Otero, *Direito Constitucional Português*, Vol. I, , pp. 94 e ss.

[1477] Cfr. 203º, nº 1 da CRP.

[1478] Cfr. o artigo 205º, nº 1 da CRP.

[1479] Cfr. o artigo 20º, nº 4 da CRP.

nais[1480]; (vii) que exista a possibilidade (tendencial) da apreciação jurídica (em recurso) de decisões jurisdicionais por outros tribunais diferentes daqueles que julgaram inicialmente a causa; (viii) que as decisões de tribunais sejam obrigatórias e que possam ser efectivamente executadas contra a vontade de particulares ou quaisquer autoridades públicas (cfr. o artigo 205º, nº 2 e 3, da CRP).

Deste modo, o teste sobre a conformidade constitucional do regime legal do TAD exige que confrontemos a estrutura desta entidade com o direito fundamental à tutela jurisdicional efectiva. Em bom rigor, trata-se aqui de saber se a organização legal do TAD permite (ou não) qualificá-lo como um autêntico tribunal. Serão, desta forma, objecto de especial análise os seguintes aspectos da configuração legal do TAD: (i) o Conselho de Arbitragem Desportiva; (ii) a lista de árbitros; (iii) a qualificação dos árbitros; (iv) o mecanismo impugnatório perante a câmara de recurso; (v) as custas; (vi) a publicidade das decisões do TAD; (vii) a nomeação de um árbitro pelos contra-interessados.

O primeiro aspecto que exige ser analisado à luz do direito fundamental à tutela jurisdicional efectiva – ainda que também possa ser visto sob o prisma do princípio da igualdade ou do princípio do juiz natural – diz respeito à forma como se compõe legalmente o Conselho de Arbitragem Desportiva. Em primeiro lugar, cumpre assinalar que o problema de constitucionalidade que se coloca ao nível da composição do Conselho de Arbitragem Desportiva deriva, essencialmente, de uma discussão que não surge deslocada da realidade da arbitragem desportiva, estando, pelo contrário, intimamente ligada à evolução do TAS. Na verdade, há um aspecto que se coloca relativamente à independência do TAD e que diz respeito à ligação, mais ou menos intensa, entre o associativismo desportivo e a composição do Conselho de Arbitragem Desportiva.

Em segundo lugar, deve observar-se que não estamos aqui a referir-nos ou a colocar em causa a independência das pessoas – em concreto – que integram o Conselho de Arbitragem Desportiva. O que se pretende é verificar se o legislador fez cumprir as notas de independência indispensáveis para que o TAD possa qualificar-se como um autêntico tribunal. Deste modo, será necessário verificar se – em abstracto – o mecanismo de nomeação dos membros que vierem a compor o Conselho de Arbitragem de Des-

[1480] Cfr. o artigo 20º, nº 1 da CRP.

portiva permite (ou não) salvaguardar a inexistência de nomeações arbitrárias daqueles membros[1481].

Assim sendo, há, desde logo, um aspecto que merece uma especial atenção: a possibilidade de entidades pertencentes ao associativismo desportivo poderem nomear membros do Conselho de Arbitragem Desportiva. Esta evidência permite constatar que uma das potenciais partes de um litígio que venha a ser colocado perante o TAD possa nomear membros do Conselho de Arbitragem Desportiva. Na verdade, de entre os dez membros que são inicialmente designados (abstraindo precisamente da nomeação do presidente do TAD), pelo menos cinco dependem da nomeação de entidades que assumem uma ligação *mediata* ou *imediata* com as entidades que regulam a actividade desportiva. Por um lado, o COP nomeia dois membros do Conselho de Arbitragem Desportiva[1482], a Confederação do Desporto de Portugal[1483] nomeia outros dois membros e o Conselho Nacional do Desporto[1484] nomeia um dos membros.

[1481] Para o efeito, não interessa, portanto, que exista uma possibilidade, em concreto, de afastar um determinado árbitro. Com efeito, a independência de um tribunal é também aferida pela sua aparência exterior, conforme se encontra patente na jurisprudência do TEDH. Neste sentido, não podemos, assim, concordar com PEDRO GONÇALVES quando o autor entende que basta que estejam cumpridos os requisitos de imparcialidade dos árbitros para que pudesse ser ponderada a inexistência de um recurso de mérito para os tribunais estaduais, cfr. «Administração Pública e arbitragem – em especial, o princípio legal da irrecorribilidade de sentenças arbitrais», nota 7, p. 780.

[1482] Os associados (ordinários) do Comité Olímpico de Portugal são, por sua vez, todas as federações olímpicas (por exemplo, a FPF, a Federação Portuguesa de Andebol, a Federação Portuguesa de Atletismo ou a Federação Portuguesa de Ciclismo), mas também as federações não olímpicas (por exemplo, a Federação Portuguesa de Aeronáutica ou a Federação Portuguesa de Aikido). Entre os associados (extraordinários) figura, por exemplo, a Associação de Direito Desportivo. Cfr. a informação disponibilizada em (http://comiteolimpicoportugal.pt/federacoes-olimpicas/). Resta, todavia, notar que, em ambos os casos, todos estes associados podem votar na Assembleia Geral do Comité Olímpico de Portugal (cfr. o artigo 14º dos estatutos do Comité Olímpico de Portugal).

[1483] Recorde-se que os associados da Confederação de Desporto de Portugal são as federações desportivas. Cfr. o artigo 7º, nº 1 e 2 dos estatutos da Confederação de Desporto de Portugal.

[1484] Tem-se, de facto, presente que o Conselho Nacional do Desporto não se compõe exclusivamente por personalidades com responsabilidades no domínio do associativismo desportivo, mas também de personalidades ligadas ao Governo, aos agentes desportivos e também à sociedade civil (cfr. o artigo 5º do DL nº 266-A/2012, de 31 de Dezembro, alterado pelo DL nº 153/2013, de 5 de Novembro). O que se deve reter é que existe a possibilidade de também aí as entidades que regulam a actividade desportiva poderem participar na nomeação de um

Existe, portanto, uma evidente preferência em atribuir a uma das prováveis partes (as entidades que regulam a actividade desportiva) um poder sobre a nomeação dos membros que compõem o Conselho de Arbitragem Desportiva. O perigo que decorre desta realidade diz respeito à independência do TAD, mas também à *igualdade entre as partes*. Por conseguinte, deve ter-se presente que os membros nomeados por essas entidades serão, por sua vez, os mesmos que irão votar, por exemplo, a aceitabilidade dos árbitros propostos por essas mesmas entidades. Este facto manifesta-se com especial acuidade, uma vez que as entidades a quem são concedidos «direitos de participação» na constituição do TAD são precisamente aquelas em relação às quais deveria ser precisamente acautelado o devido distanciamento na constituição do TAD pelo simples motivo de que existe uma *posição de desigualdade estrutural* entre os agentes desportivos e as federações desportivas.

Assim, deve ter-se presente que não basta fixar-nos na nomenclatura utilizada pelo legislador na caracterização do suposto tribunal que, em bom rigor, em nada releva para aferir da qualidade da configuração concreta de uma entidade como órgão jurisdicional. Neste sentido, mesmo que o legislador estabeleça que o TAD «é uma entidade jurisdicional independente, nomeadamente dos órgãos da administração pública do desporto e dos organismos que integram o sistema desportivo»[1485], esta afirmação de princípio nada nos diz sobre a construção daquele como um autêntico tribunal – independente e imparcial.

Como bem reconheceu o TC, especificamente no âmbito da análise da constitucionalidade de uma arbitragem necessária, «argumentar que a independência do árbitro decorre da natureza da função que exerce, quer dizer, uma função jurisdicional, configura não só um vício de conceptulismo (estabelece-se a «natureza» do instituto para dela inferir a sua configuração) como uma verdadeira e própria *petitio principii*: a

membro para o Conselho de Arbitragem Desportiva. Esta situação agudiza-se se – e aqui o legislador não estabelece qualquer critério – a decisão de nomeação passar por uma deliberação da comissão permanente, uma vez que aí decidem exclusivamente os seus membros (entre personalidades ligadas ao Executivo e entidades que estão *imediata* ou *mediatamente* ligadas ao associativismo desportivo – se excluirmos naturalmente o presidente do plenário desta equação) e ficando excluída a participação dos agentes desportivos do processo nomeação do membro do Conselho de Arbitragem Desportiva. Cfr o artigo 6º do DL nº 266-A/2012, alterado pelo DL nº 153/2013.

[1485] Cfr. o artigo 1º, nº 1, da LTAD2014.

independência do julgamento decorreria da própria essência da função jurisdicional»[1486].

Portanto, para sabermos se o TAD cumpre as garantias de independência e imparcialidade[1487] imprescindíveis para que possa ser qualificado como tribunal, exige-se que olhemos para aquele requisito relativamente ao processo de nomeação (em abstracto)[1488] dos árbitros[1489] em dois momentos: (i) aquando do processo de constituição da lista; (ii) no momento da designação dos árbitros em concreto. Na verdade, o requisito da independência[1490] exige, em primeiro lugar, uma *independência objectiva* – que se mani-

[1486] Cfr. o Ac. nº 52/92.

[1487] A destrinça entre as duas expressões não é facilmente apreensível. Há, por exemplo, quem a negue, cfr., por exemplo, João Castro Mendes, «Nótula sobre a independência e a imparcialidade», p. 660, Thomas Clay, *L'Arbitre*, p. 248 e ss. Em sentido contrário, Mariana França Gouveia afirma que «costuma distinguir-se independência de imparcialidade, relacionando uma com a necessidade de distância em relação às partes e outra em relação ao litígio em julgamento», cfr. «O Dever de Independência dos Árbitros de Parte», p. 319. No mesmo sentido, especificamente em relação a tribunais arbitrais desportivos, cfr. Dirk Monheim, «Die Vereinbarkeit von Schiedsabreden und Schiedsgerichten im Sport mit dem Rechtstaatsprinzip», pp. 108 e ss.

[1488] Cfr., num sentido próximo, o Ac. nº 52/92, afirmando que: «(...) dificilmente se poderá abstrair da forma de designação do árbitro, argumentando com a natureza jurisdicional da instituição arbitral. Está em causa a composição de um litígio de contornos previamente definidos. A designação do juiz-árbitro é dirigida a uma situação concreta que suscitou ela própria a constituição do tribunal. Não é, pois, suficiente a ideia de que o juiz, depois do receptum arbitri se desvincula da sua nomeação, fundando-se a auctoritas das suas decisões no exercício de uma função de natureza jurisdicional». No sentido de que a independência é precisamente uma «garantia pública», sob pena de se colocar em causa «o princípio do "due process of law", do "fair process", do processo devido e leal», cfr. o Ac. do TC nº 135/88. Num sentido próximo afirmando que é «indispensável tutelar a aparência» como forma de garantir a «objectividade da justiça». Cfr. Miguel Galvão Telles, «A Independência e Imparcialidade dos Árbitros como Imposição Constitucional», p. 617.

[1489] De facto, a escolha dos árbitros é um dos momentos essenciais na constituição de um tribunal arbitral. Na comummente conhecida formulação de Jean-Flavien Lalive: «[t]he coice of the persons who composse the arbitral tribunal is vital and often the most decisive step in arbitration. It has rightly been said that an arbitration is a good as the arbitratiors». Cfr. « Some pratical suggestions on international arbitration», p. 289.

[1490] Num sentido próximo, ainda que com particularidades, da posição defendida no texto – embora referindo-se aos tribunais estaduais – afirmando a existência de uma *independência externa* (objectiva) e uma *independência interna* (subjectiva), cfr., entre outros, Michael Kloepfer, *Verfassungsrecht I*, Munique, pp. 823 e 824, Juan Montero Aroca, *Independencia y Responsabilidad del Juez*, pp. 114 e ss., Luis María Díez-Picaso, *Régimen Constitucional del Poder Judicial*, pp. 102 e ss., Perfecto Andres Ibañez e Claudio Movilla Alvarez, *El*

festa, por exemplo, na «liberdade de decisão»[1491] dos árbitros, obrigando este requisito a um «distanciamento»[1492] daqueles em relação ao poder Executivo ou a qualquer outra interferência externa, em particular, relativamente à competência, ao processo ou, em especial, em relação ao procedimento de nomeação dos árbitros (ou de integração daqueles numa lista). Em segundo lugar, reclama-se a existência de uma *independência subjectiva*, a qual implica uma determinada *estabilidade* e *inamovibilidade*[1493]: (i) havendo uma lista fechada, os árbitros não podem ser retirados dela contra a sua vontade ou sem motivos justificados; (ii) não havendo lista, os árbitros não podem ser substituídos, salvo razões ponderosas, durante o processo arbitral.

A existência, por outro lado, de uma lista fechada, válida por um período de quatro anos, e que deriva de um mecanismo de propostas, no qual as entidades que regulam a actividade desportiva detêm um *poder amplamente maioritário de indicação*, coloca, desde logo, a real possibilidade de existir uma proposta arbitrária de árbitros que integram a lista de árbitros do TAD

Poder Judicial, pp. 117 e ss., Carlos Fraga, *Sobre a Independência dos Juízes e Magistrados*, pp. 21 e ss. e, do mesmo autor, *Subsídios para a Independência dos Juízes – O Caso Português*, pp. 51-55, João Chumbinho, *A Constituição e a Independência dos Tribunais*, pp. 75 e 76, Jorge Miranda e Rui Medeiros, *Constituição Portuguesa Anotada*, Vol. III, pp. 40 e 41, Rafael Jiménez Asensio, *Imparcialidad Judicial y Derecho al Juez Imparcial*, pp. 67 e ss, adoptando também uma distinção entre independência objectiva e subjectiva, mas não em sentido coincidente com o texto. As noções que adoptamos aproximam-se, desde logo, à independência institucional – relacionada com a «organização» e «funcionamento internos» que «poderá ou não revelar-se verdadeiramente autónoma dos outros poderes – e a independência pessoal – relacionada com a «própria pessoa dos juízes, enquanto tais, e a traduzir-se já em todos os pontos do seu estatuto social». Cfr. Castanheira Neves, *O Instituto dos «Assentos» e a Função Jurídica dos Supremos Tribunais*, 1ª Edição (Reimpressão), pp. 101 e ss.

[1491] Cfr. Christoph Stumpf, *Alternative Streitbeilegung im Verwaltungsrecht*, pp. 199 e 200.

[1492] Cfr. a locução utilizada pela decisão do TEDH *Campbell e Fell contra Reino Unido*, Ac. de 24 de Junho de 1984, processo nº 7819/77 e 7878/77, afirmando-se aí que. «[j]ustice must not only be done it must also be seen to be done». Como o TEDH defendeu no caso Findlay contra Reino Unido (Ac. de 25 de Fevereiro de 1997, processo nº 22107/93): (...) in order to establish whether a tribunal can be considered as "independent", regard must be had, inter alia, to the manner of appointment of its members and their term of office, the existence of guarantees against outside pressures and the question whether the body presents an appearance of independence (...). As to the question of "impartiality", there are two aspects to this requirement. First, the tribunal must be subjectively free of personal prejudice or bias. Secondly, it must also be impartial from an objective viewpoint, that is, it must offer sufficient guarantees to exclude any legitimate doubt in this respect».

[1493] Cfr. Christoph Stumpf, *Alternative Streitbeilegung im Verwaltungsrecht*, pp. 204 e ss.

e que se adensa com a possibilidade (paralela) de as partes (sendo problemática no caso do associativismo desportivo) poderem livremente escolher os árbitros que a integram. Deste modo, concede-se a prerrogativa a uma das partes de poder influir (de um modo desproporcionado) na escolha das pessoas que irão ser os árbitros de um «tribunal» e, por conseguinte, irão julgar os litígios entre as entidades que regulam a actividade desportiva e os agentes desportivos.

Não se ignora que a exigência de uma maioria de dois terços (bem como as excepções previstas no artigo 12º, nº 4, da LTAD2014)[1494] na votação da composição de lista de árbitros pretende assegurar uma *aparente* independência do TAD. A pedra de toque deve, porém, ser colocada na possibilidade que assiste aos membros do Conselho de Arbitragem Desportiva de participarem na votação de árbitros que são propostos pelas mesmas entidades que os nomearam para se tornarem membros do Conselho de Arbitragem Desportiva[1495].

Por outro lado, existe, além disso, a possibilidade real de os membros nomeados pelas entidades que regulam a actividade desportiva rejeitarem quaisquer árbitros que sejam propostos por outras entidades que não se reconduzam ao associativismo desportivo (basta que o façam os dois membros nomeados pelo Comité Olímpico de Portugal e um dos membros nomeados pela Confederação de Desporto de Portugal) – ainda que o tenham que fazer fundamentadamente. Neste sentido, existe uma *disparidade de tratamento entre as partes*[1496] pelo legislador que se assume ser meramente

[1494] Nos termos desta norma as excepções são as seguintes: (i) «[a] reunião ou a deliberação respeitar a arbitragem em que uma das partes seja uma entidade de que o membro em causa é filiado ou associado, dirigente ou representante; (ii) «[a] reunião ou a deliberação respeitar a arbitragem em que intervenha advogado pertencente ao mesmo escritório ou à mesma sociedade de advogados do membro em causa como árbitro, assessor ou representante de uma das partes»; (iii) «a reunião ou a deliberação respeitar a arbitragem em que uma das partes tenha com o membro em causa relação que seria motivo de escusa ou suspeição para intervir como árbitro na arbitragem, o que será apreciado e decidido pelo próprio Conselho de Arbitragem Desportiva».

[1495] Cfr. o artigo 18º do Regulamento do CAD que não estabelece qualquer limitação no processo deliberativo dos seus membros em relação à votação em relação à integração na lista de árbitros que tenham sido propostos por entidades relacionadas com o associativismo desportivo.

[1496] A enunciação do princípio da igualdade entre as partes na constituição e na composição de tribunais arbitrais voluntários tem origem na conhecida decisão da *Court de Cassation* comummente designada de «Dutco». Ac. da *Court de Cassation*, de 7 de Janeiro de 1992, pro-

arbitrária, uma vez que os requisitos constitucionais de independência exigem que os tribunais tenham uma *estrutura organizativa* afastada de qualquer provável influência ou pressão em relação às partes[1497]. A desigualdade do tratamento entre as partes deriva, assim, da maior influência que é dada ao associativismo desportiva – em relação aos agentes desportivos – no processo de constituição da lista de árbitros[1498]. A realidade existente na estru-

cesso nº 89-18708 89-18726, (BKMI Industrienlagen GmbH & Siemens AG v. Dutco Construction), publicado em *Revue de l'arbitrage*, nº 3 (1992), pp. 470-472. Sobre este caso, cfr., por todos, António Pedro Pinto Monteiro, *O Princípio da Igualdade de Partes e a Constituição do Tribunal Arbitral em Caso de Pluralidade de Partes*, pp. 153 e ss.

[1497] Recorde-se que a igualdade entre as partes «enquanto emanação da tutela jurisdicional, representa uma exigência substancial que é dirigida ao legislador ordinário na concreta conformação do processo. Impõe-se que os atos e formalidades que compõem o processo devam ser ordenados em termos de proporcionar aos interessados uma paridade de condições no quadro dialético em que ele se desenvolve. A equiparação das partes no processo constitui pois uma das várias dimensões da garantia do «processo equitativo» (cfr. nº 4 do artigo 20º), que vincula o legislador a estruturar o processo em termos de igualdade quanto a direitos e deveres (poderes e ónus) que são atribuídos e/ou impostos a cada uma das partes». Cfr. o Ac. do TC nº 752/2014. Como reconhece justamente Mariana França Gouveia, *Curso de Resolução Alternativa de Litígios*, 3ª Edição, p. 196, «[o] essencial é que em todo o procedimento de constituição do tribunal seja respeitado o princípio da igualdade das partes, que aqui se traduz na identidade da sua influência na constituição do tribunal arbitral». Este postulado colhe a aceitação da doutrina ao elevar a igualdade de influência das partes na constituição do tribunal arbitral, cfr., entre tantos outros, Stein/Jonas, *Kommentar zur Zivilprozessordnung*, Vol. X, 23ª Edição, p. 152, Baumbach et allii, *Zivilprozessordnung*, 72ª Edição, p. 2625, Richard Zöller, *Zivilprozessordnung*, 30ª Edição, p. 2282, Tilman Niedermayer, *Schieds- und Schiedsvereinbarungen in strukturellen Ungleichgewichtslagen*, p. 51, AAVV, *Münchener Kommentar zur ZPO*, 4ª Edição, anotação ao § 1034, disponível em (www.beck-online.de), Thomas/Putzo, *Zivilprozessordnung. Kommentar*, 34ª Edição, p. 1298, Walther Habscheid, «Schiedsgerichtsbarkeit und Menschenrechtskonvention», p. 346, Eduard Bötticher, *Die Gleichheit vor dem Richter*, 2ª Edição, p. 22.

[1498] A existência de uma *desigualdade estrutural entre as partes* que se manifeste, em particular, na existência da preponderância de uma parte em relação a outra no processo de constituição do tribunal arbitral assume, entre nós, na arbitragem voluntária o fundamento de anulação da sentença arbitral, nos termos do artigo 46º, nº 3, alínea a) da LAV. Cfr. Mariana França Gouveia, *Curso de Resolução Alternativa de Litígios*, 3ª Edição, pp. 196 e 197, e, em sentido idêntico, ainda que no quadro da anterior LAV, cfr. Luís de Lima Pinheiro, *Arbitragem Transnacional*, p. 125. Por outro lado, Paula Costa e Silva e Nuno Trigo dos Reis, «A natureza do procedimento judicial da nomeação de árbitro», Vol. II, p. 965, entendem, por exemplo, que existe a nulidade da convenção de arbitragem que atribua a uma das partes a totalidade dos árbitros ou um número superior à outra parte, por violação do princípio do processo equitativo.

tura organizativa do TAD coloca, deste modo, em causa a independência exigida a qualquer tribunal[1499].

Uma solução para ultrapassar esta dificuldade poderia ser a previsão de uma lista aberta – embora com uma proposta de árbitros escolhidos segundo requisitos legais bem determinados – em que as duas partes pudessem, em condições de igualdade, escolher os árbitros que julgassem ser os mais adequados para resolver o litígio. Na verdade, a existência de uma lista fechada não implica, a nosso ver, uma violação automática do artigo 216º, nº 1 da CRP, desde que seja garantida a inamovibilidade do árbitro durante o processo arbitral concreto. No entanto, esta opção por uma lista fechada implica a necessidade de duas intervenções legislativas: (i) um afastamento das entidades que regulam a actividade desportiva da composição do Conselho de Arbitragem Desportiva; (ii) uma *igualdade material* entre as partes no processo de proposta dos árbitros que integram a lista de árbitros. Desta forma, ficariam afastadas todas as dúvidas relativamente à independência do TAD no que concerne à existência de uma lista fechada e em relação ao Conselho de Arbitragem Desportiva.

Por outro lado, existe um outro aspecto que merece ser escrutinado e que diz respeito à qualificação dos árbitros que irão integrar a lista de árbitros. Na verdade, ao contrário da arbitragem voluntária que pressupõe um elemento contratual, a arbitragem necessária do TAD não permite que as partes possam escolher com *inteira liberdade* aqueles que se ocuparão de julgar os litígios que surgiram entre elas. Este elemento é importante, uma vez que a existência de árbitros não juristas (metade dos árbitros que vierem a integrar a lista de árbitros do TAD podem ser não juristas e, portanto, podem não reunir as condições necessárias para aplicar o Direito, precisamente porque o desconhecem) pode colocar em causa a independência do tribunal e violar inclusivamente o disposto no artigo 203º da CRP[1500], no qual se estabelece que «os tribunais (...) apenas estão sujeitos à lei»[1501].

[1499] Cfr. no sentido de que o princípio do Estado de Direito impõe que no processo de constituição da lista uma das partes seja beneficiada em relação à outro. Cfr. DIRK MONHEIM, «Die Vereinbarkeit von Schiedsabreden und Schiedsgerichten im Sport mit dem Rechtstaatsprinzip», p. 109.

[1500] Nem se argumente que também existem tribunais nos quais os juízes são não juristas como, por exemplo, os juízes sociais ou os juízes dos tribunais de júri, uma vez que aí existe legitimação constitucional própria no artigo 207º da CRP e, por outro lado, esta situação afigura-se também como uma hipótese de exercício de funções jurisdicionais que são exercidas a título excepcional. Sobre o estatuto legal dos jurados e dos juízes sociais, com amplas

Deste modo, o desconhecimento do Direito não só descredibiliza o TAD, como também coloca a questão de como podem decidir não juristas de acordo com o Direito e de acordo com o estado da arte do conhecimento jurídico quando nem sequer se exige que o presidente do colégio arbitral tenha que ser um jurista. Esta solução é, aliás, ainda mais peculiar quando olhamos para os requisitos exigíveis aos juízes que são recrutados para os tribunais estaduais que partem da condição mínima da titularidade do grau de licenciado e mestre em Direito[1502].

O aspecto que, no entanto, reputamos por decisivo está relacionado com a particular complexidade jurídica de determinados litígios que emergem da existência de uma *posição de desigualdade estrutural* no plano do Direito material: o acto de julgar este tipo de matérias, em particular, não se reduz a uma mera aplicação subsuntiva da lei, implicando uma sensibilidade jurídico-interpretativa, em especial, quando estiverem em causa direitos fundamentais daqueles que se encontram numa posição infra-ordenada como sucede, por exemplo, no direito disciplinar[1503]. Por outro lado,

referências, cfr. Ricardo Pedro, *Responsabilidade civil do Estado pelo mau funcionamento da administração da justiça*, pp. 491 e ss.

[1501] A referência à vinculação do juiz à lei deve, todavia, ser compreendida como uma vinculação ao Direito da União Europeia, Direito Internacional Público, Direito Constitucional e Direito infra-constitucional. Cfr. Jorge Miranda e Rui Medeiros, *Constituição Portuguesa Anotada,* Vol. III, pp. 38 e ss., Gomes Canotilho e Vital Moreira, *Constituição da República Portuguesa Anotada,* Vol. II, p. 514. Por outro lado, a exigência constitucional da expressa submissão dos juízes à lei coloca a questão de saber como se deve encarar a sujeição à lei sem uma interpretação prévia do juiz (a ideia de que a interpretação da lei é uma mera operação subsuntiva está ultrapassada), cfr. Maunz/Dürig, *Grundgesetz-Kommentar – anotação ao artigo 97 da GG*, 2013, disponível em (www.beck-*online*.de). A vinculação dos juízes à lei é, de todo o modo, um ideal que pressupõe uma ficção: devemos pressupor que existe uma vinculação prévia (ainda que não absoluta) ao processo interpretativo de qualquer juiz (no sentido de Vaihinger) que fixa um sentido que não se encontra na disponibilidade interpretativa do juiz, cfr. Matthias Jestaedt, *Grundrechtsentfaltung im Gesetz*, p. 305. Sobre a vinculação do juízes à lei, cfr. Meinhard Schröder, *Gesetzesbindung des Richters und Rechtsweggarantie im Mehrebenensystem*, pp. 36 e ss.

[1502] Cfr. o artigo 5º da Lei nº 2/2008, de 14 de Janeiro.

[1503] Em sentido próximo, afirmando a necessidade de conhecimentos jurídicos dos árbitros nas posições de desigualdade estrutural entre as partes, cfr. Tilman Niedermayer, *Schieds- und Schiedsvereinbarungen in strukturellen Ungleichgewichtslagen*, pp. 132 e 133. Defendendo que, na arbitragem que envolva litígios de direito administrativo, deve exigir-se a formação jurídica dos árbitros (ou quando estiver em causa uma questão relacionada discricionariedade técnica, pelo menos o juiz presidente deverá ser um jurista), cfr. Marta García Pérez,

nem se considere um argumento em sentido contrário que determinadas questões técnicas – por exemplo, no domínio da dopagem – exigem que não juristas possam ter um papel técnico importante: esta argumentação parece ficar rebatida precisamente com a possibilidade de as partes poderem apresentar «prova pericial», permitindo, desde logo, uma elucidação técnica do árbitro que seja competente para julgar a causa[1504]. Portanto, a susceptibilidade de existência de um colégio de árbitros que seja composto somente por não juristas pode colocar em causa a própria independência do tribunal[1505].

A existência de um mecanismo de impugnação das decisões do TAD para a câmara de recurso pode exigir um recurso de mérito mais amplo do que aquele que se encontra previsto para o STA. Na verdade, se o TAD não puder ser configurado como um autêntico tribunal, uma vez que não reúne as notas de independência imprescindíveis para que possa ser qualificado como tal, será, assim, de concluir que, mesmo que as partes optem por submeter o conflito jurídico à câmara de recurso do TAD, existe a necessidade de prever um mecanismo impugnatório pleno para um tribunal. A questão não carece, porém, de resposta imediata, na medida em que implica que exploremos as outras dimensões das exigências da CRP.

A expressa previsão no artigo 50º, nº 3, da LTAD2014 da possibilidade de as partes poderem opor-se à publicação das decisões do TAD na página da Internet daquela entidade, coloca dificuldades face ao artigo 206º, da CRP[1506]. Na verdade, tem a doutrina entendido que a norma aí prevista

Arbitraje y Derecho Administrativo, p. 71. Há quem defenda quem existir colégios arbitrais com um ou mais juristas, uma vez que muitos litígios exigem problemas jurídicos complexos, por exemplo, relativos à competência dos árbitros, do direito aplicável ou a interpretação das regras de direito. O argumento que é, no entanto, decisivo é que a existência de juristas num colégio arbitral é uma garantia pelo respeito das regras de procedimento aplicáveis, para a validade da sentença e para o carácter executório daquela. Cfr. GUY KEUTGEN, « Propos sur le statut de l'arbitre»,p. 925.

1504 Cfr. o artigo 43º, nº 1 da LTAD2014.

1505 Conforme afirmam justamente GOMES CANOTILHO e VITAL MOREIRA, «não há "independência judicial contra a lei"». Cfr. *Constituição da República Portuguesa Anotada*, Vol. II, p. 515.

1506 Cfr., nestes termos, ANA CELESTE CARVALHO, cfr. «Justiça Federativa e o Tribunal Arbitral do Desporto», p. 50. São várias as hipóteses que justificam a existência da publicidade da sentença arbitral, nomeadamente, (i) *a necessidade de segurança jurídica e o conhecimento da comunidade da aplicação do Direito por tribunais*; (ii) *a necessidade de controlo estadual da actividade da Administração Pública*; (iii) *um incremento da aceitação e reconhecimento pelo Estado do exercício*

engloba não só a garantia de publicidade da audiência[1507], mas também da publicitação da decisão proferida pelo respectivo tribunal: existe, de facto, na norma do artigo 206º, da CRP uma função de cumprir um «interesse comunitário» que exige o conhecimento pela comunidade do «resultado» de uma decisão jurisdicional[1508]. Neste sentido, o princípio de Estado de Direito postula – ainda que não exista uma previsão constitucional expressa – a publicação das decisões dos tribunais a quem seja aplicável o título V da CRP[1509]. Logo, não cabe, nem pode caber às partes a prerrogativa de decidir sobre se uma decisão do TAD pode ou não ser publicada, mas ao juiz – e esta regra somente pode ser restringida em casos muito excepcionais. Por conseguinte, como regra as decisões do TAD, no âmbito da arbitragem necessária, deveriam ser sempre públicas e publicadas – salvo decisão do tribunal fundamentada na «salvaguarda da dignidade das pessoas e da moral pública ou para garantir o seu normal funcionamento»[1510], ainda que salvaguardado o devido anonimato das partes[1511] [1512].

da função jurisdicional por privados; e (iv) *a imperatividade documprimento da legalidade*. Sobre estas, cfr., desenvolvidamente e com referências, Artur Flamínio da Silva e António Pedro Pinto Monteiro, «Publicidade vs. confidencialidade na arbitragem desportiva transnacional», p. 714 e ss.

1507 Não colocamos aqui em causa a expressa necessidade publicidade da audiência arbitral do TAD, desde logo, por intermédio da aplicação artigo 206º da CRP e da aplicação subsidiária (cfr. artigo 61º da LTAD2014) no domínio da arbitragem necessária do artigo 30º do CPTA ao estabelecer que: «[o] processo administrativo é público».

1508 Neste sentido, afirmando precisamente que o princípio da publicidade abrange conteúdisticamente «a necessidade de publicitação da sentença, bem como a publicitação da fundamentação». Cfr. Jorge Miranda e Rui Medeiros, *Constituição Portuguesa Anotada*, Vol. III, pp. 88 e 87.

1509 Cfr. Gomes Canotilho e Vital Moreira, *Constituição da República Portuguesa Anotada*, Vol. II, p. 533.

1510 Cfr. o artigo 206º da CRP.

1511 A solução que se propugna é inclusivamente consentânea com a que se encontra no CPTA, no artigo 186º-A no qual se dispõe que: «[a]s decisões proferidas por tribunais arbitrais transitadas em julgado são obrigatoriamente publicadas por via informática, em base de dados organizada pelo Ministério da Justiça».

1512 Por último, merece uma breve referência ainda a questão do apoio judiciário e patrocínio judiciário em caso de insuficiência económica. O artigo 62º da LTAD2014 estabelece que «[a]o processo de arbitragem necessária é aplicável, com as devidas adaptações, o regime de acesso ao direito e aos tribunais» (a remissão é óbvia: estamos, assim, perante uma remissão para o regime estabelecido na Lei nº 34/2004, de 29 de Julho, com as alterações introduzidas pela Lei nº 47/2007, 28 de Agosto). Estamos, pois, perante o cumprimento do estabelecido no artigo 20º, nº 1 e 2 da CRP. Há, porém, aspectos concretos que devem ser

Finalmente, parece-nos importante mencionar que a interpretação que a jurisprudência do TAD efectua no âmbito da nomeação dos quatro árbitros de colégios arbitrais em que participem contra-interessados, não pode deixar de colocar as maiores dúvidas no que respeita ao direito ao processo equitativo. Sem retomar tudo o que já se disse em relação à necessidade de igualdade na composição do tribunal arbitral, bem como da importância da necessidade de cumprir a teoria da aparência do TEDH, podemos mencionar quando, como no caso de processos em que os contra-interessados sejam demandados, existe um *litisconsórcio necessário passivo*, subsistem as maiores dificuldades no que concerne à necessidade de manter o equilíbrio da composição do tribunal arbitral, se o colégio arbitral for composto por quatro árbitros. Vejamos a seguinte situação: (i) a parte activa nomeia um árbitro; (ii) a parte passiva nomeia dois árbitros; (iii) o quarto árbitro é nomeado pelas duas partes.

No fundo, o que sucede é que no processo de apuramento do quarto árbitro a parte passiva detém uma posição de supremacia relativamente

equacionados: (i) por exemplo, a situação em que um desportista (punido disciplinarmente com suspensão da actividade profissional) que vive no Porto e que não domina o português (sendo, por isso, obrigado a contratar um tradutor), tendo um agregado familiar numa situação de insuficiência económica, uma vez que aufere o ordenado mínimo nacional, tem de deslocar-se a Lisboa para poder tutelar a situação jurídica perante o TAD; (ii) ou o exemplo em que a federação desportiva pune com suspensão da actividade desportiva (e consequentemente laboral) um determinado atleta (com manifesta insuficiência económica) por suposta dopagem e aquele tem de contratar os serviços de um médico (ou vários) que ateste precisamente que o resultado obtido nos testes Antidopagem não consubstanciou uma dopagem, mas um resultado incomum decorrente de uma produção anómala da substância pelo corpo do atleta. Em ambos os casos, a situação de carência económica pode implicar custos que podem colocar em causa o mínimo de existência dos atletas e a alternativa pode facticamente ser só uma: uma situação de indefesa [Sobre o risco que comporta um processo «arbitral» para partes – além de estruturalmente desiguais – economicamente carenciadas, cfr. TILMAN NIEDERMAYER, *Schieds- und Schiedsvereinbarungen in strukturellen Ungleichgewichtslagen*, pp. 95 e ss.]. Deveria, neste contexto, existir uma ponderação para casos excepcionais se, porventura, não deveria existir uma subvenção destinada a suprir os custos extraordinários que decorram de desigualdades fácticas que possam impedir que os economicamente carenciados fiquem sem qualquer tutela jurídica, tal como já existe no sistema de «apoio judiciário» previsto no TAS. Esta solução não é inédita no nosso ordenamento quanto ao reembolso das despesas de testemunhas ou peritos. Nos termos artigo 317º Código de Processo Penal esta compensação monetária pelas despesas é possível. Pensamos que seria uma hipótese a considerar relativamente ao TAD, uma vez que, em particular, no direito disciplinar estamos perante decisões que contendem com direitos fundamentais.

à parte activa. Não nos subsistem dúvidas de que esta solução coloca em causa o direito ao processo equitativo e assim igualmente o direito à tutela jurisdicional efectiva[1513].

9.1.2. O TAD e o princípio do juiz natural

O princípio do juiz natural (ou legal), embora com referência expressa no âmbito das garantias do Direito Penal, tal como previstas no artigo 32º, nº 9 da CRP[1514], assume-se como um afloramento do princípio de Estado de Direito, aplicando-se, assim, a quaisquer outros processos perante tribunais[1515]. Na verdade, como se afirmou no Ac. 614/2003 do TC – o *leading case* nesta matéria[1516] – enquanto manifestação do princípio do Estado de Direito no «domínio da administração da justiça», o princípio do juiz natural representa «uma garantia da independência e da imparcialidade dos tribunais». Este princípio assenta, desde logo, numa exigência de *determinabilidade*: a fixação dos juízes competentes para julgar uma determinada causa tem de encontrar-se definida, de um modo substancialmente preciso, na lei (e em normas infra-legais que disponham sobre a distribuição de processos) segundo critérios gerais e abstractos[1517]. Deste modo, esta exigência tem como fundamento «evitar a intervenção de terceiros, não legitimados

[1513] A solução a aplicar uma futura reforma do TAD devia, com efeito, ponderar a hipótese de ser o tribunal estadual a nomear todos os árbitros (desde que sejam três), de modo a acautelar as dificuldades que, a este respeito, possam surgir.

[1514] Não é, neste contexto, estranho que tenha sido no âmbito de questões relacionadas com a determinação da competência dos tribunais no domínio do Direito Penal. Em particular, também sobre a determinação concreta da competência decorrente do artigo 16º, nº 3 do Código de Processo Penal. Cfr., entre muitos outros, Ac. do TC nº 265/95, Ac. do TC nº 164/90, e o Ac. do TC nº 307/91. Sobre a aplicabilidade deste princípio ao Direito Penal, cfr. Jorge de Figueiredo Dias, «Sobre o sentido do princípio jurídico-constitucional do «juiz-natural», pp. 83 e ss.

[1515] Na verdade, o princípio do juiz natural «tem como finalidade evitar a designação arbitrária de um juiz ou tribunal para decidir um caso submetido a juízo», cfr. Jorge Miranda e Rui Medeiros, *Constituição Portuguesa Anotada*, Vol. I, p. 738.

[1516] No sentido de que se trata de «um marco na nossa jurisprudência constitucional sobre o princípio do juiz natural», cfr. Miguel Nogueira de Brito, «O princípio do Juiz Natural e a Nova Organização Judiciária», p. 22.

[1517] Num sentido próximo, cfr. Gomes Canotilho e Vital Moreira, *Constituição da República Portuguesa Anotada*, Vol. I, p. 525, Miguel Nogueira de Brito, «O princípio do Juiz Natural e a Nova Organização Judiciária», p. 26 e Ac. nº 614/2003. No sistema jurídico alemão, cfr., especificamente sobre a arbitragem necessária, Christoph Stumpf, *Alternative Streitbeilegung im Verwaltungsrecht*, p. 198. Em geral, Stern e Becker, *Grundrechte-Kommentar*, p. 1580.

para tal, na administração da justiça, através da escolha individual, ou para um certo caso, do tribunal ou do(s) juízes chamados a dizer o Direito», que certamente lesaria a «confiança da comunidade na administração dessa justiça», o que não sucederia precisamente quando estivéssemos perante «um tribunal designado em função das partes ou do caso concreto»[1518]. No fundo, esta garantia existe precisamente para evitar «uma manipulação da composição do tribunal pelos poderes públicos susceptível de lhes permitir decidir caso a caso qual o juiz competente para apreciar a causa»[1519].

O princípio do juiz natural consubstancia, por sua vez, um verdadeiro «direito fundamental subjectivo de dimensões objectivas»[1520], uma vez que implica, por um lado, um *elemento objectivo* – a determinação legal da *competência* de juízes para julgarem uma determinada causa e, por outro, um *elemento subjetivo* – o direito prestacional à consagração de um regime legal processual e organizatório que se adeque à determinação do juiz competente e um direito de defesa que impeça «aplicações arbitrárias»[1521] das normas que estabeleçam a competência dos juízes. Deixe-se, no entanto, claro que na «conformação» do princípio do juiz natural não tem o legislador de «conciliar a exigência da determinação do juiz competente segundo regrais gerais e abstractas com outros interesses atendíveis»[1522].

Neste contexto, face à configuração publicística da arbitragem necessária do TAD não nos restam, porém, dúvidas de que o princípio do juiz natural se aplicará a esta última[1523]. Por outro lado, a circunstância de as partes

[1518] Cfr. Ac. nº 614/2003, processo nº 684/03. Em sentido idêntico, cfr. Thomas Roth, *Das Grundrecht auf den gesetzlichen Richter*, 2000, pp. 62 e ss., afirmando que se trata de um «Grundrecht aus der Hand des Gesetzgebers», Stern e Becker, *Grundrechte-Kommentar*, p. 1587.

[1519] V. Miguel Nogueira De Brito, «O princípio do Juiz Natural e a Nova Organização Judiciária», p. 29.

[1520] Cfr. Ac. nº 614/2003.

[1521] Miguel Nogueira de Brito, «O princípio do Juiz Natural e a Nova Organização Judiciária», p. 28.

[1522] Cfr. Miguel Nogueira de Brito, «O princípio do Juiz Natural e a Nova Organização Judiciária», p. 29. Não obstante, qualquer restrição efectuada pelo legislador ao princípio do juiz natural sujeita aos limites do artigo 18º, nº 2 e 3 da CRP.

[1523] Deixemos, porém, de lado a questão de saber se o princípio do juiz natural se aplica à arbitragem voluntária. Em sentido contrário, cfr. Thomas Roth, *Das Grundrecht auf den gesetzlichen Richter*, pp. 28 e 29, Miguel Nogueira de Brito, «O princípio do Juiz Natural e a Nova Organização Judiciária», p. 31, fundamentando a sua posição na virtualidade de, na arbitragem, as partes terem a faculdade de nomear os árbitros livremente. Entendendo que é necessária uma interligação entre a jurisdição compulsória e o juiz natural, cfr. A. Barbosa de Melo, *Notas de Contencioso Comunitário*, pp. 17 e 18.

poderem nomear os árbitros não exime que, existindo uma lista fechada, não se coloquem dificuldades relativamente ao princípio do juiz natural. A questão coloca-se, em particular, na exacta medida em que existe uma entidade terceira (em que parte dos membros são nomeados por entidades ligadas ao associativismo desportivo) que escolhe por proposta de entidades que regulam a actividade desportiva ou que com esta estão ligadas (em maioria em relação às outras partes) e por entidades que representam (ou podem, em teoria, representar) os agentes desportivos. De toda a forma, convém realçar que este princípio exige uma determinação coerente e particularmente exigente[1524] do recrutamento dos árbitros, excluindo-se, deste modo que exista: (i) um espaço de discricionariedade (pelos menos em evidente desigualdade entre as partes) relativamente ao recrutamento das personalidades que integrem uma lista de árbitros[1525]; (ii) a possibilidade de uma das partes poder determinar unilateralmente (por intermédio de regimentos ou regulamentos) critérios adicionais ou mais exigentes que permitam individualizem um conjunto de árbitros, possibilitando a escolha de árbitros segundo um critério arbitrário[1526].

A reflexão por detrás destas considerações assenta na ideia de que a constituição do tribunal arbitral – sob pena de violação do princípio do juiz natural – não poderá assumir-se como uma solução que, embora fundada por lei, assente num critério arbitrário. Não importará, na verdade, que os

[1524] No sentido de que existe uma necessidade do legislador estabelecer, na arbitragem necessária, um critério substancialmente definido. Cfr. Christoph Stumpf, *Alternative Streitbeilegung im Verwaltungsrecht*, pp. 194 e 195.

[1525] A existência de fórmulas ambíguas de recrutamento como «juristas de reconhecida idoneidade e competência» ou «personalidades de comprovada qualificação científica, profissional ou técnica na área do desporto, de reconhecida idoneidade e competência» é extremamente duvidosa face ao princípio do juiz natural, uma vez que permitem uma quase total «discrionariedade» das partes que nomeiem os árbitros. Cfr. o artigo 20º, nº 2 da LTAD.

[1526] Um exemplo muito duvidoso quanto a esse aspecto diz respeito ao recrutamento de árbitros efectuado pela Comissão Executiva do Comité Olímpico de Portugal. Num concurso publicado recentemente afirmava-se no edital de abertura relativamente a uma proposta nos termos do artigo 21º, nº 1, alínea k) da LTAD2014 que os árbitros deveriam apresentar os seguintes requisitos: (i) deveria ser um «Jurista experiente (experiência profissional de advogado, solicitador ou magistrado, mínima de 10 anos, ou na área de investigação ou ensino por período mínimo de 15 anos)»; (ii) «Experiência como árbitro ou mediador»; (iii) «Conhecimentos da temática desportiva e dos ramos de direito com esta mais associados»; (iv) «Objetividade (textos como artigos ou conferências serão meios adequados de avaliação)». Cfr. (http://comiteolimpicoportugal.pt/wp-content/uploads/2014/10/Anuncio_Candidatura_Arbitros_TAD.pdf)

árbitros sejam efectivamente nomeados arbitrariamente: o ponto essencial está na possibilidade de existir, em abstracto e na construção do legislador, uma interferência ou pressão por uma das partes – e, em particular, da parte que exerça poderes de autoridade –, no processo de determinação do árbitro. Note-se, contudo, que não estamos a defender que entidades públicas ou entidades privadas no exercício de poderes públicos não possam participar num processo de composição de tribunais arbitrais. Na verdade, o determinante é que exista a possibilidade de as (potenciais) partes poderem participar no processo de composição do colégio arbitral em condições de igualdade, de modo a que não exista uma real hipótese de uma delas poder influir na escolha árbitros a nomear[1527].

A existência de uma lista fechada, tal como surge configurada pela LTAD2014, suscita-nos, deste modo, reservas à luz do princípio do juiz natural. Em bom rigor, a consagração de uma lista que atribui um poder excessivo na possível determinação dos árbitros concretos (aqueles que se integram na lista) pode violar o princípio do juiz natural. Assim, não procede, por hipótese, a argumentação de que as partes (inclusivamente os atletas) podem sempre escolher os árbitros que elas próprias propuseram e que, posteriormente, também foram aceites pelo Conselho de Arbitragem Desportiva.

Em primeiro lugar, esta solução pode ser efectivamente uma realidade nalgumas situações, mas não se assume como uma verdade absoluta. Por um lado, parece óbvio que pode, contra o entendimento que repudiamos, argumentar-se que esta circunstância poderia ser devidamente acautelada pelo facto de os agentes desportivos poderem nomear sempre os mesmos árbitros (nomeados pelas entidades representativas com poder de proposta). Em todo o caso, esta interpretação favorece uma evidente falta de independência dos árbitros em relação às partes, a qual se apresenta como pouco compatível com o exercício de funções jurisdicionais[1528]. Por outro

[1527] Num sentido próximo, cfr. CHRISTOPH STUMPF, *Alternative Streitbeilegung im Verwaltungsrecht*, pp. 195 e ss.

[1528] Com efeito, tomando como exemplo, a polémica decisão do TRL que entendeu anular a decisão arbitral pela falta de independência e imparcialidade de um dos árbitros nomeados pelas partes, estando, porém, em causa a não relevação do árbitro da circunstância de que tinha sido nomeado pela mesma parte em 19 processos arbitrais, nos termos da Lei nº 62/2011, nos últimos três anos (cfr. o Acórdão de 24 de Maio de 2015, processo nº 1361/14.0YRLSB.L1-1), parece óbvio que a nomeação constante do mesmo árbitro por uma das partes pode levantar questões duvidosas relativamente à independência e imparcia-

lado, se, por exemplo, as partes não chegarem a acordo quanto ao terceiro árbitro, caberá ao presidente do TCA Sul designar, de entre aqueles que se encontram na lista do TAD, o árbitro em falta para constituir o tribunal arbitral. Nada impede, por conseguinte, que o presidente do TCA Sul nomeie (inconscientemente) um árbitro proposto por uma entidade que regule a actividade desportiva, precisamente porque não existe nenhum mecanismo na lei que institua uma forma que o permita aceder à informação sobre quem propôs determinado árbitro[1529]. Este raciocínio é também extensível à situação onde existem contra-interessados, cabendo, neste caso, ao presidente do TCA Sul nomear todos os árbitros. Neste sentido, é possível inclusivamente que todos os árbitros de um colégio arbitral tenham sido propostos única e exclusivamente pelas entidades que regulam a actividade desportiva.

Em segundo lugar, as dificuldades envolvendo a nomeação dos árbitros suscitam-se, desde logo, na medida em que o associativismo desportivo tem a possibilidade – na configuração legal e actual da lista de árbitros do TAD – de rejeitar, ou ir rejeitando os árbitros propostos pelos agentes desportivos até admitir aqueles que entenda ser mais convenientes aos seus próprios interesses. Efectivamente, assim o permite o *poder de veto* conferido ao associativismo desportivo nas decisões do Conselho de Arbitragem Desportiva.

9.1.3. O TAD e o princípio da igualdade

O teste à construção legal do TAD em relação ao princípio da igualdade[1530] exige que deixemos três breve notas relativamente aos seguintes aspectos:

lidade dos árbitros e, inclusivamente, a que exista uma anulação da decisão arbitral. A existência de uma lista como a que se verifica junto do TAD – sendo que nos processos arbitrais que se desenvolvem junto do TAD é uma prática comum que algumas das partes designem constantemente os mesmos árbitros – pode, no limite, conduzir à anulação de uma sentença arbitral do TAD com fundamento na falta de independência dos árbitros. Assim o promove a nomeação sucessiva por uma parte num determinado lapso temporal.

[1529] Os problemas que envolvem a solução jurídica podem ser facilmente ultrapassados com a simples previsão de uma indicação da entidade responsável pela proposta de um determinado árbitro para integrar a lista de árbitros do TAD. Foi esta a proposta do TFS no já referido Ac. Lazutina/Danilova como forma de melhoria das garantias dos atletas em relação à composição da lista.

[1530] A bibliografia sobre este princípio é extensa. V., entre tantos outros na doutrina nacional, Gomes Canotilho e Vital Moreira, *Constituição da República Portuguesa Anotada*, Vol. I, pp. 337 e ss., Jorge Miranda e Rui Medeiros, *Constituição Portuguesa Anotada*, Vol. I, ,

(i) a provável *desigualdade das partes* no âmbito da constituição do tribunal arbitral; (ii) a possível *desigualdade de tratamento* entre os agentes desportivos que optem por submeter o conflito desportivo à câmara de recurso e aqueles que não o façam; (iii) a existência de um valor de encargos com custas mais elevado no TAD do que nos tribunais estaduais.

O primeiro aspecto está intimamente com o *princípio de igualdade entre as partes*. Na verdade, não se compreende que o legislador tenha atribuído um maior peso às entidades que compõem o associativismo desportivo português no processo de constituição da lista de árbitros em relação aos agentes desportivos, uma vez que a existência de uma posição de desigualdade estrutural entre aquelas (prováveis) duas partes exigia precisamente que o legislador tivesse tido especiais cautelas em proteger a parte infra-ordenada (os agentes desportivos).

Considerando que, a nosso ver, o TAD não se encontra configurado na LTAD2014 como um verdadeiro tribunal, cremos existir um segundo aspecto que merece ser ponderado. A impugnação da decisão do TAD para a câmara de recurso implica uma *renúncia* expressa do recurso da decisão da revisão de mérito do TCA Sul e permite que o STA somente conheça do mérito da causa em questões muito excepcionais, colocando-se, em particular, a questão de saber se, ao olharmos para as garantias de outros os agentes desportivos que não recorram à câmara arbitral, esta renúncia não colocará em causa o princípio da igualdade.

Na verdade, não assumindo ainda o TAD as garantias de independência típicas de um verdadeiro tribunal e sabendo que as partes que acordem recorrer para a câmara arbitral de recurso só podem aceder, em termos muito limitados, à jurisdição do STA, existe um conjunto de litígios que não tem sequer um único grau de jurisdição. No direito disciplinar a temática apresenta-se com especial acuidade, uma vez que, recorrendo para a

pp. 228 e ss., Fernando Alves Correia, *O plano urbanístico e o princípio da igualdade*, Guilherme Machado Dray, *O Princípio da Igualdade no Direito do Trabalho*, Jorge Reis Novais, *Os princípios constitucionais estruturantes da República Portuguesa*, p. 101 ss., Maria da Glória Garcia, «Princípio da Igualdade: Fórmula vazia ou Fórmula "Carregada" de sentido?», pp. 29 e ss., Ravi Afonso Pereira, «Igualdade e proporcionalidade: um comentário às decisões do Tribunal Constitucional de Portugal sobre cortes salariais no sector público», pp. 317-370, Vitalino Canas, «Constituição prima facie: igualdade, proporcionalidade, confiança (aplicados ao "corte" de pensões)», pp. 2 e ss., Miguel Nogueira de Brito, «Medida e Intensidade do Controlo da Igualdade na Jurisprudência da Crise do Tribunal Constitucional», pp. 107 e ss.

câmara arbitral, ao particular assiste-lhe, no máximo, um grau de jurisdição em todas as situações[1531].

Uma outra questão encontra-se relacionada com as custas que envolve o recurso ao TAD em sede de arbitragem necessária[1532]. Com efeito, ao contrário do que sucede na arbitragem voluntária, na arbitragem necessária a jurisdição é imposta por lei, não podendo as partes optar livremente pela jurisdição arbitral em detrimento da jurisdição estadual. Esta situação tem naturalmente consequências no âmbito das custas que as partes têm que suportar no acesso à justiça. Esta argumentação reside, portanto, na ideia de que «os encargos da justiça arbitral são mais elevados do que as custas num tribunal estadual, podendo dessa forma representar um desequilíbrio no acesso à justiça, colocando em situação desigual quem recorre à justiça estadual e à justiça arbitral, neste caso sem opção»[1533].

Em todo o caso, conforme a doutrina[1534] e o próprio TC já reconheceu no Ac. nº 123/2015, será inconstitucional que o legislador preveja um mecanismo arbitral necessário com custas superiores às existentes em comparação com os tribunais estaduais. É o que sucede com o TAD e poderá ser confirmado com um mero exercício prático. Com efeito, numa das primeiras decisões do TAD[1535], envolvendo a suspensão e a aplicação de uma multa no valor de 765€ pelo CD da LPFP ao Presidente do Sporting Clube de Portugal a questão tomou proporções particularmente ilustrativas[1536]. Na verdade, decidindo impugnar as decisões do CD, Bruno de Carvalho viu ser-lhe parcialmente deferido o pedido, entendendo o TAD que

1531 Não vale, por outro lado, a argumentação de que o consentimento cobre uma renúncia ao recurso perante TCA Sul, uma vez que o artigo 20º da CRP se encontra, desde logo, violado quando não existe um único grau de jurisdição.

1532 Excluímos, no entanto, considerações sobre o apoio judiciário, uma vez que este se encontra expressamente previsto e permite afastar, relativamente aos economicamente mais carenciados, quaisquer dúvidas que se pudesse colocar a respeito da constitucionalidade das custas.

1533 V. Ac. nº 123/2015 do TC.

1534 Cfr., por exemplo, como fora defendido por Paulo Otero e, mais recentemente, por Rui Medeiros, «Arbitragem e Constituição», p. 1308 e Artur Flamínio da Silva, «Revisitando a constitucionalidade da arbitragem necessária em Portugal: reflexões sobre o Acórdão nº 123/2015 do Tribunal Constitucional», pp. 375 e ss. e Filipe Brito Bastos, «A arbitragem em Direito Administrativo e o direito fundamental de acesso ao Direito nos tribunais portugueses», p. 98.

1535 Os valores elevados são constantes nos processos do TAD.

1536 Cfr. o processo nº 3/2015 do TAD, de 2 de Fevereiro de 2016.

este só deveria pagar 306€ (uma vez que existia outra base disciplinar para o punir) à LPFP. Em todo o caso, o mais paraxodal na solução do caso é o montante a pagar por ambas as partes: um total de 2490€ para cada uma. Em sentido contrário, o montante a pagar pelas partes seria substancialmente reduzido se pudessem optar pela resolução do conflito na jurisdição estadual. Com efeito, e exceptuando as custas de parte, as custas nos tribunais administrativos ascenderiam – em situação idêntica – a 612€ para cada parte[1537]. Assim se percebe que o valor de custas do TAD permite configurar uma evidente discriminação à luz do artigo 13º, da CRP, afastando, na verdade, o exercício de um direito das partes e constitucionalmente garantido: o acesso a um tribunal. No fundo, esta solução – e mesmo que esteja previsto apoio judiciário para as partes com insuficiência económica[1538] – o que pretende é evitar, igualmente, com custas desproporcionais, que as partes possam tentar revogar, em recurso, as sentenças arbitrais do TAD nos tribunais administrativos, o que, por sua vez, implicará a inconstitucionalidade da impossibilidade de cumprir legalmente, sem condicionamentos ou restrições substanciais, a existência de um controlo de mérito das sentenças arbitrais do TAD pelos tribunais administrativos.

Neste contexto, julgamos, em primeiro lugar, que não será necessário testar a estrutura legal do TAD com a «nova fórmula» do princípio da igualdade assente na igualdade proporcional pelo simples motivo de não existir, desde logo, um fundamento material bastante para justificar uma discriminação legislativa[1539]. Na verdade, não estando perante nenhuma

[1537] O valor apurado para as custas do TAD é apurado segundo o artigo 34º, nº 1, do CPTA (aplicado subsidiariamente) e determinado nos termos do artigo 76º, nº 1, da LTAD2014 e do artigo 2º, nº 5, da Portaria nº 301/2015 de 22 de Setembro. O valor das custas nos tribunais administrativos é apurado nos termos do artigo 6º, nº 1 (tabela I A) do Regulamento das Custas Processuais (DL 384/2008 de 26 de Fevereiro, na redacção de Lei nº 72/2014, de 2 de Setembro.

[1538] Artigo 62º da LTAD2014.

[1539] Deixamos, assim, de lado a análise exaustiva da mais recente jurisprudência do TC sobre o princípio da igualdade assente na ideia de igualdade proporcional. Devemos, no entanto, denotar que tal como o TC decidiu no Ac. nº 187/2013: (...) o princípio da igualdade exige que, a par da existência de um fundamento material para a opção de diferenciar, o tratamento diferenciado assim imposto seja proporcionado. Se o princípio da igualdade permite (ou até requer, em certos termos) que o desigual seja desigualmente tratado, simultaneamente impõe que não seja desrespeitada a medida da diferença. Ainda que o critério subjacente à diferenciação introduzida seja, em si mesmo, constitucionalmente credenciado e racionalmente não infundado, a desigualdade justificada pela diferenciação de situações nem por isso se tornará "imune a um juízo de proporcionalidade" (Ac. nº 353/2012). A desi-

das categorias suspeitas do artigo 13º, nº 2, da CRP[1540] que indiciem uma discriminação, deve-se, por conseguinte, precisar se existe ou não uma discriminação legislativa arbitrária[1541].

Na verdade, entendemos que a constatação de que o fundamento material bastante para uma intervenção legislativa reside na «autonomia do sistema desportivo»[1542] é, a nosso ver, um equívoco, uma vez que ignora a existência de uma posição de desigualdade estrutural entre os agentes desportivos e o associativismo desportivo. A desrazoabilidade do estabelecimento da arbitragem necessária, como aquela que diz respeito ao TAD, manifesta-se, deste modo, numa evidente desconsideração da posição de infra-ordenação dos agentes e num fortalecer da posição de poder – já de si estruturalmente evidente pela existência de uma cadeia normativa hierárquico-monopolística – do associativismo desportivo. As medidas legislativas não podem, desta forma, merecer a qualificação de razoáveis.

É, de facto, possível, em sentido contrário, argumentar-se com a necessidade de estabelecer um mecanismo de resolução de conflitos rápido e eficaz face às especiais características da actividade desportiva (a competição não poderia estar constantemente a ser interrompida por acções judiciais). Este poderia ser um argumento razoável, desde que não estivesse previsto um caso julgado desportivo e não existisse nenhum privilégio em relação a uma das partes. Em todo caso, havendo uma consolidação total (ou mesmo

gualdade do tratamento deverá, quanto à medida que surge imposta, ser proporcional, quer às razões que justificam o tratamento desigual – não poderá ser "excessiva", do ponto de vista do desígnio prosseguido –, quer à medida da diferença verificada existir entre o grupo dos destinatários da norma diferenciadora e o grupo daqueles que são excluídos dos seus efeitos ou âmbito de aplicação». Esta jurisprudência tem, todavia, sido sujeita a um importante crivo crítico. Sobre os críticos desta jurisprudência, cfr., por exemplo, Miguel Nogueira de Brito, «Medida e Intensidade do Controlo da Igualdade na Jurisprudência da Crise do Tribunal Constitucional»., Miguel Nogueira de Brito e Luís Pereira Coutinho, «A «igualdade proporcional», novo modelo no controlo do princípio da igualdade? Comentário ao Acórdão do Tribunal Constitucional nº 187/2013», pp. 182 e ss.

[1540] Note-se precisamente que as categorias aí previstas são, todavia, uma presunção ilidível. Como denotou o TC, por exemplo, no Ac. nº 81/95, mesmo que se esteja perante uma das categorias enunciadas pelo artigo 13º da CRP exige-se sempre que a «diferença de tratamento seja insusceptível de justificação perante o circunstancionalismo concreto da situação visada regular, o que o mesmo é dizer que se torna necessário averiguar se essa diferença foi arbitrariamente instituída».

[1541] Cfr., neste sentido e por exemplo, os Ac. nº 270/09 e, em particular, o Ac. nº 232/03, fazendo uma sucinta apresentação da jurisprudência anterior sobre a matéria.

[1542] Cfr. Rui Medeiros, «Arbitragem Necessária e Constituição», p. 1317.

parcial) dos efeitos desportivos, já não nos parece ser possível que exista argumento racional e materialmente fundamentado para justificar uma discriminação de tratamento (negativa) relativamente à questão da existência de dois graus de jurisdição.

Contudo, não se verifica, de forma alguma, qualquer fundamento material que exija um tratamento diferenciado a favor do associativismo desportivo e em desfavor dos agentes desportivos. Por outro lado, também não existe um fundamento para a existência – e a este respeito, a questão coloca-se perante o associativismo desportivo e perante os agentes desportivos – de uma arbitragem necessária mais cara em comparação com a justiça estadual competente para dirimir os litígios administrativos.

9.2. A questão da possibilidade de impugnabilidade das normas desportivas em sentido estrito e dos seus actos aplicativos

Uma das maiores dificuldades do sistema de justiça desportiva português reside na distinção entre as normas desportivas que derivam da prática desportiva competitiva, que supostamente não poderiam ser impugnáveis junto dos tribunais, e todas as outras normas desportivas que podem impugnadas nos termos gerais. Em contrapartida, neste contexto, assume-se especialmente difícil definir o que se deve entender por competição (ou o jogo). Os estudos interdisciplinares mais marcantes revelam – o primeiro antropológico-cultural[1543], o segundo de raiz sociológica[1544] e o terceiro de cariz filosófico[1545] –, de um modo explícito, a exigência de um espaço jurí-

[1543] Um dos clássicos sobre o tema pertence a JOHAN HUIZINGA. A obra inicial foi escrita em holandês em 1938, sob o título «Homo ludens. Proeve eener bepaling van het spel-element der cultuur». No entanto, existe uma versão traduzida para a língua inglesa. Aí o autor definiu o jogo como: «play is a voluntary activity or occupation executed within certain fixed limits of time and place, according to rules freely accepted but absolutely binding, having its aim in itself and accompanied by a feeling of tension, joy and the consciousness that is "different" from "ordinary life"», explorando num capítulo a relação do Direito com a competição e denota que existe uma evidente juridificação inerente ao jogo que revela em três aspectos essenciais: «the game of chance, the contest, the verbal battle». Cfr. *Homo Ludens – a study of the play – element in culture*, pp. 28 e 84.

[1544] Segundo ROGER CALLOIS o jogo é delimitado, incerto, improdutivo, fictício e – o factor que particularmente no que nos interessa – consubstancia uma actividade regulamentada que é sujeita «a convenções que suspendem as leis normais e que instauram momentaneamente uma legislação nova, a única que conta». Cfr. *Os Jogos e os Homens – Ensaio*, pp. 29-30.

[1545] Cfr. LUDWIG WITTGENSTEIN, *Philosophische Untersuchungen*, pp. 16 e ss., utilizando o jogo para explicar a filosofia da linguagem, reconhecendo a necessidade de uma fixação prévia de um sentido linguístico (ou seja, um sentido normativo).

dico ou, pelo menos, de um cariz normativo e de regulação imanente à essência do jogo. Este será, desta forma, um postulado que acompanhará a análise que se segue. Não nos caberá, assim, explorar com detalhe o conceito de jogo[1546].

Na verdade, só nos interessa discutir em que medida pode existir uma relevância da juridificação do jogo para a normatividade estadual que regule a competição desportiva, bastando-nos, deste modo, reter somente que o jogo representa *uma actividade física que busca um resultado competitivo normativamente pré-fixado* e que a competição desportiva, por sua vez, *tem como função o estabelecer dos meios organizativos e procedimentais que permitam, em termos comparativos, apurar o vencedor de uma ou várias disputas entre diversos atletas*[1547].

No plano jurídico, a primeira distinção sistemática entre a *norma jurídica* e as *regras da competição desportiva* foi operada pelo suíço MAX KUMMER[1548]. De acordo com a construção do autor existem quatro categorias de *regras do jogo* (*Spielregeln*): (i) *as regras do jogo em sentido estrito*, que correspondem às regras que definem o desenlace do jogo, por exemplo, aquelas que no xadrez estabelecem quantas figuras podem ser utilizadas para jogar ou mesmo quando deverá alguma delas ser retirada do tabuleiro[1549]; (ii) *as regras de competições por eliminatórias ou por pontos* (*Mehrstufenspiel*) reconduzem-se às normas que dizem respeito à classificação ou modo de apuramento de um atleta ou equipa numa determinada competição desportiva (e que se situam, de certo modo, num nível hierárquico superior relativamente às normas do jogo *strictu sensu*), por exemplo, as regras que estabelecem qual a pontuação ou resultado necessário para que um desportista possa atingir um patamar mais elevado na competição que disputa[1550]; (iii) *as normas que definem os requisitos de participação na competição desportiva*, que podem ser consideradas todas aquelas que definem os pressupostos necessários para

[1546] Em termos diferentes, seguindo a definição de HUIZINGA, cfr. RUI PINTO DUARTE, «O Jogo e o Direito», p. 70.

[1547] Cfr., a nossa noção de normas estritamente desportivas, na Parte I, Capítulo II §1, ponto 1.3.

[1548] Não obstante, já CESARINI SFORZA quando se referia à relevância ou irrelevância das normas desportivas em relação à normatividade do Estado parecia apontar para um critério que se resumia às regras que emergiam da competição desportiva, embora não se ocupasse desta distinção.

[1549] MAX KUMMER, *Spielregel und Rechtsregel*, pp. 23 e 31 e ss.

[1550] MAX KUMMER, *Spielregel und Rechtsregel*, pp. 23-24 e 66 e ss.

que um determinado atleta seja admitido numa competição em concreto, por exemplo, a regra que estabelece quem pode ser qualificado como jogador profissional[1551]; (iv) as *regras técnicas que envolvem o jogo*, ou seja, as que estabelecem «o lado técnico e organizatório do jogo»[1552], por exemplo, as regras que definem qual o equipamento necessário para que um atleta possa participar na disputa competitiva ou o tamanho do campo onde se realiza o jogo. No fundo, todas aquelas normas que se ocupem dos «pressupostos formais do jogo»[1553].

O autor admite, porém, uma excepção: as situações em que os regulamentos federativos prevejam uma sanção disciplinar por factos que emergem do jogo, mas que não são reconduzíveis a normas que fundamentam as decisões de árbitros no decorrer de uma competição (v. as normas que punem um atleta que seja reincidente na admoestação com um cartão vermelho ou azul e que se traduzem numa sanção automática), uma vez que podem violar direitos de personalidade deve-se negar-lhes a impossibilidade de um controlo jurisdicional desta normatividade[1554]. Kummer entende, no entanto, que todas as outras regras deveriam ser consideradas um «não-direito» (*Nichtrecht*) e que, consequentemente, não poderiam ser cognoscíveis pelos tribunais estaduais[1555].

Como vimos, este é também um pressuposto que a nossa doutrina acompanha[1556], devidamente corroborado, de forma explícita ou implícita, pelos tribunais[1557]. O ponto de partida desta concepção afirma que estamos perante «regras técnicas»[1558], uma vez que «a regulação do jogo não é de

1551 Max Kummer, *Spielregel und Rechtsregel*, pp. 24 e 71 e ss.

1552 Max Kummer, *Spielregel und Rechtsregel*, 1973, p. 71.

1553 Max Kummer, *Spielregel und Rechtsregel*, 1973, pp. 25 e 75.

1554 Max Kummer, *Spielregel und Rechtsregel*, pp. 45 e ss. e 58-60. V., por exemplo, a decisão do TFS de 6 de Dezembro de 1994 (ATF 120 II 369) onde se admite que a violação de direitos de personalidade impede a qualificação de uma norma como *regra do jogo*.

1555 Max Kummer, *Spielregel und Rechtsregel*, , p. 77.

1556 Cfr., paradigmaticamente, Pedro Gonçalves, Entidades Privadas com Poderes Públicos, p. 860 e, do mesmo autor, «A «soberania limitada» das federações desportivas», p. 56. V. também, se bem entendemos a posição do autor, Carlos Ferreira de Almeida, «Os sistemas normativos do desporto», pp. 287 e 288.

1557 V., por exemplo, o Ac. do TCA Sul de 21 de Março de 2013, processo nº 6887/10.

1558 V., por exemplo, Pedro Gonçalves, *Entidades Privadas com Poderes Públicos*, p. 860 e, do mesmo autor, «A «soberania limitada» das federações desportivas», p. 56 e Carlos Ferreira de Almeida, «Os sistemas normativos do desporto», pp. 287 e 288. Em sentido idêntico, falando em «regras técnico-desportivas», cfr. José Manuel Meirim, *A Federação Desportiva como sujeito público do sistema desportivo*, p. 677. Esta é, de resto, uma locução utilizada no

direito público, nem de direito privado, posto que não se trata de uma regulação jurídica»[1559].

A discussão que se segue envolve, desde logo, dois aspectos essenciais: (i) analisar a natureza jurídica das normas desportivas em sentido estrito; (ii) aferir da sua susceptibilidade (e dos actos que a apliquem) de impugnação junto de tribunais. Neste sentido, devemos alertar que, embora as normas que regulem a prática desportiva sejam frequentemente associadas como representando autênticas «normas técnicas», alguma doutrina já identificou que não são exactamente a mesma realidade[1560]. Na verdade, as *normas técnicas* partilham, por vezes, de uma caracterizadora imperatividade de facto com as *regras técnico-desportivas*. Estas últimas nunca revelam, porém, uma facultatividade no seu cumprimento para os destinatários desta normatividade[1561].

Esta é, aliás, a diferença primordial entre as duas realidades: as *normas técnico-desportivas*, enquanto normas de comportamento, *revelam sempre uma imperatividade (de facto) imprescindível e inerente à sua natureza, com uma intensidade de tal modo forte*[1562] que as aproxima à lógica interna de uma norma

ordenamento francês pelo Code du Sport no artigo L131-16 afirmando que: [l]es fédérations délégataires édictent: 1° Les règles techniques propres à leur discipline».

[1559] V., por exemplo, Pedro Gonçalves, «A «soberania limitada» das federações desportivas», (2006), p. 56.

[1560] Em todo o caso, segundo Peter Marburger estamos perante realidades próximas (*parallelerscheinungen*), uma vez que, em regra, embora se trate aqui de regras de conduta, estas não apresentam relevância jurídica. Destaca, porém, que só devem ser consideradas aqui englobadas as normas que «definem o conteúdo do jogo, de forma a estabelecerem o seu desenrolar», visto que as outras normas podem, de facto, assumir relevância jurídica (especialmente aquelas que visam proteger os jogadores e os espectadores). Cfr. *Die Regeln der Technik im Recht*, pp. 301 e ss.

[1561] V., por exemplo, o conceito de norma técnica apresentado por Pedro Gonçalves afirmando que se trata de «uma norma editada por um organismo de direito público ou privado dotado de capacidade técnica cujo conteúdo, formulado com base em dados fornecidos pela ciência, pela tecnologia e pela experiência, define, para utilização voluntária, os critérios a que deve obedecer a execução de uma dada tarefa (v.g., processo de fabrico) ou as características técnicas que deve reunir um produto (v.g., uma máquina) ou uma entidade (v.g., um organismo de inspecção)», Cfr. *Entidades Privadas com Poderes Públicos*, p. 723. Em sentido idêntico, o conceito apresentado por Petra Buck-Heeb e Andreas Dieckmann, *Selbstregulierung im Privatrecht*, p. 160, com indicações bibliográficas.

[1562] Esta intensa imperatividade de facto deriva especialmente pelos mecanismos disciplinares instituídos para fazer impor este tipo de normatividade, desde logo, pela imposição automática de sanções ou pelo exercício do poder disciplinar *a posteriori* por violações de normas

jurídica[1563]. Esta circunstância revela-se na situação em que o desportista não pode, evidentemente, optar por jogar com uma bola de futebol com o dobro do peso daquele que é regulamentarmente imposto ou na situação em que a federação nacional não pode estabelecer que joguem 14 jogadores (de cada lado) em cada disputa se a federação transnacional estipular que só podem jogar 11. Por estes exemplos é possível ver que estas normas assumem, desde logo, relevância jurídica, uma vez que são reconhecidas pelo Estado (por intermédio de aceitação) na medida em que se encontrem incorporadas pelos estatutos e regulamentos de uma federação desportiva nacional.

O fundamento mais directo deste reconhecimento radica precisamente na liberdade da associação nacional em relação ao Estado. Deste modo, cumpridos os requisitos das normas imperativas do CC nada impede que a federação desportiva nacional integre aquela normatividade e exista um reconhecimento indirecto do Estado. Não há, assim, nenhuma facultatividade no cumprimento daquelas normas[1564].

Torna-se, deste modo, evidente que o conceito de normas técnicas não é, de todo, adequado a qualificar a natureza da normatividade que está aqui em causa. Por outro lado, acresce, como se verá, que a distinção entre as normas desportivas, em sentido estrito, (*Sportregeln*) e as normas jurídicas (*Rechtsregeln*) não demonstra uma operatividade absoluta. Como denotaram precisamente Fritzweiler, Pfister e Summerer: «[a]s tentativas que buscavam delimitar as regras do jogo em relação às normas jurídicas, nunca atingiram o seu objectivo, uma vez que nem a regra do jogo, nem a norma jurídica são determináveis a partir de uma definição exacta»[1565]. Esta é, de facto, uma dificuldade que encontramos nas soluções (legais, doutrinais e

que regulem a competição desportiva e que possam implicar um desvantagem ou, por exemplo, a suspensão daquele que viola as normas técnico-desportivas.

[1563] Cfr. Francesco Paolo Luiso, *La Giustizia Sportiva*, p. 35, nota 14, com referências.

[1564] Esta questão é bem identificada por Diogo Freitas do Amaral ao considerar que havendo uma fonte de Direito que remeta para as «regras técnicas», estas passam a assumir relevância jurídica. Acrescentamos nós que o fundamento do reconhecimento do Estado é precisamente a incorporação de normas técnicas no bloco de normatividade da federação desportiva nacional. Deste modo, ao reconhecer juridicidade à relação contratual estabelecida entre os intervenientes no ordenamento desportivo acaba por garantir um fundamento jurídico às regras técnicas. Cfr. Diogo Freitas do Amaral, *Manual de Introdução ao Direito*, Vol. I, pp. 536 e ss.

[1565] Fritzweiler, Pfister e Summerer, *Praxishandbuch Sportrecht*, p. 107.

jurisprudenciais) que outros ordenamentos adoptam para resolver esta questão.

9.2.1. A jurisprudência do TAS sobre a cognição de litígios que decorram de normas desportivas em sentido estrito

O TAS não tem, em regra, qualquer limitação na cognição dos litígios que as partes submetem à sua apreciação[1566]. Segundo o disposto no artigo R57 dos ETAS «o painel tem competência plena para rever os factos e o Direito. Pode, assim, prof*erir uma nova decisão que sustitua a decisão impugnada ou anular a decisão e reenviar o processo para o tribunal que proferiu a decisão recorrida*». Por conseguinte, podia-se, de uma forma intuitiva, considerar que o TAS podia conhecer os litígios que tivessem por objecto a competição desportiva. A realidade é, porém, muito mais complexa, uma vez que as normas dos estatutos de federações internacionais excluem, em regra, um conjunto de situações da cognição do TAS (entre estas, por exemplo, as violações das «leis do jogo»). Um desses exemplos pode ser recolhido, em particular, no artigo 67º, nº 3 dos estatutos da FIFA, no qual se estabelece que: «não obstante, o TAS não conhece recursos que resultem: a) de violações das leis do jogo (...)».

Neste contexto, deve mencionar-se que o TAS produziu uma abundante jurisprudência sobre a impugnabilidade de conflitos que tenham como objecto a competição desportiva. A questão da possibilidade de impugnar um resultado desportivo colocou-se, pela primeira vez, nos Jogos Olímpicos de Atlanta em 1996[1567]. Numa prova ocorrida a 30 de Julho de 1996, o boxista Cristophe Mendy competia contra outro atleta, David Defiagbon, quando

[1566] Sobre este problema no ordenamento jurídico suíço, bem como a evolução da doutrina e jurisprudência que nega que as questões estritamente desportivas representem um espaço livre de Direito, cfr. Cfr. Margareta Baddeley, «Une sentence d'un intérêt particulier», p. 146. Cfr, igualmente, Pierre Jolidon, «Ordre sportif et ordre juridique: à propos du pouvoir juridictionnel des tribunaux étatiques en matière sportive», pp. 230 e 231. No sentido de que a concepção das normas estritamente desportivas como um «não direito» se assume como uma ficção, cfr. Ulrich Haas, «Die Überprüfung von "Spielentscheiden" in der Rechtsprechung des Court of Arbitration for Sport (CAS)», p. 134. Exigindo uma redefinição (mais restrita) das regras do jogo, cfr. Piermarco Zen-Ruffinen, *Droit du Sport*, p. 482. Sobre esta questão, com referências, cfr. Antonio Rigozzi, *L'arbitrage international en matière de sport*, p. 448.

[1567] Recorde-se que a divisão *ad hoc* do TAS está, de acordo com o artigo 18º das regras *Ad hoc* do TAS para os Jogos Olímpicos, obrigada a decidir em 24 horas, embora o Presidente da divisão ad hoc possa, se as circunstâncias o justificarem, aumentar este lapso temporal.

foi desqualificado pelo árbitro devido a um alegado «golpe abaixo da cintura». Discordando da decisão, MENDY exerce o seu direito de protesto – previsto regulamentarmente pela AIBA – argumentando que se tratou de um soco numa parte do corpo autorizada (na zona do fígado do adversário) pelos regulamentos da competição. O protesto de MENDY foi, todavia, rejeitado pela AIBA, pelo que o atleta optou por recorrer ao TAS. No caso *Mendy*, o TAS argumentou nas suas conclusões que, apesar de existir uma tendência na doutrina tradicional e na jurisprudência do TFS que consistia na negação de ser possível interromper o desenrolar da competição por intermédio de constantes recursos perante um juíz[1568], seria de reconhecer uma nova aproximação doutrinal cuja tendência seria abolir a distinção entre a *regra do jogo* e a *regra jurídica*[1569], recorrendo à doutrina de MARGARETA BADDELEY. Por conseguinte, sustentou que: (i) não existiriam razões para distinguir entre as regras originariamente produzidas por uma federação desportiva e outras regras sociais, uma vez que, neste contexto, não haveria nenhum motivo para que a regra desportiva gozasse de uma particular imunidade quando estivessem em causa direitos de personalidade ou a quando se reportasse a uma regra que pudesse ter consequências económicas[1570]; (ii) a distinção entre regra puramente desportiva e regra jurídica não existiria no direito comparado, *maxime* em países como França e Estados Unidos da América[1571]. Pelos argumentos expostos, entendeu que o litígio em questão seria arbitrável. No entanto, não deixou de realçar que o exercício desse poder será sempre mitigado pelas particularidades de cada desporto, de acordo com o quadro normativo pré-fixado pelas federações desportivas correspondentes[1572].

Nas palavras do TAS: «a decisão do árbitro, a qual foi confirmada pela AIBA, é puramente técnica e relativa a regras que são da exclusiva responsabilidade da federação respectiva. Não é da competência do painel *ad-hoc* rever a aplicação das referidas regras. Esta restrição apresenta-se como verdadeiramente necessária, uma vez que estando distante do local onde se verificaram os factos, o painel *ad-hoc* encontra-se em piores condi-

[1568] O painel do TAS baseia-se, em especial, na sentença 118 II 12/19 do TFS. Cfr. parágrafo 5 do caso Mendy.

[1569] Cfr., parágrafo 8 do caso Mendy.

[1570] V., parágrafo 8 e ss. do caso Mendy.

[1571] Cfr., parágrafo 11 do caso Mendy.

[1572] Cfr., parágrafo 12 do caso Mendy.

ções para decidir do que o árbitro ou equipa de arbitragem que estavam no ringue»[1573]. O tribunal arbitral suíço entendeu, porém, que – invocando o trabalho de MARGARETA BADDELEY – este critério não é válido quando as decisões técnicas violam a lei, as normas federativas ou os princípios gerais do Direito. Todavia, rejeitou o recurso do atleta, na medida em que este não logrou a apresentar provas de que a «autoridade desportiva» tenha agido «erroneamente» ou com «intenção maliciosa»[1574].

Esta doutrina viria, posteriormente, a influenciar – implícita ou explicitamente – as decisões da divisão *ad-hoc* do TAS nos Jogos Olímpicos em Sydney[1575]. No Ac. KIBUNDE, o TAS recusou a pretensão de um atleta qualificado para os Jogos Olímpicos que, por um conjunto de motivos extraordinários, não conseguiu estar atempadamente presente num exame médico (regulamentarmente imposto) previsto realizar-se em Sydney antes do início da competição. O TAS negou a pretensão do atleta, reconhecendo que a prática de uma disciplina desportiva implica sempre o estabelecimento de regras que determinem o desenrolar do jogo ou de uma competição, bem como disposições que regulem as condições de qualificação, requisitos de instalação ou dos equipamentos, mas que tal não impede que os regulamentos desportivos respeitem o princípio da legalidade e os princípios gerais de Direito. Assim, seguiu o raciocínio de que a existência de uma excepção violaria «o princípio de igualdade de tratamento», e, embora admitisse que pudesse existir uma ponderação de «interesses», o TAS entendeu que a admissão do atleta na competição seria desproporcionada em relação aos atletas que se inscreveram correctamente nos Jogos Olímpicos[1576].

Noutra decisão que ocorreu durante os Jogos Olímpicos de Sydney, a atleta de remo RUMYANA DIMITROVA NEYKOVA disputava o resultado obtido por intermédio da tecnologia de *photo finish* e de um sistema de cronometragem que a colocavam no segundo lugar da competição. A FISA,

[1573] V., parágrafo 13 do caso Mendy.

[1574] Parágrafo 13 e 14 do caso Mendy.

[1575] Nesta sentença adopta-se uma fórmula bastante sucinta: «[t]he game rule is not shielded from the control of judges, but their power of revision is limited to that which is arbitrary or illegal».

[1576] Cfr. o Ac. da Câmara Arbitral *ad hoc* do TAS dos Jogos Olímpicos de Sydney, nº 004/004, *Comité Olympique Congolais (COC) et Jesus Kibunde* contra *Association Internationale de Boxe Amateur* (AIBA), de 18 de Setembro de 2000, publicado em *Digest of CAS Awards*, Vol. II, pp. 617 e ss.

confrontada com esta possibilidade, decidiu confiar nos resultados apresentados pela empresa responsável pela utilização dos meios tecnológicos. A questão colocou-se perante o TAS. Este último entendeu que não se estava a disputar uma decisão técnica de um árbitro, pelo que reconheceu não estarmos perante uma situação idêntica ao caso *Mendy*, uma vez que os argumentos da atleta apoiavam-se somente na existência de deficiências no equipamento técnico. Em todo o caso, não aceitou as pretensões da atleta e julgou que a desportista não conseguiu provar que existiam efectivamente problemas técnicos nos meios tecnológicos que validaram o resultado[1577].

A problemática da impugnabilidade de normas estritamente desportivas viria a ter um novo capítulo no caso SEGURA. Neste litígio estava em causa um atleta que ganhara uma competição de vinte quilómetros de marcha, mas que fora, pouco tempo depois, desqualificado por ter cometido diversas infracções no decurso daquela competição. Poucos dias depois, e em consequência disso, houve uma reclassificação que atribuiu os três primeiros lugares a outros atletas. O atleta BERNARDO SEGURA considerava que tinha sido incorrectamente desqualificado, submetendo o litígio ao TAS. Deste modo, embora o TAS reconhecesse que: «os árbitros do TAS não conhecem das decisões tomadas no campo do jogo pelos juízes, árbitros ou outros oficiais incumbidos da aplicação daquilo que por vezes se designa como "leis do jogo" (...)», entendeu que podiam existir excepções ao afirmar expressamente que: «(uma excepção, entre outras, seria se a aplicação de tais regras houvesse sido feita de má fé, por exemplo, como resultado de corrupção)»[1578].

O TAS entendeu que o litígio em causa não tinha, porém, por objecto uma decisão que decorresse de regras do jogo, mas, pelo contrário, de uma norma disciplinar que previa a desclassificação do atleta. Por conseguinte, ainda que SEGURA pudesse afirmar que a decisão de reclassificação da competição desportiva havia sido tomada com um atraso considerável (e com expressa violação dos regulamentos), não podia apresentar um fundamento regulamentar na sua aplicação, motivando, assim, a rejeição do recurso. A decisão SEGURA permitiu, desde logo, deixar em aberto a questão rela-

[1577] Cfr. o Ac. da Câmara Arbitral *ad hoc* do TAS dos Jogos Olímpicos de Sydney de 29 de Setembro de 2000, nº 012/2000, *Rumyana Dimitrova Neykova contra International Rowing Federation (FISA) e COI*, publicado em *Digest of CAS Awards*, Vol. II, pp. 674 e ss.

[1578] V. Ac. de 30 de Setembro de 2000 da Câmara Arbitral *ad-hoc* do TAS dos Jogos Olímpicos de Sydney, nº 00/013, *Bernardo Segura* contra *International Amateur Athletic Federation* (IAAF).

tivamente à possibilidade de impugnar as resoluções tomadas por árbitros durante o decurso do jogo.

Esta temática viria, porém, a ganhar contornos acutilantes na corrente jurisprudêncial desenvolvida pelo TAS no Ac. *Apolo Ohno*. Na base deste litígio esteve uma desqualificação do atleta Kim Dung-sung efectuada por um árbitro durante uma competição de patinagem em velocidade de pista curta em Salt Lake City fundamentada na violação de uma regra regulamentar. Em consequência desta decisão, o atleta Apolo Ohno venceria a medalha de ouro. Kim Dung-sung recorreu para o TAS, afirmando que a decisão fora arbitrária e fundamentada na «pressão do público». Nesta decisão, o colégio arbitral do TAS entendeu que existe uma cognição limitada do TAS dos litígios que incidam sobre o jogo, com base no argumento da «vontade presumida das partes»[1579]. Por conseguinte, afirmou o tribunal que as partes «aceitaram» que: «(...) o painel não ousa questionar as decisões tomadas pelos árbitros sobre matérias técnicas relacionadas com questões do jogo, tais como a aplicação de regras que regem a prática daquele jogo em específico»[1580]. Por outro lado, o TAS reconheceu que o insistente recurso na sua jurisprudência a expressões como «arbítrio», «má-fé», «dever de cuidado», «má intenção», «cometimento de um erro» ou «outros erros litigáveis» poderiam sugerir equívocos, mas que têm implícito algo mais do que um mero erro. Na verdade, a ser possível impugnar o mérito de uma decisão errada, estariam abertas as «comportas» para que todas as decisões sobre o resultado do jogo pudessem ser sindicáveis junto do TAS.

Por conseguinte, para o TAS poder rever uma decisão sobre o resultado desportivo teria de existir uma «prova directa de má-fé» que se manifestaria, em particular, numa «evidente preferência» ou «desvantagem» de uma equipa ou desportista em relação aos seus competidores, em especial, como sucede «em virtude de corrupção» desportiva. O TAS eximiu-se, todavia, de explicar conceptualmente a que se reconduz uma decisão «arbitrária» afirmando, desde logo, numa fórmula curta e inócua: «pode ser que não seja possível apresentar uma definição exacta e que qualquer definição da palavra "arbitrário" seja similar à bem conhecida definição de elefante: difícil

[1579] Neste sentido, Antonio Rigozzi, *L'arbitrage international en matière de sport*, p. 454 e Ulrich Haas, «Die Überprüfung von „Spielentscheiden" in der Rechtsprechung des Court of Arbitration for Sport (CAS)», pp. 133 e ss.

[1580] Ac. de 23 de Fevereiro de 2002 da Câmara Arbitral *ad hoc* do TAS dos Jogos Olímpicos de Inverno de Salt Lake City, nº 02/ 007, *Korean Olympic Committee* (KOC) contra *International Skating Union* (ISU) (caso Apolo Ohno).

de descrever, mas sabes que estás perante um quando o vês». Desta forma, rejeitou o recurso de KIM DUNG-SUNG, uma vez que este não logrou em demonstrar que existia uma decisão «arbitrária».

Esta corrente jurisprudencial foi retomada no caso *Vanderlei de Lima*. O litígio surgiu nos Jogos Olímpicos de Atenas, nos quais o maratonista VANDERLEI DE LIMA – que seguia no primeiro lugar da competição – foi agarrado por um espectador e levado para fora da estrada para junto dos outros espectadores. Posteriormente, um atleta assumiu o comando da prova e outro atleta a segunda posição, ultrapassando o atleta brasileiro. VANDERLEI DE LIMA acabaria por terminar em terceiro e alcançar a medalha de bronze. No entanto, o atleta recorreu junto do TAS, propondo uma acção de modo a que lhe fosse atribuída a medalha de outro. Neste contexto, o TAS – rejeitando a pretensão do atleta – reconheceu que: «*regra geral, o TAS tem competência para avaliar e conhecer das decisões tomadas no decurso da competição*», salientou, todavia, que o TAS aceitaria as decisões tomadas durante o jogo, a menos que: «seja demonstrado que existiu uma arbitrariedade ou má-fé na forma como se alcançou aquela decisão»[1581].

O caso *Asian Handball Federation (AHF), Kazakhstan Handball Federation (KzHF), Kuwait Handball Association (KHA)* contra *International Handball Federation (IHF)*[1582] assumiu contornos mais complexos. De uma forma muito simplista, na base daquele litígio esteve uma alegada manipulação de resultados no âmbito de uma qualificação para os Jogos Olímpicos de 2008, uma vez que se verificaram irregularidades na nomeação dos árbitros (os árbitros das partidas não eram árbitros licenciados pela IHF) na competição de qualificação masculina e feminina. Os resultados desportivos assim obtidos viriam, posteriormente, a ser anulados por uma determinação da IHF, exigindo a repetição das duas provas. A AHF, a KzHF e a KHA recorreram, todavia, ao TAS para: (i) serem reconhecidos os resultados decorrentes da qualificação inicial; (ii) existir a anulação da repetição da competição.

De forma surpreendente, o TAS, reconhecendo expressamente a jurisprudência anterior e afirmando que o tribunal não tem o poder para analisar as decisões tomadas no decurso do jogo, anulou, no entanto, a decisão disciplinar da IHF. Contudo, também anulou o resultado inicial da com-

[1581] Cfr. Ac. da Câmara Arbitral *ad hoc* do TAS dos Jogos Olímpicos de Atenas de 8 de Setembro de 2005, nº 2004/A/727, *Vanderlei de Lima & BOC contra IAAF*

[1582] Ac. do TAS 2008/O/1483, de 20 de Maio de 2008.

petição masculina e validou os resultados da repetição da daquela prova, tendo, ainda, confirmado os resultados iniciais da competição feminina (anulando a repetição). Por outro lado, afirmou cuidadosamente que a conduta dos árbitros não se deve entender como uma «fraude» ou como uma «intenção dolosa». Na verdade, considerou que não se estaria aqui perante uma revisão do resultado obtido pela determinação do árbitro no que respeita ao jogo, afirmando que: «o painel não se está a intrometer numa decisão sobre o jogo. A sua decisão baseia-se nos dados estatísticos dos jogos, na opinião de peritos (que o painel entende como) neutrais e qualificados e nos factos e circunstâncias que rodearam a selecção dos árbitros da Jordânia».

Numa decisão relativamente recente conhecida como *FC Bayern München AG & Frank Ribéry* contra *UEFA*[1583], embora o TAS não reformulasse o resultado desportivo, viu-se na contingência de analisar um contacto físico entre os jogadores Frank Ribéry e Lisandro Lopez ocorrido durante um jogo da Liga dos Campeões, qualificando-o juridicamente de forma a poder interpretar uma norma disciplinar da UEFA. Na realidade, o TAS analisou se a conduta do jogador Frank Ribéry pretendeu violar a integridade física de Lisandro López, de modo a que fosse possível averiguar da bondade da qualificação efectuada pelo árbitro no decurso do jogo. De todo o modo, tendo presente a restritiva jurisprudência sobre a cognição de decisões sobre o jogo, de uma forma prudente, optou por não decidir contra a decisão do árbitro em causa, com o fundamento de que, salvo argumentos sólidos, exige-se um dever de respeito pelo julgamento efectuado pela pessoa que mais próxima se encontrava dos acontecimentos desportivos, pelo que a decisão do árbitro deve, em caso de dúvida, ser considerada válida[1584].

Por outro lado, rejeitou noutras duas sentenças a possibilidade de conhecer de litígios que emergissem de decisões decorrentes do jogo, entendendo que existe um consenso sobre a possibilidade limitada de as rever, podendo constatar uma «*field of play* decision doctrine»[1585]. Todavia, mais

[1583] Ac. de 3 de Maio de 2010, processo TAS 2010/A/2114.

[1584] Nas palavras do painel de árbitros: «[i]mmerhin handelte es sich beim Schiedsrichter um die dem Geschehen am nächsten stehende neutrale Person, die im vorliegenden Fall den Zusammenprall der Spieler ohne Sichtbehinderung beobachten konnte».

[1585] Ac. de 11 de Agosto de 2012, CAS OG 12/10. No mesmo sentido, a decisão de 6 de Março de 2009, CAS 2008/A/1641, Netherlands Antilles Olympic Committee (NAOC) contra International Association of Athletics Federations (IAAF) & United States Olympic Committee (USOC).

recentemente, o TAS deu uma importante inversão jurisprudencial no caso *Mads Glasner* contra *Fédération Internationale de Natation*[1586]. Neste litígio esteve em causa uma decisão disciplinar – motivada por uma alegada dopagem – que retirou ao atleta todos os êxitos desportivos (prémios, medalhas, etc) por ele alcançados a partir de uma determinada data.

Num tom muito crítico, o árbitro único (Ulrich Haas) entendeu que não podia aqui valer uma interpretação restritiva do artigo R57 dos ETAS, uma vez que, estando em causa uma decisão disciplinar relacionada a dopagem, não estamos perante uma determinação técnica, mas uma decisão que se baseia no Código Mundial de Antidopagem. Na verdade, entendeu que «o árbitro único não consegue perceber em que medida a federação teria maior competência técnica do que os painéis do TAS na aplicação de regras com uma natureza verdadeiramente transnacional ou em que medida seria maior o perigo de alguém decidir a questão de "acordo com a sua sensibilidade subjectiva"quando estivessemos no plano da decisão pelo TAS ou no plano dos órgãos das federações». Reconheceu, assim, que a existência de uma «imunidade parcial» das decisões dos órgãos federativos no domínio da dopagem pode ter efeitos preversos ao «induzir os órgãos das federações desportivas a abusar, de certo modo, do seu poder judicativo em desfavor dos atletas».

Por um lado, argumentou precisamente que a CEDH estabelece no artigo 6º, nº 1, a necessidade da existência de, pelo menos, um grau de jurisdição. Deste modo, entende que: «escusado será dizer que as sanções relativas a casos de doping afectam profundamente os direitos de um atleta e que a federação não providencia um acesso à justiça nos termos consagrados no art. 6°, n° 1 da CEDH, uma vez que não garante o conhecimento dos factos e a aplicação do Direito por uma instância judicial verdadeiramente independente. As restrições ao direito fundamental de acesso à justiça não devem ser aceites facilmente, mas só e apenas quando tais restrições estejam justificadas quer no interesse da boa administração da justiça, quer na proporcionalidade. O árbitro único não consegue conceber em que medida uma restrição do seu mandato – contrária à letra do art. R57 do ETAS – poderia ser entendida no sentido da boa administração da justiça». Deste modo, anulando a decisão disciplinar da FINA, o TAS decidiu que devia ser emitido um comunicado de imprensa, na qual a FINA reconhecia a re-atribuição da medalha de ouro ao atleta.

[1586] Sentença do TAS 2013/A/3274, de 31 de Janeiro de 2014.

Em suma, a distinção entre regras do jogo e regras de direito também foi abandonada pelo TAS[1587]. De acordo com esta realidade, entendeu que conceber as *regras do jogo* como um «não-direito» implica estarmos perante uma «ficção», uma vez que se as partes celebram uma convenção de arbitragem, na qual estabelecem quais as decisões proferidas pelos órgãos federativos que podem ser controladas pelo tribunal arbitral, isto significa que estas contendas foram subtraídas, pela livre disposição das partes, da cognição do tribunal arbitral, ainda que sejam assumidas por estas como «conflitos jurídicos»[1588]. Em última instância, a questão de saber se o TAS é competente para dirimir um litígio reconduz-se a uma interpretação da convenção de arbitragem[1589].

Por conseguinte, o TAS produziu uma jurisprudência uniforme relativamente a uma interpretação restrita do artigo R57 dos ETAS, estabelecendo que as «*field play* decisions» não podem ser conhecidas por dois motivos essenciais: (i) a admissibilidade da cognição destes litígios aumentaria a litigiosidade relativamente às decisões que fixassem o resultado desportivo; (ii) os árbitros do TAS não estão qualificados para analisar os factos de forma idêntica aos juízes que fixaram os factos durante a competição. Não obstante, reconhece que existam situações de tal modo gravosas (ou «arbitrárias») que exigem a cognição daquele litígio pelo TAS.

9.2.3. A jurisprudência do TJCE e a cognição de litígios que decorram de normas desportivas em sentido estrito

A ideia de que o desporto conhece uma «excepção desportiva»[1590] remonta, na jurisprudência do TJCE, a 1974, à decisão *Walrave e Koch,* na qual o TJCE teve oportunidade de se pronunciar, pela primeira vez, sobre se a activi-

[1587] Embora se possa constatar uma tendencial imunidade jurisdicional das primeiras.

[1588] Cfr. Ulrich Haas, «Die Überprüfung von "Spielentscheiden" in der Rechtsprechung des Court of Arbitration for Sport (CAS)», p. 134.

[1589] Ulrich Haas, «Die Überprüfung von "Spielentscheiden" in der Rechtsprechung des Court of Arbitration for Sport (CAS)», p. 134.

[1590] Sobre o impacto da jurisprudência do TJCE no Desporto, v., em geral e, entre outros, André Dinis de Carvalho, *Da Liberdade de Circulação dos Desportistas na União Europeia*, pp. 76 e ss., Richard Parrish e Samuli Miettinen, *The Sporting Exception in European Union Law*, Jacopo Tognon, *Diritto Europeo Dello Sport*, pp. 40 e ss., Robert Siekmann, «Is Sport 'Special' in EU Law and Policy?», pp. 37 e ss., Jacopo Tognon e Antonella Stelitano, *Sport Unione Europea e Diritti Umani*, pp. 105, Michael Beloff *et alli*, *Sportslaw*, 2ª Edição, pp. 86 e ss, Simon Gardiner *et alli*, *Sports Law*, 4ª Edição, pp. 146 e ss., Andrea Blondi et alli, *EU Law After Lisbon*, *passim*, Walter Frenz, *Handbuch Europarecht*, Band

dade desportiva estaria abrangida pelo âmbito aplicativo do Direito da União Europeia. A resposta dada pelo TJCE permitiu, desde logo, perceber que a actividade desportiva podia constituir uma actividade económica, não assumindo, assim, nenhuma excepção à aplicação do Direito da União Europeia. Deste modo, reconheceu que a aplicação do Direito da União Europeia à actividade desportiva conhece excepções, desde logo, «não se aplica[ndo] à constituição de equipas desportivas, em especial sob a forma de equipas nacionais, uma vez que a formação destas equipas constitui uma questão que diz respeito unicamente ao desporto e, como tal, é alheia à actividade económica»[1591]. Ficava, assim, estabelecido qual o critério que iria ficar subjacente à distinção entre as normas desportivas que assumem relevância em relação ao Direito da União Europeia e que, deste modo, teriam que ser com aquele conformadas e as que deveriam ser consideradas como *puramente desportivas*: a existência ou não de cariz económico[1592].

Em concordância com esta jurisprudência, o TJCE reafirmou a existência de uma «excepção desportiva» circunscrita às cláusulas de nacionalidade que dissessem respeito a selecções nacionais nas decisões *Donà contra Montero*[1593], *Bosman*[1594] – posição reiterada pelo TJCE também, posteriormente, nas decisões *Kolpak*[1595] *e Simutenkov*[1596] –, no entanto, não ou-

II, 2ª Edição, pp. 195 e ss., Mislav Mataija, *Private Regulation and the Internal Market*, pp. 157 e ss.

[1591] Ac. de 12 de Dezembro de 1974, processo nº 36/74, ponto 8.

[1592] Neste sentido, Richard Parrish e Samuli Miettinen, *The Sporting Exception in European Union Law*, pp. 73 e 74, embora reconhecendo que «existem fortes razões para considerar que a excepção desportiva, ainda que tal como fora enunciada na [decisão] *Walrave*, deva ser reconduzida a um escopo muito reduzido».

[1593] Entendeu nesta decisão que as normas do Direito da União não «(...) [s]e opõem a uma regulamentação ou prática que exclua os jogadores estrangeiros da participação em determinados encontros, por razões que não sejam económicas mas inerentes à natureza e ao contexto específicos destes encontros, que têm, assim, uma natureza exclusivamente desportiva, como acontece, por exemplo, nos encontros entre equipas nacionais de diferentes países». Cfr. Ac. de 14 de Julho de 1976, processo nº 13/76, ponto 14.

[1594] Neste caso, o tribunal retomou as considerações já mencionadas no Ac. *Donà contra Montero*. Cfr. Ac. de 15 de Dezembro de 1995, processo nº C-415/93, ponto 127. No entanto, alertou que a existência de uma excepção desportiva «não pode ser invocada para excluir toda uma actividade desportiva do âmbito de aplicação do Tratado», ponto 76.

[1595] Ac. de 8 de Maio de 2003, processo C-438/00, ponto 52, citando expressamente a doutrina que decorre das decisões *Donà* e *Bosman*.

[1596] Cfr. Ac. de 12 de Abril de 2005, processo C-265/03, ponto 39, afirmando que: «(...) a restrição baseada na nacionalidade não se aplica a encontros específicos, que opõem equipas

sou explicar, de modo rigoroso, em que consistia a «excepção desportiva». A formulação de uma «excepção desportiva» evoluiu, deste modo, para um conceito de difícil «categorização dogmática»[1597] que não apresenta qualquer consenso na jurisprudência do TJCE[1598]. Decidindo em termos diferentes daqueles que o tinha feito anteriormente, esta realidade ficou, desde logo, demonstrada na decisão *Deliège*, na qual o TJCE entendeu que podia existir uma excepção à aplicação do Direito da União Europeia decorrente de uma exigência *organizatória da competição desportiva*[1599], uma vez que: «uma regra que exige a um atleta profissional ou semiprofissional, ou um candidato a uma actividade profissional ou semiprofissional, que possua uma autorização da sua federação para poder participar numa competição internacional de alto nível que não opõe equipas nacionais, desde que resulte de uma *necessidade inerente à organização dessa competição*, não constitui em si própria uma restrição à livre prestação de serviços»[1600].

No Ac. *Lehtonen*, o TJCE deu mais um passo na evolução do conceito de «excepção desportiva» admitindo, de um modo peremptório, que existem normas desportivas sem *qualquer conteúdo patrimonial e intrinsecamente desportivas*[1601], nomeadamente, aquelas que, embora restrinjam a liberdade de circulação, possam fundar-se em «razões objectivas que interessem apenas ao desporto enquanto tal ou que digam respeito a diferenças existentes entre a situação dos jogadores provenientes de uma federação pertencentes à zona europeia e a dos provenientes de uma federação não pertencente à referida zona, [que] justifiquem esta diferença de tratamento» [1602].

representativas de cada país, mas aos encontros oficiais entre clubes e, portanto, ao essencial da actividade exercida pelos jogadores profissionais. Tal como o Tribunal de Justiça igualmente declarou, tal restrição não pode considerar-se justificada por considerações desportivas», citando o Ac. *Bosman* e o Ac. *Kolpak*.

[1597] Cfr. Marie Kronberg, *Voraussetzungen und Grenzen der Bindung von Sportverbänden and die Europäischen Grundfreiheiten*, p. 172.

[1598] A questão já tinha sido bem identificada pelo Advogado-Geral Lenz na decisão *Bosman*, afirmando que a impossibilidade de retirar um «fundamento» ou a «extensão» da denominada «excepção desportiva». Cfr. Conclusões do Advogado-Geral Carl Otto Lenz no processo C-415/93, ponto 139.

[1599] Cfr. Marie Kronberg, *Voraussetzungen und Grenzen der Bindung von Sportverbänden and die Europäischen Grundfreiheiten*, p. 174.

[1600] Ac. de 11 de Abril de 2000, processos apensos C-51/96 e C-191/97, ponto 69.

[1601] V. Marie Kronberg, *Voraussetzungen und Grenzen der Bindung von Sportverbänden and die Europäischen Grundfreiheiten*, p. 175.

[1602] Cfr. Ac. de 13 de Abril de 2000, processo nº C-176/96, ponto 60.

Por outro lado, na decisão *Meca-Medina*, o TPI, ao entender que: «a simples circunstância de uma regra ter carácter puramente desportivo não exclui do âmbito de aplicação do Tratado a pessoa que exerce uma actividade regulada por essa regra ou o organismo que a instituiu»[1603], tornou ainda mais difícil um *separar de* águas entre as normas estritamente desportivas e as normas desportivas com carácter económico. A jurisprudência decorrente do Ac. *Meca-Medina* acabou, na verdade, por «desmantelar a noção ampla de excepção desportiva que remove aprioristicamente [determinadas] regras do escopo»[1604] do âmbito de aplicação das normas do Direito da União Europeia. Neste sentido, o TJCE fez questão de esclarecer que a existência de *normas puramente desportivas* não alicerça a existência de uma excepção desportiva, mas pode, pelo contrário, fundamentar «razões atendíveis»[1605] relativamente a uma não aplicação casuística do Direito da União Europeia.

Neste caso, salientou que as normas Antidopagem podiam ser reconduzidas a um exemplo que poderia justificar a existência de um «objectivo legítimo»[1606] para a não sujeição às regras do Direito da União Europeia,

[1603] Ac. de 18 de Julho de 2006, processo nº C-519/04 P, ponto 27. No ponto 28, o TJCE acrescentou que: «se a actividade desportiva em causa é abrangida pelo âmbito de aplicação do Tratado, as condições do seu exercício estão, como tal, sujeitas ao conjunto de obrigações que resultam das diferentes disposições do Tratado. Por conseguinte, as regras que regulam a referida actividade devem preencher as condições de aplicação dessas disposições, que se destinam, nomeadamente, a assegurar a livre circulação de trabalhadores, a liberdade de estabelecimento, a livre prestação de serviços ou a concorrência». O TJCE não seguiu, deste modo, o que era pretendido pelo Advogado-Geral Leger, uma vez que este pretendia que fosse mantida a doutrina do Ac. Walrave, Donà e Deliège, desde logo, porque uma solução diferente significaria «estabelecer uma distinção artificial entre as regras examinadas nos referidos processos e a regulamentação controvertida», ponto 29 das Conclusões de 23 de Março de 2006 do Advogado-Geral Philippe Leger. Desenvolvidamente, sobre esta decisão, cfr. Stephen Weatherill, «On overlapping legal orders: what is 'purely sporting' rule?», pp. 53 e ss.

[1604] Richard Parrish e Samuli Miettinen, *The Sporting Exception in European Union Law*, p. 99.

[1605] Cfr. Marie Kronberg, *Voraussetzungen und Grenzen der Bindung von Sportverbänden and die Europäischen Grundfreiheiten*, p. 176.

[1606] Cfr. ponto 45. Porém, a dopagem também pode envolver um elemento económico, desde logo, os proveitos económicos que os atletas deixam de ter na sequência de uma sanção na decorrência de uma análise positiva. Cfr. Walter Frenz, *Handbuch Europarecht*, Band I, 2ª Edição, pp. 486 e ss. e Walter Frenz, *Handbuch Europarecht*, Band II, 2ª Edição, p. 196.

uma vez que tendo como objectivo «um desenrolar leal da competição desportiva, e inclui a necessidade de assegurar a igualdade de oportunidades dos atletas, a sua saúde, a integridade e a objectividade da competição, bem como os valores éticos no desporto»[1607], estaríamos perante normas desportivas que são «inerente[s] à organização e ao bom desenrolar da competição desportiva e visa[m], precisamente, assegurar uma sã rivalidade entre os atletas»[1608]. No fundo, o critério de excepcionalidade da normatividade desportiva em relação ao Direito da União Europeia não reside numa lógica coerente, mas em critérios de ponderação casuística[1609]. O critério utilizado

[1607] V. ponto 43

[1608] V. ponto 45. Foi, no fundo, com esta decisão que o TJCE deixou claro que as regras de organização do Desporto não são, em regra, normas estritamente desportivas aplicando-se-lhes o Direito da União. Cfr., sobre esta questão, Ben van Rompey, «The role of EU abuse of regulatory power of sports association, *in Maastricht Journal of European and Comparative Law*, pp. 183 e ss.

[1609] A confirmar a inexistência de uma distinção precisa entre as regras estritamente desportivas e as regras desportivas em sentido amplo, exceptuando, desde logo, o critério do valor económico, conforme foi afirmado na decisão Piau [Acórdão do TPI de 26 de Janeiro de 2005, processo nº T-193/02 (*Laurent Piau contra Comissão Europeia*), ponto 116] que: «a circunstância de a FIFA não ser, ela própria, um operador económico, adquirente das prestações de serviços dos agentes de jogadores no mercado em causa e de a sua intervenção proceder de uma actividade normativa, que ela próprias e atribuiu o poder de exercer relativamente à actividade económica dos agentes de jogadores, é indiferente para a aplicação do artigo 82º CE, urna vez que a FIFA é a emanação das associações nacionais e dos clubes, adquirentes efectivos dos serviços dos agentes de jogadores e que, por consequência, actua neste mercado através dos seus membros». A aplicação do Direito da União Europeia pode inclusivamente ser fundamentada quando estiver em causa a organização da competição desportiva por uma federação desportiva que exerça poderes públicos como foi no caso MOTOE [Acórdão do TJCE de 1 de Julho de 2008, processo nº C-49/07 (*Motosykletistiki Omospondia Ellados NPID* contra *Elliniko Dimosio*), ponto 25] em que o TJCE entendeu que: «a circunstância de uma entidade dispor, para o exercício de uma parte das suas actividades, de prerrogativas de autoridade pública não impede, por si só, que seja qualificada de empresa na acepção do direito comunitário em relação ao resto das suas actividades económicas». Em todo o caso, o casuísmo da jurisprudência do TJCE é demonstrado, em particular, pelas considerações no caso Bernard [Acórdão do TJCE de 16 de Março de 2010, processo nº C-325/08 (*Olympique Lyonnais SASP* contra *Olivier Bernard* e *Newcastle UFC*), ponto 40] – em que estava em causa uma indemnização pela formação de um jogador – afirmando que pode ser afastada a aplicação do Direito da União quando as normas respeitarem a uma «função social e educativa». Sobre esta jurisprudência e a sua relação com a «excepção desportiva, afirmando inclusivamente que a única forma de evitar a aplicação dos Tratados é a «falta de um efeito económico», cfr. Katarina Pijetlovic, *EU Sports Law and Breakaway Leagues in Football*, p. 218 e pp. 99 e ss. e, especialmente, pp. 215 e ss.

pelo TJCE para afastar a aplicação do Direito da União não se funda, em todo o caso, na ajuridicidade das normas estritamente desportivas.

9.2.4. Posição adoptada

A exposição anterior permite, desde logo, perceber que a distinção estrutural entre as normas desportivas que tenham por objecto a prática competitiva e as outras normas desportivas com base no critério da sua ajuridicidade deve ser abandonada[1610]. Neste contexto, a origem última da imunidade jurisdicional de todas as normas desportivas – que assumiriam uma evidente irrelevância para a jurisdição estadual – reside num paralelo (mais ou menos evidente) com as relações especiais de poder no Direito Público, mas que – como veremos – se deve considerar ultrapassado[1611]. Com a crescente profissionalização do Desporto e o concomitante aumento da valia económica da actividade desportiva, esta posição deixou de ser defensável, desde logo, porque as normas desportivas tornaram-se cada vez mais complexas, regulando aspectos importantes da situação jurídica dos atletas, afectando recorrentemente direitos fundamentais.

Foi por este motivo – conjugado com o crescente poder das federações desportivas – que existiu uma aproximação da jurisdição estadual na defesa dos direitos fundamentais dos atletas. Por outro lado, ao contrário do que era comum na primeira metade do Séc. XX[1612], mesmo as *normas estritamente desportivas* podem apresentar características que impliquem uma relevância jurídica perante as normas estaduais (e particularmente do Direito da União quando estiver em causa um conteúdo patrimonial elevado), não só quando tiverem impacto na esfera dos direitos fundamentais dos agentes desportivos, mas também pelas implicações económicas da sua aplicação

[1610] Entre nós, denunciando uma inexistência de uma delimitação precisa das regras do jogo em relação às restantes regras associativas. Cfr. FERNANDO XAREPE SILVEIRO, «O "Empréstimo" Internacional de Futebolistas Profissionais», p. 128.

[1611] Cfr., neste sentido e sobre a questão, AAVV, *Münchener Kommentar zum Bürgerlichen Gesetzbuch*, Vol. I, 6ª Edição, p. 568.

[1612] A auto-contenção judicial no controlo da normatividade e decisões de associações era fundamentada por um parelelo com a discricionariedade administrativa. Sobre a questão, cfr. LOTHAR VOLLMER, *Satzungsmässige Schiedsklauseln*, pp. 42 e ss. Esta necessidade de auto-contenção dos tribunais no controlo de decisões de associações é uma preocupação de MENEZES CORDEIRO quando reconhece que num processo disciplinar «o tribunal judicial não pode "refazer" o processo", podendo-o somente anular, numa evidente analogia com o controlo estadual cassatório existente na relação entre os tribunais estaduais e tribunais arbitrais. Cfr. ANTÓNIO MENEZES CORDEIRO, *Tratado de Direito Civil*, Parte IV, 3ª Edição, p. 760.

normativa[1613]. Com efeito, o critério da *ajuridicidade* é falível, como se procura demonstrar pelo excurso que efectuámos pelos diferentes ordenamentos, na medida em que, por vezes, existem conflitos que, numa análise apressada, poderiam ser qualificados como estritamente desportivos, mas que não o poderão ser pelo impacto que têm na esfera dos direitos fundamentais dos agentes desportivos ou pelo seu impacto económico[1614].

[1613] Na verdade, há ordenamentos onde nem sequer existe uma distinção entre questões estritamente desportivas e todos os outros conflitos que podem ser impugnados em tribunal. É o caso do sistema jurídico espanhol, onde, porém, a doutrina não colhe unanimidade. Sobre este assunto, cfr. Julio César Tejedor Bielsa, *Público y privado en el deporte*, pp. 173 e ss., Pablo Mayor Menéndez, «La disciplina deportiva: su configuración en nuestro ordenamiento jurídico», pp. 292 e ss., José Bermejo Vera, «Árbitros y jueces desportivos», p. 207, Gabriel Real Ferrer, «Los procedimientos disciplinarios», pp. 44 e ss. V., ainda, Alberto Palomar Olmeda propondo uma despublicização da *disciplina deportiva* no domínio circunscrito ao jogo desportivo, «Reflexiones sobre la eventual oportunidade de la despublificación de la disciplina deportiva», pp.205-206. José Luis Carretero Lestón, afirman que a previsão expressa na lei do cariz disciplinar público dos árbitros impede a sua qualificação como puramente privado ou não jurídico. Cfr. «La disciplina deportiva: concepto, contenido y limites», p. 15 e «Algunas consideraciones sobre el Derecho disciplinario deportivo», pp. 17 e ss. No mesmo sentido, embora indo ainda mais longe, defendendo que a actividade dos árbitros é pública por natureza, cfr. Javier Rodríguez Ten, *Régimen jurídico del arbitraje deportivo*, pp. 295 e ss., «La potestad disciplinaria de los árbitros», pp. 88-89. V., por exemplo, as decisões do Tribunal Superior de Justiça de Valência, de 4 de Fevereiro de 1999, recurso nº 106/2000, do Tribunal Superior de Justiça da Galiza, de 4 de Fevereiro de 1999, recurso nº 5239/1998, bem como a sentença do Julgado Social de Pontevedra, de 23 de Outubro de 1998, recurso nº 608/1998 que se encontram na obra editada por Alberto Palomar Olmeda e Ramón Terol Gómez, *El Deporte en la jurisprudência*.Também em França se desconhece qualquer distinção legal, a este respeito, mas o CE admitiu expressamente no Acórdão *Vigier* «nem a aplicação das disposições técnicas próprias de cada disciplina, nem a apreciação do desempenho dos participantes podem ser discutidas perante si; a este cabe-lhe, no entanto, controlar o respeito pelos princípios e pelas regras impostas a todos o actores que actuem no exercício de uma missão de serviço público», cfr. a decisão de 25 de Janeiro de 1991, processo nº n° 104497. Noutra decisão, o CE reconheceu, porém, que existiram «condições irregulares» na pesagem de um veículo que poderiam beneficiar outros competidores e que, portanto, com base no princípio da igualdade, a decisão tomada pelos técnicos que desclassificaram o competidor prejudicado seria anulada, cfr. a decisão de 16 de Março de 1998, Processo nº 169743 (*Fédération de sport automobile*). Sobre esta problemática na doutrina francesa, cfr., por exemplo, Gérald Simon *et alli*, *Droit du sport*, pp. 532 e 533, Frédéric Buy et alli, *Droit du sport*, 3ª Edição, pp. 137 e 138, Franck Latty, *La lex sportiva – Recherche sur le droit transnacional*, pp. 505-506, J.-C. Lapouble, *Droit du sport*, pp. 101-103 e Jean-Michel Marmayou, « Sports Justice in France», pp. 395-399.

[1614] Acresce que, embora marcante entre nós (e também noutros ordenamentos) o critério da sua *ajuridicidade* nada nos diz sobre a essência das normas desportivas em sentido

Como vimos, entre nós, a doutrina reconhece a existência de três esferas: (i) uma esfera regulada pelo Direito Público; (ii) uma esfera regulada exclusivamente pelo Direito Privado; (iii) uma esfera exclusivamente desportiva. A cada esfera cabe respectivamente a resolução de conflitos (i) pelo TAD e os tribunais administrativos; (ii) pelos tribunais judiciais; (iii) pelos órgãos disciplinares das federações desportivas (sem controlo dos tribunais). Para justificar esta distinção no que respeita à esfera exclusivamente desportiva, a doutrina e a jurisprudência invocam um argumento que reside na ideia de que existe um espaço livre de Direito – parecendo querer-se efectuar um paralelo equívoco com a discricionariedade administrativa – no que respeita às antigas questões estritamente desportivas, devendo, portanto, estas ser qualificadas como *ajurídicas* e, consequentemente, nunca podendo ser impugnáveis junto de quaisquer tribunais (TAD, tribunais administrativos ou tribunais judiciais).

Neste contexto, cumpre referir que o jogo (quer na sua vertente lúdica ou na prática competitiva) apresenta, a nosso ver, sempre uma base convencional[1615], uma vez que as normas constitutivas que dele derivam assumem-se como um *acordo de vontades entre os jogadores e a parte «contratual» que regula o jogo: a federação*, dando origem a um autêntico «contrato de jogo»[1616].

estrito. Contrariando esta ideia, entendemos que não existe nenhuma diferença substancial entre as *normas desportivas em sentido estrito* e as *normas desportivas em sentido amplo*. A única diferença entre estas duas categorias reside essencialmente numa necessidade de respeito da autonomia decisória das federações desportivas no que respeita às primeiras para a normatividade estadual que, deste modo, podem, tendencialmente, não ser justiciáveis.

1615 Em sentido próximo, falando na existência de um efeito técnico-convencional, entendendo este tipo de normatividade como aquela que: «é um acordo pelo qual se estabelece entre duas ou mais pessoas que a partir de determinado momento algo é ou deveria ser de determinada forma», Cfr. Gregorio Robles, *Las reglas del derecho y las reglas de los juegos – Ensayo de teoría analítica del derecho*, 1ª Edição, p. 243.

1616 Sobre esta forma de «contrato», cfr. Andreas von Arnauld, «Vom Spielvertrag», pp. 51 e ss. Segundo Carlos Mota Pinto, António Pinto Monteiro e João Calvão da Silva o contrato de jogo é «a convenção pela qual duas ou mais pessoas, por mero espírito de diversão ou/e com o escopo de obter certo lucro, se obrigam a pagar ao vencedor uma quantia em dinheiro (ou qualquer prémio) intervindo os jogadores (todos ou alguns) no desenrolar do próprio jogo». Cfr. *Jogo e Aposta*, p. 17. Para Carlos Ferreira de Almeida, estamos perante «o contrato pelo qual os participantes (jogadores) numa ação competitiva ou de pura sorte, regida por regras determinadas (regras do jogo), estipulam que os perdedores se obrigam a efetuar uma prestação patrimonial, ou perdem a sua entrada, em favor dos ganhadores ou de uma entidade promotora». Cfr. *Contratos III*, 2ª Edição, p. 274.

A maior parte das regras do jogo de uma competição desportiva são um dado pré-estabelecido que, salvo alterações pontuais, os jogadores interiorizam como sendo válidas, aceitando-as tal como se apresentam, uma vez que, enquanto normas que definem o conteúdo da prática desportiva, são inevitavelmente necessárias[1617] quando aqueles escolhem praticar uma determinada actividade desportiva.

Deste modo, é facilmente apreensível que as regras estritamente desportivas e a sua aplicação não podem ser qualificadas como uma manifestação do exercício de um poder público, sendo, pelo contrário, uma expressão da liberdade de associação que se manifesta na existência de uma zona de «densidade desportiva máxima»[1618] geradora de uma auto-contenção judicial na cognição destes conflitos.

Por outro lado, a primeira consideração – a inexistência de um poder público quanto às questões estritamente desportivas – justifica que, nos termos do artigo 4º, nº 5 da LTAD2014, se disponha que: «[é] excluída da jurisdição do TAD (...) a resolução de questões emergentes da aplicação das normas técnicas e disciplinares diretamente respeitantes à prática da própria competição desportiva». Esta norma nada nos diz, porém, sobre a natureza das normas que regulem o jogo. Em bom rigor, segundo o referido enunciado legal, apenas podemos retirar que o TAD não pode conhecer os conflitos sobre a aplicação de normas técnicas ou disciplinares que decorram durante a prática desportiva.

Esta norma tem, porém, como pressuposto uma óbvia compreensão daquilo que entendemos ser a classificação tendencial de normas estritamente desportivas. Estão aqui naturalmente englobadas as normas que ditam o tamanho do campo ou o tamanho da bola (*normas técnicas*), mas também as decisões disciplinares do árbitro (a atribuição de um cartão vermelho ou a marcação de um penalty). Esta definição negativa de competência permite, desde logo, constatar que o TAD não pode obviamente decidir sobre estes conflitos. Isto não invalida que exista uma esfera interna que permite a impugnação do resultado desportivo junto dos órgãos disciplinares [CD e CJ] (cfr. o artigo 43º, nº 1 e 44º, nº 1 do RJFD). Com efeito, se existir uma decisão errada (comprovada pelas imagens televisivas) de um árbitro no decurso de uma partida, esta pode ser impugnada junto dos

[1617] V. Wolfgang Durner, «Normakzeptanz», p. 251.

[1618] Cfr. François Alaphilippe, «Desporto e Direito», pp. 12 e ss.

órgãos disciplinares das federações desportivas[1619], mas não poderá sê-lo no TAD e nos tribunais administrativos.

Neste sentido, cumpre, portanto, reconhecer – como já o fizemos – que as regras do jogo e o seu acto aplicativo, cujos exemplos clássicos são a marcação de um penalty ou a atribuição de um cartão vermelho, com a consequente expulsão de um jogador assumem-se, na actualidade, como manifestações das questões estritamente desportivas. No fundo, trata-se de todas as incidências que influem no resultado desportivo (e só estas). Estamos, portanto, perante um resquício da *noção de questões estritamente desportivas* que tem, contudo, um alcance maior do que seria de esperar.

A existência de uma exclusão da competência do TAD naquele domínio, não invalidaria que os tribunais judiciais não podessem, em abstracto, ser competentes para conhecer de disputas que envolvam a aplicação normativa que rodeie a prática desportiva. Um importante argumento para nos elucidar sobre esta problemática pode ser encontrado no artigo 1245º do CC, no qual se afirma que: «*[o] jogo e a aposta não são contratos válidos nem constituem fonte de obrigações civis*; porém, quando lícitos, são fonte de obrigações naturais, excepto se neles concorrer qualquer outro motivo de nulidade ou anulabilidade, nos termos gerais de direito, ou se houver fraude do credor na sua execução». Contudo, relativamente às competições desportivas dispõe-se no artigo 1246º do CC que «[e]xceptuam-se do disposto no artigo anterior as competições desportivas, com relação às pessoas que nelas tomarem parte».

Deste modo, o CC toma posição sobre a juridicidade da competição desportiva, negando que do contrato de jogo possa emergir uma obrigação natural[1620], sendo a competição desportiva fonte de obrigações

[1619] E isto ainda que os regulamentos ou estatutos das federações desportivas o prevejam. Com efeito, é o legislador que estabelece expressamente um mecanismo interno de impugnação que impede que em todos os conflitos relacionados directamente com o resultado desportivo não exista qualquer controlo jurisdicional por parte dos tribunais estaduais.

[1620] A questão de qualificar a competição desportiva como obrigação natural pode nem revelar-se decisiva, uma vez que, em regra, a doutrina maioritária nem sequer classifica a obrigação natural como uma vinculação extra-jurídica, mas como uma verdadeira obrigação jurídica, cfr., por exemplo, Manuel de Andrade, *Teoria Geral das Obrigações*, 79, António Menezes Cordeiro, «Das Obrigações Naturais: Direito ou Moral», p. 83, Mário Júlio de Almeida Costa, *Direito das Obrigações*, 11ª Edição, pp. 190 e ss., Rui Camacho Palma, *Da Obrigação Natural*, pp. 223 e ss. A discussão sobre a natureza jurídica (ou não) das obrigações naturais é, no entanto, uma questão por resolver. Cfr. Götz Schulze, *Die Natural Obligation*,

civis[1621]. Torna-se, assim, insustentável argumentar que a *competição desportiva* seja *ajurídica*[1622], precisamente porque os litígios que emergem do contrato que fundamenta a competição desportiva ganham «plena tutela jurídica»[1623]. Em sentido idêntico, INOCÊNCIO GALVÃO TELLES considera que desta disposição se retira que – ao contrário do jogo e da aposta que, salvo previsão expressa de legislação especial, não são contratos válidos – as competições desportivas geram vínculos obrigacionais civis, uma vez que «podem dar direito a um prémio pecuniário ou de outra ordem, para os indivíduos que neles directamente intervêm ou agremiações que representam»[1624].

Neste contexto, PIRES DE LIMA e ANTUNES VARELA entendem que «[s]e tomarmos a palavra jogo no seu sentido mais lato, ela representa qualquer coisa que está fora da vida jurídica, ou, pelo menos, do domínio dos contratos. Seria o caso, por exemplo, dos jogos desportivos e de todos aqueles em que apenas se visa o exercício físico ou a diversão. A juridicidade só começa no momento em que, ao lado do jogo, surge o interesse económico ligado aos resultados obtidos. E é necessário ainda que esse interesse se traduza na contingência de uma perda ou de um lucro. Os prémios atribuídos aos jogadores, por terceiro, em consequência de uma vitória ao jogo, sejam pecuniários, sejam constituídos por taças, objectos de arte ou medalhas, não atribuem a acto a natureza contratual e jurídica, se a perda não acarreta prejuízos económicos»[1625] [1626].

pp. 24 e ss. O que se pretende deixar claro é que o Estado não se abstém de demonstrar que regula a competição em sentido estrito.

[1621] MÁRIO JÚLIO DE ALMEIDA COSTA entende que «(...) as competições desportivas, que se consideram benéficas para os que as praticam e que, por isso, se admitem como fontes de obrigações civis, mas só em relação aos próprios participantes e já não quanto aos espectadores que apostem sobre os seus resultados». Cfr. *Noções Fundamentais de Direito Civil*, 4ª Edição, p. 387.

[1622] A tese da ajuridicidade das obrigações naturais foi defendida por JOÃO ANTUNES VARELA, «Natureza Jurídica das Obrigações Naturais, pp. 3 e ss., pp. 18 e ss., pp. 33 e ss. (em particular p. 19).

[1623] LUCA BUTTARO, *Del Gioco e della Scommessa*, p. 214.

[1624] *Contratos Civis*, , p. 82.

[1625] *Código Civil Anotado*, Vol. II (artigos 762º a 1250º), 3ª Edição, p. 852.

[1626] Retiram os autores que desta norma do CC deve extrair-se somente a legalização das «(...) apostas, nas competições desportivas, entre jogadores», uma vez que «[é] costume, por exemplo, nos torneios de tiro aos pombos ou aos pratos, proceder-se previamente à chamada arrematação das espingardas, cabendo o produto global obtido àquele que tiver arrematado a espingarda do vencedor (...) apenas aos que tomarem parte na competição, e não a

As afirmações dos autores só podem ser precisamente compreendidas num contexto histórico em que o desporto ainda não tinha relevância económica, sendo considerado, por isso, como *ajurídico*. Concorda-se, por outro lado e em regra, que enquanto actividade lúdica, o jogo não apresenta qualquer relevância jurídica. No entanto, a partir do momento em que possa suscitar uma perda ou um lucro de um dos jogadores haverá que reconhecer a existência de uma relevância jurídico-civil. Com efeito, com a profissionalização e a emergência de um cariz económico[1627] que não pode ser dissociável da competição desportiva, não parece ser possível sustentar que a prática desportiva não apresente relevância jurídico-civil[1628].

Esta realidade é, de resto, sustentada, por exemplo, pela influência decisiva que possa advir de uma decisão errada de um árbitro (ou mesmo pela corrupção daquele) na tabela classificativa de um competição, na qual podem estar em causa milhões de euros. Por conseguinte, a parte prejudicada com esta decisão – caso se trate de um clube – pode acabar por ver os passes dos seus atletas serem desvalorizados, perder verbas relativamente aos patrocinadores, bem como, quando for o caso, todas as receitas que advêm do acesso a uma outra competição que valorizasse o património do clube desportivo e, em contrapartida, ao clube beneficiado com a actuação errada

terceiros» *Código Civil Anotado*, Vol. II (artigos 762º a 1250º), 3ª Edição, p. 854. Em sentido idêntico, Menezes Leitão, *Direito das Obrigações*, Vol. III (Contratos em especial), 7ª Edição, p. 589, afirmando que «[a] lei estabelece, no entanto, no art. 1246º, uma excepção para as competições desportivas, com relação às pessoas que nelas tomarem parte. Efectivamente, considera-se que, se a aposta é realizada no âmbito de uma competição desportiva entre jogadores, deverá a mesma ser fonte de obrigações civis, atribuindo-se assim ao vencedor o prémio convencionado para a vitória, que ele poderá legalmente exigir».

[1627] Cfr. Carlos Mota Pinto, António Pinto Monteiro e João Calvão da Silva assumindo que com «a aceitação da legitimidade do lucro», «[o] jogo aparece, assim, histórica e eticamente fundamentado. Autorizando-o e disciplinando-o, o Estado sublima a tendência humana para o jogo, controla a paixão lúdica, defende a ordem pública e os bons costumes através de uma disciplina preventiva de segurança pública que evite os jogos como fonte de litígios e de desordem social». Cfr. *Jogo e Aposta*, p. 54.

[1628] Cfr. Luca Buttaro, *Del Giouco e della Scomessa*, p. 215, denotando que o profissionalismo anulou o cariz lúdico do jogo e «contradiz abertamente o princípio romano de que a esperança de ganho deve ser somente um incentivo e não o escopo da partida ou do jogo». Como denotou também – no quadro jurídico italiano que é idêntico ao nosso – Funaioli, a expressa atribuição de efeitos civis à competição desportiva teve como efeito a admissão da tutela jurídica da aposta que serviu de base ao jogo: estabeleceu-se, assim, a possibilidade de os atletas ou participantes também poderem prosseguir o lucro. Cfr. Carlo Alberto Funaioli, *Il giuoco e la scomessa*, p. 160 e ss.

do árbitro acaba por, inversamente, assistir um incremento patrimonial injustificado.

Isto não significa, porém, que um tribunal judicial possa alterar o resultado desportivo, desde logo, porque existe uma necessidade de auto-contenção judicial fruto da liberdade de associação, mas é plenamente possível que este possa analisar – mediatamente e sem o influenciar – a correcta aplicação das regras do jogo e da veracidade dos factos, para efeitos de responsabilidade civil. Com efeito, o erro cometido por um árbitro por não admitir um golo *limpo* no final de um jogo decisivo (que deveria ter sido assinalado, conforme se prova pelas imagens televisivas ou meios tecnológicos) ou a marcação de um penalty (inexistente como se prova igualmente) que deu o golo da vitória a uma determinada equipa, não pode implicar uma repetição do jogo, mas já pode ser apurada a responsabilidade civil pelo erro cometido quando este tiver um impacto económico relevante. A competência para conhecer esta acção será, deste modo, dos tribunais judiciais (sem prejuízo de impugnação da decisão junto dos órgãos disciplinares).

Este é também o raciocínio que está subjacente à fundamentação da decisão do TRL de 26 de Janeiro de 2012, quando reconhece que: «ao que se julga, nada obsta a que o tribunal conheça dessa questão desportiva na medida do necessário à apreciação do pedido de indemnização. Com isso não estará a interferir na esfera desportiva, mas apenas a apreciar um dos fundamentos do pedido de indemnização, da sua competência»[1629].

Exige-se, porém, uma explicação adicional. Existem determinadas situações em que o resultado desportivo pode ter consequências na esfera dos direitos fundamentais[1630] dos agentes desportivos[1631]. Cabe, assim, esclarecer que não podem ser qualificadas como questões estritamente desportivas as sanções que ocorrem automaticamente na sequência de uma expulsão (ou sanção pelo árbitro) de um agente desportivo durante um jogo (sanções automáticas), uma vez que estas sustentam uma *dupla natureza*: (i) por um lado, têm, na sua origem, uma decisão sobre um aspecto do jogo, no entanto, os seus efeitos não se resumem ao resultado obtido naquele, uma

[1629] Cfr. Ac. de 26 de Janeiro de 2012, processo nº 1303/07.9TVLSB.L1-2.

[1630] Nem sempre assim é. A expulsão de um jogador no decurso de um jogo não tem – quando não é acompanhado de uma sanção automática – um impacto relevante na esfera jurídica de um atleta, desde logo, porque se trata de uma mera consequência do jogo.

[1631] Denotando precisamente a possibilidade de uma «sanção desportiva que afecte um direito fundamental» poder ser «sujeita ao escrutínio judicial». Cfr. José Carlos Vieira de Andrade, «Os Direitos Fundamentais e o Desporto», p. 35.

vez que, por outro lado, (ii) têm como fim sancionar regularmentarmente as condutas dos jogadores além dos factos que tiveram origem no jogo. Nesta situação é evidente que existe a susceptibilidade de violação de direitos fundamentais dos atletas e que estas só podem, de um modo *mediato*, ser reconduzíveis ao jogo[1632]. É por este motivo que as sanções automáticas são, no nosso sistema jurídico, impugnáveis no TAD e nos tribunais administrativos.

Neste sentido, deve reter-se que, quanto maiores forem os danos na esfera patrimonial ou da personalidade dos seus destinatários (englobando naturalmente aqui os direitos fundamentais)[1633] quem uma norma desportiva em sentido estrito (ou o seu acto de aplicação) puder provocar, maior

[1632] A doutrina seguiu, em traços gerais, a posição de MAX KUMMER, pelo que é pacífico que as sanções automáticas são impugnáveis nos tribunais. Sobre esta questão, referindo-se especificamente no sentido da dupla natureza das sanções automáticas. Cfr. FRITZWEILER, PFISTER e SUMMERER, *Praxishandbuch Sportrecht*, 3ª Edição, pp. 26 e ss. Cfr., a este respeito, RAMÓN TEROL GOMEZ, defendendo que as consequências disciplinares que derivam de um incumprimento de uma norma regulamentar que aplica automaticamente uma sanção decorrente da infracção durante a partida desportiva é um exemplo de uma decisão disciplinar e, consequentemente, impugnável nos tribunais administrativos, «La configuración jurídica del acta arbitral en los procedimientos disciplinarios», pp. 196-200.

[1633] O que importa aqui rejeitar é a ideia de que: «(...) *the rules are the rules. They are (as in all games) entirely arbitrary (...)*». Cfr. o voto de vencido da decisão PGA Tour, Inc., *contra* Casey Martin do Supremo Tribunal dos Estados Unidos de 29 de Maio de 2001 [532 U. S. ____ (2001)]. Haverá, assim, que indagar da conformidade destas normas com as normas legais imperativas – especialmente aquelas que sejam um reflexo da consagração do princípio da dignidade da pessoa humana – e que exijam uma ponderação especial. Um bom exemplo dessa realidade pode ser recolhido na decisão do Supremo Tribunal dos Estados Unidos ao admitir que o golfista CASEY MARTIN – que sofria de uma doença circulatória degenerativa – pudesse utilizar um veículo de golfe para se deslocar entre os percursos de golfe de uma competição, ainda que as normas que regulassem a prática desportiva o proibissem, uma vez que obrigá-lo a andar durante os referidos percursos lhe causaria dor, fatiga e um risco para a sua saúde que o poderia impedir de aceder à competição. A utilização do veículo de golfe em nada violava a igualdade entre atletas. Pelo contrário, a única consequência daquela norma era afastar da competição aqueles que não pudessem deslocar-se entre os diferentes percursos. No limite, o jogador poderia inclusivamente ver o seu membro inferior amputado, devido ao esforço que pudesse realizar ao andar entre os vários percursos. Por conseguinte, a deficiência do golfista foi considerada segundo o disposto no Disabilities Act de 1990. Cfr. PGA Tour, Inc., *contra* Casey Martin, Ac. de 29 de Maio de 2001 [532 U. S. ____ (2001)]. Em sentido concordante ao sentido da decisão, afirmando que existia aqui uma óbvia afectação dos direitos do atleta que permite fundamentar o abandono da distinção entre regras do jogo e regras jurídicas. Cfr. ANDREAS MATZER, *Die Internationale Organisations Strukturen im Spitzensport und die Regelwerke der Sportverbände*, pp. 195 e ss.

será a probabilidade de poder ser impugnável junto dos tribunais, pressupondo, naturalmente, uma análise casuística da afectação na esfera jurídica dos destinatários desta normatividade[1634]. Em jeito de conclusão, o critério é o seguinte: (i) a cognição judicial dos conflitos estritamente desportivos é muito limitada, resumindo-se à possibilidade de admitir acções de responsabilidade civil na jurisdição comum (afastando-se, desde logo, a possibilidade de ser competente o TAD ou os tribunais administrativos, uma vez que não estamos perante um exercício de poderes públicos); (ii) nem todos os conflitos que estão relacionados ou conexos (indirectamente) com o jogo podem ser qualificados como estritamente desportivos. A intervenção na esfera jurídica de um atleta – por exemplo, uma suspensão – decorrente de uma decisão do CD (na sequência de uma admoestação de um árbitro) deve ser qualificada como um acto administrativo e, deste modo, impugnável no TAD e nos tribunais administrativos. Com efeito, sempre que exista uma situação em que o CD ou, em recurso do CJ, com base em factos ocorridos no plano do resultado desportivo – ocorrido em campo – profira uma decisão que afecte os direitos fundamentais de um dos intervenientes, esta será impugnável junto do TAD e dos tribunais administrativos.

9.3. O caso julgado desportivo

Um elemento central para a compreensão das particularidades do sistema de justiça desportiva português reconduz-se ao denominado «caso julgado desportivo[1635]. Entendemos que este importante *instituto* de Direito do desporto deve ser conceptualizado como uma *garantia de certeza e estabilidade das competições desportivas*. Na verdade, deve considerar-se que esta forma de consolidação dos resultados desportivos se manifesta funcionalmente como o garante último do *bom desenrolar das competições desportivas*[1636]. Deste modo, vigorou, no nosso ordenamento, desde a primeira intervenção estadual no

[1634] Neste sentido, FRITZWEILER, PFISTER e SUMMERER, *Praxishandbuch Sportrecht*, 3ª Edição, p. 24, com amplas referências.

[1635] Não existe nenhuma norma paralela, em regra, nos ordenamentos que estudámos neste trabalho. Deve, no entanto, referir-se que no Brasil, desde a Lei nº 8.672/93, existe uma referência da legislação ordinária a um caso julgado desportivo em termos muito idênticos ao existente em Portugal e com inspiração na norma existente entre nós. Sobre esta questão, cfr. ARTUR FLAMÍNIO DA SILVA, «A influência histórica do caso julgado desportivo nas regras jurídicas brasileiras».

[1636] Neste sentido, ARTUR FLAMÍNIO DA SILVA, «Contributo para a compreensão do Caso Julgado Desportivo». No mesmo sentido, Cfr. CHARLES DUDOGNON *ET ALLI*, *Règlement des litiges au sein du mouvement sportif*, p. 121.

desporto, um princípio da *intangibilidade dos factos que geraram um determinado resultado desportivo*.

Este princípio tem como consequência a impossibilidade de, em caso de impugnação de uma determinada decisão administrativa de uma federação desportiva, retirar como efeito e consequência da execução da sentença do tribunal administrativo a possibilidade de reverter ou alterar as *incidências desportivas* que levaram ao resultado decorrente de uma competição desportiva (*v.g.* um penalty, um cartão vermelho ou azul, um fora-de-jogo, etc)[1637].

Esta é, de resto, uma consequência da distinção (tendencial) entre normas estritamente desportivas e normas desportivas em sentido amplo. Em todo o caso, nem sempre é possível distinguir entre a aplicação das normas estritamente desportivas e a prática de um acto administrativo, uma vez que os actos administrativos das federações comportam recorrentemente efeitos desportivos, por vezes, a própria decisão administrativa – em particular a sancionatória – pode inclusivamente identificar-se completamente com o efeito desportivo, por exemplo, na decisão de anular os resultados desportivos obtidos por um atleta e na consequente reclassificação da competição desportiva.

Por outro lado, este princípio da intangibilidade do resultado desportivo não é, de modo algum, absoluto, comportando importantes excepções no domínio da dopagem[1638]. Neste contexto, não podemos deixar de reconhecer, por outro lado, que a existência de um *caso julgado desportivo* representa também um incentivo à violação dos direitos fundamentais dos atletas (e à legalidade administrativa), uma vez que promove efectivamente a susceptibilidade existência de um arbítrio nas decisões das federações desportivas e, por outro lado, induz a regra de que as lesões na esfera patrimonial, desportiva e jusfundamental dos agentes desportivos são definitivas.

A LTAD2014 estabeleceu uma importante alteração nesta temática. Na verdade, com a instituição legal do TAD, o legislador decidiu, pela primeira vez no nosso sistema jurídico, atribuir ao caso julgado desportivo a impossibilidade de alterações nos resultados desportivos (ainda que produ-

[1637] Já vimos que desapareceu, do nosso ordenamento, o conceito amplo de questões estritamente desportivas. Não obstante, parece-nos que ainda existe uma reserva tendencial a favor do desenrolar do jogo. Em todo o caso, não é sustentável entender-se que o TAD ou os tribunais administrativos venham a ocupar-se de questões relacionadas com a aplicação de normas estritamente desportivas. A jurisdição para os problemas que envolvem os *conflitos estritamente desportivos* diz respeito à jurisdição dos tribunais judiciais.

[1638] Cfr. os artigos 74º e ss. da Lei Antidopagem.

zidos invalidamente) decorrente de qualquer decisão jurisdicional em recurso das decisões do TAD[1639]. Em primeiro lugar, retira-se implicitamente desta disposição que nada impede que, na decorrência desta alteração legislativa, as decisões do TAD possam alterar os resultados desportivos decorrentes (directa ou indirectamente) de uma decisão administrativa. Deste modo, abre-se um precedente nunca verificado no nosso ordenamento desde a primeira intervenção estadual no desporto em 1942/1943: a possibilidade de a impugnação de uma decisão administrativa que produza efeitos desportivos poder fundamentar uma alteração daqueles por um tribunal arbitral necessário[1640]. A disposição não é, contudo, isenta de dificuldades interpretativas. Os efeitos desportivos são, em regra, facilmente identificáveis com o *resultado desportivo* (em consonância com o que defendemos relativamente às normas estritamente desportivas) e, por conseguinte, as disputas com este relacionadas encontram-se excluídas da jurisdição do TAD. Esta não é, no entanto, uma regra absoluta[1641].

Vejamos uma hipótese: um determinado atleta é punido no âmbito de uma suposta dopagem. Deste modo, todos os resultados desportivos por ele alcançados desde que foi recolhida uma (suposta) amostra positiva são anulados, perdendo aquele, por exemplo, as medalhas recebidas, sendo-lhe igualmente aplicada uma sanção de proibição de exercício da profissão. Esta decisão não pode, todavia, identificar-se como uma autêntica decisão tomada com base nas normas estritamente desportivas, mas antes um verdadeiro acto administrativo. Imagine-se, porventura, que o atleta impugna junto do TAD a decisão da federação desportiva, apresentando fortes provas de que não se dopou e que o TAD, por seu turno, não aceita a pretensão do atleta. Por outro lado, em consequência desta decisão punitiva da federação desportiva, o atleta recorre da decisão do TAD perante o TCA Sul, o qual, por sua vez, decide de forma favorável ao atleta, uma vez que ficou provado que o organismo deste último produz de forma espontânea e natural a substância proibida. Segundo o novo regime jurídico não seria possível que o atleta voltasse a receber as medalhas ou prémios que deixou de alcançar

[1639] Cfr. artigo 8º, nº 6, da LTAD2014.

[1640] O exercício crítico que aqui se realiza não tomará, na verdade, as considerações anteriores de que o TAD não consubstancia ainda um verdadeiro tribunal pretende-se, em bom rigor, demonstrar a bondade das soluções legais partindo desse pressuposto.

[1641] Com efeito, nem sempre os efeitos desportivos se projectam somente na esfera do jogo.

(mas que teria obtido em virtude do seu desempenho desportivo, não fosse a existência de uma decisão ilegal)[1642].

Pode, por outro lado, acontecer uma outra situação. Imagine-se que uma federação desportiva pune um determinado atleta com uma suspensão da actividade desportiva por um período de seis anos. O atleta impugna a pena disciplinar junto do TAD, sendo que no âmbito desse processo a pena é reduzida para cinco anos, mas o atleta insatisfeito – alegando a desproporcionalidade da mesma – recorre para o TCA Sul, o qual dá procedência à acção proposta pelo autor, dando como provado que os factos que fundamentaram a sanção nunca existiram. Neste caso, também não existe a possibilidade, de, em sede de execução de sentença administrativa, retroagir à data da punição e colocá-lo na situação em que se encontraria se não tivesse sido punido, uma vez que os efeitos desportivos já se produziram.

Estas duas situações ilustram bem que, segundo o quadro legal vigente em Portugal, não existe a possibilidade de poder voltar a reintegrar os atletas na competição em que se encontravam ou recuperar os «efeitos desportivos» que se geraram na decorrência da decisão impugnada quando o faça nos tribunais administrativos (depois de obter tutela junto do TAD). Aos atletas restaria somente propor uma acção de responsabilidade civil pelos danos sofridos[1643].

Em todo o caso, a solução pode ser outra numa hipótese ligeiramente diferente. Com efeito, se um clube é punido com a pena de descida de divisão e, por sua vez, impugna essa decisão junto do TAD, logrando obter sucesso nas suas pretensões jurídicas, então nada impedirá que esse clube possa (em teoria) ser reintegrado e, inclusivamente, que os resultados desportivos produzidos (por exemplo, os jogos que entretanto se disputaram e nos quais o clube não participou) na decorrência daquela decisão possam ter que ser repetidos. Neste caso, a federação desportiva tem a possibilidade de invocar uma causa legítima de inexecução[1644] para impedir que os

[1642] Esta é a solução imediata da interpretação da existência de um caso julgado desportivo, tal como se encontra configurado na LTAD2014.

[1643] A responsabilidade do Estado, da federação desportiva ou dos titulares dos seus órgãos será, deste modo, aferida de acordo com os artigos 7º do RJFD2014 e 7º e 8º do RRCEEP.

[1644] Segundo Diogo Freitas do Amaral, estamos perante causas legítimas de inexecução quando existirem «situações excepcionais que tornam lícita, para todos os efeitos, a inexecução das sentenças dos tribunais administrativos, obrigando, no entanto, ao pagamento de uma indemnização compensatória ao titular da execução». Cfr. *A execução de sentenças dos tribunais administrativos*, 2ª Edição, p. 123. No artigo 163º, nº 1, do CPTA estabelece-se, deste

resultados desportivos sejam consolidados, pelo que o clube prejudicado pela decisão disciplinar recebe (automaticamente, desde que cumpridos os seus pressupostos) uma indemnização.

A solução do legislador merece-nos as maiores críticas. Por um lado, é equívoca – quando conjugada com a inexistência de competência do TAD para a cognição de conflitos estritamente desportivos –, na medida em que parece sugerir que, em recurso junto dos tribunais administrativos, as decisões administrativas das federações desportivas são sempre indiscutíveis, ainda que arbitrárias. Por outro lado, sujeita o erário público (ou a esfera económica das federações desportivas ou os titulares dos órgãos daquelas) a um constante perigo de pedidos de responsabilização civil que – como se verá – poderiam facilmente ser evitados. A solução legal gera, por outro lado, uma desigualdade nos dois exemplos que apontámos. Nas duas primeiras situações, os atletas não são tutelados automaticamente pelo ordenamento jurídico. Além de se colocarem numa situação de fragilidade relativamente à sua actividade profissional, resta-lhes somente tentar obter uma última tutela por intermédio do instituto da responsabilidade civil. Na segunda situação, os atletas punidos têm duas soluções: (i) se a federação não invocar uma causa legítima de inexecução então podem ser reintegrados na competição ou verem ser reconhecidos os resultados desportivos que foram anulados por aquela entidade; (ii) se a federação invocar causa legítima de inexecução, os atletas em causa podem ser ressarcidos por intermédio dessa tutela indemnizatória objectiva.

Deste modo, levada ao extremo, a existência de um caso julgado desportivo – tal como configurado pela LTAD2014 – permite registar que aos agentes desportivos seria mais favorável esperar por uma decisão do TAD em relação às suas pretensões, uma vez que é a única alternativa que permite, desde logo, manter alguma esperança no sentido de poderem vir a ser, por exemplo, reintegrados na categoria desportiva da qual foram indevidamente afastados ou restituídos os títulos que administrativamente

modo, uma responsabilidade objectiva que implica que: «sempre que o cumprimento da Administração se torne impossível, seja por que motivo for, esta tem de indemnizar o interessado no cumprimento pelo faco de se ver privado da situação em que esse cumprimento o iria colocar». Cfr. Mário Aroso de Almeida e Carlos Cadilha, *Comentário ao Código de Processo nos Tribunais Administrativos*, 3ª Edição, p. 1062. O fundamento desta responsabilidade objectiva assenta em dois vectores essenciais: (i) na *gravidade do sacrifício imposto ao recorrente*; (ii) na *antijuridicidade da conduta que lhe deu origem*. Cfr. Mário Aroso de Almeida, *Anulação de actos administrativos e relações jurídicas emergentes*, pp. 806-809.

foram retirados. Parece-nos que estamos aqui perante uma medida desrazoável face ao princípio da igualdade[1645].

A importância da necessidade de reintegração justifica-se precisamente por, em princípio, um clube ou um atleta não ter, pelo menos num primeiro momento, qualquer interesse em receber uma indemnização, na medida em que o seu objectivo primordial será voltar a competir, bem como ser integrado na competição da qual fora ilegalmente afastado ou que lhe sejam entregues as medalhas ou prémios que havia obtido. Por outro lado, coloca-se (especialmente na dopagem ou no âmbito de uma alegada corrupção) a questão de recuperar a credibilidade (desportiva) que possam ter perdido na sequência de um processo disciplinar e, em particular, a confiança dos seus patrocinadores. Deve ter-se presente que o caso julgado desportivo em nada obsta a que a federação desportiva despromova (ou que vá despromovendo) de forma arbitrária um clube desportivo de divisão e que depois condicione, com respectiva invocação da causa legítima de inexecução, a execução da decisão (quando estivermos perante uma decisão do TAD) ou que, em recurso, se sujeite a uma mera acção de responsabilidade civil.

Esta situação está longe de ser académica e tem, inclusivamente, suscitado dificuldades, entre nós, mas também noutros ordenamentos[1646].

[1645] Cfr. A existência de um «caso julgado desportivo» não deixa de suscitar dificuldades relativamente ao *princípio da sinceridade do resultado desportivo*. Este princípio, enunciado pelo Conseil Constitutionnel, coloca a necessidade de verificar a compatibilização das regras do legislador com a exigência da sinceridade da competição enquanto corolário do princípio da igualdade de tratamento dos competidores desportivos. De facto, coloca-se com premência a reflexão sobre se perante uma decisao arbitrária da federação desportiva será proporcional que alguns atletas sejam beneficiados em relação a outros. Cfr. Ac. de 9 de Dezembro de 2004, processo nº 2004-507.

[1646] A possibilidade de reintegração de um determinado clube na competição desportiva da qual teria sido ilegitimamente afastado por decisão disciplinar não é inédita no nosso ordenamento. Na verdade, na época desportiva 1990/1991 verificou-se a reintegração do FC Famalicão na competição (Primeira Divisão do Campeonato Nacional) da qual tinha sido afastado por virtude de uma decisão disciplinar que o punia com a relegação de divisão na época de 1988/1989 da I Divisão para a III Divisão Nacional na sequência de uma alegada infracção disciplinar. Entretanto, os tribunais judiciais tiveram oportunidade de se pronunciar em sentido negativo relativamente à questão de saber se teria efectivamente sido praticado um crime de corrupção por um conjunto de agentes desportivos ligados ao FC Famalicão e ao Clube Atlético de Macedo de Cavaleiros. Na sequência desta decisão judicial, o pleno do Conselho de Justiça (órgão disciplinar de segundo grau) reabriu o procedimento disciplinar e com os novos factos provados em tribunal decide revogar a decisão disciplinar que «punia» FC Famalicão com a descida de divisão, com todas as consequências jurídicas que daí

De todo o modo, entendemos que a existência de uma cláusula geral de salvaguarda dos efeitos desportivos decorrente de decisões administrativas após ter sido proferida uma sentença arbitral pelo TAD coloca em causa o direito fundamental à tutela jurisdicional efectiva [cfr. o artigo 20º e 268º, nº 4, da CRP], na medida em que tem como único fundamento evitar a discutibilidade da causa e da plenitudade do controlo jurisdicional nos tribunais administrativos[1647]. A existência de um fundamento para a não reparação das posições jurídicas lesadas pela Administração tem que ser excepcional e, por outro lado, deve obrigatoriamente implicar uma compensação (justa). Não pode, com efeito, ser uma regra a ideia de que a federação desportiva possa eximir-se de repor a legalidade ou de violar as posições subjectivas dos particulares.

Uma solução harmoniosa poderia ter passado pela introdução de uma norma idêntica à existente no artigo 163º, nº 1, do CPTA, prevendo que os efeitos desportivos decorrentes da prática de actos administrativos (ou da omissão) possam somente manter-se no ordenamento jurídico quando existisse uma *impossibilidade absoluta* (total) ou quando se verificasse um

adviessem. A solução encontrada para cumprir esta decisão passou por um alargamento do número de clubes participantes na Primeira Divisão de Futebol na época de 1990/1991 de 18 para 20 equipas. A decisão deste órgão disciplinar (Ac. do Pleno do Conselho de Justiça da FPF de 22 de Junho de 1990, recurso nº 56) pode ser encontrada em António Bernardino Peixoto Madureira e Luís César Rodrigues Teixeira, *Futebol – Guia Jurídico*, pp. 1401 e ss. Mais recentemente, houve outra reintegração de um clube desportivo na sequência de uma decisão de tribunal administrativo: estamos a referir-nos ao caso Boavista. Em traços gerais, o clube em causa foi punido disciplinarmente e relegado para as divisões inferiores. Todavia, os tribunais administrativos anularam a decisão disciplinar e, por conseguinte, a federação desportiva chegou a acordo com o Boavista FC para ser integrado na competição de futebol profissional na época 2014/2015. Em Espanha, uma desses exemplos de reintegração diz respeito ao caso Obradoiro, na qual um clube de basquetebol foi integrado, decorridos alguns anos de intensas batalhas jurídicas, na competição desportiva da qual tinha sido ilegalmente afastado. Sobre este caso, cfr. Artur Flamínio da Silva, «Contributo para a Compreensão do Caso Julgado Desportivo», pp. 424 e ss. No sistema jurídico italiano, entre outros, assinalemos o já referido caso Catania.

[1647] Cfr. André Filipe de Azevedo Antunes, *A Nova Face da Justiça Desportiva – Algumas Questões em torno do novo Tribunal Arbitral do Desporto*, pp. 47 e ss, denotando dificuldades de interpretação e de aplicação do caso julgado desportivo com as regras respeitantes ao «direito à execução de sentenças dos tribunais». Embora o autor depois acabe por não retirar consequências do problema que detecta, ainda que invoque a nossa posição face ao quadro jurídico anterior.

excepcional para o *interesse público*, independentemente de se tratar de uma decisão do TAD ou de um tribunal estadual[1648].

A pedra de toque está precisamente no estabelecimento da tutela reintegratória (cfr. o artigo 268º, nº 4)[1649] como regra – conforme exigem oscomandos constitucionais –, em detrimento de um entendimento que beneficie a tutela ressarcitória (ainda que possível nalguns casos, mas reduzida) como forma normal de tutela face às actuações ilegais das federações desportivas, deixando, porém, espaço à salvaguarda de situações excepcionais que não permitem uma tutela reintegratória, mas que tutelem, desde logo, de forma compensatória os danos que na decorrência dessa realidade emerjam.

Deve deixar-se bem claro que não entendemos que os resultados desportivos devam ser constantemente sujeitos ao escrutínio do juiz: o aspecto determinante que se pode extrair do nosso discurso diz somente respeito à necessidade do estabelecimento de garantias que permitam aos agentes desportivos obterem uma tutela judicial que consiga assegurar uma reacção contra as ilegalidades que as federações desportivas possam cometer no âmbito do exercício de poderes públicos. Por outro lado, nem se argumente que a liberdade de associação das federações desportivas exige que seja salvaguardado um espaço de *reserva absoluta* imune a qualquer intervenção do juiz nas decisões administrativas que possam produzir efeitos desportivos. Este argumento não procede, uma vez que a liberdade de associação não pode, desde logo, fundamentar intervenções arbitrárias e ilegais na esfera dos direitos fundamentais dos agentes desportivos.

1648 É, aliás, esta uma interpretação compatível com as mais recentes alterações do CPTA, desde logo, na necessidade de se exigir uma *excepcional* lesão do interesse público (e não como se encontrava anteriormente previsto no CPTA2002, apenas um «grave prejuízo» para o interesse público). O incumprimento de decisões de tribunais para a Administração Pública (e privados que exerçam poderes públicos) deve assumir-se como a *excepção* e não como uma regra.

1649 Na verdade, como aí se dispõe: «[é] garantido aos administrados tutela jurisdicional efectiva dos seus direitos ou interesses legalmente protegidos, incluindo, nomeadamente, o reconhecimento desses direitos ou interesses, a impugnação de quaisquer actos administrativos que os lesem, independentemente da sua forma, a determinação da prática de actos administrativos legalmente devidos e a adopção de medidas cautelares adequadas».

§10º O vínculo de justiça: o fim de um mito?

De um modo conclusivo, merece-nos agora um excurso sobre a relação entre a jurisdição estadual e a resolução de conflitos desportivos no seio do associativismo desportivo. Podemos, desde logo, mencionar que a origem histórica da ideia de «vínculo de justiça» reconduz-se a uma previsão normativa nos estatutos do COI de 1930, estabelecendo-se que: «[o] COI pode determinar, enquanto tribunal de última instância, as decisões submetidas pelo Comité Organizador das Olímpiadas». Este raciocínio foi, por outro lado, aperfeiçoado nas «regras olímpicas» de 1944 ao disporem que: «[o] COI é o árbitro final de todas as questões que envolvem o movimento olímpico e a regulação e direcção dos Jogos Olímpicos. O COI delega, porém, às federações desportivas internacioniais o poder de controlo da conduta técnica do desporto que governam, mas, em relação a todos os outros aspectos, os poderes do COI são soberanos»[1650].

Em consonância com o espírito destas disposições, as federações desportivas internacionais passaram a prever nas suas normas estatutárias uma proibição geral da impugnação de decisões e normas federativas (que estenderam inclusivamente às federações nacionais que são suas associadas) junto dos tribunais estaduais, impondo, como vimos, que os conflitos entre agentes desportivos e a federação desportiva devam ser resolvidos por intermédio de submissão a instâncias arbitrais.

Destes dados resultou, assim, que os agentes filiados nas federações desportivas e comités olímpicos não poderiam obter tutela jurídica junto dos tribunais estaduais, pelo que qualquer contestação jurídica deveria ser levada somente à cognição dos meios impugnatórios internos das federações desportivas e comités olímpicos, uma vez que aqueles reconheceram e submeteram-se, por intermédio do seu licenciamento federativo, a todas as normas federativas. Seguindo este raciocínio seria, por conseguinte, de aceitar a validade de todas as normas desportivas que impõem a obrigatoriedade de os agentes desportivos se absterem de recorrer aos tribunais estaduais, sob pena de fortes sanções. Estaríamos, neste caso, perante uma

[1650] Cfr. artigo 26º das «regras olímpicas». José Bermejo Vera, embora sem identificar a primeira norma olímpica que preveu esta proibição de recurso aos tribunais estaduais, reconhece precisamente que as normas olímpicas são a origem deste conceito. Cfr. «El conflicto deportivo y la jurisdicción», pp. 180 e ss.

proibição de submissão de conflitos aos tribunais estaduais que é comummente designada como *vínculo de justiça*[1651].

Estas sanções eram naturalmente (e são quando estiverem previstas) uma forma dilatória (ou impeditiva) do exercício de um direito fundamental à tutela jurisdicional efectiva incompreensível em qualquer Estado de Direito[1652]. Não parece, no entanto, que seja possível sustentar que, em Portugal e no direito estrangeiro analisado, exista um vínculo de justiça absoluto no sistema de resolução de conflitos desportivos[1653]. De resto, as próprias federações transnacionais reconhecem que a proibição de recorrer aos tribunais estaduais não é absoluta, e pegando no exemplo paradigmático e recente que se encontra previsto nos estatutos da FIFA, não existem dúvidas que aquele *vínculo de justiça* só existe quando «as normas da FIFA ou *as disposições legais imperativas prevejam ou estipulem um recurso aos tribunais comuns*»[1654].

A realidade de uma crescente litigiosidade decorrente de um progressivo aumento da patrimonialidade das relações entre os agentes desportivos – insatisfeitos com as fracas garantias e resposta que lhes davam os meios de resolução de conflitos internos – e o associativismo desportivo veio, no entanto, confirmar precisamente a ideia de que o Estado não podia deixar de interessar-se pelas decisões das federações desportivas que estivessem relacionadas com a actividade desportiva. Deste modo, a ideia de que existe

[1651] Neste sentido, por exemplo, PEDRO GONÇALVES, «A «soberania limitada» das federações desportivas», p. 57, nota 11.

[1652] Cfr. em tom crítico, afirmando que: «[n]ão deixa de ser notável a forma aberta e descomplexada como se procede à consagração expressa da possibilidade de aplicar sanções pelo exercício de um direito fundamental». PEDRO DELGADO ALVES, «Procurando o limite das quatro linhas – Ac. do STA de 10.9.2008, P. 120/08», p. 28, nota 14.

[1653] Uma nota particular merece a regulação desportiva regida pelo Direito Privado no ordenamento jurídico alemão, uma vez que aí se assume as associações – em particular as desportivas – não podem excluir a competência de cognição jurisdicional por intermédio de uma norma estatutária. Cfr., por exemplo, JOCHEN FRITZWEILER, BERNHARD PFISTER E THOMAS SUMMERER, *Praxishandbuch Sportrecht*, 3ª Edição, p. 251 e PRÜTTING/WEGEN/ WEINREICH, *BGB Kommentar*, 9ª Edição, p. 40.

[1654] Cfr. o artigo 68º, nº 3 dos estatutos da FIFA. No original: «FIFA regulations or *binding legal provisions specifically provide for or stipulate recourse to ordinary courts of law*». Dando precisamente conta da anterior solução legal dos estatutos da FIFA, na qual se estabelecia no artigo 64º, nº 2 que: «[r]ecourse to ordinary courts of law is prohibited unless specifically provided for in the FIFA regulations», cfr. PEDRO DELGADO ALVES, «Procurando o limite das quatro linhas – Ac. do STA de 10.9.2008, P. 120/08», p. 28, nota 13.

um quadro geral «de proibição da intromissão dos tribunais do Estado em questões do âmbito desportivo»[1655], bem como o argumento baseado na necessidade de aceitar a existência de um pluralismo jurídico baseado em estruturas autoritárias, parecem-nos não estar, salvo o devido respeito por quem as defende, de acordo com as mais recentes transmutações no âmbito das relações entre o associativismo desportivo e o Estado.

De facto, a existência de um *vínculo de justiça* – pelo menos absoluto – parece ter ficado retida num ideal próprio do universo desportivo que, desde os anos 90, deixou de fazer sentido – especialmente depois do Ac. Bosman[1656] –, uma vez que a partir daí os tribunais estaduais passaram a estabelecer um contacto constante com a normatividade desportiva e as decisões que dela faziam as entidades que regulavam a actividade desportiva, registando-se a erosão gradual do vínculo de justiça. No entanto, mesmo que assim não fosse, a existência do TAD não pode ser fundamentada no argumento da existência de uma qualquer proibição de recorrer aos tribunais estaduais ou de um pluralismo jurídico: a constatação destas características do associativismo desportivo – a primeira com menos relevância actualmente face à erosão do vínculo de justiça – fundamenta precisamente um tribunal em que o legislador acautele a decorrência da existência de uma posição estrutural de desigualdade entre os agentes desportivos e o associativismo desportivo.

Não existe nenhuma imposição – pelo menos legal ou constitucional – que exija um afastamento total do Estado em relação à actividade desportiva quando estiver em causa os direitos fundamentais dos agentes desportivos. A *posição de desigualdade estrutural* implica, pelo contrário, um reforço das cautelas do legislador na defesa dos direitos fundamentais dos agentes desportivos face ao poder que as federações desportivas concentram[1657]. O Estado não pode, pois, afastar-se da tarefa de tutelar as actuações arbitrárias das federações desportivas, permitindo a concentração de poder em

[1655] Cfr. Pedro Gonçalves, «Administração Pública e arbitragem – em especial, o princípio legal da irrecorribilidade de sentenças arbitrais», p. 779, nota 7.

[1656] Ac. do TJCE de 15 de Dezembro de 1995, processo nº C-415/93.

[1657] É, por este motivo, que discordamos de quem rejeita a «construção de um constitucionalismo estadual para o Século XXI com base na excessiva valorização do Estado de direito – e, em particular, dos direitos fundamentais e da jurisdição constitucional – em detrimento do princípio democrático». Cfr. Rui Medeiros, *A Constituição Portuguesa num Contexto Global*, p. 97.

entidades privadas (em particular, aquelas que exercem poderes públicos), permitindo-lhes que tenham a faculdade de afectar de forma especialmente intensa os direitos fundamentais dos agentes desportivos (e sem qualquer controlo estadual de mérito).

O mais paradoxal é que o TAD se assume, actualmente, como uma construção do associativismo desportivo que contou com a colaboração e apoio do legislador democrático. É, pois, perfeitamente legítimo perguntar qual o fundamento para a criação de uma entidade que não reúne as condições necessárias para ser qualificada como tribunal arbitral. Parece-nos que o TAD só pode encontrar justificação na celeridade que pode imprimir aos litígios que lhes sejam submetidos. Todavia, há que ter presente que, em nome da celeridade, não podem ser simplesmente esquecidos os direitos fundamentais das partes (em especial dos agentes desportivos), criando como que um *tribunal arbitral do associativismo desportivo.*

As soluções adoptadas pelo legislador parecem-nos, deste modo, necessitar de um aprofundamento e, em particular, de uma maior discussão em torno da constitucionalidade de algumas medidas. Há, neste contexto, uma conclusão a retirar: o TAD – ao contrário do que se poderia supor – veio implicar uma maior presença do Estado na regulação desportiva, uma vez que no âmbito da arbitragem necessária o TAD só pode ser configurado como um *tribunal estadual especial* (se, efectivamente, cumprir todas as garantias constitucionais)[1658]. É, portanto, perfeitamente válido entender que a consagração do TAD veio trazer uma maior presença do Estado no Desporto português e permite firmar, sem margem para dúvidas, uma proximidade com a esfera estadual.

Em suma, encontra-se ultrapassada a ideia de que o Desporto vive sob a égide de um vínculo de justiça, estando, pelo contrário, cada vez mais sujeito a um controlo pelos tribunais estaduais. Deste modo, ainda que o legislador possa optar por instituir um tribunal de competência especializada para decidir litígios desportivos, não pode deixar de se eximir de ter especiais cautelas da relação de poder emergente da regulação desportiva e, em particular, de respeitar os comandos constitucionais e legais[1659].

[1658] Uma consequência disso diz respeito precisamente ao esvaziamento das competências do CJ.

[1659] Acertadamente, a este respeito, cfr. ANTÓNIO PEDRO BARBAS HOMEM, «Prefácio», p. 6, denotando precisamente que: «o Direito do Desporto negaria a sua razão de ser se for apenas um conjunto de disposições empíricas ditadas pelos interesses prevalecentes», uma vez

Deve-se, porém, perceber o impacto que o direito transnacional das federações desportivas pode ter no plano nacional. É este o objecto do próximo capítulo.

que: «[o] risco de colocar o Estado e as suas instituições, especialmente os tribunais, ao serviço dos interesses particulares é real e, se esses interesses são legítimos e merecedores de tutela, já deve merecer a maior atenção o modo através do qual se processa a autonomia da legislação e dos regulamentos de âmbito desportivo e se cria uma jurisdição específica para os respe[c]tivos litígios».

Capítulo IV
A Norma Desportiva: Entre o Direito Público e o Direito Privado?

§ 1º O conceito de norma desportiva

O estudo que tenha por objecto a autonomia da resolução de conflitos desportivos não pode ignorar a sustentação téorica da *norma desportiva*. A discussão sobre a existência de um «ordenamento desportivo» nasceu com o conhecimento das fronteiras e das limitações de cognição judicial estadual de contendas com relevância jurídico-desportiva[1660]. Deste modo, a análise da problemática em torno das *normas desportivas (ou das regras desportivas)* implica, necessariamente, discutir a autonomia destas em relação às normas do Estado. Com efeito, o estudo da *norma desportiva* tem subjacente o estudo das relações entre a *jurisdição estadual* e a *justiça desportiva*[1661]. Neste contexto, deve mencionar-se também que, ainda que suscite problemas interessantes, a *norma desportiva* não é, entre nós, um tema esgotado[1662].

[1660] Como se verá em momento posterior.

[1661] Realçando precisamente esta ideia, cfr. Filippo Verde e Mario Sanino, «L'ordinamento sportivo in generale», pp. 34 e 35 e Mario Sanino e Filippo Verde, *Il Diritto Sportivo*, 3ª Edição, pp. 36 e 37.

[1662] Entre outros, cfr. José Joaquim Gomes Canotilho e Alexandra Pessanha, «Relações jurídicas jusfundamentais no âmbito do desporto profissional», pp. 357 e ss., José Joaquim Gomes Canotilho, «Internormatividade Desportiva e *Homus Sportivos*», pp. 151 e ss., Alexandra Pessanha, *As Federações Desportivas – Contributo para o Estudo do Ordenamento Jurídico Desportivo*, pp. 160 e ss., Alexandra Pessanha, «Algumas reflexões sobre o orde-

Recuperamos aqui, por outro lado, a categorização efectuada anteriormente, podendo enunciar que utilizaremos dois tipos de normas desportivas: (i) *as normas desportivas em sentido estrito*; (ii) *as normas desportivas em sentido amplo*. De todo o modo, as primeiras não terão, em princípio, qualquer relevância na análise que empreendemos.

O estudo que se segue foca-se, no essencial, na busca da relevância da normatividade e do poder transnacional das federações desportivas num âmbito nacional, pelo que se assume como determinante estabelecer o exame das relações que se estabelecem entre as regras que se ocupam da organização da competição desportiva regulada por uma federação desportiva nacional submetida a normas de Direito Público e as normas das federações desportivas transnacionais.

Neste contexto, deve referir-se que a *norma desportiva* assume a *centralidade* da regulação competitiva a cargo de uma federação desportiva[1663]. Com efeito, as *regras desportivas* consubstanciam o núcleo básico da regulamentação de qualquer modalidade competitiva (a começar, por exemplo, por aquelas que se ocupem da competição desportiva *strictu sensu*)[1664].

No entanto, aquelas normas tanto poderão ter origem *transnacional* (quando sejam produzidas por uma federação internacional ou pelo COI) ou *origem nacional* (se forem reconduzíveis ao espaço normativo de concretização e aplicação de regras desportivas por federações desportivas nacionais e Comité Olímpico Nacional). Estes *espaços normativos* estão, todavia, actualmente sujeitos a *fortes condicionamentos* decorrentes de normas estaduais nacionais, quer as federações desportivas nacionais exerçam ou não funções administrativas, mas sofrem também imposições normativas resultantes de uma *zona normativa desportiva híbrida* relativa à normatividade da

namento jurídico desportivo, pp. 24 e ss. Embora não discutindo a natureza da norma desportiva, v. CARLOS FERREIRA DE ALMEIDA, «Os sistemas normativos do desporto», pp. 285 e ss.

1663 Como reconhece PHILIPPE JESTAZ, as regras são uma parte integrante do Desporto, não devendo ser entendidas como meramente «acessórias» ou «facilitadoras» da «actividade desportiva». Cfr. « Des Chicanes sur une Chicane», p. 5.

1664 No sentido de que as normas desportivas têm sempre por objecto a regulamentação directa ou indirecta da competição, distinguindo entre duas modalidades de normas desportivas: as que digam respeito directamente à competição e aquelas cujo objecto ou efeito, ainda que relativo à competição, não é passível de se lhe retirar uma essência estritamente desportiva. Cfr. GÉRALD SIMON *et alli*, *Droit du Sport*, p. 22. Para J.-C. LAPOUBLE as regras do jogo devem ser consideradas a «base» da norma desportiva. Cfr. *Droit du Sport*, p. 101.

AMA e de uma *esfera de regulação* de *Direito Europeu* quando estiver em causa a aplicação de normas decorrentes do Direito da União Europeia.

Desta forma, a crescente interprenetração entre o Direito Público e o Direito Privado no espaço normativo desportivo transnacional exige que este último deixe de poder ser qualificável com base na natureza jurídica dos entes que o criaram, uma vez que emergiu das atribuições do associativismo desportivo um poder que – ainda que originariamente criado por entidades privadas – se assume como substancialmente autoritário. Assim sendo, as *normas desportivas*, quando emanadas pelas *federações transnacionais* ou pelas *federações nacionais* consubstanciam[1665], em geral, um *comando normativo emanado por uma federação desportiva com pretensões de obrigatoriedade*[1666] *que deve ser reconduzível a um poder normativo desportivo (puissance sportive)*[1667].

Este conceito carece de uma breve explicação. A norma desportiva surge, por um lado, como um *comando normativo*: nas normas estatutárias das federações desportivas transnacionais manifestam-se prescrições gerais e abstractas que pretendem regular uma determinada situação jurídico-desportiva. Por outro lado, estes comandos normativos assumem-se como obrigatórios para os agentes desportivos e federações desportivas nacionais, sendo que o não cumprimento das mesmas comporta, desde logo, uma sanção desportiva. Por último, a existência destas prescrições normativas só pode ser reconduzida a um poder desportivo que emerge, precisamente, da cadeia hierárquico-monopolística que sustenta a regulação da actividade desportiva num âmbito transnacional ou nacional.

[1665] No mesmo sentido englobar-se-ia neste conceito a situação da federação desportiva que não exerça poderes públicos. Contudo, como já adiantámos, está excluída do presente trabalho qualquer análise que diga respeito a estas entidades, sendo o nosso estudo somente circunscrito aos problemas que envolvam as federações que exerçam poderes públicos.

[1666] Klaus Vieweg entende a norma federativa (*Verbandsnorm*) como um «padrão de conduta geral e abstracto com pretensões de obrigatoriedade, em domínios que a federação desportiva – prosseguindo interesses unilaterais –, entende ser da sua competência normativa», Cfr. *Normsetzung und – anwendung deutscher und internationaler Verbände*, p. 31.

[1667] Assumindo que a norma desportiva repousa num poder normativo federativo, Gérald Simon, «Le conflit sportif: un conflit de normes?», *Droit et sport*, p. 105. Para mais desenvolvimentos sobre a *puissance sportive* cfr. Gérald Simon, *Puissance Sportive et Ordre Juridique Étatique*, pp. 13 e ss. No mesmo sentido, assumindo que se trata: (i) de um poder dispositivo sobre organização competitiva; (ii) que se assume como uma manifestação normativa unilateral das federações desportivas; (iii) que produz efeitos independentemente do consentimento dos seus destinatários, V. Gérald Simon *et alli*, *Droit du Sport*, p. 30.

Podemos, todavia, efectuar uma ressalva: as *federações desportivas* que exerçam poderes públicos – e cuja emissão normativa possa reconduzir-se a um exercício destes poderes – produzem uma normatividade que deve qualificar-se como uma *normatividade pública*[1668]. Desta forma, embora se reconheça que existe uma influência *normativa externa*, as exigências normativas da federação desportiva transnacional correspondente, não nos parece ser possível retirar-lhe o cariz público, na medida em que esta normatividade externa não lhe esvazia as vinculações decorrentes do interesse público que está subjacente à «delegação de poderes públicos» em entidades privadas. Por outro lado, também não haverá – quanto à normatividade da federação desportiva nacional – qualquer dificuldade em reconhecer-lhe validade ou juridicidade, desde que não viole a *hierarquia normativa estadual*.

Nas páginas que se seguem, pretendemos somente saber como articular a *normatividade transnacional* com a *normatividade pública*. Entre as várias questões que possam estar subjacentes a uma qualquer conclusão que se possa retirirar, deve dar-se especial ênfase às seguintes: (i) como deve ser compreendida, sob a perspectiva da sua sustentação teórica, a normatividade das federações desportivas (nacionais e transnacionais)? (ii) qual o grau de juridificação da *normatividade transnacional* das federações desportivas? (iii) quais são os efeitos jurídicos que se podem retirar da normatividade transnacional das federações desportivas em relação ao ordenamento jurídico do Estado?

1.1. Características da norma desportiva

Em primeiro lugar, de uma forma muito idêntica ao que sucede com os *conflitos desportivos*, nem todas as normas que possam regular factos que apresentam conexão com o desporto podem ser consideradas *normas desportivas*. Em bom rigor, existem comandos normativos que não têm *autonomia suficiente* para serem qualificados como *normas desportivas*. Como vimos, o critério a adoptar será, de um modo consistente com aquele que desenvolvemos relativamente ao *conflito desportivo*, assente na particularidade que se retira de se tratar de uma *normatividade produzida por uma federação que organize uma*

[1668] Segundo J.-C. LAPOUBLE, mesmo num quadro de publicização normativa, existem duas manifestações que se reconduzem à filiação da federação desportiva nacional na federação desportiva internacional: a capacidade para criar *regras do jogo* e o poder de aplicar sanções puramente desportivas. Cfr. *Droit du Sport*, p. 101.

competição desportiva[1669]. Com efeito, nem todas as regras estatutárias e regulamentares de uma federação desportiva são normas desportivas. Por outro lado, as regras de organização em nada diferem de uma associação que não regule o desporto.

Em segundo lugar, a norma desportiva revela, como se viu, um cáracter eminentemente *globalizado*[1670], pelo que apresenta, em regra, elementos de conexão com diversos ordenamentos jurídicos estaduais, desde logo, (i) por regular a actividade de atletas com diferentes nacionalidades, por existirem, por exemplo, (ii) federações transnacionais que projectam a regulação de uma modalidade num âmbito que transcende as fronteiras do Estado onde se sediam, (iii) por existir uma regulação normativa de competições em diversos país entre equipas de vários países terceiros ou (iv) mesmo por podermos encontrar pontos de contacto entre a normatividade de federações nacionais com regras da federação transnacional ou da AMA[1671].

[1669] Cfr. a classificação é de Rita Perez reconhecendo a existência de normas que, embora se apliquem ao desporto, são «exclusivamente estaduais», uma vez que regulam aspectos da vida que se encontram em qualquer sector da sociedade e em que a federação desportiva não «legisla», nem intervém normativamente (por exemplo, normas que digam respeito a aspectos fiscais). Por outro lado, existiria uma zona que pertence em exclusivo à «normação técnico-desportiva» (por exemplo, as regras do jogo). Haveria ainda uma terceira zona de «co-existência» entre as normatividades em que a relação entre ambas possa assumir um cariz *integrativo*, *exclusivo* ou *conflitual*. Cfr. «Disciplina Statale e Disciplina Sportiva Nell'ordinamento Dello Sport», pp. 513-515.

[1670] A acepção de globalização deve ser entendida aqui em três vertentes: como *realidade*, *teoria* e *ideologia*. Em primeiro lugar, a globalização incorporou a emergência de um conjunto de *fenómenos transnacionais* (como por exemplo, um mercado económico à escala global, uma globalização dos meios de comunicação – o expoente máximo desta realidade é a Internet – ou mesmo a globalização do fluxo migratório) que geraram uma «hibridização» *cultural e valorativa* das sociedades em todo o modo. Em segundo lugar, a globalização enquanto *teoria* – embora existam várias concepções dissidentes – acabou por afastar-nos do modelo Vestefaliano e, em consequência disso, por retirar a centralidade do Estado nas Ciências Sociais. Em terceiro lugar, encarar a globalização como ideologia significa recortar-lhe um cariz «idealista» ou até mesmo colonizador, impondo valores «universais», de modo a promover a aceitação «universal» que pode reflectir-se numa concepção neoliberal (insistindo, porém, numa ideia de que a libertação do Estado da força opressora dos mercados gerará liberdade e bem estar). Cfr. a síntese com amplas referências de Ralf Michaels, «Globalization and Law: Law Beyond the State», p. 3 e ss.

[1671] Por outro lado, esclareça-se que não nos importará a discussão em torno da autonomia científica da disciplina jurídica de «Direito do Desporto», mas somente indagar os problemas teóricos que derivem da existência de um pólo normativo que decorra da produção normativa de uma federação desportiva nacional e dos pontos de contacto entre esta e a

Deste modo, a aceitação de um cariz *globalizado* da *norma desportiva* não implica aceitar a constatação da existência de um ordenamento desportivo *unitário* e *globalmente* considerado. Trata-se, portanto, de uma concepção que – embora registe aceitação junto da doutrina portuguesa – rejeitamos, uma vez que ignora a *pluralização* da normatividade desportiva que decorre da existência de uma multiplicidade de modalidades normativamente reguladas por uma federação internacional ou nacional[1672].

Em terceiro lugar, a *norma desportiva* decorre do exercício de um *poder normativo transnacional ou nacional.* Estamos, pois, perante uma normatividade que se estabelece num espaço de criação normativa que, embora não derivando de um poder normativo estadual, se encontra condicionado pelas normas do Estado (aquele onde a federação transnacional ou nacional se sedia), as quais lhe podem ou não garantir um «reconhecimento», de modo a que aquelas possam obter uma *validade jurídica*. O poder normativo das federações desportivas assume-se, em todo o caso, sempre como uma *prescrição autoritária reconhecida pela esfera normativa estadual*[1673]. As *normas desportivas* caracterizam-se por assumirem um carácter potencialmente *geral* e *heterónomo*, uma vez que podem ser susceptíveis de produzir efeitos normativos na esfera jurídica de um conjunto indeterminado de pessoas inde-

normatividade emanada pela federação desportiva internacional. Em sentido contrário, partindo da autonomia científica do «Direito do Desporto» como ramo de Direito, cfr. ROBERT SIEKMANN, «What is Sports Law? A Reassessment of Content and Terminology», pp. 361 e ss.

[1672] Neste sentido, falando num «ordenamento desportivo mundial» que tem como entidade de cúpula o COI, cfr. JOSÉ JOAQUIM GOMES CANOTILHO, «Internormatividade Desportiva e *Homus Sportivos*», p. 156 e, embora não totalmente coincidente, JOSÉ DE MELO ALEXANDRINO, «Direitos, Liberdades e Garantias na Relação Desportiva», p. 321, nota 27, referindo-se a um *ordenamento desportivo* que seria qualificado como «(...) parte do direito do desporto que constituída pelas normas produzidas pelos sujeitos do fenómeno desportivo, como expressão do seu poder normativo próprio». Em sentido aproximado, embora sem concretizar, falando na existência de uma *lex sportiva*, cfr. JOSÉ JOAQUIM GOMES CANOTILHO e ALEXANDRA PESSANHA, «Relações jurídicas jusfundamentais no âmbito do desporto profissional», p. 360, RUI MEDEIROS, «Arbitragem Necessária e Constituição», pp. 1324. Em sentido contrário, reconhecendo a pluralização do bloco normativo desportivo, cfr. JOSÉ MANUEL MEIRIM, «Suíça: uma real especificidade desportiva», pp. 641 e ss.

[1673] Este conceito de norma privada sugere, como se verá, sempre um *reconhecimento* do ordenamento estadual como fundamento da validade de uma iniciativa normativa entre privados e é inspirado no trabalho de FERDINAND KIRCHHOF, especialmente, na obra que se tornou um clássico na temática da normatividade privada, quer no Direito Público, quer no Direito Privado. Cfr. *Private Rechtsetzung*, p. 59.

pendentemente de, na maioria dos casos, os destinatários manifestarem o seu assentimento para com a normatividade que lhes é imposta unilateralmente e produzida pelas federações internacionais ou pelas federações desportivas nacionais[1674].

Por outro lado, com a adopção da expressão *norma desportiva*[1675] julgamos evitar os equívocos e as dificuldades[1676] que envolvem, por vezes, a utilização de nomenclaturas como *lex sportiva, lex sportiva internationalis, Direito Desportivo Transnacional, Direito Desportivo Global,* etc[1677], por um lado, por

[1674] Realçando o cariz normativo das normas desportivas, dando especial ênfase no carácter imperativo das regras desportivas que deriva da submissão ao bloco normativo desportivo que é imposto unilateralmente pelas federações desportivas, bem como por existirem regulamentos federativos cujo objecto seja reconduzível às «leis do jogo» e não apresenta um fundamento contratual. GÉRALD SIMON *et alli, Droit du Sport,* pp. 29 e 30. Num sentido próximo, GUIDO VALORI refere-se à «autoridade» da norma desportiva em relação aos seus destinatários. Cfr. *Il Diritto nello Sport,* p. 7.

[1675] Trata-se de uma expressão que já entrou há muito tempo no léxico jurídico. Cfr., entre tantos outros, GUIDO ALPA, «Ordinamento Sportivo», p. 323.

[1676] Entre vários, denotando precisamente a dificuldade em definir a *lex sportiva,* cfr. RICHARD H. MCLAREN, «The Court of Arbitration for Sport», p. 40 ou mesmo, paradigmaticamente, ALAN ERBSEN falando numa «nebulous Lex Sportiva». Cfr. «The Substance and Illusion of *Lex Sportiva*», p. 441.

[1677] Preferimos a utilização da expressão *norma desportiva,* uma vez que nos permite ultrapassar a ideia, muito desenvolvida entre a doutrina estrangeira e nacional, de que existe uma *lex sportiva* unitária e global. Esta nomenclatura tem, salvo erro não intencional, origem na expressão *lex sportiva internationalis sui generis* utilizada na dissertação de doutoramento de THOMAS SUMMERER apresentada em 1989, na Faculdade de Direito de Munique e publicada como *Internationales Sportrecht vor dem staatlichen Richter,* p. 95 (embora não exista uma inteira concordância sobre a origem deste conceito, havendo alguns autores que [GUNTHER TEUBNER, «Global Bukowina: Legal Pluralism in the World Society», p. 3] a atribuam também a GÉRALD SIMON que, na sua dissertação de doutoramento, *Puissance Sportive et Ordre Juridique Étatique – Contribution a L'étude des relations entre la Puissance Publique et les Institutons Privées,* p. 5, afirmou que: «[l]e système sportif se presente en effet comme un «ordre juridique» à part entière» (recebendo a influência dos trabalhos de SANTI ROMANO e CESARINI SFORZA). No entanto, não existe na doutrina estrangeira, em primeiro lugar, sequer um consenso sobre a existência de uma *lex sportiva* e, por outro lado, para quem admita a sua existência, não existe unanimidade relativamente em que deva consistir. Por exemplo, alguns autores, fixam-se no cariz *transnacional* da normatividade desportiva, emboram admitam a existência de diversos «ordenamentos desportivos nacionais» que dele derivam [como o faz FRANCK LATTY, «Transnational Sports Law», pp. 34 e ss. Outros referem a existência de *um Direito Desportivo Global (Diritto Sportivo Globale)* que transcende a esfera das fronteiras de um único Estado (remetendo, todavia, para o trabalho de FRANCK LATTY) e que tem o potencial de gerar um direito «administrativo» à margem do Estado. Cfr. LORENZO CASINI,

pretenderem, em regra, efectuar um paralelo com a *lex mercatoria*[1678], decisivo é que é que ignoram: (i) as especificidades dos sistemas jurídicos regulados pelo Direito Público, (ii) fragmentação da normatividade desportiva face ao Direito Estadual, (iii) a complexidade plena da normatividade desportiva.

As regras desportivas assumem um cariz *heterogéneo*, na medida em que podem ser reconduzidas – na sua origem e na sua substância – a uma pluralidade de entes (federações desportivas, COI ou mesmo AMA) e a uma multiplicidade de manifestações normativas. Com efeito, a normatividade desportiva pode ser composta por um conjunto variado de normas desportivas: por exemplo, as que regulam a competição desportiva, as que versem sobre a dopagem ou mesmo as disciplinares[1679].

Il Diritto Globale Dello Sport, p. 2 e ss. e, especialmente, pp. 31 e ss., havendo também quem prefira falar num *Direito Internacional Público Desportivo* (*Sportvölkerrecht*) que se reconduziria ao Direito Internacional Público que se ocuparia especificamente do domínio desportivo [Andreas Wax, *Internationales Sportrecht – Unter besonderer Berücksichtigung des Sportvölkerrechts*, pp. 73 e ss.] ou, por vezes, numa *lex sportiva* que deriva da jurisprudência do TAS [James Nafziger, *International Sports Law*, 2ª Edição, pp. 48 e ss.]. De todo o modo, como sintetizam Petra Buck-Heeb e Andreas Dieckmann, *Selbstregulierung im Privatrecht*, p. 84, a *lex sportiva* é equiparada, em regra, a «uma ordem jurídica mundial».

[1678] Não nos cabe aqui no âmbito deste trabalho discutir a natureza da *lex mercatoria*. Todavia, não podemos deixar de referir que tem sido muito discutida a sua qualificação como uma ordem jurídica global independente do Estado. Em geral, entende-se que estamos perante o conjunto de «regras e princípios aplicáveis às relações do comércio internacional que se formam independentemente da acção dos órgãos estaduais ou supraestaduais», cfr., neste sentido e sobre a origem histórica das mais diferentes teorias que deram origem no Séc. XX à conceptualização da *lex mercatoria*, Luís Lima Pinheiro, «O Direito Autónomo do Comércio Internacional em Transição: A Adolescência de uma Nova *Lex Mercatoria*», p. 848 e, especialmente, pp. 849 e ss. Esta qualificação suscita, todavia, muitas dificuldades, existindo, desde sempre, uma acesa discussão sobre a sua existência, embora nem sempre acompanhada pelo maior dos rigores académicos, mas sim por critérios assentes na crença de que esta pudesse existir, cfr. Ralf Michaels, «The True Lex Mercatoria: Law Beyond the State», p. 448. De todo o modo, a *lex mercatoria* tem sido um alvo apetecível nas construções doutrinais que se ocupam da conceptualização de um espaço normativo global, Cfr., uma síntese interessante, por todos, em Klaus Peter Berger, «The New Law Merchant and the Global Market Place – A 21st Century View of Transnational Commercial Law», pp. 1-22. No entanto, segundo Maurício Ferrão Pereira Borges, deve afastar-se a ideia de que que exista uma *lex sportiva* idêntica à *lex mercatoria*, uma vez que existe uma posição de desigualdade entre aqueles que se submetem à normatividade desportiva e aqueles que a criam. Cfr. *Verbandsgerichtsbarkeit und Schiedsgerichtsbarkeit im internationalen Berufsfussball*, p. 80.

[1679] Lorenzo Casini, «The Making of a Lex Sportiva by the Court of Arbitration for Sport», p. 1318.

Parece, deste modo, poder afirmar-se que as normas desportivas comungam, em regra, de diversas origens: (i) *privada* quando estamos perante uma normatividade imperativamente fixada por uma federação desportiva transnacional ou inicialmente privada e *mediatamente* pública, quando vigora no espaço autonómico-normativo de uma federação desportiva nacional, a partir do momento em que esta última a assume como sua e, assim, a tranforma numa normatividade regulamentar[1680]; (ii) *híbrida* quando derive do Código Mundial de Antidopagem e que se encontra «transposto» como lei no espaço estadual; (iii) *estadual (ou pública)* quando emanada por uma federação desportiva nacional que edita as suas regras de acordo com a normatividade estadual e com o interesse público quando exerce poderes públicos[1681].

Neste sentido, as *normas desportivas* assumem-se como um conjunto de complexos normativos que «comunicam» entre si, por intermédio relações de interdependência, de submissão e de reconhecimento normativo. Não existe, desta forma, um único «ordenamento» desportivo.

Na verdade, deve ter-se presente que as normas desportivas assentam numa *pluralidade* de relações factuais, jurídicas e institucionais entre os participantes e intervenientes na esfera normativa desportiva. Devemos, desta forma, também destacar que não é, a nosso ver, metodologicamente correcto encarar a normatividade desportiva como um ordenamento centralizado de vocação regulatória mundial. Entendemos, pois, que não é possível conceber a existência de um conjunto de normas desportivas centralizadas num âmbito universal – como se viu pela estruturação hierárquica das federações desportivas – embora se deva constatar que existe um complexo normativo elaborado por cada federação internacional e que difere consoante a modalidade[1682]. No mesmo sentido, quando se trate de uma modalidade

[1680] Embora quando vigore num complexo normativo de uma federação desportiva que exerça poderes públicos possam assumir também um *cariz público* quando diga respeito ao exercício de poderes públicos.

[1681] Diga-se, porém, que, existindo vários critérios que podem estar subjacentes à distinção entre a norma pública e a norma privada, na presente dissertação só nos importará distinguir entre as normas desportivas de federações que exerçam funções públicas (normas desportivas públicas) e todas as outras que derivam, em regra, de federações desportivas internacionais (normas desportivas privadas). Sobre as diversas hipóteses de classificações de normas privadas, cfr. FERDINAND KIRCHHOF, *Private Rechtsetzung*, pp. 99 e ss.

[1682] Esta questão está devidamente identificada na doutrina italiana por LUCA DI NELLA, *Diritto Dello Sport*, pp. 54 e ss., negando a existência de um «ordenamento jurídico desportivo internacional» unitário. Por outro lado, na doutrina francesa, FRANCK LATTY reconhece que

olímpica, haverá também concomitantemente uma esfera normativa criada e «imposta» pelo COI e pelos Comités Olímpicos Nacionais[1683].

Por sua vez, o carácter fragmentário da normatividade desportiva é acentuado pela existência de diversos complexos normativos de federações desportivas nacionais que divergem entre si e dependem muito das especificidades de cada modalidade, bem como da relação desta normatividade com o Direito do Estado em que se sediam, gerando uma realidade multipolar de sistemas normativos que reclamam aplicação normativa. Em suma, a *norma desportiva* assume-se como uma *prescrição autoritária que decorre de um exercício normativo público, privado ou híbrido (consoante a origem) de traços potencialmente gerais e heterónomos, cuja origem e substância assumem um cariz heterogéneo e transnacional exercido por uma federação desportiva.*

O percurso crítico que se seguirá terá em conta quatro pressupostos que já nos acompanham ao longo desta dissertação: (i) cada uma das federações desportivas nacionais que se rege pelas regras de Direito Público produz um conjunto de normas desportivas[1684] que regulam a actividade desportiva de uma modalidade que se desenvolva, em regra, em Portugal e que se agrega num bloco normativo próprio de cada uma delas; (ii) as federações desportivas internacionais geram, individualmente consideradas, um complexo de normas que se aplicam, normalmente, a competições que se desenvolvam internacionalmente e que sejam por si organizadas; (iii) o

não é possível falar num ordenamento desportivo unitário, mas antes numa simetria entre ordenamentos desportivos e quantas as modalidades desportivas existentes. Cfr. *La lex sportiva – Recherche sur le droit transnational*, p. 32 e ss. e, especialmente, p. 30, chegando mesmo a concluir que: «[l] droit du sport ne constitue pas un *corpus* unitaire». No mesmo sentido, assumindo que « (...) il n'existe pas, une lex sportiva», mais autant que des sports organisés chacun par une fédération internationale structuré (...)», LUC SILANCE, *Les Sports et le droit*, p. 86. Realçando precisamente a existência de uma multiplicidade de «ordenamentos» desportivos que variam consoante a modalidade, cfr. IÑAKI AGIRREAZKUENAGA, «Claves para la comprensión del Ordenamiento Jurídico», p. 44. Entre nós, JOSÉ MANUEL MEIRIM, afirma mesmo: «[n]ão se encontrando adquirida a validade da afirmação de uma ordem jurídica desportiva torna-se ainda mais difícil enquadrá-la, pois parece não existir uma única ordem jurídica desportiva, mas sim sistemas autónomos que regem cada uma das modalidades desportivas». Cfr. *A Federação Desportiva como Sujeito Público do Sistema Desportivo*, p. 66.

[1683] Neste sentido, entendemos, pois, que haveria, deste modo, como que uma *lex olympica* que deve ser reconduzida à «normatividade emanada pelo Comité Olímpico Internacional e forçosamente aplicável a todos os intervenientes do Movimento Desportivo Olímpico». Cfr., o nosso, «A Lex Olympica: Reflexos de uma ilusão de independência», p. 195.

[1684] Trata-se de um regime jurídico híbrido que tanto pode ser reconduzido ao exercício de poderes públicos ou poderes privados consoante a natureza dos poderes aí envolvidos.

COI e os Comités Olímpicos Nacionais criam um corpo normativo que se aplica às competições cuja regulação lhe seja atribuída; (iv) o Código Mundial de Antidopagem estabelece uma rede normativa que o movimento desportivo e os Estados reconhecem como válida.

1.2. O contexto pós-nacional e o pluralismo jurídico da norma desportiva

Pelo exposto anteriormente, é possível perceber que a existência de uma pluralidade de fontes e de regras que perpassam as fronteiras de um único Estado tornam o estudo da norma desportiva particularmente apetecível e interessante. Com efeito, a transnacionalidade da norma desportiva permite, por um lado, perceber a existência de uma desordenada construção normativa que exige ser compatibilizada com as normas de diversos Estados e, por outro, pela discussão especulativa de como lidar e, em particular, perceber em que termos deve ocorrer essa coordenação entre estas redes normativas concatenadas. É aqui que entra em palco o problema em torno do pluralismo jurídico[1685].

Importa, neste contexto, reconhecer que – sem prejuízo de manifestações anteriores – a existência de uma pluralidade de fontes normativas que regulam as relações humanas pode ser identificads, desde logo, na Idade Média e que, portanto, não pode ser considerada uma realidade recente[1686]. Em todo o caso, durante a segunda metade do Séc. XX, a problemática ganha um novo fôlego com um conjunto de estudos interessantes no domínio científico da Antropologia[1687], em especial, respeitantes a problemas envolvendo o colonialismo.

[1685] Em todo o caso, não estudaremos todos os fenómenos conhecidamente problemáticos num contexto pós-nacional.

[1686] Entre a abundante bibliografia sobre o tema, cfr. Harold J. Berman, *Law and Revolution*, pp. 3 e ss., Ralf Michaels e Nils Jansen, «Private Law and the State: Comparative Perceptions and Historic Observations», pp. 345 e ss., Saskia Sassen, *Territory, Authority, Rights*, pp. 27 e ss., Lars Viellechner, *Transnationalisierung des Rechts*, pp. 15 e ss., Victor M. Muniz- Fraticelli, *The Structure of Pluralism*, pp. 56 e ss. e Ralf Seinecke, *Das Recht des Rechtspluralismus*, pp. 50 e ss.

[1687] Cfr. sobre a questão, por exemplo, Sally Falk Moore, «Law and Anthropology», pp. 252 e ss., Marc Galanter, «Justice in Many Rooms: Courts, Private Ordering and Indigenous Law», pp. 1 e ss., John Griffiths, «What is Legal Pluralism?», pp. 1 e ss., Sally Engle Merry, «Legal Pluralism», pp. 869 e ss. e Brian Z. Tamanaha, «A Non-Essentialist Version of Legal Pluralism», pp. 296 e ss.

Esta expansão científica do pluralismo jurídico – cujo mérito cabe essencialmente a Boaventura Sousa Santos e Gunther Teubner[1688] – permite, inclusivamente, assistir no Séc. XXI, em particular, a um renascimento da «luta pelo Direito»[1689], num debate conceptual, com fortes implicações práticas relativamente a saber qual o Direito válido face à pluralidade incontornável de fontes com pretensões de eficácia[1690].

Com efeito, actualmente, no advento da globalização, a pluralidade de manifestações normativas emergem dos mais variados quadrantes: desde as favelas brasileiras[1691], de organizações criminosas[1692], na pluralidade de jurisdições internacionais[1693] e arbitrais[1694] que subsistem a par da jurisdição do Estado nacional, na pluralidade de ordenamentos normativos [nomeadamente, de Organizações Internacionais como a União Europeia[1695] ou a ONU] e de instrumentos de protecção de direitos humanos (como a CEDH)[1696] no domínio do Direito Internacional Público e, em

[1688] Entre os artigos de maior impacto contam-se, desde logo, Boaventura Sousa Santos, «Law: a Map of misreading. Toward a Postmodern Conception of Law», pp. 279 e ss. e Gunther Teubner, «The Two Faces of Janus: Rethinking Legal Pluralism», pp. 1443 e ss. Segundo Ralf Seinecke, o impacto destes dois autores deve-se na capacidade que tiveram em «interpretar» a discussão no contexto da antropologia. Cfr. *Das Recht des Rechtspluralismus*, p. 63.

[1689] Cfr. Rudolf von Jehring, *Der Kampft ums Recht*, pp. 8 e ss.

[1690] Conforme reconhece Ralf Seinecke, esta é uma diferença assinalável em relação a Jehring, uma vez que não se busca aqui uma «luta» pelo conteúdo jurídico, mas, pelo contrário, por uma abordagem conceptual. Cfr. «Rechtspluralismus als Kampf für das Recht – historisch, theoretisch und normativ», p. 122. Deste contexto plural, emergem, assim, os «Unidentified Normative Objects» que apresentam «um carácter jurídico incerto ou discutível, mas que produzem ou pretendem produzir efeitos de regulação». Cfr. Benoit Frydman, «A pragmatic approach to Global Law», p. 183.

[1691] É conhecido, neste contexto, o estudo pioneiro de Boaventura Sousa Santos nas favelas do Rio de Janeiro. Cfr. *Direito dos Oprimidos*, pp. 102 e ss.

[1692] Cfr., sobre a questão, Peter T. Leeson, *Anarchy Unbound*, pp. 105 e ss. Cfr., igualmente relativamente ao assunto, embora sobre os grupos de violência organizada nas prisões norte-americanas, David Skarbek, *The Social Order of the Underworld*, pp. 2 e ss.

[1693] Cfr., sobre o problema relativamente à legitimidade dos tribunais internacionais, cfr. Armin von Bogdandy e Ingo Vezke, *In wessen Namen?*, 2ª Edição, pp. 128 e ss.

[1694] Cfr. António Pedro Pinto Monteiro, «Algumas notas sobre o positivismo jurídico e o exercício da função jurisdicional por tribunais arbitrais».

[1695] V., entre nós, sobre esta problemática, Nuno Piçarra, A «luta pelo poder de dizer o direito» entre juízes e legisladores na União Europeia. O nível nacional», pp. 399 e ss.

[1696] Cfr., com indicações, Matthias Ruffert e Christian Walter, *Institutionalised International Law*, pp. 303 e ss. e Jan Klabbers e Touko Piiparinen «Normative Pluralism:

particular, de ordenamentos transnacionais que conctactam do diversos Estados tais como as, entre tantas outras, commumente identificadas[1697] *lex mercatoria*[1698], *lex maritima*[1699], *lex informatica*[1700] ou a denominada *lex sportiva*. Acresce, por outro lado, que da emergência de um Direito *fragmentado* sustentado por «comunidades» *subnacionais*, *transnacionais*, *supranacionais* e *cosmopolitas*[1701] emerge uma constante «anarquia jurídica global e permanente»[1702]. Na verdade, desde que não derivem do Estado, estes *fragmentos normativos* que existem na sociedade geram, assim, uma *ordem jurídica*[1703] – cuja génese se reconduz a processos sociais[1704] –, sendo poten-

An Exploration», pp. 13 e ss. Cfr., igualmente, Samantha Besson, «European human rights pluralism. Notion and justification», pp. 170 e ss.

1697 As manifestações são inúmeras, chegando inclusivamente a concluir-se com Ralf Michaels «[o]ne might almost think that a non-state law can be found simply by giving a name». Cfr. «What is Non-State Law?», p. 47.

1698 Cfr., por todos, Klaus Peter Berger, *The Creeping Codification of the New Lex Mercatoria*, pp. 6 e ss.

1699 V., por todos, Andreas Maurer, *Lex Maritima*, Tubinga, Mohr Siebeck, 2012, pp. 11 e ss.

1700 Cfr., desenvolvidamente, Dimitrios Koukiadis, *Reconstituting Internet Normativity*, pp. 197 e ss.

1701 Sobre os exactos termos desta proposta, cfr. Paul Schiff Berman, «Globalization of Jurisdiction», pp. 461 e ss. Num sentido idêntico, falando num conjunto de redes *locais*, *nacionais*, *internacionais*, *transnacionais* e *globais*. Cfr. Michael Mann, «Has globalization ended the rise and rise of the nation-state?», p. 475. Em geral, sobre o direito constitucional cosmopolita, cfr., entre tantos outros, David Held, *Democracy and the Global Order. From the Modern State to Cosmopolitan Governance*, pp. 267 e ss., Daniele Archibugi, *The Global Commonwealth of Citizens*, pp. 274 e ss., Nico Krisch, *Beyond Constitutionalism*, pp. 14 e ss. H. Patrick Glenn, *The Cosmopolitan State*, pp. 165 e ss., Alexander Somek, *The Cosmopolitan Constitution*, pp. 244 e ss.

1702 Expressão de Antoine Duval, *Lex sportiva: a Playground for Ttransnational Law*, 2013 p. 15.

1703 Na verdade, os problemas jurídicos passam a ser globais, mas, paradoxalmente, não existe um Estado mundial, cfr. Anne-Marie Slaughter, *A New World Order*, p. 8.

1704 Sobre os sistemas civis transnacionais reconhece-se que é possível emergir um sistema global que deve ser reconduzido a um «a dynamic nongovernmental system of interconnected socio-economic institutions that straddle the whole earth, and that have complex effects that are felt in its four corners. Global civil society is neither a static object nor a fait accompli. It is an unfinished project that consists of sometimes thick, sometimes thinly stretched networks, pyramids and hub-and-spoke clusters of socio-economic institutions and actors who organize themselves across borders, with the deliberate aim of drawing the world together in new ways». Cfr. John Keane, *Global Civil Society?*, 3ª Edição, p. 8.

cialmente, segundo alguns autores, uma nova forma de *constitucionalismo pós-nacional* que situa à margem da *esfera estadual*[1705].

É, na verdade, nesta «constelação pós-nacional»[1706] que podemos encontrar «o mais recente lugar do pluralismo jurídico»[1707]. A expressão pluralismo jurídico é, todavia, passível de corresponder a múltiplos significados. Numa síntese, pode, no entanto, considerar-se que o pluralismo jurídico é «a interacção entre uma primeira ordem normativa dominante e uma segunda ordem normativa alternativa»[1708]. A pluralidade de fontes normativas é, portanto, identificada com a existência de um *pluralismo fraco* (vertical) e um *pluralismo forte* (horizontal). O primeiro existe quando se verifica uma relação de supra-ordenação e infra-ordenação, enquanto o segundo, pelo contrário, pressupõe uma relação de horizontalidade[1709]. Neste sentido, o pluralismo jurídico respeitante à relação que se estabelece entre as normas estaduais e as normas das federações desportivas nacionais é, evidentemente, uma manifestação de um *pluralismo fraco*, mas subsiste, porém, saber como se manifesta o pluralismo do *corpus normativo* das federações desportivas transnacionais no ordenamento jurídico português[1710].

[1705] Gunther Teubner, *Verfassungsfragmente*, p. 12.

[1706] Cfr. Jürgen Habermas, *Die Postnationale Konstellation. Essays*, pp. 65 e ss. Há quem prefira falar numa «agenda pós-nacional» que consistiria em três elementos essenciais: (i) no «eminente desaparecimento do Estado-nação»; (ii) na «superação do nacionalismo»; e na «transcendência da etnicidade». Cfr. Anthony D. Smith, *Nationalism and Modernism*, pp. 201 e ss. e 214 e ss.

[1707] Cfr. Ralf Seinecke, *Das Recht des Rechtspluralismus*, p. 17.

[1708] Cfr., no sentido exposto, Ralf Seinecke, *Das Recht des Rechtspluralismus*, p. 362 e, em particular, pp. 292 e ss., identificando seis tipos de pluralismo jurídico: (i) o indígena e pós-colonial; (ii) o social e económico; (iii) o estadual e político; (iv) o global e internacional; (v) o secular; (vi) o teórico e conceptual.

[1709] Cfr. Thomas Raiser, *Grundlagen der Rechtssoziologie*, 4ª Edição, p. 316.

[1710] Esta forma de pluralismo fraco nada tem de anómalo, sendo, aliás, bastante comum no Direito Administrativo português. Sobre o tema, cfr. Paulo Otero, afirmando inclusivamente que: «[o] pluralismo normativo nunca dispensa, afinal, a centralidade do Estado na definição constitucional do quadro de valores que estruturam e identificam o sistema jurídico-positivo interno», na medida em que: «tais ordenamento jurídicos menores (...) nunca podem reinvindicar uma afirmação própria de autoridade em concorrência com o ordenamento do Estado». Cfr. *Legalidade e Administração Pública*, p. 223. Em sentido idêntico, Rui Medeiros, afirma que: «os chamados ordenamentos menores ou particulares instituídos no quadro de um ordenamento maior ou geral» não podem ser reconduzidos a «um verdadeiro pluralismo jurídico sistémico». Cfr. *A Constituição Portuguesa num Contexto Global*, p. 259. De resto, na própria antropologia jurídica é comum afirmar-se que o pluralismo fraco

Podemos partir do pressuposto que a globalização veio colocar em evidência que existe um conflito eminente entre as mais diversas pluralidades normativas e a normatividade estadual. Neste sentido, é perfeitamente plausível afirmar que já não é possível defender a existência de um «Estado monumental»[1711] ou do Estado concebido como um «Deus terreno»[1712]. Isto não significa, porém, aceitar um «discurso que se refira, de forma geral, e indiscriminada, ao crepúsculo do constitucionalismo estadual»[1713]. Precisamente porque é, em todo o caso, ainda possível reconhecer-se que, neste contexto de relativização da territorialidade, cabe à esfera estadual uma *função moderadora* que permita fundar uma teoria de síntese e de comunicação entre a esfera normativa transnacional e o Estado nacional[1714]. É neste pressuposto que estudaremos seguidamente como tem sido teorizada a normatividade desportiva, percebendo a relação desta com a esfera estadual, investigando, por outro lado, como deve o Estado lidar com a normatividade desportiva transnacional.

§ 2º A SUSTENTAÇÃO TÉORICA DA NORMA DESPORTIVA

As conclusões retiradas anteriormente pressupõem um evidente enquadramento da norma desportiva à luz da Teoria do Direito[1715]. O primeiro aspecto

nem sequer está relacionado com o conceito de pluralismo jurídico. Cfr., por todos, JOHN GRIFFITHS, «What is Legal Pluralism?», pp. 9 e ss.

[1711] Cfr., desenvolvidamente, WALTER LEISNER, *Der Monumentalstaat*, pp. 17 e ss.

[1712] Na verdade, é normal entender que «a consideração de que o Estado tem uma validade absoluta, de dignidade quase divina, parece pertencer ao passado». Cfr. LUDWIG SEPP, *Staat als irdischer Gott. Genese und Relevanz einer Hegelschen Idee*, p. 1. É sabido que HEGEL afirma, por exemplo e numa frase sugestiva, que «o Estado é uma manifestação de Deus» (no original: «Der Staat ist selbst die Offenbarung Gottes in der Gegenwart und in der Wirklichkeit») [cfr. GEORG FRIEDRICH WILHELM HEGEL, *Philosophie des Rechts. Die Vorlesung von 1819/20 in einer Nachschrift*, p. 223] ou numa outra dimensão, inclusivamente, que: «o Povo enquanto Estado (...) é a absoluta autoridade na Terra» (no original: «Das Volk als Staat ist (...) die absolute Macht auf Erden») [cfr. GEORG FRIEDRICH WILHELM HEGEL, *Grundlinien der Philosophie des Rechts oder Naturrecht und Staatswissenschaft im Grundrisse. Mit Hegels eigenhändigen Notizen und den mündlichen Zusätzen*, p. 498].

[1713] Cfr. RUI MEDEIROS, *A Constituição Portuguesa num Contexto Global*, p. 45.

[1714] Cfr., em sentido próximo, LUDWIG SEPP, *Staat als irdischer Gott. Genese und Relevanz einer Hegelschen Idee*, pp. 189 e ss.

[1715] Em sentido contrário, negando de uma forma paradoxal a necessidade de discutir o conceito de Direito, embora acabando por tomar posição ao criticar as posições que defendem uma concepção «estatatista» do Direito. Cfr. CARLOS FERREIRA DE ALMEIDA, «Os sistemas normativos do desporto», pp. 292 e ss.

importante a reter reconduz-se à constatação de que a importância da discussão téorica sobre a normatividade desportiva foi pioneiramente assumida pela doutrina italiana, pelo que devemos começar por analisar o percurso histórico que firma os créditos atribuídos pelas mais diversas teorias que tenham influenciado a solidificação téorica da *norma desportiva*.

A primeira tentativa de sistematização teórica da noção de norma desportiva coube, em termos históricos, a WIDAR CESARINI SFORZA que, na obra *Il Diritto dei Privati*, publicada inicialmente em 1929[1716], e, que posteriormente em 1933, num comentário a uma decisão da *Corte di Cassazioni*, aplicou no sistema jurídico italiano a teoria do ordenamento jurídico de SANTI ROMANO ao fenómeno desportivo[1717].

Considerando que a base do desenvolvimento do pensamento de SFORZA foi a teoria do ordenamento jurídico de SANTI ROMANO, consideramos ser necessária uma abordagem prévia a esta última.

[1716] Embora tenha sido publicado originariamente na *Rivista Italiana per le scienze giuridiche*, Vol. IV, nº 1-2, (1929), pp. 43-123, foi reimpresso integralmente em 1963. Será esta última a versão que usaremos [WIDAR CESARINI SFORZA, *Il diritto dei privati*].

[1717] Cfr. «La teoria degli ordinamenti giuridici e il diritto sportivo», pp. 1380 e ss. Devemos alertar, desde já, que, não obstante, a primeira edição da obra *L'ordinamento giuridico* de SANTI ROMANO remontar a 1918, utilizaremos a 2ª Edição desta mesma, por se tratar de uma versão mais aperfeiçoada da obra (a versão de 1918 manteve-se integralmente intacta, embora com desenvolvimentos devidamente assinalados em notas de rodapé) e por levar em linha de conta a análise crítica aos «ordenamento desportivos» empreendida por SFORZA. Por outro lado, deve referir-se que toda a italiana doutrina especializada em Direito do Desporto recorre, em regra, com maior ou menor intensidade, ao trabalho de SANTI ROMANO (ou às suas formulações e adaptações posteriores) para desenvolver a existência de um ordenamento jurídico-desportivo, cfr, entre tantos outros, FILIPPO VERDE, MARIO SANINO e ANTONIO GRECO, *Diritto Pubblico Dello Sport*, p. 8, MARIO SANINO e FILIPPO VERDE, *Il Diritto Sportivo*, 3ª Edição, p. 10, ENRICO LUMBRANO, «I Rapporti tra Ordinamento Sportivo ed Ordinamento Statle nella loro attuale configurazioni», pp. 4 e ss. No entanto, deve também referir-se que mesmo na doutrina francesa, espanhola ou alemã se pode encontrar o impacto desta teoria (ou das versões desenvolvidas por outros autores italianos) na construção de um «ordenamento desportivo». Cfr., entre outros, na doutrina alemã os artigos de BERNAHRD PFISTER, «Der rechtsfreie Raum des Sports», pp. 464 e, especialmente, p. 466 e de JENS ADOLPHSEN, «Eine lex sportiva für den internationalen Sport», pp. 287 e ss. Na doutrina francesa, v., mais recentemente, MATHIEU MAISONNEUVE, *L'arbitrage de litiges sportifs*, p. 460 e ss. No direito espanhol, por exemplo, M. CARMELO GONZALEZ GRIMALDO, *El Ordenamiento Jurídico del Deporte*, pp. 226 e ss.

2.1. Santi Romano e o conceito de instituição

A teoria do *pluralismo jurídico* assentou no conceito de *instituição*[1718], o qual Santi Romano caracterizou como «ogni ente o corpo sociale»[1719] e que equiparou à expressão «ordenamento giuridico»[1720]. Extraiu, deste modo, que «[t]odo o ordenamento jurídico é uma instituição e que, vice-versa, toda a instituição é um ordenamento jurídico»[1721]. Por conseguinte, o conceito de Direito deveria ser constituído por três elementos essenciais: a *sociedade*, a *ordem social* e a *organização*. O primeiro componente diz respeito à inexistência de um Direito na esfera «puramente individual» (*ubi ius ibi societas*), bem como à ausência de uma sociedade sem Direito (*ubi societas ibi ius*), pelo que esta se manifestará numa «unidade concreta» que seja possível demarcar da esfera individualizada dos indivíduos que nela se integrem[1722].

Por outro lado, a *ordem social* apresenta um cariz regulador que não pode reconduzir-se ao «puro arbítrio ou força material», existindo a necessidade de estarmos perante uma estrutura de regulação normativa estável e

[1718] O conceito de instituição foi desenvolvido, inicialmente, pela doutrina francesa, em particular, por Maurice Hauriou [embora também estudado, posteriormente, por Georges Renard na obra *Théorie de L'institution*, Vol. I, 1930, pp. 3 e ss.]. Para este autor aquela noção reconduzia-se a «uma ideia de organização ou de empresa que se realiza e estabelece juridicamente no seio de um meio social; para a realização daquela ideia, organiza-se um poder por intermédio dos seus órgãos; por outro lado, entre os membros do grupo social interessados na realização daquela ideia, produzem-se manifestações de comunhão dirigidas pelos órgãos de poder e reguladas por procedimentos», cfr. «La théorie de l'institution et de la fondation. Essai de vitalisme social», publicado em *Aux sources du droit: le pouvoir, l'ordre et la liberté*, «, 1933, p. 96. A noção empregue pelo autor é uma síntese e próxima daquelas que se encontram noutras obras. Sobre esta noção, cfr., por exemplo, «L'institution et le droit statutaire», p. 135 e *Principes de Droit Public*, pp. 124 e ss. A obra de Maurice Hauriou representou o ponto de partida de Santi Romano cuja primeira edição da obra *L'ordinamento giuridico* em 1918 inspirou-se expressamente na crítica feita a este autor para partir para um novo conceito de instituição, recolhendo fortes influências da doutrina alemã (muito especialmente de Otto von Gierke). Cfr., especialmente, *L'ordinamento giuridico*, 2ª Edição, pp. 24 e ss. Esta conceptualização viria a ser mais tarde a ser desenvolvido também por Carl Schmitt, sobre esta noção, cfr. David Bates, «Political Theology and the Nazi State: Carl Schmitt's Concept of the Institution», pp. 415 e ss.

[1719] *L'ordinamento giuridico*, 2ª Edição, p. 29.

[1720] Afirmou, de um modo inequívoco, que: «l'instituzioni è un ordenamento giuridico, una sfera a sé, più o meno completa, di diritto obbiettivo». Cfr. *L'ordinamento giuridico*, 2ª Edição, p. 35.

[1721] *L'ordinamento giuridico*, 2ª Edição, p. 23.

[1722] *L'ordinamento giuridico*, 2ª Edição, pp. 21 e 22.

«ordenada»[1723]. A última característica do conceito de instituição remete, por sua vez, para a noção de «organização» que, segundo o autor, não deve ser reconduzida a uma ideia puramente normativa ou jurídica, tratando-se aqui de uma conceptualização que antecede a norma: estamos, de acordo com o autor, perante um corolário da *ordem social* que se manifesta numa «organização, estrutura, fundamento de toda sociedade na qual se desenvolve e, enquanto construção social, se constitui como uma unidade»[1724].

Neste quadro normativo plural, para SANTI ROMANO, o Estado representaria a «*mais importante das instituições*»[1725], na medida em que se caracteriza por ser um dos ordenamentos soberanos (e, deste modo originário e independente)[1726] em relação aos ordenamentos que deverão ser qualificados como derivados[1727]. No entanto, deve dizer-se, desde já, para afastar quaisquer dúvidas, que o «pluralismo jurídico pronuncia-se contra a estadualidade do Direito (...)»[1728]. De todo o modo, o recurso à *instituição* como

[1723] *L'ordinamento giuridico*, 2ª Edição, p. 22.

[1724] *L'ordinamento giuridico*, 2ª Edição, p. 22.

[1725] *L'ordinamento giuridico*, 2ª Edição, p. 35. No sentido de que, para SANTI ROMANO, o Estado consubstancia a «instituição das instituições». Cfr. LINO RODRIGUEZ-ARIAS BUSTAMANTE, «El Pensamiento Institucional de Santi Romano», p. 143.

[1726] Não se ignora, todavia, que SANTI ROMANO tenha também admitido que possam existir outros ordenamentos originários como, por exemplo, o ordenamento da Igreja Católica ou do ordenamento criado pelo Direito Internacional que se constituiem à margem do Estado. Cfr. *L'ordinamento giuridico*, 2ª Edição, pp. 107 e ss. O que se irá disputar, neste contexto, é que seja possível qualificar a normatividade de uma federação desportiva nacional que exerça poderes públicos ou as normas de uma federação internacional como um ordenamento originário segundo a classificação empreendida por SANTI ROMANO (abstraindo, desde logo, da constatação de que o próprio autor vê com muita dificuldade que esta normatividade possa ser qualificada como uma instituição).

[1727] Como explica o autor: «[A]llora sovranità significa, in prima luogo, indipendenza: l'ordinamento statale non depende da nessun altro, ma há in sè la sua fonte, si pone e si modifica da sè e, quindi, la sua eficácia e validità non gli è comunicata dal di fuori, ma è puramente interna. (...) anche com la qualifica di ordenamento superiore, che li pone, li modifica, li abroga, e dal quale, por conseguenza, dipendono». Cfr. *Principi di Diritto Costituzionale Generale*, Reimpressão da 2ª Edição, p. 68. Os ordenamentos derivados são, para o autor, quando «i limite che encontra sono tutti pertinenti all'ordinamento superiori». Cfr. *L'ordinamento giuridico*, 2ª Edição, p. 126. Como nota MAXIMILLIAN FUCHS, os ordenamentos jurídicos segundo SANTI ROMANO podem ser qualificados de acordo com o seguinte tipo de instituições: (i) *originárias ou derivadas*; (ii) de *objectivos universais ou limitados*; (iii) *compostas ou simples*; (iv) *completas ou incompletas*; (v) *com ou sem personalidade jurídica*; (vi) *dependentes ou independentes*. Cfr. *Die Allgemeine Rechtstheorie Santi Romanos*, p. 67.

[1728] Cfr. TEMISTOCLE MARTINES, *Diritto Costituzionale*, p. 15.

fonte de *pluralidade ordenamental* serviu, de certa forma, para verificar a existência de um conjunto de fenómenos que colocavam em causa a ordem normativa estadual, tendo como objectivo *subreptício* um reforço do poder do Estado (ou, se preferirmos, de um determinado Estado) em conformidade com a proximidade ideológica de SANTI ROMANO[1729]. Neste contexto, assume a maior das relevâncias referir-se que a doutrina da *pluralidade ordenamental*, tal como concebida por SANTI ROMANO, embora com um forte impacto durante a vigência do corporativismo italiano, revelou-se, todavia, mais recentemente, sujeita a fortes críticas na doutrina italiana, com diversas vozes a consideraram não lhe poder ser atribuído qualquer efeito operativo[1730].

[1729] Segundo SANTI ROMANO existe um conjunto de fenómenos de reunião de «organizações e associações» que se une «contra o Estado e que se multiplicam e despontam de forma exuberante e com poder efectivo (...)». No entanto, acrescenta que: «(...) independentemente da ideia que se acolha em torno destas propostas que, na efeverescência da actualidade, florescem e se sucedem, parece-nos existir um princípio exigente e indispensável: o princípio em que uma organização maior unifica, conforma e harmoniza a organização menor, na qual a primeira se vai particularizando. E essa organização pode ser o Estado Moderno, que poderá conservar quase intacto o figurino que possui actualmente». Cfr. «Lo Stato Moderno e la sua Crisi», pp. 316 e 324 [publicado inicialmente em 1920 na Rivista di diritto pubblico]. Como nota precisamente ALFONSO CATANIA: «[o] ideal de Romano é o Estado jurídico», uma vez que «[i]l punto di riferimento essenziale è soprattuto sempre la sovranità dello Stato. Il fermento sociale va interpretato in modo da essere sussunto nell'ambito di una sovranità modificata perche tutto possa essere riassorbito e giurificato». Cfr. «Carl Schmitt e Santi Romano»,p. 564. Sublinhando precisamente esta ideia, com amplas referências, cfr. THOMAS SCHULTZ, *Transnational Legality: Stateless Law and International Arbitration*, pp. 59 e ss. SANTI ROMANO chegou mesmo a filiar-se no partido fascista, em 1928, sendo nomeado Presidente do *Consiglo di Stato* por Mussolini. Para uma visão bibliográfica sobre o autor, cfr. ALDO SANDULLI, «Santi Romano and the Perception of the Public Law Complexity», pp. 27 e ss. sobre o impacto da ligação de SANTI ROMANO ao regime fascista na obra deste. Em todo caso, pelas razões acima descritas, rejeitamos a doutrina que vê no pluralismo jurídico de SANTI ROMANO uma «crítica ao *totalitarismo estatal*». Cfr. neste sentido, RUI MEDEIROS, *A Constituição Portuguesa num Contexto Global*, p. 253.

[1730] V., por todos e com amplas referências, a crítica de LUCA DI NELLA afirmando que «(...) si può dire che la teoria istutizionale abbia la sua ragione d'essere in un preciso momento storico. Essa presenta altresí una serie di incongruenza interna e certe modalità operative che la rendono inefficace ed inutilizzabile quale strumento di conoscenza per il giurista». Cfr. *Il fenómeno sportivo nell'ordinamento giuridico*, p. 69.

2.1.1. A pluralidade ordenamental em Santi Romano e a teoria normativa de Kelsen: uma oposição imprestável?

Na elaboração téorica da pluralidade ordenamental de SANTI ROMANO existe um aspecto importante que merece ser analisado. Com efeito, o *pluralismo jurídico* de ROMANO tem sido, não raras as vezes, contraposto pela doutrina a uma teoria normativista que seria simultaneamente estatista, cujo expoente máximo deveria ser reconduzido a HANS KELSEN[1731]. Este é, a nosso ver, um postulado que deve ser abandonado[1732]. Por conseguinte,

[1731] Cfr., por todos, sobre esta posição, ALEXANDRA PESSANHA, *As Federações Desportivas – Contributo para o Estudo do Ordenamento Jurídico Desportivo*, pp. 143 e ss.

[1732] Como certeiramente assume BOBBIO: «(...) la teoria dell'istituzione, credendo di combattere la teoria normativa demolindo la teoria statualistica del diritto, si pone um falso bersaglio. La teoria normativa non coincide afatto in linea di principio con la teoria statualista, anche se, in linea di fatto, molti giuristi statualisti siano normativisti, e vice-versa, molti normativisti siano statualisti». Cfr. NORBERTO BOBBIO, *Teoria generale del diritto*, p. 13. Na verdade, como nota ANTONIO TARANTINO não devemos fixar-nos na ideia de que: «o institucionalismo está para o pluralismo como o normativismo está para o monismo». Cfr. *La Teoria della Necessità Nell'Ordinamento Giuridico*, 2ª Edição, p. 62. Segundo LUCA DI NELLA «[n]on vi è infatti nessuna ragione che induca a ritenere incompatible la teoria normativa com il pluralismo giuridico dal momento che nel concetto di norma non si compredono soltanto le regola di fonte statuale» *Il fenómeno sportivo nell'ordinamento giuridico*, p. 65. Um argumento no sentido exposto pode ser retirado precisamente da crítica que SANTI ROMANO faz ao normativismo dirigindo-se que concebe a normativistas (em particular a OTTO VON GIERKE), mas não se dirigindo, em regra, expressamente a HANS KELSEN. V., particularmente, a seguinte passagem quando afirma que a doutrina de OTTO VON GIERKE: «tiene fermo il principio comme che il diritto obbiettivo sai un complesso di norme, di regole o di precetti, noi la consideriamo non come il produto dell'istituzioni, ma come l'istituzioni». Cfr. *L'ordinamento giuridico*, 2ª Edição, p. 108 [sobre a influência de OTTO VON GIERKE na obra de SANTI ROMANO, cfr., por exemplo, ANTONIO TARANTINO, «Brevi riflessioni sui precedenti dottrinali dell'istituzionalismo di Santi Romano», pp. 684 e ss.]. Em contrapartida, quando se dirige expressamente à questão da suposta identidade entre o Direito e o Estado, embora se refira a HANS KELSEN numa nota de rodapé que insere na segunda Edição do *L'ordinamento giuridico* em 1945, fá-lo somente para observar que KELSEN considera a Igreja Católica como um Estado (posição de rejeita) por referência à *Allgemeine Staatslehre* (1925) [nesta obra sobre o Estado como pressuposto do Direito, cfr. HANS KELSEN, *Allgemeine Staatslehre*, pp. 73 e ss.] enquanto dirige a sua crítica primordialmente à equiparação entre Estado e Direito a autores italianos. Cfr. *L'ordinamento giuridico*, 2ª Edição, pp. 111 e 112, nota 94bis. No entanto, na obra *Frammenti di un Dizionario Giuridico*, Santi Romano dirige críticas a KELSEN, afirmando que: «(...) al noto principio della esclusività o unicità di ogni ordinamento giuridico originario, che fa parte delle esagerate e spesso pardossali teorie Kelseniane e há trovato, anche fuori dei fedeli seguaci di esse, una non sempre mediatata accoglienza». Cfr. *Frammenti di un Dizionario Giuridico*, p. 16. De todo o modo, quando KELSEN publicou a

esclareça-se que a teoria da *instituição* de SANTI ROMANO não é incompatível com o pensamento de HANS KELSEN e, em consequência, passível de oposição. Existem, de facto, pontos de aproximação que permitem conciliar partes importantes do pensamento dos dois autores[1733].

Em primeiro lugar, sublinhe-se que, ao contrário do que supõe o pensamento de SANTI ROMANO, a *instituição* também assenta em normas, as quais são pressuposto da *organização* que a sustenta[1734]. Com efeito, a existência de uma *organização* supõe sempre uma «*distribuição de competências de modo a que qualquer membro do grupo possa, segundo a pró*pria capacidade e *competência, prosseguir os fins comuns; esta distribuição de competências,* não pode*, porém, ser alcançada sem ser mediante a existência de regras de conduta*»[1735]. Não é, em bom rigor, possível conceber que um ente possa passar de uma fase inorgânica para uma orgânica (a *instituição*) sem existir o estabelecimento prévio de qualquer elemento normativo que regule a fase de transição[1736]. Deste modo, devemos concluir que «a teoria da instituição não exclui, muito pelo contrário, inclui a teoria normativa do direito»[1737].

segunda edição da *Teoria Pura do Direito* em 1960 (a versão mais completa e conhecida de KELSEN) já SANTI ROMANO tinha falecido em 1947, pelo que nunca houve um debate entre os dois juristas.

1733 Não ignoramos, portanto, que existem diferenças formais na construção de ambos (essencialmente no modo como compreendem a *coacção* ou a *norma* enquanto características do Direito), aquilo que se discute é que estejamos perante duas teorias que se possam opor e que consubstanciem pré-compreensões excludentes. Sobre as diferenças entre estas concepções teóricas, desenvolvidamente, v. ARTUR FLAMÍNIO DA SILVA, «O Ordenamento Jurídico Desportivo da FIFA: Um Diálogo entre Kelsen e Santi Romano», pp. 66 e ss., bem como a doutrina nele citada, embora devamos adiantar que abandonamos algumas das conclusões que retirámos deste estudo. Não obstante, tanto a doutrina estrangeira como a doutrina nacional insiste em contrapor os padrões téoricos de HANS KELSEN à teoria institucional de SANTI ROMANO. V., por exemplo, MATHIEU MAISONNEUVE, *L'arbitrage des litiges sportifs*, pp. 460 e ss.

1734 Na verdade, devemos insistir que: «[t]he normativity of normative systems demands a strict foundation in norms». Cfr. JÖRG KAMMERHOFER, «Hans Kelsen in today's international legal scholarship», p. 93.

1735 Cfr. NORBERTO BOBBIO, *Teoria generale del diritto*, pp. 13 e 14.

1736 V. NORBERTO BOBBIO, *Teoria generale del diritto*, p. 9. Como nota CRISAFULLI: (...) che senza norme non ci sarebbe l'«instituzione», cosí che questa potrà ben dirsi «un fatto», ma è – per definizione – un fatto ordinato, e dunque conforme a certe norme o regole che necessariamente pressuppone». Cfr. *Lezioni di Diritto Costituzionale*, 2ª Edição, p. 37.

1737 V. NORBERTO BOBBIO, *Teoria generale del diritto*, p. 14. Na verdade, segundo KELSEN «[o] Direito é um sistema de normas; e as normas são o sentido de actos de vontade. Estes actos de vontade são actos de vontade de pessoas ou supra-humano, tal como os actos de von-

Em segundo lugar, não podemos aderir a uma visão que considere que o *pluralismo ordenamental institucional* possa ser incompatível com o pensamento de HANS KELSEN. Num primeiro momento, KELSEN sustentou na *Teoria Pura do Direito* a possibilidade de coexistirem duas ordens normativas[1738] – ainda que somente com base numa suposta delegação estadual – e que o autor desenvolve quando estuda as relações entre o Direito estadual e o Direito internacional[1739]. Não obstante, o autor estabelecia um *monismo normativo* quanto ao fundamento da existência e da validade desta normatividade e a *Grundnorm*[1740] seria, assim, também o *parâmetro de validade* (ainda que ficcionado) do Direito Internacional[1741]. Isto sucedia precisamente por-

tade de Deus ou – como no caso do denominado Direito Natural – da natureza», no entanto, «como normas de um Direito positivo só podem ser consideradas aquelas em que o sentido corresponde a actos de vontade humana». Cfr. HANS KELSEN, «Die Funktion der Verfassung», p. 583.

[1738] Para KELSEN, deve entender-se por ordem jurídica (*Rechtsordnung*) a «pluralidade de normas individuais e gerais que regulam o comportamento humano», podendo considerar-se que constituem uma «ordem» quando «formam uma unidade, como o mesmo fundamento de validade». Cfr. «Der Begriff der Rechtsordnung», p. 150. Sobre a ordem jurídica em KELSEN, v., por todos, com amplas referências, JAN VOLLMEYER, *Der Staat als Rechtsordnung – Hans Kelsens Identitätsthese und ihre Bedeutung für den europäischen Konstitutionalisierungsprozess*, pp. 73 e ss.

[1739] Sobre esta questão, cfr., por todos, JÖRG KAMMERHOFER, *Uncertainty in International Law. A Kelsenian perspective*, pp. 139 e ss.

[1740] A *Grundnorm* (em sentido *lógico-transcental*) deve ser descrita como «uma norma que representa o fundamento de validade de uma outra norma», trata-se, todavia, de uma «norma que se pressupõe como a última e a mais elevada» e, na medida em que consubstancia a «norma mais elevada», esta terá de «ser pressuposta, visto que não pode ser posta por uma autoridade – cuja competência teria de se fundar numa norma ainda mais elevada». Deste modo, «[t]odas as normas cuja validade pode ser reconduzida a uma e mesma norma fundamental formam um sistema de normas, uma ordem normativa. A norma fundamental é a fonte comum da validade de todas as normas pertencentes a uma e mesma ordem normativa, o seu fundamento de validade comum», cabendo à *Grundnorm* unificar a «pluralidade de normas enquanto representa o fundamento de validade de todas as normas pertencentes a essa ordem normativa». Cfr. *Teoria Pura do Direito*, pp. 216 e 218. Em sentido jurídico-positivo a «norma fundamental» (situada no topo da hierarquia normativa) corresponde, nos termos da hierarquia escalonada, à Constituição. Cfr. *Teoria Pura do Direito*, pp. 250 e ss.

[1741] Como denotou precisamente HANS KELSEN: «[o] Direito Internacional tem de ser concebido ou como uma ordem jurídica delegada pela ordem jurídica estadual e, por conseguinte, como incorporada nesta; ou como uma ordem jurídica total que delega nas ordens jurídicas estaduais, supra-ordenada a estas e abrangendo-as a todas como ordens jurídicas parciais». Cfr. *Teoria Pura do Direito*, 7ª Edição, p. 362.

que «o Estado pode ser juridicamente apreendido como sendo o próprio Direito – nada mais, nada menos»[1742].

Esta postura radical era inclusivamente confirmada por uma paráfrase de uma passagem bíblica em que KELSEN afirma que: «[n]inguem pode servir a dois senhores»[1743]. Poderia-se, deste modo, extrair-se como consequência desta teoria que a *normatividade desportiva* se reconduzia a uma ordem «jurídica» parcial dentro da ordem jurídica «global», uma vez que «[a] ordem normativa constituinte da corpor*a*ção é o seu estatuto, o qual é posto em vigor através de um acto jurídico-negocial regul*ado na ordem estadual. Se apenas se toma em conta o Direito estadual, e não o Direito Internacional, o estatuto de uma corporação representa uma ordem jurídica parcial em confronto da ordem jurídica estadual como ordem jurídica global*»[1744].

Esta posição parece ter sido, todavia, abandonada por KELSEN na obra póstuma *Allgemeine Theorie der Normen* (*Teoria Geral das Normas*)[1745], afirmando precisamente romper com o *princípio da unidade jurídica do ordenamento* que é assumido pelo autor em obras anteriores[1746]. Na verdade,

[1742] *Teoria Pura do Direito*, 7ª Edição, p. 347. Como notava precisamente WILHELM WENGLER a unidade da ordem jurídica assumia, segundo KELSEN, a virtualidade de reconduzir todas as ordens normativas à *Grundnorm* ou de somente uma delas poder ter origem na *Grundnorm*, mas que, neste caso, apenas esta poderia ser válida e, deste modo, as normas pertencentes a outra ordem normativa deveriam ser consideradas inválidas, assumindo-se como um autêntico «nicht Recht». Cfr. «Betrachtungen über den Zusammenhang der Rechtsnormen in der Rechtsordnung und die Verschiedenheit der Rechtsordnungen», p. 721. Para mais desenvolvimentos sobre a identidade entre Direito e Estado na *Teoria Pura do Direito*, cfr. RAIMUND HAUSER, *Norm, Recht und Staat*, pp. 106 e ss. e ANTONIO CARLOS WOLKMER, *Pluralismo Jurídico*, pp. 57 e ss. A concepção de KELSEN colhe, de resto, inspiração evidente em RUDOLF VON JHERING quando afirmava que: «[o] Estado é (...) o único titular do poder de coacção social – o Direito coactivo gera um monopólio absoluto do Estado». Cfr. *Der Zweck Im Recht*, Vol. I, p. 316. De qualquer modo, parece evidente que, na obra Teoria Pura do Direito, para Kelsen: «(...) todo o Direito é estatal». Cfr. MÁRIO BIGOTTE CHORÃO, *Introdução ao Direito*, Vol. I, p. 175. Num sentido próximo, o próprio OTTO VON GIERKE, ainda que teorizando a existência um pluralismo normativo, afirmava que: «[o] Estado com a sua plenitude soberana de poder situado acima de todos, retira para si próprio proveito de um Direito de hierarquia superior (...)». Cfr. OTTO VON GIERKE, *Das Wesen der menschlichen Verbände*, p. 32.

[1743] Cfr. *Teoria Pura do Direito*, 7ª Edição, p. 359.

[1744] *Teoria Pura do Direito*, 7ª Edição, p. 198.

[1745] Sobre as modificações do pensamento de HANS KELSEN nesta obra, cfr. DANIELA MIRANTE, «Hans Kelsen: ruptura ou continuidade entre a Teoria Pura do Direito e a Teoria Geral das Normas», pp. 685.

[1746] Na verdade, KELSEN defendia inicialmente a unidade da ordem jurídica, na medida em que «a norma fundamental é o fundamento de validade de todas as normas pertencentes a

Kelsen entende que no mesmo «espaço de validade» (*Geltungsbereich*) podem coexistir duas ordens normativas (tratando, em particular, da relação entre a *ordem moral* e a *ordem jurídica*) válidas – independentemente de ser contradizerem intrinsecamente ou não –, uma vez que a contradição (um *conflito de obrigações* [*Pflichtenkonflikt*]) que possa existir entre ambas reside na *obrigação* subjectiva que estas instituiem aos indivíduos, não derivando dela, desta forma, uma antinomia lógica[1747].

Em consequência, Kelsen conclui que: «[c]om o reconhecimento de que um conflito de normas não é uma contradição lógica, supero a minha tese da singularidade da vigência de uma ordem normativa num determinado espaço e enquanto consequência do princípio da unidade cujo "critério negativo é a impossibilidade de uma contradição lógica"»[1748]. Deste

uma e mesma ordem jurídica», constituindo esta «a unidade de pluralidade destas normas jurídicas». Por conseguinte, havendo um conflito de normas «[c]omo a estrutura da ordem jurídica é uma construção escalonada de normas supra- e infra-ordenadas umas às outras, em que uma norma do escalão superior determina a criação da norma do escalão inferior, o problema do conflito de normas dentro de uma ordem jurídica põe-se de forma diferente conforme se trata de um conflito entre normas do mesmo escalão ou de um conflito entre a norma de escalão superior e uma norma de escalão inferior». *Teoria Pura do Direito*, 7ª, pp. 230-231.

1747 Como é particularmente visível pelo discurso de Kelsen quando afirmando que: «[i]nsofern als beide normativen Ordnungen einem Individuum Pflichten auferlegen, liegt ein sogennanter Pflichtenkonflikt vor, der nur die subjektive Seite des Konflikts ist, in dem die Norm der Moral zu der des Rechts stehts. Dieser Konflikt liegt in der Sphäre des Sollens und nicht, wie ich gesagt (...) habe, in der Sphäre des Seins». Cfr. Hans Kelsen, *Allgemeine Theorie der Normen*, p. 330, nota 154. Segundo Andreas Fischer-Lescano, esta ruptura de Kelsen com a ideia de que o Direito não pode assumir antinomias lógicas, aproxima-o da concepção de Luhmann. Cfr. «Monismus, Dualismus? – Pluralismus.Selbstbestimmung des Weltrechts bei Hans Kelsen und Niklas Luhmann», pp. 210 e ss. De um modo implícito, pode retirar-se a Grundnorm que poderá ter sido uma fonte de inspiração para Luhmann, uma vez que apresenta um cariz auto-referencial. Sobre esta característica da Grundnorm, cfr. Bert van Roer Mund, «Norm-claims, validity and self-reference», pp. 11 e ss. No sentido de que uma das diferenças entre Kelsen (na *Teoria Pura*) e Santi Romano residia na virtualidade de o segundo não reconduzir toda a normatividade a uma unidade assente na lógica, mas antes em «procedimentos», «princípios», «sanções» que apresentam uma «ontological "thickness" or density and a social efficacity that are well beyond the normativity of a ruling or na ought». Cfr. Massimo La Torre, *Law as Institution*, p. 107. Denotando precisamente que uma das «notas caracterizadoras do positivismo» se reconduz precisamente ao seu funcionalismo, cfr. Fernando José Bronze, *Lições de Introdução ao Direito*, 2ª Edição, p. 370.

1748 No original: «[m]it der Einsicht, dass ein Normenkonflikt kein logische widerspruch ist, fällt meine These von der Einzigkeit eine für ein bestimmten Bereich, geltenden normati-

modo, a contraposição entre SANTI ROMANO e KELSEN, embora tenha sido desenvolvida como um *imperativo teórico* para quem analisa a normatividade que se gera à margem de um processo de legislativo público, deve ser ultrapassada. Na realidade, uma vez que KELSEN abandona o postulado da *unidade jurídica das normas*, não será possível extremar a posição de KELSEN como contraposto com SANTI ROMANO. De resto, a *proximidade* entre ambos torna-se, desta forma, evidente, mas mais ainda se tivermos em conta que um dos requisitos essenciais do conceito da *instituição* (a *organização*) é a existência de uma norma (uma espécie de *Grundnorm*) que habilite um conjunto de indivíduos a estabelecerem regras de conduta, bem como o modo de elaboração destas. A verdade é que, em todo o caso, fica esclarecida que «[a] existência do Estado enquanto tal, não tem para KELSEN um conteúdo legitimador»[1749].

2.2. O conceito de instituição de Santi Romano desenvolvido por Cesarini Sforza: A existência de um Direito dos Privados

A teoria da *pluralidade de ordenamentos* conheceu mais um passo importante com o trabalho de WIDAR CESARINI SFORZA[1750]. Na verdade, dando o exemplo das *regras desportivas*, SANTI ROMANO afirmou que se tratariam de formas de «organização rudimentares» que, ainda que se adoptasse um conceito amplo de *instituição*, muito dificilmente poderiam ser reconduzidas ao conceito de *instituição*, uma vez que nem todas as manifestações normativas poderiam ser qualificadas como instituições[1751]. No entanto, devemos des-

ven Ordnungen als Konsequenz des Prinzips der Einheit, „dessen negatives Kriterium die Unmöglichkeit des logischen Widerspruchs ist"». Cfr. HANS KELSEN, *Allgemeine Theorie der Normen*, p. 330, nota 154. Em caso de conflito entre *sistemas normativos*, KELSEN entende que «(...) between norms of different normative orders, such as conflicts between a norm of a legal order and one of a moral order, then the legal order can provide that the legal norm which conflicts with the legal norm shall lose its validity. By the same token, the moral order can prescribe that the moral norm which is in conflict with the legal norm shall become invalid for the sphere of validity of the legal order, but it cannot prescribe that the legal norm which is in conflict with the moral norm shall become invalid. Thus, derogation can only occur within one and the same normative order». Cfr. HANS KELSEN, «Derogation», pp. 352-353.

1749 Cfr. CHRISTOPH MÖLLERS, *Staat als Argument*, p. 118.

1750 Neste contexto, deve, todavia, ter-se presente que, na 2ª Edição de *L'ordinamento giuridico*, SANTI ROMANO, tomando expressamente posição sobre o trabalho de SFORZA, reconhece a dificuldade em identificar determinadas manifestações sociais com o conceito de instituição.

1751 Nas palavras de SANTI ROMANO: «[q]uando ci sai un'istituzioni che abbia i caratteri indicati nel testo, non è sempre facile accertare. Ci sono dei casi limiti: così quando si hanno delle organizzazioni molto rudimentali, come, ad esempio, quele costituite da una unione

tacar que a compreensão sobre o conceito de Direito, tal como elaborada por SFORZA, difere num pequeno aspecto, embora de extrema importância, relativamente à teoria de SANTI ROMANO: para SFORZA as «instituições não podem conferir relevância jurídica por si, mas podem, pelo contrário, adquirir relevância jurídica por se desenvolverem no seio de um espaço onde se estabelecem relações jurídicas»[1752]. O *pluralismo ordenamental* defendido por SFORZA não assenta, desta forma, na ideia de que as instituições fixam um *Direito objectivo* independentemente da normatividade estadual, mas somente que a existência de uma *instituição* representa um *pressuposto para a aquisição de juridicidade de uma determinada relação factual social que não apresente pontos de contacto com a hierarquia normativa estadual*[1753].

Com efeito, concebe a existência de um autêntico *direito dos privados* que constitui «*o complexo de normas que autoridades não estaduais emanam para regular determinadas relações jurídicas entre pessoas que lhes estão subordinadas*» e que

di persone in fila per raggiugere uno sportello o per entrare in un locale, oppure quele organizzazioni meno embrionali, ma tuttavia «allo stato difuso», che uniscono idealmente con l'osservanza di usi o altre regole comuni i cultori di giochi e di sport, i c. d. gentiluomini che praticano l enorme della cavalleria, coloro che seguono certi usi mondani (...).» Adianta, desta forma, que: «(...) per quanto si vogliano adottare dei criteri molto larghi nel ravvisare i caratteri dell' istituzioni in certe forme molto semplici e poco sviluppate di società, non crediamo che possa giungersi sino ravvisare il fenómeno giuridico in tutti gli «stati di convivenza umana» (...). Cfr. *L'ordinamento giuridico*, 2ª Edição, p. 29, nota 29 ter.

1752 Cfr. MARIANO CROCE, *Self-sufficiency of Law: A Critical-institutional Theory of Social Order*, p. 119. Esta ideia é particularmente visível na seguinte passagem: «(...) Romano ha il grande merito di aver fatto espressamente il tentative di concepire il diritto indipendientemente dallo Stato, pur restando sempre nell'ambito della scienza giuridica. A tale scopo egli è ricorso al concetto di «istituizioni», indicando com questo nome qualqunque ente sociale che abbia assetto stabile e permanente e una própria struttura ed organizazione, nella quale appunto consisterebbe la sua giuridicità (...). Dire che un ordenamento è giuridico in quanto è un'istituzioni non significa nullo, se poi si afferma che un'istituzione è giuridica in quanto è un ordenamento. Invece un ordenamento è giuridico in quanto si risolve nella relazione fra un dirittoe un obbligo entro un rapporto regolato in una data guisa; in altre parole, non é l'instituzione che può definire la giuridicità, ma è questa indispensable per definire quella» Cfr. WIDAR CESARINI SFORZA, *Il diritto dei privati*, pp. 14 e 15, nota 1.

1753 Embora também esclareça que o Estado: «non crea la giuridicità, ma estabilisce a quali applicazioni di essa è disposto a prestare la sua forza per realizzarle, ossia, tanto per fare un essempio, non cre la giuridicità dei contratti, che dalle parti possono essere formati ed eseguiti ache se hanno una causa illecita, ma stabilisce com gli articoli 1119 e 1122 che, ove sai richiesto di tutelare l'essecuzionne di un contrato illecito, rifuterà il próprio intervento». Cfr. WIDAR CESARINI SFORZA, *Il diritto dei privati*, pp. 16 e 17.

existe *«[p]aralelamente ao Direito do Estado»*[1754]. Não obstante, esta contrução teórica não é, de todo, reconduzível a uma qualquer noção de Direito Privado, uma vez que assenta na «vontade estadual com o objectivo de regular as relações entre pessoas privadas». Por sua vez, o direito dos privados «regula relações entre pessoas privadas» que *«não emanam do Estado,* nem mediata ou imediatamente»[1755]. Em síntese, o *direito dos privados* deve ser qualificado como *«aquele que os próprios privados criam para regular determinadas relações de interesse colectivo na ausência, ou na insuficiência, da lei estadual»*[1756].

2.2.1. O institucionalismo de Sforza: o nascer da instituição desportiva

A constatação da existência de um *direito dos privados* projecta-se, em regra, – como se pode deduzir pela sua noção – na *irrelevância* das relações subjectivas estabelecidas entre privados (e que se devem assumir como jurídicas) para a normatividade estadual. Este é, de certo modo, um *conceito chave* para perceber a essência desta conceptualização.

Com efeito, a *relevância* de um ordenamento extra-estadual para com o ordenamento estadual deriva da «importância de facto que um ordenamento jurídico de uma organização difusa pode assumir perante o ordenamento estadual e que não pode concretizar-se sem ser na eficácia jurídica atribuída pelo Estado aos ordenamentos extra-estaduais»[1757]. Em consequência, segundo SFORZA, perante a normatividade decorrente do *Direito dos Privados,* o Estado pode assumir duas posturas: (i) *incorporá-la* – por intermédio da «reprodução» desta normatividade ou do «reenvio» expresso para esta; (ii) *ignorá-la* – rejeitando conferir-lhe «eficácia jurídica». Deste modo, entende «não ser concebível que o Estado vete um outro ordenamento»: (i) se o «absorve», este passa a fazer parte integrante da normatividade estadual; (ii) se, pelo contrário, o «ignorar», este não o considera como um autêntico ordenamento, pelo que somente poderá, no limite, fazer valer a responsabilidade penal por determinados factos que possam reclamar este tipo de tutela[1758].

Um dos casos de *insignificância* normativa para a normatividade estadual seria precisamente o «ordenamento desportivo», uma vez que os seus «princípios e as suas normas» seriam «absolutamente irrelevantes» para as

[1754] WIDAR CESARINI SFORZA, *Il diritto dei privati*, pp. 4 e 27.
[1755] Cfr. WIDAR CESARINI SFORZA, *Il diritto dei privati*, p. 26.
[1756] WIDAR CESARINI SFORZA, *Il diritto dei privati*, p. 4.
[1757] WIDAR CESARINI SFORZA, *Il diritto dei privati*, p. 33.
[1758] V. WIDAR CESARINI SFORZA, *Il diritto dei privati*, p. 33, nota 2.

normas do Estado. Em consequência disso, apresenta um exemplo que seria suposto corroborar a ideia que defedende. Na realidade, entende que existem «significados de excepção»[1759] que se poderiam retirar da prática desportiva[1760]. Por conseguinte, haveria a necessidade de buscar se estamos, num caso concreto, perante *efeitos meramente civis* ou *efeitos penais* para poder ser possível determinar a *relevância* ou *irrelevância* dos *ordenamentos desportivos* perante a normatividade do Estado.

Por exemplo, no caso de um litígio que envolvesse a atribuição de um título decorrente de uma competição com fundamento numa incorrecta aplicação de um regulamento desportivo, os tribunais judiciais deveriam declarar a sua incompetência. No entanto, quando fosse possível atribuir *efeitos civis* à decisão de atribuição de um título (por exemplo, se esta fosse uma condição para alguém poder ser beneficiário de uma cláusula testamentária), os tribunais deveriam indagar da legalidade e da legitimidade dos *efeitos civis* da decisão que aplicou o regulamento desportivo correspondente[1761].

Por outro lado, um atleta que pratique boxe e que «combatendo lealmente e segundo as regras do jogo, atira o adversário ao chão e este em consequência fractura o crânio, não comete um homicídio»[1762]. Todavia, se um pugilista pratica actos violentos que «consubstanciam um crime, uma vez que esta prática representa a ocasião e o meio para cometer esse crime (por exemplo, a hipótese em que um pugilista atinge o adversário intencionalmente ou que encena uma partida de boxe com o fim de encobrir a sua intenção homicida), então os efeitos da violência do pugilismo não se podem reconduzir ao ordenamento desportivo, mas a uma matéria regulada pela lei (penal) do Estado»[1763].

[1759] Cfr. Widar Cesarini Sforza, *Il diritto dei privati*, p. 35.

[1760] V. Widar Cesarini Sforza, *Il diritto dei privati*, p. 36, afirmando que: «[n]ell'ordinamento sportivo quei fatti rappresentano la consequenza dell'esercizio di diritti indiscutibili e dell'attuazione di obblighi precisi: cosí le lesioni personali immancabili nella gare di boxe (...) e persino l'omicidio di uno dei gareggianti (...) sono fatti che non possono dar luogo a responsabilità né penali né civili, perche intimamente connessi a un sistema giuridico (rispetto al quale essi non hanno alcun significato d'illiceità) che lo Stato ignora completamente. Qualunque altra giustificazione dei fatti suddeti – si recorra al "costume dei nostri giorni", o alle finalità sportive, o al consenso dell'offeso, o ad una tacita convencione d'irresponsabilità – nasconde il punto essenziale del problema».

[1761] Cfr. Widar Cesarini Sforza, *Il diritto dei privati*, p. 66.

[1762] Widar Cesarini Sforza, *Il diritto dei privati*, p. 67.

[1763] Widar Cesarini Sforza, *Il diritto dei privati*, p. 68.

A concepção em análise não é, porém, isenta a críticas que demonstram a sua incoerência ou paradoxalidade. Como demonstrou LUCA DI NELLA, podem ser apresentados vários argumentos contra os pressupostos teóricos da mesma[1764]. Em primeiro lugar, segundo SFORZA a dicotomia *relevância/ /irrelevância* pressupõe uma «horizontalidade» entre sistemas normativos de privados e o sistema jurídico estadual que assenta, como vimos, na existência paralela de duas ordens normativas que são mutuamente *irrelevantes*. Todavia, se a decisão última sobre a *relevância* ou *irrelevância* de um sistema normativo privado cabe ao Estado, haverá, portanto, que constatar que este assume um papel determinante no *reconhecimento da normatividade* extra-estadual, podendo, ao contrário do que defende[1765], impedir (e consequentemente rejeitar) que produzam *efeitos jurídicos* que sejam contrários à axiologia de valores constitucionais que vigora numa determinada comunidade democraticamente organizada.

Em segundo lugar, as contradições do pensamento de SFORZA encontram-se com maior acuidade no exemplo do pugilista, sugerindo-se aí um sofisma que contradiz a «horizontalidade» entre sistemas normativos e o *poder de reconhecimento estadual*: se um desportista mata outro atleta no decurso da competição, e embora não incumpra as regras do jogo, e se daí retirarmos – como o faz SFORZA – que inexiste um crime, teremos, por outro lado, também que chegar ao resultado que existe uma hierarquia entre os sistemas normativos, uma vez que, neste exemplo, a *irrelevância* do «crime» cometido em competição passa a ser aferida por intermédio do recurso às normas do «ordenamento desportivo» e não pela normatividade do Estado como SFORZA faz crer.

Ignora, desta forma, o «duplo controlo» que seria necessário (de forma a poder ser seguido o seu raciocínio de forma lógica) para que fosse possível falar numa *heterarquia* entre sistemas e que não colocando problemas de maior na segunda parte do exemplo, aquele em que o pugilista simula uma partida de boxe para matar o adversário que consubstanciaria um ilícito no «ordenamento desportivo» e no «ordenamento estadual», revela as maiores dificuldades e antinomias na primeira parte do exemplo, uma vez que – ao

[1764] *Il fenómeno sportivo nell'ordinamento giuridico*, pp. 86 e ss.

[1765] SFORZA admite que o Estado possa não atribuir efeitos jurídicos a um determinado ordenamento, mas paradoxalmente não encara esse facto como a possibilidade de existir um «veto» dessa normatividade. Se o Estado não a pode vetar, a *irrelevância* de que fala só pode, assim, ser vista como uma forma de atribuir *silenciosamente* a prevalência do «ordenamento desportivo» em relação ao «ordenamento estadual».

contrário do que defende relativamente aos *efeitos civis* – os tribunais estaduais não poderiam, desta forma, indagar da «legalidade e da legitimidade» dos *efeitos penais*.

Em suma, existe, de facto, uma contradição insuperável no pensamento de SFORZA: a falta de uma justificação consistente sobre uma suposta inexistência de uma herarquia entre ordenamentos, tal como o autor a estrutura, acaba por revelar uma evidente prevâlencia do «ordenamento desportivo» que, embora se pretenda afastar expressamente do *pluralismo* como um direito objectivo originário (SANTI ROMANO) em relação ao «ordenamento estadual», não consegue justificar convenientemente a inexistência de hierarquias entre duas esferas normativas[1766] que pressuporiam uma relação de paralelismo. Na verdade, a existência de um «princípio de tolerância mútua» não apresenta nenhuma solução adequada quando existe um conflito latente e insuperável entre as normatividades estaduais e desportivas[1767].

2.3. A pluralidade de ordenamentos e a norma desportiva no Séc XX: um novo institucionalismo?

Com o anterior excurso sobre a origem histórica da conceptualização de um «ordenamento desportivo» plural pretende esclarecer-se que, em Itália, embora a doutrina, a jurisprudência[1768], a lei ordinária[1769] ou a Constituição italiana[1770] mencionem expressão *ordenamento desportivo* para qualificar a realidade normativa que envolva as federações desportivas, esta já não pode ser compreendida com o alcance desenvolvido pela teoria ordenamental

[1766] Isto também é particularmente visível quando afirma que as relações que resultam da prática desportiva derivam de um «Direito Privado» da comunidade desportiva «absolutamente indepentente» do Estado, criando um «stato civile» do atleta e, deste modo, afirma que o Estado pode mesmo dar força executiva a uma «clásula contratual» que disponha que o atleta não pode recorrer aos tribunais estaduais para fazerem valer os seus direitos contratualmente constituídos. Cfr. «La teoria degli ordinamenti giuridici e il diritto sportivo», pp. 1394 ess.

[1767] Cfr. MICHAEL R. WILL, «Rechtsgrundlagen der Bindung nationaler Verbände an Internationale Sportsverbandsregeln», p. 39.

[1768] Cfr., por todos, VITTORIO FRATTAROLO, *L'ordinamento sportivo nella giurisprudenza*, pp. 31 e ss.

[1769] V. os artigos 1º e 2º do Decreto-Legge nº 220, de 19 agosto 2003.

[1770] Cfr. o artigo 117º da Constituição italiana, afirmando que a matéria legislativa que diga respeito ao «ordenamento desportivo» deve ser considerada matéria concorrencial.

de SANTI ROMANO e, especialmente por se referir ao fenómeno desportivo, pela teoria de CESARINI SFORZA.

Neste contexto, a doutrina italiana desenvolveu, a partir do final da primeira metade do Séc. XX, uma nova variante da construção teórica do «ordenamento desportivo», dando lugar à concepção desenvolvida por MASSIMO SEVERO GIANNINI[1771]. Este autor abordou a *pluralidade ordenamental* com o objectivo de superar as insuficiências «tautológicas» e «indeterminações» do conceito de «corpo social»[1772] recorrendo ao desenvolvimento de três critérios essenciais: (i) *plurisubjectividade*[1773]; (ii) *normação*[1774] e (iii) *organização*[1775] [1776].

De entre estes critérios, foi precisamente no conceito de *organização* que existiu uma evolução em relação à *teoria do pluralismo* de SANTI ROMANO, uma vez que a norma passa a ser um pressuposto da *organização* e não vice-versa. De uma forma sumária, enuncia que por ordenamento deve entender-se a existência de um «grupo de sujeitos que, por prosseguirem interesses comuns, se organizam, conferindo poderes a uma autoridade que cria normas com plena efectividade»[1777]. Todavia, trata-se aqui de uma: «normação sobre a plurisubjectividade, uma normação sobre a normação, uma normação sobre a organização e, concomitantemente, uma organi-

[1771] Sobre esta forma de pluralismo ordenamental, cfr. FRANCO MODUGNO, *Legge-Ordinamento Giuridicio degli Ordinamenti*, pp. 232 e ss.

[1772] Cfr. REMO MORZENTTI PELEGRINI, *L'evoluzione dei rapporti tra fenomeno sportivo e ordinamento statale*, p. 21.

[1773] Segundo o autor, a *plurisubjectividade* estaria preenchida no caso da organização associativa do Desporto que constitui o aglomerado de «atletas e de praticantes de um desporto, de entes desportivos (clubes e associações), uniões nacionais destes (federações nacionais), federações internacionais que se ocupem da regulação de uma prática desportiva e o Comité Olímpico Internacional». Cfr. «Ancora Sugli Ordinamenti Giuridici Sportivi», p. 671.

[1774] Por *normação* deve entender-se o fenómeno em que «as normas do grupo originam as determinações do grupo e que efectivamente impõem a observância dos seus componentes». Cfr. MASSIMO SEVERO GIANNINI, «Gli Elementi degli Ordinamenti Giuridici», p. 232.

[1775] A organização deveria ser reconduzida ao «complexo de dispositivos para a prestação dos meios, para a utilização de meios que o grupo tem em comum, para desempenhar a utilidade que o grupo conferiu à própria organização». Cfr. MASSIMO SEVERO GIANNINI, «Gli Elementi degli Ordinamenti Giuridici», p. 237.

[1776] A teoria foi desenvolvida em diversos estudos, por exemplo, MASSIMO SEVERO GIANNINI, «Gli Elementi degli Ordinamenti Giuridici», pp. 221 e ss., «La Relazioni tra gli Elementi degli Ordinamenti Giuridici», pp. 997 e ss., «Ancora Sugli Ordinamenti Giuridici Sportivi», pp. 671 e ss.

[1777] Cfr. MASSIMO SEVERO GIANNINI, *Diritto Administrativo*, Vol. I, 3ª Edição, p. 97.

zação da plurisubjectividade, uma organização da normação e organização da organização»[1778].

De todo o modo, a finalidade desta constatação já não era demonstrar que os *ordenamentos desportivos* prevaleciam enquanto modalidade de Direito objectivo ou por serem irrelevantes perante as regras estaduais[1779]. Estavamos aqui somente na constatação de um fenómeno peculiar que se desenvolvia no *espaço normativo estadual*[1780].

Por outro lado, a «descoberta» da importância de uma vertente *transnacional* do fenómeno, a par da existência de um «ordenamento desportivo nacional», fez com que se passasse a falar na possibilidade de *ordenamentos originários não soberanos* e *ordenamentos derivados*[1781]. Deste modo, perante a dificuldade em aplicar a teoria da *pluralidade ordenamental*, a doutrina adoptou como solução o reconhecimento de uma vertente internacional de um suposto *ordenamento desportivo mundial não soberano* que se dividiria em vários *ordenamentos sectoriais* (derivados)[1782], os quais, por seu turno, se desenvolveriam num âmbito e segundo a supremacia do ordenamento estadual[1783].

[1778] Cfr. Massimo Severo Giannini, «Gli Elementi degli Ordinamenti Giuridici», p. 240.

[1779] Não obstante, a doutrina já tinha constatado que a existência de «vínculo de justiça» não era válida, entendendo-se que existia a possibilidade de um atleta recorrer aos tribunais estaduais mesmo que uma clásula federativa o impedisse. Cfr., com amplas referências e neste sentido, Francesco Paolo Luiso, *La Giustizia Sportiva*, pp. 266-272.

[1780] Como se pode confirmar pela expressa menção de Giannini quando afirma que o Estado pode exercer o «poder jurídico de repulsa» de normatividade que emana de outro ordenamento jurídico. Cfr. «Ancora Sugli Ordinamenti Giuridici Sportivi», pp. 674.

[1781] Conforme reconhece Dieter Reuter, o carácter originário como significando uma mera necessidade de «ratificação» da normatividade desportiva por do Estado tornou-se, assim, insustentável. Cfr. «Das selbstgeschaffene Recht des internationalen Sports im Konflikt mit dem Geltungsanspruch des nationalen», pp. 2 e ss.

[1782] Segundo A. Quaranta: «[n]on sembra che possano oggi esistire dubbi sul carattere nazionale dell'ordinamento sportivo di ciascuno Stato», acrescentando também que: «[l]'ordinamento sportivo, dunque, può definirsi come un ordinamento giuridico di settore, il quale, anche se non dotato di sovranità, é caratterizatto di un'ampia sfera di autonomia. Esso – come si è precisato – non è originario ma derivato dall'ordinamento generale dello Stato com il quale ha numerosi nessi di collegamento». Cfr. «Rapporti tra Ordinamento Sportivo e Ordinamento Giuridico», p. 32.

[1783] Cfr., entre tantos outros, Mario Sanino, «L'arbitrato sportivo in Italia», p. 352 e Franco Modugno, «Giustizia e Sport: Problemi Generali», pp. 329 e 330. Como denotava Rita Perez: «[n]ei rapporti esterni, che intercorrono tra ordinamento sportivo e ordinamento statale, mentre l'originarietà del primo può non venire in discussione (nel senso che lo Stato

Por outro lado, a *pluralidade ordenamental*, embora ainda muito presente na doutrina italiana (e concomitantemente nos países que mais influência doutrinal sofreram), já não assume a preponderância e o impacto que revelou, por exemplo, durante o corporativismo italiano[1784]. Em bom rigor, os autores italianos têm vindo a abandonar paulatinamente o *método pluralista* na abordagem crítica que utilizam, dando lugar a uma concepção *sistemática* e *unitária* que permitiu compreender a fragmentação da normatividade desportiva em estreita conexão com as regras constitucionais estaduais que consubstanciam o parâmetro da interpretação legal e infra-legal da normatividade que emerge do fenómeno desportivo nacional e internacional[1785].

Uma justificação para essa mudança de paradigma terá sido uma transmutação da actividade dos organismos desportivos que se viram paulatinamente envoltos numa *teia empresarial* que gerou uma evolução dos interesses envolvidos na actividade desportiva (por exemplo, interesses económico-sociais), criando, desta forma, uma nova *esfera* de situações carentes de regulação normativa que não era, de todo, reconduzível a fins

accetti l'ordinamento senza un formale ato di riconoscimento), la sua sovranità dovrà cedere di fronte a quella dello Stato, nella misura in cui quest'ultimo intenda esercirla». Cfr. «Disciplina Statale e Disciplina Sportiva Nell'ordinamento Dello Sport», p. 511.

[1784] Como sintetizam Massimo Coccia *et alli*: [i]ntorno agli anni Trenta era assolutamente dominante, in sede di teoria generale, la tendenza volta ad attribuire natura convenzionale agli statuti et ai regolamenti di ogni organismo associativo, e ciò spiega perche, allepoca, non si essitasse a reconoscere, da parte dello sparuto grupo di autori che se ne sono occupati, eguale natura anche ai precetti promananti dalle organizzazioni sportive le quali, poste sullo piano di analoghe esperienze, erano state perció inaquadrate nei modelli giuridici usuali e recondotte ad una sorte di patto sociale o di contrato innominato dai più assimilato (...) se spetta ai primi teorizzatori del pluralismo il mérito dia ver superato il pregiudizio concettuale che riservava allo Statto il monopólio della produzioni giuridica (...)». Cfr. *Diritto dello Sport*, 2ª Edição, pp. 23 e 24.

[1785] Neste sentido, cfr. Luca Di Nella, «La teoria della pluralitá degli ordinamenti e il fenómeno sportivo», pp. 5 e ss., negando o método pluralista com base em diversas incongruências que suscita a adopção das teorias de Santi Romano e Cesarini Sforza. No mesmo sentido, negando a utilidade do método pluralista, com amplas referências, Massimo Coccia *et alli, Diritto dello Sport*, 2ª Edição, pp. 23 e ss. Cfr., entre tantos outros, Mario Sanino, «L'arbitrato sportivo in Italia», p. 352 e Franco Modugno, «Giustizia e Sport: Problemi Generali», pp. 329 e 330. Como denota precisamente Massimo Bianca, enquanto instituição, o Estado detém «os poderes autoritários máximos», pelo que «no âmbito da comunidade estatal todas as normas são subordinadas às [normas] do Estado». Cfr. *Diritto Civile*, Vol. I, p. 7.

meramente *lúdico-agonísticos* (*maxime*, as *regras do jogo*)[1786]. Com efeito, de modo a poder resolver os conflitos decorrentes desta radical transformação do Desporto e acopolada à metamoforse da fisionomia da complexidade da normatividade desportiva, verificou-se uma «maior presença estatal»[1787] no fenómeno desportivo.

Por conseguinte, a constatação da existência de um conjunto de fenómenos de «multiplicação de centros de poder» e de «criação normativa» decorrentes da autonomia de entidades públicas ou privadas continuou, no entanto, a beneficiar do recurso à teoria da *pluralidade ordenamental*, em regra, para atestar que seriam «ordenamentos», aqueles que existem no espaço normativo do ordenamento estadual que assumiria a virtualidade de fixar as fronteiras normativas destes[1788].

Para Luca di Nella podem ser apontadas duas críticas na utilidade de recorrer à *pluralidade ordenamental* para justificar esta constatação: (i) o pluralismo existente no Estado Moderno reconduz-se à possibilidade de se verificarem outras fontes normativas *reconhecidas* ou *delegadas*, que coexistam, mesmo quando não sejam identificáveis com o poder normativo público; (ii) as normas que decorram de um cariz autonómico não podem coexistir no espaço normativo estadual sem que sejam compatíveis com os cânones axiológicos da normatividade estadual, de modo a ser possível reconhecer que determinadas normas possam valer como regra[1789].

Com efeito, mesmo que possamos reconhecer a existência de ordenamentos «sectoriais» que se desenvolvem no seio de um Estado «policêntrico», o carácter «derivado» desta normatividade implica também uma «hierarquia de instituições» cujo vértice é ocupado pelo Estado, conferindo, deste modo, a unidade normativa estadual[1790]. O recurso à teoria da *pluralidade ordenamental*, embora tivesse tido, desta forma, o papel histórico de permitir constatar que existe um conjunto de fenómenos normativos

[1786] Entre outros, cfr., neste sentido, afirmando mesmo que foi precisamente esta evolução da actividade federativa que implicou o envolvimento de entidades com competências públicas na regulação do Desporto, Rita Perez, «Disciplina Statale e Disciplina Sportiva Nell'ordinamento Dello Sport», p. 517.

[1787] Cfr. A. Quaranta, «Rapporti tra Ordinamento Sportivo e Ordinamento Giuridico», p. 34.

[1788] Luca di Nella, *Il fenómeno sportivo nell'ordinamento giuridico*, p. 130.

[1789] Cfr. Luca di Nella, *Il fenómeno sportivo nell'ordinamento giuridico*, pp. 130-133.

[1790] Neste sentido, Enrico Lumbrano, «I Rapporti tra Ordinamento Sportivo ed Ordinamento Statale nella loro configurazioni», p. 10.

que adquirem eficácia dentro do espaço estadual atingindo um cariz jurídico, uma vez que se impõe à normatividade estadual como se de um *direito objectivo* se tratatasse ou, por outro lado, pudesse ser analisado segundo a lógica da *relevância* ou *irrelevância*, mas sempre como normas diferentes e isoladamente consideradas, não pode ser a *chave* para a compreensão da normatividade desportiva.

Não nos parece, deste modo, ser possível considerar que a função desempenhada por essas teorias possa ser levada ao extremo de permitir chegar actualmente às mesmas conclusões que as teses do *pluralismo de ordenamentos jurídicos* desenvolveram. Em contrapartida, devemos adiantar, desde logo, que o *ordenamento desportivo e a normatividade dele emergente* apresentam, na actualidade, um estreita «colaboração» com a normatividade estadual e no caso de se tratar de entidades que exerçam poderes públicos[1791], as *regras desportivas* que estes entes criam e aplicam são reconduzíveis à cadeia hierárquico-normativa do Estado, uma vez que se assumem como uma *normatividade pública*[1792]. Em síntese, a relação de antítese que se estabeleceu entre a normatividade desportiva e a normatividade estadual em Itália na primeira metade do Séc. XX, foi gradualmente substituída por um *encadeamento normativo consensual* que promoveu a *acomodação* das normas desportivas com os «valores» das regras estaduais.

§3º Posição adoptada: a exigência de reconhecimento estadual condicional da normatividade desportiva transcional

Em primeiro lugar, deve reconhecer-se com Luhmann que «o Estado é (..) pré-condição de toda a liberdade»[1793]. Na verdade, a evolução histórica

[1791] Como denotou Massimo Severo Giannini: «(...) il maggior numero di ordenamento giuridici (da quelli antichissimi, dei gruppi territorial, sino ai recentissimi, come l'ordinamento sportivo e gli ordinamenti settoriali) agiscono nell'ambito dell'odierno diritto administrativo». Cfr. *Diritto Administrativo*, Vol. I, 3ª Edição, p. 97.

[1792] No sentido de que: «(...) a teoria ordenamental teve uma significativa componente ideológica durante um longo período, no sentido de que pretendia preservar o desporto de uma invasão estadual, quer política, quer jurisdicional. Trata-se de uma exigência que é hoje, por diversas razões, menos relevante, uma vez que a necessidade de envolver os poderes públicos supranacionais e nacionais no prosseguimento de objectivos comuns (por exemplo, em matéria de dopagem)». Cfr. Lorenzo Casini, *Il Diritto Global dello Sport*, pp. 21 e 22.

[1793] Cfr. Niklas Luhmann, *Grundrechte als Instituition. Ein Beitrag zur politischen Soziologie*, p. 57. No original: «Der Staat ist, was immer vergessen wird, Vorbedingung aller Freiheit». V., igualmente, Paulo Otero, *Manual de Direito Administrativo*, p. 127.

do associativismo desportivo e da sua respectiva normatividade demonstra que, abstraindo das intervenções jurídicas de índole totalitária ou autoritária, o Estado surge na actividade de regulação desportiva *como garante dos direitos fundamentais dos intervenientes e do interesse público* (seja com subvenções atribuídas às associações desportivas ou com normas que protegiam os agentes desportivos).

As teorias que pretendem libertar a normatividade desportiva das restrições decorrentes da normatividade estadual – e que rejeitamos no âmbito do presente estudo – partem, desde logo, de um equívoco e de um preconceito. O primeiro diz respeito à ideia de que uma centralização de poder numa entidade privada é menos lesiva dos direitos fundamentais do que a concentração de poder no Estado. Ora, como vimos, a concentração de poder numa federação desportiva transnacional permite-lhe agir sobre a esfera jurídica dos agentes desportivos licenciados numa determinada modalidade de uma forma bastante considerável e susceptível de actuações arbitrárias que podem trazer danos irreparáveis na vida destes agentes desportivos, os quais, por vezes, nem a normatividade estadual consegue tutelar.

Por outro lado, tem como ponto de partida a concepção de que o Estado é *mau* por natureza[1794]. Parte-se, deste modo, de uma concepção do Direito em que a liberdade é tendencialmente ilimitada – pelo menos a do autor desta normatividade – e que esta consubstancia uma fonte de autoridade *origin*ária daquele que produz a normatividade desportiva. O problema aqui envolvido está precisamente relacionado com a falta de atribuição de competência (de autoridade) e, paralelamente, da legitimidade de concentração de poder na federação desportiva transnacional em relação aos agentes desportivos que se encontram vinculados de uma forma meramente institucional, isto é, sem haver lugar a um qualquer acto de vontade. Pretende-se ir, porventura, mais longe do que o próprio liberalismo do Séc. XIX[1795].

[1794] Este é, aliás, um preconceito recorrente que tem origem no domínio da antropologia. As construções científicas do pluralismo jurídico assentaram aí numa visão crítica do Direito emanado pelo Estado. Sobre esta questão, desenvolvidamente, Ralf Seinecke, *Das Recht des Rechtspluralismus*, pp. 186 e ss.

[1795] Está, com efeito, ultrapassada a ideia de que o liberalismo do Séc. IX assentava, na sua maioria, numa liberdade tendencialmente ilimitada. Cfr., por todos, a excelente síntese de Sybille Hofer, *Freiheit ohne Grenzen?*, pp. 13 e, especialmente, as pp. 276 e ss. e Marietta Auer, *Der privatrechtliche Diskurs der Moderne*, pp. 4 e ss. Em todo o caso, é conhecido que: «o princípio do "laissez-faire, laissez-passer" resultou em flagrantes e clamorosas injustiças e o Estado deu conta de que não poderia continuar de braços cruzados, indiferente e passivo, mas deveria ele próprio tomar uma atitude de intervenção, para corrigir as desigualdades e

Na verdade, e ao contrário do que as teorias da independência da normatividade desportiva em relação à normatividade estadual pretendem, ao Estado deve (ainda) atribuir-se a função de «guardião do interesse público» em relação aos interesses hedonísticos do associativismo desportivo[1796].

Paralelamente, parece-nos redutor que se possa falar num conjunto de vinculações nacionais e transnacionais que derivem de um acto de autonomia privada de fonte contratual. A vinculação institucional dos agentes desportivos permite, desde logo, identificar a existência de uma normatividade desportiva transnacional que, embora em determinadas situações possa ter como fundamento um contrato, produz efeitos que permitem constatar a existência de normas que regulam as relações entre a federação desportiva transnacional e os seus subordinados (federações desportivas nacionais e agentes desportivos).

Neste contexto, a questão que subjaz à existência de um direito cosmopolita assente no pluralismo jurídico padece, por outro lado, de um equívoco tautológico. Em bom rigor, assume-se aí que existem focos normativos transnacionais que conseguiram ganhar um espaço de liberdade considerável em relação da normatividade estadual, e que, por esse motivo, exigem, por sua vez, que o Estado (em princípio aqueles onde aquela normatividade produz efeitos) os aceite sem efectuar qualquer juízo de valor sobre o conteúdo daquela normatividade. Todavia, falta um elemento essencial à conclusão: a autonomia dos sistemas normativos do associativismo desportivo não é reconduzível a uma origem auto-validante e independente de qualquer ligação a normas estaduais. Esta situação verifica-se com especial acuidade no domínio do desporto, no qual a localização da sede efectiva das federações desportivas transnacionais no Estado suíço, monegasco ou alemão não lhes concede qualquer estatuto de extra-territorialidade, mas antes um estatuto idêntico a qualquer outra associação que se sedie nesses países. O enquadramento legal que estes Estados dão àquelas entidades depende sempre de uma opção de política legislativa, devidamente enquadrada nas normas constitucionais daquele país. É, deste modo, redutor considerar que existem sistemas normativos independentes de qualquer Estado no domínio do Desporto.

injustiças a que o liberalismo conduziria». Com efeito, as realidades concretas vieram mostrar que o esquema da liberdade e igualdade vinha apenas beneficiar alguns». Cfr. ANTÓNIO PINTO MONTEIRO, «A interpretação e o protagonismo da doutrina», p. 69.

1796 Cfr., relativamente a este aspecto, a excelente formulação do BVerGE ao afirmar que o Estado é: «Hüter des Gemeinwohls gegenüber Gruppeninteressen». Cfr. BVerfG 33, 125.

O efeito transnacional da normatividade desportiva nasce, em concreto, da estruturação hierárquico-monopolística que permite, assim, uma regulação centralizada na federação desportiva transnacional. Em todo o caso, esta transnacionalização da normatividade desportiva contacta constantemente com as esferas de diversos Estados soberanos[1797]. Ora, aquelas estruturas autoritárias produzem normas que reclamam constantemente a aceitação de um segundo Estado (aquele onde se produzem os efeitos jurídicos da relação entre o ordenamento transnacional e o ordenamento nacional correspondente). Não parece, no entanto, admitir-se que o Estado onde se produzam os efeitos jurídicos da normatividade desportiva transnacional tenha um qualquer dever (exceptuando aqueles que derivem do quadro constitucional e legal em vigor nesse Estado) de aceitação – sem qualquer juízo sobre o mérito – de uma normatividade autoritariamente imposta aos agentes desportivos e às federações desportivas nacionais.

Na verdade, o raciocínio que se deve fazer é o seguinte: existe um ordenamento desportivo transnacional estabelecido de acordo com a ordem jurídica na qual se sedia a federação desportiva transnacional, da mesma forma que existe um espaço de liberdade (garantido pelo Estado) de uma federação desportiva nacional para estabelecer um complexo normativo que a permite regular a actidade desportiva. Este elemento é muito importante, na medida em que ainda que existam espaços de intersecção entre a normatividade nacional e transnacional, devem existir dois espaços de controlo estadual diferenciado: um transnacional no Estado onde se sediam as federações desportivas transnacionais e outro nacional no Estado no qual se sediam as federações desportivas nacionais.

Estamos, neste contexto, num momento de «(...) "reacção jurídico-pública", em que os órgãos públicos estaduais esbracejam, aturdidos, com vista a impor vinculações jurídico públicas a centros informais de poder que beneficiaram de um modelo democrático-liberal de matriz ocidental para, a coberto de uma (pretensa) autonomia privada, imporem profundas restrições à liberdade individual da esmagadora maioria dos membros da

[1797] É precisamente por este motivo que a normatividade desportiva transnacional suscita as maiores dificuldades de conceptualização. Num sentido próximo, entendendo que a construção de uma lex sportiva transnacional levanta dúvidas em dois aspectos essenciais: (i) sobre a aplicação das suas normas no espaço de cada ordem normativa desportiva nacional; (ii) relativamente à resolução de conflitos que permitam identificar a preferência de uma ordem normativa em relação a outra. Cfr. Dimitrios P. Panagiotopoulos, *Sports Law. Lex Sportiva & Lex Olympica*, p. 105.

comunidade jurídica global, sem qualquer legitimação democrática de tipo formal»[1798]. Deste modo, a articulação desses dois espaços normativos pressupõe, desde logo, que no âmbito de um Estado de Direito democrático, em caso de conflito, o mesmo seja decidido a favor do espaço nacional, uma vez que aí se encontram as partes infra-ordenadas em relação à regulação desportiva transnacional.

Neste sentido, deve reter-se que o Estado tem vindo precisamente a participar cada vez mais na construção de normas desportivas, as quais, por outro lado, têm vindo a ser explicadas com base na caracterização de um Direito Administrativo Global, uma vez que seria possível constatar uma manifestação de «ordenamentos jurídicos públicos globais»[1799]. A regulação público-privada na dopagem é, neste sentido, o exemplo que pode ser apontado. Esta realidade permite, por seu turno, afastar a ideia de que a normatividade desportiva transnacional deva ser reconduzida a uma natureza puramente privada. Deste modo, verifica-se precisamente que as federações desportivas transnacionais assumem – em equivalência funcional – um poder idêntico ao de um Estado em relação às federações nacionais ou agentes desportivos. Esta constação exige, à partida, que aqueles subordinados desportivos não sejam desprotegidos face ao possível arbítrio da federação desportiva transnacional. É precisamente aí que o Estado assume um papel determinante.

De resto, exceptuando os movimentos totalitários e autoritários, a tendência de entrada gradual do Estado no Desporto nada tem que ver – em ambiente democrático – com uma invasão injustificada e é, inclusivamente, perfeitamente legitimada pela existência de uma crescente impregnação de valores democráticos pelo Estado na regulação desportiva. Foi precisamente deste ímpeto garantístico estadual que partiram as mutações mais importantes da normatividade desportiva transnacional. É, pois, possível

[1798] Miguel Prata Roque, *A Dimensão Transnacional do Direito Administrativo*, p. 872.

[1799] Expressão de Sabino Cassese denunciando que estes assumiriam cinco características essenciais: (i) traduzem-se numa resposta à necessidade de controlo dos efeitos produzidos pela globalização; (ii) representam uma realidade recente, quando comparada com o processo de criação do Estado, uma vez que surgiram somente na segunda metade do Séc. XX; (iii) assumem-se como um agregado de instituições gerais e sectoriais que não assentam num poder soberano unitário ou em estruturas definidas; (iv) apresentam um cariz composto, uma vez que assentam em elementos jurídicos estaduais, internacionais ou supra-estaduais que se interprenetram e articulam de um modo cooperativo; (v) sustentam um elemento funcional, na medida em que assumem, em princípio, um cariz administrativo e não político. Cfr. *La crise dello Stato*, pp. 14 e ss.

afirmar que é graças ao Estado nacional que se tem permitido «uma conversação através da diferença»[1800].

Na verdade, as estruturas hierárquico-monopolísticas transnacionais de regulação desportiva apresentam ainda um enorme défice democrático[1801]. Assim, o que se pretende deixar claro é que a mera constatação de que existe um pluralismo normativo não deve fomentar uma ilusão de que este é, em termos qualitativos, substancialmente superior em relação à normatividade estadual. Pelo contrário, no pluralismo normativo «inexiste algo de intrinsecamente bom, progressista e emancipatório (...)»[1802]. Por seu turno, o défice democrático das ordens normativas desportivas deve ser ultrapassado com recurso a valores estaduais[1803] (por exemplo da transparência, publicidade, etc), embora ainda não existam mecanismos adequados para lidar com esta realidade. A verdade é que os Estados se encontram pressionados por este poder transnacional, mas como a existência de uma constituição privada transnacional, bem como a de um Estado Mundial é, pelo menos na actualidade, uma utopia, constata-se que todas as teorias que demonstrámos não são aptas a explicar um aspecto determinante da normatividade desportiva transnacional: estamos a referir-nos à necessidade de um *reconhecimento estadual.*

Com efeito, com a emergência de fenómenos normativos transnacionais não se verifica uma completa preclusão da normatividade estadual, gerando-se, pelo contrário, uma interdependência, uma vez que a normatividade transnacional opera uma transmutação das funções do Estado: este

[1800] Paul Schiff Bermann, *Global Legal Pluralism*, p. 21.

[1801] Este postulado é amplamente reconhecido, gerando uma discussão inconclusiva na doutrina, entre outros e com amplas referências, cfr. Johannes Köndgen, «Privatisierung des Rechts: Private Governance zwischen deregulierung und Konstitutionalisierung», pp. 521 e ss., Anne Röthel, «Entstaalichung des Rechts-Einführung», pp. 17 e ss., Ulrich Haas, «Private Rechtsetzung und Rechtsdurchsetzung im Sport», pp. 121 e ss., Jens Adolphsen, «Private Rechtsetzung und Rechtsdurchsetzung im Sport: Stellungnahme», pp. 127 e ss.

[1802] Cfr. Boaventura Sousa Santos, *Towards New Legal Common Sense: Law, Globalisation and Emancipation*, 2ª Edição, p. 89. No sentido de que o pluralismo jurídico pode ser inclusivamente «reaccionário, discriminatório, disfuncional e autoritário», cfr. Klaus F. Köhl, «100 Jahre Rechtssoziologie: Eugene Ehrlichs Rechtspluralismus heute», p. 1126. No sentido de que «(...) a reinvidicação de um direito não estatal não pressupõe necessariamente um Direito mais democrático, mais participativo ou emancipador (...)», cfr. Manuel Atienza, *O sentido do Direito*, p. 150.

[1803] Cfr., com uma proposta idêntica, Karl-Heinz Ladeur e Lars Villechner, «Die transnationale Expansion staatlicher Grundrechte. Zur Konstitutionalisierung globaler Privatrechtregimes», pp. 59 e ss.

deixa de ser o *centro exclusivo da origem normativa*, passando a exercer uma função de controlo *ex-post*[1804]. Só neste sentido se deve falar numa normatividade à margem do Estado. Esta realidade permite que o Estado passe a assumir novas vestes e deixe de concentrar em si um de monopólio de criação normativa para, em concordância, passar a desempenhar um papel – embora não de menor importância – de fiscalização da compatibilidade da normatividade transnacional com os valores da comunidade jurídica vinculada a uma ordem normativa estadual, impedindo, assim, a fuga da «Sociedade em Rede» ao Direito Constitucional[1805].

A tese do reconhecimento estadual é, de resto, inclusivamente propugnada – embora recentemente – pelo mais conhecido defensor da *constitucionalização da normatividade trasnacional*. Como afirma peremptoriamente GUNTHER TEUBNER, «(...) a ordem normativa [transnacional] deve cumprir certos requisitos antes de poder ser considerada legitimamente eficaz. Só quando as ordens jurídicas transnacionais puderem apresentar uma protecção horizontal aos direitos fundamentais [daqueles que se submetam ao seu quadro normativo] relativamente às assimetrias de poder internas e em relação a externalidades negativas, é que as mesmas podem esperar que sejam *reconhecidas* – em particular pelos tribunais – por outras ordens jurídicas»[1806].

De facto, ao contrário do que se poderia pensar, a normatividade transnacional não é directamente aplicável no ordenamento jurídico português. A normatividade desportiva que emerge do associativismo transnacional

[1804] Cfr., neste sentido assumindo a necessidade de admitir uma legitimaçao ex-post da normatividade transnacional, KARSTEN NOWROT, *Normative Ordnungsstruktur und private Wirkungsmacht*, pp. 614 e ss. É deste modo que se garante a unidade e a «força normativa» da Constituição em relação aos sistemas normativos transnacionais. Sobre a força normativa constitucional, cfr. KONRAD HESSE, *Grundzüge des Verfassungsrechts der Bundesrepublik Deutschland*, 20ª Edição, p. 5.

[1805] Num sentido próximo, denotando a necessidade de existir uma «observação e controlo» sistemáticos enquanto forma de compensação da crescente fuga da «Sociedade em Rede» ao Direito Constitucional. O autor denota precisamente que esse controlo ex-post justifica precisamente que não se fale da estadualidade. Cfr. KARL-HEINZ LADEUR, «Normqualität und Verbindlichkeit der Verfassungssätze», pp. 266 e 267.

[1806] Cfr. «Transnationales Recht: Legitimation durch horizontale Grundrechtswirkung», p. 509. A necessidade de um reconhecimento estadual consubstanciou também a base das críticas que foram dirigidas à lex mercatória enquanto complexo normativo independente, sobre esta questão, cfr. CHRISTIAN VON BAR e PETER MANKOWSKI, *Internationales Privatrecht*, Vol. 1, pp. 80 e ss.

conecta, pelo contrário, com um espaço estadual (que não aquele da sua sede), mas essas conexões com a normatividade estadual fazem com que seja exigido um processo de reconhecimento estadual das regras desportivas transnacionais. Deste modo, o associativismo desportivo assume um poder que ombreia – em parte – com os Estados[1807], mas que não é totalmente independente daqueles. Por conseguinte, o Estado enquanto «garante»[1808] do bem comum dos seus cidadãos difere, em contrapartida, das associações desportivas, uma vez que estas podem prosseguir fins hedonísticos que não apresentam uma adequada *legitimação democrática* para a podermos sequer equacionar encarar como um complexo normativo autónomo[1809].

Com efeito, o *reconhecimento estadual* pode ter como efeito que uma normatividade desportiva possa integrar o bloco normativo de origem estadual quando seja *axiologicamente compatível* com a normatividade pré-existente neste. Esta aferição da compatibilidade com as normas estaduais é, na verdade, uma condição essencial para poder existir um *reconhecimento estadual*, uma vez que, conforme salienta certeiramente Paulo Otero, «sob pena de se gerar uma contradição insanável reconduzível ao surgimento de um novo sistema independente, mostra-se evidente (...)» que, neste contexto, não exista «uma derrogação da "ideia de Direito" e do inerente quadro axiológico-teleológico de referência do sistema jurídico em que se inserem»[1810].

Neste sentido, havendo um *reconhecimento estadual*, inexiste a necessidade de discutir a juridicidade destas regras que surgirão, normalmente, perfeitamente legitimidas pelo acto de *reconhecimento legal* (a delegação de poderes públicos) que lhe subjaz. Por conseguinte, se nos focarmos nas federações que exercem funções públicas torna-se, na maioria das vezes, dispensável falar-se na questão da *juridicidade* do ordenamento desportivo transnacional. Com efeito, como condição desse reconhecimento o Estado exige que as *normas desportivas transnacionais* não violem as normas estaduais que são imperativas também para as federações desportivas nacionais, uma vez que aquelas normas passam também a ser parte integrante da normatividade estadual.

[1807] No sentido de que as ONG, entre elas, as que regem a actividade desportiva, «(...) mantêm uma tendência natural para tratar os governos em pé de igualdade». Cfr. Adriano Moreira, *Teoria das Relações* Internacionais, 7ª Edição, p. 420.

[1808] Num sentido próximo, cfr. Ferdinand Kirchhof, *Private Rechtsetzung*, p. 133.

[1809] Nils Christian Ipsen, *Private Normenordnungen als Transnationalen Recht*, pp. 212-214.

[1810] Paulo Otero, *Legalidade e Administração Pública*, p. 223.

A centralidade dos problemas relacionados com a norma desportiva reside no modo como deve resultar o *reconhecimento* pelo Estado das regras que têm origem transnacional e que são criadas por uma multipolaridade de actores «desportivos». A normatividade desportiva será uma norma eminentemente plural, mas seguindo matrizes muito diferentes daquelas professadas pela doutrina da *pluralidade ordenamental*[1811]. A normatividade desportiva deve, por conseguinte, abranger *toda a manifestação* normativa *transnacional escrita e não escrita que assuma uma eficácia idêntica ou superior à normatividade estadual, desde que esta seja compatível com a ordem de valores instituída pelo ordenamento estadual com a qual esta tenha contacto e que seja reconhecida por este como válida.*

Neste contexto, trata-se, assim, sempre de uma *susceptibilidade de reconhecimento*, a qual pode, em caso de incompabilidade com o ordenamento estadual, culminar inclusivamente numa rejeição. A existência de *regras desportivas transnacionais* só pode ser compreendida numa relação de interpenetração e diálogo com os sistemas jurídicos estaduais que as influenciam e limitam[1812]. A normatividade que emerge destes sistemas normativos necessita sempre de uma «relativa aceitação» ou mesmo de uma «tolerância» que as torna mediatamente dependente de ordenamentos estaduais[1813],

[1811] Como nota precisamente RALF MICHAELS, «[n]on-state governance may once have been a necessary concept to overcome the idea that all law is state law. However, as the mere negation of that idea, it lacks constructive potential; its implications collapse into either the negation or the replication of law within the state». Cfr. «The Mirage of Non-state Governance», p. 45.

[1812] Falando precisamente num estatuto de direito estadual das «organizações desportivas transnacionais», cfr. FRANCK LATTY, *La lex sportiva – Recherche sur le droit transnational,* 430 e ss.

[1813] A concepção pluralista de EUGEN EHRLICH reconhecia precisamente que: «[a] ordem jurídica que se desenvolve autonomamente nos hábitos, normas, propriedades, estatutos, contratos e disposições testamentárias, confronta-se com uma ordem jurídica que é produzida por regras jurídicas, mas que é somente aplicada pela actividade de tribunais e entidades administrativas estaduais. Desde que aquela segunda ordem jurídica proteja, transforme, ignore ou que rejeite os factos do Direito, emergem dela normas, regras de conduta e só essas normas – que contém essas duas ordens [normativas] – representam efectivamente todo o Direito da Sociedade». Cfr. EUGEN EHRLICH, *Grundlegung der Soziologie des Rechts*, p. 159. Neste contexto, como denota certeiramente MIGUEL TEIXEIRA DE SOUSA: «(...) se é verdade que as instituições desempenham um importante papel na produção do direito, na medida em que elas fornecem ao legislador uma ordem normativa já constituída (ou já "pré-formatada"), também é verdade que as instituições não podem estar fora do direito – e, menos ainda, acima do direito – e, por isso, não podem pretender impor o seu quadro normativo ao

podendo-se falar aqui de um complexo normativo que surge de uma «autonomia controlada»[1814].

Neste contexto, a *normatividade desportiva transnacional* pode adquirir relevância jurídica perante a normatividade do Estado (em especial, quando apresentar uma conexão com a normatividade desportiva nacional), mas implica que exista sempre um *acto de reconhecimento* estadual (ou da inexistência dele)[1815] que se revelará através de quatro formas essenciais: (i) a *inclusão*; (ii) a *delegação* e (iii) a *aceitação*; (iv) a *rejeição*[1816]. Em consequência, não existe um *monopólio público de edição de normas*, mas somente um *monopólio do reconhecimento*[1817] da normatividade que possa vigorar no espaço físico e soberano da Estado. Com efeito, não haverá a necessidade de reconduzir todas as manifestações normativas a uma origem puramente pública, mas somente constatar que a «última palavra»[1818] sobre a validade da normatividade privada transnacional seja assegurada ao Estado.

legislador. Pensar o contrário seria subordinar a produção do direito aos jogos dos interesses das instituições». Cfr. *Introdução ao Direito*, p. 53.

[1814] Nils Christian Ipsen, *Private Normenordnungen als Transnationalen Recht*, pp. 205 e 206. Neste sentido se compreende quando Paul Schiff Berman defende que uma ordem normativa transnacional pressiona (o autor refere a expressão «jurispersuasion») a ordem jurídica estadual para a *convencer* a proceder ao reconhecimento. Cfr. Paul Schiff Berman, «From International Law and Globalisation», pp. 534 e ss.

[1815] Paradigmaticamente, Georg Jellinek, *Staatslehre*, 3ª Edição, pp. 256 e 257, afirmando que produção do Direito «é desenvolvida pelo próprio Estado ou [é] delegada ou autorizada, na medida em que sem o reconhecimento pelo Estado ninguém nele possui um direito de criação do Direito». A tese do reconhecimento é ainda a tese que vinga, cfr., entre outros, Gregor Bachmann, *Private Ordnung*, p. 182, Helmut Wilke, *Heterotopia*, p. 139 e Christian Traulsen, *Rechtstaatlichkeit und Kirchenordnung*, p. 45. Entre nós, no sentido de que existe um «monopólio do reconhecimento da juridicidade» do Estado, afirmando que: «[o] reconhecimento ou a validação estadual constitui uma condição necessária da juridicidade de uma norma de origem privada». Cfr. Pedro Gonçalves, *Entidades Privadas com Poderes Públicos*, p. 703 e, especialmente, p. 707.

[1816] Cfr. Ralf Michaels, «The Re-state-ment of Non-state Law: The State, Choice of Law, and the Challenge from Global Legal Pluralism», pp. 1227 e ss. e Nils Christian Ipsen, *Private Normenordnungen als Transnationalen Recht*, pp. 232 e ss., utilizando uma classificação idêntica, embora não referindo expressamente a possibilidade de rejeição, cfr. Steven L. Schwarcz, *Private Ordering*, pp. 324 e ss.

[1817] Por outro lado, deve esclarecer-se que o Estado tanto tem «o monopólio do reconhecimento como o monopólio da rejeição». Cfr. Ferdinand Kirchhof, *Private Rechtsetzung*, p. 134.

[1818] V. Pedro Gonçalves, *Entidades Privadas com Poderes Públicos*, p. 703.

É que conforme reconhece certeiramente MARIA LÚCIA AMARAL «a Constituição não *impõe*, não pode *impor*, a unidade», mas já terá certamente o dever de «*criar as condições para que a unidade seja possível*»[1819]. O Estado pode estabelecer quais e em que condições podem as prescrições privadas adquirir ou não cariz jurídico, uma vez que estas prescrições normativas podem até atingir uma forte eficácia social ou institucional, mas não podem ser consideradas jurídicas sem que o Estado faça um juízo (*implícito* ou *explícito*) sobre a compatibilidade destas com os valores fundamentais vigentes no espaço normativo estadual.

A normatividade privada pressupõe, pois, duas componentes fulcrais: (i) *a origem privada de uma emanação prescritiva*; (ii) *um reconhecimento estadual que lhe confere cariz jurídico*[1820]. Deste modo, não parece ser possível também reconduzir toda a normatividade a uma concepção *estatista* do Direito, mas somente a uma *validação normativa*, uma vez que cabe ao Estado garantir a *consistência valorativa* das regras que sejam eficazes num *espaço normativo* que se circunscreva concretamente às suas fronteiras[1821].

Esclareça-se, todavia, que, ao contrário do que se possa querer sugerir, não estamos em presença de um «monopólio normativo»[1822] estadual, mas, embora não exista uma exclusividade normativa estadual, supõe-se, no entanto, que: «(...) o Estado liberal não pode reclamar mais do que *supremacia jurídica*. Ele não nega a existência de outras ordens normativas, mas também não as qualifica como não jurídicas ou as subordina ao direito estadual. As ordens normativas são, todavia, definidas pelo Estado e em relação ao Estado. Por outras palavras, elas são "re-estadualizadas"»[1823]. Por último,

[1819] Cfr. *A Forma da República*, p. 102.

[1820] Como é denotado precisamente por FERDINAND KIRCHHOF, *Private Rechtsetzung*, pp. 133 e 134.

[1821] Num sentido próximo, reconhecendo que o *reconhecimento* estadual permite transmutar os efeitos sociais de regras extra-estaduais, transformando-os por intermédio de uma atribuição de validade normativa gerando normas jurídicas. Cfr. FERDINAND KIRCHHOF, *Private Rechtsetzung*, p. 138.

[1822] Como nota precisamente RALF MICHAELS: «[n]ot recognizing the normative orders of non-state communities as law does not mean that the state is altogether ignoring these orders. A totalitarian state may try to do this; it may claim a normative monopoly. The liberal state, on the other hand, grants spaces of freedom, including the freedom to set non-state norms». «The Re-state-ment of Non-state Law: The State, Choice of Law, and the Challenge from Global Legal Pluralism», p. 1228.

[1823] RALF MICHAELS, «The Re-state-ment of Non-state Law: The State, Choice of Law, and the Challenge from Global Legal Pluralism», p. 1228.

clarifique-se que não nos interessam, porém, explorar as formas de «reconhecimento» de normatividades privadas que se desenvolvam somente na esfera jurídica de um único Estado, uma vez que, nesse caso, não se colocará, em princípio, a questão de estar em causa um reconhecimento de uma *normatividade transnacional*[1824].

3.1. O reconhecimento estadual por inclusão

Em concreto, a inclusão de uma normatividade transnacional na esfera estadual consubstancia uma forma de integração normativa que representará o *estádio máximo* de evolução desta ordem normativa[1825]. Neste contexto, podemos constatar que, a partir do momento em que é integrada na ordem jurídica estadual, a ordem normativa «reconhecida» deixa de existir (tal como foi originariamente concebida) para passar a ser parte integrante das regras jurídicas de origem estadual. A autonomia que esta ordem normativa revelava, em momento anterior, deixa de se manifestar para dar lugar a um *acto de fusão normativa*[1826] das regras privadas no ordenamento jurídico estadual garantindo, assim, ao Estado o monopólio do «reconhecimento jurídico»[1827].

Nesta situação a normatividade transnacional adquire qualidade jurídica no espaço normativo nacional com o acto de *apropriação* estadual que lhe subjaz. O legislador democrático entende, deste modo, que a normatividade transnacional deve integrar (parcial ou totalmente) – por opção estadual expressa – o bloco de normatividade estadual. Neste caso, não existe nenhum juízo inicial de rejeição estadual. Pelo contrário, o Estado estabelece deliberadamente, desde logo, um juízo de concordância ao integrar esta normatividade transnacional no seu ordenamento.

[1824] Sobre estas formas de *reconhecimento*, cfr. Pedro Gonçalves, *Entidades Privadas com Poderes Públicos*, pp. 704 e ss.

[1825] Segundo Ralf Michaels «[t]he state is able to domesticate this potentially subversive development through the incorporation of the norms that are created (...)», pelo que, deste modo, «by incorporating these norms into state law, the state reiterates its own monopoly on the production of legal norms». Cfr. «The Re-state-ment of Non-state Law: The State, Choice of Law, and the Challenge from Global Legal Pluralism», p. 1233.

[1826] Nas certeiras palavras de Ralf Michaels, existe aí uma verdadeira «transposição» das ordens normativas para a ordem jurídica estadual. Cfr. «The Re-state-ment of Non-state Law: The State, Choice of Law, and the Challenge from Global Legal Pluralism», p. 1234.

[1827] Cfr. Nils Christian Ipsen, *Private Normenordnungen als Transnationalen Recht*, pp. 232 e 233.

De qualquer modo, este facto não invalida que as normas reconhecidas nestes termos não sejam integradas na hierarquia das normas estaduais e encaradas como qualquer outro acto legislativo. A legitimidade deste tipo de reconhecimento não revela, em princípio, «problemas significativos», uma vez que o *reconhecimento «de uma norma de origem puramente privada em Direito implica, no mínimo, que a norma tenha sido escrutinada e aceite pelo processo legislativo governamental»*[1828]. Esta situação manifesta-se, especialmente, numa *aceitação* por intermédio de *integração* ou *incorporação* da normatividade privada pelo Estado: referimo-nos à «incorporação» legislativa da normatividade privada. Um bom exemplo desta realidade deve ser recolhido, por exemplo, na situação na qual o Estado «aceita» a normatividade privada (ou híbrida) e a incorpora no seu ordenamento jurídico como sendo sua. Foi o que sucedeu com a aprovação da Lei nº 38/2012[1829], na qual o Estado incorporou no seu ordenamento jurídico «(...) a lei antidopagem no desporto, adotando na ordem jurídica interna as regras estabelecidas no Código Mundial Antidopagem»[1830] [1831]. Finalmente, não podemos deixar de esclarecer que existe, portanto, a necessidade de apurar a conformidade

[1828] Steven L. Schwarcz, *Private Ordering*, p. 325, embora denote que para legitimar este «acto de reconhecimento» tenha que existir um «escritínio» sério sobre a necessidade deste.

[1829] Alterada, entretanto, pela Lei nº 93/2015, de 13 de Agosto.

[1830] Cfr. artigo 1º.

[1831] Outro desses exemplos, mas o mais polémico e extremo, é corporizado pela «Lei da Copa de 2014» no Brasil, Lei nº 12.663, de 5 de Junho de 2012 que «[d]ispõe sobre as medidas relativas à Copa das Confederações FIFA 2013, à Copa do Mundo FIFA 2014 e à Jornada Mundial da Juventude - 2013, que serão realizadas no Brasil; altera as Leis nos 6.815, de 19 de agosto de 1980, e 10.671, de 15 de maio de 2003; e estabelece concessão de prêmio e de auxílio especial mensal aos jogadores das seleções campeãs do mundo em 1958, 1962 e 1970» e regulamentada pelo Decreto nº 7.783 de 7 de Agosto de 2012. Neste caso, o Estado estabelece um conjunto de derrogações à própria normatividade existente como contrapartida da realização de uma competição desportiva em solo nacional. Por conseguinte, o Estado «cede» às reinvindicações de uma federação desportiva e incorpora a normatividade desportiva directamente no ordenamento jurídico ainda que esta contrarie os princípios e as normas constitucionais. Segundo o art. 11º, estabelecia-se que: «[a] União colaborará com os Estados, o Distrito Federal e os Municípios que sediarão os Eventos e com as demais autoridades competentes para assegurar à FIFA e às pessoas por ela indicadas a autorização para, com exclusividade, divulgar suas marcas, distribuir, vender, dar publicidade ou realizar propaganda de produtos e serviços, bem como outras atividades promocionais ou de comércio de rua, nos Locais Oficiais de Competição, nas suas imediações e principais vias de acesso». De forma ultrapassar a proibição do artigo 13º-A do Estatuto do Torcedor (Lei nº 10.671, de 15 de Maio de 2003), a «Lei da Copa» estabeleceu no artigo 43º que a disposição do artigo 13º-A do Estatuto do Torcedor, entre outras, não se aplicaria à competição regulada por esta

daquelas normas com o ordenamento jurídico estadual em vigor e, em particular, com as normas constitucionais. Estamos, assim, no reconhecimento, por inclusão, perante uma apropriação das normas transnacionais que lhes permite adquirir um lugar no ordenamento jurídico estadual.

3.2. O reconhecimento estadual por «delegação de poderes públicos»

A delegação de poderes públicos em federações desportivas representa, por sua vez, uma modalidade do *reconhecimento normativo privado pelo Estado* enquanto forma de *reconhecimento mediato de normatividade* e manifesta-se especialmente no facto de a entidade privada poder exercer os seus poderes regulatórios e normativos num determinado espaço de liberdade sem qualquer interferência estadual, desde que não viole os limites fixados pela normatividade estadual[1832].

Neste contexto, uma das formas paradigmáticas de a *normatividade transnacional* poder assumir relevância num ordenamento jurídico de origem estadual reconduz-se à possibilidade de *integração* da normatividade da federação transnacional pela federação nacional que obteve a «delegação» de poderes públicos e que operará, concomitantemente, um *reconhecimento estadual mediato*. O Estado garante, neste caso, um espaço de liberdade de criação normativa, embora defina um parâmetro jurídico que irá guiar a produção normativa do ente privado que exerça poderes públicos[1833].

No entanto, não deve ser esquecido que essa «incorporação» será sempre *mediata*, uma vez que depende sempre da «aceitação» e de um acto de «transposição» da federação desportiva nacional que exerça poderes públicos e que integre no seu complexo normativo a normatividade emanada pela federação internacional[1834].

lei. Em termos críticos, sobre a questão, cfr. Cícero Krupp da Luz, «A ordem transnacional da Lex Sportiva e os Megaeventos da FIFA», pp. 277 e ss.

[1832] Neste sentido, alegando que um dos exemplos mais cabais desta realidade é a delegação de poderes públicos em federações desportivas em França. Cfr. Nils Christian Ipsen, *Private Normenordnungen als Transnationalen Recht*, pp. 233 e 234.

[1833] V. Nils Christian Ipsen, *Private Normenordnungen als Transnationalen Recht*, p. 233.

[1834] Neste sentido, cfr. o Ac. do TRL, de 14 de Outubro de 2008, proc. 7929/08, ao entender que a «apropriação» da FPF de um regulamento se daria com a mera publicação na íntegra ou por transcrição daquele no seu sítio da Internet. O Ac. encontra-se publicado na anotação de José Manuel Meirim, «Regulamentação da actividade do empresário desportivo – Acórdão do Tribunal da Relação de Lisboa de 14.10.2008, Proc. 7929/2008», pp. 41 e ss. e, especialmente, pp. 54 e ss., na qual o autor reconhece que: «um regulamento FIFA, ou de qualquer outra federação desportiva internacional, se irradia a sua normatividade para o agir

Embora esta «delegação» revele uma realidade *híbrida* que, no caso das federações desportivas que assumam poderes públicos, assume a virtualidade de complexificar a relação que se possa estabelecer entre o *poder normativo privado* (típico *da hierarquia desportiva*) e as vinculações decorrentes do *exercício de poderes públicos* (que deriva da *actividade materialmente administrativa* exercida pelas federações desportivas) e reconhecendo, desde logo, que a construção normativa de uma federação nacional sofre limitações e imposições do edifício normativo das federações internacionais, devemos realçar precisamente que esta normatividade recepcionada pela federação nacional encontra uma legitimação jurídica directamente na lei por intermédio da «delegação» de poderes públicos e do consequente exercício destes[1835].

Isto não significa, porém, que conceber a *delegação de poderes públicos* como fundamento da normatividade desportiva não represente uma ficção. Para tal concorrem três argumentos indiciários[1836]: (i) o Estado nunca exerce, pelo menos globalmente considerado, o *poder desportivo* que pode delegar: em bom rigor, estes poderes «públicos» são sistematicamente delegados em entes privados que regulam, na consequência desse acto estadual permissivo, uma determinada modalidade[1837]; (ii) por um lado, a

das suas associadas, não tem por si só, aptidão para ser aplicado como norma interna de um dado Estado, a não ser que este o venha a recepcionar, expressa ou tacitamente», uma vez que a normatividade desportiva exige como condição de validade a «intermediação de um acto de transposição». Num sentido idêntico, entendeu o CE no Ac. de 8 de Novembro de 2006, processo nº 289702, que a normatividade desportiva não era directamente aplicável no Direito estadual da federação desportiva nacional. Cfr. com anotação concordante, Sophie Dion, «Examen d'agent sportif: FIFA hors jeu!», pp. 924 e ss.

1835 Sem qualquer dúvida quanto à decisão a favor do ordenamento jurídico nacional, assumindo precisamente que: «numa compreensão adequada do sistema, não vemos espaço para uma regulação privada no processo de relacionamento de federações com os seus regulados (...)» cfr. Pedro Gonçalves, «A «soberania limitada» das federações desportivas», p. 61

1836 Neste sentido, apontado uma sistematização argumentativa idêntica, cfr. Mathieu Maisonneuve, *L'arbitrage de litiges sportifs*, p. 167. A doutrina francesa não nega que se trate de uma ficção e já desde da publicação do trabalho de Gerald Simon assume que: [l]a publicisation repose sur une fiction: le titulaire des pouvoirs est, non pas la fédération sportive, mais l'Etat, lequel les délègue aux instances fédérales», cfr. *Puissance Sportive et Ordre Juridique Étatique*, p. 181. No mesmo sentido, reconhendo o carácter fictivo da delegação de poderes públicos, Franck Latty, *La lex sportiva – Recherche sur le droit transnational*, pp. 476 e ss.

1837 Por outro lado, deve também ter-se presente que existem federações desportivas que exercem a maior parte das funções exercidas pelas federações desportivas submetidas ao regime de direito público sem que sofram desvios significativos ou impedimentos no exercício

transferência da titularidade da delegação de «*poderes desportivos*» do Estado para um ente privado é, geralmente, efectuada de acordo com um critério consistente que assenta na ideia de que o *poder desportivo* pertence à entidade que o detinha «originalmente»[1838]. Deste modo, tanto em momento anterior ou posterior ao processo de *publicização*, a titularidade do «*poder desportivo*» da entidade privada que exerce este tipo de poder acaba por ser sempre a mesma; (iii) por outro lado, atendendo à *estruturação hierárquica* do fenómeno desportivo fruto da existência do *Ein-Platz-Prinzip*, existe, em geral, apenas uma federação desportiva por cada modalidade desportiva e será essa que exercerá os *poderes públicos*[1839] [1840].

das suas actividades de regulação da prática competitiva de uma determinada modalidade. A principal diferença entre as primeiras e as segundas reside, no essencial, na previsão de uma parametrização da actividade regulatória e disciplinar das segundas que deriva da prossecução do interesse público e que as limita nas finalidades prosseguidas, exigindo uma constante adequação com este.

[1838] Não obstante não se trata de um critério unívoco, visto que pode existir o cancelamento do EUPD e a federação desportiva a ser «reconhecida» pode ser diferente daquela que os deteve antes ou mesmo haver uma «concorrência» entre federações desportivas para que exista a declaração de utilidade pública e, posteriormente, a declaração do EUPD. No entanto, deve ter-se em conta que este «reconhecimento» estará, em princípio, sempre dependente do reconhecimento de uma federação desportiva nacional pela federação desportiva internacional.

[1839] Como nota precisamente Jean-Pierre Karaquillo, *Le Droit du Sport*, 3ª Edição, p. 33 e 34, o reconhecimento que resulta da atribuição de poderes públicos a federações desportivas nacionais não é isento de dificuldades que rodeiam a própria noção de reconhecimento. Na verdade, «como pode pretender-se atribuir a uma pessoa colectiva privada a capacidade ou as prerrogativas que esta já possui da decorrência da sua inserção dentro da ordem jurídica desportiva internacional?», acrescentando ainda que: «qual será o interesse de uma delegação concedida pelo Estado a uma federação nacional que não seja reconhecida pela federação internacional, ou, em sentido inverso, do cancelamento da delegação concedida a uma federação nacional, na qual a federação internacional depositou a sua confiança?», indo ainda mais além afirmando que: «como podemos conceber que uma federação desportiva nacional «reconhecida» que não seja filiada na federação internacional correspondente possa organizar e atribuir títulos internacionais (...)?», bem como colocando em causa como poderá ser possível, não havendo vínculo entre a federação nacional e internacional, tendo a primeira seleccionado um conjunto de atletas, fazer com que estas últimas reconheçam a participação dos atletas nas suas competições.

[1840] Na verdade, existindo mais do que uma federação desportiva nacional que se ocupe da regulação da mesma modalidade, a federação desportiva internacional reconhecerá somente uma federação nacional e será também apenas a essa atribuído o *poder público desportivo delegado*. Esta situação fundamenta-se pelo forte poder social, económico e de facto que a federação transnacional assume ao situar-se no topo da *hierarquia desportiva*, na medida em

Desta forma, apesar de ser, em parte, contrária à própria realidade e sabendo que o Estado *delega*, nalguns casos, poderes que, em boa parte, nunca são verdadeiramente seus, esta ficção legal não é necessariamente juridicamente absurda[1841]: é uma das formas de permitir o *reconhecimento* imperativo de alguns actos das federações desportivas (nacionais e transnacionais), de modo a ser possível proteger consideravelmente os direitos fundamentais de determinados indivíduos sujeitos ao «poder desportivo» destas e, assim sendo, consagrar a submissão destes actos ao regime jurídico do exercício de actos administrativos unilaterais[1842].

Por outro lado, convém realçar que a existência de um *bloco normativo público* que se aplica a federações nacionais que voluntariamente a este se submeteram, quando conjugado com a essência privada do fenómeno desportivo, pode, de facto, representar um perigo para o *interesse público*, na medida em que as vinculações normativas (fenómeno que tanto acontece quando existe uma «delegação estadual», bem como quando não existe) que derivam da *hierarquia desportiva* tornam as federações desportivas nacionais num «alvo fácil» de federações transnacionais e COI que pretendem impor aos seus associados e aos agentes desportivos uma normatividade cujos valores (*Wertvorstellung*) não são compatíveis com o exercício de poderes públicos.

Uma dessas *armas* eficientes é precisamente a prerrogativa de as federações transnacionais que regulam uma actividade desportiva poderem reco-

que cabe àquela organizar as competições internacionais e fixar os critérios de participação de um determinado clube ou equipa que represente a federação nacional por elas *reconhecida*. Neste sentido, escapará, na prática, ao Estado a faculdade de poder impor a uma federação de cúpula que uma determinada federação nacional seja, em termos desportivos, «reconhecida» em detrimento de outra federação para efeitos de qualificação de provas internacionais. Este «reconhecimento» desportivo é, pois, efectuado única e exclusivamente pela federação desportiva transnacional que disciplina e regulamenta uma determinada modalidade desportiva.

1841 Neste sentido, entendendo que não se trata de uma ficção inoportuna, cfr. MATHIEU MAISONNEUVE, *L'arbitrage de litiges sportifs*, p. 168. No mesmo sentido, afirmando que a não intervenção do Estado se revela criticável e que a delegação de poderes públicos não é inoportuna. Cfr. JEAN-PIERRE KARAQUILLO, *Le Droit du Sport*, 3ª Edição, p. 34.

1842 Neste sentido, embora reconhecendo que a delegação de poderes públicos assume como importante função a garantia da protecção da federação desportiva a quem estes foram delegados, na medida em que afasta a possibilidade de existirem «provas desportivas selvagens» que, não sendo reconhecidas, possam colocar em causa a competição reconhecida ou mesmo porque garante o monopólio da atribuição de títulos nacionais. Cfr. JEAN-PIERRE KARAQUILLO, *Le Droit du Sport*, 3ª Edição, p. 33.

nhecer ou não desportivamente as federações desportivas nacionais e agentes desportivos que pretendem desenvolver uma actividade desportiva num determinado espaço regulado por normas de um Estado. Na realidade, as federações internacionais podem optar por não reconhecer que as competições nacionais sejam válidas para efeitos de competirem nas organizações por aquelas organizadas. De todo o modo, se, por um lado, esta regra se aplica com relativa facilidade a Estados com menor poder político, a verdade é que as federações internacionais não podem rejeitar o reconhecimento dos agentes desportivos de todos os Estados, pelo que uma actuação colectiva de Estados servirá, neste caso, como contraponto deste poder desportivo situado nas federações desportivas internacionais[1843].

Por outro lado, existe também a ameaça decorrente da possibilidade de sancionar as federações desportivas nacionais e os agentes desportivos com exclusão de participação[1844] numa determinada competição e que pode ser um perigo para o prosseguimento dos princípios que regem a actividade administrativa, uma vez que: «[o] facto de o poder público aparecer investido em entidades que não foram prepositadamente instituídas para servir apenas o interesse público cria uma situação que pode redundar numa preponderância dos interesses próprios da entidade particular sobre o interesse geral da colectividade que os poderes delegados devem servir em termos exclusivos»[1845].

Neste contexto, nunca é demais relembrar que a própria sujeição a um regime de Direito Público transmuta a natureza da actividade das federações desportivas, uma vez que estas passam a deter vinculações decorrentes deste estatuto e que não existiriam caso fossem somente reguladas pelas vinculações contratuais[1846]. A modificação da natureza da actividade das federações desportivas opera, deste modo, uma transformação no

[1843] Em sentido próximo, realçando o poderio que advém do reconhecimento desportivo das federações desportivas transnacionais, embora não se refira a uma actuação colectiva de Estados. Cfr. Michael R. Will, «Rechtsgrundlagen der Bindung nationaler Verbände an Internationale Sportsverbandsregeln», p. 39.

[1844] Como nota Nils Christian Ipsen, *Private Normenordnungen als Transnationalen Recht*, p. 130, deste facto decorre precisamente uma imposição de facto que obriga as federações desportivas nacionais a assumirem o bloco normativo de federações desportivas como seu.

[1845] Pedro Gonçalves, *Entidades Privadas com Poderes Públicos*, p. 977.

[1846] Na verdade, deve também ter-se que a atribuição de poderes públicos a uma entidade privada opera uma necessária transmutação da sua actividade, uma vez que implica que esta passe a estar vinculada pelo interesse público, algo que anteriormente não sucedia quando exercia os seus «poderes privados» de regulação da actividade desportiva.

«reconhecimento» estadual que deixa, por esta via, de se situar num plano *meramente formal*, para passar a exigir também um «controlo» estadual de mérito[1847] que implique uma apreciação *indirecta* do conteúdo da normatividade desportiva internacional. Esta avaliação pressupõe, porém, sempre um acto de «transposição» da normatividade desportiva internacional para a normatividade criada por uma federação desportiva nacional que deverá ser conforme ao sistema jurídico estadual onde esta última se sedia.

Este processo de *reconhecimento* não tem inerente nada de estranho, uma vez que *concedendo* ao privado os meios (o «Wie» da *Selbstregulierung*) para o prosseguir do interesse público (as prerrogativas de direito público, subvenções, etc) cabe-lhe regular a actividade deste, de modo a que possa garantir um efectivo cumprimento das tarefas públicas a que o mesmo está adstrito[1848], ainda que recorra paradigmaticamente à fiscalização administrativa ou por intermédio de fiscalização jurisdicional junto dos tribunais administrativos (dando lugar a uma verdadeira *Regulierter Selbstregulierung*) por iniciativa dos «administrados»[1849].

Em suma, o Estado concede à entidade privada nacional um estatuto jurídico de Direito Público pelo qual aquela irá reger a sua actividade e, em contrapartida, concede-lhe apoios económicos e um monopólio legal da regulação da actividade desportiva. A consequência imediata decorrente daquele estatuto legal reside na cadeia hierarquico-monopolística que marca a regulação desportiva. A entidade a quem foram cometidos poderes públicos encontra-se, assim, duplamente vinculada: (i) ao associativismo desportivo; (ii) às normas do Estado que lhe garantiu o estatuto legal. No entanto,

[1847] Esta é precisamente a linha de raciocínio que subjaz à jurisprudência do TC nos Acs. 230/2013 e 781/2013.

[1848] Num sentido próximo, cfr. Pedro Gonçalves, *Entidades Privadas com Poderes Públicos*, p. 702, afirmando inclusive que «o facto de o direito constitucional não proibir a normação de origem privada não significa que não o condicione: logo a este nível, importa considerar que a dignidade da pessoa humana reclama uma protecção do Estado, que deverá passar por certas formas de controlo público».

[1849] A fiscalização normativa dar-se-à, no entanto, com maior acuidade por iniciativa dos lesados por estas que invoquem a lesão junto dos tribunais administrativos ou judiciais (consoante a natureza do litígio), parecendo ser perfeitamente plausível falar-se aqui numa *fiscalização mediata* de normas privadas. De todo o modo, também pode existir uma fiscalização imediata que deriva da fiscalização administrativa de entidades que prossigam funções públicas. Em sentido próximo, falando na possibilidade de existir uma «fiscalização» do Estado por iniciativa dos lesados nos tribunais, cfr. Ferdinand Kirchhof, *Private Rechtsetzung*, p. 174.

a normatividade transnacional não tem uma aplicabilidade directa no ordenamento estadual, mas pode ter mediatamente por intermédio de um acto de transposição. Esse acto consubstancia uma aceitação da normatividade transnacional pela federação nacional que exerce poderes públicos, que opta deliberadamente por integrar no seu próprio ordenamento – parcial ou totalmente – regras transnacionais. Com essa integração da normatividade transnacional no bloco normativo das federações desportivas nacionais existe, assim uma apropriação que transmuta a natureza daquela normatividade transnacional: embora de origem privada passa a ser encarada como se de uma norma regulamentar submetida ao Direito Público se tratasse. Também neste caso não existe dúvidas sobre o facto de se encontrarem inseridas na estrutura hierárquica das normas estaduais.

De resto, a principal diferença entre esta forma de reconhecimento e a primeira apresentada reside na possibilidade de *incorporação* não por *vontade directa do legislador*, mas como decorrência do *poder normativo público* atribuído a uma entidade privada que pode fazer com que uma normatividade puramente privada possa adquirir relevância jurídica no espaço normativo jurídico-público. No fundo, nesta situação o Estado não faz automaticamente um juízo expresso de apropriação, mas implícito com a existência de uma «delegação de poderes públicos» em entidades privadas inseridas numa rede de regulação transnacional.

3.3. O reconhecimento estadual por aceitação

Nesta situação não se trata de um juízo de *apropriação ou de integração* da normatividade transnacional no ordenamento jurídico nacional. Pelo contrário, o juízo de aceitação assenta numa mera admissibilidade de efeitos normativos ou decisórios meramente factuais. Na realidade, trata-se, nesta hipótese, de uma «aceitação» factual da normatividade privada[1850], podendo, no entanto, também existir a possibilidade de o Estado fazer uso do seu «poder jurídico de repulsa»[1851]. Em todo o caso, a normatividade transnacional surge aqui na sequência de *um desinteresse estadual* (ou de um juízo

[1850] Neste sentido, NILS CHRISTIAN IPSEN, *Private Normenordnungen als Transnationalen Recht*, pp. 234.

[1851] Expressão de PAULO OTERO que, entre nós, denota precisamente que as normas produzidas pelas federações desportivas internacionais se apresentam perante a ordem jurídica portuguesa perante um facto. Cfr. *Legalidade e Administração Pública – O Sentido da Vinculação Administrativa à Juridicidade*, p. 605.

de aceitação, mas também pode decorrer de uma *exigência de respeito de uma esfera de liberdade garantida por direitos fundamentais.*

Na primeira hipótese, pode ser apontado como exemplo as regras do jogo. Aqui o Estado é obrigado a retrair-se ou a desinteressar-se de modo a poder deixar espaço aos privados para que possam estabelecer as regras que irão regular a competição desportiva. A menos que se trate aqui de uma actividade especialmente perigosa ou incompatível com a dignidade da pessoa humana então esta abstenção é completamente justificada. Deste modo, o Estado limita-se aqui a concordar com a aceitação daquela realidade normativa, mas não intervém com vista a um processo de incorporação. Com efeito, este tipo de normatividade só pode ser reconhecida como um facto[1852].

Um segundo exemplo deve ser retirado dos mecanismos de controlo de sentenças arbitrais. Neste caso o Estado não tem também qualquer juízo de apropriação daquelas decisões no ordenamento jurídico estadual, mas pode aceitar (ou rejeitar) a vigência daquela parcela do ordenamento transnacional no ordenamento estadual. De qualquer modo, pressupõe-se sempre um acto implícito ou explícito de aceitação pelo Estado. Particularmente demonstrativo é o regime de anulação de sentenças arbitrais internacionais suíças previsto na LDIP, através do qual o TFS exerce, de certo modo, uma «função de controlo»[1853] sobre a normatividade desportiva através do mecanismo de anulação de sentenças arbitrais previsto[1854]. Existe, neste caso, um certo «reconhecimento» estadual[1855] *indirecto* na possibilidade de cassação da sentença deste tribunal arbitral desportivo (ao invés, também, nada obsta a que, recorrendo ao mecanismo de anulação de sentenças, o Estado

[1852] Neste sentido, afirmando que: «they are subordinated to the state's laws and can only fill the space left open by the state's laws. The decision to grant such a space does not follow from the community's own sovereignty but rather from the state's determination that it is appropriate», cfr. RALF MICHAELS, «The Re-state-ment of Non-state Law: The State, Choice of Law, and the Challenge from Global Legal Pluralism», p. 1234.

[1853] Para mais desenvolvimentos sobre esta questão, cfr. ANTONIO RIGOZZI, «Challenging Awards of the Court of Arbitration for Sport», pp. 217 e ss.

[1854] Trata-se de algo que o TFS não se tem eximido de fazer como o fez no caso MATUZALÉM, Cfr. a nossa anotação, a esta decisão do TFS, «A norma desportiva: plural mas pouco?». Para mais exemplos jurisprudenciais nos quais o TFS teve oportunidade de se pronunciar nesta sede, Cfr. o nosso, «O Ordenamento Jurídico Desportivo da FIFA: Um Diálogo entre Kelsen e Santi Romano», pp.79 e ss.

[1855] Como bem denunciado por JOSÉ MANUEL MEIRIM, «Suíça: uma real especificidade desportiva», pp. 639-664.

possa rejeitar *indirectamente* a vigência desta normatividade no âmbito da esfera de validade das regras jurídicas estaduais e nos limites do espaço físico em que esteja sediada a federação internacional). Por outro lado, em regra[1856], as decisões do TAS só produzem efeitos no nosso ordenamento jurídico – é a conclusão que se pode retirar do caso Claudia Pechstein – quando são reconhecidas nos termos da Convenção de Nova Iorque de 1958, pelo que dependem de um *acto de validação estadual.*

Em suma, estamos, pois, na maior parte das situações perante uma «tolerância estadual» de vigência factual, na qual o Estado permite que exista uma relevância factual de normatividade eficaz que se impõe perante um conjunto de intervenientes que desenvolvam a sua actividade no espaço físico de um ou mais Estados, embora possa rejeitá-la quando esta se revele incompatível com o quadro de valores jurídicos estaduais. De todo o modo, um dos pressupostos para a existência de uma «aceitação» estadual reconduz-se à necessidade de constatar uma eficácia factual dos complexos normativos privados[1857] que possam reclamar uma relevância social ou jurídica que exija uma interacção ou abstenção do bloco jurídico estadual. Em contrapartida, não se devem descurar também neste processo as exigências próprias de um Estado de Direito ainda que particularmente adaptadas ao processo de reconhecimento estadual por intermédio de «aceitação» que garantirá uma legitimação adequada do complexo normativo transnacional[1858].

[1856] No entanto, embora se possa admitir que a federação desportiva nacional se conforme com as decisões do TAS, sob pena da aplicação de sanções pela respectiva federação internacional, trata-se de uma situação em que o Estado da federação desportiva nacional deve consagrar mecanismos de protecção da federação desportiva nacional, de forma a poder manter a liberdade de associação dos associados que nela se filiariam. Deve, deste modo, rejeitar qualquer vigência factual que cujo reconhecimento não tenha sido efectuado ao abrigo da Convenção de Nova Iorque 1958.

[1857] Esta situação permite a vigência de uma normatividade que, em bom rigor, se retira de um «consenso institucional», uma vez que são os sujeitos envolvidos no cumprimento da mesma que a «aceitam» dando-lhe uma eficácia própria, podendo, na maioria dos casos, ser mesmo indiferente à normatividade stadual. Cfr. Steven L. Schwarcz, *Private Ordering*, p. 327. Segundo Ralf Michaels: «(...) deference recognizes the normative autonomy of communities (and even of non-communities) and protects them from state regulation and interference by granting them a private space». Cfr. «The Re-state-ment of Non-state Law: The State, Choice of Law, and the Challenge from Global Legal Pluralism», p. 1233.

[1858] Neste sentido, considerando precisamente que entre a fusão entre estes dois pólos se devem situar o ponto óptimo da aceitação estadual, cfr. Nils Christian Ipsen, *Private Normenordnungen als Transnationalen Recht*, pp. 234-239, reconhecendo, por exemplo, que o Ac.

3.4. Da rejeição estadual da normatividade desportiva transnacional

Analisados os pressupostos do *reconhecimento* estadual da normatividade, temos que colocar também a hipótese contrária: a possibilidade do Estado poder não reconhecer uma determinada normatividade por existir uma incompatibilidade desta com os princípios e valores vigentes nesse Estado. Existem, desta forma, duas eventualidades que podem suscitar a rejeição da normatividade desportiva e que derivam do controlo jurisdicional estadual em matéria desportiva: (i) por intermédio de um controlo jurisdicional da normatividade que aquire eficácia com a «transposição» da normatividade transnacional desportiva pelas federações que exerçam poderes públicos pelos tribunais (judiciais, administrativos ou pelo TC); (ii) pela possibilidade de rejeição[1859] (por exemplo, quando não estiverem cumpridos determinados pressupostos) pelos tribunais estaduais da execução de determinadas decisões do TAS que pretendam ser reconhecidas no nosso ordenamento à luz da Convenção de Nova Iorque de 1958.

Conforme salienta Pedro Gonçalves, também podem existir situações em que: «(...) os tribunais do Estado usem as normas privadas como parâmetros para aferir da validade da decisão impugnada e que as considerem, além disso, parâmetros da decisão que venham a tomar (...)». No entanto, quando estiver em causa o exercício de poderes públicos não deixa de ser necessário que o Estado vá mais além, uma vez que, nesse caso, passa também a integrar a normatividade privada «no seu próprio ordenamento», na exacta medida em que se responsabiliza «pelo efectivo cumprimento do que nelas se estabelece»[1860]. Por conseguinte, existe também a possibilidade de rejeitar uma determinada normatividade desportiva com base no mérito, desde que estejamos perante uma federação que adquira poderes públicos e que o controlo judicial administrativo se desenvolva somente quanto aos fundamentos da actuação que prossiga o interesse público.

Na realidade, cabe ao Estado também exercer um *controlo indirecto* da conformidade da normatividade privada transnacional com as normas que existem no seu ordenamento. No entanto, em caso de conflito insanável a

Gundel do TFS operou uma importante distinção entre o poder privado executivo do COI e do poder jurisdicional do TAS.

[1859] Segundo Ralf Michaels: «[t]hrough its choice of law regime, the state rejects any claim bynon-state normative orders to be treated as law virtually without exception.To that extent, it rejects global legal pluralism». Cfr. «The Re-state-ment of Non-state Law: The State, Choice of Law, and the Challenge from Global Legal Pluralism», p. 1229.

[1860] Cfr. Pedro Gonçalves, *Entidades Privadas com Poderes Públicos*, pp. 707 e 708.

solução só poderá ser uma: a prevalência das normas estaduais quando em confronto com as normas de origem privada e, consequentemente, a rejeição dessa normatividade privada. A prescrição privada continua, porém, a assumir uma forte eficácia social ou institucional, mas não assume cariz jurídico[1861], podendo os destinatários da norma buscar tutela junto dos tribunais estaduais caso os efeitos sociais desta continuem a produzir efeitos jurídicos indirectos (por exemplo, quando a federação desportiva nacional, embora tenha decidido atribuir uma licença a um desportista, mas na sequência de determinações da federação desportiva internacional em sentido contrário, decide, sem fundamento jurídico, não admiti-lo na competição em que pretendia competir).

[1861] Ferdinand Kirchhof, *Private Rechtsetzung*, pp. 134 e 135.

Capítulo V
Reflexões conclusivas

Uma vez concluído o percurso crítico da presente dissertação, estamos, pois, em condições de reflectir de um modo final sobre a resolução de conflitos desportivos em Portugal. As linhas que se seguem assumirão a forma da assumpção – explícita ou implícita – de uma tese, mas pretendem ser algo mais do que uma mera compilação das ideias que fomos desenvolvendo ao longo da dissertação.

Não se trata, de forma alguma, de uma demissão da responsabilidade pelos juízos que fomos efectuando, mas somente de uma ponderação que se pode retirar, desde logo, do texto que escrevemos: a resolução de conflitos desportivos não deve ser, de forma alguma, encarada, pelo menos em Portugal, como uma temática encerrada ou fechada ao estudo doutrinal. Aliás, bem pelo contrário, com a presente dissertação procurámos demonstrar que a justiça desportiva tem um considerável potencial de análise crítica que merece, efectivamente, ser aprofundado.

O nosso ponto de partida fundou-se na necessidade de saber se o entendimento tradicional de uma esfera de autonomia normativa transnacional poderia, igualmente, fundamentar uma autonomia normativa no plano nacional. Esta realidade só é, porém, devidamente apreendida no âmbito do estudo da autonomia dos meios de resolução de conflitos desportivos. É, na verdade, central estudar como é possível – ou se o é inclusivamente exigível – estabelecer (ou não) pontos de contacto da resolução de conflitos interna (da competência dos órgãos disciplinares) com uma vertente externa (os tribunais).

Com efeito, estudando a questão de saber se existe, entre nós, uma possibilidade de afastamento da resolução de conflitos interna do associativismo desportivo em relação à jurisdição estadual, a nossa resposta não pode deixar de ser negativa, mas isto não invalida que, no futuro, possa existir um maior distanciamento, desde que se verifique uma efectiva melhoria e ajustamento daqueles mecanismos com os princípios basilares do Estado de Direito.

É que devemos ter presente que existem dois fundamentos – implícitos –, e que também procurámos demonstrar, que reputamos serem de fulcral importância para justificar esta aproximação à jurisdição estadual: (i) por um lado, a existência de um poder desportivo centralizado na federação desportiva transnacional que demonstra, desde logo, que estas conseguem ombrear com os Estados na autoridade e no poder social que imprimem na regulação desportiva. Acresce, além disso, que este poder não se manifesta somente na esfera transnacional, mas surge sustentado pela própria federação nacional; (ii) por outro lado, na submissão da federação desportiva nacional ao Direito Administrativo que exige, igualmente, um controlo pelos tribunais.

Neste contexto, na tese central deste trabalho procurou-se precisamente demonstrar que o exaustivo argumento da existência de um vínculo de justiça – *enquanto proibição generalizada de obtenção de tutela nos tribunais estaduais por parte dos agentes desportivos* – pertence a um imaginário do ordenamento desportivo que não tem correspondência com as relações que se estabelecem no Séc. XXI entre o Estado e o associativismo desportivo.

Com efeito, ao reconhecermos, em particular, *a existência de um poder transnacional (e que se perpetua no plano nacional) que coloca os agentes desportivos numa situação de desigualdade estrutural, a qual reclama do Estado uma nova veste, que se manifesta na necessidade de não limitar o acesso à jurisdição estadual, que se assume, assim, como uma forma de garantia dos direitos fundamentais da parte subordinada, impondo-se, consequentemente, uma aproximação do Estado em relação ao ordenamento desportivo.*

Parece-nos determinante realçar que não estamos, por este motivo, perante uma intrusão injustificada do Estado. Pelo contrário, ao constatar-se que, por um lado, o ordenamento desportivo transnacional nunca se conseguiu emancipar totalmente da esfera estadual, uma vez que não garante uma suficiente tutela aos direitos fundamentais dos agentes desportivos e que, por outro lado, a crescente complexidade da normatividade desportiva acentuou a necessidade de buscar uma protecção jurisdicional estadual que, naturalmente, implicou uma diminuição da autonomia do poder desportivo transnacional e, consequentemente, no plano nacional da resolução de conflitos internos.

O importante é perceber que existem esferas de autonomia entre a federação transnacional e a federação nacional: a primeira ocupa-se da competição transnacional e a segunda da competição nacional, existindo (embora seja raramente evidenciadas), igualmente, duas esferas de resolução de conflitos (a transnacional e a nacional) devidamente autonomizáveis de acordo com o objecto dos conflitos. A primeira diz respeito aos conflitos relacionados com a competição transnacional e a segunda relaciona-se com a resolução de conflitos nacional. Em todo o caso, ainda que existam pontos de intersecção, a jurisprudência equívoca do TAS permite que seja estabelecido a possibilidade de as partes em conflito – mesmo contra as normas legais imperativas que atribuem competência ao TAD – evadir-se (por acordo *contra legem* portuguesa) do cumprimento das normas do ordenamento jurídico português. Contra esta tendência o Estado nacional não tem muito poder, mas tem uma arma que pode atenuar este *forum shopping*: a necessidade de reconhecimento das sentenças arbitrais estrangeiras.

É, portanto, perfeitamente possível perceber que não existe nada de anómalo em estudar a vertente nacional da resolução de conflitos desportivos, sendo, como é evidente, importante contextualizar as relações de reconhecimento e de aceitação que estabelece com a vertente transnacional. Com a abertura da arbitragem para a resolução de conflitos desportivos de Direito Administrativo em Portugal, esta vertente ganhou inclusivamente uma actualidade dogmática na sequência das decisões nº 230/2013 e nº 781/2013 do TC que colocaram em evidência a problemática da constitucionalidade da arbitragem necessária.

Para concluir, pretendemos deixar quatro reflexões fundamentais nas linhas que se seguem.

a) Do Estado interventor ao Estado garante: entre o Séc. XX e XXI

É quase uma banalidade reconhecer que o Estado teve originariamente um papel estranho e indesejado na esfera de regulação desportiva. Como procurámos demonstrar, depois de um período de encerramento nas suas próprias fronteiras, foi durante a primeira metade do Séc. XX que, em ambiente ditatorial, as estruturas associativas que regiam a actividade desportiva foram utilizadas (com maior ou menor intensidade) como uma forma de controlo social.

Esta tradição de uma forte presença do Estado no desporto manteve-se, inclusivamente, nos países do Sul da Europa, mesmo em ambiente democrático, mas com termos e com funções diferentes. Neste caso, a dimensão cultural, social e económica do Desporto despertou um *interesse público* estadual que permitiu ao Estado estabelecer uma solução de compromisso: a subvenção e o estabelecimento de um monopólio legal da regulação desportiva, mas como contrapartida consagrou a sua sujeição a uma maior aproximação em relação aos tribunais estaduais e ao Direito Administrativo.

De facto, longe vão os tempos em que os Estados instrumentalizavam o desporto e a actividade das federações desportivas nacionais ou mesmo as federações transnacionais ou COI, como o fez paradigmaticamente o regime nacional-socialista de Hitler nos Jogos Olímpicos de Berlim de 1936[1862]. Com efeito, as estruturas federativas transnacionais foram, por conseguinte, com a crescente mais valia económica da actividade desportiva – em particular, decorrente dos patrocínios das grandes competições internacionais – emancipando-se da esfera nacional, criando uma rede de regulação de vocação mundial que rapidamente deixou de estar dependente da vontade de todos os regulados (federações nacionais e agentes desportivos). Não se pode, assim, ignorar, como reconhece acertadamente Vieira de Andrade, que no Desporto: «(...) existem relações de poder susceptíveis de vulnerar os valores fundamentais associados à liberdade e à dignidade da pessoa humana – devendo o Estado assegurar em especial a protecção dos direitos perante poderes privados que representam hoje um dos maiores perigos para uma sociedade de pessoas livres e dignas»[1863].

É, portanto, perfeitamente compreensível que a esfera estadual nacional comece a assumir uma intensa e importante função: o encargo de uma garantia dos direitos fundamentais dos agentes desportivos[1864]. Na sequência desta circunstância, acrescida da função de parceria entre os poderes públicos e o poder desportivo transnacional no domínio da dopagem, a verdade

[1862] Concluindo inclusivamente que o associativismo desportivo (embora referindo-se ao COI), ao contrário do que se afirmou insistentemente nas regras estatutárias e regulamentares, nunca se libertou totalmente da política estadual. Cfr. Volker Rittberger e Henning Boekle, «Das Internationale Olympische Komitee – eine Weltregierung des Sports?», pp. 155 e ss.

[1863] Cfr. José Carlos Vieira de Andrade, «Os Direitos Fundamentais e o Desporto», p. 41.

[1864] Sobre o Direito Administrativo de Garantia, cfr., por todos, Pedro Gonçalves, *Entidades Privadas com Poderes Públicos*, pp. 166 e ss.

é que, entre o Séc. XX e o Séc. XXI, o ordenamento desportivo também nunca se conseguiu nunca libertar da esfera estadual. Temos, na verdade, por certo que a existência de um contexto de pluralidade normativa, «contrariamente ao que poderia sugerir uma primeira leitura do fenómeno, a globalização não é, de todo, sinónimo da retracção das intervenções dos Estados ou das organizações internacionais»[1865].

b) A existência de um poder desportivo transnacional: a fonte da desigualdade estrutural

Como contraponto à existência da proximidade das federações desportivas que exercem poderes públicos (como em Portugal, França, Espanha e Itália) é necessário identificar a existência de um poder de regulação desportiva transnacional. Esse poder que emerge da maioria dos associados (as federações nacionais) permite-lhe, assim, dispor com uma forte autoridade sobre as posições jurídicas dos participantes nas competições desportivas por ela organizadas, mas também (indirectamente) daquelas organizadas pelas federações desportivas nacionais. A colocação hierárquico-monopolística das federações desportivas transnacionais tem como consequência que os seus subordinados (em particular, os agentes desportivos) são precisamente a *parte mais fraca*.

Não se deve, porém, cair na tentação de entender que a normatividade desportiva se resume a um ordenamento transnacional unitário que se aplica – de forma idêntica – como se de um Direito Mundial (*Weltrecht*) se tratasse. Pelo contrário, perceber a normatividade desportiva implica tomar consciência de que não interessa somente a sua origem (normalmente privada), mas antes que se considere de forma abrangente (i) *o seu objecto* (se estamos perante uma normatividade que interpenetra diversos Estados ou não); (ii) *os seus efeitos* (se consiste ou não numa regulação de interesses individuais ou de interesses públicos sectoriais); (iii) *a sua origem* (se tem como origem um contrato ou uma *delegação de poderes públicos*)[1866].

A resposta a estes aspectos permite, desde logo, compreender que tanto a vertente transnacional, bem como a vertente nacional são elementos necessários de um todo que não é inteiramente compreendido sem as espe-

[1865] Cfr. Pedro Machete, «Constitucionalismo Liberal e Globalização – A Legitimação democrática do Poder Público na "Constelação Pós-Nacional"», p. 334.

[1866] A questão foi muito bem identificada por Lars Viellechner, *Transnationalisierung des Rechts*, pp. 180 e 181, embora o autor se preocupe somente por discutir a problemática envolvendo o direito transnacional.

cificidades de cada um. Neste contexto, deve-se perceber que as federações transnacionais não são, em regra, um ente que necessite de uma especial protecção perante o Estado, desde logo, pelo evidente poder social que permite constatar um poder intrusivo próprio decorrente de uma relação *substancialmente desigual* se referido em estreita conexão com as federações desportivas nacionais ou aos agentes desportivos. Acresce, além disso, que no domínio da dopagem as federações desportivas transnacionais assumem uma relação de paridade com os Estados. Como é óbvio, esta realidade não é transponível, nem coincidente com a relação triangular que se estabelece entre as federações desportivas nacionais, os agentes desportivos e a federação desportiva transnacional: aí encontramos, por um lado, a federação desportiva nacional submetida ao poder de regulação da federação desportiva transnacional e, por outro lado, os agentes desportivos submetidos ao poder da respectiva federação desportiva nacional e transnacional.

Neste contexto, a federação desportiva nacional, por um lado, poderia reclamar uma *dupla protecção*: uma relativa ao Estado e outra relativa à federação desportiva transnacional. Por outro lado, os agentes desportivos necessitariam de uma *tripla protecção*: relativamente ao Estado, às federações desportivas transnacionais e às federações desportivas nacionais. A inserção monopolística transnacional, bem como o uso de prerrogativas decorrentes de poderes públicos das federações desportivas nacionais permite, porém, constatar que aquelas não merecem uma protecção especialmente intensa em relação à esfera estadual, embora já seja de ponderar especificamente a existência dessa necessidade relativamente à federação desportiva transnacional.

Por outro lado, nesta linha de raciocínio cumpre também referir que as federações desportivas nacionais gozam, no âmbito nacional, de um poder de regulação desportiva particularmente intenso em relação aos agentes desportivos. Este elemento é determinante para perceber que o Direito Privado não é, nem podia ser adequado para regular uma relação jurídica que pressupõe um grau de autoridade tão elevado.

A questão é que o associativismo desportivo tem um «fundamento convencional de fachada» assumindo, pelo contrário, o ordenamento desportivo – ao contrário do que se poderia assumir pela existência de relações contratuais na construção da teia de regulação desportiva – um «verdadeiro fundamento institucional»[1867]. Deste modo, os regimes de intervenção esta-

[1867] Mathieu Maisonneuve, *L'arbitrage des litiges sportifs*, p. 540.

dual em ambiente democrático tiveram precisamente presente que aqueles eram mais protectores da esfera jurídica daqueles que se encontravam, em particular, numa situação de especial vulnerabilidade relativamente às manifestações de poder das federações desportivas (nacionais ou transnacionais). Esta é, a nosso ver, a questão essencial que deve estar subjacente a um maior ou menor afastamento do Estado na intervenção do Desporto e, em especial, na resolução de conflitos desportivos. A regulação desportiva num âmbito transnacional exige que, ao detectar esse poder, se desloque a problemática do ordenamento desportivo de uma relação bilateral entre o Estado e o associativismo desportivo para passar a ser vista como uma questão que envolve uma relação tripartida entre o Estado, associativismo desportivo e atletas.

c) Os meios alternativos de resolução de conflitos e a crise da arbitragem no Desporto

De entre os meios alternativos de resolução de conflitos comuns no Desporto, a arbitragem assume, com toda a certeza, a maior prominência. Com efeito, numa conjugação de características valiosas, compreende-se que a celeridade na resolução de conflitos, a especialização dos árbitros e um maior afastamento da resolução de conflitos desportivos interna da jurisdição estadual tenham contribuído para o seu principal sucesso no plano transnacional. Em todo o caso, a arbitragem desportiva transnacional passa por um período de crise que se agudizou, desde logo, com o caso Claudia Pechstein, colocando em evidência fraquezas que podem exigir uma remodelação global do actual sistema de resolução de conflitos transnacional.

É neste contexto de crise que a justiça desportiva em Portugal sofreu, nos últimos anos, profundas mutações. A importação de um modelo fragilizado, bem como a sua adaptação através de uma experiência pioneira ao recorrer à arbitragem necessária como forma de composição de conflitos desportivos, não deixa de colocar inúmeros problemas – que, de resto, também se manifestaram no início atribulado da construção legal de uma arbitragem necessária no desporto em Portugal – ao TAD.

Devemos, porém, deixar bem claro que a criação do TAD não se assume como um acto de autonomia nem do associativismo desportivo, nem dos agentes desportivos. Pelo contrário, trata-se de uma imposição legal que, com uma interpretação equívoca, do sistema de resolução de conflitos transnacional importa para o nosso ordenamento os problemas que há já algum tempo a doutrina vinha denotando existir no seio da arbitragem desportivo junto do TAD. O principal equívoco reside, na verdade, na sustentação de uma posição de poder no plano processual, quando, pelo contrário, deveriam ter sido acauteladas formas de proteger as partes mais fracas (os agentes desportivos).

Com efeito, a proximidade da estrutura do TAD relativamente ao associativismo desportivo coloca em causa as condições constitucionais exigidas para a independência de qualquer tribunal. É certo que a consagração de um recurso de mérito permitiu afastar as primeiras dúvidas sobre a inconstitucionalidade do regime jurídico que rege o TAD, no entanto, existem outros problemas que são delicados (coloca-se o problema de violarem o direito fundamental à tutela jurisdicional efectiva, o princípio do juiz natural e o princípio da igualdade) e implicam uma reponderação pelo legislador, nomeadamente, (i) o problema da inexistência da publicidade das sentenças arbitrais; (ii) o elevado valor das custas que as torna substancialmente mais caras do que as existentes num tribunal administrativo; (iii) no facto de as providências cautelares poderem ser decididas exclusivamente pelo TAD; (iv) na existência de um caso julgado desportivo que permite uma total consolidação dos efeitos desportivos; (v) na susceptibilidade do desconhecimento do Direito pela integração de não juristas na lista de árbitros.

Esta crise da arbitragem no Desporto ainda não tem uma amplitude totalmente perceptível, mas importa claramente um novo paradigma: a existência de uma consciência de que não existe qualquer obrigação estadual de suportar um quadro transnacional autoritário, demonstrando a falência de um modelo puramente contratual da regulação desportiva transnacional e coloca em evidência a vertente institucional da cadeia hierárquico-monopolística do ordenamento desportivo.

Esta realidade implica reconhecer concomitantemente que os agentes desportivos, enquanto *parte mais fraca*, não podem ser reféns de uma teia normativa que lhes é imposta e em cuja formação não podem sequer participar adequadamente. Este é um dado imprescindível para entender o fenómeno desportivo e tem de ter inclusivamente consequências no plano de Direito material, mas também de direito processual no sentido de exigir uma adequada protecção dos agentes desportivos face ao poder das federações desportivas. Curiosamente, se era verdade que o Direito estadual parecia ser inapto para conceder uma protecção jurídica adequada na resolução de conflitos desportivos, são agora esses mecanismos de protecção de raiz estadual que têm desempenhado um papel decisivo em relação ao poder das federações desportivas transnacionais.

Neste contexto, merece uma breve menção a mediação. Foi uma escolha prudente do legislador determinar que os conflitos desportivos de Direito Administrativo não podem ser objecto de convenção de mediação. Não parece, porém, ser uma solução absoluta e sem necessidade de poder a vir repensada. A instituição legal da mediação no Desporto, desde que acautelada a devida protecção dos agentes desportivos, e ainda que com as dificuldades que envolvem a mediação no Direito Administrativo, poderá, com outra configuração e em termos limitados, ser um mecanismo útil na resolução de conflitos desportivos, promovendo um devido afastamento da jurisdição estadual.

d) A inexistência de uma independência da normatividade desportiva em relação à jurisdição estadual: a exigência de um reconhecimento

Marcada historicamente por pouco menos de um século de sucessivas intervenções estaduais, a *libertação da normatividade desportiva em relação à esfera normativa estadual* parece, cada vez mais, estar longe de poder ser uma realidade. Em primeiro lugar, parece evidente que, face à crescente valia económica da actividade desportiva, a estrutura federativa evoluiu de uma forma muito rápida, adquirindo um elevado grau de sofisticação normativa que não tem qualquer ligação à origem lúdica que esteve por detrás do próprio fundamento de regras que regulassem o jogo. A normatividade desportiva assume-se, hoje em dia, como um complexo normativo profundamente denso, abrangente e dotado de meios sancionatórios eficazes. No entanto, um encerramento dos conflitos desportivos na esfera de resolução de conflitos interna nem sempre permite salvaguardar os direitos dos *regulados* que constituem a base (inclusivamente o fundamento e pressuposto) de qualquer actividade desportiva.

Em segundo lugar, crescem os espaços de comunicação entre o Direito estadual e a regras desportivas. Por conseguinte, a ligação entre a justiça desportiva e a jurisdição estadual deve assentar numa ideia de *parceria*, de complemento e assumir, especialmente, a função de uma garantia para os agentes desportivas. A emergência de um espaço global de regulação desportiva em que o Estado e o associativismo desportivo actuam de uma forma concertada exigem novas respostas e novas construções jurídicas que possam representar soluções equilibradas para respeitar o espaço autonómico das federações desportivas, mas também, concomitantemente, salvaguardar os direitos daqueles que fazem do desporto um modo de vida.

Assim se compreende que a noção de norma desportiva impugnável – enquanto equivalente a uma questão não estritamente desportiva – tenha sido paulatinamente passada a ser entendida num sentido cada vez mais amplo. Isto não significou, porém, que não exista ainda um espaço de reserva de autonomia em relação à jurisdição estadual: enquanto se assumir como manifestação da liberdade de associação e não demonstrar qualquer relevância económica ou colisão com direitos fundamentais exige uma correlativa auto-contenção dos tribunais estaduais.

Num contexto de um Estado pós-nacional cabe, no entanto, deixar claro que não acompanhamos DUGUIT quando afirmava de modo provocatório que o «Estado morreu»[1868]. Não é, pois, possível negar a emergência de um Direito Global[1869], mas também não é possível concebê-lo sem o Estado. A rejeição de um modelo pluralista da compreensão do Direito assente num funcionalismo jurídico advém, desde logo, na necessidade de recusarmos que o Direito seja reduzido a um mero processo de «radicalização do normativismo positivista»[1870]. Esse «apelo (...) vago ao cosmopolitismo»[1871] está longe de poder tornar-se uma realidade no que ao Desporto diz respeito.

Na verdade, com o abandono da pluralidade de ordenamentos concebida como uma manifestação normativa originária e independente de qualquer controlo estadual, torna-se relevante perceber que a normatividade desportiva não é uma mera manifestação de um contrato, nem um conjunto de princípios jurisprudenciais desenvolvidos pelo TAS, nem um ordenamento global constitucional, mas antes um conjunto de normatividades que assentam em focos normativos plurilocalizados de origem privada, pública ou híbrida que se aplicam num âmbito nacional e transnacional, mas que não podem ser integrados numa categoria unitária e estanque, devendo, pelo contrário, ser percebidos de acordo com uma qualificação aberta e meramente indiciária.

Com o avanço das formas híbridas de criação normativa, bem como com o novo papel da jurisdição estadual na protecção dos agentes desportivos, o *reconhecimento estadual* começa a sair reforçado e é, neste momento,

[1868] Cfr. LEÓN DUGUIT, *Le droit social, le droit individuel et les transformations de l'Etat*, p. 38.

[1869] Como justamente reconhece NEIL WALKER existe uma «intimação» sobre a chegada do Direito Global que se revela (i) num projecto anunciado; (ii) sem forma definida. Cfr. NEIL WALKER, *Intimations of Global Law*, pp. 148 e ss.

[1870] Cfr. CASTANHEIRA NEVES, *O Direito hoje e com Que sentido? O problema atual da autonomia do Direito*, p. 47.

[1871] Cfr. JORGE REIS NOVAIS, *Em defesa do Tribunal Constitucional. Resposta aos críticos*, p. 198.

a única hipótese que resta à possibilidade de vigência da normatividade desportiva transnacional no espaço estadual. Esta característica implica que o ordenamento desportivo não se coloque numa posição de subtracção da esfera estadual, não podendo subsistir sem a esfera de liberdade, bem como do controlo que aquela lhe concede. A solução deve, pois, ser encontrada neste ponto tensão entre autonomia e limitação de poder.

Com efeito, o reconhecimento estadual não é uma mera ratificação (como a compreendia a doutrina do espaço livre de Direito), mas, pelo contrário, um controlo indirecto – ainda que mínimo – da compatibilidade da normatividade transnacional com a esfera estadual. Neste sentido, enquanto não garantirem um adequado cumprimento dos direitos fundamentais dos agentes desportivos, esta normatividade não consegue convencer os Estados no teste da validade daquela. Só através desta negociação[1872] é possível uma posição de compromisso entre dois vasos comunicantes: (i) o nacional; (ii) e o transnacional. Não se trata, porém, de uma luta entre o monismo e o pluralismo, mas antes uma forma harmoniosa de garantir a síntese que permita encontrar um pluralismo autonómico reconhecido pelo Estado.

1872 Sobre a resolução de conflitos normativos com base na necessidade de negociação entre ordens normativas e em processos de mútuo reconhecimento, cfr. MATTHIAS KÖTTER ET ALLI, «Normative Pluralität ordnen? Eine Problemskizze», p. 35.

BIBLIOGRAFIA

Aall, Jorgen, «Waiver Of Human Rights: Waiver Of Procedural Rights According To Article 6 Echr», *in Nordic Journal Of Human Rights*, Vol. 29, nº 2 (2011), pp. 206 e ss.

AAVV, *Arbitrato – Profili di diritto sostanziale e di diritto processuale*, Guido Alpa e Vigoriti Vincenzo (Org.), Roma, UTET, 2013

AAVV, *Basler Kommentar – Internationales Privatrecht*, 3ª Edição, Heinrich Honsel et alli (Ed.), Basileia, Helbing Lichtenhahn, 2013

AAVV, *Berner Kommentar*, Vol. I/3/2, Berna, Stämpfli, 1990

AAVV, *Encyclopedia of the Modern Olympic Movement*, (Coord. John E. Findling e Kimberly D. Peele), Westport, Green Wood, 2004

AAVV, *Europäisches Grundrechte und Grundfreiheiten*, Dirk Ehlers (Ed.), 2ª Edição, Berlim, De Gruyter, 2005

AAVV, *Historical Dictionary of the Modern Olympic Movement*, John E. Findling e Kimberly D. Peele (Coord.), Westport, Green Wood, 1996

AAVV, *La Giustizia Sportiva – analisi critica della legge 17 ottobre 2003 n. 280*, Forli, Experta, 2004

AAVV, *Münchener Kommentar zum Bürgerlichen Gesetzbuch*, Vol. I, 6ª Edição, Munique, C. H. Beck, 2012.

AAVV, *Münchener Kommentar zur ZPO*, 4ª Edição, 2013, *disponível em* www.beck-online.de

AAVV, *Pareceres*, Vol. III – Direito e Desporto, Lisboa, Procuradoria-Geral da República, 1998

AAVV, *Recognition and Enforcement of Foreign Arbitral Awards: A Global Commentary on the New York Convention*, Nicola Port et allii (Ed.), Aalphen aan den Rijn, Kluwer Law International, 2010

Abel, Richard L., «Introduction», *in The Politics of Informal Justice*, Richard L. Abel (Ed.), Vol. 2, Nova Iorque, Academic Press, 1982

ABRANTES, José João, *Contrato de Trabalho e Direitos Fundamentais*, Coimbra, Coimbra Editora, 2005

ACHTERBERG, Norbert, *Allgemeines Verwaltungsrecht*, 2ª Edição, Heidelberga, C. F. Müller, 1986

ADLER, Robert S. e Elliot M. SILVERSTEIN, «When David Meets Goliath: Dealing with Power Differentials in Negotiations», *in Harvard Negotiation Law Review*, Vol. 5 nº 1 (2000)

ADOLPHSEN, Jens, «Eine lex sportiva für den internationalen Sport», *in Jahrbuch der Gesellschaft Junger Zivilrechtswissenschaftler 2002*, Estugarda, Boorberg, 2002, pp. 281 e ss.

ADOLPHSEN, Jens, *Internationale Dopingstrafen*, Tubinga, Mohr Siebeck, 2003

ADOLPHSEN, Jens, «Aktuelle Fragen des Verhältnis von EMRK und Europäisches Zivilprozessrecht», *in Die EMRK im Privat-, Straf- und Öffentlichen Recht: Grundlagen einer Europäischen Rechtskultur*, Zurique, Schultess, 2004, pp. 39 e ss.

ADOLPHSEN, Jens, «Grundfragen und Perspektiven der Sportschiedsgerichtsbarkeit», *in SchiedsVZ*, nº 3 (2004), pp. 169 e ss.

ADOLPHSEN, Jens *et alli*, *Sportrecht in der Praxis*, Estugarda, Kohlhammer, 2011

ADOLPHSEN, Jens, «Private Rechtsetzung und Rechtsdurchsetzung im Sport: Stellungnahme», *in Entstaatlichung des Rechts*, RÜDOLF MÜLLER (Ed.), Viena, Linde, 2014, pp. 127 e ss.

ADOLPHSEN, Jens, *Europäisches Zivilverfahrensrecht*, 2ª Edição, Heidelberg, Springer, 2015

ADOLPHSEN, NOLTE, LEHNER e GERLINGER, *Sportrecht in der Praxis*, Estugarda, Kohlhammer, 2012

ADOMEIT, Klaus, *Gestaltungsrechte, Rechtsgeschäfte, Ansprüche – Zur Stellung der Privatautonomie im Rechtssystem*, Berlim, Duncker & Humblot, 1969

AGIRREAZKUENAGA, Iñaki, *Intervención Pública en el Deporte*, Madrid, Civitas, 1998

AGIRREAZKUENAGA, Iñaki, «Claves para la comprensión del Ordenamiento Jurídico», *in Revista Española de Derecho Constitucional*, nº 57 (1999), pp. 33 e ss.

AGUIRREAZKUENAGA, Iñaki, «Público e privado en el ordinamiento jurídico deportivo», *in El derecho administrativo en el umbral del siglo XXI: homenage al Professor Dr. Ramón Martin Mateo* (coord. Francisco Sosa Wagner), Valência, Tirant lo Blanch, 2000

ALAPHILIPPE, François, «Affiliation» *in Dictionnaire juridique – Sport* (ed. FRANÇOIS ALAPHILIPPE e JEAN PIERRE KARAQUILLO), Paris, Dalloz, 1990

ALAPHILIPPE, François, «Conflits sportifs et Accès à La Justice», *in Revue juridique et économique du sport*, nº 31 (1994)

ALAPHILIPPE François, «Desporto e Direito», *in Sub Júdice*, nº 8 (1994), pp. 12 e ss.

ALAPHILIPPE, François, «Le préliminaire de conciliation. Relance d'une «justice sportive ou renaissance d'une utopie?», *in Droit du sport – la loi nº 92-652 du 13 juillet 1992*, Paris, Dalloz, 1994

ALAPHILIPPE, François e Jean-Pierre KARAQUILLO, *Dictionaire Juridique Sport*, Paris, Dalloz, 1990

ALBUQUERQUE, Nuno, «A reserva de jurisdição para as instâncias desportivas prevista na Lei de Bases do Desporto e a limitação de acesso aos tribunais para a composição de eventuais diferendos desportivos quando estejam em causa "questões estritamente desportivas"», *in D&D*, Ano V, nº 13 (2007), pp. 49 e ss.

ALBUQUERQUE, Nuno, «Tribunal Arbitral do Desporto: o importante não era justificar o erro mas impedir que ele se repetisse», *in D&D*, nº 29 (2013)

ALDER, John, *Constitutional and Administrative Law*, 6ª Edição, Hampshire, Palgrave, 2007

ALEXANDRINO, José de Melo, *Direitos Fundamentais*, 2ª Edição, Cascais, Principia, 2011

ALEXANDRINO, José de Melo, «Direitos, Liberdades e Garantias na Relação Desportiva», *in O Discurso dos Direitos*, Coimbra, Coimbra Editora, 2011

ALLOT, Philip, «The Emerging Universal Legal System», *in International Law Forum du droit internacional*, Vol. 3, (2001), pp. 12 e ss.

ALLISON, J. W. F., *A Continenal Distinction in The Common Law – A Historical and Comparative Perspectve on English Public Law*, Oxford, Clarendon Press, 1996

ALLISON, Lincoln, «Sport and globalisation», *in The Global Politics of Sport*, LINCOLN ALLISON (Ed.), Oxon, Routledge, 2005

ALMEIDA, Mário Aroso de, *Anulação de actos administrativos e relações jurídicas emergentes*, Coimbra, Almedina, 2002

ALMEIDA, Mário Aroso de, *O Novo Regime do Processo nos Tribunais Administrativos*, 4ª Edição, Coimbra, Almedina, 2005

ALMEIDA, Mário Aroso de, «Sobre o âmbito das matérias passíveis de arbitragem de direito administrativo em Portugal», *in Estudos em Homenagem a Miguel Galvão Teles*, Vol. II, Coimbra, Almedina, 2012, pp. 7 e ss.

ALMEIDA, Mário Aroso de, «Tópicos sobre o problema do âmbito subjectivo da arbitragem sobre relações jurídicas multilaterais ou poligonais no direito administrativo», *in V Congresso do Centro de Arbitragem Comercial*, Coimbra, Almedina, 2012, pp. 209 e ss.

ALMEIDA, Mário Aroso de, «Arbitragem e Tribunais Administrativos», *in Revista Internacional de Arbitragem e Conciliação»*, Vol. VII (2014), pp. 47 e ss.

ALMEIDA, Mário Aroso de, *Manual de Processo Administrativo*, 2ª. Edição, Coimbra, Almedina, 2016

ALMEIDA, Mário Aroso de, *Teoria Geral do Direito Administrativo*, 4ª Edição, Coimbra, Almedina, 2017

ALMEIDA, Mário Aroso de e Carlos CADILHA, *Comentário ao Código de Processo nos Tribunais Administrativos*, 3ª Edição, Coimbra, Almedina, 2010

ALMEIDA, Carlos Ferreira de, *Os Direitos dos Consumidores*, Coimbra, Almedina, 1982

ALMEIDA, Carlos Ferreira de, *Contratos I: Conceito. Fontes. Formação*, 3ª Edição, Coimbra, Almedina, 2005

ALMEIDA, Carlos Ferreira de, «Convenção de Arbitragem: Conteúdos e Efeitos», *in I Congresso do Centro de Arbitragem da Câmara de Comércio e Indústria Portugueses – Intervenções*, Coimbra, Almedina, 2008, pp. 81 e ss.

ALMEIDA, Carlos Ferreira de, «Os sistemas normativos do desporto», *in Estudos em Homenagem a Miguel Galvão Telles*, Vol. I, Coimbra, Almedina, 2012, pp. 285 e ss.

ALMEIDA, Carlos Ferreira de, *Contratos III*, 2ª Edição, Coimbra, Almedina, 2013

ALMEIDA, Carlos Ferreira de, *Contratos IV – Funções. Circunstâncias. Interpretação*, Coimbra, Almedina, 2014

ALPA, Guido e Vicenzo VIGORITI, *Arbitrati*, Turim, UTET, 2012

ALVES, Pedro Delgado, «Procurando o limite das quatro linhas – Ac. do STA de 10.9.2008, P. 120/08», *in CJA*, nº 83 (2010), pp. 12 e ss.

AMADO, João Leal, *Vinculação versus Liberdade – O Processo de Constituição e Extinção da Relação Laboral do Praticante Desportivo*, Coimbra, Coimbra Editora, 2002

AMARAL, Diogo Freitas do, *Direito Administrativo – Lições aos alunos do curso de Direito em 1988/89*, Vol. III, Lisboa, *policopiado*, 1989

AMARAL, Diogo Freitas do, *A execução das sentenças dos tribunais administrativos*, Lisboa, Ática, 1967

AMARAL, Diogo Freitas do, *A execução das Sentenças dos Tribunais Administrativos*, 2ª Edição, Coimbra, Almedina, 1997

AMARAL, Diogo Freitas do, «Considerações Gerais sobre a Reforma do Contencioso Administrativo», *in Reforma do Contencioso Administrativo. O Debate Universitário*. Vol. I, *s.l.*,Ministério da Justiça, 2000, pp. 85 e ss.

AMARAL, Diogo Freitas do, *Curso de Direito Administrativo*, 2ª Edição, Vol. I, Coimbra, Almedina, 2004

AMARAL, Diogo Freitas do, *Manual de Introdução ao Direito*, Vol. I, Coimbra, Almedina, 2004

AMARAL, Diogo Freitas do, *Conceito e Natureza do Recurso Hierárquico*, 2ª Edição, Coimbra, Almedina, 2005

AMARAL, Diogo Freitas do, *Parecer de 24 de Julho de 2008, disponível em* (http://static.publico.pt/docs/desporto/ParecerProfFreitasdoAmaral.pdf)

AMARAL, Diogo Freitas do, «Os ordenamentos desportivos como fonte de direito», *in IV Congresso de Direito do Desporto*, RICARDO COSTA e NUNO BARBOSA (Ed.), Coimbra, Almedina, 2015

AMARAL, Diogo Freitas do, João CAUPERS e João Martins CLARO, *Jurisprudência Administrativa*, Vol. I, Lisboa, AAFDL, 1990

AMARAL, Diogo Freitas do, Mário Aroso de ALMEIDA, *Grandes Linhas de Reforma do Contencioso Administrativo*, 2ª Edição, Coimbra, Almedina, 2005

AMARAL, Diogo Freitas do e Nuno PIÇARRA, «O Tratado de Lisboa e o Princípio do Primado do Direito da União Europeia: uma "evolução na continuidade"», *in Revista de Direito Público*, nº 1 (2009), pp. 9 e ss.

AMARAL, Maria Lúcia, *A Forma da República*, Coimbra, Coimbra Editora, 2006

ANDEXER, Frank, *Die nationale Sportgerichtsbarkeit und ihre internationale Dimension*, Hamburgo, Verlag Dr. Kovac, 2009

ANDRADE, José Carlos Vieira de, «Em defesa do recurso hierárquico necessário", *in Cadernos de Justiça* Administrativa, Ano 0, (1996), pp. 3 e ss.

ANDRADE, José Carlos Vieira de, «A Reserva do Juiz e a Intervenção Ministerial em Matéria de Fixação das Indemnizações por Nacionalizações», *in Scientia Iuridica*, Tomo XLVII, nºs 274-276 (1998), pp. 213 e ss.

ANDRADE, José Carlos Vieira de, *A Justiça Administrativa*, Coimbra, Almedina, 1999

ANDRADE, José Carlos Vieira de, *Os Direitos Fundamentais na Constituição Portuguesa de 1976*, 4ª Edição, Coimbra, Almedina, 2006

ANDRADE, José Carlos Vieira de, «Os Direitos Fundamentais e o Desporto», *in II Congresso do Direito do Desporto – Memórias*, Coimbra, Almedina, 2007, pp. 23 e ss.

ANDRADE, José Carlos Vieira de, *Lições de Direito Administrativo*, Coimbra, Imprensa da Universidade de Coimbra, 2010

ANDRADE, José Carlos Vieira de, *A Justiça Administrativa*, 11ª Edição, Coimbra, Almedina, 2011

ANDRADE, José Carlos Vieira de, *A Justiça Administrativa*, 13ª Edição, Coimbra, Almedina, 2014

ANDRADE, José Carlos Vieira de, *A Justiça Administrativa*, 15ª. Edição, Coimbra, Almedina, 2016

ANDRADE, José Robin de, «Arbitragem e Contratos Públicos», *in Estudos de Contratação Pública – I*, PEDRO GONÇALVES (Org.), Coimbra, Coimbra Editora, 2008

ANDRADE, Manuel da Costa, «Parecer», *in D&D*, nº 18 (2009), pp. 361 e ss.

ANDRADE, Manuel Domingues de, *Teoria Geral das Obrigações*, Coimbra, Almedina, 1958

ANDRADE, Manuel A. Domingues de, *Teoria Geral da Relação Jurídica*, Vol. I Sujeitos e Objecto, Coimbra, Almedina, 1960

ANDREFF, Wladimir e Stefan SZYMANSKI, *Handbook on the Economics of Sport*, Glos, Edward Elgar Publishing, 2006

ANDRES IBAÑEZ, Perfecto e Claudio MOVILLA ALVAREZ, *El Poder Judicial*, Madrid, Tecno, 1986

ANDRÉS MOMBRIERO, Rafael, «El Comité español de Disciplina Deportiva», *in REDD*, nº 3 (1994), pp. 91 e ss.

ANTONIOLI, Marco, «Arbitrato e giurisdizione exclusiva: problemi e prospettive», *in Diritto processuale amministrativo*, Ano XXV, nº 3 (2007)

ANTUNES, André Filipe de Azevedo, *A Nova Face da Justiça Desportiva – Algumas Questões em torno do novo Tribunal Arbitral do Desporto, policopiado*, Coimbra, 2015

ANTUNES, Luís Filipe Colaço, *A Ciência Jurídica Administrativa*, Coimbra, Almedina, 2012

ARCHIBUGI, Daniele, *The Global Commonwealth of Citizens*, Princeton, Princeton, 2015

ARCIDIACONO, Luigi, *La vigilanza nel dirito pubblico: aspetti problematici e profili recostruttivi*, Pádua, CEDAM, 1984

ARFAZADEH, Homayoon, «Arbitrability under the New York Convention: the Lex Fori revisited», *in Arbitration International*, Vol. 17, Issue 1 (2001), pp. 73 e ss.

ARNAUD, Pierre, «Génèse des politiques sportives: le cas français», *in Révue Juridique et Économique du Sport*, nº 48 (1998), pp. 95 e ss.

ARNAULD, Andreas von, «Vom Spielvertrag», *in Recht und Spielregeln*, ANDREAS VON ARNAULD (Ed.) Tubinga, Mohr Siebeck, 2003, pp. 58 e ss.

AROCA, Juan Montero, *Independencia y Responsabilidad del Juez*, Madrid, Editorial Civitas, 1990

ASCENSÃO, J. Oliveira de, «A Reserva Constitucional da Jurisdição», *in O Direito*, nº 2-3 (1991), pp. 465 e ss.

ATAÍDE, Augusto de, *Elementos para um Curso e Direito Administrativo da Economia*, Lisboa, 1970

ATAÍDE, Augusto, *O Estado e o Desporto*, Lisboa, Centro de documentação e de informação de fundo de fomento do desporto, 1970

ATIENZA, Manuel, *O sentido do Direito*, Escolar Editora, Lisboa, 2014

AUBY, Jean-Bernhard e Jacqueline Dutheil de la Rochère, *Droit Administratif Européen*, Bruxelas, Bruylant, 2007

AUER, Marietta, *Der privatrechtliche Diskurs der Moderne*, Tubinga, Mohr Siebeck, 2014

AXTMANN, Jan, *Die Vorlageberechtigung von Sportschiedsgerichten zum Europäischen Gerichtshof nach Art. 267 AEUV*, Berlim, Duncker & Humblot, 2016

BACH, Thomas, «Der Dopingfall Harry "Butcher" Reynolds – Plädoyer für internationale Sportgerichtsbarkeit», *in SpuRt* nº 3 (1995), pp. 142 e ss.

BACHMANN, Gregor, *Private Ordnung*, Tubinga, Mohr Siebeck, 2006

BADDELEY, Margareta, *L'association sportive face au droit – les limites de son autonomie*, Basileia, Helbing Lichtenhahn, 1994

BADDELEY, Margareta, «Une sentence d'un intérêt particulier», *in ASA Bulletin*, Vol. 15, nº 1 (1997)

BADDELEY, Margareta, «Toughts on Swiss Federal Tribunal decision 129 III 445», *in CaS*, nº 1 (2004), pp. 143 e ss.

BADDELEY, Margareta, «La décision Cañas: Nouvelles règles du jeu pour l'arbitrage international du sport», *in CaS*, nº 2 (2007), pp. 155 e ss.

BAIRNER, Alan, *Sport, nationalism, and globalization*, Albany, State of university of New York Press, 2001

BAIZEAU, Domitille e Franz STIRNIMANN, «Renuncia al derecho de impugnar un laudo. Estudio práctico sobre la experiencia suiza», *in Lima Arbitration*, nº 4 (2010/2011)

BALDONI, Fabrizio Dario, *I Valori Storici dello Sport, disponível em* (http://www.unich.it/unichieti/ShowBinary/BEA%20Repository/Area_Siti_federati/Scienze%20Motorie/Materiale_DidatticoMat%20Did%201011/Storia%20dello%20Sport%20/20Baldoni/I%20valori%20%20storici%20dello%20%20sport//file)

BANGERT, Jan, «Die Bindung privater Schiedsgerichte an Art. 6 Abs. 1 EMRK», in Menschenrecht, Demokratie und Rechtsstat – Liber amicorum Lenzius Wildhaber, STEPHAN BREITENMOSER et alli (Ed.), Baden-Baden, Nomos, 2007, pp. 41 e ss.

BAPTISTA, Albino Mendes, «O TAS e as garantias de imparcialidade e independência dos árbitros», *in Estudos sobre o Contrato de Trabalho Desportivo*, ALBINO MENDES BAPTISTA, Coimbra, Coimbra Editora, 2006, pp. 168 e ss.

BAR, Christian von e Peter MANKOWSKI, *Internationales Privatrecht*, Vol. 1, Munique, C.H. Beck, 2003

BARBA SÁNCHEZ, Rámon, «La disciplina deportiva», *in El deporte en la jurisprudência*, ALBERTO PALOMAR OLMEDA e RAMÓN TEROL GÓMEZ (Org.), Pamplona, Aranzadi, 2009, pp. 441 e ss.

BARBOSA, Benjamin Magalhães, *Parecer do Conselho Superior dos Tribunais Administrativos e Fiscais de 4 de Dezembro de 2012, disponível em* (http://www.parlamento.pt/ActividadeParlamentar/Paginas/DetalheIniciativa.aspx?BID=37147)

BARBOSA, Benjamin, «Federações Desportivas: Natureza Jurídica e Estatuto de Utilidade Pública Desportiva», *in O Desporto que os Tribunais Praticam*, JOSÉ MANUEL MEIRIM (Coord.), Coimbra, Coimbra Editora, 2014

BARBOSA, Nuno, «Novo Conselho Superior do Desporto», *in D&D*, Ano I, nº 2 (2004), pp. 323 e ss.

BARBOSA, Nuno, «O Estatuto Jurídico do Árbitro no Direito Português», *in Direito do Desporto Profissional*, JOÃO LEAL AMADO e RICARDO COSTA (Coord.), Coimbra, Almedina, 2011, pp. 47 e ss.

BARNEY, Robert, «Prologue», *in Historical Dictionary of the Modern Olympic Movement*, (Coord. JOHN E. FINDLING e KIMBERLY D. PEELE), Westport, Green Wood, 1996

BARRETO, Irineu Cabral, *A Convenção Europeu dos Direitos do Homem*, 4ª Edição, Coimbra, Coimbra Editora, 2010

BARROCAS, Manuel Pereira, *Manual de Arbitragem*, Coimbra, Almedina, 2010

BARROCAS, Manuel Pereira, *Lei de Arbitragem Comentada*, Coimbra, Almedina, 2013

BARTOLOMEO, Maria Di, *Microconflittualitá e arbtritato obbligatorio*, Nápoles, Edizioni Scientifiche Italiane, 1996

BASTOS, Filipe Brito, «A arbitragem em Direito Administrativo e o direito fundamental de acesso ao Direito nos tribunais portugueses», *in Arbitragem e Direito Público*, CARLA AMADO GOMES, DOMINGOS SOARES FARINHO E RICARDO PEDRO (Coord.), AAFDL, 2015

BASTOS, João Pereira, *Desporto Profissional*, Lisboa, Ministério da Educação e Cultura – Direcção-Geral dos Desportos, 1985

BASTOS, João Pereira, *Estado Corporativo*, Salvador, Prazeres Editora, 1958

BATES, David, «Political Theology and the Nazi State: Carl Schmitt's Concept of the Institution», *in Modern Intellectual History*, nº 3 (2003), pp. 415 e ss.

BAUMBACH *et allii*, *Zivilprozessordnung*, 72ª Edição, Munique, C. H. Beck, 2014

BECKER, Wolfgang, *Grenzen der Vereinsautonomie im deutschen Sportverbandwesen*, Berlim, Duncker & Humblot, 1985

BEHRINGER, Wolfgang, *Kulturgeschichte des Sports – Vom antiken Olympia bis ins 21. Jarhundert*, Munique, C.H. Beck, 2012

BELEZA, Maria Leonor e Miguel Teixeira de SOUSA, «Direito de Associação e Associações», *in Estudos sobre a Constituição* (coord. Jorge Miranda), Vol. III, Lisboa, Petrony, 1979, pp. 121 e ss.

BELIBTREU, HOFMANN e HENNECKE, *GG – Kommentar zum Grundgesetz*, 13ª Edição, Carl Heymanns, Colónia, 2014

BELOFF, Michael, «The Boundaries of Judicial Review», *in New Directions in Judicial Review*, Londres, Stevens & Sons, 1988, pp. 5 e ss.

BELOFF, Michael *et alli*, *Sportslaw*, 2ª Edição, Oxford, Hart, 2012

BENTO, Jorge Olímpio, *Em Defesa do Desporto – Exposição de Motivos, in Em Defesa do Desporto – Mutações e Valores em Conflito*, Coimbra, Almedina, 2007

BENZ, Arthur, *Kooperative Verwaltung*, Baden-Baden, Nomos, 1994

BERG, Albert Jan van den, *The New York Arbitration Convention of 1958 – Towards an Uniform Judicial Interpretation*, Deventer, Kluwer Law, 1981

BERGEN, Jan Malte von, «Mediation im Verwaltungsverfahren nach Inkrafttreten des Mediationsförderungsgesetzes», *in Zeitschrift für Umweltrecht*, nº 9 (2012), pp. 468 e ss.

BERGER, Klaus Peter, «The New Law Merchant and the Global Market Place – A 21st Century View of Transnational Commercial Law», *in The Practice of Transnational Law*, KLAUS PETER BERGER (Ed.), Haia, Londres, Boston, Kluwer Law International, 2001, pp. 14 e ss.

BERGER, Klaus Peter, *The Creeping Codification of the New Lex Mercatoria*, Aalphen aan den Rijn, Kluwer Law International, 2010

BERLIN, Christof, *Alternative Streitbeilegung in Verbraucherkonflikten*, Baden--Baden, Nomos, 2014

BERMAN, Harold J., *Law and Revolution*, Cambridge, Harvard University Press, 1983

BERMAN, Paul Schiff, «Globalization of Jurisdiction», *in University of Pensylvania Law Review*, Vol. 151, nº 2 (2002), pp. 311 e ss.

BERMAN, Paul Schiff, «From International Law and Globalisation», *in Columbia Journal of Transnational Law*, nº 43 (2005), pp. 485 e ss.

BERMAN, Paul Schiff, «Towards a Jurisprudence of Hybridity», *in Utah Law Review*, nº 54 (2010), pp. 11 e ss.

BERMANN, Paul Schiff, *Global Legal Pluralism*, Cambridge, Cambridge University Press, 2012

BERMEJO VERA, José, «El conflicto deportivo y la jurisdicción», *in Documentación Administrativa*, n.º 220 (1989), pp. 179 e ss.

BERMEJO VERA, José, «Árbitros y jueces desportivos», *in REDD*, nº 4 (1994), pp. 205 e ss.

BERMEJO VERA, José, «Los tribunales contencioso-administrativos deciden reorganizar la competición italiana de fútbol», *in REDD*, nº 3 (1994), pp. 103 e ss.

BERMEJO VERA, José, *Constitucion y Deporte*, Madrid, Tecnos, 1998

BERMEJO VERA, José *et alli*, *Derecho Administrativo – Parte especial*, 5ª Edição, Madrid, Civitas, 2001

BERNARD, Gillet, *História Breve do Desporto*, tradução de CAETANO DE MELO BEIRÃO, Lisboa, Editorial Verbo, 1961

BERNARDI, Enrico Crocetti, «Giurisdizione ordinária e lavoro sportivo», *in* AAVV, *La Giustizia Sportiva – analisi critica della legge 17 ottobre 2003 n. 280*, Forlì, Experta, 2004, pp. 113 e ss.

BERNETT, Hajo, *Untersuchungen zur Zeitgeschichte des Sports*, Estugarda Karl Hofmann, 1973

BERNETT, Hajo, «Weimarer Republik», *in Sportwissenschaftliches Lexikon*, 6ª Edição, Schorndorf, Hofmann, 1992

BERNINNI, Giorgio, «Sezione introduttiva. L'autonomia dell'ordinamento sportivo: profilli storici e problemi attuali», *in Giustizia sportiva e arbitrato*, Milão, Giuffrè Editore, 2006, pp. IX.

BESSON, Samantha, «European human rights pluralism. Notion and justification», *in Transnational Law: Rethinking European Law and Legal Thinking*, Miguel Maduro, Kaarlo Tuori e Suvi Sankari (Ed.), Cambridge, Cambridge University Press, 2014, pp. 170 e ss.

BESSON, Sébastian, «Arbitration and Human Rights», *in ASA Bulletin*, Vol. 24, nº 3, (2006), pp. 395 e ss.

BETHGE, Nadine, *Die verfassungsrechtliche Zulässigkeit des Grundrechtsverzichts*, Hamburg, Dr. Kovac, 2013

BETTERMANN, Karl August, «Das Gerichtsverfassungsrecht in der Rechtsprechung des Bundesverfassungsgerichts», *in AöR*, nº 92 (1967), pp. 496 e ss.

BETTERMANN, Karl August, «Die rechtsprechende Gewalt», *in Handbuch des Staatsrechtes*, JOSEF INSEE e PAUL KIRCHHOF (Ed.), Heidelberg, C .F .Müller, 1988, pp. 775 e ss.

BIANCA, Massimo, *Diritto Civile*, Vol. I, Milão, Giuffrè, 1996

BILLEMONT, Jean, *La Liberté Contractuelle à L'épreuve de L'arbitrage*, Paris, LGDJ, 2013

BLACKABY, Nigel e Constantine PARTASIDES *et alli*, *Redfern and Hunter on International Arbitration*, Oxford, Oxford University Press, 2009

BLACKSHAW, Ian, «Mediating Sports Disputes», *in Sports Law Bulletin*, Vol. 5, nº 4 (2002), pp. 12 e ss.

BLACKSHAW, Ian, «Modern Sporting settlements», *in Sports Law. Administration & Practice*, Vol. 10, nº 2 (2003), pp. 1 e ss.

BLACKSHAW, Ian, *Sport, Mediation and Arbitration*, Haia, TMC Asser Press, 2009

BLEIBTREU e KLEIN, *Kommentar zum Grundgesetz*, 13ª Edição, Colónia, Carl Heymanns, 2014

BLONDI, Andrea *et alli*, *EU Law After Lisbon*, Oxford, Oxford University Press, 2012

BLUME, Marco, *Gleichschaltung und Führerprinzip – Zur Rolle des DFB in der Zeit des Nationalsozialismus in der Zeit von 1933-1945*, Norderstedt, Grin, 2006

BOBBIO, Norberto, *Teoria generale del diritto*, Turim, Giappicheli Editore, 1993

BOGDANDY, Armin von, «Supranationale und staatliche Herrschaft Staatsphilosophische Aspekte einer neuen hoheitlichen Verfaßtheit», *in Humbolt Forum Recht*, nº 5 (1997), pp. 1 e ss.

BOGDANDY, Armin von, «Konstitutionalisierung des europäischen Rechts in der Europäischen Republik», *in JZ*, nº 11 (2005), pp. 529 e ss.

BOGDANDY, Armin von, «Grundprinzipien», *in Europäisches Verfassungsrecht*, Armin von Bogdandy e Jürgen Blast (Ed.), 2ª Edição, Heidelberg, Springer, 2009, pp. 13 e ss.

BOGDANDY, Armin von e Sergio DELLAVALLE, «The Lex Mercatoria of Systems Theory: Localisation, Reconstruction and Criticism from a Public Law Perspective», *in Transnational Legal Theory*, Vol. 4, nº 1 (2013), pp. 59 e ss.

BOGDANDY, Armin von e Ingo Vezke, *In wessen Namen?*, 2ª Edição, Suhrkamp, Frankfurt am Main, 2014, pp. 128 e ss.

BOHM, Clarissa, *Regel und Recht*, Baden-Baden, Nomos, 2008

BORGES, Carla Gonçalves, «Pluralidade de Partes e Intervenção de Terceiros na Arbitragem», *in Themis*, Ano VII, nº 13 (2006), pp. 109 e ss.

BORGES, Luís Pais, «Justiça Desportiva: que sentido e que limites?», in *D&D*, Ano IV, nº 12 (2007), pp. 23 e ss.

BORGES, Maurício Ferrão Pereira, *Verbandsgerichtsbarkeit und Schiedsgerichtsbarkeit im internationalen Berufsfussball*, Frankfurt, Peter Lang, 2009

BORN, Gary B., *International Commercial Arbitration – International Arbitration Agreements*, Vol. I, 2ª Edição, Alphen aan den Rijn, Kluwer Law International, 2014

BORN. Gary B., *International Commercial Arbitration – International Arbitration Procedures*, Vol. II, 2ª Edição, Alphen aan den Rijn, Kluwer Law International, 2014

BORN. Gary B., *International Commercial Arbitration – International Arbitral Awards*, Vol. III, 2ª Edição, Alphen aan den Rijn, Kluwer Law International, 2014

BOTELHO, Catarina Santos, *A Tutela Directa dos Direitos Fundamentais*, Coimbra, Almedina, 2010

BOUET, Michael, *Signification du Sport*, 4ª Edição, Paris, Éditions Universitaires, 1968

BOUMAKANI, Benjamin, «La médiation dans la vie administrative», *in Revue du Droit Public & de la Science Politique en France et à l'étranger*, nº 3 (2003), pp. 863 e ss.

BÖTTICHER, Eduard, *Die Gleichheit vor dem Richter*, 2ª Edição, Hamburgo, Universidade de Hamburgo, 1961

BRÉARD, Richard, e Pierre PASTOR, *Gestion de Conflits*, 3ª Edição, Rueil-Malmaison, Editions Liasions, 2007

BREKOULAKIS, Stavros L., «Arbitrability –International and Comparative Perspectives. Is Arbitrability a National or an International Law Issue?», *in Arbitrability: International and Comparative Perspectives*, LOUKAS A. MISTELIS e

Stavros L. Brekoulakis (Eds.), Alphen aan den Rijn, Kluwer Law International, 2009, pp. 1 e ss.

Brekoulakis, Stavros L., «Law Applicable to Arbitrability: Revisiting the Revisited Lex Fori», *in Arbitrability: International and Comparative Perspectives*, Loukas A. Mistelis e Stavros L. Brekoulakis (Eds.), Alphen aan den Rijn, Kluwer Law International, 2009, pp. 99 e ss.

Breuer, Rüdiger, «Direkte und indirekte Rezeption technischer Regeln durch die Rechtsordnung», *in AöR*, nº 101 (1976), pp. 46 e ss.

Briner, Robert e Fabian von Schlabrendorff, «Article 6 of the European Convention on Human Rights and its Bearing upon International Arbitration», *in Law of International Business and Dispute Settlement in the 21st Century – Liber Amicorum Karl-Heinz Bockstiegel*, Robert Briner *et alii* (Ed.), Colónia, Carl Heymanns, 2001, pp. 89 e ss.

Brinkmann, Andreas C., *Die Möglichkeit einer öffentlich-rechtlichen Gestaltung im Sportgerichtsverfahren in Deutschland auf rechtsvergleichender Basis*, Baden-Baden, Nomus, 2006

Brito, Miguel Nogueira de, «O Novo Regime das Federações Desportivas», *in D&D*, Ano VII, nº 19 (2010), pp. 149 e ss.

Brito, Miguel Nogueira de, «Sobre a distinção entre Direito Público e Direito Privado – II», *in Estudos de Homenagem ao Prof. Doutor Jorge Miranda*, Vol. VI, Coimbra, Coimbra Editora, 2012, pp. 375 e ss.

Brito, Miguel Nogueira de, «O princípio do Juiz Natural e a Nova Organização Judiciária», *in Julgar*, nº 20 (2013), pp. 19 e ss.

Brito, Miguel Nogueira de, «Medida e Intensidade do Controlo da Igualdade na Jurisprudência da Crise do Tribunal Constitucional», *in O Tribunal Constitucional e a Crise – Ensaios Críticos*, Gonçalo Almeida Ribeiro e Luís Pereira Coutinho (Org.), Coimbra, Almedina, 2014, pp. 107 e ss.

Brito, Miguel Nogueira de e Luís Pereira Coutinho, «A «igualdade proporcional», novo modelo no controlo do princípio da igualdade? Comentário ao Acórdão do Tribunal Constitucional nº 187/2013», *in Direito & Política*, nº 4 (2013), pp. 182 e ss.

Bronze, Fernando José, *Lições de Introdução ao Direito*, 2ª Edição, Coimbra, Coimbra Editora, 2006

Brozolo, Luca G. Radicati di, «Arbitrage Commercial International et Lois de Police», *in Collected Courses of the Hague Academy of International Law*, Leiden e Boston, Brill, 2005, pp. 265 e ss.

Buck-Heeb, Petra e Andreas Dieckmann, *Selbstregulierung im Privatrecht*, Tubinga, Mohr Siebeck, 2010

Bullinger, Martin, «Zwecke und Methoden der Rechtsvergleichung im Zivilrecht und im Verwaltungsrecht», *in Festschrift für Peter Schlechtriem zum 70.*

Geburtstag (Ed. Ingebord Schwanzer e Günter Hager), Tubinga, Mohr Siebeck, 2003, pp. 331 e ss.

Burdeau, François, *Histoire du droit administratif*, Paris, PUF, 1995

Burmeister, Joachim, «Sportverbandswesen und Verfassungsrecht», *in Die Öffentliche Verwaltung*, nº 31 (1978), pp. 1 e ss.

Bush, Robert A. Baruch e Joseph P. Folger, *The Promise of Mediation*, São Francisco, Jossey Bass, 2005

Bustamante, Lino Rodriguez-Arias, «El Pensamiento Institucional de Santi Romano», *in Anuario de La Facultad de Derecho de la Universidade de Los Andes*, Vol. 10, nº 10 (1979), pp. 129 e ss.

Buttaro, Luca, *Del Gioco e della Scommessa*, Bolonha / Roma, Soc. Ed. del Foro Italiano, 1959

Butte, Freyja C., *Das selbtgeschaffene Recht des Sports im Konflikt mit dem Geltungsanspruch des nationalen Rechts*, Baden-Baden, Nomos, 2010

Buy, Frederic *et alli*, *Droit du Sport*, 2ª Edição, Paris, LGDJ, 2009

Buy, Frederic *et alli*, *Droit du Sport*, 3ª Edição, Paris, LGDJ, 2012

Bydlinski, Franz, *Juristische Methodenlehre und Rechtsbegriff*, 2ª Edição, Viena, Springer, 1991

Cabral, Margarida Olazabal, «A arbitragem no projecto de revisão do CPTA», *in Julgar*, nº 26 (2015), pp. 99 e ss.

Cadilha, Carlos Alberto Fernandes, *Regime da Responsabilidade Civil Extracontratual do Estado e demais Entidades Públicas. Anotado*, Coimbra, Coimbra Editora, 2008

Caetano, Marcelo, «Corporações administrativas – Notas sobre o seu conceito e regime jurídico», *in O Direito*, nº 2 (1934), pp. 34 e ss.

Caetano, Marcello, «O Problema do Método no Direito Administrativo Português», Lisboa, 1948, Separata de *O Direito*, Ano 80, nº 1 e 2 (1948), pp. 4 e ss.; pp. 103 e ss.

Caetano, Marcello, «A Constituição de 1933 – Estudo de Direito Político», *in O Direito*, Ano 87, nº 2 (1955), nº 3 (1955); Ano 88 nº 1 (1956), pp.97-146, pp.193-245, pp.3-53

Caetano, Marcello, «Responsabilidade da Administração Pública», *in O Direito*, Ano 95, nº 3 (1963), pp. 185 e ss.

Caetano, Marcelo, *Manual de Direito Administrativo*, Lisboa, Coimbra Editora, 1973

Caetano, Marcello, *Manual de Direito Administrativo*, Vol. II, 18ª Edição, 5ª Reimpressão, Coimbra, Almedina, 1994

Caetano, Marcello, *Manual de Direito Administrativo*, Vol. I, 10º Edição, Coimbra, Almedina, 2001

CAIA, Giuseppe, *Arbitrati e Modelli Arbitrali nel Diritto Amministrativo*, Milão, Giuffrè, 1989

CALAMANDREI, Piero, *Istituzioni di Diritto Processuale Civile*, Parte Segunda, Pádova, CEDAM, 1944

CALLÈDE, Jean-Paul, «Les politiques du sport en France», *in L'Année Sociologique*, Vol 52, nº 2 (2002), pp. 437 e ss.

CALLIESS, Gralf-Peter, «Reflexive Transnational Law: The Privatisation of Civil Law and the Civilisation of Private Law», *in Zeitschrift für Rechtssoziologie*, Vol. 2, nº 23 (2002), pp. 185 e ss.

CALLOIS, Roger, *Os Jogos e os Homens – Ensaio*, Lisboa, Cotovia, 1990

CAMPOS, Joana Paixão, *A Conciliação Judicial*, Tese de mestrado apresentada à Faculdade de Direito da Universiade Nova de Lisboa, 2009, *disponível on-line*

CAMPOS, João Mota de *et alli*, *Manual de Direito Europeu*, 7ª Edição, Coimbra, Coimbra Editora, 2014

CAMPS POVILL, Andreu, *Las Federaciones Deportivas. Régimen Jurídico*, Madrid, Civitas, 1996

CANARIS, Claus-Wilhelm, «Grundrecht und Privatrecht», *in AcP*, nº 184 (1984), pp. 202 e ss.

CANARIS, Claus-Wilhelm, *Grundrecht und Privatrecht*, Berlim e Nova Iorque, De Gruyter, 1999

CANAS, Vitalino, «Constituição prima facie: igualdade, proporcionalidade, confiança (aplicados ao "corte" de pensões)», *in E-pública – Revista Eletrónica do Direito Público*, nº 1 (2014), pp. 2 e ss.

CANOTILHO, J. J. Gomes, *Direito Constitucional e Teoria da Constituição*, 6ª Edição, Coimbra, Almedina, 2002.

CANOTILHO, J. J. Gomes, «Estado de Direito e Internormatividade», *in Direito da União Europeia e Transnacionalidade*, ALESSANDRA SILVEIRA (Ed.), Quid Juris, 2010.

CANOTILHO, J. J. Gomes, «Internormatividade Desportiva e *Homus Sportivos*», *in Estudos em Homenagem ao Prof. Doutor Jorge Figueiredo Dias*, MANUEL DA COSTA ANDRADE, MARIA JOÃO ANTUNES e SUSANA AIRES DE SOUSA (Org.), Vol IV, Coimbra, Coimbra Editora, 2010, pp. 151 e ss.

CANOTILHO, J. J. Gomes, *Parecer sobre o Novo Regime Legal de Solução de Litígios Patentários, policopiado*, 2012

CANOTILHO, J. J. Gomes e Vital MOREIRA, *Constituição da República Portuguesa Anotada*, 1ª Edição, Coimbra, Coimbra, Editora, 1978

CANOTILHO, J. J. Gomes e Paulo Canelas de CASTRO, «Constitucionalidade do Sistema de Liquidação Coactiva Administrativa de Estabelecimentos bancários, previsto e regulado no Decreto-Lei nº 30 689 de 27 de Agosto de 1940», *in Revista da Banca*, nº 23 (1992), pp. 57 e ss.

CANOTILHO, J. J. Gomes e Vital MOREIRA, *Constituição da República Portuguesa Anotada*, 3ª Edição Revista, Coimbra, Coimbra Editora, 1993

CANOTILHO, José Joaquim Gomes, *Protecção do Ambiente e Direito de Propriedade*, Coimbra, Coimbra Editora, 1995

CANOTILHO, J. J. Gomes e Vital MOREIRA, *Constituição da República Portuguesa Anotada*, Vol. I, 4ª Edição Revista, Coimbra, Coimbra Editora, 2007

CANOTILHO, J. J. Gomes e Vital MOREIRA, *Constituição da República Portuguesa Anotada*, Vol. II, 4ª Edição, Coimbra, Coimbra Editora, 2010

CANOTILHO, J. J. Gomes e Alexandra PESSANHA, «Relações jurídicas jusfundamentais no âmbito do desporto profissional», *in Estudos em Homenagem a Miguel Galvão Teles*, Vol. I, Coimbra, Coimbra Editora, 2012, pp. 357 e ss.

CARAMELO, António Sampaio, *O Reconhecimento e Execução de Sentenças Arbitrais Estrangeiras*, Coimbra, Almedina, 2016

CARDOSO, António Magalhães e Sara Nazaré, «A arbitragem necessária – natureza e regime: breves contributos para o desbravar de uma (também ela) necessária discussão», *in Estudos de Direito da Arbitragem – em Homenagem a Mário Raposo*, AGOSTINHO PEREIRA MIRANDA et alli (Org.), Lisboa, Católica Editora, 2015, pp. 33 e ss.

CARDOSO, José Lucas, *Entidades Administrativas Independentes e Constituição*, Coimbra, Coimbra Editora, 2002

CARDOSO, José Luís, «Corporativismo, instituições políticas e desempenho económico», *in Corporativismo, Fascismos, Estado*, Coimbra, Almedina, 2012, pp. 101 e ss.

CAROLIS, Diego de, «Il caso Catania tra giustizia nell'amministrazionee giustizia nel pallone (ovvero la crisi nei rapporti tra ordinamenti)», *in Amministrazioni in Cammino, disponível em* (http://amministrazioneincammino.luiss.it/wp-content/uploads/2010/04/14958_de-carolis.pdf)

CARRETERO LESTÓN, José Luis, «La disciplina deportiva: concepto, contenido y limites», *in REDD*, nº 3 (1994), p. 11 e ss.

CARRETERO LESTÓN, José Luis, «Algunas consideraciones sobre el Derecho disciplinario deportivo», *in El nuevo Derecho deportivo disciplinario* (Director JOSÉ LUIS CARRETERO LESTÓN), *s.l.*, Ediciones Laborum, 2009, pp. 13 e ss.

CARVALHO, Ana Celeste, «A mediação em matéria administrativa: uma possibilidade com futuro», *in Cadernos de Justiça Administrativa*, nº 109 (2015), pp. 3 e ss.

CARVALHO, Ana Celeste, «Justiça Federativa e o Tribunal Arbitral do Desporto», *in IV Congresso de Direito do Desporto*, RICARDO COSTA e NUNO BARBOSA (Coord.), Coimbra, Almedina, 2015, pp. 29 e ss.

CARVALHO, André Dinis de, *Da Liberdade de Circulação dos Desportistas na União Europeia*, Coimbra, Coimbra Editora, 2004

Carvalho, Maria José, *Elementos Estruturantes do Regime Jurídico do Desporto Profissional em Portugal*, Coimbra, Coimbra Editora, 2009

Carvalho, Maria José, «Estado e Desporto profissional: relação política e regulativa», *in O Desporto e o Estado*, Porto, Edições Afrontamento, 2009, pp. 85 e ss.

Carvalho, Jorge Morais, «A Consagração Legal da Mediação em Portugal», *in Julgar*, nº 15 (2011), pp. 271 e ss.

Carvalho, Jorge Morais, «Contrato para a Assistência a Espectáculo Desportivo», *in D&D*, nº 24 (2011), pp. 355 e ss.

Casado, Eduardo Gamero, «Naturaleza y régimen jurídico de las federaciones deportivas», *in Revista jurídica del deporte*, nº8 (2002), pp. 25 e ss.

Cassese, Sabino, «L'arbitrato nel diritto amministrativo», *in Rivista trimestrale di diritto pubblico*, Ano 46, nº 2 (1996), pp. 311 e ss.

Cassese, Sabino, *La crise dello Stato*, Roma, Editori Laterza, 2002

Casini, Lorenzo, «Global Hybrid Public-Private Bodies: The World Anti--Doping Agency (WADA)», *in International Organizations Law Review*, nº 6 (2009), pp. 1 e ss.

Casini, Lorenzo, *Il Diritto Global dello Sport*, Milão, Giuffrè, 2010

Casini, Lorenzo, «The Making of a *Lex Sportiva* by the Court of Arbitration for Sport», *in German Law Journal*, Vol. 12 nº 5 (2010), pp. 1317 e ss.

Casini, Lorenzo, «The Making of a *Lex Sportiva* by the Court of Arbitration for Sport», *in International Judicial Lawmaking*, Armin von Bogdandy e Ingo Venzke (Ed.), Heidelberg, Springer, 2012, pp. 439 e ss.

Casini, Lorenzo, «The Making of a *Lex Sportiva* by the Court of Arbitration for Sport», *in The Lex Sportiva: what is Sports Law?*, Robert Siekmann e Janwillem Sock (Ed.), Haia, Springer, 2012, pp. 149 e ss.

Casini, Lorenzo, «'Down the Rabbit Hole': The Projection of the Public/Private Distinction Beyond the State», *in Jean Monnet Working Paper 08/13*, pp. 3 e ss.

Casini, Lorenzo, «Towards global administrative systems? The case of Sport», *in Global Administrative Law: an Italian perspective, disponível em (http://cadmus.eui.eu/bitstream/handle/1814/22374/RSCAS_PP_2012_04.pdf?sequence=1)*

Castanheira, Sérgio Nuno Coimbra, *O Fenómeno do Doping no Desporto*, Coimbra, Almedina, 2011

Casteele, Laure Bernheim-van de, *Les Principes Fondamentaux de l'Arbitrage*, Bruxelas, Bruylant, 2012

Castro, José Ribeiro e, *Lei de Bases do Sistema Desportivo, anotada e Comentada*, Lisboa, Ministério da Educação, 1990

Catania, Alfonso, «Carl Schmitt e Santi Romano», *in Rivista Internazionale di Filosofia del Diritto*, Ano LXIV, Série IV, 1987, pp. 545 e ss.

CAUPERS, João, *Os Direitos Fundamentais dos Trabalhadores e a Constituição*, Coimbra, Almedina, 1985

CAUPERS, João, *Introdução ao Direito Administrativo*, 7ª Edição, Lisboa, Âncora Editora, 2003

CAUPERS, João, «Arbitragem administrativa nos conflitos desportivos», *A Arbitragem Administrativa e Tributária – Problemas e Desafios*, Coimbra, Almedina, 2012, pp. 81 e ss.

CAZORLA PRIETO, Luís María, *Deporte y Estado*, Madrid, Politeia, 1979

CAZORLA PRIETO, Luís María, (director) *et alli*, *Derecho del Deporte*, Madrid, Tecnos, 1992

CAZORLA PRIETO, Luís María, «El Arbitraje Deportivo», *in Revista Jurídica de Castilla y Leon*, nº 29 (2013), pp. 1 e ss.

CEBOLA, Cátia Sofia Marques, *La mediación*, Dissertação de doutoramento apresentada à Faculdade de Direito da Universidade de Salamanca, *policopiado*, 2011

CHABERT, José Manuel, «Lei de Bases do Sistema Desportivo no contexto europeu e internacional», *in Revista do Ministerio Público*, Ano 9, nºs 35-36 (1988), pp. 31 e ss.

CHAPUS, René, «Le Service Public et la Puissance Publique», *in Revue du Droit Public et de la Science Politique en France et a L'étranger*, nº 2 (1968), pp. 235 e ss.

CHEVE, Laurence, *La justice sportive*, Paris, Gualino, 2012

CHIOVENDA, Giuseppe, *Istituzioni di Diritto Processuale Civile*, Vol. I, 2ª Edição, Nápoles, Casa Editrice Dott. Eugenio Jovene, 1957

CHITI, Mario P. e Guido GRECO, *Trattato di Diritto Amministrativo Europeo*, Tomo I, 2ª Edição, Giuffrè Editore, 2007

CHORÃO, Mário Bigotte, *Introdução ao Direito*, Vol. I, Coimbra, Almedina, 1994

CHRISTENSEN, Ralf e Andreas FISCHER-LESCANO, *Das Ganze des Rechts*, Berlim, Duncker & Humblot, 2007

CHUMBINHO, João, *A Constituição e a Independência dos Tribunais*, Lisboa, Quid Iuris, 2009

CIVALE, Salvatore, «La riforma della giustizia sportiva adottata dal CONI: un nuevo sistema procedurale único», *in Rivista di Diritto ed Economia dello Sport*, nº 2 (2014), pp. 159 e ss.

CLARICH, Marcello, «La sentenza Bosman: verso il tramonto degli ordinamenti giuridici sportivi?», *in RDS*, Ano 43, nº 3 (1996), pp. 613 e ss.

CLASSEN, Christian, *Rechtschutz gegen Verbandsmaßnahmen im Profisport*, Hamburgo, Verlag Dr. Kovač, 2014

CLAY, Thomas, *L'Arbitre*, Paris, Dalloz, 2001

CLAY, Thomas, «Le secrétaire arbitral», *in Revue de L'arbitrage*, nº 4 (2005), pp. 931 e ss.

COCCIA, Claudio, «Il caso Catania», *in RDS*, Ano XLV, nºs 2 e 3 (1993), pp. 247 e ss.

COCCIA, Massimo, «Fenomenologia della controversia sportiva e dei suoi modi di risoluzione», *in RDS*, Ano 47, nº 4 (1997), pp. 605 e ss.

COCCIA, Massimo, «La Risoluzione dei Conflitti Nell'Ambito Sportivo», *disponível em (http://www.iusport.es/opinion/confliti.htm)* (1997)

COCCIA, Massimo *et alli*, *Diritto dello Sport*, 2ª Edição, Florença, Le Monnier, 2008

COELHO, João Nuno e Francisco PINHEIRO, *Paixão do Povo – História do Futebol em Portugal*, Porto, Edições Afrontamento, 2002

COHEN, Daniel *Arbitrage et Société*, Paris, LGDJ, 1993

COING, Helmut, «Das Privatrecht und die Problema der Ordnung des Verbandswesens», *in Festschrift Werner Flume zum 70. Geburtstag*, HORST JAKOBS ET ALLII (Ed.), Vol. I, Colónia, Otto Schmidt, 1978, pp. 429 e ss.

CONSTANTINO, José Manuel, *Desporto Português, as soluções adiadas*, Lisboa, Livros Horizonte, 1992

CORDEIRO, António Menezes, *Manual de Direito do Trabalho*, Coimbra, Almedina, 1994

CORDEIRO, António Menezes, «Das Obrigações Naturais: Direito ou Moral», *in Liber Amicorum de José Sousa e Brito*, AUGUSTO SILVA DIAS *et allii* (Org.), Coimbra, Almedina, 2009, pp. 59 e ss.

CORDEIRO, António Menezes, *Tratado de Direito Civil*, Parte IV, 3ª Edição, Coimbra, Almedina, 2011

CORDEIRO, António Menezes, *Tratado da Arbitragem*, Coimbra, Almedina, 2015

CORMILS, «Artikel 9º GG», *Beckscher Online Kommentar GG*, Epping/Hilgruber (Ed.), ponto 3, 2014, disponível em www.beckonline.de

CORREIA, António Ferrer, *Lições de Direito Comercial, Vol. II – Sociedades Comerciais – Doutrina Geral, policopiado*, 1968

CORREIA, António Ferrer, *Lições de Direito Internacional Privado I*, Coimbra, Almedina, 2000

CORREIA, Cecília Anacoreta, «O Processo Executivo no novo CPTA – considerações gerais», *in Revista da Faculdade de Direito do Porto*, Ano IV, 2007, pp. 11 e ss.

CORREIA, Cecília Anacoreta, *A Tutela Executiva no Código de Processo nos Tribunais Administrativos*, Coimbra, Almedina, 2013

CORREIA, Fernando Alves, *O plano urbanístico e o princípio da igualdade*, Coimbra, Almedina, 1989

CORREIA, João e José Luís Pereira SEIXAS, «A nova Lei de Bases da Actividade Física e do Desporto – Justiça Desportiva: que sentido e que limites?», *in D&D*, ano IV, nº11 (2007), pp. 221 e ss.

CORREIA, João e José Luís Pereira SEIXAS, «Em defesa da justiça desportiva: uma vez mais», *in D&D*, ano VIII, nº 19 (2009), pp. 49 e ss.

CORREIA, Sérvulo, «Natureza jurídica dos organismos corporativos, *in Estudos Sociais e Corporativos*, nº 8 (1963), p. 9.

CORREIA, José Manuel Sérvulo, *Noções de Direito Administrativo*, Vol. I, Lisboa, Danúbio, 1982

CORREIA, José Manuel Sérvulo, «A Arbitragem Voluntária nos Contratos Administrativos», *in Estudos em Memória do Prof. Doutor João de Castro Mendes*, Lisboa, Lex, 1995, pp. 229 e ss.

CORREIA, José Manuel Sérvulo, *Legalidade e Autonomia Contratual nos Contratos Administrativos*, Coimbra, Almedina, 2003

CORREIA, José Manuel Sérvulo, *Direito do Contencioso Administrativo I*, Lisboa, Lex, 2005

CORREIA, Maria Lúcia Amaral, *Responsabilidade do Estado e Dever de Indemnizar do Legislador*, Coimbra, Coimbra Editora, 1998

CORTEZ, Francisco, «A arbitragem voluntária em Portugal: dos «ricos homens» aos tribunais privados», *in O Direito*, Ano 124º, nº III (1992), pp. 365 e ss., 541 e ss.

COSTA, José Cardoso da, «A lei fundamental de Bonn e o Direito Constitucional Português», *in BFDUC*, Vol. LXV, 1989, pp. 1 e ss.

COSTA, José Manuel Cardoso da, «As relações entre federações e ligas no desporto profissional», *in I Congresso de Direito do Desporto* – Centro de Congressos do Estoril, 21 e 22 de Outubro de 2004, RICARDO COSTA e NUNO BARBOSA (Coord.), Coimbra, Almedina, 2005, pp. 257 e ss.

COSTA, José Manuel Cardoso da, «Um Tribunal Arbitral do Desporto em Portugal», *in D&D*, Ano IV, nº 12 (2007)

COSTA, Mário Júlio de Almeida, *Noções Fundamentais de Direito Civil*, 4ª Edição, Almedina, 2001

COSTA, Mário Júlio de Almeida, *Direito das Obrigações*, 11ª Edição, Coimbra, Almedina, 2008

COURT, Jürgen, *Deutsche Sportwissenschaft in der Weimarer Republik und im Nationalsozialismus*, Vol. II, Berlim, Lit, 2014

COYLE, Michael, «Defending the Weak and Fighting Unfairness: Can Mediators Respond to the Challenge?», *in Osgoode Hall Law Journal*, Vol. 36, nº 4 (1998), pp. 625 e ss.

CRAIG, Peter, *Administrative Law*, 5ª Edição, Londres, Sweet & Maxwell, 2003

CRESPO, Jorge, «Para uma Sociologia da Cultura. O Associativismo Desportivo em Portugal», *in Ludens – Revista Trimestral do Instituto Superior de Educação Física de Lisboa*, Vol. 2, nº 1 (1977), pp. 3 e ss.

CRISAFULLI, Vezio, *Lezioni di Diritto Costituzionale*, 2ª Edição, Pádua, CEDAM, 1970

CROCE, Mariano, *Self-sufficiency of Law: A Critical-institutional Theory of Social Order*, Springer, Dordrecht/Heidelberg/New York/London, 2012

CUESTA SÁENZ, José María de la, «De Nuevo sobre la Contratualidad del Arbitraje», *in Derecho Privado y Constitución*, nº 21 (2007), pp. 61 e ss.

DANOVI, Filippo, «Per uno statuto giuridico del mediatore», *in Rivista di Diritto Processuale*, nº 4 (2011), pp. 771 e ss.

DANWITZ, Thomas von, *Verwaltungsrechtliches System und Europäische Integration*, Tubinga, Mohr Siebeck, 1996

DANWITZ, Thomas von, *Europäisches Verwaltungsrecht*, Berlim e Heidelberga, Springer, 2008

DASSER, Felix, «International Arbitration and Setting Aside Proceedings in Switzerland – An Updated Statistical Analysis», *in ASA Bulletin*, Vol. 28, nº 1 (2010), pp. 82 e ss.

DAVID, René, «Arbitrage du XIXe et arbitrage du XXe Siècle», *in Mélanges offerts à René Savatier*, Paris, Dalloz, 1965, pp. 219 e ss.

DAVID, Paul, *A Guide to the World Anti-Doping Code: A Fight for the Spirit of Sport*, 2ª Edição, Oxford, Oxford University Press, 2013

DAVIDHEISER, Mark, «Harmony, Peacemaking, and Power», *in Conflict Resolution Quarterly*, nº 23 (2006), pp. 281 e ss.

DEBBASCH, Charles e Jacques BOURDON, *Les associations*, Paris, Presse Universitaires de France, 1985

DECKER, Wolfgang «Theorien zum Ursprung des Sports», *in Handbuch Sportgeschichte*, MICHAEL KRÜGER & HANS LANGENFELD (Org.), Schorndorf, Hofmann, 2010, pp. 62 e ss.

DEDERER, Hans-Georg, *Korporative Staatsgewalt*, Mohr Siebeck, Tubinga, 2004

DEPPING, André Depping, «Von Olympia bis zur lex sportiva – Gedanken zur Geschichte des Sportrechts», *in Zeitschrift der Savigny-Stiftung für Rechtsgeschichte*, nº 127 (2010), pp. 324 e ss.

DE SMITH, WOOLF e JOWELL, *Judicial Review of Administrative Action*, Londres, Sweet & Maxwell, 1995

DIALLO, Ousmane, *Le consentement des parties à l'arbitrage international*, Paris, PUF, 2010

DIAS, Jorge de Figueiredo, «Sobre o sentido do princípio jurídico-constitucional do «juiz-natural»», *in RLJ*, nº 3615 (1974), pp. 82 e ss.

DIAS, José Eduardo Figueiredo, *A Reinvenção da Autorização Administrativa no Direito do Ambiente*, Coimbra, Coimbra Editora, 2014

DICHTER, Heather, «Rebuilding physical education in the Western occupation zones of Germany, 1945-1949», *in History of Education*, nº 6 (2012), pp. 787 e ss.

DIEM, Carl, *Weltgeschichte des Sports - Band II - Der moderne Sport*, Estugarda, Cotta, 1971

DÍEZ GARCÍA, Javier, *La Administración Pública y el Negocio Del Fútbol Profesional*, Dissertação de doutoramento apresentada à Faculdade de Direito de Léon, *policopiado*, 2012

DÍEZ-PICASO, Luis María, *Régimen Constitucional del Poder Judicial*,

DINH, Nguyen Quoc, Patrick DAILLIER e Alain PELLET, *Direito Internacional Público*, 2ª Edição, Lisboa, Fundação Calouste Gulbenkian, 2003

Madrid, Editorial Civitas, 1991

DINI, Piero, «Le basi dell'autonomia sportiva», *in RDS*, Ano XXVII, nº 3 (1975), pp. 229 e ss.

DION, Sophie, «Examen d'agent sportif: FIFA hors jeu!», *in Recueil Dalloz*, nº 13 (2007), pp. 924 e ss.

DISTLER, Wolfram, *Private Schiedsgerichtsbarkeit und Verfassung*, Frankfurt am Main, Peter Lang, 2000

DOLLES, Harald e Sten SÖDERMAN, «Sport as a Business: Introduction», *in Sport as Business*, Basingstoke, Palgrave, 2011

DOMINGOS, Nuno, «A circulação de um esquema táctico: o WM em Inglaterra, Portugal e Moçambique», *in Uma História do Desporto em Portugal*, JOSÉ NEVES e NUNO DOMINGOS (Coord.) - Nação, Império e Globalização, Vol. II, Lisboa, QuidNovi, 2011, pp. 263 e ss.

DOMINGOS, Nuno, «As políticas desportivas do Estado colonial em Moçambique», *in Lusotopie*, Vol. 16, nº 2, 2009, pp. 83 e ss.

DOMINGOS, Nuno, «Building a motor habitus: Physical Education in the Estado Novo», *in International Review for the Sociology of Sport*, nº 45/1 (2010), pp. 23 e ss.

DOMINGOS, Nuno, *Futebol e Colonialismo - Corpo, Cultura Popular em Moçambique*, Lisboa, Imprensa de Ciências Sociais, 2012

D'ONOFRIO, Paco, *Sport e Giustizia*, Santarcangelo di Romagn, Maggioli, 2005

DRAY, Guilherme Machado, *O Princípio da Igualdade no Direito do Trabalho*, Almedina, Coimbra, 1999

DREIER, Horst, «Die deutsche Staatsrechtslehre in der Zeit des Nationalsozialismus», *in VVDStRL*, Vol. 60 (2001), pp. 10 e ss.

DUARTE, Ronnie Preuss, *Garantia de Acesso à Justiça*, Coimbra, Almedina, 2007

DUARTE, Rui Pinto, «O Jogo e o Direito», *in Themis - Revista da Faculdade de Direito da UNL*, Ano II, nº 3 (2001), pp. 69 e ss.

DUCOMTE, Jean-Michel e Jean-Marc ROIRANT, *La liberte de s'associer*, Toulouse, Privat, 2011

DUDOGNON, Charles *et alli*, *Règlement des litiges au sein du mouvement sportif*, Paris, Dalloz, 2012

DUGUIT, León, *Le droit social, le droit individuel et les transformations de l'Etat*, Paris, Félix Alcan, 1908

DUGIT, Léon, *Traité de Droit Constitutionnel*, Tome II, 2ª Edição, Paris, Boccard, 1923

DUNNING, Eric, *Sport Matters*, Londres e Nova Iorque, Routledge, 1999

DUNNING, Eric, «Civilizing Sports: Figurational Sociology and the Sociology of Sport», *in Sociology of Sport and Social Theory*, EARL SMITH (Ed.), Champaign, Human Kinetics, 2010, pp. 15 e ss.

DÜRIG, Günter, «Grundrechte und Zivilrechtsprechung», *in Vom Bonner Grundgesetz zur Gesamt Deutscher Verfassung. Festschrift zum 75. Geburtstag zum Hans Nawiasky*, THEODOR MAUNZ (Ed.), Munique, Isar Verlag, 1956, pp. 157 e ss.

DURNER, Wolfgang, «Normakzeptanz», *in Recht und Spielregeln*, ANDREAS VON ARNAULD (Ed.) Tubinga, Mohr Siebeck, 2003, pp. 245 e ss.

DURRY, Jean, *Pierre Coubertin – The Visionary*, Paris, CFPC, 1994

DUVAL, Antoine, *Lex sportiva: a Playground for Transnational Law*, 2013, *disponível online.*

DUVAL, Antoine e B. VAN ROMPUY, «Protecting Athletes' Right to a Fair Trial Through EU Competition Law: The Pechstein Case», *in Fundamental Rights in International and European Law: Public and Private Law Perspectives*, CHRISTOPHE PAULUSSEN ET ALLI (Ed.), Berlim, Springer, 2016, pp. 245 e ss.

DUVAL, Jean-Marc, *Le Droit Public du Sport*, Aix-en Provence, Presse Universitaires D'Aix, 2002

DUVE, Christian e Karl Ömer RÖSCH, «Der Fall Pechstein: Kein Startschuss für eine Neugestaltung der Sportschiedsgerichtsbarkeit», *in SchiedsVZ*, nº 5 (2014), pp. 216 e ss.

DZEHTSIAROU, Kantstantsin, *European Consensus and the Legitimacy of the European Court of Human Rights*, Cambridge, Cambridge University Press, 2015

EBBING, Frank, *Private Zivilgerichte*, Munique, C.H.Beck, 2003

EDENFELD, Stefan, *Die Rechtsbeziehungen des bürgerlichen-rechtliches Vereins zu Nichtmitgliedern*, Duncker & Humblot, Berlim, 1996

EDWARDS, HARRY T., «Alternative Dispute Resolution: Panacea or Anathema», *in Harvard Law Review*, Vol. 99, nº 3 (1986), pp. 668 e ss.

EHRLICH, Eugen, *Grundlegung der Soziologie des Rechts*, Munique e Leipzig, Duncker & Humblot, 1913

EIDENMÜLLER, Horst, «Obligatorische außergerichtliche Streitbeilegung: Eine contradictio in adiecto?», *in JZ*, nº 11 (2015), pp. 539 e ss.

EISENBERG, Christiane, «Die britischen Ursprunge des modernen Sports», *in Handbuch Sportgeschichte*, MICHAEL KRÜGER & HANS LANGENFELD (Org.), Schorndorf, Hofmann, 2010, pp. 181 e ss.

ENGISCH, Karl, «Der Rechtsfreie Raum», in Zeitschrift für die gesamte Staatswissenschaft, nº 3 (1952), pp. 25 e ss.

ERBSEN, Alan, «The Substance and Illusion of *Lex Sportiva*», *in The Court of Arbitration for Sport 1984-2004*, IAN BLACKSHAW e JANWILLEM SOEK (Ed.), Haia, TMC Asser Press, 2006, pp. 441 e ss.

ERMANN, *Bürgerliches Gesetzbuch*, 13ª Edição, Colónia, Otto Schmidt, 2011

ERNST, Rolf, *Die Ausübung der Vereinsgewalt*, Dissertação de doutoramento apresentada à Faculdade de Direito da Universidade de Colónia, *policopiado*, 1969

ESPLUGUES, Carlos, «General Report: New Developments in Civil and Commercial Mediation – Global Comparative Perspectives», *in New Developments in Civil and Commercial Mediation*, Carlos Esplugues e Louis Marquis (Ed.), Heidelberga, Springer, 2015, pp. 1 e ss.

ESQUÍVEL, José Luís, *Os Contratos Administrativos e a Arbitragem*, Coimbra, Almedina, 2004

ESTORNINHO, Maria João, *A Fuga para o Direito Privado*, 2ª Reimpressão, Coimbra, Almedina, 2009

EXON, Susan Nauss, «How Can a Mediator Be Both Impartial and Fair», *in Journal of Dispute Resolution*, nº 2 (2006), pp. 388 e ss.

EYERMANN/GEIGER, *Verwaltungsgerichtsordnung*, 14ª Edição, Munique, C.H. Beck, 2014

FÁBRICA, Luís Manuel da Costa Sousa, *A Acção para o reconhecimento de Direitos e Interesses Legalmente Protegidos*, Lisboa, 1987

FALCÃO, Pedro, *Sívio Lima e o Desporto*, Imprensa da Universidade de Coimbra, Coimbra, 2010

FARINHO, Domingos Soares, *Fundações* e Interesse Público, Coimbra, Almedina, 2014

FARINHO, Domingos Soares, «O âmbito de aplicação do novo Código do Procedimento Administrativo: regressar a Ítaca», *in Comentários ao Novo Código do Procedimento Administrativo*, CARLA AMADO GOMES, ANA FERNANDA NEVES e TIAGO SERRÃO (Coord.), Lisboa, AAFDL, 2015, pp. 139 e ss.

FECHNER, Frank, Johannes ARNOLD e Michael BRODFÜHRER, *Sportrecht*, Tubinga, Mohr Siebeck, 2011

FEHLING, Michael, «Informales Verwaltungshandeln», *in Grundlagen des Verwaltungsrechts*, HOFFMANN-RIEM, SCHMIDT-ASSMANN e VOSSKUHLE (Ed.), Vol. II, Munique, C.H. Beck, 2008, pp. 1341 e ss.

FEIO, Noronha, *Portugal – Desporto e Sociedade*, Lisboa, Direcção-Geral da Comunicação Social, 1993.

FENN, Herbert, «Zur Abgrenzung Von Verbandsgerichtsbarkeit Und Statutarischer Schiedsgerichtsbarkeit», *in Festschrift Für Wolfram Henckel Zum 70. Geburtstag Am 21. April 1995*, WALTER GERHARDT (Ed.), Berlim, De Gruyter, 1995, pp. 173 e ss.

FERZ, Sascha, *Mediation im öffentlichen Bereich*, Viena, Verlag Österreich, 2013

FERNANDES, Constantino, *O Direito e os Desportos (Breve estudo de direito desportivo)*, Lisboa, Procural Editora, 1946

FERNANDES, António Monteiro, *Direito do Trabalho*, 16ª Edição, Coimbra, Almedina, 2012

FERNANDEZ FARRERES, German, *Associaciones y Constitucion*, Madrid, Civitas, 1987

FERREIRA, Emília A., *Corporativismo Português – doutrina e aplicação*, 3ª Edição, Coimbra, Coimbra Editora, 1964

FERREIRA, J. O. Cardona, *Guia de Recursos em Processo Civil*, 5ª Edição, Coimbra, Coimbra Editora, 2010

FERREIRA, Nuno Estevão Figueiredo Miranda, *A Câmara Corporativa no Estado Novo: Composição, Funcionamento e Influência*, Dissertação de doutoramento apresentada ao Instituto de Ciências Sociais da Universidade de Lisboa, *policopiado*, 2009

FIGUEIRAS, Cláudia Sofia Melo, *Arbitragem em matéria tributária: à semelhança do modelo Administrativo?*, Dissertação de Mestrado apresentada na Faculdade de Direito do Minho, *policopiado*, 2011

FIGUEIREDO, José Eduardo de Oliveira, *Tutela Ambiente e Contencioso Administrativo*, Coimbra, Cimbra Editora, 1997

FIKENTSCHER, Adrian, «Nationalmannschaften als Teil des Wirtschaftsleben – Rechtstatsächliche Anmerkungen zur europarechtlichen Privilegierung von Nationalmannschaften», *in Festschrift für Wolfgang Fikentscher zum 70. Geburtstag*, Bernhard Grossfeld *et alli* (Ed.), Tubinga, Mohr Siebeck, 1998, pp. 635 e ss.

FIKENTSCHER, Adrian, *Mitbestimmung im Sport*, Berlim, Duncker & Humblot, 2002

FIKENTSCHER, Wolfgang, *Methoden des Rechts in Vergleichender Darstellung*, Band IV, Tubinga, Mohr Siebeck, 1977

FISHER, Roger, «Negotiating Power», *in American Behavioral Scientist*, Vol. 27, nº 2 (1983), pp. 149 e ss.

FISHER, Roger, William URY e Bruce PATTON, *Getting to Yes*, 2ª Edição, Boston, Houghton, 1991

FISCHER-LESCANO, Andreas, «Monismus, Dualismus? – Pluralismus.Selbstbestimmung des Weltrechts bei Hans Kelsen und Niklas Luhmann», *in Rechts-Staat. Staat, internationale Gemeinschaft und Völkerrecht bei Hans Kelsen*, HAUKE BRUNKHORST/RÜDIGER VOIGT (Ed.), Baden-Baden, Nomos, 2008, pp. 205 e ss.

FISS, Owen M., «Against Settlement», *in Yale Law Journal*, nº 93 (1984)

FLÉCHAUX, Georges, «L'arbitrage du bâtonnier –Un exemple d'arbitrage force», *in Revue de l'Arbitrage*, nº 1 (1990), pp. 101 e ss.

FLEINER, Friz, *Institutionen des Deutschen Verwaltungsrechts*, 3ª Edição, Tubinga, J.C.B Mohr, 1913

FLUME, Werner, «Die Vereinsstrafe», *in Festschrift für Eduard Bötticher zum 70. Geburtstag*, Berlim, Duncker & Humblot, 1969, pp. 101 e ss.

FLUME, Werner, *Allgemeiner Teil des Bürgerlichen Rechts: Band I, Teil 2 – Die juristische Personen*, Berlim e Heidelberga, 1983

FLUME, Werner, *Allgemeiner Teil des Bürgerlichen Rechts: Das Rechtsgeschäft*, Vol. II, 4ª Edição da reimpressão, Berlim e Heidelberga, Springer, 1992

FONSECA, Isabel Celeste, «A arbitragem administrativa: uma realidade com futuro?», *in A arbitragem administrativa e tributária*, ISABEL CELESTE FONSECA (Ed.), 2ª Edição, Coimbra, Almedina, 2013, pp. 159 e ss.

FONSECA, Rui Guerra da, *O Fundamento da Autotutela Executiva da Administração Pública*, Coimbra, Almedina, 2012

FONTMICHEL, Maximin de, *Le faible et l'arbirage*, Paris, Economica, 2013

FORDHAM, Michael, *Judicial Review Handbook*, 3ª Edição, Oxford, Hart, 2001

FORSTHOFF, Ernst, *Der totale Staat*, Hamburgo, Hanseatische Verlagsanstalt, 1933

FOSTER, Ken, «Lex Sportiva: Transnational Law in Action», *in ISLJ*, nº 3-4 (2010), pp. 20 e ss.

FOUCHARD, Phillippe, «Bibliographie – La notion de l'arbitrage», *in Revue de l'arbitrage*, nº 2 (1988), pp. 415 e ss.

FOUCHARD, Phillippe, «Henry Motulsky et l'arbitrage», *in Revue de l'arbitrage*, nº 4 (1992), pp. 523 e ss.

FRAGA, Carlos, *Subsídios para a Independência dos Juízes – O Caso Português*, Lisboa, Cosmos, 2000

FRAGA, Carlos, *Sobre a Independência dos Juízes e Magistrados*, Lisboa, Vislis, 2003

FRATTAROLO, Vittorio, *L'ordinamento sportivo nella giurisprudenza*, 2ª Edição, Milão, Giuffré, 2005

FREITAS, José Lebre de, *Introdução ao Processo Civil*, 3ª Edição, Coimbra, Coimbra Editora, 2013

FRENZ, Walter, *Handbuch Europarecht*, Band I, 2ª Edição, Heidelberg, Springer, 2012

FRENZ, Walter, *Handbuch Europarecht*, Band II, 2ª Edição, Heidelberg, Springer, 2015

FRITZ, Roland e Dietrich PIELSTICKER, *Mediationsgesetz*, Colónia, Luchterhand, 2013

FRITZEILER, Jochen, Bernhard PFISTER e Thomas SUMMERER, *Praxishandbuch Sportrecht*, 2ª Edição, Munique, C.H. Beck, 2007

FRITZWEILER, PFISTER e SUMMERER, *Praxishandbuch Sportrecht*, 3ª Edição, Munique, C.H.Beck, 2014

FROTSCHER, Werner e Bodo PIEROTH, *Verfassungsgeschichte*, 11ª Edição, Munique, C.H. Beck, 2012

FROWEIN/PEUKERT, *EMRK-Kommentar*, 3ª Edição, Berlim, NP. Engel, 2009

FRYDMAN, Benoit, «A pragmatic approach to Global Law», *in Private International Law and Global Governance*, Horatia Muir Watt e Diego P. Fernández Arroyo (Ed.), Oxford, Oxford University Press, 2014, p. 183.

FUCHS, Christoph, *Rechtsfragen um Vereinsstrafen*, Zurique, Schultess, 1999

FUCHS, Maximillian, *Die Allgemeine Rechtstheorie Santi Romanos*, Berlim, Duncker & Humblot, 1979

FUMAGALLI, Luigi, «La risoluzione delle controversie sportive: metodi giurisdizionali, arbitrali ed alternativi di composizione», *in RDS*, Ano 51, nº 2-3 (1999), pp. 245 e ss.

FUNAIOLI, Carlo Alberto, *Il giuoco e la scomessa*, Turim, Union Tipografico-Editrice Torinense, 1961

FUNKE, Andreas, «Rechtstheorie», *in Grundlagen des Rechts*, KRÜPER (Ed.), Baden-Baden, Nomos, 2011, pp. 45 e ss.

FUNKE, Andreas, «Nichtregierungsorganisationen (NGO)», *in Völkerrecht – Lexikon zentraler Begriffe und Themen*, BURKHARD SCHÖBENER (Ed.), Heidelberg, C.F. Müller, 2014, pp. 313 e ss.

GAILLARD, Emmanuel, *Le Pouvoir en Droit Privé*, Paris, Economica, 1985

GAILLARD, Emmanuel, *Aspects philosophiques du droit de l'arbitrage international*, Leiden/Boston, Martinus Nijhoff Publishers, 2008

GALANTER, Marc, «Why the "Haves" Come out Ahead: Speculations on the Limits of Legal Change», *in Law and Society Review*, Vol. 9, nº 1 (1974), pp. 95 e ss.

GALANTER, Marc, «Justice in Many Rooms: Courts, Private Ordering and Indigenous Law», *in Journal of Legal Pluralism*, nº 19 (1981), pp. 1 e ss.

GAMA, João Taborda da, «Contrato de Transacção no Direito Administrativo e Fiscal», *in Estudos em Homenagem ao Professor Doutor Inocêncio Galvão Telles*, Coimbra, Almedina, 2003, pp. 607 e ss.

GAMERO CASADO, Eduardo, «Naturaleza y régimen jurídico de las federaciones deportivas», *in Revista jurídica del deporte*, nº 8 (2002), pp. 25 e ss.

García Pérez, Marta, *Arbitraje y Derecho Administrativo*, Cizur Menor, Aranzadi, 2011

Garcia, Maria da Glória Ferreira Pinto Dias, *Da Justiça Administrativa em Portugal – Sua origem e evolução*, Lisboa, Universidade Católica Editora, 1994

Garcia, Maria da Glória, *A responsabilidade do Estado e demais pessoas colectivas públicas*, Lisboa, *policopiado*, 1997

Garcia, Maria da Glória, «Princípio da Igualdade: Fórmula vazia ou Fórmula "Carregada" de sentido?», *in Estudos sobre o princípio da igualdade*, Almedina, Coimbra, 2005, pp. 29 e ss.

Garcia, Maria da Glória, *O Lugar do Direito na Protecção do Ambiente*, Coimbra, Almedina, 2007

Gardiner, Simon *et alli*, *Sports Law*, 4ª Edição, Londres e Nova Iorque, Routledge, 2012

Garrigou-Lagrance, Jean-Marie, *Recherches sur les Rapports des Associations avec les Pouvoirs Publics*, Paris, LGDJ, 1970

Gatsi, Jean, *Le Droit du Sport*, Paris, PUF, 2007

Gaudemet, Yves, *Droit Administratif*, 19ª Edição, Paris, LGDJ, 2010

Gay-Lescot, Jean-Louis, «L'évolution du discours politique sportif français Durant l'Occupation (1940-1944)», *in Mots*, nº 29 (1991), pp. 23 e ss.

Geiger, Ingmar, *Industrielle Verhandlungen*, Wiesbaden, Deutsche Universitäts--Verlag, 2007

Geimer, Reinhold, «Schiedsgerichtsbarkeit und Verfassung (aus deutscher Sicht)», *in Integritätsprobleme im Umfeld der Justiz – Die Organisation der Rechtsberatung; Schiedsgerichtsbarkeit und Verfassungsrecht*, Bielefeld, Giesiking-Verlag, 1994, pp. 113 e ss.

Geimer, Reinhold, «Nichtvertragliche Schiedsgerichte», *in Grenzüberschreitungen: Beiträge zum Internationalen Verfahrensrecht und zur Schiedsgerichtsbarkeit. Festschrift für Peter Schlosser zum 70. Geburtstag*, Tubinga, Mohr Siebeck, 2005, pp. 197 e ss.

Geraldes, António Santos Abrantes, *Recursos no Código de Processo Civil*, Coimbra, Almedina, 2016

Germain, Jean-Claude, *Les sportifs et le droit, s.l.*, Faculdade de Direito de Liège, 1976

Gerstenberg, Oliver, «Privatrecht, Demokratie und die lange Dauer der bürgerlichen Gesellschaft», *in Rechtshistorisches Journal*, nº 16 (1997), pp. 152 e ss.

Gewurz, Ilan G., «(Re)Designing Mediation to Address the Nuances of Power Imbalance», *in Conflict Resolution Quarterly*, Vol. 19, nº 2 (2001), pp. 135 e ss.

Ghia, Lucio, «Il CONI e la Legge 31 Gennaio 1992 nº 138», *in RDS*, Ano XLV, nº 2 e 3 (1993), pp. 388 e ss.

GIANNINI, Massimo Severo, «Gli Elementi degli Ordinamenti Giuridici», *in Rivista Trimestrale di Diritto Pubblico*, Ano VIII (1958), pp. 219 e ss.

GIANNINI, Massimo Severo, «La Relazioni tra gli Elementi degli Ordinamenti Giuridici», *in Rivista Trimestrale di Diritto Pubblico*, nº 3 (1990), pp. 997 e ss.

GIANNINI, Massimo Severo, *Diritto Administrativo*, Vol. I, 3ª Edição, Milão, Giuffrè, 1993

GIANNINI, Massimo Severo, «Ancora Sugli Ordinamenti Giuridici Sportivi», *in Rivista Trimestrale di Diritto Pubblico*, nº 3 (1996), pp. 671 e ss.

GIERKE, Otto von, *Die Genossenschaftstheorie und die deutsche Rechtsprechung*, Berlin, Wiedmannische Buchhandlung, 1887

GIERKE, Otto von, *Deutsches Privatrecht – Erster Band: Allgemeiner Teil und Personenrecht*, Leipzig, Duncker & Humblot, 1895

GIERKE, Otto von, *Das Wesen der menschlichen Verbände*, Leipzig, Duncker & Humblot, 1902

GIUCCIARDI, Enrico, *La Giustizia Amministrativa*, 3ª Edição, Pádova, CEDAM, 1957

GILLIAUX, Pascal, *Droit(s) européen(s) à une procès équitable*, Bruxelas, Bruylant, 2012

GLENN, H. Patrick, *The Cosmopolitan State*, Oxford, Oxford University Press, 2013

GOMES, Carla Amado, *Risco e Modificação do Acto Autorizativo Concretizador de Deveres de Protecção do Ambiente*, Coimbra, Coimbra Editora, 2007

GOMES, Carla Amado, «Mediação e Arbitragem Administrativa e Direito do Ambiente: qualquer semelhança é mera coincidência?», *in Revista da Faculdade de Direito da Universidade Federal da Uberlândia*, Vol. 42, nº 2 (2014), pp. 204 e ss.

GOMES, Carla Amado e Sandra Lopes Luís, «O dom da obiquidade administrativa: reflexões sobre a actividade administrativa informal», *in O Direito*, nº 3 (2012), pp. 535 e ss.

GONÇALVES, José Ricardo, «Anotação ao acórdão "Pechstein" (justiça arbitral desportiva)», *in Cem Anos de Arbitragem. Os casos essenciais comentados*, Coimbra, Almedina, 2015, pp. 425 e ss.

GONÇALVES, Luís da Cunha, *Princípios de Direito Corporativo*, Lisboa, *policopiado*, 1935

GONÇALVES, Pedro, «Advertências da Administração Pública», *in Estudos em Homenagem ao Prof. Doutor Rogério Soares*, Coimbra, Coimbra Editora, 2001, pp. 723 e ss.

GONÇALVES, Pedro, *O Contrato Administrativo – Uma Instituição do Direito Administrativo do Nosso Tempo*, Reimpressão da Edição de 2002, Coimbra, Almedina, 2004

GONÇALVES, Pedro, *Entidades Privadas com Poderes Públicos*, Almedina, Coimbra, 2005

GONÇALVES, Pedro, «A «soberania limitada» das federações desportivas», *in CJA*, nº 59 (2006), pp. 41 e ss.

GONÇALVES, Pedro, «Imputação ao Gil Vicente FC de infracção disciplinar muito grave consistente na violação do disposto no artigo 63º do Regulamentar Disciplinar da Liga Portuguesa de Futebol Profissional», *in D&D*, nº 13 (2008), pp. 91 e ss.

GONÇALVES, Pedro, *Regulação, Electricidade e Comunicações*, Coimbra, Coimbra Editora, 2008

GONÇALVES, Pedro, «Administração Pública e arbitragem – em especial, o princípio legal da irrecorribilidade de sentenças arbitrais», *in Estudos em Homenagem a António Barbosa de Melo*, Coimbra, Almedina, 2013, pp. 777 e ss.

GONÇALVES, Pedro, «Arbitragem e regulação (a arbitrabilidade dos conflitos regulatórios)», in *Revista Internacional de Arbitragem e Conciliação*. vol. 7. (2014), pp. 65 e ss.

GONÇALVES, Pedro Costa, *Direito dos Contratos Públicos*, Coimbra, Almedina, 2015

GONÇALVES, Pedro, «Regulamentos Desportivos», *in IV Congresso de Direito do Desporto*, Coimbra, Almedina, 2015, pp. 55 e ss.

GONZALEZ GRIMALDO, M. Carmelo, *El Ordenamiento Juridico Del Deporte*, Civitas, Madrid, 1974

GÖTZ, Reinhard, *Anti-Doping-Massnahmen im Hochleistungssport aus rechtlicher Sicht*, Remscheid, Gardez, 2012

GOUVEIA, Jorge Bacelar, *Manual de Direito Constitucional*, 4ª Edição, Vol. II, Coimbra, Almedina, 2011

GOUVEIA, Jorge Bacelar, *Manual de Direito Internacional Público*, 4ª Edição, Coimbra, Almedina, 2013

GOUVEIA, Mariana França, *A Causa de Pedir na Acção Declarativa*, Coimbra, Almedina, 2004

GOUVEIA, Mariana França, «O Dever de Independência dos Árbitros de Parte», *in Themis*, nº 16 (2009), pp. 319 e ss.

GOUVEIA, Mariana França, «Mediação e Processo Civil», *in Cadernos de Direito Privado*, nº especial 1, 2010, pp. 24 e ss.

GOUVEIA, Mariana França, *Curso de Resolução Alternativa de Litígios*, 3ª Edição, Coimbra, Almedina, 2014

GOUVEIA, Mariana França, e Jorge Morais CARVALHO, «Convenção de arbitragem em contratos múltiplos», *in Cadernos de Direito Privado*, nº 36 (2011), pp. 36 e ss

GRABENWARTER, Christoph, *European Convention on Human Rights. Commentary*, Munique, C.H. Beck, 2014

GRÄTZ, Daniel, *Missbrauch der Marktbeherrschenden Stellung durch Sportverbände*, Tubinga, Mohr Siebeck, 2009

GRAYSON, Edward, *Sport and The Law*, 2ª Edição, Edimburgo, Butterworths, 1994

GRIFFITHS, John, «What is Legal Pluralism?», *in Journal of Legal Pluralism*, nº 24 (1986), pp. 1 e ss.

GRIMM, Dieter, *Die Zukunft der Verfassung*, 2ª Edição, Frankfurt am Main, Suhrkamp, 1994

GROS, Manuel e Pierre-Yves VERKINDT, «L'autonomie du droit du sport, fiction ou réalité?», *in AJDA*, nº 12 (1985), pp. 697 e ss.

GROTHE Helmut e Mattias FROHN, «Rechtsstaatliche Verfahrensgarantien in der Sportgerichtsbarkeit: Wayne Rooney, Paul Stretford und Art. 6 EMRK», *in CaS*, nº 2 (2008), pp. 104 e ss.

GUALIZZINI, Ugo, *Premesse Storiche al Dirritto Sportivo*, Milão, Giuffrè, 1965

GUEDES, Armando Marques, *A Concessão*, Coimbra, Coimbra Editora, 1954

GUEDES, Armando Marques, «Tribunais Arbitrais Administrativos», *in Revista da Faculdade de Direito da Universidade de Lisboa*, Vol. XIV (1960), pp. 141 e ss.

GUMMERT, Peter, «Sport», *in Der Neue Pauly – Enzyklopädie der Antike*, HUBERT CANCIK, HELMUTH SCHNEIDER E MANFRED LANDFESTER (Org.), Vol. II, Estugarda, Metzler, 2003

GUNDEL, J., «Verfahrensrechte», *in Handbuch Grundrechte in Deutschland und Europa*, MERTEN/PAPIER (Ed.), Vol. VI/1, Heidelberg, C.F. Müller, 2010, pp. 349 e ss.

GUY-ECKABERT, Christine, «La médiation au Tribunal arbitral du sport, un processus à doper», *in Citius, Altius, Fortius, Mélanges en l'honneur de Dennis Oswald*, Antonio Rigozzi et alli, Basileia, Helbing Lichtenhahn, 2012, pp 555 e ss.

HAAS, Ulrich, *Die Annerkennung von Vollstreckung ausländerischer und internationaler Schiedsprüchen*, Berlim, Duncker & Humblot, 1991

HAAS, Ulrich, «Die Abgrenzung von Vereinsgerichten zu echten Schiedsgerichten», *in SpuRt*, nº 6 (2000), pp. 228 e ss.

HAAS, Ulrich, «Die Überprüfung von „Spielentscheiden" in der Rechtsprechung des Court of Arbitration for Sport (CAS)», *in CaS*, nº 2 (2007), pp. 131 e ss.

HAAS, Ulrich, «International sports arbitration and the European Convention on Human Rights», *in RePro*, Vol 34, nº 173 (2009), pp. 129 e ss.

HAAS, Ulrich, «Internationale Sportschiedsgerichtsbarkeit und EMRK», *in SchiedsVZ*, nº 2 (2009), pp. 73 e ss.

HAAS, Ulrich, «Role and Application of article 6 of the European Convention on Human Rights in CAS Procedures», *in ISLJ*, nº 3 (2012), pp. 43 e ss.

HAAS, Ulrich, «Private Rechtsetzung und Rechtsdurchsetzung im Sport», *in Entstaatlichung des Rechts*, RÜDOLF MÜLLER (Ed.), Viena, Linde, 2014, pp. 121 e ss.

HAAS, Ulrich, «Zwangsschiedsgerichtsbarkeit im Sport und EMRK», *in Asa Bulletin*, nº 4 (2014), pp. 707 e ss.

HAAS, Ulrich, «Applicable law in football-related disputes – The relationship between the CAS Code, the FIFA Statutes and the agreement of the parties on the application of national law», *in CAS Bulletin*, nº 2 (2015), pp. 7 e ss.

HAAS, Ulrich e Dirk Rainer-MARTENS *Sportrecht – Eine Einführung in die Praxis*, Zurique, Schultess, 2011

HAAS, Ulrich, «The Court of Arbitration for Sport in the Case Law of the German Courts», *in ISLJ*, nº 4 (2015), pp. 71 e ss.

HÄBERLE, Peter, *Europäische Verfassungslehre*, 6ª Edição, Baden-Baden, Nomos, 2009

HABERMAS, Jürgen, *Die Postnationale Konstellation*, Frankfurt am Main, Suhrkamp, 1998

HABSCHEID, Walter, «Schiedsgerichtsbarkeit und Menschenrechtskonvention», *in Festschrift für Wolfram Henckel zum 70. Geburtstag am 21. April 1995*, WALTER GERHARDT (Ed.), Berlim, De Gruyter, 1995, pp. 342 e ss.

HADDING, Walther, «Korporationsrechtliche oder rechtsgeschäftlichen Grundlagen des Vereinsrechts», *in Festschrift für Robert Fischer*, Berlim, De Gruyter, 1979, pp. 165 e ss.

HAGER, Günter, *Konflikt und Konsens*, Tubinga, Mohr Siebeck, 2001

HANOTIOU, Bernard, *Complex Arbitrations*, Haia, Kluwer Law International, 2005

HÄRTEL, Ines, «Mediation im Verwaltungsrecht», *in JZ*, nº 15 e 16 (2005), pp. 753 e ss.

HARTWIG, Matthias, «ICANN – Governance by Technical Necessity», *in The Exercise of Public Authority by International Institutions*, ARMIN VON BOGDANDY *ET ALLII* (Ed.), Heidelberg, Springer, 2010, pp. 575 e ss.

HAURIOU, Maurice, *Précis de Droit Administratif et de Droit Public General*, 4ª Edição, Paris, Librarie de la societé du Recueil Général des lois et des arrêts, 1900

HAURIOU, Maurice, «L'institution et le droit statutaire», *in Récueil de législation de Toulouse*, 2ª série, Vol. II (1906), pp. 134 e ss.

HAURIOU, Maurice, *Principes de Droit Public*, Paris, Recueil Sirey, 1910

HAUSER, Raimund, *Norm, Recht und Staat*, Viena e Nova Iorque, Viena, 1968

HAVEMANN, Nils, *Fussball unterm Hakenkreuz*, Frankfurt am Main, Campus, 2005

HEERMANN, Peter W., «Bindung an die Satzung übergeordneter Verbände durch dynamische Verweisung», *in ZHR*, nº 3 (2010), pp. 250 e ss.
HEERMANN, Peter W., «Freiwilligkeit von Schiedsvereinbarungen in der Sportgerichtsbarkeit», *in SchiedsVZ*, nº 2 (2014), pp. 66 e ss.
HEGEL, Georg Friedrich Wilhelm, *Philosophie des Rechts. Die Vorlesung von 1819/20 in einer Nachschrift*, Frankfurt am Main, Suhrkamp, 1983
HEGEL, Georg Friedrich Wilhelm, *Grundlinien der Philosophie des Rechts oder Naturrecht und Staatswissenschaft im Grundrisse. Mit Hegels eigenhändigen Notizen und den mündlichen Zusätzen*, republicação em 20 Volumes das obras de Hegel publicadas entre 1832-1845, Frankfurt am Main, Suhrkamp, 1986
HELD, David, *Democracy and the Global Order. From the Modern State to Cosmopolitan Governance*, Stanford, Stanford University Press, 1995
HERDEGEN, Matthias, *Völkerrecht*, 13ª Edição, Munique, C.H.Beck, 2014
HERTHEL, Melanie, *Aktivierung der Athletenrechte im Verhältnis zur Verbandsautonomie unter besonderer Berücksichtigund und der Berufsfreiheit*, Frankfurt am Main, Peter Lang, 2003
HESS, Burkhard «Schiedsgerichtsbarkeit und europäisches Zivilprozessrecht», *in JZ*, nº 11 (2014), pp. 538 e ss.
HESSE, Konrad, *Grundzüge des Verfassungsrechts der Bundesrepublik Deutschland*, 20ª Edição, Heidelberg, C. F. Müller, 1995
HILPERT, Horst *Die Geschichte des Sportrechts*, Estugarda, Boorberg, 2011
HITLER, Adolf, *Mein Kampf*, 2 Vol., refundidos, Edição de 1943, Munique, Editora central da NSDAP, 1943
HIX, Phillip Martin John, *Probleme der Normierung einer Sportklausel im Grundgesetz für die Bundesrepublik Deutschland unter Berücksichtigung des Rechts der Europäischen Union*, Baden-Baden, Nomos, 2013
HOBE, Stephan, *Der offene Verfassungstaat zwischen Souveränität und Interdependenz*, Berlim, Duncker & Humblot, 1998
HOBE, Stephan, *Einführung in das Völkerrecht*, 9ª Edição, Tubinga e Basileia, Francke, 2008
HOFER, Sybille, *Freiheit ohne Grenzen?*, Tubinga, Mohr Siebeck, 2001
HOFFMANN-RIEM, Wolfgang, «Selbstbindung der Verwaltung», *in VVDStRL*, nº 40 (1982), Berlim e Nova Iorque, Walter de Gruyter, pp. 178 e ss.
HOFFMANN-RIEM, Wolfgang «Justizdienstleistungen im kooperativen Staat», *in JZ*, nº 9 (1999), pp. 421 e ss.
HOFMANN, Annette e Michael KRÜGER, «Berlin 1936», *in Encyclopedia of the Modern Olympic Movement*, JOHN FINDLING E KIMBERLY PELLE, (Eds.), *[s.l.]* 2004
HOFMANN, Karsten, *Zur Notwendigkeit eines institutionellen Sportschiedsgerichtes in Deutschland*, Hamburgo, Verlag Dr. Kovac, 2009

HOLLSTEIN, Thorsten, *Die Verfassung als "Allgemeiner Teil"*, Tubinga, Mohr Siebeck, 2007

HOLZKE, Frank, *Der Begriff Sport im deutschen und im europäischen Recht, Dissertação de doutoramento apresentada à Faculdade de Direito da Universidade de Colónia, policopiado*, Colónia, 2001

HOMEM, António Pedro Barbas «Prefácio», *in O Desporto em Perspectiva*, ANA CELESTE CARVALHO (Coord.), Coimbra, Almedina, 2015

HORNE, John Alan TOMLINSON e Garry WHANNEL, *Understanding Sport – An introduction to the Sociological and Cultural Analysis of Sport*, Londres e Nova Iorque, Spon Press, 2000

HORSTER, Heinrich Hewald, *A Parte Geral do Código Civil português: Teoria Geral do Direito Civil*, 1992, Coimbra, Almedina, 1992

HORVATH, Günther J., «Schiedsgerichtsbarkeit und Mediation – Ein glückliches Paar?», *in SchiedsVZ*, nº 6 (2005), pp. 292 e ss.

HÖTTE, Franziska, *Religiöse Schiedsgerichtsbarkeit*, Tubinga, Mohr Siebeck, 2013

HUERGO LORA, Alejandre, *Los Contratos sobre los Actos e las Potestades Administrativas*, Madrid, Civitas, 1998

HUGHES, Scott H., «Exploring Power Imbalances in Divorce Mediation», *in Georgetown Journal of Legal Ethics*, Vol. 8, (1994-1995), pp. 1 e ss.

HUIZINGA, Johan, *Ludens – a study of the play – element in culture*, reimpressão da versão de 1949, Londres, Boston e Henley, Routledge, 1980

HUMBERG, Andreas, «Die Aufnahme des Sports in das Grundgesetz», *in Zeitschrift für Rechtspolitik*, nº 57 (2007), pp. 57 e ss

IPSEN, Jörg, *Allgemeines Verwaltungsrecht*, 5ª Edição, Colónia e Munique, Carl Heymanns, 2007

IPSEN, Jörg, *Staatsrecht II*, 15ª Edição, Munique, Franz Vahlen, 2012

IPSEN, Nils Christian, *Private Normenordnungen als Transnationalen Recht*, Berlim, Duncker & Humblot, 2009

ISENSEE, J., «Anwendung auf Juristischer Personen», *in Handbuch Staatsrechts*, ISENSEE/KIRCHHOF (Ed.), Volume IX, 3ª Edição, Heidelberga, C. F. Müller, 2011, pp. 911 e ss.

IZZO, Carlo Guglielmo, «La Giustizia Sportiva», *in* AAVV, *Giurisprudenza Sistematica di Diritto Civile e Commerciale*, Turim, UTET, 2007, pp. 691 e ss.

JARASS, Hans e Bodo PIEROTH, *Grundgesetz für die Bundesrepublik Deutschland – Kommentar*, 13ª Edição, Munique, C. H. Beck, 2014

JAROSSON, Charles, *La Notion d'Arbitrage*, Paris, LGDJ, 1987

JAROSSON, Charles, «Arbitrage et Juridiction», *in Droits*, nº 9 (1989), pp. 107 e ss.

JAROSSON, Charles, «L'arbitrage et la Convention Européene des Droits de l'Homme, *in Revue de l'arbitrage*, nº 4 (1989), pp. 573 e ss.

JAROSSON, Charles, «Les frontières de l'arbitrage», *in Revue de l'arbitrage*, nº 1 (2001), pp. 5 e ss.

JEAMMEAUD, Antoine, «Conflict, différend, litige», *in Droits*, nº 34 (2000), pp. 15 e ss.

JEHRING, Rudolf von, *Der Kampft ums Recht*, Viena, Mannz'schen, 1872, pp. 8 e ss.

JELLINEK, Georg, *Staatslehre*, 3ª Edição, Berlim, von Höring, 1914

JESSUP, Phillip, *Direito Transnacional*, Rio de Janeiro, Editora Fundo da Cultura, 1965

JESTAEDT, Matthias, *Grundrechtsentfaltung im Gesetz*, Tubinga, Mohr Siebeck, 1999

JESTAEDT, Matthias, «Selbstbestand und Offenheit der Verfassung», in *Handbuch des Staatsrechts*, Isensee/Kirchhof (Ed.) 3ª Edição Vol. XII, 2014, pp. 327 e ss.

JESTAZ, Philippe, «Des Chicanes sur une Chicane», *in Revue Juridique et Économique du Sport*, nº 13 (1990), pp. 3 e ss.

JHERING, Rudolf von, *Der Zweck Im Recht*, Vol. I, Leipzig, Breitkopf & Härtel, 1877

JIMÉNEZ ASENSIO, Rafael, *Imparcialidad Judicial y Derecho al Juez Imparcial*, Cizur Menor, Aranzadi, 2002

JOCHUM, Heike, *Verwaltungsverfahrensrecht und Verwaltungsprozessrecht*, Tubinga, Mohr Siebeck, 2004

JOLIDON, Pierre, «Ordre sportif et ordre juridique: à propos du pouvoir juridictionnel des tribunaux étatiques en matière sportive», *in Zeitschrift des Bernischen Juristenvereins*, nº 4 (1991), pp. 213 e ss.

JÚDICE, José Miguel, «Arbitragem e Mediação: Separados à Nascença?», *in Revista Internacional de Arbitragem e Conciliação*, Ano I (2008), pp. 61 e ss.

JÚDICE, José Miguel, «Anotação ao Acórdão 311/08 do Tribunal Constitucional», *in Revista Internacional de Arbitragem e Conciliação*, Ano II, (2009), pp. 161 e ss.

JÚDICE, José Miguel e António Pedro Pinto MONTEIRO, «Do reconhecimento e execução de decisões arbitrais», *in Revista Internacional de Arbitragem e Concilição*, Ano III, (2010), pp. 145 e ss.

JUSTO, António dos Santos, *Direito Privado Romano – I*, Coimbra, Coimbra Editora, 2000

KADELBACH, Stefan e Klaus GÜNTHER, «Recht ohne Staat», *in Recht ohne Staat? Zur Normativität nichtstaatlicher Rechtssetzung*, STEFAN KADELBACH e KLAUS GÜNTHER (Ed.), Frankfurt, Campus, 2011, pp. 9 e ss.

KAHLERT, Heiner, *Vertraulichkeit im Schiedsverfahren*, Tubinga, Mohr Siebeck, 2015

KALTENBORN, Markus, *Streitvermeidung und Streitbeilegung im Verwaltungsrecht*, Baden-Baden, Nomos, 2007

KAMBER, Matthias, «Development of the role of National Anti-Doping Organisations in the fight against doping: From past to future», *in Forensic Science International*, Vol. 213, nº 1-3 (2011), pp. 3 e ss.

KAMMERHOFER, Jörg, *Uncertainty in International Law. A Kelsenian perspective*, Nova Iorque, Routledge, 2011

KAMMERHOFER Jörg, «Hans Kelsen in today's international legal scholarship», *in International Legal Positivism in a Post-Modern World*, Jörg Kammerhofer e Jean D'Aspermont (Ed.), Cambridge, Cambridge University Press, 2014, pp. 81 e ss.

KAMMINGA, Menno T., «What makes an NGO 'legitimate' in the eyes of states?», *in NGO Involvement in International Governance and Policy*, Anton Veder (Ed.), Leiden, Martinus Nijhoff, 2007

KANE, Ousmane, «Le règlement de médiation du Tribunal arbitral du sport», *in Sport et Droit. Droit d'expression et d'inspiration française*, Eric Bournazel (Ed.), Bruxelas, Bruylant, 2000

KARAQUILLO, Jean Pierre, «La complementarità tra la soluzione delle controversie ad opera delle istituzioni sportive e la soluzione ad opera delle giurisdizioni statali», *in RDS*, Ano 48, nº 4 (1996), pp. 671 e ss.

KARAQUILLO, Jean Pierre, *Le Droit du Sport*, 3ª Edição, Paris, Dalloz, 2011

KARAVAS, Vaios e Gunther TEUBNER, «http://www.CompanyNameSucks. com: Drittwirkung der Grundrechte gegenüber "Privaten" im autonomen Recht des Internet?», *disponível online.*

KAUFMAN, Stephan A., «Issues in International Sports Arbitration», *in Boston University Law Journal*, nº 13 (1994), pp. 527 e ss.

KAUFMANN-KOHLER, Gabrielle, «Nagano et l'arbitrage – ou vers une justice de proximité», *in ASA Bulletin*, Vol. 16, n. º 2 (1998), pp. 311 e ss.

KAUFMANN-KOHLER, Gabrielle, *Arbitration at the Olympics*, Haia, Kluwer Law International, 2001

KAUFMANN-KOHLER, Gabrielle, «Arbitral Precedent: Dream, Necessity or Excuse?», *in Arbitration International*, Vol. 23, nº 3 (2006), pp. 357 e ss.

KAUFMANN-KOHLER, Gabrielle e Henry PETER, «Formula 1 racing and arbitration: the FIA tailor-made system for fast-track dispute resolution», *in Arbitration International*, Vol. 17, nº 2 (2001), pp. 173 e ss.

KAUFMAN-KOHLER, Gabrielle e Antonio Rigozzi, *International Arbitration – Law and Practice in Switzerland*, Nova Iorque, Oxford University Press, 2015

KJAER, Poul F., *Constitutionalism in the Global Realm*, Nova Iorque, Routledge, 2014

KEANE, John, *Global Civil Society?*, Cambridge, Cambridge University Press, 3ª Edição, 2004

KEANE, John, *Life and Death of Democracy*, Londres, Simon & Schuster, 2009

KELSEN, Hans, *Allgemeine Staatslehre*, Berlim, Springer, 1925

KELSEN, Hans, «Der Begriff der Rechtsordnung», *in Logique et Analyse*, Vol. I, (1958), pp. 150 e ss.

KELSEN, Hans, «Derogation», *in Essays in Jurisprudence in Honor of Roscoe Pound*, RALF A. NEWMAN (Ed.), Nova Iorque, Bobbs-Merril, 1962, pp. 339 e ss.

KELSEN, Hans, «Die Funktion der Verfassung», *in FORVM*, Ano XI, nº 132 (1964), pp. 583 e ss.

KELSEN, Hans, *Allgemeine Theorie der Normen*, Viena, Mansche, 1979

KELSEN, Hans, *Teoria Pura do Direito*, 7ª Edição da tradução portuguesa da 2ª Edição (1960) por JOÃO BAPTISTA MACHADO, Coimbra, Almedina, 2008

KERMADEC, Jean-Michel Houn de, «Le contrôle de la légalite de décisions des Fédérations Sportives ayant le Caractère d'acte Administratif», *in Revue du Droit Public et de la Science Politique en France et a l'étranger*, nº 2 (1985), pp. 407 e ss.

KETTLER, Gerd, «Sport als Rechtsbegriff», *in SpuRt*, nº 3/97

KEUTGEN, Guy, «Propos sur le statut de l'arbitre», *in Mélanges offertes à Pierre Van Ommesloghe*, Bruxelas, Bruylant, 2000, pp. 921 e ss.

KEUTGEN, Guy e Georges-Albert Dal, *L'arbitrage en droit belge et international*, Tome I – Le droit belge, 3ª Edição, Bruxelas, Bruylant, 2015

KIELMANNSEG, Sebastian Graf, *Grundrechte im Näheverhältnis*, Tubinga, Mohr Siebeck, 2012

KING, Carol J., «Are Justice and Harmony Mutually Exclusive?», *in Ohio State Journal on Dispute Resolution*, Vol. 10, nº 1 (1994), pp. 65 e ss.

KING, Michael e Chris THORNHILL, *Niklas Luhmann's Theory of Politics and Law*, Nova Iorque, Palrave, 2003

KINGSBURY, Benedict, Nico KRISCH e Richard B. STEWART, «The Emergence of Global Administrative Law», *in Law and Contemporary Problems*, Vol. 68, nº 15 (2005), pp. 15 e ss.

KINGSBURY, Benedict e Lorenzo CASINI, «Global Administrative Law Dimensions of International Organizations Law», *in International Organizations Law Review*, nº 6 (2009), pp. 319 e ss.

KIRCHHOF, Ferdinand, *Private Rechtsetzung*, Berlim, Duncker & Humblot, 1987

KIRCHHOF, Paul, «Der Auftrag des Grundgesetzes an die rechtsprechende Gewalt», in *Richterliche Fortbildung*, Heidelberg, C .F .Müller, 1986, pp. 11 e ss.

KIRKBY, Mark, *Contratos sobre o exercício de poderes públicos*, Coimbra, Coimbra Editora, 2011

KLABBERS, Jan e Touko PIIPARINEN, «Normative Pluralism: An Exploration», *in Normative Pluralism and International Law*, Jan Klabbers e Touko Piiparinen (Ed.), Cambridge, Cambridge University Press, 2013, pp. 13 e ss.

KLEINMANN, Seymour, «Toward a Non-Theory of Sport», *in Quest*, Vol. 10, nº 1 (1968), pp. 29 e ss.

KLEINSCHIMDT, Jens, *Delegation von Privatautonomie auf Dritte*, Tubinga, Mohr Siebeck, 2014

KLIEM, Konstantin, *Sport in der Zeit des Nationalsozialismus – Entwicklung und Zielsetzung im höheren Schulwesen und in der Hitlerjugend*, Dr. Müller, Saarbrücken, 2007

KLOEPFER, Michael, *Verfassungsrecht I*, Munique, C.H.Beck, 2011

KNACK/HENNEKE, *Verwaltungsverfahrensgesetz*, 10º Edição, Colónia, Carl Heymanns, 2014

KNOEPFLER, François e Philippe SCHWEIZER, *Arbitrage Internacional*, Zurique, Schultess, 2003

KNUT e IPSEN, *Völkerrecht*, 6ª Edição, Munique, C.H.Beck, 2014

KÖHL, Klaus F., «100 Jahre Rechtssoziologie: Eugene Ehrlichs Rechtspluralismus heute», *in JZ*, nº 23 (2013), pp. 1117 e ss.

KÖNDGEN, Johannes, «Privatisierung des Rechts: Private Governance zwischen deregulierung und Konstitutionalisierung», *in AcP*, nº 206 (2006), pp. 477 e ss.

KÖRBER, Torsten, *Grundfreiheiten und Privatrecht*, Tubinga, Mohr Siebeck, 2004

KOSCHANY-ROHBECK, Marianne, *Praxishandbuch Wirtschaftsmediation*, Wiesbaden, Springer, 2015

KÖTTER, Matthias *et alli*, «Normative Pluralität ordnen? Eine Problemskizze», *in Normative Pluralität ordnen*, MATTHIAS KÖTTER e GUNNAR FOLKE SCHUPPERT, Baden-Baden, Nomos, 2009, p. 11 e ss.

KOUKIADIS, Dimitrios, *Reconstituting Internet Normativity*, Baden-Baden, Nomos, 2015

KOVACH, Kimberlee K., «Mediation», *in The Handbook of Dispute Resolution*, Michael L. Moffitt e Robert C. Bordone (Ed.), São Francisco, Jossey-Bass, 2005, pp. 304 e ss.

KRAMER, Helmut, «Zum Gebrauch und Misbrauch der juristischen Methode zur Stabilisierung (nicht nur) totalitärer Systeme», *in Die Unabhängigkeit des Richters*, STEPHANIE HOLZWARTH ET ALLI (Ed.), Tubinga, Mohr Siebeck, 2009, pp. 33 e ss.

KRESSEL, Kenneth, «Mediation Revisited», *in The Handbook of Conflict Resolution*, Morton Deutsch, Peter T. Coleman e Eric C. Marcus (Ed.), 2ª Edição, São Francisco, Jossey-Bass, 2006, pp. 726 e ss.

KRISCH, Nico, *Beyond Constitutionalism*, Oxford, Oxford University Press, 2010

KROGMANN, Mario, *Grundrechte im Sport*, Berlim, Duncker & Humblot, 1998

KRÖLL, Stefan, «"Schiedsklauseln" in Satzungen – Zur Abgrenzung von Vereinsgericht und Schiedsgericht», *in ZIP*, nº 1 (2005), pp. 13 e ss

KRONBERG, Marie, *Voraussetzungen und Grenzen der Bindung von Sportverbänden an die Europäischen Grundfreiheiten*, Berlim, Duncker & Humblot, 2011

KRÜGER, Arnd, «The unfinished symphony: a history of the Olympic Games from Coubertin to Saramach», *in The International Politics of Sport in the 20th Century* (org. Jim Riordan e Arnd Krüger), Londres, E & FN SPON, 1999, pp. 3 e ss.

KRÜGER, Arnd «Allemagne», *in Histoire du Sport en Europe* (Ed. JAMES RIORDAN, ARND KRÜGER et THIERRY TERRET), Paris, L'Harmattan, 2004

KUHN, Bernd, *Der Sportschiedsrichter zwischen bürgerlichen Rechts und Verbandsrecht*, Frankfurt am Main, Peter Lang, 2001

KUMMER, Max, *Spielregel und Rechtsregel*, Berna, Stämpfli, 1973

LABAND, Paul, *Das Staatsrechts des Deutschen Reiches*, Band I, Tubinga, 1876

LACHAUME, Jean-François, «La notion de service public dans la loi du 16 juillet 1984», *in Droit du sport: la loi n. 84-610 du 16 juillet 1984, relative à l'organisation et à la promotion des activités physiques et sportives*, Paris, Dalloz, 1984, pp. 5 e ss.

LACHAUME, Jean-François, «La Licence Sportive – de l'application des règles du Droit Administratif», *in Revue Juridique et Économic du Sport*, nº 11 (1989-4), pp. 3 e ss.

LACHAUME, Jean-François, Claudie BOITEAU e Hélène PAULIAT, *Grands Services Publics*, 2ª Edição, Paris, Dalloz, 2000

LACHMANN, *Handbuch für die Schiedspraxis*, 3ª Edição, Colónia, Otto Schmidt, 2008

LADEUR, Karl-Heinz e Lars VILLECHNER, «Die transnationale Expansion staatlicher Grundrechte. Zur Konstitutionalisierung globaler Privatrechtregimes», *in AöR*, nº 4 (2008), pp. 42 e ss.

LADEUR, Karl-Heinz, «Normqualität und Verbindlichkeit der Verfassungssätze», *in Handbuch des Staatsrechts*, Vol. XII, Isensee/Kirchhof, (Ed.) 3ª Edição, Heidelberg, C.F. Müller, 2014, pp. 237 e ss.

LALIVE, Jean-Flavien, «Some pratical suggestions on international arbitration», *in Mélanges en l'honneur de Nicolas Valticos. Droit et justice*, Paris, Éditions A. Pedone, 1999, pp. 287 e ss.

LALIVE, Pierre, «L'Article 190 al. 2 LDIP a-t-il une utilité?», *in ASA Bulletin*, Vol. 28, nº 4 (2010), pp. 726 e ss.

LANDROVE, Juan Carlos, «European Convention on Human Rights' Input on Consensual Arbitration», *in Human Rights at the Center*, BESSON, HOTTELIER e WERRO (Ed.), Basel, Schultess, 2006, pp. 73 e ss.

LANGER, Mathias, Öffentliche Förderung des Sports: eine ordnungspolitische Analyse, Berlim, Duncker & Humblot, 2006

LAPOUBLE, Jean Christophe, *Droit du sport*, Paris, Elipses, 2006

LAPOUBLE, Jean Christophe, «Les fondements de l'intervention des pouvoirs publics en matière de sport», *in Le modéle sportif français: bilan et perspecties*, Paris, Lavoisir, 2011, pp. 31 e ss.

LARENZ, Karl, *Allgemeiner Teil des Bürgerlichen Rechts*, Munique, C.H. Beck, 1997

LARENZ, Karl, *Metodologia da Ciência do Direito*, 3ª Edição, tradução de JOSÉ LAMEGO, Lisboa, Fundação Calouste Gulbenkian, 1997

LATTY, Franck, *La lex sportiva – Recherche sur le droit transnacional*, Leiden e Boston, Martinus Nijhoff, 2007

LATTY, Franck, «Transnational Sports Law», *in ISLJ*, nº 1-2 (2011), pp. 34 e ss.

LATTY, Franck, «La Gestion Internationale du Football, une Service Public Internacional?», *in Droit(s) du football*, MATHIEU MAISONNEUVE e MATHIEU TOUZEIL-DIVINA (Eds.), Saint-Leu, Editions L'Epitoge-Lextenso, 2014, pp. 21 e ss

LAUBADÈRE, André de, *Traité Élémentaire de Droit Administratif*, Vol. 3 – Les grands services publics, 2ª Edição, Paris, LGDJ, 1971

LAUBADÈRE, André de, *Traité de Droit Administratif*, Vol. 3 – Les grands services publics, 3ª Edição, Paris, LGDJ, 1978

LAUBADÈRE, André de, Franck MODERNE e Perre DEVOLVÉ, *Traité des Contrats Administratifs*, Vol. I, 2ª Edição, Paris, LGDJ, 1983

LAUDE, Achim e Wolfgang BAUSCH, *Der Sport-führer – Die Legende um Carl Diem*, Göttingen, Verlag Die Werkstatt, 2000

LEANZA, Piero e Ondrej PRIDAL, *The Right to a Fair Trial*, Alphen aan den Rijn, Kluwer International, 2014

LEESON, Peter T., *Anarchy Unbound*, Cambridge, Cambridge University Press, 2014, pp. 105 e ss.

LEGG, Andrew, *The Margin of Appreciation in International Human Rights Law*, Oxford, Oxford University Press, 2012, pp. 40 e ss.

LEISNER, Walter, *Grundrechte und Privatrecht*, Munique, C.H. Beck, 1960

LEISNER, Walter, *Der Monumentalstaat*, Berlim, Duncker & Humblot, 1989

LEISNER, Walter, «Unterscheidung zwischen privatem und öffentlichen Recht», *in JZ*, nº 18 (2006), pp. 869 e ss.

LEITÃO, Alexandra, *Lições de Direito dos Contratos Públicos*, 2ª Edição, Lisboa, AAFDL, 2015

LEITÃO, Luís Menezes, *Direito das Obrigações*, Vol. III (Contratos em especial), 7ª Edição, Coimbra, Almedina, 2010

LENGAUER, Alina-Maria, *Drittwirkung von Grundfreiheiten*, Viena, Springer, 2011

LEPELTIER, Daniel, e YANN STREIFF, *Associations, Fondations, Congrégations*, Paris, Joly, 1994

LETTIERI, Luigi R., *Lo Stato Corporativo Fascista*, Roma, Cremonese, 1937

LIMA, Pires de e Antunes VARELA, *Código Civil Anotado*, Vol. II (artigos 762º a 1250º), 3ª Edição revista e actualizada, Coimbra, Coimbra Editora, 1986

LIMA, Sílvio, *Desportismo Profissional – Desporto, Trabalho e Profissão*, editado originalmente pela Editorial Inquérito, *in Sílvio Lima – Obras Completas*, Vol. II, Lisboa, Fundação Calouste Gulbenkian, 2002

LINDBLOM, Anna-Karin, *Non-Governmental Organisations in International Law*, Cambridge, Cambridge University Press, 2005

LINDER, Josef Franz, «Fremdbestimmung durch Selbstbestimmung: Die "Entscheidungsalternative" als Grundrechtproblem», *in AöR*, nº 140 (2015), pp. 556 e ss.

LOHBECK, Eckart, *Das Recht der Sportverbände*, Marburg, *policopiado*, 1971

LOMBA, Pedro, «Problemas da Actividade Administrativa Informal», *in Revista da Faculdade de Direito da Universidade de Lisboa*, Vol. XLV, nº 2 (2000), pp. 817 e ss.

LOMBARDO, Antonio, «Il fascismo alla Olimpiadi», *in Sport e fascismo*, MARIA CANELLA e SERGIO GIUNTINNI (Ed.), Milão, Franco Angeli, 2009, pp. 47 e ss.

LONG, Jonathan e Karl SPRACKLEN, «Positioning Anti-Racism in Sport and Sport in Anti-Racism», *in Sport and Challenges to Racism*, JONATHAN LONG e KARL SPRACKLEN (Ed.), Basingstoke, Palgrave, 2011, pp. 3 e ss.

LOOK, Franz von, *Vereinstrafen als Vertrafsstrafen*, Berlim, Duncker & Humblot, 1990

LOPES, Dulce e Afonso Patrão, *Lei da Mediação Comentada*, Coimbra, Almedina, 2014

LOPES, José Joaquim Almeida, «A Justiça Desportiva: Que Justiça?», *in RDP*, Ano VII nº 13, (1994), pp. 135 e ss.

LOPES, José Joaquim Almeida, «A Justiça Desportiva», *in Revista da Faculdade de Direito da Universidade do Porto*, Ano IV (2007), pp. 155 e ss.

LOPES, José Joaquim Almeida, «Litígio desportivo e recurso aos tribunais», *II Congresso de Direito do Desporto. Memórias. Porto – Outubro de 2006*, Coimbra, Almedina, 2007, pp. 45 e ss.

LOPEZ BENITEZ, Mariano, *Naturaleza y Presupuestos Constitucionales de las Relaciones Especiales de Sujecion*, Madrid, Civitas, 1994

LOVELAND, Ian, *Constitutional Law, Administrative Law and Human Rights – A Critical Introduction*, 3ª Edição, Londres, Lexis Nexis, 2003

LOY, John W. e Joseph F. McElvogue, «Racial Segregation in American Sport», *in Soziologie des Sports*, Basileia, Springer, 1971

LOZANO, Ruben Serrano, «Las Federaciones Deportivas», *in Fundamentos de Derecho Deportivo*, (Ed. EDUARDO GAMERO CASADO), Madrid, Tecnos, 2012, pp. 123 e ss.

LUH, Andreas, «Entstehung und Ausbreitung des modernen Sports in Deutschland im 20. Jahrhunder – ein Überblick», *in Handbuch Sportgeschichte*, (org.) MICHAEL KRÜGER & HANS LANGENFELD, Schorndorf, Hofmann, 2010, pp. 187 e ss.

LUHMANN, Niklas, *Grundrechte als Instituition. Ein Beitrag zur politischen Soziologie*, Berlim, Duncker & Humblot, 1965

LUISO, Francesco Paolo, *La Giustizia Sportiva*, Milão, Giuffrè, 1975

LUKOMSKI, Jan, «Arbitration clauses in Sport governing bodies' statutes: consent or constraint? Analysis from the perspective Article 6(1) of the European Convention on Human Rights», *in ISLJ*, Vol. 13, nº 1-2 (2013), pp. 60 e ss.

LUMBRANO, Enrico «I Rapporti tra Ordinamento Sportivo ed Ordinamento Statle nella loro attuale configurazioni», *in Lineamenti di diritto sportivo*, LEANDRO CANTAMESSA, GIOVANNI MARIA RICCIO e GIOVANNI SCIANCALEPORE (Ed.), Milão, Giuffrè, 2008, pp. 3 e ss.

LUMBRANO, Enrico, «La Corte Costituzionale n. 49/2011: nascita della giurisdizione meramente risarcitoria o fine della giurisdizione amministrativa in materia disciplinare sportiva?», *in Rivista di diritto ed economia dello sport*, Vol. VII, nº 1 (2011), pp. 63 e ss.

LUZ, Cícero Krupp da, «A ordem transnacional da Lex Sportiva e os Megaeventos da FIFA», *in Revista de Direito Constitucional e Internacional*, Vol. 89 (2014), pp. 277 e ss.

MAC CRORIE, Benedita, *A Vinculação dos Privados aos Direitos Fundamentais*, Coimbra, Almedina, 2005

MAC CRORIE, Benedita, *Os limites da Renúncia e Direitos Fundamentais nas Relações entre Particulares*, Dissertação de Doutoramento apresentada à Faculdade de Direito da Universidade Nova de Lisboa, *policopiado*, 2011

MACHADO, João Baptista, *Lições de Direito Internacional Privado*, 3ª Edição, Coimbra, Almedina, 2009

MACHADO, Jónatas E., *Direito da União Europeia*, Coimbra, Coimbra Editora, 2014

MACHETE, Pedro, «As actuações informais da administração, em especial a difusão de informações e a defesa do Estado de Direito democrático», *in Estudos em homenagem ao Professor Doutor Paulo de Pitta e Cunha*, Vol. III, Coimbra, Almedina, 2010, pp. 625 e ss.

MACHETE, Pedro, «Constitucionalismo Liberal e Globalização – A Legitimação democrática do Poder Público na "Constelação Pós-Nacional"», *in Estudos de Homenagem ao Prof. Doutor Jorge Miranda*, Vol. III, Coimbra, Coimbra Editora, 2012, pp. 333 e ss.

MADIOT, Yves, *Aux Frontières du Contrat de L'acte Administratif Unilatéral: Recherches sur la Notion d'acte Mixte en Droit Public Français*, Paris, LGDJ, 1971

MADUREIRA, António Bernardino Peixoto e Luís César Rodrigues TEIXEIRA, *Futebol – Guia Jurídico*, Coimbra, Almedina, 2001

MAGUIRE, Joseph, «Sport and Globalization», *in Handbook of Sports Studies*, JAY J. COAKLEY e ERIC DUNNING (Ed.), Londres, Sage, 2000, pp. 356 e ss.

MAISONNEUVE, Mathieu, «La Chambre Arbitrale Française du Sport», *in Revue Juridique et Économique du Sport*, nº 88 (2008), pp. 7 e ss.

MAISONNEUVE, Mathieu, *L'arbitrage des Litiges Sportifs*, Paris, LGDJ, 2011.

MAJADA PLANELLES, Arturo, *Naturaleza Jurídica del Contrato Deportivo*, Bosch, Barcelona, 1948

MANN, Michael, «Has globalization ended the rise and rise of the nation--state?», *in Review of International Political Economy*, Vol. 4, nº 3 (1997), pp. 472 e ss.

MARBURGER, Peter, *Die Regeln der Technik im Recht*, Colónia, Carl Heymanns, 1979

MARCADÉ, Victor, *Explication Théorique et Pratique du Code Civil*, Tomo 8, 12ª Edição, Paris, Delamotte et fils, 1877

MARIVOET, *Salomé, Aspectos Sociológicos do Desporto*, Lisboa, Livros Horizontes, 2008

MARKOVITS, Andrei S. e Lars Rens MANN, *Gaming the World*, Princeton, Princeton University Press, 2010

MARMAYOU, Jean-Michel, «Sports Justice in France», *in International and Comparative Sports Justice*, MICHELE COLUCCI e KAREN JONES (Ed.), Roma, Sports Law and Policy Centre, 2013, pp. 373 e ss.

MARQUES, Francisco Paes, *A efectividade da tutela de terceiros no Contencioso Administrativo*, Coimbra, Almedina, 2007

MARQUES, Francisco Paes, *As Relações Jurídicas Administrativas Multipolares*, Coimbra, Almedina, 2011

MARTIN, Simon, *Football and Fascism: The National Game Under Mussolini*, Nova Iorque, Berg, 2004

MARTINS, Patrícia Fragoso, *O Princípio do Primado do Direito Comunitário sobre as Normas Constitucionais dos Estados-Membros*, Estoril, Principia, 2006

MARTINS, Patrícia Fragoso, «A União Europeia na Ordem Jurídica Global», *in Themis*, nºs 26 e 27 (2014)

MARTINES, Temistocle, *Diritto Costituzionale*, Milão, Giuffrè, 2011

MARTINEZ, Pedro Romano, *Direito do Trabalho*, 4ª Edição, Coimbra, Almedina, 2007

MARTÍNEZ, Pedro Soares, *Curso de Direito Corporativo*, Vol. I, Lisboa, 1962

MATAIJA, Mislav, *Private Regulation and the Internal Market*, Oxford, Oxford University Press, 2016

MATOS, André Salgado, *A Fiscalização Administrativa da Constitucionalidade*, Coimbra, Almedina, 2004

MATSCHER, Franz, «L'arbitrage et la Convention», *in La Convention Européenne des droits de L'Homme*, LOUIS-EDMOND PETTITI ET ALLII (Ed.), Paris, Economica, 1995, pp. 281 e ss.

MATZER, Andreas, *Die Internationale Organisations Strukturen im Spitzensport und die Regelwerke der Sportverbände*, Dissertação de doutoramento apresentada na Faculdade de Direito da Universidade de Viena, *policopiado*, 2009

MAUNZ/DÜRIG, *Grundgesetz-Kommentar – anotação ao artigo 9º da GG*, 2014, *disponível em* www.beck-online.de

MAURER, Andreas, *Lex Maritima*, Tubinga, Mohr Siebeck, 2012

MAUTE, Judith L., «Public Values and Private Justice: A Case For Mediator Accountability», *in Georgetown Journal of Legal Ethics*, Vol. 4 (1991)

MAVROMATI, Despina e Matthieu REEB, *The Code of the Court of Arbitration for Sport – Commentary, Cases and Materials*, Alphen aan den Rijn, Wolters Kluwer, 2015

MAYER, Bernhard, «The Dynamics of Power in Mediation and Negotiation», *in Mediation Quarterly*, Vol. 16 (1987), pp. 84 e ss.

MAYER, Otto, «Zur Lehre vom öffentlichen-rechtlichen Vetrage, *in AöR*, nº 3 (1888), pp. 3 e ss.

MAYER, Otto, *Deutsches Verwaltungsrecht*, Vol. I, Vol.Leipzig, Duncker & Humblot, 1895

MAYER, Otto, *Deutsches Verwaltungsrecht*, Vol. I e II, reimpressão da 3ª Edição de 1924, Berlim, Duncker & Humblot, 2004

MAYOR MENÉNDEZ, Pablo, «La disciplina deportiva: su configuración en nuestro ordenamiento jurídico», *in Regimen Juridico Del Fútbol Profesional*, Madrid, Civitas, 1997, pp. 275 e ss.

MAURÍCIO, Artur, Dimas de LACERDA e Simões REDINHA, *Contencioso Administrativo*, Lisboa, Rei dos Livros, 1988

MAZZEI, Gabriela, «Problematiche giuridiche e ruolo sociale dello sport: introduzione e confronto trai l modelo europeo e il modelo statunitense», *in Problematiche giuridiche e ruolo sociale dello sport*, GABRIELLA MAZZEI e JULIÁN ESPARTERO (Eds.), Nápoles, Edizioni Scientifiche Italiane, 2014, pp. 10 e ss.

MBAYE, Kéba, «Une Nouvelle Institution d'arbitrage: Le Tribunal Arbitral du Sport (TAS)» *in Annuaire français de droit internationale*, Vol. 30 (1984), pp. 409 e ss.

MBAYE, Kéba, «Foreword», *in Digest of CAS Awards, Vol. I – 1986-1998* (ed. MATTHIEU REEB), Berna, Staempfli, Berna, 1998

MBAYE, Kéba, «Introduction», *in Digest of CAS Award, Vol. III – 2001-2005* (ed. MATTHIEU REEB), Alphen aan den Rijn, Kluwerlaw International, 2004

MBAYE, Kéba, «Le Tribunal Arbitral du Sport, organe principal de l'arbitrage international en matére de sport», *in Liber Amicorum in honour of Robert Briner*, Paris, ICC, 2005, pp. 519 e ss.

McAuliffe, William, Antonio Rigozzi e Lévy Kaufmann-Kohler, «Sports Arbitration», *in The European, Middle Eastern and African Arbitration Review 2013, disponível em* (http://globalarbitrationreview.com/reviews/50/sections/172/chapters/1927/#fono2)

McBride, Frank, «Toward a Non-Definition of Sport», *in Journal of the Philosophy of Sport*, Vol. 2, nº 1 (1975)

McLaren, Richard H., «Sports Law Arbitration by CAS: is it the Same as International Arbitration?», *in Peperdine Law Review*, Vol. 29, nº1 (2001), pp. 101 e ss.

Mclaren, Richard H., «The Court of Arbitration for Sport», *in Handbook on International Sports Law*, James A. R. Nafziger e Stephan F. Ross (Ed.), Cheltenham, Edgar Elgar, 2011, pp. 32 e ss.

Medeiros, Rui, «Estrutura e âmbito da acção para reconhecimento de um direito ou interesse legalmente protegido», *in Revista de Direito e de Estudos Sociais*, Ano XXXI, nº 1 e 2 (1989), pp. 1 e ss.

Medeiros, Rui, «Arbitragem Necessária e Constituição», *in Estudos em Memória do Conselheiro Artur Maurício*, Maria João Antunes (Ed.), Coimbra, Coimbra Editora, 2015

Medeiros, Rui, *A Constituição Portuguesa num Contexto Global*, Lisboa, Católica Editora, 2015

Meier, Patrick, *Dopingsanktion durch Zahlungsversprechen*, Berlim, Duncker e Humblot, 2015

Meirim, José Manuel, *Leis do Sistema Desportivo*, Lisboa, Aequitas Editorial Notícias, 1993

Meirim, José Manuel, «Léxico – Direito do Desporto», *in Subjúdice*, nº 8 (1994), pp. 113 e ss.

Meirim, José Manuel, *Dicionário Jurídico do Desporto*, Lisboa, Edições Record, 1995

Meirim, José Manuel, «Federação Desportiva», *in Dicionário Jurídico do Desporto*, Lisboa, Edições Record, 1995

Meirim, José Manuel, «A Lei de Bases do Sistema Desportivo e o Desporto Profissional, *in BMJ*, nº 406, pp. 5 e ss.

Meirim, José Manuel, *Elementos para uma leitura crítica da legislação sobre desporto*, Algés, Confederação do Desporto de Portugal, 2001

Meirim, José Manuel, *A Federação Desportiva como Sujeito Público do Sistema Desportivo*, Coimbra, Coimbra Editora, 2002

Meirim, José Manuel, «Enfoque», *in D&D*, Ano II, nº 5 (2005)

Meirim, José Manuel, *Lei de Bases do Desporto – Anotada*, Coimbra, Coimbra Editora, 2005

MEIRIM, José Manuel, «O Direito ao Desporto em Portugal: uma realidade com história», *in I Congresso de Direito do Desporto* NUNO BARBOSA e RICARDO COSTA (Coord.), Coimbra, Almedina, 2005, pp. 29 e ss.

MEIRIM, José Manuel, «Desenvolvimentos Recentes do Direito do Desporto Português», *in Temas de Direito do Desporto,* Coimbra, Coimbra Editora, 2006, pp. 113 e ss.

MEIRIM, José Manuel, *Desporto a Direito – As crónicas indignadas no Público,* Coimbra, Coimbra Editora, 2006

MEIRIM, José Manuel, «Desporto e Constituição», *in Temas de Direito do Desporto,* Coimbra, Coimbra Editora, 2006, pp. 13 e ss.

MEIRIM, José Manuel, «Desporto e Direito ou Direito do Desporto», *in Temas de Direito do Desporto,* Coimbra, Coimbra Editora, 2006, pp. 233 e ss.

MEIRIM, José Manuel, *Lei de Bases da Actividade Física e do Desporto – Estudo, Notas e Comentários,* 1ª Edição, Coimbra, Coimbra Editora, 2007

MEIRIM, José Manuel, «Quem julga uma vez, julga duas ou três?: uma questão de justiça desportiva», *in CJA*, nº 66 (2007), pp. 53 e ss.

MEIRIM, José Manuel, «Regulamentação da actividade do empresário desportivo – Acórdão do Tribunal da Relação de Lisboa de 14.10.2008, Proc. 7929/2008», *in Cadernos de Direito Privado,* nº 330 (2010), pp. 52 e ss.

MEIRIM, José Manuel, «Suíça: uma real especificidade desportiva», *in Estudos em Homenagem ao Prof. Doutor Jorge Figueiredo Dias,* MANUEL DA COSTA ANDRADE, MARIA JOÃO ANTUNES e SUSANA AIRES DE SOUSA (Org.), Vol IV, Coimbra, Coimbra Editora, 2010, pp. 639 e ss.

MEIRIM, José Manuel, «Enfoque», *in D&D*, nº 26 (2012)

MEIRIM, José Manuel, *Parecer de 16 de Novembro de 2012, disponível em* (http://www.parlamento.pt/ActividadeParlamentar/Paginas/DetalheIniciativa.aspx?BID=37147)

MELO, A. Barbosa de, *Notas de Contencioso Comunitário,* Coimbra, *policopiado,* 1986

MELO, F. Lacerda e, *Legislação e Doutrina,* Lisboa, Edição do Centro de Documentação e Informação do Ministério da Educação e da Cultura, 1978

MELO, Helena Pereira de e Teresa Pizarro BELEZA, *A Mediação Penal em Portugal,* Coimbra, Almedina, 2012

MELO, Pedro, «O Tribunal Arbitral do Desporto: subsídios para a compreensão da sua acção», *disponível on-line.*

MENDES, Armindo Ribeiro, *Recursos em Processo Civil,* 2ª Edição, Lisboa, Lex, 1994

MENDES, Armindo Ribeiro, «A Arbitragem na Jurisprudência do Tribunal Constitucional», *in Revista Internacional de Arbitragem e Conciliação,* Vol. VII (2014), pp. 123 e ss.

MENDES, Armindo Ribeiro, «Os Tribunais Arbitrais são tribunais, mas não são "Tribunais como os outros"», *in Estudos de Direito da Arbitragem em Homenagem a Mário Raposo*, Lisboa, Universidade Católica, 2015, pp. 57 e ss.
MENDES, Filipe Ribeiro, *Salazar – uma Biografia Política*, Lisboa, Dom Quixote, 2009
MENDES, João Castro, «Nótula sobre a independência e a imparcialidade», *in Estudos sobre a Constituição*, Vol. III, Lisboa, Petrony, 1979
MENDES, João Castro, *Teoria Geral do Direito Civil*, Vol. I, Lisboa, AAFDL, 1978
MENKEL-MEADOW, Carrie, «Pursuing Settlement in an Adversary Culture», *in Florida State University Law Review*, Vol. 19, nº 1 (1993), pp. 1 e ss.
MENKEL-MEADOW, Carrie, «Ethics and the Settlements of Mass Torts: When the Rules Meet the Road», *in Cornell Law Review*, Vol. 80, nº 4 (1994), pp. 1159 e ss.
MENKEL-MEADOW, Carrie, «Whose Dispute Is It Anyway: A Philosophical and Democratic Defense of Settlement (In Some Cases)», *in Georgetown Law Journal*, Vol. 83, nº 7 (1995), pp. 2663 e ss.
MENNEA, Pietro Paolo, «Organizzazione dello Sport in Italia: il C.O.N.I.», *in Diritto e Ordinamento Instituzionale Sportivo*, Roma, Societá Stampa Sportiva, 1996, pp. 70 e ss.
MENZEL, Kent E., «Judging the Fairness of Mediation: A Critical Framework», *in Mediation Quarterly*, Vol. 9, nº 1 (1991), pp. 3 e ss.
MERRY, Sally Engle, «Legal Pluralism», *in Law & Society Review*, Vol. 22, nº 5 (1988), pp. 869 e ss.
MESCHERIAKOFF, Alain-Serge, Marc FRANGI e Moncef KDHIR, *Droit des associations*, Paris, Presses Universitaires de France, 1996
MESTRE, Alexandre Miguel, *Direito e Jogos Olímpicos*, Coimbra, Almedina, 2008
MESTRE, Alexandre Miguel, «Mediação: um "Parente Pobre" no Novo Tribunal Arbitral do Desporto», *in Estudos do Instituto do Conhecimento*, AB Nº 4, Coimbra, Almedina, 2015, pp. 84 e ss.
MEYER-CORDING, Ulrich, *Die Vertragstrafe*, Tubinga, Mohr Siebeck, 1957
MEYER-CORDING, Ulrich, *Die Rechtsnormen*, Tubinga, Mohr Siebeck, 1971
MEYER-LADEWIG, Jens, *EMRK. Handkommentar*, 3ª Edição, Baden-Baden, Nomos, 2011
MICHAELS, Ralf, «The Re-state-ment of Non-state Law: The State, Choice of Law, and the Challenge from Global Legal Pluralism», *in Wayne Law Review*, Vol. 51 (2005), pp. 1209 e ss.
MICHAELS, Ralf, «The True Lex Mercatoria: Law Beyond the State», *in Indiana Journal of Global Legal Studies*, Vol. 14, nº 2 (2007), pp. 447 e ss.
MICHAELS, Ralf, «The Mirage of Non-state Governance», *in Utah Law Review*, nº 1 (2010), pp. 31 e ss.

MICHAELS, RALF, «Globalization and Law: Law Beyond the State», *disponível em* (http://scholarship.law.duke.edu/cgi/viewcontent.cgi?article=5540&context=faculty_scholarship)

MICHAELS, Ralf, «What is Non-State Law?», *in Negotiating State and Non-State Law*, Michael A. Hefland (Ed.), Cambridge, Cambridge University Press, 2015, p. 47.

MICHAELS, Ralf e Nils Jansen, «Private Law and the State: Comparative Perceptions and Historic Observations», *in Rabels Zeitschrift für ausländisches und Internationales Privatrecht*, nº 71 (2007), pp. 345 e ss.

MIRANDA, Jorge, «As Associações Públicas no Direito Português», *in Revista da Faculdade de Direito da Universidade de Lisboa*, Vol. XXVII (1986), pp. 57 e ss.

MIRANDA, Jorge, *Manual de Direito Constitucional*, Vol. I, 7ª Edição, Coimbra, Coimbra Editora, 2003

MIRANDA, Jorge, *Manual de Direito Constitucional – Direitos Fundamentais*, Vol. IV, 5ª Edição, 2012

MIRANDA, Jorge e Rui MEDEIROS, *Constituição Portuguesa Anotada*, Vol. III, Coimbra, Coimbra Editora, 2007

MIRANDA, Jorge e Rui MEDEIROS, *Constituição Portuguesa Anotada*, Vol. I, Coimbra, Coimbra Editora, 2010

MIRANTE, Daniela, «Hans Kelsen: ruptura ou continuidade entre a Teoria Pura do Direito e a Teoria Geral das Normas», *in O Direito*, III (2015), pp. 685 e ss.

MIRANTE, Daniela, «Da Natureza Jurídica do Contrato Celebrado entre o Empresário Desportivo e o Praticante Desportivo», *in Revista de Direito* Civil, nº 2, pp.419 e ss.

MODERNE, Franck, «Notes sous CE 26 novembre 1976», *in AJDA* (1977), pp. 139 e ss.

MODUGNO, Franco, *Legge- Ordinamento Giuridicio degli Ordinamenti*, Milão, Giuffrè, 1985

MODUGNO, Franco, «Giustizia e Sport: Problemi Generali», *in RDS*, Ano 45, n. 2 e 3, (1993), pp. 326 e ss.

MONHEIM, Dirk, *Sportlerrechte und Sportgerichte im Lichte des Rechtsstaatsprinzips – auf dem weg zu einen Bundessportgericht*, Munique, Herbert Utz Verlag, 2006

MOHNHEIM, Dirk, «Die Freiwilligkeit von Schiedsabreden im Sport und das Rechstaatsprinzip», in *SpuRt*, nº 1 (2008), pp. 8 e ss.

MONHEIM, Dirk, «Die Vereinbarkeit von Schiedsabreden und Schiedsgerichten im Sport mit dem Rechtstaatsprinzip», *in Facetten des Sportrechts*, Berlim, Duncker & Humblot, 2009, pp. 93 e ss.

MONHEIM, Dirk, «Das Ende des Schiedszwangs im Sport – Der Fall Pechstein», *in SpuRt*, n. º 3 (2014), pp. 90 e ss.

MÖLLER, Kaspar Henrik, *Echte Schiedsgerichtsbarkeit im Verwaltungsrecht*, Berlim, Duncker & Humblot, 2014

MÖLLERS, Christoph, *Staat als Argument*, Munique, C.H. Beck, 1999

MÖLLERS, Christoph, «Methoden», *in* HOFFMANN-RIEM, SCHMIDT AβMANN E VOβKUHLE, *Grundlagen des Verwaltungsrechts*, Band I, Munique, C. H. Beck, 2006, pp. 123 e ss.

MOLLION, Grégory, *Les Fédérations Sportives – Le Droit Administratif à l'eupreuve de Groupements Privés*, Paris, LGDJ, 2005

MOMMSEN, Hans, *The Rise & Fall of Weimar Democracy*, Chapell Hill, University of North Carolina, 1996

MONCADA, Luís Cabral de, «Modelos alternativos de justiça: a arbitragem no direito administrativo», *in O Direito*, Ano 142, nº 3 (2010), pp. 481 e ss.

MONIZ, Ana Raquel, *A Recusa de Aplicação de Regulamentos pela Administração com Fundamento em Invalidade*, Coimbra, Almedina, 2012

MONIZ, Ana Raquel, *Estudos sobre os Regulamentos Administrativos*, 2ª. Edição, Coimbra, Almedina, 2016

MONTEIRO, António Pedro Pinto, «Do recurso das decisões arbitrais para o Tribunal Constitucional», *in Themis*, Ano IX, nº 16 (2009), pp. 185 e ss.

MONTEIRO, António Pedro Pinto, «Algumas notas sobre o positivismo jurídico e o exercício da função jurisdicional por tribunais arbitrais», *policopiado*, 2013

MONTEIRO, António Pedro Pinto, «Da Ordem Pública no Processo Arbitral», *in Estudos em Homenagem ao Prof. Doutor José Lebre de Freitas*, Vol. II, Coimbra, Coimbra Editora, 2013, pp. 589 e ss.

MONTEIRO, António Pedro Pinto, *O Princípio da Igualdade de Partes e a Constituição do Tribunal Arbitral em Caso de Pluralidade de Partes*, Dissertação de doutoramento apresentada na Faculdade de Direito da Universidade Nova, *policopiado*, 2016

MONTEIRO, António Pinto, *Cláusula Penal e Indemnização*, Coimbra, Almedina, 1999

MONTEIRO, António Pinto, «A interpretação e o protagonismo da doutrina», *in RLJ*, nº 3395 (2015), pp. 66 e ss.

MOORE, Sally Falk, «Law and Anthropology», *in Biennial Review of Anthropology*, Vol. 6 (1969), pp. 252 e ss.

MORABITO, MARCEL, *Histoire constitutionelle de La France (1789-1958)*, 8ª Edição, Paris, Montechrestien, 2004

MOREAU, Jacques, *Droit Administratif*, Paris, PUF, 1989

MOREIRA, Adriano, *Teoria das Relações Internacionais*, 7ª Edição, Coimbra, Almedina, 2011

MOREIRA, Guilherme Alves, *Instituições do Direito Civil Português*, Vol. I – Parte Geral, Coimbra, Imprensa da Faculdade de Direito de Coimbra, 1907

MOREIRA, Vital, *Administração Autónoma e Associações Públicas*, Coimbra, Coimbra Editora, 1997

MOREIRA, Vital, *Auto-regulação profissional e Administração Pública*, Coimbra, Almedina, 1997

MOREIRA, Vital, «Regulação Económica, Concorrência e Serviços de Interesse Geral», *in Estudos de Regulação Pública*, Vol. I, Coimbra, Coimbra Editora, 2004, pp. 547 e ss.

MOREIRA, Vital, «Parecer – A utilização e valorização do resultado de escutas telefónicas em processos disciplinares desportivos», *in D&D*, nº 18 (2009), pp. 431 e ss.

MORESAN, Remus e Niklas KORFF, «Sportschiedsgerichtsbarkeit: Wie weiter nach dem «Pechstein-Urteil» des Landgerichts München?», *in CaS*, nº 3 (2014), pp. 199 e ss.

MORSEY, Rodulf, *Das «Ermächtigunggesetz» vom 24. März 1933*, Göttingen, Vandenhoeck & Ruprecht, 1968

MOTULSKY, Henry, Écrits, Études et Notes sur l'arbitrage, Paris, Dalloz, 1974

MOURA, Paulo Cardoso de, «O desporto na ordem jurídica portuguesa», *in Revista Jurídica Universidade Portucalense*, nº 3 (1999), p. 148 e ss.

MOURA, Paulo Cardoso de, «Uma Lei de Bases sem bases», *in D&D*, Ano IV, nº 11 (2007), pp. 185 e ss.

MÜLLER, Lydia Friederike, *Richterliche Unabhängigkeit und Unparteilichkeit nach Art. 6 EMRK*, Berlim, Duncker & Humblot, 2015

MÜLLER-FOELL, Martina, *Die Bedeutung von technischer Normen für die Konkretisierung von Rechtsvorschriften*, Heidelberg, C .F .Müller, 1987

MÜLLERS, Thomas, *Juristische Arbeitstechnik und wissenschaftliches Arbeiten*, 3ª Edição, Munique, Vahlen, 2005

MÜLLER-THOMA, Frank, *Der Halbstaatlicher Verein*, *s.l.*, Schweitzer Verlag, 1973

MÜNCH, Ingo von e Philip KUNIG, *Grundgesetz Kommentar*, Vol. 2, 6ª Edição, Munique, C.H. Beck, 2012

MUND, Bert van Roer, «Norm-claims, validity and self-reference», *in Kelsen Revisited – New Essays on the Pure Theory of Law*, LUÍS DUARTE DE ALMEIDA, JOHN GARDNER e LESLIE GREEN (Ed.), Oxford, Hart, 2013, pp. 11 e ss.

MUNIZ- FRATICELLI, Victor M., *The Structure of Pluralism*, Oxford, Oxford University Press, 2014

MUSSOLINI, Benito, *O Estado Corporativo*, Florença, Vallecchi, 1938

MUTIUS, Albert von, «VERWALTUNGSMEDIATION», *in SCHLHA*, nº 4 (2007)

NADER, Laura, «Controlling Processes in the Practice of Law: Hierarchy and Pacification in the Movement to Re-Form Dispute Ideology», in Ohio State Journal of Dispute Resolution, Vol. 9, nº 1 (1993), pp. 1 e ss.

NAFZIGER, James, «International Sports Law as a Process for Resolving», *in The International and Comparative Law Quarterly*, Vol. 45, nº 1 (1996), pp.130 e ss.

NAFZIGER, James, *International Sports Law*, 2ª Edição, Ardsley, Transnational Publishers, 2004

NAFZIGER, James, «International sports law», *in Handbook on International Sports Law*, JAMES NAFZIGER e STEPHEN F. ROSS (Ed.), Cheltenham, Edward Elgar, 2011, pp. 3 e ss.

NAPOLITANO, Giulio, «La nuova disciplina dell'organizzazione sportiva italiana: prime considerazioni sul decreto legislativo 23 Luglio 1999, n. 242, di Riordino del C.O.N.I.», *in RDS*, Ano 51, nº 4 (1999), pp. 617 e ss.

NELLA, Luca Di, «La teoria della pluralitá degli ordinamenti e il fenómeno sportivo», *in RDS*, Ano 50, nº 1-2 (1998), pp. 5 e ss.

NELLA, Luca Di, *Il fenómeno sportivo nell'ordinamento giuridico*, Nápoles, Edizioni Scientifiche Italiane, 1999

NELLA, Luca Di, *Diritto Dello Sport*, Nápoles, Edizioni Scientifiche Italiane, 2010

NEVES, António Castanheira, *O problema da Constitucionalidade dos Assentos (Comentário ao Acórdão nº 810/93 do Tribunal Constitucional)*, Coimbra, Coimbra Editora, 1994

NEVES, António Castanheira, «Da Jurisdição no Actual Estado-de-Direito», *in Ab vno ad omnes: 75 anos da Coimbra Editora – 1920-1995*, Coimbra, Coimbra Editora, 1998, pp. 177 e ss.

NEVES, António Castanheira, *O Direito hoje e com Que sentido? O problema atual da autonomia do Direito*, Instituto Piaget, 2002

NEVES, António Castanheira, *O Instituto dos «Assentos» e a Função Jurídica dos Supremos Tribunais*, 1ª Edição (Reimpressão), Coimbra, Coimbra Editora, 2014

NEVES, José e Nuno DOMINGOS, «Introdução», *in Uma História do Desporto em Portugal* (Coord. JOSÉ NEVES e NUNO DOMINGOS) – Classe, Associativismo e Estado, Vol. III, Vila do Conde, Quid Novi, 2011

NEVES, Marcelo, *Transconstitutionalism*, traduzido por KEVIN MUNDY, Oxford, Hart, 2013

NEWMARK, Christopher, «Is mediation effective for resolving sports disputes?», *in International Sports Law Journal*, nº 5 e 6 (2001), pp. 37 e ss.

NIEDERMAYER, Tilman, *Schieds- und Schiedsvereinbarungen in strukturellen Ungleichgewichtslagen*, Tubinga, Mohr Siebeck, 2013

NIEVA-FENOLL, Jordi, «Mediazione: un'alternativa ragionevole al processo?», *in Rivista Trimestrale di Diritto e Procedura Civile*, n. 4 (2013), pp. 1327 e ss.

NIKLAS, Boris, *Die subjektive Reichweite von Schiedsvereinbarungen*, Tubinga, Mohr Siebeck, 2008

NIPPERDEY, Hans Carl, «Gleicher Lohn der Frau für gleiche Leistung», in *Recht der Arbeit*, nº 4 (1950), pp. 121 e ss.

NIPPERDEY, Hans Carl, *Grundrechte und Privatrecht*, Krefeld, Scherpe, 1961

NOLAN-HALEY, Jacqueline, «Informed consent in Mediation», *in Notre Dame Law Review*, Vol. 74, nº 3 (1999), pp. 775 e ss.

NOLAN-HALEY, Jacqueline, «Consent in Mediation», *in Dispute Resolution Magazine*, nº 14 (2007-2008), pp. 4 e ss.

NOLTE, Jakob, *Die Eigenart des verwaltungsgerichtlichen Rechtsschutzes*, Tubinga, Mohr Siebeck, 2015

NOLTE, Martin, *Sport und Recht – Ein Lehrbuch zum internationalen europäischen und deutschen Sportrecht*, Schorndorf, Hofmann, 2004

NOLTE, Martin e Johannes HORST, *Handbuch Sportrecht*, Schorndorf, Hofmann, 2009

NOLTE, Martin e Horst HILPERT, *Was ist Sportrecht?*, Arbeitspapier nº 95, Kiel, 2010

NOVAIS, Jorge Reis, *Os princípios constitucionais estruturantes da República Portuguesa*, Coimbra Editora, Coimbra, 2004

NOVAIS, Jorge Reis, «Os Direitos Fundamentais nas Relações entre Particulares», *in Direitos Fundamentais – Trunfos Contra a Maioria*, Coimbra, Coimbra Editora, 2006, pp. 69 e ss.

NOVAIS, Jorge Reis, «Renúncia a Direitos Fundamentais», *in Direitos Fundamentais contra a Maioria*, Coimbra Editora, Almedina, 2006, pp. 211 e ss.

NOVAIS, Jorge Reis, *Em defesa do Tribunal Constitucional. Resposta aos críticos*, Coimbra, Almedina, 2014

NOWROT, Karsten, *Normative Ordnungsstruktur und private Wirkungsmacht*, Berlim, BWV, 2006

OLIVEIRA, Ana Perestrelo de, *Arbitragem de Litígios com Entes Públicos*, Coimbra, Almedina, 2007

OLIVEIRA, Mário Esteves de, *Direito Administrativo*, Vol. I, 2ª Reimpressão da versão de 1980, Coimbra, Almedina, 1984

OLIVEIRA, Mário Esteves de e Rodrigo Esteves de OLIVEIRA, *Código de Processo nos Tribunais Administrativos – Vol I Artigos 1º a 96º e Estatuto dos Tribunais Administrativos e Fiscais Anotados*, Reimpressão da Edição de Novembro de 2004, Coimbra, Almedina, 2006

ORLANDO, V. E., *Primo Tratatto Completo di Diritto Ammistrativo Italiano*, Vol. II, Milão, Cietá Editrice Libraria, 1907

ORTH, Jan e Patrick POMMERENING, «Zülässigkeit und Wirksamkeit dynamischer Verweisungen im Sportrecht», *in SpuRt* nº 6 (2010), pp. 222 e ss.

ORTLOFF, Karsten-Michael, «Mediation ausserhalb und innerhalb des Verwaltungprozesses», *in Neue Zeitschrift für Verwaltungsrecht*, nº 4 (2004), pp. 385 e ss.

OSCHÜTZ, Frank, *Sportschiedsgerichtsbarkeit*, Berlim, Duncker & Humblot, 2005

OST, François e Michel VAN DE KERCHOVE, «De la pyramide au réseau? Vers un noveau mode de production du droit?», in *Revue Interdisciplinaires D'etudes Juridiques*, nº 44 (2000), pp. 1 e ss.

OSWALD, Denis, *Associations, fondations et autres formes de personnes morales au service du sport*, Berna, Peter Lang, 2010

OTERO, Paulo, *Conceito e Fundamento da Hierarquia Administrativa*, Coimbra, Coimbra Editora, 1992

OTERO, Paulo, *Direito Administrativo – relatório de uma disciplina apresentado no concurso para Professor Associado na Faculdade de Direito na Universidade de Lisboa*, Lisboa, 1998

OTERO, Paulo, «Federação Desportiva», *in Dicionário Jurídico da Administração Pública*, 2º Suplemento, Lisboa, 2001

OTERO, Paulo, *Legalidade e Administração Pública – O Sentido da Vinculação Administrativa à Juridicidade*, Coimbra, Almedina, 2003

OTERO, Paulo, «"Exercício de Poderes Públicos de Autoridade por Entidades Privadas com funções administrativas" – arguição da dissertação de Doutoramento do Mestre Pedro Gonçalves», *in Revista da Faculdade de Direito da Universidade de Lisboa*, Vol. 46, nº 1 (2006), pp. 841 e ss.

OTERO, Paulo, «Admissibilidade e Limites da Arbitragem Voluntária nos Contratos Públicos e nos Actos Administrativos», in *II Congresso do Centro de Arbitragem da Câmara de Comércio e Indústria Portuguesa*, Coimbra, Almedina, 2009, pp. 81 e ss.

OTERO, Paulo, *Direito Constitucional Português*, Vol. I – Identidade Constitucional, Coimbra, Almedina, 2010

OTERO, Paulo, Parecer de 12 de Julho de 2012, *policopiado*, *Apud* Rui Medeiros, «Arbitragem Necessária e Constituição», *in Estudos em Memória do Conselheiro Artur Maurício*, Maria João Antunes (Ed.), Coimbra, Coimbra Editora

OTERO, Paulo, *Manual de Direito Administrativo*, Vol. I, Coimbra, Almedina, 2013

PALANDT, *Bürgerliches Gesetzbuch*, 72ª Edição, Munique, C. H. Beck, 2013

PALMA, Rui Camacho, *Da Obrigação Natural*, Lisboa, AAFDL, 1999

PALOMAR OLMEDA, Alberto, «Reflexiones sobre la eventual oportunidade de la despublificación de la disciplina deportiva», *in El nuevo Derecho deportivo disciplinario*, (JOSÉ LUIS CARRETERO LESTÓN Ed.), *s.l.*, Ediciones Laborum, 2009, pp. 193 e ss.

PALOMAR OLMEDA, Alberto, *El Sistema Deportivo Español: Una Visión Diferente y Pautas de Reforma*, Cizur Menor, Arazandi, 2011

PALOMAR OLMEDA, Alberto e Ramón TEROL GÓMEZ, *El Deporte en la jurisprudencia*, Cizur Menor, Aranzadi, 2009

PANAGIOTOPOULOS, Dimitrios P., *Sports Law. Lex Sportiva & Lex Olympica*, Atenas, Sakkoulas, 2011

Pannick, David, «What is a Public Authority for the Purposes of Judicial Review?», *in New Directions in Judicial Review*, Londres, Stevens & Sons, 1988, pp. 23 e ss.

Parrish, Richard e Samuli Miettinen, *The Sporting Exception in European Union Law*, Haia, TMC Asser Press, 2008

Patrikios, Apostolos, *L'arbitrage en matière administratif*, Paris, LGDJ, 1997

Paulsson, Jan, «Arbitration of International Sports Disputes», *in The Entertainment and Sports Lawyer*, Vol. 11, nº 2 (1994), pp. 12 e ss.

Paulsson, Jan, *The Idea of Arbitration*, Oxford, Oxford University Press, 2013

Paulsson, Jan, «Why Good Arbitration Cannot Compensate Bad Courts», *in Journal of International Arbitration*, Vol. 30, nº 4 (2013), pp. 345 e ss.

Pawlowski, *Allgemeiner Teil des BGB*, 7ª Edição, Heidelberg, C. F. Müller, 2003

Pedro, Ricardo, «Arbitragem institucional e centros de arbitragem de direito público», *in Arbitragem e Direito Público*, Carla Amado Gomes, Domingos Soares Farinho e Ricardo Pedro (Ed.), Lisboa, AAFDL, 2015, pp. 99 e ss.

Pedro, Ricardo, «Procedimento Administrativo e Taxas», *in Comentários ao Novo Código de Procedimento Administrativo*, Carla Amado Gomes, Ana Fernanda Neves e Tiago Serrão (Org.), Lisboa, AAFDL, 2015, pp. 465 e ss.

Pedro, Ricardo, *Responsabilidade civil do Estado pelo mau funcionamento da administração da justiça*, Coimbra, Almedina, 2016

Pellegrini, Morzenti, *L'Evoluzione dei Rapporti tra Fenomeno Sportivo e Ordinamento Statale*, Milão, Giuffré, 2007

Pereira, André Gonçalves e Fausto de Quadros, *Manual de Direito Internacional Público*, 3ª Edição revista e aumentada (reimpressão), Coimbra, Almedina, 1997

Pereira, Ravi Afonso, «Igualdade e proporcionalidade: um comentário às decisões do Tribunal Constitucional de Portugal sobre cortes salariais no sector público», *in REDC*, vol. 98 (2013), pp. 313 e ss.

Pereira, Sandra, «A evolução legal da fiscalização das federações desportivas», *in D&D*, Ano VIII, nº 22 (2010), pp. 75 e ss.

Perez, Rita, «Disciplina Statale e Disciplina Sportiva Nell'ordinamento Dello Sport», *in Scritti in Onore di Massimo Severo Giannini*, Vol. I, Milão, Giuffrè, 1988, pp. 507 e ss.

Perrin, Jean-François, *Droit de l'association*, Zurique, Schultess, 2004

Pessanha, Alexandra, «Algumas reflexões sobre o ordenamento jurídico desportivo», *in Colectânea de Estudos em Memória de Francisco Lucas Pires*, Lisboa, Universidade Autónoma de Lisboa, 1999, pp. 21 e ss.

Pessanha, Alexandra, *As Federações Desportivas*, Coimbra, Coimbra Editora, 2001

PETERS, Anne, *Jenseits der Menschenrechte*, Tubinga, Mohr Siebeck, 2014

PETRI, Grischka, *Die Dopingsanktion*, Berlim, Duncker & Humblot, 2004

PETROSANTI, Fabbrizio, «Autonomia ed autarchia del C.O.N.I. dopo la legge 138 del 1992», *in RDS*, Ano XLV, nº 2 e 3 (1993), pp. 404 e ss.

PFISTER, Bernhard e Udo STEINER, *Sportrecht von A-Z*, Munique, C.H. Beck, 1995

PFISTER, Bernahrd, «Der rechtsfreie Raum des Sports», *in Festgabe für Zivilrechtslehrer 1934/1935*, WALTHER HADDING (Ed.), Berlim, De Gruyter, 1999, pp. 457 e ss.

PIÇARRA, Nuno «Die Einflüsse des deutschen Verfassungsrechts auf as portugiesische Verfassungsrecht», *in 2. Deutsch-Lusitanische Rechtstage*, Erik Jayme (Ed.), Baden-Baden, Nomos, 1994, pp. 55 e ss.

PIÇARRA, Nuno, «A luta pelo poder de dizer o direito» entre juízes e legisladores na União Europeia. O nível nacional», *in António Manuel Hespanha. Entre a História e o Direito*, Cristina Nogueira da Silva et allii (Org.), Coimbra, Almedina, 2015, pp. 399 e ss.

PIJETLOVIC, Katarina, *EU Sports Law and Breakaway Leagues in Football*, Heidelberga, Springer, 2015

PINHEIRO, Luís de Lima, *Arbitragem Transnacional*, Coimbra, Almedina, 2005

PINHEIRO, Luís de Lima, «O Direito Autónomo do Comércio Internacional em Transição: A Adolescência de uma Nova *Lex Mercatoria*», *in Estudos Jurídicos e Económicos em Homenagem ao Prof. Doutor António de Sousa Franco*, Vol. II, Coimbra, Coimbra Editora, 2006, pp. 879 e ss.

PINHEIRO, Luís de Lima, *Arbitragem Transnacional – A determinação do estatuto da arbitragem*, Coimbra, Almedina, 2005

PINHEIRO, Luís de Lima, «Recurso e Anulação da Decisão Arbitral: Admissibilidade, Fundamentos e Consequências», *in I Congresso do Centro de Arbitragem da Câmara de Comércio e Indústria Portugueses – Intervenções*, Coimbra, Almedina, 2008, pp. 181 e ss.

PINHEIRO, Luís de Lima, *Direito Internacional Privado*, Vol. II – Direito dos Conflitos Parte Especial, 3ª Edição refundida, Coimbra, Almedina, 2009

PINNA, Andrea, «Réflexions sur l'arbitrage forcé», *in Gazette du Palais*, nº 14-16 (2008), pp. 1 e ss.

PINSOLLE, PHILIPPE, «Le financement de l'arbitrage par les tiers», *in Revue de l›Arbitrage*, nº 2 (2011), pp. 385 e ss.

PINTO, António Marinho, *Parecer da Ordem dos Advogados de 16 de Novembro de 2012, disponível em* (http://www.parlamento.pt/ActividadeParlamentar/Paginas/DetalheIniciativa.aspx?BID=37147)

PINTO, Carlos Alberto da Mota, *Teoria Geral do Direito Civil*, 3ª Edição, Coimbra, Coimbra Editora, 1999

PINTO, Carlos Alberto da Mota, António Pinto MONTEIRO e João Calvão da SILVA, *Jogo e Aposta*, Coimbra, Santa Casa da Misericórdia, 1982

PINTO, João Manuel Cortez, *A Corporação*, Coimbra, Coimbra Editora, 1955

PIRES, Gustavo, *Do Associativismo à Orgânica Desportiva*, Antologia de Textos – Desporto e Sociedade, nº 45, Lisboa, Ministério da Educação e Cultura, 1987

PIRES, Gustavo, *Génese da Organização e do Desenvolvimento do Desporto em Portugal*, Universidade Técnica, *policopiado*, 1985

PISIER-KOUCHNER, Evelyne, *Le Service Public dans la Théorie de L'État de León Duguit*, Paris, LGDJ, 1972

PLOUVIN, Jöel-Yves, «La reconnaissance par le juge administratif d'un service public Administratif du Sport», *in La Semaine Juridique*, Ano 1975, pp. 2724 e ss.

PLOUVIN, Jöel-Yves, «L'organisation et le développement du Sport en la loi du 29 octobre 1975», *in AJDA*, nº 2 (1976), pp. 60 e ss.

POMIÈS, Olivier, *Dictionnaire de l'arbitrage*, Rennes, Presses Universitaires de Rennes, 2011

PORTALURI, Pier Luigi, *Potere Amministrativo e Procedimenti Consensuali*, Milão, Giuffrè Editore, 1998

PORTOCARRERO, Marta, *Modelos de Simplificação Administrativa. A conferência procedimental e a concentração de competências e procedimentos no Direito Administrativo*, Porto, Universidade Católica Portuguesa, 2002

PORTOCARRERO, Marta, *Contratos sobre o exercício de poderes públicos, transacção e arbitragem*, Porto, Universidade Católica Editora, 2015

POUDRET, Jean-François e Sébastien BESSON, *Comparative Law of International Arbitration*, Londres, Sweet and Maxwell, 2007

PRADOS PRADOS, Santiago, *Las licencias deportivas*, Barcelona, Bosch, 2002

PRADOS, Eduardo de la Iglesia, *Derecho Privado y Deporte – Relaciones jurídico-personales*, Madrid, Reus, 2014

PRATA, Ana, *A Tutela Constitucional da Autonomia Privada*, Coimbra, Almedina, 1982

PRATA, Ana, *Dicionário Jurídico*, Vol. I, 4ª Edição – Revista e Actualizada, Coimbra, Almedina, 2006

PRATO, Enrico del, *Il Regolamenti Privati*, Milão, Giuffrè, 1988

PRENGEL, Frauke, *Rolle des juristischen Beraters in der Mediation*, Hamburg, Dr. Kovac, 2009

PRIETO, Luís Cazorla, *Deporte y Estado*, Madrid, Politeia, 1979

PRÜTTING/WEGEN/ WEINREICH, *BGB Kommentar*, 9ª Edição, Colónia, Luchterhand, 2014

PRÜTTING/GEHRLEIN, *ZPO-Kommentar*, 7ª Edição, Colónia, Luchterhand Verlag, 2015

Pünder, Hermann, «Verwaltungsverfahren», *in* Hans-Uwe Erichsen e Dirk Ehlers, *Allgemeines Verwaltungsrecht*, 14ª Edição, Berlim e Nova Iorque, De Gruyter, 2010

Punzi, Carmine, «Mediazione e conciliazione», *in Rivista di Diritto Processuale*, nº 4 (2009)

Punzi, Carmine, *Disegno sistematico dell'arbitrato*, Vol I, 2ª Edição, Milão, CEDAM, 2012

Puttler, Adelheid, «Globalisierung als Topos», *in Handbuch des Staatsrechts*, Vol. XII *Internationale Bezüge*, Isensee e Kirchhof (Ed.), 3ª Edição, Heidelberg, C.F. Müller, 2013, pp. 333 e ss.

Quadros, Fausto de, *Droit de L'Union européene*, Bruxelas, Bruylant, 2006

Quadros, Fausto de, «Arbitragem "necessária", "obrigatória", "forçada": breve nótula sobre a interpretação do artigo 182º do Código de Processo nos Tribunais Administrativos», *in Estudos em Homenagem a Miguel Galvão Telles*, Vol. II, Coimbra, Almedina, 2012, pp. 257 e ss.

Quadros, Fausto, «Linhas gerais da reforma do Código de Processo nos Tribunais Administrativos em matéria de arbitragem», *in Revista Internacional de Arbitragem e Conciliação*, Vol. VII (2014), pp. 7 e ss.

Quadros, Fausto et alli, *Comentários à Revisão do Código de Procedimento Administrativo*,Coimbra, Almedina, 2016

Quaranta, A. «Rapporti tra Ordinamento Sportivo e Ordinamento Giuridico», *in RDS*, Ano 31, nº 1-2 (1979), pp. 29 e ss.

Queiró, Afonso Rodrigues, *Lições de Direito Administrativo*, Coimbra, *policopiado*, 1956,

Queiró, Afonso, «A função administrativa», *in Revista de Direito e de Estudos Sociais*, Ano XXIV, nºs. 1-2-3 (1977), pp. 1 e ss.

Rabu, Gaylor, *L'organisation du Sport par le Contrat*, Aix-en-Provence, PUAM, 2010

Räker, Jan, *Grundrechtliche Beziehungen juristischer Personen im Berufssport*, Berlim, Duncker & Humblot, 2008

Rainer-Martens, Dirk, «FIBA Arbitral Tribunal – Ein innovatives System zur Streitbeilegung im Sport (nur im Sport?)», *in SchiedsVZ*, nº 6, (2010), pp. 317 e ss.

Raiser, Thomas, *Grundlagen der Rechtssoziologie*, 4ª Edição, Tubinga, Mohr Siebeck, 2007

Ramalho, Maria do Rosário Palma, *Do Fundamento do Poder Disciplinar Laboral*, Coimbra, Almedina, 1999

Ramalho, Maria do Rosário Palma, *Tratado de Direito do Trabalho*, Parte II – Situações Laborais Individuais, 4ª Edição, Coimbra, Almedina, 2012

Ramos, Rui Moura, «Arbitragem estrangeira e reconhecimento de sentenças arbitrais estrangeiras no novo direito português da arbitragem estrangeiras ao abrigo da Convenção de Nova Iorque», *in Estudos em Homenagem a António Barbosa de Melo*, Coimbra, Almedina, 2013, pp. 839 e ss.

Ramos, Vasco Moura, «Algumas Considerações sobre a arbitragem respeitantes à validade de actos administrativos (à luz do regime resultante do CPTA)», *in Arbitragem e Direito Público*, Carla Amado Gomes, Domingos Soares Farinho e Ricardo Pedro (Eds.), Lisboa, AAFDL, 2015, pp. 239 e ss.

Rangel, Paulo Castro, *Reserva de Jurisdição – Sentido Dogmático e Sentido Jurisprudencial*, Porto, Universidade Católica Portuguesa, 1997

Rangel, Paulo Castro, *Repensar o Poder Judicial*, Porto, Universidade Católica, 2001

Rangel, Paulo Castro, «Arbitragem e Constituição: um novo lugar e um novo fundamento», *in Estudos em Homenagem ao Prof. Doutor José Joaquim Gomes Canotilho*, Vol. III, Fernando Alves Correia *et allii* (Org.), Coimbra, Coimbra Editora, 2012, pp. 637 e ss.

Real Ferrer, Gabriel, *Derecho Publico del Deporte*, Madrid, Civitas, 1991

Real Ferrer, Gabriel, «Los procedimientos disciplinarios», *in REDD*, nº 4 (1994), pp. 43 e ss.

Rechberger, Walter H., «Zur Rechtsnatur der Anfechtung von Schiedssprüchen», *in Recht ohne Grenzen: Festschrift für Athanassion Kaissis zum 65. Geburtstag*, Reinhold Geimer e Rolf Schütze (Ed.), Selier, Munique, 2012, pp. 801 e ss.

Reeb, Matthieu, (Ed.) *Digest of CAS Awards, Vol. I – 1996-1998*, Stämpfli, Berna, 1998.

Reeb, Matthieu, «Le Tribunal Arbitral du Sport (TAS)», *in Digest of CAS Awards, Vol. I – 1986-1998* (ed. Matthieu Reeb), Staempfli, Berna, 1998

Reeb, Matthieu, «The Court of Arbitration for Sport», *in Digest of CAS Awards, Vol. I – 1996-1998* (Ed. Matthieu Reeb), Stämpfli, Berna, 1998, p. XIII e ss.

Reeb, Matthieu, *Digest of CAS Awards, Vol. II – 1998-2000*, Alphen den Rijn, Kluwerlaw International, 2002

Reeb, Matthieu, *Digest of CAS Awards III 2001-2005* (ed. Matthieu Reeb), Alphen aan den Rijn, Kluwerlaw International, 2004

Rego, Carlos Lopes do, «O Direito de Acesso aos Tribunais na Jurisprudência Recente do Tribunal Constitucional», *in Estudos em Memória do Conselheiro Luís Nunes de Almeida*, Coimbra, Coimbra Editora, 2007, pp. 833 e ss.

Reichert, Bernhard, *Vereins- und Verbandsrecht*, 11ª Edição, Colónia, Luchterhand, 2007

Reilly, Louise, «An Introduction to the Court of Arbitration for Sport (CAS) & the Role of National Courts in Sports Disputes», *in Journal of Dispute Resolution*, nº 1 (2012), pp. 63 e ss.

Reisman, William Michael, *Systems of Control in International Adjudication and Arbitration, s.l.*, Duke University Press, 1992

Reithmann, Christoph e Dieter Martiny, *Internationales Vertragsrecht*, 7ª Edição, Colónia, Otto Schmidt, 2010

Renard, Georges, *Théorie de L'institution*, Vol. I, Paris, Recueil Sirey, 1930

Renard, Georges, «La théorie de l'institution et de la fondation. Essai de vitalisme social», *in Cahiers de la Nouvelle Journée*, nº 23, 1925, publicado em *Aux sources du droit: le pouvoir, l'ordre et la liberté*, Paris, Bloud et Gay, 1933, pp. 89 e ss.

Reuter, Dieter, «Das selbstgeschaffene Recht des internationalen Sports im Konflikt mit dem Geltungsanspruch des nationalen», *in Deutsche Zeitschrift für Wirtschaftsrecht*, nº 1 (1996), pp. 1 e ss.

Ribeiro, Joaquim Sousa, *O Problema do Contrato*, Coimbra, Almedina, 1999

Ribeiro, Maria de Fátima, *Sociedades Desportivas*, Porto, Católica Editora, 2015

Rigozzi, Antonio, *L'arbitrage international en matiére de sport*, Basileia, Helbing & Lichtenhain, 2005

Rigozzi, Antonio, «Challenging Awards of the Court of Arbitration for Sport», *in Journal of International Dispute Settlement*, Vol. I, nº 1 (2010), pp. 217 e ss.

Rigozzi, Antonio e Yves Hochuli, *Die Internationalität der Schiedsgerichtsbarkeit in Sportstreitigkeiten, disponível em* (http://www.lk-k.com/data/document/rigozzi-hochuli-internationalitat-schiedsgerichtsbarkeit-jusletter-2006.pdf)

Rigozzi, Antonio e Erika HASLER, «Introduction to the CAS Code», *in Arbitration in Switzerland: The Practitioner's Guide*, Manuel Arroyo (Ed.), Alphen aan den Rijn, Kluwer Law International, 2013, pp. 885 e ss.

Rigozzi, Antonio e Fabrice Robert-Tissot, «"Consent" in Sports Arbitration: Its Multiple Aspects», *in ASA Special Series*, nº 41 (2015), pp. 59 e ss.

Ritchie, Ian, «The Sociology of Science: Sport, Training, and the Use of Performance-Enhancing Substances», *in Sociology of Sport and Social Theory*, Earl Smith (Ed.), Champaign, Human Kinetics, 2010, pp. 20 e ss.

Riskin, Leonard L., «Mediation and Lawyers», *in Ohio State Law Journal*, Vol. 43 (1982), pp. 29 e ss.

Rittberger, Volker e Henning Boekle, «Das Internationale Olympische Komitee – eine Weltregierung des Sports?», *in Die Friedens-Warte*, Vol. 71, nº 2 (1996), pp. 155 e ss.

Ritter, Ernst-Hasso, «Der kooperativer Staat», *in AöR*, nº 3 (1979), pp. 389 e ss.

Ritz, Philipp, *Die Geheimhaltung im Schiedsverfahren nach schweizerischem Recht*, Tubinga, Mohr Siebeck, 2007

Roberts, Simon e Michael Palmer, *Dispute Processes*, Cambridge, Cambridge University Press, 2005

ROBLES, Gregorio, *Las reglas del derecho y las reglas de los juegos –Ensayo de teoría analítica del derecho*, 1ª Edição, Universidade Autónoma do México, México, 1988

ROCHA, Joaquim Freitas da, «*Parecer*», *in D&D*, nº 21 (2010), pp. 401 e ss.

ROCHE, Maurice, *Mega-Events and Modernity*, Londres e Nova Iorque, Routledge, 2000

RODRÍGUEZ TEN, Javier, *Deporte y Derecho administrativo sancionador*, Madrid, Reus, 2008

RODRÍGUEZ TEN, Javier, «La potestad disciplinaria de los árbitros», *in El nuevo Derecho desportivo disciplinario*, (JOSÉ LUIS CARRETERO LESTÓN Ed.), *s.l.*, Ediciones Laborum, 2009, pp. 85 e ss.

RODRÍGUEZ TEN, Javier, *Régimen jurídico del arbitraje deportivo*, Barcelona, Bosch, 2010

RÖTHEMAYER, Peter, *Mediation*, Estugarda, Kohlhammer, 2015

RÖHRICHT, Völker, «Prefácio», *in Sportgerichtsbarkeit*, VÖLKER RÖHRICHT (Ed.), Estugarda, Boorberg, 1997

ROMANO, Santi, *L'ordinamento giuridico*, 2ª Edição, Florença, Sansoni, 1945

ROMANO, Santi, *Principi di Diritto Costituzionale Generale*, Reimpressão da 2ª Edição, Milão, Giuffrè, 1947

ROMANO, Santi, «Lo Stato Moderno e la sua Crisi», *in* SANTI ROMANO, *Scritti Minori*, GUIDO ZANOBINI (Ed.), Milão, Giuffrè, 1950, pp. 316 e ss.

ROMANO, Santi, *Frammenti di un Dizionario Giuridico*, Reimpressão da versão de 1945, Milão, Giuffrè, 1983

ROQUE, Miguel Prata, *Direito Processual Administrativo Europeu*, Coimbra, Coimbra Editora, 2011

ROQUE, Miguel Prata, *A Dimensão Transnacional do Direito Administrativo*, Lisboa, AAFDL, 2014

ROMPEY, Ben van, «The role of EU abuse of regulatory power of sports association, *in Maastricht Journal of European and Comparative Law*, Vol. 22, nº 2 (2015), pp. 179 e ss.

ROSA MORENO, Juan, *El arbitraje administrativo*, Madrid, McGraw-Hill, 1998

ROSÁRIO, Alberto Trovão do, *O Desporto em Portugal – Reflexo e Projecto de uma Cultura*, Lisboa, Instituto Piaget, 1996

ROSAS, Fernando, «O Corporativismo enquanto Regime», *in Corporativismo, Fascismos, Estado*, Coimbra, Almedina, 2012, pp. 17 e ss.

ROSENBERG e SCHWAB, *Zivilprozessrecht*, 17ª Edição, Munique, C.H.Beck, 2010

ROTH, Thomas, *Das Grundrecht auf den gesetzlichen Richter*, Duncker & Humblot, Berlim, 2000

RÖTHEL, Anne, «Lex mercatoria, lex sportiva, lex technica – Private Rechtsetzung jenseits des Nationalstaates?», *in JZ*, Vol. 62, nº 15-16 (2007-1), pp. 755 e ss.

RÖTHEL, Anne, «Entstaalichung des Rechts-Einführung», *in Entstaatlichung des Rechts*, RÜDOLF MÜLLER (Ed.), Viena, Linde, 2014, pp. 17 e ss.

RÖTHIG, Peter, *Sportwissenschaftliches Lexikon*, 6ª Edição, Schorndorf, Hofmann, 1992

RÜSSEL, Ulrike, «Grundlagen der Mediation im öffentlichen Bereich», *in Praxishandbuch Mediation*, Boorberg, Estugarda/Munique, 2010, pp. 52 e ss.

RUFFERT, Matthias e Christian WALTER, *Institutionalised International Law*, Baden-Baden, Nomos *et alli*, 2015

RÜHL, Joachim K., «Olympic Games before Coubertin», *in Encyclopedia of the Modern Olympic Movement*, JOHN E. FINDLING E KIMBERLY D. PEELE (Coord.), Westport, Green Wood, 2004

RÜTHERS, Bernd, *Die unbegrenzte Auslegung*, 6ª Edição, Tubinga, Mohr Siebeck, 2005

SAINTE-ROSE, Jerry, «L'arbitrage du bâtonnier est un véritable arbitrage», *in Petites affiches*, nº 133 (2006), pp. 22 e ss.

SALAZAR, António Oliveira, *Discursos*, Vol. I (1928 – 1934), 4ª Edição, revista e acrescida de novo prefácio do autor, Coimbra, Coimbra Editora, 1945

SALAZAR, António Oliveira, *Discursos e Notas Políticas*, Vol. III (1938-1943), 2ª Edição, Coimbra, Coimbra Editora, 1959

SAMMARTANO, Mauro Rubino, «Trois médiations, dont une obligatoire (ombres et lumières de l'example italien)», *in Journal du Droit International – Clunet*, Abril-Maio-Junho, nº 2 (2011), pp. 365 e ss.

SANCHES, José Luís Saldanha, «A regulação: história breve de um conceito», *in ROA*, Vol. I (2000), pp. 5 e ss.

SAND, Inger-Johanne, «Hybrid Law: Law in Global Society of Differentiation and Change», *in Soziologische Jurisprudenz – Festschrift Gunther Teubner*, Berlim, De Gruyter, 2009, pp. 871 e ss.

SANDULLI, Aldo, *Manuale di Diritto Amministrativo*, Vol. II, Nápoles, Casa Editrice Dott. Eugenio Jovene, 1989

SANDULLI, Aldo «Santi Romano and the Perception of the Public Law Complexity», *in Italian Journal of Public Law*, Vol. 1, (2009), pp. 1 e ss.

SANDULLI, Aldo, «L'arbitrato nello codice dell processo amministrativo», *in Giornale di diritto amministrativo*, nº 2 (2013), pp. 205 e ss.

SANDULLI Piero e Mauro SFERRAZA, *Il giusto processo sportivo* – sistema di giustizia sportiva della Federcalcio, Napóles, Edizione Scientifiche Italiane, 2014

SANINO, MARIO, «L'arbitrato sportivo in Italia», *in RDS*, Ano 45, nº 2-3 (1993), pp. 352 e ss.

SANINO, Mario e Filippo VERDE, *Il Diritto Sportivo*, 3ª Edição, Pádova, CEDAM, 2011

SANTOS, António Marques dos, *Direito Internacional Privado – Sumários*, Lisboa, AAFDL, 1987

SANTOS, Boaventura Sousa, «Law: a Map of Misreading. Towards a Postmodern Conception of Law», *in Journal of Law and Society*, Vol. 14, nº 3 (1987), pp. 279 e ss.

SANTOS, Boaventura Sousa *et alli*, *Os Tribunais nas Sociedades Contemporâneas – O caso português*, Porto, Edições Afrontamento, 1996

SANTOS, Boaventura Sousa, *Towards New Legal Common Sense: Law, Globalisation and Emancipation*, 2ª Edição, Londres, Butterworths, 2002

SANTOS, Boaventura Sousa, *Direito dos Oprimidos*, Coimbra, Almedina, 2015, pp. 102 e ss.

SANTOS, Cecília Macdowell dos e Teresa Maneca Lima, «Portugal e o TEDH: um retrato da litigação transnacional», *in A Mobilização Transnacional do Direito*, Coimbra, Almedina, 2012, pp. 115 e ss.

SANTOS, Gil Moreira dos, *Apitos Desafinados*, Lisboa, Só Editores, 2010

SANTOS, Rui Botica, «Arbitragem no Direito do Desporto», *in V Congresso do Centro de Arbitragem Comercial – Intervenções*, Coimbra, Almedina, 2012, pp. 96 e ss.

SASSEN, Saskia, *Territory, Authority, Rights*, Princeton, Priceton University Press, 2006

SAVIGNY, Carl Friederich von, *System des heutigen Römischen Rechts*, Vol. 1, Berlim, Veit und Comp, 1840

SAWANG, Judith, *Geheimhaltung und rechtliches Gehör im Schiedsverfahren nach deutschem Recht*, Tubinga, Mohr Siebeck, 2010

SCHERRER, Urs e Karl Ludwig, *Sportrecht – Eine Begriffserläuterung*, 2ª Edição, Zurique, Orell Füssli, 2010

SCHERRER, Urs, Remus MURESAN e Kai LUDEWIG, «"Pechstein" ist kein "Bosman der Sportschiedsgerichtsbarkeit"», *in SchiedsVZ*, nº 4 (2015), pp. 161 e ss.

SCHILD, Wolfgang, *Sportstrafrecht*, Baden-Baden, Nomos, 2002

SCHILL, Stephan, *The Multilateralization of International Investment Law*, Cambridge, Cambridge University Press, 2009

SCHILL, Stephan, «Erodierung des Öffentlichen Rechts durch öffentlichen-rechtlichen Schiedsverfahren?», *in Risiko im Recht –Recht im Risiko –50. Assistententagung Öffentliches Recht, Greifswald 2010*, JÖRG SCHARRER *et alli* (Ed.), Baden-Baden, Nomos, 2011, pp. 265 e ss.

SCHILL, Stephan, «Schiedsverfahren im öffentlichen Recht aus rechtsvergleichender Perspektive», *in SchiedsVZ*, nº 6 (2012), pp. 235 e ss.

SCHILLING, Mark, *Schiedsgerichtsbarkeit von Sportverbänden in der Schweiz*, Zurique, Schultess, 2000

SCHLEITER, Pieter, *Globalisierung im Sport – Realisierungswege einer harmonisierten internationalen Sportrechtsordnung*, Estugarda, Boorberg, 2009

SCHLETTE, Volker, *Die Verwaltung als Vertragspartner*, Tubinga, Mohr Siebeck, 2000

SCHLOSSER, Peter, *Vereins- und Verbandsgerichtsbarkeit*, Munique, Wilhelm Goldmann, 1972

SCHLOSSER, Peter, *Das Recht der internationalen privaten Schiedsgerichtsbarkeit*, 2ª Edição, Tubinga, Mohr Siebeck, 1989

SCHMIDT, Judith, *Internationale Dopingbekämpfung*, Estugarda, Boorberg, 2009

SCHMITT, Carl, «Der Führer Schützt das Recht», *in Deutsche Juristen-Zeitung*, nº 15 (1934), pp. 945 e ss.

SCHMITT, Carl, *Der Begriff des Politischen*, reimpressão da versão de 1963, Berlim, Duncker & Humblot, 1979

SCHMIDT-AβMANN, Eberhard, *Das allgemeine Verwaltungsrecht als Ordnungsidee*, 2ª Edição, Berlim e Heidelberga, Springer, 2006

SCHMIDT-AβMANN, Eberhard, «Die Bedeutung von Verhandlungslösungen im Verwaltungsrecht», *in Aufgaben und Perspektiven verwaltungsrechtlicher Forschung*, Tubinga, Mohr Siebeck, 2006, pp. 222 e ss.

SCHMIDT-AβMANN, Eberhard, «Regulierte Selbstregulierung als Element verwaltungsrechtlicher Systembildung», *in Aufgaben und Perspektiven verwaltungsrechtlicher Forschung*, Tubinga, Mohr Siebeck, 2006, pp. 255 e ss.

SCHMIDT-AβMANN, Eberhard, *Verwaltungsrechtliche Dogmatik*, Tubinga, Mohr Siebeck, 2013

SCHMOLKE, Klaus, *Grenzen der Selbstbindung im Privatrecht*, Tubinga, Mohr Siebeck, 2014

SCHRÖDER, Meinhard, *Gesetzesbindung des Richters und Rechtsweggarantie im Mehrebenensystem*, Tubinga, Mohr Siebeck, 2010

SCHRÖDER, Rainer, *Verwaltungsrechtdogmatik im Wandel*, Tubinga, Mohr Siebeck, 2007

SCHULTZ, Thomas, *Transnational Legality: Stateless Law and International Arbitration*, Oxford, Oxford University Press, 2014

SCHULZE, Götz, *Die Natural Obligation*, Tubinga, Mohr Siebeck, 2008

SCHULZE, Götz, «Die Stellung des Sports in der Verfassung Brandenburgs», *in 20 Jahre Landesverfassung: Festschrift des Landtages Brandenburg* (Ed. GUNTER FRITSCH), Duncker & Humblot, Berlim, 2012, pp. 71 e ss.

SCHÜTZE, Rolf, «Einleitung», *in Institutionelle Schiedsgerichtsbarkeit – Kommentar*, SCHÜTZE, ROLF (Ed.), Colónia, Carl Heymanns, 2006, pp. e 1 ss.

SCHÜTZE, Rolf, *Schiedsgericht und Schiedsverfahren*, 5ª Edição, Munique, C.H. Beck, 2012

SCHWAB e WALTER, *Schiedsgerichtsbarkeit*, 7ª Edição, Munique, C.H.Beck e Helbing & Lichtenhain, 2005

Schwab, Dieter e Martin Löhning, *Einführung in das Zivilrecht*, 19ª Edição, Heidelberg, C. F. Müller, 2012

Schwarcz, Steven L., *Private Ordering, in Northwestern Law University Review*, Vol. 97, nº 1 (2002)

Schwartmann, Rolf, *Private im Wirtschaftsvölkerrecht*, Tubinga, Mohr Siebeck, 2005

Seinecke, Ralf, «Rechtspluralismus als Kampf für das Recht – historisch, theoretisch und normativ», *in Der Kampf ums Recht*, Joseph Estermann (Ed.), Viena, Lit e Orlux, 2012, pp. 122 e ss.

Seinecke, Ralf, *Das Recht des Rechtspluralismus*, Tubinga, Mohr Siebeck, 2015

Seixas, José Luís Pereira, «A justiça e o futebol ou a justiça do futebol», *in Boletim da Ordem dos Advogados*, nº 22 (2002), pp. 8 e ss.

Sepp, Ludwig, *Staat als irdischer Gott. Genese und Relevanz einer Hegelschen Idee*, Tubinga, Mohr Siebeck, 2015

Seraglini, Christophe e Jérôme Ortscheidt, *Droit de l'arbitrage interne et international*, Paris, Montchrestien, 2013

Serges, Giovanni, «La «mediazione civile» e la Constituzione», *in Diritto e Societá*, nº 2-3 (2011), pp. 569 e ss.

Sérgio, Manuel, «Desporto», *in Polis: Enciclopédia Verbo da Sociedade e do Estado – Vol. 2*, Lisboa, Verbo, 1987

Sérgio, Manuel, *Algumas Teses sobre o Desporto*, Lisboa, Compendium, 2001

Serrado, Ricardo, *O Jogo de Salazar*, Alfragide, Casa das Letras, 2009

Serrado, Ricardo, *História do Futebol Português – Das Origens ao 25 de Abril*, Vol.I, Lisboa, Prime Books, 2010

Serrado, Ricardo, *O Estado Novo e o Futebol*, Lisboa, Prime Books, 2012

Sforza, Widar Cesarini, «La teoria degli ordinamenti giuridici e il diritto sportivo», *in Foro Italiano*, Vol. 58 (1933), pp. 1381 e ss.

Sforza, Widar Cesarini, *Il diritto dei privati*, Milão, Giuffrè, 1963

Siekmann, Robert, «Is Sport 'Special' in EU Law and Policy?», *in The Future of Sports Law in the European Union – Beyong the EU Reform Treaty and the White Paper*, Roger Blanplain (Ed.), Alphen aan den Rijn, Kluwer Law International, 2008, pp. 37 e ss.

Siekmann, Robert, «What is Sports Law? A Reassessment of Content and Terminology», *in Lex Sportiva: What is Sports Law?*, Robert C.R. Siekmann e Janwillem Soek (Ed.), Haia, Springer, 2012, pp. 391 e ss.

Silance, Luc, «Un elemento del Contenzioso Sportivo: Il Tempo», *in RDS*, Ano 47, nº 3 (1995), pp. 605 e ss.

Silance, Luc, *Les Sports et le droit*, Paris e Bruxelas, De Boeck, 1998

Silva, Artur Flamínio da, «Contributo para a compreensão do Caso Julgado Desportivo», *in D&D*, Ano VIII, nº 24 (2011), pp. 389 e ss.

SILVA, Artur Flamínio da, «A arbitragem desportiva em Portugal: uma realidade sem futuro? – Anotação ao Acórdão nº 230/2013 do Tribunal Constitucional», *in D&D*, nº 28 (2012), pp.61 e ss.

SILVA, Artur Flamínio da, «A Norma Desportiva: Plural mas pouco?», *in D&D*, Ano IX, nº 26 (2012), pp. 255 e ss.

SILVA, Artur Flamínio da, «A influência histórica do caso julgado desportivo nas regras jurídicas brasileiras», *in Revista da Faculdade de Direito da Universidade Federal de Uberlândia*, v. 41, nº 1 (2013), pp. 13 e ss.

SILVA, Artur Flamínio da, «A Lex Olympica: Reflexos de uma ilusão de independência», *in Revista Síntese Direito Desportivo*, nº 12 (2013), pp. 194 e ss.

SILVA, Artur Flamínio da, «O Ordenamento Jurídico Desportivo da FIFA: Um Diálogo entre Kelsen e Santi Romano», *in Revista Síntese Direito Desportivo*, Ano II, nº 10 (2013), pp. 65 e ss.

SILVA, Artur Flamínio da, «A Justiça Desportiva em Portugal durante Estado Novo e o Pluralismo Jurídico: uma análise do procedimento disciplinar de Eurico Rocha Surgey», *in Revista Jurídica da FURB*, Vol. 18, nº 36 (2014), pp. 161 e ss.

SILVA, Artur Flamínio da, «A violação da ordem pública, as posições de desigualdade estrutural no Desporto e a provável necessidade de reforma do Tribunal Arbitral do Desporto: reflexões sobre o caso Claudia Pechstein e a decisão do Oberlandesgericht de Munique de 15 de Janeiro de 2015», *policopiado*, 2015

SILVA, Artur Flamínio da, «O Novo Regime Jurídico da Resolução de Conflitos Desportivos no Direito Administrativo: sobre a Arbitragem Necessária e a Mediação no Tribunal Arbitral do Desporto», *in Arbitragem e Direito Público*, CARLA AMADO GOMES, DOMINGOS SOARES FARINHO e RICARDO PEDRO (Eds.), Lisboa, AAFDL, 2015, pp. 395 e ss.

SILVA, Artur Flamínio da, «Revisitando a constitucionalidade da arbitragem necessária em Portugal: reflexões sobre o Acórdão nº 123/2015 do Tribunal Constitucional», *in Revista de Arbitragem e Mediação*, nº 47 (2015), pp. 365 e ss.

SILVA, Artur Flamínio da e Daniela MIRANTE, «Algumas Notas sobre o Estatuto dos Árbitros do Tribunal Arbitral do Desporto: uma análise á luz do relatório e do projeto da Comissão para a Justiça Desportiva», *in D&D*, nº 26, Ano IX (2012), pp. 279 e ss.

SILVA, Artur Flamínio da e António Pedro PINTO MONTEIRO, «Publicidade vs. confidencialidade na arbitragem desportiva transnacional», *in Revista de Direito Civil* nº 3 (2016), pp. 701 e ss.

SILVA, Artur Flamínio da e Daniela MIRANTE, *O Regime Jurídico do Tribunal Arbitral do Desporto*, Lisboa, Petrony, 2016

SILVA, Germano Marques da, «Parecer», *in D&D*, Ano VI, nº 18 (2009), pp. 405 e ss.

SILVA, Jorge Pereira da, *Deveres do Estado de Protecção de Direitos Fundamentais*, Lisboa, Universidade Católica Editora, 2015

SILVA, Manuel Botelho da, «Pluralidade de partes em arbitragens voluntárias», in Estudos em Homenagem à Professora Doutora *Isabel Magalhães Colaço*, Vol. II, Coimbra, Almedina, 2002, pp. 499 e ss.

SILVA, Paula Costa e, *A Nova Face da Justiça – Os Meios Extrajudiciais de Resolução de Controvérsias*, Coimbra, Coimbra Editora, 2009.

SILVA, Paula Costa e, e Nuno Trigo dos REIS, «A natureza do procedimento judicial da nomeação de árbitro», in *Estudos em Homenagem ao Prof. Doutor José Lebre de Freitas*, Vol. II, Coimbra, Coimbra Editora, 2013, pp. 951 e ss.

SILVA, Susana Tavares da, *Um novo direito administrativo?*, Coimbra, Imprensa da Faculdade de Direito de Coimbra, 2010.

SILVA, Vasco Pereira da, *Em Busca do Acto Administrativo Perdido*, Reimpressão, Coimbra, Almedina, 1998

SILVA, Vasco Pereira da, *O Contencioso Administrativo como "Direito Constitucional Concretizado" ou "Ainda por Concretizar"?*, Coimbra, Almedina, 1999

SILVA, Vasco Pereira da, *Ventos de Mudança no Contencioso Administrativo*, Coimbra, Almedina, 2000

SILVA, Vasco Pereira da, *O Contencioso Administrativo no Divã da Psicanálise – Ensaio sobre as acções no novo processo administrativo*, 2ª Edição, Coimbra, Almedina, 2009

SILVEIRO, Fernando Xarepe, «O "Empréstimo" Internacional de Futebolistas Profissionais», *in Estudos de Direito Desportivo*, Coimbra, Almedina, 2002, pp. 67 e ss.

SILVESTRI, Antonio de, «Le qualificazioni giuridiche dello sport e nello sport», *in RDS*, Ano XLIV, nº 2-3 (1992), pp. 283 e ss.

SILVESTRI, Antonino de, «La Corte Costituzionale "azzoppa" il diritto d'azione dei tesserati e delle affiliate», *in Giustizia Sportiva.it*, Ano VII, nº 1 (2011), pp. 1 e ss.

SIMMA, Bruno, «Der Einfluss der Menschenrechte auf das Völkerrecht: ein Entwurf», *in Universal Law between Universalism and Fragmentation*, Isabelle Buffard et alli (Ed.), Leiden, Martinus Nijhof, 2008, pp. 729 e ss.

SIMON, Gérald, *Puissance Sportive et Ordre Juridique Étatique*, Paris, LGDJ, 1990

SIMON, Gérald, «L'arbitrage des conflits sportifs», *in Revue de L'arbitrage*, nº 2 (1995), pp. 185 e ss.

SIMON, Gérald, «Le conflit sportif: un conflit de normes?», *in Droit et sport*, PIERMARCO ZEN-RUFFINEN (Ed.) , Berna, Stämpfli, 1997, pp. 103 e ss.

SIMON, Gérald *et alli*, *Droit du Sport*, Paris, PUF, 2012

SINN, Ulrich, *Olympia – Kult, Sport und Fest in der Antike*, Munique, C. H. Beck, 2004

SKARBEK, David, *The Social Order of the Underworld*, Oxford, Oxford University Press, 2014, pp. 2 e ss.

SLAUGHTER, Anne-Marie, *A New World Order*, Princeton, Princeton University Press, 2004

SMITH, Anthony D., *Nationalism and Modernism*, Londres e Nova Iorque, Routledge, 1998

SOBRAL, Luís, «Desporto», *in Dicionário de História do Estado Novo*, Vol. I (A-L), FERNANDO ROSAS e J. M. BRANDÃO DE BRITO (direcção) e MARIA FERNANDA ROLLO (coordenação e pesquisa iconográfica), Venda Nova, Bertrand, 1996

SODAN, Helge e Jan ZIEKOW, *Verwaltungsgerichtsordnung-Grosskommentar*, 4ª Edição, Baden-Baden, Nomos, 2014

SOMEK, Alexander, *The Cosmopolitan Constitution*, Oxford, Oxford University Press, 2014

SOMMER, Christian, *Probleme der Sportgerichtsbarkeit*, Munique, 1971

SOUSA, Jorge Teixeira de, *Para a Sociologia do Futebol Profissional Português*, Lisboa, Edições FMH, 1996

SOUSA, Marcelo Rebelo de, «As indemnizações por nacionalização e as comissões arbitrais em Portugal», *in ROA*, Vol. II (1989), pp. 369 e ss.

SOUSA, Marcelo Rebelo de, *Lições de Direito Administrativo*, Lisboa, Pedro Ferreira Editor, 1995

SOUSA, Marcelo Rebelo de e André Salgado MATOS, *Direito Administrativo Geral*, Tomo I, 2ª Edição, Lisboa, Dom Quixote, 2006

SOUSA, Miguel Teixeira de, *Estudos sobre o Novo Processo Civil*, Lisboa, Lex, 1997

SOUSA, Miguel Teixeira de, *Introdução ao Direito*, Coimbra, Almedina, 2012

SOUSA, Nuno e, *Liberdade de Imprensa*, Coimbra, Coimbra Editora, 1984

STAUDINGER, *BGB*, Berlim, De Gruyter, 2005

STEINBECK, Anja, *Vereinsautonomie und Dritteinfluss: dargestellt an den Verbänden des Sports*, Berlim e Nova Iorque, De Gruyter, 1999

STEIN, Ekkert, *Die Rechtwissenschaftliche Arbeit*, Tubinga, Mohr Siebeck, 2000

STEIN, Torsten e Christian BUTTLER, *Völkerrecht*, 13ª Edição, Munique, Franz Vahlen, 2012

STEIN/JONAS, *Kommentar zur Zivilprozessordnung*, Vol. X, 23ª Edição, Tubinga, Mohr Siebeck, 2014

STEINER, Udo, *Die Autonomie des Sports*, Munique, C.H. Beck, 2003

STEINER, Udo, «Der Sport auf dem Weg ins Verfassungsrecht – Sportförderung als Staatsziel», *in Gegenwartsfragen des Sportrechts* (Ed. PETER TETTINGER e KLAUS VIEWEG), Berlim, Duncker & Humblot, 2004, pp. 119 e ss.

STEINER, Udo, «Staat, Sport und Verfassung», *in Gegenwartsfragen des Sportrechts*, PETER TETTINGER e KLAUS VIEWEG (Ed.), Berlim, Duncker & Humblot, 2004, pp. 27 e ss.

STEINER, Udo, «Schutz des Sports – Verbands oder Staatsaufgabe», *in Wettkampfmanipulation und Schutsmechanismen*, UDO STEINER Ed.), Estugarda, Boorberg, 2012, pp. 45 e ss.

STEINER, Udo, «Das Verhältnis von Schiedsgerichtsbarkeit und staatlicher Gerichtsbarkeit», *in SchiedsVZ*, nº 1 (2013), pp. 15 e ss.

STEINBRÜCK, Ben, *Die Unterstützung durch Staatliche Gerichte*, Tubinga, Mohr Siebeck, 2009

STEINGRUBER, Andrea, *Consent in International Arbitration*, Oxford, Oxford University Press, 2012

STERN e BECKER, *Grundrechte-Kommentar*, Carl Heymanns, Colónia, 2010

STERN, Klaus, «Grundrecht der Sportler», *in Sport und Recht*, FRIEDRICH-CHRISTIAN SCHROEDER, HANS KAUFFMANN (Ed.), Berlim, De Gruyter, 1972, pp. 142 e ss.

STERN, Klaus, «Voraussetzungen und Grenzen der Verbandsautonomie aus der Sicht des Öffentlichen Rechts», *in Verbandsautonomie und Verfasungsrecht* – Symposium des Wissenschaftlichen Beirats des DSB und des Bundesausschusses für Recht-, Sozial und Steuerfragen am 6. April 1979 in Frankfurt am Main

STOLLEIS, Michael, *The Law under the Suastika: studies on Legal History in Nazi Germany*, Frankfurt am Main, Suhrkamp, 1998

STOLLEIS, Michael, *Geschichte des öffentlichen Rechts in Deutschland. Weimarer Republik und Nationalsozialismus*, Munique, C. H. Beck, 2002

STOMMEL, Sonja, *Die Vereins- und Verbandsgerichtsbarkeit unter besonderer Berücksichtigung der Berufsverbände*, Hamburgo e Londres, Lit, 2002

STUMPF, Christoph, *Alternative Streitbeilegung im Verwaltungsrecht*, Tubinga, Mohr Siebeck, 2006

STURM, Gerd, «Probleme eines Verzichts auf Grundrechte», *in Menschenwürde und freiheitliche Rechtsordnung: Festschrift für Willi Geiger zum 65. Geburtstag*, GERHARD LEIBHOLZ ET ALLII (Ed.), Tubinga, Mohr Siebeck, 1974, pp. 173 e ss.

SUMMERER, Thomas, *Internationales Sportrecht vor dem staatlichen Richter in der Bundesrepublik Deutschland, Schweiz, USA und England*, Munique, V. Florentz, 1990

SUMMERER, Thomas, «Prozessende Katrin Krabbe: Hindernislauf mit Tücken», *in SpuRt* nº 6 (1995), pp. 233 e ss.

SUMMERER, Thomas, «Autonomie, Organisation und Regelwerke», *in Praxishandbuch Sportrecht*, 2ª Edição, Munique, C.H Beck, 2007, pp. 104 e ss.

SUSSKIND, Lawrence, «Environmental Mediation and the Accountability Problem», *in Vermont Law Review*, Vol. 6, nº 1 (1981), pp. 1 e ss.

SUSSKIND, Lawrence e Alan WEINSTEIN, «Towards a Theory of Environmental Dispute Resolution», *in Boston College Environmental Affairs Law Review*, Vol. 9, nº 2 (1980), pp. 311 e ss.

SUSSKIND, Lawrence e Denise MADIGAN, «New Approaches in Resolving Disputes in the Public Sector», *in the Justice System Journal*, Vol. 9, nº 2 (1984), pp. 179 e ss.

SUSSKIND, Lawrence e Jeffrey CRUIKSHANK, *Breaking the Impass*, Nova Iorque, Basic Books, 1987

SWEET, Alec Stone, «A cosmopolitan legal order: Constitutional pluralism and rights adjudication in Europe», *in Global Constitutionalism*, nº 1/1 (2012), pp. 57 e ss.

TAMANAHA, Brian Z., «A Non-Essentialist Version of Legal Pluralism», *in Journal of Law and Society*, Vol. 27, nº 2 (2000), pp. 296 e ss.

TARANTINO, Antonio, «Brevi riflessioni sui precedenti dottrinali dell'istituzionalismo di Santi Romano», *in Rivista Internazionale di Filosofia del Diritto*, Ano LIV (1977), pp. 682 e ss.

TAUPIER, Michael, «Recherches sur la nature juridique des fédérations sportives et de leurs actes», *in AJDA*, nº 2 (1970), pp. 75 e ss.

TAVARES, Gonçalo Guerra e Nuno Monteiro DENTE, *Código dos Contratos Públicos. Âmbito da sua aplicação*, Coimbra, Almedina, 2008, pp. 101 e 102.

TEICHLER, Hans Joachim, «Die faschistische Epoche des IOC», *in Historische Sozialforschung*, Vol. 32, nº 1 (2007), pp.24 e ss.

TEICHLER, Hans Joachim, «Der Deutsche Sport in der NS-Zeit», *in Handbuch Sportgeschichte*, MICHAEL KRÜGER & HANS LANGENFELD (Org.), Schorndorf, Hofmann, 2010, pp. 210 e ss.

TEICHLER, Hans Joachim, *Sport und Sportpolitik in der DDR, in Handbuch Sportgeschichte*, MICHAEL KRÜGER & HANS LANGENFELD (Org.), Schorndorf, Hofmann, 2010, pp. 227 e ss.

TEJA, Angela, «Italian sport and international relations under fascism», *in Sport and International Politics – The impact of fascism and communism on sports*, PIERRE ARNAUD e JAMES RIORDAN (Ed.), Londres, Routledge, 1998, pp. 147 e ss.

TEJA, Angela e Marco IMPIGLIA, «Italia», *in Histoire du Sport en Europe* JAMES RIORDAN, ARND KRÜGER et THIERRY TERRET (Eds.), Paris, L'Harmattan, 2004, pp. 203 e ss.

TEJEDOR BIELSA, Julio Césa, Público y privado en el deporte, Barcelona, Bosch, 2003

TELLES, Inocêncio Galvão, *Contratos Civis*, Tipografia da Empresa Nacional de Publicidade, Lisboa, 1954

TELLES, Inocêncio Galvão, *Introdução ao Estudo do Direito*, Vol. I, 11ª Edição, Coimbra, Coimbra Editora, 2010

TELLES, Miguel Galvão, «A independência e Imparcialidade dos Árbitros como Imposição Constitucional», *in Escritos Jurídicos*, Vol. II, Coimbra, Almedina, 2014, pp. 605 e ss.

TEROL GOMEZ, Ramón, «La configuración jurídica del acta arbitral en los procedimientos disciplinarios», *in REDD*, nº 4 (1994), pp. 195 e ss.

TEROL GÓMEZ, Ramón, «El arbitraje privado en el deporte institucionalizado», *in El derecho administrativo en el umbral del siglo XXI: homenage al Professor Dr. Ramón Martin Mateo* (coord. FRANCISCO SOSA WAGNER), Valência, Tirant lo Blanch, 2000, pp. 4265 e ss.

TEROL GÓMEZ, Ramón, «La intervención pública sobre el asociacionismo deportivo en España. 1869-1978», *in Revista Jurídica del Deporte*, nº 11 (2004), pp. 27 e ss.

TERRET, Thierry, *Histoire du Sport en Europe*, JAMES RIORDAN, ARND KRÜGER et THIERRY TERRET (Eds.), Paris, L'Harmattan, 2011

TERRET, Thierry, *Histoire du Sport*, 3ª Edição, Paris, PUF, 2012

TEUBNER, Gunther, *Organisationsdemokratie und Verbandsverfassung*, Tubinga, Mohr Siebeck, 1978

TEUBNER, Gunther, «The Two Faces of Janus: Rethinking Legal Pluralism», *in Cardozo Law Review*, nº 13, (1992), pp. 1443 e ss.

TEUBNER, Gunther, «Global Bukowina: Legal Pluralism in the World Society», *in Global Law Without a State*, GUNTHER TEUBNER (Ed.), Dartmouth, Aldershot, 1997, pp. 3 e ss.

TEUBNER, Gunther, *Verfassungsfragmente*, Berlim, Suhrkamp, 2012

TEUBNER, Gunther, «The Private / Public Dichotomy: After the Critique?», *disponível em (http://www.re-public.gr/en/?p=99.)*

TEUBNER, Gunther, «Transnationales Recht: Legitimation durch horizontale Grundrechtswirkung», *in JZ*, nº 10 (2015), pp. 506 e ss.

TISSIER, Pierre, *Le Gouvernement de Vichy*, Londres, George Harrap, 1942

TOCHTERMANN, Peter, *Die Unabhängigkeit des Mediators*, Tubinga, Mohr Siebeck, 2008

TODD, Jan e Terry TODD, «Significant Events in the History of Drug Testing and the Olympic Movement: 1960-1999» *in Doping in Elite Sport: The Politics of Drugs in the Olympic Movement*, WAYNE WILSON e EDWARD DERSE (Ed.), Champaign, Human Kinetics, 2001, pp. 65 e ss.

TOGNON, Jacopo *Diritto Europeo Dello Sport*, Pádua, Cortina, 2008

TOGNON, Jacopo e Antonella STELITANO, *Sport Unione Europea e Diritti Umani*, Pádua, CLEUP, 2011

THOMAS/PUTZO, *Zivilprozessordnung. Kommentar*, 34ª Edição, Munique, C.H. Beck, 2013

TORO, Inigo Marani e Alberto Marani TORO, *Gli Ordinamenti Sportivi*, Milão, Giuffrè, 1977

TORRE, Massimo La, *Law as Institution*, Dordrecht, Springer, 2010

TOUZEIL-DIVINA, Matthieu, «Un faisceau d'indices pour definir la discipline sportive», *in AJDA*, Ano 2008, nº 22, pp. 1219 e ss.

TRAYTER, Juan Manuel, «El Arbitraje de Derecho Administrativo», *in Revista de Administración Pública*, nº 143 (1997), pp. 75 e ss.

TRANTER, Neil, *Sport, economy and society in Britain – 1750-1941*, Cambridge, Cambridge University Press, 1998

TRAULSEN, Christian, *Rechtstaatlichkeit und Kirchenordnung*, Tubinga, Mohr Siebeck, 2013

TRINDADE, Carla Castelo, *Regime Jurídico da Arbitragem Tributária – Anotado*, Coimbra, Almedina, 2016.

TROJA, Markus e Dirk MEUER, «Mediation im Öffentlichen Bereich», *in Handbuch Mediation und Konfliktmanagement*, Gerhard Falk, Peter Heintel e Ewald Krainz (Ed.), Wiesbaden, Springer, 2005, pp. 219 e ss.

TROPLONG, M., *Du Contrat de société civile et commerciale, ou Commentaire du titre IX du livre III du Code civil*, Tomo 2, Paris, Charles Hingray, 1843

TUHR, Andreas von, *Der Allgemeine Teil des Deutschen Bürgerlichen Rechts: Erster Band, Algemeine Lehren und Personenrecht*, Berlim, Duncker & Humblot, 1910

TUOR, Peter *et alli*, *Das Schweizerische Zivilgesetzbuch*, 13ª Edição, Zurique, Schultess, 2010

UERPMANN, Robert, *Das öffentliche Interesse*, Tubinga, Mohr Siebeck, 1999

VAITIEKUNAS, Andrew, *The Court of Arbitration for Sport: Law-Making and the Question of Independence*, Berna, Stämpfli, 2014

VALORI, Guido, *Il Diritto nello Sport*, Turim, Giappichelli, 2005

VARELA, João Matos de Antunes, «Natureza Jurídica das Obrigações Naturais», *in Revista de Legislação e Jurisprudência*, Ano 90, nº 3094/3095/3096 (1957-1958), pp. 17 e ss.

VARELA, João Matos de Antunes, *Das Obrigações em Geral*, Vol. I, 10ª Edição, Coimbra, Almedina, 2005

VARGAS, Lúcia Dias, *Julgados de Paz e Mediação*, Coimbra, Almedina, 2006

VENTURA, Raúl, *Direito Romano*, Lisboa, Nacional Editora, 1949

VENTURA, Raúl, «Convenção de Arbitragem», *in Revista da Ordem dos Advogados*, Ano 46, Vol. II (1986), pp. 289 e ss.

VERDE, Filippo e Mario SANINO, «L'ordinamento sportivo in generale», *in* FILIPPO VERDE, MARIO SANINO e ANTONIO GRECO (Eds.), *Diritto Pubblico dello Sport*, Pádua, CEDAM, 2013, pp. 1 e ss.

VERDE, Giovanni, «Arbitrato e Pubblica Amministrazione», *in Diritto processuale amministrativo*, nº 2 (1996), pp. 215 e ss.

VERDROSS, Alfred, «Die Sicherung von ausländischen Privatrechten aus Abkommen zur Wirtschaftlichen Entwicklung mit Schiedsklauseln», in ZäoRV, Vol. 18 (1957), pp. 635 e ss.

VERDROSS, Alfred e Bruno SIMMA, *Universelles Völkerrecht*, 3ª Edição (republicação), Berlim, Duncker & Humblot, 2010

VESTING, Thomas, «Erosionen staatlicher Herrschaft: Zum Begriff des Politischen bei Carl Schmitt», *in AöR*, nº 117 (1992), pp. 4 e ss.

VEUTHEY, Alexandra, «Re-questioning the Independence of the Court of Arbitration for Sport in Light of the Scope of its Review», *in Sweet & Maxwell's International Sports Law Review*, Issue 4/13 (2013), pp. 105 e ss.

VICENTE, Dário Moura, *Da Arbitragem Internacional*, Coimbra, Coimbra Editora, 1990

VICENTE, Dário Moura, «A directiva sobre a mediação em matéria civil e comercial e a sua transposição para a ordem jurídica portuguesa», *in Estudos em Homenagem ao Professor Doutor Paulo de Pitta e Cunha*, Coimbra, Almedina, 2010, pp. 99 e ss.

VIELLECHNER, Lars, *Transnationalisierung des Rechts*, Weilerswist, Vellbrück, 2013

VIEWEG, Klaus, «Gleichschaltung und Führerprinzip – Zum rechtlichen Instrumentarium der Organisation des Sports im Dritten Reich», *in Recht und Unrecht im National-Sozialismus*, (Ed. PETER SALJE), Münster, R&B, 1985, pp. 244 e ss.

VIEWEG, Klaus, *Normsetzung und – anwendung deutscher und internationaler Verbände*, Berlim, Duncker & Humblot, 1990

VIEWEG, Klaus, *Faszination Sportrecht, disponível em* (www.irut.jura.uni-erlangen.de/Forschung/Veroeffentlichungen/OnlineVersionFaszinationSportrecht/FaszinationSportrecht.pdf)

VILELA, Álvaro Da Costa Machado, Tratado Elementar de Direito Internacional Privado, Vol. I, Coimbra, Coimbra Editora, 1921

VIRGA, Pietro, *Diritto Amministrativo – Attivitá e Prestazioni*, Vol. 4, 2ª Edição, Milão, Giuffrè, 1996

VOIT, WOLFGANG, «Privatisierung der Gerichtsbarkeit», *in JZ*, nº 3 (1997), pp. 120 e ss.

VOLLMEYER, Jan, *Der Staat als Rechtsordnung – Hans Kelsens Identitätsthese und ihre Bedeutung für den europäischen Konstitutionalisierungsprozess*, Baden-Baden, Nomos, 2011

VOLLMER, Lothar, *Satzungsmässige Schiedsklauseln*, Bad Homburg, Gehlen, 1970

VOßKUHLE, Andreas, *Rechtsschutz gegen den Richter*, Munique, C.H.Beck, 1993

VOßKUHLE, Andreas, «Neue Verwaltungswissenschaft», *in* HOFFMANN-RIEM, SCHMIDT AßMANN E VOßKUHLE, *Grundlagen des Verwaltungsrechts*, Band I, Munique, C. H. Beck, 2006, pp. 1 e ss.

WAGNER, Gerhard, «Obligatorische Streitschlichtung im Zivilprozeß: Kosten, Nutzen, Alternativen», *in Juristenzeitung*, nº 17 (1998), pp. 836 e ss.

WAGNER, Gerhard, *Prozessverträge*, Tubinga, Mohr Siebeck, 1998

WALKER, Neil, *Postnational Constitutionalism and Postnational Public Law: a tale of two neologisms*, Edinburgh School of Law Research Paper Series, 2012

WALKER, Neil, *Intimations of Global Law*, Cambridge, Cambridge University Press, 2015

WASER, Anne Marie, «L'ambivalence des relations entre l'État et le sport de compétition dans les années 1920 et 1930: conditions et effets de la création du Comité national des sports», *in Revue Juridique et Economique du Sport*, nº 53 (1999), pp. 111 e ss.

WAX, Andreas, *Internationales Sportrecht – Unter besonderer Berücksichtigung des Sportvölkerrechts*, Berlim, Duncker & Humblot, 2009

WEATHERILL, Stephen, «On overlapping legal orders: what is 'purely sporting' rule?», *in The Regulation of Sport in European Union*, Barbara Bogusz et alli (Ed.), Chelterham, Edward Elgar, 2007, pp. 48 e ss.

WEIDEMANN, Helmut, *Schiedsgerichtsbarkeit in Verwaltungsrechtlichen Streitsachen, policopiado*, 1968

WEISEMANN, Ulrich e Ulrich SPIEKER, *Sport, Spiel und Recht*, Munique, C. H. Beck, 1997

WEISS, Michael, *Hybride Regulierungsinstrumente*, Tubinga, Mohr Siebeck, 2011

WEITNAUER, Hermann, *Der Schutz des Schwächeren im Zivilrecht, Karlruhe*, C.F. Müller, 1975

WELSH, Nancy A., «The Thinning Vision of SelfDetermination in Court-Connected Mediation: The lnevitable Price of Institutionalization?», *in Harvard Negotiation Law Review*, Vol. 6, nº 1 (2001), pp. 1 e ss.

WELSH, Nancy A., «Reconciling Self-determination, Coercion, and Settlement in Court-Connected Mediation», *in Divorce and Family Mediation*, Jay Folberg, Ann L.Milne e Peter Salem (Ed.), Nova Iorque, The Gilford Press, 2004, pp. 420 e ss.

WENDENBURG, Felix, *Der Schutz der schwächeren Partei in der Mediation*, Tubinga, Mohr Siebeck, 2013

WENDENBURG, Felix, «Zum Umgang mit Machtungleichgewichten in der Mediation», *in Kritische Vierteljahresschrift für Gesetzgebung und Rechtswissenschaft*, nº 1 (2015), pp. 33 e ss.

WENGLER, Wilhelm, «Betrachtungen über den Zusammenhang der Rechtsnormen in der Rechtsordnung und die Verschiedenheit der Rechtsordnungen», *in Gegenwartsprobleme des Internationalen Rechtsphilosophie – Festschrift für Rudolf Laun zu seinem siebzigsten Geburtstag*, D. S. COSTANTOPOULOS E HANS WEHBERG (Eds.), Hamburgo, Girardet & Co, 1959, pp. 719 e ss.

WERNER, FRITZ, «Verwaltungsrecht als Konkretisiertes Verfassungsrecht», *in Deutsches Verwaltungsblatt*, Ano 74, (1959), pp. 527 e ss.
WESTERMANN, Harm Peter, *Die Verbandstrafgewalt und das allgemeine Recht*, Bielefeld, Ernst und Werner Gieseking, 1972
WIESACK, Max, *Europäisches Internationales Vereinsrecht*, Tubinga, Mohr Siebeck, 2011
WILL, Michael R., «Rechtsgrundlagen der Bindung nationaler Verbände an Internationale Sportsverbandsregeln», *in Einbindung des nationalen Sportrechts in Internationale Bezüge*, DIETER REUTER (Ed.), Heidelberga, Müller Juristischer Verlag, 1987, pp. 29 e ss.
WILKE, Helmut, *Heterotopia*, Frankfurt am Main, Suhrkamp, 2003
WINKLER, Klaus, *Negotiations with Assymetrical Distribution of Power*, Heidelberga, Physica Verlag, 2006
WITTECK, Fabian, *Die Verwaltung der Dritten Gewalt*, Tubinga, Mohr Siebeck, 2006
WITTGENSTEIN, Ludwig, *Philosophische Untersuchungen*, reedição da 2ª Edição de 1958, Oxford, Blackwell, 1999
WOLFF, Johanna, «Grenze der Heimlichkeit: Nicht-öffentliche Schiedsverfahren mit Beteiligung der öffentlichen Hand am Maßstab des Verfassungsrechts», *in NVwZ*, nº 4 (2012), pp. 205 e ss.
WOLFF, Reinmar, *New York Convention*, Munique, C.H. Beck, 2012
WOLKMER, Antonio Carlos, *Pluralismo Jurídico*, São Paulo, Editora Alfa Omega, 2001
WOLTERECK, Richard, *Die Erledigung verwaltungsrechtlicher Streitigkeiten durch Schiedsgerichte, policopiado*, 1965
WOLTERECK, Richard, «Unechte und echte Schiedsgerichte des Verwaltungsrechts», *in DöV*, nº 7 (1966), pp. 323 e ss.
WOOLFORD, Andrew e R. S. RATNER, *Informal Reckonings*, Oxon, Routledge, 2008
YANG, Xiaodong *State Immunity in International Law*, Cambridge, Cambridge University Press, 2012
YAMANE, David Charles MELLIES e Teresa BLAKE, «Playing for Whom? Sport, Religion, and the Double Movement of Secularization in America», *in Sociology of Sport and Social Theory*, EARL SMITH (Ed.), Champaign, Human Kinetics, 2010, pp. 81 e ss.
ZADO, Julian, *Privatisierung der Justiz*, Berlim, Duncker & Humblot, 2014
ZENKEL, Hans-Jürgen, *Verbandsfuktionen und Verbandsautonomie, Zur gerichtlichen Kontrolle des vereinsrechtlichen Aufnahme- und Disziplinarverfahrens*, Bremen, *policopiado*, 1989
ZEN-RUFFINEN, Piermarco, *Droit du Sport*, Zurique, Schultess, 2002

ZEN-RUFFINEN, Piermarco, «La necéssaire reforme du Tribunal Arbitral du Sport», *in Citius, Altiues, Fortius – Mélanges en l'honneur de Dennis Oswald*, ANTONIO RIGOZZI *et alli* (Org.), Basileia, Helbing Lichtenhanh, 2012, pp. 483 e ss.

ZINK, Falko, *Eine zeitgeschichtlichen Untersuchung zur Anpassungsfähigkeit der Institutionen des Sports*, Dissertação de Doutoramento apresentada à Faculdade de Filosofia de Saarbrücken, *policopiado*, 2009

ZOBEL, Petra, *Schiedsgerichtsbarkeit und Gemeinschaftsrecht*, Tubinga, Mohr Siebeck, 2006

ZÖLLER, Richard, *Zivilprozessordnung*, 30ª Edição, Colónia, Otto Schmidt, 2014

ZUMBANSEN, Peer, *Transnational Legal Pluralism*, CLPE Research Paper 01/2010, Vol. 6, nº 01 (2010)

ZWEIGERT, KONRAD e HEINZ KÖTZ, *Einführung in die Rechtsvergleichung – auf dem Gebiete des Privatrechts, Band I: Grundlagen*, Tubinga, Mohr Siebeck, 1984

ÍNDICE